Eranos Yearbook 75

2019–2020–2021

Eranos Yearbook / *Annale di Eranos* 75
2019–2020–2021

Life, Individual, Community, and the Thought of the Absolute: Unsurpassable Passions

La vita, l'individuo, la comunità e il pensiero dell'assoluto: passioni insuperabili

Proceedings of the 2019, 2020, and 2021 Eranos Conferences,
Eranos-Jung Lectures, and Eranos School Seminars,
Eranos & Monte Verità, Ascona, Switzerland

Atti dei Convegni di Eranos, delle Eranos-Jung Lectures
e delle Scuole di Eranos del 2019, 2020 e 2021,
Eranos e Monte Verità, Ascona, Svizzera

Special triennial publication on the occasion
of the 90th anniversary of the Eranos Conferences (1933-2023)

Pubblicazione speciale triennale in occasione
del 90° anniversario dei Convegni di Eranos (1933-2023)

Edited by / *A cura di*
Fabio Merlini and / *e* Riccardo Bernardini

DAIMON

ISBN 978-3-85630-790-5

Contents

Preface / Prefazione 2

The Board of the Eranos Foundation / Il Consiglio della Fondazione Eranos 32

Acknowledgments / Ringraziamenti 34

Presentations of the Eranos Conference
The Names of the Absolute. Cultures and Eras in the Presence of the Fundament: Myth, Religion, Philosophy, Science
Presentazioni del Convegno di Eranos
I nomi dell'Assoluto. Culture ed epoche al cospetto del fondamento: mito, religione, filosofia, scienza
Casa Eranos, Ascona, 4–7 September / *settembre* 2019

Al di là dei nomi e del pensiero: Platone di fronte all'indicibile e all'ineffabile
Franco Ferrari 37

Pourquoi Éleusis aujourd'hui ? De la mélancolie à la vision
Vana Xenou 84

L'infinito del continuo e la realtà del discreto
Paolo Zellini 120

I nomi dell'Assoluto e la rottura spontanea della simmetria
Silvano Tagliagambe 157

I volti mutevoli dell'Assoluto: una storia infinita tessuta nella stoffa della mente umana
Grazia Shōgen Marchianò 270

Les noms de l'absolu (un tour d'horizon)
Hervé Clerc 301

Presentations of the Eranos Conference
Rebirth. Life Threatened and the Passion for Life
***Presentazioni del Convegno di Eranos* Rinascere.**
La vita minacciata e la passione della vita
Casa Eranos, Ascona, 3–5 September / *settembre* 2020

L'eterno circolo della vita e la rinascita dello spirito. Germania 1880-1920
Stefano Poggi 327

La morale della Vita: all'incrocio di biologia e biopolitica
Davide Tarizzo 356

Il riaccendersi della fiamma. La dottrina buddhista della rinascita nel suo impianto classico ed alcune successive metamorfosi
Gianfranco Bonola 384

Le rythme comme sagesse de la vie
Jean-Jacques Wunenburger 448

Presentations of the Eranos Conference
Ties. Form and Destiny of Relationships in the Age of Self-Referentiality: The Challenge of the Community to Rediscover
Presentazioni del Convegno di Eranos
Legàmi. Forma e destino delle relazioni nell'epoca dell'autoreferenzialità: la sfida della comunità da riscoprire
Casa Eranos, Ascona, 9–11 September / *settembre* 2021

Peter Anton Miescher (1923-2020). Ricordando un grande uomo di scienza, medicina, cultura e generosità
Sandro Rusconi 501

Peter Anton Miescher (1923-2020). Remembering A Great Man of Science, Medicine, Culture, and Generosity
Sandro Rusconi 516

In memoriam *Elena Pulcini (1950-2021)*
Adriano Fabris 531

Individualismo della singolarità e democrazia post-sovrana
Dimitri D'Andrea 535

Face aux mutations, les liens subtils
Pascal Chabot 573

Individuo e comunità in Platone e Aristotele
Giuseppe Cambiano 595

Le bien commun : du politique à la communion
Jean-Luc Marion 628

Presentations of the Eranos-Jung Lectures
Politics and Techniques of Fear. The Shadow in the Era of the Crisis of Civilization, between Projection and Manipulation
Presentazioni delle Eranos-Jung Lectures
Politiche e tecniche della paura. L'Ombra nell'epoca della crisi della civiltà, tra proiezione e manipolazione
Monte Verità, Ascona, 2019

Paura e potere
Enrica Lisciani-Petrini 653

Libertà e paura. Metafisica del populismo
Rocco Ronchi 682

La paura del diverso
Luigi Zoja 698

Contro la paura. Considerazioni platoniche e iniziatiche
Davide Susanetti 705

Presentations of the Eranos-Jung Lectures
Hope and Crisis of the Future. Individual, Community, and Environment facing the Disillusionment with Progress
Presentazioni delle Eranos-Jung Lectures
Speranza e crisi del futuro. Individuo, comunità e ambiente di fronte al disincanto del progresso
Monte Verità, Ascona, 2020

In che cosa dobbiamo sperare
Gian Piero Quaglino 727

La creatività materna come promessa di futuro
Silvia Vegetti Finzi 787

Rinnovare lo spirito dell'utopia ripensando il dono della tradizione
Romano Màdera 799

Futuro come utopia permanente
Roberto Mordacci 806

Presentations of the Eranos-Jung Lectures
Meditations on Freedom. Autonomy in the Mirror of Vulnerability, between Paranoia and Responsibility
Presentazioni delle Eranos-Jung Lectures
Meditazioni sulla libertà. L'autonomia allo specchio della vulnerabilità, tra paranoia e responsabilità
Monte Verità, Ascona, 2021

Il grande prigioniero. Libertà, limite e i confini della psyche
Claudia Baracchi 823

La libertà nella stretta della pandemia
Barbara Gallavotti 843

Libertà e scambio paritario tra differenze
Sarantis Thanopulos 868

La libertà, le libertà (degli altri)
Gianfranco Pasquino 893

Presentations of the Eranos School Seminar
Mundaneum: East and West in the Global World
Presentazioni del seminario della Scuola di Eranos
Mundaneum: Oriente e Occidente nel mondo globale
Monte Verità, Ascona,
13 October / *ottobre* 2018 – 19 October / *ottobre* 2019

Il Nodo di Gordio nel mondo globale
Matteo Vegetti 911

Orienti e Occidenti. L'Europa tra sovranismi e sfide globali
Giacomo Marramao 926

Il capitalismo tra Occidente e Oriente
Paolo Perulli 963

Occident and Orient, the Knot, the Mean, and the Heart: A Perspective from the Psychology of the Heart
Heyong Shen 申荷永 984

«易经» 哲学：解开中国与西方世界之"结"的一种可能性路径
张文智 [Wenzhi Zhang] 1001

The Philosophy of the Yijing *(Classic of Changes): A Possible Approach to Undoing the Knot between China and the Western World*
Wenzhi Zhang [张文智] 1025

Presentations of the Eranos School Seminar
Bond, Solitude, and Digital Sociality:
Freud and Jung One Hundred Years Later

Presentazioni del seminario della Scuola di Eranos
Legame, solitudine e socialità digitale:
Freud e Jung cento anni dopo

Monte Verità, Ascona, 26 November / *novembre* 2021

Oggetto e ideale nell'orizzonte del legame contemporaneo
Matteo Bonazzi 1069

Massa scopica e massa tattile
Federico Leoni 1079

I Tipi psicologici *fra tradizione, controversie e modernità*
Riccardo Bernardini 1093

Authors' Biographies / Biografie degli autori 1119

List of the Eranos Yearbooks /
Elenco degli Annali di Eranos
I / 1933 - LXXV / 2019-2020-2021 1147

List of the Eranos Lectures and Contributions /
Elenco delle conferenze e dei contributi di Eranos
1933 - 2021 1200

Preface

The seventy-fifth *Eranos Yearbook* presents the cultural initiatives carried out by the Eranos Foundation during the three-year period 2019–2020–2021. The Reader will find there, as usual, the texts of the lectures given as part of the Annual Conferences (*Eranos Tagungen*), the Eranos-Jung Lectures, and the Eranos School Seminars.

The four-day 2019 Eranos Conference, held from September 4 to 7 at Casa Eranos, in Ascona-Moscia, was dedicated to the theme "The Names of the Absolute. Cultures and Eras in the Presence of the Fundament: Myth, Religion, Philosophy, Science." God, Being, One, All, Beginnings, Eternity, Origin – these are names through which, over the centuries, humanity has tried to name something that is beyond the visible (and perhaps beyond reason) and yet establishes and penetrates it, giving it form and meaning. Something which, however, always resides beyond our cognitive, logical, and rational capacities, and which nevertheless is not completely precluded from experience or intuition: a foundation with which reason and knowledge never cease to confront each other, but never succeed in coming to terms with it because of an incommensurability that puts our own finitude into play. How many and which names have been given to the "Absolute"? What does this need to name what knowledge meets as unmanageable and ultimately unknowable answer? With the idea of debating around these and other questions, in keeping with tradition, the meeting had the ambition of fostering dialogue between personalities from different disciplinary backgrounds, with the aim of shedding unprecedented light on the chosen theme. Each talk,

Prefazione

Il settantacinquesimo Annale di Eranos *presenta le iniziative culturali realizzate dalla Fondazione Eranos nel corso del triennio 2019-2020-2021. Il Lettore vi troverà, come di consueto, i testi delle conferenze tenute nell'ambito dei Convegni annuali* (Eranos Tagungen), *delle Letture magistrali* (Eranos-Jung Lectures) e dei seminari della Scuola di Eranos (Eranos School Seminars).

Il Convegno di Eranos del 2019, articolato in quattro giorni, dal 4 al 7 settembre, presso Casa Eranos, ad Ascona-Moscia, è stato dedicato al tema "I nomi dell'Assoluto. Culture ed epoche al cospetto del fondamento: mito, religione, filosofia, scienza". Dio, Essere, Uno, Tutto, Principio, Eternità, Origine: sono nomi attraverso i quali nei secoli si è cercato di nominare qualcosa che è al di là del visibile e tuttavia lo istituisce e compenetra dandogli forma e senso. Qualcosa che sfida però anche le nostre capacità cognitive, logiche e razionali, perché non è del tutto precluso all'esperienza o all'intuizione: un fondamento con il quale la ragione e la conoscenza non smettono di confrontarsi, senza però mai riuscire a venirne a capo per una incommensurabilità che mette in gioco la nostra stessa finitudine. Quanti e quali nomi sono stati dati all'"Assoluto"? A che cosa risponde questa necessità di nominare ciò che la conoscenza incontra come non padroneggiabile e, in ultima analisi, inconoscibile? Con l'idea di confrontarsi attorno a questi e altri interrogativi, come da tradizione, l'incontro ha avuto l'ambizione di favorire il dialogo tra personalità di diverse provenienze disciplinari, con l'obiettivo di gettare una luce inedita sul tema prescelto. Ogni intervento, di due ore e diviso in due parti, è stato tenuto in lingua originale.

I relatori invitati sono stati Hervé Clerc (Nizza), Franco Ferrari

two hours long and divided into two parts, was given in the original language.

The invited speakers were Hervé Clerc (Nice), Franco Ferrari (University of Pavia), Grazia Shōgen Marchianó (University of Siena-Arezzo and Fondo Scritti Elémire Zolla, Montepulciano), Silvano Tagliagambe (University of Sassari), Vana Xenou (National Technical University of Athens NTUA), and Paolo Zellini (University of Rome "Tor Vergata"). The conference was organized in collaboration with the Doctoral Program in Transcultural Humanistic Studies of the University of Bergamo and the Doctoral Program in Philosophy of the University of Pisa and the University of Florence: the brilliant contributions of the Ph.D. students were moderated by their respective Professors – Adriano Fabris (University of Pisa and Faculty of Theology of Lugano), Franco Giudice (Università Cattolica del Sacro Cuore, Milan), and Amelia Valtolina (University of Bergamo); as in the previous *Yearbook*, those papers are available in a digital appendix to this book, which collects the doctoral presentations given in the three-year period 2019–2020–2021.

The 2020 Eranos Conference, held from September 3 to 5 at Casa Eranos, in Ascona-Moscia, for the first time in hybrid mode (simultaneously in-person and remote, for measures to contain the COVID-19 pandemic), was dedicated to the theme "Rebirth: Life Threatened and the Passion for Life." Never as today, the different forms of life are confronted with the risk of their own impairment, when not with the evidence of their extinction. The process of civilization shows itself in all its contradictions. But life is also always the history of its rebirth. Each crisis brings with it the ridge of a new blossoming. In our contemporaneity, the desire for rebirth goes so far as to embrace the post-human dream of hybrid life forms freed from death or of a life completely organized by algorithmic rationality. Both are cases of a "passion for life" so powerful that we believe we can escape our own finitude. Both are radical forms of a desire for life in which an old vice, that of omnipotence, re-emerges. But we

(Università di Pavia), Grazia Shōgen Marchianó (Università di Siena-Arezzo e Fondo Scritti Elémire Zolla, Montepulciano), Silvano Tagliagambe (Università di Sassari), Vana Xenou (National Technical University of Athens NTUA) e Paolo Zellini (Università degli Studi di Roma "Tor Vergata"). Il Convegno è stato organizzato in collaborazione con il Dottorato di ricerca in Studi umanistici transculturali dell'Università di Bergamo e il Dottorato di ricerca in Filosofia dell'Università di Pisa e dell'Università di Firenze: i brillanti contributi dei Dottorandi di ricerca, moderati dai rispettivi Docenti – Adriano Fabris (Università di Pisa e Facoltà di Teologia di Lugano), Franco Giudice (Università Cattolica del Sacro Cuore, Milano) e Amelia Valtolina (Università di Bergamo) –, come già per il precedente Annale, *sono disponibili in una appendice digitale al presente volume, la quale raccoglie le presentazioni dottorali tenute nel triennio 2019-2020-2021.*

Il Convegno di Eranos del 2020, tenutosi dal 3 al 5 settembre presso Casa Eranos, ad Ascona-Moscia, e per la prima volta in modalità idrida (simultanemente in presenza e a distanza, per le misure di contenimento della pandemia da COVID-19), è stato dedicato al tema "Rinascere: la vita minacciata e la passione per la vita". Mai come oggi, le diverse forme di vita sono confrontate al rischio della propria menomazione, quando non all'evidenza della loro estinzione. Il processo della civiltà si mostra oggi in tutte le sue contraddizioni. La vita è però anche sempre il racconto della sua rinascita. Ogni crisi porta con sé il crinale di una nuova fioritura. Nella nostra contemporaneità, il desiderio della rinascita si spinge sino ad abbracciare il sogno post-umano di forme di vita ibride liberate dalla morte oppure di una vita completamente organizzata dalla razionalità algoritmica. Sono entrambi casi di una "passione della vita" così potente da credere di poter sfuggire alla propria finitudine. Sono entrambe forme radicali di un desiderio di vita in cui riemerge un vecchio vizio, quello dell'onnipotenza e della tracotanza. Possiamo però anche pensare alla rinascita in termini radicalmente diversi. E cioè interrogando il nostro modello di civiltà, per chiedersi su quali nuove basi esso debba essere reimpostato. Che cosa ci dicono a questo riguardo

can also think of rebirth in radically different terms. That is, by questioning our model of civilization, to ask on what new basis it should be resettled. What do myths and religions tell us about this? Is there a "passion for life," which is expressed through mythical and religious narratives, through great metaphors that tell how life and death are each other's reverberations? And is there a lesson for the present in all this?

Gianfranco Bonola (Roma Tre University), Stefano Poggi (University of Florence), Davide Tarizzo (University of Salerno), and Jean-Jacques Wunenburger (Université Jean Moulin Lyon 3) were involved as lecturers. Adriano Fabris (University of Pisa and Faculty of Theology of Lugano), Franco Ferrari (University of Pavia), Franco Giudice (Università Cattolica del Sacro Cuore, Milan), and Amelia Valtolina (University of Bergamo) participated as discussants. The symposium was organized in collaboration with the Doctoral Program in Transcultural Humanistic Studies of the University of Bergamo and the Doctoral Program in Philosophy of the University of Pisa and the University of Florence, joined by the Doctoral Program in Religious Studies of the Faculty of Theology of Lugano. Presentations by the Ph.D. students were again reserved for the final day of the *Tagung*.

The 2021 Eranos Conference, scheduled for September 9–11 at Casa Eranos, in Ascona-Moscia, again in hydrid mode, was dedicated to the theme "Ties. Form and Destiny of Relationships in the Age of Self-Referentiality: The Challenge of the Community to Rediscover." A society that thinks of itself only from the free action of self-referential individuals, oriented solely to the pursuit of their own interests, is a society incapable of preserving itself. In the long run, only a society with a strong sense of community will be able to offer its citizens concrete opportunities for growth. Where there are only self-loving daffodils, there is no room for recognition of oneself and of others, since relationships of reciprocity are supplanted by mere relations of power. The challenges we face today require us to break out of this regressive model. To do so, however, we must

i miti e le religioni? Vi è una "passione della vita" che si esprime attraverso le narrazioni mitiche e religiose, attraverso grandi metafore che raccontano come vita e morte siano l'una il riverbero dell'altra? Vi è in tutto ciò una lezione per il presente?

Sono stati coinvolti come relatori Gianfranco Bonola (Università degli Studi Roma Tre), Stefano Poggi (Università degli Studi di Firenze), Davide Tarizzo (Università di Salerno) e Jean-Jacques Wunenburger (Université Jean Moulin Lyon 3). Hanno partecipato come discussant Adriano Fabris (Università di Pisa e Facoltà di Teologia di Lugano), Franco Ferrari (Università di Pavia), Franco Giudice (Università Cattolica del Sacro Cuore, Milano) e Amelia Valtolina (Università di Bergamo). Il simposio è stato organizzato in collaborazione con il Dottorato di ricerca in Studi umanistici transculturali dell'Università di Bergamo e il Dottorato di ricerca in Filosofia dell'Università di Pisa e dell'Università di Firenze, cui si è aggiunto il Dottorato di ricerca in Scienze religiose della Facoltà di Teologia di Lugano. Alle presentazioni dei Dottorandi di Ricerca è stato nuovamente riservato il giorno conclusivo della Tagung.

Il Convegno di Eranos del 2021, previsto dal 9 all'11 settembre presso Casa Eranos, ad Ascona-Moscia, e nuovamente in modalità idrida, è stato dedicato al tema "Legàmi. Forma e destino delle relazioni nell'epoca dell'autorefrenzialità: la sfida della comunità da riscoprire". Una società che si pensi solo a partire dalla libera azione di individui autoreferenziali, orientati unicamente al perseguimento dei propri interessi, è una società incapace di preservare se stessa. Sul lungo periodo, solo una società con un forte senso di comunità si rivela in grado di offrire ai suoi cittadini concrete occasioni di crescita. Là dove vi sono solo narcisi innamorati di sé non vi è alcuno spazio per il riconoscimento proprio e altrui, poiché le relazioni di reciprocità sono soppiantate da meri rapporti di potere. Le sfide cui oggi siamo confrontati impongono di uscire da questo modello regressivo. Per farlo, dobbiamo però rivedere completamente le dinamiche di valorizzazione che informano il nostro auto-riconoscimento: occorre imparare a confrontarsi con altre narrazioni di sé, dove fragilità e vulnerabilità non siano effetti di una

completely revise the dynamics of valorization, which inform our self-recognition: we must learn to deal with other narratives of self, where fragility and vulnerability are not effects of a fault to be assigned to someone, but elements of a condition capable of giving depth and create sharing.

The Foundation has dedicated this symposium to an extraordinary figure in the history of contemporary medicine, luminary Peter Anton Miescher (1923–2020), and to his wife Annatina (1924–2016), life companion, privileged interlocutor, and sensitive painter. A pioneer in the study of autoimmune diseases, Peter Anton Miescher was Professor of Medicine at Bellevue Medical Center of New York University; Professor and Director of the Transfusion Center and Division of Clinical and Experimental Hematology at the University of Geneva; Consultant of Clinical Immunohematology to the World Health Organization; and Consultant for the Chinese Ministry of Health. His theoretical and experimental studies, as well as his clinical practice, combined with an innovative and intrepid spirit, allowed him to make important discoveries whose outcome, ultimately, was to revolutionize the treatment of autoimmune diseases. A man of immense culture, collector and musician, curious humanist, in the last years of his life he wanted to share with the Eranos Foundation the organization of two *extra-muros* symposia, held at the museum of Tarasp Castle (2018 and 2019), on the great existential questions that affect our societies today. The friendship from which the Foundation was able to benefit also took the form of an important donation. For this reason, our annual *Tagungen* will be, also in the future, dedicated to his memory: a sign of appreciation and gratitude, as witnessed also by the biographical-scientific sheet prepared by Sandro Rusconi, Professor Emeritus of Biochemistry at the University of Fribourg (Switzerland), included in this volume.

The Conference hosted presentations by Giuseppe Cambiano (Scuola Normale Superiore, Pisa), Pascal Chabot (Institut des Hautes Études des Communications Sociales IHECS, Brussels), Jean-Luc

colpa da assegnare a qualcuno, ma elementi di una condizione capace di conferire profondità e creare condivisione.

La Fondazione ha dedicato questo simposio a una figura straordinaria della storia della medicina contemporanea, il luminare Peter Anton Miescher (1923-2020), e a sua moglie Annatina (1924-2016), compagna di vita, interlocutrice privilegiata, pittrice sensibile. Pioniere nello studio delle malattie autoimmuni, Peter Anton Miescher è stato Professore di Medicina al Bellevue Medical Center dell'Università di New York; Professore e Direttore del Centro Trasfusionale e della Divisione di Ematologia clinica e sperimentale all'Università di Ginevra; Consulente di Immunoematologia clinica per l'Organizzazione Mondiale della Sanità; e Consulente per il Ministero della Sanità cinese. I suoi studi teorici e sperimentali, così come la sua pratica clinica, unite a uno spirito innovativo e intrepido, gli hanno consentito di fare importanti scoperte, il cui esito, in ultima analisi, è stato quello di rivoluzionare la cura delle malattie autoimmuni. Uomo di immensa cultura, collezionista e musicista, umanista curioso, negli ultimi anni della sua vita ha voluto condividere con la Fondazione Eranos l'organizzazione di due simposi extra-muros, *svoltisi presso il Castello di Tarasp nel 2018 e nel 2019, sulle grandi questioni esistenziali che interessano oggi le nostre società. L'amicizia di cui la Fondazione ha potuto beneficiare si è anche tradotta in una importante donazione. Per questa ragione, le nostre* Tagungen *annuali saranno, anche in futuro, dedicate alla sua memoria: un segno di riconoscenza e gratidudine, come testimoniato anche dalla scheda biografico-scientifica preparata da Sandro Rusconi, Professore Emerito di Biochimica all'Università di Friborgo (Svizzera), accolta in questo volume.*

Il Convegno ha ospitato inoltre le relazioni di Giuseppe Cambiano (Scuola Normale Superiore, Pisa), Pascal Chabot (Institut des Hautes Études des Communications Sociales IHECS, Brussels), Jean-Luc Marion (Université Paris-Sorbonne – Paris IV, Paris) e Dimitri D'Andrea (Università di Firenze). Hanno partecipato come discussant Adriano Fabris (Università di Pisa e Facoltà di Teologia di Lugano), Franco Ferrari

Marion (Université Paris-Sorbonne – Paris IV, Paris), and Dimitri D'Andrea (University of Florence). Adriano Fabris (University of Pisa and Faculty of Theology of Lugano), Franco Ferrari (University of Pavia), Franco Giudice (Università Cattolica del Sacro Cuore, Milan), and Amelia Valtolina (University of Bergamo) participated as discussants. The last day of the symposium was again devoted to presentations by the Ph.D. students in Transcultural Humanistic Studies from the University of Bergamo, the Ph.D. students in Philosophy from the University of Pisa and the University of Florence, and the Ph.D. students in Religious Studies from the Faculty of Theology of Lugano.

With deep sadness and sincere emotion, this *Yearbook* wishes to remember Elena Pulcini (1950–2021), distinguished intellectual and intelligent and sensitive protagonist of cultural life and public debate in Italy, who prematurely passed away. A Ph.D. graduate from the Université Sorbonne Nouvelle – Paris 3, Elena Pulcini was Full Professor of Social Philosophy at the Department of Social and Political Sciences at the University of Florence. Her research has revolved around themes in philosophical anthropology and social philosophy, such as the theory of passions, modern individualism, the female subject, gift theory, and the ethics of care, with a focus on anthropological and social transformations in the global era. A Senior Fellow at the Center for Global Cooperation at the University of Duisburg-Essen (Germany), she has been an Editorial Board Member of several journals, including "Iride," "Iris," "La società degli individui," "Politica e società," and "Revue du Mauss." Her works, many of which have been translated into major European languages, include the following: *La famiglia al crepuscolo* (1987), *Amour-passion e amore coniugale. Rousseau e l'origine di un conflitto moderno* (1990), *Che genere di potere? Forme di potere e identità femminile. Progetto Now-Cassiopea: donne e empowerment* (with Vittoria Franco and Raffaella Baritono, 2000), *L'individuo senza passioni. Individualismo moderno e perdita del legame sociale* (2001), *Filosofie della globalizzazione* (co-edited

(Università di Pavia), Franco Giudice (Università Cattolica del Sacro Cuore, Milano di Bergamo) e Amelia Valtolina (Università di Bergamo). L'ultimo giorno del simposio è stato nuovamente dedicato alle presentazioni dei Dottorandi di ricerca in Studi umanistici transculturali dell'Università di Bergamo, dei Dottorandi di ricerca in Filosofia dell'Università di Pisa e dell'Università di Firenze, e dei Dottorandi di ricerca in Scienze religiose della Facoltà di Teologia di Lugano.

Con profonda tristezza e sincera commozione, questo Annale *desidera ricordare Elena Pulcini (1950-2021), raffinata intellettuale e protagonista intelligente e sensibile della vita culturale e del dibattito pubblico in Italia, premuaturamente scomparsa. Dottore di Ricerca all'Université Sorbonne Nouvelle – Paris 3, Elena Pulcini è stata Professore Ordinario di Filosofia sociale presso il Dipartimento di Scienze sociali e politiche dell'Università degli Studi di Firenze. Le sue ricerche hanno ruotato attorno ai temi dell'antropologia filosofica e della filosofia sociale, come la teoria delle passioni, l'individualismo moderno, il soggetto femminile, la teoria del dono e l'etica della cura, con particolare attenzione alle trasformazioni antropologiche e sociali nell'era globale. Senior Fellow presso il Centro per la Cooperazione Globale dell'Università di Duisburg-Essen (Germania), è stata Membro del comitato editoriale di diverse riviste, tra cui "Iride", "Iris", "La società degli individui", "Politica e società" e "Revue du Mauss". Tra le sue opere, molte delle quali tradotte nelle principali lingue europee, ricordiamo le seguenti:* La famiglia al crepuscolo *(1987),* Amour-passion e amore coniugale. Rousseau e l'origine di un conflitto moderno *(1990),* Che genere di potere? Forme di potere e identità femminile. Progetto Now-Cassiopea: donne e empowerment *(con Vittoria Franco e Raffaella Baritono, 2000),* L'individuo senza passioni. Individualismo moderno e perdita del legame sociale *(2001),* Filosofie della globalizzazione *(co-curato con Dimitri D'Andrea, 2001),* Il potere di unire. Femminile, desiderio, cura *(2003),* Umano post-umano. Potere, sapere, etica nell'età globale *(co-curato con Mariapaola Fimiani e Vanna Gessa Kurotschka, 2004),* La cura del mondo. Paura e responsabilità in età globale *(2009, Primo*

with Dimitri D'Andrea, 2001), *Il potere di unire. Femminile, desiderio, cura* (2003), *Umano post-umano. Potere, sapere, etica nell'età globale* (co-edited with Mariapaola Fimiani and Vanna Gessa Kurotschka, 2004), *La cura del mondo. Paura e responsabilità in età globale* (2009, Philosophy First Prize "Viaggio a Siracusa"), *Invidia. La passione triste* (2011), *Bene comune, beni comuni. Un dialogo tra teologia e filosofia* (2015), *"Specchio, specchio delle mie brame..." Bellezza e invidia* (2017), *Responsabilità, uguaglianza, sostenibilità. Tre parole-chiave per interpretare il futuro* (with Salvatore Veca, 2017), *Cura ed emozioni. Un'alleanza complessa* (2018), and the most recent *Tra cura e giustizia. Le passioni come risorsa sociale* (2020). She has lectured at Eranos on two occasions, with presentations on "Care, Emotions and the Vulnerable Subject," during the the August 2014 *Tagung*, "Care of the World and Care of the Self" (*Eranos Yearbook* 72/2013–2014, pp. 478-99), and "The Heresy of Gift," for the April 2018 Eranos School Seminar devoted to "The Mechanisms of Heresy. Old and New Forms of Exclusion and Repression." In the context of the 2021 *Tagung*, which was also attended by her husband Dario Squilloni, Psychologist Analyst and Jungian scholar, Adriano Fabris delivered a touching prologue in memory of Elena Pulcini, also published in this volume.

The 2019 Eranos-Jung Lectures, held at the Monte Verità Auditorium, Ascona, were dedicated to the theme "Politics and Techniques of Fear. The Shadow in the Era of the Crisis of Civilization, between Projection and Manipulation." The lectures aimed to reflect on the forms assumed by fear in our days, starting from the following questions: what is the name "fear" about, today? Why are there times when it seems convenient (and to whom?) to feed the feeling of fear through a more or less refined staging of threat? What is this feeling a symptom of, when we feel it as an alarming constant in our lives, and why is it always so willing to allow itself to be fed? Is there an "art of fear"? Who, today, are the "lords of fear"? Again, through a multidisciplinary gaze, an attempt has been made to get to the bottom of these and other questions, with the specific intention of

Premio di Filosofia "Viaggio a Siracusa"), Invidia. La passione triste *(2011),* Bene comune, beni comuni. Un dialogo tra teologia e filosofia *(2015),* "Specchio, specchio delle mie brame..." Bellezza e invidia *(2017),* Responsabilità, uguaglianza, sostenibilità. Tre parole-chiave per interpretare il futuro *(con Salvatore Veca, 2017),* Cura ed emozioni. Un'alleanza complessa *(2018) e il più recente* Tra cura e giustizia. Le passioni come risorsa sociale *(2020).* È stata relatrice a Eranos con due conferenze su "La cura, le emozioni e il soggetto vulnerabile", nell'*ambito della Tagung dell'agosto 2014, "Cura del mondo e cura di sé"* (Annale di Eranos *72/2013-2014, pp. 478-99), e "L'eresia del dono", nell'ambito del Seminario della Scuola di Eranos dell'aprile 2018 dedicato a "I meccanismi dell'eresia. Vecchie e nuove forme di esclusione e repressione". Nell'ambito della* Tagung *del 2021, a cui ha presenziato anche il marito Dario Squilloni, Psicologo Analista e studioso junghiano, Adriano Fabris ha tenuto una toccante prolusione in memoria di Elena Pulcini, pubblicata in questo volume.*

Il ciclo di Letture magistrali (Eranos-Jung Lectures*) del 2019, tenutesi presso l'Auditorium del Monte Verità, Ascona, è stato dedicato al tema "Politiche e tecniche della paura. L'ombra nell'epoca della crisi della civiltà, tra proiezione e manipolazione". Le conferenze hanno inteso riflettere sulle forme assunte dalla paura ai giorni nostri, partendo dalle seguenti domande: di che cosa è il nome "paura", oggi? Perché ci sono momenti in cui sembra conveniente (e a chi?) alimentare il sentimento della paura attraverso una più o meno raffinata messa in scena della minaccia? Di che cosa è sintomo questo sentimento, quando lo avvertiamo come una costante allarmante delle nostre vite, e perché esso è sempre così disponibile a lasciarsi nutrire? Esiste un'"arte della paura"? Chi sono, oggi, i "signori della paura"? Anche in questo caso, attraverso uno sguardo pluridisciplinare, si è cercato di venire a capo di queste e altre questioni, con l'intenzione precisa di offrire alcuni strumenti per "smascherare" i meccanismi attraverso i quali la paura viene provocata ad arte, cercando allo stesso tempo di comprenderne la radice antropologica. Rispetto a queste domande – come è nella tradizione di*

offering some tools to "unmask" the mechanisms through which fear is artfully provoked, while at the same time trying to understand its anthropological roots. With respect to these questions – as is in the tradition of Eranos – each lecturer was free to find his or her own path, in tune with his or her own interests, research, and the issues he or she is dealing with.

The cycle featured the following speakers: Enrica Lisciani-Petrini (University of Salerno), with a lecture titled "Fear and Power" (February 15); Rocco Ronchi (University of L'Aquila), with "Freedom and Fear: The Metaphysics of Populism" (May 17); Luigi Zoja (International Association for Analytical Psychology IAAP, Milan), with "The New Fear" (October 4); Davide Susanetti (University of Padua), with "Fear and the Courage of Speech. Dynamics of Emotion and Discourse in Classical Athens" (November 8); and Fabio Merlini (Eranos Foundation, Ascona and Swiss Federal University for Vocational Education and Training SFUVET), with "Fear and Crisis of Interiority" (December 6).

The 2020 edition of the Eranos-Jung Lectures, on the other hand, aimed to reflect on the "Hope and Crisis of the Future. Individual, Community, and Environment facing the Disillusionment with Progress." With innovation we experience an acceleration that involves every sphere of our lives. Everything is flowing at an unprecedented speed. But what is the direction and meaning of this continuous intensification of tasks and activities? If innovation seems to have replaced progress, after its promises have proven unfounded, it is not at all clear what future awaits us. Indeed, it is the future itself, as a temporal category, that appears to us as a nebula incapable of inscribing individuals, communities, and the environment in the design of harmonious development. Not only are each other threatened today by the risk of a natural catastrophe that includes them in a common destiny; there is also a threat from each other that tends to obscure this common destiny. Conflicts therefore multiply: between individuals; between individual and community; between

Eranos –, ogni relatore è stato libero di trovare un proprio percorso, in sintonia con i propri interessi, le proprie ricerche e i temi dei quali si sta occupando.

Il ciclo ha visto la partecipazione dei seguenti relatori: Enrica Lisciani-Petrini (Università di Salerno), con una conferenza dal titolo "Paura e potere" (15 febbraio); Rocco Ronchi (Università dell'Aquila), con "Libertà e paura: la metafisica del populismo" (17 maggio); Luigi Zoja (International Association for Analytical Psychology IAAP, Milano), con "La nuova paura" (4 ottobre); Davide Susanetti (Università di Padova), con "Paura e coraggio della parola. Dinamiche dell'emozione e del discorso nell'Atene classica" (8 novembre); e Fabio Merlini (Fondazione Eranos, Ascona e Scuola Universitaria Federale per la Formazione Professionale SUFFP), con "Paura e crisi dell'interiorità" (6 dicembre).

L'edizione 2020 delle Eranos-Jung Lectures *ha invece voluto riflettere sulla "Speranza e crisi del futuro: individuo, comunità e ambiente di fronte al disincanto del progresso". Con l'innovazione facciamo esperienza di una accelerazione che coinvolge ogni sfera della nostra vita. Tutto scorre a una velocità inaudita. Ma qual è la direzione e il senso di questa continua intensificazione di compiti e attività? Se l'innovazione sembra essersi sostituita al progresso, dopo che le sue promesse si sono rivelate infondate, non è per niente chiaro quale sarà il futuro che ci attende. Anzi è il futuro stesso, come categoria temporale, ad apparirci quale nebulosa incapace di inscrivere individui, comunità e ambiente nel disegno di uno sviluppo armonico. Non solo gli uni e gli altri sono oggi minacciati dal rischio di una catastrofe naturale che li include in un destino comune; vi è anche una minaccia degli uni nei confronti degli altri che tende ad oscurare questo destino comune. I conflitti quindi si moltiplicano: tra individui; tra individuo e comunità; tra comunità e ambiente. In un quadro di questo tipo, quali sono oggi le figure della speranza? Possiamo ancora pensare a un futuro che non sia solo il portato dell'innovazione tecnologica, ma un diverso progetto di società?*

I relatori intervenuti presso l'Auditorium del Monte Verità sono

community and environment. In such a framework, what are the figures of hope today? Can we still think of a future that is not only the result of technological innovation, but a different project of society?

The speakers at the Monte Verità Auditorium were, in this case, Gian Piero Quaglino (Institute of Analytical Psychology and Psychotherapy IPAP, Ivrea), with a lecture entitled "Hope: The Decalogue is This" (February 7); Silvia Vegetti Finzi (Psychoanalyst, Milan), with "Maternal Creativity as a Promise of the Future" (May 15, held in a reduced format online only due to limitations related to measures to contain the COVID-19 pandemic); Romano Màdera (University of Milano-Bicocca and School of Philosophical Practices Philo, Milan), with "Renewing the Spirit of Utopia by Rethinking the Gift of Tradition" (October 2); and Roberto Mordacci (Università Vita-Salute San Raffaele, Milan), with "Future as Permanent Utopia" (October 16).

The 2021 Eranos-Jung Lectures, also held at the Monte Verità Auditorium and, since the previous year, in a hybrid mode, were dedicated to the theme "Meditations on Freedom. Autonomy in the Mirror of Vulnerability, between Paranoia and Responsibility." Abandoned to its sole desire for affirmation, freedom runs the risk of becoming an instrument of oppression. For this reason, freedom must be protected from itself. And the only way to do this is to associate the exercise of freedom with a sense of responsibility. Faced with our vulnerability, in the complication of the multiple crises to which we are exposed today (economic, health, ecological, interior...), we must learn to rethink the idea of freedom in the light of the obligations that make each of us a "being of relationships." Committing ourselves to this path means giving a chance to our unassailable fragility, so that it can consciously resist the temptation of paranoid behavior: a temptation, after all, always lurking, whose final outcome is tyranny.

The speakers involved in that cycle were Claudia Baracchi (University of Milano-Bicocca and School of Philosophical Practices

stati, in questo caso, Gian Piero Quaglino (Istituto di Psicologia Analitica e Psicoterapia IPAP, Ivrea), con una conferenza dal titolo "Speranza: il decalogo è questo" (7 febbraio); Silvia Vegetti Finzi (Psicoanalista, Milano), con "La creatività materna come promessa di futuro" (15 maggio, tenuta in formato ridotto solo online per le limitazioni legate alle misure di contenimento della pandemia di COVID-19); Romano Màdera (Università degli Studi di Milano-Bicocca e Scuola Superiore di Pratiche Filosofiche Philo, Milano), con "Rinnovare lo spirito dell'utopia ripensando il dono della tradizione" (2 ottobre); e Roberto Mordacci (Università Vita-Salute San Raffaele, Milano), con "Futuro come utopia permanente" (16 ottobre).

Le Eranos-Jung Lectures *del 2021, organizzate sempre presso l'Auditorium del Monte Verità e, dall'anno precedente, in modalità ibrida, sono state dedicate al tema "Meditazioni sulla libertà. L'autonomia allo specchio della vulnerabilità, tra paranoia e responsabilità". Abbandonata al suo solo desiderio di affermazione, la libertà rischia di trasformarsi in uno strumento di sopraffazione. Per questo, si potrebbe dire, la libertà va protetta anche da se stessa. E l'unico modo per farlo è associare all'esercizio della libertà il senso della responsabilità. Confrontati alla nostra vulnerabilità, nella complicazione delle molteplici crisi cui oggi siamo soggetti (economica, sanitaria, ecologica, interiore...), dobbiamo imparare a ripensare l'idea della libertà alla luce delle obbligazioni che fanno di ognuno di noi un "essere di relazioni". Impegnarsi lungo questa via significa dare una chance alla nostra fragilità inaggirabile, affinché essa resista consapevolmente alla tentazione dei comportamenti paranoici: una tentazione, del resto, sempre in agguato, il cui esito finale è la tirannia.*

Sono intervenuti come relatori Claudia Baracchi (Università degli Studi di Milano-Bicocca e Scuola Superiore di Pratiche Filosofiche Philo, Milano), con una conferenza su "Il grande prigioniero. Libertà, limite e i confini della psyche" (23 aprile); Barbara Gallavotti ("Superquark", "Ulisse" e "Quinta Dimensione", Radiotelevisione Italiana RAI, Zurigo), con "La libertà nella stretta della pandemia" (21 maggio); Sarantis

Philo, Milan), with a lecture on "The Great Prisoner. Freedom, Limit, and the Boundaries of the Psyche" (April 23); Barbara Gallavotti ("Superquark", "Ulisse," and "Quinta Dimensione", Italian Radiotelevision RAI, Zurich), with "Freedom in the Grip of the Pandemic" (May 21); Sarantis Thanopulos (Italian Psychoanalytic Society SPI, Naples), with "Freedom and the Equal Exchange between Differences" (June 4); Gianfranco Pasquino (University of Bologna), with "The Freedom of Others" (October 15); and Fabio Merlini (Eranos Foundation, Ascona and Swiss Federal University for Vocational Education and Training SFUVET), with "The Future We Don't Want" (December 10).

Finally, between 2019 and 2021, the Foundation promoted a series of seminar meetings in the context of the Eranos School, in which an opportunity was offered to discuss psychological, philosophical, and cultural issues in even greater depth. Due to their "workshop" character, flanking the more strictly academic initiatives promoted by Eranos, this *Yearbook* can only partially document these initiatives.

The 2019 Eranos School events were two in number. The first one, "The Art of C.G. Jung" (May 25, Sala Balint, Monte Verità, Ascona), featured Thomas Fischer (Foundation of the Works of C.G. Jung, Zurich), Bettina Kaufmann (Foundation of the Works of C.G. Jung, Zurich), and Romano Màdera (University of Milano-Bicocca and School of Philosophical Practices Philo, Milan). For Carl Gustav Jung, among the tutelary deities of the Eranos Conferences, art was indeed the secret loving companion of his entire life. He drew, painted, sculpted, carved wood, and designed architecture with the mastery and versatility of a Renaissance artist. The desire to finally admire the treasures that never came out of the family archives was answered – after the publication of the *Liber Novus* or *Red Book* in 2009 – by another extraordinary volume, *The Art of C.G. Jung*, released by the Foundation of the Works of C.G. Jung in 2018 and presented on this occasion in the Italian edition, as part of an initiative organized by the Eranos Foundation, in collaboration with the Foundation of

Thanopulos (Società Psicoanalitica Italiana SPI, Napoli), con "La libertà e lo scambio paritario tra le differenze" (4 giugno); Gianfranco Pasquino (Università di Bologna), con "La libertà degli altri" (15 ottobre); e Fabio Merlini (Fondazione Eranos, Ascona e Scuola Universitaria Federale per la Formazione Professionale SUFFP*), con "Il futuro che non vogliamo" (10 dicembre).*

La Fondazione ha infine promosso, tra il 2019 e il 2021, una serie di incontri seminariali nell'ambito della Scuola di Eranos (Eranos-School)*, in cui è stata offerta l'opportunità di confrontarsi ancora più in profondità su questioni di carattere psicologico, filosofico e culturale. Per il loro carattere "laboratoriale", affiancando le iniziative più strettamente accademiche promosse da Eranos, questo* Annale *può documentare solo in parte queste iniziative.*

Gli appuntamenti della Scuola di Eranos del 2019 sono stati due. Il primo, "L'arte di C.G. Jung" (25 maggio, Sala Balint, Monte Verità, Ascona), ha visto la partecipazione di Thomas Fischer (Foundation of the Works of C.G. Jung, Zurigo), Bettina Kaufmann (Foundation of the Works of C.G. Jung, Zurigo) e Romano Màdera (Università degli studi Milano-Bicocca e Scuola Superiore di Pratiche Filosofiche Philo, Milano). Per Carl Gustav Jung, tra i numi tutelari dei Convegni di Eranos, l'arte fu infatti l'amorosa compagna segreta di tutta la vita. Disegnò, dipinse, scolpì, intagliò il legno, progettò architetture con la maestria e la versatilità di un artista rinascimentale. Al desiderio di ammirare finalmente i tesori mai usciti dagli archivi di famiglia ha risposto – dopo la pubblicazione del Liber Novus *o* Libro rosso *nel 2009 – un altro straordinario volume,* L'arte di C.G. Jung*, edito dalla Fondazione delle Opere di C.G. Jung nel 2018 e presentato in questa occasione nell'edizione italiana, nell'ambito di una iniziativa realizzata dalla Fondazione Eranos, in collaborazione con la Foundation of the Works of C.G. Jung (Zurigo), Bollati Boringhieri Editore (Torino) e la Fondazione Monte Verità (Ascona).*

Una ulteriore iniziativa, anch'essa organizzata in collaborazione con la Fondazione Monte Verità, è stata la seconda edizione del progetto seminariale "Mundaneum. Oriente e Occidente nel mondo globale",

the Works of C.G. Jung (Zurich), Bollati Boringhieri Editore (Turin), and the Monte Verità Foundation (Ascona).

A further initiative, also organized in collaboration with the Monte Verità Foundation, was the second edition of the seminar project "Mundaneum. East and West in the Global World," held on October 19 at the Balint Hall of the Monte Verità Congress Center in Ascona. The first edition had been held on October 13, 2018 at the same venue. "Mundaneum" – from the name chosen by Le Corbusier and Paul Otlet for a world cultural center located in Geneva – aimed to be a series of events dedicated to the transformations of the global world and the challenges that affect it; a meeting place between different disciplines, a public laboratory of ideas to know and understand the present. The relationship between East and West – perhaps the deepest structure in world history – has always been marked by conflicts between irreconcilable political and religious orders, but also by economic exchanges and cultural hybridizations so decisive as to generate a genuine "knot" between opposites. More essentially, the East has always provided the West with a mirror paradigm against which to formulate, by difference or antithesis, by analogy or mimesis, its own identity. In two writings from the 1950s collected in a book entitled *The Gordian Knot*, Ernst Jünger and Carl Schmitt had engaged in a profound discussion on the subject. The Cold War represented, in their eyes, the last figure in the epic contest between Asia and Europe, and therefore offered a unique opportunity to measure the destinies of the earth. Our world, the global world, however, begins with the end of that historical order and a general reformulation of the "node" and its implications. Today it is increasingly difficult to define what the West is, and Europe's own position in the world has become highly problematic, while the East is going through, in political and economic terms, a phase of metamorphosis without historical precedent. In all this, the East-West plexus has not ceased to engender lines of tension and conflict. Just think of the Islamic question, which, often confused with that

svoltasi il 19 ottobre presso la Sala Balint del Centro congressuale Monte Verità, ad Ascona. La prima edizione si era tenuta il 13 ottobre 2018 presso la medesima sede. "Mundaneum" *- dal nome scelto da Le Corbusier e Paul Otlet per un centro culturale mondiale situato a Ginevra –, è stato ideato come una serie di appuntamenti dedicati alle trasformazioni del mondo globale e alle sfide che lo investono; un luogo di incontro tra discipline diverse, un laboratorio pubblico di idee per conoscere e comprendere il presente. Il rapporto tra Oriente e Occidente – forse la struttura più profonda della storia del mondo – è stato sempre segnato da conflitti tra ordini politici e religiosi inconciliabili, ma anche da scambi economici e ibridazioni culturali tanto decisivi da generare un autentico "nodo" tra gli opposti. Più essenzialmente, l'Oriente ha sempre fornito all'Occidente un paradigma speculare rispetto al quale formulare, per differenza o antitesi, per analogia o mimesi, la propria identità. In due scritti degli anni '50 raccolti in un libro intitolato* Il nodo di Gordio, *Ernst Jünger e Carl Schmitt avevano avviato un confronto profondo sul tema. La guerra fredda rappresentava, ai loro occhi, l'ultima figura dell'epica contesa tra Asia e Europa, e perciò offriva una occasione unica per misurare i destini della terra. Il nostro mondo, il mondo globale, comincia però con la fine di quell'ordine storico e con una generale riformulazione del "nodo" e delle sue implicazioni. Oggi è sempre più difficile definire cosa sia l'Occidente, e la stessa posizione dell'Europa nel mondo si è fatta altamente problematica, mentre l'Oriente sta attraversando, in termini politici ed economici, una fase di metamorfosi senza precedenti storici. In tutto questo, il plesso orientale-occidentale non ha smesso di ingenerare linee di tensione e di conflitto. Basta pensare alla questione islamica che, spesso confusa con quella dei migranti, alimenta una "geografia della paura" nella quale riaffiorano antichi spettri. Il pensiero filosofico, politico, sociologico e psicologico sono dunque chiamati a misurarsi con questo mutamento strutturale, cominciando da alcune questioni fondamentali: cos'*è, oggi, l'*"Occidente"? L'"Oriente" è ancora produttivo di identità per l'Europa? Dove passano i confini tra i due mondi? Quali disegni egemonici si*

of migrants, fuels a "geography of fear," in which ancient spectres resurface. Philosophical, political, sociological, and psychological thought are therefore called to measure themselves against this structural change, beginning with some fundamental questions: what is, today, the "West"? Is the "East" still productive of identity for Europe? Where do the boundaries between the two worlds cross? What hegemonic designs confront each other internationally? The original "knot" has become, in the current era, a "knot of knots," each representing a global challenge to be understood.

The lecturers of the first edition were Giacomo Marramao (Roma Tre University), Paolo Perulli (University of Eastern Piedmont), and Matteo Vegetti (University of Applied Sciences of Southern Switzerland SUPSI, Lugano and University of Italian Switzerland USI – Academy of Architecture, Mendrisio), chaired by Fabio Merlini (Eranos Foundation, Ascona and Swiss Federal University for Vocational Education and Training SFUVET, Lugano). The speakers of the second edition, on the other hand, were Lucio Caracciolo (LUISS "Guido Carli" University and "Limes," Rome), Heyong Shen (South China Normal University SCNU, Guǎngzhōu, Fudan University, Shànghǎi, and City University of Macau, Taipa), Zhang Wenzhi (Shandong University, Jinan), and Matteo Vegetti, chaired by Fabio Merlini and Riccardo Bernardini (Eranos Foundation, Ascona).

Two initiatives took place in 2021 as part of the Eranos School. On the occasion of the centenary of the publication of two capital texts of psychoanalytic and psychodynamic thought, Sigmund Freud's *Group Psychology and the Analysis of the Ego* (1921) and Carl Gustav Jung's *Psychological Types* (1921), the Eranos Foundation organized an afternoon of studies on November 26 at the Monte Verità Auditorium, on the theme "Bond, Solitude, and Digital Sociality: Freud and Jung One Hundred Years Later." Today's bonds are increasingly unstable, digitally modified, capable of throwing us into the hypnotic intoxication of massification as well as abandoning us to the darkest solitude. When we take part in a group, when we act within it,

confrontano sul piano internazionale? Il "nodo" originario è divenuto, nell'epoca attuale, un "nodo di nodi", ognuno dei quali rappresenta una sfida globale da comprendere.

I relatori della prima edizione sono stati Giacomo Marramao (Università degli Studi Roma Tre), Paolo Perulli (Università del Piemonte Orientale) e Matteo Vegetti (Scuola Universitaria Professionale della Svizzera Italiana SUPSI, Lugano, e Università della Svizzera Italiana USI - Accademia di Architettura, Mendrisio), con la moderazione di Fabio Merlini (Fondazione Eranos, Ascona, e Scuola Universitaria Federale per la Formazione Professionale SUFFP, Lugano). I relatori della seconda edizione sono invece stati Lucio Caracciolo (Libera Università Internazionale degli Studi Sociali LUISS "Guido Carli" e "Limes", Roma), Heyong Shen (South China Normal University SCNU, Guǎngzhōu, Fudan University, Shànghǎi, and City University of Macau, Taipa), Zhang Wenzhi (Shandong University, Jinan) e Matteo Vegetti, con la moderazione di Fabio Merlini e Riccardo Bernardini (Fondazione Eranos, Ascona).

Nel 2021 si sono svolte due iniziative nell'ambito della Scuola di Eranos. In occasione del centenario della pubblicazione di due testi capitali del pensiero psicoanalitico e psicodinamico, Psicologia delle masse e analisi dell'Io di Sigmund Freud (1921) e Tipi psicologici di Carl Gustav Jung (1921), la Fondazione Eranos ha organizzato un pomeriggio di studi, il 26 novembre, presso l'Auditorium del Monte Verità, sul tema "Legame, solitudine e socialità digitale: Freud e Jung cent'anni dopo". I legami contemporanei sono sempre più instabili, digitalmente modificati, capaci di gettarci nell'ebbrezza ipnotica della massificazione come anche di abbandonarci alla solitudine più cupa. Quando prendiamo parte a un gruppo, quando agiamo al suo interno, che cosa sostiene il nostro legame e da dove deriva la potenza da cui ci sentiamo abitati? Che cosa accade alla nostra responsabilità, ai nostri istinti, alle nostre emozioni, quando la nostra persona viene socializzata dalla moltitudine, nei luoghi e nelle forme attraverso cui si esprime di volta in volta? Sono tutti interrogativi che oggi tornano alla ribalta in ragione dei dispositivi di comunicazione offertici dalle nuove tecnologie. Come possiamo vedere

what sustains our bond and from where does the power by which we feel inhabited come from? What happens to our responsibility, our instincts, our emotions, when we are socialized by the multitude, in the places and forms through which it expresses itself from time to time? These are all questions that come to the fore today because of the communication devices offered to us by new technologies. We can well see all this in the new forms of virtual aggregation, in its forms of giving body to the different online communities, with concrete consequences on the way of doing politics, of understanding relationships, of generating conflicts. But they are also questions at the heart of a work, now a classic, of which this year marks the centenary of its publication: *Group Psychology and the Analysis of the Ego* by Sigmund Freud. From a classic we always have something to learn to better understand what we are living today, and it is in this sense that we will try to question the Freudian essay starting from the notions of identification and falling in love, with which the author explains the functioning of the bond. Not only that, we will also try to question these themes in the light of another classic whose centenary of publication is being celebrated: *Psychological Types* by Carl Gustav Jung. With a completely different approach, although published in the same year as the Freudian essay, Jung's study tries to find in the inescapable variety of human experience some "forms" or "structures," also building on some of the insights of Otto Gross (whose existential path intercepts the experience of Monte Verità almost thirty years before Jung's arrival at Eranos) that founded the now well-known Jungian concepts of extroversion and introversion. The evening will try not only to put in tension the two essays, but also and above all to verify how much the categories discussed by the two authors (in Jung's case, already problematized by James Hillman in a memorable lecture held at Eranos in 1976, "Egalitarian Typologies versus the Perception of the Unique," *Eranos Yearbook* 45/1976, pp. 221–79) help us to shed light on some of the social phenomena that today direct our ways of living, thinking,

bene nelle nuove forme di aggregazione virtuale, nelle sue forme di dare corpo alle diverse comunità on line, con conseguenze concrete sul modo di fare politica, di intendere le relazioni, di generare conflitti. Ma sono anche domande al centro di un'opera, ormai un classico, di cui ricorre quest'anno il centenario della pubblicazione: Psicologia delle masse e analisi dell'Io *di Sigmund Freud. Da un classico abbiamo sempre qualcosa da imparare per capire meglio quanto stiamo vivendo oggi, ed è in questo senso che si è cercato di interrogare il saggio freudiano a partire dalle nozioni di identificazione e innamoramento con le quali si spiega il funzionamento del legame. Non solo, durante l'incontro, ci si è anche interrogati su di un altro classico di cui si celebra il centenario della pubblicazione:* Tipi psicologici *di Carl Gustav Jung. Di impostazione completamente diversa, pur pubblicato nel medesimo anno del saggio freudiano, lo studio di Jung cerca di rintracciare nell'ineludibile varietà dell'esperienza umana una qualche "forma" o "struttura", facendo proprie anche alcune intuizioni di Otto Gross (il cui percorso esistenziale intercetta l'esperienza di Monte Verità quasi trent'anni prima dell'arrivo di Jung a Eranos) che fondarono gli ormai ben noti concetti junghiani di estroversione e introversione. La serata non solo ha messo in tensione i due saggi, ma anche e soprattutto di cercato di verificare quanto le categorie discusse dai due autori (nel caso junghiano, già problematizzate da James Hillman in una memorabile conferenza tenuta a Eranos nel 1976, "Egalitarian Typologies versus the Perception of the Unique",* Annale di Eranos *45/1976, pp. 221–79) ci aiutino a fare luce su alcuni dei fenomeni sociali che indirizzano oggi i nostri modi di vivere, di pensare e di riflettere su noi stessi: non da ultimo, su alcune delle forme più regressive del narcisismo digitale contemporaneo.*

Nell'ambito di questo incontro, promosso in collaborazione con il Centro di ricerca "Tiresia. Filosofia e psicoanalisi" afferente al Dipartimento di Scienze Umane dell'Università di Verona (con cui la collaborazione prosegue tuttora), sono intervenuti Riccardo Bernardini (Fondazione Eranos), Matteo Bonazzi (Università di Verona), Federico Leoni (Università di Verona) e Matteo Vegetti (Scuola Universitaria Professionale

and reflecting on ourselves: not least, on some of the most regressive forms of contemporary digital narcissism.

The lecturers of that meeting, held in collaboration with the "Tiresia" Research Center for Philosophy and Psychoanalysis afferent to the Department of Human Sciences of the University of Verona (with which the collaboration still continues), included Riccardo Bernardini (Eranos Foundation), Matteo Bonazzi (University of Verona), Federico Leoni (University of Verona), and Matteo Vegetti (University of Applied Sciences of Southern Switzerland SUPSI, Lugano and University of Italian Switzerland USI – Academy of Architecture, Mendrisio), chaired by Fabio Merlini (Eranos Foundation, Ascona and Swiss Federal University for Vocational Education and Training SFUVET, Lugano).

The other initiative, carried out in hybrid mode on March 26 from Casa Gabriella, Eranos, Ascona, was entitled "Rebirth to New Life. Two Lessons at Eranos: Jung and Buonaiuti," on the occasion of the presentation of the first two volumes of the "Eranos Classics" series, released by the publishing house Aragno * Eranos Ascona. The first essay, *Rebirth* (2020) includes the text of the lecture given by Carl Gustav Jung at the 1939 Eranos Conference: a paper, edited by Fabio Merlini and Riccardo Bernardini in agreement with the Foundation of the Works of C. G. Jung, previously unpublished in its original version. The second essay, *Palingenesis, Resurrection, and Immortality in Primitive Christianity* (2020), presents instead the original text of the conference given by priest and historian of Christianity Ernesto Buonaiuti at Eranos in 1939: a document, edited by Adriano Fabris, previously unpublished in Italian and in English. The two books, from different points of view, question the phenomenon of the transformation of the individual: an issue that crosses history and cultures and that also affects moments of disorientation such as the current one, in which the crisis intervenes to question the "rules of the game." What does it mean, then, to face a process of transformation? In what sense, today, can we speak of rebirth?

della Svizzera Italiana SUPSI, Lugano, e Università della Svizzera Italiana USI – Accademia di Architettura, Mendrisio), con la moderazione di Fabio Merlini (Fondazione Eranos, Ascona, e Scuola Universitaria Federale per la Formazione Professionale SUFFP, Lugano).

L'altra iniziativa, realizzata in modalità ibrida il 26 marzo da Casa Gabriella, Eranos, Ascona, era intitolata "Rinascere a nuova vita. Due lezioni a Eranos: Jung e Buonaiuti", in occasione della presentazione dei primi due volumi della collana dei "Classici di Eranos" per la Casa Editrice Aragno * Eranos Ascona. Il primo saggio, Rinascere (2020), raccoglie il testo della conferenza tenuta da Carl Gustav Jung al Convegno di Eranos dell'agosto 1939: uno scritto, curato da Fabio Merlini e Riccardo Bernardini in accordo con la Fondazione delle Opere di C.G. Jung, finora inedito nella sua versione originale. Il secondo saggio, Palingenesi, resurrezione e immortalità nel Cristianesimo primitivo (2020), presenta invece il testo originale della conferenza tenuta dal sacerdote e storico del cristianesimo Ernesto Buonaiuti a Eranos nel 1939: un documento, curato da Adriano Fabris, finora inedito in lingua italiana. I due libri, da punti di vista diversi, interrogano il fenomeno della trasformazione dell'individuo: una questione che attraversa la storia e le culture e che interessa anche momenti di disorientamento come quello attuale, in cui la situazione di crisi interviene a rimettere in discussione le "regole del gioco". Cosa significa, quindi, affrontare un processo di trasformazione? In che senso, oggi, si può parlare di rinascita?

Su questi e altri interrogativi si sono articolati gli interventi di Adriano Fabris (Università di Pisa; Facoltà di Teologia di Lugano) e Gianfranco Bonola (Università degli Studi Roma Tre), insieme a Fabio Merlini e Riccardo Bernardini.

La Casa Editrice Aragno * Eranos Ascona, vale la pena ricordarlo, nasce nel 2019, grazie a una sinergia tra la Fondazione Eranos e l'Editore Nino Aragno (Torino), con l'intento preciso di valorizzare i documenti di archivio legati ai Convegni di Eranos e custoditi ad Ascona dalla nostra Fondazione. Materiali ricchissimi (manoscritti, testimonianze

These and other questions were addressed by Adriano Fabris (University of Pisa) and Gianfranco Bonola (Roma Tre University), along with Fabio Merlini and Riccardo Bernardini.

The Aragno * Eranos Ascona publishing house, it is worth remembering, was founded in 2019, thanks to a synergy between the Eranos Foundation (Ascona) and the publisher Nino Aragno (Turin), with the precise intention of enhancing the archive documents related to the Eranos Conferences and kept in Ascona by the Foundation. Very rich materials (manuscripts, letters, photographs, paintings, sculptures) have grown over the years, thanks above all to the tireless work of Olga Fröbe-Kapteyn (1881–1962), the cultured and enterprising Dutch creator of the famous annual *Tagungen*, inaugurated back in 1933 in Ascona: an initiative that, over the course of the century, would later become a unique and pioneering experience in the panorama of twentieth-century cultural life. The "Eranos Classics," in particular, offer the translation into Italian and English of the original texts (with a preface and an introduction to contextualize them historically and thematically) hosted in the *Eranos-Jahrbücher*; the companion series of the "Eranos Excerpta" also documents the work done by Eranos over the years, presenting the same selection of texts in the original language. Those publications, enhancing the Foundation's archival heritage, are in addition to the project of anastatic reprinting of the *Eranos-Jahrbücher* – the prestigious series that has been published almost without interruption since 1933 – started by the publisher Nino Aragno in 2018, as part of a wide-ranging program promoted by the Turin-based publishing house aimed at further disseminating the institutional publications of some of the major European cultural institutions (the Warburg Institute in London, the Collège de France in Paris, the Freie Universität in Berlin, as well as now the Eranos Foundation).

During the three-year period of 2019–2020–2021, all of the Foundation's realized scientific activities – most of which documented now permanently not only in writing, in the *Eranos Yearbooks*, but

epistolari, fotografie, dipinti, sculture) cresciuti negli anni, grazie soprattutto all'instancabile lavoro di Olga Fröbe-Kapteyn (1881-1962), la colta e intraprendente ideatrice olandese delle celebri Tagungen, *inaugurate ad Ascona nel lontano 1933: iniziativa che, nel corso del secolo, sarebbe poi divenuta un'esperienza unica e pionieristica nel panorama della vita culturale del Novecento. I "Classici di Eranos", in particolare, offrono la traduzione in lingua italiana e inglese di testi originali (con una prefazione e una introduzione volte a contestualizzarli storicamente e tematicamente) ospitati negli* Eranos-Jahrbücher; *la collana parallela degli "Eranos Excerpta" documenta altresì il lavoro svolto da Eranos negli anni, presentando la medesima selezione di testi in lingua originale. Tali pubblicazioni, valorizzando il patrimonio archivistico della Fondazione, si affiancano al progetto di ristampa anastatica degli* Eranos-Jahrbücher *– la prestigiosa collana edita pressoché ininterrottamente sin dal 1933 – avviata dall'editore Nino Aragno nel 2018, nell'ambito di un programma di ampio respiro promosso dalla Casa Editrice torinese teso a dare ulteriore diffusione alle pubblicazioni istituzionali di alcune tra le maggiori istituzioni culturali europee (il Warburg Institute di Londra, il Collège de France di Parigi, la Freie Universität di Berlino, oltre ora alla Fondazione Eranos).*

Nel corso del triennio 2019-2020-2021, tutte le attività scientifiche realizzate della Fondazione – la maggior parte delle quali documentate ora in modo permanente non solo per iscritto, negli Annali di Eranos, *ma anche in formato digitale, nei nostri canali dedicati – hanno potuto svolgersi grazie alla dedizione dei responsabili e al supporto da parte del Consiglio di Fondazione, dei partner scientifici e dei partner finanziari. Tra i partner istituzionali, è doveroso ricordare i contributi ricorrenti da parte del Cantone Ticino, attraverso il fondo Swisslos, e del Comune di Ascona. Non dobbiamo dimenticare le facilitazioni offerte da BancaStato e il generoso sostegno da parte di BG-Valeur, su cui la Fondazione può contare dal 2018, e di alcuni mecenati privati, come Peter e Anatina Miescher. Anche il gruppo di sostenitori individuali denominato "Circolo di Eranos" ha continuato a manifestare una notevole generosità. Grazie*

also in digital format, in our dedicated channels – were able to take place thanks to the dedication of the managers and support from the Foundation Board, scientific partners, and financial partners. Among the institutional partners, it is worth mentioning the recurring contributions from the Canton of Ticino, through the Swisslos fund, and the Municipality of Ascona. We should not forget the facilities offered by BancaStato and the generous support from BG-Valeur, on which the Foundation can count since 2018, and some private patrons, such as Peter and Anatina Miescher. The group of individual supporters called the "Eranos Circle" also continued to show considerable generosity. Thanks to the aforementioned supporters, the Eranos Foundation has therefore been able to maintain a good operational balance and successfully implement the many cultural initiatives documented here.

FABIO MERLINI

Minusio, June 12, 2022

ai sostenitori menzionati, la Fondazione Eranos ha potuto mantenere perciò un buon equilibrio operativo e realizzare con successo le molteplici iniziative culturali qui documentate.

FABIO MERLINI

Minusio, 12 giugno 2022

The Board of the Eranos Foundation
Il Consiglio della Fondazione Eranos

The Board Members of the Eranos Foundation during the period covered by this publication are / *I membri del Consiglio di Fondazione Eranos durante il periodo coperto da questa pubblicazione sono*

FABIO MERLINI
Chairman of the Board / *Presidente del Consiglio di Fondazione*
Philosopher, Regional Director of the Swiss Federal University for Vocational Education and Training (SFUVET) / *Filosofo, Direttore Regionale della Scuola Universitaria Federale per la Formazione Professionale (SUFFP)*, Lugano

GIANNI APRILE
Member of the Board (until December 2021) / *Membro del Consiglio di Fondazione (fino a dicembre 2021)*
Economist / *Economista*, Lugano

MAURIZIO CHECCHI
Member of the Board / *Membro del Consiglio di Fondazione*
Banking executive, Deputy Mayor of Ascona, representing the Municipality of Ascona / *Funzionario di banca, Vicesindaco di Ascona, rappresentante la Municipalità di Ascona*

PAOLA COSTANTINI
Member of the Board / *Membro del Consiglio di Fondazione*
Philosopher and Italianist, Head of the Office of Cultural Support of the Division for Cultural and University Affairs of the Governmental Department of Education (DECS), representing the Government of the Canton of Ticino (since January 2020) / *Filosofa e italianista, Capoufficio dell'Ufficio del sostegno alla cultura della Divisione della cultura e degli studi*

universitari del Dipartimento dell'educazione, della cultura e dello sport (DECS), rappresentante il Cantone Ticino (da gennaio 2020)

CLAUDIO W. METZGER
Member of the Board / *Membro del Consiglio di Fondazione*
Historian and numismatist / *Storico e numismatico*, Ascona

SANDRO RUSCONI
Vicepresident of the Board / *Vicepresidente del Consiglio di Fondazione*
Biochemist, Professor Emeritus at the University of Fribourg, former Director of the Division for Cultural and University Affairs of the Department of Education, Culture, and Sport (DECS), representing the Government of the Canton of Ticino (until January 2020) / *Biochimico, Professore Emerito dell'Università di Friburgo, già Direttore della Divisione della cultura e degli studi universitari del Dipartimento dell'educazione, della cultura e dello sport (DECS), rappresentante il Cantone Ticino (fino a gennaio 2020)*

Legal advisor to the Foundation / *Consulente legale della Fondazione*
GIOVANNI MERLINI
Lawyer and notary / *Avvocato e notaio*, Minusio

Acknowledgments

The Board of the Eranos Foundation would like to thank, for their support to the activities held in 2019, 2020, and 2021, our sponsors, namely the Canton of Ticino, the Municipality of Ascona, BG-Valeur, BancaStato, and Nino Aragno Editore.

The Board of the Eranos Foundation
Ascona, December 2022

Ringraziamenti

Il Consiglio di Fondazione Eranos desidera ringraziare, per il sostegno alle attività promosse nel corso del 2019, 2020 e 2021, i nostri sponsor, ovvero il Cantone Ticino, il Comune di Ascona, BG-Valeur, BancaStato e Nino Aragno Editore.

Il Consiglio della Fondazione Eranos
Ascona, dicembre 2022

Presentations of the Eranos Conference
The Names of the Absolute.
Cultures and Eras in the Presence of the Fundament:
Myth, Religion, Philosophy, Science

Presentazioni del Convegno di Eranos
I nomi dell'Assoluto.
Culture ed epoche al cospetto del fondamento:
mito, religione, filosofia, scienza

In collaboration with
the Ph.D. program in Transcultural Studies in Humanities,
University of Bergamo,
and the Ph.D. program in Philosophy,
University of Pisa and University of Florence

In collaborazione con
il Dottorato di ricerca in Studi umanistici transculturali,
Università di Bergamo,
e il Dottorato di ricerca in Filosofia,
Università di Pisa e Università di Firenze

Casa Eranos, Ascona
4–7 September / *settembre* 2019

Al di là dei nomi e del pensiero: Platone di fronte all'indicibile e all'ineffabile[1]

Franco Ferrari

Pavia, Italy / *Italia*
September / *Settembre* 2019

1. *Trascendenza assoluta e ineffabilità nella tradizione platonica*

Tra le correnti filosofiche che hanno attraversato il pensiero antico quella che ha affrontato con maggiore frequenza e con un più consistente livello di radicalità il tema dell'ineffabile è certamente il platonismo. Tutti conoscono, almeno a grandi linee, la concezione di Plotino, il quale colloca il principio supremo della realtà, ossia l'Uno, in una sfera meta-ontologica, ossia al di là dell'essere (*epekeina tes ousias*), e meta-noetica, cioè al di là del pensiero (*epekeina tou nou*)[2], sottraendolo in questo modo ad ogni forma di descrizione razionale e perfino di nominazione (come noto, lo stesso nome "uno" non descrive una caratteristica positiva del principio bensì la negazione

1 Il testo che qui presento riproduce, con le opportune integrazioni, solo la prima parte della relazione tenuta in occasione della *Tagung* di Eranos, dove prendevo in considerazione, sia pure in forma cursoria, l'intera storia del platonismo, da Platone a Damascio.

2 Il motivo plotiniano della trascendenza assoluta del principio è stato indagato in maniera approfondita dalla storiografia: si veda, per citare solo pochi esempi, J. Halfwassen, *Der Aufstieg zum Einen. Untersuchungen zu Platon und Plotin*, Teubner, Stuttgart 1992, pp. 34-182, P.A. Meijer, *Plotinus on the Good or the One (Enneads VI 9)*, Gieben, Amsterdam 1992, e J. Rist, *Plotino. La via verso la realtà*, tr. it. Il Melangolo, Genova 1995, pp. 51-88.

di ogni determinazione qualificante)[3]. Una simile attitudine filosofica si radicalizza, se possibile, negli autori neoplatonici posteriori, a partire da Giamblico (III-IV secolo d.C.) fino a Damascio (V-VI secolo), il quale arriva a collocare l'Assoluto, che egli chiama addirittura "Nulla", al di sopra dell'Uno, in una dimensione del tutto irrelata all'essere e inattingibile al pensiero, riconoscendo che l'unica attitudine che si può assumere nei suoi confronti consista nel silenzio (*sigé*)[4].

Non sorprende dunque che alla tradizione platonica, o almeno ad alcuni significativi momenti di essa, non sia affatto estranea una forma di misticismo connessa all'assunzione di una "teologia negativa": la sottrazione al principio di ogni attributo positivo conduce quasi inevitabilmente a concepire la relazione con esso in termini esperienziali e in qualche modo mistici (o semi-mistici); in questo senso il trattato VI 9 delle *Enneadi* illustra nel modo migliore una simile prospettiva: Plotino vi afferma che "il contatto con esso [l'Uno] non avviene né per conoscenza (*kata epistemen*), né per intellezione (*kata noesin*), come accade per gli altri intelligibili, ma in virtù di una presenza che è superiore alla conoscenza" (4,1-3). Questa presenza (*parousia*) richiede un lungo percorso di ascesa e di preparazione che culmina in una vera e proprio *ekstasis*, ossia in un'uscita dalla propria individualità, e nell'*henosis*, cioè nell'unificazione con l'Assoluto (11,21-25)[5].

3 Basti pensare, per esempio, a ciò che Plotino sostiene nel trattato V 5 [32], dove egli si premura di chiarire che il nome "uno" non va inteso in senso positivo, ossia come se si riferisse a una determinazione posseduta dal principio, bensì nel senso della *apophasis ton pollòn*, ossia della "negazione dei molti", come testimonia l'identificazione avanzata dai Pitagorici con il dio Apollo, che significa appunto "assenza di molteplicità" (*a-pollà*): cfr. 6,11-37.

4 Il percorso che conduce il neoplatonismo post-plotiniano a esiti tanto radicali viene ricostruito in maniera accurata da M. Abbate, *Parmenide e i neoplatonici. Dall'Essere all'Uno e al di là dell'Uno*, Edizione dell'Orso, Alessandria 2010. Su Damascio si veda il bel libro di V. Napoli, *Epekeina tou henòs. Il principio totalmente ineffabile tra dialettica ed esegesi in Damascio*, Cuecm, Catania 2008.

5 Sulla presenza in Plotino e nel tardo neoplatonismo di una prospettiva "mistica" rimane prezioso il volume di W. Beierwaltes, *Pensare l'Uno. Studi sulla filosofia neoplatonica e sulla storia dei suoi influssi*, tr. it. Vita & Pensiero, Milano 1991, pp. 116-41.

Per i platonici che hanno sostenuto simili concezioni, la fonte principale di legittimazione è sempre rappresentata da Platone. In altre parole, la dottrina relativa alla natura extra-razionale dell'Assoluto o del principio della realtà, l'idea che esso si sottragga a ogni definizione proposizionale fino a lambire l'ineffabilità e l'indicibilità (*arrheton*), la convinzione, infine, che a questo principio ci si possa relazionare o accostare solamente per mezzo di forme esperienziali e non intellettuali, vengono fatte risalire a Platone, il quale avrebbe formulato direttamente simili concezioni o vi avrebbe alluso, rendendo in quest'ultimo caso necessario un particolare impegno esegetico, finalizzato appunto a fare emergere ciò che nel testo non viene dichiarato esplicitamente ma che risulta in esso nascosto.

Nelle pagine che seguono mi propongo di esaminare alcuni dei testi che più sovente sono stati invocati per giustificare l'attribuzione a Platone delle concezioni ora menzionate. L'analisi di questi documenti, che non potrà che risultare parziale e in alcuni casi anche un poco sbrigativa, dovrebbe provare come i testi platonici frappongano una certa resistenza a letture orientate in senso mistico, qualsiasi cosa si voglia intendere con questo aggettivo. Ciò non significa – è bene chiarirlo immediatamente – che l'autore dei dialoghi non fosse sensibile a una serie di questioni filosofiche in qualche modo legate al motivo dell'ulteriorità del principio e al tema della sua (in)esprimibilità (concettuale, linguistica, iconica ecc.). Del resto, anche un conoscitore abbastanza superficiale dei suoi scritti sa bene che in essi si trovano affermazioni relative alla natura trascendente del "principio del tutto" (*arché tou pantòs*), riflessioni molto approfondite sui limiti del linguaggio concettuale, considerazioni relative alle potenzialità espressive della metafora, all'importanza dell'analogia e in generale degli strumenti iconici; senza contare, poi, che in più occasioni Platone si affida alla narrazione mitica per descrivere situazioni o esprimere idee che trascendono il piano dell'esperienza oppure richiedono forme di comunicazione che travalicano i limiti del linguaggio ordinario[6].

Insomma, non si possono davvero nutrire dubbi sulla sensibilità di Platone al motivo dei limiti del linguaggio e forse dello stesso pensiero. Altra e ben diversa cosa è pretendere di ricavare dai dialoghi una concezione metafisica che colloca il fondamento o il principio della realtà al di là di ogni forma di conoscenza e comunicazione, relegandolo negli spazi dell'ineffabile. Una simile operazione, la quale non è del tutto estranea neppure al dibattito contemporaneo[7], mi sembra in realtà tradire il pensiero platonico, come mi propongo di dimostrare analizzando appunto i testi sui quali ci si è solitamente appoggiati per assegnare a Platone una concezione misticheggiante.

La trasformazione del platonismo in un pensiero caratterizzato da venature irrazionalistiche e mistiche fu il prodotto di un'attitudine ermeneutica impostasi nel corso della tradizione: furono insomma i suoi numerosi interpreti, in maniera timida nella fase iniziale e con maggiore incisività a partire dai primi secoli dell'epoca imperiale, a sviluppare in forma sistematica e profonda un'esegesi di Platone nella quale la componente mistica gioca un ruolo così significativo da definire il profilo stesso del suo pensiero.

2. L'idea del Bene tra trascendenza e immanenza ontologica

Per gli interpreti neoplatonici di Platone, a cominciare da Plotino (ma forse già prima di lui, se si considera il caso di Filone di Alessandria, un esegeta della *Bibbia* imbevuto di filosofia greca e in modo particolare di platonismo)[8], la natura meta-ontologica (e meta-noe-

6 Sulla natura e la funzione dei miti in Platone si può vedere il volume di C. Collobert, P. Destrée e F.J. Gonzalez (a cura di), *Plato and Myth. Studies on the Use and Status of Platonic Myths*, Brill, Leiden-Boston 2012.

7 Basti pensare, per esempio, al libro di C. Schefer, *Platons unsagbare Erfahrung. Ein anderer Zugang zu Platon*, Schwabe & CO, Basel 2001.

8 Sulla presenza in Filone di motivi collegati alla "teologia negativa" (assoluta semplicità di Dio e sua inconoscibilità) si veda F. Calabi, *God's Acting, Man's Acting. Tradition and Philosophy in Philo of Alexandria*, E.J. Brill, Leiden-Boston 2008, pp. 17-56.

tica) del principio della realtà viene senz'altro collegata alla celebre trattazione del Bene, o "idea del Bene", contenuta nei libri VI e VII della *Repubblica*. Si tratta di un testo che ha esercitato un'influenza formidabile sul pensiero occidentale, che è stato ed è tutt'ora variamente interpretato e sul quale sembra davvero difficile arrivare a un consenso esegetico se non unanime almeno relativamente diffuso[9].

Per gli scopi di questa indagine non è necessario riprendere l'intero *dossier* sull'idea del Bene; basterà accennare alle tre questioni più significative, ossia (a) alla scelta da parte di Platone di rinunciare a una trattazione diretta del Bene e alla decisione di procedere con un'esposizione di carattere analogico, (b) al motivo della sua presunta inconoscibilità, e infine (c) al tema della natura della sua trascendenza e ulteriorità ontologica.

Come è noto, il Bene (*to agathon*), o "idea del Bene" (*idea tou agathou*) – Platone alterna le due formule – compare all'interno della discussione sulla natura dei filosofi destinati, secondo le indicazioni di Socrate, ad assumere il governo della città giusta, ossia della celebre *kallipolis*[10]. Esso viene esplicitamente presentato come il *megiston mathema*, ossia la massima conoscenza di cui i filosofi devono disporre per guidare correttamente la città. Gli interlocutori di Socrate pretendono che egli parli del Bene come ha fatto degli argomenti trattati in precedenza, ossia la giustizia e le altre virtù, le idee, la conoscenza autentica (cioè *l'episteme* dei filosofi distinta dalla *doxa*, alla quale accedono gli individui ordinari). Di fronte a questa richiesta Socrate assume, tuttavia, un atteggiamento che mescola enfasi e reticenza: da una parte egli presenta la conoscenza del Bene come una componente irrinunciabile del sapere dei filosofi-re, ma dall'altra rinuncia a dire che cosa sia in se stesso il Bene, motivando

9 Un quadro delle esegesi più influenti dell'idea del Bene viene fornito da M. Vegetti, "*To agathon*: buono a che cosa? Il conflitto delle interpretazioni sull'idea del buono nella *Repubblica*", ora in: *Il potere della verità. Saggi platonici*, Carocci, Roma 2018, pp. 113-33.

10 Per una presentazione del contesto dialogico in cui compare la trattazione del Bene mi permetto di rinviare a F. Ferrari, *La* Repubblica *di Platone*, il Mulino, Bologna 2022, pp. 106-12.

questa decisione sulla base di due ragioni, tra loro diverse (anche se non inconciliabili in linea di principio): egli afferma di non possedere la conoscenza del Bene, bensì di averne solo un'opinione (*doxa*), e perciò di non ritenere opportuno esprimersi come se conoscesse veramente ciò che si limita a opinare; d'altra parte sostiene anche che il "presente slancio" (*hormé parousa*), ossia il metodo di indagine adottato fino a quel punto del dialogo, non consente di parlare direttamente del Bene. Dunque egli propone ai suoi interlocutori di "lasciar perdere", almeno per il momento (*to nun*), che cosa sia in se stesso il Bene e di accontentarsi di una descrizione analogica incentrata intorno al Sole, che nel mondo visibile occupa una posizione e svolge una funzione analoghe a quelle che nella sfera noetica appartengono al Bene:

> Dunque, beati amici, che cosa mai sia in se stesso il Bene per il momento lasciamolo stare, perché giungere alla mia attuale opinione mi pare troppo rispetto al presente slancio. Mi propongo, invece, se sta bene anche a voi, di parlare della prole del Bene, che risulta del tutto simile ad esso; altrimenti lasciamo perdere (*Repubblica*, VI 506d-e).

La "prole del Bene" evocata da Socrate non è altro che il Sole, il quale viene presentato come un "analogo" sensibile del Bene; il fatto che Socrate aggiunga che il Sole viene generato dal Bene (508b) e ne è dunque in un certo senso la "prole" (*ekgonos*) non andrebbe inteso, come pure alcuni commentatori hanno fatto, *au pied de la lettre*, poiché Platone sembra qui alludere semplicemente alla circostanza che il mondo sensibile, il cui vertice è rappresentato dal Sole, è inferiore a, e dipende da quello noetico, che culmina nell'idea del Bene[11].

La decisione di rinunciare a una trattazione diretta del Bene e la scelta di deviare verso un'esposizione di tipo analogico ha, come

11 Una presentazione corretta del rapporto analogico (e non strettamente generativo) tra il Bene e il Sole si trova in F. Fronterotta, "Il sole e il bene. Funzione e limiti dell'analogia in *Resp.* VI 505a-509b", in: "Pege/Fons", Vol. 2, 2017, pp. 109-22.

è facile immaginare, dato luogo a controversie esegetiche piuttosto accese, che non accennano a placarsi. Dal punto di vista della nostra indagine, è importante stabilire se questa decisione abbia a che fare con la natura del Bene, se cioè esso non sia per Platone conoscibile direttamente e razionalmente, ma solo approssimabile attraverso strumenti metaforici e analogici. In realtà, a proposito del Bene Socrate non sostiene mai che esso risulti inconoscibile o che appartenga a una dimensione che trascende i mezzi e le possibilità del pensiero (filosofico). In altre parole, Socrate non arriva ad affermare, come faranno Plotino e gli altri filosofi neoplatonici, che il Bene è *epekeina tou nou*. Anzi, il modo in cui egli imposta l'analogia sembra implicare che l'idea del Bene, esattamente come le altre idee, sia in linea di principio conoscibile, rappresenti cioè un oggetto trasparente all'intelletto.

All'interno dell'analogia del Sole c'è almeno una dichiarazione di Socrate che sembra effettivamente andare in questa direzione. A proposito del Sole, egli sostiene che "non è la vista, ma dal momento che ne è la causa, viene da essa visto" (508b). In effetti, l'analogia prospettata da Socrate prevede che il Sole, in quanto fonte della luce sensibile, costituisca anche la causa ultima della vista, la quale può attivarsi solo in virtù della presenza di un terzo genere (*triton genos*), la luce appunto, che consente agli occhi di vedere e ai colori delle cose di essere visti: in quanto causa della luce e della vista, il Sole viene visto da questa (*horatai hyp'autes tautes*)[12]. Se si trasferisce quest'affermazione dal piano sensibile a quello intelligibile, riferendola all'idea del Bene, è inevitabile concludere che il Bene, pur non identificandosi con la conoscenza, risulta comunque conosciuto o almeno conoscibile. Del resto, in un passo parallelo a quello ora menzionato Socrate invita il suo interlocutore a pensare l'idea del Bene, in quanto causa di conoscenza, "come conosciuta" (*hos gignoskomene*);

12 Per una presentazione generale dell'analogia tra il Bene e il Sole mi sia consentito di rinviare a F. Ferrari, "La causalità del Bene nella *Repubblica* di Platone", in: "Elenchos", Vol. 22, 2001, pp. 5-37.

è quest'ultima una sentenza che presenta rilevanti problemi e che perciò va utilizzata con una certa cautela (508e-509a), ma che risulta comunque sintomatica dell'attitudine platonica[13].

In realtà, se si esaminano senza pregiudizi le ragioni che Socrate adduce per giustificare la sua scelta di non parlare direttamente del Bene, ci si rende conto che esse non attengono tanto a una presunta impossibilità di trattare (e dunque anche di conoscere) questo "oggetto", quanto all'inopportunità di farlo in quel particolare frangente. In altre parole, Platone non sostiene che il Bene in quanto tale sia indicibile o inconoscibile, ma sembra differirne la trattazione a un altro contesto comunicativo. È possibile – e perfino probabile – che egli alluda *anche*, sebbene forse non esclusivamente, al corso di lezioni accademiche intitolato *Intorno al Bene* (*Peri tagathou*), il cui contenuto viene parzialmente restituito da Aristotele (in un'opera dallo stesso titolo, andata perduta ma di cui restano numerose testimonianze), e poi da altri autori antichi, sia dipendenti sia indipendenti da Aristotele: si tratta delle celebri "dottrine non scritte" (*agrapha dogmata*), che Platone avrebbe esposto oralmente all'interno della Accademia[14]. Non si può certamente escludere che la forma,

13 Per una disamina delle difficoltà testuali, sintattiche e filosofiche implicate in questo passo rimando a F. Ferrari (a cura), Platone, *Il governo dei filosofi (Repubblica VI)*, Marsilio, Venezia 2014, pp. 193 *sg.*, n. 153.

14 Come è noto, la tesi che Platone abbia rinviato all'insegnamento orale la trattazione esaustiva dell'idea del Bene è stata autorevolmente avanzata e difesa dalla cosiddetta "scuola di Tubinga", di cui si veda, a titolo di esempio, H.J. Krämer, *Platone e i fondamenti della metafisica*, a cura di G. Reale, Vita & Pensiero, Milano 1982, pp. 184-98, G. Reale, *Per una nuova interpretazione di Platone. Rilettura della metafisica dei grandi dialoghi alla luce delle "dottrine non scritte"*, Vita & Pensiero, Milano 1997, pp. 315-61, e T.A. Szlezák, *La* Repubblica *di Platone. I libri centrali*, tr. it. Morcelliana, Brescia 2003. Anche R. Ferber, *Platos Idee des Guten*, Academia, Sankt Augustin 1989, pp. 158-62, riconosce l'esistenza di "dottrine non scritte", ma nega che esse contengano la formulazione di una conoscenza definitiva e non più revocabile in dubbio dei principi ultimi della realtà, giacché, a suo parere, per Platone un sapere di questo genere sarebbe al di là dei mezzi posseduti dall'uomo (tanto scritti quanto orali); dunque anche le "dottrine non scritte" presenterebbero un carattere doxastico e aperto. Su tutta la questione vale la pena consultare il saggio di C. Gill, "Platonic Dialectic and the Truth-Status of the Unwritten Doctrines", in: "Méthexis", Vol. 6, 1993, pp. 55-72.

tendenzialmente sistematica, in cui il contenuto di queste dottrine è giunto fino a noi attraverso le fonti antiche non rispecchi del tutto la presentazione originaria; ma ciò non mette in discussione l'esistenza di tentativi da parte di Platone di circoscrivere sul piano cognitivo (se non proprio su quello della vera e propria definizione) il contenuto del Bene.

A tal proposito si deve poi aggiungere che in un celebre e controverso passo contenuto nel VII libro della *Repubblica* Socrate, impegnato a delineare i contorni epistemici della figura del dialettico, distinguendola da altre affini (come gli esperti delle discipline matematiche), ne individua il tratto discriminante nella capacità di cogliere il *logos*, ossia la ragione o la definizione, di ciascuna cosa, vale a dire di ciascuna idea. Egli sembra estendere questa capacità riferendola anche alla conoscenza del Bene:

> Allo stesso modo anche a proposito del Bene: chi non sia in grado di circoscrivere con la ragione (o con il discorso) l'idea del Bene, separandola da tutte le altre cose, né sia in grado, come in battaglia, di aprirsi la strada attraverso tutte le confutazioni, sforzandosi di confutare non secondo l'opinione ma secondo l'essenza, procedendo in tutte queste cose con l'incrollabile forza della ragione, di un simile uomo non potrai certo dire che conosca il Bene stesso né nulla di buono ... (VII 534b-c).

Ogni parola di questo periodo meriterebbe un esame accurato, che qui non è evidentemente possibile condurre. È però almeno il caso di richiamare qualche punto. Socrate sembra sostenere che, se non altro in linea di principio, la conoscenza del Bene non differisce da quella delle altre idee, giacché afferma che ciò che vale per le normali idee, ossia che il dialettico deve essere capace di coglierne l'essenza, vale "allo stesso modo" (*hosautos*) anche per l'idea del Bene. Naturalmente si può molto discutere sul significato di questo avverbio, ma non c'è dubbio che, almeno in questo intervento, Socrate non sembra stabilire una reale incommensurabilità tra la conoscenza delle idee e quella del Bene, le quali appartengono entrambe, e forse addirittura *allo stesso modo*, ai compiti del filosofo dialettico.

I problemi maggiori sembrano però concernere la resa della sentenza immediatamente successiva, la quale comporta, nella traduzione proposta, che l'autentico dialettico deve essere "in grado di circoscrivere con la ragione (o con il discorso) l'idea del Bene, separandola da tutte le altre cose". Quasi ogni parola è stata oggetto di letture differenti da parte dei commentatori: in particolare il sintagma *diorisasthai to logo*, qui tradotto con "circoscrivere con la ragione", potrebbe significare anche "definire con la ragione", mentre le parole successive, ossia *apo ton allon panton aphelòn* (qui "separandola da tutte le altre cose"), sono state anche intese in senso più tecnico come "astraendola [l'idea del Bene] da tutte le altre"[15].

L'aspetto notevole del passo platonico, almeno per l'indagine che si sta conducendo, mi sembra però risiedere nella presenza di due occorrenze del sostantivo *logos*, che indica la ragione, il discorso, o addirittura la definizione (*logos tes ousias*). Senza voler approfondire la questione, non si può fare a meno di constatare come si tratti di un termine che appartiene inequivocabilmente all'ambito della proceduralità dialettica e soprattutto che esclude ogni concessione alla sfera dell'irrazionale e dell'indicibile: insomma, anche l'apprensione del Bene, vista come fase terminale del procedere dialettico, sembra appartenere alla dimensione della ragione, se non proprio del sapere definitorio.

Veniamo ora al terzo punto sopra menzionato, ossia alla questione dell'ulteriorità ontologica del Bene, ossia della natura della sua trascendenza. Si tratta certamente di una tema di fondamentale importanza sia per la valutazione della posizione di Platone, sia per

15 Così, ad esempio, H.J. Krämer, *Dialettica e definizione del Bene in Platone. Interpretazione e commentario storico-filosofico di* Repubblica *VII 534B3-D2*, a cura di G. Reale, tr. it. Vita & Pensiero, Milano 1992, pp. 33-40. Ragionevoli obiezioni all'interpretazione di Krämer vengono formulate da M. Vegetti, "Dialettica", in Platone, *La Repubblica*, tr. e comm. M. Vegetti, Vol. V, Bibliopolis, Napoli 2003, pp. 405-33, spec. 420-24.

la comprensione degli sviluppi che la metafisica platonica ha assunto nel corso del pensiero antico.

Dopo avere affermato che il Bene, analogo intelligibile del Sole, rappresenta la causa della verità e della conoscenza, risultando proprio in quanto causa più bello, ossia superiore, a entrambe (VI 509a), Socrate accenna alla sua collocazione ontologica e lo fa con una dichiarazione sul cui significato si è interrogata, in forma diretta o indiretta, l'intera tradizione filosofica occidentale. Si tratta certamente di uno dei passi più controversi del *corpus* platonico e forse dell'intera storia della filosofia.

Proseguendo nell'analogia solare, Socrate sostiene che, come il Sole conferisce alle cose visibili non solo la possibilità di essere viste, ma anche la generazione, la crescita e il nutrimento, allo stesso modo:

> nelle realtà intelligibili non è presente in virtù del Bene solo la loro conoscibilità, ma ad esse appartengono in virtù di quello anche l'essere e l'essenza (*einai kai ousia*), pur non essendo il Bene essenza, ma ancora al di là dell'essenza (*ouk ousias ontos tou agathou, all'eti epekeina tes ousias*), che esso trascende per prestigio e potenza" (VI 509 B)[16].

Una simile clamorosa affermazione suscita in Glaucone, l'interlocutore di Socrate, una reazione di sorpresa e stupore, non priva di una punta di ironia: "E Glaucone, scoppiando a ridere: Per Apollo, che divina esagerazione!" (*daimonìa hyperbolé*).

Non sembra davvero difficile comprendere le ragioni per cui questo passo ha esercitato un influsso tanto rilevante sul pensiero

16 Su questo intervento di Socrate e sui formidabili problemi testuali, sintattici e filosofici che esso comporta la migliore trattazione disponibile è quella di A.B. Neschke Hentschke, "Platonexegese und allgemeine Hermeneutik (mit einem Methodenbeispiel zu Platon, *Politeia* VI, 508b8-10 ... ἐπέκεινα τῆς οὐσίας πρεσβείᾳ καὶ δυνάμει ὑπερέχοντος", in: M. Erler e A. B. Neschke Hentschke (a cura di), *Argumenta in dialogos Platonis*, Vol. 2: *Platoninterpretation und ihre Hermeneutik von 19. bis zum 21. Jahrhundert*, Schwabe, Basel 2012, pp. 1-49, spec. 27-31; si veda anche F. Ferrari (a cura), Platone, *Il governo dei filosofi*, cit., pp. 194-96, n. 157.

metafisico occidentale, ponendosi all'origine di ogni concezione tendente a enfatizzare l'assoluta trascendenza del principio e la sua collocazione meta o trans-ontologica: Plotino e dopo di lui tutti i filosofi neoplatonici considereranno queste parole di Socrate, e in particolare la misteriosa formula *epekeina tes ousias*, come una prova decisiva in favore dell'assoluta irriducibilità del Bene, da Plotino identificato con l'Uno, alla dimensione dell'essere e del pensiero; se il principio è al di là dell'essere, esso è anche al di là del pensiero (*epekeina tou nou*) e dunque della conoscenza razionale e non può venire compreso per mezzo degli strumenti cognitivi propri della ragione e dell'intelletto, ma richiede una forma di contatto di tipo esperienziale. Inoltre, questa sua collocazione finisce per inibire ogni forma di descrizione di carattere concettuale, aprendo invece le porte all'uso massiccio di immagini e di metafore[17].

Ma le cose stanno veramente così per Platone? Probabilmente no, come un esame accurato delle parole di Socrate sembra provare. In effetti, nel testo l'ulteriorità del Bene nei confronti dell'essere non appare assoluta ma in un certo senso circoscritta ad alcuni aspetti: Platone non dice che il Bene è al di là dell'ente o dell'essere (*epekeina tou ontos*), bensì dell'essenza, ossia dell'essere determinato proprio delle idee; inoltre questa stessa superiorità viene in qualche modo limitata a due aspetti, vale a dire all'anzianità (*presbeia*), che allude al prestigio, e alla potenza (*dynamis*), verosimilmente causale.

Secondo Socrate, le idee ricevono dal Bene l'essere (*einai*) e l'essenza (*ousia*): con il primo termine egli si riferisce probabilmente all'insieme degli *attributi ideali* o *eidetici*, cioè a quelle "qualità" che ciascuna idea possiede in quanto è un'idea (l'eternità, l'unicità, l'assenza di generazione, la perfezione), e che ne definiscono la separazione ontologica (*chorismòs*); con il secondo termine Socrate dovrebbe indicare l'essenza specifica di ciascuna idea, ciò che la

---

17 La migliore discussione delle metafore e delle immagini utilizzate da Plotino per descrivere la natura dell'Uno-Bene e le modalità della sua azione si trova in S. Roux, *La recherche du principe chez Platon, Aristote et Plotin*, Vrin, Paris 2004, pp. 275-322.

caratterizza, distinguendola da tutte le altre[18]. Entrambi queste caratteristiche derivano alle idee dal Bene, che è quindi responsabile sia della loro separazione ontologica, sia dell'essenza di ciascuna di esse. Ora Socrate non dice che l'idea del Bene è al di là dell'essere, cioè dell'insieme delle qualità eidetiche delle idee, ma che essa si trova al di là dell'essenza specifica di ciascuna. La conseguenza che sembra inevitabile ricavare è che il Bene appartiene in qualche modo alla sfera ontologica delle idee, sebbene non si identifichi con nessuna di esse e non sia caratterizzato da un'essenza specifica. Tutto ciò non sembra in ogni caso comprometterne l'appartenenza alla sfera dell'essere (e dunque anche una certa forma di conoscibilità).

Va poi aggiunto che quella stessa ulteriorità del Bene nei confronti del campo delle idee, apparentemente affermata per mezzo della locuzione *epekeina tes ousias*, viene in qualche misura attenuata nel prosieguo della trattazione della dialettica, ossia nel VII libro. Qui Socrate parla del Bene come *to phanòtaton tou ontos*, ossia "la parte più luminosa dell'essere" (518c), come "il limite estremo del noetico" (532b), al quale deve dunque in qualche modo appartenere, e addirittura come *to àriston en tois ousi*, cioè "il migliore tra gli enti" (532c), implicando con ciò che al dominio intelligibile esso non è affatto estraneo, pur collocandosi certamente in una posizione apicale[19].

Insomma, un esame accurato del testo e del contesto in cui appare la celebre locuzione *epekeina tes ousias* induce senz'altro ad attenuarne la portata trascendentistica enfatizzata con tanta forza dai filosofi neoplatonici. Il modo in cui Platone presenta il principio del tutto non sembra in effetti giustificare letture simili a quelle

18 La distinzione tra *attributi comuni* o *ideali* e *attributi propri* delle idee viene esposta con apprezzabile chiarezza da G. Santas, "The Form of the Good in Plato's *Republic*", in: G. Fine (a cura di), *Plato 1. Metaphysics and Epistemology*, Oxford University Press, Oxford 1999, pp. 247-74, spec. 258-65.

19 Un'efficace analisi di queste e di altre affermazioni alla luce di una prospettiva tendente a enfatizzare l'appartenenza del Bene alla sfera ontologica è stata condotta da M. Baltes, "Is the Idea of the Good in Plato's *Republic* Beyond Being?", in: *Dianoemata. Kleine Schriften zu Platon und zum Platonismus*, Teubner, Stuttgart-Leipzig 1999, pp. 351-71, spec. 353-60.

neoplatoniche e ancor meno ipotesi irrazionalistiche o addirittura mistiche[20].

Se poi fossi invitato (o addirittura costretto) ad avanzare un suggerimento capace di spiegare la superiorità del Bene nei confronti delle altre idee e contemporaneamente la sua piena appartenenza alla dimensione ontologica, direi, muovendomi certo con la cautela richiesta quando si propongono congetture, che il Bene può essere concepito come la totalità del mondo intelligibile oppure ancora come il suo principio d'ordine, vale a dire come la regola (immanente) di connessione tra le singole idee, ciascuna delle quali acquisisce il suo senso in rapporto alla totalità, cioè all'idea del Bene. In questo modo si spiega come il Bene possa essere superiore all'*ousia*, ossia alla singola determinazione ideale, rimanendo però ben ancorato all'interno della sfera ontologica[21].

20 Vale qui la pena almeno menzionare un recente tentativo di spiegare la compresenza nei libri centrali della *Repubblica*, in particolare all'interno dell'analogia solare, di affermazioni che implicano l'assoluta trascendenza del Bene e di passi che sembrano comportarne l'appartenenza alla sfera ontologica. In un saggio brillante e non privo di acume esegetico C. Poetsch, "Die Logoi der platonischen Sonneanalogie", in: "Zeitschrift für philosophische Forschung", Vol. 75, 2021, pp. 235-73, propone di attribuire a Platone la formulazione, ovviamente implicita, di un doppio livello del Bene, o meglio di due entità vere e proprie, una assolutamente trascendente e collocata al di là dell'essere, cui Platone si riferirebbe appunto con la formula *to agathon*, l'altra immanente all'essere, indicata dal sintagma *idea tou agathou*. Devo dire che, al di là della presenza nel testo di alcune affermazioni che contraddicono questa lettura, la debolezza dell'ipotesi mi pare essenzialmente consistere nella pretesa, nel caso di Platone piuttosto discutibile, di fare corrispondere a funzioni differenti entità differenti.

21 Rinvio per un tentativo di giustificare questa proposta a F. Ferrari "Platone ha effettivamente identificato il demiurgo del *Timeo* e l'idea del Bene della *Repubblica*? Riflessioni intorno a un'antica querelle filosofica", in: "CHORA", Vol. 15-16, 2017/2018, pp. 67-91, spec. 88-90; spunti nella medesima direzione si trovano in G. Fine, "Knowledge and Belief in *Republic* 5-7", in G. Fine (a cura di), *Plato 1*, cit., pp. 215-46, in part. 228-29.

3. *L'Uno assoluto: la prima ipotesi del Parmenide*

La concezione neoplatonica dell'ineffabilità del principio si fonda, come è universalmente noto, su una lettura della trascendenza e dell'ulteriorità del Bene, collocato nella *Repubblica epekeina tes ousias*, effettuata alla luce della prima ipotesi dell'esercizio (*gymnasia*) contenuto nella seconda parte del *Parmenide*. Qui il personaggio che dà il nome al dialogo, esaminando le conseguenze derivanti dall'ipotesi che "l'Uno è uno", arriva a sottrarre a questo misterioso Uno ogni tipo di predicato, perfino quello che ne decreta l'esistenza o più in generale l'essere. A Plotino, e poi agli altri filosofi neoplatonici, è parso del tutto naturale identificare questo Uno con il Bene al di là dell'essere della *Repubblica*, facendo così di Platone il fondatore di qualcosa di molto simile alla "teologia negativa".

È probabile, o almeno possibile, che Plotino non fu il primo a vedere nell'Uno del *Parmenide* la descrizione di un principio meta-ontologico: senza considerare gli immediati allievi di Platone e in particolare Speusippo, al quale si può forse attribuire un'interpretazione del *Parmenide* mirante a concepire il principio, comunque irriducibile al Bene (che emergerebbe nel corso della generazione della realtà), come assolutamente "semplice", ossia privo di qualità e forse superiore all'essere[22], un misterioso autore pitagorico attivo verso la fine del I secolo d.C., Moderato di Gades, avrebbe ricavato dalla seconda parte del dialogo platonico una gerarchia di "unità", al cui vertice si situerebbe appunto l'Uno "al di sopra dell'essere e di tutta l'essenza" (*hyper to einai kai pasan ousian*), seguito da un Uno identico all'essere autentico e all'intelligibile (*to ontos on kai noeton*) e infine da un Uno di natura psichica (*psychikon*). Se la testimonianza che ascrive a Moderato una simile gerarchia riportasse effettivamente il

22 Sul rapporto di Speusippo con il *Parmenide* è sempre consigliabile l'agile volume di A. Graeser, *Prolegomena zu einer Interpretation des zweiten Teils des Platonischen* Parmenides, Haupt, Bern 1999; per un'interpretazione neoplatonizzante dell'Uno di Speusippo lo studio di riferimento rimane P. Merlan, *Dal platonismo al neoplatonismo*, tr. it. Vita & Pensiero, Milano 1990, pp. 161-98.

pensiero di questo autore pitagorizzante (la nostra fonte, il filosofo neoplatonico Simplicio, è molto tarda, risalendo al VI secolo, e va dunque presa con una certa cautela), bisognerebbe concludere che già un secolo prima di Plotino circolavano interpretazioni del *Parmenide* di Platone orientate a vedervi la formulazione di una concezione gerarchica della realtà, con al vertice il principio dell'Uno, collocato al di là dell'essere e dunque anche della conoscenza razionale[23].

Non c'è dubbio che la prima ipotesi (ma sarebbe più corretto parlare di prima "deduzione") del *Parmenide* rappresenti uno dei documenti più significativi per l'affermazione di un pensiero dell'ineffabile. Si tratta di un testo destinato a esercitare un'influenza formidabile su tutti coloro che hanno concepito il principio della realtà come qualcosa di assolutamente trascendente, al di là dell'essere e del pensiero. Ma, esattamente come nel caso dell'idea del Bene della *Repubblica*, anche a proposito dell'Uno del *Parmenide* non sembra che le intenzioni di Platone corrispondano agli esiti teorici destinati a imporsi nel corso della tradizione antica, e in particolare nel neoplatonismo[24].

Il testo in questione si trova all'inizio della seconda parte del *Parmenide*, nella quale è contenuto il celebre esercizio cui il personaggio di Parmenide sottopone il più giovane dei suoi interlocutori, che porta il nome del grande allievo di Platone (non si tratta dell'Aristotele filosofo ma di un suo omonimo destinato a diventare uno dei Trenta Tiranni che prenderanno il potere ad Atene nel 404, instaurando un

23 L'ipotesi, oggi largamente accolta dagli studiosi, che Moderato si collochi all'origine delle interpretazioni "neoplatoniche" del *Parmenide* si deve a un seminale articolo del grande E.R. Dodds, "The *Parmenides* of Plato and the Origin of the Neoplatonic One", in: "Classical Quarterly", Vol. 22, 1928, pp. 129-42. Solo recentemente sono state avanzate riserve circa l'affidabilità della testimonianza di Simplicio: cfr. J.N. Hubler, "Moderatus, E.R. Dodds, and the Development of Neoplatonic Emanations", in: J.D. Turner e K. Korrigan (a cura di), *Plato's* Parmenides *and Its Heritage*, vol. 1: *History and Interpretation from Old Academy to Later Platonism and Gnosticism*, Society of Biblical Literatur, Atlanta 2010, pp. 115-28.

24 Un'apprezzabile ricostruzione della storia delle esegesi antiche del dialogo è stata recentemente proposta da F. Fauquier, *Le* Parménide *au miroir des platonismes. Logique - Ontologie - Théologie*, Les Belles Lettres, Paris 2018.

regime ultra-oligarchico). Nella prima parte del dialogo Parmenide aveva rivolto a Socrate, ancora molto giovane ma già avviato alla filosofia, una serie di obiezioni, le quali sembrano avere l'obiettivo di confutare la teoria delle idee da lui avanzata. Si tratta in realtà, come ho cercato di dimostrare in numerosi contributi, di argomenti inconsistenti dal punto di vista filosofico, il cui unico scopo è di fare emergere le difficoltà alle quali si espone l'assunzione di un'attitudine errata circa la natura delle idee (che vengono trattate da Parmenide come se avessero le stesse proprietà logiche e ontologiche dei fenomeni spazio-temporali, ossia delle cose ordinarie)[25].

Nella seconda parte del dialogo il personaggio di Parmenide non abbandona affatto la prospettiva equiparazionista e riduzionista che aveva motivato le sue critiche alla concezione delle idee: egli tratta le entità astratte come se fossero estese nello spazio, e dunque divisibili, e nel tempo, e perciò destinate a diventare "più vecchie" e "più giovani"; inoltre concepisce i predicati di un oggetto come se fossero sue parti elementari (se a è predicato di F, ne è anche parte), generando in questo modo una sorta di *mereologizzazione* della predicazione[26]; insomma neppure nella seconda parte del dialogo il personaggio di Parmenide risulta immune dai "vizi" teorici che avevano caratterizzato la sua attitudine nella conversazione con Socrate.

Già solo sulla base queste considerazioni si dovrebbe guardare

---

25 Ho ripreso recentemente in mano l'intero *dossier* relativo al significato delle obiezioni che il personaggio di Parmenide rivolge alla teoria delle idee, cercando di fornire nuovi argomenti in favore della mia interpretazione deflazionistica di tali critiche, in F. Ferrari, "La maschera di Parmenide: riduzionismo ed equiparazionismo nella prima parte del *Parmenide* di Platone", *Philologia Philosophica* 1, 2022, pp. 63-89. Si veda anche la mia edizione del dialogo: Platone, *Parmenide*, a cura di F. Ferrari, Bur, Milano 2004, spec. pp. 56-96; sulla medesima linea esegetica vale la pena segnalare anche A. Graeser, *Platons* Parmenides, Steiner, Stuttgart 2003 e più recentemente M. Tabak, *Plato's* Parmenides *Reconsidered*, Palgrave Macmillan, New York, NY 2015, spec. pp. 29-57.

26 La tendenza di Parmenide a concepire *Eigenschaften als Teile bzw. Portionen* è stata opportunamente messa in luce da A. Graeser, "Platons *Parmenides* in neuem Licht", in: "Göttingische Gelehrte Anzeigen", Vol. 249, 1997, pp. 12-29, spec. 17.

con estrema cautela a ogni tentativo di ascrivere al pensiero di Platone il contenuto di questa sezione del *Parmenide*, come invece fecero i neoplatonici, i quali vi videro la formulazione di una gerarchia metafisica che parte dall'Uno al di là dell'essere per giungere alla molteplicità della realtà sensibile.

L'esercizio programmato (136a-c) e poi effettivamente attuato (137c-166c) da Parmenide prevede che vengano esaminate in maniera rigorosa tutte le possibili conseguenze derivanti da due ipotesi, o meglio da una sola ipotesi, considerata sia positivamente ("se l'Uno è"), sia negativamente ("se l'Uno non è"). La prima serie di deduzioni (137c-142a) concerne l'Uno considerato in se stesso, e concepito in modo totalmente isolato da qualsiasi determinazione (una sorta di "Uno assoluto"). Parmenide si chiede, cioè, che cosa consegua nell'ipotesi che l'Uno sia uno. I primi passi del ragionamento rivelano in maniera emblematica l'esito al quale conduce una simile ipotesi: "se è uno, non è forse vero che [l'Uno] non potrà essere molti?" (137c). Se si assume che l'Uno sia assolutamente e solo uno, ad esso non potrà venire assegnato nessun predicato diverso dall'unità. Dunque, questo "Uno che è uno" non è un intero costituito di parti, non è né identico né diverso, né simile né dissimile, né uguale né disuguale, né in quiete né in movimento, né più vecchio né più giovane e neppure della stessa età (tanto rispetto a se stesso quanto rispetto a un'altra cosa). La sottrazione a questo misterioso "oggetto" di ogni determinazione positiva finisce per condurre all'annullamento dell'oggetto stesso, giacché di esso non si può a rigore neppure affermare che "è uno, perché in tal caso sarebbe già essente, cioè parteciperebbe dell'essere" (141e). In effetti la stessa predicazione di identità richiede una qualche forma di relazione (sia pure limitata a se stesso) e dunque non può venire applicata all'Uno.

Parmenide può dunque concludere il suo ragionamento relativo all'Uno, osservando che esso non partecipa in alcun modo dell'essere e dunque non è, poiché non possiede nessuna qualificazione. Ma se le cose stanno in questi termini:

esso non può avere né nome (*onoma*) né definizione (*logos*), e non può essere oggetto di conoscenza, sensazione e opinione [...] Non può perciò venire nominato, definito, opinato e conosciuto, e nessuna delle cose che sono ha percezione di esso (*Parm.* 142a).

L'"Uno che è uno" risulta dunque tale da non poter essere oggetto di alcuna qualificazione positiva e in questo modo finisce per lambire la dimensione del non essere: sottraendosi a ogni determinazione esso risulta di fatto anche "indefinibile" (ossia privo di *onoma* e *logos*) e "inconoscibile" (cioè inattingibile tanto alla *episteme* quanto all'*aisthesis* e alla *doxa*).

Non sorprende davvero che tutti coloro che hanno cercato in Platone un sostegno a concezioni miranti a situare il principio della realtà e dell'essere nella regione nebulosa dell'indicibile e dell'impensabile abbiano trovato in questo testo un alleato prezioso. Ma una simile operazione tende a trascurare il fatto che Parmenide, in conclusione della sua deduzione, chiede al suo interlocutore se sia possibile che le cose stiano in questi termini riguardo all'Uno (*peri to hen*), ricevendone una risposta tutt'altro che incoraggiante: "A me sembra di no!" (142a).

4. *La causa dell'universo nel Timeo*

Tra i testi platonici ai quali ci si è spesso appellati per giustificare o anche nobilitare una concezione dell'ineffabilità del principio occorre annoverare anche una celebre dichiarazione collocata nel prologo che il personaggio di Timeo antepone al suo lungo monologo, nel dialogo a lui dedicato.

Come è noto, una volta presa la parola, Timeo fa precedere l'esposizione verisimile della generazione dell'universo da un proemio nel quale egli (a) espone le premesse dialettiche sulle quali il suo discorso si fonda, (b) indica i modelli analogici di cui ha intenzione di servirsi, e infine (c) precisa quale sia l'orizzonte epistemico di attesa che occorre assumere rispetto al contenuto del "racconto verisimile" intorno alla genesi dell'universo[27].

Le due premesse dialettiche o metafisiche indicate da Timeo si riferiscono rispettivamente (a) alla distinzione onto-epistemica tra "ciò che è sempre" (*to on aei*), oggetto di intellezione (*noesis*), ossia di conoscenza autentica, e "ciò che diviene" (*to gignomenon*), percepibile e opinabile, e (b) alla assoluta necessità che ciò che diviene sia sottoposto al principio di causalità, ossia che il divenire sia tale in virtù di una causa (*Tim.* 27d-28a). Si tratta – è bene precisarlo – di premesse dialettiche, dunque vere (e non verisimili, come l'esposizione cosmogonica), assolute e non negoziabili.

Poiché l'oggetto della trattazione che si appresta a effettuare è l'universo (*to pan*) sensibile, Timeo deve preventivamente stabilire a quale dei due ordini ontologici esso appartenga, e nel caso si rivelasse essere un *gignomenon*, ossia un'entità soggetta al divenire, deve anche indicarne la causa (*aition*). L'attribuzione all'universo della qualifica di *gignomenon*, ossia la sua collocazione nell'ambito del divenire, viene provata da Timeo a partire dalla sua natura corporea, la quale comporta percepibilità e opinabilità, che a sua volta implicano l'appartenenza alla sfera del divenire (28b-c). Ma in base alla seconda premessa dialettica enunciata da Timeo, se è un *gignomenon* il mondo deve avere una causa. E a questo punto si trova l'affermazione che ha influito in maniera tanto profonda sul pensiero della ineffabilità del principio e di dio. A proposito della causa Timeo dichiara infatti che "è un'impresa trovare l'artefice e il padre di questo universo e per chi lo trova è impossibile parlarne a tutti" (28c).

Occorre prima di tutto precisare che questa affermazione segna all'interno del prologo di Timeo l'abbandono del registro dialettico e l'irruzione di quello analogico o metaforico. Timeo propone di

27 Per un quadro dei differenti registri discorsivi (dialettico, analogico ed epistemologico) assunti da Timeo nel proemio mi permetto di rinviare a ciò che scrivo in Platone, *Timeo*, a cura di F.M. Petrucci, introduzione di F. Ferrari, Fondazione Lorenzo Valla, Milano 2022, pp. XXXVI-L.

concepire la causa dell'universo all'interno di due schemi analogici: (a) quello tecnico-demiurgico, in base al quale la causa è un "artigiano" (*poietès*), e (b) quello biologico-generativo, che prevede che la causa sia un "padre" (*patèr*)[28]. A proposito di questo artigiano e padre dell'universo sostiene che non sia facile trovarlo e che sia addirittura impossibile parlarne a tutti.

Sebbene Platone riferisca l'affermazione sopra riportata inequivocabilmente alla causa (*aition*) dell'universo sensibile, da pressoché tutti i commentatori antichi (e purtroppo non solo da loro), essa è stata applicata direttamente a dio[29], e intesa per lo più nel senso che dio sarebbe inconoscibile, innominabile e dunque ineffabile, come rileva la celebre formula *arrhetos kai akatonomastòs*[30]. Una simile attitudine filosofica si origina, come si è visto, da una forzatura

28 Sulla compresenza di questo doppio schema analogico, e sui problemi che essa comporta, ha scritto cose non banali K. Sampson, *Ontogony. Conceptions of Being and Metaphors of Birth in the* Timaeus *and the* Parmenides, Universitet I Bergen, Bergen 2005, pp. 108-28.

29 Così, per esempio, Apuleio (II sec. d.C.), il quale nel *De Platone et eius dogmate* (I 191) arriva addirittura a modificare il dettato del testo del *Timeo* inserendovi la parola *theos*, assente in Platone. Anche Plutarco di Cheronea (I-II sec. d.C.) si chiede "perché [Platone] ha chiamato il dio supremo padre e artefice di tutte le cose?" (*Plat. quaest.* II 1000e); il riferimento al dio, o meglio a due divinità, si trova anche in Numenio di Apamea (II sec. d.C.), il quale attribuisce i due appellativi platonici rispettivamente al primo dio (*patèr*) e al secondo dio, ossia al demiurgo del cosmo (*poietès*) (fr. 21 des Places). Su questi documenti si veda F. Ferrari, "Gott als Vater und Schöpfer. Zur Rezeption von *Timaios* 28c3-5 bei einigen Platonikern", in: F. Albrecht e R. Feldmeier (a cura di), *The Divine Father. Religious and Philosophical Concepts of Divine Parenthood in Antiquity*, Brill, Leiden-Boston 2014, pp. 57-69. Merita una menzione anche un importante pensatore ebreo come Filone di Alessandria (I sec. a.C.), che nella sua opera *De opificio mundi* (7-11) assegna i due appellativi al Dio creatore del *Genesi*: rinvio in proposito ancora a F. Ferrari, "*Poietes kai Pater.* Appunti sulla metafisica di Filone alla luce del medioplatonismo", in: L. De Luca (a cura), *Similitudini, metafore e allegoria nel* De opificio mundi *di Filone di Alessandria*, Edizioni di Storia e Letteratura, Roma 2021, pp. 73-90, spec. 83-86. Una panoramica dell'esegesi cristiane di questo passo si trova in S. Morlet, "'Il est difficile de trouver celui qui est l'auteur et le père de cet universe ...' La réception de *Tim.* 28c chez les Péres de l'Église", in: "*Études Platoniciennes*", Vol. 5, 2008, pp. 91-100.

30 Sulla dipendenza di questa formula dal passo 28c del *Timeo* cfr. J. Whittaker, "ARRHETOS KAI AKATANOMASTOS", in: H.D. Blume e F. Mann (a cura di), *Platonismus und Christentum. Festschrift für Heinrich Dörrie*, Aschendorf, Münster 1983, pp. 303-06.

esegetica alla quale non si può certo negare una componente creativa e dunque filosoficamente rilevante. Si tratta, però, di una prospettiva che fa evidentemente torto al testo platonico, il quale non accenna a nessuna divinità e soprattutto non parla affatto di ineffabilità o indicibilità, bensì dell'impossibilità di parlarne a tutti. Ma procediamo con ordine, accennando in primo luogo a un'influente interpretazione antica.

Un'evidente torsione del testo platonico in direzione di una concezione dell'ineffabilità del principio dell'universo si può percepire, ad esempio, in Cicerone, il quale travisa certamente il senso delle parole platoniche. Nel I libro del dialogo *De natura deorum* il grande autore romano fa muovere al filosofo epicureo Velleio l'accusa a Platone di contraddittorietà (*inconstantia*), perché avrebbe fatto nel *Timeo* e nelle *Leggi* affermazioni inconciliabili sulla divinità. A proposito del primo dialogo Velleio osserva che Platone *in Timaeo patrem huius mundi nominari neget posse*, ossia nega che si possa anche solo nominare il padre di questo mondo (I 30). È tuttavia facile rendersi conto che nel *Timeo* non si parla affatto di una presunta impossibilità di nominare il padre dell'universo, ma semplicemente della difficoltà di trovarlo e dell'impossibilità di parlarne a tutti. In altre parole, mentre Timeo fa un'affermazione che attiene al piano della comunicazione indiscriminata di un certo argomento, il Velleio di Cicerone attribuisce al padre dell'universo una condizione di indicibilità assoluta, spalancando in questo modo le porte a una lunga tradizione filosofica che considera il principio primo della realtà del tutto indicibile e addirittura ineffabile.

Se proviamo a prendere le distanze dalle forzature esegetiche dei commentatori antichi e a tornare al testo del *Timeo* possiamo forse arrivare ad apprezzare il significato di questa dichiarazione così sorprendente e certamente non priva di tratti enigmatici. Timeo ha appena stabilito in maniera rigorosa l'appartenenza del cosmo alla sfera del divenire, ed è consapevole che una simile conclusione conduce inevitabilmente a interrogarsi sulla causa da cui l'universo, in quanto *gignomenon*, dipende. Ma egli si rende anche conto della difficoltà del compito (*ergon*) che lo attende: è davvero un'impresa trovare la causa del divenire ed è forse ancora più difficile individuare il modo in cui questa causa agisce. Ecco allora che egli ricorre a un'analogia, anzi a due, suggerendo di concepire la generazione dell'universo all'interno di due schemi metaforici: l'uno artigianale, incentrato intorno alla figura di un demiurgo (l'artefice appunto), l'altro biologico, che si appella alla presenza di un padre. Dunque la causa può venire concepita, per esigenze didattiche e didascaliche (gli antichi usavano la formula *didaskalìas charin*, che significa appunto "a scopo didascalico") sia come un demiurgo che plasma artigianalmente un manufatto, sia come un padre che genera un figlio che in qualche modo gli assomiglia, ossia ne riproduce certe caratteristiche. In maniera speculare il "prodotto" della generazione, ossia l'universo generato, può venire visto tanto come un manufatto costruito da un artigiano che agisce in vista di un fine, quanto come un essere vivente generato biologicamente da un altro essere vivente. Si tratta certamente di due modelli esplicativi diversi e per più di un aspetto inconciliabili, ma che possono coesistere all'interno del medesimo discorso appunto perché sono schemi analogici e non spiegazioni "scientifiche"[31].

Le idee che Platone si prefigge di trasmettere per mezzo di questi due appellativi sono (a) che l'universo presenta una configurazione ordinata e razionale, *come se* fosse il prodotto di un atto artigianale teleologicamente orientato, e (b) che esso risulta simile al suo "genitore", di cui riproduce sia la struttura, sia la natura vivente e animata (l'universo è un "vivente" sensibile inclusivo di tutti i viventi sensibili, esattamente come il suo modello è un *noeton zoon*, ossia un vivente intelligibile, comprendente tutte le sue parti)[32].

31 Ho discusso più ampiamente la compresenza di questo doppio registro analogico in un saggio dal titolo "Il proemio di Timeo: struttura, contenuto e funzione", in: "Méthexis", Vol. 35, 2022, pp. 29-52.

32 È qui il caso almeno di accennare alla questione della natura del modello (*paràdeigma*) al quale l'universo sensibile viene assimilato. Si tratta certamente del

Si può dire, dunque, che alla questione relativa alla natura dell'universo e alla modalità della sua generazione Timeo risponda invitando il lettore a pensare il cosmo sia come il prodotto di un atto demiurgico, sia come un essere vivente; in questo modo egli ritiene di rendere più facilmente comprensibili contenuti teorici molto complessi e astratti, che sarebbe impossibile trasmettere a tutti. Si tratta evidentemente di una strategia comunicativa di tipo didascalico che non sembra avere nulla a che fare con una presunta ineffabilità del principio o della causa del mondo: Timeo non sostiene che questa sia indicibile o incomunicabile in assoluto; egli si mostra invece prudente circa la possibilità o l'opportunità di parlarne a tutti, probabilmente perché in pochi sarebbero capaci di seguire un'esposizione inevitabilmente complessa e astratta. Del resto, la stessa scelta di presentare la genesi ontologica dell'universo nella forma narrativa del racconto (*mythos*), in cui le relazioni di priorità logica vengono declinate in termini di priorità temporale, risponde alla medesima esigenza didattica e di chiarezza espositiva (*saphenèias heneka*)[33].

Platone si mostra perfettamente consapevole di quanto complessa

---

mondo delle idee, da Timeo concepito in termini dinamico-produttivi, cioè "demiurgici", e olistici: il modello del cosmo è un "vivente" (*zoon*) inclusivo di tutte le sue parti e capace di agire e "generare". Recepisco dunque con convinzione l'interpretazione che considera la presenza del demiurgo come la metaforizzazione della funzione attiva del paradigma intelligibile: si veda almeno E.D. Perl, "The Demiurge and the Forms: A Return to the Ancient Interpretation of Plato's *Timaeus*", in: "Ancient Philosophy", Vol. 18, 1998, pp. 81-92, e J. Halfwassen, "Der Demiurg: seine Stellung in der Philosophie Platons und seine Deutung im antiken Platonismus", in: A.B. Neschke-Hentschke (a cura di), *Le* Timée *de Platon. Contributions à l'histoire de sa réception*, Peeters, Louvain 2000, pp. 39-62, spec. 50-54; cfr. anche quanto scrivo nell'"Introduzione" a Platone, *Timeo*, op. cit., pp. LIV-LX.

33 Come aveva perfettamente compreso un importante interprete antico del *Timeo*, Lucio Calveno Tauro, il quale alla natura metaforica del racconto cosmogonico dedicò un suo scritto, andato perduto ma destinato a esercitare una grande influenza sulle esegesi neoplatoniche del dialogo: cfr. F. Ferrari, "Lucio Calveno Tauro e l'interpretazione didascalica della cosmogenesi del *Timeo*", in: L. Cardullo e D. Iozzia (a cura), *Bellezza e virtù. Studi in onore di Maria Barbanti*, Bonanno, Acireale 2015, pp. 307-19, e soprattutto F.M. Petrucci, *Taurus of Beirut. The other Side of Middle Platonism*, Routledge, London-New York, NY 2018.

e problematica, oltre che potenzialmente foriera di fraintendimenti, risulti ogni trattazione che si prefigga il compito di ricostruire la genesi ontologica dell'universo fisico. Sul piano filosofico si tratta di spiegare come la sfera intelligibile e trascendente dell'essere "generi", ossia determini causalmente, il divenire, cioè il cosmo fenomenico. Si tratta cioè di analizzare la relazione "genetica" che si istaura tra un ambito fuori dallo spazio e fuori dal tempo, ossia *separato*, e la dimensione dello spazio-tempo: un compito che si presenta in effetti per più di un aspetto vertiginoso. Si comprende dunque come Platone lo affronti ricorrendo sistematicamente a un linguaggio metaforico e allusivo (cosa di cui, del resto, lo rimprovererà Aristotele, secondo il quale, di fronte al problema della natura della causalità delle idee, Platone non fa che esprimersi in forma metaforica)[34].

Come è universalmente noto (ma spesso non adeguatamente tenuto presente), per descrivere una relazione che appare inafferrabile, Platone si serve di immagini e metafore, affermando ad esempio che i particolari "partecipano" delle idee, oppure che le "imitano". Le nozioni di partecipazione (*méthexis*) e imitazione (*mimesis*) suppliscono all'assenza di una terminologia filosofica adeguata: esse alludono rispettivamente al fatto che le cose ordinarie hanno un qualche rapporto con le idee e che sono simili a queste ultime, ma anche inferiori, come una copia (*eikòn*) lo è nei confronti del suo modello (*paràdeigma*), cioè dell'originale.

Nel *Timeo* la consapevolezza dell'assenza di una terminologia adeguata induce Platone a descrivere la relazione tra la sfera intelligibile e il dominio fenomenico per mezzo di una vera e propria proliferazione di analogie (50a-51b): l'universo è concepito come il

34 Aristot. *Metaph.* A 9. 991a19-24: "D'altra parte neppure le altre cose dipendono dalle idee in nessun modo di quelli che si è soliti dire. L'affermare che esse sono modelli e che le altre cose partecipano di esse è parlare a vuoto e fare metafore poetiche. Che cosa è infatti ciò che le plasma guardando alle idee?". Sull'atteggiamento di Aristotele nei confronti del linguaggio utilizzato da Platone mi permetto di rinviare a F. Ferrari, "La relation insaisissable: images et métaphores dans l'ontologie de Platon", in: A. Vasiliu e E. Grasso (a cura di), *Platon et la pensée de l'image*, Vrin, Paris 2023, pp. 63-83.

prodotto di un accoppiamento sessuale nel quale l'intelligibile è il padre e il ricettacolo spaziale e materiale è la madre; oppure come la plasmazione di una massa d'oro che assume configurazioni sempre diverse; oppure ancora come l'impressione di stampi diversi effettuata su un materiale malleabile (*ekmageion*)[35].

La natura aporetica di questo evento viene poi riconosciuta esplicitamente laddove Timeo dichiara (51a-b) che il ricettacolo universale, ossia la *chora*, "partecipa in qualche forma all'intelligibile in modo oscuro e difficilissimo da esprimere". Del resto, come si è visto, anche il demiurgo rappresenta una delle metafore alle quali Platone ricorre per descrivere l'azione che l'intelligibile esercita sul sostrato indeterminato, generando in questo modo l'universo sensibile.

Anche il *Timeo*, dunque, sembra fornire ben poco sostegno a una concezione dell'ineffabilità del principio. Platone riconosce certamente che è difficile trovare la causa intelligibile dell'universo e che risulta addirittura impossibile, cioè privo di senso, pretendere di parlarne a tutti, vale a dire di fronte a un pubblico indiscriminato, in larga parte composto di individui impreparati. Ma egli non sostiene mai che una simile realtà sia inattingibile alla conoscenza e all'indagine razionale. Poiché la "generazione" dell'universo comporta un qualche forma di "contatto" tra l'inesteso e la sfera dell'estensione e della corporeità, Platone ne riconosce la problematicità e perfino l'aporeticità, suggerendo modalità di trattazione di tipo analogico. Non si dimentichi infine che la sfera del divenire, alla quale appartiene l'universo sensibile, non si trova al di sopra della ragione e della conoscenza, bensì, semmai, al di sotto di esse. Insomma, neppure il testo del *Timeo* sembra giustificare le "fughe in avanti" messe in atto dagli interpreti antichi di Platone.

35 Sulla proliferazione di analogie e metafore all'interno della esposizione del "terzo genere", ossia del "ricettacolo universale" (*pandechès*) o *chora*, si veda, ad esempio, L. Brisson, *Le Même et l'Autre dans la structure ontologique du* Timée *de Platon. Un commentaire systématique du* Timée *de Platon*, Academia, Sankt Augustin 1994, p. 208, il quale osservava opportunamente che "Platon ne parle du milieu spatial qu'en usant d'un langage totalement métaphorique qui échappe à toute technicité".

5. Il non essere assoluto nel Sofista

Nei dialoghi di Platone si possono rinvenire in realtà alcuni riferimenti a qualcosa di assolutamente indicibile, impronunciabile e addirittura impensabile. Essi tuttavia non attengono a ciò che si trova al di là e al di sopra dell'essere, bensì a un ambito collocato al di sotto dell'essere, ossia al non essere e per la precisione al "non essere assoluto" (*to medamòs on*).

Per comprendere l'attitudine platonica nei confronti del non essere assoluto è necessario – o meglio inevitabile – fare un accenno a Parmenide, il quale sembra essere stato il primo pensatore ad avere affrontato questa nozione limite. All'inizio del suo poema il grande filosofo di Elea stabilisce con una forza che non ammette deroghe il divieto di pronunciare e perfino di pensare "ciò che non è". La dea alla quale il poeta ha affidato il suo pensiero delinea un'opposizione destinata a influenzare l'intera filosofia occidentale:

> Orbene, io ti dirò e tu ascolta e accogli la mia parola,
> quali sono le sole due vie di indagine pensabili:
> l'una che è e che non è possibile che non sia
> è il sentiero della persuasione, giacché si accompagna a verità,
> l'altra che non è e che è necessario che non sia;
> che ti dichiaro sentiero del tutto estraneo al sapere:
> infatti mai potresti conoscere ciò che non è, è cosa impossibile,
> né potresti pronunciarlo (Parm. fr 2 DK)[36].

Sono parole molto celebri, spesso riprese e inevitabilmente fraintese da filosofi di ogni epoca. Per comprenderne adeguatamente il significato – ammesso che ciò sia veramente possibile – occorrerebbe

---

36 Una buona discussione delle principali questioni, testuali e di contenuto, implicate in questo frammento si trova in G. Cerri (a cura), Parmenide, *Poema sulla natura*, BUR, Milano 1999, pp. 187-192. In un libro recentissimo si individuano le radici omeriche della disgiunzione logica formulata da Parmenide nel fr. 2: cfr. B. Folit-Weinberg, *Homer, Parmenides, and the Road to Demonstration*, Cambridge University Press, Cambridge 2022, pp. 195-216 e *passim*.

procedere a una digressione ampia, nella quale qui non è certo possibile inoltrarsi (al fr. 2 bisognerebbe immediatamente affiancare il fr. 7 DK, che recita: "mai sarà dimostrato che è ciò che non è, tieni lontana la mente da questa via di indagine")[37]. Basti tenere presente che il divieto formulato in questi due frammenti è costantemente presente a Platone, e viene esplicitamente richiamato proprio nel *Sofista*, che alla questione del non essere dedica una sezione di notevole importanza, sebbene non priva di risvolti aporetici.

In realtà un accenno al non essere si trova già nella *Repubblica*, laddove Socrate propone di distinguere gli stati mentali e cognitivi del soggetto conoscente sulla base del riferimento all'ambito oggettuale al quale l'anima si indirizza: in questo modo egli fa corrispondere a "ciò che è in modo assoluto" (*to pantelòs on*) la conoscenza (*gnosis*) autentica, ossia l'*episteme*, a "ciò che è e non è" la condizione cognitiva dell'opinione (*doxa*), mentre a "ciò che in alcun modo è" l'assoluta inconoscibilità, vale a dire lo stato mentale dell'ignoranza (*agnosìa*), l'assenza di ogni forma di conoscenza (*Resp.* V 476e-477b)[38]. Platone stabilisce così un rigoroso parallelismo tra stati cognitivi e oggetti intenzionati: la conoscenza perfetta si indirizza verso ciò che è in maniera perfetta e non qualificata, ossia alle idee (ciascuna delle quali è F in modo perfetto e assoluto); l'opinione ha per oggetto realtà che sono e non sono ciò che si dice che sono (479b), vale a dire enti che sono e non sono il predicato che viene loro ascritto; mentre lo stato mentale corrispondente a "ciò che non è in maniera assoluta",

37 Sul nesso stabilito da Parmenide tra ontologia e logica esiste una letteratura molto cospicua; mi limito qui a segnalare il volume di J. Palmer, *Parmenides & Presocratic Philosophy*, Oxford University Press, Oxford 2009, pp. 51-188, che fornisce anche un'ampia ricognizione sullo *status quaestionis*. Un'approfondita discussione di pressoché tutti i problemi implicati nel poema è fornita nei due volumi di P. Aubenque (a cura di), *Études sur Parménide*, Vrin, Paris 1987.

38 Su questa distinzione rinvio a F. Ferrari, "Conoscenza filosofica e opinioni politiche nel V libro della *Repubblica* di Platone", in: "Atene & Roma", n.s. 4, 2010, pp. 26-46, con gli opportuni riferimenti alla vasta letteratura critica. Tra gli studi apparsi successivamente a questo mio contributo mi limito qui a segnale il recente libro di J. Moss, *Plato's Epistemology. Being and Seeming*, Oxford University Press, Oxford 2021, pp. 50-61 e 86-112.

ossia che non possiede in alcun modo un predicato che possa descriverlo, è rappresentato dall'assoluta assenza di conoscenza. Il non essere assoluto non può dunque in alcun modo venire descritto e conosciuto, neppure nella modalità indebolita dell'opinione[39].

La questione del non essere viene ripresa e affrontata in modo diretto nel *Sofista*. I protagonisti del dialogo, guidati da un ospite proveniente da Elea, la patria di Parmenide, sono impegnati a definire i contorni della figura del sofista, distinguendola da quella del politico e del filosofo (*Soph.* 217a). Lo sviluppo dell'indagine ha dimostrato come il sofista sia in qualche modo legato alla dimensione del falso e dell'apparenza, e dunque del "non essere", giacché ciò che è falso *non è vero*, e ciò che appare è diverso da ciò che è, e di conseguenza in un certo senso "non è" (per esempio x appare ma *non è* y). Questo primo risultato conduce lo Straniero di Elea a interrogarsi sulla natura del non essere e dunque a invocare il suo maestro Parmenide e il celebre "divieto" da quest'ultimo formulato[40].

In effetti l'ammissione del falso rischia di contravvenire al divieto parmenideo relativo al non essere, giacché ammette che ciò che non è, ossia appunto il falso, in qualche modo sia:

> Questo discorso [quello concernente l'esistenza del falso] ha osato supporre che ciò che non è sia. Non c'è altro modo, infatti, in cui il falso verrebbe ad essere qualcosa che è. Il grande Parmenide, figliolo, quando noi eravamo ragazzi, testimoniò dal principio alla fine in senso contrario, dicendo sempre, in prosa e in versi, "mai ciò sarà dimostrato, che cose che non sono, siano, ma tu nel tuo ricercare da questa via allontana il pensiero" (*Soph.* 237a = Parm. fr. 7 DK).

Lo Straniero proveniente da Elea si concentra allora sul significato

39 Sulla matrice parmenidea di questa distinzione si veda J. Palmer, *Plato's Reception of Parmenides*, Clarendon Press, Oxford 1999, pp. 77-87.

40 Una discussione molto approfondita della sezione del *Sofista* dedicata al non essere assoluto si trova in P. Crivelli, *Plato's Account of Falsehood. A Study of the* Sophist, Cambridge University Press, Cambridge 2012, pp. 28-48.

della locuzione "ciò che in nessun modo è" (*to medamòs on*), la quale indica appunto il "non essere assoluto". Un esame rigoroso di questo concetto porta a escluderne ogni compromissione con qualsiasi forma di essere, come lo Straniero afferma con nettezza: "questo almeno è chiaro, che non si deve riferire ciò che non è a qualcuna delle cose che sono" (237c). Al "non essere assoluto" è estranea ogni forma di determinazione, anche quella più generica che ne stabilisce almeno l'individualità: esso non è un "qualcosa" (*ti*) e neppure "una" cosa (*hen*), giacché non possiede neppure l'individualità numerica: "a ciò che non è non può connettersi, come penso, nessuna delle cose che sono" (238a). Ma se le cose stanno in questi termini, la conclusione inevitabile alla quale lo Straniero perviene non può che consistere nel totale isolamento del non essere nello spazio dell'indicibile, dell'impronunciabile e addirittura dell'impensabile:

> Riconosci dunque che non è possibile pronunciare correttamente, né dire, né pensare, esso stesso di per se stesso, vale a dire ciò che non è; è invece impensabile, indicibile, impronunciabile, inesprimibile (238c).

In questa sequenza di qualificazioni negative si possono rinvenire i fondamenti di una teoria relativa a ciò che è assolutamente altro dall'essere: il non essere assoluto è impensabile (*adianoeton*), indicibile (*arrheton*), impronunciabile (*àphthenkton*) e irrazionale o inesprimibile (*alogon*). Una simile condizione ne rende sostanzialmente impossibile ogni trattazione dal momento che ad esso è vietato assegnare, oltre all'essere, anche l'unità o la molteplicità numerica (239b): di fronte al non essere assoluto il linguaggio e il pensiero si arenano.

Come è noto, lo Straniero di Elea cerca di sottrarsi alle "sabbie mobili" del non essere parmenideo teorizzando un altro tipo di non essere, il diverso (*to heteron*), che costituisce, insieme all'essere, all'identico, alla quiete e al movimento, uno dei cinque generi sommi (*megista gene*) che attraversano il mondo intelligibile (254e-259b).

A differenza del non essere assoluto, che è contrario all'essere (*henantion tou ontos*), questo non essere risulta in qualche modo determinato e dunque può venire di volta in volta qualificato: il non essere, in quanto diverso, è[41]. La sua postulazione consente infine di giustificare sul piano logico l'esistenza del falso, o meglio della falsità nell'ambito dei discorsi (e dei pensieri): ogni discorso ha come referente l'essere, ossia le cose che sono (*ta onta*), ma il discorso falso, a differenza di quello vero, dice le cose che sono come *non sono*, ossia diversamente da come sono, stabilendo connessioni che nella realtà non esistono (o risultano addirittura impossibili, giacché connettono nel discorso entità tra loro non mescolabili, cioè incompatibili, come nell'asserto "Teeteto vola").

La morale che si può ricavare dal *Sofista* sembra dunque la seguente: l'essere è per Platone sempre un *essere determinato*, ossia un "essere F" (che può configurarsi come assoluto, come nel caso dell'idea di F, oppure relativo, come accade per le cose ordinarie che *partecipano* all'idea di F, e dunque sono F, ma anche non F, in quanto non si identificano con F in sé)[42]. Tutto ciò dovrebbe implicare che la stessa esistenza comporta una qualche forma di determinazione, ossia che non si dà un'esistenza priva di determinazione qualitativa. Viceversa "ciò che assolutamente non è" non possiede nessuna determinazione e per questa ragione, oltre a non esistere, non può costituire neppure l'oggetto di un discorso; esso rappresenta una sorta di nozione limite che segnala un'impossibilità, o, se si vuole, un

---

41 Sulla collocazione del non essere in quanto "diverso" all'interno della dialettica dei generi sommi si rinvia, oltre che al classico studio di L.M. de Rijk, *Plato's* Sophist. *A Philosophical Commentary*, North Holland Publishing Company, Amsterdam 1986, pp. 159-85, anche a N. Notomi, "Dialectic as *Ars Combinatoria*. Plato's Notion of Philosophy in the *Sophist*", in: A. Havlicek e F. Karfik (a cura di), *Plato's* Sophist. *Proceedings of the VII Symposium Platonicum Pragense*, Oikoymene, Praha 2011, pp. 146-155.

42 Sulle differenti "declinazioni" o modalità dell'essere si rinvia alle pagine, ancora molto utili, di M. Frede, "Die Frage nach dem Seienden: *Sophistes*", in: T. Kobusch e B. Mojsich (a cura di), *Platon. Seine Dialoge in der Sicht neuer Forschungen*, Wissenschaftliche Buchgesellschaft, Darmstadt 1996, pp. 181-19, spec. 195-97.

"luogo" inesistente nel quale né il linguaggio né il pensiero possono inoltrarsi.

6. *La natura della conoscenza filosofica secondo la VII Epistola*

L'ultimo testo platonico che vorrei sottoporre all'attenzione del lettore di queste pagine è forse il più importante e in ogni caso certamente il più celebre e controverso. Si tratta della famosa *Lettera VII*, un documento che nella tradizione antica e medievale delle opere di Platone fa parte integrante del *corpus*, sebbene esso non sia affatto immune dal sospetto di inautenticità, che lo accomunerebbe del resto a tutte le altre 12 lettere tramandate sotto il nome di Platone, le quali sono certamente spurie. La maggioranza degli studiosi tende ancora oggi ad avvallare la genuinità della *VII Lettera*, ma una minoranza piuttosto consistente e agguerrita continua ad avanzare riserve non prive di fondamento[43].

Non è questa la sede per riaprire il *dossier* sull'autenticità di questo testo, la cui importanza è comunque tale da rendere in un certo senso superflua la decisione circa la sua genuinità, se non altro perché per i lettori antichi esso era certamente platonico.

Si tratta di un documento prezioso nel quale l'autore, sia o meno Platone, ricostruisce in termini certamente apologetici gli eventi biografici del filosofo, con particolare attenzione alle vicende siciliane, ossia ai viaggi a Siracusa, presso la corte dei tiranni Dionisio I e Dionisio II. In effetti una delle ragioni della composizione di questa epistola (che può considerarsi una sorta di moderna "lettera aperta") risiede nell'obiettivo di difendere Platone dalle critiche sorte a seguito dei suoi rapporti con Dionisio II e alla sua amicizia con Dione,

43 Tra i lavori più recenti si è espresso in favore dell'autenticità della *VII Lettera* F. Forcignanò (a cura di), Platone, *Settima lettera*, intr., tr. e comm., Carocci, Roma 2020, soprattutto pp. 9-16 e 47-53 (contro le varie ipotesi di atetesi), mentre hanno argomentato per la non genuinità M. Burnyeat e M. Frede, *The Seventh Platonic Letter. A Seminar*, a cura di D. Scott, Oxford University Press, Oxford 2015.

parente del tiranno e amico di Platone, nonché influente membro della scuola da lui fondata.

L'autore della lettera – forse ma non necessariamente Platone[44] – prende le distanze da Dionisio II, accusandolo di avere composto uno scritto nel quale pretendeva di riassumere l'insegnamento impartitogli (tra l'altro in un unico incontro) senza però riconoscere il debito nei confronti del filosofo. L'autore dell'epistola racconta di una *peira*, ossia un "test", una "prova", che egli avrebbe escogitato per i tiranni, con l'obiettivo di comprendere se e in che misura fossero adatti alla filosofia, smascherandone così la presunzione: "dopo il mio arrivo pensai che la prima cosa da fare fosse verificare se veramente Dionisio era divorato dal fuoco della filosofia o se le numerose voci giunte ad Atene erano false" (*Epist. VII*, 340b). Si tratta di un test volto a mostrare quanto faticosa sia la pratica filosofica, che può essere abbracciata solo da coloro che sono mossi da una passione autentica, ossia che sono in possesso di una natura affine all'oggetto della filosofia[45]:

> A queste persone bisogna mostrare che cosa sia veramente la pratica [della filosofia], e quale impegno e quale fatica siano necessari al suo studio, e se colui che ascolta è di indole divina, se è veramente filosofo, ed è adatto a questa ricerca e degno di essa, riterrà che la via indicata è la migliore, che bisogna cercare di seguirla subito e che non si può vivere in modo diverso. Allora unisce i suoi sforzi a quelli della sua guida e non desiste prima di avere raggiunto l'obiettivo (340b-c).

Evidentemente il tiranno, sottoposto al test, ha palesato tutti i

44 Scrive in proposito P. Butti de Lima (a cura di), Platone, *L'utopia del potere (La settima lettera)*, Marsilio, Venezia 2015, p. 49 nota 16: "Il problema dell'autenticità [...] non viene annullato, ma resterà probabilmente insoluto, e, in assenza di nuovi argomenti, è destinato a trasformarsi in mero esercizio dossografico. Assumeremo [...] l'io letterario di Platone: il filosofo come soggetto, senza implicarlo come autore".

45 Sulle fatiche che comporta e sull'impegno che richiede l'esercizio della filosofia si veda M. Tulli, *Dialettica e scrittura nella* VII Lettera *di Platone*, Giardini Editori e Stampatori, Pisa 1989, p. 11.

suoi limiti, la superficialità della sua presunta passione, l'indisponibilità a consacrarsi veramente alla pratica filosofica, che richiede doti di cui non dispone e un impegno che non è in grado di investire. Insomma, Dionisio si è accontentato di assumere la patina superficiale ed esteriore del filosofo, convinto di avere appreso da Platone (o da altri) "le cose più importanti" (*ta megista*) e dunque di essere diventato un vero filosofo. Questa errata convinzione lo avrebbe addirittura portato a comporre uno scritto in cui condensava i risultati della sua presunta arte (*techne*), oltretutto presentandoli come il risultato della sua ricerca e non come il frutto dell'insegnamento appreso da altri. Di fronte a un simile comportamento l'autore della lettera prende una posizione intransigente, che sembra comportare importanti assunzioni filosofiche:

> Però c'è una cosa che posso dire in relazione a tutti coloro che hanno scritto e scriveranno, affermando di conoscere le cose alle quali io dedico la massima cura, sia per averle apprese da me, sia da altri, sia ancora per averle scoperte per proprio conto: essi non sono in grado, secondo la mia opinione, di capire nulla della cosa (*peri tou pragmatos*), perché su di essa non esiste né esisterà mai una mia composizione scritta (*syngramma*). Infatti non è affatto dicibile come le altre conoscenze (*rhetòn gar oudamòs hos alla mathèmata),* ma a partire da una lunga comunione (*ek pollés synousias*) intorno alla cosa stessa (*peri to pragma auto*) e da una vita in comune improvvisamente si genera nell'anima, come una scintilla che scaturisce da un fuoco che balza, e si nutre da se stessa. So inoltre questo: che tali cose, se fossero scritte o dette da me, sarebbero esposte nel modo migliore; e so anche che se fossero scritte male io ne soffrirei non poco. Ma se avessi ritenuto possibile che simili argomenti dovessero essere scritti in modo adeguato per i molti e potessero venire detti, che cosa avrei potuto fare di meglio nella vita se non esporli per iscritto, rivelando la

natura delle cose, con un grande vantaggio per tutti gli uomini? (*Epist. VII*, 341b-e).

Non è difficile comprendere come questa dichiarazione abbia esercitato un'influenza così profonda su tutti coloro che si sono proposti di enfatizzare l'eccezionalità della filosofia nei confronti di tutti gli altri saperi. Bisogna anche riconoscere che i problemi implicati in queste parole sono formidabili, e una loro soluzione soddisfacente, oltre a travalicare i limiti di questo intervento, appare davvero ardua, se non addirittura impossibile. Ma proviamo ad analizzare con attenzione e possibilmente senza troppi pregiudizi il contenuto di queste celebri righe.

Platone vi sostiene che il *pragma*, ossia presumibilmente la filosofia e il suo oggetto, oppure in generale la "pratica filosofica" (il sostantivo *pragma* appartiene alla medesima famiglia del verbo *prattein* che significa "fare"), possiede uno statuto particolare, che lo differenzia dalle altre cose: su un tale oggetto non esiste e non esisterà mai una sua composizione scritta (*syngramma*). Sul significato di questo sostantivo sono state scritte centinaia di pagine, spesso ipotizzando che la sua accezione sia limitata a un particolare tipo di scritto, come il trattato o il manuale; l'autore della lettera sosterrebbe, in questo caso, che sulle cose alle quali presta la massima cura (*peri hon egò spoudazo*), cioè intorno all'oggetto della filosofia (*pragma*), non esiste un'esposizione manualistica o un trattato (ma esiste evidentemente un altro tipo di presentazione, ossia il dialogo filosofico)[46]. Ma una simile limitazione del significato del termine non sembra del tutto giustificata, né dall'uso linguistico del tempo né dalla consuetudine "platonica": in realtà con il sostantivo *syngramma* l'autore della lettera dovrebbe riferirsi (ma il condizionale è d'obbligo) a qualsiasi tipo di composizione scritta[47]. Dunque il testo

46 Così, ad esempio, M. Isnardi Parente (a cura), Platone, *Lettere*, tr. M.G. Ciani, Fondazione Lorenzo Valla, Milano 2002, p. 236.

47 Come mi sembra avere dimostrato in maniera persuasiva T.A. Szlezák, *Platone e la scrittura della filosofia*, edizione italiana a cura di G. Reale, Vita & Pensiero, Milano

sembra affermare l'impossibilità di scrivere (ma in realtà anche di parlare, come si evince dalla parte conclusiva del passo riportato) intorno alla filosofia e al suo oggetto. Resta però aperta la questione se si tratti di un'impossibilità assoluta ovvero di un'impossibilità relativa (cioè dell'inopportunità di scrivere o di parlare dinnanzi a tutti).

Ma quale è questo oggetto, ossia che cosa è ciò che l'autore chiama *pragma*? Anche a questo proposito le opinioni dei commentatori divergono: secondo alcuni si tratta dei principi supremi della filosofia platonica, ossia l'Uno e la Diade indeterminata, che nella *VII Lettera* verrebbero evocati nella forma dei *akra kai prota peri physeos*, ossia "le cose supreme e prime della natura" (344d), e che sarebbero esposti esaustivamente non nei dialoghi bensì nelle "dottrine non scritte" (*agrapha dogmata*)[48]; tuttavia il testo della *Lettera* non sembra fornire un sostegno molto solido a una simile interpretazione, giacché l'oggetto proprio della filosofia, apparentemente inattingibile per mezzo degli strumenti del linguaggio e della rappresentazione iconica, si identifica inequivocabilmente con l'essere autentico, ossia con le idee[49].

Non c'è dubbio, in ogni caso, che la sentenza che più ha influito sulla formazione della metafisica dell'ineffabile sia quella in cui

---

1988, pp. 463-71; del resto, anche un commentatore poco incline ad accogliere le tesi "esoteriste", come F. Forcignanò (a cura di), Platone, *Settima lettera*, cit., p. 152, assume per *syngramma* il significato ampio di "opera scritta".

48 Così, ad esempio, K. Gaiser, "La teoria dei principi in Platone", in: "Elenchos", Vol. 1, 1980, pp. 45-75, spec. 59.

49 Come ha correttamente sostenuto A. Graeser, *Philosophische Erkenntnis und begriffliche Darstellung. Bemerkungen zum erkenntnistheoretischen Exkurs des VII. Briefs*, Steiner Verlag, Stuttgart 1989, pp. 6-7 e *passim*. La difficoltà di indicare il referente del *pragma* venne in un certo senso certificata da H. Gundert, "Zum philosophischen Exkurs im 7. Brief", in: H.G. Gadamer e W. Schadewaldt (a cura di), *Idee und Zahl. Studien zur platonischen Philosophie*, Winter, Heidelberg 1968, pp. 85-105, il quale arrivò a sostenere che "in dem *pragma*, mit dem es dieser Schriftexcursus zu tun hat, Ideenlehre und Prinzipienlehre in eins gesehen sind" (p. 93). Su tutta la questione mi permetto di rimandare a ciò che scrissi in F. Ferrari, "Tra metafisica e oralità. Il Platone di Tubinga", in: M. Erler e A.B. Neschke-Hentschke (a cura di), *Argumenta in dialogos Platonis*, cit. pp. 361-91, spec. 382-84.

l'autore dichiara che il *pragma* non sia dicibile alla maniera delle altre conoscenze. Anche in questo caso una lettura orientata a enfatizzare il motivo dell'ineffabilità appare unilaterale e non del tutto rispettosa del testo dell'epistola. In effetti, sebbene le parole platoniche possano in linea di principio giustificare il riferimento a un'ineffabilità assoluta, è anche possibile, e forse preferibile, fornirne un'interpretazione più sfumata, appellandosi alla clausola *hos alla mathèmata* (come le altre discipline o gli altri oggetti di conoscenza), che sembra in qualche modo stabilire un confronto tra la dicibilità del *pragma* e quella degli altri oggetti: l'autore non vorrebbe cioè sostenere che l'oggetto della filosofia – di qualsiasi cosa si tratti – risulta del tutto indicibile, ma che esso non è esprimibile come lo sono le altre cose; in questo secondo caso l'accento della sentenza non cadrebbe sull'avverbio negativo *oudamòs* bensì sulla clausola restrittiva *hos alla mathèmata*.

Altrettanto complessa e controversa si presenta poi l'interpretazione dell'analogia tra la conoscenza filosofica e la luce che sgorga improvvisamente (*exaiphnes*) dal fuoco[50]. Anche su questa affermazione si sono appoggiate concezioni filosofiche piuttosto impegnative, le quali, tuttavia, tendono a forzare in maniera eccessiva il dettato del testo. Ciò che l'autore scrive, se letto alla luce del contesto del suo ragionamento, può difficilmente voler situare la conoscenza filosofica nella sfera del mistico o dell'irrazionale: Platone parla di una "lunga frequentazione" (*pollé synousia*) dell'oggetto (*pragma*), e di una vera e propria "vita in comune" (che è il significato della parola *synousia*), la quale costituisce in un certo senso la condizione che rende possibile il sorgere della conoscenza filosofica. Quest'ultima viene assimilata a una luce che si genera nell'anima improvvisamente: si tratta probabilmente di un'immagine con la quale l'autore intende sottolineare l'eccezionalità della conoscenza

50 Una disamina puntuale delle principali occorrenze "filosofiche" dell'avverbio *exaiphnes*, volta a dimostrare che esso non possiede un valore estatico-irrazionale, è fornita da M. Abbate, "Riflessioni su alcune ricorrenze del termine *exaiphnes* in Platone", in: "Athenaeum", Vol. 100, 2012, pp. 93-110.

filosofica; un'immagine che non può, tuttavia, annullare il riferimento alla lunga frequentazione appena fatto. Del resto, anche nei dialoghi, che dovevano rappresentare lo spunto delle riflessioni dell'autore (nel caso, ovviamente, in cui non si tratti di Platone), si trovano numerose affermazioni nelle quali il conseguimento della conoscenza viene equiparato a un contatto o a una sorta di illuminazione. Insomma, per dire che la conoscenza filosofica sorge alla fine di un lungo e faticoso percorso l'autore della lettera sostiene che tale evento si presenta come un'improvvisa illuminazione[51].

L'estensore della lettera aggiunge che "trattare di questi argomenti [ossia delle cose più importanti] non è un bene per gli uomini, tranne che per quei pochi a cui basta solo una piccola indicazione (*smikrà endeixis*) per trovare la strada giusta; quanto agli altri, o ne ricaverebbero un disprezzo ingiusto e fuori luogo o si riempirebbero di una superba e vana presunzione come se avessero imparato cose straordinarie" (341e). È probabile che qui si alluda a un motivo presente con una certa frequenza nei dialoghi platonici, ossia all'idea che il sapere autentico non può venire trasmesso indiscriminatamente a tutti coloro che vi aspirano, magari in maniera confusa e superficiale, ma va riservato a coloro che sono veramente adatti ad accoglierlo, ai quali, tra l'altro, sono sufficienti poche indicazioni. Si tratta certamente di uno degli aspetti nei quali prende forma l'atteggiamento aristocratico e elitario di Platone (un elitismo di natura intellettuale e non propriamente classista). In ogni caso, ciò che qui scrive l'estensore della lettera non sembra discostarsi significativamente da ciò che si può leggere nella parte finale del *Fedro* (275c-278e) a proposito dei rischi ai quali si espone la trasmissione

51 Anche in questo caso trovo ragionevole l'osservazione di F. Forcignanò (a cura di), Platone, *Settima lettera*, cit. p. 153, il quale ritiene che "non è necessario sovraccaricare il significato di *exaiphnes ... exaphthen phos*, che nel passo ha chiaramente anche valore metaforico: il tipo di sapere proprio della filosofia ha carattere immediato, nel momento in cui lo si raggiunge, e per questo ricorda una luce, senza che questo implichi più di quanto si legge".

scritta (per definizione "non selettiva") delle "cose di maggior valore" (*ta timiotera*).

La tesi relativa al carattere in qualche modo inafferrabile e indicibile dell'oggetto della filosofia viene successivamente giustificata per mezzo di un celebre argomento, che l'autore della lettera presenta addirittura come un *alethes logos*, ossia un "discorso vero", una dimostrazione efficace (342a-344b). Si tratta del cosiddetto *excursus* (l'autore lo chiama *planos*, cioè "digressione") della *VII Lettera*, che ha dato luogo a controversie praticamente infinite circa la sua autenticità, la sua consistenza filosofica e il suo significato (uno dei più autorevoli studiosi di filosofia antica, Myles Burnyeat, è arrivato a parlare di *the pseudo-philosophical digression*)[52].

L'importanza di questo documento consiste nel fatto che in esso sembra trovarsi una sorta di giustificazione epistemologica della tesi secondo la quale l'uomo non è in grado di pervenire a una conoscenza piena e assoluta della realtà a causa dei limiti degli strumenti di cui egli si serve, ossia prevalentemente, sebbene non esclusivamente, del linguaggio[53]. In realtà l'autore introduce l'argomento con l'obiettivo di spiegare perché nessuno deve scrivere (o anche solo parlare) su questi argomenti e aggiunge curiosamente di averlo esposto più volte, senza però che nei dialoghi se ne trovi traccia.

In estrema sintesi il contenuto del "discorso vero" può venire presentato nei seguenti termini: di ogni realtà ci sono cinque elementi o aspetti o se si vuole "livelli": il nome (*onoma*), la definizione (*logos*), l'immagine sensibile (*eidolon*), e poi, al quarto posto, la conoscenza (*episteme*), la quale include l'intellezione (*nous*) e l'opinione vera (*doxa alethes*), e infine il quinto aspetto rappresentato dalla cosa stessa, ossia da "ciò che è autenticamente" (*alethòs esti on*). Mentre i primi tre

52 Nel volume di M. Burnyeat e M. Frede, *The Seventh Platonic Letter*, cit. p. 121.

53 Un'interpretazione di questo genere dell'*excursus* della *VII Epistola* e in generale dell'epistemologia platonica, nella quale verrebbe teorizzata sul piano metafisico ed epistemologico l'impossibilità da parte dell'uomo, ossia dell'anima incarnata, di pervenire a una conoscenza perfetta, ossia diretta e intuitiva, del mondo delle idee, si trova in F. Trabattoni, *Scrivere nell'anima. Verità, dialettica e persuasione in Platone*, La Nuova Italia, Firenze 1994, spec. pp. 200-44.

elementi presentano una componente sensibile (suoni, figure, corpi), il quarto ha sede nell'anima, appartiene cioè alla sfera dell'interiorità. E tra le forme cognitive di cui si compone questo quarto livello l'intelletto (*nous*) è considerato per affinità e somiglianza (*syngéneia kai homoiotes*) il più vicino al quinto, ossia alla cosa stessa (342a-d).

Per chiarire il senso di questa classificazione l'autore introduce l'esempio del cerchio: esso ammette un nome, che è appunto il sostantivo "cerchio", un discorso o meglio una definizione, che corrisponde all'asserto "ciò che ha gli estremi equidistanti da un punto detto centro", e poi una rappresentazione sensibile, ossia un'immagine, qualcosa che "si disegna e si cancella"; il quarto stadio è costituito dalla conoscenza, la quale comprende l'intellezione e l'opinione vera; a differenza dei primi tre livelli, questo quarto non si trova "nei suoni e nelle figure dei corpi", bensì nell'anima, il che certamente significa che esso indica uno stato cognitivo o mentale. La sequenza si chiude con il quinto aspetto o momento, che corrisponde alla cosa stessa, vale a dire alla realtà autentica, che per Platone equivale all'idea. Secondo l'estensore della lettera questa classificazione si applica a qualsiasi realtà, ossia, oltre al cerchio, anche alla figura, al colore, al buono, al bello, al giusto ecc.

A questo punto l'autore espone un argomento, non privo di una considerevole dose di oscurità, il quale proverebbe che nessuno dei quattro livelli consente la piena conoscenza del quinto, sebbene la sua posizione non sia su questo punto del tutto univoca e coerente (342e-343e). Il fulcro del suo argomento consiste nel richiamo alla distinzione tra l'essere (*to on*) e la qualità (*to poion*) di una cosa: mentre l'anima ricerca l'essere, i primi quattro livelli le pongono dinnanzi la qualità o almeno questa non meno che l'essere. Platone, o chi per lui, tenta anche di chiarire questo nesso teorico con un esempio, invocando di nuovo il caso del cerchio: il suo nome è di natura arbitraria e convenzionale, e nulla impedisce di chiamare "retto" ciò che solitamente chiamiamo "curvo"; un discorso analogo vale anche per la definizione, la quale è composta di nomi[54]; quanto all'immagine, ossia alla rappresentazione sensibile della cosa, essa porta inevitabilmente con sé elementi contrari all'oggetto rappresentato, come testimonia il fatto che nessun cerchio disegnato risulta perfetto. Viceversa "il cerchio in sé", vale a dire l'idea di cerchio, non contiene nulla di contrario alla natura del cerchio. Ora, secondo l'autore, la tendenza a esprimere la qualità invece dell'essere costituisce una forma di debolezza dei discorsi (*asthenés ton logon*) che accomuna tutti e quattro gli stadi che precedono l'essere autentico.

Il senso del ragionamento viene condensato in queste parole:

> Il punto più importante, però, è quello che ho esposto poco fa, ovvero che, essendoci due cose, l'essere e la qualità, sebbene l'anima cerchi di conoscere non la qualità ma l'essere, ciascuno dei quattro, ponendole davanti nelle parole e nei fatti ciò che essa non cerca, e rivelando sempre ciascuna delle cose dette e mostrate come facilmente confutabile dalle sensazioni, riempie per così dire tutti gli uomini di dubbio e di totale oscurità (343b-c).

È davvero difficile sottrarsi all'impressione che l'autore della lettera non brilli per chiarezza espositiva e rigore filosofico. In particolare la tesi secondo la quale l'anima ricerca l'essere, ossia il quinto livello, mentre i quattro elementi tendono a mostrarle la qualità non sembra del tutto perspicua. Non ho remore a confessare di avere sempre avuto, e di avere ancora oggi, notevoli difficoltà a comprendere adeguatamente questa distinzione. Essa potrebbe in effetti venire messa in relazione ad alcune tesi contenute nei dialoghi platonici, sebbene nessuna di queste corrisponda perfettamente a ciò che si legge nella *VII Lettera*.

La distinzione formulata dall'estensore dell'epistola potrebbe, ad esempio, evocare quella tra entità che sono assolutamente ciò

54 Sul motivo dell'arbitrarietà del linguaggio ha scritto cose importanti H.G. Gadamer, "Dialettica e sofistica nella *Settima Lettera* di Platone", in: *Studi Platonici*, Vol. 1, tr. it. Marietti, Casale Monferrato 1983, pp. 237-68, spec. 251-55.

che sono ed entità che sono e non sono ciò che si dice che sono, formulata nel V libro della *Repubblica* (476e-479b) e già richiamata in queste pagine: quando l'autore della lettera afferma che ciascuno dei quattro elementi contiene qualcosa di contrario al quinto, egli potrebbe avere in mente la concezione secondo la quale le cose sensibili possiedono predicati contrari e non sono mai perfettamente ciò che sono.

Un altro parallelo potrebbe essere offerto dalla descrizione della natura ontologica delle cose ordinarie contenuta nel *Timeo*, nella pagina dedicata alla funzione che il terzo genere esercita nella costituzione dei corpi fisici (*Tim.* 49a-50a): qui Timeo distingue due tipologie di entità, l'una cui spetta la qualifica di "questo e codesto" (*touto kai tode*), giacché possiede stabilità e identità, mentre l'altra alla quale si può solo legittimamente assegnare lo stato di "quale" (*toiouton*); si tratta della distinzione tra la dimensione *sostanziale* e quella *aggettivale* o qualitativa, ossia tra la realtà in sé, che è sempre identica a se stessa, e il fenomeno sensibile, che possiede una qualità, senza identificarsi con essa[55]. In effetti nel *Timeo* Platone distingue due modalità ontologiche: una caratterizzata da determinatezza e stabilità, appartenente alle idee, l'altra di tipo qualitativo e relazionale, assegnata ai fenomeni sensibili, i quali non costituiscono entità determinate ma semplici modificazioni qualitative del terzo genere, ossia del sostrato spazio-materiale[56].

Sul piano strettamente terminologico la distinzione tra *to on* e *to poion* sembra poi richiamare ciò che si legge all'inizio del *Menone*, laddove Socrate rimprovera il suo interlocutore, il quale vuole

---

55 Una possibile connessione tra la distinzione dell'*excursus* (*on* e *poion*) e quella formulata nel *Timeo* (*touto* e *toiouton*) viene sensatamente ventilata da M. Tulli, *Dialettica e scrittura*, op. cit., pp. 29-30 e M. Isnardi Parente, "La *VII Epistola* platonica e il suo *excursus* filosofico", in: "Atti dell'Accademia Nazionale dei Lincei", Classe di Scienze Morali, Storiche e Filologiche, Vol. 398, 2001, pp. 395-408, spec. 404 n. 24.

56 Rinvio per una presentazione più accurata di questa distinzione alla mia "Introduzione" in Platone, *Timeo*, cit. pp. XC-XCIII; sul difficile passo in cui Timeo distingue la stabilità delle idee e la mutevolezza dei fenomeni è fondamentale il commento di F. Petrucci alle pp. 328-34 dello stesso volume.

sapere come si acquisisca la *aretè*, ossia l'eccellenza, di pretendere di conoscere una certa caratteristica (*hopoion*) di una cosa prima di conoscere che cosa è (*ti esti*) quella cosa (*Men.* 71a-b). In altre parole, l'attitudine di Menone ignora il principio della "priorità della definizione", che stabilisce che la conoscenza del comportamento di un oggetto presuppone il sapere relativo all'essenza (*ousia*) di quell'oggetto[57]. Se applicassimo questa distinzione alla *VII Lettera*, dovremmo concludere che i quattro elementi si limitano a cogliere una caratteristica derivata e forse accidentale dell'oggetto mentre trascurano la sua essenza.

Nessuno dei paralleli suggeriti riproduce esattamente la distinzione formulata nell'*excursus*, ma tutti possono forse essere stati all'origine di essa. L'autore dell'epistola, nel caso in cui non si tratti di Platone, potrebbe avere tentato, basandosi su ciò che leggeva nei dialoghi, di giustificare l'irriducibilità dell'essere a qualsiasi forma di manifestazione o istanziazione. Ma siamo nel campo delle congetture e un'interpretazione consistente e affidabile dell'*excursus* appare ancora lontana.

A complicare ulteriormente la situazione intervengono poi tre dichiarazioni che sembrano andare in controtendenza rispetto a ciò che l'autore ha finora affermato a proposito dell'inadeguatezza dei quattro mezzi nei confronti del quinto livello. In effetti egli sostiene che "chi non colga in qualche modo i quattro elementi di queste cose non sarà mai pienamente partecipe della conoscenza (*epistemes metechos*) del quinto" (342d-e), lasciando dunque intendere che il possesso dei quattro elementi, qui concepiti come "strumenti", rende possibile la conoscenza piena (*telèos*) della realtà, cioè dell'idea. Dunque lo scarto tra i quattro aspetti e la cosa stessa appare qui in un certo senso colmato e si profila una nozione di conoscenza (*episteme*) superiore a quella che occupa il quarto stadio della classificazione[58].

57 Si veda in proposito F. Ferrari (a cura), Platone, *Menone*, BUR, Milano 2016, pp. 33-41 con gli opportuni suggerimenti bibliografici.

58 Come correttamente ha rilevato R. Knab, *Platons Siebter Brief. Einleitung, Text, Übersetzung, Kommentar*, Olms, Hildesheim-Zürich-New York 2006, p. 276: "*episteme*

La medesima idea viene ripresa poco dopo, quando l'autore sostiene che "solo con l'esame di tutti questi elementi [i quattro livelli], andando e venendo da uno all'altro, alla fine, con molta fatica, si riuscirà a far nascere in chi ha buona natura la conoscenza (*episteme*) di ciò che ha buona natura" (343e). Qui viene certamente ripreso uno dei motivi centrali dell'epistemologia di Platone, ossia la concezione della "affinità" o "comunanza" (*syngeneia*) tra l'anima (o la sua componente razionale) e la sfera trascendente dell'essere, ossia il mondo delle idee (*Men.* 81c-d, *Phd.* 79d, *Resp.* X 611e-612a, *Phdr.* 247c-d, *Tim* 90a)[59]. Solo postulando una sostanziale affinità tra il soggetto conoscente, ossia l'anima, e l'oggetto conosciuto, vale a dire la sfera trascendente delle idee, viene garantita all'uomo la possibilità di accedere cognitivamente alla realtà autentica, cui egli, o almeno la sua parte divina, non è costitutivamente estraneo[60]. Nell'*excursus* della *VII Lettera* questa concezione viene evocata per mezzo della clausola che stabilisce che la conoscenza "di ciò che ha buona natura", ossia dell'essere, nasce "in chi ha buona natura", vale a dire nella componente razionale dell'anima di colui che è adatto alla filosofia.

L'idea che all'anima non sia affatto precluso il conseguimento cognitivo della realtà ritorna nella parte conclusiva dell'*excursus*. Anche in questo caso le parole "platoniche" rinviano a un evento che prevede una lunga e faticosa preparazione, che richiede la pratica e l'atteggiamento propri della dialettica ("domande e risposte prive di invidia"), ma che culmina nella conoscenza:

> quando tutti questi elementi – nomi, definizioni, immagini e sensazioni – vengono con fatica messi a contatto gli uni con gli altri e

bezeichnet hier nicht die vierte Komponente, sondern das Wissen um den fünften Bereich bzw. die Erfassung desselben".

59 Sul motivo della *syngeneia tou pragmatos*, ossia la comunanza con l'oggetto della filosofia, si veda M. Tulli, *Dialettica e scrittura*, cit., pp. 33-34.

60 Ho ricostruito questa costellazione teorica, cercando di valorizzare il senso filosofico dell'innatismo platonico, in F. Ferrari, "Evento o condizione? *Anamnesis* e innatismo a partire dal *Menone*", in: "Rivista di Storia della Filosofia", Vol. 75, 2020, pp. 1-24, spec. 7-12.

discussi con domande e risposte in confutazioni prive di invidia, allora la conoscenza e l'intellezione (*phronesis kai nous*) relative a ciascuna cosa risplendono (*exèlampse*) per quanto è possibile alla natura umana (344b).

Dunque anche l'autore della lettera non sembra negare all'uomo, se non altro al filosofo dialettico, la possibilità di conoscere "ciò che veramente è"[61]. Certo, si tratta del punto terminale di un percorso lungo e complesso, che richiede impegno e fatica, ma che sembra ammettere un esito favorevole (a differenza di ciò che la digressione aveva affermato all'inizio).

Bisogna allora riconoscere che lo sviluppo del "discorso vero" non si presenta affatto lineare e coerente: quella conoscenza che inizialmente sembra un mezzo inadeguato alla comprensione autentica della cosa, assume nel corso dell'argomento un profilo decisamente più promettente, tanto che la sua istanza più alta, cioè l'intellezione (*nous*), costituisce, almeno in linea di principio, una forma di accesso pieno alla realtà. Non c'è dubbio, in ogni caso, che nel testo della lettera non mancano, come si è visto, affermazioni che possono giustificare alcuni degli esiti teorici cui è pervenuta la tradizione filosofica successiva.

7. Qualche conclusione

Giunti al termine di questa rassegna, la quale in realtà non vanta pretese di esaustività, si possono avanzare alcune considerazioni su quanto finora emerso. Se il platonismo rappresenta senza dubbio la corrente del pensiero antico più incline a teorizzare il motivo dell'ineffabile e dell'indicibile, colui che si colloca all'origine di questa tradizione, ossia Platone stesso, sembra offrire una certa resistenza

61 Mi pare dunque sensata l'osservazione di M. Isnardi Parente, *La VII Epistola*, cit., pp. 406-07, la quale scrive che "anche l'*Epistola* nega una remota, indifferente ineffabilità delle idee, che non andrebbero nemmeno poste qualora fosse poi impossibile di raggiungerle".

al tentativo di farne il capostipite di una simile prospettiva filosofica. In altre parole, ciò che sosteneva qualche tempo fa l'autrice dello studio più incline a considerare Platone il filosofo dell'indicibile – "so spricht alles für eine unsagbare Mysterienerfahrung als Vollendung der platonischen Philosophie"[62] – mi pare essere stato ampiamente confutato dalle pagine di questo contributo.

Certo, non mancano nei dialoghi spunti che posso venire letti come indizi della consapevolezza da parte di Platone dell'esistenza della problematicità (e forse della parziale provvisorietà) di ogni tentativo di descrivere linguisticamente o iconicamente l'essere o aspetti di esso. In questo senso il testo più significativo sembra essere la *VII Lettera*, sulla cui autenticità permangono tuttavia dubbi, e che in ogni caso presenta un andamento tutt'altro che lineare e omogeneo. All'impressione di trovarsi di fronte a un documento redatto da un autore impegnato nel tentativo, non del tutto riuscito, di sistematizzare o addirittura enfatizzare alcuni motivi presenti nei dialoghi, non è sempre facile resistere.

L'unica discussione esplicitamente dedicata a qualcosa che assume la denominazione di principio (*arché*), ossia le pagine consacrate al Bene nei libri centrali della *Repubblica*, non può davvero, come si è cercato di dimostrare, venire considerata come un documento in favore della tesi dell'ineffabilità dell'assoluto. Un discorso analogo va fatto a proposito dell'"Uno che è uno" del *Parmenide*, che la tradizione antica, forse già prima di Plotino, ha affiancato al Bene. Anche la celebre formula del *Timeo* che riconosce la difficoltà di trovare l'artefice e il padre di questo universo, cioè la causa del cosmo, e l'impossibilità a parlarne a tutti, se compresa nel contesto in cui si trova, ha ben poco a che fare con una teoria dell'ineffabile. In realtà, l'unico "oggetto" veramente inafferrabile, indicibile, ineffabile e impensabile si è rivelato il "non essere assoluto", che occupa una posizione di confine e può di fatto venire considerato come una sorta di nozione limite.

62 C. Schefer, *Platons unsagbare Erfahrung*, cit. p. 99.

Del resto, tutti sanno che il sapere filosofico assume in Platone una configurazione abbastanza precisa e si identifica con la dialettica. Sulla natura di questa disciplina si potrebbe discutere per altre cento pagine, all'interno delle quali non sarebbe però lecito negare che essa venga presentata da Platone come una "tecnica" e addirittura come una "scienza" (*episteme*), lasciando così davvero poco spazio a letture intuizionistiche, per non dire misticheggianti[63].

63 Rinvio in proposito all'utile e ragionevole discussione di C. Horn e C. Rapp, "Intuition und Methode. Abschied von einem Dogma der Platon und Aristoteles-Exegese", in: U. Meixner e A. Newen (a cura di), *Logical Analysis and History of Philosophy*, Mentis, Paderborn 2005, pp. 11-45, spec. 13-26; si veda anche F. Ferrari, "Dalla verità alla certezza. La fondazione dialettica del sapere nella *Repubblica* di Platone", in: "Giornale Critico della Filosofia", Vol. 89, 2010, pp. 599-619.

Pourquoi Éleusis aujourd'hui ?
De la mélancolie à la vision

Vana Xenou

Αθήνα, Greece / *Grecia*
September / *Settembre* 2019

Nous ne croyons plus que la vérité reste vérité sans ses voiles ; nous avons trop vécu pour cela. Nous faisons maintenant une question de décence de ne pas vouloir tout voir nu, de ne pas assister à tout, de ne pas chercher à tout comprendre et tout « savoir ». « Est-ce vrai que le bon Dieu est partout ? » demandait une fillette à sa mère. « Je trouve cela bien indécent... » Indication pour les philosophes ! On devrait honorer davantage la pudeur que la nature met à se cacher derrière les énigmes et les incertitudes. Peut-être la nature est-elle une femme qui a ses raisons pour ne pas laisser voir ses raisons ? Peut-être son nom, pour parler grec, est-il Baubô ... Ah ! ces Grecs comme ils savaient vivre ! Cela demande la résolution de rester bravement à la surface, de s'en tenir à la draperie, à l'épiderme, d'adorer l'apparence et de croire à la forme, aux sons, aux mots, à tout l'Olympe de l'apparence ! Ces Grecs étaient superficiels ... par profondeur ! Et n'en revenons-nous pas là, nous casse-cous de l'esprit, qui avons escaladé le sommet le plus élevé et le plus dangereux de la pensée actuelle et qui, de là, avons regardé autour, et qui, de là, avons regardé en bas ? Ne sommes-nous pas, précisément en cela ... des Grecs ? Des adorateurs de la forme, des sons, des mots ? Artistes donc ?

Friedrich Nietzsche, *Le Gai Savoir* (1882)

Croyant en la nature révélatrice de l'art, j'ai eu la chance de découvrir l'importance du processus éducatif et initiatique lié aux mystères d'Éleusis. Si, selon Paul Klee, « l'art ne reproduit pas le visible », mais « le rend visible »[1], alors le voile dont parle F. Nietzsche nous renvoie à la grande tradition des mystères grecs, et renforce la conviction que les consultations fréquentes de ces mystères ne constituent aucunement une espèce d'autopsie d'un corps sans âme.

« Il est des mystères sacrés qui ne se dévoilent pas d'un coup. Éleusis garde toujours des révélations pour ceux qui reviennent la consulter »[2]. Dans cette phrase de Sénèque, la notion de " voile » pourrait être interprétée comme l'élément qui donne la possibilité de voiler, mais aussi de dévoiler progressivement. Il est important de signaler, ici, la version moderne présentée par Wassily Kandinsky, à travers sa théorie, fondée sur le bipôle *voilé /dévoilé*: il estimait qu'une œuvre d'art n'est créée ni comprise qu'au moyen d'approfondissements successifs. Il donnera, ainsi, en 1913, dans son ouvrage *Regards sur le passé*[3] un résumé crypté de son expérience personnelle, qui devait conduire à une herméneutique future.

Dans le triple processus initiatique, *Actions - Paroles - Ostensions*[4], qui couronnait la célébration du culte éleusinien, on découvre ceci : les « actions » renvoient à des actions dites « orgiaques ». L'interprétation hâtive du mot « orgiaque » pourrait prêter à confusion[5]. Mais le terme « orgie » (όργια, pluriel de όργιον)[6] signifie « œuvres »

---

1 « Credo du créateur » dans Will Grohmann, *Paul Klee*, H.N. Abrams, New York, NY, 1970, p. 90.

2 Sénèque, *Questions naturelles*, VII, 30, 6.

3 W. Kandinsky, *Regards sur le passé et autres textes (1912-1922)*, Hermann, Paris, 1974.

4 Δρώμενα, Λεγόμενα, Δεικνύμενα, « choses faites, choses dites, choses montrées ».

5 Selon Le *Petit Robert*, le mot « orgies » désigne dans l'Antiquité les fêtes solennelles en l'honneur de Dionysos à Athènes et de Bacchus à Rome. Dans son sens moderne, le mot « orgie » signifie « partie de débauche, où les excès de table, de boisson, s'accompagnent de plaisirs grossièrement licencieux », aux antipodes des célébrations d'Éleusis.

6 *ORGIES - Rituels mystiques, culte mystique célébré par les seuls initiés, à la manière des mystères, terme en usage à l'époque homérique pour désigner le culte à mystères en l'honneur de Déméter à Éleusis,* H.G. Liddell e R. Scott, *A Greek-English Lexicon*, Ioannis Sideris, Athènes, 2001, Vol. III, p. 343.

(ἔργα)[7] et il garde, quand il s'agit des mystères, son sens originel d'« actions ».

Si, des « actions orgiaques » il reste effectivement des « œuvres », il semble donc bien que nous consultions une partie du corps vivant de l'histoire humaine. De même, si Nietzsche croit en la signification révélatrice de l'art, le geste d'Iambé-Baubô[8] (Ιάμβη-Βαυβώ) qu'il évoque nous renvoie aux « ostensions », aux « choses montrées », aux révélations.

Il met en place, méthodiquement et avec une rare précision, cette signification révélatrice de l'art, par l'intermédiaire des mots *surface* et *apparence* ; il reconnaît lui-même chez les Grecs un lien étroit entre la connaissance du fond et celle de l'apparence, en affirmant qu'ils savaient, qu'ils avaient connu la peur, de la terreur de l'existence et qu'ils n'auraient pu vivre sans insérer entre ce monde-ci et celui de la création lumineuse et du rêve, le monde olympien. Cette création des dieux est une conception artistique qui correspond à l'instinct éduqué par l'art.

L'*Olympe*[9] de l'apparence implique, en effet, cet élément de révélation et de mise en lumière ; le mot, provenant de la racine λαμπ - que l'on reconnaît dans le verbe λάμπω (« briller »), intègre le concept de lumière, ce qui montre en effet que « ces Grecs étaient superficiels... par profondeur ! », si bien que, depuis leur profondeur, ils conduisaient à la lumière.

C'est, d'ailleurs, ce que Platon promettait dans *Phèdre* : « une bienheureuse vision s'offrant aux yeux »[10] ; c'est cette autre vision, la substance la plus profonde, que les Grecs saisissaient avec les yeux :

7 Le verbe *ἔργω* signifie « procéder » à des cérémonies sacrées (*sacra facere*) (*ibidem*).

8 Clément d'Alexandrie, *Œuvres complètes I*, Eleftheriou Meretakis,Thessalonique, 1996, pp. 70, 21, 1. Voir C. Picard, « L'épisode de Baubô dans les mystères d'Éleusis », dans : « Revue de l'histoire des religions », Vol. 95, 1927, pp. 220-55.

9 F. Nietzsche, *Le Gai Savoir*, éd. G. Colli et M. Montinari, Gallimard, Paris, 1982.

10 Platon, *Phèdre*, 250c, dans *Œuvres complètes*, Vol. II, Bibliothèque de la Pléiade, NRF-Gallimard, Paris, 1950, p. 40 : μακαρίαν όψιν τε και θέαν.

« ... Si de toutes les sensations que nous procure le corps, celle qui se présente avec le plus d'acuité est effectivement la vue... »[11]

En plus, l'« Olympe » – lieu et demeure divins – renvoie aussi à la hauteur, au sommet auquel se réfère F. Nietzsche : « Nous autres casse-cou de l'esprit... Nous ne cessons de devenir de plus en plus jeunes, futurs, élevés, forts, nous poussons nos racines avec toujours plus de puissance dans la profondeur – dans le mal – tandis que dans le même temps nous embrassons le ciel avec toujours plus d'amour et d'ampleur et que de toutes nos branches, de toutes nos feuilles nous absorbons sa lumière avec une plus grande soif... Nous croissons comme les arbres... Nous croissons non pas à un seul endroit, mais partout non pas dans une direction, mais tout autant vers le haut, vers le dehors que vers le dedans et vers le bas...C'est donc là notre lot, comme je l'ai dit nous croissons vers le haut ; et cela dût-il même nous être fatal. »[12]

C'est ainsi que Nietzsche associait la profondeur à la lumière et le mal aux racines et c'est finalement Socrate qui nous mène à la mystagogie, à travers laquelle le mal est vécu comme faisant partie de l'existence, tout comme la lumière et l'obscurité : « Quant à la beauté, ils la voyaient resplendir, dans ce temps où, membres d'un chœur fortuné, ils étaient spectateurs de la bienheureuse vision qui s'offrait à leurs yeux, nous avec Zeus et à sa suite, d'autres en compagnie de tel autre des Dieux, où ils étaient les initiés d'une initiation dont il y a justice à dire qu'elle est, entre toutes, infiniment bienheureuse ! Ce mystère, nous le célébrions, en ce qui nous concerne, dans l'intégrité de notre nature, dans son impassibilité à l'égard de tous les maux qui nous attendaient dans la suite du temps... »[13]

---

11 Ivi, 250d, p. 41 : Ὄψις γὰρ ἡμῖν ὀξυτάτη τῶν διὰ τοῦ σώματος ἔρχεται αἰσθήσεων.

12 F. Nietzsche, *Le Gai Savoir*, tr. P. Klossowski, Gallimard, Paris, 1967, p. 371.

13 Platon, *op. cit.*, 250b/c, p. 40 : Κάλλος δὲ τὸτ' ἦν ἰδεῖν λαμπρόν, ὅτε, σύν εὐδαίμονι χορῷ μακαρίαν ὄψιν τε καὶ θέαν, ἑπόμενοι μετά μὲν Διός ἡμεῖς, ἄλλοι δὲ μετ΄ἄλλου θεῶν, εἶδόν τε καὶ ἐτελοῦντο τῶν τελετῶν ἣν θέμις λέγειν μακαριωτάτην, ἣν ὠργιάζομεν, ὁλόκληροι μὲν ἀυτοί ὄντες καὶ ἀπαθεῖς κακῶν ὅσα ἡμᾶς ἐν ὑστέρῳ χρόνῳ ὑπέμενεν [...].

L'aphorisme d'Héraclite

Nietzsche fait, à plusieurs reprises, des allusions, directes ou indirectes, à l'aphorisme d'Héraclite, « La nature aime à se cacher »[14], et nous ouvre la perspective de ce « tout » que recherche Socrate à travers la mystagogie et qui transcende la distinction entre profondeur et surface : l'idée du voile a fait penser à Nietzsche que la vérité et la nature expriment la profondeur terrible de la réalité et que vouloir la vérité, à tout prix, conduit à enlever le voile, c'est-à-dire à refuser le monde de la surface, de la forme, de l'art.

Il est important de nous intéresser, ici, à cet aphorisme et à sa fortune au cours des siècles, car il se réfère au concept du secret de la nature : les trois mots du grec ancien, *φύσις κρύπτεσθαι φιλεί* – traditionnellement traduits donc par « la nature aime à se cacher » – constituent une sentence énigmatique. Il semble que leur signification préoccupe toujours et continuera à préoccuper les générations futures, ce qui nous amène à tenir compte de l'origine de cette réflexion sur le mystère de la réalité. Il s'agit d'un long processus venu du fond des siècles, qui conserve un profond mystère pour longtemps – peut-être même pour toujours. Le mot *φύσις* (« nature ») provenant du verbe *φύεσθαι*, « germer », « enfanter », « développer », « croître » (*αὐξάνω*), exprimait une action, faisant penser surtout à la croissance végétale. Nous devrons réfléchir au fait que le verbe *αὐξάνω*, dans son premier emploi, au VIIIe siècle av. J.-C., dans l'*Odyssée*, exprimait fondamentalement le résultat d'une croissance, en tant que force manifestant l'émergence immédiate, spontanée des choses.

Et, alors que le verbe φιλεῖν (« aimer ») n'exprime pas un sentiment mais une tendance naturelle ou habituelle, une évolution nécessaire souvent constatée, le mot *φύσις* avait, à l'époque d'Héraclite, une grande richesse de sens : il ne représentait pas la nature en tant qu'ensemble de phénomènes, il signifiait plutôt la composition,

14 Héraclite, *Fragments*, PUF, Paris, 1986, p. 255 : Φύσις κρύπτεσθαι φιλεί.

[suite du texte après les illustrations]

70. *Hécate*, 2000. Sculpture en plâtre (detail)

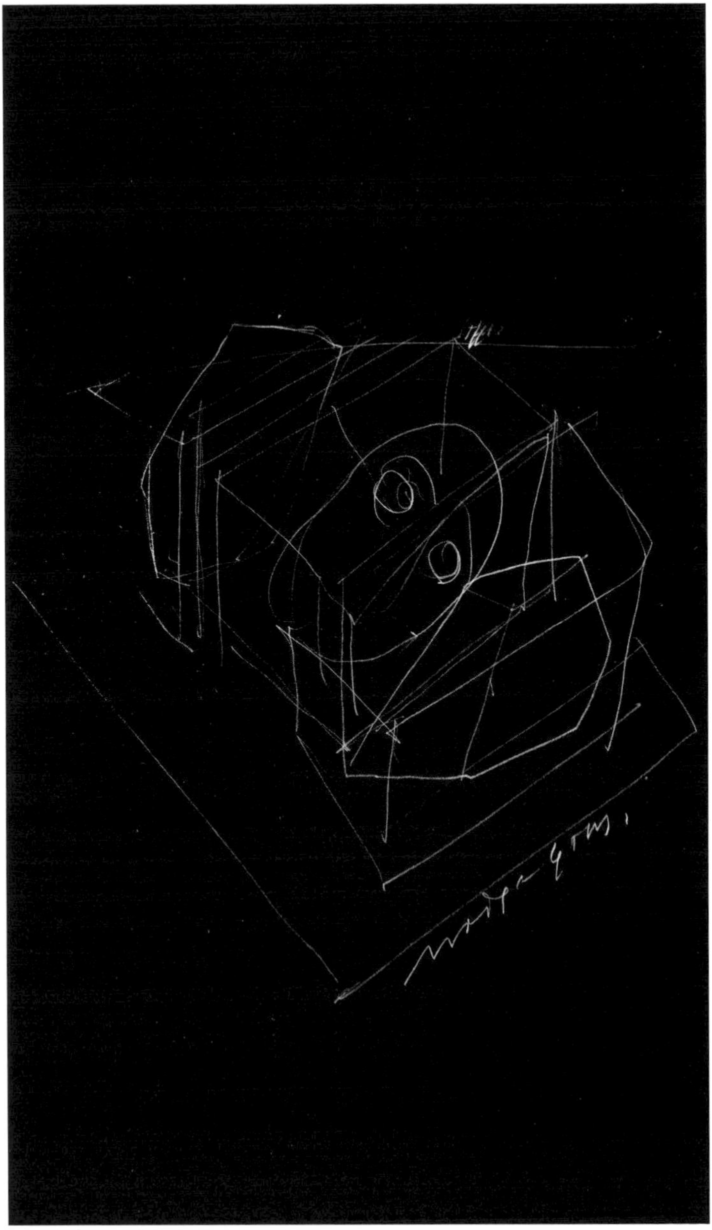

69. *Extraits des carnets de Vana Xenou*, 2005

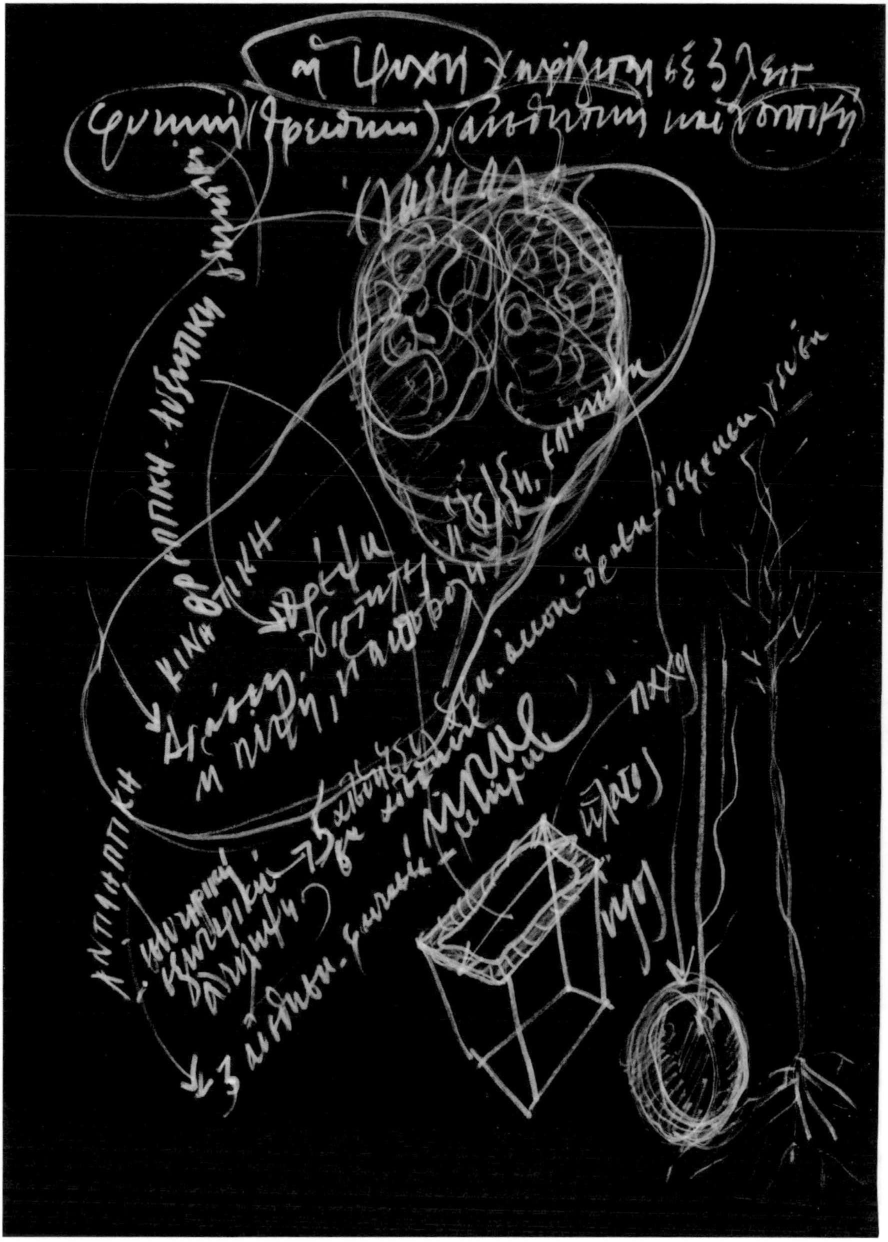

68. *Extraits des carnets de Vana Xenou*, 2005

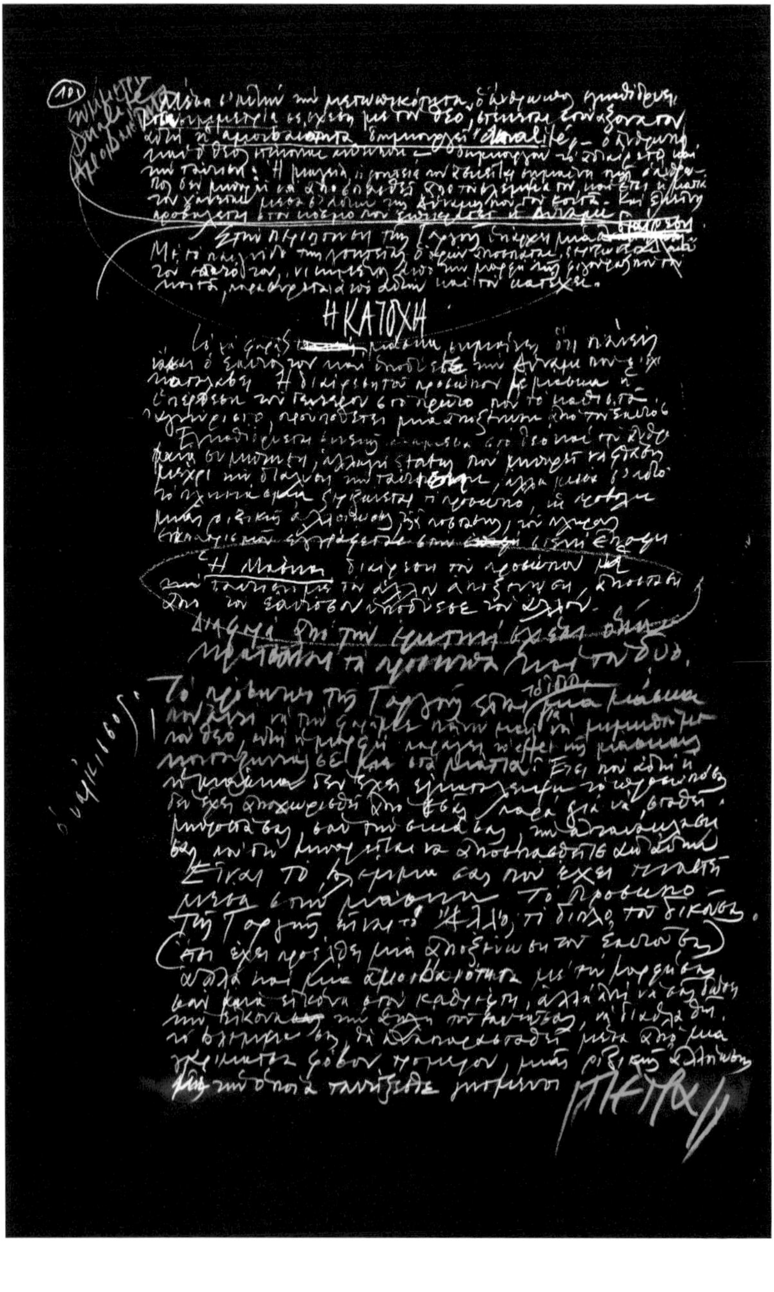

67. *Extraits des carnets de Vana Xenou*, 2005

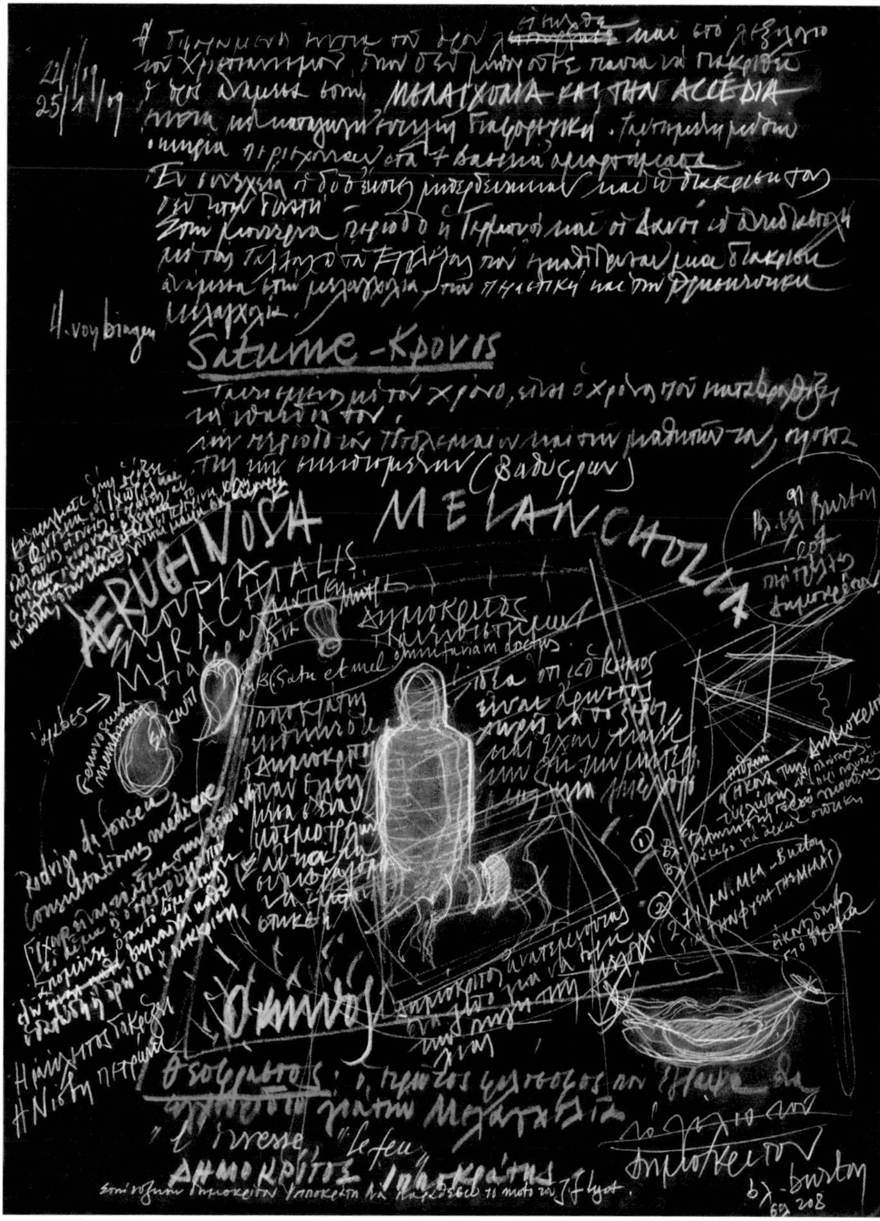

66. *Extraits des carnets de Vana Xenou*, 2005

65. *Extraits des carnets de Vana Xenou*, 2005

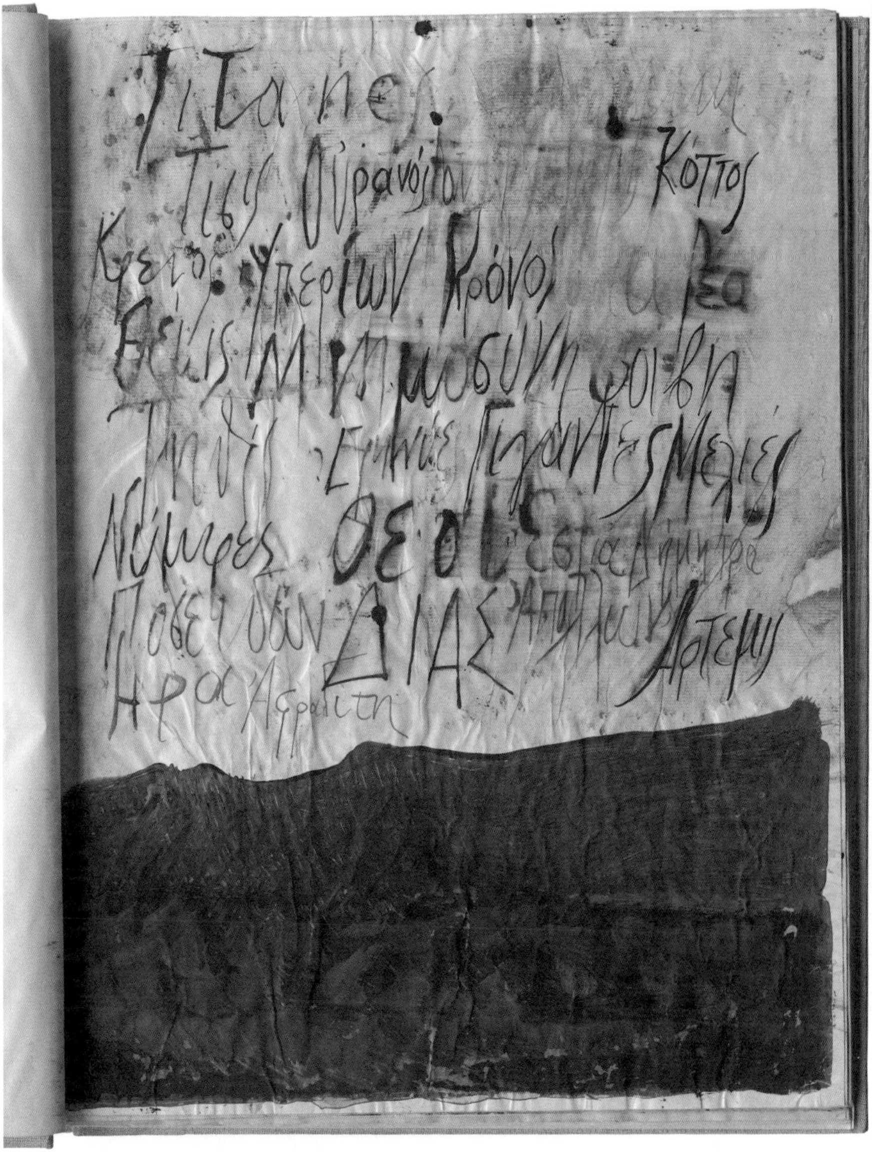

64. *Extraits des carnets de Vana Xenou*, 1995

63. *Dionysos : Dieu – Rameau*, 2017. Tronc d'arbre, sculpture en bronze, 160 x 90 x 25 cm

62. *Teletourgiko. Le ritual des balançoires* (*aiorai*), 2017. Installation.
Huit figures en bronze (dimension variable)

61. *Passage – Avec le regard levé au ciel*, 2012. Installation. Treize figures – deux narcisses en bronze dans composition des tiges métalliques, 11,5 x 67 m (detail)

60. *Passage – Avec le regard levé au ciel*, 2012. Installation. Treize figures – deux narcisses en bronze dans composition des tiges métalliques, 11,5 x 67 m (detail)

59. *Passage – Avec le regard levé au ciel*, 2012. Installation. Treize figures – deux narcisses en bronze dans composition des tiges métalliques, 11,5 x 67 m

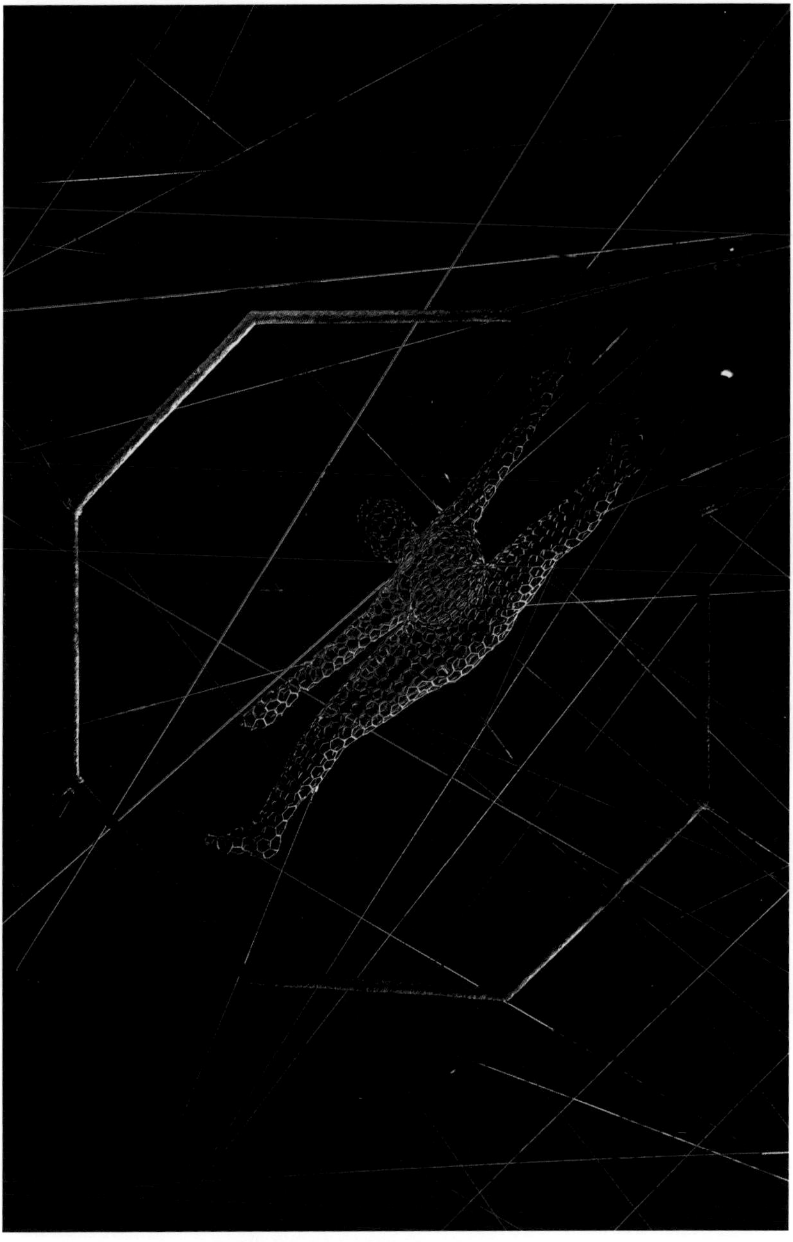

58. *Passage – Avec le regard levé au ciel*, 2012. Installation. Treize figures – deux narcisses en bronze dans composition des tiges métalliques, 11,5 x 67 m (detail)

57. *Passage – Passage – Avec le regard levé au ciel*, 2012. Installation.
Treize figures – deux narcisses en bronze dans composition des tiges métalliques, 11,5 x 67 m (detail)

56. *Passage – Avec le regard levé au ciel*, 2012. Installation.
Treize figures – deux narcisses en bronze dans composition des tiges métalliques,
11,5 x 67 m

55. Les Ancêtres, 2006. Sculpture en bronze, 32 x 19 x 18 cm. Cylindres en fer, hauteur 80 cm, diamètre 35 cm

54. *Gaia – Emersion*, 2000-2007. Installation. Sculpture en bronze, 245 x 155 x 152 cm.
Sculpture en bronze, 90 x 70 x 80 cm

53. *Narcisse*, 2007. Sculpture en bronze, 50 x 75 x 75cm. Stèle en plaques de ciment, 75 x 75 x 80 cm. Hauteur totale environ 150-200 cm.

52. *Orientation*, 2010. Sculpture en bronze et tronc d'arbre, 870 cm

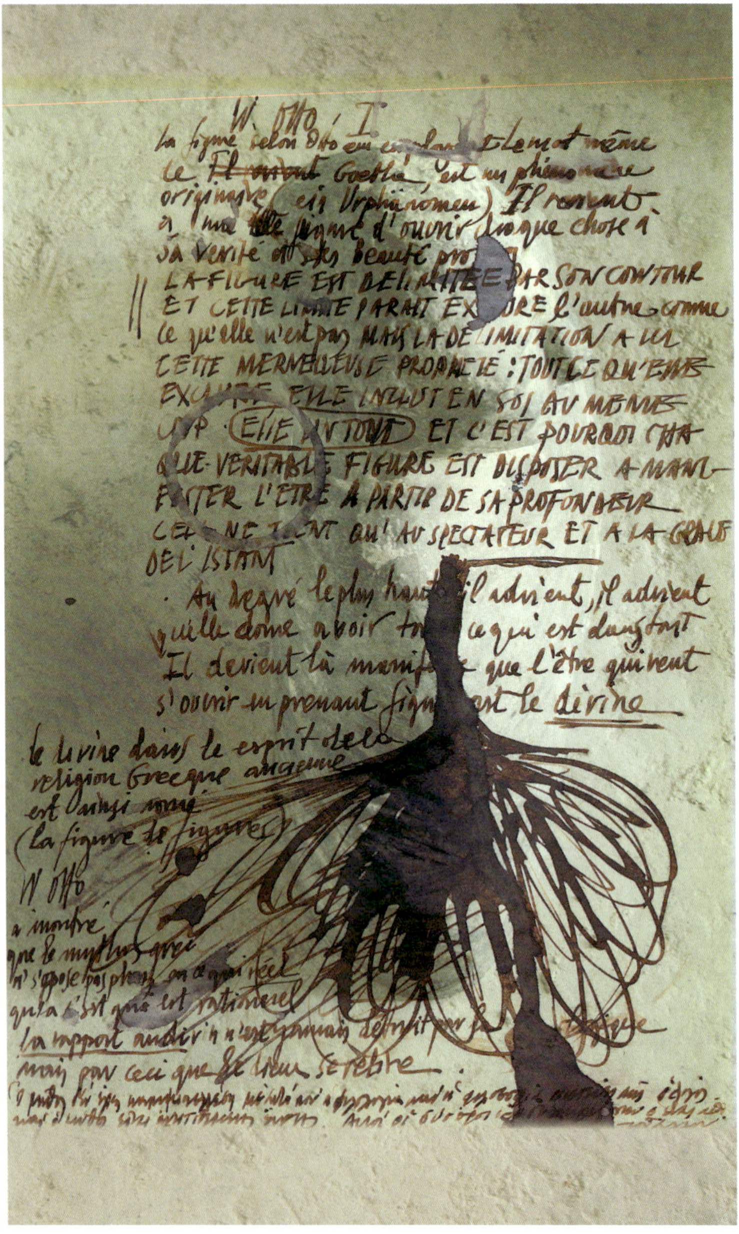

51. *Extraits des carnets de Vana Xenou*, 2000

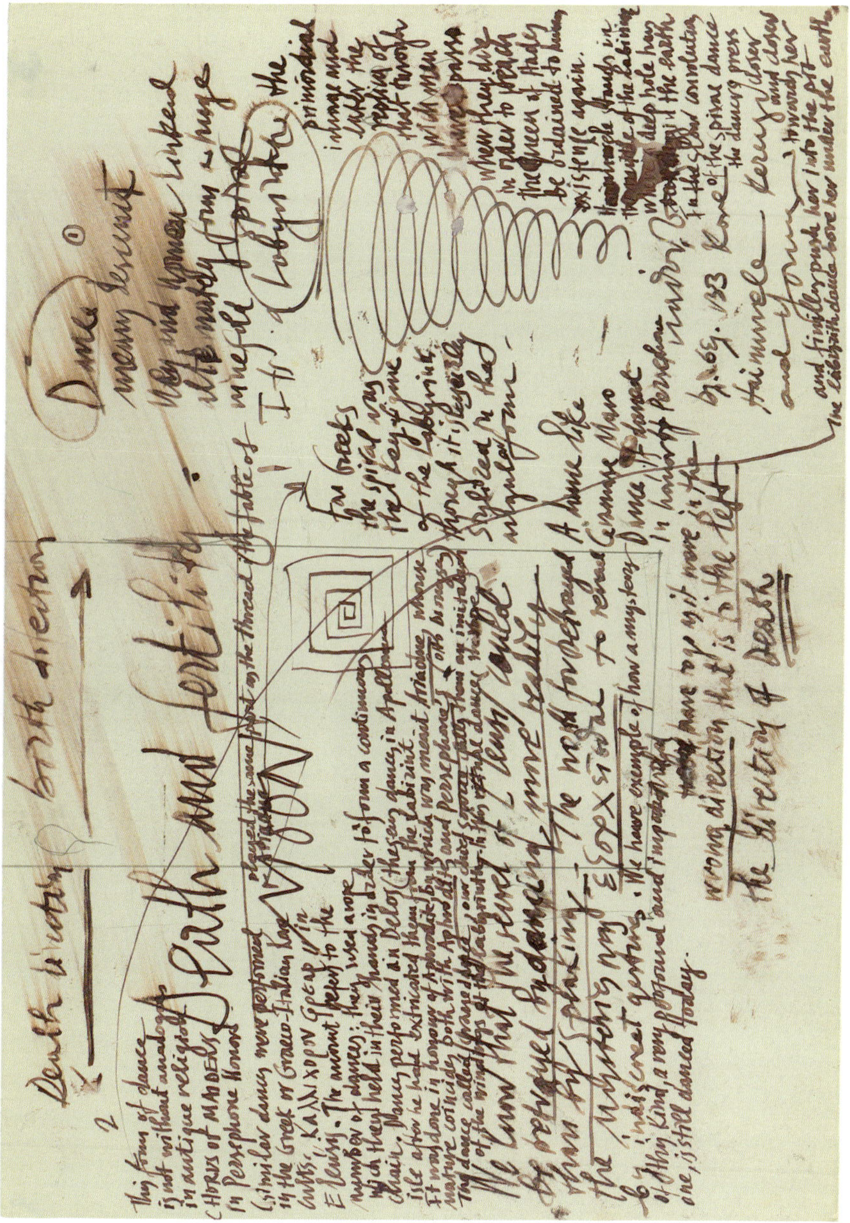

50. *Extraits des carnets de Vana Xenou*, 2000

49. *Passage*, 2004-2007. Installation. Sculpture en bronze, 180 x 90 cm.
Construction octaédrique en bois, 220 x 180 cm

48. *Arrivée*, installation, 2004-2007. Vingt-six sculptures en bronze, 55 x 60 x 21 cm, 84 x 70 x 30 cm, et 90 x 74 x 30cm

47. *Gaia – Terre-Mère*, 2000-2004. Sculpture en bronze, 245 x 155 x 152 cm

46. *Koré, Perséphone et Hades,* 2000-2004. Installation. Sculptures en bronze, petit lac avec de l'eau, haurent totale 555 cm

45. *Dix stéles avec inscriptions à chaque petite allée*, 2007. Ciment, 120 x 40 x 30 cm

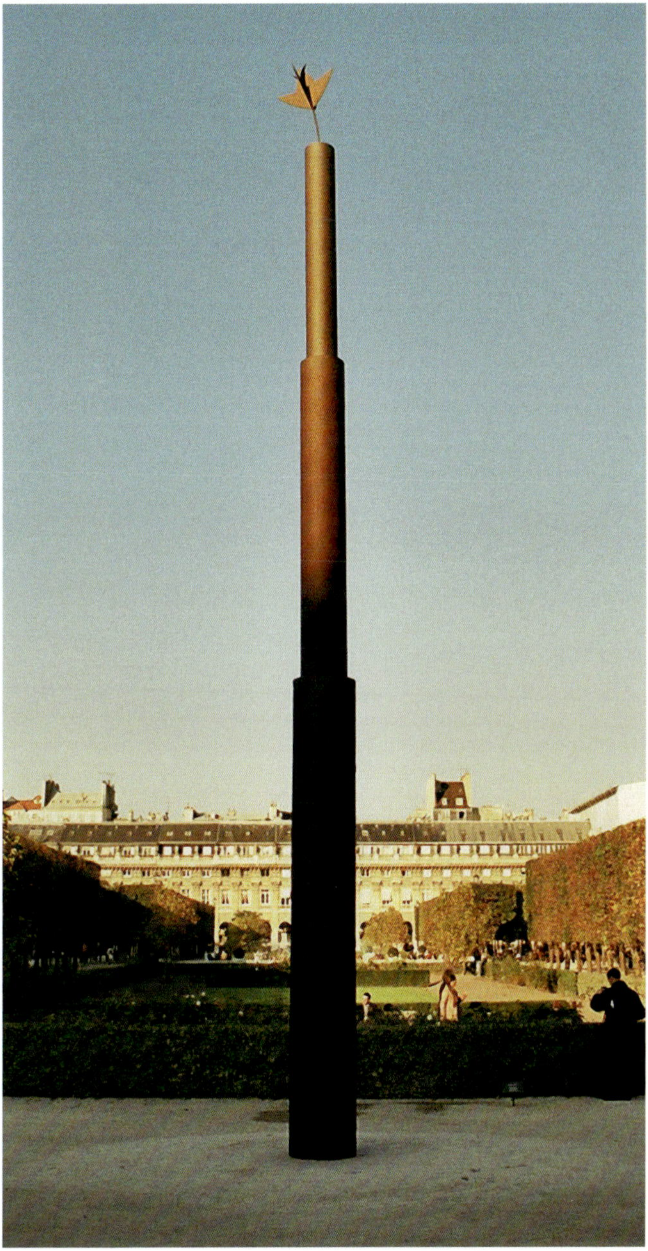

44. *Axis Mundi*, 2004-2007. Sculpture en fer, hauteur 1100 cm. Diamètres respectifs des trois éléments, 60, 45 et 30cm. Fleur en fer au sommet de la sculpture, 70 x 75 x 75 cm

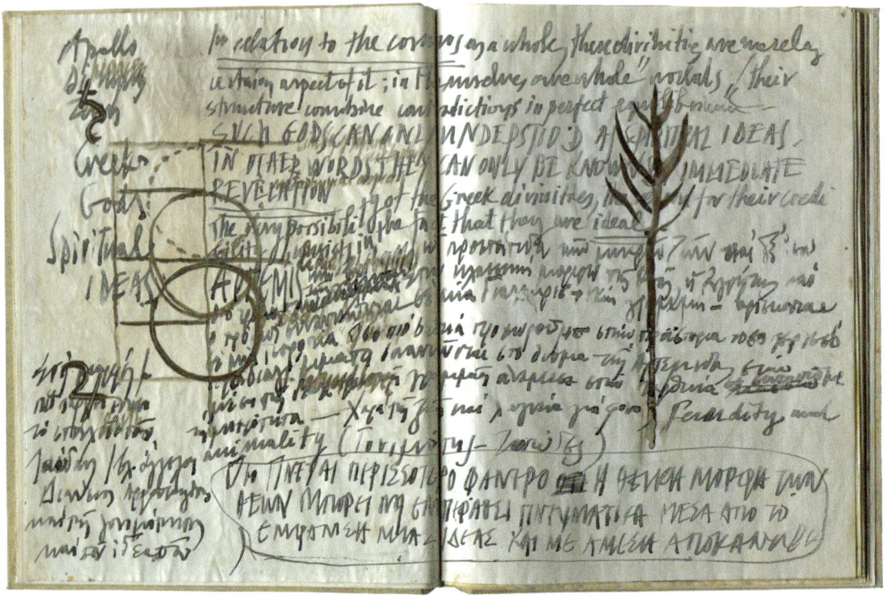

43. *Extraits des carnets de Vana Xenou*, 2000.

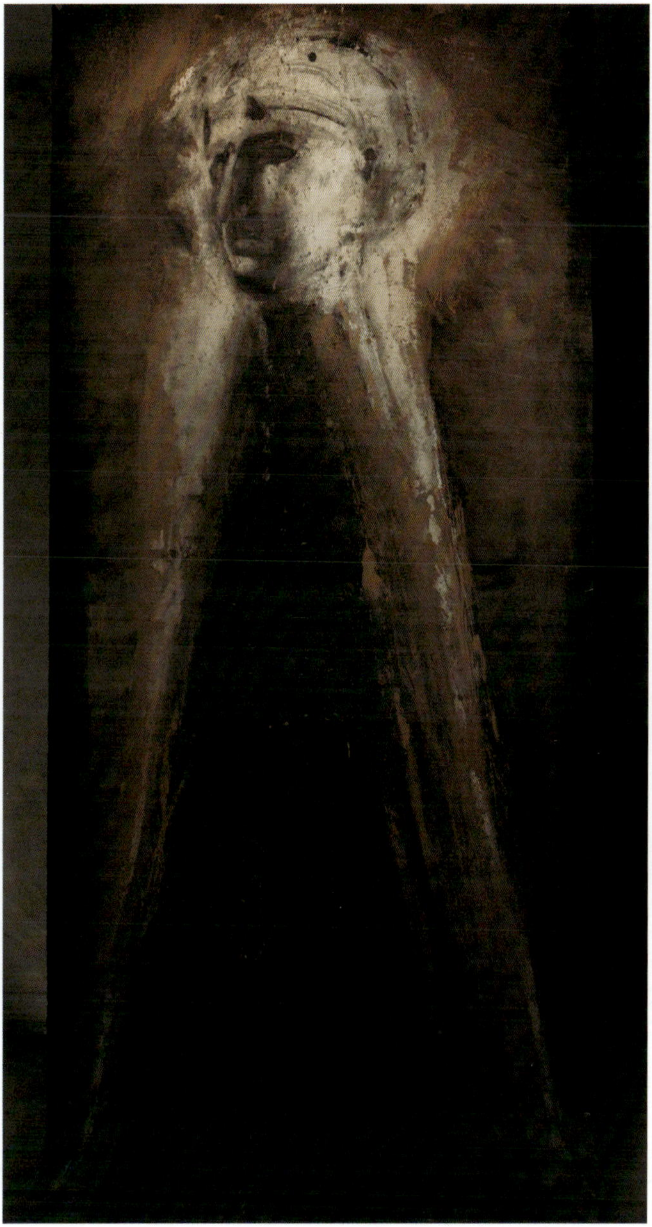

42. *Initiation*, 2003. Peinture, technique mixte sur papier marouflé, 246 x 149 cm

41. *Initiation*, 2003. *Émulation entre ce qui est dit et ce qui est vu*, 2005.
Peinture, technique mixte sur papier marouflé, 151 x 108 cm

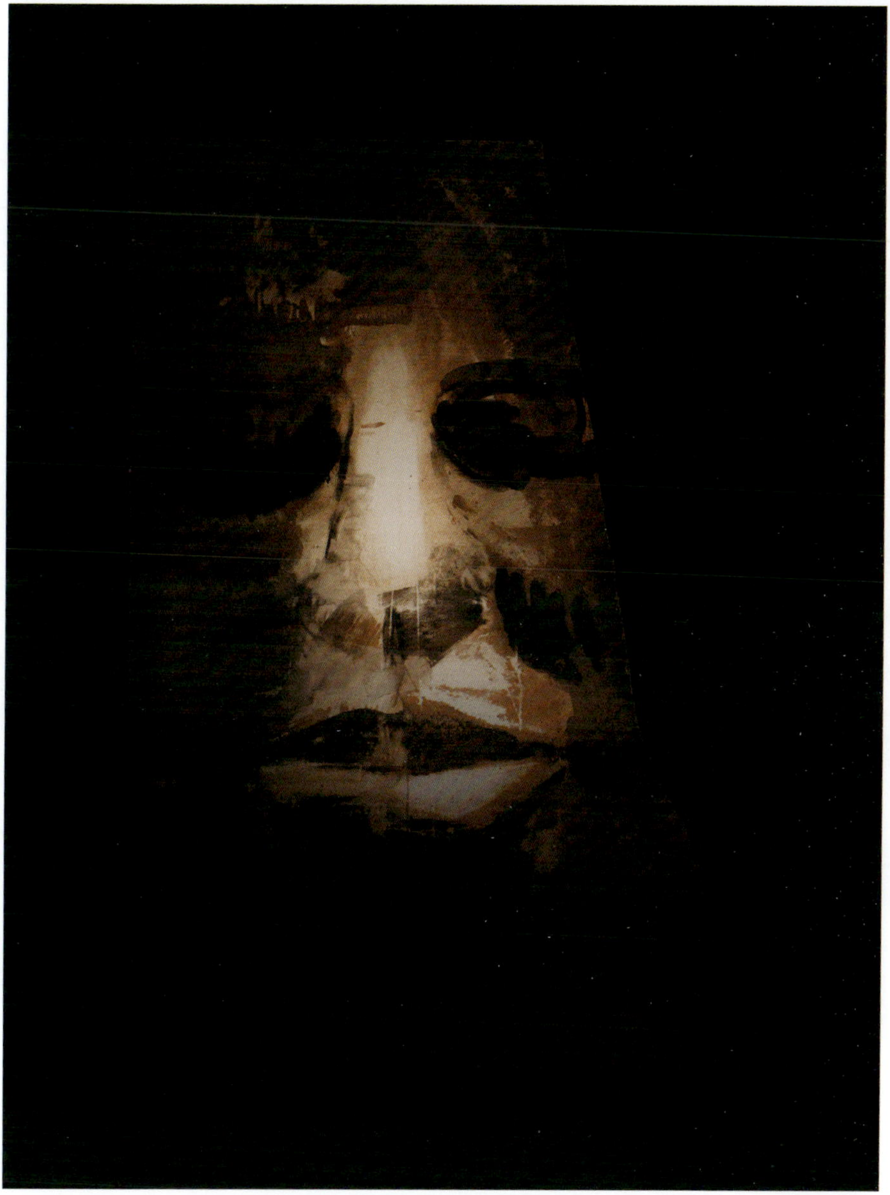

40. *Initiation*, 2003. *Émulation entre ce qui est dit et ce qui est vu*, 2005.
Peinture, technique mixte sur papier marouflé, 151 x 108 cm

39. *Initiation*, 2003. *Émulation entre ce qui est dit et ce qui est vu*, 2005. Peinture, technique mixte sur papier marouflé, 246 x 149 cm

38. *Vision Suprême* (*Epopteia*), 2005. Peinture, technique mixte, sur papier marouflé
346 x 149 cm

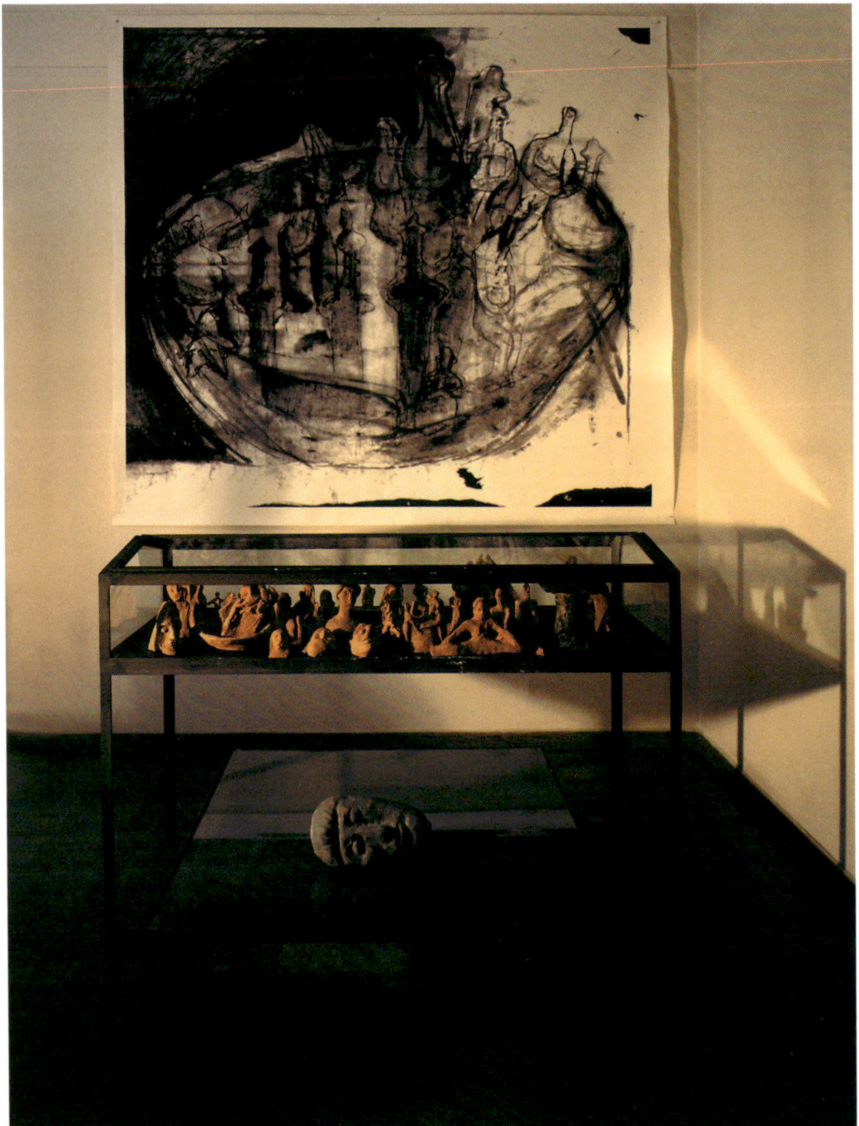

37. *Télété,* 1992-2003. Installation. 32 sculptures en terre cuite, peinture en aquarelle, encre de Chine, sculpture en fer 17 x 34 x 17 cm, vitrine en fer 117 x 180 x 75 cm, table en fer 40 x 117 x 112 cm

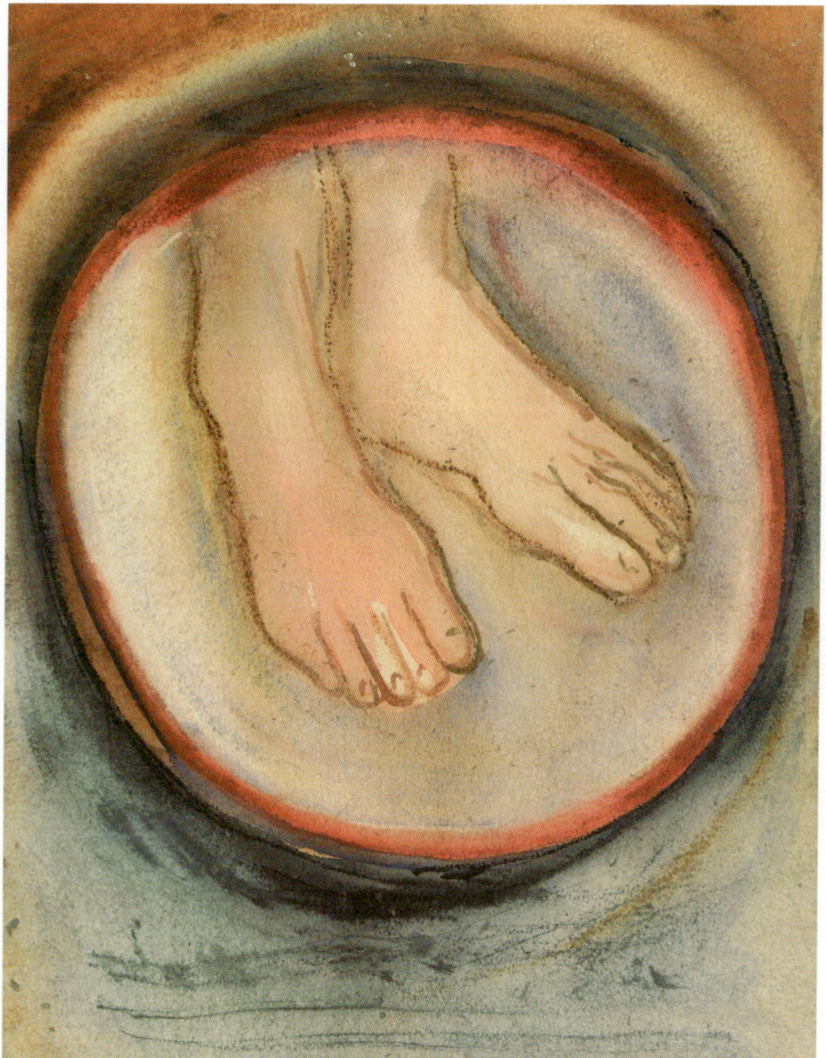

36. *Mystères d'Eleusis*, 1992. Aquarelle sur papier, 25 x 31 cm (detail)

35. *Perséphone*, 1992. Aquarelle sur papier marouflé, 120 x 144 cm

34. *Mystères d'Eleusis,* 1992. Aquarelle sur papier, 350 x 210 cm

33. *Mystères d'Eleusis*, 1992. Aquarelle sur papier, 25 x 31 cm (detail)

32. *Mystères d'Eleusis*, 1992. Aquarelle sur papier, 25 x 31 cm (detail)

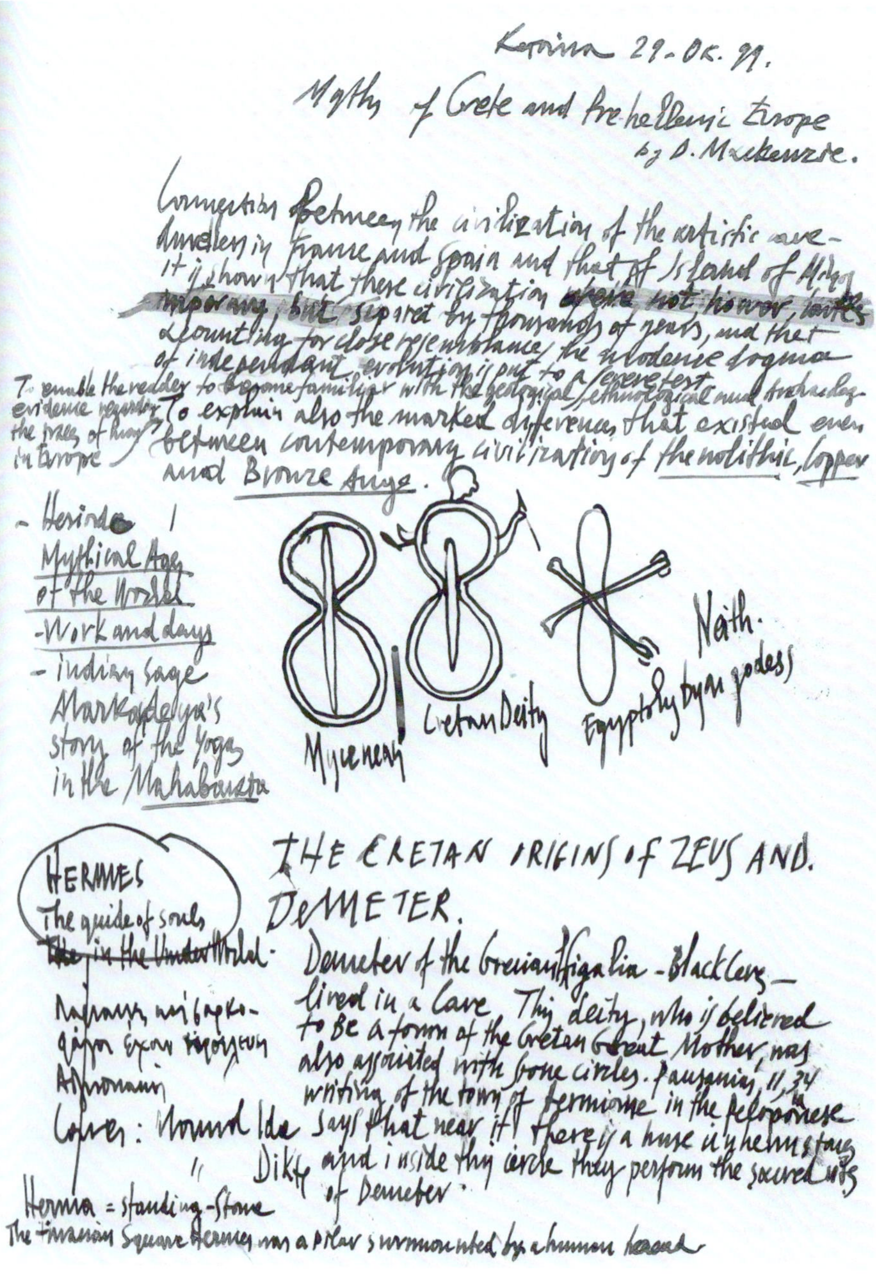
Myths of Crete and Pre-hellenic Europe
by D. Mackenzie.

Connection between the civilization of the artistic cave-dwellers in France and Spain and that of Island of ...
it is shown that these civilization ...
[illegible]
...for close resemblance, the ... dogma of independent evolution is put to a severe test.
To enable the reader to become familiar with the geological, ethnological and archaeological evidence regarding the ... in Europe
To explain also the marked differences that existed even between contemporary civilizations of the neolithic, copper and Bronze Ages.

- Hesiod
Mythical Ages of the World
- Work and days
- indian sage Markandeya's story of the Yogas in the Mahabharata

Mycenean
Cretan Deity
Neith.
Egyptolybyan godess

THE CRETAN ORIGINS OF ZEUS AND DEMETER.
Demeter of the Grecian Figalia - Black ... - lived in a Cave. This deity, who is believed to be a form of the Cretan Great Mother, was also associated with stone circles. Pausanias, II, 34 writing of the town of Hermione in the Peloponnese says that near it there is a ... and inside this circle they perform the sacred ... of Demeter.

HERMES
The guide of souls
in the Underworld.

Caves: Mount Ida
" Dikte
Herma = standing-stone
The ... Square Hermes was a pillar surmounted by a human head

31. *Extraits des carnets de Vana Xenou*, 1999

30. *Gaia – Terre-Mère et Perséphone*, 2000. Sculptures en fer

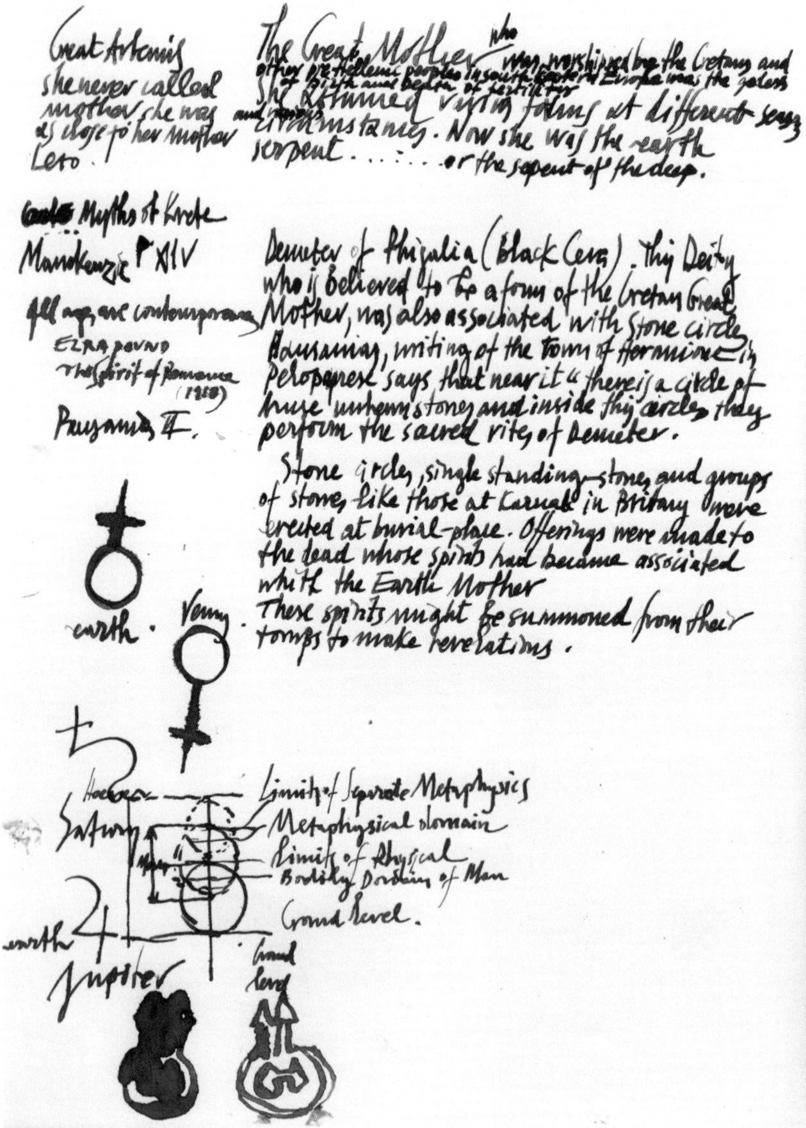
Great Artemis
she never called
mother, she was
as close to her mother
Cero.

The Great Mother who was worshipped by the Cretans and other pre-Hellenic peoples in south eastern Europe was the godess of birth and death of fertility
She assumed varying forms at different seasons and circumstances. Now she was the earth serpent . . . . or the serpent of the deep.

Myths of Krete
Mackenzie P XIV

All ages are contemporaneous
EZRA POUND
The Spirit of Romance
(1910)

Pausanias II.

Demeter of Phigalia (Black Ceres). This Deity who is believed to be a form of the Cretan Great Mother, was also associated with stone circles. Pausanias, writing of the town of Hermione in Peloponnese says that near it "there is a circle of huge unhewn stones and inside this circle they perform the sacred rites of Demeter.

Stone circles, single standing stones and groups of stones like those at Carnac in Brittany were erected at burial-place. Offerings were made to the dead whose spirits had became associated whith the Earth Mother
These spirits might be summoned from their tombs to make revelations.

earth. Venus.

Saturn

Limit of Separate Metaphysics
Metaphysical domain
Limits of Physical
Bodily Domain of Man
Ground level.

earth
Jupiter
Ground level

29. *Extraits des carnets de Vana Xenou*, 1999.

28. *Gaia – Terre-Mère*, 2000-2004. Sculpture en bronze, 245 x 155 x 152 cm

27. *Mystères d'Eleusis III*, 2000. Installation. Chapelle Saint-Louis de la Salpêtrière, Paris

26. *Les déesses de la Terre*, 2000. Plâtre peint, 14 sculptures, 50 x 70 x 40 cm. Sur une base, 660 x 110 x 60 cm (detail)

25. *Les déesses de la Terre*, 2000. Plâtre peint, 14 sculptures, 50 x 70 x 40 cm.
Sur une base, 660 x 110 x 60 cm

24. *Perséphone, la fille de blé*, 2000. Plâtre peint, fer, eau, 555 x 56 x 83 cm

23. *Perséphone, la fille de blé*, 2000. Plâtre peint, fer, eau, 555 x 56 x 83 cm

22. Chapelle Saint-Louis de la Salpêtrière, Paris

21. *Perséphone graine*, 1999. Aquarelle, terre sur papier marouflé, 400 x 150 cm

20. Art*émis*, 1996-2000. Aquarelle, terre, encre de Chine sur papier marouflé, 400 x 150 cm

19. *Eros - Thanatos (Νυμφών - Κοιμητήριον)*, 2000-2005. Peinture, technique mixte : Aquarelle pigments colorants, craie, encre de Chine sur papier marouflé, 408 x 156 cm

18. *Perséphone (Descende)*, 1995. Aquarelle et terre, 240 x 145 cm

17. *Perséphone (Monte)*, 1995. Aquarelle et terre, 240 x 145 cm

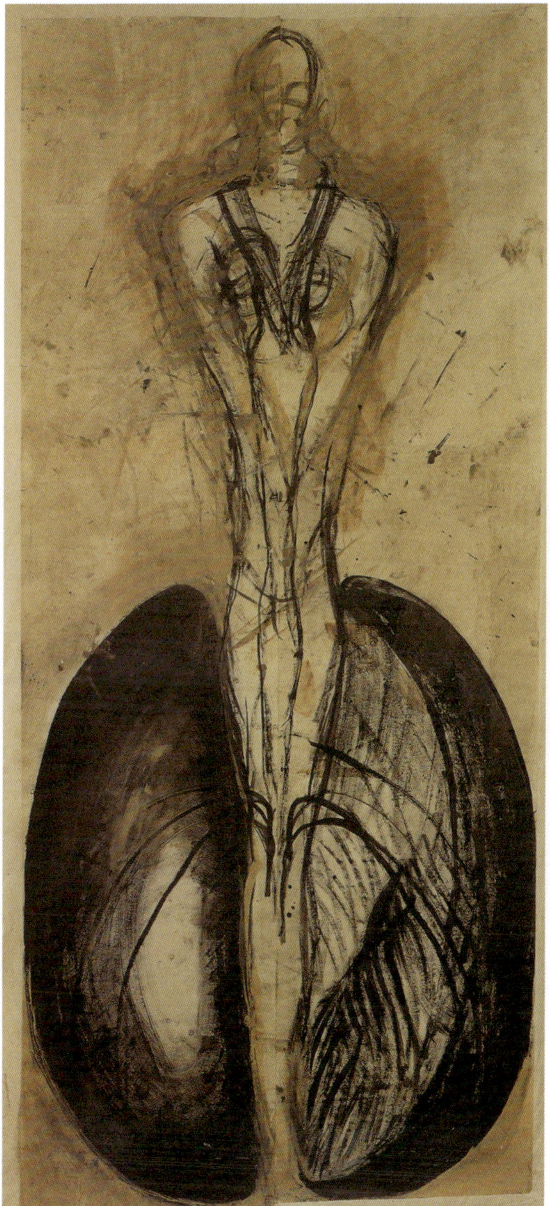

16. *Coré*, 1999. Aquarelle, encre de Chine sur papier marouflé, 487 x 198 cm

15. *Perséphone*, 1992. Aquarelle sur papier, 50 x 70 cm

14. *Les noces sacrées entre Terre et Ciel*, 1999. Aquarelle, terre sur papier marouflé, 835 x 450 cm. *Gaia – Terre-Mère,* 2000-2004. Sculpture en bronze, 245 x 155 x 152 cm

13. *Perséphone (La plaine nysienne)*, 2000. Aquarelle, terre sur papier marouflé, 835 x 450 cm. *L'Axis Mundi, Eros et Thanatos*, 1999. Sculpture en bronze, 430 x 54 x 38 cm

12. *Perséphone II,* 2004. Sculpture en bronze, 195 x 40 x 35 cm

11. *Perséphone*, 2000-2004. Sculpture en bronze composée de deux éléments. Figure, 378 x 83 x 55 cm. Graine, 177 x 150 x 135 cm. Haurent totale, 555 cm

10. *Perséphone II*, 2004. Sculpture en bronze, 195 x 40 x 35 cm

9. *Éleusis-Pérasma*, 2004. Installation. Usine désaffectée, Kronos, Eleusis

8. *Gaia – Terre-Mère*, 2000-2004. Sculpture en bronze, 245 x 155 x 152 cm

7. *L'Axis Mundi, Eros et Thanatos*, 1999. Sculpture en bronze, 430 x 54 x 38 cm

6. *Éleusis-Pérasma*, 2004. Installation. Usine désaffectée, Kronos, Eleusis

5. *Éleusis-Pérasma*, 2004. Installation. Usine désaffectée, Kronos, Eleusis

4. *Passage*, 2004-2007. Installation. Sculpture en bronze, 180 x 90 cm. Construction octaédrique en bois, 220 x 180 cm

3. Usine désaffectée, Kronos, d'Éleusis

2. Site archéologique d’Éleusis

Vana Xenou

Photographs / *Fotografie*

1. Site archéologique d'Éleusis

71. *Initia*, 2008

Ph. 04-14: *Éleusis-Perasma* (Kronos Old Factory, Eleusis, Greece, under the auspices of the Hellenic Ministry of Culture and the Municipality of Eleusis, 2004)

Ph. 23-28: *Eleusinian mysteries III* (Chapelle de la Salpêtrière, Paris, France, 2000)

Ph. 44-49: *Arrivée-Passage* (Jardins du Palais Royal, Paris, France, with the support of the French Ministry of Culture and Communications, 2007–2008)

Ph. 52-55: *The Soul of the Place* (National Gardens, Athens, Greece, 2010)

Ph. 56-61: *Passage. With your eyes cast heavenwards* (Permanent Sculptural Installation, commission by Piraeus Bank Cultural Institution, Athens, Greece, 2012)

Ph. 62-63: Les sens politique des lieux sacrés. Athens – Eleusis – Delphi (Fonds culturel de l'Ermitage, Paris, Garches, France, 2017) la nature de chaque chose, le processus de sa naissance, de son existence, ou de sa croissance. Le premier souci de la méthode héraclitéenne consistait à classer chaque chose selon sa nature ; d'ailleurs, la perspective connue de la pensée d'Héraclite signifie probablement qu'en classant chaque chose, on peut dégager la coïncidence des contraires, qui caractérise toute chose. Ainsi, pourrait-on supposer que le mot *κρύπτεσθαι* (« se cacher ») se réfère à la difficulté de révéler la nature d'une chose. Dans l'antiquité, l'aphorisme obscur d'Héraclite adoptait une structure qui faisait partie de la Sagesse archaïque, et s'exprimait sous forme de fragments, de phrases brèves. À travers le mot φύσις qui montre la naissance et le verbe κρύπτεσθαι qui rappelle la disparition, la mort (*apparition-disparition*), l'aphorisme d'Héraclite acquiert une dimension antithétique.

Héraclite, selon Pierre Hadot[15], voulait sans doute montrer, travers cette forme littéraire, la loi qui régit toute réalité, à savoir la lutte entre les contraires et la transformation continuelle qui constitue le combat éternel entre les forces contraires. Plus tard, on rencontre le mot φύσις chez Platon et Aristote dans le sens de « nature des choses », mettant l'accent sur leur essence, pour aboutir à la définition de Platon qui en fait l'équivalent de « infini ». La phrase ambiguë, énigmatique d'Héraclite, qui était présent à Éleusis et peut-être même initié, se réfère à l'infinité de la nature qui n'est pas facilement concevable ; le voile secret qui la protège n'en permet pas l'entrée au non-initié : « Il est interdit aux non-initiés de pénétrer dans le sanctuaire. »[16]

Pierre Hadot cite Goethe, qui, s'efforçant d'expliquer la difficulté de comprendre la nature, disait : « La nature est cachée, car nous ne savons pas comment la voir, bien qu'elle soit sous nos yeux. »[17] La dissimulation de la nature ne peut pas être vue comme une résistance facile à vaincre, mais comme un mystère, au moyen duquel l'homme

15 P. Hadot, *Le voile d'Isis : Essai sur l'histoire de l'idée de Nature*, Gallimard, Paris, 2004.
16 N. Fotiadis, *Les mystères d'Éleusis*, Athènes, 1896 : Μὴ χωρεῖν εἴσω τῶν ἀδύτων ἀμυήτοις οὖσι.
17 P. Hadot, *op. cit.*, p. 159.

parvient progressivement à l'initiation. « La nature ne livre pas tous ses secrets à la fois. Nous nous croyons initiés, nous, encore arrêtés sur le seuil. De telles merveilles ne se découvrent pas indistinctement et à tout mortel ; elles sont reculées, elles sont closes au plus profond du sanctuaire. »[18]

L'idée du secret de la nature et l'idée du voile supposent la distinction entre la présence extérieure et celle de la réalité située derrière l'apparence. Les seuls outils qui peuvent nous permettre de connaître la nature sont les sens : la compréhension qui est conduite par la raison et surtout la façon d'appréhender la nature, c'est-à-dire savoir que ce qui se trouve derrière l'apparence, contient la connaissance de la profondeur, qui relie deux idées différentes : avoir le courage de découvrir la vérité du monde tel qu'il est, en tant que force de création et de mort, et en même temps respecter la « pudeur » de la vérité, en la recouvrant d'art et de beauté, c'est-à-dire de l'illusion vitale qu'exprime le voile de l'apparence, éléments indissociables de la vérité. Cette apparence est indissolublement liée à la connaissance terrible de la vérité, qui a ses raisons de ne pas nous laisser voir son souffle glacial qui provoque le frisson.

« On devrait honorer davantage la pudeur que la nature met à se cacher derrière l'énigme et les incertitudes. » « Peut-être, dit Nietzsche, la vérité est-elle une femme qui a de bonnes raisons de ne pas laisser voir ses raisons ? Son nom est-il, pour parler grec, Baubô ? » Que voulait-il dire en évoquant ce nom ? Baubô-Iambè[19] distrait Déméter par son comportement, en soulevant son voile et

18 Sénèque, *Questions naturelles*, VII, 30, 6.

19 Baubô est une figure féminine de la mythologie liée aux mystères d'Éleusis et donc à l'histoire de Déméter et Coré. Dans sa course errante à la recherche de sa fille, c'est à Éleusis que l'inconsolable Déméter, métamorphosée en vieille femme, avait rompu son deuil en se mettant à rire. Une double tradition raconte comment des mots et des gestes obscènes avaient réussi à la divertir. Dans *l'Hymne homérique à Déméter*, il est question de plaisanteries obscènes, dont le poète ne dit rien. Une autre version montre Baubô préférer l'action et offrir à la déesse un spectacle inattendu : en retroussant son péplos, elle dévoile impudiquement son « fondement » ou même selon certains, son sexe qui aurait pris l'aspect d'une figure d'enfant.

en découvrant son « fondement »[20] : cette initiative, ce mouvement dissipe la mélancolie de la déesse. En montrant sans nommer, cela remplace la parole et libère ainsi l'être humain d'une seule unique interprétation des choses, élargissant la pensée.

Ayant cette conviction, Nietzsche s'est élevé contre l'idée d'une volonté de vérité à tout prix. Il voyait que vouloir la connaissance pour la connaissance signifiait renoncer aux illusions vitales, ce qui crée un danger pour l'humanité. L'homme ne peut pas exister sans cette illusion vitale, sans tout ce monde des valeurs et des mythes il ne peut pas vivre. La vérité absolue implique le refus de la vie, tel que l'entendait le pessimisme du romantisme. Il semble que la volonté de vérité et le culte de l'apparence, bien que radicalement contradictoires, deviennent profondément solidaires. Qu'est-ce qui différencie ces deux vérités ? Il nous reste à rechercher comment Nietzsche entendait cette solidarité paradoxale, en tenant compte du fait que le désir de la gaieté et de l'apparence résulte d'une connaissance qui cache quelque chose, et que c'est elle qui est au fond des choses.

« Que je l'avoue enfin : nous autres les hommes de la profondeur avons trop besoin de notre gaieté pour ne pas la rendre suspecte. Non, il y a quelque chose de pessimiste en nous qui se retrouve même dans notre gaieté, nous essayons de donner cette apparence – car nous aimons l'apparence – nous l'adorons même – mais à l'égard de l'‹ être › nous avons notre propre soupçon. »[21]

Pierre Hadot soutenait que si Nietzsche avait voulu traduire l'aphorisme d'Héraclite, il aurait pu employer deux formules : d'une part, accepter que la nature (et la vérité) aime à se voiler, aime l'illusion, se plaît à créer des œuvres d'art ; d'autre part, accepter que la connaissance de la profondeur consiste à avoir le courage de reconnaître que la Vérité est totalement inhumaine et que la vie exige l'erreur, l'illusion, ce voile qu'il ne faut pas arracher à la vérité.

20 Le mot français « fondement » qui rend l'allemand « *Gründe* » a un sens physique, anatomique, et tout en ayant quelque chose d'impudique, le geste de Baubô, se découvrant sans un mot, implique aussi une nouvelle naissance.

21 F. Nietzsche, *op. cit.*

L'art apparaît ainsi comme un moyen de connaissance, puisque la nature est elle-même création artistique.

La connaissance de la profondeur entraîne de renoncer à l'individualité ; c'est ce que Nietzsche exprime quand il dit : « Ces Grecs sont superficiels – par profondeur. » Se référant à Goethe, il affirmait « qu'un tel esprit se dresse au centre de l'univers avec un fatalisme joyeux et confiant, avec la conviction profonde que seul l'individuel est condamnable et que tout sera sauvé et réconcilié dans la Totalité... » Et que l'homme doit abandonner l'optique de l'unilatéralité et de la division, pour s'élever à une perspective universaliste de la Nature, accepter la Nature dans sa totalité en extase et l'unité indivisible de la vérité et de l'apparence : "Vivre d'une manière universelle... voir les choses dans une perspective d'éternité (*sub specie aeternitatis*). »[22]

Il semble ici que nous nous trouvons à la place du spectateur Absolu de cette éternité, qu'est, pour Nietzsche, l'éternel retour. Comment concevons-nous, finalement, ce retour ? La profondeur des choses est également terrible, puisque c'est à travers cette terreur que naît un monde doté de la volonté de se tenir à la surface, dans le monde de l'apparence, dans l'art, en fin de compte – le monde des formes, des sons et des mots, l'art de la nature, l'art des hommes.

Le caractère secret du culte a toujours été l'élément par excellence qui entourait les mystères d'Éleusis, occultant ce grand processus initiatique et lourd d'instruction. Nous avons dû aborder une explication de ce caractère secret, suggérée par Nietzsche, menant à Héraclite, d'où la nécessité de ce long préambule, que le livre de Pierre Hadot, *Le voile d'Isis*, a aussi particulièrement contribué à nourrir.

22 F. Nietzsche, *Le crépuscule des idoles*, NRF-Gallimard, Paris, 1974, p. 144.

Le mystère

L'étymologie du mot μυστήριον nous aide à comprendre la signification visionnaire des mystères grecs. En fait, il devient clair qu'à partir du caché, du non-dit, sans doute aussi du non représentable, on s'achemine vers la révélation et l'état de l'effectivement vu. Le sens originel du mot « mystère »[23] désigne quelque chose qui doit rester secret ; il a le sens de « fermer », celui qu'on lui donne justement lors de l'initiation. Le mot μύστης (« myste », « initié »), relié à l'adjectif verbal μύστον, désigne celui qui se referme sur lui-même et marque la phase de l'initiation.

La version grecque de l'initiation était une fête d'entrée dans les ténèbres. Cette entrée avait un caractère de vénération religieuse et montrait le sens universel qu'acquiert, au moyen du culte, l'expérience personnelle du myste. L'initiation (μύησις) révélait l'acte et désignait quelque chose qui devait rester secret. Le caractère secret, la fermeture des yeux et de la bouche, ne constitue pas l'élément principal des mystères ; l'élément principal est le contenu secret, voilé, de l'événement surnaturel divin.

Selon K. Kerényi, dans la religion grecque il n'y a pas une intention sérieuse de garder le secret. À Éleusis, le secret n'était pas gardé pour cacher quelque chose, mais pour protéger. La signification du verbe « garder » (φυλάττειν- το φυλακτήριον) *i*mpliquait la notion de protection. Le secret, en son sens originel, authentique, constituait une forme particulière de l'indicible ; à partir du moment où il était dévoilé, il cessait d'exister, puisqu'il n'était plus l'inexprimable et l'indicible, l'élément créant un espace propice à une sensation visuelle et auditive particulière – un état constitué d'actes, de gestes, de ténèbres, de lumière, de silence et de voix. La représentation du culte pouvait élever l'expérience de l'individu vers l'univers de telle

23 Μυστήριον provient du verbe μυείν, signifiant κλείεσθαι οφθαλμούς, « fermer les yeux ».

manière qu'elle demeure entièrement à lui : son mystère inavoué, qu'il partage avec les autres humains.

Les mystères commencent pour le myste durant les préparatifs. L'initié ferme les yeux et entre dans ses propres ténèbres. « Toute vie a besoin d'obscurité », dira Nikos Panagiotopoulos[24]. Seuls ceux qui se préparent à participer aux mystères s'approchent de cette manifestation de l'indicible, de cette entreprise paradoxale, qui rend possible la vraie image de la religion grecque et il semble que, lorsque nous parlons beaucoup, nous privons l'indicible de cette condition particulière qui constitue sa substance, à savoir l'action divine qui, par sa nature, est indicible[25]. Je voudrais comparer, ici, cette expérience à celle de l'Art, telle que J.F. Lyotard l'entendait en parlant des œuvres d'art, qu'il considérait comme des chambres secrètes et sourdes de l'Absolu. Il soutenait que, « dans leurs formes inventées avec angoisse, ce que l'on ne trouve jamais, sans pour autant le délaisser, fait vibrer parfois la vérité muette. »[26]

Descente

Et alors que, à travers les images mythologiques, les mystères attiques conduisaient l'homme aux racines naturelles de son existence, la cérémonie, grâce à son admirable atmosphère naturelle ainsi qu'à la liaison de l'homme avec son histoire, l'emmenait jusqu'aux sources les plus profondes de son être : c'est ainsi que le rapt de Korè, au niveau de ce champ humain supérieur, en tant qu'union nuptiale avec Hadès atteignait des profondeurs métaphysiques et rétablissait le lien avec le monde ancestral. S'efforçant d'établir une analogie entre ce monde ancestral et l'union nuptiale, N.G. Pentzikis dira : « Je reviens au concept et à la perception des ténèbres comme facteur

24 N. Panagiotopoulos, *Σύσσημον ή Τα Κεφάλαια*, Indiktos, 2006.
25 P. Schmitt, « Antike Mysterien in der Gesellschaft ihrer Zeit, ihre Umformung und späteste Nachwirkung », dans: « Eranos-Jahrbuch », Vol. 11, 1944, pp. 107-44
26 J.-F. Lyotard, *Chambre sourde : l'antiesthétique de Malraux*, Galilée, Paris, 1998.

indispensable pour l'interprétation du mariage. »[27] De même que le voile de l'initié le conduit dans ses propres ténèbres, il semblerait que dans l'Antiquité le voile de la mariée était identique à celui de ceux qui partaient dans le monde souterrain. En tant que symbole et instrument de la descente nocturne aux enfers de Perséphone (dont le mariage et la mort sont requis pour le dévoilement nuptial), dans le mythe éleusinien, le voile se rapporte à la triple nuit subie par l'initié, homme ou femme, lors de ces nuits d'Agra et d'Éleusis, entrant dans sa propre nuit intérieure, dans son épreuve personnelle. « L'union de deux corps en un, par laquelle l'être humain conquiert son indépendance, nécessite l'obscurité, c'est-à-dire une certaine prise de conscience de la mort et, à travers elle, de la vie. »[28] Le royaume des morts se rapproche ainsi de nous grâce à Perséphone.

Nous découvrons, ici, une intuition dynamique qui semble totalement étrangère à la pensée contemporaine, alors que pour les Grecs anciens, elle était naturelle, comme si l'existence elle-même leur parlait. L'essence de cette intuition est que la naissance et la fécondité sont étroitement liées à la mort. Le caractère inéluctable de la mort n'est pas un destin décidé d'avance par une force hostile ; la mort est active même lors de la naissance, l'acte de création par excellence. En ce sens, la remarque de J. Kounellis est sans aucun doute intéressante : « Les morts n'existent plus. Et cela est grave, car la mort sous tous ses aspects, y compris l'inhumation, était le signe d'une culture particulière. »[29]

L'aspect chthonien des mystères d'Éleusis peut être saisi au croisement du passé et de l'avenir. L'allégorie de la graine, du noyau qui est enterré, illustre une expérience du retour, de la résurgence des ancêtres, se poursuivant jusqu'aux générations futures, l'individu éphémère étant comme un pont jeté entre le passé et l'avenir.

27 N.G. Pentzikis, *Πρὸς Ἐκκλησιασμὸ*, Πατριαρχικόν Ίδρυμα Πατερικών μελετών, Thessalonique, 1970.
28 *Ibidem.*
29 J. Kounellis, *Odyssée lagunaire- Écrits et Entretiens 1966-1989*, Daniel Lelong, Paris, 1990.

Les images de la mort et les symboles rituels sont indissolublement liées aux semailles, à l'embryologie, démontrant ainsi l'existence d'une nouvelle vie en puissance, analogue à l'acte de semer. La graine et le bourgeon comprennent tout un monde d'âmes ancestrales – chaque épi et chaque fille comprennent tous les ancêtres et tous les rejetons, une série interminable de mères et de filles dans un ensemble. Dans l'antiquité lointaine le mot « fille » (*korè*) était interprété comme la forme féminine de *koros* qui signifiait « jeune pousse, rejeton ». Nous pouvons ainsi comprendre le rapport entre le mythe de Perséphone et son destin de graine. C'est de l'intérieur du grain de blé et de la déesse Mère-Fille (*Korè*) que s'épanouit la même vision, la vision dans le gouffre du noyau.

Hiérophanie

La hiérophanie, telle qu'elle se manifeste chez les Grecs est associée au fait de voir, à la vision. Son pendant chrétien, c'est l'épiphanie, mot qui exprime l'apparition de Dieu en une manifestation sensible – ici vibre encore l'écho de la force grecque de l'apparition. Mais que signifie la forme du divin ? Ne constituerait-elle pas la plénitude de la forme, telle qu'elle peut apparaître dans la nature, les arts plastiques, la musique, la poésie et la pensée ? Toute forme vraie est vouée à manifester, dans sa profondeur absolue, quelque chose qui devient instantanément visible au spectateur. Pour la religion grecque antique, le divin est la forme des formes, qui ne peut être que le fruit d'une expérience.

Les premiers penseurs grecs ont démontré que le discours du mythe exprime l'apparition de la chose dont il parle en la révélant et s'oppose ainsi à l'oubli. Dans sa dimension grecque, le mythe appartient entièrement à la vérité[30] en tant que foyer-centre de toute vision, et manifeste la présence de la forme. Il est l'émergence de la

30 Le mot qui signifie « vérité » en grec, αλήθεια, peut se décomposer ainsi : le préfixe négatif α et la racine -λήθη, « oubli ».

parole vivante dans le monde et, en tant que telle, il a la capacité de pénétrer dans l'être tout entier et de le relier au divin. L'approche du divin se fait à travers la forme : dans le culte, celle du geste et dans le mythe celle de la parole de vérité. La différence en est que, dans le culte, l'homme s'élève jusqu'au divin avec lequel il agit en commun, alors que dans le mythe c'est le divin qui s'approche de lui.

Il y a encore ici l'esprit des dieux olympiens et il semble que l'esprit de l'ancienne religion n'a pas été oublié, mais qu'il y demeure en tant que substrat. Selon M. Heidegger, le mythe montre la coexistence harmonieuse des hommes et des dieux, tout en contenant la distance qui les sépare. En s'ouvrant à l'expérience du monde, l'homme réalise l'expérience de la divinité, non pas à travers le repli sur soi, mais à travers le mouvement vers l'extérieur, qui le conduit à ses propres limites, sachant parallèlement qu'il est mortel face aux divinités immortelles.

La hiérophanie rend les choses visibles, apparentes (φαινόμενα, du verbe φαίνεσθαι qui signifie « apparaître », « se montrer »). Un « phénomène » est donc ce qui devient apparent, vu que le verbe *φαίνω* (« rendre visible ») provient du radical -φα, tout comme le mot φως (« lumière »). À Éleusis, le hiéro-phante avait un rôle visuel – vu que les choses dites devenaient des choses montrées. Au moment de l'épiphanie de Korè, une ouverture vers la lumière se produisait – la lumière inondait soudain les coins les plus obscurs de l'être, de sorte qu'il devienne visible. Dans le *télestèrion*, la salle des initiations, l'hiérophante célébrait sous le feu. Le feu de Perséphone était ici simplement un écran de flammes, tandis que pour le monde extérieur, c'était l'annonce de l'événement bienheureux qui s'était produit.

Le christianisme est l'héritier de cette lumière. Dans son livre le plus important sur les mystères d'Éleusis[31], K. Kerényi demande qu'on lui permette d'oser comparer ce qui se passe dans le sanctuaire

31 K. Kerényi, *Eleusis Archetypal Image of Mother and Daughter*, Bollingen Series LXV.4, Princeton University Press, Princeton, NJ, 1962.

d'Éleusis avec ce qui se passe le jour de Pâques à Jérusalem. Il évoque une explosion de joie unique en son genre, irrépressible avec la transmission de main en main de la lumière – on n'y entend pas la voix du hiérophante, mais c'est bien une liturgie de la lumière qui se déroule dans l'Église d'Orient. Cette fonction confirmée des mystères nous permet de les considérer comme un maillon dans une évolution qui culmine dans la vision chrétienne de la béatitude – sachant que la notion de béatitude était un trait caractéristique du phénomène éleusinien.

L'époptie ou contemplation – visio beatifica

Lors de la cérémonie suprême du culte des mystères d'Éleusis, l'époptie, ou contemplation, les béatitudes se résumaient à une seule: «bienheureux celui qui a vu», reliant ainsi directement la vision à la certitude d'un heureux destin (μοίρα) dans l'autre monde (provenant du verbe μείρομαι, le mot μόρος signifie la fin prédéterminée de l'homme, son lot, sa destinée). La part qui revient à chacun, ce sort prédéterminé, pour l'homme, c'est la mort. Les mystes arrivaient en cortège rituel à la fête de la vision où avait lieu la contemplation suprême (l'*époptie*) où on se trouvait face à la chose vue. Que voyaient-ils, ou que pouvaient-ils voir, à ce point culminant de la cérémonie dans le *téléstèrion*? Sans doute quelque chose dont ils étaient certains que ce n'était pas une simple représentation, mais un fait réel.

Selon saint Hippolyte, l'un des pères de l'Église, le témoignage de la cérémonie concernait la voix vigoureuse du hiérophante annonçant la naissance divine, mais c'est dans une contemplation silencieuse que venait ensuite la présentation de l'épi moissonné. L'épi sacré, annonciateur de la récolte future, donnait aux *époptes* la certitude du renouveau, de l'incorruptibilité, non seulement dans le règne végétal, mais aussi dans le monde des humains. Les choses dites et les choses montrées rompaient l'aspect secret de la révélation muette, et nous pourrions donc parler d'une émulation entre les deux. On voit, ici, l'importance de l'acte rituel de la présentation, (les « choses-vues »), qui menait le culte éleusinien à une connaissance muette, alors que *l'époptie*[32] qui désigne le degré suprême de l'initiation, avait un caractère révélateur.

Lors du rituel sacré, le myste ne recevait aucun enseignement, mais entrait dans un état qui ne saurait être expliqué en des termes naturels. Lorsqu'Aristote comparait le progrès de l'enseignement en philosophie avec celui de l'initiation aux mystères, il pensait sans doute aux mystères d'Éleusis. D'après les fragments de textes qui nous sont parvenus, l'initié ne devait pas apprendre ; il fallait qu'il éprouve et qu'il entre dans un état (*παθείν* et *διατεθήναι*). Le savant byzantin Michel Psellos qui connaissait parfaitement les traités sur les mystères conservés jusqu'à son époque, appelait le phénomène conduisant à cet état de passivité « illumination » et « autopsie », c'est-à-dire fait de voir de ses propres yeux[33] : « Une fois que son esprit eut subi l'illumination... il eut une apparition divine. »[34].

Dans la langue grecque, il est un mot dont le contenu est inépuisable, une forme imprégnée de divin, le mot αιδώς – que l'on traduit habituellement par « pudeur » Ce n'est pas la pudeur face à quelque chose qui nous inspire de la retenue, mais la conception sacrée de l'intouchable. Avec l'*époptie,* degré suprême de l'initiation, les mystes devenaient des contemplateurs (*époptes*) puisqu'ils avaient vu Perséphone, ils devenaient des gardiens[35] : ils étaient effectivement les gardiens d'un état universel.

Il est intéressant d'observer l'étymologie des mots grecs : les mots-racines primitifs ne sont pas de simples signes, mais ils rendent visible la réalité qu'ils expriment. À travers eux, se perpétue l'idée

32 Le mot εποπτεία provient du futur du verbe ορώ, « voir » : επί-όψομαι, soit « voir d'en haut ».
33 έλλαμψιν et αυτοψίαν.
34 Michel Psellos « Περί Ιωάννου Κλίμακος », Catalogue des manuscrits alchimiques, Bidez, IV, 17 : αὐτοῦ παθόντος τοῦ νοῦ τὴν ἔλλαμψιν ... αὐτοπτήσας τῷ νῷ.
35 Επόψομαι veut dire « garder », lorsqu'on parle des choses divines.

vivante de l'image-présence, de l'image en tant que quelque chose de supérieur, quelque chose de sacré. L'artiste crée des images afin de se réapproprier la vision. De cette façon, la vue, une sensation directe, se transforme en énergie qui, à travers la lumière, réunit le voir (ιδείν) et le concevoir (νοείν). L'éducation artistique confirme le caractère anagogique-révélateur de la vue. Aujourd'hui, si nous voulons orienter notre réflexion dans une direction digne du phénomène du processus initiatique, nous devrons nous appuyer sur son caractère anagogique-révélateur.

La vérité se connaît de façon fusionnelle, elle se situe nettement au-delà de la vérification rationnelle, et, à partir de ce qu'appréhendent nos sens, elle nous conduit à une expérience spirituelle. La réponse à la question « Pourquoi Éleusis aujourd'hui ? »se résume dans les paroles du poète : « Heureux qui possède, parmi les hommes de la terre, la vision de ces mystères ! Au contraire, celui qui n'est pas initié aux saints rites et celui qui n'y participe point n'ont pas un destin semblable lorsqu'ils sont morts dans les moites ténèbres"[36].

Celui qui s'initiait aux mystères voyait et vivait passivement ce qui est au-delà de l'individu, il n'était pas sauvé mais il était en sécurité et heureux, parce qu'il acquérait une sagesse sans paroles. Ce que l'on voit à Éleusis, c'est quelque chose de très particulier, c'est l'infini de la vie qui dépasse l'individu. Si l'élément central de l'initiation est la mort symbolique de l'initié, la *télétè* (τελετή, « fête ») signifie sa renaissance symbolique, la fête de son retour à la vie. En termes philosophiques, l'initiation induit un changement fondamental de la condition existentielle : l'initié devient autre après l'initiation ;

36 Homère, *Hymnes*, texte établi et traduit par J. Humbert, Les Belles Lettres, Paris, 1976, 480, p. 57.
Ὄλβιος, ὃς τάδ' ὄπωπεν ἐπιχθονίων ἀνθρώπων ·
ὃς δ' ἀτελὴς ἱερῶν, ὅς τ'ἄμμορος, οὔ ποθ'ὁμοίων
αἶσαν ἔχει φθίμενός περ ὑπὸ ζόφῳ εὐρώεντι.

Ευτυχής όποιος από τους γήινους ανθρώπους τα 'χει δει
ο αμύητος όμως στα ιερά και ο αμέτοχος δεν έχει όμοια
μοίρα ακόμη και νεκρός στο ζοφερό σκότος.

l'initiation l'intègre à la communauté humaine et à un univers de valeurs spirituelles et édifiantes. Les initiés à Éleusis vivaient une expérience au-dessus et au-delà du destin individuel.

Le mot *télétè* , « fête », doit son sens initial au verbe τελείν-δραν ; les μεγάλα τέλη (les grands accomplissements, les Grands Mystères) concernant la transformation de l'âme, selon Platon, s'accomplissaient au moyen du rituel préparatif de l'initiation et sont les premiers à vider l'âme de toutes les forces qui en avaient pris possession et à annoncer sa purification[37]. C'est ainsi que l'on entendait, sans doute, la purification aux époques plus lointaines des initiations dionysiaques, où l'élément de la purification était présenté comme le passage d'un état à l'autre, et pouvait même être interprété comme un changement de l'identité de l'initié. En fait, c'est un homme nouveau qui revient à la vie et adopte un nouveau mode d'existence : le commencement d'une vie spirituelle et non pas son anéantissement par la mort, contrairement à la conception du monde moderne. Nous pourrions, alors, concevoir la *télétè* /fête comme capable de susciter une « sympathie des âmes » telle que Proclus se plaisait à la définir. L'extase de l'initié réside essentiellement dans le fait qu'il fait partie du cortège. Dans l'ignorance de cette saisissante expérience de l'initiation, nous ne pouvons aujourd'hui, que faire des hypothèses sur ce que signifiait la possibilité de participer de toute son âme au cortège[38] (θιασεύεται ψυχάν). Pour l'*époptе*-myste, le contemplateur de l'ultime révélation et des célébrations des mystères, cela signifiait le bonheur, c'était une *visio beatifica*, une μακαρίαν όψιν τε και θέαν, une « bienheureuse vision qui s'offrait aux yeux » (Platon, *Phèdre*)[39].

Quoi qu'il en soit, le myste des *télétès* grecques ne peut que renaître. *Natus* et *renatus*.

---

37 Platon, *République* 560e : τούτων δε κενώσαντες και καθήραντες την του κατεχομένου τε υπ' αυτών και του τελουμένου ψυχήν μεγάλοισι τέλεσι...

38 Euripide, *Les Bacchantes*, Bibliothèque de la Pléiade, NRF, Paris, 1962, 72-75 p. 1218 : θιασεύεται ψυχάν.

39 Platon, ivi, 250c, p. 40.

La dresmosynè[40]

Comment aborder ce qui touchait aux mystères, ou plutôt la façon de les exprimer propre à Éleusis ? Une étape à coup sûr importante, pour approcher la question, c'est de reconnaître qu'à chaque moment du processus édificatrice et initiatique, nous pouvons trouver des éléments porteurs de sens, tant dans la mythologie individuelle, c'est-à-dire la psychologie que dans les grandes mythologies des religions laïques. Le vrai mythe est indissolublement lié au culte dont les actes rituels sont des symboles qui agissent dans la réalité active et peuvent fonctionner, de façon à faire vivre concrètement les valeurs mythiques d'une société ; ils constituent aussi en même temps un présent, étant donné que ce qui a eu lieu autrefois, est aussi un fait du présent. L'idée mythologique à Éleusis avait une substance double : elle était un fait. et en même temps une forme. Le fait était la naissance de l'enfant divin, la forme, une déesse qui a été désignée comme une Korè primitive – un archétype qui contenait toutes les probabilités dramatiques liées au sort de Perséphone, qui se transformait de créature en créatrice, d'enfant en génitrice.

Une autre étape vers la compréhension des mystères d'Éleusis, c'est de souligner la procédure (*Dresmosyne*, « service ») que Déméter a introduite, en confiant au hiérophante (le prêtre qui faisait voir les objets sacrés) ainsi qu'au dadouque (le porte-flambeau, dispensateur de la lumière), la célébration des mystères. La *dresmosynè* comprenait les trois constituants qui se rapportaient aux mystères et correspondaient à l'action, à la parole, à la vision. Le noyau du culte à Déméter semble être constitué du blé et de la maternité. C'est ce que nous apprend le poète homérique pour lequel les céréales sont le cadeau évident de la déesse. Mais Déméter révèle aux mortels quelque chose de plus*:* « Puis elle s'en fut enseigner aux rois justiciers ... l'accomplissement du ministère sacré ; elle leur révéla (à tous) ... encore – les beaux rites, les rites augustes qu´il est impossible de transgresser, de

40 Δρεσμόσυνη / *dresmosynè* signifie « accomplissement du ministère sacré ».

pénétrer, de divulguer : je respect des Dieux est si fort qu′il arrête la voix. »[41] Il faut sans doute expliquer la raison pour laquelle le poète ne peut pas tout révéler ; en effet, ce que la déesse révèle et qui est exprimé, en substance, comme un culte secret, prend au fond le caractère de l'indicible[42].

Il est intéressant de réfléchir sur ce que la déesse semble offrir selon l'hymne homérique – « ...mais allons ! Que le peuple entier m'élève un vaste temple ... Je fonderai moi-même des Mystères, afin qu'ensuite vous tâchiez de rendre mon cœur propice par de pieuses célébrations ... »[43] – *et* sur ce que demande aux hommes en échange, Déméter celle à qui on rend honneur, en vue de se la rendre propice. En réalité il est question d'un culte secret, d'une promesse qui cache quelque chose qui n'est pas nommé et ne se révèle pas, il s'agit là du fait qu'est l'Existence.

Que signifie, cependant, ce que la déesse insinue et qu'elle invite les hommes à lui rendre – par des actes sacrés « *ως όργια πάσι σεμνά* – en tant que rites augustes ? »[44] On peut se référer aux choses faites (δρώμενα) au sens de " choses physiques qui ont lieu », mais, qu'est-ce qui exprime leur caractère sacré ? Un mystère, un *dromeno*, un rite, est secret non pas parce qu'il est indécent, ni simplement parce qu'il est collectif, mais parce que c'est une chose à l'intérieur de laquelle réside un sentiment puissant et une forte émotion qui dépassent l'expérience de l'individu, et qui se projette et s'extériorise sur ce qui est plus fort que lui, la force divine.

Selon Wittgenstein[45], le mot « mystique » apparaît comme un

---

41 Homère, *Hymnes*, cit., p. 57, v. 475-80 : δὲ κιοῦσα θεμιστοπόλοις βασιλεῦσι δ[εῖξε,] ... δρησμοσύνην θ'ἱερῶν καὶ ἐπέφραδεν ὄργια πᾶσι ... σεμνά, τά τ'οὔ πως ἔστι παρεξ[ίμ]εν [οὔτε πυθέσθαι], οὔτ'ἀχέειν· μέγα γάρ τι θεῶν σέβας ἰσχάνει αὐδήν.

42 L. Wittgenstein, *Tractatus logico philosophicus* (1921), 6522.

43 *Hymne homérique à Déméter*, cit. : εἰμὶ δὲ Δημήτηρ τιμάοχος...ἀλλ΄ ἄγε μοι νηόν τε μέγαν καὶ βωμὸν ὑπ΄ἀυτῷ... Ὄργια δ΄ἀυτὴ ἐγὼν ὑποθήσομαι ὡς ἄν ἔπειτα ἐυαγέως ἔρδοντες ἐμόν νόον ἱλάσκοισθε ...

44 H.G. Liddell e R. Scott, *op. cit.*, p. 343.

45 P. Hadot, « Réflexions sur les limites du language à propos du *Tractatus logico-philosophicus* de Wittgenstein », dans : « Revue de métaphysique et de morale », Vol. 63, 1959, p. 477.

synonyme de « qui ne peut être dit », de « indicible ». De ce point de vue, on pourrait penser que le terme de « mystique » concerne tous les cas dans lesquels on se heurte aux limites de la langue, surtout lorsqu'on est en présence de sa fonction proprement indicative. Quand Wittgenstein identifie l'indicible au mystique, il ne s'agit ni de théologie négative, ni d'extase mais d'un sentiment, d'une émotion, d'une expérience qui, alors qu'elle a une substance affective, ne peut s'exprimer, car elle contient un élément étranger impossible à décrire :

« C'est quelque chose qui est de l'ordre de l'éthique existentielle. C'est peut-être ce qu'insinue la déesse. Nous pourrons dire encore que l'éthique est l'investigation du sens de la vie, ou de ce qui rend la vie digne d'être vécue, ou encore de la façon correcte de vivre. Elle ne se réduit donc pas à un code grâce auquel on peut déterminer quelle est la bonne façon d'agir, ou encore, comme le voudrait l'utilitarisme le plus simple, un calcul qui nous permette de trouver quel principe particulier est préférable entre deux – il s'agit de quelque chose de plus profond, de plus ‹ absolu › : ‹ ... étant nés, ils veulent vivre et subir leur destin de mort, ou plutôt trouver le repos, et ils laissent après eux des enfants, destins de mort à naître. ›[46]

Le point de vue de Wittgenstein donne un sens à l'action de Déméter, qui veille sur la nourriture et les mariages. Sa volonté de rendre Dimophon, le fils de Kéléos[47] immortel, au moyen du feu, est d'une grande importance. Il place l'être humain dans un état où il peut rompre le cycle biologique, en vivant pour autre chose que le simple fait de vivre, donnant ainsi un autre sens à la vie, celui de vaincre la mort : « J'atteste l'onde implacable du Styx, sur quoi jurent les dieux : J'aurais fait de ton fils un être exempt à tout jamais de

46 Héraclite, *op. cit.*, fragment 69 : γενόμενοι ζώειν ἐθέλουσι μόρους τ΄ἔχειν, μᾶλλον δὲ ἀναπαύεσθαι, καὶ παῖδας καταλείπουσι μόρους γενέσθαι.

47 Kéléos est un fils d'Éleusis qui est né de la terre, le premier roi de la région du même nom ; il y régnait à l'époque de l'enlèvement de Perséphone par Hadès. Les filles de Kéléos ont reçu Déméter et l'ont conduite au palais, comme où on lui confie le soin de Démophon, fils de Kéléos et de Métanire.

vieillesse et de mort, je lui aurais donné un privilège impérissable : mais maintenant il n'est plus possible qu'il échappe aux destins de mort. »[48]

Sans cette allusion concernant le mystère – qui est le cadeau suprême de la déesse, l'hymne n'aurait aucun sens. C'est sur ce fondement évident que repose la réalité particulière révélée par la déesse. Un des symboles des mystères d'Éleusis c'est le simple épi : « Cet incomparable symbole, le plus dense en sens et en rythme, où qu'il se soit jamais élevé dans le monde, cet extraordinaire symbole avec lequel trouvent l'achèvement absolu, dans la Pensée, l'unité et la totalité ensemble, la monade et en même temps la multitude, où autour de sa tige se rassemblent, tels les grains du blé, toutes les questions, secrètes et visibles, de notre existence. »[49]

Ce don de la déesse exprime ce qui ne se révélait qu'à l'initié. La figure de Déméter comporte trois visages : celui de la déesse mère, celui de la déesse des céréales et celui de la déesse des mystères ésotériques – sans que l'on puisse écarter aucune de ces trois qualités étroitement liées dans l'hymne homérique qui lui est consacré.

De la mélancolie à la vision. La mélancolie-perte

L'affliction de la mère divine causée par l'enlèvement de Perséphone est telle que le poète la décrit déjà au tout début de l'hymne homérique ; il semble que même dans l'allégresse de sa rencontre avec Korè, l'amertume ne la quitte pas. Cette affliction constitue un élément structurel du récit mythique.

Pour comprendre la violence que subit Korè du fait de son enlèvement par Pluton, il faudra procéder à un retour sur les événements

48 *Hymne Homérique à Déméter*, 255-60 : « ...ἴστω γὰρ θεῶν ὅρκος ἀμείλικτον Στυγός ὕδωρ
ἀθάνατον κέν τοι καὶ ἀγήραον ἤματα πάντα
παῖδα φίλον ποίησα καὶ ἄφθιτον ὤπασα τιμήν·
νῦν δ'οὐκ ἔσθ' ὥς κεν θάνατον καὶ κῆρας ἀλύξαι. »

49 A. Sikélianos *Testament éleusinien*, deuxième discours, Ikaros.

qui ont conduit la mère au désespoir et à l'affliction : avant les retrouvailles, se déroule un autre acte mystérieux : le mariage forcé de la mère, non de la fille, comme on s'y attendrait, mais de la déesse Déméter elle-même. Que cet incident corresponde ou pas au récit arcadien, il est difficile d'interpréter le côté sombre de Déméter à qui se trouvent appliqués les qualificatifs d'*erinys* (« vengeresse ») et *melaina* (« noire ») ; et cela parce que le viol de sa fille s'identifie à l'union forcée qu'elle-même avait subie. En effet selon le mythe que nous connaissons, elle avait dû céder aux avances de Poséidon, alors qu'elle était en quête de sa fille.

Selon l'interprétation mythologique, le viol subi par la déesse est double, car elle est violée en tant que fille, si bien que toute l'existence de Perséphone se concentre en un événement qui constitue en même temps le récit des malheurs de Déméter. La déesse devient mère, se met en colère, et plaint la fille qui a été séduite dans sa propre existence ; elle devient la fille à travers laquelle elle renaît elle-même. La déesse mère-fille initiale constitue, au fond, une entité, à travers laquelle s'exprime simultanément l'idée de la renaissance. Si l'on associe l'enlèvement de Perséphone par Hadès à sa mort symbolique, on peut constater l'étrange relation d'équivalence entre le mariage et la mort, la chambre nuptiale et la tombe, un lien intime au sein duquel le non-être apparaît comme un abîme obscur. Cette fluidité mythologique inhabituelle suppose une union avec le monde, une parfaite acceptation de tous ses aspects.

Dans ce monde de vie et de mort – le monde de Déméter et de Perséphone – se résout le paradoxe inclus dans l'idée que la maternité, la mort et l'entéléchie s'identifient, dans le mythe éleusinien, à la perte et à la retrouvaille.

Retrouver - identifier

Il est vrai que les lamentations et la souffrance à Éleusis se sont transformées en une vision de satisfaction, puisque l'histoire de l'enlèvement de Perséphone se dénoue en retrouvailles, puisque Éleusis est par excellence l'endroit où Korè est retrouvée. Ainsi, si on se transporte mentalement dans le rituel du mythe éleusinien, dans le *télesterion*, durant la recherche de Korè quelque chose de subjectif et objectif à la fois devenait visible ; l'idée de la déesse qui retrouvait sa fille, et pour l'essentiel se retrouvait elle-même, éclairait l'âme du candidat à l'initiation. Cet éclair de la découverte était la manifestation de sa propre entéléchie et la perpétuation de toutes les choses vivantes. Un lien s'était créé entre la déesse et ceux qui avaient pénétré dans le mythe. À cet instant prodigieux, le mythe devenait réalité : les initiés privilégiés avaient un rapport substantiel avec l'événement auquel ils allaient assister, si bien que, à travers aussi les rituels précédents (le cortège qui avait lieu d'Athènes à Éleusis), ils avaient approché la déesse : *Imitatio Deae.*

La naissance

Lors de la cérémonie finale, la contemplation, après la quête, une lumière éblouissante brillait, et la voix du hiérophante résonnait : « La grande déesse a accouché d'un enfant divin », « Brimô[50] a accouché de Brimo ! » Il n'est pas clair si l'enfant a été mis au monde par la mère ou par la fille. En se fondant sur le témoignage selon lequel Brimô l'Éleusinienne était la Déméter du mythe arcadien, on peut supposer qu'il s'agit de la mère furieuse et affligée, et l'enfant peut être sa fille re-née qui, en Arcadie, s'appelait aussi Despoina (Δέσποινα, « la maîtresse »). Le hiérophante, en tout cas, n'a pas annoncé la naissance d'une *korè*[51] mais d'un *kouros*, d'un garçon divin. Cette

50 Brimô est un des surnoms de Déméter.

51 Korè en grec est l'autre nom de Perséphone mais il signifie aussi « fille » par opposition à *kouros*, « garçon ».

annonce ne contredit pas la naissance de la *Korè* du mythe arcadien : Brimô n'est pas seulement Déméter, entité distincte de Perséphone, elle est mère et fille à la fois. À travers l'archétype de la Mère et de la Fille, il devient clair qu'elles sont l'alter ego l'une de l'autre. C'est pour cette même raison que l'enfant n'est pas différencié – il n'est que ce qu'il est à la naissance, le fruit d'un accouchement. La naissance englobe tout, c'est l'éternel retour de la vie, c'est la mère, la fille et l'enfant qui s'unissent en une unité. L'enfant montre que l'éternelle répétition dépasse l'individu ; il semble qu'en chaque rejeton résident l'entéléchie et la perpétuelle renaissance.

La naissance de Brimos n'était pas le seul symbole éleusinien, un autre symbole, objet de la plus noble vision des célébrants, était la chose montrée – suivie de la chose faite. La caractéristique de la chose montrée n'était pas le cri vigoureux du hiérophante, comme dans l'annonce de la naissance de Brimos, mais le « silence » qui suivait la présentation d'un épi fauché : symbole du processus de la mort et de la naissance, symbole du destin de Perséphone, qui constituait aussi le sens total du destin de Déméter.

Éleusis était le lieu de naissance de l'événement cosmique éternellement répété, le lieu où l'on trouve et retrouve Korè ce qui garantissait la continuation de la vie. Pour les Grecs le nom d'*Éleusis* était entendu presque comme celui de ἔλευσις, « arrivée, venue ». Le sens de la naissance n'est pas le commencement de toute chose ni l'unique commencement original, le sens de la naissance c'est l'entéléchie dans une suite ininterrompue de naissances. Dans l'identification de la mère à la fille, la mère éternellement enceinte se présente comme une force existentielle éternelle. C'est dans son essence et son destin que pénètrent ceux qui fêtent les mystères. Il est évident que la naissance à Éleusis était considérée comme plus qu'un événement individuel : c'est lors de cette circonstance qu'était contrebalancée la mortalité de l'individu et confirmée l'entéléchie de la vie, la force vitale que porte en lui tout être et qui oriente toute action vers la réalisation de la complète perfection. Nous considérons qu'ici nous touchons à une des expressions de l'Absolu.

L'enfant - religio - entéléchie

«.... Æôn (Αἰών) est un enfant qui joue aux dés. Æôn, c'est la durée, le temps»[52]. Une source fondamentale m'a permis de me référer à l'enfant archétypal, et à la puissance de métamorphose des réalités mythologiques, il s'agit des études, déterminantes pour les mystères d'Éleusis, de C.G. Jung et de K. Kerényi: études qui donnent la possibilité d'aborder la perspective des mystères d'Éleusis en termes psychologiques, à travers l'enfant, qui «symbolise la nature préconsciente et postconsciente de l'homme.»[53] C'est dans cette idée qu'apparaît l'entièreté psychique qui englobe tout: il s'agit de l'entièreté qui va au-delà de la conscience au lieu de se circonscrire à l'intérieur du conscient, mais inclut aussi le champ imprécis et indéterminé de l'inconscient - c'est ce que la psychologie appelle le «Soi». Le but du processus d'individuation est la synthèse; d'un autre point de vue, le terme d'«entéléchie» est peut-être préférable à celui de synthèse.[54]

Il semble que l'enfant n'est pas simplement une figure traditionnelle, mais aussi une vision vécue spontanément comme une explosion de l'inconscient. Dans la psychologie de l'individu, l'apparition du modèle originel de l'enfant indique, en règle générale, la prévision d'évolutions futures; il annonce cette forme qui résulte de la synthèse des éléments conscients et inconscients de la personnalité. Par conséquent, c'est un symbole qui unit les contraires, un intermédiaire conscient, quelqu'un qui conclut.

Mais, comme l'archétype est toujours une image qui appartient à l'ensemble du genre humain et non au seul individu, nous pouvons

52 Héraclite, *op. cit.*, fragment 130, p. 446.
53 C.G. Jung et K. Kerényi, *Introduction à l'essence de la mythologie* (1941), Payot, Paris, 1993, p. 158.
54 Ivi, p. 112.

dire que l'enfant-modèle représente l'aspect préconscient de l'enfance de l'âme collective. Cette constatation, fondée historiquement sur l'analogie de certaines expériences psychologiques, prouve l'existence de phases dans la vie d'un individu, qui peuvent devenir autonomes et se personnifier de manière à aboutir à une vision. Chaque peuple révèle clairement son visage, lorsqu'il se retrouve face à face avec l'Absolu – c'est-à-dire aux frontières du primordial. La vision est d'autant plus « archétypique » que notre regard y pénètre plus profondément.

« Ce qui existe sur le plan historique a autant le caractère d'une unité que d'une œuvre ; il appartient, du point de vue spatiotemporel, à une civilisation précise, cela veut dire qu'il est influencé par le mode de vie typique d'un peuple précis. Frobenius appelle unités les facteurs qui ne sont pas sujets à interprétation et y voit des structures des divers aspects du monde dans des civilisations variées. Pour définir la base ultime des unités, il nous faudra dire qu'il s'agit de la tendance de l'homme à produire un schéma intellectuel – cette tendance est le début, le premier saut. L'instant suivant, cependant, c'est l'unité, le schéma intellectuel qui surgit de cet élan, la première manifestation du génie : il s'agit, ici, d'un élément originel, qui est vécu avec toute l'immédiateté du Commencement et s'identifie à un certain aspect du monde élargi. »[55]

L'enfant-modèle ne représente pas uniquement ce qui existait dans le passé lointain mais aussi ce qui existe maintenant : il semble qu'il ne constitue pas simplement un vestige du passé, mais représente tout un ensemble d'éléments qui agissent au présent, en vue de remplacer ou de rectifier l'inévitable partialité et l'exagération de l'esprit conscient. C'est la raison pour laquelle, dans le monde mythologique, tant de sauveurs sont des enfants-dieux.

Les anciennes figures mythiques des enfants-dieux sont entourées d'un halo magique, car les exploits des enfants et des jeunes gens expriment la perfection de la puissance et de la forme extérieure des

55 Ivi, p. 30.

dieux; en même temps, la mythologie ne conçoit pas une période précise de leur vie, mais elle conçoit ces périodes comme hors du temps. De ce point de vue, elles ne constituent pas des étapes de leur développement et excluent ainsi toute considération biographique. L'enfant, comme un contenu symbolique, a été séparé et isolé de ses racines – la mère; mais parfois il inclut aussi la mère dans son parcours dangereux, étant donné qu'il est menacé par l'attitude négative de l'esprit conscient, mais aussi par le *horror vacui* de l'inconscient. Plutarque dans son traité *De l'âme* affirme: « Οἱ ἄνθρωποι… γ ε ν έ θ λ ι ο ν τὴν ἡμέρα τῆς γεννήσεως καλοῦσιν, ὡς ἄθλων γενομένην καί πόνων μεγάλων αρχήν … και τό σῶμα δέμας ὀνομάζουσιν, ὡς δεδεμένης ὑπ΄ ἀυτοῦ τῆς ψυχῆς ἐνταῦθα παρά φύσιν οὐδέν γὰρ, ἐν΄ᾧ πέφυκεν εἶναι, κατέρχεται βία, και τό δεδέσθαι, τὴν τε βίαν ταύτην παραγαγόντες ὀνόμασαν βίον. »[56]

Rien au monde ne souhaite la bienvenue à cette nouvelle naissance, bien qu'elle constitue le fruit le plus précieux de la Nature mère elle-même, qui, plus que tout, porte l'avenir en son sein. C'est pour cela que la nature – le monde des instincts – prend l'enfant sous sa protection, malgré le fait que l'enfant tende vers l'indépendance. Il est vrai que cette possibilité d'être indépendant ne peut pas se produire si l'enfant ne rompt d'abord avec ses sources. Vu à travers ce prisme, l'abandon constitue la condition nécessaire et non une simple concomitance naturelle; tel un organisme développé, il a l'expérience de sa propre source.

C'est justement à cette source que se réfère le mythe de l'enfant divin – une source qui se comprend comme l'embryon d'une nouvelle unité cosmique. Revenons au mythe de Korè, qui se réfère à un autre commencement qui est aussi vécu comme une source, mais qui est en même temps le commencement d'innombrables êtres, grâce à quoi l'individu est doté de l'infini qui se trouve déjà dans la graine. À l'aide d'images présentant l'évolution humaine et végétale, nous constatons que les deux mythes se rejoignent sur ce point,

56 Plutarque, *Œuvres morales, fragment sur l'immortalité de l'âme*, 177.

et conduisent à notre fondement mythologique, il s'agit d'un voyage aux origines. Pour utiliser une métaphore, il s'agit d'une sorte de plongée dans notre Soi qui mène à la graine vivante de notre entièreté. L'expérience de cette plongée est le fondement mythologique et il en résulte la prise de conscience soudaine de notre retour à l'espace où les deux commencements – l'absolu et le relatif – se rejoignent, puisque notre vision s'est élargie.

Parfois l'enfant ressemble plutôt à un enfant-dieu et parfois à un jeune héros. Les traits communs à ces deux types, ce sont leur naissance miraculeuse et les malheurs de leur petite enfance, l'abandon et le danger de persécution. L'enfant est celui qui a été abandonné et exposé à des dangers, mais aussi celui qui possède de grands pouvoirs divins ; après le commencement obscur et incertain, la fin triomphale. Ce qui apparaît, finalement, dans les difficultés du parcours de l'enfant, c'est que la naissance présuppose un combat et c'est la raison pour laquelle il est intéressant de parler de l'enfant.

La naissance, comme on l'a dit plus haut, constitue un des éléments principaux du mythe éleusinien, et concerne le concept même de l'initiation rituelle qui était considérée comme le jour d'une naissance et se référait à l'idée de la mort et de la renaissance, étant donné que le rituel neutralise la peur de la mort.

La mission principale du héros est de vaincre le monstre que sont les ténèbres. C'est la raison pour laquelle l'enfant divin se rend célèbre par ses exploits visant à remporter la victoire sur les ténèbres. C'est la victoire éternellement espérée et attendue de la conscience sur l'inconscient. L'avènement de la conscience fut sans doute une terrible expérience des temps primitifs, car avec elle naquit aussi un monde dont personne ne soupçonnait encore l'existence.

Malinconia generosa

J'avais depuis longtemps en tête l'idée de mener à son terme mon travail artistique de près de trente ans sur les mystères d'Éleusis, un ensemble qui formulerait mon expérience et mes réflexions sur cette grande méthode visionnaire édifiante et initiatique. Cette entreprise s'appuie sur l'image globale de mes œuvres, sur les notes que j'ai recueillies à partir de recherches mythologiques et anthropologiques, d'essais philosophiques, de références historiques, d'études archéologiques. Ma contribution personnelle a suivi un long processus de visites aux sources concernant les mystères d'Éleusis.

Ce texte est un palimpseste de notations en dialogue constant avec mon œuvre plastique. Je me suis demandé comment il était possible d'ouvrir les portes du sanctuaire d'Éleusis et de ses rites préparatoires à l'initiation, sans tenir compte des peines et du sens de la vie humaine dans le cours fragmenté, incohérent, de l'histoire.

Le sanctuaire d'Éleusis était le dernier refuge d'une religion pourchassée qui cherchait à s'accrocher sur un coin de la terre et en quelque sorte s'y enraciner. Cela était le résultat d'une persécution par des adeptes de " quelques nouveaux dieux usurpateurs ». Il s'agissait d'un Drame qui allait mutiler l'intégrité de l'être humain et prendre conscience de ce drame permet d'envisager avec netteté le problème global du monde. Cette réflexion est loin d'être abstraite si l'on pense au poids que portèrent sur leurs épaules les premiers mystagogues arrivés à Éleusis, pour y fonder un temple, en endossant la charge de la sauvegarde des symboles, de la cohésion morale et spirituelle de l'Histoire, « l'adhésion de l'ensemble du genre humain », τά συνεχότα ἄπαν τὸ ἀνθρώπινο γένος.

Cette arrivée, cette *éleusis* (Ἐλευσις), prouve qu'il ne s'agissait pas d'un événement local, mais de la fin d'un voyage douloureux. Sans préciser le point de départ de ce voyage et ses étapes, nous pouvons affirmer que Déméter, *Thesmophore*, *Thesmothète*, *Eurynomè*[57], a bien

57 Qualificatifs de Déméter qui correspondent au sens du mot français « législatrice ».

erré avant d'atteindre cet endroit de la terre d'Attique. Cette errance répercute l'esprit et l'importance d'un fait historique, sociologique, à l'échelle mondiale des premiers siècles, le Matriarcat, la première vie économique, juridique et administrative des Athéniens, des Arcadiens, des Argiens, des Égyptiens, des Étrusques. Cependant, son essence pure la plus profonde, à savoir le sens de la religion, s'est cristallisée en une lutte intérieure et en un testament laïc dans les mystères indicibles, la liant aux racines de l'immense capacité spontanée de tendresse qu'a la femme.

Aujourd'hui la raison pour laquelle il fallait absolument parcourir tout ce chemin pour parler d'un fait aussi important que celui de l'Existence semble aller de soi. Pour répondre à la question « Pourquoi Éleusis aujourd'hui ? », il a fallu aborder le caractère révélateur du processus initiatique et édificateur des mystères d'Éleusis, après constatation que cette révélation – qui selon Sénèque se réalise par approches successives – a son origine dans une dissimulation.

Au moyen de la personnification de la Nature qui refuse de révéler ses secrets, nous pouvons imaginer la raison de l'hermétisme de l'expérience éleusinienne. : « La nature aime à se cacher », « car, ainsi, elle ne souffre pas lorsque le secret de l'essence des dieux est capté par des oreilles impies » ; ici, la nature paraît se défendre, et c'est peut-être la façon dont l'empereur Julien interprète l'aphorisme d'Héraclite : « ... il faut parler des dieux d'une façon énigmatique, mythique, symbolique ; seul celui qui s'est purifié peut révéler, au moyen d'une herméneutique allégorique, la signification profonde des mythes et des rites. Seule l'éthique, la partie rituelle et mystique de la théologie peuvent recevoir, chacune à sa façon, les récits mythiques ». En ce qui concerne la partie rituelle, Julien, se rapportant à Jamblique, l'associe à Orphée qui a fondé les initiations les plus sacrées, celles des mystères d'Éleusis : ceux-ci comportaient ce qui était dit (Λεγόμενα), les révélations et ce qui était fait (Δρώμενα). Dans son texte, Julien parle aussi de la nature inexprimable et inconnue du caractère de ces manifestations, c'est-à-dire des signes et des symboles qui, en raison de leur affinité avec les dieux, prennent soin de l'âme et du corps. Chez Julien[58], le caractère de ces manifestations semble voué à exprimer le mystère de l'existence. L'être du monde, cependant, n'est pas un problème que l'on peut résoudre, c'est un mystère inexplicable: «Il n'est pas possible de sortir du monde et l'envisager comme un sujet à étudier. La prise de conscience du mystère inexplicable du monde est quelque chose de sacré[59]. Le monde dans son entièreté est inexplicable.»[60] Nous devons reconnaître que notre appartenance à la nature, au monde, a un caractère inné et que cela reste inexplicable, de sorte qu'une des dimensions fondamentales de l'homme sera le miracle autant que l'angoisse, l'émotion sacrée face au mystère incommensurable et à l'énigme.

L'expérience des mystères ésotériques dans l'hymne homérique, nous permet de remarquer une analogie avec la phrase de Nietzsche: «On devrait honorer davantage la pudeur que la nature met à se cacher derrière les énigmes et les incertitudes»; on y révèle, en effet, quelque chose qui ne peut pas être dit et on indique que ce qui est montré lors des rites ordonnés par la déesse ne doit pas être objet de recherche, ne doit pas être transgressé, et à plus forte raison divulgué, car le respect des dieux arrête la voix. Ailleurs la déesse fait connaître les rituels que les hommes doivent accomplir pour se la rendre propice; leur refus de comprendre le geste symbolique de la déesse – qui allait les conduire hors de leur cycle biologique pour l'éternité – l'a remplie de tristesse. L'importance des actes sacrés et de leur accomplissement dans la religion grecque est clairs; il s'agit de la correspondance entre les dieux et les hommes.

Cette expérience a été l'occasion d'ouvrir un passage, intuitif d'abord, et un long questionnement par la suite, sur l'interrogation initiale «pourquoi la question fondamentale a-t-elle été posée par

58 Julien, *Discours sur Hélios - Roi* 28, 148 a-b.

59 P. Hadot, *Le voile d'Isis*, Gallimard, Paris, 2004; M. Merleau Ponty, *Éloge de la philosophie*, Gallimard, Paris, 1953, p. 310.

60 L. Wittgenstein, *op. cit.*

Nietzsche par le biais d'un enfant ? » C'est notamment pour cela que nous avons complété ainsi notre titre : « De la mélancolie à la vision » : mélancolie parce qu'elle est liée à la naissance et réside dans les difficultés qu'implique l'arrivée dans le monde de l'enfant, du Nouveau mais vision parce que l'enfant est un avenir en puissance.

Il est vrai que l'idée de ce voyage m'a été inspirée par la préface de K. Kerényi à son livre intitulé *Image archétypale de la Mère et de la Fille* qui a exercé sur moi une influence décisive et a stimulé mon désir de répondre à la question « que représente Éleusis pour nous aujourd'hui ? » Deux autres sources m'ont permis de faire aboutir ce travail : le *XXXe Problème*, attribué à Aristote, et la fameuse gravure d'A. Dürer « *Melencolia I* ».

Le *XXXe Problème* voit la mélancolie comme une réflexion sur la création, ou mieux encore, comportant la problématique de la création. Et il pose la question : pourquoi tous ceux qui se distinguent dans la philosophie, la politique ou les arts sont-ils mélancoliques ? Le sous-titre, « Traité sur le génie, l'esprit et la sagesse », est révélateur. Ce n'est pas un hasard, comme il a déjà été dit, que Déméter se réfère à la sagesse lorsqu'elle indique aux hommes les rituels. En réalité nous ne nous contentons pas de notre rapport avec le corps, il faut exprimer l'intériorité du sentiment, ce qui signifie que c'est la mélancolie qui relie le corps à l'âme[61] et impose cette liaison à travers une douleur ésotérique. En même temps il faut reconnaître que nous avons consacré beaucoup de temps à la mélancolie : selon Jackie Pigeaud, « pour renouveler le levain » il faut faire appel à l'art et à la philosophie.

Nous revenons alors à la question de la créativité, en fait, à la tendance du mélancolique qui aspire à devenir un autre, à devenir tous les autres. On ne peut, au fond, être soi-même et créateur qu'en étant autre, qu'en se laissant devenir un autre. Se trouvant dans un état d'*extase*, comme hors de lui le mélancolique devient, en fait,

61 Oτι ταίς του σώματος αί της ψυχής δυνάμεις έπονται, Galien, IVK 767-822.

polymorphe ; il est désormais, à lui seul, une pléthore de caractères, s'ouvrant à l'altérité.[62]

Le texte affirme que pour ce faire il faut une intervention brutale et un don, à partir du moment où l'autre est, en fin de compte, en nous. On peut supposer que le don c'est la poésie, Ένθεον γαρ η ποίησις (« puisque la poésic comporte le divin ») – une des qualités exposées dans le XXXe *Problème*. Il est intéressant de comprendre que la réflexion sur la poésie impose de penser ce don comme quelque chose dont l'individu n'est pas le seul responsable mais exige en même temps l'art. Je pourrais aussi signaler que même le processus de l'initiation, avec l'approche charismatique de la cérémonie (*télétè*), se rapproche de l'« Autre » – des autres, de sorte que l'expérience personnelle devient supra-individuelle. La poésie suppose l'inspiration, que le poète soit envahi par une force. Le poète lui-même est un maillon qui relie les Muses à ceux qui reçoivent la poésie.

La Mélancolie I d'A. Dürer est une œuvre pleine de références sémiologiques où l'on voit une pléthore de symboles-objets, ayant comme élément central de la composition une figure féminine aux ailes d'ange, qui représente la mélancolie et qui ne se sert d'aucun des instruments d'architecture et de géométrie qui l'entourent. Deux esquisses humaines se fondent dans cette figure unique, qui sont non seulement hétérogènes, comme la sensibilité de l'âme et l'humeur de l'esprit, mais également antinomiques : d'une part, l'antique acédie spirituelle qui conduit à l'inaction, et, d'autre part, la faculté intellectuelle qui se tourne vers la création. Le monde des objets abandonnés, dispersés au hasard crée un chaos ; seul un petit ange travaille sans se soucier de ce qui l'entoure. J'ai toujours été très impressionnée par cette figure enfantine en alerte dans cette œuvre de Dürer. C'est, d'ailleurs, la raison qui m'a poussée à m'intéresser au processus visionnaire des mystères d'Éleusis, l'initiation, qui était considérée pour le myste comme le jour de la naissance.

62 J.-P. Vernant, *La Mort dans les yeux. Figures de l'autre en Grèce ancienne*, Hachette, Paris, 1985.

Pour conclure sur thème de l'enfant archétypal, en vue de soutenir que la mélancolie comporte aussi bien réflexion que création, deux états qui peuvent nous mener à la vision, j'aimerais me tourner maintenant vers l'œuvre d'E. Munch, qu'Y. Hersant, observant les lieux communs et les contrastes engendrés à travers les références sémiologiques de l'œuvre *Melencolia I*, a qualifié de *Melencolia II*. Car, alors que la fameuse gravure d'A. Dürer offre une image fascinante de la mélancolie humaniste, *Le Cri* d'E. Munch, œuvre moins célèbre, représente la figure anxieuse de la mélancolie des modernes. Elle s'inscrit dans une tradition ancienne; d'ailleurs, E. Munch, lui-même, glisse le mot-clef pour lire son œuvre et empêcher d'occulter la mélancolie. "*J'ai* ressenti un signe de mélancolie", écrivait-il dans ces carnets.

Le cri

Le Cri apparaît comme une œuvre radicalement novatrice, reliant la mélancolie à une acoustique hallucinatoire qui est superbement transposée dans le champ visuel. C'est ce dont témoigne aussi la figure angélique de l'œuvre d'A. Dürer, dont le regard halluciné perçoit des choses qui nous échappent. Il y a, cependant une différence essentielle entre l'œuvre d'A. Dürer et l'œuvre angoissante d'E. Munch. Celui-ci exprime une passion moderne, moins intellectuelle et plus spirituelle, grâce à un basculement absolu dans le traitement des organes de l'audition et de la vision. – « Que l'œil écoute » disait P. Claudel. En effet, l'œuvre d'E. Munch, rend le son visuel, étant donné que le peintre a tenté de montrer le degré suprême de l'intensité d'une action; il a mis en évidence non seulement une douleur – dont la cause est extérieure – mais l'émoi le plus profond dans son essence. Il s'agissait de peindre l'âme par le biais d'un *silence* impitoyable qui se transforme en une voix divine, un oracle venu du ciel.

Les couleurs criardes du Cri (nous parlons ici en termes de sonorité), les lignes convulsives de l'œuvre, concrétisent une douleur spirituelle, ce que produit la combinaison de la vue et de l'ouïe. « La versification grecque ancienne relie le son à l'image et c'est pour cela qu'elle ne compte pas sur une excitation sentimentale, elle n'attend pas que des idées s'en mêlent. Les faits, au lieu d'être interprétés, sont immédiatement sensibles, alors que la nature de la parole, faisant appel à la fois à l'ouïe et à la vue, s'érige en promotrice de la flamme poétique. »[63]

Lors de la contemplation suprême (l'*époptie*), durant le rituel sacré de l'exposition, on présentait dans le silence l'épi moissonné ; il est évident que, comme l'œil n'est pas un organe passif et ne laisse rien se représenter sans l'action intérieure de son sens, il en résulte que la conscience de la perception n'est pas passive non plus ; ainsi, peut-on prendre conscience de l'importance de la révélation sans paroles.[64]

On pourrait dire que les trois phases éleusiniennes *actions - paroles - ostensions* qui décrivent, comme nous l'avons déjà vu, le culte éleusinien, traduisent cette émulation entre l'écouté et le vu. C'est à travers cette optique que l'Initié peut recevoir le message, car il ne se contente pas de communiquer avec les choses naturelles. Aristote comparait l'expérience de l'initiation et de la nuit dans le *télésterion* d'Éleusis avec le progrès de l'enseignement en philosophie. La lumière de la vérité se révélait aux initiés au moyen d'images, de symboles et de mots ; il s'agissait d'une expérience radicalement nouvelle, quasi inaccessible par la raison.

63 S. Ramfos, *L'énigme et le destin, l'art poétique dans* Œdipe Roi, Armos, 1997, p. 35.
64 *Ibidem.*

L'infinito del continuo e la realtà del discreto

Paolo Zellini

Roma, Italy / *Italia*
September / *Settembre* 2019

Introduzione. Il continuo di Parmenide

Il concetto di continuo nel pensiero antico è alquanto diverso da quello della matematica moderna, ma le analogie certo non mancano, e alcune questioni fondamentali sono rimaste le stesse per secoli e millenni.

Di che cosa è composta una grandezza continua? La retta geometrica è composta di punti oppure semplicemente di parti più piccole a loro volta divisibili? E questa divisione ha mai fine? Due linee che si incrociano hanno un punto in comune? Disegnare un triangolo equilatero con la costruzione euclidea che prevede punti di intersezione di rette e circoli ha un senso? Euclide non dimostra l'esistenza di questi punti, eppure il termine σημεῖον, punto, è la prima parola che appare negli *Elementi* (I Definizione: Il punto è ciò che non ha parti). Secondo Erone di Alessandria (10-70 d.C.)[1] il punto (σημεῖον) non ha parti (parte è la traduzione di μέρος), è come un'unità fissata nello spazio o un attimo che balena nel tempo. Esso è principio della geometria ma non è parte di una linea, al modo in cui siamo soliti pensare l'unità come parte del numero. Il punto non ha parti e non è parte di alcunché. Tuttavia il non essere qualcosa, come insegnava

1 Heron Alexandrinus, *Def.* 1, in: *Opera*, Vol. IV, ed. J.L. Heiberg, pp. 14 *sg.*

Platone nel *Sofista*, non è il nulla, e Aristotele (*Fisica*, 214 a) dichiarava che "è assurdo pensare che un punto sia vuoto".

Una prima apparizione del concetto di continuo nel pensiero greco sarebbe avvenuta nell'ambito della scuola eleatica. L'Essere di Parmenide (Fr. 7/8) è un *plenum* simile a una sfera, intrinsecamente simmetrico, omogeneo e continuo (συνεχές). Esso richiama l'idea dello spazio assoluto che Newton avrebbe poi tratteggiato nei *Principia*, uno spazio di natura matematica. Parmenide non diceva che l'Essere è infinito; ma era Melisso, in compenso, a farlo senza esitazione.

Il continuo di Parmenide non è divisibile in parti, è indivisibile. Sembra intervenire, a questo proposito, una sorta di *horror divisionis*, una ripugnanza per la divisione, come se il frazionamento dovesse produrre un non-senso, privando la realtà di ogni consistenza. Con i suoi paradossi Zenone intendeva dimostrare, verosimilmente, che la divisione porta a degli assurdi: se cominciamo a dividere lo spazio, dobbiamo anche concludere che ogni movimento è impossibile. Una volta ammessa, la divisione trasforma il mondo in qualcosa di irreale. Eppure, la matematica ha origine, possiamo dire, proprio dalla *divisione* delle grandezze. Forse è per via dei numeri e delle grandezze divisibili della geometria che si consumò quel "parricidio" a cui allude lo Straniero di Elea nel *Sofista* di Platone, per cui "tutto diventa più di uno" (245 c), anche se è pure vero che "due è pure uno" (244 a). La matematica divide per poi riunire, e per questo essa ripercorre i due stadi dell'operazione sacrificale. Come precisava Ananda K. Coomaraswamy nel modo più efficace e sintetico, "l'essenziale, nel sacrificio, è in primo luogo dividere, e in secondo luogo riunire"[2].

Il λόγος di Platone è un λόγος τμητικός (*Rhetores Graeci*, IV, 297, éd. H. Rabe), un discorso o una entità matematica disposti a tagli e divisioni, e il dominio per eccellenza in cui questo accade è il mondo dei numeri. Il riferimento al sacrificio rituale è esplicito nel *Politico*

2 Cit. in R. Guénon, *I simboli della scienza sacra*, Adelphi, Milano 1987, p. 261; vedi anche pp. 304 *sgg.*

(287 c), dove il λόγος ammette una divisione delle membra "come si fa con una vittima sacrificale [...] Bisogna, infatti, tagliare sempre secondo il numero più vicino al due, per quanto è possibile".

Secondo Giorgio de Santillana il continuo di Parmenide "non può essere visualizzato come oggetto: appartiene alla natura della mente stessa, è identico al νοεῖν, a ciò che la mente fa. Così, dice Aristotele, Parmenide è il primo a parlare dell'Uno 'secondo ragione', ed è innegabile che egli abbia preparato il terreno all'astrazione platonica"[3]. L'Essere non comporta misure, grandezze o luoghi, non può essere "grande e piccolo", comprende solo "relazioni, tutte le relazioni che esistono". Qui si assisterebbe allora a un *raptus* metafisico che si manifesta in dichiarazioni di carattere ontologico.

Secondo Hegel, rammenta ancora Giorgio de Santillana, era questo un passaggio dalla pura rappresentazione (*Vorstellung*) al concetto (*Begriff*), lo spazio astratto come sostrato di ogni realtà, qualcosa che è accaduto di nuovo nel Seicento, con Newton, Spinoza, Malebranche. L'intenzione metafisica traspare nettamente anche dalle parole di Henry More, il celebre esponente della Scuola platonica di Cambridge del XVII Secolo: "Poiché è un attributo reale, è necessario che un soggetto reale sostenga questa estensione. [...] Quando avremo enumerato i nomi e i titoli che gli sono appropriati, questa entità estesa, infinita, immobile, apparirà essere non solo qualcosa di reale, ma anche qualcosa di Divino"[4]. More sembra così riprendere nella lingua dei suoi tempi - e a sua insaputa - l'illuminazione intellettuale di Parmenide[5].

3 G. de Santillana, *Reflections on Men and Ideas* (1968), tr. it. *Fato antico e fato moderno*, Adelphi, Milano 1985, pp.115 *sg*.

4 Ivi, p. 116.

5 Ivi, pp. 116 *sg*.

Il continuo di Aristotele

Con Aristotele il continuo diventa infinitamente divisibile, anzi la divisibilità ne è la connotazione principale. Aristotele sosteneva che le grandezze geometriche sono continue e spiegava che questa continuità dipende dalla possibilità di dividere all'infinito una grandezza geometrica in parti sempre più piccole. Questo si evince dalla seguente definizione (*Sul cielo*, 268 a): "Il continuo (συνεχές) potrebbe essere definito come ciò che è divisibile in parti che sono esse stesse divisibili all'infinito". Così si legge pure nella *Fisica* (185 b): "il continuo è infinitamente divisibile". In Erone di Alessandria il continuo è ovunque omogeneo e indifferenziato e può essere tagliato all'infinito in parti simili tra loro: Συνεχή δέ εἰσι τὰ ὁμοιομερῆ δι' ὅλων, καὶ ὧν ἐπ'ἄπειρον ἡ τομή[6]. Troviamo un'espressione analoga anche in Aristotele: ὁμοίως δ'ἄπειρος ἡ τομή (Aristotele, *Analitica Post*, 95 b).

Nella filosofia di Aristotele il continuo (συνεχές) e l'indefinito (ἄπειρον) sono strettamente legati: un legame che si sarebbe in seguito confermato e rinforzato, anche perché l'infinità del continuo si sarebbe rivelata ben più conforme, rispetto all'infinità dei numeri interi, a quel carattere di abissale inaccessibilità e irrazionalità che i greci avevano attribuito all'ἄπειρον.

Le teorie del continuo su cui si sarebbe fondata l'analisi moderna non avrebbero scalfito l'idea che lo stesso continuo è fatto di elementi difficilmente definibili. La matematica del XX secolo, a cui si deve una indagine mai fino ad allora condotta del concetto di algoritmo, avrebbe contribuito a precisare ancor meglio tutta la distanza tra il continuo e il dominio discreto dei numeri interi – il solo, in fondo, a noi comprensibile – che Cantor aveva stabilito con il suo celebre teorema: *il continuo non è numerabile.*

Il continuo aristotelico è un concetto in apparenza più debole del continuo dei matematici moderni. Esso ha a che fare soprattutto con l'idea di articolazione e di giuntura, per cui diverse grandezze

6 Heron Alexandrinus, *Def.* 135, in: *Opera*, cit., pp. 96 *sg*.

in successione si saldano assieme e possono essere considerate componenti di un'unica compagine. Nella *Fisica* (226 b *sgg.*) Aristotele analizza per esteso il concetto di continuità assieme ad altri termini affini, come μεταξύ (il tramite) ed ἐχόμενον (il contiguo). Il concetto di contiguo presuppone il concetto di successione, di una serie di cose che stanno una dopo l'altra, e contiguo si riferisce a due cose (grandezze, intervalli di tempo, azioni, eventi) che sono disposte una dopo l'altra (ἐφεξῆς), che si susseguono immediatamente nella successione e che si toccano. Continuità è una specie di contiguità (227 a) e una cosa è continua rispetto a un'altra se i limiti estremi delle due cose, in virtù del fatto che si toccano (per la contiguità), si saldano, possono essere prese *assieme* e diventano una e una sola cosa (come indica lo stesso termine συνεχές).

Una prima conclusione importante è così stabilita: *Il concetto aristotelico di continuità riguarda degli enti disposti in successione, e il concetto di successione, dice Aristotele, è un presupposto logico della contiguità e della continuità*. I numeri 1, 2, 3... sono in successione, ma non c'è tra loro continuità, perché non si toccano, rimangono separati, tra di essi ci sono dei vuoti. Tra due segmenti lineari c'è continuità nel caso in cui il punto (στιγμή) estremo dell'uno tocca il punto estremo dell'altro, perché due punti non si possono toccare senza coincidere. Perché ci fosse successione senza lacune nel continuo sarebbe stato necessario, allora, introdurre i numeri irrazionali.

Aristotele distingue tra punto (στιγμή) e monade (μονάς). Due punti non possono toccarsi senza coincidere, mentre due monadi possono essere solamente in successione una di seguito all'altra. Tra due punti ce ne sono sempre altri, perché c'è una linea che li unisce e la linea contiene dei punti. Ma una simile linea non esiste tra due monadi, per esempio tra la monade e la diade, né tra i numeri pitagorici, che occupano posizioni distinte nello spazio. *Tra due monadi c'è il vuoto*.

Quando Aristotele pensa al continuo lo associa regolarmente al tempo e al movimento (*Fisica*, 227 b *sgg.*), ovvero alla κίνησις, che ha un significato più generale di cambiamento, non necessariamente di motilità cinetica. L'*unità* di un movimento non consiste nella sua indivisibilità, perché ogni movimento è divisibile, potenzialmente, all'infinito, ma nella sua ininterrotta *continuità* (*Fisica*, 228 a). *Quindi nella continuità non c'*è solo divisione, ma anche unità, e questo dipende dalla possibilità di prendere assieme più cose staccate in virtù del loro saldarsi reciproco (συνεχές). *Il continuo è sede di una divisione come pure di una riunificazione di cose separate.* I numeri, al contrario, si comportano come monadi e formano un insieme discreto. Tra loro c'è il vuoto, "il vuoto *delimita* (διορίζειν) la loro natura". Tra i numeri c'è la stessa separazione e la stessa divisione che c'è tra cose che stanno una di seguito all'altra (ἐφεξῆς) in modo discontinuo (*Fisica*, 213 b).

Se un movimento si interrompe in una pausa non è uno e neppure continuo, perché l'interruzione implica una lacuna nel tempo (228 b). Ma che cosa succede nei processi che si svolgono nel tempo continuo? Di che cosa è fatto, si chiede Aristotele (*Analitica Post*, 95 b), quel collegamento continuo che fa di un processo attuale il completamento di un processo svoltosi in passato? Una prima parziale risposta è che la relazione tra un processo attuale e la conclusione di un evento passato assomiglia alla relazione tra punto e linea, nel senso che nel processo c'è un numero infinito di punti, da considerasi come limiti indivisibili, provvisori, dello stesso processo (la spiegazione è perfezionata in *Fisica*, IV, 217 b – 224 a, e VI). Ma nell'analisi della causa che produce un evento C da un evento A sembra inevitabile riferirsi a un termine medio D, che fa da cerniera tra A e C: dato che C si è verificato noi stabiliamo che A ne è la causa in base al fatto che c'è comunque un processo *intermedio*, un tempo di realizzazione tra A e C. *L'effetto di una causa non è istantaneo* e l'intero processo si svolge nel tempo continuo. La questione da risolvere riguarda la natura dell'intervallo che separa due eventi, e il modo in cui è possibile congiungerli per via di singoli collegamenti che formano un continuo.

L'idea di continuo si collega a quella di proporzione. Nella proporzione continua sono implicati i casi in cui il medio proporzionale è il quadrato di un numero irrazionale. La geometria, nell'*Epinomide* platonico, nasce appunto per poter concepire un medio proporzionale x in una proporzione continua, cioè un x tale che $a: x = x : b$, ovvero $x^2 = ab$, dove a e b sono due numeri differenti. Infatti, la geometria insegna come costruire un x che sia il lato di un quadrato di area pari a un numero rettangolare ab, mentre nei numeri (ἀριθμοί) questo è impossibile. Nell'*Etica nicomachea* (II, vi, 3-7 e V, iii, 9-12) Aristotele distingue la proporzione discreta (διηρημένη) da quella continua (συνεχές) e fa dipendere dalla proporzione il concetto di giustizia. Nell'*Epinomide* questa proporzione continua permette di definire progressioni geometriche che hanno un'interpretazione sia numerica sia geometrica, progressioni che si possono interpretare come un'articolazione ininterrotta di figure nello spazio, una crescita in scala di quadrati in cui appare come stampata l'essenza della natura (φύσις).

Il continuo nella tradizione vedica

Il continuo basato sulla connessione e sulla articolazione di segmenti di spazio disposti in qualche successione si trova anche nella tradizione vedica. Prima della scienza greca e della tradizione pitagorica, l'idea di continuo interveniva nella matematica deputata alla costruzione degli altari del fuoco (di Agni) nell'India del primo millennio a.C. Questi altari avevano forme geometriche e si componevano di mattoni disposti secondo regole che garantivano una connessione precisa, senza lacune. Così scrive Charles Malamoud: "La continuità del sacrificio è la condizione della pienezza del mondo. Il sacrificio senza lacune, il mondo senza fessure, è il *ṛta*, il 'concatenamento esatto': il procedimento corretto nel lavoro rituale è nello stesso tempo l'immagine e la causa dell'armonioso alternarsi dei giorni e delle notti, del succedersi delle stagioni, della pioggia che cade al momento giusto, dell'ordinato incontro fra mangiatori e mangiati. Sistema di sistemi di parti combacianti: l'ordine cosmico, l'efficacia rituale, la verità come adeguamento, tali sono le principali componenti del concetto di *ṛta*. Ora, il *ṛta*, che è il valore supremo dell'ideologia vedica, si definisce come assenza di mancanza: la parola deriva dalla stessa radice dell'avverbio *aram*, 'sufficientemente.'"[7].

Accanto al simbolismo esplicito del gesto sacrificale (dare da mangiare agli dèi, concessione di beni al sacrificante), spiega ancora Malamoud, "esiste un simbolismo più immediato e difficile da percepire: gli andirivieni, le cotture, i tagli, il filtrare e lo spremere, il disporre in pile, i ritocchi, le divisioni e le riunificazioni, tutti questi gesti elementari nei quali si scompone il sacrificio sono, indipendentemente dalla particolare 'traduzione' che ne danno i testi, l'immagine stessa del *ṛta*, che è l'esatta articolazione di tutte le parti dell'universo"[8].

Per Benveniste, il sanscrito *ṛta* (iranico *arta*) era nozione cardinale dell'universo religioso, giuridico e morale delle civiltà indoeuropee, era l'Ordine che regolava l'assetto dell'universo, il movimento degli astri, i cicli delle stagioni e degli anni, i rapporti tra uomini e dèi e i rapporti tra uomini. La radice è *ar*-, la stessa del greco ἀραρίσκω (aggiustare, adattare, armonizzare) del latino *artus* (articolazione), del latino *ritus* (rito, ordinanza) e del greco ἀρθμός, che esprime l'idea di legame o di congiunzione.

Questa idea di congiunzione, di legame articolato che unisce in un'unica armonia le cose del mondo sarà anche diffusa in epoca moderna. La ritroviamo nel XVI Secolo (ad esempio in Giordano Bruno e in Jean Bodin) e poi, di seguito, nelle prime pagine del *Faust* di Goethe, dove Faust dichiara che la sua più profonda aspirazione sarebbe di scoprire ciò che, nel profondo, tiene insieme l'universo. Lo Spirito della Terra gli appare di conseguenza.

7 C. Malamoud, *Cuire le monde. Rite et pensèedans l'Inde ancienne*. Èditions La Découverte, Paris, 1989, tr. it. (a cura di) A. Comba, *Cuocere il mondo. Rito e pensiero nell'India antica*, Adelphi, Milano, 1994, p. 79.

8 Ivi, p. 72.

Tra gli atti sacrificali figura evidentemente la costruzione degli altari con i criteri matematici che sono esposti negli *Śulvasūtra*, redatti all'incirca a partire dal VII secolo a.C. (ma allusioni alla costruzione degli altari sono riscontrabili pure in una letteratura più antica). Anche in quel contesto l'ordine (*ṛta*) doveva possedere speciali caratteristiche di continuità. Gli altari avevano anche un significato cosmologico e la loro disposizione simboleggiava i ritmi del tempo, delle stagioni e dei cicli astronomici su cui si fondavano i calendari. I cicli temporali dovevano potersi saldare, congiungersi l'uno all'altro, ciascuno al suo successivo.

Dei mattoni che si impilavano secondo speciali figure geometriche si diceva: "voi siete le intime giunture del fuoco" (*The Manava-Srautasūtra*, VI, 1, 8, 8). È plausibile, nota Pierre Chantraine, che il tema *ari-* di *arithmos* si possa accostare al tema *ri-* del latino *ritus*. Il tema di fondo riguarda in entrambi i casi l'esattezza, la verità e la realtà.

Approssimazioni di $\sqrt{2}$

Troviamo nella matematica pitagorica un'analoga idea di continuo? Nella matematica vedica è certificata la conoscenza di un algoritmo per l'approssimazione del rapporto tra diagonale e lato di un quadrato, cioè di $\sqrt{2}$, che calcola le stesse frazioni approssimanti che Newton avrebbe calcolato in base a una formula analitica mutuata da costruzioni geometriche elementari già note in Grecia, in India, in Mesopotamia e in Cina.

Si attribuisce anche ai pitagorici la scoperta di successioni di rapporti (o frazioni) formate da due sotto-successioni convergenti a $\sqrt{2}$ da lati opposti, con approssimazioni per difetto e per eccesso. Di queste successioni, costituite da frazioni d/l definite da numeri *diagonali* (d) e *laterali* (l), riferiscono, tra gli altri, Giamblico e Teone di Smirne. L'imperativo di evitare lacune e soluzioni di continuità si rifletteva allora nel prefigurare un punto di raccordo tra le sotto-successioni di rapporti d/l che si avvicinavano indefinitamente, da lati opposti, a un'entità che non poteva essere espressa come un rapporto tra numeri (una frazione), e che era perciò un rapporto impronunciabile, un λόγος ἄλογος. *L'elemento di raccordo o di congiunzione posto tra le due sotto-successioni di rapporti sarebbe diventato quello che noi chiamiamo numero irrazionale e denotiamo con il simbolo* $\sqrt{2}$. Le approssimazioni d/l per difetto e per eccesso di $\sqrt{2}$, hanno una distanza in valore assoluto da $\sqrt{2}$ che può diventare, in linea di principio, arbitrariamente piccola.

$$1/1 \quad 7/5 \quad 41/29 \ldots\ldots \rightarrow \quad \sqrt{2} \quad \leftarrow \ldots\ldots 99/70 \quad 17/12 \quad 3/2$$

Qui si assiste a un'esemplare combinazione di aspetti puramente teoretici e di aspetti di carattere costruttivo-algoritmico ("problematico", come avrebbe precisato Proclo nel suo *Commento al I Libro degli 'Elementi' di Euclide*). Infatti, secondo un'ipotesi plausibile, la scoperta e la prima dimostrazione pitagorica dell'incommensurabilità tra due grandezze *geometriche* come il lato L e la diagonale D di un quadrato, cioè dell'impossibilità di esprimere il rapporto $D : L$ nella forma $n : m$, dove n e m sono numeri, si sarebbero intrecciate con un processo computazionale che calcola rapporti *numerici* approssimanti indefinitamente quello stesso rapporto. La dimostrazione di incommensurabilità avrebbe rivelato una inevitabile *tensione problematica* tra numero discreto e grandezza continua, ma anche una specie di accordo tra due termini apparentemente antitetici come la dimostrazione teorica e l'algoritmo (dei possibili accordi tra cose antitetiche tratta il *Sofista* di Platone).

Si è potuto congetturare, più precisamente, che la scoperta dell'incommensurabilità tra diagonale e lato di un quadrato (forse il primo caso di incommensurabilità noto ai pitagorici) sia avvenuta per via della costruzione geometrica di una successione quadrati di grandezza decrescente. Ci si sarebbe serviti di un ragionamento per assurdo: supponendo che diagonale e lato fossero commensurabili, alla decrescenza dei quadrati sarebbe corrisposta una successione decrescente di numeri, illimitata la prima, necessariamente limitata la seconda, perché i numeri non possono decrescere oltre lo zero. Di qui l'assurdo. Percorrendo in senso inverso, crescente, la stessa successione di quadrati, si definisce l'algoritmo che approssima $\sqrt{2}$[9].

La dimostrazione sarebbe stata diversa da quella che ci menziona Aristotele (di carattere prettamente numerico), e avrebbe dimostrato implicitamente come i processi di crescita e decrescita delle figure geometriche possono avvenire in conformità a leggi precise, che garantiscono, nel corso di un *processo* di calcolo numerico, l'invarianza di corrispondenti forme geometriche. Per la definizione di queste leggi sarebbero potute servire costruzioni geometriche basate sull'uso dello gnomone che, aggiunto a una figura assegnata A ne genera un'altra B simile ad A[10]. Il carattere iterativo degli algoritmi di approssimazione, assieme all'intervento di un'idea di tipo incrementale reso possibile dall'uso dello gnomone, sarebbero state alla base dello sviluppo dell'analisi moderna a partire dalla fine del XVI Secolo.

Sezione del corpo razionale

Euclide (*Elementi*, V, 5) definisce l'uguaglianza di due rapporti, ovvero il concetto di proporzione, in un modo che si connette direttamente al concetto di sezione (*Schnitt*) del corpo razionale $\mathbb{Q}$, con cui nel XIX Secolo Richard Dedekind avrebbe definito la continuità della retta e del corpo dei numeri (i numeri *reali*) posti in corrispondenza biunivoca con i suoi punti. Nel linguaggio moderno, vicino alla teoria di Dedekind, un numero irrazionale α è definito da una legge che assegna ogni numero razionale (definito come un rapporto tra numeri interi) a una e solo a una di due classi A e B tali che ogni

9 Cfr. W. Knorr, "Aristotle and incommensurability: some further reflections", in: "Archive for History of Exact Science", Vol. 24, 1981, pp. 1-9.
10 Heron Alexandrinus, *Def.* 58, in: *Opera*, cit., pp. 44 *sg*.

numero di A è minore di qualsiasi numero di B e non esiste né un massimo numero di A né un minimo numero di B. Il *numero* α è allora quel numero che è situato *tra* tutti i numeri di A e tutti i numeri di B. Il numero α si definisce precisamente come una *sezione* del corpo razionale $\mathbb{Q}$, e l'insieme di tutte le possibili sezioni definisce il campo $\mathbb{R}$ dei numeri *reali*, che costituisce il dominio continuo, in ambito aritmetico, corrispondente alla retta geometrica.

Tra Euclide e Dedekind c'è uno stretto legame: non è difficile dimostrare che se due rapporti tra grandezze incommensurabili sono uguali secondo la Definizione 5 del V Libro degli *Elementi* di Euclide, lo sono anche nel senso di Dedekind[11].

Per cogliere intuitivamente il senso della continuità aritmetica Dedekind si riferisce però alla continuità della retta geometrica, i cui punti sono poi posti in corrispondenza biunivoca con i numeri di $\mathbb{R}$: "L'essenza della continuità si spiega in questi termini: Se tutti i punti della linea retta si distribuiscono in *due* classi, tali che ogni punto della prima classe sta a sinistra di ogni punto della seconda classe, allora *esiste* uno e un solo punto che *produce* (*hervorbringt*) questa divisione di tutti i punti in due classi, questo *taglio* della linea retta in due pezzi"[12].

Lo stesso Dedekind dichiara di essersi riferito, nell'individuare questa proprietà essenziale del continuo, alla definizione euclidea di proporzione[13]. Ma la definizione di Dedekind, ed è questo uno dei punti che la distingue da quella di Euclide, è congegnata in termini insiemistici, cioè in termini di logica delle classi: una sezione è una coppia di insiemi, di punti o di numeri. Dedekind trasferisce ai numeri lo schema basato sull'idea geometrica di sezione, definendo numero reale una sezione del corpo $\mathbb{Q}$ dei numeri razionali

11 Euclide, *The Thirteen Books of the Elements*, tr. e comm. T.L. Heath, Vol. II, Dover, New York, NY 1956, p. 125.

12 R. Dedekind, *Stetigkeit und irrationale Zahlen*, F. Vieweg und Sohn, Braunschweig, 1872, § 3, tr. ingl. In: R. Dedekind, *Essays on the Theory of Numbers*, Dover, New York, NY 1963, p. 11; il corsivo è mio.

13 R. Dedekind, *Was sind und was sollen die Zalhen*, F. Vieweg und Sohn, Braunschweig 1888, Pref. alla 1ª Ed., tr. ingl. In: R. Dedekind, *op. cit.*, pp. 39 sg.

e postulando una corrispondenza biunivoca tra punti della retta e numeri reali. Le sezioni di $\mathbb{Q}$ possono essere prodotte da un numero razionale, ma in ambito aritmetico non c'è sempre un numero razionale che separa le due classi. Si deve allora *creare* un nuovo numero che *produce* la sezione. La teoria di Dedekind è relativamente elementare (più elementare della corrispondente teoria del continuo di Cantor basata sulle *successioni fondamentali*) nel senso che richiede solamente la conoscenza dei numeri razionali e poche nozioni di teoria delle classi. Tuttavia la logica delle classi può rivelarsi necessaria per capire la natura delle sezioni[14]. Le lacune in $\mathbb{Q}$, ovvero le sezioni non prodotte da alcun numero razionale sono nel complesso un insieme di cardinalità superiore a $\mathbb{Q}$. Per capire questo fenomeno è necessario tener presente che le sezioni non sono innanzitutto *elementi* di un insieme, ma coppie di *sottoinsiemi* e che un teorema di Georg Cantor stabilisce che, dato un insieme S, l'insieme di tutti i sottoinsiemi di S ha cardinalità maggiore di quella di S[15].

Tuttavia, come è stato notato dal matematico italiano Alfredo Capelli, il fenomeno matematico che anticipa e fonda l'idea di sezione è di *natura numerica e algoritmica* e può riferirsi alla scoperta di successioni di numeri che si comportano come le frazioni costruite con i numeri laterali e diagonali. La teoria di Capelli (basata sulle cosiddette classi contigue)[16], era affine a quella di Dedekind, ma più direttamente legata al principio "primordiale" – per usare un termine dello stesso Capelli – dell'esistenza di algoritmi per il calcolo effettivo di approssimazioni sul campo razionale di numeri irrazionali come $\sqrt{2}$. Le successioni di frazioni d/l costruite con i numeri diagonali e laterali erano un paradigma ideale per capire l'origine e il significato della teoria delle classi contigue come pure delle sezioni di Dedekind.

14 Vedi A.A. Fraenkel, *Abstract set theory*, North-Holland, Amsterdam 1976, p. 160.
15 Ivi, p. 70.
16 A. Capelli, "Sulla introduzione dei numeri irrazionali col metodo delle classi contigue", in: "Giornale di Matematiche", Vol. 35, 1897, pp. 209-17.

Produzione e contatto

Quali sono le ragioni che possono suggerire, o perfino imporre, di concepire un nuovo numero come "sezione" denotabile da un simbolo come $\sqrt{2}$, compresa tra due successioni di rapporti o frazioni approssimanti il rapporto tra diagonale e lato di un quadrato?

Sembra imporsi la necessità, innanzitutto, di creare una giuntura che salda in qualche modo le *due* successioni approssimanti per eccesso e per difetto. Questa necessità è nello spirito della concezione aristotelica di continuo (συνεχές), come pure della scienza vedica deputata a impilare i mattoni dell'altare evitando lacune o fessure. *Dopo* la successione di approssimazioni per difetto c'è la successione di approssimazioni per eccesso. Ma come si passa dalla prima alla seconda? Una *lacuna* intermedia impedirebbe ogni transito: in mezzo c'è il vuoto, c'è l'infinito. Posta in questi termini la questione è confinata a un ambito puramente numerico, per cui al centro dovrebbe stare un numero, ma di specie diversa dai rapporti approssimanti. Noi denotiamo questo numero con il simbolo $\sqrt{2}$.

L'esistenza di un numero come $\sqrt{2}$ sembra dettata da una potenza di generazione intrinseca al punto di separazione tra le due successioni approssimanti. Il punto non è un'entità inerte, ma qualcosa che ha in sé una potenza di espansione, oppure, come spiegava Dedekind, una potenzialità di produrre (*hervorbringen*). Nell'*Introduzione all'aritmetica di Nicomaco* di Giamblico (245-325) interviene il termine δύναμις, la potenza, nella spiegazione della natura dei numeri diagonali d e laterali l. Questi numeri formano una progressione che si origina dall'uno e Giamblico spiega che *tutti* i diametri (i numeri d), presi assieme, sono potenzialmente doppi di *tutti* i lati (i numeri l) presi assieme. L'unità è detta "forma delle forme" in quanto contiene in potenza (δυνάμει) tutti i rapporti numerici. Teone di Smirne chiamava l'uno che genera i rapporti tra numeri diagonali e laterali "*logos* seminale" (σπερματικὸς λόγος). Analogamente, Proclo scrive della "infinita potenza del punto" da cui si generano tutti gli intervalli. "Essendo il punto un limite, conserva la sua propria potenzialità nelle cose di cui partecipa; e poiché possiede l'Illimitato in modo latente, si affretta ad essere presente nelle cose che lui stesso limita, e così si trova potenzialmente nelle cose che di lui sono partecipi"[17]. Il punto è una potenza attiva, ha una sorta di energia e una capacità di generazione che è appunto espressa dal termine δύναμις. La δύναμις trasmette realtà alle cose. Come si è già ricordato, Aristotele (*Fisica*, 214 a) dichiara che "è assurdo pensare che un punto sia vuoto". Si pensi a questo proposito alla filosofia della natura e i suoi emblemi matematici in Giordano Bruno, che associava i punti geometrici a entità divine.

Lo Straniero di Elea, che dialoga con Teeteto nel *Sofista* di Platone, cerca l'elemento comune delle cose corporee e di quelle incorporee, e sembra trovarlo infine nella δύναμις, che è la capacità di produrre o di subire un effetto. Lo Straniero azzarda dunque questa definizione di "ente": "dico che ciò che possiede anche una qualsiasi potenza (δύναμιν), o che per natura sia predisposto a produrre (ποιεῖν) un'altra cosa qualunque, o a subire anche una piccolissima azione da parte della cosa più insignificante, anche se soltanto per una volta, tutto ciò realmente è. Infatti, propongo una definizione: gli enti non sono altro che potenza (δύναμις)" (*Sofista*, 247 d-e). In questo senso la δύναμις individua una zona ibrida tra visibile e invisibile, tra corporeo e incorporeo, tra essere e non-essere che sembra puntare *all'esistenza effettiva del numero irrazionale*[18].

È implicita nell'idea di sezione la ricerca di un *contatto* (σύναψις) – non diverso da quello di cui parla Aristotele (*Fisica* 227, a) a proposito del continuo – e di un'unificazione delle parti. La divisione in due classi di rapporti o frazioni del corpo dei numeri razionali

17 Proclo, *Commento al I Libro degli «Elementi» di Euclide*, a cura di M. Timpanaro Cardini, Giardini Editori, Pisa 1978, pp. 88 *sg*.

18 Sulla "potenza" in senso filosofico-matematico vedi J. Høyrup, "Dýnamis, the Babylonians, and Thaetetus 147 c 7-148 d 7", in: "Historia Mathematica", Vol. 17, 1990, pp. 201-22 e P. Zellini, "ΔΥΝΑΜΙΣ matematica. Percorsi e paralleli nel pensiero antico", in: "Technai", Vol. 8, 2017, pp. 11-29.

in cui consiste la sezione è analoga - o meglio corrispondente per via di una relazione di biunivocità - alla divisione della retta in due classi di punti. Ma il contatto non avviene *solamente* in un punto. Nel procedimento di calcolo dei numeri diagonali e laterali si cerca di unire due successioni *numeriche* che si muovono in direzioni contrarie, una verso destra e l'altra verso sinistra, convergendo verso un'unica entità che deve essere pensata come un numero, ancorché di specie sconosciuta[19]. Il significato del procedimento può essere accostato all'idea di ξυνόν che troviamo in Eraclito, e che allude a un *nesso* in cui si concatenano tutte le cose: "Coloro che parlano con l'aiuto dell'intuizione, bisogna che traggano forza da ciò in cui si concatenano tutte le cose [...]. Tutte le leggi umane, invero, vengono nutrite da una sola legge, quella divina: essa prevale, difatti, tanto quanto vuole, e basta a tutto, e superfluamente emerge"[20].

Simone Weil (*Cahiers*, I, 152; II, 29, 88, 92, 95, 101; III, 197, 345) si chiedeva: c'è qualcosa di intermedio tra continuo e discontinuo? Qualcosa che partecipa della natura di entrambi? L'idea plausibile è quella del *numero irrazionale come sintesi di continuo e discontinuo (o discreto)*. Infatti, il numero $\sqrt{2}$ è concepibile solo come coppia di successioni di rapporti effettivamente calcolabili che hanno la proprietà di creare una sezione nel corpo dei razionali. Quelle successioni sono discrete, discontinue, e hanno un'esistenza di tipo algoritmico, e tuttavia esse individuano una sezione, qualcosa che non ha lo stesso carattere di realtà e di evidenza di un numero intero o di un rapporto tra numeri interi. *Sembrerebbe che noi abbiamo bisogno, in un certo senso, del discreto*

19 Cfr. G. Colli, *Filosofia dell'espressione*, Adelphi, Milano 1969, pp. 41 e 228-30. "Vano è pensare, con Aristotele o Dedekind - scrive Colli - a un'unificazione delle parti (*synapsis*) o a un elemento separatore tra due classi di un sistema continuo". La ragione di Colli sembra risiedere nell'incongruità dell'immagine di un punto - un'entità inestesa collocata nell'estensione - che taglia la retta in due parti. Tuttavia il concetto di sezione si basa innanzitutto sul concetto di limite e su un fenomeno di carattere aritmetico e algoritmico, connesso a posteriori con un'intuizione di natura geometrica.

20 G. Colli, *La sapienza greca*, Adelphi, Milano 1980, Vol. III, *Eraclito*, 14[A 11], pp. 28-29; vedi il Commento di Colli a p. 139.

per concepire il continuo. L'unico modo in cui possiamo concepire $\sqrt{2}$ è per via di una successione di intervalli nidificati, i cui estremi sono due frazioni successive d/l calcolate con un algoritmo per via di infiniti passi discreti.

Infine, per giustificare l'introduzione dei numeri irrazionali, Dedekind scriveva: "I più grandi e fruttuosi progressi nella matematica e in altre scienze consistono invariabilmente nella creazione e nell'introduzione di nuovi concetti, resi necessari dal frequente ricorrere di fenomeni complessi che potrebbero essere controllati soltanto con difficoltà per mezzo di nozioni precedenti"[21]. Esempi di fenomeni complessi sono ad esempio il principio di continuità con cui si stabilisce l'esistenza di zeri o di punti fissi di una funzione, oppure l'esistenza di una soluzione per un sistema di equazioni differenziali.

Numeri e continuità

Ci sono segnali, nella scienza antica, di possibili confluenze dell'idea di continuo nel dominio numerico? Come e quando il numero ha potuto cominciare a rappresentare il continuo? Quando vennero concepiti i numeri irrazionali? Nicomaco di Gerasa (60-120 d.C.) assimilava i numeri a un *flusso*, la cui legge di sviluppo era regolata da leggi iterative e da incrementi gnomonici, che nel caso più semplice coincidevano con l'aggiunzione di un'unità. I numeri di Nicomaco formano nel complesso un fitto reticolo di frazioni, nel quale si possono pensare incastonati i numeri che non sono frazioni, ma da quelle stesse frazioni si lasciano approssimare. Al contrario di Aristotele (o dei pitagorici) Nicomaco non metteva in opposizione l'ordine discreto dei numeri con l'ordine continuo delle grandezze. La successione dei numeri era una specie di trama, di tessuto, dove continuo e discreto non erano termini necessariamente antitetici[22].

21 R. Dedekind, *op. cit.*, Pref. alla 1ª Ed., p. 36.
22 Nicomaque de Gérase, *Introduction Arithmétique*, a cura di J. Bertier, Vrin, Paris

Analogamente, nell'*Epinomide* sono descritte progressioni geometriche di numeri in cui era rappresentata una natura (φύσις) concepita come flusso di figure simili, in scala crescente o decrescente. Come fa notare Imre Toth, nell'*Epinomide* (990 d) la parola "numero" è inserita e esplicitamente pronunciata nel contesto di una teoria dell'irrazionale, in cui è contemplata una possibile "trasformazione dei numeri non commensurabili in commensurabili[23].

Tuttavia per una esplicita introduzione dei numeri irrazionali occorre attendere la matematica araba. Già i matematici arabi avevano parlato di numeri irrazionali, introducendo l'espressione "numero sordo", che fu adottata da Leonardo Fibonacci nel XIII Secolo. Il numero diventava allora un'entità nuova, potenzialmente aperta a nuovi significati.

Per lo studioso di mistica islamica Louis Massignon (1883-1962)[24], il pensiero greco proiettava il numero nello spazio geometrico e questa proiezione serviva a illustrare geometricamente fenomeni o configurazioni che i numeri (interi) erano incapaci di esprimere. Ad esempio il calcolo del lato x ($x = \sqrt{2}$) di un quadrato equivalente a un rettangolo di lati 1 e 2 si basa sulla proporzione continua $1 : \sqrt{2} = \sqrt{2} : 2$. Ma il numero greco rimaneva con ciò limitato, ancorato all'intuizione geometrica, anche se a questa si attribuivano, con Platone, proprietà divine.

Dalla matematica islamica in poi i numeri assumono l'aspetto di "grani di quantità isolati, atomici, singolari, aggressivi", quasi provvisti di intenzionalità propria e di potenzialità semantiche che i greci non avevano contemplato. Tra il '500 e il '600 entrano sulla scena i numeri *ficti*, numeri irrazionali, complessi, infiniti. Il numero si prepara alla sua algebrizzazione. Nel XVI e nel XVII Secolo l'introduzione di numeri irrazionali è giustificata dalla necessità di

1978, p. 161.

23 I. Toth, *Le sorgenti speculative dell'irrazionale matematico nei Dialoghi di Platone*, a cura di R. Romani e P. Pagli, ETS, Pisa 2018, p. 38. Vedi anche il mio "ΔΥΝΑΜΙΣ matematica. Percorsi e paralleli nel pensiero antico", cit., p. 21.

24 L. Massignon, *Parole donnée* (1983), tr. it. *Parola data*, Adelphi, Milano 1995, p. 315.

risolvere numericamente equazioni algebriche di grado 2, 3 o 4. Al matematico francese François Viète (1540-1603) e al matematico fiammingo Simone Stevino (1548-1620) si devono i primi sviluppi dell'algebra moderna.

Viète elaborò una nuova scienza analitica, che comprendeva come una sua parte essenziale lo studio degli algoritmi per risolvere un'equazione algebrica. Egli si rapportava all'idea greca di analisi, rinnovandola in senso algebrico-analitico. Gli algoritmi di Viète consistono in un'*estensione* o in un *prolungamento, algebrico, analitico* della costruzione geometrica di *gnomoni* quadrati e cubici, una tecnica mutuata dai greci, dagli indiani e dai babilonesi.

Stevino non aveva la stessa considerazione di Viète per la matematica antica e per l'autorità, in questo ambito, dei matematici greci. Non a caso giudicava il libro X degli *Elementi* di Euclide pieno di oscurità, una vera *croce per i matematici*[25]. Egli si basava piuttosto sulla sua esperienza pratica e su un significato immanente dell'algebra, per il quale sembrava inevitabile un confronto tra la scienza araba e quella greca, a tutto vantaggio della prima. La prerogativa della matematica araba stava innanzitutto nell'uso della scrittura in notazione posizionale dei numeri, incomparabilmente superiore all'uso greco. I suoi princìpi sono: "l'Aritmetica è la scienza dei numeri" e "il numero è ciò per cui si esplica la quantità di ogni cosa"[26].

Una convinzione di Stevino era che l'unità non è un *principio*, ma un numero come gli altri, perché la parte è della stessa materia o natura del tutto. La materia della pluralità è il numero. L'abitudine a pensare l'unità come ἀρχή, come principio, era una causa, per Stevino, dell'assenza di notazione simbolica tra i greci e la spiegazione del fatto che essi non erano degli "aritmetici". Il vero principio della numerazione non era l'unità, ma lo zero, il niente. Per Stevino non era tanto importante l'idea di una moltitudine di unità determinate

25 J. Klein, *Greek mathematical Thought and the origin of algebra*, Dover, New York, NY 1992, pp. 190 *sgg.*; tr. it. *Dalla forma al simbolo. La logistica greca e la nascita dell'algebra*, a cura di I. Chiaravalli, ETS, Pisa 2018, pp.191 *sgg.*

26 Ivi, p. 191.

quanto piuttosto la possibilità illimitata di combinare cifre in accordo a regole fissate del calcolo. Non c'erano più numeri come collezioni di unità (Stobeo, Euclide, Teone di Smirne) ma soltanto *numeri*, esprimibili simbolicamente e direttamente come sequenze di cifre.

L'interpretazione simbolica del "numero" ne faceva un "materiale" confrontabile con il materiale di cui si compongono il pane o l'acqua, una materia caratterizzata da una divisibilità indefinita e da un'essenziale *continuità*. Questo portava a un'assimilazione dei numeri alla geometria ben maggiore di quella che sarebbe stata mai possibile per i numeri concepiti, secondo i criteri della scienza antica, come collezioni di unità[27].

Il prolungamento di una linea è analogo all'incremento di un numero per via dell'aggiunta di nuove cifre, che determinano continuamente nuovi numeri. Ne segue che i numeri sono da considerare strutture continue e non discrete, come avevano sostenuto i filosofi antichi. *Stevino afferma che il numero non è affatto una quantità discontinua.* La visione antica sul carattere discreto dei numeri (Aristotele, pitagorici) era basata sulla presunta indivisibilità dell'unità. Le parti dell'unità, le frazioni, sono numeri a tutti gli effetti, e numeri e grandezze non possono essere distinti mediante continuità o discontinuità.

Era ancora una questione aperta e degna di nota, nota Jacob Klein, il possibile nesso tra Stevino (1548-1620) e Cartesio (1596-1650). Nelle *Regulae* Cartesio presuppone l'esistenza effettiva di un calcolo simbolico, nella forma dell'algebra a lui contemporanea. Per la *Regola XIV* la scienza deve essere intesa come pura comprensione intellettuale. Di qui il successivo parziale divorzio della verità scientifica dall'immaginazione[28].

Questo fu l'inizio di un'esplicita assimilazione del numero alla grandezza continua e una prima indicazione del fatto che *il continuo può essere espresso numericamente.*

---

27 Ivi, pp. 194 *sg.*
28 Ivi, p. 199.

Limiti e funzioni continue

Un passaggio decisivo per la decifrazione del concetto di continuo, nei primi decenni del XIX secolo, venne dall'introduzione del concetto di *limite* e da una precisazione del concetto di *continuità* di una funzione, dovute soprattutto a Bernard Bolzano (1781-1848) e a Augustin Cauchy (1789-1857).

Di limiti si era però già cominciato a parlare da più di un secolo. L'origine della discussione sul concetto di limite si deve principalmente a Newton, che nei *Principia* (Libro I, Sezione I) affrontava la natura del rapporto tra minimi archi AB di curva e le relative corde sottese, raggiungendo la conclusione che il loro rapporto finale (*ultimate ratio*) è uguale a 1, cioè archi e corde finiscono per coincidere all'avvicinarsi indefinito dei punti A e B. Newton evitava il concetto di infinitesimo e con questa accortezza pensava di poter rispondere all'obiezione che non c'è rapporto tra quantità evanescenti. In effetti, egli spiegava, non c'è rapporto tra quantità nulle, ma questo non impedisce, ad esempio, di parlare di velocità di un corpo nell'istante finale del suo movimento, anche se questa velocità è il rapporto tra spazi percorsi e tempi di percorrenza che tendono a zero. Si può legittimamente parlare di *ultima velocità* del corpo riferendosi all'istante esatto in cui il moto ha termine. E analogamente si può parlare di *velocità incipiente*, con cui il moto ha inizio.

Doveva esistere, nella teoria di Newton, un limite a cui la velocità tende al termine del movimento, ma che *non può essere superato*. La velocità finale, come rapporto ultimo tra spazio percorso e tempo di percorrenza, in cui spazio e tempo si annullano, non è il rapporto tra le quantità finali ma il *limite* verso cui il rapporto tra quantità evanescenti tende ad avvicinarsi indefinitamente. Tuttavia, i limiti, diceva Newton, *non possono essere né raggiunti né superati*. E questa concezione del limite come barriera *irraggiungibile* e *non superabile* costituiva ancora un impedimento per la concezione più corretta che sarebbe subentrata solamente nei primi decenni del XIX Secolo. Il limite potrà rimanere irraggiungibile, ma *non* insuperabile.

Newton riconduceva i concetti dell'analisi al linguaggio della cinematica, servendosi di termini come *velocità* e *avvicinamento*. Gli fu obiettato in seguito da Jean Baptiste d'Alembert (1717-1783), come pure da Eulero e da Lagrange, che l'analisi doveva affrancarsi dai concetti della fisica e ricondursi a fatti di natura esclusivamente algebrica. Nell'*Encyclopédie* si insisteva ancora sul fatto che la quantità che si approssima al limite *non è mai in grado di superarlo*.

Di lì a poco Cauchy si sarebbe invece espresso in questo modo: quando i valori di una stessa variabile si avvicinano indefinitamente a un valore fissato, finendo per differire da esso per una quantità arbitrariamente piccola, quel valore si chiama *limite* dei valori approssimanti[29]. Soprattutto nelle *dimostrazioni* di teoremi ove interveniva il concetto di limite Cauchy avrebbe tradotto questa definizione verbale nei termini più precisi, ripresi più tardi da Karl Weierstrass, della tecnica ε, δ [30]: dire che una funzione $f(x)$ converge verso un limite L per x che tende a un valore l significa che, dato ε comunque piccolo, possiamo trovare un δ tale che, per x compreso tra $l - \delta$ e $l + \delta$, $f(x)$ è compresa tra $L - \varepsilon$ e $L + \varepsilon$. In tal caso il limite si configura non come un confine invalicabile, come lo intendevano Newton e d'Alembert, ma come un valore che può essere pure superato nel corso dell'avvicinamento indefinito della variabile.

La tecnica ε, δ lascia intravedere un'*origine algoritmica del moderno concetto di limite*. Anche in questo caso, come per il concetto di numero irrazionale come sezione, sembra che l'algoritmo abbia preceduto l'idea di continuità. Al contrario della teoria delle classi contigue di Alfredo Capelli, l'idea di sezione di Dedekind non intendeva in realtà implicare, come un *prius*, l'idea di algoritmo. L'origine algoritmica avrebbe potuto dare alla teoria di Dedekind un grado di concretezza

29 A.L. Cauchy, *Analyse algébrique. Cours d'Anlyse de l'*École Royale Politecnique, Jaques Gabey, Sceaux 1989, p. 4.
30 Ivi, pp. 48 *sg*.

e di conseguente maggiore comprensibilità, ma quella teoria, formulata in termini di logica delle classi, si sarebbe esposta al rischio di sospetti e di contraddizioni[31]. Il continuo si sarebbe presto rivelato come un dominio di enti che si sottraggono a una precisa definizione. Inoltre, Alan Turing avrebbe dimostrato nel 1936 che l'insieme dei numeri computabili (a cui appartengono numeri sia algebrici sia trascendenti) è numerabile, e quindi discreto[32]. L'idea di effettiva computabilità avrebbe assunto gradualmente il carattere di discrimine tra ciò che è realmente comprensibile e ciò che non può esserlo se non per via di complessi formalismi esposti al rischio di impredicatività. Per questo sembrava scavarsi un abisso tra discreto e continuo e, dopo le conquiste dell'analisi di fine '800, il continuo cominciava a rivelare un carattere di relativa inaccessibilità.

Ma in che cosa consiste precisamente l'origine algoritmica del moderno concetto di limite? In un algoritmo che calcola successive approssimazioni della radice di un'equazione si fissa di solito un numero n e si prova a calcolare un limite superiore dell'errore ε assumendo come valore vero della radice quello dell'n-ma approssimazione. Questo era, a grandi linee, lo schema dei procedimenti di approssimazione numerica dei matematici del '700[33]. Cauchy e Weierstrass elaborarono il concetto di limite rovesciando il significato di quello stesso schema. Mentre nei metodi numerici si assegna il numero n e si calcola il massimo errore possibile all'n-mo passo, nella nuova definizione di limite si assegna l'errore ε e, in caso di convergenza, si trova il valore di n tale che l'errore alla n-ma approssimazione è minore di ε.

Dal nuovo concetto di limite si poteva ora ottenere una definizione

31 H. Weyl, *Das Kontinuum. Kritische Untersuchungen über die Grundlagen der Analysis* (1932), tr. it. *Il Continuo. Indagini critiche sui fondamenti dell'Analisi*, Bibliopolis, Napoli 1977.

32 A. Turing, "On Computable Numbers, with an Application to the Entscheidungsproblem", in: "Proceedings of the London Mathematical Society", Serie II, Vol. 42, 1936, pp. 230-65.

33 Vedi J.V. Grabiner, "Is mathematical truth time dependent?", in: "American Mathematical Monthly", Vol. 81, 1974, pp. 354-65 (p. 362).

rigorosa del concetto di *funzione continua*, in cui è ancora evidente un'impronta algoritmica. Una funzione f consiste in una legge che associa un valore $f(x)$ ad ogni numero x. Tuttavia, se ci poniamo la questione dell'effettivo significato di x, dobbiamo ammettere che non potremo quasi mai conoscere x esattamente, ma solo a meno di un errore, e lo stesso sarà per $f(x)$. Assumendo un punto di vista strettamente computazionale, conoscere $f(x)$ significa calcolarne un'approssimazione sufficientemente accurata. Possiamo allora affermare di conoscere $f(x)$ solamente quando un'approssimazione abbastanza accurata di x è sufficiente per determinare $f(x)$ fino al grado di approssimazione richiesta. Da qui ha origine il *concetto di funzione continua*. In termini più formali diciamo che una funzione $f(x)$ è continua in un punto $x = \alpha$ se, per ogni "errore" $\varepsilon > 0$, esiste un $\delta > 0$ tale che la differenza in valore assoluto tra $f(x)$ e $f(\alpha)$ è minore di ε quando x differisce da α, in valore assoluto, meno di δ. Usando il concetto di limite potremmo dire che una funzione $f(x)$ è continua in un punto c se il limite della differenza in modulo tra $f(x)$ e $f(c)$ tende a zero per x che tende a c.

La nozione di funzione continua non coincide con l'idea intuitiva di una curva priva di asintoti, di salti o di interruzioni. Si consideri ad esempio la funzione $f(x)$ che assume per definizione il valore $\sin(1/x)$ per x positivo e il valore 0 per x nullo. Tale funzione è conforme a un'idea intuitiva di continuità, ma non è continua per $x = 0$, perché oscilla tra -1 e 1 un infinito numero di volte per x compreso tra 0 e un δ positivo comunque piccolo. Questo implica che non esiste il limite di $f(x)$ per x che tende a 0.

La continuità di una funzione, oltre a stabilire l'esistenza di zeri di funzioni, si è rivelata il presupposto della loro differenziabilità come pure la condizione per potere affermare che un problema (differenziale o integrale) ammette una soluzione. Per dimostrare che *esiste* una soluzione si fa spesso uso di tecniche algoritmiche che servono pure, in linea di principio, a calcolarla numericamente. Per conoscere *effettivamente* queste soluzioni ci si serve cioè delle stesse tecniche algoritmiche che servono a stabilirne l'esistenza teorica.

Continuità analitica

Un passaggio cruciale per la possibile definizione aritmetica del continuo si deve alla tendenza di concepire la continuità in termini puramente analitici. Da Aristotele fino a Newton il continuo fu pensato soprattutto per mezzo di concetti di carattere fisico-intuitivo, come il tempo, lo spazio o il movimento. Le teorie moderne del continuo finiscono invece per concepirlo in termini di numeri, di insiemi e di funzioni con determinate proprietà, così che il continuo concepito analiticamente diventa un *prius*, un presupposto della continuità intuitiva dello spazio e del tempo.

Che cosa significa precisamente "analitico"? Eulero (*Introductio Analysis Infinitorum*, 1748) spiegava che un'espressione analitica è un'espressione simbolica composta da quantità variabili e numeriche in relazione tra loro per via delle quattro operazioni aritmetiche, le radici, le potenze, la risoluzione di equazioni algebriche, le espressioni trascendenti elementari (funzioni trigonometriche, logaritmi, esponenziali) ed innumerevoli altre che ci fornisce il calcolo differenziale e integrale.

Nel 1817 Bernard Bolzano sosteneva che occorre rigettare l'idea di continuità di una funzione che alcuni avevano stabilito facendovi entrare i concetti di tempo e di movimento.

Per Georg Cantor, alla fine del XIX Secolo, l'idea di tempo non doveva servire a spiegare la nozione molto più primitiva e più generale del continuo. Il tempo, egli spiegava, è un'idea che presuppone, per essere spiegata più chiaramente, la nozione di continuità. Non si poteva nemmeno riferirsi all'idea intuitiva di spazio per arrivare a delle conclusioni sul continuo, perché lo spazio e le figure che vi sono comprese non possono essere decifrabili se non per mezzo di un continuo già disposto a diventare, in maniera astratta, non più solo l'oggetto di considerazioni puramente estetiche, di speculazioni filosofiche sottili, o di prove estemporanee, ma di ricerche matematiche. Era implicito in questa tesi, l'attacco alle teorie kantiane; un attacco non definitivo, tuttavia, perché nel primo '900 la dipendenza della matematica dal tempo fu riaffermata categoricamente da L.E.J. Brouwer, con un esplicito richiamo a Kant.

Da dove ancora proveniva la tendenza a considerare l'algebra e l'analisi come un *prius* per la comprensione del concetto di continuo? Forse un motivo è stato il ripensamento del concetto leibniziano di infinitesimo e della teoria newtoniana delle flussioni, e la loro eliminazione dall'analisi operata a partire da Lagrange e poi da Bolzano e da Cauchy. Le formule di Lagrange e di Bolzano dicono come si è giunti a un nuovo concetto di derivata di una funzione e a una nuova teoria delle funzioni differenziabili per via della continuità di una funzione reale $f(x)$. La nuova analisi ricevette così un'impronta di carattere algebrico e l'eliminazione degli infinitesimi avvenne anche grazie allo studio di formule semplificate, come la potenza n-ma di un binomio, modellate su una tecnica incrementale già nota nela matematica antica. Il passaggio a una concezione puramente analitica di continuità avvenne mediante una ripresa del *principio incrementale* che sta alla base della costruzione dello *gnomone quadrato*. Lo schema gnomonico è implicito, anche se in termini puramente analitici, nella rappresentazione di una funzione $f(x)$ come somma di potenze della x (Lagrange, Taylor) e nella teoria moderna della differenziabilità (a partire da Bolzano, all'inizio del Secolo XIX).

Un passo importante nella riduzione del concetto di continuità a proprietà di carattere analitico consistette nella dimostrazione del *principio di continuità*, che stabilisce che una funzione reale $f(x)$ sufficientemente regolare definita su un intervallo [a, b] ha radici reali comprese tra a e b quando assume valori di segno opposto in a e in b, un principio di cui si era fatto uso fin dal secolo XVI senza dimostrarlo.

Il principio di continuità fu applicato senza dimostrazione

da Cardano (XVI Sec.) nello studio delle equazioni di terzo grado, e successivamente da Michel Rolle (1652-1719) e da Carl Friedrich Gauss (1777-1855). Ma all'inizio del XIX Secolo, con Bolzano e con Cauchy, lo stesso principio fu dimostrato rigorosamente, in base alla continuità della funzione f e alle proprietà fondamentali del campo dei numeri reali. Serviva in particolare il postulato di continuità, secondo il quale, data una successione illimitata di intervalli I di lunghezza decrescente, ciascuno contenuto nel precedente, esiste un punto dell'asse reale contenuto in tutti gli intervalli.

La dimostrazione del principio di continuità è di natura dicotomica e procede dimezzando l'intervallo $[a, b]$ con il punto $z = (a + b)/2$. Se $f(z) = 0$ non c'è altro da dimostrare, altrimenti si ha $f(z) > 0$ oppure $f(z) < 0$. In entrambi i casi una delle due metà dell'intervallo sarà tale che la funzione cambia segno tra i due estremi. Procedendo per successivi dimezzamenti si trova una successione monotona di intervalli I ciascuno contenuto nel precedente tale che la f assume valori di segno opposto ai due estremi. Quindi esiste un punto α comune ad essi per la proprietà di completezza che vale in un dominio continuo come l'intervallo $[a, b]$. La continuità di f permette di dimostrare che $f(\alpha) = 0$. Infatti, se per assurdo $f(\alpha) \neq 0$, ad esempio $f(\alpha) = 2\varepsilon > 0$, si può trovare un intorno J di α di raggio δ (cioè un intervallo di lunghezza 2δ e di centro α) tale che $f(x)$, per x in J, differisce in modulo da $f(\alpha)$ meno di ε. Quindi si ha $f(x) > \varepsilon$ e di conseguenza $f(x) > 0$ per ogni punto x in J. D'altronde esiste un intervallo I della successione abbastanza piccolo da essere contenuto in J, e tale che in esso la funzione f cambia segno. Si ha quindi una contraddizione. Si deduce che $f(\alpha) = 0$.

Nel principio di continuità interviene ancora l'idea di giuntura, di qualcosa che deve esistere tra due cose staccate in modo da unirle. Ci sono due pezzi della funzione f, uno in cui la f è positiva, l'altro in cui è negativa, e deve esserci allora un punto intermedio in cui si saldano i due pezzi. Il punto intermedio, un punto di *contatto* tra i due pezzi di funzione, è quello in cui si annulla la funzione.

È importante notare che nella precedente dimostrazione intervengono, oltre al concetto di limite, *due nozioni diverse di continuità*: la continuità della funzione f e la continuità del campo dei numeri reali (razionali + irrazionali), che si basa sulla proprietà delle successioni monotone di intervalli I, ciascuno contenuto nel precedente, cioè sul postulato, reso esplicito solamente dai matematici di fine '800, che esiste un punto comune a tutti gli intervalli I. Ricordiamo ancora che già i greci, con la procedura dei numeri diagonali d e laterali l, disponevano di esempi di successioni monotone di intervalli come tecnica di approssimazione del numero irrazionale $\sqrt{2}$.

Riguardo la continuità del campo dei numeri reali si deve ricordare un'osservazione di Poincaré ripresa da Bertrand Russell nel suo trattato *I princìpi della matematica* (§ 326) del 1903, in cui era manifesto il possibile conflitto tra le definizioni matematiche e i preconcetti (non così infondati!) del senso comune. Poincaré aveva osservato giustamente che "il continuo così concepito non è altro che una collezione di individui sistemati in un certo ordine; infiniti di numero, è vero, ma esterni l'uno all'altro. Questa non è la concezione ordinaria, in cui si suppone che esista, tra gli elementi del continuo, una specie di intimo nesso che fa di essi un tutto nel quale il punto non è anteriore alla linea, ma la linea al punto. Della famosa formula, il continuo è l'unità nella molteplicità, sussiste solo la molteplicità, l'unità è scomparsa"[34].

Questo è un commento sulla concezione moderna del continuo come insieme atomico di punti o di numeri che soddisfano alcune proprietà essenziali, come la densità e la completezza. L'idea di raccordo, di giuntura, non appare in modo esplicito in questa definizione, ma subentra in modo indiretto, permettendo di dimostrare teoremi che tendono a stabilire l'esistenza di punti di congiunzione e di articolazione. Uno di questi teoremi è quello di Bolzano, prima citato, sull'esistenza di uno zero di una funzione reale definita in un intervallo $[a, b]$ che assume valori di segno opposto agli estremi

34 B. Russell, cit., p. 527.

a e *b*. Per dimostrarlo si usa il principio di completezza per cui una successione di intervalli nidificati finisce per individuare un punto della retta reale.

Realtà e irrealtà tra continuo e discreto

Dalla fine del XIX Secolo lo statuto ontologico del continuo, concepito come un insieme attuale di punti o di numeri, diventa dubbio e oscillante. Da un lato si teorizza (ad esempio con Frege) un'equiparazione ontologica tra numeri razionali e irrazionali (e pure transfiniti), dall'altro la dimostrazione di Georg Cantor che il continuo non è numerabile apre un interrogativo sulla possibilità di definire effettivamente gli elementi del continuo dei numeri reali. All'inizio del XX Secolo il matematico francese Émile Borel, a cui si devono indagini di fondamentale importanza sulla relazione tra discreto e continuo, dichiarava che esistono certamente nel continuo geometrico degli elementi che non possono essere definiti. Questo, egli spiegava, è il senso reale dell'importante e celebre affermazione di Georg Cantor, che il continuo non è numerabile. E il giorno in cui tali elementi indefinibili fossero realmente messi da parte e non si pretendesse farli intervenire più o meno implicitamente, ne sarebbe derivata una grande semplificazione nei metodi dell'analisi. Il dubbio sulla realtà del continuo si poteva estendere allora a insiemi che erano stati considerati immuni da incertezze e contraddizioni. Ad esempio, Cantor dimostrava che l'insieme di tutte le funzioni reali continue ha la cardinalità del continuo.

Nel 1936, Alan Turing dimostrava, lo ricordiamo ancora, che l'insieme dei numeri computabili è numerabile. I numeri computabili sono gli unici numeri che possiamo sperare di conoscere effettivamente, perché ne calcoliamo progressivamente (ma fino a che punto?) le loro cifre per via di un algoritmo. Il continuo, che non è numerabile, è un mare sconfinato in cui questi numeri nuotano come piccoli organismi.

Nel 1934, ripensando ai paradossi di Zenone, David Hilbert e Paul Bernays, ne proponevano una soluzione molto più radicale del solito, dando implicitamente un giudizio di irrealtà del continuo. La soluzione dei paradossi, argomentavano, "consiste nel prendere atto che non siamo obbligati in nessun modo a credere che la rappresentazione matematica del moto in termini di spazio e tempo sia fisicamente significativa per intervalli di spazio e di tempo arbitrariamente piccoli; piuttosto abbiamo ogni ragione di supporre che quel modello matematico estrapola i fatti di un certo dominio di esperienza, cioè i movimenti entro ordini di grandezza finora accessibili alla nostra osservazione, nel senso di una semplice costruzione concettuale, analoga al modo in cui la *meccanica dei continui* effettua un'estrapolazione in cui si assume che lo spazio sia riempito, in modo continuo, di materia... La situazione è simile in tutti i casi in cui si crede possibile esibire direttamente un infinito [attuale] come dato dell'esperienza o della percezione... Un esame più attento mostra allora che un'infinità non ci è data in nessun modo, ma è interpolata o estrapolata per via di un procedimento intellettuale"[35].

Lo stesso concetto di computabilità, considerato in astratto, non era poi così al riparo dall'indefinitezza del continuo, di cui avrebbe dovuto peraltro considerarsi, ontologicamente, come un rimedio o un'antitesi. Era la computabilità effettiva a garantire la definitezza dei numeri algebrici, ad esempio, sulla retta reale.

La definizione astratta del concetto di computazione, oggetto di indagine dell'informatica teorica, si distingue dagli aspetti più concreti del calcolo, riguardanti, nel senso più classico, la risoluzione analitica e numerica di equazioni definite sul continuo. Un punto critico, che riguarda la definizione astratta di computazione, concerne l'insieme complessivo delle funzioni calcolabili con una macchina di Turing. Tra queste funzioni, quelle che sono ben definite

35 D. Hilbert e P. Bernays, *Grundlagen der Mathematik*, Springer, Berlin 1934, Vol. I, pp. 15 *sgg.*; il corsivo è mio. Vedi anche S.C. Kleene, *Introduction to Metamathematics*, Van Nostrand, New York, NY 1952, pp. 54 *sg.*

per *ogni* sequenza di simboli stampati inizialmente su nastro si chiamano *totali*. È allora lecito chiedersi: che tipo di concetto è quello di funzione totale? È possibile, in particolare, enumerare tutte e sole le funzioni computabili *totali*, disponendo tali funzioni in una lista in cui ogni funzione è raggiungibile per via di un conteggio? La risposta a questa questione è negativa: *non esiste alcuna possibile enumerazione delle funzioni computabili totali*. Potremmo anche esprimerci in altro modo, dicendo che, nell'ambito delle funzioni computabili con una macchina di Turing, *il concetto di funzione totale non è effettivo, non è un concetto algoritmico*[36].

Ne segue che è impossibile decidere in modo effettivo, cioè algoritmico, se una qualsiasi funzione assegnata è totale. Si può descrivere questo fatto dicendo che non possiamo disporre di un algoritmo che decida se una macchina di Turing stamperà un risultato e si arresterà per una qualsiasi sequenza di dati di ingresso. Si usa esprimere questa circostanza dicendo che *il problema della fermata di una macchina di Turing è un problema indecidibile*.

Questo risultato, che Turing otteneva con lo stesso *metodo diagonale* con cui Cantor dimostrava la non numerabilità del continuo, suggerisce *una specie di analogia tra il concetto di continuo e quello di calcolabilità*. L'elusività del continuo, la sua natura enigmatica e labirintica incomparabilmente più oscura e insondabile delle entità numerabili o calcolabili, sembrava ora in grado di contaminare il concetto stesso di algoritmo, ovvero il concetto più idoneo, in apparenza, a dirimere quell'oscurità.

La tecnica diagonale usata da Du Bois-Reymond, da Cantor e da Turing ha un vasto campo di applicazioni e definisce un metodo per generare una funzione *esterna* a una classe di funzioni caratterizzata in modo formale e per la quale si ipotizza una proprietà di numerabilità effettiva. Se la classe è quella delle funzioni totali, la si dispone in una ipotetica lista numerabile e con il metodo diagonale si trova

36 Cfr. M.A. Arbib, *Brains, Machines, and Mathematics*, Springer, New York, NY 1987, p. 134.

una nuova funzione totale *h* che non può coincidere con nessuna funzione della lista. Si può porre rimedio a questa situazione se si ammettono al posto delle funzioni totali le funzioni *parziali*, cioè le funzioni $f(x)$ che potrebbero non essere definite affatto per determinati valori di x. In tal caso il metodo diagonale non farebbe uscire dalla classe delle funzioni computabili. Questa estensione della computabilità effettiva alle funzioni parziali implica evidentemente un indebolimento del concetto di calcolabilità.

Il metodo diagonale si pone al centro della teoria della calcolabilità astratta. Data l'analogia con l'uso che ne fece Cantor e per via del suo porsi alla base dei più celebri risultati di indecidibilità, il metodo sembra gettare nel dubbio, come osserva Hartley Rogers nel suo classico trattato *Theory of Recursive Functions*, ogni possibile caratterizzazione formale del concetto di calcolabilità effettiva, ma va ricordato che è pure un metodo per studiare la possibilità di circoscrivere un concetto assoluto di calcolabilità, ovvero la possibilità di *chiusura* della classe delle funzioni effettivamente computabili: quando e come si resta nella classe quando si applica il metodo diagonale?

Limiti del calcolo su grande scala. Effettività ed efficienza

Contrariamente a ciò che pensava Hilbert, anche ciò che è effettivamente calcolabile con un numero finito di operazioni può diventare irreale. E questo inconveniente può verificarsi quando il finito diventa molto grande, oppure quando gli errori sui dati vengono amplificati nel corso del calcolo.

Richard von Mises fu uno dei più eminenti rappresentanti del primo, deciso orientamento computazionale e applicativo della matematica all'inizio del '900. Peraltro, nei primi decenni del secolo, le ricerche in questo settore erano ampiamente diffuse, e i contributi di Carl David Tolmé Runge, di Lewis Fry Richardson e di Oskar Perron per citare solo tre nomi, si rivelarono decisivi per lo sviluppo della scienza del calcolo del secondo Novecento. I problemi della fisica matematica, consistenti in equazioni differenziali o integrali, cominciarono ad essere risolti con tecniche di discretizzazione che li riconducevano a problemi puramente aritmetici e algoritmici. Si cominciavano allora a porre interrogativi riguardanti il significato e il grado di affidabilità dei numeri calcolati con un algoritmo.

Un disegno fondamentale è sempre consistito nell'aritmetizzare la matematica, nel ridurre l'analisi, e quindi il continuo, ai concetti di numero intero e di passaggio al limite, gli unici che sembrano dare garanzie di effettiva esistenza degli enti matematici. Ma per realizzare questa riduzione occorrevano ora complesse strategie computazionali, e un'analisi rigorosa dei calcoli aritmetici elementari *nascosti* all'interno di quelle strategie, come le somme e moltiplicazioni tra numeri, le interpolazioni lineari, i prodotti tra polinomi o tra matrici. Il calcolatore esegue milioni o miliardi di operazioni aritmetiche elementari, e fa uso di numerosi sottoprogrammi che producono una miriade di risultati intermedi non facilmente accessibili. In presenza di questo *immane calcolo occulto*, si deve poter contare su un'aritmetica di macchina, necessariamente approssimata, che simula l'aritmetica esatta nel modo più efficiente possibile, in termini sia di stabilità sia di spazio e di tempo di esecuzione.

La matematica insegue da sempre un principio di economia: la ricerca del percorso minimo per ottenere uno scopo prefissato. Un principio che non è necessariamente dettato dal criterio dell'utile, e che si conforma innanzitutto a una strategia di semplificazione teorica, che tende a comprimere la massima informazione in un minimo sforzo di calcolo. Se si vuole predire l'andamento di un fenomeno occorre evitare che l'informazione racchiusa nei modelli matematici si traduca in un pulviscolo aritmetico senza senso: le liste di numeri che si ottengono alla fine del processo devono riflettere, a un livello inferiore di informazione, nel tempo e nello spazio del calcolatore, ciò che il modello intendeva rappresentare. L'"irragionevole efficacia della matematica nelle scienze naturali"[37] si trasmette lungo tutto il complesso e accidentato percorso intermedio tra il modello teorico e i numeri effettivamente calcolati.

Il calcolo va compreso, per così dire, fino agli ultimi dettagli. Anche le grandi sintesi teoriche della filosofia hanno cercato, per adeguarsi a un principio di realtà, un preciso raccordo con le operazioni più elementari del calcolo. In questo senso la matematica deve essere riduzionista, ma il riduzionismo non deve far dimenticare che tutti i passaggi intermedi tra il modello iniziale e i numeri effettivamente calcolati sono possibili soltanto grazie all'intervento di concetti teorici e di strutture matematiche relativamente astratte e complesse. In un'idea estesa di realtà la struttura più astratta conta esattamente come la più concreta lista di cifre, di per sé inintelligibile, che un calcolatore stampa materialmente alla fine di un processo di calcolo. Di solito l'una va decrittata per mezzo dell'altra.

Le strutture del calcolo sono spesso mutuate dai calcoli della matematica antica, da costruzioni geometriche elementari di cui sono il prolungamento algebrico e analitico. Lo studio più recente della complessità computazionale è spesso orientato al riesame degli *algoritmi più elementari dell'aritmetica*, che sono quelli eseguiti dalla macchina. Accade allora che sia proprio l'efficienza di quegli algoritmi a garantire l'effettiva realtà delle soluzioni numeriche dei problemi della matematica applicata. Tra quegli algoritmi si possono menzionare, ad esempio, il metodo di Newton, il metodo delle secanti e la *regula falsi* per risolvere un sistema di equazioni. Lo schema dello gnomone quadrato, che è all'origine di questi metodi, è ancora la base delle formule analitiche e dei conseguenti algoritmi che risolvono numericamente insiemi di equazioni lineari e non lineari e problemi di minimo di funzioni reali. *Gli algoritmi antichi sono così proiettati nel calcolo su grande scala elaborato fin dalla metà del XX Secolo.* I calcoli elementari che formano il retroscena occulto dei processi

---

37 E.P. Wigner, *L'irragionevole efficacia della matematica nelle scienze naturali*, a cura di M. Sellitto, Adelphi, Milano 2017.

computazionali su grande scala riproducono, non raramente, schemi algoritmici di antica concezione.

La ragione principale per cui il calcolatore si serve di procedure modellate sullo schema di calcoli che risalgono agli indiani, ai greci ai cinesi e ai babilonesi si basa sul fatto che la computazione digitale su grande scala si basa su sviluppi algebrici e analitici elaborati in epoca moderna, fin dal XVI Secolo, e su un calcolo che risale, nei suoi primi sviluppi, a Viète, a Leibniz e a Newton. Di questo calcolo fu elaborata, fin dal XVIII Secolo, una versione puramente algebrica, tesa a eliminare gli infinitesimi dall'analisi, soprattutto da Lagrange (1736-1813) e poi, nei primi decenni del XIX Secolo, da Bolzano e da Cauchy. Ora le formule elaborate da Lagrange per fondare il calcolo sul concetto di derivata e di sviluppo in serie di potenze della x di una funzione reale $f(x)$ sono il semplice prolungamento algebrico di costruzioni geometriche elementari di natura incrementale della matematica antica. Bolzano si riferisce più direttamente di altri, per cogliere il concetto di differenziabilità di una funzione, al caso elementare della funzione x^2, in cui è riprodotta analiticamente la crescita di un quadrato mediante gnomoni. Riferendosi a questo caso speciale come modello di ragionamento, Bolzano coglie il senso del concetto di *continuità di una funzione*: dicendo che una funzione reale $f(x)$ è continua egli intende dire che, se x è un valore qualsiasi (nell'intervallo di definizione) della f, la differenza $f(x + \omega) - f(x)$ può essere resa più piccola di qualsiasi grandezza assegnata se si può prendere ω arbitrariamente piccolo[38]. Il ragionamento è di natura incrementale ed è certo verosimile che, per le sue indagini sui fondamenti dell'analisi, Bolzano si servisse di esempi tratti dalla matematica antica e precisamente del Teorema II, 4 degli *Elementi* di Euclide, già noto peraltro nella matematica vedica, cinese e babilonese. Lo dimostra la sua attenzione per il Teorema del Binomio a

38 Si veda B. Bolzano, *Premiers écrits. Philosophie, logique, mathématique*, Vrin, Paris 2010, pp. 212 *sg*.

cui dedicava un ampio trattato[39], al quale si riferiva pure nel suo fondamentale contributo del 1817 sul *principio di continuità*.

Debitore di antichi schemi di computazione, il calcolo su grande scala costringe a un'analisi delle procedure elementari dell'aritmetica antica e moderna che non è mai stata fatta prima della seconda metà del '900. Innanzitutto, la *crescita e la decrescita* dei numeri nel corso di una computazione possono minare un sistema di calcolo; la crescita può essere un indizio di instabilità numerica e le operazioni per numeri prossimi allo zero possono produrre risultati inattendibili, fino a determinare l'arresto del processo di calcolo. In tutti i casi critici la soluzione numerica del problema diventa evanescente, per un certo verso irreale. Ci sono teoremi che ne affermano, in teoria, l'esistenza, ma nessuno è in grado di calcolarla in tempi accettabili e con la precisione richiesta.

Si direbbe che, al contrario di ciò che pensavano Cantor o Frege, i numeri non possiedono tutti il medesimo statuto ontologico. I numeri di cui si può ipotizzare l'esistenza, ma che non si possono calcolare, non hanno la stessa realtà dei numeri calcolati dalla macchina. I primi non si collocano, a differenza dai secondi, nello spazio e nel tempo di un'*effettiva* elaborazione automatica, né attualmente né virtualmente. Da un certo punto di vista un numero esiste in linea di principio, è reale, solamente se c'è una *effettiva* procedura che lo calcola. Ma questa procedura, oltre a rispettare il canone teorico della calcolabilità - per cui può dirsi effettiva - deve essere anche *efficiente*: in caso contrario non si saprebbe distinguere, sul piano di una concreta realizzabilità, il calcolabile dal non calcolabile. Ciò che è effettivamente calcolabile su una macchina di Turing, di fatto è come se non lo fosse se non è garantito un certo grado efficienza dell'algoritmo.

Che cosa vuol dire esattamente *effettivo*? Il termine, usato in

39 B. Bolzano, *Der binomische Lehrsatz und als Folgerung aus ihm der polynomische und die Reihen, die zur Berechnung der Logarithmen und Exponentialgrössen dienen, genauer als bisher erwiesen*, Enders, Praha 1816.

modo informale, appare frequentemente in letteratura, e non è mai definito in modo esplicito, anche se ricondotto, essenzialmente, al modello della macchina di Turing oppure a modelli equivalenti. Andrey Markov Jr. tentò di spiegare che l'effettività di un algoritmo è una sua prerogativa essenziale e consiste nella "tendenza dell'algoritmo a ottenere un certo risultato"[40], calcolato in base a un insieme di *dati* iniziali. Si è imposta allora l'abitudine di chiamare effettivo un processo di calcolo definito in modo ricorsivo (un criterio equivalente al λ-calcolo o alla macchina di Turing), in base al fatto che la ricorsione, fin dalle teorie di Dedekind nel XIX Secolo, è la tecnica per definire costruttivamente le operazioni fondamentali dell'aritmetica. Ma l'effettività teorica non è sufficiente a risolvere problemi anche di natura relativamente elementare. Occorre un'analisi molto ampia e accurata - che riguarda, in primo luogo, la complessità e la stabilità - degli algoritmi da cui dipende il calcolo delle operazioni fondamentali dall'aritmetica e delle procedure numeriche che risolvono specifici problemi computazionali. La matematica computazionale e applicata genera a sua volta nuovi problemi di carattere teorico e ripropone, nell'ambito del finito molto grande, i problemi posti dall'irrealtà dell'infinito e del continuo.

40 A.A. Markov Jr., "The Theory of Algorithms", in: "American Mathematical Society Translations", Serie II, Vol. 29, 1963, p. 1.

I nomi dell'Assoluto e la rottura spontanea della simmetria

Silvano Tagliagambe

Sassari, Italy / *Italia*
September / *Settembre* 2019

1. La venerazione del nome

Il problema dell'Assoluto e del significato dell'operazione con la quale si tende ad attribuirgli un nome è uno dei punti di partenza della riflessione filosofica e teologica di Florenskij e ne costituisce uno dei costanti e fondamentali motivi conduttori. Alla base di questa linea di pensiero vi è una serie di saggi, dedicati al linguaggio e al suo rapporto con i diversi livelli in cui si articola la realtà, stesi negli anni 1920-1922, che dovevano confluire in un'opera organica in più volumi – mai realizzata – che doveva portare il titolo generale *U vodorazdelov mysli. Čerty konkretnoj metafisiki* [Agli spartiacque del pensiero. Lineamenti di metafisica concreta]. Tra essi due hanno particolare rilevanza con riferimento al tema evidenziato: *Imeslavie kak filosofskaja predposylka* [La venerazione del nome come presupposto filosofico] e *O imeni Božiem* [Sul nome di Dio].

Come indicano esplicitamente questi titoli, si tratta di contributi che si inseriscono all'interno della "questione del nome di Dio" (*Imeslavie*, venerazione o glorificazione del nome) che in alcuni ambienti del monachesimo russo trasse origine dall'opera dello schimonaco

Ilarion *Na gorach Kavkaza*[1], inviata in forma manoscritta nel 1904 al monastero di Panteleimonovskij sull'Athos, pubblicata nel 1907 e più volte ristampata. Scritto dal vecchio eremita dopo 21 anni passati in contemplazione ascetica, il libro era costruito nella forma di un racconto autobiografico e, più che un trattato teologico, costituiva una "fenomenologia" della preghiera del cuore, che recuperava la tradizione veterotestamentaria del Nome. A proposito di questo tipo di preghiera va ricordato che per l'esicasmo bizantino (dal greco ἡσυχασμός, *hesychasmos*, da ἡσυχία *hesychia*, calma, pace, assenza di preoccupazione), una dottrina ascetica e pratica diffusa tra i monaci dell'Oriente cristiano fin dai tempi dei Padri del deserto del IV secolo, la recita della preghiera – quale cuore di ogni azione liturgica – è un evento certamente linguistico per eccellenza, ma caratterizzato altresì dalla massima intensità rivelativa possibile, in quanto da una parte, costituisce l'uscita esistenziale dell'orante da sé stesso verso Colui al quale le parole della preghiera sono indirizzate, ossia è la rivelazione della propria verità a Dio, Origine di ogni verità e vita; dall'altra, è la discesa/rivelazione di Dio verso l'uomo, il quale accogliendo e contemplando la rivelazione del mistero della Verità e della Vita recepisce e in qualche modo comprende la rivelazione del mistero della sua stessa umana esistenza. In esso troviamo affermazioni esplicite sul significato e sul valore da attribuire al nome di Dio come la seguente: "Se l'uomo [...] fa appello al Nome Divino per mezzo della sacra preghiera di Gesù, [...] in quest'uomo si opera un mutamento meraviglioso. Il nome del Signore Gesù Cristo sembra [...] incarnarsi e l'uomo [...] percepisce che il Signore medesimo è

1 Schimonach Ilarion *Na gorach Kavkaza. Beseda dvuch starcev pustinnikov o vnutrennem edinenii s Gospodom našich serdec, črez molitvu Iisus Christovu, ili duchovnaja dejatel'nost'sovremennich pustinnikov* [Sulle montagne del Caucaso. Conversazione di due starcy eremiti su come, attraverso la preghiera a Gesù Cristo e altre virtù, riunire la propria anima all'Ipostasi della Parola di Dio, e attraverso ciò essere partecipi della Vita Eterna già in questa vita terrena], Batalpašinsk 1907; Ed. fr. Ilarion Alfejev (= Hilarion Alfejew), *Le Nom grand et glorieux. La vénération du Nom de Dieu et la prière de Jésus dans la tradition orthodoxe*, tr. C. Jounievy, H. Alexandre (Siniakov) e Dom A. Louf, Éditions du Cerf, Paris 2007.

presente nel nome divino: tale percezione fa sì che il Signore e il suo nome diventino a tal punto identici da non poter essere più distinti l'uno d'altro"[2].

Nel 1912 lo Ieromonaco Chrisanf pubblicò due recensioni[3] che stroncavano violentemente queste tesi. Ne seguì un'aspra controversia[4] che divise i monaci russi dell'Athos in due partiti: gli *imeslavcy* o "veneratori del nome" (per i quali il Nome di Dio, nella pratica della "preghiera del cuore", partecipava dello stesso essere divino, meritando la stessa venerazione che andava tributata a Dio) e gli *imeborcy* o "nomoclasti" (per i quali, invece, questo nome non meritava alcuna venerazione perché la parola, pronunciata da un creatura umana finita, non poteva avere nessuna reale relazione con la natura divina, a meno di incorrere in una forma di idolatria).

A causa di questa profonda spaccatura nel 1913 tra le comunità monastiche russe del monastero del monte Athos si consumò un'autentica tragedia. Nel giugno di quell'anno non solo oltre mille monaci, scacciati dall'eremo di Andreevskij e dal monastero di Panteleimonovskij, furono stipati su di un battello e deportati in madre patria per essere qui dispersi, in quanto si riteneva un sacrilegio anche la loro sola presenza all'interno di quei luoghi sacri, ma chi di loro fece resistenza ad andarsene subì una vera e propria carneficina. L'accusa che veniva loro rivolta e che aveva spinto il Santo Sinodo russo a ricorrere all'esercito per affrontare e risolvere la situazione era di essersi resi colpevoli di idolatria e di paganesimo, vista la loro

---

2 Ivi, cap. 3, col. 11, 19.

3 Cfr. "Russkij inok", 1912, 4, pp. 71- 75; 5, pp. 57-59.

4 In italiano si può trovare una puntuale e documentata ricostruzione di questa controversia in I. Alfeev, *La gloria del nome. L'opera dello schimonaco Ilarion e la controversia athonita sul nome di Dio all'inizio del XX secolo*, Qiqaion, Magnano (Biella) 2002. Per un approfondimento del dibattito filosofico e teologico intorno alla vicenda, cfr. A. Nivière, "Les moines onomatodoxes et l'intelligentsia russe", in: "Cahiers du monde russe et soviétique", Vol. 2, 1988, pp.181-92; R. Salizzoni, *L'idea russa di estetica. Sofia e cosmo nell'arte e nella filosofia*, Rosemberg & Sellier, Torino 1992, pp. 159-89; e M.C. Ghidini, *Il cerchio incantato del linguaggio. Moderno e antimoderno nel simbolismo di Vjac̆eslav Ivanov*, Vita e Pensiero, Milano 1997, pp. 65-96.

convinzione che al nome di Dio, impiegato nella pratica della loro preghiera, spettasse la stessa venerazione che si riservava a Dio.

In un'opera del 2009[5] Loren Graham, uno storico della scienza che si è occupato di vicende cruciali della storia del pensiero scientifico russo, come il caso Lysenko[6], e Jean-Michel Kantor si spingono sino al punto di presentare la scuola matematica di Mosca, fondata e diretta da Nikolaj Vasilevič Bugaev, come uno dei centri maggiormente attivi di elaborazione e diffusione di questa eresia. A loro giudizio i ricercatori che ne facevano parte, e soprattutto Dmitrij Fëdorovič Egorov, direttore della Società matematica di Mosca, e Nikolaj Nikolaevič Luzin, maestro di Kolmogorov e di Lyapunov, sarebbero stati convinti fautori di un realismo matematico forte, basato su una particolare filosofia del transfinito, secondo la quale, una volta dimostrata la possibilità matematica di *nominare* una gerarchia infinita di insiemi, sarebbe stato non solo possibile, ma necessario conferire a questa serie numerica un preciso *grado di realtà*. Se in matematica nominare qualcosa equivale a dar vita a nuove entità e postularne l'esistenza concreta a maggior ragione si doveva stabilire un collegamento forte di questo genere tra l'invocazione e la ripetizione incessante del nome di Dio e la sua effettiva presenza nella relazione con i fedeli oranti, in modo da indurre in questi ultimi uno stato di estasi e di partecipazione tale da legittimare l'adorazione del nome in quanto tale.

Florenskij, per la sua competenza in campo sia matematico, sia teologico, sarebbe stato il teorico di maggior spicco di questa forma specifica di pensiero scientifico ispirato al misticismo cristiano ortodosso: a lui si dovrebbero, in particolare, l'approfondimento anche da un punto di vista matematico, sostenuto soprattutto dal riferimento agli scritti di Cantor, delle tesi fondamentali degli *imiaslavcy*, e la loro riformulazione nel linguaggio della teoria degli

5 L. Graham e J-M. Kantor, *Naming Infinity: A True Story of Religious Mysticism and Mathematical Creativity*, Harvard University Press, Cambridge, MA 2009.

6 L. Graham, *Lysenko's Ghost: Epigenetics and Russia*, Harvard University Press, Cambridge, MA 2016.

insiemi. Egli avrebbe così stabilito un preciso parallelismo tra i nodi cruciali e le affermazioni fondamentali di quest'ultima e i principi cardine della dottrina della venerazione del nome, ponendo le basi di un reciproco sostegno tra la matematica e lo specifico indirizzo teologico di cui sarebbe stato seguace.

Graham e Kantor si mostrano convinti che questa sia stata la vera ragione dei processi a cui egli venne sottoposto e della sua successiva fucilazione l'8 dicembre del 1937: e a sostegno di questa loro tesi portano il fatto che a Egorov e a Luzin sia stato riservato, sia pure con esiti diversi, il medesimo trattamento. Il primo fu arrestato nel 1930 e costretto a lasciare la sua carica di Direttore della Società matematica di Mosca, che venne assunta da uno dei suoi più accesi accusatori, il matematico e ideologo marxista-leninista Arnošt Jaromirovič Kolman, e morì il 10 settembre del 1931 anche in seguito allo sciopero della fame che aveva iniziato per protesta. Luzin nel 1936 venne sottoposto a giudizio da parte di una Commissione dell'Accademia delle Scienze, ma il procedimento venne fermato per un ordine dall'alto, pare dello stesso Stalin.

In alcuni saggi di Florenskij si possono trovare passi che, se letti superficialmente, potrebbero sembrare una conferma di questa ricostruzione della sua tragica vicenda: si tratta, in particolare, di affermazioni riguardanti la necessità di concepire un legame sostanziale e non soltanto convenzionale tra il nome e ciò che viene nominato, per cui negare l'*imeslavie* significherebbe negare il valore ontologico del linguaggio e ridurre la parola a guscio vuoto e convenzionale. Un simile percorso di riflessione fa apparire la parola prima di tutto come qualcosa che appartiene alla sfera ontologica della realtà: essa, cioè, non è altro che la rivelazione dell'essere vivente nel suo rivolgersi verso un altro da sé. Da questo punto di vista si capisce che, per Florenskij, le parole della preghiera – di una preghiera vera, detta con tutto il cuore, con pieno coinvolgimento e partecipazione – sono efficaci perché non vengono mai pronunciate a caso o superficialmente. "Queste parole non si scrivono con l'inchiostro, ma con il sangue, con gocce rade che stillano dal petto e questo sangue (nel quale è la vita) non si esaurisce, né si secca mai. Con una forza sempre nuova la vita, dilatata da questo sangue misterioso, rigenera la vita: nell'oceano della vita interiore dell'umanità viene scagliata la parola e la forza dell'anima, dal punto della caduta, moltiplica infinitamente i suoi cerchi"[7]. E ancora e più in generale: "Nella misura in cui il nome rappresenta il nodo di tutti gli incantesimi e di tutte le forze magico-teurgiche è comprensibile che la filosofia del nome sia la filosofia più diffusa e risponda alle aspirazioni più profonde dell'uomo. Anche una filosofia fine ed elaborata pone il nome come il suo concetto base, come principio metafisico dell'essere e della conoscenza"[8]. Il modo corretto di intendere questi passi è però indicato in modo inequivocabile dallo stesso Florenskij. In primo luogo nell'opera del 1922 *La venerazione del nome come premessa filosofica:* "Il nome di Dio è Dio, è proprio Dio in persona, ma Dio non è né un Suo nome, né il Suo Nome Stesso[...]. In questo modo, la formula afferma che il nome di Dio, nella misura in cui è una realtà che rivela e manifesta l'essenza divina, è più di se stesso. Esso è non solo divino ma anche Dio stesso, manifestato dal nome non in modo illusorio e ingannevole, ma veritiero; e tuttavia Dio, benché manifestato, non esaurisce nella propria manifestazione la Sua realtà e, benché conosciuto, non si esaurisce nella Sua conoscenza. Egli cioè non è un nome: la sua natura non è la natura di un nome, di qualunque nome si tratti, anche del Suo nome proprio, del Nome che lo rivela"[9].

Poi nelle pagine autobiografiche destinate ai figli come suo

7 P.A. Florenskij, *Il pianto della Madre di Dio*, tr. it. in: Id., *Il cuore cherubico. Scritti teologici e mistici*, a cura di N. Valentini e L. Žak, Piemme, Casale Monferrato 1999, p. 190.

8 P.A. Florenskij, "Obščečelovečeskie korni idealizma" [Le redici dell'idealismo comuni a tutta l'umanità], in "Bogoslovskij vestnik", Vol. 4, 1909, p. 49, tr. it. *Realtà e mistero. Le radici universali dell'idealismo e la filosofia del nome*, a cura di N. Valentini, SE, Milano 2013.

9 P. Florenskij, *La venerazione del nome come premessa filosofica* ([1922]; 1988), tr. it. in: Id., *Il valore magico della parola*, tr. e a cura di G. Lingua, Medusa, Milano 2001, pp. 41 e 44; tr. mod.: *Imeslavie kak filosofskaja predposylka*, in: Id., *U vodorazdelov mysli*, pp. 300 *sg*.

testamento spirituale: "Al contrario, io in questo senso sono sempre stato platonico e *imeslavec*, veneratore del nome: il fenomeno è sempre stato per me fenomeno del mondo spirituale, e il mondo spirituale *al di fuori* del suo fenomeno veniva da me concepito come non-manifesto, esistente in sé e per sé, dunque *non* per me. Il fenomeno è l'essenza stessa (si intende, nel suo manifestarsi), il nome è lo stesso nominato (cioè, in quanto esso può passare nella coscienza e farsi oggetto della coscienza stessa) [...]. Ma Il fenomeno bi-unitario, spiritual-materiale, il simbolo, mi è sempre stato caro nella sua immediatezza, nella sua concretezza, con la sua carne e la sua anima [...] e tanto è stata salda la mia convinzione che la carne non era solo carne, solo materia inerte, solo esteriorità, quanto lo è stata la certezza dell'impossibilità, dell'inutilità, della presunzione di vedere quest'anima senza carne, denudata del suo velo simbolico. Sì, [...] volevo vedere *l'anima*, ma volevo *vederla* incarnata. Qualcuno vorrà chiamarlo materialismo. Non si tratta però di materialismo, ma della necessità del concreto, o simbolismo. Sono sempre stato un simbolista. Nella mia mente le cose non erano coperte da veli, anzi svelavano le loro essenze spirituali che, in assenza di quei veli, sarebbero state invisibili non per debolezza della vista umana, ma perché non ci sarebbe stato nulla da vedere"[10].

Vedere l'anima incarnata significa, in modo che non può essere oggetto di alcun fraintendimento, vederla non in modo diretto e incondizionato, senza filtri e mediazioni, bensì attraverso la concretezza della carne e un velo simbolico imprescindibile. Nello *Strumentario* del 1922 Florenskij sottolinea esplicitamente questa necessità inderogabile di riferirsi, nella via che conduce all'invisibile e al sacro, al nostro corpo, che è "la materializzazione del nostro istinto, della nostra vita più profonda, della nostra vita primordiale [...], una *pellicola* che separa l'ambito dei fenomeni da quello dei noumeni.

10 P.A. Florenskij, *Detjam moim. Vospominanija prošlich dnej* (1916-1925), Moskva 1992, p. 154, tr. it. *Ai miei figli. Memorie di giorni passati*, a cura di N. Valentini e L. Žak, A. Mondadori, Milano 1999, p. 202.

Se vogliamo, il nostro corpo può essere paragonato allo strato di *terreno* che separa la zona delle radici di una pianta da quella delle foglie e dei frutti. Il confine del corpo separa il buio del sottosuolo, cioè il subcosciente, dalla luce della coscienza; e con ciò essa, vicina anche al nostro spirito, divenendo simbolo viene allontanata e si fa evidente. La comprensione è allontanamento. Il corpo è la soglia concretizzata della coscienza, il *limen* dell'allontanamento, il *pathos* di grado zero della distanza. Quel che è *oltre* il corpo, dall'*altra* parte della pelle, è quella stessa tensione di autosvelamento, pur se celata alla coscienza; quel che è da *questa* parte della pelle è la datità immediata dello spirito, che perciò non è estrinsecata *al di fuori* di esso. Comprendendo mascheriamo e smettendo di comprendere smascheriamo noi stessi"[11].

L'interpretazione che fornirò del modo in cui Florenskij affronta la questione del nome dell'Assoluto è basata proprio su questi due passi, entrambi articolati e complessi: essi richiedono, proprio per questo, una lettura e una spiegazione particolarmente approfondite, tali da richiamare e mettere in gioco l'intera produzione culturale di questo grande pensatore, capace di proporci una visione del mondo di natura arditamente polifonica, come evidenziato e sottolineato da Natalino Valentini, il quale la definisce giustamente un "complesso e polifonico mosaico"[12]. Le questioni sulle quali verrà incardinata questa interpretazione sono le seguenti:

- il dibattito sul problema della verità;
- le posizioni della scuola matematica di Mosca;
- l'opera di Cantor;
- la tradizione teologica ortodossa;
- la ricca e creativa sperimentazione artistica nell'Unione Sovietica degli anni immediatamente successivi alla Rivoluzione d'ottobre, alla quale Florenskij ha dato un contributo significativo;

11 P.A. Florenskij, *Lo strumentario*, tr. it. in: Id., *Il simbolo e la* forma, cit., p. 206.
12 N. Valentini, *Geometrie dell'anima, tra fiaba e scienza*, Introduzione a P. A. Florenskij, *Ai miei figli...*, cit., p. 15.

- il riferimento all'icona come "spazio intermedio" tra visibile e invisibile.

2. Le differenti vie di accesso al problema della verità

Il problema della verità, per molto tempo considerato il fattore discriminante tra il discorso scientifico e altri stili di pensiero, presenta allo stato attuale una complessità tale da indurre approcci e orientamenti pur assai differenti tra loro a un significativo ridimensionamento del suo significato e della sua importanza. Questo orientamento è determinato dalle crescenti difficoltà che si sono frapposte a ogni tentativo non solo di fornirne una definizione condivisa, ma anche e soprattutto di indicare criteri operativi efficaci di discriminazione tra ciò che può essere considerato "vero" e ciò che invece non lo è.

Se dovessimo fornire una prima indicazione approssimativa in grado di avvicinarci a un corretto inquadramento del problema in questione potremmo cominciare con il dire che la "verità" è il tratto distintivo di quelle proposizioni che concordano con la realtà, specificando che cos'è che di fatto avviene. Questo approccio consente di tracciare una linea di demarcazione significativa tra il *problema scientifico* e quello *filosofico* della verità. Mentre il fine di una scienza è infatti quello di scoprire quali proposizioni siano vere nel suo campo, cioè quali possiedano la proprietà della verità, la filosofia si pone l'obiettivo di individuare la natura della verità in quanto tale. Perciò il quesito filosofico non è "Cosa è vero?", ma piuttosto "Cosa è la verità?", "Cosa diciamo di una proposizione quando diciamo che è vera?". L'importanza di un quesito così posto deriva dalla varietà e dalla profondità dei principi in cui si impiega il concetto di verità. Siamo tentati di pensare, p. esempio, che la verità è il fine proprio e il risultato naturale della ricerca scientifica, che le credenze vere sono utili, che il significato di un enunciato è dato dalle condizioni che lo renderebbero vero, e che il ragionamento valido conserva la verità.

Perciò, nella misura in cui desideriamo non solo comprendere, ma affermare e affinare queste tesi epistemologiche, etiche, semantiche e logiche, abbiamo bisogno di una spiegazione della natura della verità.

È proprio di fronte all'esigenza di dare fornire questo tipo di spiegazione che si manifesta la natura elusiva della questione da affrontare. La credenza, ad esempio, che la neve sia bianca deve la sua verità a una certa caratteristica del mondo esterno: il fatto che la neve è bianca. Analogamente, la credenza che i gatti miagolino è vera perché i gatti miagolano. Queste semplici osservazioni conducono a quella che è forse la concezione della verità più naturale e più ampiamente accettata, la *teoria della corrispondenza*, secondo cui una credenza (asserzione, enunciato, proposizione, ecc.) è vera purché esista un fatto a essa corrispondente. Questa tesi è stata proposta in modo compiuto e coerente da Aristotele, il quale nella *Metafisica* (IV (Γ), 7, 1011 b.) la espresse con le parole seguenti: "*dire* [...] che ciò *che è* non è e ciò che è non è, è falso, mentre dire che ciò che è è e ciò che non è non è, è vero; e così anche colui che dice che una cosa è o che una cosa non è dirà [a seconda dei casi] vero o falso". Questa tesi aristotelica è in sé ineccepibile ed è stata più volte ripresa e riproposta nel corso dei secoli da diversi autori. Basta pensare all'*adaequatio intellectus et rei* di Tommaso d'Aquino, che ne costituisce una esplicita riformulazione. Tuttavia, se deve darci una teoria completa della verità – ed essere qualcosa di più che solo un modo fornirci una sorta di rassegna, pur degna di nota, di tutti gli esempi di "la credenza che *p* è vera se e solo se *p*" – deve essere integrata con la spiegazione di cosa sono i *fatti* e cos'è per una credenza *corrispondere* a un fatto; e sono appunto questi problemi sui quali la teoria corrispondentista si è incagliata.

Per questo parallelamente a quest'ultima prospettiva se ne è sviluppata un'altra, la quale identifica la verità con la verificabilità. Alcuni fanno risalire l'origine di questa alternativa a Platone, per il fatto che egli ipotizzò uno stretto legame tra verità e coerenza.

Va tuttavia osservato che per il maestro di Aristotele "coerenza" significa non soltanto assenza puramente logico-formale di contraddizioni, ma anche e soprattutto unità e armonia logico-materiale che cresce a partire dalle cose e dai rapporti intellegibili tra esse. Non a caso egli, in uno dei suoi più noti dialoghi (*Cratilo*, 385 b) a un certo punto afferma che il discorso vero è "quello che dice gli enti come sono", e che il discorso falso è "quello che dice gli enti come non sono"; analogamente, in un altro dialogo (*Sofista*, 263 b) possiamo ritrovare una formulazione pressoché coincidente: il discorso vero "dice le cose come sono", quello falso "cose diverse da quelle che sono". Come si evince da queste due citazioni, già con Platone era dunque matura l'idea secondo cui la verità riguarda il rapporto tra il linguaggio (o il pensiero) e la realtà, tra ciò che si dice o si pensa e ciò che esiste; ed era già abbastanza chiaro – sebbene ancora da spiegare in modo soddisfacente – che tale rapporto doveva essere espresso in termini di "corrispondenza", e cioè una congruenza delle parti di una teoria che può essere effettivamente raggiunta solo quando questa congruenza può essere posta in relazione con l'ordine e la struttura che caratterizzano la realtà alla quale ci si sta riferendo.

L'identificazione delle verità con la coerenza logica e la verificabilità può assumere varie forme. Una prima versione implica l'ulteriore assunzione che la verifica è *olistica*, vale a dire che una credenza è verificata quando fa parte di un intero sistema di credenze "armonioso". Questa è la cosiddetta *teoria coerentista* della verità, sviluppata da Bradley e Brand Blanchard. Un'altra versione, dovuta a Dummett e Putnam, comporta l'assunzione che esista, per ogni proposizione, qualche procedura specifica per trovare se dovremmo crederla o no. Secondo questa tesi, dire che una proposizione è vera significa asserire che essa sarebbe verificata dalla procedura appropriata. In matematica ciò equivale all'identificazione della verità con la dimostrabilità – è quella che viene detta, a volte, *verità intuizionistica*. Queste teorie mirano a scartare nozioni oscuramente metafisiche e a spiegare la stretta relazione tra conoscibilità e verità. È chiaro però che esse esagerano la forza di questo legame: infatti possiamo facilmente immaginare un enunciato vero ma che trascende il nostro potere di dimostrarlo tale.

Una terza importante concezione della verità è la *teoria pragmatica* di William James. Come abbiamo appena visto, il verificazionista sceglie una proprietà prominente della verità e l'identifica con la sua stessa essenza. Analogamente, il pragmatista mette in primo piano un'altra caratteristica importante – che la credenza vera è una buona base per l'azione – e la assume come la natura stessa della verità. Sono considerate, per definizione, assunzioni vere quelle che provocano azioni con risultati desiderabili. Di nuovo, abbiamo una tesi che fa ricorso a una singola – e attraente – caratteristica esplicativa. Ma, ancora una volta, l'obiezione di fondo è che la relazione postulata fra la verità e il suo presunto *analysans* – in questo caso l'utilità – è troppo stretta per essere plausibile. È indubbio che le credenze vere tendano a favorire il successo. Il requisito però, pur necessario, non può essere legittimamente considerato sufficiente, come mostra il fatto che spesso azioni basate su credenze vere portano al disastro, mentre false credenze possono, per puro caso, produrre risultati estremamente positivi.

Uno dei pochi fatti pressoché indiscussi riguardo alla verità è che la proposizione "la neve è bianca" è vera se e solo se la neve è bianca, la proposizione "mentire è immorale" è vera se e solo se mentire è immorale, e così via. Le teorie tradizionali della verità riconoscono questo fatto ma lo considerano insufficiente e, proprio per questo, lo "supportano" con qualche altro principio della forma "*X* è vero se e solo se *X* possiede la proprietà *P*" (per es., corrispondenza alla realtà, verificabilità, adeguatezza come base per l'azione), che si suppone specifichi cosa è la verità. Se si rifiuta la necessità di una simile specificazione ulteriore, si produce una collezione di alternative radicali alle teorie tradizionali. Ad esempio, potremmo supporre (con Ramsey, Ayer e Strawson) che la teoria fondamentale della verità non contenga nient'altro che equivalenze della forma

"La proposizione che *p* è vera se e solo se *p* (escludendo casi come l'enunciato "Questa proposizione non è vera", che generano una contraddizione).

È utile far riferimento, sulla scia dell'approccio di W.V. Quine, anche alla cosiddetta *teoria deflazionistica*, in quanto da esso scaturisce una spiegazione peculiare della *raison d'être* del nostro concetto di verità, che consiste nell'asserire che la sua funzione non è quella di descrivere proposizioni, come si potrebbe inferire ingenuamente dalla sua forma sintattica, ma semmai quella di metterci in grado di costruire un certo tipo di generalizzazione. Ad esempio, la proposizione "Quel che ha detto Einstein è vero" è intuitivamente equivalente alla congiunzione infinita "Se Einstein ha detto che nulla va più veloce della luce, allora nulla va più veloce della luce; e se Einstein ha sostenuto che non si dovrebbero costruire armi nucleari, allora non si dovrebbero costruire armi nucleari; ... e così via". Ma senza un predicato di verità noi non possiamo catturare questo enunciato. Il deflazionista sostiene, inoltre, che tutti gli usi legittimi del predicato di verità – inclusi quelli della scienza, della logica, della semantica e della metafisica – sono semplicemente esibizioni di questa funzione generalizzante, e che lo schema di equivalenza è soltanto ciò di cui c'è bisogno per spiegare tale funzione.

Nel campo deflazionista ci sono varie proposte in competizione reciproca. Secondo la cosiddetta *teoria della ridondanza* di Frege, i casi corrispondenti di "È vero che *p*" e "*p*" hanno esattamente lo stesso significato, mentre la *teoria minimalista* assume solo che queste proposizioni siano necessariamente equivalenti. Altri deflazionisti non credono nell'esistenza delle proposizioni, per cui ritengono gli enunciati i portatori fondamentali della verità; e infatti la *teoria del devirgolettamento* suppone che la verità sia catturata dal principio di devirgolettamento "*p*" è vero se e solo se *p*. Tarski non considera il principio di devirgolettamento, noto anche come *schema di Tarski* o *schema T*, una teoria in sé adeguata, ma solo una specificazione di cosa dovrebbe comportare ogni definizione adeguata. Il suo sistema mostra come dare una definizione esplicita della verità per tutti gli enunciati di certi linguaggi formali a partire dai referenti dei loro nomi e predicati primitivi. Si tratta della cosiddetta *teoria semantica* della verità.

Per cercare di capire in che cosa consista la novità di questa impostazione e cogliere la sua specificità rispetto a quanto era stato anticamente affermato da Platone e Aristotele è necessario tener conto del fatto che Tarski propone di valutare la verità degli enunciati facendo ricorso ad un linguaggio esterno (*metalinguaggio*) a quello in cui sono espressi gli enunciati in oggetto (*linguaggio oggetto*). Questa "mossa" consente di venire a capo con successo di un celebre *insolubile* della storia della filosofia: il paradosso del mentitore, la cui formulazione si deve a Eubulide, il quale, nel IV secolo a.C., fu famoso in tutta l'antichità per i suoi "argomenti dialettici", nei quali faceva grande uso di una tecnica confutatoria diretta a mostrare le lacune degli dottrine trionfanti di Platone e Aristotele, e specialmente contro i loro presupposti che il linguaggio fosse sempre in grado di tradurre in enunciati scientifici la realtà e che di una proposizione ben formulata fosse sempre possibile stabilire se essa fosse vera o, al contrario, fosse falsa. A quest'ultimo presupposto, in particolare, Eubulide oppose la seguente antinomia: "Un uomo dice: 'Io sto mentendo'. Mente o dice il vero?" (*Eubulide*, 330 a.C.). Questa proposizione, palesemente, è vera se e solo se è falsa e falsa se e solo se è vera. Questo paradosso fu ripreso e riformulato in varie forme: valga per tutti l'esempio di Cicerone che ne fornì la seguente versione: *"Se tu dici di mentire e dici che questo è vero, menti o dici il vero?"* (Cicerone, *Academica priora*, II, 20).

Nell'approccio di Tarski al problema della verità questo tipo di antinomia viene risolta in quanto si evita, con l'utilizzo di un linguaggio superiore, il meccanismo dell'autoriferimento causa del sorgere della difficoltà. Dislocare la proposizione in questione su due livelli, quello del linguaggio oggetto e quello del metalinguaggio, permette infatti di trasformarla in un'enunciazione del tutto innocua, depurata cioè della difficoltà precedente, e precisamente: "Io dico di me stesso che sto mentendo". Il germe della contraddizione esemplificata nella "antinomia del mentitore" viene così identificato nel fatto che il linguaggio ordinario è "semanticamente chiuso", con la conseguenza di dover contenere anche i nomi delle espressioni e i termini semantici riguardanti le espressioni del linguaggio stesso.

La riformulazione tarskiana della *verità* modifica, pertanto, la concezione adeguazionista nella forma secondo la quale "l'enunciato (detto) /*p*/ è vero sse *p*". Questo vuol dire che è possibile attribuire valori di verità soltanto se l'enunciare si svolge in una maniera che lo consenta. Così l'enunciato *p* sarà vero se, e solo se, si dà (nella realtà esterna) *p*, ossia se la realtà è come dice *p*. Resta, comunque, che la *verità* costituisce una relazione tra un rappresentante e un rappresentato o tra verificante e verificato che in tanto "adeguano" in quanto appartengono a piani diversi tra i quali non c'è interferenza né possibilità d'esser compresi in un unico livello. Il problema che va a questo punto affrontato e risolto è quello di stabilire come debbano esser fatti i due piani affinché la relazione di verità abbia senso e significato. Nelle teorie tarskiane e post tarskiane il linguaggio è definito come contenente non un semplice insieme ma una successione ordinata di nomi (termini denotanti cose). In questo modo, le cose si adeguano all'intelletto in quanto vengono disposte in ordine (in serie) mediante nomi che le denotano e per poterne parlare è necessario che siano disposte in serie. L'essere delle cose, in altri termini, non consiste solo nel loro essere percepite, ma anche nel "*modo* in cui le cose sono percepite. Così, la proposta, o la concezione, tarskiana della verità assume, appunto, il suo aspetto caratteristico in forza del quale un enunciato vero è quello che *dice* che lo stato di cose è questo-e-questo e lo stato di cose è proprio questo-e-questo", ad esempio l'enunciato *p* è vero se, e soltanto se, *p*; l'enunciato "la neve è bianca" è vero "se la neve è bianca".

Dalle cose dette risulta evidente che il problema della verità in Tarski rimanda alla definizione aristotelica del "vero" e, in modo ancora più preciso, a quella della verità come adeguazione già stabilita da Tommaso, per il quale, come si è visto, la verità viene definita quale conformità [*adaequatio*] dell'intelletto e della cosa [*intellectus et rei*]. La problematicità di posizioni come questa, dal punto di vista logico ed epistemologico, va fatta risalire alla circostanza che esse si basano sulla definizione ma lasciano nel *definiendum* un senso residuo che non si trova nel *definiens*. Infatti, l'intelligibile è nell'intelletto, la cosa-stessa è nella realtà ma il *fatto della loro adeguazione non appartiene né all'uno né all'altra*.

3. *Il tentativo di ridurre la verità alla "dimostrabilità"*

La criticità di tale questione e la difficoltà di venirne a capo sono tra le ragioni che hanno spinto, soprattutto nella seconda metà dell'Ottocento, a cercare di sostituire la teoria *semantica* della verità con un approccio puramente *sintattico* a quest'ultima, sostituendola *in toto* con la nozione (sintattica, appunto), di *dimostrabilità*. Punto di riferimento obbligato di questo approccio è la posizione di Hilbert, per il quale la questione della verità può essere posta e affrontata in modo rigoroso solo all'interno di un sistema formale relativo a un certo campo della matematica, che non solo è un "sistema chiuso", ma *"rappresenta" in modo fedele e completo* i nostri pensieri rispetto a quel campo. Queste determinazioni trovano un'esplicita e rigorosa espressione nell'affermazione, secondo la quale, in ogni dato sistema assiomatico, "i modi inferenziali del sistema sono orientati secondo l'immagine di una *realtà chiusa, totalmente determinata*, e danno espressione formale a questa immagine"[13]. Questa affermazione, a sua volta, si basa su principi altrettanto chiaramente enunciati, come i seguenti:

1) quando si fissano gli assiomi per una data scienza, essi devono contenere "una precisa e completa descrizione delle relazioni che sussistono tra i concetti elementari di quella scienza. Gli

13 D. Hilbert e P. Bernays, *Grundlagen der Mathematik II*, Springer, Berlin,1939, p. 289.

assiomi fissati sono nello stesso tempo definizioni di quei concetti elementari"[14];

2) una volta dati i principi della scienza assiomatica corrispondente a un certo campo conoscitivo, "il successivo sviluppo del singolo campo consiste poi nell'ulteriore sviluppo logico dell'intelaiatura di concetti già prodotta"[15];

3) ogni proposizione, appartenente al dominio della scienza considerata, "vale per vera solo se essa può essere derivata dagli assiomi stabiliti mediante un numero finito di inferenze logiche"[16].

Per Hilbert, dunque, la questione fondamentale da affrontare è quella di garantirsi la possibilità, per una data classe di problemi, di arrivare comunque a una soluzione mediante una successione *finita* di istruzioni, la cui esecuzione non lasci alcun margine di dubbio o di ambiguità. La disponibilità di *procedure meccaniche* è pertanto finalizzata a dare una risposta concreta alla questione suddetta e ad assicurare che, nel caso di una funzione, per esempio, esista un algoritmo per calcolare il valore della variabile dipendente a partire da quello della variabile indipendente (o delle variabili indipendenti, nel caso si tratti di una funzione a più argomenti). In questo caso possiamo dire che la funzione sia effettivamente *calcolabile* o *computabile*; e, d'altro lato, qualunque algoritmo definisce la funzione computabile che associa ai dati del problema la risposta data dall'algoritmo stesso. L'obiettivo che ci si pone, seguendo questa via, è quello di mostrare che ogni problema matematico è *decidibile* con un numero finito di operazioni e di considerare questa procedura generale di decisione la questione principale della logica matematica[17].

---

14 D. Hilbert, "Mathematische Probleme", in: Id., *Gesammelte Abhandlungen. Dritter Band: Analysis, Grundlagen der Mathematik, Physik, Verschiedenes*, Springer, Berlin 1935, p. 299 (tr. it. parziale in: Id., *Ricerche sui fondamenti della matematica*, a cura di V.M. Abrusci, Bibliopolis, Napoli 1978, pp. 145-62).

15 D. Hilbert, "Axiomatisches Denken", in: Id., *Gesammelte Abhandlungen. Dritter Band...*, cit., p. 147 (tr. it. in: Id., *Ricerche sui fondamenti della matematica*, cit., pp. 177 *sg.*).

16 D. Hilbert, "Mathematische Probleme", cit., p. 300.

17 È importante notare che "decidibile" non equivale a "risolvibile". Un problema matematico è decidibile quando esiste un algoritmo che, a ogni istanza del

È proprio l'esigenza di dare una risposta concreta a questo *problema di decisione* (*Entscheidungsproblem*) che spinge Hilbert a assumere il metodo assiomatico come "il metodo generale di ricerca, che nella matematica moderna sembra valersi sempre di più"[18] e come lo strumento indispensabile per ogni ricerca esatta in qualsiasi campo, proprio in quanto esso facilita la precisazione dell'impostazione del problema e aiuta a preparare la sua soluzione. Quest'ultima richiede infatti che i sistemi formali siano governati da regole le quali "costituiscono un sistema chiuso, che si lascia scoprire e formulare in modo definitivo"[19]. Che esse costituiscano un sistema chiuso significa che il sistema è determinato da un insieme di regole che non può essere nè esteso, né modificato successivamente.

L'importante, nella visione di Hilbert, non è quindi l'oggetto che si considera ma la *coerenza* del sistema formale che lo tratta, degli assiomi e delle norme di ragionamento che lo regolano, l'assenza di intrinseche contraddizioni e paradossi:

a) tutte le discipline matematiche sufficientemente sviluppate devono essere dotate di un proprio sistema di assiomi e regole di ragionamento, che permettano la formazione di sequenze finite di proposizioni – le dimostrazioni – delle quali i teoremi rappresentano gli ultimi passi;

b) il requisito fondamentale che ognuno di questi sistemi formali deve soddisfare è l'intrinseca coerenza. Infatti, visto che le teorie matematiche formalizzate non sono altro che collezioni di proposizioni di per sé prive di significato intuitivo, l'assenza di contraddizioni (e non il ricorso ad una presunta evidenza) costituisce l'unico criterio discriminante di accreditamento.

Secondo Hilbert, dunque, è essenziale che per ogni sistema

problema, fornisce sempre una risposta, sia essa positiva o negativa; si veda M.L. Dalla Chiara, R. Giuntini e F. Paoli, *Sperimentare la logica*, Liguori, Napoli 2004.

18 D. Hilbert, "Axiomatisches Denken", cit., p. 146.

19 D. Hilbert, "Die Grundlagen der Mathematik", in: "Abhandlungen aus dem mathematischen Seminar der Hamburgischen Universität", Vol. 6, 1928, p. 79 (tr. it. in: Id., *Ricerche sui fondamenti della matematica*, cit., pp. 267-89).

formale vengano fissati, in modo appropriato e coerente, i fondamenti da cui partire (gli assiomi) e i metodi con cui ragionare (le regole di deduzione). Ciò che chiamiamo "Matematica" si riduce esclusivamente a quanto il sistema deduce meccanicamente al suo interno, come pura manipolazione di simboli. Il sistema teorico che ne risulta è dunque incardinato su tre caratteri fondamentali che devono essere rispettati congiuntamente:

- *coerenza:* partendo da degli assiomi ed eseguendo determinati passi logici, si può arrivare *a contraddizioni*?
- *completezza:* nel nostro sistema assiomatico ogni *asserzione* è *dimostrabile*?
- *decidibilità:* è possibile *determinare* in un numero finito di passi se una *asserzione è vera oppure è falsa*?

Una volta rispettati questi tre criteri, come viene detto chiaramente da Wittgenstein nel *Tractatus,* nessuna sorpresa dovrebbe essere possibile, dal momento che non soltanto non viene conferita alcuna attenzione al ragionamento di un agente che, in presenza di un'informazione incompleta, prende decisioni ragionevoli che possono essere scartate successivamente quando si ottenga nuova informazione (il cosiddetto ragionamento non monotòno), ma l'obiettivo al quale si tende è quello di rimpiazzare la libera iniziativa del matematico con un procedimento meccanico, che consenta di controllare tutto e di eliminare ogni elemento di imprevedibilità. Per dirla con le parole (certamente polemiche) usate da Poincaré per commentare l'opera di Hilbert, "tutto vi è esplicitato in modo da permettere di fare Geometria anche ad un cieco"; "per dimostrare un teorema, non è più necessario e nemmeno utile sapere cosa vuol dire" e l'intera ricerca scientifica sembra ridursi ad una "macchina in cui si introducono gli assiomi da una parte e si raccolgono i teoremi dall'altra".

Nel 1933 però Kurt Gödel dimostrava un doppio risultato limitativo di enorme portata tecnica e filosofica. Il primo teorema di Gödel si può esprimere così: "Ogni teoria consistente che contenga l'aritmetica di Peano è incompleta, cioè non contiene tutti gli enunciati veri". Ci sono dunque enunciati aritmetici veri G che non possono essere dedotti da un sistema assiomatico contenente l'aritmetica di Peano e che sono, di conseguenza, indimostrabili. A questo risultato Gödel aggiunge un altro elemento, e cioè che per enunciati come G, non solo G, ma anche la negazione di G è indimostrabile. Quindi l'aritmetica è *incompleta* e anche *indecidibile* in quanto la verità o falsità di enunciati come G non può essere stabilita con i mezzi del sistema. Il secondo sistema di Gödel, corollario del primo, consiste nel far vedere che se un sistema come l'aritmetica di Peano potesse dimostrare la formula che esprime la sua stessa consistenza, allora potrebbe dimostrare G. Ma poiché G non è dimostrabile, la formula che esprime la consistenza dell'aritmetica non è neppure dimostrabile entro l'aritmetica di Peano. Il programma di Hilbert, che aspirava a dimostrare la consistenza dell'aritmetica usando il frammento finitista della stessa, si rivelava quindi infondato.

Questo doppio risultato sanciva quindi l'impossibilità di poter rispecchiare adeguatamente, a livello sintattico, il momento semantico. I teoremi di Gödel mostrano che vi è un nuovo protagonista nella riflessione teorica logico-matematica, la *complessità logica*. Infatti, la meccanizzazione della relazione di conseguenza logica funziona per i primi livelli, ma *non* funziona per livelli superiori e in particolare quando si voglia meccanizzare la nozione di verità aritmetica anche solo elementare, o nel caso della logica del secondo ordine. Il punto è che il concetto di verità aritmetica elementare risulta radicalmente più complesso (in un senso rigorosamente precisabile) di quello di dimostrabilità.

4. Dalla "verità" alla "verisimilitudine"

Le difficoltà di inquadrare in modo soddisfacente il problema della verità e di darne una soluzione capace di resistere alle obiezioni di varie genere che potevano essere via via formulate ha indotto l'epistemologia contemporanea a un significativo arretramento di posizioni, abbandonando la prima linea, quella consistente appunto nella difesa a tutti i costi della postazione incardinata sulla questione dell'accertamento della verità, per attestarsi su una linea più facilmente difendibile, almeno a prima vista. È questo il senso della posizione assunta da Popper, il quale, quando si trovò ad affrontare il problema della verità, sotto la spinta dell'opera di Tarski, cominciò a focalizzare la sua attenzione su un rapporto a *tre*: quello tra due teorie rivali e l'esperienza. Presupposto e punto di partenza di questa prospettiva è la convinzione che non esista alcun criterio per stabilire la verità di una teoria, che l'esperienza ci consente solo di confutare ipotesi. Dato per scontato questo orientamento di fondo, e quindi l'abbandono della difesa a oltranza della possibilità di venire a capo del problema della verità, ciò che emerge è una nuova questione: anche se, di fronte a due teorie rivali, l'esperienza non ci consentirà mai di dimostrare la verità né dell'una né dell'altra, possiamo tuttavia stabilire un criterio che ci consenta di affermare che l'una è preferibile all'altra perché "più vicina" (in un senso da precisare) alla verità? Se non esiste un criterio per riconoscere la verità, esiste almeno un criterio per riconoscere una maggiore o minore *vicinanza* alla verità?

Il nodo centrale della problematica popperiana, negli scritti del dopoguerra, si sposta in questo modo dalla falsificazione di una congettura alla scelta tra due (o più) congetture rivali. La risposta di Popper all'interrogativo così posto è nettamente affermativa: "La credenza nella verisimilitudine dei risultati ben corroborati della scienza (come le leggi della meccanica) è senz'altro razionale, e lo rimane anche dopo che questi risultati sono stati soppiantati. Si tratta, inoltre, di una credenza suscettibile di *gradi*. Noi dobbiamo distinguere fra due diverse dimensioni o scale di gradi: il grado di somiglianza al vero [*truthlikeness*] di una teoria, e quello della razionalità della nostra credenza nel fatto che una certa teoria ha ottenuto (un certo grado di) somiglianza al vero. Ho chiamato il primo di questi gradi "grado di verisimilitudine [*verisimilitude*] e il secondo "grado di corroborazione". Essi sono "comparativi" nel senso che due teorie possono essere confrontate rispetto alla verisimilitudine o alla corroborazione senza, tuttavia, che ciò porti in generale (cioè con la possibile eccezione delle teorie probabilistiche) a valutazioni numeriche. Se due teorie rivali sono state criticate e controllate nel modo più completo possibile, con il risultato che il grado di corroborazione di una è maggiore di quello dell'altra, avremo, in generale, *motivo di credere* che la prima è una migliore approssimazione alla verità della seconda. (È anche possibile dire di una teoria non ancora corroborata che è *potenzialmente* migliore di un'altra; vale a dire, che sarebbe ragionevole accettarla come una migliore approssimazione alla verità, posto che superi certi controlli). Secondo questa tesi, la razionalità della scienza e dei suoi risultati – e perciò della "credenza" in essi – è essenzialmente legata al suo progresso, alla sempre rinnovata discussione dei meriti relativi delle nuove teorie; è legata al *progressivo rovesciamento* delle teorie, piuttosto che al loro presunto *progressivo consolidamento* (o crescente probabilità) risultante dall'accumulazione di osservazioni a sostegno, come credono gli induttivisti"[20].

La teoria della verisimilitudine (o verosimiglianza) è stata messa a punto da Popper per cercare di definire i criteri di preferenza delle teorie in modo da esplicitare e rendere rigorosa l'opinione "ingenua" secondo cui sono da preferirsi quelle teorie che sono più vicine alla verità oggettiva. Essa si basa, come si è visto, sul concetto di *contenuto* di una teoria (o di un asserto). Il contenuto di un asserto *a* è la

20 K.R. Popper, Poscritto alla *Logica della scoperta scientifica. I, Il realismo e lo scopo della scienza*, tr. it. Il Saggiatore, Milano 1984, pp. 83 *sg*.

classe di tutte le conseguenze logiche di *a*, cioè l'insieme di tutte le informazioni contenute in *a* in forma diretta o indiretta. Se *a* è vero, questa classe può consistere solo di asserti veri, perché la verità è sempre trasmessa da una premessa a tutte le sue conclusioni. Ma se *a* è falso, il suo contenuto consisterà sempre in conclusioni sia vere sia false (per esempio: "a Natale nevica sempre" è falsa, ma la conclusione che da essa si può trarre, secondo cui lo scorso Natale è nevicato, può essere, casualmente, vera). Poiché, per un falsificazionista, non si può essere certi della verità di una congettura scientifica (che è il tipo di asserto che interessa trattare), bisogna ammettere di aver sempre a che fare con asserti che possono essere falsi, dunque che hanno un contenuto in parte vero e in parte falso. Chiameremo "contenuto di verità" di *a* la classe delle conseguenze logiche vere di *a*, e "contenuto di falsità" di *a* la classe delle conseguenze false di *a*. Popper ha elaborato una teoria della misura dei contenuti degli asserti, cioè un metodo per stabilire dei rapporti di uguaglianza, maggioranza e minoranza tra di essi. Questa teoria è fondata sull'idea semplice e ovvia che il contenuto informativo della congiunzione *ab* di due asserti qualsiasi *a* e *b* sarà sempre maggiore, o perlomeno uguale, a quello di ciascuno dei suoi componenti. Per esempio, se *a* è l'asserto "venerdì pioverà", e *b* è l'asserto "sabato sarà bello", allora, l'asserto congiunzione *ab* ("venerdì pioverà e sabato sarà bello") avrà un contenuto informativo superiore a quello dei singoli asserti componenti *a* e *b*. Se indichiamo con Ct *(a)* il "contenuto dell'asserto *a*", con Ct *(b)* il "contenuto dell'asserto *b*" e con Ct *(ab)* il "contenuto dell'asserto *ab*" avremo:

$$\mathrm{Ct}\,(ab) \geq \mathrm{Ct}\,(a)$$

e, analogamente

$$\mathrm{Ct}\,(ab) \geq \mathrm{Ct}\,(b)$$

Partendo da qui si può arrivare a definire la misura dei contenuti di verità e di falsità di un asserto *a*, che indicheremo con Ctv *(a)* e Ctf *(a)*. Ciò consente di definire quel concetto di misura di verisimilitudine cui ci premeva giungere. Un asserto sarà da considerarsi tanto più verosimile, quanto maggiore sarà la misura del suo contenuto di verità rispetto a quella del suo contenuto di falsità. Detta Vs*(a)* la misura di verisimilitudine di un asserto *a*, essa risulta data da:

$$\mathrm{Vs}\,(a) = \mathrm{Ctv}\,(a) - \mathrm{Ctf}\,(a)$$

Impiegando questo concetto di misura di verisimilitudine Popper può enunciare un criterio di scelta tra teorie rivali che, in forma sintetica, consiste nel *preferire la teoria che ha un maggior grado di verosimilitudine.* In questo modo egli ha formulato una traduzione in termini assai sofisticati dell'idea intuitiva che sia preferibile scegliere una teoria più vicina alla verità oggettiva, piuttosto che una che si allontani da questa verità. Il confronto tra teorie rivali va fatto sul terreno del loro maggiore o minore approssimarsi alla verità assoluta.

È fondamentale comprendere che in tutta la teoria della verosimiglianza non si tratta mai di una misura della *differenza tra una teoria e la verità assoluta*, ma sempre di una misura di *differenza tra due teorie.* Essendo per Popper inconoscibile la verità assoluta, sarebbe privo di senso parlarne come se fosse nota e la sua distanza rispetto alle varie teorie in gioco fosse in qualche modo determinabile. L'idea di una verità assoluta ha un valore *regolativo*: la teoria della misura della verosimiglianza non la riguarda, anche se questa teoria, senza quell'idea regolativa, non avrebbe giustificazione. Popper ha elaborato la teoria della misura della verosimiglianza per dare una veste rigorosa all'idea intuitiva di verità assoluta, ma la teoria della verosimiglianza non parla della verità assoluta. Lo scarto esistente tra le teorie ipotetiche e la verità assoluta non sarà mai conoscibile, ma, considerando i rapporti che intercorrono tra le teorie e scegliendo in base alla misura della verosimiglianza, noi non facciamo altro che agire diretti dalla regola di preferire quelle teorie che hanno maggiori speranze di essere vere. La verità, *intesa come l'insieme di tutte le proposizioni vere*, si pone come un obiettivo che noi prendiamo di mira, ma che secondo Popper non possiamo mai raggiungere "consapevolmente"; al massimo, ci possiamo consapevolmente avvicinare sempre più a esso, ma in maniera *asintotica*, ossia senza il supporto della certezza. Di conseguenza, proposizioni e teorie non possono mai essere *dette* vere, ma solo "verosimili". Alcune delle nostre produzioni concettuali potrebbero pertanto essere vere sin da ora, ma mentre non possiamo mai avere argomenti sufficientemente buoni nelle scienze empiriche per pretendere che abbiamo effettivamente raggiunto la verità, possiamo avere argomenti forti e ragionevolmente buoni per pretendere che possiamo aver fatto un progresso verso la verità. E la nozione di verosimiglianza serve a Popper proprio per spiegare il progresso conoscitivo, misurato in base alla maggiore o minore distanza dalla verità di due o più teorie in competizione. La verità è dunque per lui un bersaglio raggiungibile, e perciò la conoscenza è qualcosa che possiamo ottenere: diventa tuttavia un obiettivo irraggiungibile se considerata dal punto di vista della *certezza* conoscitiva.

Anche questo arretramento dalla verità alla verisimilitudine non è tuttavia esente da pecche tali da metterne in discussione la sostenibilità. Pavel Tichy, David Miller e John Harris hanno infatti dimostrato che le definizioni di Popper sono inconsistenti, in quanto se a una teoria la quale, non potendo essere mai una verità assoluta, e quindi del tutto vera, contiene necessariamente anche delle conseguenze false, aggiungiamo una proposizione *p* vera, allora possiamo estrarre da essa anche la congiunzione logica di questa nuova proposizione vera con un *f* falsa qualsiasi già presente nella teoria medesima. Questa congiunzione è falsa, e ciò vuol dire che se in una teoria falsificabile e con un contenuto ineliminabile di falsità aumentano le conseguenze vere, aumentano inevitabilmente anche le conseguenze false, risultato che nega la prima definizione di Popper.

Consideriamo il secondo caso: Popper dice che la verisimilitudine di una teoria falsa aumenta se diminuiscono le conseguenze false e non quelle vere; ma anche qui le cose non funzionano, giacché se si toglie dalla teoria in questione una proposizione *p* falsa, ci si proibisce di fare una implicazione tra questa *p* falsa e un'altra proposizione qualsiasi *q*. Indipendentemente dal valore di verità di quest'ultima la proposizione risultante $p \Rightarrow q$ sarà, appunto, sempre vera, trattandosi di un'implicazione con antecedente falso che è sempre vera indipendentemente dal valore di verità del conseguente. Questo risultato è quindi contrario alla seconda definizione prospettata da Popper. In altri termini: tra due teorie che hanno un contenuto di falsità, una non può essere in alcun caso più vera dell'altra.

Popper riconobbe subito l'errore compiuto nel fornire una definire una definizione formale di verisimilitudine, anche se cercò di circoscrivere il danno: "accettai la critica della mia definizione pochi minuti dopo che mi fu presentata, chiedendomi come mai non avessi visto prima l'errore; ma nessuno ha mai dimostrato che la mia teoria della conoscenza, che ho sviluppato a partire almeno dal 1933, e che da allora è gagliardamente cresciuta ed è molto usata dagli scienziati di mestiere, sia minimamente scossa da questa definizione sfortunatamente errata. E non è mai stato dimostrato nemmeno per quale motivo l'idea di verisimilitudine (che non è una parte essenziale della mia teoria) non dovrebbe venire ancora usata nell'ambito della mia teoria come concetto non definito. L'affermazione che la mia *autorità* venga danneggiata da questo incidente è ovviamente vera; ma io non ho mai rivendicato né desiderato avere alcuna autorità. L'affermazione che *la mia teoria* venga danneggiata è stata fatta senza neppure tentare di motivarla, e mi sembra perciò soltanto frutto di incompetenza"[21].

21 Ivi, p. 25.

5. *Kuhn e Pirandello*

A cogliere in modo profondo, chiaro ed esaustivo, le conseguenze di queste difficoltà a reperire criteri che ci permettano di riferirci in modo affidabile alla nozione di verità o a quella più debole di verosimiglianza è stato Kuhn. La sua attenzione si è concentrata in particolare sull'impossibilità di accedere all'oggetto reale, di qualunque natura esso sia, senza la mediazione e il filtro di un linguaggio, e sulla conseguente insussistenza di quelli che possiamo chiamare "mezzi sublinguistici neutrali": "Il confronto punto per punto di due teorie successive richiede un linguaggio in cui almeno le conseguenze empiriche di entrambe possano venir tradotte senza perdite o mutamenti. Che questo linguaggio sia a portata di mano è stato ampiamente ammesso fin dal diciassettesimo secolo, quando i filosofi prendevano per certa la neutralità dei resoconti delle sensazioni pure e andavano alla ricerca di una *characteristica universalis* che sarebbe servita per esprimere tutti i linguaggi come uno solo. Idealmente il vocabolario primitivo di tale linguaggio doveva consistere di termini per dati puramente sensoriali, più dei connettivi sintattici. I filosofi hanno ormai abbandonato la speranza di realizzare un tale ideale, ma molti di essi continuano ad assumere che le teorie possano venir confrontate ricorrendo a un vocabolario di base consistente interamente di parole aderenti alla natura in maniera non problematica e, nella misura necessaria, in modo indipendente dalla teoria. Questo è il vocabolario nel quale gli asserti-base di Popper sono formulati. Gli occorre per poter confrontare la verisimilitudine di teorie che tendono a sostituirsi l'un l'altra o per mostrare che una è "più spaziosa" della precedente (o l'include). Feyerabend ed io abbiamo ampiamente mostrato che non è disponibile alcun vocabolario siffatto. Nella transizione da una teoria all'altra, le parole cambiano in modo sottile il loro significato o le loro condizioni di applicabilità. Sebbene la maggior parte degli stessi vocaboli siano usati prima o dopo una rivoluzione – per esempio forza, massa, elemento, composto, cellula –, il modo con cui alcuni di essi aderiscono alla natura è in parte mutato. Diciamo dunque che le teorie che si succedono sono incommensurabili"[22].

Ad esempio, lo sviluppo della teoria atomica di Dalton introduce, rispetto alle elaborazioni teoriche precedenti, un nuovo modo di vedere la combinazione chimica, col risultato che le leghe, le quali prima di questa rivoluzione erano considerate composti, in seguito a essa cominciano a essere viste come miscele. Le teorie prima e dopo Dalton danno dunque un diverso taglio al mondo e i chimici non dispongono, per i loro resoconti, di mezzi sub-linguistici neutrali che possano fungere da elemento di raffronto reciproco e venire assunti come base comune, che funga da "zona cuscinetto" e "interfaccia" tra le teorie in gioco e a partire dalla quale si possa, per questo, effettuare una traduzione affidabile.

Già prima di Kuhn, tuttavia, e, cosa ancor più sorprendente, antecedentemente alla formulazione dello stesso principio di indeterminazione, enunciato da Heisenberg nel 1927, scrittori e artisti avevano cominciato a intuire che le cose stessero così. L'esempio più significativo è quello di Luigi Pirandello e della sua opera teatrale *Così è se vi pare*, tratta dalla novella *La signora Frola e il signor Ponza, suo* genero, rappresentata per la prima volta il 18 giugno 1917 e presentata in una nuova edizione arricchita e completamente modificata nel 1925. L'opera è incentrata su un tema molto caro a Pirandello: l'inconoscibilità del reale, di cui possono essere date versioni e interpretazioni differenti a seconda del punto di vista adottato.

La vita di una tranquilla cittadina di provincia è sconvolta dall'arrivo di un nuovo impiegato, il Signor Ponza, e della suocera, la Signora Frola, scampati ad un terribile terremoto nella Marsica. Si mormora, tuttavia, che assieme ai due sia giunta in città anche la moglie del Signor Ponza, anche se nessuno l'ha mai vista. I coniugi

22 T.S. Kuhn, "Reflections on my Critics", in: I. Lakatos e A Musgrave, *Criticism and the Growth of knowledge*, Cambridge University Press, Cambridge, MA 1970; tr. it: "Riflessione sui miei critici", in: Id., *Critica e crescita della conoscenza*, a cura di G. Giorello, Feltrinelli, Milano 1976, p. 352.

Ponza alloggiano all'ultimo piano di un caseggiato periferico, mentre la Signora Frola vive in un elegante appartamentino. Il trio suscita la curiosità del paese e viene coinvolto nelle chiacchiere degli abitanti, che suscitano l'ilarità di Lamberto Laudisi, convinto dell'impossibilità di conoscere gli altri e la loro vera storia. Il signor Ponza viene sottoposto a un interrogatorio, durante il quale dichiara la pazzia della suocera, che, a suo dire è impazzita a causa della morte della figlia Lina, sua prima moglie, e si è convinta che Giulia (seconda moglie) sia in realtà la figlia ancora viva. Successivamente, però, entra la signora Frola che, resasi conto di essere stata trattata come una pazza, rivolge la stessa accusa al genero: lui è pazzo, almeno nel considerare Giulia come seconda moglie. Afferma che, dopo la lunga assenza della moglie in una casa di cura, egli non l'avesse più riconosciuta, e non l'avrebbe più accettata in casa se non si fossero svolte delle seconde nozze, come se si trattasse di una seconda donna. Tutti sono sbalorditi, non sapendo più cosa pensare, eccetto Laudisi che prorompe in una sonora risata. La ricerca delle prove per determinare la verità è in realtà l'occasione, affidata a quest'ultimo personaggio, per svelare il senso complessivo dell'opera: egli polemizza con la fiducia affidata ai "dati di fatto" e rivendica uguale realtà al "fantasma" della costruzione soggettiva, affermando in questo modo l'insolubilità dell'enigma.

Di particolare interesse, dal nostro punto di vista, è il dialogo di Laudisi con la propria immagine riflessa nello specchio: "Eh caro! chi è il pazzo di noi due? Eh lo so: io dico TU! e tu col dito indichi me. Va là che, a tu per tu, ci conosciamo bene noi due. Il guaio è che, come ti vedo io, gli altri non ti vedono... Tu per gli altri diventi un fantasma! Eppure, vedi questi pazzi? senza badare al fantasma che portano con sé, in se stessi, vanno correndo, pieni di curiosità, dietro il fantasma altrui! e credono che sia una cosa diversa". Nel tentativo di risolvere l'enigma viene organizzato un incontro tra suocera e genero: ne derivano scene di concitata violenza, in cui il signor Ponza aggredisce la suocera urlandole in faccia la verità. Subito dopo si scuserà per questo suo atteggiamento dicendo che era necessario fare la parte del pazzo per mantenere viva l'illusione della signora Frola. Infine, nell'ultimo atto, dopo una vana ricerca di prove certe tra i superstiti del terremoto, viene condotta in scena la moglie del signor Ponza, l'unica in grado di risolvere la questione mettendo a conoscenza di tutti la verità. Quest'ultima, con il viso coperto da un velo nero, afferma di essere al contempo sia la figlia della signora Frola che la seconda moglie del signor Ponza, mentre di sé afferma di non essere nessuna: "*io sono colei che mi si crede*". Interviene così Laudisi, dopo una risata, che dice, con uno sguardo di sfida derisoria: "*Ed ecco, o signori, come parla la verità! Siete contenti?*"

Questa conclusione sintetizza al meglio la problematicità del rapporto tra il linguaggio e la realtà alla quale esso si riferisce. Qualsiasi affermazione parte dalle parole che usiamo (il *significante*), per esprimere un concetto (il *significato*) che è interno al linguaggio, in quanto è parte costitutiva del *segno,* che altro non è se non la relazione tra il significante e il significato, appunto. La realtà può essere espressa e conosciuta soltanto attraverso il linguaggio, non c'è un accesso diretto a essa che prescinda da quest'ultimo. Il *referente,* ciò che costituisce l'oggetto del nostro discorso e al quale esso si riferisce, è però qualcosa di esterno al nostro linguaggio, non può essere incorporato all'interno della sua trama. C'è dunque un distacco incolmabile tra il referente e il significato, attraverso il quale esso viene introdotto nel linguaggio. La moglie del signor Ponza, in quanto oggetto del discorso del marito e della signora Frola, assume inevitabilmente il significato che ha all'interno dei loro rispettivi discorsi: per il primo è dunque la seconda moglie del signor Ponza, per il secondo discorso è invece la figlia della signora Frola. In se stessa, come referente del discorso di entrambi, non può dare alcuna risposta, è muta, e, se interrogata, può rispondere soltanto: "*io sono colei che mi si crede*" proprio perché il referente può parlare soltanto se viene introdotto all'interno di un linguaggio, nel quale caso perde i suoi caratteri di realtà oggettiva e diventa inevitabilmente oggetto di un discorso, significato, appunto.

Viene così posta, in modo arguto, la questione, cruciale dal punto di vista filosofico, del rapporto tra oggetto reale e oggetto della conoscenza. Il paradosso evidenziato da Pirandello consiste nel fatto che questi oggetti non coincidono, ma non possono neppure essere considerati estranei e indifferenti l'uno rispetto all'altro.

6. Cantor, Florenskij e Kurosawa

Nel 1950 il regista giapponese Akira Kurosawa con il suo film *Rashomon,* che vinse il Leone d'oro al Festival di Venezia di quell'anno, ripropose in chiave cinematografica tutti i problemi e le difficoltà in cui si trovava invischiata la questione della ricerca della verità. La trama trae spunto da un racconto dello studente ventitreenne Ryûnosuke Akutagawa che, dopo una delusione d'amore, pubblicò nel 1915 su una rivista un suo racconto breve intitolato *Rashomon*, proprio come il film. Sette anni dopo egli diede alle stampe una versione più estesa, intitolata *Nel bosco,* che è considerata il suo capolavoro, dalla quale trasse appunto ispirazione Kurosawa.

L'intreccio, com'è noto, è basato sul dialogo di un prete buddista, un taglialegna e un servo i quali, per sottrarsi alla pioggia, si rifugiano sotto il portale del tempio di Rashomon e approfittano di questa pausa forzata del loro cammino per interrogarsi su una vicenda, l'assassinio di un samurai e lo stupro di sua moglie, che ha coinvolto i primi due come testimoni. Mentre si susseguono le dichiarazioni dei protagonisti davanti al tribunale sulla loro versione dei fatti, la verità, anziché emergere, sembra allontanarsi e confondersi sempre più. Kurosawa integra la trama del racconto con un ulteriore elemento di ambiguità e di disorientamento per il pubblico, l'aggiuntiva illusione e la menzogna introdotte dall'uso sapiente di una serie di flashback, ai quali il regista ricorre man mano che i vari personaggi – il bandito, la moglie del samurai, la stessa vittima, di cui i giudici fanno evocare lo spirito per acquisirne la testimonianza, e l'anonimo boscaiolo – procedono con la narrazione, e che offrono alla visione degli spettatori le diverse versioni dell'assassinio come se si trattasse di realtà oggettive e indiscutibili, di fatti "neutri", oggetto di osservazione diretta.

All'uscita di questo capolavoro si è scritto che esso risente della passione del regista giapponese per Pirandello, e non si può negare che per alcuni aspetti sia così, dato che al centro della trama del film vi è lo stesso problema trattato in *Così è se vi pare,* e cioè la difficoltà di trovare argomenti validi ed efficaci contro il moderno relativismo, che sfocia nella negazione nichilistica della verità. Vi è tuttavia una differenza fondamentale, che non può essere sottovalutata, rispetto all'approccio pirandelliano, e cioè il riferimento all'idea, cara alla tradizione filosofica orientale, che c'è comunque una strada che può consentirci di venire a capo di questo dramma, la cui origine va rintracciata nello sconfinato amor proprio degli individui e in quella egocentrica enfatizzazione dell'Io che è la causa dell'egoismo dilagante, ed è il riferimento all'illuminazione interiore, che nella trama del film si manifesta nel gesto di incondizionata solidarietà del boscaiolo, il quale, pur avendo già sei figli, si offre di prendere con sé il bimbo, abbandonato da qualcuno e rinvenuto sotto il portale del tempio, che il monaco teneva tra le sue braccia, consentendo così a quest'ultimo di recuperare, con questa scelta, la fiducia nell'umanità che egli, all'inizio del film, aveva dichiarato di avere ormai perso. Questo aspetto finale di novità rispetto al racconto originale di Akutagawa, introdotto da Kurosawa nel film, è importante e significativo anche perché è frutto di un esplicito riferimento alla grande tradizione letteraria russa, in particolare all'opera di Dostoevskij, di cui il regista era un appassionato lettore e un cultore e di cui si considerava erede, come si può desumere dal fatto che, non a caso, il suo film successivo dopo *Rashomon* sarà l'adattamento de *L'idiota* di Fëdor Dostoevskij, mentre nel 1957 arriverà *I bassifondi*, tratto da Maksim Gor'kij.

Questa forte presenza della letteratura russa nel film, soprattutto nel suo finale, ci consente di collegare, in modo tutt'altro che forzato, il suo riferimento all'illuminazione interiore e all'ideale che, in virtù di essa, può essere raggiunto, alla posizione assunta da un grande e poliedrico pensatore, russo anch'egli, Pavel Florenskij, nei confronti del dibattito sulla questione della verità. Egli sottolinea, a proposito di esso, come se ne possa desumere in maniera del tutto lineare la conclusione che la filosofia occidentale, e in particolare il positivismo, ha in sé gli elementi del proprio autodisfacimento, in quanto pretende di pensare a un accrescimento illimitato senza fine, cioè inesauribile, facendo a meno di un'idea di infinito come qualcosa di realizzato. È istruttivo capire le motivazioni di questa sua valutazione. Alla base di essa vi è il riferimento all'opera di Cantor, di cui Florenskij fornisce una lucida e appassionata lettura nel saggio del 1904, lo stesso anno in cui egli discusse la sua tesi di laurea in matematica, *O simvolah beskonečnosti. Očerk idej G. Kantora* [I simboli dell'infinito. Studio sulle idee di G. Cantor][23], originale tentativo di applicare il pensiero matematico di Cantor, e in particolare la concezione di gruppo (*die Menge*), la teoria degli insiemi e la teoria del numero transfinito, *alle* questioni filosofiche e teologiche che lo attraggono.

Nell'Introduzione di quest'opera Florenskij scrive: "Georg Cantor affrontò di petto la concezione dello spazio di punti quale unità. Secondo Cantor tutto viene visto come un insieme di totalità – unite mentalmente in un unico oggetto – di elementi assolutamente diversi tra loro e singolarmente delineati, i quali nel processo di astrazione danno delle unità, mentre quello di insieme è un concetto afferito al numero cardinale e ordinale. Seppur costretto ad ampliare la

23 P.A. Flofrenskij, "O simvolah beskonečnost (Očerk idej G. Cantora)" [Sui simboli dell'infinito. Studio delle idee di G. Cantor], ora in P.A. Florenskij, *Sočinenija v četyrech tomach* (Opere in quattro volumi), a cura di A. Trubačëv, M.S. Trubačëva, P.V. Florenskij, Mysl', Moskva 1994-1999, vol. I, pp. 79-128, tr. it. in Id. *Il simbolo e la forma*. Scritti di filosofia della scienza, a cura di N. Valentini e A. Gorelov, Bollati Boringhieri, Torino, 2007.

serie dei numeri naturali oltre i limiti del finito e a creare i numeri transfiniti e i tipi di ordine, Cantor non abbandona l'antico fondamento che 'tutto è molteplicità', come Zenone formulò la teoria dei pitagorici, né il pitagorico 'le cose sono numeri'. Non solo egli non abbandona questa teoria, ma è proprio per suo tramite che egli crea i numeri transfiniti, così da essere autorizzato a sostenere che tutto è numero. Il punto focale dei suoi sforzi, l'autentico significato delle sue opere era quello di comprendere il continuo come una specie di discreto, di creare una serie ininterrotta di punti e di esprimere con un numero l'insieme a ciò necessario. Le opere di Cantor e dei suoi seguaci sul problema del *continuum* generarono un insieme di concetti sottilmente cesellati, preziosi oltre modo dai punti di vista più vari; in trent'anni lo studio dei concetti correlati al *continuum* ha fatto progressi maggiori che nei tre millenni precedenti. Tuttavia, il compito fondamentale – la costruzione logica del *continuum* nei confronti dei punti-unità e la rimozione del campo in cui questi punti hanno una posizione – permane laddove si trovava prima di Pitagora. Si riesce a costruire il *continuum* solo sulla base dell'intuizione sottintesa dell'ininterrotto, e quando tale intuizione viene onestamente ripudiata, anche il *continuum* scompare. E, va da sé, se non siamo in grado di osservare lo *hiatus*, quel divario tra i punti che solo contemplativamente può essere ravvisato, non possiamo nemmeno costruire il *continuum*, poiché non sappiamo se ciò che abbiamo costruito presenta delle lacune o se invece è 'collegato', per dirla con Cantor: per il nostro gusto prettamente logico *continuum* e *pseudocontinuum* non si distinguono in nulla. Del resto, l'intuizione del *continuum* si addentra ancor più nel profondo della struttura di ogni insieme di punti (*Punktmannigfaltigkeit*, *Punktmenge*), poiché la stessa definizione dei punti quali punti dello spazio è possibile solo sullo sfondo dello spazio suddetto, e se davvero li prendessimo fuori dello spazio – loro che sono quantitativamente privi di differenze e che si distinguono l'uno dall'altro solo per la propria posizione –, essi cesserebbero di differenziarsi e finirebbero necessariamente per confluire, giacché il loro *principium individuationis* è proprio lo spazio. Questa, tuttavia, è un'obiezione di sostanza, mentre da un punto di vista storico è fuori di dubbio che ci troviamo sulla cresta dell'onda del cantorianesimo; è a questa cerchia di concetti che appartiene il futuro prossimo della matematica"[24].

Questa lunga citazione è necessaria per capire quali fossero i motivi del profondo interesse di Florenskij per l'opera di Cantor, maturato, come si è detto, già negli anni in cui egli era ancora studente in matematica, come prova il fatto che nel 1904, ovvero nello stesso anno in cui egli discusse la sua tesi di laurea, pubblicò il saggio *O simvolah beskonečnosti. (Očerk idej G. Kantora)* (Sui simboli dell'infinito. Studio delle idee di G. Cantor)[25]. Come si evince chiaramente da ciò che egli scrive Cantor, oltre a elaborare una vera e propria teoria dell'infinito matematico, ha sovvertito le tradizionali concezioni dei rapporti tra finito e infinito, puntando a definire il primo a partire dal secondo, e non viceversa. A tal scopo egli è innanzi tutto partito dalla classica distinzione essenziale tra i concetti di infinito potenziale e di infinito attuale, ricordando come il primo denoti una grandezza variabile finita che varia, o crescendo al di là di ogni limite, o diminuendo al di sotto di una quantità piccola a piacere. In entrambi i casi siamo di fronte a una grandezza che rimane sempre *finita*, per cui questo tipo di infinito va definito "improprio", in quanto in realtà si tratta di un "finito variabile". L'infinito proprio ha come suo significato un "quanto" costante, fisso in sé, posto tuttavia al di là di ogni grandezza finita e riferito quindi a un infinito dato una volta per tutte, come un unico atto. Su questa base opera una chiara differenziazione tra due forme di infinito proprio o attuale, l'*assoluto*, che è un infinito non accrescibile e pertanto non determinabile matematicamente, realizzato nella sua perfezione nell'essere extramondano, in Dio; e quella a cui dà il nome di *transfinito*,

---

24 P.A. Florenskij, "Symbolarium", tr. it. in: Id. *Il simbolo e la forma. Scritti di filosofia della scienza*, a cura di N. Valentini e A. Gorelov, Bollati Boringhieri, Torino 2007, pp. 263-64.

25 P.A. Florenskij, *O simvolah beskonečnost*, cit.

relativo a un infinito attuale, sì, ma ancora accrescibile, che ricorre concretamente nel mondo dipendente delle creature o può essere concepito in astratto, come grandezza matematica, numero o tipo d'ordine del pensiero. Mentre il primo, l'assoluto, è oggetto di studio della teologia speculativa, la ricerca riguardante il transfinito rientra nell'ambito della metafisica e della matematica.

Per chiarire cosa significhi l'"ulteriore accrescibilità" che caratterizza questa seconda forma di infinito attuale, Cantor prende in esame i casi di insiemi con infiniti elementi e, dopo aver precisato che due insiemi (finiti o infiniti) di elementi hanno lo stesso numero cardinale (o la stessa cardinalità) quando è possibile stabilire tra di essi una corrispondenza biunivoca, definisce "numero transfinito" la cardinalità di un insieme che abbia un numero infinito di elementi. A partire da queste premesse viene definito *numerabile* ogni insieme che ha una cardinalità non più grande dell'insieme N dei numeri naturali, tale che ogni suo sottoinsieme infinito è grande quanto lo stesso insieme, e *numerabilmente infinito* ogni insieme grande quanto N. Dopo l'insieme dei numeri naturali Cantor prende in considerazione l'insieme A dei numeri algebrici reali, e quindi in particolare l'insieme Q di tutti i razionali (le frazioni), dimostrando che anch'esso è numerabilmente infinito, cioè "grande" tanto quanto l'insieme dei numeri naturali. Questa è una conclusione abbastanza sorprendente. Dato infatti che tra ogni coppia di numeri naturali consecutivi n e $n+1$ vi sono *infiniti* numeri razionali, sembrerebbe naturale aspettarsi che la totalità dei numeri razionali sia più grande di quella degli interi non-negativi. Cantor mise però a punto un sistema piuttosto ingegnoso per mostrare che le cose non sono così: il *quadrato infinito* attraverso il quale viene fornita una enumerazione dei numeri razionali non negativi.

Diversamente vanno le cose nel caso dell'insieme R dei numeri reali, di quei numeri, cioè, che possono essere rappresentati da una successione finita di cifre comprese tra 0 e 9 e seguite, dopo la virgola, da una successione infinita di cifre comprese di nuovo tra 0 e 9. Se

R fosse *grande tanto quanto* N allora dovrebbe essere possibile disporre *tutti* i numeri reali uno dietro l'altro in una successione analoga a quella degli interi non negativi, vale a dire *enumerarli.* Cantor riuscì a dimostrare che ciò non è possibile mediante un procedimento di dimostrazione detto diagonale. Di un insieme grande come quello dei numeri reali diremo dunque che appartiene per così dire a un tipo di infinità diversa da quella di N, o di Q, o di A, che esso non è, di conseguenza, *numerabilmente infinito* e che *ha la cardinalità del continuo.* Questo teorema di Cantor evidenzia pertanto che è possibile diversificare il concetto di infinito, articolandolo in classi diverse: quello più facilmente apprezzabile corrisponde alla serie dei numeri (1,2,3, ... allungabile a piacere); vi è poi la serie delle frazioni esistenti nel salto che si compie per passare da un numero intero all'altro, vi sono gli infiniti punti di un segmento di retta e così via.

Da tali considerazioni nacque la matematica *infinitaria*, la quale sancisce l'esistenza di una scala di infiniti diversi per ordine e grado. Il più basso è l'infinito numerabile (la serie dei numeri naturali), chiamata da Cantor *potenza del numerabile.* A ognuno di questi insiemi infiniti viene associato un numero cardinale transfinito che rappresenta l'astratto di tutti gli insiemi in corrispondenza biunivoca con l'insieme considerato. Il primo (che risulta essere il minimo) numero cardinale transfinito, indicato con la prima lettera dell'alfabeto ebraico, alef, con indice zero, è associato all'insieme dei numeri naturali, cioè all'infinito numerabile. Al di sopra di esso vi è, come si è visto, l'infinito superiore della serie dei numeri reali, battezzato da Cantor con il simbolo C, che sta per *continuo.* Questo risultato di Cantor, nel momento in cui risolveva un problema, ne sollevava subito un altro: esistono totalità infinite di grandezza "intermedia" tra quella degli interi non negativi e quella dei reali? Esistono cioè sottoinsiemi di R più piccoli di R ma più grandi di N?

Cantor avanzò la congettura (nota come *Ipotesi del continuo*) che *non esistono* totalità di questo tipo e, com'è noto, tentò vanamente di dimostrare questa ipotesi. La dimostrazione dell'ipotesi del continuo ha impegnato logici e matematici fino al 1963, anno in cui Paul J. Cohen arrivò a un risultato che non è stato certamente quello che Cantor immaginava di poter ottenere. A questo esito si è giunti in modo graduale. Nel 1938 Kurt Gödel ha dimostrato che non si poteva dimostrare che l'ipotesi del continuo fosse *falsa*. Nel 1963 Paul J. Cohen, viceversa, ha dimostrato che non si poteva dimostrare che l'ipotesi del continuo fosse *vera*. Il "combinato disposto" di questi due risultati è che nella teoria degli insiemi di Zermelo – Fraenkel, comprensiva dell'assioma di scelta, che si presenta come metateoria sintattica universale, l'ipotesi del continuo risulta *indecidibile*. In altre parole, questa teoria non può stabilire se l'ipotesi del continuo è vera o falsa ed è quindi incapace di dirci in che modo i numeri reali sono infiniti.

L'importanza di queste riflessioni di Cantor, per Florenskij, sta nel fatto che esse pongono al centro dell'attenzione la questione cruciale del rapporto tra finito e infinito evidenziando come il ricorso a un termine di riferimento assoluto sia imprescindibile per *pensare* qualsiasi costruzione concettuale basata sull'idea, esplicita o implicita, di crescita, di incremento e di miglioramento progressivo. Il primo passo in questa direzione è costituito dall'introduzione di un presupposto ineludibile per poter pensare anche l'infinito potenziale, al quale non si può in alcun modo fare riferimento senza l'idea di un mutamento illimitato. Quest'ultima, a sua volta, esige la possibilità di concepire un ambito di mutazione che non sia soggetto di per sé a mutamenti: "E ciò in quanto in caso contrario necessiteremmo di un campo di mutazione per tale ambito e così via. Esso, tuttavia, non è finito, e di conseguenza è già, di suo, attualmente infinito. Di conseguenza, *ogni infinito potenziale presuppone l'esistenza di un infinito attuale quale proprio limite sovrafinito*; qualunque progresso infinito presuppone l'esistenza di uno scopo infinito nel progresso; ogni perfezionamento infinito necessita che sia ammessa l'infinita perfezione. Chi nega l'infinito attuale in qualunque accezione nega con ciò stesso anche l'infinito potenziale in quella stessa accezione, e il positivismo ha in sé gli elementi della propria corruzione. Come dire che nel positivismo ha luogo un autoavvelenamento tramite quanto prodotto dalla sua stessa attività"[26].

Come si fa, si chiede qui Florenskij, a pensare a un accrescimento illimitato senza fine, cioè infinito, se non si dispone di un'idea di infinito che sia ben presente nella nostra testa come qualcosa di realizzato e di compiuto, e non semplicemente il frutto di un tendere continuo e ininterrotto verso qualcosa? Quello che non si capisce è come ci si possa riferire a un mutamento e movimento infinito senza sapere e capire che cosa possa essere l'"infinito in sé", cioè in che modo si possa parlare dell'infinito come aggettivo se non si può contare sul corrispondente sostantivo. Il limite della nozione di infinito potenziale come grandezza variabile finita sta allora nel fatto la crescita al di là di ogni limite (o la diminuzione al di sotto di una quantità piccola a piacere) possono aver senso solo se si fa riferimento all'infinito vero e proprio, quello attuale. Lo stesso discorso va fatto a proposito del *transfinito*, che è un infinito attuale sì, ma ancora accrescibile, come mostra Cantor attraverso il passaggio dall'infinito numerabile degli insiemi che hanno una cardinalità non più grande dell'insieme dei numeri naturali all'infinito non numerabile dell'insieme dei numeri reali. Anche per pensare l'accrescimento di questo infinito attuale occorre, in virtù del discorso precedente, fare riferimento a un infinito non accrescibile e pertanto non determinabile matematicamente, realizzato nella sua perfezione, quello che Cantor chiama l'*assoluto*.

Nessun processo di crescita può dunque essere concettualizzato senza riferimento all'assoluto, che a questo punto, pur non essendo pensabile ed esprimibile in termini di discorso, diventa, *come intuizione*, il presupposto imprescindibile di qualsiasi pensiero che miri a porsi la questione del senso della vita e della realtà dei processi che si sviluppano nel loro ambito. L'idea dell'approssimazione a qualcosa di inconoscibile e che non si sa definire ha un solido fondamento

26 P. A. Florenskij, "I simboli dell'infinito", tr. it. in: Id., *Il simbolo e la forma*, cit., p. 31.

nel concetto matematico di approssimazione di serie numeriche, in particolare di una coppia di classi contigue A e B, tali che ogni numero in A è minore o uguale di ogni numero di B e la distanza fra i numeri di A e i numeri di B si può ridurre piccola a piacere, senza tuttavia mai poterla eliminare del tutto, a un qualcosa, $\sqrt{2}$, che non si conosce.

Sulla base di queste premesse, Florenskij elabora l'idea dei due mondi contrapposti che, oltre a essere uno dei cardini del suo pensiero, ha costituito per lui uno stimolo a occuparsi attivamente di teologia e a decidere di mettersi al servizio della chiesa ortodossa come suo sacerdote. Questa scelta, con tutta probabilità, fu agevolata dalla profonda sintonia e convergenza tra le conclusioni che egli ricavava dallo studio dell'opera di Cantor e alcuni dei cardini del pensiero ortodosso, riguardanti anch'essi il rapporto tra l'infinito e il finito, tra l'invisibile e il visibile, che si erano venuti configurando in seguito a un'aspra controversia di cui erano stati protagonisti, nel XIV secolo, il monaco greco calabrese Barlaam, filosofo e umanista, giunto a Costantinopoli nel 1338, e Gregorio Palamas, che era stato per anni a fare vita ascetica sul monte Athos ed era diventato sacerdote a Tessalonica. La dottrina di Palamas, autorevolmente approvata dal Pròtos e da molti igumeni e monaci dell'Athos nella formulazione chiamata *Tomo Aghioritico* del 1341, fu assunta dal sinodo della Chiesa ortodossa del 1351 quale dottrina ufficiale della Chiesa medesima. Questa decisione fu confermata nel 1368 dal patriarca Filoteo Kokkinos, che proclamò santo Palamas, morto nel 1359. In seguito alla condanna della sua posizione, Barlaam uscì dalla scena di Costantinopoli, si rifugiò in Occidente dove fu elevato all'episcopato e per breve tempo fu l'insegnante di greco di Petrarca.

La vittoria di Palamas segnò la sopravvivenza e il consolidamento dei tratti più genuini e caratteristici della spiritualità ortodossa di fronte alla penetrazione anche nel mondo bizantino della filosofia scolastica occidentale e dell'umanesimo. Questi aspetti, oggetto della disputa con Barlaam, riguardavano proprio il processo attraverso il quale si può realizzare la convergenza tra i due mondi dell'infinito e del finito, dell'invisibile e del visibile e il loro incontro nello spazio intermedio. Gregorio Palamas ne aveva fatto oggetto di un'approfondita analisi riprendendo e sviluppando le indicazioni offerte in particolare da Gregorio di Nissa (335-395 circa). Questi aveva operato una netta distinzione tra *teologia apofantica*, o *negativa*, e *teologia catafatica*, o *positiva*. La prima riguarda la natura di Dio, che è indefinibile e incomprensibile, in quanto l'infinitezza si sottrae completamente alla delimitazione e definizione. Ma "Colui che è invisibile nella natura diviene visibile nelle attività"[27] proprio queste ultime sono pertanto oggetto della teologia catafatica. Ciò che è indefinibile e inconoscibile per quanto riguarda il suo essere intrinseco può rendersi manifesto se dal piano dell'essere in sé si passa al piano delle sue azioni.

Se dunque "la prima intelligenza, che è chiamata Essere assoluto, è del tutto sconosciuta agli uomini", è tuttavia possibile conoscere Dio attraverso "la sapienza che si manifesta nell'universo"[28]: "La beatitudine per l'uomo non dipende dalla conoscenza della natura di Dio, bensì da un rapporto di tipo mistico più che gnoseologico: la beatitudine non consiste nel conoscere Dio, ma nell'averlo in sé, contemplandone l'immagine nella propria anima, una volta liberata dalle incrostazioni del peccato."[29] In questo quadro generale ciò che chiamiamo "Ade" non è altro che la condizione che segna il passaggio dell'anima dalla visibilità all'invisibilità: "E infatti a me sembra che il nome di quella dimensione in cui dicano che vengano a trovarsi le anime non significhi altro, sia presso i pagani sia nella sacra Scrittura, se non il passaggio alla mancata manifestazione e all'invisibilità."[30]

27 Gregorio di Nissa, *Sulle beatitudini*, in *Gregorii Nisseni Opera* (*GNO*), raccolta di edizioni critiche del Nisseno fondata da Werner Jaeger, presso E.J. Brill, Leiden, VII/2, 141.

28 Ivi, VII, 2.

29 Ivi, 2142-43.

30 Gregorio di Nissa, *Sull'anima e la resurrezione*, a cura di I. Ramelli, Bompiani, Milano 2007, p. 411.

Su queste basi, Gregorio di Nissa sviluppa una vera e propria teologia dell'immagine, fondata sull'idea di Cristo come mediatore tra la natura umana e quella divina: "Colui che è al di sopra di ogni conoscenza e comprensione, ineffabile, inesprimibile e inspiegabile, per *rendere te nuovamente immagine di Dio*, per amore verso l'umanità, si è fatto anch'egli immagine di Dio invisibile, così da essere configurato a te nella forma propria che assunse, e *affinché grazie a Esso tu fossi nuovamente configurato ai tratti della sua bellezza archetipica*, per divenire conoscenza delle proprietà che sono *attorno a essa*, senza che quest'ultima possa mai esservi rinchiusa e definita, si costituiscono necessariamente attraverso una relazione.

Non può esserci, dunque, in alcun modo nessuna creatura che abbia una potenza tale da poter accogliere in sé la natura del creatore: nonostante sia dappertutto, infatti, essa, *non essendo partecipata, non può essere recepita*: "ciò che è rispetto a qualcos'altro non è essenza e ciò che è di per sé non è rispetto a qualcos'altro"[31]. Secondo Palamas proprio la scarsa chiarezza logica del concetto d'ipostasi, sovrapposto a quello di persona, che si riscontra spesso nella teologia occidentale, comporta *la confusione del piano dell'essenza (o della proprietà ipostatica) con quello della relazione e dell'azione*, impedendo di mettere a fuoco in maniera corretta la questione cruciale del rapporto tra invisibile e visibile e la natura e la funzione che, in questo rapporto, assume l'immagine. Ad esempio "padre" è certamente un concetto, ma non può essere un'essenza, perché è un "rispetto a qualcosa", a un figlio: "[...] il Padre è padre rispetto al figlio omoessenziale e viene detto anche principio rispetto al Figlio e allo Spirito, mentre il Padre è principio anche rispetto alla creazione, ma come creatore e sovrano di tutte le creature. Quando quindi viene detto Padre così, rispetto alla creazione, è principio anche il Figlio, e non vi sono due princìpi, ma uno solo: e infatti anche il Figlio è detto principio con riferimento a qualcosa, in quanto lo è rispetto alla

31 Gregorio Palamas, *Che cos'è l'Ortodossia*, a cura di E. Perrella, Bompiani, Milano 2006, p. 125.

creazione, come anche viene detto sovrano rispetto alle cose che sono sue serve. Quindi il Padre e il Figlio con lo Spirito, rispetto alla creazione, sono un solo principio, un solo sovrano, un solo creatore, e un solo Dio, padre, provvidente, protettore, e così via. E ciascuna di queste proprietà non è un'essenza. Infatti non sarebbe detta con riferimento a qualcos'altro, se fosse la sua essenza"[32].

L'immagine riguarda quindi la relazione, e non l'essenza: e per diventare relazione, un "rispetto a qualcos'altro" l'essenza, il pieno, deve trasformarsi in qualcos'altro. Il potente apparato concettuale messoci a disposizione da Cantor, arguisce Florenskij, ci mette in condizione di capire in che cosa consista questa distinzione tra la natura intrinseca e l'essenza dell'assoluto, da una parte, e il modo in cui esso si manifesta a noi, diventando relazione. Esso assume quindi la funzione di strumento dal quale non possiamo prescindere per impostare la distinzione e il rapporto tra *teologia apofantica*, o *negativa*, e *teologia catafatica*, o *positiva*.

È grazie agli approfondimenti cantoriani sul concetto di infinito che possiamo capire, anche sotto il profilo razionale, perché e in che senso esistano due mondi, due sfere vitali dell'esistenza. Grazie ai contributi forniti da Cantor sull'infinito attuale e sull'Assoluto, arguisce Florenskij, possiamo concludere che esistono due mondi, due sfere vitali dell'esistenza. Quella terrestre, a cui si riferisce la razionalità, e la sfera dello spirito, che aspira all'infinito e che, pur trovandosi oltre i confini del mondo sensibile, lascia intendere la propria presenza con sintomi evidenti. Il primo mondo è costituito dal *finito* e da tutto ciò che è *numerabile*. L'altro mondo è quello dell'infinito non numerabile, il campo dei numeri reali, e dell'Assoluto.

Nella sua "cronaca famigliare", intitolata *Detjam moim. Vospominan'ja proslyh dnej* (Ai miei figli. Memorie di giorni passati" (titolo da lui stesso indicato, come risulta da una nota d'accompagnamento al testo: "Se mai queste annotazioni appena abbozzate, previa elaborazione, dovessero venire pubblicate, le si dovrebbe intitolare

32 Ivi, p. 149.

Detjam moim"[33]), Florenskij sottolinea quale sia la relazione tra questi due mondi stabilendo un'analogia tra un quadro e la realtà che ne è oggetto: "Dunque, la rappresentazione, dal momento che è stata definita in base a una corrispondenza qualsiasi tra i punti di ciò che deve essere rappresentato e i punti della rappresentazione, si limita inevitabilmente a *esprimere, indicare*, suggerire, alludere all'idea dell'originale, ma non riproduce affatto questa immagine in una copia o modello. Il passare dalla realtà al quadro - nel senso della somiglianza - è *inammissibile*: ci si trova di fronte a uno iato, scavalcato una prima volta dall'intelletto creativo del pittore, e poi dall'intelletto che riproduce creativamente in se stesso il quadro. Quest'ultimo, lo ripetiamo, non solo non è il duplicato della realtà, nella sua pienezza, ma non è in grado neppure di rendere l'apparenza geometria della 'pelle' delle cose: esso è necessariamente simbolo di un simbolo. Dal quadro l'osservatore va alla 'pelle' delle cose, e dalla 'pelle' alla cosa stessa"[34].

In mancanza di una qualsiasi corrispondenza tra i punti di ciò che deve essere rappresentato e i punti della rappresentazione possiamo soltanto "*esprimere, indicare*, suggerire, alludere all'idea dell'originale". È per questa ragione che l'infinito non numerabile è un altro mondo, totalmente diverso da quello del finito o dell'infinito numerabile, che è invece passibile di una rappresentazione la quale, pur non essendo "il duplicato della realtà", è comunque in grado di condurci "alla 'pelle' delle cose, e dalla 'pelle' alla cosa stessa". Questo infinito non rappresentabile lo dobbiamo di conseguenza cercare nell'unico mondo al quale possiamo accedere, sforzandoci di attivare una *capacità transitiva* tra l'uno e l'altro, attraverso la quale riuscire progressivamente ad assottigliare il diaframma tra le due zone, apparentemente inconciliabili, dell'esistenza dell'uomo, rendendo il modo visibile, o comunque rappresentabile, il

33 P. Florenskij, *Detjam moim*, Moskovskij rabočij, Moskva 1992; tr. it. *Ai miei figli. Memorie di giorni passati*, A. Mondadori, Milano, 2003, p. 201.
34 Ivi, p. 123.

potenziale specchio dell'invisibile, e favorendo così la penetrazione nel sovra-reale, nell'ulteriorità. La cultura nel suo complesso va considerata il risultato di questo sforzo, di questa capacità transitiva, grazie alla quale riusciamo a trasformare il diaframma che separa i due mondi in *spazio intermedio* tra di essi, riuscendo a dare forma, concretezza e consistenza al confine, tramutandolo, come ci ha insegnato a pensare e a fare Vernadskij, da semplice linea di demarcazione in interfaccia, in membrana di comunicazione, in "zona cuscinetto" tra due ambiti che pur restano distinti nella loro specifica determinazione. Operare questa conversione significa sentire che siamo scaraventati fuori dal nostro modo di pensare, o meglio dal modo in cui presumiamo di pensare. La consapevolezza che la nostra mente è incapace di abbracciare ciò che sta cercando di raggiungere e di contenerlo apre la strada alla comunicazione con il mondo che presenta un attrito rispetto al nostro pensiero, che gli resiste, e ci introduce in un "centro decentrato", in un territorio di frontiera, in uno spazio intermedio tra ciò che è concettualizzabile e ciò che non lo è. Il simbolo è l'unico strumento di cui possiamo servirci per intraprendere questo viaggio, proprio perché, è qualcosa che, racchiudendo un significato dentro di sé, ne rivela bensì la presenza, ma nasconde al contempo la sua natura, e ha per questo la capacità di 'porre insieme', di 'mantenere uniti' (*componere*), di far coesistere, pur senza farli convergere in una sintesi, gli opposti che il pensiero razionale e dirimente mantiene legittimamente separati e, nella mutua esclusione, disgiunge e distanzia. Elemento caratterizzante e imprescindibile della sua struttura è pertanto lo *skačok*, la zona intermedia in cui avviene questa ibridazione degli opposti e nella quale può per questo realizzarsi la concettualizzazione del mistero dell'invisibile.

Ecco perché l'intero pensiero di Florenskij può essere definito un'*epistemologia del simbolo*, caratterizzazione che sintetizza ed esprime nel modo migliore lo sforzo costante della sua ricerca così come egli stesso la riassume ai figli: "Per tutta la vita ho pensato, in sostanza, a una sola cosa: al rapporto tra fenomeno e noumeno, al rinvenimento del noumeno nei fenomeni, alla sua manifestazione, alla sua incarnazione. Sto parlando del simbolo. E per tutta la vita ho riflettuto su un solo problema, il problema del simbolo. Lo sguardo dell'intelletto andava in diverse direzioni, così com'erano diversi gli oggetti che mi passavano di fronte. Non ero io a passare di fronte a loro, tuttavia, perché io ne stavo cercando uno solo, sempre e solo uno, e anche dentro di me ero intento a una sola cosa, sempre e solo una. Cercavo il fenomeno in cui il tessuto strutturale era più elaborato delle forze che lo formavano, in cui la penetrabilità della carne del mondo era maggiore, in cui la scorza delle cose era più sottile, e in cui più chiara traluceva l'unità spirituale. Ma forse non mi sto esprimendo al meglio. Il fatto è che per me il rapporto tra ciò che riluce e ciò che traluce, tra cosa e scorza, non è mai stato *esteriore.* Non ho mai cercato di contemplare quest'unità spirituale *al di fuori e indipendentemente* dalla sua manifestazione"[35].

Quest'ultima osservazione è importante perché ci fa capire che nel pensiero di Florenskij il simbolo, come viene ribadito a più riprese, non è una semplice rappresentazione o allegoria, né tanto meno un puro segno o rimando, bensì "una realtà che è più di se stessa"[36]: "Il simbolo è qualcosa che è più di sé. Per esempio: il quadro come realtà consiste nella tela, nei colori, nella cornice, nel telaio, ma esso è di più, come essenza, di quello che è nell'ordine della realtà fisica. È una finestra. Il simbolo metafisico è un'essenza la cui energia porta con sé l'energia di un'essenza 'altra', superiore, dissolta in essa, e a essa unita, e quello che attraverso di essa si manifesta rivela un'essenza superiore. Il simbolo è una finestra verso un'altra essenza che non è data direttamente"[37]. Per questo esso abita il confine tra l'esterno e

35 Ivi, p. 157.

36 P.A. Florenskij, "La venerazione del nome come presupposto filosofico", tr. it. in: Id., *Il valore magico della parola,* a cura di G. Lingua, Medusa, Milano 2001, p. 28; Id., "Il simbolismo delle visioni", in: Id., *Sočinenija v četyrech tomach*, cit., Vol. III/1, 1999, p. 424.

37 P.A. Florenskij, *Lo spazio e il tempo nell'arte*, a cura di N. Misler, tr. it. Adelphi, Milano 1995.

l'interno, tra il fenomeno e il noumeno, tra la forma e il significato, testimoniando nelle proprie manifestazioni ed espressioni l'unità e la differenza delle due sfere. Per questo è il "luogo" del rivelarsi di ciò che viene simboleggiato, è in qualche modo parte dell'alterità e dell'ulteriorità alle quali rinvia. "È un'entità che manifesta qualcosa che esso stesso non è, che è più grande e che però si rivela attraverso questo simbolo nella sua essenza. [...]. Il simbolo è una realtà la cui energia cresciuta insieme o, meglio, confluita insieme con un altro essere più prezioso rispetto a lui, contiene in sé quest'ultimo"[38]. Proprio per questo esso non si contrappone al concetto, non è "l'altro" di quest'ultimo, ma è il concetto stesso che, preso atto dei propri limiti, si apre al suo al di là, cercando di "forzare" in qualche modo i confini del pensiero razionale.

È stato, ancora una volta, Cantor ad averci indicato e aperto questa via del simbolismo. Nella sua opera, infatti, "ci imbattiamo – o per lo meno possiamo sperare di imbatterci – nell'infinito attuale in *tre* ambiti diversi. *In primo luogo,* in quanto tale infinito attuale si realizza nella suprema perfezione in una realtà indipendente e sovra terrena, in breve *in Deo sive natura naturans* – con Cantor che intende quest'ultima espressione non nel senso del panteismo ma nell'accezione originale conferitale da Tommaso d'Aquino e da altri teologi. Qui l'infinito è il massimo assoluto ed è ciò che un tempo si definiva *Absolutum* o infinito assoluto. *In secondo luogo*, l'attualmente infinito può essere supposto *in concreto,* in modo dipendente, nella creazione, *in natura naturata.* Cantor lo definisce *Transfinitum. In terzo luogo*, infine, l'attualmente infinito può essere *in abstracto*, nello spirito, in quanto esso ha la possibilità di conoscere il *Transfinitum* in natura e, fino a un certo punto, l'*Absolutum* in Dio. In quest'ultimo caso l'infinito prende il nome di *simboli dell'infinito.* Nello specifico, se si tratta proprio della conoscenza del *Transfinitum*, tali simboli

38 P.A. Florenskij, "La venerazione del nome come presupposto filosofico", tr. it. in: Id., *Il valore magico della parola*, cit., p. 28

prendono il nome di *numeri transfiniti* e di *tipi transfiniti.* Questi due ultimi tipi di infinito sono infiniti aumentabili"[39].

L'opera di Cantor, nel suo complesso, va dunque considerata, secondo Florenskij, "non solo un lavoro scientifico, solo una paziente ricerca. Sono in primo luogo le gesta eroiche di una grande fede, della fede nella possibilità di creare dei simboli per l'infinito. [...] Se, per un verso, siamo nulla di fronte all'Assoluto, per l'altro siamo comunque in parentela – *odnorodny* – con Esso, possiamo comprenderlo; non direttamente, però, ma tramite simboli; dentro di noi portiamo il transfinito, il sovrafinito, noi – il *kosmos* – non siamo qualcosa di finito, di direttamente opposto alla Divinità: noi siamo transfiniti, siamo 'il mezzo tra il tutto e il nulla'[40].

Inteso in questo senso il simbolo è allora lo strumento di raccordo tra *teologia apofantica*, o *negativa,* e *teologia catafatica*, o *positiva*, ciò che ci mette in condizione di intraprendere la strada per avvicinarci all'infinito e poterci in qualche modo riferire a esso non nella modalità con cui un significante rimanda a un significato, bensì nella modalità con cui un significante avverte, come detto, l'interprete della presenza di un significato nascosto, vale a dire di qualcosa di cui si rivela l'influsso, pur senza poterne afferrare la natura. Nasce da qui, proprio da questa convinzione che "noi siamo il mezzo tra il tutto e il nulla", l'esigenza di dare contenuto e significato a quell'idea di "spazio intermedio" la cui importanza e incidenza costituisce una delle idee guida fondamentali del pensiero e dell'opera di Florenskij. Il proposito e lo sforzo di costruire un'*epistemologia del simbolo* sono il punto d'approdo di questo pressante bisogno di indagare e approfondire la "terra di mezzo" tra estremi che, a prima vista, appaiono inconciliabili. Proprio per il significato imprescindibile della finalità verso la quale è orientato questo sforzo può, a buon diritto, essere considerato una missione salvifica. Missione che il padre di Pavel aveva in qualche modo predetto al figlio, che allora

39 P.A. Florenskij, "I simboli dell'infinito", cit., p. 33.
40 Ivi, p. 77.

non ne aveva però afferrato il senso e la portata, e si era per questo quasi risentito: "Ricordo che molti anni fa, quando ero ancora in una delle classi di mezzo del ginnasio, mio padre mi fece notare che la mia forza non era nell'indagine del particolare né nella riflessione sul generale, bensì nella loro combinazione, al confine tra generale e particolare, tra astratto e concreto. Forse mio padre aggiunse anche "al confine tra poesia e scienza", ma di quest'ultima cosa non sono certo. All'epoca non volli approfondire le sue parole e mi risentii di quel giudizio a mio carico, poiché ritenevo che un vero uomo, cioè colui che vive nel pensiero astratto, possa essere solo uno scienziato puro, sinonimo per me di pensiero scientifico. Il paragone tra il mio pensiero e la poesia mi parve umiliante. Ma mio padre, lo ricordo, insistette, e anzi aggiunse quel che avrebbe voluto vedere in futuro nel mio lavoro in quella zona di confine"[41].

Sulla base di questo auspicio si può senz'altro ritenere che il padre sarebbe stato soddisfatto dei contenuti dell'epistemologia del simbolo, sviluppata dal figlio, e dei risultati acquisiti nell'ambito di essa. Le motivazioni dell'interesse di Florenskij per l'opera di Cantor possono essere ulteriormente comprese e apprezzate se lette attraverso il riferimento a un'efficace analisi nella quale Gershom Scholem analizza il radicale mutamento di pensiero introdotto dalla religiosità monoteistica e spiega come e perché emerga il pensiero mistico: "Il primo stadio rappresenta il mondo come pieno di divinità; l'uomo li incontra ad ogni passo e può sperimentare la loro presenza senza dover ricorrere a una meditazione estatica. In altri termini, non vi è posto per la mistica fino a che l'abisso tra l'uomo e Dio non è divenuto una presa di coscienza interna [...]. Il secondo stadio ancora senza mistica reale è il periodo creativo in cui la religione emerge e si apre un passaggio. La funzione suprema della religione è di distruggere l'armonia immaginaria dell'Uomo, dell'Universo e di Dio [...] Perché, nella sua forma classica, la religione significa la

41 P. Florenskij, *Detjam moim*, Moskovskij rabočij, Moska 1992; tr. it. *Ai miei figli. Memorie di giorni passati*, cit., p. 204.

creazione di un vasto abisso, concepito come assoluto, tra Dio, Essere infinito e trascendente, e l'Uomo, creatura finita [...]. Si comincia a rendersi conto di una dualità fondamentale, di un vasto baratro che non può essere attraversato da nulla se non dalla voce: la voce di Dio che ordina e dà la legge nella sua Rivelazione e la voce dell'uomo in preghiera. Le grandi religioni monoteiste poggiano e si sviluppano sulla conoscenza sempre presente di questa bipolarità, dell'esistenza di un abisso che non può essere superato. Per esse, il teatro della religione non è più la Natura, ma l'azione morale e religiosa dell'uomo e della comunità degli uomini la cui interazione fa nascere la storia [...]. L'apparizione [della mistica] coincide con quello che si potrebbe chiamare il periodo romantico della religione. La mistica non nega o non disprezza l'abisso; al contrario, essa comincia col prendere coscienza della sua esistenza, ma di qui parte alla ricerca del mistero che vuole scavare e del cammino nascosto che attraverserà questo abisso. Essa si sforza di raccogliere i frammenti prodotti dal cataclisma religioso, di ricondurre l'antica unità che la religione ha distrutto, ma su una base nuova in cui il mondo della mitologia e quello della rivelazione s'incontrano nell'anima dell'uomo.

Allora l'anima diventa centro di sé stessa; il cammino dell'anima, in mezzo alla molteplicità abissale delle cose, verso l'esperienza della Realtà divina, ora concepita come l'unità primordiale di tutte le cose, diviene la sua preoccupazione principale. Pertanto, fino a un certo punto, la mistica significa un rinascere del pensiero mitico, anche se non si deve trascurare la differenza che esiste tra l'unità considerata prima che vi sia dualità e l'unità che deve essere ritrovata in un nuovo scaturire della conoscenza religiosa"[42]. L'apertura piena verso il tema dell'infinito è la fonte di una nuova idea della conoscenza come un processo indefinito di approssimazione verso la "verità". Edmund Husserl ha descritto molto bene questa nuova visione che è alla base del ripensamento moderno dei compiti ereditati dalla

42 G. Scholem, *Major Trends in Jewish Mysticism*, Schoken, New York, NY 1946; tr. it. *Le grandi correnti della mistica ebraica*, Einaudi, Torino 2008.

filosofia antica, la quale "non arrivava a riconoscere la possibilità di un compito infinito". È una limitazione che si riflette nei compiti finiti che si pone la matematica antica, la quale si muove entro "un apriori finito e chiuso"[43]. La grande novità è invece rappresentata dall'"idea di una totalità infinita dell'essere e di una scienza razionale che lo domina razionalmente"[44].

Florenskij ha colto perfettamente nella tensione così bene descritta da Scholem come spinta al ricongiungimento con un assoluto trascendente il motore fondamentale di quella aspirazione all'infinito che ha un ruolo così importante nella scienza moderna, in quanto senza questo riferimento a un termine costituito da una realtà oggettiva distinta dal nostro pensiero e irraggiungibile, in termini assoluti, da esso, la scienza, intesa come costruzione che mira all'accrescimento progressivo di conoscenza, non può essere neppure pensata. Soltanto se partiamo dal presupposto di seguire un processo di avvicinamento indefinito e mai concluso verso questa realtà abbiamo il diritto di ritenere che le nostre deduzioni costituiscano un'approssimazione della verità e quindi partecipino, in modo sempre più perfezionato, di quest'ultima. Lungi dal precludere ogni forma di oggettività alla conoscenza umana la frattura fra verità empiriche e verità assolute è invece per Florenskij ciò che la garantisce. La conoscenza può trovare il suo fondamento esclusivamente nel riferimento all'assoluto. Come osserva Ernst Cassirer riferendosi al pensiero pionieristico di Cusano, "il taglio che separa il sensibile dall'intellegibile, l'empiria e la logica dalla metafisica assicura all'esperienza il suo diritto. E questo avviene perché il Cusano, con la stessa energia ed acutezza con la quale aveva prima proseguito il pensiero della 'separazione', prosegue ora quello della 'partecipazione', 'Separazione' e 'partecipazione', si escludono così

43 E. Husserl, *Die Krisis der europäischen Wissenschaft un die transzendentale Phänomenologie*, Martinus Nijhoff, Aja 1959; tr. it. *La crisi delle scienze europee e la fenomenologia trascendentale*, Il Saggiatore, Milano, 1961.

44 *Ibidem*.

poco reciprocamente, che, anzi, l'una non può venir pensata se non mediante l'altra e in rapporto all'altra"[45].

Quanto questo tema del rapporto tra invisibile e visibile, tra "ulteriorità" e realtà empirica, tra l'Assoluto e il mondo, e dello sforzo costante di individuare la via per superare la "scissione" tra questi estremi e aspirare a colmare il fossato che li separa sia presente nel pensiero di Florenskij e ne costituisca il motivo conduttore ce lo dice con chiarezza e al di là di ogni possibilità di equivoco e fraintendimento la prima delle dodici lettere nelle quali si articola *La colonna e il fondamento della verità*. Essa s'intitola, non a caso, "Due mondi" e pone subito, in termini espliciti, l'oggetto della questione: "Sì, nella vita tutto si agita, tutto vacilla in immagini di miraggio, ma dal profondo dell'anima si innalza la necessità ineluttabile di appoggiarsi alla "colonna e fondamento della verità" (στῦλος καὶ ἑδραίωμα τῆς ἀληθείας (1 Tim. 3, 15), della verità, τῆς ἀληθείας, e non semplicemente ἀληθείας, di una delle verità, non di una verità particolare, umana, minuta, che si contorce e poi vola lontano, come polvere spinta verso i monti dal soffio del vento; della verità (*istina*) integra ed eterna nei secoli, una e divina, luminosa e sovraluminosa, di quella veridicità (*pravda*) che secondo un antico poeta è "sole al mondo" (Euripide, *Medea*, atto III, scena X, parole della corifea)"[46].

Questi due mondi, per chi crede in Cristo e nel *novum* rappresentato nell'evento dell'incarnazione, pur restando distinti, sono anche ipostaticamente uniti nel Verbo incarnato e, per mezzo di Lui, lo sono anche, per lo Spirito Santo, in coloro che diventano "uno in Cristo" (*Gal* 3, 28). Di ciò Florenskij è tanto consapevole da dedicare una parte significativa della sua riflessione al tentativo superare il dualismo che lacera la coscienza moderna della realtà. D'altro

45 E. Cassirer, *Individuum und Kosmos in der Philosophie der Renaissance*, Teubner, Leipzig 1927; tr. it. *Individuo e cosmo nella filosofia del Rinascimento*, La Nuova Italia, Firenze, 1974. Florenskij si riferisce esplicitamente a Cusano e alla sua "*coincidentia oppositorum*" ne *La colonna e il fondamento della verità*, intr. E. Zolla, tr. P. Modesto, Rusconi, Milano 1998, p. 204.

46 Ivi, pp. 45 *sg*.

canto, però, egli è convinto che il rapporto tra i due mondi non possa essere posto in termini di "trasparenza" assoluta dell'uno rispetto all'altro, tant'è vero che il suo saggio *Ikonostas* è imperniato sull'idea del valore reale di separazione, di diaframma, che ha l'iconostasi nella chiesa ortodossa e sulla maggiore aderenza e significatività, proprio per evidenziare questo stacco, dell'opacità dorata del piano dell'icona rispetto al vetro trasparente della "finestra" prospettica rinascimentale. Questo spiega il suo costante interesse per l'idea di confine e per il suo duplice significato, di linea di demarcazione per un verso, e di membrana semipermeabile, di filtro attraverso il quale può avvenire la comunicazione e l'interscambio tra domini differenti, sulla quale stava intensamente lavorando, proprio in quegli anni Vladimir Ivanovič Vernadskij (1863-1945), scienziato originale e profondo, che ha contribuito in maniera decisiva a porre le basi di un intero indirizzo di indagine, quello che guarda con particolare attenzione alla intricatissima rete di interrelazioni che collegano tutte le realtà della vita con tutte le realtà dell'ambiente, e da cui sono scaturite, tra l'altro, l'ecologia in senso moderno e la teoria generale dei sistemi.

Trasposta sul piano del rapporto tra i due mondi, quello visibile e quello invisibile, questa idea del duplice significato dell'idea di confine ci dice con chiarezza che, sotto il profilo gnoseologico, lo spazio di maggiore interesse e che risulta necessario approfondire sia proprio quello di confine, cioè intermedio tra i due mondi suddetti del visibile e dell'invisibile, nonostante tutte le difficoltà e i rischi che la sua analisi pone, dal momento che si tratta di una delle questioni più problematiche perché difficilmente definibile con gli strumenti razionali a nostra disposizione. Ciò nondimeno si tratta di una dimensione essenziale per l'interazione tra le due zone, apparentemente inconciliabili, dell'esistenza dell'uomo. E il problema fondamentale che essa pone è quello di riuscire ad attivare una *capacità transitiva* tra i due ambiti che essa distingue e collega nello stesso tempo, attraverso la quale riuscire progressivamente a far sì che il mondo visibile diventi in qualche modo il potenziale specchio dell'invisibile, innescando così un processo di penetrazione nel sovra-reale. Questo spazio intermedio, per la sua natura, non è direttamente accessibile alla rappresentazione, magari attraverso una qualche misteriosa capacità che oltrepassi gli strumenti razionali di cui l'uomo dispone; è invece un fossato che va riempito, una barriera che va progressivamente resa più sottile (senza diventare mai completamente trasparente) attraverso la creatività culturale, nell'ambito della quale occupano una posizione centrale l'arte, in quanto fonte imprescindibile per un'indagine sullo spessore del pensiero umano. Proprio il fatto di raccordare la religione all'intera storia spirituale dell'umanità indica chiaramente come per Florenskij questa sorta di "barriera di contatto" tra lo spazio ultraterreno e l'ambito accessibile all'esperienza diretta, in cui si disloca, appunto, il sentimento religioso, sia un confine mobile, che l'uomo è in grado di spostare sempre più avanti via via che si innalza, di qualità e di livello, la sua ricerca culturale.

Lo strumento più potente ed efficace di cui l'uomo può disporre per spostare sempre più avanti questo confine e darsi da fare per riempire via via il fossato che divide i due mondi del visibile e dell'invisibile, senza mai poter riuscire tuttavia a completare l'opera, è il pensiero matematico. A imprimergli questa idea-guida fu la scuola filosofico-matematica di Mosca, diretta da Bugaev, alla quale egli si era formato. Per i suoi fondatori, l'universo era inizialmente formato da una collezione disordinata di monadi con vari ordini di complessità. Il regno del caos e del disordine, dominato da caso e probabilità. Ma la loro comune convinzione è che la vita sia caratterizzata da un costante processo di trasformazione, all'origine del quale si trova l'uomo, che usa il pensiero matematico come strumento di naturale opposizione al disordine. E, pur con i limiti che le leggi della fisica impongono all'osservazione, ciò prelude alla prospettiva di una grandiosa concezione generale del mondo.

Oltre agli oggetti lisci e continui, che sono l'argomento

privilegiato del calcolo differenziale, la loro indagine si spinge ad abbracciare anche i fenomeni che presentano fratture e discontinuità. Lo studio di ciò che in principio è discontinuo, non vincolato, non deterministico e che, nella sua essenza, contiene e riflette parte del caos primigenio, viene denominato "aritmologia". In senso formale esso è l'analisi e l'approfondimento delle discontinuità. In un senso più ampio contiene l'idea stessa di "rottura" e la sua applicazione tiene conto di manifestazioni sempre più profonde, relative anche al comportamento umano e sociale. La tesi di laurea di Florenskij riguarda proprio questo argomento[47]. Nella ricerca della scuola di Mosca si pone in modo prepotente la necessità di isolare le parti elementari degli enti complessi, il bisogno di descrivere sia i cambiamenti analitici, causali e continui, sia quelli contingenti, casuali e discontinui, di cogliere le catastrofi estese e i cambiamenti individuali, di riconoscere l'alternarsi di periodi di rivoluzione e di evoluzione progressiva nello sviluppo della scienza e nella vita sociale. Alle idee di Bugaev, Florenskij aggiunge di suo la considerazione che la continuità dei fenomeni nello spazio e nel tempo, lasciando tutto indistinto e senza limiti, presuppone l'assenza della forma. La continuità non permette di scoprire ciò che unisce un oggetto alle sue parti e ai diversi elementi. Scompare "il progetto globale del fenomeno". È impossibile spiegare come interagiscono libertà e bellezza di considerare congiuntamente, vicine ma distinte, necessità e casualità.

Nella teoria degli insiemi, Florenskij vede un potente apparato concettuale per associare monadi con vari gradi di libertà in unità di ordine superiore, riconosce la possibilità di individuare la struttura dove in precedenza si vedevano solo caos e disordine, capisce che il suo intreccio con le nozioni di carattere aritmologico è foriero

47 *Ob osobennostjach ploskich krivych, kak mestach narušenija nepreryvnosti* (Sulle particolarità delle curve piane come luoghi di rottura della continuità). Florenskij progettava che fosse la prima parte di un più generale lavoro di carattere filosofico, che pensava di intitolare *Preryvnost', kak element mirovozzrenija* [La discontinuità come elemento della concezione del mondo].

di una concezione universale di filosofia, scienza e pratica. È in questo senso e con riferimento a questa complessa problematica che va intesa la riproposizione, da parte di Florenskij, della compresenza tra "separazione" e "partecipazione" e della necessità di pensarle l'una in rapporto all'altra, anziché in termini di esclusione reciproca, proposta da Cusano, il quale coglie genialmente il fatto che per pensare spesso, anziché escludere, abbiamo bisogno di accoppiare, di mettere in correlazione cose solo apparentemente incompatibili.

Questa convergenza e compresenza di poli opposti e incompatibili è un presupposto imprescindibile del pensiero ortodosso, alle radici del quale vi è, come si è visto, il concetto, sviluppato da Gregorio Palamas, di *partecipazione* al sacro e al divino in un mondo unitario nel quale il creato e l'increato sono continuamente intessuti in una relazione costitutiva di reciproca fusione. L'instaurarsi di questa relazione esige però una preliminare distinzione tra l'*essenza* divina, che è del tutto irrelata, sottratta a ogni forma di possibile "rispetto a qualcosa", e gli atti, grazie ai quali noi, come aveva chiarito a suo tempo Gregorio di Nissa, veniamo a conoscenza delle proprietà che sono *attorno a essa*, senza che quest'ultima possa mai esservi rinchiusa e definita, e che si costituiscono necessariamente attraverso una relazione.

7. La compresenza di separazione e partecipazione al sacro: l'icona

La compresenza tra "separazione" e "partecipazione" al sacro e la necessità di pensarle l'una in rapporto all'altra, anziché in termini di esclusione reciproca, proposta da Cusano, non possono però restare soltanto al livello di un'astrazione filosofica ed essere presentate esclusivamente come il risultato di essa. La teologia ortodossa si preoccupa di mostrare come esse siano concretamente realizzabili, diventando parte essenziale del processo di ascesa dell'uomo verso la divinità, attraverso quella che possiamo chiamare una "strategia dello sguardo" strettamente legata alla funzione determinante assegnata alla luce, in particolare a quella luce che gli apostoli videro risplendere sul monte Tabor attraverso la carne e la veste di Cristo: "[Egli] fu trasfigurato di fronte a loro: il suo volto brillò come il sole e le sue vesti divennero candide come la luce" (*La Sacra Bibbia*, Matteo 17,2, C.E.I., Ed. San Paolo, 2009).

Gli ortodossi la chiamano perciò *luce taborica* e spiegano che sul monte Tabor a cambiare non fu il corpo di Cristo, da sempre e per sempre *divino-umano*, ma gli occhi degli Apostoli, resi in quel momento capaci di vedere la divinità, come a dire ciò che è naturalmente invisibile. A reiterare questo miracolo e a mettere l'occhio in grado di vedere ciò che prima era al di fuori della sua portata, come nel caso dei discepoli di Gesù, è l'icona, il cui primo obiettivo è proprio quello di "catturare" e riprodurre la luce taborica, sulla base di una specifica tecnica di rappresentazione, messa a punto da Teofane (ca. 1335 – ca. 1410) pittore della scuola cretese, e portata al massimo splendore, nel periodo definito "Rinascimento di Novgorod", dal monaco Andreij Rublëv (1360 – 1430). In virtù di questa tecnica la pittura delle icone divenne sempre più un esercizio spirituale, una preghiera interiore, che richiedeva una lunga preparazione, un laborioso affinamento interiore e uno spirito di devozione al quale veniva improntato persino ogni singolo gesto operativo. Non a caso gli autori di icone erano generalmente monaci, tenuti a dipingere come prima loro opera la trasfigurazione di Cristo sul monte Tabor, proprio per entrare a loro volta nella luce taborica ed esserne illuminati. Riferendosi ai risultati del loro lavoro Rudolf Steiner osserva come essi in realtà nascano direttamente dal mondo spirituale. Non si riesce a immaginare uno spazio fisico dietro una Madonna russa. Si deve pensare che dietro il quadro vi sia il mondo spirituale e che da quel mondo, visto in modo vivo, sorga il quadro[48].

Per questo l'icona non è soltanto un'immagine, ma uno strumento operativo per mettere in comunicazione reciproca infinito

48 [55] R. Steiner, *Storia dell'arte specchio di impulsi spirituali*, Editrice Antroposofica, Milano 1996.

e finito, mondo ultraterreno e realtà quotidiana e può essere considerata la specifica incarnazione dello spazio intermedio tra questi due domini. La luce taborica, e l'icona che la cattura" e la riproduce, sono pertanto l'espressione concreta del modo in cui gli uomini possono partecipare alla rappresentazione *dell'invisibile,* di ciò che è inaccessibile ai sensi e allo stesso pensiero, l'immagine di Dio, l'icona del Cristo totale, del Dio-uomo. Come scrive San Paolo nella II lettera ai Corinzi: "E noi tutti, a viso scoperto, riflettendo come in uno specchio la gloria del Signore, *veniamo trasformati in quella medesima immagine*, di gloria in gloria, secondo l'azione dello Spirito del Signore"[49]. L'immagine è quindi strumento di partecipazione e di trasformazione, è il mezzo grazie al quale, come dice Gregorio di Nissa, "essendosi avvicinata alla luce, l'anima si trasforma in luce"[50], ciò che permette all'uomo di diventare pneumatoforo, "portatore dello Spirito", tempio dello Spirito, fino a partecipare alla natura di Dio.

È interessante ricordare che oggi anche all'interno della Chiesa cattolica comincia a emergere e a essere profondamente valorizzato questo interesse per la luce taborica e per l'effetto di trasfigurazione che essa provoca. A chi ha letto attentamente l'enciclica di Papa Francesco "Laudato si'" non sarà sfuggito che in uno dei paragrafi conclusivi di essa, il 235, c'è un richiamo alla lettera apostolica *Orientale lumen* del 2 maggio 1995 di Giovanni Paolo II con la citazione del seguente passo, estremamente significativo sulla base di ciò che si è detto: "La bellezza, che in Oriente è uno dei nomi con cui più frequentemente si suole esprimere la divina armonia e il modello dell'umanità trasfigurata, si mostra dovunque nelle forme del tempio, nei suoni, nei colori, nelle luci e nei profumi".

"Un Papa, figlio di un popolo slavo – scriveva non certo a caso Giovanni Paolo II in quella sua lettera apostolica – sente particolarmente nel cuore il richiamo di quei popoli verso i quali si volsero

49 [56] *2 Cor* 3,18.
50 [57] Gregorio di Nissa, in *Cantica Canticorum homilia,* VIII, PG 44,941C.

i due santi fratelli Cirillo e Metodio, esempio glorioso di apostoli dell'unità che seppero annunziare Cristo nella ricerca della comunione tra Oriente ed Occidente, pur tra le difficoltà che già talvolta contrapponevano i due mondi". Ecco perché, continuava il Papa: "Portando nel cuore le domande, le aspirazioni e le esperienze a cui ho accennato, la mia mente si volge al patrimonio cristiano dell'Oriente. Non intendo descriverlo né interpretarlo: mi metto in ascolto delle Chiese d'Oriente che so essere interpreti viventi del tesoro tradizionale da esse custodito. Nel contemplarlo appaiono ai miei occhi elementi di grande significato per una più piena ed integrale comprensione dell'esperienza cristiana e, quindi, per dare una più completa risposta cristiana alle attese degli uomini e delle donne di oggi". Il fine della visione orientale del cristiano è "la partecipazione alla natura divina mediante la comunione al mistero della santa Trinità [...]. Nella divinizzazione e soprattutto nei sacramenti la teologia orientale attribuisce un ruolo tutto particolare allo Spirito Santo: per la potenza dello Spirito che dimora nell'uomo la deificazione comincia già sulla terra, la creatura è trasfigurata e il Regno di Dio è inaugurato". Il richiamo alla luce che trasfigura è esplicito in un passo successivo, dove si dice che: "Nell'esperienza liturgica, Cristo Signore è la luce che illumina il cammino e svela la trasparenza del cosmo, proprio come nella Scrittura. Gli avvenimenti del passato trovano in Cristo significato e pienezza e il creato si rivela per ciò che è: un insieme di tratti che solo nella liturgia trovano la loro compiutezza, la loro piena destinazione. Ecco perché la liturgia è il cielo sulla terra e in essa il Verbo che ha assunto la carne permea la materia di una potenzialità salvifica che si manifesta in pienezza nei Sacramenti: lì la creazione comunica a ciascuno la potenza conferitale da Cristo". Da qui scaturisce appunto l'importanza del tema dello sguardo capace di andare al di là del visibile e di attingere i misteri dell'invisibile: "A Cristo, l'Uomo-Dio, si volge lo sguardo del monaco: nel volto sfigurato di Lui, uomo del dolore, egli già scorge l'annuncio profetico del volto trasfigurato del Risorto. All'occhio contemplativo il Cristo si rivela come alle donne di Gerusalemme, salite a contemplare il misterioso spettacolo del Calvario. E così, formato a quella scuola, lo sguardo del monaco si abitua a contemplare Cristo anche nelle pieghe nascoste della creazione e nella storia degli uomini, essa pure compresa nel suo progressivo conformarsi al Cristo totale". "All'uomo che cerca il significato della vita", conclude la Lettera, "l'Oriente offre questa scuola per conoscersi ed essere libero, amato da quel Gesù che disse: "Venite a me, voi tutti, che siete affaticati e oppressi, e io vi ristorerò" (*Mt* 11,28). A chi cerca la guarigione interiore, egli dice di continuare a cercare: se l'intenzione è retta e la via onesta alla fine il volto del Padre si farà riconoscere, impresso com'è nelle profondità del cuore umano".

Particolarmente significativo in questa lettera è l'esplicito riferimento alla liturgia come "il cielo sulla terra" che è una chiara eco delle riflessioni di Florenskij sullo spazio del *culto*, intermedio per definizione, in quanto espressione dell'irruzione, nell'esistenza terrena, delle correnti dall'altro mondo, che la nutrono e la rinvigoriscono[51]. Quando si entra in questa dimensione, infatti, "ciò che è invisibile e misterioso è percepito dalla contemplazione sensibile; rivestito dall'empirico, esso si dispone secondo le linee proprie dell'invisibile. Entrando nella sfera del culto, il sensibile vive e s'intreccia non già secondo dei legami a esso immanenti, ma secondo altri, diventando parte di un'altra struttura, una struttura trascendente, che ha leggi *proprie* e sue particolari connessioni. La realtà sensibile è progressivamente attirata verso altri nessi, inconsueti e inconcepibili, verso relazioni inattese e, da quel momento in poi, è come sostenuta da altre forze: staccandosi dalle sfere dell'attrazione terrestre cessa di essere terrena e *soltanto* sensibile. Come non possiamo definire semplicemente superficiale e inerte quel cibo che entra a far parte dell'organismo e, una volta assimilato, manifesta

51 [58] P.A. Florenskij, "Il timore di Dio", tr. it. in: Id., *Il cuore cherubico. Scritti teologici e mistici*, intr. e a cura di N. Valentini e L. Žak, tr. R. Zugan, Piemme, Casale Monferrato 1999, p. 270.

sensibilmente la sua forma vitale fino a quel momento invisibile, così ciò che è terreno, entrando nella sfera del culto, cessa di essere terreno. Pur essendo, da un punto di vista materiale, essenzialmente terreno nella sua caratterizzazione particolare, all'interno della visione propria del culto, nell'aura di mistero che lo circonda, avviene e prende forma qualcosa d'altro, di santo, di consacrato, di trasformato, di transustanziato: è il mistero stesso. Ma ripeto il culto, strano e incomprensibile a guardarlo dall'alto, visto dall'alto verso il basso, appare in tutta la sua integrità e unità. È come se gli elementi della realtà sensibile fossero distrutti dal turbine che si è abbattuto su di essa, piegati da una forza incomprensibile, smembrati e ricomposti per essere poi riuniti in nuovi segni ancora indecifrabili, mai visti prima, del mondo misterioso. Solo innalzandoci verso l'alto potremo contemplare il loro quadro nella sua interezza. Una forza trascendente racchiusa in essi li ha strutturati secondo leggi che non provenivano dalla loro essenza, sebbene la sottintendessero; questa forza è quel *filo* che collega il celeste e il terreno"[52].

Ecco dunque lo spazio intermedio, il "tra" che è, contemporaneamente, parte del mondo visibile e del vissuto quotidiano e distinto da esso. Uno spazio nel quale "si incontrino immanenza e trascendenza, profondità e altezza, le cose di questo e le cose dell'altro mondo, l'assoluto e il relativo, il corruttibile e l'incorruttibile". Questo spazio "è una finestra nella nostra realtà dalla quale si vedono gli altri mondi. È una breccia, prodotta dalla luce taborica e realizzata dall'icona, autentico strumento di partecipazione e di trasformazione, il mezzo grazie al quale Gregorio di Nissa, come si è visto, attribuiva la capacità di trasformare "l'anima in luce, essendosi avvicinata alla luce". Questa, appunto, è la base sulla quale Florenskij costruisce il suo concetto di *skvoznoj*, di luminosità interiore, di *translucidità*. L'anima, trasformata in luce, acquisisce il potere di "vedere attraverso" l'opacità dello sfondo dorato o argenteo dell'icona, e a conciliare e ad armonizzare questa opacità e la trasparenza, il positivo e il

52 [59] Ivi, pp. 299 *sg*.

negativo. Questo effetto è ottenuto concretamente attraverso una tecnica che esclude la presenza di una sorgente naturale di luce, e questo spiega perché i corpi non proiettino mai ombre: la luce emerge invece progressivamente dallo sfondo dorato, che simboleggia la vita divina partecipata agli uomini. I colori si sovrappongono sempre più chiaramente a partire da questo fondo scuro, fenomeno che si vede soprattutto nell'icona della Trasfigurazione dove, partendo dallo sfondo dorato, si arriva alla luce chiara abbagliante di Cristo che a sua volta irradia uomini e cose trasfigurando anche loro della sua trasfigurazione. La modalità di rappresentazione delle figure dei santi che inserite in questo sfondo di luce emergente è ovviamente vincolata e condizionata da questo effetto di trasfigurazione. Le realtà che noi conosciamo hanno tre dimensioni: lunghezza, larghezza, altezza. L'icona non intende essere una rappresentazione "fedele" della natura, perché ciò significherebbe calare l'invisibile e il sacro nel mondo finito e visibile in modo trasparente e senza stacchi, senza lo *sdvig*: per questo viene volutamente e sistematicamente ignorato il *volume* che rappresenta la pura dimensione "carnale" e "terrena" dell'uomo e il mondo dell'icona si muove dentro la *bidimensionalità*. Ciò significa che l'artista non usa mai la tecnica della *profondità*, non cerca di dare volume ai corpi come succede nelle sculture, che non a caso nelle chiese bizantine o ortodosse non esistono, o nelle pitture rinascimentali in cui, nello sforzo di riprodurre in modo realistico la natura, si è preoccupati di dare plasticità ai corpi e agli oggetti rappresentati. Rifiutando di rendere l'illusione ottica del volume, l'icona vuole sottrarsi esplicitamente alle leggi che reggono questo mondo opaco e pesante. Essa rappresenta *scene teofaniche* e persone che sono state trasformate, *cristificate*, partecipano della natura dell'*uomo nuovo*, per cui il loro corpo è trasfigurato, spiritualizzato. I volti, sempre di fronte, sono trattati con colori molto sfumati in modo da togliere ogni riferimento alla percezione sensibile: ciò è ottenuto anche con la sproporzione geometrica delle fattezze rispetto al naturale. Per indicare questo superamento del naturale e questo innalzamento verso l'essenza ontologica dell'uomo come "immagine di Dio", si ricorre anche ad altri accorgimenti tecnici come la ieraticità delle figure, la rigida posizione facciale, la scena bloccata nel suo movimento. Ecco perché i volti dei santi rappresentati nelle icone sono chiamati *liki*, ovvero volti che si trovano fuori dal tempo, trasfigurati, ormai lontani dalla carne e dalle passioni terrene.

La translucidità è dunque l'espressione concreta e la realizzazione dell' inserimento delle icone nel culto come spazio intermedio, della loro natura di strumento simbolico del volo, di quel movimento ascendente in virtù del quale esse riescono a stimolare e a promuovere una *mediazione* per l'incontro con il mistero, a esprimere e a manifestare concretamente il senso *positivo* di manifestazione visibile delle cose invisibili e la capacità di suscitare nell'uomo quella partecipazione al divino senza la quale non si entra in comunione con il mistero. Questa partecipazione è stimolata attraverso la *prospettiva rovesciata*, alla quale non a caso Florenskij dedica particolare attenzione, vale a dire quella tecnica in seguito alla quale le linee non vengono tracciate per convergere in un punto all'interno del dipinto, come nella prospettiva rinascimentale, bensì al suo esterno, per cui esse si dirigono in direzione inversa dal punto dell'osservatore e la direzione della prospettiva non si trova *dietro* il quadro ma *avanti.* Si ha così l'impressione che la scena, invece di perdersi nel fondo, venga verso lo spettatore quasi ad incontrarlo e a *coinvolgerlo,* attirandolo all'interno della scena rappresentata. Qui sta il significato teologico di questa tecnica: è Dio che ha l'iniziativa, è Lui che *viene* verso l'uomo per incontrarlo e offrirgli il suo sostegno. Si tratta proprio della *Rivelazione* di Dio che *gratuitamente* si dà all'uomo e lo invita alla comunione con Lui. Va osservato, a corollario e integrazione di questo aspetto, che nella tecnica della *prospettiva rovesciata* il personaggio principale ha una dimensione maggiore rispetto agli altri anche se non è in primo piano, per sottolineare, ancora una volta, che il mondo di Dio non dipende dalle leggi create ma dalla sua vocazione salvifica che supera la "logica" dell'uomo.

Questo significato articolato e complesso dell'icona è efficacemente sintetizzato nella seguente dichiarazione del VII Concilio ecumenico (2° di Nicea): "L'icona è per noi l'occasione di un incontro personale, nella grazia dello Spirito Santo, con colui che essa rappresenta... Più il fedele guarda le icone, più si ricorda di Colui che vi è rappresentato e si sforza di imitarlo; testimonia rispetto e venerazione ma non adorazione che è dovuta unicamente a Dio". Per assolvere la funzione di spazio intermedio che gli viene attribuita l'icona deve garantire la compresenza e il continuo interscambio dei due mondi che rappresenta, che non devono quindi essere separati da una linea di demarcazione, bensì messi in una correlazione così stretta da costringere a vederli e a pensarli insieme, quasi fusi in un'unità indissolubile. Chi la guarda non deve pertanto *vedere il confine*, bensì *vedere attraverso un confine che anziché separare la figura dallo sfondo opaco fa di quest'ultimo il centro d'irradiazione* e di *diffusione*, a partire dal quale si sviluppano e si irradiano tutti i particolari della scena rappresentata.

8. La prospettiva rovesciata: dall'Assoluto senza nome e senza forma all'ordine

Secondo Florenskij dunque, come si è visto, la conoscenza empirica è possibile solo nella misura in cui essa è il risultato non di un "vedere in sé", bensì di questo "vedere attraverso" che presuppone l'esistenza di un "*terminus ad quem*", di un essere ideale e oggettivo cui fare riferimento. Come dice la parola del Buddha, se non c'è l'Assoluto non ci può essere neppure un cammino verso l'Assoluto. E se non c'è questo cammino non ci rimane che l'ignoranza e l'oscurità, nelle quali siamo immersi a vista d'occhio.

Dare un nome all'assoluto significa dunque avviare il processo di trasformazione del mondo spirituale da essenza al di fuori del suo manifestarsi a una dimensione che, attraverso il nome appunto, può passare nella coscienza e farsi oggetto della coscienza stessa. La venerazione del nome, con la coincidenza di nominato e nome che ne consegue, è la via attraverso la quale l'assoluto, da esistente in sé e per sé, diventa qualcosa *per me uomo*. Questo cammino è però senza fine e noi sappiamo di non poter mai ricomprendere completamente il suo fine ultimo: ciò che definisco e a cui dò un nome non è dunque l'Assoluto in sé, ma una sua versione ridotta, che da unitaria diventa duplice, facendo in modo che la separazione possa e debba essere pensata attraverso la partecipazione, come si è detto. Questa coesistenza di unità e duplicità, di separazione e partecipazione è il presupposto e la condizione sine qua non per ritenere ammissibile un processo di approssimazione alla verità inesauribile ma contrassegnato comunque da una crescita della conoscenza.

Alla comprensione di questo processo di trasformazione dell'Assoluto da dimensione in sé e per sé, e dunque separata, a livello accessibile alla coscienza umana, e quindi aperto alla partecipazione, ha fornito un contributo prezioso un audace esperimento artistico, *Un quadrato bianco su fondo bianco*, realizzato nel 1918 da Kazimir Malevič, pittore russo fondatore del Suprematismo, che al pensiero e all'opera di Florenskij si collega e si riferisce per più di un aspetto. Il bianco ci colpisce come un grande silenzio che ci sembra assoluto", spiega Kandinskij. Ecco, il bianco come assenza di suono. Come luogo della purezza, luogo del niente o luogo dell'invisibile. Con questa operazione piano della tela diventa Spazio e Oggetto, o Spazio-Oggetto o Oggetto-Spazio, e mai l'uno e l'altro come distinti che interagiscono. A dirci quale fosse la finalità di questa operazione artistica è lo stesso Malevič: "Ho conquistato il rivestimento interno del cielo, l'ho strappato via, ne ho fatto un sacco in cui ho messo il colore e l'ho annodato. Vola! Una bianca sfumatura di infinito senza fine è dinanzi a te". Risuona in queste sue parole l'ideale della liberazione del *jiva* (termine sanscrito di genere maschile o neutro, che indica l'essere vivente individuale) dal legame che lo tiene vincolato, nel mondo materiale, e il suo volo come essere illuminato e perfetto verso il tempo e lo spazio infiniti, per vivere nella magnifica regione al culmine dell'universo descritta come "più bianca delle perle, più lucente dell'oro e più pura del cristallo"[53]. Dunque la tensione verso l'infinito, verso un mondo di pure possibilità, non condizionato dai vincoli materiali, come forma suprema di realizzazione della persona umana.

L'opera che ne risulta non è in grado di prefigurare un "altro" al quale riferirsi e con il quale ricongiungersi: eccoci dunque costretti a navigare in uno spazio nel quale l'oggetto è scomparso e dove, proprio nel punto in cui, presumibilmente, si è inabissato, si allarga una chiazza, un alone scuro che va gradatamente annullandosi nel bianco immacolato e indifferenziato della superficie. Una simmetria assoluta, quale quella che si costituisce in seguito a un fondo del tutto omogeneo, è il dominio dell'identico, del non percepibile, dell'assoluto: ogni punto della tela è un centro di simmetria di inversione, in quanto ribaltando rispetto a esso un punto qualsiasi della tela medesima si ripristina la configurazione di partenza. Inoltre comunque ci si sposti lungo la superficie del quadro, operando una traslazione o una rotazione, nulla cambia, non ci si accorge di alcuna variazione: in quanto invariante, vuoi per effetto di traslazioni, di rotazioni, e di ribaltamenti rispetto a un punto qualsiasi, vuoi per effetto di permutazioni tra punti, quest'opera di Malevič, omogenea, isotropa e indifferente a scambi tra i punti che la compongono, è dotata d'una simmetria perfetta. In essa non c'è niente di diverso, e quindi di definito, al quale appigliarsi per orientarsi all'interno e stabilire delle differenze o delle gerarchie: al suo interno tutti i punti hanno identico valore e significato, essa è la proiezione metaforica della totalità di un universo infinitamente esteso e assolutamente omogeneo, in cui sono potenzialmente contenuti tutti i significati possibili, e non è possibile farne emergere concretamente uno. Nessuna meraviglia,

53 H. von Glasenapp, *Jainiusm: an Indian Religion of Salvation*, Motilal Banarsidass, Delhi 1999, p. 270.

dunque, se per alcune comunità religiose dell'Estremo Oriente una tela bianca di questo tipo assurge a simbolo della divinità.

Se questa simmetria, omogenea e isotropa, viene rotta, magari semplicemente segnando nella tela un solo punto nero P, a partire da quest'ultimo si può introdurre un ordine nella struttura: diventa infatti naturale riferirsi a esso per ordinare gli altri punti della tela, ad esempio in funzione della loro distanza da P. Ordine, ovvero correlazione da un lato, e simmetria, ovvero invarianza dall'altro, sono dunque concetti in certa misura antitetici e inversamente proporzionali: all'instaurarsi o aumentare del primo infatti la seconda diminuisce in quanto all'interno di una struttura ordinata gli elementi non sono più tutti equivalenti e interscambiabili. Una volta introdotto questo ordine la struttura risultante presenta comunque una *simmetria superstite ridotta*: l'intero processo va dunque descritto come una riduzione della simmetria, in una struttura omogenea e isotropa, in virtù della quale emergono elementi di simmetria superstiti associati all'*instaurarsi di un ordine*. Emerge così una regola alla base della formazione delle strutture, siano esse naturali o artificiali: *ridurre la simmetria rispettandola e conservandola su scala ridotta.*

Questo esperimento artistico di Malevič presenta oggi uno straordinario interesse anche scientifico in quanto appare strettamente correlato alla descrizione dei processi in virtù dei quali l'emergenza fenomenica di un evento fisico macroscopico si presenta come un processo termodinamico di condensazione di infinite particelle di massa nulla concomitante, appunto, alla rottura spontanea di una simmetria, un'attualizzazione dell'infinito in un mondo di possibilità discrete. Cerchiamo allora di capirne di più. Le variabili quantistiche rilevanti nei sistemi biologici sono i modi di vibrazione dei dipoli elettrici delle molecole d'acqua che costituiscono la "matrice dinamica" continuamente oscillante su molteplici frequenze in cui sono immersi anche i nostri neuroni, le cellule gliali e le altre unità biologiche e non – dalle membrane cerebrali, alle molecole di mediatori chimici, alle molteplici sostanze chimiche che insieme all'acqua formano il cosiddetto "liquido cefalorachidiano", che costituiscono il nostro cervello.

Tutte queste unità biochimiche e il loro contenitore acquoso vanno dunque pensate come un mare continuamente increspato da onde che si diffondono "disordinatamente" in tutte le possibili frequenze e ampiezze. Questo mare di campi energetici oscillanti senza alcun ordine è chiamato in generale dai fisici stato di "vuoto quantistico" della materia. Una "rottura di simmetria" in questo vuoto, vuol dire che di tutte le frequenze/ampiezze possibili una o più di esse cominciano a propagarsi in maniera coerente, come un'onda unica (solitone, un'onda di Tsunami) in un mare increspato di miriadi di onde disordinate. Tecnicamente, i fisici parlano di "congelamento di molteplici gradi di libertà" del sistema. Questa rottura viene detta spontanea perché qualsiasi regime dinamico che sia compatibile con lo stato del cervello è permesso ed è scelto sulla base di una miriade di condizioni.

Questo concetto di rottura spontanea di simmetria può essere compreso con un'analogia. Prendiamo una sottile barra cilindrica di metallo, e poggiamola in verticale su una superficie dura. Se ora ruotiamo la barra intorno al suo asse verticale, non notiamo nessun cambiamento: il sistema è perfettamente simmetrico rispetto a queste rotazioni. Ora, iniziamo ad applicare una pressione dall'alto verso il basso sull'estremità superiore della barra. Dapprima non succederà nulla, ma appena la pressione sarà abbastanza grande (superando un valore critico che dipende dalle caratteristiche fisiche del sistema) la barra improvvisamente si incurverà. Non possiamo prevedere verso quale delle infinite direzioni possibili si creerà la gobba. Quello che sappiamo, però, è che questa nuova configurazione del sistema non è più simmetrica rispetto alle rotazioni intorno all'asse verticale. La simmetria iniziale si è rotta.

Si ha così un processo in seguito al quale di tutte le indefinite modalità di oscillazione dei campi energetici associate ai componenti materiali dei sistemi solo alcune – al limite una – sopravvive, così da creare una "coerenza", ordine e dunque "informazione" nel sistema. È questo il caso, per esempio, di un input dell'ambiente, che induce una risposta da parte di un particolare sottosistema cerebrale su cui agisce in forma di oscillazione coerente (modulata in frequenza e/o in ampiezza), e quindi induce un processo di "generazione dell'informazione" da parte del sottosistema cerebrale interessato, in risposta a quel determinato stimolo che si propaga "istantaneamente" anche a grande distanza e coinvolgendo sistemi appartenenti a vari livelli dell'organizzazione, corticali (cioè senso-motori) e sotto-corticali (emozionali). Ciò che è rilevante è che lo stesso input (o input similari) producono sempre la stessa risposta dinamica (o risposte similari) nel medesimo cervello, cosicché lo stato coerente elicitato dall'input è di fatto una forma dinamica di "traccia di memoria a lungo termine".

Sulla base di queste premesse, possiamo chiarire in che cosa consista l'analogia tra l'esperimento artistico di Malevič e la rottura della simmetria, di cui parla il modello dissipativo quantistico del cervello. Partiamo da un insieme qualunque di elementi ad alto indice di simmetria, nell'ambito del quale cioè ci sia un elevato grado di sostituibilità tra i componenti: ad esempio un insieme di parole prive di significato, e quindi interscambiabili, passibili pertanto di una sperimentazione senza vincoli all'interno di un gioco combinatorio in cui sia lecito, in totale libertà, fare qualsiasi accostamento, e dunque ottenere qualunque disposizione dei termini disponibili. Se, per una ragione qualsiasi, una di queste combinazioni si carica di un significato inatteso o di un effetto imprevisto, in virtù dei quali si differenzia da tutte le altre e acquisisce un valore e un'importanza prioritari rispetto a esse (come il punto nero all'interno del quadrato bianco su sfondo bianco di Malevič) si comincia a passare da un libero gioco di parole, con un numero elevatissimo di combinazioni possibili, a un insieme ordinato di frasi dotate di senso con un aumento dell'ordine e una concomitante riduzione della simmetria. Situazioni analoghe si hanno quando si instaura un *ordine dinamico* inteso quale *rimozione del disordine a seguito di una trasformazione strutturale autoorganizzantesi*, come ad esempio allorché l'acqua si solidifica passando dalla fase liquida, disordinata, alla fase ordinata del ghiaccio, o ogni volta che siamo in presenza di instabilità dinamiche di sistemi in non-equilibrio, aperti a flussi di materia, di energia o di informazione (il brodo che, tolto dal frigorifero e scaldato sul fornello, prima ancora di entrare in ebollizione si anima di moti convettivi, ovvero di moti d'insieme molto regolari, i quali risultano ben visibili quando si osservino le particelle in sospensione nel brodo stesso).

È stato Giuseppe Caglioti a segnalare in diversi suoi lavori[54] l'importanza di questo processo di riduzione della simmetria in modo ordinato, cioè allo stesso tempo preservandola, e la rilevanza che esso ha dal punto di vista sia percettivo che cognitivo. Per quanto riguarda ad esempio la percezione visiva egli sottolinea l'incidenza della "catastrofe percettiva", che si produce quando un insieme di segni e di simboli è interiorizzato in modo da tradursi in stimoli sensoriali, i quali, attivati e controllati da una curiosità e un'attenzione sufficientemente intense, attraverso una successione di configurazioni disordinate che via via rapidamente si aggiornano e si ordinano approdano finalmente a una struttura stabile, uno dei numerosi attrattori che sono geneticamente o culturalmente presenti nella nostra mente, un'idea visiva che provoca un'emozione, frutto del riorientamento del pensiero. Ciò che si produce in seguito a questa "catastrofe percettiva" può essere illustrato attraverso l'esempio delle figure ambigue, costruite in modo da prestarsi a due o più letture alternative, come questo magistrale quadro di Salvador Dalì del 1940, con busto di Voltaire sullo sfondo:

---

54 G. Caglioti, *Simmetrie infrante nella scienza e nell'arte*, CLUP, Milano 1983; 2ª Ed., CittàStudi, Milano 1994 (Ed. ingl.: *The Dynamics of Ambiguity*, Springer, Berlin-Heidelberg-New York, NY 1990); Id., *Eidos e Psiche: Struttura della materia e dinamica dell'immagine*, Illisso, Nuoro 1995; e Id., *Casanova e la scienza*, Moretti & Vitali, Bergamo 1998.

Salvador Dalí, *Slave Market with the Disappearing Bust of Voltaire*, 1940
(© Salvador Dalí Museum, St. Petersburg, Florida)

Qui abbiamo un efficace esempio percettivo di ciò che si verifica nella meccanica quantistica con il collasso della funzione d'onda, allorché, in seguito alla misurazione compiuta dall'osservatore, lo spettro delle possibilità offerte dalla teoria senza osservazione si contrae in un'unica soluzione. L'opera di Dalì, analogamente, propone una varietà di "letture" che via via, in seguito a quello che Caglioti chiama lo sviluppo di una curiosità e di un'attenzione sufficientemente intense, finisce con lo stabilizzarsi attorno a una interpretazione che si configura come struttura stabile, rompendo la simmetria precedente e introducendo un ordine che la riduce.

Dal punto di vista cognitivo possiamo dire che questo processo ha prodotto un incremento di "informazione" che va considerata l'esito di *un'azione che dà forma*: nel creare un bit di informazione si passa infatti, irreversibilmente, da una situazione stazionaria e invariante, fuori dal tempo, tipica della simmetria assoluta (riferiamoci, ancora una volta, alla tela di Malevič *Un quadrato bianco su fondo bianco*, che esemplifica perfettamente questa situazione) a uno stato informato, di consapevolezza: per creare il bit si entra nella dimensione temporale e sono necessari tempo ed energia, è cioè necessario spendere un'azione. Ricordiamo, a questo proposito, che nella fisica quantistica l'azione è espressa dal prodotto di un'energia per un tempo e si misura in unità della costante di Planck, h = 6,6·10-34J·s). All'interno della teoria si registrano due differenti modalità di evoluzione del vettore di stato. Da un lato, le normali interazioni tra due sistemi atomici, o tra un sistema atomico e un oggetto macroscopico che non sia un apparato di misura, sono caratterizzate da un'evoluzione deterministica regolata dall'equazione di Schrödinger, che descrive naturalmente anche l'evoluzione dei singoli sistemi che non interagiscono, mentre dall'altra il processo di misura provoca invece una transizione *discontinua* dallo stato iniziale a uno degli stati finali possibili. L'esistenza di una simile dualità era già stata chiaramente sottolineata fin dal 1932 da von Neumann, che aveva individuato una precisa distinzione tra "misurazioni ed esperimenti discontinui, non causali e agenti istantaneamente" che definì come "*willkürliche Veränderungen durch Messungen*" (cioè cambiamenti arbitrari attraverso la misurazione) e "cambiamenti continui e causali nel corso del tempo" che chiamò "*automatische Veränderungen*", cioè cambiamenti automatici[55]. La teoria quantistica senza osservazione non determina più i fenomeni stessi, ma la loro *possibilità*, la probabilità che succeda qualche cosa. Come dunque nella meccanica quantistica per passare da una descrizione impartecipe a una misura attiva occorre rimuovere la stazionarietà e entrare nella *dimensione tempo* così nel caso esaminato, per dare ordine e forma a una situazione stazionaria e invariante, che è fuori dal tempo, occorre spendere un'azione ed entrare in uno stato di consapevolezza.

Un ulteriore motivo di interesse di questo approccio per il discorso oggetto della nostra analisi consiste nel fatto che, secondo Caglioti, il meccanismo che stiamo descrivendo è all'origine del senso del bello: da questo punto di vista una struttura è in grado di proporre stimoli che risuonino gradevolmente sullo stato d'animo di chi la percepisca solo se in essa si bilanciano armonicamente *simmetria e ordine*[56]. "Insieme, simmetria e ordine ingenerano sensazioni di segno opposto – rassicurazione e ansia, ipnosi e presa di coscienza. Sapientemente calibrati, distribuiti e armonizzati in una stessa struttura, essi fanno presa sull'animo umano gratificandolo: basti pensare alla simmetria del ritmo e all'ordine della melodia in una composizione musicale o nella fuga delle colonne equidistanti, sormontate da capitelli disuguali, in un chiostro romanico"[57]. Non

---

55 J. von Neumann, *Mathematische Grundlagen der Quantenmechanik* Springer, Berlin 1932; tr. it. *I fondamenti matematici della meccanica quantistica*, a cura di G. Boniolo, Il Poligrafo, Padova 1998.

56 G. Caglioti e T. Tchouvileva, "La bellezza salverà il mondo", in: G. Giorello e E. Sindoni, *L'uomo, i Limiti e la Speranza. Una rotta verso il Terzo Millennio*, Piemme, Milano 1995; Idd., "Estetica e sue radici scientifiche", in: *Terzo Millennio: L'Uomo, i Limiti e la Speranza, Atti del Convegno internazionale (Varenna, 2-6 ottobre 1994)*, Angelicum, Milano 1995.

57 G. Caglioti, "Il senso del bello: un criterio per la sopravvivenza e uno stimolo alla creatività", in: "Lombardia Nord-Ovest", Vol. 1, 2001, p. 17.

a caso recenti studi nell'ambito delle neuroscienze hanno rilevato che, in presenza di proporzioni auree, le attività cerebrali producono nell'area che presiede alle emozioni uno stato di profondo benessere.

La conclusione che possiamo trarre da queste osservazioni è allora la seguente: "Nella combinazione armonica dell'ordine e della simmetria è l'essenza della bellezza. I numeri naturali e le strutture numeriche sono ingredienti imprescindibili della simmetria e dell'ordine. Tra le strutture numeriche, la successione di Fibonacci e, con essa, la sezione aurea, primeggiano per la loro valenza estetica. L'uomo, che è parte della natura, crea le sue *spetie* ispirandosi alla natura. Ed è nella sezione aurea che si possono cogliere i germi sia di quella forma di ordine dinamico, insito nelle creature naturali, che è l'autoorganizzazione, sia, parallelamente, di quella forma di simmetria, originata dall'autoorganizzazione, che è l'autosomiglianza"[58]. La sezione aurea costituisce un esempio pervasivo sia di quell'ordine dinamico tipico dell'auto-organizzazione, sia di quella forma di simmetria che all'auto-organizzazione si suole accompagnare: la simmetria di scala o *autosomiglianza*. Una struttura è autosomigliante quando ogni sua parte è copia di una parte della struttura ed eventualmente dell'intera struttura: sicché *zoomando* localmente la struttura, ovvero attivando un processo di ingrandimento, questa rimane identica a sé stessa.

9. Cosa induce a dare un nome all'Assoluto

Quali sono allora, in definitiva, le ragioni che inducono a dare un nome all'Assoluto? A fornirci un'ulteriore spiegazione è Carlo Diano, grande interprete della saggezza e delle poetiche degli antichi, in un libro breve quanto denso[59], dedicato all'analisi delle due categorie

58 Ivi, p. 23.
59 C. Diano, *Forma ed evento. Principi per una interpretazione del mondo greco*, Marsilio, Venezia 1993.

che l'autore ritiene fondamentali per la comprensione del mondo greco, quelle di *forma* e di *evento.*

Cerchiamo allora di penetrare la sostanza di questa argomentazione partendo da un punto di vista, che ci è suggerito da ciò che scrive lo stesso Diano In una lettera a Pietro de Francisci, pubblicata nel fascicolo III del luglio-settembre 1953 del 'Giornale critico della filosofia italiana', e ripubblicata in appendice a *Forma ed* evento, nella quale Diano spiega le ragioni di questa sua convinzione: "evento è preso dal latino, e traduce, come spesso fa il latino, il greco *tyche.* Evento è perciò non *quicquid èvenit*, ma *id quod cuique èvenit*: ὅ τι γίγνεται ἑκάστῳ, come scrive Filemone, ricalcando Aristotele. La differenza è capitale. Che piova è qualcosa che accade, ma questo non basta a farne un evento: perché sia un evento è necessario che codesto accadere io lo senta come un accadere per me. E però, se ogni evento si presenta alla coscienza come un accadimento, non ogni accadimento è un evento. [...] Di evento, dunque, non si può parlare se non in rapporto a un determinato soggetto, e dall'ambito stesso di questo soggetto. [...] Come *id quod cuique èvenit* l'evento è sempre *hic et nunc.* Non v'è evento se non nel preciso luogo dove io sono e nell'istante in cui l'avverto. [...] Da quello che precede è chiaro che non sono l'*hic et nunc* che localizzano e temporalizzano l'evento, ma è l'evento che temporalizza il *nunc* e localizza l'*hic.* E l'*hic* è in conseguenza del *nunc* perché è come interruzione della linea indifferenziata e non avvertita della durata – e cioè dell'esistenza come esistenza vissuta – che l'evento emerge e s'impone, ed è per essa e in essa questa interruzione che l'*hic* è avvertito e si svela"[60].

L'evento, quindi, è sempre puntuale e individualizzato, costituisce un vissuto, non un pensato, proprio quel vissuto riferito al soggetto esperiente, a un *osservatore dal quale non si può prescindere*, e all'accadimento specifico di qualcosa qui e ora, cioè in un presente determinato e irriducibile ad altri istanti del tempo. Esso è pertanto e necessariamente "ciò che capita a qualcuno", che opera in modo da

60 Ivi, pp. 70 *sg.*

rompere l'omogeneità dello spazio, ritagliandolo e differenziandolo, e da congelare e condensare il tempo in un singolo istante. L'evento dunque è l'artefice dell'organizzazione della nostra esperienza secondo le categorie dello spazio e del tempo, che ne vengono strutturate, e non viceversa.

Dall'altro lato, però, come ci insegna la lezione decisiva e sempre attuale di Anassimandro e del suo ἄπειρον περιέχον, di cui "l'intera grecità mantiene il concetto"[61], gli eventi non sono isolati e a se stanti, si legano l'uno all'altro e fanno catena, formano un tutto, e ciascuno di essi ha un senso e un fine solo nella connessione con tutti gli altri, per cui dipende dall'intero universo ed è connesso indissolubilmente alla totalità dello spazio e del tempo: "Ogni evento, perdendo la sua accidentalità, si inserisce nella ferrea catena provvidenziale del destino, di una necessità logicamente intesa, riscontrabile ovunque e senza eccezioni. Cade così la linea di demarcazione tra l'*hic et nunc* e *l'ubique et semper.* La *tyche* è solo un evento isolato di cui s'ignora la causa. Ma questa indubbiamente esiste e pertanto l'evento deve avere per forza un significato"[62]. L'evento, pertanto, non può essere assimilato al "caso", come spesso si fa, con la conseguenza di spiegare qualcosa *ignotus per ignotius*: esso invece è l'*opposto* del caso, perché accade *necessariamente, ovvero significativamente,* sempre a "qualcuno", in una totalità cosmica dalla quale l'*evenit* proviene e alla quale, pur staccandosi da essa, rimane legato. E "eternità e trascendenza in senso proprio sono di quell'assoluto "comprendente" che è il *periechon* e di quell'assoluto polo che è l'Uno, "là 've s'appunta – come dice Dante – "ogni ubi ed ogni quando", e che pertanto sono sempre in relazione con l'*hic et nunc* di quel *cuique*, che "io stesso sono"[63].

Attorno a ogni singolo evento si apre quindi l'infinità del *periechon*, il "senza limiti", un principio divino, immortale e indistruttibile,

61 C. Diano, *Linee per una fenomenologia dell'arte*, Neri Pozza, Venezia,1956, p. 15.
62 C. Diano, *Forma ed evento*, cit., p. 13.
63 C. Diano, *Linee per una fenomenologia dell'arte*, cit., p. 64.

quella *dynamis*, come sinonimo di *enèrgeia* che assume nell'età ellenistica un senso che è specifico del "sacro". È proprio questa connessione con l'intera "periferia abbracciante" dell'ἄπειρον *περιέχον* a rendere "l'evento singolo, nella sua immediatezza, incomprensibile", per cui "la mente lo rifiuta, ancor di più la volontà, se l'evento è doloroso: l'uomo non ha pace se non chiudendo, così come può, il circolo dell'identità"[64]: Ecco perché "la reazione dell'uomo a questo emergere del tempo ed aprirsi dello spazio creatogli dentro e d'intorno dall'evento, è di dare a essi una struttura e chiudendoli dare norma all'evento. Ciò che differenzia le civiltà umane, come le singole vite, è la diversa chiusura che in esse vien data allo spazio e al tempo dell'evento, e la storia dell'umanità, come la storia di ciascuno di noi, è la storia di queste chiusure. Tempi sacri, luoghi sacri, tabù, riti e miti non sono che chiusure d'eventi"[65].

Dunque la chiusura non è un presupposto, e non è neppure il risultato di una necessità intrinseca del processo dinamico della conoscenza: è la conseguenza della reazione difensiva dell'uomo di fronte alla potenza inesauribile, inestinguibile dell'essere, che secondo Anassimandro riempie lo spazio e dalle cui viscere viene generata ogni cosa, all'*horror* generato dal fatto di trovarsi di fronte all'infinità. Né di sola infinità si tratta, in quanto la parola ἄπειρον, contrariamente a quanto riteneva Aristotele, non significa tanto e soltanto l'infinito della materia prima, quanto piuttosto una fusione e una combinazione di potenze, la possibilità di generare continuamente esseri, per cui essa pone l'uomo di fronte al gorgo in cui tutto è possibile, al fatto di sentire, dietro la cosa come evento, l'azione di una potenza inafferrabile.

Effetti di questa reazione difensiva e della chiusura che ne consegue è la forma, la quale "è assolutamente e per eccellenza speculare e assolutamente identica"[66]. Sempre speculare con sé stessa e quindi

64 C. Diano, "Edipo, figlio della tyche", in: Id., *Saggezza e poetiche degli antichi*, Neri Pozza, Vicenza 1968, p. 123.
65 C. Diano, *Linee per una fenomenologia dell'arte*, cit., p. 20.
66 Ivi, p. 29.

irrelativa all'altro, la comparsa della forma segna un autentico "rovesciamento di prospettiva": da una concezione nell'ambito della quale la *relazione* viene considerata la modalità primitiva ed equipollente del reale a un pensiero "oggettivante", accentrato sulle idee di sostanza e di proprietà come qualcosa di intrinseco a essa.

È istruttivo ricordare a questo proposito, come fa Franco Ferrari, che l'ontologia relazionale emerge già chiaramente nel *Timeo* di Platone, come mostra chiaramente il seguente passo: "Innanzitutto, ciò che abbiamo chiamato acqua, quando ci sembra condensarsi, lo vediamo trasformarsi in pietre e terra, mentre, quando evapora e si scioglie, questo stesso elemento si trasforma in soffio e aria, e l'aria, quando si infiamma, si trasforma in fuoco, mentre quando a sua volta si raccoglie e si spegne, il fuoco torna di nuovo in forma di aria, e ancora l'aria, quando si concentra e si condensa, si trasforma in nube e nebbia; e da queste, quando sono ancora più concentrate, viene fuori acqua che scorre e, dall'acqua, di nuovo terra e pietra, producendosi reciprocamente, sembra, come in un cerchio. Così, dal momento che ciascuna di queste cose non appare mai la stessa, di quale di esse si potrebbe sostenere con fermezza, senza vergognarsi, che, di qualsiasi cosa si tratti, è proprio questa e non un'altra? Non è possibile, ma è assai più sicuro esprimersi su queste cose, ponendo quanto segue: di ciò che vediamo sempre divenire altro e di altra natura, come il fuoco, non bisogna dire il fuoco è un *questo* [τοῦ-το], ma invece: il fuoco è un *tale* [τοιοῦτον], né che l'acqua è *questo* ma l'acqua è sempre *tale*. [...] Non bisogna dunque esprimersi in tal modo [ossia utilizzando termini come questo, codesto ecc.] su ciascuna di queste cose, ma occorre chiamare così ciò che è tale, che rimane simile a sé, pur passando sempre in ciascuna cosa e in tutte; e bisogna appunto chiamare fuoco ciò che resta tale in ogni cosa, e così per tutto ciò che sia soggetto al divenire. Ma ciò in cui ciascuna di queste cose, generandosi, appare sempre e da cui poi di nuovo scompare, solo quello bisogna invece chiamare con l'espressione *questo* [...], mentre ciò che è in possesso di una qualche qualità, caldo o bianco o qualunque altro degli opposti, e tutto ciò che ne deriva, a nulla di tutto ciò, al contrario, bisogna attribuire quelle denominazioni" (*Tim.*, 49B-50A).

"Il senso del ragionamento di Platone – commenta Ferrari – sembra abbastanza perspicuo. L'instabilità che caratterizza il flusso fenomenico della realtà sensibile non consente alcuna forma di fissazione linguistica (l'uso di termini quali questo, codesto, ecc.) che presupponga in qualche misura una sostanzializzazione del referente oggettuale. Gli stessi elementi primari, cioè aria, acqua, terra e fuoco, non rappresentano entità stabili (equiparabili, *mutatis mutandis*, alle sostanze aristoteliche), ossia degli individui metafisici (τόδε καί τοῦτο), bensì determinazioni qualitative (τοιοῦτον) appartenenti al terzo genere, vale a dire al ricettacolo universale. Questo aspetto emerge in modo abbastanza esplicito in due passi successivi, nei quali Timeo spiega che il fuoco e l'acqua (che si sarebbe tentati di considerare come entità autonome) non sono in realtà che sezioni spazio-temporalmente circoscritte del ricettacolo, le quali risultano rispettivamente infuocate e inumidite, ossia soggette a modificazioni di natura qualitativa. Dichiara in proposito Timeo: 'E per quanto sia possibile avvicinarsi alla sua [del ricettacolo] natura, si potrebbe dire così, nel modo più corretto: ogni volta appare fuoco la porzione infuocata di esso, acqua la porzione liquida, terra e aria nella misura in cui accoglie delle imitazioni di esse [μίμηματα τούτων] (*Tim.*, 51B; cf. anche 52D).

Lasciando per il momento da parte la questione di che cosa siano le imitazioni alle quali qui si allude, vale la pena richiamare l'attenzione sull'elemento teorico più rilevante del ragionamento di Timeo, che consiste appunto nella considerazione dei corpi fisici come *qualità del ricettacolo*. Timeo arriva addirittura a dire che l'unico soggetto ontologico dotato di stabilità, e dunque suscettibile di vedersi assegnare determinazioni linguistiche fissanti (questo, codesto), è proprio il ricettacolo, di cui, dunque, i corpi fenomenici non sono che modificazioni qualitative. Tutto ciò significa evidentemente che l'ontologia del sensibile si profila come un'*ontologia qualitativa* e non sostanziale. Mi sembrano dunque molto pertinenti le considerazioni svolte qualche tempo fa da Rafael Ferber, il quale osservava, a proposito della natura degli enti fenomenici nel *Timeo*, che 'le cose sensibili, infatti, non sono più cose o soggetti ontologici, ma solo entità "relazionali", vale a dire, il loro *status* categoriale è fondamentalmente diverso da quello delle idee. La loro struttura non può più essere resa da quella soggetto-predicato, o Fx'[67]. Si potrebbe, anzi, dire che gli enti sensibili sono *predicati* del ricettacolo, ossia qualità appartenenti allo spazio-materia, cui, solo, spetta lo statuto di soggetto ontologico[68].

Così come appare per la prima volta nel mondo greco, di cui è un prodotto esclusivo, il senso della realtà come forma è caratterizzato da una rottura con il tempo e una apertura allo spazio, alla visibilità non solo fisica, ma anche mentale, alla figura immobile e percepita dagli occhi e all'*eidos-idea* immaginata o pensata. "Per trovare la forma che sia fine a sé stessa, bisogna risalire ad Aristotele, e prima di lui a Platone. Ma Platone la stacca dalla terra, e poiché non sa decidersi a toglier senso all'evento, la vanifica nel numero e nella teologia dei Misteri. Aristotele dunque: e che cos'è la forma per Aristotele? [...] è "la cosa veduta". Nel fatto il conoscere è un vedere, dal grado più basso rappresentato dal senso, e il senso per eccellenza è la vista, al più alto costituito dall'intelletto. L'intelletto, il *nous*, è un occhio, l'occhio dell'anima, come l'aveva chiamato Platone, e vede l'universale, laddove gli occhi del corpo sono limitati al particolare. E come questi hanno bisogno della luce, così anche l'intelletto, e gli è data da un altro intelletto ch'è in esso e che opera alla maniera del

67 Cf. R. Ferber, "Perché Platone nel *Timeo* torna a sostenere la dottrina delle idee", in: "Elenchos", Vol. 18, 1997, pp. 5-27, spec. p. 21. Si veda anche H. Cherniss, "A Much Misread Passage of the *Timaeus* (*Timaeus* 49c7-50b5)", ora disponibile in: Id., *Selected Papers*, ed. L. Tarán, E.J. Brill, Leiden 1977, p. 361.

68 Si potrebbe dunque affermare che i corpi fisici appartengono alla dimensione aggettivale e non nominale del linguaggio; cf. in proposito le intelligenti osservazioni di D.P. Hunt, "The Problem of Fire: Referring to 'Phenomena' in Plato's *Timaeus*", in: "Ancient Philosophy", Vol. 18, 1998, pp. 75 *sgg*.

sole. Gli occhi vedono i corpi, li vedono come figure, e ne trasmettono l'immagine alla fantasia, una facoltà che sta di mezzo tra il senso e l'intelletto: in questa immagine l'intelletto vede l'universale: ciò che per gli occhi era figura, qui diventa forma, εἶδος in senso pieno. Ora qui è il punto. Che differenza passa tra la figura e la forma? Quella che passa tra il particolare e l'universale, risponde Aristotele. Ma che significa universale, quando la forma è altrettanto visibile quanto la figura? Perché si corre il rischio di slittare nell'astratto e di concepire la forma come specie. È un rischio al quale Aristotele non s'è sottratto. Ma non è lì la sua esperienza vera. Egli si era formato alla scuola di Platone, e come Platone era greco, e il Greco, in ciò che lo distingue, è questo: il senso della realtà come forma: un grande occhio aperto sul mondo e che ne proietta le immagini nell'eterno"[69].

Apparsa dunque per la prima volta in Grecia, questa idea della forma successivamente si perde, e poi riappare nel Rinascimento in Toscana, e, come la prima volta permette il sorgere della scienza, la seconda ne rende possibile la ripresa. "Oggi essa sarebbe interamente perduta, se non fosse per quella astrazione che ne è conservata dalle scienze, di cui come principio d'identità costituisce la base"[70]. Ed è un vero e proprio atto di creatività, un'ipotesi audace, dato che "è un'illusione il credere che la sostanza di Aristotele sia ricavata dall'esperienza. L'esperienza non dà che accidenti, e cioè eventi, e lo stesso Aristotele insegna che l'induzione non arriverebbe mai all'universale, se questo non fosse già nell'intelletto. La forma non si deduce e non di induce: è o non è, E perciò ha valore di categoria, e l'altra è l'evento, e tra loro sono irriducibili: tutti i tentativi fatti nella storia del pensiero per ricondurli a un unico principio, sono andati falliti, a partire da Platone, che riconfermando l'antinomia

69 C. Diano, *Forma ed evento. Principi per una interpretazione del mondo greco*, cit., p. 50.
70 C. Diano, *Linee per una fenomenologia dell'arte*, cit., p. 33.

dell'*Alètheia* e della Doxa rivelata da Parmenide, ne denunciò alla fine l'impossibilità"[71].

Già in Aristotele, dunque, ci sono in modo chiaro le prime tracce del cosiddetto "problema di Hume", che consiste nel cercare di capire come si passa da una molteplicità di osservazioni a una teoria che permette di prevedere il comportamento della natura. È corretto e scientificamente affidabile, si chiede in proposito Hume, il procedimento induttivo, che permette di passare da tanti casi particolari a un enunciato generale? L'esempio tipico di Hume era questo: come possiamo essere certi che domani sorgerà il Sole sulla base del fatto che ogni giorno l'esperienza passata ci ha insegnato che il Sole è sorto? C'è una ragione per cui il futuro debba *necessariamente* somigliare al passato? La risposta da lui fornita era, com'è noto, scettica: l'induzione non è uno strumento affidabile per la ricerca della verità, in quanto è basata su un'indebita trasformazione di una successione temporale (*post hoc*) in un legame causale (*propter hoc*). Tuttavia l'uomo è portato a "credere" nell'induzione (a *credenze* del tipo "domani sorgerà il Sole") perché guidato dall'*abitudine*. Ciò che ho visto molte volte accadere mi porta alla credenza che lo rivedrò ancora accadere.

La specularità pura, diceva già Platone, "è nell'intelletto, ed è "sapienza", o *sophia*. [...] È una rivelazione dell'attimo, una rivelazione concessa solo a chi ha "natura" atta a riceverla (cfr. Plat., *Epist., VII*, 343 e)"[72]. Secondo Diano, le due categorie di forma ed evento riflettono anche due atteggiamenti opposti nei confronti del tempo: la parola latina *forma* traduce, come si è visto, dal greco due termini: "μορφή" forma visibile, e "εἶδος" forma astratta. "La forma è la configurazione visibile del contenuto" con questa affermazione del pittore Ben Shahn, Arnheim inizia il capitolo "Forma" della sua opera *Arte e percezione visiva*[73] (in cui la compresenza dei significati

71 Ivi, pp. 33 *sg*.
72 Ivi, pp. 45-46.
73 R. Arnheim, *Arte e percezione visiva*, tr. it. Feltrinelli, Milano, 2000.

generati dalle due parole greche è inequivocabile). Arnheim scrive che "quando si percepisce la configurazione la si prende, consapevolmente o no, come rappresentazione di qualche cosa, e quindi come forma di un contenuto", associando quindi alla definizione di forma il concetto di configurazione la quale però "non si percepisce mai come forma di una sola cosa particolare, ma sempre di un genere di cose". È proprio su questa dualità di significati che ruotano tutte le "storie" della forma.

L'evento, al contrario, è saldamente radicato nel tempo: proprio per questo, rispetto alle forme, privilegia il movimento che le struttura, che è all'origine di esse e ne è la genesi, secondo il procedimento ben esplicitato da Klee, che nel suo scritto *La confessione creatrice*[74] osserva che un punto si fa movimento e linea: ma questo richiede del tempo. Altrettanto allorché una linea, movendosi, diventa superficie, e lo stesso per il movimento da superfici a spazi. Nell'opera di questo artista, non a caso, a farsi soggetto sono il processo di formazione della forma e la temporalità dell'opera, il cui carattere è determinato dal movimento. Se dunque la forma ferma il tempo e crea spazio, l'evento è l'espressione del processo dinamico che struttura le forme, dello spazio temporalizzato teorizzato nelle sette invarianti di Bruno Zevi, "...la vita è sempre investita da eventi; si tratta di graduarne il dinamismo, ma in nessun caso lo si può ridurre a zero..."[75].

Secondo Diano per capire la relazione tra queste le due categorie di forma ed evento occorre tener conto da una parte, della loro reciproca *intricazione*, dall'altra della loro irriducibile *inconciliabilità*. Per un verso, infatti, "eventicità, e forma, non si lasciano conciliare. Perché la forma non degradi a simbolo, è necessario che il centro resista e la vibrazione si fermi al limite"[76]. Questa antinomia, a suo giudizio, "è invincibile, perché è l'antinomia della forma e dell'evento, e,

74 P. Klee, *La confessione creatrice e altri scritti*, tr. it. Abscondita, Milano, 2004.
75 B. Zevi, *Il linguaggio moderno dell'architettura*, Einaudi, Torino 1973.
76 C. Diano, *Linee per una fenomenologia dell'arte*, cit., p. 44.

come non se n'esce con la dialettica, non se n'esce neanche contaminando l'una con l'altro. Per uscirne bisogna separare le due sfere, e lasciando la causalità storica all'evento e a quanto ne partecipa, non chiedere alla scienza altra causalità che non sia logica, eliminando l'ambigua e fallace sfera della *doxa* e con essa la problematica che ne deriva"[77]. "L'urto tra forma ed evento", insiste Diano nei *Quaderni preparatori*, "è tragico perché sono due potenze di pari grandezza; l'uno non può eliminare l'altro". Questa irriducibile tensione antinomica si manifesta anche nelle espressioni teoriche alle quali queste due categorie hanno dato luogo: "da un lato il sillogismo categorico della forma che ignora gli eventi, dall'altro il sillogismo ipotetico dell'evento che ignora le forme"[78]. Per l'altro verso, però, le forme "non possono essere separate dagli eventi, perché il rapporto che è tra esse e gli eventi non è di un *post* rispetto a un *prius*: v'è la stessa dinamicità e reciprocità di quello che è tra l'*hic et nunc* e l'infinità del *periechon*, e che esso riflette"[79]. E nei *Quaderni* si sottolinea che la vita sussiste "nella tensione fra forma ed evento. La forma senza evento è forma vuota. Dall'altra parte l'evento senza forma è il caso".

La più semplice forma di chiusura è proprio il nome. Ed è per questo che Diano dedica particolare attenzione al rapporto tra nome e verbo. In partendo In *Forma ed evento* la questione viene immediatamente posta nei termini seguenti: dall'approccio degli Stoici segue "la dottrina che solo il presente è reale e che in ogni giudizio il predicato è sempre un verbo, anche quando ha la forma di un nome. Socrate è virtuoso equivale a: Socrate sta esercitando la sua virtù. Ed è per questo ch'essi dicono che la virtù è un corpo: perché dove è mai la virtù se non in questo Socrate qui che beve la cicuta? Ed ecco le loro famose e universalmente fraintese categorie. Primo è il soggetto: il puro e semplice "questo", che si indica, come essi dicono, col dito, e non ha altra determinazione che d'essere *hic et*

77 Ivi, p. 101.
78 C. Diano, *Forma ed evento*, cit., p. 38.
79 Ivi, p. 74.

nunc. Poi viene la qualità, che tiene il luogo della forma, ma sempre come qualità storica: l'esempio che essi vi danno è: Socrate! Terzo è il πώς ἔχειν, il trovarsi in questa o quest'altra condizione particolare, e abbraccia tutto quello che per Aristotele ed Epicuro cade nella sfera dell'accidente. Quarta ed ultima categoria, in cui tutte le altre sono comprese, e nella quale sola esse diventano reali, la relazione, la categoria della realtà in atto, dove il qui coincide col tutto e l'ora col sempre, e che Crisippo paragonava alla volta. E dunque: questo Socrate qui, che sta discutendo con Callia: un evento! E questa è la realtà"[80].

Dunque, per gli Stoici il predicato è sempre un verbo, anche quando ha la forma di un nome. Nei *Quaderni preparatori per Forma ed evento e Linee per una fenomenologia dell'arte* si trova un breve passo che ci fornisce la chiave per interpretare nel modo corretto questa affermazione: "Nome e verbo. Difficoltà in cui si trovano i linguisti nel definirli - Con la mia teoria si spiega tutto - Il verbo è sempre τό συμπίπτον = τό συμβεβεκός-*eventum* - Il nome è per eccellenza la forma, la struttura - ciò che non significa senz'altro la sostanza - o la significa in senso lato - Bisogna ritornare alla logica dei sofisti fino ad Aristotele - La logica sofistica non distingue la sostanza dall'accidente - il nome dal verbo - Ogni percezione ha una sua struttura temporale - il nome e il verbo si sono confusi: l'acqua scorre è un unico fatto - separate le due dimensioni e avrete il nome e il verbo - Ma è una separazione precaria perché il loro rapporto è dinamico".

Per liberarsi dallo stupore e dall'*horror* generati dal trovarsi di fronte all'infinità, al gorgo in cui tutto è possibile, al fatto di sentire, dietro la cosa come evento, l'azione di una potenza inafferrabile, l'uomo cerca di superarne l'infinità, dando a essa un nome e specificandola. La struttura nome/verbo, soggetto/predicato sposta il baricentro e l'attenzione della frase dall'azione e dall'evento, con la catena di disgiunzioni e di "se" di una necessità ipotetica, a cui l'evento stesso è inestricabilmente connesso e rimanda, al nome. In

80 Ivi, pp. 36 *sg*.

questo modo si attenua e si smorza la presenza sulla scena dell'èven-it, che è sempre *hic et nunc* e sempre al centro di un *periechon* infinito, e che pertanto non può che essere *vissuto*, e al suo posto subentra qualcosa di circoscritto. Il senso di questo passaggio è ben reso da un altro passo dei *Quaderni preparatori per Forma ed evento e Linee per una fenomenologia dell'arte*:

"Vi sono due vie nella costituzione del nome?
forma struttura extratemporale entro (?) – temporale senza che sia di necessità spaziale = il mana –
Il nome come soggetto del verbo (evento) è sempre singolare particolare. (aoristo o se volete presente indefinito)."

Vi sono qui due riferimenti che vanno ben compresi: il primo è all'aoristo, il secondo al "mana". Il passato indefinito (α privativo o negativo e οριστος, definito, determinato) indica, come dice il nome stesso, un'azione temporalmente indeterminata, e quindi l'azione in sé e per sé, senza indicazioni precise di tempo e di aspetto. Il suo legame con l'evento è così caratterizzato da Diano: "Perché l'epifania, che è da ἐπι-φαίνεσθαι, appartiene alla sfera dell'evento. Lo dice la preposizione che entra nella composizione del verbo e gli dà valore d'aoristo. Essa è sempre *hic et nunc*, e però l'*alicui* che il *phàinesthai* presuppone, non potendo, in rapporto all'*epi*, avere esistenza se non in quell'*hic* e in quel *nunc, è sempre un* cuique. Perciò è specifica del "sacro". Nell'età ellenistica, ἐπιφανής, come sinonimo di σωτήρ o "salvatore", è epiteto di numi e di re venerati come numi, "Può parere strano – scrive van der Leeuw – che ciò che si 'rivela' non si mostri". E P. Tillich, che egli cita a rincalzo: "Solo ciò che per sua natura è nascosto e inaccessibile ad ogni conoscenza, è solo questo che vien comunicato dalla rivelazione. Rivelandosi esso non cessa di essere nascosto, giacché questa è la sua essenza, e, quando si rivela, rivela anche che è nascosto". Che è linguaggio che può essere adoperato solo nell'ambito della forma, ad epifania avvenuta, quando si è fuori dell'evento. In *ipso eventu* non c'è nulla di nascosto, giacché il rivelarsi, e cioè l'*epiphàinesthai*, non è che una metafora per *evenire*, e questo è tale solo in quanto non ha forma e non appare, e quanto più appare ed ha di forma, tanto meno ha di èvenit e tanto meno si 'rivela'" [81].

La struttura nome/verbo, soggetto/predicato comincia a far emergere un'alternativa alla *polarità* tra l'"è" e il "non è", tra *l'hic et nunc* e l'*ubique et* semper, vissuta in atto nell'evento e tipica di ciò che è sempre *hic et nunc* e sempre per un *cuique*, e non si rivela se non come "nascosta", alternativa che comincia a profilarsi nella ripetizione. Il nome ha infatti una duplice funzione. In primo luogo, come si è detto, specifica la potenza che si rivela nell'evento, ne supera l'infinità e la limita, rendendo così possibile all'uomo di liberarsi dal terrore paralizzante che gli incute un potere incondizionato e senza confini e di dare una direzione alla propria azione. "L'esempio più cospicuo di chiusura fatta a base di nomi ci è dato dagli *Indigitamenta* romani. Non c'è atto o momento della vita e della natura, non c'è accadimento, che per i Romani non sia evento e non riveli una potenza, a cui viene dato un nome che è il nome stesso della cosa" [82].

In secondo luogo, il nome permette di riprodurre l'evento e di farlo presente (ed è per questo, sottolinea Diano, che alcuni nomi sono tabù). La ripetizione trasforma un "vissuto" in un "rappresentato": alla fine di questo processo di trasposizione da un livello (il vissuto) all'altro (il rappresentato) la ripetizione cede il passo alla specularità che l'arresta. Ed ecco, appunto, il nome, che prelude e apre a questa *specularità* "invasiva", che cancella ogni forma di *polarità,* in quanto insita in un "è" che è sempre "è" e, come esclude l'*hic et nunc*, così esclude il *cuique*. In questo caso il soggetto non è che lo specchio dell'oggetto, esso stesso l'oggetto nell'atto in cui si vede, e l'uno essendo fuori del tempo, lo è anche l'altro. Qui siamo di fronte a qualcosa che è interamente "palese" e lo è sempre, ed essendo tale, non si "rivela", non è epifanica. "Il che", scrive Diano, "è dimostrato

81 Ivi, p. 56.
82 Ivi, p. 21.

dalla stessa parola che la designa, e che un lessicografo citato dalla Suda considera come il preciso opposto di *epiphàneia*: ἀ-λήθεια, che vale "il non nascosto", e sia per la forma negativa, sia per il valore stesso del verbo che essa nega, e che è di stato e non d'azione, esclude ogni aoristicità (λήθω non ha aoristo: quell'aoristicità appunto che è propria dell'evento (cfr. τύχη-ἔτυχεν) ed è nell'essenza dell'*epiphàneia*: perciò è sinonimo di τὸ ὄν. E però, se dall'ambito dell'*epiphàneia* viene condannata come "sogno" ed "illusione", essa a sua volta la respinge come "cecità" e "follia" (Socrate e i poeti, e il razionalismo di tutti i tempi e la religione); in una guerra che non ha tregua, ed oggi è in una delle sue fasi più acute"[83].

Il nome, come detto, apre e prelude a quella forma di specularità antitetica alla polarità e mutuamente esclusiva rispetto ad essa, ma ancora non la esprime e non la possiede, in quanto in esso la specularità non è ancora di due identici, trattandosi di un "rappresentato" che non toglie il "vissuto". "I due èvenit non sono solo rappresentati, sono innanzi tutto parlati, e, come parlati, hanno alone e accento diverso: sono appunto l'uno *hic et nunc*, e l'altro *ubique et semper*, e però mantengono intera la polarità che li genera. La medesima polarità è nel nome. Di qui la sua natura di simbolo e la labilità che lo riapre alla ripetizione e all'evento"[84]. Proprio perché conserva ancora la polarità dell'evento il nome è una modalità di chiusura che riapre di continuo all'evento: esso è caratterizzato proprio da questo moto che non ha sosta, dal piano del rappresentato, a quello del vissuto, e poi di nuovo torna al primo, e da questo al secondo. La ripetizione non fa che riprodurre questo moto e ne è la conseguenza. E anche il verbo partecipa a questo processo: il simbolo è infatti "una forma che, nata dalla specularità in cui la ripetizione del verbo "chiude" la polarità dell'evento, non è che un mezzo per

83 Ivi, pp. 60 *sg*.
84 Ivi, p. 28.

permetterne la ripetizione, ed è "reale" solo nel momento in cui si "riapre" a quella polarità e, cessando d'esser forma, rifà presente il "divino"[85]

Interessante, da questo punto di vista, è anche il secondo dei due riferimenti che abbiamo evidenziato, quello dedicato al "mana", che negli inediti compare nei passi che seguono:

"Evento
per me *hic et nunc*
la necessità il fatto – la ragione cinica
il caso – l'intelligenza e l'audacia
la τύχη dea – il mana
la τύχη necessità – la potenza unica
il ciclo – le forme
simboli

La simmetria è in ogni rito, in ogni formula magica, in ogni movimento di danza – canto. Lo Spazio chiuso –
Obbedisce al principio del circolo –
L'uomo ha orrore dello spazio aperto
è l'evento senza causa –
evento – horror – mana
e il circolo è chiuso –
Il principio d'identità – la causa formale e finale d'Aristotele
forma *prius* e fine *post* si scambiano
L'identità il principio della forma –
La simmetria è la concezione più astratta della forma –
La simmetria totale è il circolo –
Disponendo simmetricamente i leoni si chiude nel circolo della razionalità l'irrazionalità delle potenze –
La simmetria (il circolo) è magica –
Lo sforzo dell'uomo è di un continuo

85 Ivi, pp. 111 *sg*.

aggiustamento del reale

l'esperienza è asimmetrica -

L'uomo la chiude nella simmetria -
La simmetria è la prima manifestazione del *lògos*
Col *nous* passiamo a un piano superiore, perché il nous discopre l'essenza - l'essenza che il logos ignora -
essenza = *autarkeia* = libertà

l'essere nella sua assolutezza
è il sospiro dell'uomo e l'oggetto ultimo dell'arte -
preghiera è simmetrica - nella sua forma più semplice è una ripetizione -"

La *Tyche*, a seconda delle interpretazioni dell'evento e delle visioni della vita, è caso, dea e destino. Il suo nesso indissolubile con l'evento è messo in rilievo dall'aoristicità dela parola "*tyche*", la quale designa il fatto nel suo momentaneo accadere, e il verbo che le corrisponde è sempre all'aoristo. Come dea essa è il "mana", cioè una potenza che si manifesta nel suo operare, che non contempla, ma fa. Questa potenza è per eccellenza το ποιουν, "colui che fa". "E, se come corpo è nello spazio, per il suo fare è nel tempo, ma l'essere coincidendo col fare, spazio e tempo fanno uno: perché la realtà è evento, e quindi storia, la storia delle sue epifanie"[86]. Contingente e particolare l'evento: contingente e particolare anche la rappresentazione della potenza quale è appunto la rappresentazione del *mana*. E come l'evento è vuoto se non si riferisce a qualcuno, se non è l'evento di qualcuno, così anche la potenza, staccata dal principio che la determina, che è l'evento, l'azione in sé e per sé, il fare, è vuota e rimane vuota.

Proprio per le caratteristiche indicate, la struttura nome/verbo fa da tramite e da ponte al passaggio dall'evento alla forma. In sé il

86 C. Diano, *Forma ed evento*, cit., p. 37.

nome non è ancora forma, ma qualcosa di intermedio tra quest'ultima e l'evento, e dunque "forma eventica" che, come si è visto, condivide con la forma la chiusura, ma non cancella la polarità originaria dell'evento ma si alimenta di essa attraverso la ripetizione. Con il nome arriviamo dunque alle soglie della "forma". "Dico alle soglie perché tutte queste chiusure, considerate in sé stesse e fuori della relazione con l'evento, sono forme e non sono possibili senza l'azione del principio che è proprio della 'forma', ma non sono la 'forma'. Forma è ciò che i Greci da Omero a Plotino chiamarono *eidos*, ed *eidos* è la 'cosa veduta', e assolutamente veduta. Ciò che la caratterizza è l'essere 'per sé' (καθ' αὐτό). Solo essa è per sé, e quello che è lo è in sé stessa e per sé stessa ed esclude la relazione. Come tale esaurisce la sua essenza nella contemplabilità: tutto quello che essa è, è contemplabile, e ciò che in essa non è contemplabile, non è. Delle forme invece che l'uomo dà all'evento, nessuna è "per sé", esse sono sempre per l'altro (κατ' ἄλλο τι) e 'in vista dell'altro' (ἕνεκα τινος ἄλλου). E non s'intendono che nella relazione. Come forme sono anch'esse contemplabili, ma la contemplabilità non esaurisce la loro essenza, è solo un mezzo per attingere ciò che in esse non appare, e che per sua natura esclude ogni contemplabilità e può essere solo vissuto: sono *symbola* e non *eide*, forme eventiche e non le 'forme'."[87]

Le riflessioni contenute nel Quaderni preparatori per *Forma ed evento* e *Linee per una fenomenologia dell'arte*, del 1950-1952, inediti, di Carlo Diano pongono così il problema, oggetto della "tela impensabile" di Malevič, del rapporto tra l'Assoluto e la simmetria. Per i Greci, come si è visto, quest'ultima è la prima manifestazione del lògos ed è il risultato della chiusura dell'esperienza, che è asimmetrica. La simmetria, pertanto, è la concezione più astratta della forma.

"Per raggiungere l'arte bisogna passare dal piano della simmetria a quello dell'essenza (forma)
ivi è la libertà

87 C. Diano, *Linee per una fenomenologia dell'arte*, cit., pp. 21 *sg*.

La simmetria è del mondo della necessità
trascende la figura
la rende funzionale
l'arte la deve liberare –

La conquista di questa libertà nella figura è greca –
Ma libertà non è fare a caso, ma fare per sé
l'auto
ecco perché l'accidentalità non può rientrare nel piano dell'arte, o se c'entra deve essere chiusa."

C'è pertanto una differenza fondamentale, che va segnalata e il cui significato va approfondito, tra il modo di intendere la simmetria assoluta, e la collocazione che ne consegue, proposto dalla cultura dell'antica Grecia, e il risultato del *Quadrato bianco su sfondo bianco* di Malevič. Per i Greci la simmetria è la concezione più astratta della forma e costituisce pertanto l'espressione più elevata di quest'ultima; Malevič nega questo assunto e con il suo formidabile esperimento di matrice artistica la fa rientrare invece nell'orbita dell'ἄπειρον περιέχον, del "senza limiti", dell'intera "periferia abbracciante", che si apre attorno a ogni singolo evento, anziché in quella della forma.

10. L' ἄπειρον περιέχον e l'entanglement

Cerchiamo dunque di comprendere le ragioni e il senso di questa diversa collocazione. La simmetria assoluta del quadrato bianco su sfondo bianco e la sua rottura, con conseguente passaggio a una simmetria ridotta e la progressiva introduzione di un ordine nella struttura, richiamano, come si è visto, la meccanica quantistica, con il collasso della funzione d'onda in seguito a un processo di misurazione, e la modellizzazione matematica della QFT applicata al cervello. Un altro aspetto significativo e degno di attenzione e di approfondimento è costituito dalla convergenza tra il concetto di "periferia abbracciante" dell'ἄπειρον περιέχον e la questione dell'entanglement. L'idea di Anassimandro che gli eventi non siano isolati e a se stanti, si leghino l'uno all'altro e facciano catena, formando un tutto, per cui ciascuno di essi ha un senso e un fine solo nella connessione con gli altri, dipende dall'intero universo ed è connesso indissolubilmente alla totalità dello spazio e del tempo viene oggi riproposta nell'ambito della fisica. È il caso di riepilogare, sia pure brevemente, in che senso e perché.

Uno dei momenti più accesi e significativi del confronto sull'interpretazione della meccanica quantistica è costituito da un celebre paradosso, formulato in un articolo del 1935 di Einstein, scritto in collaborazione con i fisici Boris Podolsky e Nathan Rosen[88]. Si tratta dell'argomentazione che porta il nome dei tre autori ed è generalmente nota come "paradosso EPR", dalle loro iniziali. In meccanica quantistica, argomentavano i tre fisici, secondo il principio di indeterminazione di Heisenberg, è impossibile, come si è visto, misurare con arbitraria precisione, a un dato istante, *sia* la posizione *sia* la velocità di una particella. Ma immaginiamo una particella che si disintegri in due particelle, che schizzino via in direzioni opposte a uguale velocità: semplificando molto ma cercando di rispettare la sostanza dell'argomento, possiamo dire che se misuriamo la posizione di una delle due particelle e la velocità dell'altra, riusciremo, unendo le informazioni raccolte, a conoscere sia la velocità sia la posizione di ogni singola particella. Insomma, due particelle opportunamente predisposte – particelle *entangled*, o *intricate* come le abbiamo chiamate – rimangono soggette a una *correlazione* a distanza che agisce in maniera istantanea. L'esperimento mentale di Einstein-Podolsky-Rosen lasciava pertanto aperte solo due possibilità: o esistono proprietà fisiche nascoste che eludono la descrizione della realtà fornita dalla meccanica quantistica (e allora questa teoria è

88 A. Einstein, B. Podolsky e N. Rosen, *"Can quantum-mechanical description of physical reality be considered complete?"*, in: "Physical review", Vol. 57, 1935, pp. 770-80.

incompleta) o si verificano *effetti non locali* che ci obbligano a rivedere radicalmente la nostra concezione dello spazio e del tempo.

In effetti, il paradosso EPR coglieva un tratto distintivo fondamentale della MQ. L'informazione sul sistema composto dalle due particelle dopo la loro separazione determina due informazioni parziali sulle loro componenti. Tuttavia, queste informazioni parziali (chiamate anche *stati ridotti*) non sono rappresentabili da stati puri, cioè da stati che rappresentano un massimo di informazione dell'osservatore sul sistema studiato (tenuto ovviamente conto delle limitazioni poste dal principio di indeterminazione di Heisenberg): un'informazione che, proprio perché massima, non può essere estesa in modo coerente a una più ricca, per cui anche un'ipotetica mente onnisciente non potrebbe saperne di più. Pertanto, prima delle misure effettuate su di esse, le due particelle *si comportano come due oggetti interscambiabili e indiscernibili fra loro.* Dall'equazione di Schrödinger si deduce che se due sistemi hanno interagito a un istante $t = 0$ e risultano poi separati, senza più alcuna interazione fra loro all'istante $T > 0$, si può, misurando solo uno di essi, conoscere con certezza il valore di una stessa misura sull'altro, all'istante T. Due particelle in *entanglement* quantistico *o* "intricate" permettono una conoscenza istantanea del valore di una misura fatta sull'una grazie alla misura fatta sull'altra. Se la prima ha lo spin "up", per dire, si è certi, che lo spin dell'altra è "down", *se misurato.* Iterando lo stesso identico processo, si può ottenere spin "down" per la prima: allora la seconda avrà spin "up".

Così, il formalismo della meccanica quantistica permette di calcolare l'evoluzione di un sistema di particelle intricate e fornisce dei valori "correlati" di probabilità, per eventuali misure. Nell'ambito di essa, come si è visto, prima della misura nessuna delle due particelle ha proprietà ben definite. Ad esempio, né l'una né l'altra hanno una posizione precisa nello spazio. Ma se la posizione di una delle due viene misurata, anche la posizione dell'altra viene automaticamente determinata, indipendentemente dalla distanza tra le due particelle, cosa che sembra contraria a ciò che insegna la relatività speciale, secondo la quale non è possibile modificare un sistema a distanza. Tutti i segnali si propagano infatti al massimo alla velocità della luce, per cui se le particelle in questione si trovano a una distanza che non può essere coperta neppure a questa velocità, si deve concludere che la seconda particella possiede una *posizione definita* del tutto indipendente dalla misura effettuata sulla prima particella. Invece la meccanica quantistica ci fornisce con la funzione d'onda di Schrödinger una descrizione nella quale prima della misurazione la particella 1 si trova, poniamo, a sinistra con probabilità ½ e a destra con uguale probabilità ½. Stessa cosa per la particella 2. Supponiamo ora di misurare la posizione della particella 1 e di trovarla a sinistra. Allora, per effetto della perfetta correlazione tra le posizioni delle due particelle descritta dalla funzione d'onda prima del suo collasso, se misuriamo la posizione della particella 2 la troveremo con certezza a destra.

Questa situazione è ovviamente paradossale e del tutto inspiegabile dal punto di vista della fisica precedente a questa rivoluzione: infatti, se si lanciano due monete *classiche* in aria e queste interagiscono (si toccano, per dire) per poi separarsi definitivamente, le analisi probabilistiche dei valori testa-croce assunti dalle due monete sono del tutto indipendenti. Ecco perché Einstein-Podolsky-Rosen ritenevano che tra le due possibilità che il loro esperimento mentale lasciava aperte (l'esistenza di proprietà fisiche nascoste che eludono la descrizione della realtà fornita dalla meccanica quantistica, con conseguente incompletezza della teoria, o il verificarsi di *effetti non locali* tali da costringerci a una radicale revisione della usuale concezione dello spazio e del tempo) si dovesse optare, senza incertezza e in modo esplicito, per la prima. La seconda, che prevede sistemi non interagenti tramite forze, eppure correlati a distanza, con correlazioni indipendenti da questa distanza, era infatti presso che inammissibile, dal punto di vista della concezione della *realtà fisica* alla quale gli autori aderivano dichiaratamente.

In effetti, i tre autori individuavano correttamente i tre possibili "colpevoli" della situazione paradossale che si veniva a determinare in seguito al loro esperimento ideale. Si tratta delle seguenti tre ipotesi di carattere generale:

1) il principio di realtà;
2) il principio di località;
3) il principio di completezza fisica.

Ritenendo intangibili il principio di realtà e quello di località, la conclusione che essi traevano dal quadro generale che si veniva così a profilare era che il capo d'imputazione doveva necessariamente venire attribuito al principio di completezza fisica, negando, di conseguenza, che la teoria quantistica potesse fregiarsi di questa caratteristica. A livello tecnico, il ragionamento di Einstein, Podolsky e Rosen risultava difficilmente confutabile, per cui Bohr, nella sua replica (1935) si spostò sul piano epistemologico. A questo scopo prima di tutto egli riepilogò l'argomentazione dei tre autori del paradosso sintetizzandola attraverso tre ipotesi:

1) le predizioni della meccanica quantistica sono corrette;
2) nessuna interazione può propagarsi con velocità superiore a quella della luce (causalità relativistica);
3) quando due oggetti sono molto lontani l'uno dall'altro è possibile parlare separatamente degli elementi della realtà fisica di ciascuno di essi.

È su quest'ultima (talvolta chiamata principio di separabilità) che si concentra la confutazione di Bohr, secondo cui non si può parlare in astratto degli elementi di realtà fisica di un sistema. Occorre invece concentrare l'attenzione sulla situazione concreta di qualsiasi esperimento di fisica, che comporta un sistema da studiare e un apparecchio di misurazione. Come si è visto la fisica classica contemplava la possibilità di separare queste due componenti attraverso una rigida linea di demarcazione, in modo da potersi occupare della prima senza prendere in considerazione la seconda, mentre invece l'approccio quantistico presuppone che si possa parlare di "realtà fisica" esclusivamente riferendosi all'insieme delle due, ed è soltanto precisando l'insieme dei due che si può parlare di realtà fisica. Per questo non è ammissibile ed è priva di senso dal punto di vista della meccanica quantistica la nozione di realtà fisica di Einstein, Podolsky e Rosen, basata sul presupposto che *se* il valore di ogni quantità fisica di un sistema può essere predetto con assoluta certezza prima di fare una misura o prima di intervenire in qualche modo su quel sistema, *allora* tale quantità esprime un elemento fisico di realtà. Questo modo di intendere la realtà fisica risulta infatti modellato sulla teoria classica e dipendente da essa. In un mondo newtoniano se si hanno due particelle, alle quali per semplicità di argomentazione viene assegnato un colore, ponendo che una sia blu e l'altra sia rossa, e un osservatore le mette in due scatole che lancia a caso una alla sua sinistra e una alla sua destra, girandosi per non vedere quale delle due sia finita in una posizione e quale nell'altra, è evidente che non egli sa dove si trovi la scatola con la pallina rossa e dove quella con la pallina blu. Se però effettua un'osservazione, aprendo una qualsiasi delle due scatole, e vi trova la pallina rossa è chiaro che viene contestualmente a sapere, con assoluta certezza, che nell'altra scatola, pur senza aprirla, e quindi senza procedere alla misura, vi è la pallina blu. Anche in questo caso vi è dunque una correlazione tra le due situazioni e la possibilità di fare con assoluta precisione e certezza una previsione pur in assenza di un processo di osservazione.

Qual è però la differenza tra questa situazione classica e quella quantistica? Che nell'ambito di quest'ultima, come si è visto, non c'è un colore definito delle particelle *prima* della misura, e quindi dell'interazione con l'osservatore, in quanto, in tale fase, il colore risulta del tutto indeterminato e non è lecito parlarne. Non si può neppure dire che sia l'osservatore in questione a non conoscerlo per suoi limiti di informazione: neanche una mente onnisciente, il demone del determinismo di Laplace o il Dio a cui ricorre Galilei per proporre la sua distinzione tra il conoscere *intensive*, graduale e umano, e quello *extensive*, assoluto e immediato di questo Dio, appunto, potrebbe saperne di più. Dal punto di vista quantistico è l'esperimento, cioè la relazione con l'osservatore, a creare le proprietà, cioè, rispettivamente, il blu e il rosso delle due palline: l'osservatore misura, poniamo, la proprietà rossa di una delle due palline e contemporaneamente, come conseguenza di questo suo atto, *emerge anche* la proprietà blu dell'altra, senza che in questo caso vi sia alcun processo di misurazione a determinare questa emergenza. Le correlazioni quantistiche, di conseguenza, non possono in alcun modo essere assimilate a quella classica descritta. Dal punto di vista matematico l'*entanglement* quantistico, cioè questa situazione nella quale le due "particelle" sono correlate indipendentemente dalla loro distanza, che può essere anche grande quanto si vuole, senza che vi sia interazione tra loro, si manifesta nel collasso della funzione d'onda: si ha una sovrapposizione tra la situazione delle due particelle, descritta dalla funzione d'onda, l'osservatore esegue la misura di una delle due, la funzione d'onda collassa, il colore della particella osservata – per riprendere il parallelismo con la situazione classica precedentemente descritta – risulta a questo punto definito e questo collasso influenza anche la situazione della particella non osservata, determinandone il colore. Il collasso della funzione d'onda è pertanto un effetto non locale perché cambia istantaneamente la funzione d'onda nello spazio. Quindi in questo caso abbiamo correlazioni non locali che sono causate dal collasso della funzione d'onda, che a sua volta è non locale. Ecco perché Bohr può obiettare a Einstein che non è corretto ipotizzare che sia sufficiente la presenza di specifiche proprietà in mancanza di qualsiasi influenza diretta (tramite un'osservazione o un processo di misurazione concretamente effettuati) per poter parlare di realtà fisica indipendente.

Il nocciolo del dibattito sta dunque, come detto, nel concetto di realtà fisica separabile. Secondo Einstein il mondo di cui parla la scienza va concepito come un complesso di entità localizzabili nello spazio-tempo dotate di proprietà che costituiscono la loro realtà fisica (ontologia delle proprietà). Queste entità possono interagire localmente in senso relativistico, vale a dire attraverso interazioni che non si propaghino con velocità superiore a quella della luce. Bohr, pur considerandosi anch'egli un fisico realista, e rivendicando puntigliosamente questa sua convinzione, riteneva non più ammissibile l'idea di una realtà fisica indipendente (separata) dallo strumento di misurazione. Questa confutazione non soddisfece minimamente Einstein, che dichiarò di non riuscire neppure a capirla, come risulta da diverse lettere contenute nel suo epistolario con Max Born, che era invece un convinto sostenitore delle posizioni della Scuola di Copenhagen. L'impossibilità, da parte dei due interlocutori, non solo di trovare uno sfondo condiviso e un punto di accordo, ma addirittura di comprendersi reciprocamente è testimoniata in modo tangibile dalla loro decisione di rivolgersi a un terzo fisico autorevole, Wofgang Puli, al quale venne affidato di comune accordo il compito di spiegare ad Einstein le argomentazioni di Born e viceversa, cosa che egli fece in maniera assai brillante con due lettere da Princeton datate 3. 3. 54 e 31. 3. 54, senza peraltro riuscire a far sì che i suoi due destinatari riuscissero a superare i loro fraintendimenti, nonostante un'onesta ammissione di Born nel suo successivo commento: "Le lettere di Pauli dimostrano chiaramente che il mio abbozzo di risposta al saggio di Einstein era del tutto inadeguato, non avevo afferrato ciò che più gli stava a cuore. Se ora ripenso, dodici anni dopo, a come ciò sia potuto accadere, riesco a trovare una sola spiegazione. Essendo stato a suo tempo un convinto seguace e divulgatore del giovane Einstein, pronto a giurare sulle sue teorie, non potevo immaginare che da vecchio egli pensasse diversamente"[89].

A farsi carico delle perplessità di Einstein e dei suoi colleghi fu, invece, David Bohm, al quale si deve l'elaborazione di una teoria delle *variabili nascoste* basata sulla condivisione che la meccanica

89 A. Einstein e M. Born, *Briefwechsel 1916-1935*, Nymphenburger Verlagsshandlung GmbH, München 1969; tr. it. *Scienza e vita. Lettere 1916-1955*, Pres. B. Russell, Intr. W. Heisenberg, Comm. M. Born, Einaudi, Torino 1973, p. 263.

quantistica, nella formulazione datane da Bohr, Heisenberg e Born, non fosse una teoria completa. Questa interpretazione alternativa assumeva e sviluppava il concetto dell'onda pilota di De Broglie e si basava sul presupposto, mutuato dalla concezione della realtà fisica di Einstein, che l'equazione di Schrödinger non descriva probabilità, ma traiettorie di particelle vere e proprie guidate, appunto, da un'onda pilota. L'immagine figurativa per rappresentare questa situazione può essere quella di una particella in qualche modo pilotata nel suo movimento da un mare mosso con onde che ne determinano la traiettoria. Essa è stata oggetto, negli anni Ottanta e Novanta, di studi che hanno permesso di dimostrare, nel 1996, la sua completa equivalenza con la meccanica quantistica, almeno nel caso non relativistico.

Il fatto è però che la meccanica di Bohm è esplicitamente e pesantemente *non locale*, proprio per la presenza insopprimibile delle proprietà di entanglement, e da questo punto di vista non poteva certamente soddisfare le aspettative e le esigenze teoriche di Einstein. Ma questa adesione al rifiuto del principio di località non riguarda il solo Bohm, trattandosi di un punto di vista che è ormai condiviso dalla stragrande maggioranza dei fisici, secondo i quali l'azione eseguita operando una misurazione su una delle due particelle nell'intervallo [*t1*, *t2*] ha una vera "influenza" sull'altra particella, anche se questa è spazialmente separata sia dalla particella che ha subìto la misura, sia dall'osservatore che l'ha effettuata. Questo non significa però ammettere la possibilità di inviare nell'intervallo [t_1, t_2] un segnale qualunque da questo primo osservatore a un secondo il quale voglia controllare l'esattezza delle previsioni statistiche fatte sui parametri in gioco dell'altra particella misurandoli. Infatti, quest'altro osservatore non può in alcun modo accorgersi che le proprietà determinate di questa seconda particella dipendono dalle azioni realizzate dal primo osservatore lontano da lui. Qualora decidesse di eseguire effettivamente una misura sulla particella che è nei dintorni riscontrerebbe un risultato in accordo con le previsioni statistiche dello stato di essa che egli conosceva già prima di procedere a questa sua misura. Non si crea quindi alcuna situazione di incompatibilità logica con la relatività speciale, come paventava Einstein: la non località quantistica non consente di inviare messaggi che viaggino a una velocità superiore rispetto a quella della luce. Quello che emerge, però, è un'idea dello spazio che, non essendo più aderente al principio di località, appare profondamente diversa sia da come usualmente ce lo rappresentiamo, sia da come ce lo descrive la fisica classica.

Dovevano passare trent'anni perché le intuizioni puramente speculative di Einstein-Podolsky-Rosen fossero espresse in una forma suscettibile di verifica sperimentale. A farlo in maniera brillante fu il fisico irlandese John S. Bell il quale, in un primo articolo[90] dimostrò l'inesattezza del teorema con il quale von Neumann, nel 1932, aveva affrontato il problema dell'interpretazione del carattere statistico delle predizioni quantistiche nei termini delle variabili nascoste e aveva "dimostrato" l'incompatibilità delle proprietà matematiche del formalismo quantistico con l'esistenza di un formalismo sottostante nel quale intervenissero delle "variabili nascoste". Bell confutò questa argomentazione innanzi tutto facendo riferimento al fatto che l'esistenza di teorie con variabili nascoste, come quella di Bohm, rappresentava un controesempio al teorema. Inoltre, identificò un'ipotesi apparentemente ovvia, seppure non verificata, che minava tutta la dimostrazione. A questo punto egli era pronto a riprendere il programma di Einstein, Podolsky e Rosen, ciò che fece nel 1966 in un secondo articolo rimasto giustamente celebre[91], in cui prendeva avvio dall'argomento di Einstein, Podolsky e Rosen e lo estendeva, esaminando le possibili conseguenze della conclusione secondo la quale la meccanica quantistica sarebbe incompleta. Egli completò quindi la teoria introducendo delle "variabili nascoste"

---

90 J.S. Bell, "On the Einstein Podoilsky Rosen Paradox", in: *Physics*, Vol. 1, N. 3, 1964, pp. 195-200.

91 J.S. Bell, "On the Problem of Hidden Variables in Quantum Mechanics", in: *Reviews of Modern Physics*, Vol. 38, N. 3, 1966, pp. 447-52

per interpretare le correlazioni di Einstein, Podolsky e Rosen. Si tratta di proprietà suscettibili di variare da una coppia (per esempio di fotoni) all'altra, ma comuni ai due membri di una medesima coppia. I risultati delle misure di polarizzazione dipendono da questa proprietà comune, per cui si capisce che le misure effettuate sui due membri di una stessa coppia possono essere correlate. Fedele allo spirito dell'articolo di Einstein, Podolsky e Rosen, Bell impose inoltre al suo formalismo una rigorosa condizione di località: una volta fatto ciò dimostrò che una teoria del genere (teoria separabile con variabili nascoste) è in conflitto con la meccanica quantistica. La grande forza del ragionamento di Bell sta nella sua generalità. Esso non è ristretto a una teoria particolare con variabili nascoste, ma si applica a tutte le teorie separabili con variabili nascoste le cui predizioni soddisfino certe ineguaglianze (ineguaglianze di Bell), mentre le predizioni della meccanica quantistica le violano.

A confermare le previsioni della meccanica quantistica evidenziando che la natura si comporta in maniera non locale fu la serie di esperimenti effettuati nei primi anni '80 da Alain Aspect nel suo laboratorio dell'Università di Orsay, a Parigi, utilizzando atomi di calcio eccitati come sorgente di fotoni *intricati*, ebbe come risultato quello di mostrare che la disuguaglianza di Bell viene violata, fornendo così una inconfutabile prova sperimentale a sostegno del carattere non locale della meccanica quantistica. Nel 1997 Nicolas Gisin e la sua équipe dell'Università di Ginevra eseguirono con un successo una versione dell'esperimento di Apsect in cui i rivelatori si trovavano a una distanza di 11 chilometri l'uno dall'altro. È dunque ormai stato verificato empiricamente che le misure (valori di probabilità) di due quanta intricati (che abbiano cioè interagito) sono correlate, non indipendenti. Conoscendo una misura si conosce l'altra, anche effettuata a enormi distanze.

Riepiloghiamo il tutto. Poniamo di avere due osservatori, Alice e Bob. Vengono create coppie di fotoni entangled: un fotone va a sinistra, verso Alice, il secondo a destra, verso Bob. Entrambi gli osservatori utilizzano misure dello spin del fotone e scrivono i risultati di questa loro misura su un foglio. Alice e Bob misurano lo spin del fotone lungo opportune direzioni:

- misura di polarizzazione verticale;
- misura di polarizzazione a 60°
- misura di polarizzazione a 120°

A seconda dell'esito ("su" o "giù") scrivono sul loro foglio "si" oppure "no". Le misure vengono effettuate istantaneamente, senza alcuna possibilità di comunicazione reciproca, in quanto i due osservatori non possono comunicare tra loro. Le due particelle entangled dell'esempio che stiamo prendendo in considerazione si comportano esattamente come Alice e Bob. Sono arbitrariamente distanti tra loro, non interagiscono tramite forze. Tuttavia, se si misura la loro posizione, si comportano sempre nello stesso modo: una particella a sinistra, l'altra a destra. C'è dunque un effetto inequivocabilmente *non locale*. In base alle regole della meccanica quantistica si può predire che:

- gli esiti degli esperimenti di spin del fotone di Alice e Bob sono *casualmente* distribuiti, con una *eguale probabilità* di "su" e di "giù";
- se Alice e Bob misurano lo spin lungo la *stessa direzione*, ottengono sempre lo *stesso risultato* (casuale);
- se misurano lo spin lungo direzioni diverse, la probabilità di accordo è ¼

Poiché 3/9 delle volte Alice e Bob ricevono lo stesso numero, e 6/9 delle volte numeri diversi, la probabilità totale di accordo è:

$$(3/9) \times 1 + (6/9) \times (1/4) = \tfrac{1}{2}$$

Alice e Bob daranno dunque risposte concordi nel 50% dei casi. La meccanica quantistica è non locale, in quanto questo risultato è diverso da quello che si otterrebbe se Alice e Bob si fossero messi d'accordo in precedenza. Si può infatti facilmente dimostrare che in questo caso ci sarebbero 5 casi di risposta concorde (A) contro 4 di risposta discorde (D). Invece nell'esperimento A e D si verificano, come visto, con eguale probabilità. Quindi Alice e Bob non si possono essere messi d'accordo in precedenza, non c'è alcun trucco. "5 contro 4" invece di "5 contro 5" è un esempio di disuguaglianza di Bell.

Questa è la predizione teorica. Che cosa succede in natura? Ce lo dicono gli esperimenti di Aspect del 1981-82. Prendiamo due sistemi SA e SB nei quali ci sono due interruttori controllati da generatori di numeri random. Ci sono inoltre polarizzatori P che misurano la polarizzazione (spin) dei fotoni lungo quattro direzioni a, b, c, d. Gli interruttori servono a deviare la direzione dei fotoni e quindi a decidere il tipo di esperimento. La scelta delle misure da fare (ovvero l'attivazione degli interruttori) viene compiuta "istantaneamente", cioè in modo che non ci sia tempo per inviare segnali da una parte all'altra. L'esperimento conferma le predizioni della meccanica quantistica: la natura è non locale! La cosa interessante è l'impossibilità di utilizzare questo effetto non locale, che sussiste oggettivamente, per comunicare a distanza in maniera superluminale. Questa è una conseguenza del *carattere casuale* degli esiti degli esperimenti. Quando un osservatore effettua una misura succede qualcosa di non locale, ma i risultati di questo processo di misurazione sono casuali, per cui c'è un elemento stocastico che rende inefficace questo effetto non locale. Tra i due eventi distanti non passa informazione, bisogna comunicarsi (con qualsiasi mezzo, soggetto sempre e comunque ai limiti di velocità sanciti dalla teoria della relatività speciale e alla conseguente impossibilità di comunicare in maniera superluminale) il risultato per controllare che le due misure sono in effetti intricate. Lo sono però sempre. La relatività è salva: ma ciò non toglie il fatto che vi siano oggettivamente quegli effetti non locali che Einstein considerava paradossali e incompatibili con la sua teoria.

Un aspetto da rimarcare è che a cancellare l'incidenza degli effetti non locali è il carattere casuale degli esiti degli esperimenti. La natura del dibattito oggi è dunque cambiata rispetto alle discussioni tra Einstein, da una parte, e gli esponenti della Scuola di

Copenhagen, dall'altra. Prima si poteva adottare la posizione dell'uno o dell'altra pur continuando a credere all'esattezza delle predizioni quantistiche per le correlazioni di Einstein, Podolsky e Rosen. Con il teorema di Bell e gli esperimenti di Aspect invece, si stabilisce che, se la posizione di Einstein è corretta, le correlazioni di Einstein, Podolsky e Rosen violano le predizioni quantistiche. È impossibile interpretare questi esperimenti per mezzo di teorie locali o separabili a variabili nascoste e pertanto non vi è alcuna speranza di completare in questa direzione la meccanica quantistica. Occorre dunque rinunciare alla concezione, separabile e "realistica di tipo locale" del mondo fisico enunciata da Einstein, Podolsky e Rosen. Nel dibattito tra Einstein e Bohr, di tipo epistemologico come si è visto, va dato atto a quest'ultimo di aver immediatamente compreso la portata del paradosso EPR e di aver capito che questo ragionamento non conduceva di per sé all'incoerenza della meccanica quantistica e a scardinarne le basi teoriche. A Bell, infine, si deve il grande merito di aver chiarito il problema in modo da permettere di dimostrare sperimentalmente che la natura ha veramente le proprietà straordinarie di non separabilità predette dalla meccanica quantistica. Grazie al suo teorema e agli esperimenti che ne sono seguiti il dibattito è divenuto di ordine quantitativo ed è ritornato nel dominio della fisica, poiché è sufficiente – in linea di principio – eseguire la misurazione corrispondente per decidere la questione.

Un altro aspetto sul quale concentrare l'attenzione è che la presenza di uno spazio e di un tempo che, quando ci si inoltra in dimensioni sempre minori, appaiono sfuocati, può consentire di andare oltre il dualismo onda-corpuscolo, o la teoria dell'"onda pilota" di de Broglie, in quanto consente di accreditare l'ipotesi di una particella che, quando entra in questa dimensione "fuzzy" dello spazio tempo acquista proprietà ondulatorie proprio in seguito al fatto di trovarsi in una dimensione spazio-temporale di questo tipo e di interagire con essa.

C'è inoltre un ultimo aspetto, particolarmente "intrigante", da analizzare e approfondire, ed è il rapporto tra entanglement e sincronicità. Va a questo proposito segnalato il seguente, notevole passo di Pauli, citato da Riolo: "Mentre nel secolo scorso si sviluppava la teoria dell'inconscio, la fisica elaborava l'idea di campo. Come il pensiero fisico associava a questo campo una realtà indipendente, considerando secondario l'essere il campo visibile o non, così all'inconscio fu attribuita una realtà quale strato marginale di contenuti psichici, che pur non essendo percepibile era in grado di influire considerevolmente sui processi che hanno luogo nella coscienza [...]. Pur essendo percepito senza estensione, il contenuto del margine è presente e determina tanto il nostro comportamento, quanto il moto della nostra attenzione. Esso è intorno a noi come un campo magnetico, dentro il quale il nostro centro, l'Io, gira come l'ago di una bussola ogni volta che un momento della coscienza si trasforma nel successivo [...]. L'intera massa di poteri, di impulsi, di conoscenze, di memorie, che costituisce il nostro Io, si stende con continuità al di là di esso"[92].

In questo passo di Pauli ci sono due aspetti da rilevare. Il primo è il richiamo esplicito all'insieme completo di relazioni tra i campi elettrici e magnetici proposto da Maxwell negli anni tra il 1860 ed il 1870, che non fu subito direttamente verificabile. Maxwell, però, aveva previsto anche un fenomeno del tutto nuovo, che avrebbe dovuto insorgere per effetto delle reciproche interazioni tra campi elettrici e magnetici variabili. Per capire di cosa si tratta, supponiamo che in una certa regione di spazio ad un certo istante si determini una variazione del campo elettrico, originato, per esempio, da un moto accelerato di cariche elettriche. Nei punti immediatamente vicini si produce allora un campo magnetico anch'esso variabile nel tempo. La variazione del campo magnetico origina nei punti immediatamente vicini un campo elettrico anch'esso variabile, e così via. Nasce

92 F. Riolo, "L'altro che è in noi, ospite sconosciuto dei nostri sogni", in: F. Borrelli (a cura di), *Pensare l'inconsco. La rivoluzione psicoanalitica tra ermeneutica e scienza*, manifestolibri, Roma 2001, p. 91.

in tal modo una *perturbazione elettromagnetica* che si propaga nello spazio.

Già prima di Maxwell era nota la produzione di un campo elettrico variabile in seguito a una variazione del campo magnetico in un punto, in quanto prevista dalla legge di Faraday Henry; si pensava però che la brusca diminuzione di un campo magnetico da un valore massimo a zero dovesse provocare un comportamento analogo del campo elettrico e che, di conseguenza, dopo un piccolo intervallo di tempo dall'istante in cui si era annullato il campo magnetico l'intero processo venisse a cessare. La novità, assai rilevante, prevista da Maxwell consiste nel fatto che, al contrario, *il campo elettrico ed il campo magnetico generati dalla variazione nel tempo di uno dei due sono in grado di autosostenersi,* cioè di propagarsi anche se la variazione iniziale che li ha prodotti è venuta meno. Se ne conclude che, da una brusca variazione di un campo elettrico o magnetico nel tempo, ha origine la propagazione di un impulso elettromagnetico, cioè di un'onda, chiamata per l'appunto *onda elettromagnetica.* La cosa rilevante dal nostro punto di vista è questa capacità di sostenersi da soli del campo elettrico variabile e di quello magnetico in virtù di un processo, quello di *retroazione positiva completa,* che viene mirabilmente espresso e sintetizzato da Escher in una sua celeberrima litografia del 1948 che rappresenta una tavola da disegno su cui poggia un foglio raffigurante due mani, ognuna impegnata a disegnare l'altra.

L'effetto visivo è un enigma irrisolvibile: quale delle due mani disegna l'altra? Viene spontaneo chiederselo e, pur tentando di identificarsi con il disegnatore, diventa impossibile trovare una risposta-soluzione. È interessante ricordare che questo processo di retroazione positiva completa attirò l'interesse di Florenskij, il quale ne parla esplicitamente in un suo intervento autobiografico in terza persona:

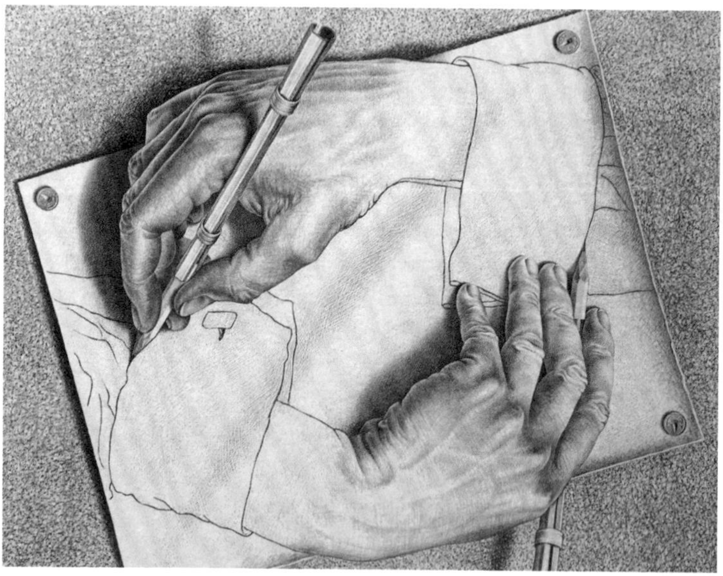

Maurits Cornelis Escher, *Drawing Hands*, 1948 (National Gallery of Art, Washington, USA. © The M.C. Escher Company B.V.)

"Dal 1919 Florenskij si dedica vieppiù alla tecnica, tiene una serie di relazioni all'Associazione panrussa degli ingegneri, all'Associazione russa degli elettrotecnici e presso altre associazioni, e pubblica una serie di articoli su "Električestvo" [L'elettricità] e su altre riviste di tecnica. Da quello stesso anno collabora con il VSNCh, il Consiglio supremo dell'economia nazionale, dapprima presso lo stabilimento Karbolit, poi al Glavelektro. In entrambi i casi si occupa principalmente di questioni inerenti ai dielettrici e ai campi elettrici"[93].

Dunque la tecnica, e in particolare i campi elettrici, settore nel quale aveva acquisito una competenza tale da essere chiamato a collaborare, dopo la rivoluzione, come egli stesso ricorda, alla *Glavelektro* (Amministrazione centrale per l'elettrificazione della Russia) e al *Goelro* (Istituto Elettrotecnico di Stato) e da essere nominato, nel 1927, coredattore della *Bol'šaja Techničeskaja Enciklopedija* (Grande Enciclopedia Tecnica), per la quale curò ben centoventisette voci. Sbaglierebbe di grosso chi ritenesse che un pensatore come Florenskij, paladino convinto dell'unità della cultura e della forte e costante relazione interna di tutte le sue partizioni e articolazioni, potesse mantenere separati gli interessi per la filosofia e la teologia, da una parte, e quelli per la scienza e la tecnica, dall'altra. Comunque, a confutare un orientamento del genere provvede lui stesso in modo esplicito: "A legge fondamentale del mondo Florenskij elegge il secondo principio della termodinamica, la legge dell'entropia, che egli accoglie in senso lato quale legge del *Caos* in ogni luogo del creato. A questa dinamica del mondo si contrappone il *Logos*, o principio dell'entropia. La cultura è la lotta consapevole contro l'appiattimento generale; la cultura è il distacco quale resistenza al processo di livellamento dell'universo, è l'accrescersi della diversità di potenziale in ogni campo che assurge a condizione di vita, è la contrapposizione all'omologazione, sinonimo di morte"[94].

93 P.A. Florenskij *Avtoreferat* (1927), tr. it. in: Id., *Il simbolo e la forma. Scritti di filosofia della scienza*, a cura di N. Valentini e A. Gorelov, Bollati Boringhieri, Torino 2007, p. 12.

94 Ivi, pp. 6 *sg*.

Anche Malevič, non a caso, si riferisce esplicitamente a Maxwell. La ricerca di una nuova pittura viene infatti da lui definita come un'arte "capace di creare una costruzione che non dipende dall'interrelazione tra forma e colore, bensì si basa sul peso, la velocità e la direzione del movimento". In questo specifico contesto egli enuncia il principio della *soggettività cosmica*, la "libera navigazione delle superfici-piano" che egli assume come base della sua arte, che si fonda unicamente su una concezione "pneumatica" dell'infinito e dà prova di una straordinaria tensione vitale. Negata ormai l'autorità del principio del punto di fuga unico, le forme suprematiste si lanciano contemporaneamente in più direzioni, come aspirate da un vento cosmico. Non v'è alcuna ossatura rigida che le guidi: solo un'esistenza soggettiva del loro potenziale dinamico ne determina il movimento, che appare come il primo parametro della loro esistenza.

Questo spazio non presuppone un orientamento gerarchico (il punto di fuga), bensì la "libera navigazione" che offre varie possibilità di scelta di "tensori" (Maxwell), che coesistono senza contraddirsi e definiscono, grazie alla loro libera tensione dinamica, l'esistenza spaziale del campo. spazio suprematista di Malevič, come da lui concepito e presentato nel 1915 e nel 1916 e ulteriormente approfondito nel 1918, insistendo sulla sua qualità "infinita" e richiamandosi a una definizione vettoriale che è quella di campo. Lo spazio per Malevič non può essere posto prima della materia, ma esiste dinamicamente come rapporto spazio-temporale, descritto dalle forme oggettive in movimento e dalla loro relazione. Nel sistema suprematista la superficie-piano è l'unità che definisce l'esistenza dello spazio, al contrario di ciò che avveniva nella concezione basata sulla prospettiva, nella quale la costruzione dell'intelaiatura prospettica precedeva l'esistenza degli elementi pittorici che dovevano inserirsi entro i limiti loro assegnati da questa intelaiatura.

Questa concezione dello spazio presuppone l'esistenza di un nuovo stato dinamico della materia e sbocca necessariamente nel concetto di continuità (l'infinito) che implica a chiare lettere la nozione di campo. Si ha così una stretta interrelazione tra ricerca scientifica e sperimentazione artistica con una esplicita mutuazione, da parte di quest'ultima, di concetti presi soprattutto dalla fisica che spiega le analogie e le assonanze via via riscontrate nel nostro cammino tra queste colonne portanti della creatività umana.

11. Conclusione

Nei primi due decenni del Novecento nella cultura russa l'Assoluto è stato al centro di due processi concomitanti opposti che si sono integrati tra loro e hanno consentito di evidenziare la sua funzione. Florenskij ne ha fatto il *terminus ad quem*, l'attrattore, il punto di riferimento finale, senza il quale risulta impossibile fondare qualsiasi discorso riguardante non soltanto la verità, ma anche più semplicemente lo sviluppo, la crescita, il progresso, date tutte le difficoltà e le contraddizioni alle quali dà luogo ogni sforzo di parlare in modo coerente di tutte queste cose partendo da una prospettiva che si valga soltanto dell'uso di un *terminus a quo*. Malevič ha avuto l'audacia di costruire un esperimento artistico a partire dalla simmetria assoluta intesa come espressione concreta dell'ἄπειρον *περιέχον* da interpretarsi, come si è detto, non tanto e soltanto nel senso di infinità della materia prima, quanto piuttosto come una fusione e una combinazione di potenze, una possibilità di generazione continua che pone l'uomo di fronte al gorgo in cui tutto è possibile, al fatto di sentire, dietro la cosa come evento, l'azione di una potenza inafferrabile. Nell'uno e nell'altro caso l'Assoluto deve restare indefinito, senza un nome che dia inizio, come ha acutamente evidenziato Carlo Diano, al processo di sua trasformazione da quell'intera "periferia abbracciante" aperta, inestricabilmente connessa con l'evento, in forma chiusa. Inteso nell'accezione che ne propongono Florenskij e Malevič l'Assoluto, sia che lo si pensi alla fine o all'inizio di un qualsivoglia processo di sviluppo dinamico, è svincolato da qualunque tipo di azione che dia forma e che produca un incremento di "informazione": esso è la manifestazione di una situazione stazionaria e invariante, per uscire dalla quale (o entravi) sono necessari tempo ed energia, è cioè necessario spendere un'azione.

Da questa prospettiva emerge il carattere fondante, per lo sviluppo della conoscenza, dell'azione, che si manifesta sotto forma di osservazione di un sistema o di un processo di misurazione di esso, è alla base della distinzione tra processi *continui*, come l'evoluzione deterministica di singoli sistemi che non interagiscono, che nella meccanica quantistica sono descritti dall'equazione di Schrödinger, e l'evoluzione *discontinua* dallo stato iniziale a uno degli stati finali possibili, con conseguente collasso della funzione d'onda, determinata dal processo di osservazione o di misura. Nel primo caso, come è stato ripetutamente sottolineato, abbiamo a che fare con semplici possibilità, cioè con la probabilità che succeda qualche cosa, e non con i fenomeni stessi con le loro proprietà, che si manifestano ed entrano in gioco soltanto quando si registra un'interazione tra il sistema oggetto di studio e un altro che sia un apparato di misura. Viene così a cadere l'idea che la massa sia una proprietà intrinseca della materia, un pregiudizio che ha coinvolto e condizionato anche gli scienziati ed è stato esteso a tutti i corpi materiali, comprese le minuscole particelle elementari che la fisica moderna considera i costituenti fondamentali della materia e delle sue interazioni. Ora sappiamo invece che questa proprietà nasce da una dinamica, è il risultato di un'interazione, appunto. È il campo scalare di Higgs, da tempo immemorabile congelato in un particolare stato di vuoto, che differenzia le particelle elementari fra loro; ciascuna acquisisce una specifica massa che risulta proporzionale alla diversa intensità della sua interazione con il campo stesso. È grazie a questo meccanismo che la materia si può condensare in forme persistenti: quark leggeri e gluoni possono formare protoni stabili, i mattoncini di base per organizzare la materia in atomi e molecole, con l'intervento di elettroni che hanno masse sufficientemente piccole da rimanere intrappolati in orbite stabili nel campo elettromagnetico dei nuclei. La scoperta cambia in profondità la nostra concezione della materia e delle dinamiche che hanno portato il nostro universo ad acquistare questa specifica forma materiale che ci sembra così familiare.

Per questo, come non si stanca di sottolineare Florenskij, la realtà esterna e il nostro vissuto, cioè il mondo esterno e quello interiore, non possono che essere discontinui: continua è soltanto la descrizione che ne possiamo dare quando li "sterilizziamo" da ogni riferimento all'interazione e all'azione e li pensiamo in termini di evoluzione deterministica di pure possibilità.

I volti mutevoli dell'Assoluto: una storia infinita tessuta nella stoffa della mente umana

Grazia Shōgen Marchianò

Montepulciano, Italy / *Italia*
September / *Settembre* 2019

Diamogli pure il nome di Assoluto,
non avremo finito di pronunciarlo
che già si sarà trasformato.
Bai Yuchan, maestro taoista del XIII secolo

1. Un assoluto posto tra limen e limes

Il nome posto al centro di questa *Eranos Tagung* non si può pronunciare alla leggera, né tentare di indagarlo in un Twitter di 280 caratteri![1] Chiunque di noi, quali che siano le proprie convinzioni, è indotto a trattarlo con circospezione, e anche nel caso si voglia prenderne le distanze, il costo di infirmarne il prestigio è indiscutibilmente elevato. Immersi come siamo nella relatività delle circostanze e delle situazioni, in quella che Fabio Merlini definisce acutamente le *catastrofi dell'immediatezza*[2], negoziare con l'Assoluto,

1 Il Twitter in 280 parole è una "forma di espressione attraverso la quale, fra altre cose, si può fare, ed effettivamente si fa filosofia", consentendo di sviluppare una *filosofia della relazione*. Così afferma il filosofo Adriano Fabris nella Premessa a *Twitter e la filosofia*, ETS, Pisa 2015.

2 In *Catastrofi dell'immediatezza*, a firma congiunta di Silvano Tagliagambe, Rosenberg & Sellier, Torino 2016, Fabio Merlini scruta gli aspetti inquietanti dei ritmi

coi nomi e i volti che gli sono stati attribuiti dall'uomo di ogni tempo e latitudine, non è facile.

Un Assoluto con l'A maiuscola può forse assomigliare a quel "dio per la parete nord" evocato da Hervé Clerc nel suo splendido libro con questo titolo[3], tenendo presente tuttavia che la montagna, per come è concepita nella visione buddhista cara a Clerc e a me, non è oggetto tradizionalmente di scalate ardimentose dalla base alla vetta come fanno gli alpinisti. I pellegrini tibetani, gli *yamabushi* giapponesi, gli eremiti taoisti manifestano l'ossequio verso la montagna aggirandone ritualmente i fianchi in compunta reverenza. Il tibetologo Giuseppe Baroetto riferisce la testimonianza di un maestro tibetano: "Arrivato nei pressi del sacro monte - racconta quel maestro - iniziai il giro rituale in senso orario, poi raggiunsi un luogo dove incontrai una monaca vestita da nomade, intenta a praticare il rito della 'recisione', ovvero immaginare che il proprio corpo venga tagliato a pezzi e offerto a diversi tipi di esseri [...]". Costei gli disse: "Sono qui per indicarti la chiave della grande sintesi, al di là delle frontiere erette dalla mente dualistica [...]. Non discriminare tra chi sta fuori e chi dentro il recinto della religione [...]. Ogni cosa ha la natura dell'unico punto."[4]

La spinta della mente umana a cercare la chiave della grande sintesi o la "natura dell'unico punto" nelle parole della monaca *bönpo* mi è stata motivo-guida di un'indagine sfociata per forza propria in una direzione trasversale rispetto a quella proposta nella presentazione del convegno. Lì infatti l'Assoluto pare ergersi come un confine simile alla cima di una montagna, e tuttavia si sostiene che gli sforzi per conquistarne la vetta "sono oltre le nostre capacità

---

imposti dall'odierna società dell'accelerazione. Si vedano in particolare le sue recenti indagini sulla "seduzione e ipocrisia dell'innovazione" in *L'estetica triste*, Bollati Boringhieri, Torino 2019.

3 H. Clerc, *A Dio per la parete nord*, tr. it. Adephi, Milano 2018. Si deve a questo autore francese, viaggiatore in Asia il libro delizioso *Le cose come sono. Una iniziazione al buddhismo comune*, tr. it. Adelphi, Milano 2015.

4 L. Gyatso, *Il Tantra dell'unico punto*, a cura di G. Baroetto, Libreria Editrice Psiche, Torino 1999, p. 12.

cognitive, logiche e razionali", e si solleva in chiusa la domanda: "A che cosa risponde questa necessità di nominare ciò che la conoscenza incontra come non padroneggiabile e in ultima analisi inconoscibile?" Questo è il modo classico, se posso dire "canonico" di vedere il problema ponendo il conoscibile e l'inconoscibile su rive opposte del fiume della conoscenza, assumendo l'assoluto come una sorta di confine non valicabile. Viene in mente la leggenda cinese che descrive il saggio vecchio d'anni come indica il nome *lao* – giunto al passo sorvegliato dal guardiano. Laotzu gli affida lo scarno memoriale sulla Via e sulla Virtù[5] e procede oltre.

La spinta all'oltre, connaturata al modo umano di affrontare ogni tipo di ostacoli e di misurarsi con la relatività della contingenza puntando a scavalcarla, induce oggi a pensare piuttosto l'Assoluto come un cammino a perdita d'occhio: una variante non da poco rispetto a quella del confine, messa bene in luce in latino dai termini *limen* e *limes*. Se *limen* è "soglia", "porta", "steccato", "confine" – *limes* sta per "sentiero", "via", "cammino". Cicerone afferma: *Limes ad coeli aditum patet* ("è aperta la strada che conduce al cielo"). Nulla impedisce a uno steccato di bloccare una strada, però nulla vieta a una strada di scavalcarlo. L'approccio a un assoluto si gioca sul filo sottile di questi due significati: da una parte la soglia, dall'altra un cammino senza fine. Non si sarebbe potenziata la conoscenza in ogni ambito della ricerca se il *limen* non fosse stato scavalcato ogni volta. Prendiamo il caso dell'infinito.

La matematica ha indagato in maniera superba, e chi può confermarlo meglio di Paolo Zellini[6], su grandezze che possono crescere in

5 L'opera *Daodejing* in 81 scarni capitoli è attribuita al saggio cinese Laotzu (VI-V secolo a.C.). Una nuova traduzione a fronte e commento, in preparazione presso l'editore Bompiani, è a cura del sinologo Gino Maggio, cui si deve la versione commentata di Confucio, *Analecta. Pensieri, dialoghi, sentenze*, Bompiani, Milano 2016.

6 Gli scritti magistrali del filosofo e matematico P. Zellini, da *Breve storia dell'infinito* a *Gnomon*, *Numero e Logos*, *La ribellione del numero*, *La matematica degli dèi e gli algoritmi degli uomini* ricorrono nel Catalogo Adelphi. Su *L'arte della matematica*, si veda l'importante carteggio epistolare di André Weil con la sorella Simone, tr. it. Milano,

modo illimitato. Cantor ha sviluppato la teoria dei numeri cardinali transfiniti, il cui primo numero è lo zero-aleph raffigurato dal noto simbolo dell'8 in orizzontale. Sull'*aleph* J.L. Borges ha costruito gli splendidi racconti nell'opera omonima che risale al 1940. Un modello di infinito in chiave poetica è offerto da Giacomo Leopardi nell'ode da lui composta sull'*ermo colle* a un passo da casa, al di là di "questa siepe che da tanta parte dell'ultimo orizzonte il guardo esclude". La siepe-*limen* è scavalcata non appena "sedendo e mirando interminati spazi di là da quella e sovrumani silenzi e profondissima quiete Io nel pensier mi fingo". *Fingere*, un verbo oggi obsoleto, rinvia nelle sue accezioni latine all'atto di "formare", "allestire", anche "fingere", "simulare", "contraffare", dunque non solo evocare l'"immensità nella quale s'annega il pensier mio" secondo il poeta, ma operazioni di altra natura caratteristiche dell'ingegno umano capaci di violare il *limen*.

Con queste osservazioni la domanda sul fondamento sollevata nella presentazione della *Tagung* mi sollecita a compiere mosse alternative a proposito del significato vincolante e apicale di assoluto. *Absolutus* in latino è un aggettivo che il dizionario definisce: sciolto, slegato, prosciolto, non obbligato a dipendenza o condizione alcuna, che è in sé e per sé, contrario dunque di relativo. La preposizione "*ab*" legata a "*solutus*" regge il caso ablativo e significa appunto "da", "alla distanza di". L'azione di sciogliere, slegare rinvia ai verbi inglesi to *undo, to untie, to loose, to unbind, to free*, ai francesi *dénouer, délier, dégager, dissoudre*. L'essere sciolto da vincoli, auto-consistente e incondizionato pone l'assoluto su un piano di realtà slacciato dai limiti che la contingenza comporta. Infatti non c'è comunità dalle più arcaiche e primitive alle più avanzate che nel corso di decine di millenni della presenza del Sapiens sulla terra non abbia dato all'istanza di un assoluto con l'A maiuscola un rilievo primario nei contesti più svariati. Accennerò a taluni ambiti che mi sono familiari

Adelphi 2018. Il tema dell'infinito è trattato da Umberto Bottazzini in *Infinito. Raccontare la matematica*, Bologna, il Mulino 2018.

del pensiero taoista, indù e buddhista, esplorerò un passo enigmatico della VII Lettera di Platone, sfiorerò un mito greco scrutato da J-P. Vernant e una leggenda centrale nel qabbalismo ebraico, rasentando a mio rischio da vecchio umanista certe posizioni dell'odierno pensiero scientifico.

Ė noto che per gli esperti di intelligenza artificiale, di realtà aumentata e i cosiddetti umanisti "digitali", l'istanza dell'assoluto cede molto dell'antico carisma e se in parte lo mantiene assume nella mente scientifica aspetti nuovi. Penso ad esempio alle cordate cognitive di micro- e macrofisici, di nanotecnologi e esperti di robotica per i quali nessuna nozione di assoluto rappresenta un confine invalicabile e tantomeno una coazione a cercarlo eleggendolo a fondamento. Per i ricercatori nei campi più diversi delle scienze teoriche e sperimentali, la sentenza del maestro taoista del XIII secolo che ho messo in calce a questa relazione: "Diamogli pure il nome di Assoluto, non avremo finito di pronunciarlo che già si sarà trasformato"[7], è musica ai loro orecchi! Fisici illustri come l'anglo-iracheno Jim Al-Khalili e l'italiano Guido Tonelli vedono nella scienza una disciplina capace di spiegare il mondo "dopo" le mitologie, le religioni e le filosofie. Non appena costoro si trasformano in accurati divulgatori dei massimi problemi, si constata che la pensano esattamente così. Nel caso dell'Origine in chiave cosmologica il trattamento ricevuto dall'astrofisico Guido Tonelli si richiama al modello biblico. Nel libro *Genesi. Il grande racconto delle origini*[8], il processo cosmico è scandito nei sette fatidici giorni della creazione in termini comprensibilmente mutati. La scena primaria è la primordiale schiuma quantistica cui subentra l'irrompere di quark e elettroni che si legano tra loro a velocità relativistiche. Quando si manifesta il *Fiat Lux* scatta la complessità biologica delle forme di vita sulla terra da cui emergeranno i progenitori del Sapiens nel corso di milioni di anni.

7 In A. Cadonna, *Quali parole vi aspettate che aggiunga? Il Commentario al Daodejing di Bai Yuchan, maestro taoista del XIII secolo*, Olschki, Firenze 2001; il passo citato è la Glossa 208, p. 31.

8 Guido Tonelli, *Genesi. Il grande racconto delle origini*, Feltrinelli, Milano 2019.

Da parte sua, il fisico Gianfranco Bertone illustra la struttura dell'universo vecchio di 13,8 miliardi di anni sul modello dei nove cieli del *Paradiso* dantesco: la prima sfera racchiude in altezza tutto quanto esiste fino a mille metri sopra la superficie terrestre. Nella seconda sfera ciò che dista tra mille e un milione di metri. Nella terza tra un milione e un miliardo. Al Big Bang posizionato nel IX cielo segue il deformarsi dello spaziotempo secondo la teoria della relatività generale einsteiniana, e si risale alla radiazione cosmica di fondo scoperta da Arno Penzias e Robert Wilson nel 1978. "Materia oscura, energia oscura, buchi neri, Big Bang, questi formidabili misteri – scrive Bertone – molto probabilmente hanno qualcosa di fondamentale in comune: tutti affondano le loro radici in un microcosmo governato dalle leggi [...] della meccanica quantistica". Bertone intitola la sua ricostruzione, *Sospesi tra due infiniti* [9], spiegando che la nostra esistenza sulla terra è sospesa appunto tra il piano macrofisico dell'infinitamente grande e quello iperminimo dell'infinitamente piccolo. Non c'è comprensibilmente alcun accenno a un infinito esperito interiormente – il piano pneumatico (spirituale) dell'esistenza è estraneo a un interesse oggettivamente osservativo. Tuttavia conclude: "Potremmo dire, ispirandoci al titolo di una famosa opera di William Blake che in questa frontiera inesplorata si celebra il *Matrimonio del cielo e dell'inferno*".

Le citazioni appena riportate mi suggeriscono un'osservazione maliziosa: nel DNA intellettuale di questi scienziati lampeggiano riferimenti a una "salvezza" di cristiana memoria quando dichiarano convintamente: "La scienza ci salverà"[10]; si affidano alle sfere e ai gironi danteschi per descrivere il macro- e il microcosmo e intravedono nelle frontiere inesplorate della fisica un nesso tra cielo e inferno. Evidentemente le istanze mitiche, religiose, filosofiche, letterarie che hanno brillato nel passato non sono facili da estirpare.

9 G. Bertone, *Sospesi tra due infiniti. Una nuova astronomia per conoscere l'universo*, Longanesi, Milano 2019.

10 "Ci salverà la scienza" s'intitola la conversazione tra i fisici Jim Al-Khalili e Guido Tonelli, a cura di I. Bozzi, in: "La Lettura", 9 giugno 2019.

Esse appartengono a un capitale intramontabile dell'intelletto umano e occorre un poeta come François Cheng a ricordarci che "la mente ragiona" (*l'esprit raisonne*), "l'anima risuona" (*l'âme résonne*), "la mente si muove", "l'anima si commuove", "la mente comunica", "l'anima è in comunione"[11]. La sospensione tra due infiniti non è solo da intendersi a un livello fisico e cosmologico se una mente profonda come quella di Cheng sottolinea la differenza tra "ragionare" e "risuonare", "comunicare" e "essere in comunione", e se l'immersione nell'infinito conduce Leopardi a valicare il *limen* tra esterno e interiore.

La sfida a fronteggiare il *limen* riuscendo talvolta a scavalcarlo è attestata nei protocolli filosofici degli ultimi tremila anni e c'è un caso tra i tanti nella Grecia antica in cui l'Assoluto inteso come confine e come passaggio tocca il punto zero della dicibilità per ammissione esplicita di colui che l'ha intellettualmente concepito e interiormente vissuto. Si tratta di Platone in un passo enigmatico della VII Lettera analizzato da Giorgio Agamben nella Introduzione alla raccolta di saggi e conferenze *La potenza del pensiero*[12]. L'ho analizzato a mia volta al modo duplice del "ragionare" e del "risuonare" indicato da Cheng e ve lo sottopongo chiedendo venia al filosofo Franco Ferrari di avere osato cimentarmi nel terreno di cui è maestro[13].

11 Al filosofo e poeta cinese, naturalizzato in Francia, François Cheng (1929), premiato al Lerici Pea 2009 per la sua opera di poeta e calligrafo, si devono scritti illuminanti molti dei quali in versione italiana. I passi riportati sull'anima e la mente sono in, *L'anima. Sette lettere a un'amica*, tr. it. Bollati, Torino 2018. Altri titoli: *Shitao 1642-1707. Il sapore del mondo*: una splendida monografia illustrata sulla vita e l'opera pittorica del monaco cinese autodenominatosi Cucurbita amara, tr. it. Pagine d'Arte, Milano 1999; *Vuoto e pieno. Il linguaggio pittorico cinese*, tr. it. Morcelliana, Brescia 2016; *Cinque meditazioni sulla morte ovvero sulla vita*, tr. it. Bollati, Torino 2014; *Assisi. Un incontro inaspettato. Con il Cantico delle creature di san Francesco*, tr. it. Bollati, Torino 2015: una toccante testimonianza del giovane Cheng, al suo primo viaggio in Italia ad Assisi.

12 G. Agamben, *La potenza del pensiero. Saggi e conferenze*, Neri Pozza, Vicenza 2015; il passo della VII Lettera platonica è analizzato nel saggio "La cosa stessa", pp. 7-23.

13 Grecista e filologo formatosi alla Scuola Normale di Pisa di cui è stato docente, e accademico in altri atenei, Franco Ferrari è autore tra altri scritti, di una nuova

2. La "cosa stessa" e il "così è e nient'altro"

La cornice del passo è il dialogo che Platone settantacinquenne al suo terzo soggiorno a Siracusa attorno al 350 a.C. intrattiene col tiranno Dionigi, ansioso di diventare filosofo[14]. Costui "presumeva - scrive Platone - di sapere già molte cose [...] e di dominarle a sufficienza", al punto da scrivere egli stesso sulla "cosa" ascoltata da me come altri avrebbero fatto "senza avere nemmeno conoscenza di se stessi." E aggiunge: "Coloro che affermano di sapere ciò di cui io mi dò pensiero (gr. *perì hōn egō spoudazō*), sia per averlo udito da me o da altri, sia per averlo scoperto da soli: ebbene, non è possibile, secondo me, che costoro abbiano compreso alcunché della cosa" (341 a 7 - c 4). È a questo punto che compare l'espressione *to pragma auto*, la "cosa stessa", a tal punto "determinante - sottolinea Agamben - per indicare la *cosa* del pensiero e il compito proprio della filosofia, che torneremo a incontrarla più di duemila anni dopo, come una parola d'ordine passata di bocca in bocca, in Kant, Hegel, Husserl, Heidegger"[15]. "Su questa cosa - precisa Platone - non vi è alcuno mio scritto né mai potrà esservi. Non è infatti in alcun modo dicibile come le altre discipline (*mathēmata*), ma dopo molto stare insieme intorno alla cosa stessa (*perì to pragma auto*) e dopo molta convivenza, improvvisamente, come luce schizzata da un fuoco, nasce nell'anima, e ormai nutre se stessa" (341 c 4 - d 2).

Soffermiamoci sul passo parola per parola: dopo avere osservato che le altre discipline sono inette al dire la "cosa", Platone confessa che dopo lunga convivenza, soffregando gli uni sugli altri: nomi, visioni, sensazioni e mettendoli alla prova, improvvisamente, come luce schizzata da un fuoco, [la cosa] nasce nell'anima, e nutre se

versione con testo e a fronte dell'*Iliade* di Omero. Suo, nella Collana "I saggi di Eranos" è *La via dell'immortalità. Percorsi platonici*, Rosenberg § Sellier, Torino 2019. La VII Lettera di Platone è esaminata in questo convegno nella relazione: "Dire l'indicibile: la natura e i nomi dell'Assoluto da Platone al neoplatonismo".

14 In *La potenza del pensiero* i passi in sequenza della VII Lettera riportati da G. Agamben sono: 341 a 7 - c 4, 341 c 4 - d 2, 342 a 8, 343 a 3, 344 b 4-7.

15 G. Agamben, *op. cit.*, p.9.

stessa. Che cos'è dunque questa "cosa" di cui Platone si dà pensiero e che il tiranno Dionigi presumeva a torto di avere compreso? Alla domanda sollevata da Agamben intravedo una risposta che però si distanzia dalla sua, come tenterò di spiegare. Perché si generi la conoscenza della *cosa* – afferma Platone – i fattori coinvolti sono cinque. Il primo è il nome; il secondo è il ragionamento (*logos*); il terzo è l'immagine (*eidōlon*) che sensibilmente rappresenta la "cosa"; il quarto è la conoscenza che si attua attraverso i primi tre; il quinto è "quello stesso che è conoscibile e che è veramente". Questi cinque fattori sono disposti in cerchio, la figura "che in ogni punto dista ugualmente dagli estremi al centro". Secondo Agamben, la "cosa stessa" sarebbe la *cosa* che ha nel linguaggio il suo luogo eminente, sebbene il linguaggio disponga di una dicibilità limitata. Questo però non significa – così osserva – che la *cosa* trascenda il linguaggio, che sia un quid che "possa essere cercato come un'ipotesi estrema, un soggetto ultimo e assoluto oltre tutti i soggetti, atrocemente o beatamente sprofondato nella sua oscurità".

L'interpretazione per cui la "cosa stessa" sarebbe la *cosa* nominata e resa dunque "conoscibile" nella sua dicibilità, mi lascia perplessa proprio alla luce del passo appena citato dove Platone afferma che "dopo lunga convivenza, soffregando gli uni sugli altri: nomi, visioni, sensazioni e mettendoli alla prova, improvvisamente, come fiamma schizzata da un fuoco, la "cosa stessa" *nasce nell'anima e si nutre di sé*" (mio corsivo). Questo passaggio è cruciale perché la conoscenza della "cosa" com'è "veramente" è data per possibile nel suo sgorgare dall'anima! Pertanto mi è difficile convenire con Agamben quando sostiene che la "casa" della *cosa* è il linguaggio quale luogo nel quale riposa la sua conoscibilità. Lo è piuttosto *psychè* quando si danno le condizioni indicate da Platone: la lunga convivenza, per un verso, e lo sprizzare all'improvviso della *cosa* come favilla da un fuoco. Una lettura letterale del passo mi suggerisce che la "cosa che è veramente" è conoscibile non "dentro" il cerchio dei fattori che in vario modo la descrivono, ma "oltre" quel cerchio, nel profondo del principio vitale (*psychè*) dove essa "si nutre di sé" "risuonando" e "entrando in comunione", volendo fare nostre le distinzioni di Cheng[16].

La ginnastica mentale alla quale ci ha sottoposto il ragionamento platonico nella VII Lettera è un esercizio che mette a nudo il modo in cui l'intelletto funziona nominando, ragionando, immaginando, *fingendo* un problema ossia allestendolo e allertandosi per risolverlo. Senonché il problema sollevato dal passo sommessamente esaminato, non è un problema fra altri, ma il problema dei problemi, analogo a quello di un Assoluto apicale che il pensiero tenta di scalare arrovellandosi fino a quando "la cosa stessa" nella sua nudità disarmante si manifesta *interiormente* "come fiamma schizzata dal fuoco". Per fare un'esperienza simile a quella confessata da Platone precisando che non ne avrebbe scritto altrove, occorrono prerogative che i fattori da lui elencati: nomi, ragionamenti, visioni, sensazioni, sono incapaci di afferrare a meno che *soffregandoli come si fa per suscitare una fiamma, non sprizzi nel profondo dell'anima la conoscenza veritiera della cosa.*

Nella metafora del fuoco suscitato dall'ardore interiore affiora una chiave di soluzione al problema che nella presentazione di questa *Tagung* è detto essere "oltre le nostre capacità cognitive, logiche e razionali". L'apertura a un "oltre" connaturata all'intelletto umano quanto lo è la consapevolezza del limite, è l'arciproblema presente in modo esplicito o implicito in tutti i campi in cui si è cimentata la conoscenza: cosmogonie, teologie, credenze religiose, teorie filosofiche, astrazioni matematiche, ipotesi e dimostrazioni scientifiche fino agli accertamenti in crescita esponenziale dell'astrofisica e delle neuroscienze odierne. Le soluzioni date a questo rovello nelle vie di conoscenza di Occidente e Oriente sono scarsamente sovrapponibili e l'ambito maggiore di divergenza è notoriamente quello religioso. Una teologia fondata sul concetto di un Dio creatore del Cielo e della terra, posto su un piano di trascendenza assoluta rispetto all'uomo

16 Per il riferimento alla distinzione tra "ragionare" e "risuonare" di F. Cheng, vedi nota 11.

fatto a sua immagine e somiglianza è scarsamente compatibile con concezioni che prescindono da questi fondamenti. Nomi come DAO nella visione taoista, THATATĀ in quella buddhista mahāyāna, TAT, "Quello", e BRAHMAN-ĀTMAN al centro del Vedānta monista indiano fanno capo a concetti di un assoluto più somigliante alla "cosa stessa" indagata da Platone che al Dio biblico creatore *ex-nihilo.* Il nulla taoista e buddhista è una vacuità colma di energia autogena che si attualizza indianamente nel "nome" (*nāma*) e nella "forma" (*rūpa*), e nel volgersi dinamico delle *cose come sono* nella concezione laotziana riferita da Clerc. Bai Yuchan, il maestro taoista che dell'Assoluto ha detto "Diamogli pure il nome di Assoluto, non avremo finito di pronunciarlo che già si sarà trasformato" [17], commenta il *Daodejing* laotziano in 1166 glosse. La prima, senza parole, è un cerchio vuoto. La seconda recita: "Se si potesse esprimere a parole non sarebbe 'così'". Nella terza e nella quarta il commento è: "Se gli si applica forzatamente un nome, si parla di 'Tao', ma nel momento in cui lo si chiama 'Tao' non è già più tale e al massimo si può ammettere: 'Così è e nient'altro' (cin. *ruci eryi*)". Il sinologo Alfredo Cadonna che ha commentato il commento di Bai Yuchan vede quelle sentenze laconiche rispecchiate nei movimenti silenziosi del *Taijiquan*: "si tracciano nell'aria cerchi sempre più ampi, che vengono ridotti a cerchi man mano più stretti, fino a che il movimento non torna a riassorbirsi nel centro stesso da cui aveva preso avvio". E aggiunge: "All'interno del commentario, le numerose ripetizioni sono lo strumento che riconduce costantemente a un punto centrale, identificato da Bai Yuchan con il Cuore (*xin*)" [18]. *Xin* e l'equivalente sanscrito *hṛd* hanno una funzione cruciale nella concezione delle "cose come sono" nel pensiero indù e taoista. In cinese *xin* denota mente e cuore adunati, le cui funzioni interconnesse fanno accedere all'esperienza di una realtà intera,indivisa, olistica: la "cosa stessa"che si manifesta a Platone come "un fuoco schizzato dall'anima".

17 La sentenza è la 208 del corpo di 1166 glosse; cfr. nota 7.
18 A. Cadonna, *Quali parole vi aspettate che aggiunga?*, cit., p.4.

TATHATĀ, a sua volta (in sanscrito un sostantivo femminile) reso in italiano con "talità","quiddità", "sicceità" ha lo stesso spessore semantico di *Tao*, e quando il buddhismo mahāyāna equipara *tathatā* a buddhità, il riferimento non è alla persona storica di Gautama Siddhartha, ma all'archetipo cosmico cui l'esperienza illuminativa rinvia. Nella concezione del buddhismo mahāyāna l'esperienza buddhica è una via *in interiore homine.* E lo stesso nella visione del Vedānta monista indiano dove si sostiene: QUELLO TU SEI (*TAT TVAM ASI*)[19]. Ai tempi di Laotzu o di Gautama Siddhartha mancavano conoscenze sulla struttura del cervello e le prerogative funzionali della mente. Si erano sviluppate tecniche di concentrazione, di alchimia interiore, si osservava come si pensa, si sente, si agisce meditando in modo lucidamente imperterrito. L'impostazione dualistica in Occidente considera 'irrazionale' e dunque poco affidabile un'esperienza acquisita per la via contemplativa, quella ad esempio dell'autore trecentesco della *Nube della non conoscenza* commentata da Piero Boitani nella postfazione al testo (1998). "Risulterà evidente – egli afferma – che ogni volta che la nostra mente si occupa di qualcosa di materiale, ci troviamo al di sotto di noi stessi nell'attività spirituale e al di fuori della nostra anima. Di converso, all'estremo

19 Questa sentenza (scr. *mahāvākya*) innerva il pensiero del maestro vedantino Nisargadatta Maharaj (m.1982), "scoperto" a Bombay da Paul Brunton che ne tradusse i dialoghi. L'opera di riferimento maggiore è *Io sono Quello*, 2 voll., in prima versione italiana e commento di G. Marchianò, Milano, Rizzoli 1981, seguita da altre edizioni. Conforme allo spirito integrale dell'*advaita Vedānta* è l'insegnamento del maestro Paramahansa Yogananda (m. 1952), fondatore a Los Angeles della Self-Realization Fellowship, i cui aderenti sparsi nel mondo sono addestrati alla pratica del *kriya yoga* nella linea di trasmissione originale del *Sanātana Dharma* che risale a Babaji, a Lahiri Mahasaya e al maestro diretto di Yogananda, Swami Sri Yuktesvar (vedasi di lui *La scienza sacra*, tr. it. Astrolabio, Roma 1993). Tra le opere di Yogananda disponibili nelle edizioni Astrolabio a partire dalla famosa *Autobiografia di uno Yogi* (ultima edizione riveduta nel 2016), si citano: *Verso la realizzazione del Sé* (2006) e *Lo Yoga di Gesù. Come comprendere gli insegnamenti esoterici dei Vangeli* (2011). La bibliografia di Yogananda periodicamente aggiornata nelle edizioni della Self-Realization Fellowship annovera tra numerose pubblicazioni ad uso dei discepoli i poderosi commenti alla *Bhagavad Gītā* e *The Second Coming of Christ. The Resurrection of the Christ Within You*, 2 voll., dove si evidenzia la piena risonanza ecumenica del maestro indiano con quella del Messia cristiano.

opposto, quando la nostra mente si occupa della sostanza di Dio, ci troviamo al di sopra di noi stessi e al di sotto di Dio"[20].

La differenza della mistica cristiana rispetto alla concezione buddhista è che secondo quest'ultima non c'è un sopra e un sotto, un alto e un basso: immanenza e trascendenza coincidono nell'esperienza *in interiore homine*, un'esperienza che si compie spingendo la mente "oltre" il confine delle sue ordinarie capacità cognitive. Mente cognitiva e mente pneumatica non sono menti diverse. L'accesso all'una e all'altra rientra nelle prerogative differenziate dell'unica mente che ci abita. C'è un piano razionale e un piano sovrarazionale e il confine è scavalcato quando il logos, dopo avere verificato il proprio *limen*, accetta di ritrarvisi e di accogliere l'apertura a prerogative che non sono le sue.

Ho citato a proposito la distinzione di François Cheng tra mente e anima. Nella lingua della sua tradizione di origine, Cheng avrebbe potuto dire "cuore" (*xin*) invece di anima (*āme, psychè*) e ci saremmo capiti lo stesso. Tornerò su questo punto più avanti, non prima però di avere accostato un problema spinoso che tocca la struttura bicamerale del cervello da cui le prerogative funzionali della mente dipendono. Tutte, nessuna esclusa, fanno capo *ab ovo* alla piccola scatola del peso di un chilo e trecento grammi nell'individuo adulto insediata nel nostro cranio coi suoi cento miliardi di neuroni e centomila miliardi di connessioni attive in stato di salute. Da vecchio umanista quale sono non mi sarei azzardata a entrare seppure di striscio nel campo delle neuroscienze esponendomi alle severe censure dell'illustre filosofo della scienza Silvano Tagliagambe[21], se la questione dell'inconoscibilità dell'assoluto non fosse di natura strettamente mentale e dunque legata inestricabilmente alla biologia del cervello. L'interazione tra mente e cervello è messa notoriamente in questione da chi nega alla mente un'identità a sé stante; senonché

20 Il passo è citato nella Nota di Piero Boitani a *La nube della non conoscenza*, tr. it. Adelphi, Milano 1999, p. 150.

21 Si veda la sua relazione a questo convegno: "I nomi dell'Assoluto e la rottura spontanea della simmetria".

il rischio della contestazione diventa minore se ci si limita ad affermare che "mente" è la trasformazione dei processi cerebrali bilaterali nell'insieme delle attività che producono la nostra esperienza soggettiva interiore e oggettiva esterna tra loro connesse. In modo meno crudo alla maniera di Cheng, si può dire che "la mente è ciò che ci permette di pensare, di ragionare, di concepire, di organizzare, di realizzare, di accumulare coscientemente le nostre esperienze"[22].

Queste attività dipendono dal modo in cui è strutturato l'organo cerebrale. Il nostro è un mondo aperto sull'interno e sull'esterno e trovo in proposito didatticamente efficace il ragionamento dei tre mondi elaborato da due scienziati del secolo scorso: l'epistemologo austriaco Karl Popper (1902-1994) e il neurofisiologo australiano John Eccles (1903-1997)[23]. Essi intendono per Mondo 1 la materia-energia cosmica, oggetto della nostra osservazione scientifica; per Mondo 2, lo spazio "interno" dell'esperienza soggettiva; e per Mondo 3, i processi culturali esitati nel corso complessivo della vicenda umana. I tre sono mondi distinti però interconnessi nella misura in cui è la nostra mente ad averli individuati e riconosciuti parte intrinseca del nostro essere nel mondo soggettivamente e oggettivamente. Consideriamo ad esempio il Mondo 3 cui fa capo la storia culturale dell'umanità. Come non riconoscere che miti, dottrine religiose, teorie filosofiche e scientifiche, creazioni artistiche e letterarie, ideologie politiche, teorie economiche e sociali che influenzano nel bene e nel male le sorti della condizione umana, fanno capo *ab ovo* agli sfaccettati orientamenti della mente determinati dai funzionamenti cerebrali bilaterali. E che perciò la questione della conoscibilità o inconoscibilità dell'Assoluto, e ogni altra delle innumerevoli questioni pertinenti ai mondi 1, 2 e 3, vanno fatte risalire alle prerogative funzionali della mente e del suo cervello. Questa tesi è ampiamente argomentata dallo psichiatra e filosofo scozzese Iain

22 Si veda F. Cheng in *L'anima*, cit. p.40.

23 Del ragionamento sui Tre Mondi di Popper-Eccles mi occupai in, *La creatività. Le basi poetiche della mente*, Riza Scienze, Fascicolo n.19, Milano, aprile 1988.

McGilchrist nell'opera *The Master and His Emissary. The Divided Brain and the Making of the Western World*, un titolo che suona in italiano alla lettera: "Il maestro e l'emissario", ma che è più appropriato volgere in "Il ministro e il funzionario"[24]. Non mi perito di riassumere un testo di oltre 520 pagine con una sterminata bibliografia di riferimento, e mi limito a dire che l'autore con competenza di psichiatra, di neurofisiologo, di filosofo e storico della cultura occidentale esamina sia le funzionalità selettivamente orientate della mente nel loro luogo proprio, il cervello, sia nelle ricadute di tali orientamenti negli altri luoghi "propri" in cui siamo immersi: l'esperienza interiore e lo spazio esterno. La ricaduta dalla mente-cervello nei processi culturali è esplorata diacronicamente da McGilchrist attraverso le grandi stagioni che hanno modellato la storia intellettuale dell'Occidente e del vicino Oriente: pensiero ebraico, greco, cristiano, islamico, filosofia Scolastica nel Medioevo europeo, l'avvento del pensiero scientifico dal XVII secolo, l'Illuminismo, l'avvio della modernità con l'erosione del carisma del sacro fino agli accertamenti teorici e sperimentali delle scienze nel Novecento attraverso le teorie della relatività speciale e generale di Albert Einstein, il principio di indeterminazione di Werner Heisenberg, la meccanica quantistica e tutto quanto è di ardua comprensione per i vecchi umanisti, non però per gli umanisti digitali cui accennavo all'inizio. A costoro, pienamente a loro agio nell'antropocene, la stagione in cui gli equilibri ecologici e energetici del pianeta sono messi ad alto rischio dalle disinvolte e sconsiderate

24 I. McGilchrist, *The Master and His Emissary. The Divided Mind and the Making of the Western World*, Yale University Press, New Haven, CT 2010. Per considerare appieno la tesi del filosofo scozzese sulla struttura bicamerale del cervello e le attività selettive della mente viste nelle ricadute dei processi culturali in esteso, si raccomandano, tra gli studi tecnici disponibili accanto a *Il cervello. Decifrare e potenziare il nostro organo più complesso*, National Geographic, n.1, Milano 3 gennaio 2018, i testi di Piergiorgio Strata, *La strana coppia. Il rapporto mente-cervello da Cartesio alle neuroscienze*, Carocci, Roma 2014; di David Eagleman, *Il tuo cervello. La tua storia*, tr. it. Corbaccio, Milano 2016; di Dean Buonomano, *Il tuo cervello è una macchina del tempo. Neuroscienze e fisica del tempo*, tr. it. Bollati Boringhieri, Torino 2017 e di Antonio Cerasa e Francesco Tomaiuolo, *La scatola magica. All'origine delle neuroscienze*, Hoepli, Milano 2019.

prassi umane, si deve l'ingresso nel post-umano robotico del XXI secolo. Poche pagine, in tutto otto alla fine del libro, sono dedicate da McGilChrist ai caratteri salienti dei modi di pensare e di sentire dei popoli asiatici, aspetti acutamente messi in luce per quanto riguarda la Cina e il Giappone da François Jullien alle cui opere rinvio[25].

Il confronto tra i dualismi occidentali di ascendenza ebraica, greca e cristiana e il non-dualismo giapponese di ascendenza cinese, solleva obiezioni negli studiosi che riluttano a riconoscere che i modi di sentire, di pensare, di ragionare, di immaginare e di credere dipendono in ultima analisi dai funzionamenti della mente legati alla struttura del cervello bicamerale, a quanto è noto finora. Per parte mia, questa riluttanza mi è mancata e ho utilizzato la prospettiva di McGilChrist per una riflessione trasversale rispetto a quella proposta nella presentazione del convegno, provando a esaminare l'istanza dell'Assoluto nella duplice prospettiva del *limen*-confine e del *limes*-cammino a perdita d'occhio. Visto come confine l'Assoluto assomiglia a una montagna la cui vetta è oltre "le nostre capacità cognitive, logiche e razionali". Se però lo consideriamo una via, scabrosissima per chi vi s' inoltra, dove però il Quid,la "cosa stessa", si accende all'improvviso nel profondo "come luce sprizzata da un fuoco", la situazione cambia e il problema ci si presenta in una prospettiva rovesciata. Sono la nostra logica e la nostra razionalità a farci scorgere l'Assoluto come un confine, ma logica e logos non sono le sole prerogative su cui contare se lo stesso Platone, dopo averne spremuto tutte le risorse, è stato accecato dal bagliore proveniente dal profondo. La natura della "cosa stessa" inseguita da Platone assomiglia a quella dell'"unico punto" menzionata dalla monaca tibetana nell'episodio che ho citato all'inizio. Immaginiamo di trovarci ai piedi della montagna e di imbatterci in due personaggi. Il primo è

25 Del sinologo e filosofo François Jullien, si vedano in particolare, *Essere o vivere. Il pensiero occidentale e il pensiero cinese in venti contrasti*, tr. it. Feltrinelli, Milano 2016, e *Figure dell'immanenza. Una lettura filosofica del I Ching*, tr. it. Laterza, Bari-Roma 2019. Di Jullien presso lo stesso editore: *Parlare senza parole. Logos e Tao*; *Pensare l'efficacia in Cina e l'Occidente*; *L'universale e il comune. Il dialogo tra culture*.

l'alpinista impegnato atleticamente a conquistare la vetta; l'altro, il pellegrino, ne aggira i fianchi recitando mantra o preghiere, compiendo un'ascesa tutta interiore. Sono modi compossibili di vivere l'esperienza di un Assoluto inteso rispettivamente come confine o come cammino nel profondo di se stessi.

Oggi, in una maniera che al vecchio umanista suona sorprendente, sta avvenendo qualcosa che nel suo distanziarsi anni-luce dall'esperienza del pellegrino devoto, ci traghetta verso una nozione di Assoluto puntato su un "oltre" tecnologico illimitato. La missione astronautica decollata il 20 luglio di quest'anno alla volta della Stazione spaziale internazionale, ricapitola nel suo nome BEYOND lo scavalcamento del *limen*-confine. Le automobili presto si guideranno da sé, saremo assistiti in casa e in ufficio da zelanti roboti, nel corpo ammalato si aggireranno nanoroboti pronti a colpire cellule portatrici di malattie finora incurabili, e in men che non si dica il vecchio Sapiens in ognuno di noi si troverà a convivere con dei doppi superintelligenti, in parte organici in parte cibernetici, chiamati appunto cyborg.

3. *Neanderthal I, il Sapiens e il cyborg: un passaggio di consegne*

Ho avuto occasione di commentare nella *Tagung* 2017, le previsioni sul paesaggio in fieri del post-umano formulate dal filosofo e storico israeliano Yuval Noah Harari [26]. Per gli esperti di robotica e i progettisti di una stirpe di cyborg che modificherà inevitabilmente gli assetti della "vecchia" condizione umana, questa sfida cognitiva riconosce nel *limes* una strada dai confini illimitati. Ma sbaglieremmo a situarla solo nell'oggi perché è una spinta allo sconfinamento che viene da molto lontano. Le conquiste iniziali della tecnica, dalla costruzione della ruota alla lavorazione dell'argilla, all'estrazione

26 Nella relazione: "Dal bodhisattva al golem e oltre: percorsi del cammino umano a perdita d'occhio", in: "Eranos-Jahrbuch", Vol. 74, 2017–2018, pp. 135-57.

dei metalli, al passaggio dal crudo al cotto grazie all'addomesticamento del fuoco, risalgono ai progenitori del Sapiens.

Il passaggio di fiaccola sarebbe avvenuto attorno al 40 000 a.C. quando l'avo Neanderthal, dopo immani traversie a fronte di successive *catastrofi nell'immediatezza*, visse i suoi ultimi giorni in una valle dell'odierna Germania. La sua fine è ricostruita dal fisico Jim Al-Khalili nelle vesti per una volta non di cosmologo ma di narratore debuttante nel romanzo *SunFall*, pubblicato quest'anno[27]. Il prologo è situato nella Valle di Neander, a est dell'attuale Düsseldorf, quaranta millenni fa. Il succo della vicenda secondo le tesi correnti di genetisti e paleontologi è che questo antenato, etichettato come Feldhofer o Neanderthal I estinguendosi, avrebbe trasmesso parte dei suoi geni a quelli di un individuo più adattabile, più scaltro e intelligente capace di progredire dal bipede eretto cacciatore, al Sapiens "che da circa cinquecento anni ha messo a punto un progetto conoscitivo tale da diventare l'implicito creatore dell'universo come lo conosciamo e lo studiamo oggi". Questa affermazione non è di Al-Khalili ma del genetista Edoardo Boncinelli e del fisico delle particelle elementari Antonio Ereditato nel libro: *Il cosmo della mente. Breve storia di come l'uomo ha creato l'universo*[28], un titolo che la dice lunga sul passaggio dall'età della pietra all'antropocene, la stagione in cui il postero di Neanderthal I si avvia a essere a sua volta un antenato del cyborg.

La congiuntura odierna, in cui l'allestimento dell' androide

27 Jim Al-Khalili, *SunFall*, tr. it. Bollati Boringhieri, Torino 2019. La ricostruzione della fine dell'avo del Sapiens è ricostruita con sagace immaginazione nel Prologo del brillante romanzo, un thrilling perfetto, dove si immaginano acrobatiche manovre di altissima tecnologia dal 2041 in poi per scongiurare un'espulsione di massa coronale dal sole, che sarebbe fatale per il pianeta Terra. Al di là della sua prima prova narrativa tra fisica e fantascienza, Jim Al-Khalili è uno dei fisici più illustri e ascoltati del momento. Un suo testo magistrale scritto congiuntamente a J. McFadden è *La fisica della vita. La nuova scienza della biologia quantistica*, tr. it. Bollati Boringhieri, Torino 2015.

28 L'affermazione di Edoardo Boncinelli e Antonio Ereditato ricorre nella Prefazione a *Il cosmo della mente. Breve storia di come l'uomo ha creato l'universo*, il Saggiatore, Milano 2018, p. 11.

intelligente è alle porte, mi sollecita a considerare le tesi in proposito dello storico e filosofo israeliano Yuval Noah Harari illustrate in tre libri divenuti virali nel giro degli ultimi cinque anni, l'ultimo: *XXI lezioni per il 21° secolo* uscito pochi mesi fa[29], dove Harari fornisce informazioni di prima mano e anticipazioni sugli scenari dispiegati dagli usi massivi dell'Intelligenza Artificiale: "Guardo alle forze più rilevanti che plasmano le società in qualunque parte del mondo – afferma nell'Introduzione – e con ogni probabilità influenzeranno il complesso futuro del nostro pianeta."

Se alcuni di voi hanno letto i primi due longseller harariani: *Sapiens. Da animali a dèi. Breve storia dell'umanità* e *Homo Deus.Breve storia del futuro*[30], sanno di che sto parlando. Da vecchio umanista mi viene di confrontare le sue 21 lezioni con altre lezioni, sei in tutto, che Italo Calvino aveva preparato per il ciclo delle Charles Eliot Norton Poetry Lectures all'Università di Harvard nell'anno accademico 1985-1986 e che la morte improvvisa nel 1985 gli aveva impedito di tenere. Nelle *Lezioni americane* pubblicate nel 1993 con una postfazione di Giorgio Manganelli, Calvino aveva evidenziato le sei qualità a suo avviso indispensabili al soggetto storico per affrontare il nuovo millennio: Leggerezza, Rapidità, Esattezza, Visibilità, Molteplicità, e *Consistency*. Gli appunti su quest'ultima rimasti in abbozzo e poi scartati dallo scrittore sono stati recuperati e pubblicati nel libro delle *Lezioni americane* col titolo di "Cominciare e finire"[31].

Consistency in inglese significa solidità, accordo, concordanza, coerenza. E nelle carte ritrovate di questa lezione, Calvino sottolineava l'importanza di essere *consistent* per chi scrive di mestiere: "Quando lo scrittore si accinge a trattare un tema – annotava – vive un momento decisivo. È il momento del distacco dalla potenzialità illimitata di un paesaggio ancora indistinto che potrà esistere solo accettando dei limiti e delle regole. Il compito dello scrittore è

29 Y.N. Harari, *XXI lezioni per il 21° secolo*, tr. it. Giunti/Bompiani, Firenze/Milano 2018.
30 I due testi sono pubblicati da Bompiani nel 2014 e 2017 rispettivamente.
31 I. Calvino, *Lezioni americane. Sei proposte per il prossimo millennio*, Mondadori, Milano 2016.

estrarre il linguaggio adatto a ciò che vogliamo dire, il linguaggio che è ciò che vogliamo dire"[32]. Questa osservazione che vale per qualunque scrittore, centra in pieno lo stile letterario di Harari. In toni crudi, taglienti, tassativi, lui estrae esattamente ciò che intende dire sul paesaggio presente e venturo della società globalizzata. È una società in cui la deriva tecnologica ha abbattuto le frontiere tra naturale e artificiale, reale e virtuale. Questa deriva non tocca al momento i milioni di indigenti nelle periferie del pianeta, costretti a migrare verso luoghi più accoglienti.

Riguarda invece la schiera di individui che Harari accorpa nell'acronimo inglese WEIRD, cioè: Occidentali Istruiti Abbienti Democratici. Per costoro in transito nel XXI secolo la parola-chiave è: "sfida". Harari la declina in chiave tecnologica, scientifica, politica, economica, sociologica, riflettendo en passant su Religione, Dio, Laicismo, riconoscendo che senza la pratica della meditazione *vipassana* insegnatagli dal maestro Satya Narayan Goenka (m. 2013), non avrebbe sviluppato la concentrazione e la lucidità occorrenti per scrivere *Sapiens* e *Deus*, i libri di poco precedenti le 21 Lezioni.

La visione harariana di come le cose si avviano a modellarsi è *consistent* al massimo grado, quasi da bollettino di guerra. Qualche esempio. Nella terza lezione sul tema "Disperazione e Speranza" afferma: "I processi globali sono divenuti troppo complicati perché una qualsiasi singola persona possa comprenderli. Dunque come conoscere la verità sul mondo, ed evitare di essere vittime della propaganda e della disinformazione?" Nella quinta lezione su "Resilienza", predice che: "Non muterà soltanto l'economia ma lo stesso significato di essere umano". E aggiunge: "Niente è bellissimo, sacro o sexy, sono solo i nostri sentimenti che lo rendono così [...]. La gente crede che esista qualche essenza eterna, Dio, nazione, anima, io, amore [...]". "Quando vi liberate delle storie fittizie potete osservare la realtà con molta più chiarezza di prima e se davvero conoscete la verità su voi stessi e sul mondo niente può più rendervi infelici [...]".

---

32 Ivi, p. 124.

"Quando le biotecnologie e l'apprendimento automatico saranno perfezionati, diventerà un gioco da ragazzi manipolare i più intimi desideri e le emozioni della gente".

Dalla prima all'ultima sentenza delle 21 lezioni, Harari mostra di avere in tasca una verità decapitata dell'antico carisma, negoziabile, fluida, monetabile dal miglior offerente, e questo è uno dei motivi dell'enorme presa del suo pensiero nei circoli intellettuali "liberali" più prestigiosi, dal Forum economico di Davos alle maggiori università del pianeta. Se venisse interrogato sull'Assoluto, c'è da scommettere che lo annovererebbe tra i miti fittizi elaborati dalla "mia macchina di propaganda interiore che prende abbagli di continuo ma di rado lo ammette [...]. L'universo non ha senso. Sono io che dò senso all'universo. Sono libero di creare il mio proprio dharma. Questa è la mia vocazione cosmica"[33].

4. *Lo stelo del finocchio selvatico*

Ho sostato sul nuovo "vangelo" di Harari e potrei dilungarmi su consimili valutazioni di altri *maîtres-à-penser* impegnati a riflettere oggi su: *La società della trasparenza, La società della stanchezza, Psicopolitica, Nello sciame. Visioni del digitale*, per citare i titoli del filosofo vietnamita Byungh-Chul Han, accanto a quelli di Giovanni Giorgio, Paolo Benanti, Daniela Gulino imperniati sul "postumano", sul "postumano troppo umano", sull'"identità cyborg"[34]. A parte

33 Y.N. Harari, *op. cit.*, § 20, "Senso", p. 394.

34 I titoli menzionati del filosofo vietnamita Byung-Chul Han, docente alla Staatlichen Hochschule für Gestaltung, Karslruhe, sono pubblicati da Nottetempo, Milano, assieme al suo *Filosofia del buddhismo zen*, tr. it. 2018. Sul tema del postumano nelle più varie angolazioni è impegnata a riflettere una fitta schiera di studiosi, tra i quali i citati Paolo Benanti, Giovanni Giorgio, Daniela Gulino, accanto a Massimo Gaggi, *Homo Premium. Come la tecnologia ci divide*, Laterza, Bari-Roma 2018; Leonardo Caffo, *Fragile umanità. Il postumano contemporaneo*, Einaudi, Torino, 2017, preceduto dal testo molto discusso di Quentin Meillassoux, *Dopo la finitudine. Saggio sulla necessità della contingenza*, a cura di M. Sandri, Pref. Alain Badiou, tr. it. Mimesis, Milano-Udine 2012.

poche eccezioni, questi autori mostrano di condividere la convinzione degli esperti citati all'inizio, che cioè la tecnologia e la scienza ci salveranno "dopo" le mitologie, le religioni, le filosofie. In un Novecento segnato da due guerre mondiali e innumerevoli conflitti locali, lo scoppio della bomba atomica a Hiroshima e le catastrofi che hanno seminato milioni di vittime, il secolo scorso è stato teatro del passaggio dalla rivoluzione meccanica a quella elettronica a quella digitale, in un crescendo di complessità padroneggiate dai nuovi *esoterici*: scienziati, ingegneri e informatici della nuova generazione.

Da vecchio umanista senza però preclusioni di sorta giacché questo è il cammino nel quale siamo inoltrati e conviene decifrarlo, mi sono domandata a quale istanza di fondo faccia capo la tensione a scavalcare il *limen* in un sorpasso esplorativo e cognitivo senza fine e quale nome si addice di più a esprimere questa tensione che si autogenera dal tempo dei tempi sulla terra, l'unico luogo a nostra conoscenza definito in modo ineguagliabile da Dante Alighieri: l'"aiuola che ci fa tanto feroci" (*Paradiso*, XXII, v.151). Cercando e cercando, mi è venuto incontro un termine privo del rango, del prestigio, del carisma semantico di "assoluto", colmo tuttavia di una potenzialità tracimante: si tratta di "oltre". Nella sua veste grammaticale non è un aggettivo come *absolutus* ma un avverbio-preposizione. Lo si trova in parole composte cui non facciamo caso tanto sono di uso comune: oltremare, oltremisura, oltrepassamento, oltremontano, oltrefisico, oltretomba. E nel suo significare "al di là" "di là da", "più avanti", conferisce alle parole cui s'accompagna una carica ulteriore. A scrutarlo però con attenzione ci si avvede che "oltre" in sé e per sé non ha una propria colorazione, non è schierato, non è polarizzato, assomiglia alla maschera neutra del teatro NŌ giapponese. E proprio perché è neutro, può volgersi ovunque: nel dentro, nel fuori, in alto, in basso, ai margini, nel "tra", l'intervallo (giap. *ma*) che ha tanto rilievo nella visione nipponica sottolineata da François Jullien.

Nella sua funzione neutralmente accrescitiva, "oltre" si riconosce nell'impulso umano a progettare, ideare, allestire, *fingere* ovvero allestire programmi capaci di orientarsi in ogni direzione: a inarcarsi al sovrumano, affondare nel subumano ed avviarsi ora al post-umano in una sinfonia punteggiata di dissonanze e consonanze creative e distruttive. La scena grandiosa di questa sinfonia, prossima a spostarsi in un altrove extra-terrestre (vedi l'impresa denominata BEYOND), è appunto l'"aiuola" evocata da Dante dove gli umani passano disinvoltamente dalla ferocia alla mansuetudine, dall'abiezione alla santità, dalla fede alla piatta indifferenza in un cortocircuito che non ha eguali nel resto del mondo vivente. Se ogni essere animale e vegetale obbedisce al proprio programma biologico svolgendolo dall'inizio alla fine, l'uomo accresce il suo programma di un potenziale aggiunto d' intraprendenza, ingegno, innovazione, simulazione. Queste prerogative inscritte nella struttura del cervello hanno permesso al Sapiens svolte testimoniate nel processo storico (il Mondo 3) che noi leggiamo a posteriori ma che si possono riconoscere preannunciate nei repertori del pensiero mitico. Ho in mente due versioni in particolare dove l'assoluto come confine e come strada a perdita d'occhio sembrano essersi incontrati con effetti fatidici. Il primo caso è il mito narrato da Esiodo ne *Le opere e i giorni* (sec.VIII a.C.), che J.-P. Vernant rivisita nell'operina deliziosa *Pandora, la prima donna*, portatrice di una cornucopia di beni e di mali agli uomini appena usciti dall'Età dell'oro [35]. Ė un mito di trasformazione che tocca la stirpe umana originaria: si svolge in tre atti che semplifico al massimo.

I personaggi principali sono Zeus, il titano Prometeo[36], suo fratello Epimeteo, gli umani asessuati e felicemente mescolati agli dèi, nonché, strano a dirsi! un finocchio selvatico. Questa pianta erbacea secca all'esterno è verdeggiante e umida all'interno, un ambiente perciò adattissimo ad accogliere il fuoco che Prometeo sottrae con l'inganno a Zeus per donarlo agli uomini. Prometeo colloca

35 J.-P. Vernant, *Pandora, la prima donna*, tr. it. Einaudi, Torino 2008.

36 La figura emblematica del titano Prometeo, inquadrata nell'identità polivalente del racconto mitico, è oggetto del denso studio di Sandra Mariani, *Il dono del titano. Per una rilettura del mitologema prometeico*, il melangolo, Genova 2017.

la fiamma sulla cima del finocchio e questa si propaga all'interno dello stelo restando invisibile da fuori. Zeus seccatissimo del furto, decide di infliggere una punizione esemplare agli umani e ordina a Prometeo di fabbricare un fantoccio con argilla mescolata ad acqua, conferendogli l'aspetto di una *parthénos*, una fanciulla vergine. Prometeo affida l'incarico al fabbro Efesto, e il risultato è una creatura avvenente al punto che gli dèi ammirati la colmano di doni: una candida veste, un velo ricamato, una corona scintillante. Il secondo intervento è di Ermes che infonde alla bella sagoma la forza e la voce di un essere umano, anche però – precisa Esiodo – l'indole bramosa di una cagna, il temperamento di un ladro e un utero umido come l'interno del finocchio selvatico, adatto ad accogliere il 'fuoco' spermatico onde concepire. Pandora, la "tutti doni" (*pan doron*), è ora pronta a compiere la sua missione di seduttrice e madre futura. Prometeo la invia sulla terra dal fratello Epimeteo, avvisandolo però di non cedere alle lusinghe della bella e di non farsi irretire. Epimeteo promette, ma quando gli compare davanti l'incantevole *parthénos* pronta a sedurlo, ne è soggiogato e se la sposa. Pandora, dall'utero accogliente, diventa così la prima moglie nel regno degli umani, assicurando la discendenza della stirpe. Vernant osserva che Aristotele e altri filosofi hanno visto l'invenzione di Pandora al modo crudo e vagamente misogino di Esiodo. Gli umani, un tempo mescolati agli dèi vengono asserviti per sempre al desiderio sessuale e al lavoro forzato. La propagazione della stirpe si instaura grazie alla fabbricazione e all'animazione di un essere artificiale che acquista una natura umana con conseguenze irreversibili sulla terra.

L'altro famoso mito di trasformazione è narrato da Platone nel *Simposio* (189 d – 191 d). I primi umani strutturati come una sfera vengono divisi da Zeus in due per attenuare la loro insolenza ed eccessivo vigore: "Taglierò ciascuno di essi in due parti uguali, così si placheranno e saranno più utili per noi, diventando più numerosi. E cammineranno in posizione eretta, su due gambe". L'attrazione reciproca dei due sessi non ha estinto tuttavia l'atavica attrazione di maschio e femmina a ricomporre la primigenia unità. Di questa propensione al due-in-uno c'è traccia nel genere duale della lingua greca poi scomparso.

Un altro caso peculiare di trasformazione che ho illustrato ampiamente nella Tagung 2017[37], risale a un'intrigante leggenda della tradizione qabbalista ebraica riferita dal massimo studioso dell'ebraismo Gershom Scholem (1897-1982). Si tratta del Golem, il fantoccio di argilla e fango,'creato' dal rabbino di Praga Yehuda Löw Betsalel (1520-1609) per soccorrere la comunità del ghetto in una tragica circostanza. Qui il ricorso a un artificio conosce uno scatto ulteriore. Non è più in gioco soltanto il programma di assicurare ai mortali la propagazione della stirpe grazie all'astuzia di Prometeo e alle arti seduttive di Pandora, ma di costruire magicamente un essere capace di superare gli umani nei loro limitati poteri. Il mito esiodeo e la leggenda chassidica, che riassumo nel prossimo paragrafo, mostrano di avere un singolare tratto in comune nonostante la distanza temporale e di contesto culturale. In ambedue i casi avviene un oltrepassamento del *limen* tra natura e artificio, realtà, finzione e simulazione. Allestire, architettare, congegnare conduce a modificare le cose come stanno e quando la modifica tocca un punto di non ritorno è la trasformazione in quanto tale che si assolutizza, richiamando alla mente il concetto limine della "cosa stessa" scrutato da Platone.

5. *La "creazione" del Golem*

Secondo San Girolamo *golem* (ebraico *glm*) è l'"informe" per eccellenza, l'"imperfetto", il "non sviluppato". Richiama infatti i verbi avviluppare, piegare, nel senso di "cosa ravvolta in se stessa", "embrione". Tra i qabbalisti tedeschi del secolo tredicesimo si tramanda che due mistici crearono un uomo sulla cui fronte era scritta la parola *emet* (verità). Costui disse loro: "Dio creò Adamo, e quando

37 Vedi alla nota 26.

stabilì che dovesse morire, scancellò la prima lettera da *emet* ed egli allora rimase *met* (morto). Ecco che cosa dovete fare con me, e se create un *golem* il mondo soccomberà all'idolatria". Nasceva così il mito dell'*homunculus*, dell'uomo creato dall'uomo, un essere costruito con fango e argilla, dal corpo, la testa e gli arti simili a quelli umani ma così goffi e appesantiti da dargli un aspetto sinistramente sgradevole. Verso la fine del secolo XVII la versione spicciola dei rituali alchemici dei qabbalisti medievali circola nelle descrizioni di robot costruiti ad hoc per eseguire lavori domestici. Nel 1808 Jacob Grimm narra la leggenda del fantoccio di argilla magicamente vivificato dal Rabbi Yehuda Löw, al fine di soccorrere la comunità del ghetto in una tragica circostanza. Il golem – sottolinea Elémire Zolla[38] – diventa il punto di partenza per una variante del mito dell'apprendista stregone ripreso da fonti egizie da Luciano da Samosata nel suo *Philopseudes*. Col passare del tempo il roboto magico incarnerà il simbolo inquietante della tecnica moderna e così lo descrivono Achim von Arnim, Clemens Brentano e Mary Shelley nel suo *Frankenstein* (1818) ambientato in Germania[39].

Ai primi del Novecento il protagonista del romanzo d'esordio di Gustav Meyrink (1868-1932) è la raggelante figura del golem nel clima squallido e sinistro del ghetto di Praga. E in tempi a noi più vicini si deve a Elie Wiesel il racconto *Il Golem* pubblicato a New York negli anni Ottanta del Novecento con vignette deliziose di Mark Podwal[40]. Ė una vicenda in cui ferocia e tenerezza, angoscia e sollievo si

38 Nella Prefazione di Ugo Volli a Gustav Meyrink, *Il Golem*, tr. it. Bompiani, Milano, p. XIV; su E. Zolla, vedi l'opportuno commento alla nota 47.

39 Nella sezione I dell'Introduzione di Laura Quercioli Mincer al dramma poetico *Il Golem* di H. Leivick (Marsilio, Venezia 2017, pp. 9-17) alla quale rinvio, la presenza del personaggio è inseguita per i rivoli delle letterature moderne, dalla ballata di Goethe *L'apprendista stregone* (1797) alla poesia di J.L. Borges *El Golem* (1958).Il fantoccio animato è ugualmente un beniamino della filmografia, dei fumetti, di serie televisive, senza parlare dell'emblematico burattino di legno, il Pinocchio collodiano.

40 *Il Golem raccontato da Elie Wiesel e illustrato da Mark Podwal*, tr. it. Giuntina, Firenze 1986/2009). Vedi anche E. Abécassis e B. Lacombe, *L'ombra Golem. Fiaba illustrata per l'infanzia*, tr. it. Gallucci, Roma 2017.

alternano nello sfondo della macchinazione del crudele vescovo cristiano Thadeusz ai danni della comunità del ghetto praghese. Da questo magnifico pezzo letterario estraggo la pagina in cui Wiesel descrive gli ultimi momenti della vita artificiale di Yossel il muto, servitore e alleato fedele del Maharal. Apprendiamo dalle sue parole che "il Maharal agisce e il Golem obbedisce, [e che] l'intelligenza del primo, alleata ai poteri occulti del secondo, conquistano la verità facendo trionfare la giustizia". Alto, pesante come se il suo corpo fosse di piombo, Yossel (Yosl) se ne sta assopito presso il tribunale dalla mattina alla sera. Si ridesta solo per eseguire gli ordini del Maharal ogni volta che la comunità del ghetto è minacciata. Da quando a Yossel è stata infusa la vita sono trascorsi ormai dieci anni e il Maharal ha stabilito che il tempo è venuto per lui di tornare in polvere. Il suo trapasso avviene nella soffitta della sinagoga alla presenza dei due discepoli prediletti del Maharal. Wiesel racconta: "Per un attimo i quattro rimasero completamente immobili, come incollati alle loro ombre. Poi la voce del Maharal ruppe il silenzio: 'Sdraiati mio piccolo Yossel. Distendi le braccia e le gambe, chiudi gli occhi, respira lentamente, molto lentamente, sempre più lentamente [...]. Ti senti invadere dal sonno?'" gli domanda. Il Golem voleva abbassare il capo per annuire, ma le forze lo avevano abbandonato. "Hai compiuto il tuo destino – dice il Maharal – puoi essere orgoglioso. Pochi uomini hanno salvato tante vite quante ne hai salvate tu. Che il sonno ti sia dolce [...], nessuno ti disturberà, te lo prometto"[41].

Con la leggenda chassidica e l'accenno al mito esiodeo di Pandora, disponiamo di due operazioni intestate all' incoercibile tensione all'oltre dell'essere umano nei passaggi diacronici dall'antenato del Sapiens al suo postero robotico. Da notare che fu proprio Scholem a denominare golem il primo robot costruito in un istituto di ricerca israeliano nel 1965. È comprensibile la perplessità ad accogliere l'oltre come un nome inseribile nel sillabo degli Assoluti, accanto a quelli canonici enunciati nella presentazione: Dio, Essere, Uno,

41 E. Wiesel, *Il Golem*, cit., pp. 92 *sgg.*

Tutto, Principio, Eternità, Origine. Si tratta ovviamente di una congettura gravida però a mio avviso di sviluppi cognitivi interessanti. Uno di essi si può riconoscere nella struttura pensante di alcune lingue antiche come il sanscrito e il greco. In questo secondo caso Andrea Marcolongo sottolinea che il greco in antico annoverava il genere neutro accanto al maschile e al femminile, il numero duale accanto al singolare e al plurale, il tempo indefinito dell'aoristo e il modo ottativo della tensione desiderante[42]. Il fatto che il genere neutro, il numero duale, la forma ottativa e l'aoristo siano stati linguisticamente attivi, dice qualcosa sulla completezza originaria nell'individuazione delle cose come stanno.

Un tentativo sapienziale di ricostruirle si deve a un erudito e teologo spagnolo che in questa sede prestigiosa delle *Eranos Tagungen* tengo a evocare, e sono grata agli esperti junghiani di confermarmi l'attenzione di C.G. Jung al Dottore della Chiesa sant'Isidoro di Siviglia (560?-636), autore di opere storiche, esegetiche e enciclopediche tra le quali le *Etimologie o Origini* in 20 volumi[43], un compendio di tutto lo scibile umano noto all'epoca, dalla medicina, alla lingua, dagli animali alla geografia, dalle arti al diritto. Nel libro IX, nel primo capitolo sulle lingue dei popoli, Isidoro con straordinaria preveggenza afferma: "Se si chiede in quale lingua parleranno in futuro gli esseri umani, non è possibile trovare risposta. Infatti l'Apostolo dice: 'Anche le lingue verranno meno'." Il Pontefice Giovanni Paolo II lo ebbe ben presente designando nel 2002 Isidoro patrono di Internet. L'indice ordinato degli argomenti trattati nelle *Etimologie* può essere considerato il primo database della storia in Occidente. Dante colloca lo spirito di Isidoro nel *Paradiso*: "Vedi oltre fiammeggiar l'ardente spiro/ d'Isidoro [...]" (X,131). L'ardore che spinge l'ingegno umano a valicare ogni volta il *limen* è l'altro tratto che identifica la tensione all'oltre sia quando è orientata all'accrescimento della

42 A. Marcolongo, *La lingua geniale. 9 ragioni per amare il greco*, Laterza/La repubblica, Bari-Roma 2018.

43 *Etymologiae o Origines* con testo latino a fronte è tradotto a cura di A. Valastro Canale, 2 voll., UTET, Torino 2004.

conoscenza sia quando aspira misticamente a liberarsene come accadde all'autore anonimo della *Nube della non conoscenza* scorgendo nella caligine della mite ignoranza l'accesso nascosto alla pienezza dell'inconoscibile.

6. *Iocari serio*

Se volessi a questo punto riassumere il cammino intrapreso, senza tema di apparire irriverente verso un tema affrontato in modo non canonico,mi azzarderei a considerare l'indagine che lo riguarda un "gioco serio". *Iocari serio* è il titolo di un'opera giovanile del grande storico delle religioni rumeno Ioan Petru Culianu, il cui assassinio a 41 anni nel 1990 ha privato questa disciplina di una delle menti più brillanti del Novecento. Culianu compì in quel libro acerbo un'operazione ludica nel senso più nobile del termine, volta a mostrare come accadde che le prerogative più elevate della mente umana diedero vita nei secoli XV e XVI a un edificio intellettuale cognitivo, artistico e spirituale di enorme grandezza[44].

Con lo stesso atteggiamento mentale del compianto amico Culianu, ho tentato di scrutare l'assoluto con la doppia lente del *limen* – confine e del *limes* – cammino a perdita d'occhio. Il sottotesto di questo gioco terribilmente serio non è una teoria su cui sto lavorando ma una congettura nutrita dal lievito degli argomenti via via esaminati o appena sfiorati. Le riflessioni del poeta filosofo François Cheng hanno messo in luce i modi diversi della mente e del cuore di pensare, ragionare, sentire, vibrare ed essere in comunione. Un altro alimento è venuto dal tema dell'infinito poetico leopardiano accostato con diverso ardore dagli astrofici che ci dichiarano sospesi tra due infiniti: il macro- e il microcosmo. Agli occhi di Eraclito questi infiniti sono l'unica via che "in alto e in basso è una sola e medesima" (Fr. 98): un cosmo che non fece alcuno "degli dèi né degli uomini [...],

44 I.P. Culianu, *Iocari serio. Scienza e arte nel pensiero del Rinascimento*, a cura di H.C. Cicortas, Lindau, Torino 2017.

ma [che] sempre era, è e sarà, fuoco [...] vivente, che secondo misura si accende e secondo misura si spegne"[45].

Il passo enigmatico della VII Lettera di Platone, ci ha inchiodato al *Quid* della "cosa stessa", sprizzante come una scintilla dal profondo dell'anima. Altrove in India e in Cina *psychè* è *hṛd* e *xin*, il luogo interiore in cui le cose risuonano. Il rovello dell'assoluto nella chiave teologica dei monoteismi ebraico-cristiano- islamico si attenua fino a sparire nelle chiavi non teologiche della tradizione taoista, buddhista e del vedānta monista indiano: *dao*, il "così è e nient'altro"; *tathatā*, talità e *brahman*, il principio cosmico immanente nell'ātman-cuore, prescindono dall' intervento di un Dio trascendente.

Il filosofo psichiatra GilMcchrist ci ha fatto affacciare sul territorio scosceso in cui i processi culturali, il Mondo 3 secondo il ragionamento di Popper-Eccles, sono riconducibili *ab ovo* alla struttura della mente-cervello. Ho avuto di recente uno scambio spiritoso di battute col neurobiologo vegetale Stefano Mancuso. Dopo avere esposto con dovizia e erudizione i processi intelligenti delle piante, smentendo la nozione comune della superiorità della mente umana su quella del mondo vegetale, ho obiettato: certamente è così, ma ad averlo compreso è la mente umana!

Andando più addentro nello *iocari serio*, ho introdotto la congettura dell'"oltre": la spinta incoercibile dell'essere umano a modificare le cose come stanno, supplendo con l'artificio; e il mito esiodeo e la leggenda del golem hanno mostrato che la tecnica è stata l'accorgimento primario del *faber* Sapiens, teso con astuzia e ingegno a trasformare e a snaturare. Senonché "oltre" è un impulso neutro, aperto in tutte le direzioni: l'alto, il basso, il dentro, il fuori e il "tra" delle cose così presente alla visione giapponese. Nei suoi scritti sulla visione estremo-orientale François Jullien mette in luce gli *écarts*, i processi di traverso che producono 'silenziosamente' le modificazioni. È grazie alla modificazione – scrive nelle *Trasformazioni silenziose*[46]

45 Eraclito, in: M. Bonazzi, *Con gli occhi dei Greci*, Carocci, Roma 2017, p. 25.
46 F. Jullien, *Le trasformazioni silenziose*, tr. it. Raffaello Cortina, Milano 2010, p. 25; vedi

– che il processo intrapreso non si esaurisce ma rinnovandosi ogni volta può "continuare".

Per inquadrare lo scavalcamento del *limen*, sono partita dal tempo remotissimo evocato dal fisico Al-Khalili quando Neanderthal 1 soccombendo alla catastrofe della sua contingenza, avrebbe ceduto parte dei suoi geni al nuovo Sapiens, inoltrandolo in un cammino a perdita d'occhio. Dalla parte dei Greci, il processo trasformativo prende forma nel mito esiodeo con lo stratagemma prometeico di tenere vivo il fuoco nello stelo del finocchio selvatico e di costruire una fanciulla artificiale, Pandora. Grazie al suo potere di seduzione, gli umani inizialmente asessuati sono indotti a generare, assicurando la propagazione della specie nei segni del travaglio e del desiderio.

Dalla parte qabbalista ebraica, la trasformazione è testimoniata dall'allestimento del golem, un fantoccio obbediente agli ordini dell'alchimista suo inventore. L'entrata in sonno del golem nella mia congettura non sarebbe stata definitiva se volessimo scorgere nel cyborg il suo avatar tecnologicamente ridestato, avviando la stagione post-umana descritta da Harari. Infine in questo gioco terribilmente serio s'insinua un tema che intendo approfondire: l'"oltre" come cifra caratterizzante nelle gamme dell'ardore poetico, *poietico*, erotico, mistico, cognitivo, razionale, irrazionale, sovrarazionale, volto a valicare il *limen* in un cammino a perdita d'occhio. Senza l'ardore, un Assoluto come concetto e come mito difficilmente si sarebbe con tanta forza incuneato nella mente umana[47].

anche *L'ansa e l'accesso. Strategie del senso in Cina e in Grecia*, tr. it. Mimesis, Milano 2011.

47 L'opera saggistica di Elémire Zolla attraverso il Novecento è la vivente testimonianza di come l'*ardore* intellettuale possa intridere la ricerca erudita rendendola una via di accesso alla comprensione profonda della condizione umana. Sui temi: "mente", "animo", "anima", "cuore", "spirito", "intelletto", e l'"albero lessicale dell'interiorità" ricostruito nelle antiche civiltà del pianeta, rinvio in particolare a *Le potenze dell'anima. Vie alla riforma interiore dal disincanto al risveglio*, ed. riveduta a cura di G. Marchianò, in E. Zolla, *Opera Omnia*, Marsilio, Venezia 2020.

Les noms de l'absolu (un tour d'horizon)

Hervé Clerc

Nice, France / *Francia*
September / *Settembre* 2019

Au début

Au début, il semble légitime de réfléchir sur le début. Heidegger dit un jour à son ami le philosophe français Jean Baufret, que s'il voulait vraiment comprendre sa pensée, il devait avoir étudié auparavant Aristote, et cela pendant vingt ans, que ce serait en quelque sorte un bon début. C'est beaucoup demander. Un signe d'hubris ? Heureusement, dans ces grandes œuvres philosophiques comme celle de Heidegger, il y a aussi des petites pensées, des pensées discrètes, où même des philosophes amateurs, comme moi, peuvent trouver un profit. Le pauvre Lazare se rassasie des miettes qui tombent de la table du riche. Amateur je le suis doublement : d'abord parce que je ne gagne pas ma vie comme philosophe, et ensuite, ici je pense à une parole d'Epictète dans son manuel : soyez partout et toujours des philosophes. Et bien ce n'est pas mon cas. Je suis un philosophe disons à mi-temps. L'amateur, en philo comme ailleurs, est confronté à deux écueils : erreur et superficialité.

L'une de ces petites pensées se rapporte directement à notre sujet : Heidegger dit que le philosophe est un débutant, et que c'est très bien ainsi : qu'il doit être un débutant. On peut donner à cette parole un double sens (au moins) : elle signifie d'une part que le philosophe, contrairement au plombier, au médecin ou à l'électricien, par exemple, n'a pas vocation à accumuler des savoirs, au contraire. Et de l'autre que sa vocation propre est de penser au début, de poser des questions du début, initiales, originelles, des questions d'enfants, comme : « qu'est-ce que je fais là ? », sur cette terre, avec un corps, des pensées, des sentiments, des émotions. Et c'est quoi « je » ? Et c'est quoi « là » ? Et pourquoi « je » est-il collé là, à ce corps, plutôt qu'ailleurs ? Ce sont des questions difficiles et en même temps ce sont des questions du début, des questions du commencement, qui surviennent quand on commence tout juste à ouvrir les yeux, bref des questions de philosophes.

Sur « les noms de l'absolu », immense sujet, vertigineusement ambitieux, il est bien clair que je suis absolument débutant. Voilà passé déjà le milieu du chemin de la vie, il est loin derrière, et j'entre dans une forêt obscure. Ses arbres sont immenses. J'aperçois bien en levant la tête ce qui semble un tronc, immensément large, mais la cime pas du tout. Serait-ce ça la métaphysique ? Et ce mot voudrait-il dire qu'il y a quelque chose au-delà de la physique ? L'absolu ?

Socrate est le modèle du philosophe en Occident, et donc le modèle du débutant. Après avoir tourné et retourné bon nombre d'idées dans sa tête, il en revient à toujours à la même conclusion, au même savoir, le seul qui ne soit pas provisoire : « une seule chose je la sais vraiment, c'est que je ne sais rien ». Cela pourrait être la maxime du débutant. Socrate pensait et discutait, avec ses disciples et amis. Comme tous ces bons à rien de philosophes, il était toujours prêt et même empressé à causer. A faire et à entendre des discours. Mais il choisissait des sujets relativement concrets comme la beauté, l'amour, la justice, le courage, la cité.

En ayant choisi comme sujet l'absolu, sujet absolument abstrait, je me trouve dans une situation bien plus incommode. Sans compter, mais j'ose à peine le dire tant c'est flagrant, que je ne suis pas Socrate. Il arrivait que Socrate, dans ses enquêtes, soit confronté à une *aporie* – mot grec qui désigne l'absence de chemin. Ses disciples et lui ne parvenaient pas à dénouer les nœuds qu'ils avaient eux-mêmes formés par leurs questions intempestives. Les belles chaînes de raison et de la vérité étaient interrompues. On ne pouvait plus avancer. Alors Socrate contournait l'obstacle. Il avait ses jokers, si je puis dire. J'en distingue trois : il y avait bien sûr l'oracle, et en particulier celui d'Apollon – Dieu auquel le reliait sa vocation d'éclaireur. Il y avait le mythe, comme celui de la caverne, qui expose une vérité fondamentale sur la condition de l'homme, à savoir qu'il est un exilé – vérité fondamentale mais qui n'est pas démontrable. Et enfin, troisième joker, Socrate avait recours au savoir d'hommes ou de femmes plus éclairés, plus inspirés que lui, qui avait un accès direct, et non dialectique, à la sagesse. Ainsi Diotime, cette femme de Mantinée, petite cité-état du Péloponnèse. Nous la voyons surgir, précédant l'aurore, à la fin du Banquet – le grand *eranos*. Elle prend la parole et fait voir à Socrate, au terme d'un discours enthousiasmant, l'océan de la beauté, une beauté en soi, qui n'est pas belle par un côté et laide par un autre non, beauté simple, éternelle, et dont la recherche rend la vie digne d'être vécue.

Et bien moi aussi, comme Socrate, j'ai mes jokers. J'ai d'abord demandé à la Fondation Ouranos de pouvoir bénéficier du soutien de quelqu'un de plus sage que moi, qui m'accompagne, me soutienne, me contrôle, sans autre souci que celui de cerner au plus près la vérité de notre sujet, et le président Merlini a bien voulu remplir ce rôle, ce dont je le remercie infiniment. Mon second joker est d'avoir décidé tardivement – mais mieux vaut tard que jamais – de mettre des bornes à ce sujet immense, dont j'avais encore imprudemment élargi l'espace en ajoutant à mon titre « un tour d'horizon »). Sinon, nous nous cantonnons à la superficialité, ce qui revient à en rester au début, mais pas dans le sens du philosophe, dans celui du philistin.

Je ne traiterai pas des noms de l'absolu dans les domaines de la religion et de la philosophie de façon générale. Je vous propose que nous évoquions, de façon assez brève, les noms de l'absolu dans les monothéismes, puis que nous essayons d'approfondir notre sujet, en évoquant la figure emblématique de Spinoza, et que nous disions quelques mots de la philosophie du yoga, qui est une recherche de l'absolu. En conclusion, si nous avons un peu de temps, nous pourrons nous interroger sur l'existence de cette chose que nous appelons l'absolu, ou la réalité ultime.

J'ai enfin un troisième joker, et c'est vous. Comme je vous l'ai dit je ne suis pas un spécialiste, pas de Spinoza, pas du yoga, et donc particulièrement exposé aux erreurs. Je compte sur vous, si vous en voyez pour m'interrompre et me remettre dans le droit chemin. Je vous remercie d'avance et je vous remercie aussi d'être là ce soir, dans le cadre magnifique de cette fondation, pour que nous réfléchissions ensemble à un sujet hors du temps, en tous les cas hors du temps de l'actualité.

Les lunettes de Schopenhauer

(Définir consiste à délimiter. Si on définit la cerise comme un fruit de petite dimension, de forme sphérique, de couleur rouge plus ou moins foncé, avec un noyau, on la différencie clairement et distinctement de la fraise ou de la pomme de terre.)

Nous allons commencer par le plus difficile, qui se trouvera comme ça derrière nous, qui est non pas de définir l'absolu mais de donner une idée de la direction dans laquelle on peut chercher. Je vais le faire en empruntant une image à Schopenhauer. En naissant, nous chaussons des lunettes pourvues d'un double foyer : l'espace et le temps. Nous les enlevons : c'est l'absolu.

Ce n'est pas fréquent les gens qui ont enlevé leurs lunettes. Celui que l'on appelait un sage dans l'antiquité. Aussi rare que le Phénix, on en rencontre un tous les cinq cents ans. Le Bouddha a enlevé les lunettes. Ce qui se passe, il l'appelle *nirvana*. C'est un nom de l'absolu. Il ne nous dit pas grand-chose de *nirvana*. Il nous dit : « Il existe, ô disciples, un non-né, un non-devenu, un non-composé ».

Voilà le *nirvana*. A vous de voir. Il ajoute cependant que *nirvana* est la félicité suprême (*paranam sukkham*). Et donc, implicitement, qu'il vaut la peine de se mettre en quête de *nirvana*.

Une question me vient: comment sait-il cela, Schopenhauer, qui n'est pas le Bouddha? J'émets l'hypothèse – fragile, je vous l'accorde mais je n'en vois pas d'autre – que la méditation des upanishad, les grands textes sacrés de l'Inde, dont il était un lecteur assidu, lui ont inspiré cette image percutante.

(Nous sommes devant un mot qui ne renvoie à rien de concret, contrairement à la cerise. C'est un mot abstrait qui renvoie à d'autres mots abstraits. Comme un aveugle à qui un homme distrait sa direction dans la rue, et qui dirait: « Moi, je ne sais pas, mais demandez donc à mon chien. »)

Le mot « absolu » désigne généralement une réalité ultime, suprême, donc différente de la nôtre. Pour s'en faire une idée, il peut être utile de définir cette réalité nôtre, où nous visons, et sur laquelle nous pouvons avoir quelques idées. Je vous propose les traits caractéristiques suivants: nous sommes d'abord êtres finis. Cette finitude tient au fait que nous sommes cantonnés dans un point de l'espace et du temps, et bornés par d'autres êtres finis comme nous. Nous sommes des êtres composés – d'une âme et d'un corps – et tout ce qui est autour de nous aussi, jusqu'aux particules subatomiques. Nous sommes des êtres précaires, impermanents, et enfin nous sommes mortels. Il y a aussi la douleur. Il y a dans le monde une trame douloureuse de la vie, et même si on ne la subit pas soi-même directement, même si l'on se considère très heureux, et serein, il suffit d'ouvrir les yeux ou le journal. Notre sérénité en prend un coup – et d'autant plus que nous sommes doués d'empathie. Tous ces traits que je viens d'évoquer créent une situation d'errance (Heidegger); doublement: à la fois parce que nous sommes très prompts à l'erreur, et parce que nous avançons en étendant les bras: nous n'y voyons goutte.

L'absolu doit être le contraire – et nous laissons pour le moment de côté la question de son existence. Si l'absolu avait les caractéristiques qui sont celles de la « vie d'ici-bas », comme on disait autrefois – douleur, ignorance, impermanence, etc., rien ne le différencierait de notre monde. On peut aussi supposer que ce n'est pas comme ici mais un peu mieux : un peu moins d'errance, un peu moins de douleur. Non, l'absolu doit être l'opposé de ce que nous vivons : une réalité infinie, non composée, indivisible, immuable, éternelle, et remplie de cette joie, que les théologiens appellent béatitude. Nous avons ainsi deux réalités fortement contrastées, la nôtre, avec les caractéristiques que nous avons passées en revue, et la réalité ultime, l'absolue, qui en est l'antithèse.

Alors surgit un problème : cette idée que la réalité ultime puisse coexister avec une autre réalité, même subordonnée, secondaire, infime, est contraire à l'idée d'infinité qui caractérise l'absolu. Car alors, il y aurait l'absolu, et, coexistant avec lui, une poche ontologique, une espèce de trou noir, où s'agitent des êtres minuscules et vains, en l'occurrence nous. Or l'absolu, étant infini, est tout, et tout partout, et partout en entier puisqu'il est indivisible. Or, nous ne pouvons pas concevoir quelque chose qui serait hors de tout. Ce serait absurde.

Comment concevoir la coexistence du monde et de l'absolu ? Il y a plusieurs façons de surmonter cette contradiction. La première est de dire que l'absolu n'existe pas. Le problème est évidemment réglé. La seconde est de dire que notre monde n'existe pas. Ce n'est pas une solution aussi absurde qu'il y paraît même si elle va contre le sens commun. C'est la solution adoptée par le *Vedanta*, la grande philosophie de l'Inde, et son plus éminent représentant, Shankara, qui vécut sans doute au VIIIème siècle de notre ère. Ce monde n'existe pas comme nous le percevons, ce que nous percevons est un effet de maya, mot que nous traduisons ordinairement par illusion. Dans la pénombre, nous croyons voir un serpent mais si nous brandissons une torche, nous réalisons que ce n'est qu'une corde. Nous avons été victimes d'une illusion. Une autre solution, qui n'est peut-être pas très différente de la précédente, consiste à dire qu'il existe bien une seule et unique réalité, mais vue de deux angles distincts : sous l'angle de l'éternité, comme dit Spinoza, *Sub specie aeternitatis*, et c'est le point de vue du sage – et sous l'angle du devenir et du morcellement, et c'est le point de vue de l'homme du commun, c'est-à-dire le nôtre. Ainsi se comprend la célèbre parole bouddhiste : « *nirvana* et *samsara* sont une seule et même chose ». Oui, c'est vrai, mais pour le sage, pour l'éveillé, celui que l'Inde appelle le « *jivan mukta* » le libéré vivant. Rappelons que le sage est un personnage certes très remarquable mais aussi très rare, il est aussi rare que le Phénix, dit Sénèque, on en rencontre un tous les cinq cents ans.

L'absolu n'est pas un objet de spéculation, de thèse, et de savoir universitaire. C'est d'abord un objet de vision et d'expérience. Ceux qui l'ont faite, comme les sages des upanishad, affirment qu'elle est fulgurante. Spinoza dit que certains être ont plus de réalité ou d'« entité » que d'autres. L'absolu est la réalité suprême. Peut-être est-ce la seule réalité. A son approche, nous gagnons en réalité. La racine de l'âme s'éveille. Ce fond de l'âme, d'habitude si endormi que l'on est en droit de se demander s'il existe, entre en résonance. C'est plus intense que toutes les idées. N'oublions donc pas : il y a mieux, infiniment plus important, que notre approche théorique. Et la grande espérance qui nous habite est de faire pressentir, derrière les noms de l'absolu, la saveur qui en émane.

Les noms de l'absolu dans les monothéismes

Pour l'immense majorité des croyants des trois monothéismes – judaïsme, christianisme, islam – l'absolu est identique à Dieu. Dieu est la réalité ultime, suprême, parfaite. Elle est « cause de soi », comme disent les théologiens, ce qui signifie que Dieu n'est pas le produit d'un être autre que lui-même, qu'il n'est pas une réalité secondaire, dérivée ou passagère.

Le mot Dieu n'est pas arbitraire. Racine indo-européenne du mot

Dieu : *dev.* Cette racine figure également dans le mot indien *deva*, qui désigne les dieux, dans le latin *dies*, qui désigne le jour, dans le latin deus, et dans le nom grec *Zeus*, le roi des dieux de l'Olympe, le grand foyer de lumière, dont les yeux, dit la mythologie, sont toujours ouverts. De cette racine ancienne, provient également le mot diva, la radieuse actrice ou cantatrice, « qui en jette », comme on dit familièrement, autour d'elle des étincelles et de la lumière.

Le dieu, c'est le brillant, le lumineux, et ajouterons-nous, le « numineux » (Rudolf Otto), celui dont la présence provoque un tressaillement dans le fond de l'âme. Soudain, une reconnaissance. On se dit : « c'est ça ! c'est là que je veux être ». Que je n'en soit pas éternellement séparé, dit Pascal dans sa nuit de feu.

Dans l'islam, cet absolu est nommé Allâh. Il existe des divergences entre spécialistes sur l'origine du mot *allah*. Le mot serait une forme contractée d'*al-Illah*. Selon une hypothèse qui me paraît valoir la peine d'être relevée, Dieu serait appelé al *ilâh* parce que sa présence jette les cœurs dans l'étonnement, l'émerveillement, la stupéfaction. Allâh est celui qui fait les yeux émerveillés. Dans la tradition musulmane, l'absolu possède 99 noms. Cette tradition provient d'une parole célèbre du prophète : « Dieu a 99 noms, et quiconque les garde en mémoire entrera au paradis. » Il existe quatre listes canoniques de ces 99 noms, qui se recoupent souvent mais pas toujours. Je voudrais mentionner quelques-uns de ces noms. Ils ne sont pas en dehors de notre sujet puisque ce sont des noms de Dieu et que la plupart des croyants, comme nous l'avons dit, identifient Dieu et l'absolu.

Le premier de ces noms, celui qui me tient le plus à cœur, est *ar-rahman*, indissociable de son frère jumeau, *ar-rahim*. On peut traduire ces deux mots par le miséricordieux. Ar-rahman est celui qui possède et prodigue sur tous les êtres du monde, la *rahma*, la miséricorde. Je n'aime pas beaucoup cette traduction à cause de sa résonance confessionnelle mais je n'en vois pas d'autre. Le mot *rahma* provient d'une racine *rhm*, qui figure également dans la formation du mot « matrice ». « Ma *rahma* embrasse toute chose », dit Dieu dans le Coran. Ces mots font référence à une réalité primordiale, englobante, matricielle, qui englobe tous les êtres vivants de sa lumière tendre, amicale, amoureuse, de leur naissance à leur mort. Elle raccommode, redresse, réconforte, « pourvoit jusqu'aux plus petits vermisseaux », disent les hommes pieux. Il est vrai qu'on ne s'aperçoit pas toujours de son existence. On peut même s'étonner de son absence, mais l'islam affirme qu'elle est toujours présente, souterraine, cachée comme la sève de l'arbre, et secrètement efficace. Et sur ce point je crois l'islam. Elle serait d'autant plus présente qu'on la cherche, qu'on fait un effort pour se souvenir d'elle. Si bien que l'on pourrait définir l'islam, et peut-être toute religion, comme un grand effort collectif pour se souvenir de Dieu.

Parmi les 99 noms, figure aussi Al-nur, mot qui désigne la lumière. Allâh est la lumière du ciel et de la terre, dit le Coran. Il guide les croyants des ténèbres vers la lumière. Il est également nommé *al-haqq*, mot qui signifie le réel. Pour beaucoup de gens aujourd'hui, le réel c'est l'économie, la guerre commerciale entre les États-Unis et la Chine, le taux de croissance et, de façon générale, tout ce qui est calculable et mesurable. Personne ne va nier que ces phénomènes ont une influence considérable sur la vie de millions de gens. Néanmoins, la position de l'islam, et de tous ceux qui pensent que l'absolu n'est pas chimère, est inverse : le réel, c'est Dieu, qui est absolument incommensurable.

Un autre des 99 noms est *al-fard*, terme qui fait référence à l'esseulement divin, à son absolue singularité. Dieu est seul parce qu'il n'a pas de second, pas de pareil, pas d'associé. Il est absolument unique. Et c'est pourquoi il est Un. Et c'est encore un autre nom de Dieu dans l'islam : *al-ahad* : l'Un. Pour les trois monothéismes, connaître, aimer, adorer cet être unique, ce « brillant », source de tous les biens, source de toute clarté, de toute intelligence, source de toute « miséricorde », est le but suprême de la vie sur terre. Les autres buts -créer une bonne entreprise, fonder une famille, devenir riche ou prendre du bon temps- sont certainement légitimes mais ils sont subordonnés à ce grand et noble but : connaître l'absolu.

Pour la clarté du propos, rappelons que la religion, et plus spécifiquement ce phénomène aux frontières indéterminées que l'on appelle la mystique, comporte deux approches : une approche dualiste, où un Dieu personnel, doté d'attributs, de qualités, se présente comme un être distinct de celui qui se tourne vers lui, par la prière, l'étude ou la méditation. Thérèse d'Avila en est un exemple éminent dans le christianisme, ou Ramanuja dans l'hindouisme. Il existe également une approche unitive, où l'absolu se révèle, de façon semble-t-il soudaine, comme un rapt, non pas comme une entité distincte de celui qui le cherche, mais comme essentiellement identique à lui. Cette expérience de l'unité est appelée *tawhid* dans l'islam. Le mystique devient Dieu comme la goutte de pluie qui tombe dans la mer devient la mer. C'est une expérience inouïe. Dans le christianisme, maître Eckhart, père de la mystique rhénane, est un représentant de cette approche unitive, comme Shankara, le grand philosophe du Vedanta l'est en Inde, ou Spinoza dans la philosophie occidentale.

La cabale désigne cette entité mystérieuse par le terme hébreu *en-sof.* L'En-sof est ce qui « s'étend sans fin », sans limite. Il est « l'être hors duquel il n'y a rien ». L'En-sof, c'est vraiment le tout autre. Impensable, incompréhensible. Et cependant, dans la cabale, on l'appelle l'Émanateur. Parce que vu de notre côté, vu depuis le monde, c'est de lui que tout sort, que tout émane, par l'intermédiaire de ces forces divines que la cabale appelle les Sefirot. C'est un peu paradoxal puisque nous venons de le définir comme l'être en dehors duquel il n'y a rien ». Peut-être faudrait-il dire que tout semble émaner de lui.

Une grande partie des intuitions et spéculations sur l'*en-sof* figurent dans le Zohar, ou « Livre de la Splendeur », le livre le plus influent qui ait surgi au sein de cette nébuleuse qu'est la cabale. Il fut écrit sans doute à la fin du XIIIème siècle par le cabaliste espagnol, Moïse de Léon.

Je m'appuie pour vous donner ces indications sur l'œuvre

de Gershom Scholem, qui exerçait les fonctions de professeur à l'université de Jérusalem – il est mort en 1982 – et qui est encore aujourd'hui considéré comme le grand spécialiste de la mystique juive. Voici ce que dit Scholem sur le Zohar: «Pendant des siècles, le Zohar se présenta comme l'expression de tout ce qui était le plus profond et le plus totalement caché dans les replis intimes de l'âme juive». Une image du Zohar nous présente l'*en-sof* dans le même rapport avec le dieu de la révélation, le dieu créateur de la Thora que le charbon avec la flamme. Le charbon, certes, existe sans la flamme, mais pas l'inverse. En revanche, sans la flamme, le charbon demeure caché dans son engloutissement éternel. Il ne se manifeste pas, il ne s'extériorise pas. On ne peut en avoir idée. Au sens propre, Il n'existe pas. Étymologiquement, en effet, le mot exister provient du latin *ex-sistere* : sortir de, se montrer. L'absolu demeure dans son profond abîme.

Le soufisme, que je définirai, toujours rapidement, comme la mystique de l'islam, surgit dans les premiers siècles après la révélation du Prophète. Le mot soufisme proviendrait du terme *souf* qui désignait l'étoffe de laine blanche portés par les premiers ascètes ainsi nommés. Les soufis se considèrent et considèrent leur mouvement comme la moelle, l'essence secrète, la quintessence de l'islam. Ils se voient, se sentent animés par une belle baraka, une lumière heureuse, qui dégringole comme une source du cœur du Prophète. En fait, dans cette optique, le premier soufi est le prophète lui-même Mohammed, mort en 632 à Médine.

On oppose communément les soufis aux littéralistes de l'Islam, salafistes, wahhabites, et intégristes de tous poils, arque boutés sur la lettre du Coran, et dont les rejetons idéologiques sont les terroristes qui infestent depuis quelques décennies les grandes villes d'Occident, mais aussi mais surtout le monde musulman lui-même. C'est au sein du soufisme, ce vaste courant, largement invisible, aux frontières indéterminés, que s'est formé par méditations, intuitions du cœur et de l'esprit, et parfois expérience directe l'idée d'un absolu tellement englobant, omniprésent, compénétrant qu'il ne laisse rien subsister en dehors de lui. Les intellectuels ont parlé à propos d'Ibn 'Arabi, l'un des grands maîtres du soufisme, qui vécut entre le XIIème et le XIIIème siècle entre l'Andalousie, où il est né et Damas, où il est mort et inhumé, de « monisme existentiel ».

Qu'est-ce que cela veut dire ? On interrogeait Balyani, soufi originaire de Chiraz, qui a vécu au XIIIème siècle, sur la réalité du monde, notre monde terrestre : « Tu affirmes Allâh, lui demandait-on, mais tu nies la réalité des choses : alors que sont donc les choses que nous voyons ? » Autrement dit : Si Dieu est partout, comment se fait-il que nous ne le voyions nulle part ? Balyani répliqua : « Ces paroles s'adressent à qui ne voit rien en dehors d'Allâh. Celui qui voit quelque chose en dehors d'Allâh (les gens comme vous et moi), nous n'avons rien à lui répondre, ni rien à lui demander. »

Lui Balyani voit Dieu que nous ne voyons pas. Nous voyons les choses que lui ne voit pas. Il conclut à l'irréalité radicale du monde, conclusion qui peut s'appuyer entre autres sur cette parole du Coran : « Où que tu tournes ton regard, là est la face d'Allâh. » Dieu, dans cette pointe extrême du soufisme, monopolise toute la réalité. Si bien que l'habitude s'est prise, à cette époque, et dans certains milieux soufis de substituer au mot Allâh le terme al-Haqq, le réel, l'un des 99 noms que j'évoquais tout à l'heure. A certaines périodes de l'histoire, les soufis ont substitué le mot *allah* au mot *al-haqq*. Al-Haqq, c'est le tout englobant. Rien ne sort jamais de lui.

Comme rien ne sort jamais de lui, il n'y a pas d'être distinct, séparé de lui, et l'on comprend comment Mansour al-Hallaj, figure emblématique du soufisme, a pu proclamer sur la place publique à Bagdad, la phrase fameuse « Ana 'al haqq » : « Je suis le réel ». S'il avait dit qu'il ne l'était pas, il aurait été un menteur, car il aurait affirmé la présence d'un être autonome en face de la présence universelle de Dieu.

Maître Eckhart, père de la mystique rhénane, qui vécut entre le XIIIème et XIVème siècle, a ressenti au cours de son enseignement la nécessité de créer un nom particulier pour désigner cette même réalité, universelle, fondamentale, que les soufis ont appelé al-Haqq. Il l'a appelé déité (*gottheit*) – substance divine sans forme ni visage. Dieu devient et passe, il est comme nous embourbé dans le devenir, dans le christianisme son détour par le devenir prend une tournure tragique, mais la déité non. La déité est le fond des choses (*grund*, *urgrund*), toujours semblable à lui-même, immuable dans sa perfection. Nietzsche parlera du « fond intime du monde ». C'est une idée intéressante qu'il y aurait une profondeur et une superficie du monde. Elle traverse l'histoire de la philosophie. Heidegger la reprend de « son vieux maître Eckhart ». Il évoque lui aussi un fond des choses, lequel est dépourvu de fond. « L'être en tant qu'il fonde n'a pas de fond », écrit-il.

Double sens : le fond est à la fois ce qui se tient sous les superficies, comme le fond d'un tableau. Mais aussi ce qui fonde les êtres, ce par quoi, en quoi leurs actes, leurs paroles, leurs pensées deviennent fondées et non arbitraires. Ce « fond », ce *grund*, est aussi un nom de l'absolu.

Le cas Spinoza

Je vous ai dit au début que ce sujet était trop vaste pour moi et que j'avais décidé d'en restreindre l'étendue, d'abord en n'abordant pas les noms de l'absolu dans la philosophie : nous n'allons pas évoquer le Bien de Platon, l'Un de Plotin ou l'Être de Heidegger. Mais je voudrais faire une exception pour Spinoza, d'une part parce que l'on a souvent dit qu'il y avait une dimension « mystique » dans son œuvre – et qu'il constitue ainsi un trait d'union entre religion et philosophie- et de l'autre parce que Spinoza, depuis quelques années, est l'objet d'un engouement extraordinaire. D'où vient cet engouement ? Il y a toujours eu, hier comme aujourd'hui, une certaine famille d'esprit qui possède, chevillé à l'âme, le goût de l'absolu, ce « vieux besoin métaphysique » dont Nietzsche se bat les flancs. Les membres de cette famille, en tous les cas un nombre croissant d'entre eux, ne trouvent plus de réponse satisfaisante pour l'intelligence, dans les monothéismes. Si bien qu'ils se tournent ailleurs : par exemple vers le bouddhisme. Ou vers le yoga. Ou vers Spinoza.

Mais il y a une seconde raison à cet engouement, c'est que Spinoza est un philosophe extraordinairement tonique. Sa fréquentation donne de la force, ou plus exactement, je reprends son mot, de la « puissance ». Intention délibérée de sa part. Spinoza fait partie de la famille des « philosophes existentiels » par opposition à des philosophes conceptuels. On peut mentionner, outre Spinoza, les stoïciens, Epicure, les cyniques, Montaigne, peut-être Nietzsche. Tous indiquent un chemin de vie, et un chemin pour transformer la vie, à l'opposé de philosophes purement conceptuels, comme Hegel, Kant, Fichte, Heidegger, qui sont proprement « impraticables », ce qui ne signifie pas bien sûr que leurs pensées ne sont pas éclairantes. Ce n'est pas un hasard si son livre principal, bien qu'étant essentiellement un exposé sur l'être, se nomme Ethique et non l'ontologie (mot qui signifie discours sur l'être). Spinoza montre un chemin. Un chemin vers l'être. L'éthique de Spinoza va consister à renforcer l'esprit au détriment des affects, à renforcer sa puissance de connaître de façon claire et distincte.

Le contexte. Spinoza est né en 1632, un an avant la condamnation de Galilée, et il est mort en 1677. Il vit en Hollande, pays qui est à l'époque un sanctuaire de la liberté de pensée, et la première nation des Lumière. Spinoza appartient à une famille de négociants juifs portugais qui a fui le Portugal sous la menace de l'inquisition et trouvé refuge à Amsterdam.

Très tôt, l'esprit critique du jeune Spinoza prend de la vigueur, l'autorité des rabbins, l'autorité du talmud, l'autorité des anciens ne vont pas de soi, en fait pour le jeune Spinoza rien ne va de soi. Son maître est Descartes. Il fait sien le principe cartésien selon lequel il ne faut rien tenir pour véritable sans de bonnes et solides raisons. Bref, il n'admet pas les arguments d'autorité. Si bien qu'il ne tarde pas à entrer en conflit avec les représentants de la communauté juive d'Amsterdam. Je vous passe les détails. Mais Spinoza est banni de la communauté. Il fait l'objet d'un arrêt d'exclusion – ou *herem* – fulminé par le grand rabbin Saul Morteira. « Qu'il soit maudit le jour, maudit la nuit, maudit pendant son sommeil, maudit pendant la veille, qu'il soit maudit à son entrée, maudit à sa sortie. Que l'éternel veuille ne jamais lui pardonner », dit le *herem*.

Cela se passe en 1656. Il a 23 ans. Il y a quelques dates remarquables où la pensée libre entre en conflit avec l'esprit d'orthodoxie. La condamnation de Galilée par l'église catholique en 1633 en est une, la condamnation de Spinoza par la communauté juive en est une autre. Après son bannissement, et après avoir été l'objet d'une tentative d'assassinat, Spinoza estime préférable de s'éloigner d'Amsterdam. Il finit par s'installer à La Haye, où il gagne sa vie en polissant des verres, pour télescopes et microscopes, tout en continuant son travail de philosophe. Il met ainsi en application une recommandation du Talmud qui veut qu'un homme ne se contente pas de s'appliquer à l'étude mais pratique simultanément un métier artisanal afin de gagner sa vie.

Il me semble que ce métier de polisseur de verres lui convient particulièrement bien. Fondamentalement il a utilisé un verre isolant et grossissant qui s'appelle l'Éthique pour faire voir clairement et distinctement, non seulement aux juifs mais aussi aux gentils, cette intuition centrale de la cabale, qu'est l'ein-sof, le dieu qui n'en finit pas.

L'intuition centrale de Spinoza. Spinoza prend très au sérieux ce caractère infini de Dieu. Cette substance unique, qu'il appelle Dieu ou la nature – *deus sive natura* –, englobe toutes les réalités finies, elle les contient, les pénètre entièrement, comme la saveur du sel pénètre la mer. C'est l'absolu.

Le mot dieu ne doit pas nous induire en erreur, celui de Spinoza est très différent de celui, personnel et rempli de sollicitude, que nous présentent les monothéismes. Et la nature de Spinoza n'est pas non plus la nature dans l'acception commune du mot, telle que l'image nous en vient, quand nous pensons aux arbres, aux montagnes et aux papillons, ce n'est pas non plus le cosmos, l'univers ordonné des Grecs. C'est une substance unique et infinie, et qui a donc pour caractéristique, du fait même qu'elle est infinie, n'est arrêtée par rien. C'est un point capital. L'infinité de Dieu est la pierre d'angle du système spinoziste.

Dieu « Il est l'être total en dehors duquel il n'y a pas d'être », écrit Spinoza dans *Le traité de l'amélioration de l'entendement*. Autrement dit : Dieu est l'être sans dehors. On ne le limite pas. On ne le pense pas, puisque penser c'est limiter. Vouloir le limiter serait comme vouloir dessiner, avec un bâton, des formes à la surface de l'eau.

Les formes précaires, finies, changeantes – hommes, animaux, végétaux, choses inanimées – qui apparaissent dans le monde des sens, Spinoza les appelle des « modes ». La myriade des êtres et choses finis sont des modes de la substance infinie qui est Dieu. Des manières d'être, des manières de l'être. Un peu comme une vague est un mode, une manière d'être de la mer.

La mer n'est pas « immanente » à la vague. Je voudrais rectifier ici, au passage, un contresens fréquent sur la pensée Spinoza. On a dit en effet qu'elle exprimait une « immanence radicale » de Dieu par rapport aux êtres finis et de ce fait s'opposait à la transcendance du dieu monothéiste. Mais ce n'est pas cela du tout. Si Dieu est la totalité de ce qui est, il ne peut être immanent à rien. Ni transcendant non plus, évidemment. A quoi serait-il immanent, s'il est partout ? Dire que Dieu est immanent serait comme dire que mon corps est immanent à mes oreilles. Non, mes oreilles font partie intégrante de notre corps, de plein droit, comme le cœur ou la rate. De même, la mer n'est pas immanente à la vague, elle est la vague, elle est toutes les vagues.

Du fait de cette continuité essentielle de l'être, ce ne sont pas seulement les notions d'immanence et de transcendance qui volent en éclat mais tous les concepts traditionnels de la philosophie – et aussi du sens commun : intérieur et extérieur, esprit et matière, pensée et étendue, corps et âme, physique et métaphysique, essence et existence, passé et avenir, absolu et relatif. Ces polarités n'existent que dans l'esprit humain, et que dans la mesure où cet esprit est obscurci, où il ne voit pas les choses comme elles sont. En réalité, il n'y a pas de frontière ontologique : c'est tout un.

Deux expériences

Nous avons parlé du caractère infini, indivisible, unique de l'absolu. Ce sont des termes abstraits. Pour ne raisonner à vide, et donner une idée plus concrète de ce dont il retourne, derrière ces grands mots, je voudrais vous relater brièvement deux expériences.

La première est survenue à Rilke, cet immense poète, auteur notamment des élégies de Duino, et qui est enterré ici en Suisse à Muzot. En 1913, Rilke, qui n'a pas cessé de voyager, se trouve à Ronda, dans le sud de l'Espagne. Il se souvient d'une expérience faite six ans plus tôt à Capri dans le sud de l'Italie. Dans son journal, il note ces phrases que je retranscris intégralement parce qu'elles sont un modèle de ce que l'on peut dire de moins approximatif sur l'approche de l'absolu. Rilke parle de lui-même à la troisième personne : « Il se souvint de l'heure passée dans cet autre jardin, dans le Sud : un cri d'oiseau était là soudain, accordé au dehors et en lui-même ; c'est-à-dire qu'il ne se réfracta pas aux limites du corps, qu'il concilia les deux directions en un espace ininterrompu où, mystérieusement protégé, ne persista qu'une tâche de la plus pure, de la plus profonde conscience. Il avait alors fermé les yeux pour qu'une aussi noble expérience ne fut point dérangée par les contours de son corps, et l'infini le submergea de toute part avec une telle intimité qu'il put croire sentir dans sa poitrine le poids léger des étoiles qui venaient de se lever. »

Texte admirable. Dans cet instant où se fait jour, la plus pure, la plus transparente conscience, Rilke découvre une réalité singulière : elle est extérieure à lui mais se trouve coïncider avec son être le plus intime. Il fait l'expérience de l'indivisibilité. Dans la profondeur de la conscience, dehors et dedans, le monde des sens et celui de l'esprit cesse d'être séparés. C'est tout un.

Dans une de ses lettres, le musicien confie qu'il reçoit, dans l'inspiration, ses compositions tout à la fois, il les voit, en esprit, « d'un seul regard » : « Nullement les parties les unes après les autres dans l'ordre où elles devront se suivre, je les entends toutes ensemble à la fois. Instants délicieux ! Découverte et mise en œuvre, tout se passe en moi comme dans un très beau songe très lucide. Mais le plus beau c'est d'entendre ainsi tout à la fois. »

Mozart perçoit les notes « toutes ensemble » avant qu'elles ne dégringolent dans le temps. Il les perçoit, comme dit Spinoza, sous l'aspect de l'éternité : « *sub speciae aeternitatis* ». La substance unique, l'océan de la réalité, est imprégnée de part en part de béatitude, comme la mer est imprégnée dans toutes ses particules de la saveur du sel. L'absolu est donc le vrai bien, le bien suprême, le *summum bonum* des philosophes. Plus nous le connaissons, plus nous sommes heureux. S'élever en connaissance, dit Spinoza, c'est intensifier la joie. Cette joie est appelée béatitude en Dieu parce qu'elle totale, maximale, d'une intensité inconcevable, Et parce que cela, cette joie inouïe, existe quelque part, nous ne cherchons que cela, l'absolu, même si nous n'en avons absolument pas conscience. Dieu est le cherché par essence. Vous croyez aimer une femme, un mari, les bons livres, une sonate de Mozart, un pâté en croute, plonger dans une piscine bleu turquoise à la Hockney. Erreur, erreur, les amis, c'est toujours cela qui est cherché. Cette chose : Le souverain bien.

Le yoga

Yoga veut dire *joug*. Double idée : discipline et union. Plusieurs conceptions du yoga, comme il existe de multiples pratiques du yoga. La *Bhagavad Gita*, ou chant du bienheureux, compendium de la pensée indienne, en présente la synthèse la plus vaste, avec ses trois grands chemins : yoga de la connaissance, yoga de l'amour et yoga de l'action désintéressée. Patanjali, que l'on a parfois identifié au grammairien du même nom, nous présente une vision plus resserrée et plus précise du yoga. C'est sur lui, ou plutôt sur l'œuvre qui lui est attribuée, les yoga-sûtras, que nous allons nous appuyer.

Le yoga de Patanjali se présente comme un cheminement en huit phases dans lesquelles le yogi progresse simultanément, un peu comme un arbre qui déploie sa sève dans toutes ses branches. On parle ainsi d'*ashtanga* yoga : le yoga en huit phases. Ce sont : *yama* et *niyama* – ce qu'il ne faut pas faire et ce qu'il faut faire, en résumé l'éthique du yoga – les *asana*, *pranayama*, qui est l'activation de la respiration, *pratyahara*, qui est le retrait de l'attention hors du monde des sens – étape de la conversion : détourner le regard de l'inessentiel, pour commencer à regarder dans l'autre direction, vers l'intérieur. *Dharana*, qui est la concentration, racine *Dhr* : resserrer. *Dhyana*, qui est un pas supplémentaire dans le processus de concentration et d'intériorisation – on traduit parfois *dhyana* par méditation, c'est de ce mot *dhyana* que vient le chinois *tchan*, qui a donné le zen au japon – et enfin *samadhi*, dernière phase du yoga, durant laquelle se produit une rupture de niveau, une discontinuité existentielle qui ouvre la conscience du yogi à l'absolu.

Au début de cet écrit, nous avions posé des questions d'enfant : « qu'est-ce que je fais sur cette terre ? ». « Qu'est-ce que je, qu'est-ce que là ? » « Pourquoi je est-il là plutôt qu'ailleurs ? » Pourquoi est-il collé à ce corps, à cette constitution psychique particulière ? Ces questions sont difficiles mais le yoga y répond, en tous les cas apporte une réponse qui me paraît très crédible et très intéressante que nous allons à présent examiner.

Le yoga, qui est l'héritier d'un système philosophique hindou nommé le *samkhya* (mot qui signifie discrimination), voit la réalité comme composée de deux principes bien distincts : d'un côté, la matière, la nature, le devenir, dont nous sommes parties prenantes – cet ensemble de phénomènes est nommé *prakriti*. Et de l'autre, observant la nature, l'animant par l'intérêt qu'il lui porte, un principe témoin, un éternel voyant nommé *drishtar* – celui qui voit – ou *purusha*, mot que l'on traduit parfois par esprit, mais qui désigne en fait l'absolu, au même titre que les mots *brahman* et *atman*. Dans l'expérience ordinaire de l'homme, ces deux principes – *purusha* et *pratkriti*, absolu et relatif, spectateur et spectacle – sont inextricablement mêlés. Le principe-témoin, observant le spectacle de la nature, est tellement fasciné par ce qu'il voit qu'il se perd lui-même de vue.

Toute la pratique du yoga de Patanjali va consister à rappeler le témoin à lui-même, à discriminer entre le voyant et le vu, le spectacle et le spectateur, de façon à faire en sorte que le spectateur se désidentifie du spectacle, qu'il ressaisisse, qu'il se remette comme on dit d'un homme qu'il se remet après avoir reçu un coup sur la tête. Quand le *purusha*, s'arrachant du spectacle du monde, revient à lui-même, quand il se rétablit dans son intégrité, alors la dualité initiale – *purusha/prakriti* – disparaît. Le yogi devient l'absolu.

Les yoga-sûtras de Patanjali résument ce long parcours en deux phrases qui figurent au tout début du livre. Elles sont capitales. La première dit que « le yoga est l'arrêt des *vrittis* ». On traduit parfois *vrittis* par pensées, ou activités mentales. Le substantif *vritti* dérive de la racine *vrit*, qui signifie tourner. On peut donc traduire cette première phrase ainsi : « Le yoga est l'arrêt des tourbillons mentaux ». Je vous rappelle que nous avions comparé les « affects » de Spinoza à une nuée d'insectes, qui tournoient autour de nous. Et bien les *vrittis* ne sont pas sans analogie avec ces affects tournicotants.

La deuxième phrase capitale des yoga-sûtras est la suivante : « Alors, se révèle le témoin, établi en lui-même ». Lorsque le yogi détourne son attention du monde, que les *vrittis* se calment, alors, par un mouvement nécessaire et naturel, le *purusha* se lève, sort de son engloutissement, et se révèle au yogi ou plutôt s'auto-révèle à lui-même. C'est comme si mille soleils ensemble se levaient, dit la *Gîta*. C'est la fin du yoga. La liberté est atteinte. Cet état de séparation définitive de l'illusion est nommé dans le yoga *Kaïvalya*, qui est encore un autre mot pour désigner l'absolu. C'est un mot important. Pour en comprendre les connotations, je suggère que nous fassions un bref détour par la philosophie occidentale.

Le mot philosophie, vous le savez, signifie, étymologiquement, la quête amoureuse de la sagesse (*sophia*). Aujourd'hui, dans les universités, la philosophie est devenue une branche des sciences humaines et des sciences sociales, et si l'on dit que l'on veut faire de la philosophie parce que l'on cherche la sagesse, on va prêter à rire. Mais il n'en a pas toujours été ainsi. A ce mot de sagesse – *sophia* –, on peut donner deux sens. Dans le sens le plus courant, la sagesse est identifiée à la sérénité, cet état de satisfaction profonde qui surgit lorsqu'on est parvenu à maîtriser ses passions – affects et *vrittis* – comme les peurs, la colère, la haine, les désirs dissolvants et que l'on acquiert donc, par rapport à cette agitation trouble de la nature, un certain degré de liberté. Dans un second sens, plus rare, le mot sagesse désigne l'absolu. Le philosophe est celui qui cherche l'absolu. Une belle sentence d'Héraclite, le philosophe présocratique, étaye cette conception de la sagesse : « Aucun homme, parmi tous ceux dont j'ai écouté les paroles, n'est parvenu au point de reconnaître que la sagesse est séparée de toutes choses. »

Le yoga est acquisition de la sagesse dans les deux sens du mot : le yogi conquiert la sérénité, ou du moins une certaine sérénité, et cela peut être ressenti assez vite dans la pratique, et en même temps sa pratique tend vers cet état de « *Kaïvalya* » que je mentionnais tout à l'heure. On traduit parfois ce mot par isolement, isolement libérateur, esseulement -toutes connotations qui nous renvoie à l'idée de séparation que suggérait Héraclite. La sagesse, c'est la fin du mélange. La discrimination, dont je vous rappelle que c'est le sens du mot *samkhya*, philosophie sous-jacente au yoga, est accomplie.

Alors le spectateur s'est détourné du spectacle merveilleux et terrible de la vie. Il n'est plus « affecté » par les *vrittis*. Il est sorti de la salle. Le voilà à présent revenu à la maison, cette maison d'éternité qui est la sienne. Si bien qu'il n'est pas absurde de définir le yoga comme l'art de revenir chez soi, ou au Soi.

Conclusion

Derrière la multiplicité des noms, il y a une réalité unique. J'en suis convaincu. Sinon, je n'aurais pas eu le courage de me lancer dans cette entreprise. On peut penser autrement. La grande islamologue Anne-Marie Schimmel nous dit que *fana* – l'extinction qui survient au terme du chemin soufi – et *nirvana* – l'extinction qui survient au terme du cheminement bouddhiste – sont deux états distincts. Cette notation figure dans son grand livre sur le soufisme, mystique de l'islam. Absurdité de cette position : on peut dire légitimement que tous ces mots ne désignent rien du tout, rien qu'une création de l'esprit humain, qui cherche un sens à la vie. Mais dire que l'absolu vécu d'un côté ou de l'autre des frontières, des confessions religieuses est différent me paraît absurde. Ce serait comme dire qu'il y a plusieurs ciels, selon qu'on le regarde à la montagne ou à la mer, le matin ou le soir. Comme dire qu'il y a plusieurs un.

Allons maintenant aborder la question de l'existence de cet absolu, que je n'ai pas cessé de renvoyer à plus tard.

Dans les *Méditations métaphysiques* de Descartes, deux chapitres portent des titres qui me mettent en joie. La troisième méditation est intitulée « De Dieu, qu'il existe » et la cinquième « Et, derechef de Dieu, qu'il existe ». He doubles down, comme on dit de Trump. Je vais suivre cet exemple illustre et vous donner deux preuves de l'existence de Dieu.

La première est connue depuis le Moyen-Âge. On l'appelle « preuve ontologique ». L'existence de Dieu est contenue dans le concept même de Dieu. Dieu étant parfait ne peut être privé de rien. L'inexistence étant une privation, un manque, ne peut donc affecter Dieu. Si Dieu n'existait pas, il serait évidemment imparfait. A cela, on peut objecter que l'existence est affreuse. De l'Ecclésiaste à Cioran, beaucoup d'encre a coulé sur ce thème de l'horreur d'exister. Et on peut donc renverser l'argument : c'est parce qu'il est parfait que Dieu n'existe pas.

Le second argument est implicite dans le système de Spinoza. Il s'applique spécifiquement à sa notion de Dieu, substance infinie, indivisible et éternelle. Tous les êtres existants, la multitude des êtres, les « dix milles êtres », comme disent les taoïstes, et aussi les choses inanimées, sont des modes de cette substance infinie, des manières d'être en quelque sorte, ou des manières de l'être. Ces êtres n'existent pas séparés de Dieu. Au contraire, elles existent en Dieu et Dieu en elles, de façon totalement indissociable. Dieu les compénètre aussi intimement que le sucre le bonbon de sésame. Dès lors, dénier à Dieu l'existence, reviendrait à dénier l'existence aux choses qui nous entourent, par exemple cette chaise sur laquelle je suis assis, puisque Dieu est entièrement et indivisiblement cette chaise, et qu'il n'y a aucune partie de cette chaise, aussi infime soit-elle, aussi subatomique soit-elle, dont Dieu, par sa définition même, puisse se retirer. Puisque les choses existent, Dieu existe. Il existe nécessairement, comme le dit Spinoza au chapitre premier de l'*Éthique*, proposition 11.

Cet argument est irréfutable et, en même temps, il ne convainc personne ou presque. Mon sentiment est qu'il passe sur nous comme la goutte d'eau sur la feuille du lotus et qu'il ne convainc personne de se mettre en quête de Dieu, l'être parfait. Autre chose convainc : une expérience, une expérience qui remue le fond de l'être, ou le pressentiment de cette expérience.

Nous disions au début que ce sujet était trop ambitieux pour nous. Confucius dit que c'est une faute de parler de sujets élevés, quand on est un pauvre hère, un pauvre errant, comme sont les hommes sur cette terre. Pourtant nous avons tenté l'entreprise. Nous avons parlé. Puisse le ciel nous pardonner. Notre seule excuse est que l'enjeu est considérable. Car s'il n'y a pas d'absolu, il n'y a pas de chemin vers l'absolu, comme le dit la parole du Bouddha. S'il n'y a pas de chemin, il n'y a que l'ignorance. Connaissons-nous le nombre des étoiles ? Le nombre de poils sur nos sourcils ? L'heure de notre mort ? Ce qu'est la vie, ce qu'est la mort ? Non bien-sûr.

Mais si ce mot « absolu » correspond à une réalité -et que cette réalité est bien comme disent ceux qui en ont fait l'expérience : une félicité inouïe, une conscience ouverte, libre et sans limite- si ce ne sont pas des imposteurs, s'ils n'ont pas eux-mêmes été victimes d'une imposture, alors l'ignorance dans laquelle nous sommes embourbés n'est pas le dernier mot de la vie. Alors la vie a un sens, alors elle prend un sens, ou plutôt nous pouvons lui donner un sens.

Presentations of the Eranos Conference

Rebirth.

Life Threatened and the Passion for Life

Presentazioni del Convegno di Eranos

Rinascere.

La vita minacciata e la passione della vita

In collaboration with
the Ph.D. program in Transcultural Studies in Humanities,
University of Bergamo,
the Ph.D. program in Philosophy,
University of Pisa and University of Florence,
and the Ph.D. program in Religious Sciences,
Faculty of Theology of Lugano

In collaborazione con
il Dottorato di ricerca in Studi umanistici transculturali,
Università di Bergamo,
il Dottorato di ricerca in Filosofia, Università di Pisa e Università di Firenze,
e il Dottorato di ricerca in Scienze religiose,
Facoltà di Teologia di Lugano

Casa Eranos, Ascona
3–5 September / *settembre* 2020

L'eterno circolo della vita e la rinascita dello spirito. Germania 1880-1920

Stefano Poggi

Firenze, Italy / *Italia*
September / *Settembre* 2020

1.

"Rinascere: la vita minacciata e la passione per la vita". Nel titolo del nostro incontro ravviso due affermazioni esplicite e tre domande implicite. Le due affermazioni: vi è una passione per la vita e l'oggetto – appunto la vita – di questa passione è minacciato. Le tre domande: come si manifesta e in cosa consiste questa minaccia? Come questa minaccia può essere sventata? Com'è che allora la vita può rinascere?

Per la verità, a quelle tre domande se ne dovrebbe aggiungere una quarta. È anzi quella decisiva. Cosa si deve intendere per *vita*? Il titolo del nostro incontro non pare chiamare in causa la biologia. Né – ma forse sono caduto nel tipico equivoco di chi è capace di inforcare solo gli occhiali del proprio ristretto campo disciplinare – pare invitare a guardare nella direzione della ecologia. Mi è parso piuttosto che ad essere chiamata in causa sia la dimensione della *vita propria*, della esperienza di noi stessi come soggetti di azioni. Il manifestarsi di tali azioni è la *vita*, *vita* come passione – *pathos* – che investe l'intero soggetto nelle sue pulsioni. Pulsioni che sono le varie modalità di manifestarsi di quel *pathos*. L'individuo *si sente vivente* come intreccio dinamico di azioni e reazioni, e non in forza della pura e semplice constatazione dell'*essere in vita*, di *autoconservarsi*. Tuttavia, è indispensabile non tacere del fatto che tale *essere in vita* è assicurato dal mantenersi di una unità integrata di funzioni biologiche. Il mantenersi in vita dell'organismo è indispensabile al mantenersi di quei *vari modi di sentirsi viventi*. Sono dati di fatto, è opportuno non perderli di vista.

Quando dunque il titolo del nostro incontro ci invita a riflettere sulla minaccia che incombe sulla vita, ci dobbiamo chiedere quali sono i caratteri di tale minaccia. Viene da rispondere che l'intreccio, nell'individuo, di interrelazioni funzionali dell'organismo e di passioni è esposto al concreto pericolo di essere compromesso fino al suo annientamento. Dinanzi a tale eventualità – anzi certezza – è allora altrettanto ovvio chiedersi cosa ciò comporti nella consapevolezza del soggetto, nell'individuo. A meno che non si producano interventi soprannaturali di vario genere (ivi compresi quelli assicurati dalla fede religiosa), l'individuo che *si sente vivente* sa che ci sarà un momento a partire dal quale non avrà più la possibilità di *sentirsi come tale*, di avere consapevolezza di sé stesso. Non pare, d'altronde, poter fare assegnamento di qualcosa come la sua rinascita. Rinascita che, in ogni caso, anche i sostenitori della trasmigrazione delle anime prevedono sotto altre vesti. È vero che il venire meno di una associazione temporanea di elementi quale è di fatto la vita biologica del singolo ente vivente non si traduce in una *deminutio* della produttività dei processi che danno luogo al vivente in generale. Con un po' di buona volontà, si può forse allora parlare anche di rinascita. È però una rinascita non molto diversa da quella della vita a primavera, nel succedersi delle stagioni. È il circolo – forse eterno – della vita che non si interrompe. Ma tutto ciò non pare toccare in alcun modo i singoli individui.

Il rinascere richiamato dal titolo del nostro incontro è, ovviamente, diverso. È un rinascere di altro genere. Lo è nella esatta misura in cui la vita dell'individuo non è solo l'insieme delle funzioni che, come appunto si suol dire, "lo tengono in vita", ma è anche fatta della passione – dal *pathos* – di chi di sé stesso ha coscienza, passione che si manifesta in idee, in volizioni, in desideri, in speranze, in avversioni e sintonie, insomma in una visione del mondo. Può così accadere che tutto ciò appaia non più saldo, che le coordinate di quella visione del mondo siano scompaginate, che se ne produca una disgregazione. Ma è allora la "passione della vita" stessa della vita a potere porre rimedio a quella disgregazione, ispirando e guidando il prendere forme e l'unirsi di nuove e diverse idee, volizioni, speranze, avversioni e sintonie, ad approdare ad una nuova visione del mondo. È dunque una vera e propria rinascita, se con rinascita si intende l'emergere e il prendere forza di nuove forme di vita. Di una vita – beninteso – che non coincide con quella biologica. La vita che così rinasce a nuove forme è dunque la "vita dello spirito".

Mi sono dilungato per rendere conto di come ho inteso il senso del titolo del nostro incontro, per mettere in evidenza le questioni che mi è parso siamo invitati a fare oggetto delle nostre riflessioni. Sono d'altronde questioni di antica data, periodicamente destinate a ripresentarsi, di fatto a non venire mai meno. Si può guardare allora ai modi in cui esse si manifestano nei dibattiti della Germania dalla fine dell'Ottocento agli anni tra le due guerre mondiali. Sono dibattiti che animano non solo gli anni di formazione, ma anche la maturità di molte delle grandi figure che i luoghi di *Eranos* hanno accolto e hanno visto confrontarsi. Credo che ciò sia motivo di un qualche interesse, e di un interesse, per così dire, "più ravvicinato".

2.

Sagt es niemand, nur den Weisen,
...
Das Lebend'ge will ich preisen
Das nach Flammentod sich sehnet.
...

Kommst geflogen und gebannt,
Und zuletzt, des Lichts begierig,
Bist du Schmetterling verbrannt,

Und so lang du das nicht hast,
Dieses: Stirb und werde!
Bist nur ein trüber Gast
Auf der dunklen Erde.

Sono versi di una celebre composizione – *Selige Sehnsucht*, che data del luglio 1814 – raccolta nel *West-östlicher Divan*, una delle opere più affascinanti e per certi aspetti enigmatiche di Goethe. Sono versi assai noti, citati in una infinità di occasioni. Nella letteratura filosofico-scientifica della Germania tra i due secoli, sino al primo dopoguerra, hanno un posto d'onore. Appaiono particolarmente adatti a suggellare, con l'autorità del vate nazionale, un convincimento fattosi oramai largamente diffuso: quello per cui, nel continuo divenire dei processi di natura, nell'eterno circolo della vita il destino dell'individuo appare alquanto precario.

Non siamo dinanzi a prese di posizione di particolare novità, e neanche particolarmente dirompenti. A dare nuovo vigore a un tema antico quanto il pensiero occidentale aveva d'altronde già provveduto prima della metà del secolo Arthur Schopenhauer. Le sentenze contenute in *Die Welt als Wille und Vorstellung* sono destinate a larga popolarità. Schopenhauer non può fare assegnamento su una conoscenza diretta e realmente competente del pensiero orientale. Ciò non gli impedisce di riconoscersi in filosofemi attribuiti sia al buddismo sia all'induismo. L'oriente filosofico sarebbe così non solo quello del *Nirwana*, ma anche quello – scrive – della immagine speculare di quest'ultimo, il *Samsara*: il "mondo della nascita, della malattia, della vecchiaia e della morte", il mondo dunque dell'eterno circolo della vita.[1] A differenza di quanto riguarda le filosofie del

1 A. Schopenhauer, *Die Welt als Wille und Vorstellung* [1818, 1844^{2}, 1858^{3}], in: Id.,

lontano Oriente, Schopenhauer può fare assegnamento su una ampia e in questo caso competente conoscenza delle scienze del tempo, e in primo luogo proprio delle scienze del vivente. Ne deriva coerentemente lo scetticismo con cui guardare alla individualità umana (con quel che, ovviamente, ne discende sul piano dell'etica). In un dibattito scientifico e filosofico tutt'altro che indifferente alle idee di Schopenhauer, prende così forza la consapevolezza della importanza dell'indagine intorno alla psiche, in altri termini intorno alle funzioni coinvolte nel garantire l'attività dell'individuo, quale che sia il destino a quest'ultimo riservato dalle leggi del vivente.

L'esigenza di affrontare il problema di quella che ancora alla fine del secolo continua assai spesso ad essere indicata come "teoria dell'anima" è universalmente condivisa. È però una esigenza a cui si prospetta di dare soddisfazione in una varietà di modi. Il numero è direttamente proporzionale all'entità del contributo richiesto all'indagine scientifica. Rimane la generale consapevolezza delle implicazioni filosofiche di ogni "teoria dell'anima". Impegnato nel propugnare un coerente monismo, Ernst Häckel – che già negli anni '60 aveva aderito alle teorie di Darwin pubblicando nel 1868 una *Natürliche Schöpfungsgeschichte*[2] – ravvisa anzi proprio in una "teoria realmente scientifica dell'anima" il "fondamento e il presupposto ogni altra scienza". In tale prospettiva, l'applicazione sistematica di quanto è stato possibile apprendere circa la struttura e le funzioni del sistema nervoso deve nello stesso tempo tenere conto delle oramai consolidate acquisizioni della embriologia (a partire dal seppur antidarwiniano von Baer) circa il ruolo di quella struttura e di quelle funzioni nella costituzione della individualità. La coscienza è da considerare puramente e semplicemente un fenomeno di natura, alla stessa stregua di ogni "attività vitale dell'individuo organico". Tutte queste "attività" incontrano la loro "definitiva cessazione" con

Sämtliche Werke, a cura di W. von Löhneysen, 5 voll., Cotta, Stuttgart/Frankfurt a.M. 1968. Qui: Vol. II, p. 651, n. 1.

2 E. Häckel, *Natürliche Schöpfungsgeschichte*, Reimer, Berlin 1868.

la morte. Evento, questo, che è però da considerare parte, seppur infinitesima, di quel *perpetuum mobile* che è l'universo. Häckel arriva addirittura a prodursi in una confutazione della teoria dell'entropia, a suo giudizio ammissibile solo all'interno di un "singolo processo".

È in particolare nell'ultima delle sue opere di carattere divulgativo-propagandistico che Häckel ha modo di ribadire questi suoi convincimenti. Il "nostro grande secolo" – l'opera è appunto *Die Welträtsel*, apparsa esattamente al chiudersi del secolo XIX[3] – ha compiuto una scoperta fondamentale: quella della "conservazione dell'energia e della materia [Erhaltung der Kraft und des Stoffes]" alla base di ogni processo di natura (Häckel per la verità usa un po' incautamente il termine *Entwicklung*), retto così da una vera e propria "legge suprema", garante dell'"unità universale della natura". Häckel evocava alcuni giovanili versi in cui aveva parlato del "circolo del nostro esistere": sull'unità della natura regnano leggi "eterne, bronzee, grandiose". Da quelle leggi non possono non finire ridotti in frantumi i "tre grandi dogmi" di ogni "filosofia dualistica": il dio personale, l'immortalità dell'anima e la libertà del volere". La sola vera legge di natura è quella del trasformarsi di quest'ultima, del rinascere in altri modi in un processo eterno che Goethe, per parte sua, aveva inteso rappresentare evocando l'antico simbolo dell'*ouroboros*. Un vero e proprio "profondo dolore" – riconosceva Häckel – non avrebbe potuto non afferrare l'animo di chi fosse così condotto a prendere atto dell'inevitabile "tramonto degli dei". Ma il poeta – stavolta è non più Goethe, ma Schiller – poteva anche in questo caso, essere chiamato in causa, e magari offrire un qualche conforto:

Das Alte stürzt, es andert sich die Zeit,
Und neues Leben blüht aus den Ruinen.

3 E. Häckel, *Die Welträthsel. Gemeinverständliche Studien zur Monistischen Philosophie*, Strauß, Bonn 1899. Le citazioni sono dalle pp. 103, 157, 197 *sgg.*, 220; 273-75; 284-87; 299-305; 438 *sgg.*

3.

Apostolo di un monismo d'impostazione dichiaratamente materialistica – ma nello stesso tempo scienziato di indiscussa autorevolezza – Häckel non poteva non denunciare con decisione il rinascere, nello studio dei processi del vivente, dell'"antico fantasma della mistica forza vitale". Non doveva essere turbata la serenità con cui accettare l'esistenza di "enigmi del mondo" destinati a rimanere sempre senza risposta. "Ignoramus, et ignorabimus", aveva già ammonito all'inizio degli anni '70 il segretario perpetuo della Accademia Prussiana delle scienze, Emil du Bois Reymond. Häckel appariva nondimeno consapevole del fatto che proprio Johannes Müller e Karl Ernst von Baer – cui erano dovuti contributi fondamentali allo studio dei fenomeni del vivente – non avevano di fatto escluso l'eventualità dell'esistenza di una "forza vitale" all'opera in fenomeni difficilmente riconducibili *in toto* all'ordine delle cause meccaniche. Inoltre, i problemi lasciati aperti dalla teoria darwiniana della selezione naturale non avevano mancato di fornire argomenti agli avversari di quest'ultima. Sotto questo riguardo, il prodursi di una vera e propria "reazione vitalistica" aveva avuto e stava continuando ad avere la sua ragion d'essere. Ma, soprattutto, andava preso atto che era nella "natura delle cose" – Emil du Bois Reymond lo riconosceva – che quella reazione si fosse prodotta soprattutto "nel campo della morfologia", ovvero dell'esame della struttura degli organismi considerata nel suo evolversi e trasformarsi. Il passo compiuto con l'affermare che solo una "forza vitale" ne potesse essere considerata la causa era comunque un passo arbitrario. Era arbitrario perché trascendeva quello che, al massimo, poteva essere il piano delle ipotesi. Rimanevano senz'altro i nuovi e importanti fatti messi in luce dall'indagine morfologica articolatasi nella direzione dell'embriologia. Ma il rischio di travalicare quanto assodato dal dato empirico doveva essere sempre tenuto presente.

Sotto questo profilo, anche il programma di una "meccanica dello sviluppo" messo a punto da Wilhelm Roux era oggetto di consistenti riserve perché, di fatto, ispiratore di un vero e proprio "neovitalismo". Le riserve erano ovviamente quelle di Häckel, per quanto questi potesse per alcuni aspetti apparire ispiratore delle idee di Roux circa una "meccanica dello sviluppo"[4]. Nell'ormai lontano 1866 era apparsa infatti – il titolo dell'opera non poteva però suonare equivoco – la sua *Generelle Morphologie der Organismen: allgemeine Grundzüge der organischen Formen-Wissenschaft, mechanisch begründet durch die von Charles Darwin reformirte Descendenz Theorie*[5]. Non erano ovviamente da meno le riserve di E. du Bois Reymond, che affrontava la questione del "neovitalismo" cui conduceva il programma di una "meccanica dello sviluppo" in una solenne occasione pubblica[6]. E. du Bois Reymond non contestava l'integrazione del tradizionale metodo comparativo-morfologico dello studio delle forme del vivente con un metodo sperimentale messa in atto dalla "meccanica dello sviluppo". Non poteva non essere preso atto che l'indagine intorno alle cause dei processi di trasformazione morfologica in corso negli organismi aveva già condotto a importanti acquisizioni. Doveva però essere chiarito innanzitutto un equivoco che poteva apparire terminologico e che, in realtà, era qualcosa di più. La "meccanica dello sviluppo" non adottava il metodo della fisico-matematica della meccanica classica. La "meccanica" della "meccanica dello sviluppo" si riduceva in realtà ad assumere – rimanendo ad un livello puramente osservativo – che i processi da fare oggetto di osservazione sono da ridurre a movimenti da esaminare nelle loro interazioni, indipendentemente da quanto è assumibile come causa di tali movimenti medesimi.

Ma la riduzione di ogni processo che ha luogo nel vivente a

4 W. Roux, *Gesammelte Abhandlungen über Entwicklungsmechanik der Organismen*, 2 voll., Engelmann, Leipzig 1895.
5 Reimer, Berlin 1866.
6 E. du Bois-Reymond, *Ueber Neo-Vitalismus*. Zur Feier der Leibniz-Sitzung der Akademie der Wissenschaften am 28.Juni 1894, in: Id., *Vorträge über Philosophie und Gesellschaft*, a cura di S. Wollgast, Akademie, Berlin 1974, pp. 209-32.

movimento si univa al rifiuto di interpretare quest'ultimo nei termini dell'analisi fisico-chimica. Si era così fatta strada - scriveva E. du Bois Reymond[7] - la convinzione che "negli esseri viventi, anche in una sola cellula, siano all'opera forze diverse da quelle che, al di fuori della cellula, sarebbero state comunque sviluppate dagli atomi della cellula, e dunque dal carbonio, dall'ossigeno, dall'idrogeno, dall'azoto, dal fosforo". Ma era stata una convinzione senza il sostegno di alcuna prova, e tradottasi invece nella presunzione di ravvisare un orientamento, una direzione, un impulso diretto ad un fine nei movimenti che hanno luogo nella manifestazione del vivente. Se così Roux era stato condotto a sottolineare la presenza nei processi del vivente di un fattore non meccanico e quindi da ricondurre alla presenza di una sorta di "anima", di un fattore in altri termini "psichico", all'inizio del nuovo secolo Hans Driesch avrebbe sostenuto che le leggi che mostrano di reggere non pochi processi vitali ne fanno risaltare, al di là di ogni dubbio, lo specifico carattere "dinamico-teleologico", tanto da legittimare la restaurazione della entelechia aristotelica[8].

Non è certo motivo di sorpresa constatare come proprio l'emergere di un consistente orientamento "neovitalistico" nello studio del vivente rafforzi, già alla fine del secolo, il panpsichismo diffuso in larghi settori del dibattito non solo filosofico, ma anche scientifico - s'intende, in misura essenziale, delle scienze impegnate nell'esame del vivente. D'altronde, abbiamo visto come nello stesso Häckel sia esplicita la consapevolezza della necessità di un confronto con il problema di una "teoria dell'anima". È una consapevolezza, una convinzione che è rafforzata da quanto è messo in luce da una indagine psicologica fattasi oramai articolata, e proprio per questo non sempre convergente nelle prospettive e nei metodi. Proprio in forza di ciò le cautele nei confronti di quella che può configurarsi come una deriva verso una forma di rinnovato ilozoismo non mancano,

7 E. du Bois-Reymond, cit., pp. 222, 224, 225, 227-30.
8 H. Driesch, *Der Vitalismus als Geschichte und Lehre*, Barth, Leipzig 1905.

come quelle avanzate – anche se in modo comunque problematico – da Wilhelm Wundt, dal fondatore della psicologia fisiologica[9]. Non siamo dinanzi a semplici cautele, ma a decisi richiami alla mancanza di dati psicofisici, tale da imporre di ricondurre il panpsichismo alla "pura speculazione". È, ovviamente, un più che tendenziale monismo a ispirare il prendere forza delle tesi del panpsichismo, tesi che non possono dunque non essere pienamente accettabili anche per Häckel – e in definitiva anche per E. du Bois Reymond, a patto che non venga posto in questione il fondamento bio-fisiologico di ogni forma di individualità del vivente. Nello stesso tempo, a tale convinzione non si può non accompagnare la preoccupazione che su questa linea venga riconosciuta alla materia una reattività tale da legittimare le tesi che la vogliono animata una forza vitale. Ma, sempre nello stesso tempo, è vero che in molti di coloro che sono più che disposti ad accettare con convinzione quella che sbrigativamente possiamo indicare come la convergenza panpsichismo-vitalismo non può non nascere la fondata preoccupazione che ne risulti gravemente pregiudicata l'individualità di un soggetto che si vorrebbe non solo vivente e conoscente, ma anche cosciente.

4.

Friedrich Nietzsche – ne *La gaia scienza* – ravvisa nella teoria di Darwin della evoluzione delle specie attraverso la selezione l'"ultimo grande movimento scientifico". Ciò però non gli impedisce di rilevare e sottolineare gli aspetti problematici della teoria di Darwin e di mettere in evidenza le implicazioni che mostrano di derivarne sul piano filosofico. Tali implicazioni riguardano in misura primaria il piano dell'etica, là dove emerge il problema della azione individuale. Il problema della costituzione dell'individuo è, d'altronde, anche il problema del rapporto di quest'ultimo con l'organismo coinvolto in un processo evolutivo. Nietzsche manifesta ripetutamente il

9 W. Wundt, *Logik*, Vol. II: *Methodenlehre*, Enke, Stuttgart 1880, p. 471.

proposito di attendere a un *Anti-Darwin*, a partire già dal *Crepuscolo degli dei*, dove invoca la testimonianza della storia per sostenere, contro quella che ritiene la tesi darwiniana, il prevalere dei deboli contro i più forti. Sul proposito ritorna poi nel corso degli anni '80, a ribadire una sostanziale distanza su cui pesa senza dubbio quello che è il generale atteggiamento di Nietzsche nei confronti della cultura dell'Inghilterra del tempo. Anche Darwin, ai suoi occhi, va considerato nel novero delle personalità "stimabili, ma mediocri", al pari di John Stuart Mill e di Herbert Spencer. D'altronde, a ben guardare, Darwin gli appare solo un effetto secondario [Nachwirkung] di Lamarck e Hegel[10].

Anche però nei riguardi del suo connazionale Häckel Nietzsche non mostra particolare benevolenza. Un frammento del 1885 è molto chiaro. È in Nietzsche evidente l'adesione alle tesi del fisiologo Ewald Hering, per il quale la memoria è da considerarsi una funzione della "materia organizzata"[11]. Ne deriva la sua esplicita convinzione che in "tutto l'organico" dobbiamo riconoscere l'attiva presenza di una memoria e di una sorta di "mente" [*Geist*]. L' "apparato" che ne assicura le operazioni è senz'altro di "grande sottigliezza" – Nietzsche con cade in tentazioni spiritualistiche –, tanto che "per noi sembra non esistere". In ogni caso, anche il più piccolo organismo non può non "avere coscienza e volontà". Supporre, anzi sostenere come un dato certo che due embrioni siano "uguali", è da considerare – per Nietzsche è invece proprio questa la posizione di Häckel – un'autentica "follia". Nietzsche – si è appena visto – non mostra d'altronde di cadere in tentazioni spiritualistiche, nel mentre così si dichiara per una sorta di *principium individuationis* fisiologico e, nello stesso tempo, evoca – è un frammento del 1881– quel "mondo delle forze" che

10 Fr. Nietzsche, *Sämtliche Werke. Kritische Studienausgabe in 15 Bänden*, a cura di G. Colli e M. Montinari, Deutscher Taschenbuch, München-de Gruyter, Berlin/New York, NY 1980. Qui: Vol. 3, p. 598; Vol. 1, p. 195; Vol. 6, pp. 120-21; Vol. 13, pp. 305 e 315; Vol. 5, p. 196; Vol. 11, p. 442.

11 E. Hering, *Ueber das Gedächtnis als eine allgemeine Funktion der organisierten Materie* [1870], Engelmann, Leipzig 1905.

non subisce "diminuzione" alcuna, che non è mai in quiete, che mai raggiunge un punto di equilibrio in cui arrestarsi. Il legame tra quel che viene detto individuo e la vita dell'organismo ha dunque in ogni caso una costituzionale precarietà, nell'eterno "circolo del mondo". "Uomo! – esclamava Nietzsche in quel medesimo frammento, in cui riprendeva quanto già affermato ne *La gaia scienza* – La tua intera vita, come una clessidra, verrà sempre di nuovo capovolta e sempre di nuovo riprenderà a scorrere"[12].

La concezione nietzscheana di un "eterno ritorno dell'eguale" si delinea nel quadro di una ricezione-reazione – che non è solo di Nietzsche – a quanto messo in luce da una indagine scientifica tutt'altro che restia – e non è soltanto il caso di Häckel – a intervenire nel dibattito filosofico. Senza per questo tacere del concorso di altri fattori (fondamentalmente la riflessione sul problema della storia e sullo statuto di quelle che prendono ad essere indicate come "scienze dello spirito"), quanto l'indagine biologica e anche fisiologica mettono in luce circa la dinamicità del vivente ha un ruolo primario nel delinearsi di una "filosofia della vita" che riecheggia, con alcuni tipici motivi del romanticismo, anche temi presenti nella riflessione del giovane Hegel.

Georg Simmel è senza dubbio la figura più rappresentativa in questo panorama. Lo è anche per l'impegno profuso – e profuso con successo – per fare conoscere al pubblico tedesco la filosofia di Bergson, e dunque una filosofia che – sono le tesi della *Evolution créatrice* – nella vita come "slancio" riconosce una "esigenza di creazione", una "corrente lanciata attraverso la materia" e, nello stesso tempo, denuncia "l'esagerata fiducia riposta dalla filosofia nelle forze dello spirito individuale" dinanzi a quella che è l'"onda immensa" della vita. Già negli scritti di anteguerra, ma poi anche nel suo ultimo – del 1918, e che reca il titolo significativo di *Lebensanschauung*[13] – il debito

12 F. Nietzsche, *Sämtliche Werke*, cit., Vol. 11, p. 117; vol. 9, p. 498.
13 G. Simmel, *Lebensanschauung. Vier metaphysische Kapitel*, zweite Auflage, Duncker & Humblot, München und Leipzig 1922.

di Simmel nei confronti di Bergson è evidente. È però un debito che è messo a frutto. È necessario – afferma Simmel – chiedersi da cosa quello che indichiamo come individuo trae la sua vita, in altri termini cosa ne è all'origine. Se, dal punto di vista di una teologia, è un potere trascendente ad essere garante della esistenza stessa dell'individuo, un punto di vista sociologico lo vede invece come il punto d'intersezione di un reticolo di relazioni di vario genere e a diverso livello. Quel reticolo di relazioni, se all'individuo si guarda infine da un punto di vista naturalistico, è invece costituito di rapporti di causa e effetto che rientrano nel quadro delle leggi del cosmo. Ma in tutti questi tre casi – precisa Simmel che sta confrontandosi col modo in cui Goethe concepisce l'interiorità dell'artista come individuo[14] – non siamo dinanzi a quanto fa dell'uomo un vero individuo che "viva traendo da sé".

Gli individui di cui sopra si è detto non dispiegano delle autentiche "forze produttive". La vera, autentica "domanda cardinale" è allora quella con cui ci chiediamo se gli accadimenti del mondo hanno la loro origine ultima in un individuo che è nella sua essenza stessa "creatore" oppure se in quello che diciamo individuo si dà solo un "punto di passaggio di potenze e correnti di provenienza sovraindividuale". È una "domanda cardinale" con la quale ci interroghiamo in realtà su cosa è la vita: vita che è essenzialmente vita di cui facciamo esperienza proprio come individui. Quella domanda ci pone dinanzi ad una alternativa: invece di essere quel "punto di passaggio", l'individuo non è forse una "sostanza" da cui nascono le forme che possono essere assunte da quel che diciamo lo "spirito" o invece è solo una sorta di supporto, di strumento per il manifestarsi dello "spirito"?

Era comunque una alternativa di fronte alla quale Simmel non mostrava in realtà esitazioni, e proprio nel primo capitolo del suo ultimo libro. È nella essenza stessa del modo in cui la vita prende forma e si struttura in un continuo andare oltre sé stessa, al di là del

14 G. Simmel, *Goethe*, Klinkhardt & Biermann, Leipzig 1913, pp. 144 *sg*.

momento presente, che siamo dinanzi ad un fatto che è a un tempo il più semplice e fondamentale: l'autocoscienza come "fenomeno originario dello spirito, e di uno spirito che è quello della vita dell'uomo [*des Geistes als eines menschlich-lebendigen*]"[15]. Vita che è "una esistenza che non limita la sua realtà al momento presente confinando così il passato e il futuro nell'irreale". Vita che possiede una continuità, e la possiede come cosa reale al di là d'ogni separazione tra passato e futuro e dunque nell'esistere del passato nel futuro e del futuro nel passato. La vita, già nell'esperienza diretta che ne facciamo, è così costituzionalmente connotata da un movimento di "trascendenza" in cui essa è "più che vita", più del suo semplice scorrere, più del suo semplice poter essere ricondotta all'ordine dei fenomeni retti dalle leggi del cosmo. La vicinanza alla evoluzione creatrice di Bergson è, in Simmel, anche la netta distanza, una volta che se ne voglia fare qualcosa di più di un "simbolo", dalla teoria di Nietzsche dell'eterno ritorno dell'uguale[16].

5.

Già dunque "all'interno della sua sfera" la vita è in grado di andare al di là della "forma" da cui in ogni determinato momento si trova ad essere delimitata e di connotarsi per una "trascendenza" che è "più che vita". Ma la "trascendenza" della vita non è così esaurita, e così non lo è il suo poter essere "più che vita". Vi è anche un ulteriore "trascendersi" della vita. Ciò accade quando la vita accede al piano dei contenuti oggettivi, a ciò che ha "autonomia logica" e quindi non ha più "senso vitale". Di nuovo, ancora, si manifesta un "più che vita", e "un più che vita" che dalla vita è però "del tutto inseparabile" ed è, anzi, l'essenza stessa della "vita dello spirito". La "vita spirituale" può allora essere definita come quella vita che è in grado di produrre

15 G. Simmel, *Lebensanschauung*..., cit., pp. 11 *sgg*.
16 G. Simmel, *Schopenhauer und Nietzsche. Ein Vortragszyklus*, Duncker & Humblot, Leipzig 1907, p. 247.

"un qualcosa che possiede un suo significato, che ha le sue leggi" e, che, in altri termini, ha una sua specifica oggettività extratemporale. È così la dinamicità creatrice dello spirito che Simmel richiama e sottolinea allorché mette in evidenza quello che possiamo dire il doppio grado di trascendenza della vita nel divenire "più che vita". La vita divenuta "più che vita" al secondo grado di trascendenza è la vita dello spirito come "sapere sé stesso". La vita dello spirito dà prova di sé stessa in forme, si manifesta nel linguaggio, nelle azioni, nelle creazioni in cui l'energia che la anima si "attualizza". E sono forme che si costituiscono come punti fermi, contrapposti a quel "continuare a fluire senza posa" della vita fatto del continuo crearsi e mutare delle strutture in cui essa è all'opera[17].

Vi sono senz'altro dei buoni motivi per cogliere, nei modi in cui Simmel caratterizza la "vita dello spirito", tracce cospicue delle discussioni tra fine secolo XIX e inizio secolo XX – discussioni di cui d'altronde egli è parte più che attiva – intorno allo statuto delle cosiddette "scienze dello spirito". Ciò vale senza dubbio per quanto riguarda il confronto di Simmel con il problema della storia e, ancor più, per quanto riguarda la riflessione etico-morale. Quest'ultima, tra l'altro, assume rilievo specifico nell'esame che Simmel dedica alle posizioni di Nietzsche (oltre che, ovviamente, di Schopenhauer). Ma vi è senz'altro di più, se guardiamo con la necessaria attenzione alla "filosofia della vita" delineata in *Die Lebensanschauung*. La "trascendenza della vita" è possibile in forza dell'agire in essa di una pulsione – Simmel parla in proposito di "energia psichica [*seelische Energie*]" – che può sì manifestarsi nel "fluire senza posa della vita", ma in quel "fluire" non finisce dissolta. È una pulsione che produce sempre nuove forme: l'influenza su Simmel della concezione di una "evoluzione creatrice" di Bergson è evidente, duratura e profonda. È una pulsione che muove quella vera vita che è la vita dello spirito all'opera nell'agire, nel volere, nella creatività stessa dell'uomo. Una "filosofia della vita" che abbia come motivo conduttore il

17 G. Simmel, *Lebensanschauung...*, cit., pp. 24; 6; 21 sg.

riconoscimento e la sottolineatura di tale pulsione non può ammettere che ogni manifestazione della vita sia da ricondurre all'eterno circolo dei processi del cosmo, dove ogni individualità si verrebbe ad annullare se, a fondarla e a guidarla, non intervenisse lo spirito.

L'auspicio di una "rinascita dello spirito" poteva essere colto già nei dibattiti d'inizio secolo: non solo negli scritti di "storia dello spirito", ma anche in quelli di carattere più decisamente filosofico dell'ormai anziano Dilthey, e così nel nuovo sguardo rivolto alla grande tradizione dell'idealismo, e in primo luogo a Hegel. Il "rinnovarsi dello hegelismo" come "filosofia dell'azione e della volontà" – così il neokantiano Wilhelm Windelband in una celebre *Akademierede* del 1910[18] – interveniva a ricomporre "le lacerazioni" prodotte dalle "eccitazioni e dalle passioni dell'epoca". Chiarissimo, anche se non esplicitamente pronunciato, quell'auspicio era anche di libri di grande successo popolare come quelli di Rudolf Eucken, sostenitore della necessità di riflettere sul "senso e il valore della vita" e impegnato nel definire i tratti una "nuova concezione della vita"[19].

Ma, forse, a sollevare con più chiarezza e minore enfasi l'esigenza di tornare a collocare la dimensione dello spirito come dimensione specifica del conoscere e dell'agire al centro della riflessione sulle molteplici articolazioni della vita era Max Scheler. Alla vigilia del conflitto, Scheler si confrontava con quelli che, per motivi diversi, gli apparivano solo "tentativi di una filosofia della vita": Nietzsche, Dilthey, Bergson. Scheler nutriva la convinzione dell'impossibilità di dare conto della dinamica del conoscere e dell'agire umano attingendo alle sole funzioni di un'"anima" vincolata all'organismo e proprio per questo destinata, alla luce di quanto messo in chiaro dall'indagine scientifica, a scomparire come categoria interpretativa[20]. Il disegno bergsoniano di una evoluzione creatrice a Scheler

18 W. Windelband, *Die Erneuerung des Hegelianismus*, in Id., *Präludien. Aufsätze zur Philosophie und ihrer Geschichte*, 5ª Ed., Mohr, Tübingen 1915, vol. I, p. 288.

19 R. Eucken, *Der Sinn und Wert des Lebens*, 4ª Ed., Quelle & Meyer, Leipzig 1914, pp. 63, 70, 89.

20 M. Scheler, *Vom Umsturz der Werte. Abhandlungen und Aufsätze*, Verlag der Weißen

appariva non sempre convincente proprio per quanto riguardava la ricognizione dei problemi posti alla riflessione filosofica dalle acquisizioni dell'indagine biologica (come, non per nulla, quelle della "meccanica dello sviluppo" di Roux). Ma, nello stesso tempo, i termini della netta distinzione prospettata da Bergson (essenzialmente in *Matière et mémoire*) tra l'"individuo spirituale" e l'"individuo psichico [seelische]" erano oggetto da parte di Scheler di una specifica e simpatetica attenzione[21].

D'altronde, già nella sua dissertazione d'inizio secolo in cui discuteva del "metodo trascendentale e del metodo psicologico", Scheler aveva sottolineato che la "forma spirituale di vita" trascende la psicologia e aveva messo in guardia contro il pericolo di un "disconoscimento della differenza tra l'essere psichico e la forma di vita spirituale". Ed erano affermazioni nelle quali Scheler dichiarava di continuare a riconoscersi ancora a più di venti anni di distanza, dando nel 1922 nuovamente alle stampe quel suo lavoro giovanile. All'indomani della fine del conflitto, in una scena filosofica in cui le questioni poste dalla "filosofia della vita" continuano ad occupare un posto di rilievo, l'accento posto sulla necessità di una cesura netta tra lo spirito, "la forma spirituale di vita" da una parte e, dall'altra, l' "anima", la psiche appariva non avere perso nulla della sua incisività: le questioni poste dalla "filosofia della vita" non erano venute meno, e ancor meno se ne era attenuato l'impatto che mostravano di continuare ad avere, ben al di là dei recinti della filosofia accademica, di pari passo al mutare quando non al cancellarsi di molti dei tradizionali confini disciplinari[22].

Bücher, Leipzig 1915, Vol. I, pp. 51 sg.

21 Ivi, pp. 181 *sgg.*

22 M. Scheler, *Gesammelte Werke*, Vol. I (*Frühe Schriften*), Francke, Bern 1971, pp. 322, 329.

6.

Nel 1956, richiamandosi alle discussioni tenutesi in occasione di un incontro organizzato nel 1926 da una singolare personalità filosofica estranea al mondo accademico ma d'indubbia popolarità come il conte Hermann von Keyserling, Carl Gustav Jung rievocava quella che a molti, allora, era apparsa una sorta di "riabilitazione dello spirito" ad opera di Max Scheler[23]. Quella "riabilitazione" – lo abbiamo appena potuto constatare – non aveva certo caratteri trionfalistici, ed in ogni caso veniva a prospettarsi in termini diversi da quelli con cui, negli anni precedenti il conflitto, si era delineato quel "rinnovamento" dello hegelismo che poi, nel corso degli anni '20, si sarebbe consolidato sul terreno di una discussione politico-sociale percorsa da tensioni spesso decisamente avverse. Jung si trovava così ad associare alla "riabilitazione" promossa da Scheler – "riabilitazione" comunque non orientata ad una restituzione a tutto tondo dello spirito hegeliano – ciò che Ludwig Klages – la cui biografia non solo intellettuale si intreccia con la preistoria e la storia di *Eranos* – veniva prospettando come il ridimensionamento di quella che Jung indicava come la "patris potestas" dello spirito sull'anima. "Patris potestas" che poteva essere giustamente rivendicata da uno spirito "creatore di mondi spirituali", ma non da uno spirito operante come l'"intelletto nato dalla terra, che è una spada o un martello". In realtà, interessato a sottolineare che comunque sia Scheler sia Klages erano oramai parte di un'epoca che aveva visto lo spirito farsi da "fuoco acqua", Jung non rilevava (o, comunque, mostrava di ritenerla irrilevante) la netta differenza tra il modo in cui Scheler aveva inteso caratterizzare le operazioni dello spirito riconoscendo loro un primato nei confronti di quelle dell' "anima" e la decisione con cui Klages sottolineava – e, di fatto, condannava – la lontananza dello spirito dalla vita[24].

23 Cfr. R. Falter, *Ludwig Klages. Lebensphilosophie als Zivilisationskritik*, Telesma, München 2003, pp. 94 *sgg*.

24 R. Falter, *Ludwig Klages...*, cit., pp. 88, 95.

A due anni di distanza da quell'incontro Klages dava alle stampe il primo volume del suo *opus maius*, dal titolo emblematico: *Der Geist als Widersacher der Seele.* Lo spirito – questo il motivo conduttore dell'opera di Klages, la cui pubblicazione si sarebbe conclusa nel 1932 – è come un "cuneo" che tenta di inserirsi nel vincolo indissolubile che, in ogni "cellula vivente [*Lebenzelle*]", lega quelli che della medesima sono i due "poli": il corpo e l'anima. È l'astrazione concettuale che si compie nello spirito (nel *logos*, nel *nous*) – "ente fuori dal tempo e dallo spazio" – che impone di osservare e valutare ciò che si dà nella successione temporale assumendo "il punto di vista di un sistema di relazioni tra punti numerabili". Nell'"io personale" sono da ravvisare all'opera sia lo spirito sia la vita, in un rapporto tra due "forze" che è quello tra l'essere nella sua purezza al di fuori dello spazio e del tempo e la realtà effettuale del divenire. Se lo spirito "giudica" ed è "azione" nel suo "afferrare ciò che è", la vita è esperienza, è *pathos*, vive ciò che accade. Di tutto ciò è necessario prendere atto: il cosiddetto "progresso" è il risultato della "lotta vittoriosa dello spirito con la vita", lotta che non può non finire con l'"annullamento" di quest'ultima sotto l'"azione atomizzante" del primo, azione che riduce la realtà della successione temporale in una serie di istanti tra loro non comunicanti. È ovvio così che agli occhi di Klages – di cui è evidente il debito nei confronti di Bergson – il vero e proprio "tallone d'Achille del pensiero moderno" andasse ravvisato nel "concetto di coscienza", ovverosia di una operazione dello spirito che, garantita nella sua certezza a prezzo della atemporalità, si rivela in tutta la sua impotenza.

Senza attenersi a quello che era stato il saggio proposito proprio del "logocentrismo" greco di distinguere e separare lo spirito dalla vita, la coscienza dei moderni aveva creato, con la coscienza, un "concetto ibrido", e proprio col volere ricondurre la vita al dominio dello spirito. Le argomentazioni di Klages non potevano essere considerate di particolare originalità – l'evidente debito nei confronti di Bergson si univa a quello nei confronti delle discussioni che avevano accompagnato la nascita della psicologia scientifica circa proprio il problema della esistenza stessa di una coscienza –, ma ne è indubbia l'efficacia e la capacità di suggestione su di un pubblico pronto a subire anche il fascino di un linguaggio dai tratti esoterici ed empatici a un tempo che proclamava che "la vita è un ininterrotto vivere la vita [*Leben ist ein ununterbrochenes Erleben*]"[25]. Sono toni in cui può essere colta più d'una eco della "filosofia della vita" di Dilthey e ancor più di Simmel, le cui idee sono ben presenti nel *milieu* di Monaco frequentato da Klages all'inizio del secolo. Ma già negli anni del primo conflitto mondiale – da lui trascorsi in Svizzera – prende forma in Klages il proposito di mettere mano ad una vera e propria "filosofia biologica", al centro della quale porre la questione del rapporto dell'uomo con la "terra", e in una prospettiva che può essere agevolmente considerata ecologica.

Klages – che nel 1913 tiene una conferenza dal titolo *Mensch und Erde*, di grande successo – si colloca su una posizione decisamente "biocentrica". È esplicita l'ispirazione che il suo "biocentrismo" ricava dalla vera e propria "biosofia" dell'indagine scientifica dell'età romantica in Germania. Klages è uno dei promotori dell'attenzione che, nel dopoguerra, torna ad essere rivolta a quanto, in quella stagione della scienza tedesca, è maturato sul piano dello studio del vivente e della ricognizione dell'"anima". La lunga introduzione premessa da Chr. Bernoulli e H. Kern ad una raccolta antologica apparsa nel 1926 presso l'editore Diederichs e intitolata *Romantische Naturphilosophie* lo faceva toccare con mano[26]. Scrivevano infatti Bernoulli e Kern che nella riflessione filosofica che accompagna – e spesso indirizza – l'indagine della scienza romantica intorno al vivente è operante la concezione per cui se "il principio della vita è senza mezzi termini qualitativo", lo spirito è invece "indirizzato al quantitativo". E così anche accade che "i metafisici dall'indirizzo biocentrico"

25 L. Klages, *Der Geist als Widersacher der Seele* [1928-1932], 6ª Ed., Bouvier, Bonn 1981, pp. 12, 66, 68, 74, 217 *sgg*.
26 *Romantische Naturphilosophie*, a cura di C. Bernoulli e H. Kern, Diederichs, Jena 1926.

si contrappongano a un altro romantico, ma "logocentrico", come Schelling, che non si è rivelato in grado di cogliere e tantomeno di porre nel dovuto rilievo quel "ritmo" che è il "carattere distintivo essenziale" della vita considerata nella sua vera grandezza, della vita dell'intero cosmo.

7.

Vom kosmogonischen Eros si intitolava il libro del 1922 – destinato a segnare nel profondo Walter Benjamin – in cui Klages aveva messo a frutto quanto aveva fatto proprio della metafisica "biocentrica" degli scienziati romantici: Carus, Oken, Burdach, anche Görres e, ancor più, Baader con la sua "filosofia erotica". Il pulsare del "ritmo" della vita cosmica è quello di tutti gli esseri. Ma non dell'uomo. Il continuo tentativo dello spirito di annullare la perenne tensione tra i due poli dell'anima e del corpo rende di fatto impossibile all'uomo di essere parte di quella vita, di vivere al ritmo di quel pulsare al di là dell'uomo, affermava Klages. Dinanzi ad un individuo che è tale in forza della vita che in esso si manifesta e lo condiziona pervadendone l'anima, si erge l'orgoglio di un Io che rivendica di possedere una coscienza, e che in forza di quest'ultima è in grado di avere ragione delle pulsioni inconsapevoli dell'anima legata al corpo. Quell'Io, che ottempera alla "legge dello spirito", è convinto della "superiorità del suo pensiero che misura e prevede [*vorausberechnenden Denkens*]". Il suo è però un errore. Da quel pensiero – che di fatto è chiuso in sé stesso – non è possibile ricavare niente. Una volta che si assuma – come si deve assumere, allorché si riflette sul rapporto dell'individuo con le leggi del cosmo – il punto di vista della metafisica, non possiamo non constatare che la vita viene così "asservita al giogo dei concetti". E, anzi, è ovviamente l'Io autocosciente chiuso in sé stesso – e, di fatto, lo spirito – l'unica vittima di tale asservimento[27].

La mossa compiuta a questo punto da Klages può apparire

27 L. Klages, *Vom kosmogonischen Eros*, Georg Müller, München 1922, p. 45.

sconcertante. Ma è rivelatrice. Tutti i mistici – soggiunge – tendono, anche se inconsapevolmente, a liberarsi di quel "giogo". Lo stato dell'estasi – appunto quello dell'"essere fuori da sé" – è quello in cui l'anima si libera dello spirito e del "sé", in cui l'uomo non si identifica più con un Io: l'estasi mistica è appunto "essere al di fuori dell'Io". Un analogo "essere fuori di sé" può essere ravvisato – riconosce Klages – negli stati di ebbrezza o può essere tipico della condizione in cui si trova chi fa uso di "narcotici". Sia in quest'ultimo caso che in quello dell'estasi mistica – che è d'altronde quello su cui si concentra l'attenzione di Klages – ci troviamo dinanzi al manifestarsi della forza onnipervasiva della vita. Lo spirito non può non cederle. Già le pulsioni, gli istinti che dominano la vita del singolo ne indeboliscono lo spirito, erodono il fondamento che dovrebbe essere garantito all'Io. Nell'estasi mistica, poi, è il potere, la vera e propria "violenza vitale del mondo [*Lebensgewalt der Welt*]" a privarlo di ogni forza residua. La vita, la vita del cosmo non patisce in ogni caso alcuna diminuzione. Nell'estasi, il vincolo vitale di anima e corpo non viene meno. Nell'individuo che si abbandona all'estasi si cancella ogni "sé stesso". Quanto delimitava e difendeva l'individuo viene spazzato via. Ma se così l'io va in rovina, tramonta [*untergeht*], è invece la vita che "risorge [*aufersteht*]"[28].

Per un individuo assicurato nel suo Io dallo spirito, il prezzo della vita non può allora non essere altro che la morte. La morte – scrive Klages – è come il "vaso di Pandora che l'uomo prometeico ha avuto in dono dalla natura per potere, unico fra tutti gli esseri, esserne il signore". L'immagine non è priva di suggestione, ed è facile supporre che, all'epoca, abbia potuto colpire molti lettori di *Vom kosmogonischen Eros.* Tra questi, con una qualche probabilità, Martin Heidegger. È una immagine di cui, ad ogni modo, pare difficile attribuire a Klages il *copyright.* D'altronde una produzione filosofica rigorosamente non accademica come quella nel cui genere rientra l'intera opera di Klages abbonda di prestiti letterari e poetici. Prestiti, per la

28 Ivi, pp. 46, 39-40, 48.

verità, spesso non particolarmente originali, quando non addirittura scontati. Nessun motivo di sorpresa quindi che, a chiosa di quanto è necessario riconoscere come senso ultimo dell'estasi mistica, siano richiamati da Klages alcuni arcinoti versi goethiani. Sono arcinoti, citati in infinite occasioni da filosofi e scienziati. Klages può senza problemi tacere sull'autore e non menzionare la composizione da cui sono tratti e che è *Selige Sehnsucht*, nella quale già ci siamo imbattuti all'inizio di queste considerazioni. Goethe invitava a tenere nascosto a tutti e a rivelarlo solo al "sapiente" il motivo del volo della farfalla verso la fiamma che le brucerà le ali. È solo il "sapiente" – commentava allora Klages – a conoscere il "segreto dell'estasi". È solo per il "sapiente" che "la morte tra le fiamme" non è la "perdita della vita", ma è quell'indispensabile tramonto [*Untergang*] dell'Io che, solo, ci apre "la porta della vita"[29].

8.

La chiamata in causa da parte di Klages della condizione in cui l'individuo si trova nell'estasi mistica imporrebbe l'apertura di scenari assai ampi e complessi. Come nello stesso anno 1922 in cui era pubblicato *Vom kosmogonischen Eros* veniva rilevato da Max Scheler, la Germania degli anni del dopoguerra assiste ad una vera e propria "ipertrofia di tendenze mistiche"[30]. Il problema della esperienza mistica non solo vede coinvolti molti protagonisti del dibattito religioso sia cattolico sia protestante, ma richiama l'attenzione, oltre che di larga parte del mondo letterario e artistico, della stessa riflessione filosofica. Non si tratta invero di un'assoluta novità. Già la fine del secolo XIX e il primo decennio del nuovo avevano visto molti segni di attenzione al riguardo. Si era trattato anche allora di una attenzione tutt'altro che omogenea. Una mistica d'impianto

29 Ivi, pp. 49 *sgg.*
30 M. Scheler, *Die deutsche Philosophie der Gegenwart*, in: *Deutsches Leben der Gegenwart*, a cura di P. Witkop Wegweiser, Berlin 1922.

naturalistico aveva mostrato di nutrirsi del monismo di scienziati come Häckel tutt'altro che restii dalla speculazione filosofica; aveva preso forza e trovato consenso anche la proposta – di Fr. Mauthner, ma già di Schopenhauer – di una "mistica senza Dio"[31]; e nello stesso tempo erano state ferme le voci a sostegno dell'individuo rapito nell'estasi mistica, come nel caso della raccolta di testi mistici d'Occidente e d'Oriente curata da Martin Buber[32].

È certo però che nel dopoguerra il fenomeno si accentua fortemente, nel contesto di quella che, comunque la si voglia considerare, è una crisi profonda dell'intera cultura tedesca, travolta da un disorientamento che fatalmente si traduce nella ricerca di punti di riferimento, di veri e propri punti di appiglio, quando non rende disponibili all'adozione di parole d'ordine, a fare propri slogan, a credere con convinzione in vere e proprie profezie. E, a leggere molte delle non sempre cristalline pagine anche solo di *Vom kosmogonischen Eros* non si può non ricavare l'impressione che Klages – come molti altri dei suoi contemporanei, ad iniziare da Martin Heidegger – non disdegnasse affatto l'idea di potere essere una guida per le anime disorientate dei giovani tedeschi.

In un racconto giovanile, Thomas Mann rievoca con una ironia che, come al solito, confina con la crudeltà, una serata a cui aveva preso parte nella Monaco di fine secolo. La serata vede – in un venerdì di Pasqua – convocati – in un modesto, disadorno appartamento del sottotetto personaggi di diversa estrazione sociale e di diverso *status* culturale. L'orgogliosa, austera povertà dei padroni di casa è quella di chi può far conto su di una diversa ricchezza: quella delle idee, e di idee che possono trasformare il mondo, come quelle proclamate dal misterioso "profeta", presente alla serata solo nella forma del ritratto fotografico, collocato in bella vista su una sorta di altarino. È in realtà previsto che solo un discepolo del "profeta" illustri le idee

31 Fr. Mauthner, *Wörterbuch der Philosophie. Neue Beiträge zu einer Kritik der Sprache*, Vol. II, Müller, München-Leipzig 1910.
32 M. Buber, *Ekstatische Konfessionen*, Diederichs, Jena 1909.

al piccolo ma selezionato pubblico. L'attesa dell'arrivo dell'oratore è lunga, serpeggia un qualche nervosismo. Il discepolo del "profeta" è in viaggio, deve arrivare dalla Svizzera, si teme un ritardo ferroviario. Ma l'attesa viene alfine premiata, e il discepolo del "profeta" può dare inizio all'illustrazione delle idee del suo misterioso maestro. La sua voce ispirata risuona per più di due ore, con gli effetti che è facile immaginare sulla attenzione e ancor più sull'entusiasmo degli astanti[33].

È ormai da tempo appurato che il "profeta" presente solo in immagine alla serata è Ludwig Derleth, il poeta che avrà una influenza di gran peso su Olga Fröbe-Kapteyn. Derleth, nella Monaco del primo Novecento, è uno dei *Kosmiker* del circolo vicino a quello di Stefan George, e del quale fa parte anche Ludwig Klages. Di Klages Thomas Mann ha fatto conoscenza diretta, assieme ad altri *Kosmiker*, tra cui Karl Wolfskehl. È anzi molto probabile che siano proprio Klages e quest'ultimo il modello dei due "giovanotti di cultura umanistica" le cui pretese competenze di storia dell'arte sono ridicolizzate in un altro racconto giovanile di Mann.[34] L'ironia – ironia comunque aristocratica, venata di disprezzo – farà poi posto alla durezza di una vera e propria condanna, come quella pronunciata nel 1929 nei confronti del "moderno antirazionalismo ostile allo spirito".

Mann così si esprimerà nella *Rede über Lessing* tenuta in occasione della "Lessing Feier" della Accademia Prussiana delle scienze. Ma già nel 1922 il suo pensiero era stato chiaro. Nel lungo saggio dedicato a Goethe e Tolstoi che poi, alla fine della guerra, sarà raccolto con altri (tra cui la *Rede über Lessing*) in *Adel des Geistes*, Mann non aveva esitato a ricordare che "è lo spirito che distingue l'uomo da ogni altra forma di vita organica". L'uomo ha con la natura un "rapporto di elevata libertà", avverte anzi "un forte sentimento di contrapposizione" contro la medesima. Il Mann che in quegli stessi anni ha messo

33 T. Mann, *Beim Propheten* [1904], in: Id., *Werke*, 12 voll., Vol. I (*Die Erzählungen*), Fischer, Frankfurt am Main-Hamburg 1967, pp. 275-81.
34 T. Mann, *Gladius Dei* [1902], in: Id., *Werke*..., cit., pp. 149-62.

mano allo *Zauberberg* (ed è lettore di Novalis) non può d'altronde non chiedersi se quella "contrapposizione", quella vera e propria "liberazione" non sono forse quelle della malattia, dell'essere allora l'uomo in certo senso non più dipendente dalla natura. Non è forse vero che "l'uomo, quanto più è malato, tanto più è libero dal vincolo della natura"?[35].

La "domanda aristocratica" che Mann così si poneva era la domanda di chi, nell'interrogarsi su ciò che costituisce l'essenza ultima dell'uomo come essere comunque coinvolto nell' "eterno circolo" della natura e indicandola nella dimensione dello spirito, nello stesso tempo mostrava di far proprio il tema nietzscheano dell'uomo con "animale malato". Non aveva forse inteso Nietzsche – scriveva Mann continuando a rispondere a quella "domanda aristocratica" – "che l'uomo è più dell'animale solo in quanto si ammala"? Non è forse allora – veniva così ribadito – che "è nello spirito, che è nella malattia che si trova [*beruht*] la dignità dell'uomo" e che "il genio della malattia è più umano del genio della salute"[36]?

9.

Pare difficile rilevare una contrapposizione più netta nei confronti delle posizioni di Klages, intese costantemente – e non solo in *Die psychologischen Errungenschaften Nietzsches,* che è del 1926[37] – a sottolineare il prezzo che l'alterarsi del rapporto dell'uomo con la natura dovuto alla *hybris* dello spirito ha per la comprensione della realtà della vita umana. Difficile – va riconosciuto – non avvertire una qualche perplessità dinanzi alle conseguenze dell'indubbia fascinazione che il tema romantico della malattia esercita su Mann: Käte Hamburger (che ben conosceva Novalis), non aveva mancato di

35 T. Mann, *Goethe und Tolstoi* [1922], in: Id., *Adel des Geistes. Sechzehn Versuche zum Problem der Humanität*, Bermann-Fischer, Stockholm 1948, pp. 178-307, qui, in particolare, pp. 201-204.

36 *Ibidem.*

37 L. Klages, *Die psychologischen Errungenschaften Nietzsches* [1926], Bouvier, Bonn 1989

rilevarlo in una recensione a *Der Zauberberg* che aveva lasciato Mann non del tutto soddisfatto[38]. Ma, soprattutto, difficile non rilevare che, sia per quanto riguarda l'interpretazione di quanto è implicito nella tesi nietzscheana, sia - e soprattutto - per quanto riguarda la tesi del primato dell'anima sullo spirito, le pur insistentemente oracolari formulazioni di Klages appaiono tutt'altro che prive di fondatezza allorché indicano nel legame indissolubile tra l'anima e il corpo la via d'accesso alla comprensione dei caratteri della stessa individualità umana nelle sue dimensioni conoscitiva e volitiva.

In Mann e in Klages gli interrogativi circa la natura dello spirito e quindi dell'individualità umana trovano così risposta nei termini di una decisa polarizzazione. Mann è schierato per più che una pura e semplice "riabilitazione dello spirito"; Klages - che non può d'altronde negare la presenza dello spirito nell'esercizio dell'astrazione concettuale - ne condanna con intransigenza il potere "disumanizzante". Non va però dimenticato che siamo di fronte alle prese di posizione di due personalità di fatto estranee - pur se in modi diversi - al mondo della filosofia accademica. Proprio questa circostanza può, almeno in parte, essere considerata la ragione della nettezza di quelle posizioni e quindi della loro "irriducibilità". Rimane comunque che, quasi paradossalmente, quella "irriducibilità" pare doversi ricondurre a quanto, in linea di principio, dovrebbe invece rendere possibile un compromesso tra le due posizioni: la polisemia, la vera e propria nebulosità di un termine come spirito [*Geist*] che, forse andrebbe ricordato, nel 1897 si era visto riservare più di cento colonne nel contributo di Rudolf Hildebrand al *Wörterbuch der deutschen Sprache*[39]. Il fatto, ovviamente, è che un termine come "spirito" - addirittura inutile parlare al riguardo di "concetto" - si rivela assai adatto ad essere latore di concezioni del mondo e dell'uomo anche assai diverse, colorandosi del colore di queste ultime. Impossibile,

38 T. Mann e K. Hamburger, *Briefwechsel 1932-1955*, a cura di H. Brunträger, Klostermann, Frankfurt a.M. 1999.

39 J. e W. Grimm, *Deutsches Wörterbuch* von, Vol. IV, § I, Pt. 2, "Gefoppe-Getreibs", a cura di R. Hildebrandt e H. Wunderlich, Hirzel, Leipzig 1897, col. 2623-2742.

in ogni caso, riuscire a trattarne procedendo ad una sua definizione preliminare.

D'altronde, nell'introdurre nel 1933 le centinaia e centinaia di pagine da lui dedicate al "problema dell'essere spirituale"[40], anche un severo filosofo accademico come Nicolai Hartmann si preoccupava di segnalare preliminarmente tale impossibilità, inutilmente fronteggiata anche da chi – come Dilthey e soprattutto Simmel – aveva inteso ravvisare nell'autotrascendersi della vita il farsi concreto dello spirito. La cautela o, meglio, il realismo di Hartmann non erano però, in quel 1933, quelli del mondo della filosofia universitaria tedesca. E ancor meno lo sarebbero stati negli anni seguenti: un "rinnovamento dello hegelismo" sempre più in linea con la nuova temperie politica nel misurarsi con la dialettica di spirito soggettivo e spirito oggettivo avrebbe accompagnato l'esaltazione di uno spirito – spirito nella cui genesi al mondo germanico andava il primato – con toni sempre più in deliberata sintonia con quelli del *Mythus des 20. Jahrhunderts* di Alfred Rosenberg.

Nel 1932 Gottfried Benn – pare opportuno concludere tornando a dare, anche se brevemente, la parola non ad un filosofo di professione – pubblicava su una rivista collocata sul fronte della "rivoluzione conservatrice" un breve saggio, di poco più di dieci pagine. Il titolo era *Nach dem Nihilismus*[41]. Nietzsche era al centro delle considerazioni – e della ammirazione – di Benn. Ma non era però il Nietzsche che si era voluto interpretare come allineato col darwinismo, come sostenitore del "biologicamente positivo". Nietzsche, per Benn – che ha ovviamente presente la sentenza secondo cui nell'uomo va visto un "animale malato" – aveva guidato invece allo studio dei "valori negativi", allo studio di tutto ciò che opera per la "differenziazione dello spirito": l'arte, il lavoro del genio, tutto ciò che mette a nudo il fenomeno religioso, e che non si arresta neanche

40 N. Hartmann, *Das Problem des geistigen Seins*, de Gruyter, Berlin 1933.
41 G. Benn, *Nach dem Nihilismus* [1932], in: Id., *Essays-Reden-Vorträge. Gesammelte Werke in vier Bänden*, a cura di D. Wellershoff, Erster Band, Klett-Cotta, Stuttgart 1989, pp. 151-61.

dinanzi alla degenerazione. Ma tutto questo presenta gli "attributi del produttivo", è l'essenza stessa di quel che chiamiamo "spirito". Oggi - affermava con nettezza Benn[42] - il posto da assegnare allo spirito non sta "nella salute del biologico", così come voleva la visione progressiva del positivismo. E tantomeno dobbiamo assistere al suo "eterno languire" in un "tragico" legame con la vita. Lo spirito, invece, va posto al di sopra della vita, è superiore alla vita e lo è in "modo costruttivo" come "principio formante e formale". Sono parole che non suonano nuove, che non sorprendono, in un Benn che rimarrà sempre espressionista. Sorprendono, colpiscono invece perché non può non potervi essere colto più un segno di sintonia con il valore assegnato da Thomas Mann alla presenza dello spirito nell'uomo. Colpiscono perché è nota l'avversione di Benn nei confronti di Mann; ma non sorprendono, non devono sorprendere, alla luce del confronto di ambedue con Nietzsche. La distanza di Benn da Klages è invece evidente nel sarcasmo sull'"eterno languore" della tragedia dello spirito "con la vita". Benn disprezza Klages, non ne tollera gli atteggiamenti vaticinanti, gli scritti che sono una "accozzaglia terribile di chiacchiere". Non solo: ha assistito una conferenza di Klages, e di ritorno scrive a un'amica: "di fuori Mefistofele, dentro Frieda Schanz. Una vera gomma a terra"[43]. Frieda Schanz, all'epoca, è una popolare scrittrice di libri per la gioventù.

42 Ivi, pp. 159 *sgg.*
43 G. Decker, *Gottfried Benn. Genie und Barbar*, Aufbau, Berlin 2006, p. 264.

La morale della Vita: all'incrocio di biologia e biopolitica

Davide Tarizzo

Milano, Italy / *Italia*
September / *Settembre* 2020

L'epidemia di COVID-19 ha scatenato dibattiti accesi sulle modalità di gestione dell'emergenza e le misure adottate dai governi per ridurre i tassi di contagio e di ospedalizzazione. Particolarmente discutibile è parsa a taluni la decisione di limitare alcune libertà fondamentali garantite dalle costituzioni democratiche, quali la libertà di movimento e "il diritto di riunirsi pacificamente" (Costituzione della Repubblica Italiana, art. 17). Giorgio Agamben così scriveva sul suo blog il 17 marzo 2020: "La prima cosa che l'ondata di panico che ha paralizzato il paese mostra con evidenza è che la nostra società non crede più in nulla se non nella nuda vita" (*Chiarimenti*). Il 27 marzo, Agamben ribadiva il punto: "Si direbbe che gli uomini non credono più a nulla – tranne che alla nuda esistenza biologica che occorre a qualunque costo salvare" (*Riflessioni sulla peste*). Il 14 aprile, infine, Agamben invitava i lettori a riflettere su una questione che lo stava tormentando: "Vorrei condividere con chi ne ha voglia una domanda su cui ormai da più di un mese non cesso di riflettere. Com'è potuto avvenire che un intero paese sia senza accorgersene eticamente e politicamente crollato di fronte a una malattia?" (*Una domanda*)[1].

1 Dopo essere apparsi sul blog (www.quodlibet.it/una-voce-giorgio-agamben),

Anche se non si nutre simpatia per le tesi filosofiche di Agamben e il tono semi-oracolare dei suoi scritti, non si può non restare colpiti dal coraggio con cui questo eccentrico personaggio della scena culturale ha sfidato a viso aperto la condiscendenza acritica verso l'autorità mostrata sin da subito dalla quasi totalità del ceto intellettuale in Italia e all'estero. Ancora più ammirevole ai miei occhi è stata la candida confessione del suo stupore, condito da amara indignazione, di fronte al progredire degli eventi. Benché il concetto di "nuda vita" sia da tempo al centro delle sue riflessioni, la crisi pandemica sembra aver spiazzato Agamben, che ha avuto l'onestà di manifestare tutto il suo imbarazzo, lasciandone trasparire le ragioni. La novità che pare averlo colto alla sprovvista non è la "nuda vita" in sé bensì la *credenza* diffusa nella "nuda vita" o, per dirla con le sue parole, il fatto che "la nostra società non crede più in nulla se non nella nuda vita". Cosa significa qui *credere*? E donde trae origine questa credenza nella "nuda esistenza biologica che occorre a qualunque costo salvare"? Per quanto uno si impegni, non può trovare risposta nell'*opus* agambeniano.

Dico che si tratta di un fatto curioso perché Agamben, com'è noto, sostiene che l'intera storia politica e metafisica dell'Occidente ruota attorno al concetto di "nuda vita". Proprio qui, tuttavia, si cela l'inghippo da cui è difficile venir fuori in un'ottica come la sua. Molto in breve, se nel concetto di "nuda vita" si scorge la chiave interpretativa di *tutta* la storia occidentale, allora tale concetto può rendere conto, sì, della continuità di fondo ma non delle discontinuità di cui la storia è fatta. Oggi per l'appunto, come Agamben stesso sottolinea, ci troviamo di fronte a una novità, a una discontinuità, a uno scarto tra il presente e il passato rivelato dall'apparizione e dall'enorme impatto sociale di una *credenza* diffusa e pressoché idolatrica nella "nuda vita". Di nuovo, cosa significa *credere* in questo caso? In che

questi brevi interventi sono stati raccolti in G. Agamben, *A che punto siamo? L'epidemia come politica*, Quodlibet, Macerata 2020.

cosa consiste questa *credenza* nella “nuda esistenza biologica che occorre a qualunque costo salvare”? E come spiegarne l’emergenza?

In un libro pubblicato una decina d’anni fa ho avanzato un’ipotesi sulla soglia che divide il nostro tempo (la tarda modernità) dal passato e rende conto, almeno in parte, di quanto sta accadendo oggi. Per prima cosa, però, cosa sta accadendo di preciso? Agamben ha senz’altro puntato il dito su un problema reale, che dovrebbere risvegliare dal torpore tanti osservatori: da un lato, abbiamo le misure emergenziali che minano talune libertà fondamentali e sembrano mettere a repentaglio l’esistenza stessa delle democrazie moderne; dall’altro, abbiamo la volontà della popolazione di assecondare queste misure senza curarsi troppo del fatto che esse potrebbero costituire un pericoloso precedente in un futuro più o meno prossimo.

Per quanto riguarda la prima metà del problema, pare abbastanza riduttivo riduttivo sostenere che la pandemia sia stata solo un’occasione pretestuosa per instaurare un regime semi-autoritario in molti paesi, occidentali e non, come Agamben ha insinuato sul suo blog (*Due vocaboli infami*, 10 luglio 2020). Sebbene sia innegabile che la pandemia ha offerto opportunità inaudite di incremento dei guadagni a potenze economiche come Big Pharma e i GAFA, capaci di influenzare pesantemente governi nazionali e organizzazioni internazionali quali l’OMS, la pandemia e la reazione generale che essa ha suscitato non sono state inventate di sana pianta dall’industria farmaceutica o dai giganti del web. La faccenda è assai più complicata.

Per quanto riguarda la seconda metà del problema, pare tutto sommato ingenuo sostenere che la maggioranza della popolazione abbia accolto senza proteste, anzi quasi con sollievo, i lockdown e le altre misure restrittive perché terrorizzata dalle autorità pubbliche e in preda alla paura di morire, come Agamben ha pure insinuato a un certo punto (*Che cos’è la paura*, 13 luglio 2020). In realtà, il senso di smarrimento e il diffuso nervosismo che la pandemia ha suscitato non sembrano l’effetto di un genuino panico o terrore ma piuttosto un riflesso sbiadito di tali emozioni, mediato da schermi televisivi e baraonde narrative che hanno aiutato la popolazione a tenersi a distanza dagli eventi, osservandoli come dal di fuori. Nella società dello spettacolo, come Guy Debord insegna, niente può essere preso per quel che appare essere, nemmeno la paura della morte[2], che oltretutto non rappresenta una costante naturale ma varia notevolmente a seconda del contesto culturale. La paura aumenta o diminuisce in funzione di ciò che le persone, in un certo luogo e momento della storia, ritengono che abbia più *valore*. Per secoli, la paura della morte non ha impedito a milioni di esseri umani di scontrarsi in battaglia mettendo in gioco la loro stessa vita, subordinata a valori superiori (la gloria e il potere personale, i privilegi sociali, la fede religiosa, la lealtà alla nazione, e via dicendo).

Va ricordato anche che non è il pericolo immediato della morte bensì il pericolo di un'infezione dal decorso incerto che i cittadini hanno dovuto fronteggiare nel corso della pandemia. Alla resa dei conti, il rischio effettivo di morire si è sempre mantenuto basso, toccando in maniera diseguale la popolazione, con picchi di pericolosità maggiore solo per persone anziane o molto anziane, già gravate da patologie pregresse. Nonostante ciò, molti di noi - senza troppe distinzioni tra vecchi e giovani - hanno cominciato a preoccuparsi, tanto da sentirsi inclini a disfarsi di alcune libertà fondamentali pur di mettersi al riparo dalla minaccia. Come Agamben ha giustamente rilevato, è venuta così alla luce la notevole sproporzione tra ciò che molti di noi si sono ritrovati pronti a sacrificare su due piedi - certi loro diritti basilari - e ciò che potevano aspettarsi in cambio. La paura, come detto, non basta a spiegare una simile reazione, perché la paura al pari di altre emozioni umane è indissociabile da giudizi di valore; il suo significato e peso mutano a seconda del contesto culturale in cui gli umani vivono e prendono le loro decisioni. La

2 "Immobilizzata nel centro falsificato del movimento del suo mondo, la coscienza spettatrice non conosce più nella propria vita un passaggio verso la realizzazione e verso la propria morte" (G. Debord, *La société du spectacle*, Gallimard, Paris 1992, p. 160).

domanda che va posta è dunque: qual è il *nostro* contesto? A che cosa noi attribuiamo più *valore*?

Per rispondere a questo interrogativo, occorre concentrarsi sulla nostra paura più profonda, che non è la paura della morte bensì la paura della Vita stessa, *la paura di non essere all'altezza delle richieste avanzate dalla Vita in quanto tale* – donde un senso di fragilità e precarietà che caratterizza il nostro vissuto quotidiano. Sono consapevole che tali parole suoneranno enigmatiche a tutta prima. Proverò a chiarirne il significato a partire dalle tesi esposte nel libro cui facevo cenno poc'anzi.

***

La tesi principale del mio libro sulla Vita è che nella tarda modernità si sia imposto un paradigma metafisico imperniato su un'idea di Vita che si è venuta formando nel corso degli ultimi due secoli[3]. Si può parlare in proposito di "nuda vita" – sulla scia non tanto di Agamben quanto di Johann Gottlob Fichte e Walter Benjamin, che adoperano entrambi l'espressione *bloßes Leben* – ma per ragioni che diverranno chiare in seguito io preferisco parlare di Vita autonoma.

La moderna metafisica della Vita tende a restare invisibile per varie ragioni. Vale la pena ricordarne due: primo, essa rappresenta il minimo comune denominatore di teorie filosofiche che in apparenza si contrappongono l'una all'altra ma che serbano in profondità parecchie somiglianze; secondo, questa metafisica trova altresì espressione in taluni teoremi scientifici che stanno alla base della moderna biologia ed esprimono credenze sempre più diffuse e consolidate.

Benché il termine *biologia* avesse già fatto capolino in alcuni testi settecenteschi, la parola acquista il suo significato odierno agli inizi dell'Ottocento, quando nasce la scienza della vita. Questa nuova scienza o dottrina – *Biologie* or *Lebenslehre*, come la battezza Gottfried Reinhold Treviranus – si concentra non soltanto sulle diverse forme e caratteristiche del vivente, come avevano fatto le

3 D. Tarizzo, *La vita, un'invenzione recente*, Laterza, Bari-Roma 2010.

indagini naturalistiche del passato, ma anche sulle condizioni e le leggi che regolano l'apparizione della Vita in quanto tale nel mondo naturale. A metà Ottocento, com'è noto, Charles Darwin disegna la cornice entro la quale tutti i dibattiti sulla Vita si muoveranno da quel momento in poi. Ancora oggi, quando si discute di biologia, la scelta è tra l'essere per o contro Darwin, la cui figura che si può accostare solo, per importanza e influenza, a quella di Aristotele[4].

Sarebbe superfluo insistere qui sul rilievo assunto nella cultura tardo-moderna dalla biologia in generale e dal darwinismo in particolare. Da metà Ottocento in avanti, la nuova scienza della vita ha esercitato un'influenza a tratti decisiva sulle indagini condotte in diversi campi del sapere, dalla sociologia alla psichiatria, dall'economia alla scienza politica, per non parlare della filosofia e, più di recente, delle scienze cognitive. Alla luce di tutto ciò, non sorprende che la biologia e il darwinismo abbiano condizionato anche il modo in cui il governo degli uomini è stato concepito ed esercitato nel mondo occidentale. L'eugenetica, il darwinismo sociale e la sociobiologia sono solo alcuni esempi della svolta biologistica nelle scienze sociali che ha impresso un'accelerazione impetuosa alla riconfigurazione biopolitica delle società moderne.

Filosofi e scienziati sociali si sono spesso interrogati su vizi e virtù della visione darwinista dell'uomo e della natura. John Dewey fu tra i primi a sottolineare che "allungando le mani sull'arca sacra dell'assoluta permanenza, e trattando le forme una volta considerate come tipi fissi e perfetti alla stregua di forme che si originano e tramontano, l'*Origine delle specie* ha inaugurato un modo di pensare che era destinato a trasformare la logica della conoscenza, e dunque il nostro approccio alla morale, alla politica e alla religione"[5]. Col passar del

4 Si potrebbe anche aggiungere che le differenze tra Darwin e Aristotele sono minori di quanto si possa immaginare, come sostenuto per esempio da É. Gilson, *D'Aristote à Darwin et retour. Essai sur quelques constantes de la biophilosophie*, Vrin, Paris 1971.

5 J. Dewey, *The Influence of Darwin on Philosophy, and Other Essays in Contemporary Thought*, Henry Holt and Company, New York, NY 1910, p. 1.

tempo, però, alcuni si son chiesti se questa trasformazione fosse stata portata avanti in nome della scienza o di un'interpretazione metafisica della natura. Karl Popper, per esempio, insinua nella sua autobiografia che la teoria della selezione naturale andrebbe considerata un "programma di ricerca metafisico" anziché scientifico (in seguito, occorre precisare, Popper tenderà a stemperare questa tesi).[6] Dubbi analoghi sono poi insorti in Imre Lakatos e altri[7]. Anche Jerry Fodor e Massimo Piattelli-Palmarini, per citare un caso più vicino a noi, hanno attaccato con virulenza la teoria della selezione naturale. Resta il fatto tuttavia che ancora oggi, dentro e fuori il campo della biologia, "il neo-darwinismo è assunto come un assioma: non viene mai, letteralmente, messo in questione. Una concezione che sembri contraddirlo, direttamente o per implicazione, è *ipso facto* rifiutata, per quanto plausibile possa sembrare. Interi dipartimenti, riviste e centri di ricerca operano secondo questo principio. Di conseguenza il darwinismo sociale cresce rigoglioso, come il darwinismo epistemologico, il darwinismo psicologico, l'etica evoluzionistica e, il cielo ci scampi, l'estetica evoluzionistica. Se volete vedere i loro monumenti, date uno sguardo alle pagine scientifiche dei quotidiani"[8].

Difficile replicare a questa arringa, che in effetti contiene più di un grano di verità. Detto questo, non è da un punto di vista meramente epistemologico che la questione va analizzata a mio parere, poiché il dogmatismo neo-darwinista diventa pienamente comprensibile solo se vi si scorge l'espressione di quella che chiamo la moderna metafisica della Vita. Ciò significa, in prima approssimazione, che l'assiomatica darwinista e neo-darwinista è intrisa di giudizi di valore, ossia contiene una visione assiologica del mondo naturale che, essa sì, induce la maggior parte dei contemporanei,

6 K. Popper, *Unended Quest: An Intellectual Autobiography*, Routledge, London, 2002, pp. 194-210.

7 "Nessuno finora ha trovato un criterio di demarcazione che possa farci ritenere scientifica la teoria di Darwin" (I. Lakatos, "Lectures on Scientific Method", in: I. Lakatos e P. Feyerabend, *For and Against Method*, The University of Chicago Press, Chicago, IL 1999, p. 24).

8 J. Fodor e M. Piattelli-Palmarini, *Gli errori di Darwin*, Feltrinelli, Milano 2012, p.12.

biologi inclusi, a preferire la teoria di Darwin ad ogni altra spiegazione dei processi naturali. In quest'ottica, non basterà più dire, allora, che la teoria di Darwin, essendo di per sé fallace, regge solo grazie all'ottuso fanatismo teorico dei suoi sostenitori, come Fodor e Piattelli-Palmarini paiono sostenere. Le cose, anche in questo caso, sono assai più complicate. In ultima analisi, è una *credenza* condivisa in un certo concetto assiologico di Vita che finisce per elevare la teoria della selezione naturale al rango di dogma indiscutibile[9].

Cos'è la Vita? Per rispondere, occorre prendere in considerazione non solo la filosofia e la scienza della Vita ma anche la storia politica. Michel Foucault ha mostrato come un vasto insieme di aspetti biologici dell'esistenza umana sia entrato gradualmente nel raggio di azione della politica tra fine Settecento e inizio Ottocento. È allora che il biopotere (nel senso foucaultiano del termine) comincia a moltiplicare i suoi interventi, assumendosi il compito di monitorare la vita dei cittadini mediante dispositivi di regolazione "biopolitica" delle popolazioni e di disciplina "anatomopolitica" dei corpi: la seconda si esercita sui corpi dei singoli individui allo scopo di soggiogarli, rendendoli docili e sfruttabili (scuola, caserma e prigione sono alcuni dei luoghi in cui questo *dressage* viene effettuato); la prima si esercita invece sul corpo della specie e sui processi biologici correlati (nascita, igiene, longevità, riproduzione, eccetera) per rendere possibile una "gestione calcolatrice della vita"[10]. Con la crescita degli apparati statuali, soprattutto tra fine Ottocento e inizio Novecento, il biopotere amplia sempre più il suo raggio di azione e migliora l'efficacia dei suoi interventi con l'aiuto di nuovi strumenti concettuali messi a disposizione dalla ricerca medica e biologica. La scienza dell'epidemiologia, per limitarsi a un esempio piuttosto significativo per noi oggi, conosce diverse fasi di sviluppo

9 Non sono il primo a porre l'accento sulle implicazioni assiologiche del moderno concetto biologico di Vita. Vedi per esempio H. Jonas, *Il principio responsabilità. Un'etica per la civiltà contemporanea*, Einaudi, Torino 1993, pp. 101 e *passim*.

10 M. Foucault, *La volontà di sapere*, tr. it. Feltrinelli, Milano 1984, p. 123.

in quel periodo e diventa un ingranaggio cruciale nella macchina di monitoraggio biopolitico delle popolazioni. Come Foucault evidenzia, questo intreccio sempre più stretto tra il linguaggio della politica e il linguaggio della biologia è anche all'origine della piega tanatopolitica del biopotere. Le forme più estreme di razzismo trovano lì la loro origine.

> Il razzismo si forma a questo punto (il razzismo nella sua forma moderna, statale, biologizzante): tutta una politica della popolazione, della famiglia, del matrimonio, dell'educazione, della gerarchizzazione sociale, della proprietà e di una lunga serie di interventi permanenti a livelli del corpo, dei comportamenti, della salute, della vita quotidiana, hanno ricevuto allora il loro carattere e la loro giustificazione dalla preoccupazione mitica di proteggere la purezza del sangue e di far trionfare la razza. Il nazismo è stato probabilmente la combinazione più ingenua e più scaltra – e scaltra perché ingenua – dei fantasmi del sangue con i parossismi di un potere disciplinare. Un ordinamento eugenetico della società, con tutto quel che poteva comportare di estensione o d'intensificazione dei micro-poteri, sotto la copertura di una statalizzazione illimitata, andava di pari passo con l'esaltazione onirica di un sangue superiore, che implicava contemporaneamente il genocidio sistematico degli altri ed il rischio di esporre sé stessi ad un sacrifico totale[11].

Come Foucault spiega, l'apologia nazista del sangue ariano illustra gli esiti tragici della deriva biologistica della biopolitica moderna. E come altri studiosi hanno messo in luce, non vi possono essere dubbi sul fatto che l'ideologia nazista fosse imbevuta di nozioni darwiniste, per quanto distorta la loro interpretazione fosse in quel periodo. Da Martin Heidegger a György Lukács, da Richard Weikart a Enzo Traverso, sono in tanti ad aver sottolineato che il socialdarwinismo fu la principale fonte di ispirazione per la politica identitaria nazista e le

11 Ivi, pp. 132 *sg.*

sue infami atrocità[12]. Nonostante queste evidenze storiche, però, né Foucault né i suoi epigoni hanno prestato la dovuta attenzione alla filosofia socialdarwinista del nazismo. Così, curiosamente, i maggiori teorici della biopolitica degli ultimi quarant'anni, pur discorrendo spesso e volentieri di nazismo, non hanno speso una parola sulla scienza nazista della Vita. Ne ho parlato a lungo nel mio libro sulla Vita, per cui non occorre ritornarvi in questa sede. Ci tengo solo a precisare che l'emblematicità del nazismo da un punto di vista biopolitico consiste proprio nel fatto che i nazisti enfatizzarono il duplice volto della Vita moderna, dai connotati al tempo stesso epistemici e assiologici. Una cosa è la "nuda vita" o la pura esistenza biologica, un'altra è *credere* nella "nuda vita", cioè assegnare alla pura esistenza biologica un valore intrinseco. I nazisti furono i sommi sacerdoti di questa *credenza* prima ancora che i crudeli demiurgi della "nuda vita". E forse per questo noi continuiamo a voltarci indietro e a scrutare sbigottiti i loro atti ignominiosi. Ogni volta che lo facciamo, è come se ci ponessimo sulle tracce di noi stessi, anche se ci risulta impossibile riconoscerci nei loro atti abominevoli[13].

Prima dell'Ottocento, nota Foucault, la Vita non esisteva: esistevano solo gli esseri viventi. Ciò significa, come già accennato, che l'emergenza del concetto moderno di Vita coincide con la nascita della nuova scienza della Vita. "Si vogliono scrivere storie della biologia nel XVIII secolo; ma non si avverte che la biologia non esisteva allora e che la sezione del sapere a noi familiare da più di centocinquanta anni non può valere per un periodo anteriore. E che se la biologia era sconosciuta, era per una ragione assai semplice: la vita stessa non

12 M. Heidegger, *Nietzsche*, tr. it. Adelphi, Milano 1994; G. Lukács, *La distruzione della ragione*, tr. it. Mimesis, Milano 2011; R. Weikart, *From Darwin to Hitler: Evolutionary Ethics, Eugenics, and Racism in Germany*, Palgrave, New York, NY 2004; E. Traverso, *La violenza nazista. Una genealogia*, il Mulino, Bologna 2002.

13 Sulla distanza tra noi e il nazismo, spesso sottaciuta o sottovalutata dai teorici della biopolitica, cfr. D. Tarizzo, *Political Grammars: The Unconscious Foundations of Modern Democracy*, Stanford University Press, Stanford, CA 2021, pp. 209 *sg*.

esisteva. Esistevano soltanto esseri viventi: apparivano attraverso una griglia del sapere costituito dalla *storia naturale*"[14].

La Vita e la biologia nascono dunque nello stesso momento. Ma cosa si deve intendere per Vita? In effetti, non si tratta di un concetto di facile interpretazione, come cellula ad esempio, o come DNA, poiché Vita non nomina un oggetto, un'entità concreta in cui possiamo imbatterci, ma significa qualcosa di più astratto. Neppure possiamo limitarci a dire che Vita è un "indicatore epistemologico", seguendo ancora Foucault[15], giacché Vita è un concetto *double face*, epistemico e assiologico. Tantomeno, per finire, possiamo accontentarci di definire la Vita come il contrario della morte, poiché una simile definizione apre la strada a sterili tautologie. Samuel Coleridge lo aveva già notato con ironia a proposito di Xavier Bichat. "Il fisiologo ci ha spiegato con chiarezza Y + X, dicendo che rappresenta l'antitesi di Y – X. Se ci chiediamo: che cos'è Y – X, la risposta è: l'antitesi di Y + X [...]. Le definizioni illustreranno meglio ciò che vogliamo dire. Comincerò da quella di Bichat: 'La vita è la somma di tutte le funzioni con cui si resiste alla morte'. Vanamente ho cercato di trovarvi un significato differente da quello in base al quale la vita consiste nel riuscire a vivere"[16].

Una volta sgombrato il campo da possibili equivoci, si può dire, per entrare *in medias res*, che la Vita nel senso moderno della parola indica una *forza*: in primo luogo, una forza naturale di cui si occupa l'indagine biologica; in secondo luogo, una forza ontologica di cui si interessa la riflessione filosofica, ora in sintonia ora in contrasto con la visione scientifica del mondo; in terzo luogo, infine, una forza storica esaltata da politici e pensatori – di orientamento talvolta assai difforme – che vi scorgono un motore del progresso umano.

14 M. Foucault, *Le parole e le cose. Un'archeologia delle scienze umane*, tr. it. Rizzoli, Milano 1985, pp. 143 *sg*.

15 M. Foucault e N. Chomsky, *Della natura umana. Invariante biologico e potere politico*, tr. it. DeriveApprodi, Roma 2005, p. 12.

16 S. Coleridge, *Hints Towards the Formation of a More Comprehensive Theory of Life*, Churchill, London 1848, pp. 21 *sg*.

Dato che la filosofia e la politica tardo moderne sono di norma al traino della scienza (come oggi appare più che mai evidente), il maggiore contributo alla comprensione della Vita come forza è stato dato, negli ultimi due secoli, dalla scienza: la biologia. E certo non si può negare a Darwin e al darwinismo un ruolo di primo piano nella concettualizzazione biologica della Vita in quanto tale. La Vita appare come una forza in una prospettiva darwinista – e forse *solo* in questa prospettiva – perché la Vita è supposta obbedire a una legge naturale, simile alla legge di gravitazione universale. Secondo Newton, la gravitazione si può considerare una forza naturale perché esiste una legge naturale che descrive e predice l'attrazione tra tutti i corpi fisici. Analogamente, secondo Darwin, la Vita è una forza naturale perché esiste una legge naturale che descrive e predice il comportamento di tutti gli esseri viventi. Il nome di questa legge è selezione naturale.

Non è semplice spiegare, e prima ancora capire, la teoria della selezione naturale. A ben vedere, esistono (almeno) due versioni della teoria. Possiamo chiamarle la versione adattazionista e quella selezionista. In base alla prima, la lotta per la vita favorisce i viventi che sviluppano tratti adattivi e si integrano dunque meglio nell'ambiente in cui vengono alla luce. In base alla seconda, la selezione naturale favorisce i viventi che aumentano gradualmente la loro capacità di affrontare ulteriori fasi di selezione, *creando* – per così dire – nicchie ecologiche sempre nuove e modi inediti in cui la Vita può essere insufflata nei viventi[17].

Sebbene la versione adattazionista della teoria sia la più nota al pubblico, essa è di gran lunga la meno soddisfacente giacché tende a reintrodurre assunti teleologici a monte dell'argomentazione scientifica. Come Fodor e Piattelli-Palmarini osservano, l'idea qui è che

17 Il potere *creativo* della selezione naturale viene spesso sottolineato dai biologi, che lo considerano solitamente un tratto distintivo del mondo biotico, assente nel mondo abiotico. Talvolta, questo tratto viene esteso all'intero universo. Cfr. per esempio S. Kauffman, *Humanity in a Creative Universe*, Oxford University Press, Oxford 2016.

la selezione naturale naturale operi *in vista di*, che essa sia portata avanti da una sorta di sistema intenzionale capace di discriminare tra diverse alternative e di *riconoscere* quale tratto sia adattivo e quale no, ossia quale tratto vada privilegiato con l'obiettivo di svolgere una certa funzione in un ambiente predeterminato, e quale no. Per questo motivo, essi concludono, la versione adattazionista va respinta. "Se i geni fossero sistemi intenzionali, o se ci fosse una Madre Natura che seleziona in base a dei fini, per quali tratti opera la selezione naturale sarebbe una questione di fatto. Queste sono le buone notizie. Le cattive sono che, a differenza della selezione naturale, Madre Natura è una finzione; e le finzioni non possono selezionare le cose"[18].

C'è poi un'altra ragione per cui la selezione naturale non può essere reputata una legge di natura qualora se ne offra una lettura meramente adattazionista: le combinazioni vincenti o perdenti tra il vivente e l'ambiente cambiano a seconda della situazione, ma non si possono trarre generalizzazioni affidabili dalle molteplici e pressoché infinite situazioni che si susseguono nella storia naturale. "C'è una storia su come i ragni catturano le mosche per mangiarle, e c'è una storia su come le querce distribuiscono i loro semi, ma le due hanno poco o nulla in comune; non ci sono, come potrebbe dire un filosofo, leggi – e nemmeno generalizzazione affidabili – dei loro meccanismi di adattamento o della struttura delle loro nicchie. Alcune funzionano in un modo, altre in modi del tutto diversi, e non è molto probabile che ce ne siano due uguali"[19]. Per questo, secondo Fodor e Piattelli-Palmarini, non solo dovremmo rinunciare alla teoria della selezione naturale ma dovremmo abbandonare più in generale la speranza di scoprire un giorno una teoria qualsiasi dell'evoluzione. "La storia (compresa la storia naturale) riguarda quello che è successo effettivamente, non quello che *doveva* succedere, né quello che succederebbe se Madre Natura dovesse fare un altro

18 J. Fodor e M. Piattelli-Palmarini, *op. cit.*, p. 165.
19 Ivi, p. 199.

tentativo. Quello che doveva succedere è il dominio della teoria, non della storia; e non c'è una teoria dell'evoluzione"[20].

Questo non è tutto, però, giacché esiste un'altra versione della teoria meno esposta a questo genere di critiche. In base ad essa, Madre Natura seleziona non in vista dell'adattamento bensì in vista della selezione stessa. In altre parole, la selezione naturale non vede né discrimina alcunché – la selezione è cieca o inconscia, come già diceva Darwin – ma essa comunque agisce sotto forma di spinta propulsiva che induce i viventi a massimizzare la riproduzione. In quest'ottica, il successo riproduttivo è l'obiettivo primario perseguito dalla selezione naturale poiché tale successo è ciò che consente di aumentare le possibilità di variazione e diversificazione dei viventi, possibilità che a loro volta aumentano le opzioni su cui si potranno esercitare future selezioni, sempre più variegate e articolate. Il risultato di questo processo, costante nel tempo, è un innalzamento spontaneo dei gradi di complessità e organizzazione del mondo della Vita. Per mezzo della selezione naturale intesa come un processo di massimizzazione riproduttiva, la Vita moltiplica le sue manifestazioni nel mondo naturale poiché spinge i viventi ad aumentare – di generazione in generazione – le proprie chance di sopravvivenza differenziando i propri tratti e complicando sempre più la propria organizzazione interna e la struttura della biosfera nel suo insieme. Chiaramente, l'ambiente gioca un ruolo anche in questo caso, giacché esso oppone una resistenza alla massimizzazione e diversificazione riproduttiva, una resistenza che produce effetti diseguali, favorendo alcune forme di vita e condannandone altre ad essere eclissate da quelle che raggiungono tassi più elevati di riproduzione. Ma il punto è che qui la resistenza opposta dall'ambiente – la sua azione di filtro, se vogliamo – resta invisibile, o quantomeno può essere messa in secondo piano. Data la pressione universale e costante verso la massimizzazione riproduttiva, non c'è bisogno – né per Madre Natura né per il biologo – di sapere *ex ante* quale tipo di resistenza

20 Ivi, p. 201.

verrà opposta dall'ambiente: qualche forma di vita soprravviverà e qualche altra perirà *in ogni caso*. Non occorre pertanto congetturare che Madre Natura *veda* alcunché e selezioni intenzionalmente *per* un certo tratto adattivo invece di un altro. Da un punto di vista selezionista, possiamo solo dire *ex post* che nuove nicchie ecologiche (un concetto da non confondersi con quello di habitat[21]) emergono una dopo l'altra ed espandono la biosfera sotto la pressione della selezione naturale. Quel che viene chiamato "adattamento" non è che la conseguenza – anziché la premessa – del processo selettivo. Più precisamente, l'*adaptation* intesa come aspetto qualitativo del vivente non è che l'apparenza esterna della *fitness* intesa come misura differenziale dei tassi di riproduzione. Nella prima edizione del suo *magnum opus*, Darwin ricorre a un'immagine eloquente per illustrare questa sua intuizione: "Il volto della Natura può essere paragonato a una superficie cedevole, con diecimila cunei ammassati l'uno contro all'altro e spinti all'interno da colpi incessanti, colpi che calano ora su un cuneo e dopo, con maggiore forza, sull'altro"[22].

L'ultima parola, *forza*, è la chiave della teoria di Darwin. Premesso che la versione selezionista della teoria può essere integrata a quella adattazionista con strategie argomentative che non occorre ripercorrere in questa sede (e premesso che nelle varianti più sofisticate le due versioni rappresentano in effetti i due poli di una

21 Per illustrare bene la differenza tra la nicchia e l'habitat bisognerebbe scendere in dettagli tecnici. Limitandosi all'essenziale, si può dire che due specie possono condividere lo stesso habitat e conviverci, ma non possono occupare, per definizione, la stessa nicchia. Vale pure la pena sottolineare che oggi in ecologia si parla di "evoluzione della nicchia", nonché di "casi non-adattivi di evoluzione della nicchia". La nicchia è cioè intesa come un ingrediente o una dimensione del processo evolutivo, non come un palcoscenico o uno sfondo su cui si svolge lo spettacolo dell'evoluzione (un po' come nella teoria relativistica lo spaziotempo non è più concepito come uno sfondo fisso). Come spiegano due esperti del settore, "se la nicchia dipende dai tratti e i tratti sono foggiati dall'evoluzione, l'ovvio corollario è che la nicchia dipende dall'evoluzione" (J.M. Chase e M. A. Leibold, *Ecological Niches: Linking Classical and Contemporary Approaches*, The University of Chicago Press, Chicago, IL 2003, p. 161).

22 C. Darwin, *On the Origin of Species by Means of Natural Selection*, John Murray, London 1859, pp. 66 *sg*.

sola e medesima teoria), va sottolineata nondimento la differenza sostanziale tra le due. È il selezionismo, non l'adattazionismo, a rappresentare l'autentica novità introdotta in biologia da Darwin. È il selezionismo che ci fa passare da una visione statica a una visione intrinsecamente dinamica della natura. È il selezionismo che fa della Vita una forza naturale. E il selezionismo non è affetto né da tautologie né da assunti teleologici. Piuttosto, sulla scia di Jacques Monod, potremmo parlare di una concezione "teleonomica" della Vita[23]. Il selezionismo, per cominciare, non afferma tautologicamente che la Vita è il contrario della morte, o ciò che vivo corrisponde a ciò che non è ancora morto, poiché la Vita nel senso darwinista del termine, la Vita astratta dal vivente, è immune dalla morte. Per Darwin, la forza della Vita sopravvive, per definizione. Da un punto di vista selezionista, inoltre, la Vita non sembra seguire alcuna direzione predeterminata dall'ambiente; in un'ottica teleonomica sembra cioè che si possano evitare scorciatoie teleologiche (sebbene, cacciate dalla porta, questa ultime rientrino poi dalla finestra) in virtù del fatto che la selezione naturale non persegue (non direttamente almeno) finalità adattive. Piuttosto, l'adattamento appare come una conseguenza della selezione. In altre parole, l'unico scopo della Vita diventa qui la Vita stessa, vale a dire la sopravvivenza, la riproduzione. E questa sorta di auto-finalità interna della Vita si profila come una proprietà tanto astratta e generale da poter essere estesa ad ogni singolo, concreto episodio di speciazione. In breve,

23 L'idea di "oggetti dotati di un progetto", scrive Monod, "è essenziale alla definizione stessa degli esseri viventi [...]. Diremo che gli esseri viventi si differenziano da tutte le strutture di qualsiasi altro sistema presente nell'universo proprio grazie a questa proprietà, alla quale daremo il nome di *teleonomia* [...]. Sarà facile rendersi conto che l'attuazione del progetto teleonomico fondamentale (cioè la riproduzione invariante) dà luogo, in specie diverse e a diversi gradi della scala animale, a varie strutture e prestazioni, più o meno elaborate e complesse. È necessario insistere sul fatto che non si tratta soltanto delle attività direttamente legate alla riproduzione propriamente detta, ma di tutte quelle che contribuiscono, anche molto indirettamente, alla sopravvivenza e alla moltiplicazione della specie" (J. Monod, *Il caso e la necessità. Saggio sulla filosofia naturale della biologia contemporanea*, tr. it. Mondadori, Milano 1971, pp. 21, 25).

questa auto-finalità è suscettibile di essere interpretata come una legge di natura che fa della Vita una forza naturale insufflata in ogni nuova specie.

L'importanza del selezionismo darwinista per la concettualizzazione moderna della Vita dovrebbe risultare chiara a questo punto. La Vita appare come una forza naturale che anima i viventi – da vedersi come le unità "egoiste" della selezione che lottano per la sopravvivenza e mirano a massimizzare la riproduzione[24] – grazie al fatto che la teoria della selezione naturale si prospetta come un'interpretazione nomologica di *tutti* i passaggi evolutivi che hanno costellato la storia naturale. Il problema è che, purtroppo, nemmeno questa versione della teoria può dirsi al sicuro da obiezioni, non solo perché non c'è modo di testarla, ma anche perché *nomologico* e *assiologico* finiscono per essere sinonimi in un'ottica del genere, e questa implicita sinonimia lascia trasparire l'invisibile trama metafisica della teoria darwinista della Vita e, più in generale, del mondo naturale in cui noi *crediamo* di abitare.

Per chiarire il punto, basta osservare che tutto quanto appare come una *necessità* naturale dal punto di vista dello scienziato si traduce in un *imperativo* naturale per il vivente: l'imperativo di massimizzare la riproduzione, che è ciò a cui il vivente dovrebbe assegnare massimo *valore*, sempre e ovunque. Non è chiaro perché le cose debbano stare proprio così, né è chiaro come potremmo provare scientificamente che le cose stanno in questo modo (la *creatività* della selezione naturale fa a pugni con la *predittività* richiesta a una teoria scientifica)[25]. In realtà, come ha notato Niles Eldredge, potremmo vedere "la riproduzione più come un lusso fisiologico che come un imperativo necessario alla volpe per continuare a vivere"[26]. Detto altrimenti, la necessità/imperativo della riproduzione si rivela

24 R. Dawkins, *Il gene egoista*, Mondadori, Milano 1982.

25 Sulla scarsa o nulla predittività della teoria della selezione naturale, cfr. P.-A. Miquel, *Che cos'è la vita?*, tr. it. Textus, L'Aquila 2011, pp. 43-65.

26 N. Eldredge, *Ripensare Darwin. Il dibattito alla Tavola Alta dell'evoluzione*, tr. it. Einaudi, Torino 1999, p. 43.

essere un assunto *a priori* che non è esatto né direttamente desumibile dall'osservazione dei fatti naturali.

Questo assunto impone che si assegni un *valore* dirimente ad alcune misurazioni empiriche (tassi di riproduzione). L'idea di partenza è che solo la propagazione, moltiplicazione e diversificazione delle forme viventi possano scatenare una competizione – una lotta per la vita – che consente alle specie di evolvere nel tempo. Ma affinché questa ipotesi abbia senso, dobbiamo presupporre che esista nei viventi una *tendenza* naturale a propagarsi il più possibile, che riflette una loro cieca *volontà* di propagarsi il più possibile; la riproduzione deve essere concepita insomma come la *finalità* costante – o il "progetto essenziale", per dirla con Monod[27] – di tutti gli esseri viventi. In mancanza di questa finalità, ossia in mancanza della necessità/imperativo della riproduzione, nessun processo evolutivo pare possibile in una prospettiva selezionista; di riflesso, la necessità/imperativo della riproduzione si configura qui come il motore ultimo della storia evolutiva. La confusione è però evidente: il selezionismo annulla la distanza tra il registro *nomologico* e il registro *assiologico* dell'enunciazione concependo la riproduzione sia come un *fatto* sia come un *valore*. Da questo punto di vista, infatti, la riproduzione è ciò che il vivente *deve* realizzare, e mira sempre a realizzare, qualunque cosa stia facendo in questo o quel frangente della sua esistenza; cosicché la finalità della riproduzione finisce per sovradeterminare tutti i comportamenti del vivente misurandone il

27 "Si ricordi l'esempio della macchina fotografica: se si ammette che l'esistenza e la struttura di questo oggetto realizzano il 'progetto' di captare immagini, si deve anche necessariamente ammettere che un 'progetto' simile si attua nella comparsa nell'occhio di un vertebrato. Ma ogni progetto particolare, qualunque esso sia, ha senso soltanto in quanto è parte di un progetto più generale. Tutti gli adattamenti funzionali degli esseri viventi, al pari di tutti gli artefatti di loro produzione, realizzano progetti particolari che si possono considerare come aspetti o frammenti di un unico progetto primitivo, cioè la conservazione e la moltiplicazione della specie. Per essere più precisi, stabiliremo arbitrariamente che il progetto teleonomico essenziale consiste nella trasmissione, da una generazione all'altra, del contenuto di invarianza caratteristico della specie" (J. Monod, *op. cit.*, pp. 24 *sg.*).

peso vitale, evolutivo. L'anfibolia è palese e inaggirabile: la riproduzione è, sì, un fenomeno tra i tanti, ma diventa anche il parametro di un giudizio di valore veicolato dalla valutazione della *fitness* (successo riproduttivo) di un comportamento associato a un tratto evolutivo (o a un certo genotipo) rispetto ad altri comportamenti e tratti.

Per più versi questa anfibolia ne ricorda un'altra messa in luce da Georges Canguilhem: qui a esser confusi sono i concetti di salute e di valore. "*Valere*, da cui 'valore', significa in latino stare bene. La salute è un modo di affrontare l'esistenza sentendosi non soltanto possessori o portatori di valore ma, al bisogno, creatori di valore, instauratori di norme vitali"[28]. Lo stesso potrebbe dirsi della Vita in senso darwinista. Anche in questo caso essere vivi significa essere portatori e creatori di valori, di un valore che viene riaffermato e rafforzato nel corso dell'intera evoluzione: la riproduzione, la propagazione, la sopravvivenza.

Nella prospettiva di Canguilhem è difficile tracciare un confine netto tra scienza e metafisica, tra nomologia e assiologia, e sembra tanto più difficile farlo se osserviamo la storia naturale indossando le lenti del darwinismo, del neo-darwinismo o dell'ultra-darwinismo. Entro questa cornice teorica, gli enunciati nomologici sono puntualmente intrisi di non-detti assiologici. Se la Vita diventa una forza naturale, è solo perché la Vita rappresenta una necessità naturale ma anche un imperativo esistenziale che grava sui viventi. La logica della teoria darwinista si rivela così grossomodo la stessa che governa il ragionamento morale di Kant.

Secondo Kant, la nostra volontà può ritenersi autonoma – e noi possiamo a ruota ritenerci liberi – se e soltanto se la nostra volontà non è condizionata da alcunché. Inevitabilmente, tuttavia, ogni atto di volizione in cui la volontà trova espressione è condizionato. "Io voglio *qualche cosa*" perché altrimenti non vorrei nulla. La nostra volontà è condizionata almeno da ciò che ciascuno di noi vuole

28 G. Canguilhem, *Il normale e il patologico*, tr. it. Einaudi, Torino 1998, p. 165.

nell'istante in cui lo vuole. Ecco perché Kant sostiene che l'autonomia ("Io voglio") è il requisito di ogni volizione ("Io voglio *qualche cosa*"), ma precisa pure che ogni volizione è destinata a violare quello stesso requisito. L'autonomia del volere puro è infatti implicata e simultaneamente trasgredita dall'eteronomia di ogni volizione materiale. Come dice Kant, il volere incondizionato è il "fatto della ragione" pratica, poiché "Io voglio" ogni qual volta "Io voglio *qualche cosa*"; eppure questo "fatto della ragione" non è un fatto vero e proprio poiché è sempre condizionato da finalità spurie, empiriche ed estranee alla ragione in quanto tale. Di conseguenza, continua Kant, il volere autonomo e incondizionato emerge come un *dovere* (*Sollen*) che non può mai coincidere con l'*essere* (*Sein*), con gli atti di volizione eteronomi e condizionati che costellano l'esistenza di ciascuno. La volontà autonoma deve essere categoricamente astratta dalle volizioni. L'esito finale di questo *tour de force* speculativo recita come segue: la volontà autonoma si impone a ciascuno di noi nella veste di necessità nomologica cui mette capo il ragionamento critico; ma tale necessità si rivela essere, più in profondità, di carattere assiologico – l'imperativo cogente che risuona in noi è come se non potesse mai concretizzarsi in noi e provenisse sempre dal difuori (l'imperativo categorico viene così distinto dagli imperativi ipotetici in cui il primo si materializza e decade fatalmente).

Le affinità tra Kant e Darwin non vanno sottovalutate, in particolare la sovrapposizione tra il registro nomologico e il registro assiologico dell'enunciazione che consente l'estrazione di un plusvalore metafisico, di un'entità oggettiva-e-soggettiva, di una *forza naturale-e-morale*, dal corpo dell'esperienza umana: la forza della volontà in un caso, la forza della Vita nell'altro. L'autonomia è l'invariante concettuale comune a entrambe le prospettive teoriche, ed è essa a colmare il divario tra ontologia naturale e ontologia morale. Per Kant, la volontà è una forza governata da una necessità nomologica che prescrive l'autonomia del volere da ogni singolo atto di volizione, instradando così gli uomini sulla via della santità; per Darwin, la

Vita è una forza governata da una necessità nomologica che prescrive l'autonomia della Vita da tutti gli esseri viventi, instradando così questi ultimi sulla via della sopravvivenza per evoluzione. In questa luce, non sorprende più di tanto che santità significhi sopravvivenza della volontà autonoma per Kant (cioè vita eterna dell'anima) e sopravvivenza significhi santità della Vita autonoma per Darwin (ciò a cui il vivente assegna il massimo valore). Quale che sia il percorso che imbocchiamo, entriamo comunque in un *processo*: di infinito perfezionamento morale in un caso, di infinito perfezionamento naturale nell'altro. Ma i due percorsi sono in realtà le due facce di una stessa ed unica medaglia: la metafisica dell'autonomia, basata sulla presunta fungibilità di proprietà naturali e morali, sull'intercambiabilità di un punto di vista oggettivo e di uno soggettivo.

Kant e Darwin rappresentano con ogni probabilità le due vette di questa metafisica, che definisce e demarca la modernità. Ciò detto, va sottolineato con forza che né Kant né Darwin hanno creato questa metafisica dal nulla. È di gran lunga più sensato sostenere che entrambi hanno appreso il proprio tempo col pensiero – un tempo, il loro e il nostro, che rimane avvolto in parte nell'oscurità. Quali che siano le cause remote e le linee di faglia del terremoto culturale registrato dai sismografi di Kant e Darwin, certo è che nel nostro tempo, che si percepisce orgogliosamente come nuovo, ha preso piede una ontologia paradossale – una "ontologia selvaggia", come Foucault la chiama – che accorcia l'intervallo tra l'essere e il non-essere annullando la distanza tra la nomologia e l'assiologia. Ne consegue che nel nostro tempo non c'è modo di evitare la bizzarra conclusione cui conducono le argomentazioni di Kant e Darwin. In estrema sintesi: la volontà umana non vuole mai abbastanza, così come la Vita naturale non vive mai abbastanza, poiché volontà e Vita diventano ora forze che si avvitano su se stesse, autonomizzandosi via via dalla realtà in cui si estroflettono.

"La vita infatti – ed è per questo che nel pensiero del XIX secolo essa ha un valore radicale – è il nucleo dell'essere e insieme del non-essere: vi è essere solo perché vi è vita, e nel moto fondamentale che li destina alla morte gli esseri dispersi e stabili si formano per un istante, si arrestano, la rapprendono – e in un certo senso la uccidono – per essere a loro volta distrutti da tale forza inesauribile. L'esperienza della vita si dà pertanto come la legge più generale degli esseri, la rivelazione della forza primitiva a partire dalla quale essi sono; essa funziona come un'ontologia selvaggia, che cercherebbe di dire l'essere e il non-essere indissociabili di tutti quanti gli esseri. Ma questa ontologia non svela tanto ciò che fonda gli esseri quanto piuttosto ciò che li porta un istante a una forma precaria e segretamente già li insidia dall'interno per distruggerli. Nei riguardi della vita, gli esseri sono solo figure transitorie e l'essere che inglobano durante l'episodio della loro esistenza è solo la loro presunzione e volontà di sussistere. Tanto che, per la conoscenza, l'essere delle cose è illusione, velo che occorre lacerare se si vuole ritrovare la violenza muta e invisibile che le divora nella notte."[29].

***

Chiudo tornando brevemente sulla questione della pandemia. Per farlo, prenderò spunto ancora dal dibattito sulla selezione naturale. Mi rendo conto che sembrerà azzardato stabilire un nesso tra l'uno e l'altro problema, ed è innegabile che il filo tra i due sia assai sottile. Per quanto sottile, tuttavia, un filo esiste – ed è forse un filo più solido di quanto si possa immaginare. La caratteristica principale di questo filo è la lunghezza abbinata allo spessore millimetrico. È come un filo d'acciaio che tiene assieme le parole con cui noi moderni copriamo il buio insopportabile generato dalla nostra ignoranza riguardo il mondo naturale. Le parole cambiano a seconda che si sia scienziati, filosofi o semplici profani; ma il filo, lungo e sottile, che

29 M. Foucault, *Le parole e le cose...*, cit., p. 301.

tiene assieme i diversi quadri discorsivi, incorniciandoli all'interno di uno stesso orizzonte metafisico, resta invariato.

Come visto, Fodor e Piattelli-Palmarini insistono sul fatto che noi ignoriamo quali siano le leggi dell'evoluzione, quelle leggi che dovrebbero regolare i rapporti tra il vivente e la Vita in quanto tale. I neo-darwinisti sostengono invece di poter enucleare queste leggi e di poter definire addirittura la Vita in quanto tale. Come un noto biologo ha affermato anni fa, "la Vita è definita dal possesso di quelle proprietà che sono necessarie a garantire l'evoluzione per selezione naturale"[30]. Secondo Fodor e Piattelli-Palmarini, ciò equivale a dire che Madre Natura seleziona in vista di finalità adattive; di qui un errore abbastanza ricorrente nella storia del pensiero umano: l'antropomorfismo. A ciò i neo-darwinisti replicano di non fare alcun errore; la selezione naturale è cieca a loro avviso, giacché non fa che spingere i viventi a incrementare la capacità, non di adattarsi, ma di massimizzare la riproduzione – il che conduce, poi, a un miglioramento percepito dell'adattamento (definito un concetto oscuro e oneroso già negli anni sessanta)[31]. Anche ammettendo però che il selezionismo non cada nell'errore di attribuire un'intelligenza o intenzionalità a Madre Natura, la teoria neo-darwinista sembra pur sempre intrisa di un certo antropomorfismo, giacché si basa sull'assunto che esista una *tendenza* a massimizzare la riproduzione, e dunque esista un'inesauribile *volontà* di vita e sopravvivenza, in tutti gli esseri viventi. Il selezionismo proietta questa *forza* nella natura, e il problema è che questa forza risulta ancora *finalizzata a* (o "progettuale", come si esprime Monod) – in questo caso, finalizzata alla riproduzione, non all'adattamento. Così, in un modo o nell'altro, la biologia moderna dà fiato a una visione antropomorfica della Natura, vista ora come una Madre premurosa ora come una Matrigna cieca ed insensibile. Un *telos*, un fine orienta comunque

30 J. Maynard Smith, *The Problems of Biology*, Oxford University Press, Oxford 1986, p. 7.
31 G.C. Williams, *Adaptation and Natural Selection: A Critique of Some Current Evolutionary Thoughts*, Princeton University Press, Princeton, NJ 1966.

l'evoluzione per selezione naturale, che la si veda come un processo teleologico o un processo teleonomico.

La metafisica moderna della Vita trova una delle sue espressioni più articolate e persuasive in questo sogno o incubo teoretico, anche se non si riduce ad esso. La visione darwinista della Vita si può ben definire metafisica perché finisce col sovradeterminare il concetto di Vita nello stesso modo in cui la filosofia morale di Kant sovradetermina il concetto di volontà: Kant riconduce tutti gli atti di volizione umana a una presunta volontà autonoma insita in ciascuno, mentre Darwin riconduce ogni episodio evolutivo a una presunta volontà di vita e sopravvivenza del vivente, presupposta dalla teoria della selezione naturale. In tal modo, la Vita acquista caratteristiche che i moderni attribuiscono alla volontà (non necessariamente all'intelletto). In ultima analisi, la metafisica moderna della Vita non fa altro che proiettare queste caratteristiche sulla natura stessa. Questo è il modo in cui noi ancora oggi ci proteggiamo dal nostro disorientamento di fronte al mondo naturale: umanizzando Madre Natura, come facevano i nostri antenati. Allo stesso tempo, questa è la base sulla quale diventa possibile edificare una morale del vivente. Se la Vita non vive mai abbastanza, se Madre Natura obbliga i viventi a rimodellarsi e perfezionarsi senza posa, ciò significa che i viventi sono di per sé imperfetti, deboli, manchevoli. E gli umani, ovviamente, non fanno eccezione a questa regola.

Non c'è bisogno di essere scienziati o filosofi per essere sensibili al richiamo di questo credo metafisico e pensare di *non essere all'altezza delle richieste della Vita in quanto tale*, non fosse altro perché non c'è bisogno di essere scienziati o filosofi per umanizzare Madre Natura. Questa proiezione-allucinazione metafisica costituisce una tentazione irresistibile per chiunque, si appartenga o meno al mondo occidentale. Gli psichiatri chiamano questa tentazione *pensiero paleologico*: quando gli umani non sono in grado di interpretare gli accadimenti naturali – in questo caso i fenomeni vitali – in termini di causa ed effetto, si rivelano propensi a umanizzare la natura e a ordinare gli eventi in sequenze di mezzi e fini, immaginando che essi siano imputabili a una volontà che persegue obiettivi oscuri[32]. Ciò spiega, almeno in parte, le mie considerazioni iniziali sulla *paura della Vita*. Questa paura è alimentata dalla sensazione che gli umani, considerati come altrettanti esseri viventi, siano alla mercé di una divinità incombente; e, beninteso, tutto può rinfocolare una simile paura, che assume a volte le proporzioni di una ipocondria su vasta scala. Come già notato, durante l'epidemia di COVID-19, i più sembra che non si siano scontrati senza mediazioni con la realtà terrificante della morte, cadendo impreparati in preda al panico, ma siano stati innervositi dal virus in un modo più sfumato, come attraverso un velo (meglio, uno schermo): il timore condiviso era che le autorità non stessero facendo abbastanza, che le misure sanitarie non fossero di fatto sufficienti, e che la società nel suo insieme non si dimostrasse capace di soddisfare le richieste della Vita, eretta a idolo pagano. Per questa ragione, in molti hanno cominciato a scrutare sé stessi e gli altri alla ricerca di malfattori (perlopiù politici pronti a ricambiare subito il favore accusando la popolazione di imprudenza) e redentori (medici, virologi) con sbuffi alternati di rabbia e contrizione[33]. Ai

32 La causalità teleologica è solo una delle tante modalità del pensiero paleologico che tendono a ripresentarsi e caratterizzare il nostro tempo. "Il paleologico confonde il mondo fisico con quello psicologico. Invece di trovare la spiegazione fisica di un evento, va in cerca di una motivazione o intenzione personale che possa essere la causa dell'evento. Ogni atto, ogni evento, accade perché voluto, desiderato, o dalla persona che va in cerca della spiegazione o da una persona diversa o da un'entità personificata [...]. Tutti i 'poiché' significano *allo scopo di*. Lo scopo è realizzato da una volontà" (S. Arieti, *Interpretation of Schizophrenia*, Basic Books, New York, NY 1974, p. 437).

33 Più tardi, con l'avanzare della campagna vaccinale, la stessa contrapposizione tra malfattori e benefattori ha cominciato a spartire il campo tra vaccinati e non vaccinati, questi ultimi accusati dai primi di mettere a repentaglio la società intera. Anche in questo caso la paura della Vita, il timore diffuso di non rispettare fino in fondo i suoi precetti inderogabili, ha giocato un ruolo decisivo nell'evoluzione della crisi: i rischi accertati di reazione avversa ai nuovi tipi di vaccino non sono stati ammessi dai più come una ragione valida per rifiutare la vaccinazione. L'ansia di pochi ha dovuto così scontrarsi con la paura religiosa della Vita di tutti gli altri, visceralmente intolleranti nei confronti degli *infedeli* etichettati via via come "immorali", "traditori", "disertori". [*Nota aggiunta il 30 settembre 2021*].

giorni nostri, quando il pensiero paleologico prende il sopravvento, il vivente può solo riconoscersi colpevole o innocente dinanzi al tribunale della Vita, mentre la morte si prospetta come un castigo inflitto a quanti non comprendono o non rispettano i desiderata del dio oscuro. Nel nostro mondo, difficile negarlo, la *sopravvivenza* tende a caricarsi così irresistibilmente di un *valore*, a tramutarsi in un segno di superiorità morale. Quanto alla morte, essa diventa un'infamia incompatibile coi dettami della nuova religione. Il problema per noi è come sopravvivere, non come morire, anche quando l'eventualità della morte fa capolino in un recesso della nostra mente, tingendosi all'istante d'onta e di categorica, aprioristica inammissibilità[34].

Su questo sfondo non era ragionevole aspettarsi che i più protestassero contro il divieto di *onorare* i morti e i vari provvedimenti di emergenza tesi a limitare le libertà della persona. Al contrario, era abbastanza prevedibile che molti scorgessero in queste libertà altrettanti ostacoli da rimuovere, altrettanti feticci da immolare

34 In proposito suonano quanto mai attuali le osservazioni di Theodor W. Adorno: "Questo mutamento si può forse anche esprimere nel modo più semplice dicendo che la morte nella forma che ha assunto – ed è una fandonia dire che la morte come invariante sia la stessa in tutte le epoche; anche la morte è un'identità del tutto astratta; anche la morte può essere ed è una cosa diversa in epoche molto diverse –, quindi a questo mutamento dell'esperienza su cui vorrei richiamare la vostra attenzione si può forse dare questa forma, che la morte non si accorda più con la vita di nessun singolo. Oppure, non ve ne abbiate a male se lo dico un po' letterariamente: non si dà più il caso di una morte epica o biblica; e neppure che un uomo riesca a morire affaticato, vecchio e sazio di vivere – come, d'altronde, nel contesto di cui voglio darvi per lo meno un'idea, entra anche il fatto che, da una parte, oggi non c'è più la vecchiaia con delle categorie come la saggezza e tutto ciò che è ad essa connesso; e, dall'altra, i vecchi, nella misura in cui sono appunto biologicamente condannati alla vecchiaia e al tempo stesso anche troppo deboli per mantenersi da sé, si trasformano in oggetti della scienza che si chiama gerontologia e dell'assistenza sociale: in una maniera in cui, per il fatto che la vecchiaia viene già concepita come una specie di minorità, è già prevedibile una sorta di programma di eutanasia di una qualche forma futura di disumanità, non importa da dove provenga. Quindi la conciliazione della vita, come qualcosa in sé pieno e concluso, con la morte, che, già sempre fragile e precaria, se mai è avvenuta, è stato un raro caso fortunato di singole persone – oggi questa conciliazione è esclusa" (T. W. Adorno, *Metafisica. Concetto e problemi*, tr. it. Einaudi, Torino 2006, pp. 144 *sg.*).

sull'altare della Vita. E tale atteggiamento non ha fatto che rafforzare e legittimare ulteriormente la logica biopolitica che già foggiava i comportamenti di noi tutti. La nostra paura della Vita, infatti, è stata *plasmata* – e senza dubbio *accresciuta, intensificata* – per decenni da una logica metafisica e da una tecno-razionalità che la implementa su base giornaliera. Da tempo, la governamentalità biopolitica veicola e diffonde per ogni dove i precetti nomologici/assiologici che stanno al cuore del naturalismo metafisico moderno e conferiscono una forma discorsiva e pratica all'incapacità di dare un senso alla nostra condizione naturale. Non solo le scienze della vita ma anche diverse discipline scientifiche imbevute oggi di teoremi biologistici – come la psicologia, la sociologia, l'economia, e altre ancora – impattano sulle nostre vite in maniera continua e capillare, promuovendo una visione della natura, della società e di noi stessi profondamente influenzata dalle teorie piuttosto astratte di cui ho parlato prima. I filosofi odierni sono usi chiedersi nel chiuso delle loro stanze quale influsso sulla società possano esercitare le loro elucubrazioni. Quando la domanda se la pongono i biologi, la risposta è meno ostica. La macchina biopolitica mediante la quale gli stati moderni e le agenzie parastatali o sovrastatali governano la popolazione umana costituisce una potente cassa di risonanza per i principi epistemici-e-morali della biologia contemporanea. Sotto la pressione della tecno-razionalità dispiegata dal potere biopolitico, le persone hanno così imparato a guardare sé stesse e gli altri con occhi nuovi, moderni, ossia addestrati; in un certo senso, hanno assorbito sapere senza saperlo, incorporandolo vieppiù nella loro condotta quotidiana.

Con lo scoppio della pandemia, la situazione si è aggravata ulteriormente: la gestione biopolitica della crisi ha scatenato una risposta dal basso che ha esaltato come mai prima la legittimità e le potenzialità della macchina governamentale. Molti hanno iniziato a esigere che fossero adottate misure ancora più stringenti e coercitive per assecondare le richieste dell'ultimo dio, la Vita, senza riguardo per le proprie libertà fondamentali. Mentre altri, in minor numero, hanno preso a protestare contro le misure emergenziali e l'ascesa di un regime biopolitico occhiuto e semi-autoritario. In tal modo, è diventato chiaro a tutti che i due principi metafisici su cui la nostra civiltà si fonda, l'autonomia del volere umano e l'autonomia della Vita in quanto tale, possono andare a braccetto ma possono anche entrare in conflitto in qualsiasi momento. La crisi pandemica è stato uno di questi momenti – certamente non il primo, come la lezione del nazismo insegna, e con ogni probabilità neppure l'ultimo.

Il riaccendersi della fiamma. La dottrina buddhista della rinascita nel suo impianto classico ed alcune successive metamorfosi

Gianfranco Bonola

Goreto, Alagna, Italy / *Italia*
September / *Settembre* 2020

A qualunque conclusione gli studiosi riescano a giungere circa l'idea di rinascita, e qualunque ruolo intendano riconoscerle nell'ambito della dottrina buddhista, non si può ignorare che i testi più antichi[1] la inseriscono con perentoria evidenza proprio in quella scena capitale, in cui l'asceta Gautama diviene il Buddha sperimentando gli effetti del suo percorso meditativo. In uno dei resoconti più dettagliati che ricapitolano la notte della sua illuminazione[2], il ricordo delle sue esistenze antecedenti viene definito la "prima vera conoscenza" acquisita al nuovo livello in cui egli è ora in grado di "dirigere" la mente, una volta completata proficuamente la progressione attraverso i quattro stadi [*jhâna/dhyâna*][3] successivi

1 Ossia quelli trasmessi dal Canone in lingua *pâli*, messo per iscritto intorno al I sec. *ante* e. c. dopo almeno un paio di secoli di trasmissione orale, e denominato *Tipitaka* [Triplice canestro] poiché comprende il *Vinayapitaka* [Canestro delle regole monastiche], il *Suttapitaka* [C. dei discorsi (del Buddha)] e l'*Abhidhammapitaka* [C. dei compendi dottrinali].

2 Cfr. *Dvedhâvitakkasutta* [Il discorso sui due generi di pensiero] (*Majjima Nikâya* 19) tr. F. Sferra, in: R. Gnoli (a cura di) *La rivelazione del Buddha I. I testi antichi*, Mondadori, Milano 2001, pp. 390 *sgg*. Con lievi differenze il passo si trova anche in *Majjima Nikâya* 4, *Bhayabheravasutta* [Il discorso su spavento e terrore].

3 Qui e in seguito il medesimo termine è riportato in *pâli* prima della barra, quindi

dell'assorbimento meditativo [*samâdhi*]. Questa reminiscenza vi viene descritta come precisa al dettaglio[4] e tuttavia promanante da una sterminata distesa temporale, che è scandita solo dall'alterno pulsare delle fasi cosmogoniche[5].

Ma tale anamnesi non riguarda esclusivamente la sfera soggettiva del Risvegliato, anzi, altrettanto spazio viene subito dedicato a ribadirne il ruolo universale: si tratta infatti della norma che regola i processi di nascita e morte dell'universo intero. In ciò, si sottolinea, consiste la "seconda vera conoscenza" cui il Buddha perviene nella fase centrale della notte, quando si dedica all'indagine "della morte e della rinascita degli esseri". Pertanto viene qui istituito un nesso forte tra l'esperienza dell'illuminazione e la legge universale del *karman* in base alla quale vengono determinate le rinascite[6]. Non solo, ma è esplicitamente ribadito che tale norma agisce in forza del principio morale a cui tutto il comportamento degli esseri dev'essere commisurato e ne stabilisce l'applicazione nel succedersi delle diverse esistenze[7].

---

in sanscrito. In ogni altro caso, o è identico nelle due lingue, oppure, come è d'uso, compare solo in sanscrito.

4 "In tal luogo ebbi tale nome, appartenni a tale clan, ebbi tale aspetto. Tale fu il mio cibo, tale la mia esperienza di piacere e dolore, tale la fine della mia vita. Una volta morto, nacqui di nuovo qui."

5 "Ricordai le mie molteplici vite passate: uno, due, tre, quattro, cinque, dieci, venti, trenta, quaranta, cinquanta, cento, mille, centomila, molti eoni di contrazioni cosmiche, molti eoni di espansioni cosmiche..."

6 "Così attraverso gli occhi divini, che sono superiori a quelli umani e puri, io vidi gli esseri morire e rinascere, e compresi come essi siano inferiori o superiori, belli o brutti, fortunati o sfortunati in accordo al loro *kamma*." Si noti qui la forma del termine *karman* in *pâli*.

7 "Gli esseri che tennero una cattiva condotta del corpo, della parola e della mente, che biasimarono i nobili, che sostennero le dottrine sbagliate e che, sotto il loro influsso, intrapresero cattive azioni, al venir meno del corpo con la morte rinacquero in una condizione infelice, in un cattivo destino, in un luogo di sofferenza, in uno dei purgatori." Va da sé che il testo, per ribadirne la validità, non si esime dal ripetere questa formula anche per l'eventualità positiva.

I. Gli antecedenti della dottrina buddhista della rinascita nei Veda e nelle Upanishad

a. Veda

Per meglio comprendere la forma che la dottrina della rinascita assume all'interno del buddhismo occorre esaminare brevemente in quali termini essa emerga in quel medesimo contesto culturale nel periodo anteriore alla predicazione del Buddha. Benché sia notorio che la datazione dei testi antichi del subcontinente indiano, religiosi o laici, è impresa difficile e dà spesso luogo a opinioni controverse, nel nostro caso basterà accogliere il relativo consenso circa la cronologia dei testi vedici degli studiosi occidentali. Fra i quali vi è infatti ampia convergenza non solo sul fatto che i Veda veri e propri, ossia le quattro *samhitâ* "raccolte" (*Rigveda*, *Sâmaveda*, *Yajurveda*, *Atharvaveda*[8]) costituiscono il gruppo di scritti più antico, ma anche nel datarne la forma attuale (in contrasto con la tradizione hindu) intorno alla metà del II. millennio prima dell'e. c.

Inoltre fino a pochi decenni or sono si condivideva anche l'opinione che l'idea di reincarnazione fosse del tutto sconosciuta alla più antica letteratura vedica[9], nella quale era invece la corretta esecuzione dei sacrifici, unita all'ottemperanza degli obblighi sociali stabiliti dal ceto sacerdotale dei *brâhmana*, a far ottenere l'auspicabile "in questa vita e nell'altra". Al centro della religione vedica sta infatti il sacrificio rituale, medium principe (ed estremamente complesso nella sua dettagliata articolazione) del rapporto fra gli uomini e le divinità di un pantheon ampio e sfumato, attraversato da una lotta insanabile, i cui poteri concernono primariamente le realtà terrene. L'"altra vita", su cui non paiono gravare peculiari ansie, è concepita

8 Poiché con *veda* s'intende la suprema sapienza sacra, la quadripartizione distingue la sapienza espressa rispettivamente: nelle strofe (*ric*), nei canti (*sâman*), nelle formule sacrificali (*yajus*), negli incantesimi ("visti" da Atharvan).

9 Vi si associa con misura anche Saverio Sani, nel suo *Rigveda. Le strofe della sapienza*, Marsilio, Venezia 2000 (cfr. la nota 521 all'inno X, 15, p. 280).

come una sorta di regno celeste (*pitriloka*, il mondo dei padri, detto anche *svarga*, il cielo) pensato come eterno. Stando infatti ad uno degli inni vedici (*Rigveda* X, 16) dopo la morte e la cremazione di rito l'individuo va a raggiungere i propri antenati *pitaras*, i "padri", in cielo o nel sole e lì rimane beatamente. In questo quadro, relativamente coerente, non trova posto l'idea di rinascita la cui origine, a detta di Paul Williams, rimane tuttora oscura ed imprecisata sia cronologicamente che geograficamente[10]. La speculazione religiosa interna all'induismo, per contro, afferma che la legge cosmica di *karman* e rinascita è già palesemente presente nel *Rigveda*, e ritiene di poterla rinvenire in due inni di Vâmadeva (IV, 26 e 27). In proposito uno studioso come Wilhelm Halbfass stigmatizzava la pervicace sordità dei filologi occidentali, i quali sono soliti liquidare sbrigativamente (perché incompatibile con il loro impianto epistemologico storico-critico) un fondamentale principio ermeneutico indiano, quello che prescrive di "vedere in ciò che precede l'anticipazione di ciò che verrà dopo"[11].

Tuttavia le ipotesi circa la presunta origine extravedica di una dottrina che acquisirà una posizione dominante come quella della "reincarnazione in base al proprio *karman*" rimangono altrettanto improbabili, se non ancora più fragili. Appare ben poco dirimente chiamare in causa di volta in volta le "religioni primitive", oppure credenze derivanti da culture dravidiche, o influssi di provenienza "non-arya" di cui mancano conoscenze precise. Si è ipotizzato persino che questa dottrina fosse comparsa all'improvviso e che i *brâhmana* l'avessero appresa dagli *kshatriya*, il ceto dei guerrieri/regnanti di cui erano al servizio, ma uno studioso come Richard Gombrich sottolinea la scarsa plausibilità di tale evenienza[12]. Mentre da un lato è evidente che gli ambienti in cui sono stati composti gli inni

10 Cfr. P. Williams, *Il buddhismo dell'India. Un'introduzione completa alla tradizione indiana* (2000), tr. it. Ubaldini, Roma 2002, p. 19.
11 Cfr. W. Halbfass, *Karma und Wiedergeburt im indischen Denken*, Diederichs, Kreuzlingen 2000, p. 39.
12 R.F. Gombrich, *Il pensiero del Buddha* (2009), tr. it. Adelphi, Milano 2012, p. 56.

vedici si sono interrogati su temi quali la morte, la possibilità di una continuità oltre la morte, la potenza delle azioni rituali e l'idea di un equilibrio o di una giustizia cosmica, nei testi che ci sono pervenuti c'è troppa diversificazione dottrinale perché ci si possa attendere una concezione unitaria su tali argomenti. Alcuni inni (ad es. X,16,3) affermano che, *post mortem*, singole parti dell'uomo (occhi, spirito, arti) entrano in regioni specifiche del cosmo (nel sole, nel vento, nei vegetali), mentre altri inni (ad es. IX,113) dichiarano che nulla sopravvive, che non c'è ritorno neppure sotto altra veste e la morte significa entrare nel nulla. Più insistentemente gli inni evocano in termini mitici un mondo dei morti, un regno sotto il dominio del re Yama, "colui che trattiene", che ne fu lo scopritore, poiché fu il primo uomo a morire. (In epoche successive Yama diventerà l'inesorabile giudice di tutti i trapassati.) Inoltre accanto all'immortalità nelle regioni celesti o nel sole sono menzionate anche pene infernali, o un mondo dei morti sotterraneo cupo e tetro, non dissimile dall'Ade ellenico o dallo *sheol* ebraico. Oppure si sostiene che alcuni morti possano ritornare sulla terra in forma animale, di uccelli o serpenti, o riprendere vita nei loro discendenti, o in altri parenti. È lecito inferire che non si pensa ancora ad un destino universale omogeneo dopo la morte, bensì che esseri diversi abbiano destini differenziati.

Tuttavia pareva così singolare che nel *Rigveda* non si trovasse neppure un cenno palese all'idea di reincarnazione che R. Gombrich ha segnalato come un evento particolarmente significativo [13] il fatto che Joanna Jurewicz, una sanscritista polacca, ne avesse scoperto in modo convincente la presenza nel 2004 traducendo diversamente il verso *Rigveda* X,16,5 [14]. Tale passo ora suona: "Lascialo venire giù di nuovo, o Agni, dai [suoi] padri, [lui] che, versato in te, va dove vuole.

13 Ivi, pp. 58 *sg*.

14 In quel contesto il termine *pitribhyo* era sempre stato inteso come un dativo plurale di destinazione, parte di una invocazione al fuoco funerario Agni perché facesse giungere di nuovo il defunto "presso i suoi antenati". Riflettendo sull'espressione "di nuovo", J. Jurewics ritiene che si tratti invece di un ablativo plurale di provenienza e traduce: "Lascialo venire giù di nuovo, o Agni, (muovendo) dai [suoi] padri, ..."

Che egli rivestito della vita, possa giungere presso la sua progenie. Che egli possa unirsi al suo corpo, o Jâta-vedas[15]!" Come è ovvio per una fase così arcaica, in questa concezione della reincarnazione è totalmente assente l'idea della legge karmica di retribuzione e la potenza agente è quella del dio Agni, che in quanto fuoco funerario dispone del defunto e del suo destino. Gombrich ritiene altresì interessante che alcuni antropologi, come Gananath Obeyesekere, abbiano notato che la credenza nella rinascita si riscontra in molte micro-società non comunicanti, ma che in genere tali culture non la fanno dipendere, in tutto o in parte, dalla condotta etica (anche se a volte prevedono un luogo di pene temporaneo per i crimini gravi). Come nel caso degli indigeni delle isole Trobriand studiati un secolo fa da Bronislaw Malinowski, gli esseri vagano tra questo mondo e l'isola dei morti e quando tornano sulla terra lo fanno all'interno del proprio clan o della famiglia. Soltanto in alcuni casi, tra cui quello indiano, si sviluppa una dottrina complessa che lega le modalità della reincarnazione alla condotta tenuta dall'individuo nell'esistenza precedente, e tale "eticizzazione" avverrebbe soltanto quando le società, superata una certa dimensione, pongono in primo piano l'etica sociale e riflettono sulla realizzazione effettiva della giustizia nel mondo dei vivi.

b. Brâhmana

Qualche cenno più organico sull'idea di reincarnazione si può trovare, sempre nel contesto culturale dell'India antica, nel secondo gruppo di testi della letteratura vedica, *i Brâhmana*, (Scritti sul *brahman* o Scritti per i sacerdoti) nei quali tra il X. e VII. sec. avanti l'e.c. venne raccolto il sapere sacerdotale: le esegesi degli inni vedici con l'esplicitazione del materiale mitico soggiacente, le descrizioni particolareggiate dei rituali, le loro origini e la loro interpretazione fase per fase, e così via. Secondo i *Brâhmana* la sopravvivenza *post mortem* può essere ottenuta mediante il rito, grazie al sapere e alla

15 Jâta-vedas è un epiteto del dio vedico Agni.

potenza insiti nelle pratiche cultuali; il soggetto a beneficio del quale si esegue il sacrificio rituale viene così a godere di un'identità ulteriore che non soggiace alla decadenza fisica. Benché accanto a questo potenziamento si creda anche in un permanere della vita oltre la morte, sia pure in altre forme ed altri ambiti, rimane assente l'aspetto morale di una remunerazione delle azioni compiute in vita, anche se qua e là compaiono idee di equilibrio, giustizia, ricompensa. Il principio di giustizia è ancora espresso dal termine *rita* (l'ordine cosmico) su cui vigila il dio vedico Varuna, custode dei patti.

Non a caso nei *Brâhmana* è particolarmente viva la preoccupazione per la validità degli atti rituali, dovuta alla loro scrupolosa, impeccabile esecuzione, che deve conferire all'offerente l'idoneità per un'esistenza al di là della morte fisica. Tra i riti un particolare rilievo è conferito all'*agnishtoma* "lode ad Agni" (il dio/fuoco), un solenne sacrificio vedico di *soma* (la bevanda sacra per eccellenza) della durata di cinque giorni, il quale viene associato alla rinascita[16]. È tuttavia presente un forte timore che l'effetto dei rituali si esaurisca e che, anche nell'aldilà, il continuare ad esserci non sia assicurato per sempre e la morte possa tornare a vincere. Prende forma la credenza che vi possa essere anche una "morte nell'aldilà", chiamata nei *Brâhmana* "rimorte", *punarmrityu*, un termine che non sta a significare l'annullamento definitivo, bensì il ritorno o la ricaduta *punarâvritti* nell'aldiqua, ad una vita nello spazio-tempo, da cui solo la morte terrena potrà porre di nuovo fine. In tal modo si configura un percorso circolare tra l'aldilà e l'aldiqua e tale ripetizione viene percepita - qui per la prima volta - come negativa.

Viene così ad instaurarsi quella che R. Gombrich ha chiamato una "cosmologia binaria" per cui in questo mondo si agisce (è

16 "Chi muore senza esser stato sottratto alla morte, morirà continuamente nell'aldilà; chi invece mattino e sera offre queste libagioni, supererà la morte; questa è la liberazione dalla morte nello *agnihotra*, e chi conosce tale liberazione è libero dalla morte [...]." "Costruendo strato su strato la sede del fuoco si vince la rimorte" (*Shatapatha Brâhmana* II,3,3,8 e X,1,4,14; Cfr. J. Gonda, *Le religioni dell'India, I. Veda e induismo antico* (1978), tr. it. Jaca Book, Milano 1981, p. 272, tr. mod.

karma-bhûmi, terra dell'azione), e nell'altro si viene retribuiti (è *bhoga-bhûmi*, terra del godimento); quando l'entità della ricompensa esaurisce il suo effetto, l'individuo torna nella dimensione terrena e il ciclo ricomincia. Successivamente quindi tutte le soteriologie indiane, siano esse brahmaniche, hindu, jaina o buddhiste, saranno concordi nel ritenere che la vera salvezza consiste nell'affrancarsi da questo ciclo coattivo e affliggente, in una liberazione definitiva dal cosmo.

c. Upanishad

Una riflessione più approfondita sulla questione della rinascita ci viene poi restituita nelle più antiche delle *Upanishad* (VII o VI sec. avanti l'e.c.)[17], un tipo di testi posteriore ai *Brâhmana*, che tramanda in forma poetica, a partire dal sacrificio e dalla sua reinterpretazione spiritualizzante, una ricca messe di speculazioni, destinate a discepoli prescelti ed iniziati. È in questi poemi dottrinali che vengono definiti, e per la prima volta articolati, i grandi concetti centrali della spiritualità indiana: *âtman* (sé), *brahman* (Assoluto), *purusha* (spirito), *samsâra* (ciclo delle nascite), *karman* (azione e sue conseguenze), *moksha* (liberazione), *vidyâ* (sapere), *jñâna* (conoscenza), ecc. Forse non è un caso che il discorso sulla reincarnazione in base al proprio *karman* affiori in questa parte, la più speculativa, della letteratura vedica e proprio qui, nell'ambito della comunicazione riservata fra maestri e allievi progrediti, venga inizialmente strutturata e messa in rapporto con le teorie cosmologiche, teologiche, soteriologiche. Potrebbe fornire anche una parziale spiegazione del silenzio sotto cui veniva passato in precedenza questo tema l'importante passo della *Brihadâranyaka Upanishad* III,2,13 in cui si parla del *karman* come di un principio nuovo, ignoto anche ai sapienti, da non divulgare,

17 Il titolo, difficile da rendere, designa l'atto di "sedere ai piedi [del maestro]" da parte del discepolo, e sta a indicare un insegnamento riservato, segreto o esoterico su temi decisivi.

trattandolo alla stregua di una dottrina esoterica. Ivi un discepolo, Ârtabhâga, pone la questione al proprio maestro.

"Yâjñavalkya – riprese quello – quando d'un uomo morto la parola è andata nel fuoco, il respiro nel vento, l'occhio nel sole, la mente nella luna, l'udito nelle regioni celesti, il corpo nella terra, l'anima nello spazio etereo, i peli nelle erbe, i capelli negli alberi, il sangue e lo sperma si sono depositati nelle acque, dove si trova in realtà questo uomo?"

"Prendi la [mia] mano, o caro Ârtabhâga, noi due soli lo sapremo. Questo nostro colloquio non è da fare in pubblico." E uscirono e parlarono fra loro. E ciò di cui parlarono fu l'azione (*karman*), e ciò che lodarono fu l'azione: buoni si diventa infatti con le buone azioni, cattivi con le cattive."[18]

In quest'ultima frase, di struttura semplice: "*punyo vai punyena karmanâ bhavati, pâpah pâpena*" alcuni studiosi, fra cui Carlo della Casa, vedono una prima comparsa dell'idea di una retribuzione degli atti, ma la questione rimane controversa[19].

Già l'indologo tedesco Paul Deussen (1845-1919), autore di una pionieristica traduzione delle *Upanishad* (*Sechzig Upanishad's des Veda*, Brockhaus, Leipzig 1897) aveva indicato come testo più significativo sulla reincarnazione il gruppo di strofe *Brihadâranyaka Upanishad* VI, 2, 9-16, che si ritrovano (con preziose varianti) anche in *Chândogya Upanishad* V, 3-10. Si tratta di un lacerto di speculazione

18 Cfr. *Brihadâranyaka Upanishad* III. 2,13 in: C. della Casa (a cura di) *Upanishad vediche*, UTET, Torino 1976, ried. TEA, Milano 1988, pp. 46 *sg*. La tr. di Pio Filippani-Ronconi, in Id. (a cura di) *Upanishad antiche e medie*, Boringhieri, Torino 1960, p. 96, accentua il vincolo al segreto: "...noi due soli possiamo essere a conoscenza di queste cose: non è il caso che ne parliamo in pubblico."

19 Ad es. Paul Thieme (in *Upanischaden. Ausgewählten Stücken*, Stuttgart 1966) traduce: "Ciò di cui parlarono, fu *l'agire*; ciò che misero in rilievo ("lodarono") fu *l'agire*: - Come uno puro egli [l'uomo] viene tramite l'agire puro [tornando dopo la morte] all'esistenza, come uno malvagio, tramite l'agire malvagio." e propende per applicare il passo alla dottrina del *karman* poi divenuta classica, mentre W. Halbfass, che ne riporta la traduzione, lascia in sospeso il giudizio. (Cfr. W. Halbfass, *Karma...*, cit., p. 56). Secondo R. Gombrich in questo caso non è possibile decidere se il riferimento sia all'azione rituale o a quella etica; può darsi che si tratti dell'esecuzione corretta o meno del sacrificio (R. Gombrich, *Il pensiero...*, cit., p. 64).

antico-indiana per molti aspetti significativo, ma innanzitutto di un esemplare prodotto del pensiero analogico, tipico della riflessione arcaica. La questione, in apparenza estrinseca, cui la complessa costruzione teorica intende rispondere, è innescata dal quesito: perché l'aldilà non si riempie mai, nonostante la quantità innumerevole delle morti? Questo insegnamento è noto anche come la "dottrina dei cinque fuochi" [*pañcâgnividyâ*], poichè l'elemento che conferisce unitarietà e collega i diversi livelli di codesta stupefacente elaborazione è il fuoco sacrificale, in quanto l'universo vi è descritto come una serie di genesi successive, ciascuna innescata dalla precedente, e tutte trasmutazioni di un unico modello, il sacrificio rituale con le sue componenti. L'analogia soggiacente, prima e fondativa sul piano logico, alla quale si allude soltanto perché ovvia, è quella che sussiste tra il sacrificio rituale, dove la vittima per raggiungere gli dèi dev'essere bruciata, e la pira funebre, in cui anche il corpo del defunto dev'essere consumato per raggiungere debitamente l'aldilà. Infatti la strofa 14, decisiva, mediante le sue tautologie ci svela di essere la sorgente euristica dell'intero impianto:

"Quando poi [l'uomo] muore,

14. lo portano sul fuoco del rogo. Il fuoco è il fuoco, il combustibile è il [legname] combustibile, il fumo è il fumo, la fiamma è la fiamma, i carboni sono i carboni, le scintille sono le scintille. In questo fuoco gli dèi sacrificano l'uomo: da questa oblazione vien fuori un personaggio rifulgente di luce"[20].

L'uomo, il defunto, è dunque la vittima offerta al mondo invisibile, che passando attraverso il fuoco viene purificata e reintegrata nella sua forma perfetta per il soggiorno nell'aldilà. Ma anche il processo vitale che connota l'esistenza terrena dell'uomo si configura secondo il modello della macchina sacrificale:

"12. In verità, l'uomo è un fuoco, o Gautama. La bocca spalancata

20 Cfr. *Brihadâranyaka Upanishad* VI, 2,14 in: *Upanishad vediche*, cit., p. 101. Le altre strofe citate qui di seguito, a seconda del numero, possono essere anche a p. 100 oppure 102.

è il combustibile, il respiro è il fumo, la parola è la fiamma, la vista è il carbone, l'udito costituisce le scintille. In questo fuoco gli dèi sacrificano il cibo: da questa oblazione sorge lo sperma."

E così pure lo ripercorre il processo generativo che si compie nell'unione sessuale dell'uomo e della donna:

"13. In verità, la donna è un fuoco, o Gautama. Il grembo è il combustibile, i peli sono il fumo, la vergogna è la fiamma, l'accoppiamento costituisce i carboni, il piacere rappresenta le scintille. In questo fuoco gli dèi sacrificano lo sperma: da questa oblazione nasce l'uomo. Questi vive finché dura la vita."

Ciò che qui si è rivelato presente nel microcosmo umano, corrisponde però alla struttura globale del macrocosmo, *in primis* di quello prossimo, la realtà terrena:

"11. In verità, questo mondo quaggiù è un fuoco, o Gautama. La terra è il combustibile, il fuoco è il fumo, la notte è la fiamma, la luna è il carbone, le stelle sono le scintille. In questo fuoco gli dèi sacrificano la pioggia: da questa oblazione sorge il cibo."

Ed è ancora vero, benché ai nostri occhi in modo meno evidente, per la dimensione metereologica, da cui dipende la regolarità delle precipitazioni:

"10. In verità, Parjanya (il dio del nubifragio) è un fuoco, o Gautama. L'anno è il combustibile, le nubi sono il fumo, il lampo è la fiamma, i fulmini sono i carboni, i chicchi di grandine sono le scintille. In questo fuoco gli dèi sacrificano il re *soma*: da questa oblazione sorge la pioggia."

E inoltre, non può rispondere a un diverso modello la realtà ultraterrena, il mondo invisibile che anzi, nella prima strofa del passo, ne sancisce l'universalità:

"9. In verità, il mondo di là è un fuoco, o Gautama. Il sole è il combustibile, i raggi sono il fumo, il giorno è la fiamma, i punti cardinali sono i carboni, i punti intermedi sono le scintille. Gli dèi sacrificano in questo fuoco la fede (*shraddha*) [nell'efficacia del sacrificio]: da questa oblazione sorge il re *soma* [ossia *chandra*, la luna]."

Quest'ultimo dettaglio non è irrilevante per il nostro tema perché il crescere e il decrescere della luna (identificata con la suprema bevanda sacrificale, il *soma*), luogo ultraterreno, veniva spiegato dalla cultura vedica come dipendente dall'affluire e dal ripartire dei defunti che in essa, come vedremo, trovavano dimora. Infatti in forza di tutte queste connessioni è ora possibile discernere i diversi destini al di là della morte nelle loro dettagliate peregrinazioni, stadio dopo stadio:

"15. Coloro che hanno questa conoscenza [circa il sacrificio] e coloro che nella foresta venerano la fede come fosse la verità [scil. i rinuncianti], costoro entrano nella fiamma [del rogo], dalla fiamma [passano] nel giorno, dal giorno nella quindicina lunare crescente, dalla quindicina lunare crescente nel semestre in cui il sole si muove verso nord, da questi mesi [passano] nel mondo degli dèi, dal mondo degli dèi nel sole, dal sole nella regione delle folgori. Giunti che siano nella regione delle folgori, un essere spirituale [li] fa procedere verso i mondi del *brahman* [l'Assoluto] e nei mondi del *brahman* distanze infinite essi abitano. Per essi non c'è più ritorno."

In questo destino eccellente, che non prevede più alcuna reincarnazione, e si dettaglia prima con una peripezia ascensionale attraverso fenomeni fisici e astronomici, e poi con un accesso a dimensioni cosmiche e metafisiche sempre più rarefatte, si può vedere l'esito ultimo e sofisticato, aggiornato a concezioni cosmologiche meglio stabilite, di quell'antico soggiorno beato senza fine nei cieli o, per altro verso, il primo profilarsi delle successive forme di emancipazione definitiva dal mondo. La strofa successiva fornisce invece i prodromi di un'idea di rinascita ricca di dettagli:

"16. Coloro che conquistano i mondi celesti con il sacrificio, l'elemosina, l'ascesi [scil. i padri di famiglia, paradigma di quanti vivono nella società], costoro entrano nel fumo, dal fumo [passano] nella notte, dalla notte nella quindicina lunare calante, dalla quindicina lunare calante nel semestre in cui il sole si muove verso sud, da questo semestre [passano] nel mondo dei padri [scil. degli antenati, *pitriloka*), dal mondo dei padri nella luna. Giunti che siano nella luna, essi diventano nutrimento e gli dèi lassù se ne cibano come si cibano della luna con le parole: "Accresciti! Riduciti!" Poiché questa [sosta] è per essi terminata, allora ritornano nell'etere, dall'etere passano nel vento, dal vento nella pioggia, dalla pioggia sulla terra. Giunti che siano sulla terra, diventano cibo e di nuovo sono sacrificati in quel fuoco che è l'uomo e rinascono in quel fuoco che è la donna. Giungendo ai diversi mondi, continuano così il loro ciclo. Ma coloro che non conoscono queste due vie, rinascono come vermi, insetti e tutte le specie che mordono."

Così anche il ritorno nell'aldiquà di coloro che, per adire al soggiorno avito posto nella luna, avevano già attraversato tutte le tappe segnate dalla polarità negativa (fumo, notte, quindicina lunare calante, semestre solare discendente), si compie per gradi successivi di trasmutazione in una sorta di mimesi dei procedimenti naturali, che si realizza però tramite il meccanismo sacrificale scandito in cinque fasi: il *soma*, la pioggia, il cibo, lo sperma e quindi nuovamente l'esistenza come essere umano.

Secondo questa nuova articolazione i destini oltre la morte sono dunque di tre tipi: gli individui eccellenti salgono ai cieli al di sopra del sole e vi rimangono; quelli mediani trascorrono un periodo di soggiorno celeste sulla luna e poi rinascono; quelli inferiori rinascono anch'essi, senza un passaggio ultraterreno ed in condizioni più basse, o infime. Decisivo per la salvezza appare ora il peso della conoscenza, ma lo sono anche le scelte di vita e la condotta; non si può negare che qui faccia una prima comparsa, sia pure in modo ancora vago ed indeterminato, la dottrina della retribuzione degli atti. Coloro che percorrono la "via degli dèi" hanno accesso ai livelli celesti oltre il sole e sono perciò definitivamente liberati dalla dimensione terrena e da ogni modalità esistenziale ciclica; per questo aspetto si profila qui un'anticipazione, un'apertura della prospettiva che poi si preciserà nelle nozioni di liberazione, *moksha* o *murti* e *nirvâna*. Sulla "via dei padri" procedono coloro che, con le opere meritorie, si sono guadagnati l'accesso al mondo celeste lunare, dove soggiornano godendo il frutto dei loro meriti, ma infine devono imboccare il cammino della "rimorte" e fare ritorno nell'aldiqua e nella ciclicità delle esistenze; in questa opzione potrebbe profilarsi anche l'idea dell'accumulazione dei meriti, se la durata del soggiorno nella sede lunare varia ed è commisurata a qualcosa. Si fa inoltre sbrigativamente cenno ad una terza condizione [*tritîyam sthânam*] che porta a forme di esistenza inferiori e più effimere (insetti e simili); una sorte destinata a chi non riesce ad accedere ad una delle altre due, perché non le conosce o per indegnità, ad es. non essendo stato ritualmente cremato.

Del testo parallelo riportato in *Chândogya Upanishad*, V.3,4-10, di poco posteriore, sono per noi qui trascurabili le numerose varianti minime, mentre non vanno passate sotto silenzio le strofe 10,7-8, poiché non hanno antecedenti ed esplicitano in termini di gerarchia castale la dipendenza del tipo di rinascita dalla condotta morale:

"7. Coloro che quaggiù tengono buona condotta [*carana*] c'è speranza che ottengano una matrice favorevole, di donna di casta *brâhmana*, o *kshatriya* o *vaishiya*. (i tre ceti superiori) Ma quelli che tengono condotta spregevole, devono temere di avere una matrice spregevole, di cagna, di scrofa o di *candâlâ* (fuoricasta)[21].

8. I piccoli organismi, poi, destinati a rinascere indefinitamente, non percorrono né l'una né l'altra delle due vie. "Nasci, muori": questa è [la sorte di] questa terza categoria."[22]

La terza categoria, di cui qui si fa menzione in modo più incisivo e lapidario, è senza dubbio quella più numerosa; pochissimi infatti dispongono della conoscenza sacra superiore e pochi eseguono i sacrifici brahmanici prescritti; si può quindi pensare che essa includa molti membri dei due *varna* inferiori, i ceti che comprendono la

21 Tuttavia su questo passo (che non ha alcun parallelo in *Brihadâranyaka Upanishad* VI, 2) W. Halbfass esprime il forte sospetto che sia stato interpolato più tardi, quando ormai la dottrina della retribuzione si era affermata (cfr. W. Halbfass, *Karma...*, cit., p. 52).

22 Cfr. *Chândogya Upanishad*, V,3,10,7-8, in: *Upanishad vediche*, cit., p. 177.

maggior parte della popolazione. Nel lungo itinerario che conduce alla reincarnazione, presentato in *Brihadâranyaka Up.* VI.2,9-16 e replicato in *Chândogya Up.* V.3,4-10, resta comunque alquanto problematico e aleatorio il trapasso dallo stato vegetale a quello degli esseri che di quei vegetali si nutrono; prendere corpo nel regno animale (e ancor più in quello umano) viene giudicato un salto di livello piuttosto arduo[23].

Un ultimo cenno non si può passare sotto silenzio poichè, pur proveniente da un'altra sezione dell'immensa *Brihadâranyaka Upanishad* (IV, 4, 2ss) si discosta sensibilmente da quelli finora esaminati[24]:

"2. Allora (scil.: dopo la morte) lo prendono per mano il sapere [*vidyâ*] e le opere [*karman*] e la sua passata esperienza [*pûrvaprajñâ*]. 3. Come un bruco, dopo essere arrivato sulla punta di una foglia, afferra un altro inizio e si trasferisce dall'altra parte, così anche l'*âtman*, dopo che si è disfatto del corpo e il non-sapere lo ha [temporaneamente] abbandonato, afferra un altro inizio e trasferisce se stesso dall'altra parte. 4. Come un orafo prende da una scultura il materiale e con esso cesella un'altra forma più nuova e più bella, così anche questo *âtman*, dopo che si è disfatto del corpo e il non-sapere lo ha [temporaneamente] abbandonato, si crea un'altra forma più nuova, più bella, sia essa di antenati o di *gandharva* (musici celesti), di dèi, [ossia] di Prajâpati o di Brahma o di altri esseri."

Mentre è evidente che anche queste strofe parlino di reincarnazione, compare qui esplicitamente, come protagonista della

23 Vi si sofferma in particolare *Chândogya Up.* V.3,10,5-6 in questi termini: "5. Dopo avere qui (scil. sulla luna) dimorato fino all'ultimo resto [delle proprie azioni], allora di nuovo ritornano per lo stesso cammino, via via allo spazio etereo, dallo spazio al vento. Quando uno è divenuto vento, diventa fumo, divenuto fumo, diventa nebbia, 6. divenuto nebbia, diventa nube, divenuto nube cade come pioggia. Allora sulla terra nascono come riso ed orzo, come piante ed alberi, come sesamo e legumi. Da questo [stato] è difficile l'uscita: infatti soltanto se c'è chi mangia il cibo ed emette lo sperma, allora [il mortale diventato pianta] procede oltre [nella sua evoluzione]." (Cfr. *Upanishad vediche*, cit., pp. 176 *sg.*)

24 In questo caso rendo in it. la versione di P. Deussen (riportata da W. Halbfass, *Karma*..., cit. p. 53), perché C. Della Casa, *ad locum* (cfr. *Upanishad vediche*, cit., p. 76) segue in parte opzioni interpretative diverse.

metempsicosi l'*âtman*, ossia il principio vitale eterno e immutabile insito in ogni individuo (che tuttavia non coincide con la sua identità personale, contingente e caduca). Inoltre non si fa parola della necessità di un transito attraverso l'aldilà e, a quanto pare, il reincarnarsi viene inteso come un'evoluzione verso livelli superiori di esistenza, divinità incluse. La traduzione del passo tuttavia è molto problematica e contestata[25], benché rimanga impressa l'immagine icastica e insieme poetica del bruco che si protende verso un'altra foglia[26]. Nella strofa immediatamente successiva IV.4,5 poi compare di nuovo un energico richiamo alla legge morale quando, a proposito del ritorno da "quel mondo" in questo mondo terreno, si spiega che ciò che l'uomo potrà ora divenire dipende dal suo agire e dalla sua condotta di vita: "Chi fa il bene, diventa buono, chi fa il male, diventa cattivo. Nobile si diventa tramite opere nobili, malvagio tramite opere cattive"[27]. Inoltre si aggiunge, anticipando dottrine che saranno poi sviluppate in ambito induista e buddhista, che l'agire dipende da un lato dal desiderio, *kâma*, e dall'altro dalla risolutezza o dall'intenzione stabile, *kratu*, (tradotto anche come 'volontà') e quindi, in ultima analisi, la rinascita dipenderà da quanta libertà dal desiderio l'individuo sarà in grado di raggiungere.

In tutti questi testi, ed in particolare negli ultimi analizzati, persiste una sorta di irrisolta ambivalenza fra la sfera ontologica e quella psicologica: da un lato si afferma che le azioni vengono ricompensate

25 Ed ulteriormente complicata dal fatto che alcuni interpreti odierni, insieme a venerati commentatori antichi come Shankara (788-820), prediligono la recensione Kânva delle *Upanishad*, mentre altri, fra cui P. Thieme, quella Madhyândina, che su questo passo differiscono notevolmente (cfr. W. Halbfass, *Karma*..., cit., pp. 54 *sg*.).

26 Che i diversi studiosi fanno a gara per rendere vivida: "Come un bruco, quando arriva all'estremità di un filo d'erba, si estende verso un nuovo appoggio e vi si raccoglie sopra, così il sé [*âtman*], dopo aver abbandonato questo corpo e averlo reso inconsapevole, si estende verso un nuovo corpo e vi si raccoglie sopra." traduce R. Gombrich, *Il pensiero*..., cit., p. 97.

27 "*sâdhukârî sâdhur bhavati, pâpakârî pâpo bhavati, punyah punyena karmanâ, pâpah pâpena*" che C. della Casa traduce: "Chi bene agisce diventa buono, chi agisce male diventa cattivo, virtuoso diventa con l'azione virtuosa, e cattivo con la cattiva" (cfr. *Upanishad vediche*, cit., p. 77).

o punite tramite un meccanismo cosmico, oppure insito nella natura dell'atto stesso, dall'altro ci si richiama a una causalità di tipo psicologico, a come il soggetto stesso venga interiormente forgiato dalle azioni che compie. Rimane inoltre nebuloso il rapporto tra l'azione rituale correttamente eseguita ed il bene morale; infatti mentre è assodato che nelle *Upanishad* l'atto cultuale rimane di primaria importanza per raggiungere qualunque obiettivo, fin dai primordi sono vive esigenze morali che fanno dire, ad es. che l'uccisione delle vittime animali, necessaria al sacrificio e quindi inevitabile, è per altri aspetti riprovevole. Comunque nell'induismo classico, che di qui prende l'avvio, e in tutta la tradizione ortodossa successiva si tenderà a non attribuire il peso preponderante all'elemento morale, bensì a subordinarlo e a farlo dipendere da quello rituale, mentre nel buddhismo questa relazione si rovescerà: l'elemento rituale, quando emerge, sarà subordinato alla dimensione morale e molte nozioni, come ad es. *ârya* o *brâhmana*, verranno utilizzate per le loro valenze etiche, e svincolate dalle originarie appartenenze castali, sociali o famigliari.

Un'ultima nozione capitale nel discorso sulla rinascita, che in seguito sarà comune a induismo, buddhismo e jainismo, fa la sua comparsa nelle *Upanishad* del periodo mediano, benché sia assente nelle più antiche: si tratta dell'idea di *samsâra*, che designa il ciclo vita-morte nel quale incessantemente ha luogo una nuova nascita entro l'ambito delle svariate forme di vita. Il termine deriva da una radice verbale che indica il fluire, lo scorrere continuo, e sul piano semantico si è arricchito di analogie con il vagabondare, l'andare vagando senza meta e senza fine di tutti gli esseri legati alle conseguenze delle loro azioni. Saldamente ancorato al comportamento dissennato o assennato è infatti il primo cenno che lo cita, in *Katha Upanishad*, III, 7-8[28]. La nozione di *samsâra*, che implica la struttura a

28 "7. Colui che è privo di ragione, senza criterio, sempre impuro, costui non giunge alla sede [suprema], ma ricade nel ciclo delle rinascite (*samsâra*). 8. Ma colui che è dotato di ragione e di criterio ed è sempre puro, giunge a quella sede donde non più si ritorna alla vita" (cfr. *Upanishad vediche*, cit., p. 304).

cerchio di nascita-morte-rinascita, un'anularità senza inizio né fine, assume fin dall'inizio le implicazioni negative del circolo vizioso, perché l'incessante ritorno coattivo nel ciclo delle esistenze risulta frustrante e fa sorgere il desiderio di raggiungere un ambito o una modalità dell'essere che non sia più soggetta al divenire. Questa meta, che talora viene indicata come "il mondo del *brahman*" [*brahmaloka*], nell'induismo si sedimenterà più tardi come l'autoidentificazione con il *brahman* assoluto stesso.

La letteratura vedica, come si è visto, fornisce gli elementi fondamentali per il costituirsi della dottrina classica di *karman* e rinascita che, una volta giunta alla sua forma compiuta, secondo alcuni studiosi sarebbe espressa dalla seguente coppia di assiomi: 1. nessun atto moralmente rilevante può restare senza retribuzione; 2. nessuna condizione esperienziale positiva o negativa può esistere senza una causa karmica. Così strutturata, tuttavia, essa comparirà nell'induismo soltanto con la grande epica del *Mahâbhârata* e del *Râmâyana* a partire dal IV sec. avanti l'e. c. e nella successiva letteratura dei *Purâna* (IV.-V. sec. e. c.). Intanto, però, è già affiorato un principio, in seguito decisivo, ossia che la liberazione definitiva presuppone il superamento non solo del *karman* negativo, ma anche di quello positivo, perché nell'assoluto, nel *brahman*, non si è più soggetti alle conseguenze dell'agire.

II. Karman *e rinascita nei testi e nelle scuole buddhiste anteriori al* mahâyâna

Circa il ruolo che all'interno della dottrina buddhista dev'essere riservato al tema della "rinascita dovuta al *karman*" le varie scuole hanno tenuto anche in passato posizioni diversificate, quindi non sorprende se neppure oggi esiste una posizione condivisa. Inoltre questo pluralismo si è riproposto anche nell'ambito della ricerca, per cui alcuni studiosi (che talora sono anche praticanti buddhisti di questa o quella scuola) hanno manifestato tesi persino opposte circa il nesso tra questa concezione e l'insegnamento del Buddha storico. C'è chi non nega che *karman* e rinascita facciano parte della sua predicazione e appartengano alla sua visione del mondo, ma tende ad aggiungere, magari con intento apologetico, che si trattava di credenze diffuse, che il Risvegliato aveva ereditato dalla cultura ambiente, e rispetto alle quali pagava dazio alla sua epoca. Lo studioso giapponese Hirakawa Akira, ad esempio, ha sostenuto[29] che la rinascita non era essenziale all'insegnamento del Buddha, in quanto il suo interesse era rivolto esclusivamente alla liberazione. Questi si sarebbe dunque limitato ad accogliere il tema della rinascita dal contesto generale religioso indiano. Al che si potrebbe obiettare, con Paul Williams[30], che l'importanza decisiva conferita dal Buddha alla questione della liberazione discendeva, non da ultimo, dalla sua (e altrui) credenza nella rinascita incessante; proprio perché vedeva sé stesso e tutti gli esseri prigionieri del *samsâra*, il ciclo nascita-e-morte, era divenuta impellente la sua ricerca della liberazione. Dal canto loro alcuni studiosi/seguaci occidentali del buddhismo tibetano *vajrayâna* affermano: "senza reincarnazione non ci sarebbe buddhismo" e ribadiscono che mediante la pratica "la credenza nella reincarnazione deve diventare esperienza vissuta[31]", mentre invece in un testo recente un autore che si fa paladino del buddhismo in generale rassicura i suoi lettori: "Nessuno è tenuto a prendere tutto, a credere a tutto [scil. nell'insegnamento del Buddha]. Non c'è bisogno di credere alla reincarnazione, ad esempio, per essere buddhista. Non c'è bisogno, di fatto, di credere a nulla"[32].

In questa parte dell'intervento cercherò quindi di mettere a fuoco il profilo assunto da questa dottrina nel buddhismo originario rivolgendomi per quanto mi è possibile alle fonti. Gli scritti

29 A. Hirakawa, *A History of Indian Buddhism: From Shâkyamuni to Early Mahâyâna*, tr. P. Groner, University of Hawaii Press, Honolulu 1990, p. 6.
30 Cfr. P. Williams, *Il buddhismo...*, cit., p. 57.
31 Cfr. L. Meazza e F. Torricelli, *Il buddhismo tibetano*, Xenia, Milano 1997, p. 8.
32 H. Clerc, *Le cose come sono. Una iniziazione al buddhismo comune* (2011), tr. it. Adelphi, Milano 2015, p. 23.

più antichi a cui fare riferimento sono in prevalenza i discorsi del Buddha conservati nel *Suttapitaka* del Canone *pâli*[33], giunto fino a noi grazie alla scuola *theravâda* "dei seguaci più anziani" (in antico detta *sthaviravâda*) presente oggi in Sri Lanka ed in tutto il sud-est asiatico. Si tratta di un *corpus* di circa 10.000 testi, di dimensioni molto diverse e raggruppati in vario modo, per dimensioni o per argomento[34]. All'epoca della stesura di questa grande raccolta, a cavallo dell'inizio dell'e. c., erano già sorte controversie e i buddhisti si erano divisi in scuole diverse; tali divaricazioni e correnti aumentarono poi nella diffusione fuori dall'India.

Karman e rinascita nei sutta/sûtra

Il passo commentato all'inizio dell'intervento è uno dei testi da cui si evince che nel Canone *pâli* l'idea delle rinascite in base al *karman* viene considerata parte integrante dell'esperienza culmine tramite la quale l'asceta Gautama divenne il Buddha, ossia la cosiddetta "illuminazione" o "risveglio". Si è però notato da più parti che nessuna delle versioni del discorso con cui egli inizia la predicazione del Dharma [insegnamento buddhista], e nel quale annuncia le "Quattro Nobili Verità" (la pervasività della sofferenza, la sua origine, la sua cessazione, il sentiero che vi conduce) è mai accompagnata da una presentazione dell'idea di rinascita, né menziona il *karma*. La scoperta vera e propria, il contenuto dottrinale prodotto dall'illuminazione, e in precedenza ignorato, si compendia in quei quattro punti, a prescindere da tutte le altre componenti essenziali del contesto

33 Per cui vedi la nota 1. Va detto che elementi utili si trovano anche nel *Vinayapitaka*, corredato di parti narrative.

34 Risulta inutile, perché insolubile, porre il problema di quanto tale Canone, il più antico conservato, sia veramente conforme all'insegnamento del Buddha. C'è peraltro chi sostiene che questi avrebbe accolto la dottrina di *karman* e rinascita soltanto in una fase tarda del suo percorso, o addirittura mai (T. Vetter, *The Ideas and Meditative Practices of Early Buddhism*, Leiden 1988); in tal caso, si tratterebbe di un'inclusione dovuta ai suoi discepoli.

teorico[35]. La memoria delle sue esistenze precedenti e la presa d'atto della causalità karmica universale fungerebbero quindi da preliminari, da premessa propedeutica, da prerequisiti decisivi per poter accedere al nucleo dottrinale vero e proprio. Il che, per la scuola *theravâda* come per tutte le scuole antiche antecedenti il *mahâyâna*, non lascia dubbi sulla loro natura di presupposto indispensabile del buddhismo e quindi di punto dottrinale irrinunciabile.

Eppure, come traspare anche dai testi qui commentati, durante il periodo vedico dell'induismo antico, anteriore alla comparsa del Buddha, tale dottrina non era né ben strutturata, né di dominio comune. Diviene quindi rilevante appurare se il Risvegliato conoscesse le *Upanishad* più antiche oppure no; gran parte degli studiosi del passato, con Louis de la Vallée Poussin (1869-1938) lo negava, ma se si segue la datazione fornita da Patrick Olivelle nel 1996[36], secondo cui la *Brihadarânyaka* e la *Chândogya Upanishad* risalirebbero al VII o VI sec. avanti l'e. c., e quindi sono "prebuddhiste", è possibile che almeno le loro tesi principali fossero note negli ambienti in cui si perseguiva la ricerca spirituale. A tale conclusione sono giunti anche K. R. Norman[37] e R. Gombrich, che dal 1996 in poi ha cercato di indagare anche in quali punti dei più antichi testi buddhisti siano individuabili riferimenti precisi, spesso polemici, alle *Upanishad*[38]. W. Halbfass, che concorda con questa ricostruzione, sottolinea inoltre che al Buddha di certo erano note anche le tesi in proposito dell'altro grande gruppo strutturato di asceti a lui contemporaneo, i jaina[39]. R. Gombrich del resto non si limita a questi confronti puntuali con il

35 Cfr. almeno *Dhammacakkapavattanasutta* [Il discorso della messa in moto della ruota del Dhamma] (*Samyutta Nikâya* 56.11) e *Saccavibhangasutta* [Il discorso dell'esposizione dettagliata delle verità] (*Majjhima Nikâya* 141) in *La rivelazione del Buddha I*..., cit., rispettivamente pp. 5-12 e pp. 13-22. Fra gli elementi dottrinali di capitale importanza assenti in quella esposizione si possono elencare: l'impermanenza, l'insostanzialità del sé e la duodecupla coproduzione condizionata.

36 Cfr. P. Olivelle (a cura di), *Upanishads*, Oxford University Press, Oxford 1996.

37 K.R. Norman, *Collected Papers*, Pâli Text Society, Oxford 1990-1996.

38 Cfr. P. Williams, *Il buddhismo*..., cit., p. 20.

39 Cfr. W. Halbfass, *Karma*..., cit., pp. 99 *sg.*, dove cita il *Cûladukkhakkhandasutta* (*Majjhima Nikâya* 14), in cui il Buddha narra di una sua disputa con alcuni *jaina*.

versante colto della religione vedica, ma afferma altresì che coloro a cui il Buddha predicava avevano già una serie di convinzioni, più o meno nitide, fra cui quella della rinascita, e credevano in un'entità, un nucleo dell'individuo che trasmigrava immutabile e immortale di esistenza in esistenza, ma che avrebbe potuto anche liberarsi definitivamente da questo ciclo coattivo di rinascite e rimorti, per poi sopravvivere in eterno. Invece era ancora oggetto di disputa la questione se la forma in cui si rinasceva nel *samsâra* venisse influenzata o no dalle proprie azioni precedenti[40].

Si noti che l'affermazione del Buddha nel passo commentato in apertura: "Attraverso gli occhi divini, che sono superiori a quelli umani e puri, io vidi gli esseri morire e rinascere, e compresi come essi siano inferiori o superiori, belli o brutti, fortunati o sfortunati in accordo al loro *kamma*" già ripetuta più volte in quel contesto, ritorna con insistenza in parecchi altri suoi discorsi[41], sia alla prima sia alla terza persona, quasi fosse un punto dottrinale basilare e nuovo, da ribadire ed imprimere nella mente degli uditori. Inoltre esistono alcuni *sûtra* (ad es. *Sâleyyakasutta* (*Majjhima Nikâya* 41) e *Cûlakammavibhangasutta* (*Majjhima Nikâya* 135) nei quali il Buddha insegna la dottrina del *karman* a dei *brâhmana* che la ignorano, oppure non ne comprendono il vero senso. Anzi, in entrambi i casi certi *brâhmana* lo interpellano chiedendogli come mai alcuni rinascano all'inferno e altri in dimore celesti, e quale sia la ragione di tante difformità tra le vite degli uomini, brevi o lunghe, sane o afflitte da malattie, felici o tormentate, ecc. Al che egli risponde che dipende dalla potenza del *karman*, ossia dal fatto che in vite precedenti costoro abbiano vissuto o meno in accordo con il Dharma universale. In quest'ultimo *sûtra* arriva a dichiarare senz'altro: "Gli esseri sono proprietari del *karman*, eredi del *karman* (*kammadâyâda*), creature e discendenti del *karman* (*kammayoni*, *kammabandhu*), il *karman* è il loro

---

40 Cfr. R. Gombrich, *Il pensiero...*, cit., p. 41.

41 Cfr. Majjima Nikâya I, 4 *Bhayabherava sutta*; I, 12, *Mahâsihanada s*; I, 19, *Dvedhâvitakka s*; I, 27, *Cûlahattipadoma s*; I, 36, *Mahâsakkaka s*; I, 35, *Mahâsaropama s*; (6 volte solo nel I. terzo del MN).

focolare. È il *karman* a collocarli in posizioni elevate o basse"[42]. Nel successivo *Mahâkammavibhangasutta* (*Majjhima Nikâya* 136) risponde poi alle perplessità dei discepoli che hanno notato il destino felice di persone notoriamente malvage e viceversa la sorte infelice di persone per bene introducendo una prima distinzione fra il *karman* che "matura", ossia produce delle conseguenze, già nella medesima vita in cui è sorto e quello che matura nella vita successiva o in altre ancora. Si profila qui una questione che si potrebbe definire di cosmodicea[43], un analogo buddhista della teodicea cristiana, che è stata argomento di dibattito fra i rinuncianti di varie tradizioni. In tale *sûtra* il Buddha non si presenta come lo scopritore del principio karmico, che era già discusso fra i *brâhmana* come fra gli asceti, ma piuttosto come chi ha approfondito il problema ed analizzato il rapporto tra intenzione ed esecuzione di un atto, distinguendo inoltre circa la diversa portata delle conseguenze future e sui tempi più o meno protratti in cui si presenteranno. È plausibile, come si è ipotizzato, che il modello epistemologico soggiacente provenga in questo caso dal mondo agricolo: un seme viene piantato, quindi segue un periodo in cui si svolge un processo misterioso (anche perché invisibile e automatico) e poi spunta la pianta e può venire raccolta e consumata. Non a caso il risultato di un atto intenzionale è chiamato "frutto" [*phala*], o talvolta anche "raccolto" [*apadâna*, mietitura][44].

---

42 F. Sferra traduce: "O giovane, gli esseri sono i possessori delle loro azioni, gli eredi delle loro azioni; essi si originano dalle loro azioni, sono legati alle loro azioni, prendono rifugio nelle loro azioni. È l'azione che distingue gli esseri in inferiori e superiori." cfr. *Cûlakammavibhangasutta* [Il breve discorso della classificazione delle azioni] in *La rivelazione del Buddha I...*, cit., pp. 463 e 471.

43 In *Abhidharmakosha* [Il tesoro dell'Abhidharma] IV, 1, un trattato scritto da Vasubandhu (IV. sec.) si trova il termine *lokavaicitrya* [confusione del mondo].

44 Cfr. R. Gombrich, *Il pensiero...*, cit., p. 43.

Karman: *azione, intenzione, moralità*

Si riscontra pertanto anche la tendenza, ravvivata di recente da R. Gombrich, a riconoscere al Buddha la produzione di un pensiero non solo originale, ma anche coerente e rigoroso, un pensiero decisamente orientato, che manifesta una spiccata predilezione per la sfera morale e per la dimensione mentale dei fenomeni e delle azioni, e che di conseguenza ha promosso energicamente un processo culturale di interiorizzazione. Alcuni studiosi ritengono che tale gesto teoretico sia fondativo per il buddhismo. Il *dictum probans* di cui si vale codesta interpretazione è un passo di *Anguttara Nikâya* 3.415[45] in cui il Buddha dice, nelle versioni consuete: "Affermo che l'azione è volizione (*cetanâ*), perché è mediante la volontà che si compie un'azione con il corpo, la parola o la mente"[46]. Gombrich invece estrae il termine *cetanâ* dall'ambito opaco delle generiche "volontà" e propone di leggerlo più limpidamente con "intenzione", per cui la frase diviene "Chiamo *karma* l'intenzione" e ne risalta con bella evidenza il tono paradossale, perché l'azione è qualcosa che avviene nel mondo fisico, mentre l'intenzione fa parte del versante interiore, mentale. Così facendo, commenta Gombrich, "il Buddha capovolse l'ideologia brâhmanica ed eticizzò l'universo"; tale eticizzazione del mondo, a suo dire, va considerata, senza esagerazione, "una svolta fondamentale nella storia della civiltà"[47]. Questi sarebbe inoltre il

---

45 Cfr. *Anguttara Nikâya*, Vol. 3, Pâli Text Society, London, 1897, 1976^2, 1994^3, p. 415.

46 "*Cetanâ 'ham bhikkave kammam vadâmi. Cetayitvâ kammam karoti kâyana, vâcâya manasâ ca.*" *Anguttara Nikâya* VI.63. Il termine *cetanâ* si situerebbe tra l'intenzione e l'impulso che innesca l'azione. J. P. McDermott traduce: "Io dico, o monaci, che *cetanâ* è *kamma*; avendo inteso fare [*cetayitvâ*], si compie un'azione con il corpo, la parola o il pensiero." sostenendo che il termine contiene non soltanto la volontà ma anche l'impulso a realizzare quanto si ha in mente e che l'intenzione deliberata ha un ruolo importante nel determinare la qualità etica di un atto. Cfr. J. P. McDermott, "Karma and Rebirth in Early Buddhism", in W. D. O'Flaherty, (a cura di), *Karma and Rebirth in Classical Indian Traditions*, Berkeley 1980, pp. 165-92, cit. p. 181.

47 Cfr. R. Gombrich, *How Buddhism began: The Conditioned Genesis of the Early Teaching*, Athlone Press, London and Atlantic Highlands, New Jersey, p. 51, cit. in P. Williams, *Il buddhismo...*, cit, p. 73.

principale responsabile del trasferimento di tutta una serie di termini, che la religione vedica utilizzava nella sfera concreto-rituale, in una dimensione di interiorità e di moralità. Il che è avvenuto innanzitutto per *kamma/karman* che significava "atto rituale" e comunque atto compiuto, la cui efficacia dipende dall'esecuzione liturgica impeccabile, e che ora diviene "azione intenzionale", voluta. Un analogo slittamento si può riscontrare in parecchi altri termini, che diverranno tipici del patrimonio linguistico buddhista, come ad es. *sîla/shîla* che in ambito brâhmanico significa "rituale", ed a cui il Buddha conferisce il significato di "condotta etica, moralità"[48]. Oppure *puñña-kamma/punya karma* che fra i *brâhmana* sta ad indicare il "rito di purificazione" ed in ambito buddhista diviene "azione purificante" e quindi benefica, "meritoria", per cui *puñña/punya* significherà poi "merito". L'aggettivo *kusala/kushala* (insieme al suo contrario *akusala/akushala*), che in precedenza valeva "adeguato, competente, corretto", assume ora il senso di "benefico, salutare" (e l'opposto quello di "non virtuoso, immorale, non-salutare, dannoso"). Così pure categorie come *arya* "nobile" oppure *brâhmana* "sacerdote, addetto al sacro", che in origine erano espressioni etniche o castali, vengono messe in discussione dal Buddha che ne esige l'inveramento sul piano morale e spirituale.[49] Ed anche *kilesa/klesha*, che significa, alla lettera, "sporcizia, sudiciume" diverrà il termine buddhista per indicare "il vizio", "la passione", "il veleno spirituale".

Il discorso buddhista quindi soltanto in apparenza contiene riferimenti all'ambito della purità e all'idea di purificazione, perché tali termini sono ormai ridotti al loro significato metaforico ed utilizzati invece per indicare il miglioramento della propria mente in senso morale, e poi anche intellettuale. Nel buddhismo non si tratta più

48 L'antico significato permane nell'espressione *sîlabbata-parâmâso/shîlavrata parâmarsha*, che indica un ostacolo nella progressione spirituale buddhista, quello derivante dall'attaccamento alle osservanze rituali.

49 "Non per nascita si è *brâhmana*,/ non per nascita non si è *brâhmana*/ ... Con l'esercizio, con la virtù,/ con il distacco, con la rinuncia:/ con ciò si diventa *brâhmana*/ con ciò si giunge a santità." Cfr. *Vâsetthasutta* (*Majjhima Nikâya* 98), che contiene anche l'espressione: "all'azione son legati gli esseri,/ come all'asse la ruota che gira."

di mondarsi dalla contaminazione, comunque acquisita[50], mediante atti concreti di ascetismo, o tramite i riti di purificazione brâhmanica, che includono i lavacri e l'ingestione dei "cinque prodotti della vacca", bensì di una purificazione interiore, a cui si giunge lavorando sulla mente tramite la meditazione. Nella pratica meditativa la purificazione della mente viene effettuata direttamente, senza che occorra alcun atto esteriore; il che istituisce una continuità tra le buone azioni concrete e le meditazioni dei monaci, o di un eremita. Con il medesimo gesto il Buddha rovescia anche la dottrina dell'altro grande gruppo coevo di rinuncianti, i jaina i quali, seguendo l'insegnamento del loro maestro Mahâvira, ritenevano che il *karman* consistesse nell'azione compiuta, a prescindere dall'intenzione. Essi, inoltre, concepivano l'effetto dell'azione come un *quid* materiale, una sorta di lordura contaminante che gravava sopra il sé imprigionandolo nel *samsâra*; tale loro *karman* era, da un lato inevitabile e dall'altro negativo in ogni caso, ed infatti per conseguire la liberazione definitiva occorreva, predicavano, astenersi completamente dall'agire.

L'innovazione introdotta dal Buddha concerne quindi in primo luogo il criterio con cui si giudica l'azione, della quale non è più decisiva la scrupolosa correttezza nella sua esecuzione secondo il rituale, bensì la qualità morale. In secondo luogo, l'azione rilevante in quanto tale, quella che comporterà conseguenze in futuro, e che sarà imputabile, è soltanto l'azione generata da un'intenzione, da una volontà cosciente. Il che implica un'idea di causalità concepita in modo più rigoroso e stringente, la quale esige coerenza tra i fattori che conducono all'azione, il suo risultato e le conseguenze che esso comporta per il soggetto. Infatti, secondo il buddhismo l'intenzionalità può condurre ad un'azione in tre ambiti: può produrre un'azione fisica, del corpo, *kâyakamma*, un atto linguistico, *vacikamma*, oppure

50 Secondo le concezioni brâhmaniche il rituale è necessario per purificare gli umani dalle impurità che inevitabilmente nascono dal loro stesso corpo (secrezioni, deiezioni, mestruo, ecc.).

rimanere all'interno della mente, come atto mentale *manokamma*. Coerentemente anche il codice della disciplina monastica, il *vinaya*, classifica la gravità delle infrazioni a partire dall'intenzionalità; le trasgressioni per inavvertenza sono punite in modo più lieve. L'atto destinato a divenire rilevante sul piano del *karman*, ossia ad entrare nel flusso esistenziale di un soggetto e ad agire come un fattore che causerà conseguenze in futuro è soltanto l'atto intenzionale, ossia quello libero e responsabile. Infatti, nel *Sâmaññaphalasutta* [Discorso sui frutti dell'ascetismo] (*Dîgha Nikâya*)[51] vengono respinte decisamente le posizioni di Makkhali Gosâla, fondatore della scuola Âjîvika, che propugnava una forma di determinismo radicale o fatalismo, negando qualsiasi responsabilità personale o iniziativa morale da parte dell'uomo. Per questo maestro infatti la rinascita avviene di continuo secondo "il destino, il caso e la natura", e qualunque cosa l'uomo faccia non produrrà alcuna differenza.

Per contro nel buddhismo originario si costruisce volutamente un quadro concettuale che contempla la possibilità della responsabilità etica. Come si è visto, molti aspetti della rinascita successiva sono determinati dal *karman*, ma tra le sue conseguenze non può in alcun caso esserci un'influenza precisa nella sfera dell'azione intenzionale; vale a dire: un atto che implichi *cetanâ* (intenzione/volizione) non può mai essere il risultato karmico di atti antecedenti; nella terminologia della scuola *theravâda*: non può mai derivare soltanto da una "maturazione karmica" (*kammavipâka*). Non è assente nel buddhismo la percezione che la volontà non è mai casuale, essendo in parte condizionata dagli atti precedenti del soggetto, che plasmano le sue propensioni; ma essa non è e non può assolutamente essere del tutto determinata, poiché questo eliminerebbe qualsiasi responsabilità morale dell'individuo agente. Quindi si potrebbe dire che il *karman* condiziona, ma non determina. Infatti la scolastica del buddhismo *theravâda* formulerà il principio: ciò che genera *karman*

51 Cfr. E. Frola (a cura di), *Canone buddhista. I discorsi lunghi*, UTET, Torino 1967, pp. 56-99.

non può a sua volta essere generato da *karman*, poiché in caso contrario si spalancherebbe la porta ad un determinismo ineluttabile, cancellando qualsiasi idea di responsabilità. Nondimeno per taluni critici l'idea che non vi sia alcuna sofferenza che non sia stata meritata da colpe antecedenti configura un universo altrettanto intollerabile del problema che intendeva risolvere. A ben vedere, la visione antico-buddhista del mondo non è affatto claustrofobica, come dimostra il *Sîvakasutta* (*Samyutta Nikâya* 36.21)[52] in cui lo *shramana* Sîvaka Moliya chiede al Buddha se tutto ciò che si sperimenta: piacere, dolore e sensazioni neutre derivi dal *karman*, sia cioè effetto della maturazione karmica *kammavipâka*. Il Maestro però lo nega, sostenendo che affermare questo è eccessivo, poiché le cause delle sensazioni sono otto: i primi cinque fattori causali sono fisiologici: ossia i tre umori: bile, flegma e vento, e inoltre le loro combinazioni e il mutare del clima; il sesto è l'"essere colpiti da avversità", il settimo è "prodotto da un atto di violenza" (tanto subita da altri, quanto autoinflitta) ed il *karman* è soltanto l'ottava causa.

Rinascita: le classi di esseri

Occorre, almeno in breve, rammentare quali sono le tipologie di esseri di cui si compone, secondo la maggior parte delle scuole, il variegato universo buddhista, ed all'interno delle quali è possibile rinascere. Nel *samsâra* (che non ha inizio e viene a volte presentato con l'immagine di un cane che, legato con un anello ad un piolo infisso nel terreno, continua a percorrere la stessa circonferenza senza mai fermarsi) si svolge il ciclo infinito di nascita, morte, rinascita e rimorte, a cui tutti gli esseri restano necessariamente vincolati finché non conseguono l'illuminazione. Ogni rinascita è determinata dal *karman* ed è impermanente. In forza di una legge di causalità assolutamente impersonale, in conseguenza del proprio

52 Versione it. in: V. Talamo (a cura di), *Samyutta Nikâya. Discorsi in gruppi*, Astrolabio-Ubaldini, Roma 1998, pp. 501 *sg*.

comportamento precedente gli esseri possono rinascere in uno dei cinque *gati*, reami di esistenza, detti anche "destini" o classi di esseri, ossia: come dèi, *deva*, creature celesti immateriali, potenti e felici; come esseri umani, *manussâ/manushya*; come ombre o spettri, *pettivisaya*, o *pettaloka/pretaloka* (una parte dei quali sono "spiriti famelici"); come animali, *tiracchânayoni*, *tiraccha/tiryak*; come esseri sottoposti a terribili sofferenze espiatorie all'interno dei cosiddetti "inferni" *naraka*, *niraya*, (ma a rigore si tratta di purgatori, perché le pene sono di durata finita, per quanto lunghissima[53]). Altri elenchi, e la tradizione tibetana, prevedono anche una rinascita come *asura*, gli anti-dèi gelosi in perenne lotta con i *deva*, i quali altrove vengono considerati parte del regno delle ombre.

Le rinascite negli inferi, quelle come spettri, come animali (e come anti-dèi gelosi) sono considerate negative, *duggati/durgati*, infelici[54], mentre soltanto la rinascita divina e quella umana vengono ritenute positive, *sugati*. Si ritiene che il numero di quanti conducono la loro esistenza nelle condizioni inferiori superi di molto quello di coloro che rinascono come uomini; come anche l'osservazione dice, le altre creature sono in verità molto più numerose degli esseri umani, e da questo si inferisce che la rinascita umana è rara e difficile da ottenere. Perciò costituisce un'occasione che non dev'essere sprecata, come si raccomanda spesso nella predicazione, anche attualmente. L'immagine di questo cosmo, nel quale gli esseri senzienti dei cinque (o sei) *gati* rispondono tutti delle loro azioni, e neppure gli dèi sono immuni dal rinascere in stadi inferiori di esistenza (come si ribadisce nel *Kannakatthalasutta*, *Majjhima Nikâya* 90), porta alcuni a ritenere che il buddhismo concepisca l'intero universo come strutturato dalla legge morale, pervaso di etica. Tuttavia è diffusa la credenza

53 È abbastanza diffusa nel pensiero buddhista l'idea che i *naraka*, gli inferi con le loro terribili pene, siano proiezioni dell'immaginazione dei colpevoli di gravi delitti, prodotte dal *karman* negativo derivante dal loro comportamento criminale; si tratterebbe dunque di sogni tormentosi, ma ciò che più conta non è lo status ontologico-metafisico delle pene, bensì la retribuzione degli atti malvagi che il soggetto sperimenta angosciosamente.

54 I testi in sanscrito collocano gli *asura* al grado più basso delle *sugati*.

che i *deva* nei cieli non possano acquisire meriti, bensì soltanto consumare quelli a cui devono tale invidiabile rinascita, come pure, simmetricamente, che gli esseri sottoposti alle pene infernali non siano attivi come soggetti etici. Inoltre il mondo vegetale, che per la tradizione vedica aveva parte (sia pure nebulosamente) al processo di rinascita, qui viene tenuto ai margini e per lo più escluso dal novero degli "esseri senzienti" soggetti a rinascita. Quanto alla successione delle esistenze, soltanto la serie delle ultime, ormai a ridosso del conseguimento del *nirvâna* viene concepita con un andamento progressivo, sia pure in modo diverso dalle varie scuole. Quella *theravâda* ad esempio distingue in questa fase quattro stadi, attraverso cui il nobile adepto *ariya/ârya* deve passare: il primo livello è detto "entrare nella corrente" ed inizia quando ci si libera dai tre fattori che legano al *samsâra*: la credenza nell'io sostanziale, lo scetticismo e la dipendenza dai riti; colui che raggiunge questo stadio è detto *sotâpanna/shrota âpanna*, e dovrà ancora passare attraverso alcune rinascite, al massimo sette; il secondo livello è chiamato "di colui che ritorna una volta" *sakadâgâmi/sakridâgâmin*; il terzo è chiamato "di colui che non ritorna più" *anâgâmi/anâgâmin*; il quarto è quello del "redento" o "santo" *arahat/arhat*.

Rinascita: la questione del soggetto: l'assenza di un sé sostanziale

Pensare la possibilità della rinascita è più complesso, in ambito buddhista, a causa di un aspetto fondamentale della predicazione del Buddha, insistentemente riproposto, quello che sottolinea il fatto che la realtà mondana possiede "tre caratteristiche" *ti-lakkhana/tri lakshana* principali: *anicca/anitya* l'impermanenza, *dukkha/duhkha* la sofferenza, *anattâ/anâtman* l'assenza di un sé. Con quest'ultima indicazione il Buddha prendeva congedo dalla speculazione brâhmanica, la quale invece nel teorizzare la catena delle vite successive, si manteneva saldamente ancorata all'idea di un'entità permanente, imperitura, sostanziale, l'*attâ/âtman*, il sé, che rimanendo inalterato mutava di esistenza "come un uomo si sbarazza dei vecchi abiti e ne prende altri nuovi"[55].

Viceversa l'originale scoperta fatta dal Buddha vedeva nell'individuo umano niente più che una struttura risultante dalla sinergia di cinque dispositivi, che denomina *khandha/skandha*, "aggregati" (lett. mucchi, gruppi, accumuli), una serie di funzioni, tutte soggette a costante mutamento, che sono: (*nama*)*rûpa*: (nome e) forma, ossia la componente corporea dell'organismo individuale; *vedanâ*: le sensazioni; *saññâ/samjñâ*: le percezioni; *sankhâra/samskâra*: le disposizioni interiori e gli impulsi volitivi e *viññâna/vijñâna*: la coscienza individuale. Tra questi "aggregati" non esiste alcun soggetto, né tanto meno un'entità che resti sempre identica a se stessa, e quindi, per la metafisica indiana (che ha una concezione dell'essere in certo modo analoga a quella parmenidea) non è presente nulla di sostanziale. Infatti soltanto la sostanza è immutabile, e perciò anche eterna, inalterabile, imperitura, *causa sui*, ecc. Ma proprio questa credenza in un sé, *âtman*, al di sopra degli *skhanda* comporta, sostiene il Buddha, gravi conseguenze sul piano morale, poiché fornisce un supporto e una giustificazione all'egoismo, all'attaccamento, alla brama, ponendo così le basi per la sofferenza che affligge tutti gli esseri senzienti nel *samsâra*.

L'esatta caratura di questa opzione teorica del Buddha si svela in un suo confronto con Vacchagotta (*Ânandasutta*, *Samyutta Nikâya* 44.10[56]) nel momento in cui decide di rispondere con il silenzio tanto alla domanda: "Esiste il sé?" che alla contraria: "Il sé non esiste?" Dopo che l'interrogante, deluso, si è allontanato, infatti spiega al suo discepolo Ânanda che con una risposta positiva si sarebbe trovato a concordare con la posizione eternalista *sassataditthi/shâsvatadrishti* (ma ciò confligge con il suo insegnamento dell'impermanenza *anicca/anitya*), mentre dando una risposta negativa si sarebbe trovato

55 Questa espressione, divenuta classica, è sensibilmente posteriore, comparendo in *Bhagavad Gîtâ* II.22 (cfr. Stefano Piano (a cura di), *Bhagavad Gîtâ. Il canto del glorioso Signore*, San Paolo, Cinisello Balsamo 1994, pp. 103 *sg.*).

56 Cfr. *Samyutta Nikâya. Discorsi...*, cit., p. 565.

concordare con il nichilismo *ucchedanta*, che non ammette alcuna rinascita (il che contrasta con il suo insegnamento sulla rinascita in base al *karman*); perciò il silenzio rappresentava in questo caso la scelta della via di mezzo, o il rifiuto di una logica a due valori. Quindi, per lo meno a mio avviso, la dottrina di *anâtman* non è tanto (o non è affatto) il risultato di un processo teoretico spassionato, bensì una mossa strategica oculata, al servizio di una dottrina, quella buddhista, che mira non alla conoscenza assoluta, ma alla liberazione assoluta. Aver ricondotto l'esistenza dell'individuo alla sua natura di processo causale, ossia al concatenarsi, ciclicamente ripetuto, di fattori causali impersonali non sfocia in un insuperabile determinismo perché ci sono cause o condizioni che possono venire eliminate mediante il dominio di sé e la purificazione della mente. In tal modo all'individuo è possibile intervenire nel processo causale e alla fine anche interrompere il ciclo samsârico. Di conseguenza, alla questione che cosa sia ciò che continua di vita in vita il Buddha non può rispondere menzionando un'entità, ma deve invece indicare un processo alla base del quale sta l'azione, il *karman* con le conseguenze che innesca. In un altro *sûtra* (*Samyutta Nikâya* 2.76), posto di fronte alla domanda: chi è colui che sperimenta la conseguenza degli atti in un'esistenza successiva (ossia colui che subisce/fruisce del *karman* dell'agire passato)? il Buddha afferma nuovamente che vanno respinte, perché estreme, le due conclusioni opposte: a) che si tratti della stessa persona che un tempo compì le azioni e b) che si tratti di una persona totalmente diversa dall'agente (di nuovo, la prima risposta darebbe ragione agli eternalisti, la seconda ai nichilisti). Ma, a parte questo rifiuto dell'antinomia, qui il Buddha inaugura una strategia dialettica che farà scuola. Colui che subisce ovvero fruisce del *karman* è qualcuno che non è né del tutto uguale, né del tutto diverso da chi ha compiuto le azioni, perché questa è la condizione di tutti coloro che rinascono in dipendenza dagli atti compiuti[57]. Sarà dunque il *karman* non solo a determinare il genere

57 Cfr. J.P. McDermott, *Karma and Rebirth ...*, cit. p. 166.

di rinascita di ciascuno, ma anche ad operare come fattore causale per alcune differenze fra gli individui: inferiorità o eccellenza, longevità o morte precoce, presenza o assenza di malattie, bruttezza e bellezza, debolezza e vigore, basso e alto ceto sociale, poca saggezza e grande acutezza mentale, ecc.

Una ripresa di queste problematiche, sviluppata e corredata da molti esempi di indubbia efficacia didattica si trova in un'operetta antica, il *Milindapañha* [Domande di Menandro] forse risalente agli esordi dell'e.c. Essa inscena una serie di colloqui fra il re Menandro, Milinda in *pâli* (160-140 *ante*), sovrano del regno indo-greco della Bactriana (a nord dell'Afganistan odierno), il sesto successore di Demetrio I in tale dinastia, ed un monaco della scuola Sarvâstivâda, Nâgasena, che s'ingegna a rendere plausibile la dottrina dell'*anâtman* ed a superare i dubbi del re (e/o dell'ambiente culturale greco) circa la rinascita servendosi con intelligenza di immagini e metafore. Famoso tra i suoi espedienti è il paragone del carro che, non essendo identico ad alcuna delle sue componenti (assali, piano, ruote, timone, ecc.) serve a mostrare come anche l'identità personale sia soltanto un costrutto verbale, creato per comodità ma privo di un'essenza corrispondente. Per quanto concerne la rinascita Nâgasena usa parecchie immagini, dalle età della vita (l'adulto è ed insieme non è l'infante, o l'adolescente che è stato) alla lampada (la fiamma della prima veglia della notte è e non è la stessa della seconda o della terza) e poi ancora il latte, che non è né la stessa cosa né del tutto diverso dalla cagliata, dal burro, o dal burro fuso che ne sono stati tratti, fino al ladro di manghi che si discolpava sostenendo di non aver derubato il contadino, perché quelli che aveva portato via erano frutti diversi dal mango che quegli un tempo aveva piantato (e tuttavia sono spuntati in dipendenza da quello). Inoltre, Nâgasena precisa che la rinascita è cosa diversa da una metempsicosi perché un migrare (*sankama/samkrama*) da un corpo all'altro presuppone un *quid* permanente e sempre identico che transiti oltre la morte, ma ciò tuttavia secondo il buddhismo non esiste.

La dottrina dell'insostanzialità del sé non venne accettata senza difficoltà da tutte le scuole; infatti gli esponenti della scuola Vâtsiputrîya-Sâmmatiya, per cercare di garantire la continuità causale del *karman*, giunsero a teorizzare l'esistenza di un'entità ulteriore, che chiamavano *pudgala* "persona", molto simile all'anima o all'*âtman* brâhmanico, richiamandosi a un *sûtra*, in cui il Buddha menziona un imprecisato "portatore del fardello" (degli *skandha* psicofisici[58]). Negando di voler reintrodurre l'*âtman* sotto mentite spoglie, costoro sostenevano che *pudgala* non è identico ai cinque *skandha*, e neppure diverso da essi, ma venivano ugualmente accusati di eterodossia. Il passaggio da un'esistenza a quella successiva prodotta dal *karman* venne inteso dalla scuola Theravâda come un concatenamento causale, chiamato *patisandhi/pratisamdhi*, termine in cui si esprime il "riannodarsi" di due processi esistenziali che si susseguono, ribadendone quindi la continuità a dispetto della morte. Altre scuole, ad es. i Sarvâstivâdin, teorizzarono la presenza di un essere spirituale di collegamento, chiamato *gandabba/gandharva*[59], che si forma dopo la morte e, guidato dal suo *karman* e dalla sua brama, riesce ad approdare al luogo della sua rinascita (ed è anche in grado di vedere i suoi genitori nell'atto di concepirlo, cosicché il suo sesso viene determinato, edipicamente[60] dall'attrazione che prova per l'uno o l'altro dei genitori). In tal modo veniva valicato uno speciale intervallo, un periodo di "esistenza intermedia" *antarâ-bhava*, che sarebbe situato tra la fine di una vita e l'inizio di quella nuova, cioè fra la morte e la rinascita. Questa fase intermedia, la cui esistenza è contestata da parecchie delle antiche scuole buddhiste, ha avuto

58 Cfr. *Bhârasutta* [Discorso del fardello], in *Samyutta Nikâya. Discorsi...*, cit., pp. 344 *sg*.

59 Il termine nella sua origine vedica indicava una classe di divinità celesti dal comportamento ambiguo: prodighe di benefici, ma da cui occorreva cautelarsi con amuleti. Qui forse sta ad indicare soltanto un'entità invisibile, eterea e transitoria.

60 Questa scena primaria è già presente in fonti *sarvâstivâdin* come il *Mahâvibhâsâ* [Grande commentario all'Abhidharma], il *Dharmaskandha* [L'aggregazione di fattori] e inoltre nello *Yogâcârabhûmi* [Gli stadi della pratica dello yoga], un testo della scuola idealista *cittamâtra*.

accoglienza e cospicui sviluppi dottrinali nell'ambito del buddhismo *vajrayâna* tibetano con il nome di *bar-do*[61].

Rinascita: qualità e classificazione degli atti

La norma universale della retribuzione karmica viene considerata indefettibile: "Di nessuno, in verità, perisce [*na nassati*: va mai perduta] l'azione [*kamma*]; oh! essa torna indietro e la subisce il suo stesso autore; lo stolto che male agisce raccoglie [: miete] dolore nel mondo di là." (cfr. *Kokâliya sutta, Sutta Nipâta* III.10[62]) Lo si ribadisce con l'efficacia di un'immagine naturalistica: "questa colpa ... ricade su di lui come polvere scagliata contro vento"[63]. Le affermazioni, anche proverbiali, a conferma del fatto che il *karman* prodotto da atti compiuti intenzionalmente colpirà in modo inesorabile sono frequenti: è più facile che un mortale non muoia, piuttosto che il *kamma* non provochi conseguenze; né Brahmâ (le divinità in generale), né Mâra (il demone tentatore, che ostacola la progressione spirituale) sono in grado di annullare, di sospendere, e neppure di differire la remunerazione degli atti che avverrà a tempo debito. A maggior ragione quindi gli atti malvagi intenzionali *sañcetanika*, una volta accumulati, non vengono cancellati a meno che le loro conseguenze non siano state prima sperimentate o in questa medesima esistenza o in un'altra successiva[64]. Tanta insistenza nel riaffermare la norma è ovviamente indice di una difficoltà; infatti fin da principio emerge come il funzionamento del *karman* possa apparire, agli esseri non

61 Alle visioni che si presentano in tale intervallo, alla loro interpretazione ed al modo di superare proficuamente questa prova è dedicato il *Bardo Thödol* [La liberazione tramite l'ascolto negli stati intermedi], un testo tibetano di tradizione *dzogchen*, che giunse a notorietà in Occidente con il titolo emblematico (quanto fuorviante) di *Libro tibetano dei morti*.

62 Cfr. V. Talamo (a cura di), *Sutta Nipâta*, Boringhieri, Torino 1961, p. 153, § 666. La stessa vicenda è narrata anche in *Samyutta Nikâya* 6.10 (cfr. *Samyutta Nikâya. Discorsi...*, cit., pp. 132-34), dove però questo passo non è riportato.

63 Ivi, § 662.

64 Cfr. *Anguttara Nikâya*, Vol. 5, ed. E. Hardy, Pâli Text Society, London, 1900, 1979^2, p. 292.

illuminati, sconcertante in quanto all'apparenza talvolta si mostra tortuoso oppure contraddittorio. Infatti, nel già citato *Mahâkammavibhangasutta* (*Majjhima Nikâya* 136), è il Buddha stesso a spiegare per quale ragione è possibile addirittura che un notorio criminale goda di una rinascita positiva e, viceversa, che una brava persona subisca una rinascita penalizzante. Tali esiti sconcertanti possono prodursi perché in quel frangente nel primo caso prevale l'effetto differito di accumuli antecedenti di azioni positive, oppure, nel secondo, di azioni malvage il cui risultato non è emerso durante l'esistenza in atto, ma va a determinare la successiva rinascita in un modo, a prima vista, opposto alla condotta palese del soggetto nella sua ultima vita.

Come si vede, per districare questa imbrogliata matassa e illustrare come agisca la retribuzione degli atti *kammakârana*, già nei *sûtra*, ma ancor più in seguito nei trattati della scolastica buddhista sono state formulate distinzioni e proposte classificazioni di vario genere. Una preliminare suddivisione va innanzitutto fatta tra le azioni che producono conseguenze in questa stessa vita *ditthadhammika* (ad esempio un ladro che viene catturato e punito per il suo furto) e quelle che produrranno effetti in una condizione futura *samparâjika*, ossia mediante la loro influenza sul genere di rinascita e sulle sue caratteristiche. Occorre inoltre distinguere tra atti di minor peso *dubbalakamma*, le cui conseguenze sono pure deboli, lievi, ed atti gravi, di grande portata, *balavakamma*, il cui effetto prevale su quello dei primi e lo soppianta. Ma mentre questa seconda distinzione è per lo più avvertibile anche con criteri puramente mondani, a partire dalla morale, non vi è alcun visibile carattere che indichi quando la retribuzione sarà immediata e quando invece differita.

Oltretutto, raccomanda la trattatistica, sarà in generale necessario tenere conto dell'accumularsi tanto delle azioni buone quanto di quelle cattive e dei rispettivi pesi, per avere un'idea dei loro effetti complessivi e della risultante. Ciò detto, va considerato che gli effetti di un atto possono restare a lungo quiescenti prima di giungere a "maturare", ossia a produrre conseguenze. Si dà anche il caso di azioni che possono avere un lieve effetto nella vita in cui sono state commesse e magari uno molto più consistente in un'esistenza successiva. Per giunta non ci sono elementi per determinare il lasso di tempo che può intercorrere tra un atto e la sua retribuzione: esso rimane ignoto e può essere anche cospicuo[65]. Con un'unica eccezione: il massimo grado di colpevolezza è attribuito a chi si macchia di uno dei cinque seguenti crimini: parricidio, matricidio, l'uccisione del proprio maestro, il versare il sangue di un buddha, il provocare scismi nella comunità buddhista. Essi sono rubricati perciò come delitti "di retribuzione immediata" *kamma ânantarika* e prevedono la condanna agli inferi nella successiva esistenza.

Assai rilevante per la questione della responsabilità individuale è poi la distinzione tra le azioni del passato, o "antiche", *pûranakamma* e le azioni nuove *navakamma*. Infatti, se è per effetto delle azioni passate che un essere umano si trova in una determinata situazione, le azioni nuove che egli ora compie in tale contesto, benché rese possibili da quelle antiche, non ne sono per nulla vincolate, ed anzi possono essere di tutt'altro genere. Pur essendo predeterminata la possibilità di avere certe modalità di comportamento (in quanto essere umano, ad esempio) non sono determinate né le sue intime tendenze morali nè ciò che effettivamente fa: egli è quindi libero di fare ciò che vuole del suo presente. Tuttavia il problema del libero arbitrio non viene discusso né tematizzato, come invece accade nella teologia di altre religioni, in quanto problema intellettuale o questione teoretica. Il Buddha, che non si è espresso su tale tema, ha però costantemente affermato e ribadito che è possibile giungere alla cessazione del *karman*, *kamma-nirodha*, ovvero è possibile sia esaurire il *karman* negativo passato, sia evitare atti ulteriori che possano rivelarsi a lungo andare dannosi; questo risultato si può ottenere, ovviamente, in modo ottimale se si segue il nobile ottuplice sentiero buddhista.

65 Questa ricompensa o punizione pendente diviene talora un motivo letterario nei racconti edificanti della letteratura popolare buddhista.

Rinascita: la dinamica del processo di retribuzione

Ulteriori arricchimenti della riflessione sono dovuti all'indagine che si è sviluppata all'interno delle singole scuole per tentare di mettere a fuoco in modo plausibile lo svolgersi, il realizzarsi del processo di retribuzione karmica. Fra gli aspetti problematici, ad esempio, c'è la questione: in qual modo, o in quale forma si conserva il *karman* che dovrà produrre i suoi effetti in futuro? In quale modalità si può pensare questo? Di tale problematica si trova una traccia nel già citato *Milindapañha* [Domande di Menandro]:

"Venerabile [Nâgasena] è possibile mostrare quelle azioni e affermare: "Stanno qui" o "stanno lì?" "No, sire, non è possibile mostrare quelle azioni e dire: "Stanno qui" o "stanno lì"." "Fatemi un esempio." "Cosa ne pensate, sire: è possibile mostrare i frutti di alberi che non hanno ancora fruttificato e dire: "Sono qui" o "sono lì"?" "No, venerabile." "Allo stesso modo, sire, finché il *continuum* (*santati*) non è stato reciso, non è possibile mostrare quelle azioni dicendo: "Stanno qui", "stanno lì"[66].

Nâgasena sembra quindi affermare che gli atti, una volta compiuti, esistono soltanto tramite il loro potenziale di condizionamento sul processo vitale (anche al di là della morte) e siccome non è l'atto in quanto entità reificabile a transitare dal punto spaziotemporale in cui è avvenuto a quello in cui si verificheranno i suoi effetti, non è possibile dire "dove sia".

Secondo gli esponenti della scuola Vaibhâshika[67], ogni azione dev'essere concepita come composta in realtà di due parti: un atto patente, percepibile *vijñâpti* (che si palesa agli altri, è visibile, udibile, ecc.), ed un atto latente *avijñâpti* (impercepibile). Questa seconda componente è in realtà un'energia karmica non avvertibile dai cinque sensi, che perdura fino al momento in cui gli effetti

66 Cfr. *Milindapañha*, in *La rivelazione del Buddha I...*, cit., pp. 168 *sg.*

67 Fra le grandi scuole del buddhismo pre-*mahâyâna*, è un ramo della corrente Sarvâstivâda del Kashmir, il cui *Abhidharma* era compendiato in un *Mâhavibhâshâ* [Grande esposizione] e un *Vibhâshâ* [Esposizione], da cui la sua denominazione.

di quell'azione si manifestano, anche molto tempo dopo che essa è stata compiuta. I seguaci della scuola Sautrântika[68], viceversa, non accettando la divisione in azione *vijñâpti* e *avijñâpti* formulata dai Vaibhâshika, che giudicavano inutile, e restando più vicini alle posizioni *theravâda*, affermavano (come si teorizza nel *Karmasiddhi prakarana* [La dissertazione che dimostra gli atti] del IV. sec. attribuito a Vasubandhu) che il *karman* è costituito insieme dall'impulso intenzionale e dall'atto che è stato voluto e viene compiuto. Essi suddividevano però l'impulso intenzionale in tre fasi: 1) la risoluzione, 2) la decisione, 3) l'impulso motorio; i primi due elementi costituiscono l'intenzione *cetanâkarman*, mentre il terzo, l'impulso motorio, può essere duplice in quanto può spingere ad agire il corpo o la voce.

Ulteriori differenze fra le scuole si registrano circa gli esiti del tentativo di rispondere alla questione: come può un atto portare frutto, come si può divenire eredi dei propri atti, se l'individuo è definito come un coacervo di aggregati in costante mutamento? Per la scuola Vaibhâshika che, appartendo al ceppo dei Sarvâstivâdin[69], postulava l'esistenza sia del passato sia del futuro, era possibile affermare che l'azione esiste per sua propria natura, *svabhâva*, in tutte e tre le dimensioni temporali, passato, presente e futuro, benché in modi diversi, ossia prima come intenzione e volizione, poi come attuazione e infine come generatrice di effetti. Nel momento stesso in cui viene realmente compiuto, l'atto proietta i suoi impulsi di retribuzione; si forma cioè un potenziale che soltanto più tardi giungerà ad attuazione; in tal modo l'atto diviene la causa delle sue conseguenze, di ciò che si usa chiamare il suo "frutto", *phala*. Nel momento in cui quel potenziale è in procinto di realizzarsi, l'azione compiuta si trova ormai nel passato, ma siccome esiste ancora, sia

68 Altra importante scuola antica, la cui denominazione Sautrântika: "Coloro che seguono i *sûtra*" indica l'opzione di volersi attenere esclusivamente ai discorsi del Buddha, respingendo gli Abhidharma, che riteneva meno autorevoli in quanto compilazioni dovute ai discepoli.

69 Una fra le correnti principali del buddhismo antico, la cui denominazione "Coloro che sostengono: tutto è" deriva dalla loro dottrina, che affermava la reale esistenza di tutti gli elementi costitutivi, i *dharma*, nelle tre dimensioni temporali.

pure al passato, è l'azione stessa a provvedere l'energia che fa sì che le sue conseguenze entrino nel presente come una realtà di gioia o di sofferenza nel momento dovuto. Poiché il soggetto agente per l'intero buddhismo non è altro che un insieme di aggregati impermanenti, la dottrina *vaibhâshika* precisa che ogni atto crea nella serie psicofisica di colui che lo compie delle entità immateriali, dei *dharma*, associati con il pensiero e detti *prâpti* "possesso", come peraltro avviene anche per ogni pensiero o desiderio concepito dal soggetto; mediante tale dispositivo il soggetto agente continua a "possedere" i suoi atti anche molto tempo dopo averli compiuti; il dispositivo si interrompe solo nel momento in cui il frutto di quell'atto si palesa infine nella realtà.

Per risolvere il medesimo problema i Sautrântika che, al contrario dei Vaibhâshika, considerano tutti gli atti come momentanei e ritengono che dispaiano non appena sono sorti, senza generare un nuovo *karman* intermedio, teorizzano che ogni atto, buono o cattivo, impregna o dà profumo *vâsanâ* al complesso psicofisico che si usa chiamare individuo; esso crea una potenzialità speciale, *shaktivishesha*, (con un potere che è chiamato "seme" *bîja*) la quale fa sì che la serie profumata percorra un processo evolutivo al cui termine c'è una situazione di retribuzione detta "frutto" *phala*. Ulteriori approfondimenti sono stati elaborati nei grandi trattati sistematici, come l'*Abhidharmakosha* [Il tesoro dell'Abhidharma] di Vasubandhu con il suo *Bhâshya* (autocommento) un testo che, pur dedicato all'insegnamento *sarvâstivâdin*, riporta anche le concezioni *sautrântika*. Esso contiene una classica teoria del *karman*, dettagliata e rifinita in tutti i suoi aspetti, di cui citerò soltanto un particolare interessante. Secondo Vasubandhu un atto completo dev'essere costituito di tre parti: la preparazione *prayoga* (composta della premeditazione e dei passi preparatori effettivi, *sâmantakâ*); l'azione principale *maula karmapatha* (costituita sia dall'azione palese sia dall'azione latente, le quali si originano contemporaneamente) e poi anche di una terza parte, detta dorso *prishtha*. Quest'ultima è costituita delle azioni successive e conseguenti a quella principale, tanto nella dimensione palese (come la soddisfazione per l'atto compiuto ed il godimento dei suoi vantaggi), quanto in quella latente *avijñâpti*. Siccome dal canto loro i Sarvâstivâdin asserivano che la forza del pentimento è in grado di modificare le conseguenze di ogni azione, se questo sopraggiunge immediatamente dopo che un atto è stato commesso, quell'atto sarà da considerare incompleto, perché privo del "dorso" che lo rifinisce, e perciò le sue conseguenze saranno anch'esse incomplete, ossia meno rigorose; viceversa, se un atto è completo di tutte le sue parti, ed è stato approvato a posteriori, è ormai troppo tardi per un pentimento significativo.

Karman *e trasferimento dei meriti*

Pare che assai presto nel buddhismo antico ci si sia interrogati circa la possibilità di trasferire a favore di qualcun altro il proprio *karman* positivo, ossia il merito *punya* acquisito mediante le proprie azioni benefiche. I testi del Canone *pâli*, che ne recano traccia, non presentano una posizione univoca in proposito. Per un verso i *sûtra* insistono sulla natura personale del *kamma*, che è di responsabilità strettamente individuale, per cui tocca a ciascuno impegnarsi per la propria salvezza. Le azioni meritorie accumulate, si afferma, formano un tesoro privato "non condiviso con altri", mentre viceversa si proclama che nessun patrono umano né divino è in grado di proteggere chicchessia dalle conseguenze dei suoi atti negativi[70]. Nondimeno qua e là nei testi trova spazio anche l'idea di un "trasferimento del merito", concezione che viene fatta risalire ad antichi sviluppi popolari dei riti brâhmanici *shrâddha*, celebrati a favore del defunto dopo la cremazione. Tale gesto altruistico si sarebbe diffuso anche nella comunità buddhista in epoca molto precoce, fin dai tempi del trapasso del Buddha. Infatti nell'agiografia di uno dei

70 Cfr. *Anguttara Nikâya*, Vol. 1, a cura di R. Morris, Pâli Text Society, London, 1885, 1961^2, 1989^3, p. 172.

suoi principali discepoli diretti, l'*arhat* Mogallâna/Maudgalyâyana, si racconta come, avendo scoperto grazie alla vista spirituale che sua madre era rinata negli inferi, sia riuscito a strapparla a quelle atroci sofferenze devolvendo a lei i propri meriti. Inoltre nella tradizione *theravâda* non è infrequente trovare menzione di qualche benefattore che fa un donativo al *sangha*, la comunità monastica buddhista, dichiarando che quell'atto di generosità va ascritto a una persona deceduta, o ad un fantasma *peta/preta*; grazie a questa disposizione formale il *peta* ne acquisisce il merito a proprio beneficio, come se l'atto di donare fosse stato effettivamente compiuto da lui. Vi sono persino esempi di donazioni ai monaci fatte in nome di alcuni *deva*; il trasferimento del merito agli dèi nelle loro dimore celesti veniva giustificato con la teoria arcaica secondo cui questi non erano in grado di acquisire meriti da se stessi. Riferimenti a tale pratica si trovano sparsi nei *Jâtaka*, i racconti in cui si narrano con gusto popolaresco le vite anteriori del *bodhisattva* che poi sarebbe diventato il Buddha Shâkyamuni; nel *Macchuddâna Jâtaka* (*Jâtaka* 88), ad esempio il futuro Risvegliato, dopo aver nutrito i pesci del Gange, dedica il profitto *patti* di tale benefico gesto allo spirito del fiume; e si precisa che questi ne godette subito il merito.

In effetti, nel buddhismo delle scuole antiche pre-*mahâyâna* non sono previsti mezzi diversi da questo per venire in soccorso a chi è ormai defunto: alle preghiere non viene attribuita alcuna efficacia, anzi si dichiara esplicitamente che esse non sono in grado di liberare chi è caduto nei destini inferiori a causa delle sue azioni negative. Pregare per i morti non può modificare il loro *karman*, proprio come pregare o compiere sacrifici o altri riti a proprio favore non serve a migliorare la propria sorte. Tuttavia, ben presto verrà ammesso come meritorio il culto dei *thûpa/stupa*, i tumuli sacri in cui erano conservate le reliquie del Buddha e dei suoi discepoli illuminati. Ma la pratica del trasferimento dei meriti acquisiti con le azioni benefiche sarà oggetto di gradimento crescente e di una notevole diffusione laddove verranno universalmente condivise le dottrine *mahâyâna* sulla figura del *bodhisattva*, colui che in forza dei propri voti estremamente altruistici si propone come l'esponente ideale della compassione sconfinata e il simbolo della disponibilità a soccorrere tutti gli esseri senzienti. Questi infatti diviene l'antesignano del trasferimento dei meriti, data la sua illimitata prodigalità nell' utilizzare il suo *karman* positivo al fine di alleviare le sofferenze delle creature nel *samsâra*. Siccome i *bodhisattva* per definizione devolvono con perfetta generosità i loro meriti a tutti gli altri esseri, Gombrich arriva a dire che "la dottrina del *bodhisattva*, la vera caratteristica del *mahâyâna*, è costruita sul trasferimento del merito"[71].

III. Evoluzione dottrinale, trasformazioni, migrazioni e nuovo assetto

1. Mahâyâna

L'evoluzione di una parte delle scuole buddhiste vede il lento profilarsi, nei due secoli a cavallo dell'inizio dell'era comune (dal I. secolo che la precede fino a tutto il seguente) di quella che diverrà una nuova, vigorosa corrente dottrinale e più tardi assumerà la denominazione di buddhismo *mahâyâna*, appellativo di solito tradotto con Grande Veicolo (ma di per sé vale anche Grande Cammino). Lo sbocciare e il prendere forma del Mahâyâna fu un processo che richiese ben più di un paio di secoli e interessò un ambito geografico vasto come un continente (dal Gandhâra indo-greco a Shri Lanka); venne quindi avvertito in tutta la sua ampiezza soltanto parecchio tempo dopo: non a caso la documentazione epigrafica più antica a noi nota, che riporta formulazioni sicuramente riferibili alle sue dottrine non è anteriore al IV. o V. secolo. La vigorosa ristrutturazione dottrinale, cui fu sottoposto l'assetto complessivo del buddhismo antecedente, toccava almeno quattro punti capitali. Innanzitutto si richiamava a nuovi testi: a *sûtra* predicati dal Buddha (e quindi pronunciati alcuni secoli prima) ma rimasti fin qui preclusi, perché

71 Cfr. R. Gombrich, *Il pensiero...*, cit., p. 257.

volutamente occultati o tralasciati, finché la comunità non avesse maturato l'intelligenza spirituale necessaria a comprenderli. Inoltre, propugnava una nuova visione della figura del Buddha, ponendone in primo piano la natura trascendente[72]; la sua presenza sulla terra, si predicava, era soltanto l'emanazione ultima della sua vera realtà, ossia del principio cosmico di illuminazione, il Dharmakâya, un'entità sovramondana, paragonabile ontologicamente all'assoluto. Incidentalmente poi conferiva legittimità a certe pratiche cultuali, ad esempio la venerazione dei *thûpa/stūpa*, considerate fino ad allora inferiori, devozionali o addirittura estranee al buddhismo; venendo così incontro ad esigenze della religiosità popolare. Ma soprattutto riformulava l'ideale di perfezione spirituale, sostituendo all'*arhat*, la figura del monaco che ha raggiunto la completa emancipazione dalle passioni e non è più soggetto a rinascere, quella di colui che (monaco o laico) oltre a cercare la liberazione dal *samsâra*, antepone la felicità e la liberazione altrui alla propria e s'impegna su questo percorso altruistico e compassionevole, figura per la quale utilizza la denominazione di *bodhisattva*[73]. Questi è dunque colui che ha espresso il voto di rinascere quante volte sarà necessario per raggiungere la meta suprema, ossia la completa e perfetta buddhità, allo scopo di poter operare efficacemente con i suoi poteri per il bene di tutti gli esseri senzienti. Contro la diffusa convinzione secondo cui il *bodhisattva* rinvierebbe il raggiungimento del *nirvâna*, o si asterrebbe dall'entrarvi, al fine di condurvi prima tutti gli esseri senzienti, Paul Williams afferma che tali affermazioni, anche se compaiono (sia pur di rado) in qualche *sûtra*, non vanno prese alla lettera, bensì

72 Anche nel buddhismo antecedente non mancava l'idea che il Buddha fosse ben più che un essere umano (poiché aveva poteri miracolosi ed era dotato dei trentadue segni corporei principali di eccellenza, oltre che degli ottanta secondari). In un colloquio egli, rispondendo a precise domande, affermava di non essere né un uomo né un dio, ma qualcosa di ancora superiore, ossia un essere pienamente illuminato.

73 Nella dottrina antecedente l'appellativo *bodhisattva* era riservato esclusivamente a coloro che stavano percorrendo la via che conduce alla piena e perfetta illuminazione, i futuri buddha.

comprese come esortazioni ad assumere una posizione di assoluta rinuncia, per cui si potrebbe, paradossalmente, dire è proprio rinunciando persino alla buddhità che il *bodhisattva* la raggiunge.

Contestualmente il Mahâyâna produce anche un consistente ampliamento del "pantheon" buddhista; infatti i grandi voti altruistici tipici del *bodhisattva* sono stati formulati anche nel remoto passato da figure che hanno ormai raggiunto livelli di sviluppo spirituale molto elevato, e sono quindi prossime alla buddhità; si tratta degli *âryabodhisattva* [nobili *bodhisattva*] o *mahâsattva* [grandi esseri], che sono ora dotati di virtù e di capacità sovrumane, oltre che di un infinito patrimonio di meriti accumulato in innumerevoli esistenze. Intorno a questi esseri sovrumani: Maitreya, Avalokiteshvara, Mañjushrî, Samantabhadra, Kshitigarbha, ecc. divenuti il simbolo ideale della compassione sconfinata e della disponibilità a soccorrere gli altri, si sviluppa anche una variegata mitologia, incentrata sulla concezione, miticamente esaltata, del trasferimento dei meriti, insieme ad un atteggiamento devozionale, che confida e si appella alla loro disponibilità a devolvere il tesoro incommensurabile dei meriti accumulato per alleviare le sofferenze delle creature che vagano nel *samsâra*. In tal modo trova spazio e si diffonde anche in ambito buddhista l'idea di un soccorritore sovrumano degli infelici, il cui aiuto può essere invocato non solo sulla via dell'illuminazione, ma anche nelle situazioni critiche o dolorose dell'esistenza, dando sempre maggior spazio a un buddhismo fideistico, che avrà grande fortuna anche al di fuori dell'India, sviluppandosi in maniera consistente e peculiare, ad esempio in Tibet, dove i Dalai Lama vengono considerati un'incarnazione di Avalokiteshvara, il *bodhisattva* eponimo della grande compassione.

2. Il Madhyamaka e Nâgârjuna (+ II sec.)

In primo piano nell'impianto di questa trasformazione dottrinale, e molto significativa proprio per il tema della rinascita, è la posizione assunta dalla prima scuola *mahâyâna* che acquisirà fama e rilievo: la scuola Madhyamaka [ossia del Cammino di Mezzo] detta anche *shûnyavâda* ["che predica il vuoto"] in ragione della centralità che attribuiva alla nozione di "vacuità" *shûnyatâ*. In genere le scuole buddhiste antecedenti, in conformità con i propri Abhidharma, avevano individuato un piccolo numero di componenti strutturali della realtà, i *dharma*, che consideravano dotati di una loro sostanzialità (*svabhâva*: natura propria, o essenza o esistenza-di-per-sé) e perciò provvisti di una certa consistenza "ontologica", mentre ritenevano che gli oggetti, costruiti a partire dai dati sensoriali, essendo pura apparenza e illusorietà, *mâyâ*, ne fossero totalmente privi. Il fondatore e principale teorico della scuola *mâdhyamika*, il grande dialettico Nâgârjuna[74] (c.a II. sec.), invece, elaborando una serie di argomentazioni logiche stringenti, riuscì a dimostrare che da tale pretesa "sostanzialità" dei *dharma* discendevano delle conseguenze indesiderabili o delle assurdità, dalle quali era possibile sfuggire soltanto ammettendo la "vacuità", ossia l'insostanzialità, l'inconsistenza e la relatività anche di tali "strutture portanti" del cosiddetto reale. Perciò le sue conclusioni rappresentavano un attacco radicale anche alla concezione tradizionale del *karman* e della connessa idea di rinascita. Tale processo di totale decostruzione è esposto nelle *Madhyamakakârikâ* [Strofe sul Cammino di mezzo], la sua opera principale, nella quale grazie ad un sofisticato strumentario logico Nâgârjuna applica ad ogni tema della dottrina, e dispiega fino alle sue estreme implicazioni, la tesi centrale dei *Prajñâpâramitâsûtra* [Discorsi della Sapienza trascendente], testi *mahâyâna* i quali proclamavano che tutte le entità, inclusi i *dharma*, sono elementi o costrutti esistenti solo a livello concettuale, e quindi sono sprovvisti di *svabhâva*.

Da un lato, privilegiando come postulato irrinunciabile l'idea buddhista della interrelazione fra tutti gli enti e dell'emergere di ogni evento in virtù di cause e condizioni, gli è agevole mostrare in

74 Su cui c'è ora in italiano il solido studio di Emanuela Magno, *Nâgârjuna. Logica, dialettica e soteriologia*, Mimesis, Milano-Udine 2012.

Madhyamakakârikâ XV.1s. che il darsi di una esistenza intrinseca "per virtù di cause e di condizioni" è incongruente, anzi autocontraddittorio, un ossimoro[75]. Infatti, ciò che nasce da altro non può essere definito di esistenza intrinseca. Ma anche le spiegazioni razionali che pretendono di dare conto dell'insorgere dei fenomeni, del loro cangiante sussistere e del loro scomparire, una volta sottoposte alla rigorosa analisi di Nâgârjuna, si rivelano altrettanto fragili, anzi inconsistenti al punto da portarlo a concludere in VII, 34: "Come un miraggio, come un sogno, come un castello in aria, così è detta la produzione [dei fenomeni], così la permanenza, così la dissoluzione."[76]. Nel capitolo XVII. dedicato alla "Disamina del frutto dell'azione" (*Karmaphala-parîkshâ*), Nâgârjuna analizza l'idea di causalità karmica e nelle prime 21 strofe riduce *ad absurdum* i tentativi fatti dalle principali scuole buddhiste per padroneggiare intellettualmente questa concezione; quindi, espone alcune sue tesi in merito al rapporto tra l'azione e la dimensione sostanziale, la *svabhâva*. Così in XVII, 22 afferma: "Se l'atto esistesse in sé (*svabhâvatas*), esso sarebbe, senza dubbio, non solamente eterno, ma anche non compiuto [da alcuno]. Una cosa eterna, infatti, non la si compie"[77]. e nei successivi tre versi indica e commenta, applicando la sua usuale strategia, le conseguenze inaccettabili della tesi che intende demolire: un atto non compiuto da alcuno, opina, potrebbe venire imputato a chiunque e da ciò deriverebbe una confusione morale insolubile, non essendo più identificabile chi è buono e chi non lo è; inoltre un atto già retribuito, poiché continua ad essere presente, potrebbe venire ripagato di nuovo, una seconda volta e più. Quindi passa ad esaminare la relazione che sussiste fra l'atto e le tre fondamentali passioni fuorvianti, i *kleshâ* ["ciò che affligge (la mente)"]: l'ignoranza/

75 Raniero Gnoli traduce: "1. La nascita di una natura propria per virtù di cause e di condizioni non è logicamente sostenibile. Una natura propria nata da cause e condizioni sarebbe infatti creata." in R. Gnoli (a cura di), *La rivelazione del Buddha, II. Il Grande veicolo*, Mondadori, Milano 2004, p. 612.

76 Tr. Chr. Lindtner, riportata in: P. Williams, *Il buddhismo mahâyâna. La sapienza e la compassione* (1989), tr. it. Astrolabio-Ubaldini, Roma 1990, p. 77.

77 Tr. R. Gnoli, cfr. *La rivelazione del Buddha, II ...*, cit., p. 618.

stupidità, la brama/avidità, l'ira/aggressività che stanno sovente alla base dell'agire umano: in XVII, 26 dichiara: "L'azione ha la medesima natura delle passioni. Ma le passioni non hanno realtà propria. Se le passioni non hanno realtà propria come può, l'azione, esistere realmente[78]?" A questo punto il decostruzionismo *mâdhyamika* investe frontalmente il nostro tema, se ben intendo, insieme alla traduttrice (e contro altri interpreti), che nella strofa XVII, 27 (la quale recita: "Azione e passioni sono definite come cause dei corpi. Ma se azione e passioni sono vuote, come si parlerà dei corpi?"[79]) i corpi in questione sono quelli che verrebbero assunti grazie alla rinascita in una vita successiva. L'implacabile progressione della critica poi non risparmia il presunto soggetto agente e compie l'intera parabola rivolgendo i suoi argomenti dissolutori contro il punto finale del processo, il frutto che l'azione produce[80]. Il capitolo si chiude poi con un'immagine della sequenza karmica ben lontana dal realismo del senso comune, anzi totalmente dislocata in una dimensione evanescente e fantasmatica; dice XVII, 33: "Passioni, atti, corpi, agenti e frutti, han tutti l'aspetto d'una città di geni celesti, son simili tutti a un miraggio, a un sogno"[81].

Gli interpreti sono peraltro concordi nel sostenere che l'intento precipuo di Nâgârjuna, tuttavia, non è stato né liquidatorio né radicalmente distruttivo; il suo obiettivo era, invece, quello di demolire le motivazioni addotte dalle altre scuole perché metafisiche, cristallizzanti, fissiste e pertanto incompatibili con l'impianto generale della predicazione del Buddha. Infatti, se i seguaci del Buddha non raggiungono un certo grado d'illuminazione, rimangono schiavi del senso comune, percependo le cose come dotate di esistenza

78 Tr. E. Magno in *Nâgârjuna*..., cit., p. 301.
79 *Ibidem*.
80 Cfr. XVII, 30: "Se tanto l'azione (*karma*) quanto l'agente (*kartâ*) sono non-esistenti (*nâsti*), dove potrebbe essere il frutto (*phalam*) nato dall'azione (*karmajam*)? Quando il frutto non c'è, dove può esserci (*bhavishyati*) chi lo sperimenta (*bhoktâ*)?" traduce David J. Kalupahana, in: *Mûlamadhya-makakârikâ of Nâgârjuna. The Philosophy of the Middle Way*, Motilal Banarsidass, Dehli 1991, p. 260.
81 Tr. R. Gnoli, cfr. *La rivelazione del Buddha, II*..., cit., p. 619.

intrinseca. In questo vengono confermati e quasi sospinti da un atteggiamento innato, o consolidato, negli esseri umani avviluppati dall'ignoranza. A quanti lo accusavano di avere escogitato di sana pianta un nuovo concetto, la vacuità, distruttivo per la dottrina buddhista, Nâgârjuna ribatteva, in *Madhyamakakârikâ* XXIV,18 reinserendolo a tutto tondo nel cuore del pensiero del Buddha: "La coproduzione condizionata, questa e non altra noi chiamiamo la vacuità. La vacuità è una designazione metaforica. Questo e non altro è il Madhyamaka[82]." Egli in realtà riproponeva in modalità più accorte e raffinate la critica del linguaggio già presente, ad esempio, nel *Milindapañha*, conducendo una spietata disamina circa il potere alterante e illusionistico delle parole e delle costruzioni intellettuali, la loro capacità di condurre surrettiziamente a forme di implicito oggettivismo. A supporto della sua posizione, infine, Nâgârjuna si riallaccia ad una distinzione fra i livelli di realtà/verità *sâtya*, che già veniva formulata nei compendi dottrinali buddhisti, gli *Abhidharma*, e che vedeva contrapposto il piano del relativo *samvritisâtya* ["verità che ricopre, avviluppa"] e quello dell'assoluto *paramârthasâtya* ["verità suprema"]. A questa suddivisione dedica tre versi illuminati in *Madhyamakakârikâ* XXIV, 8-10:

"8. L'insegnamento del Dharma dei Risvegliati si esprime attraverso due verità: la verità relativa della dimensione mondana e la verità ultima. 9. Quanti non comprendono la differenza tra queste due verità, neanche comprendono la realtà profonda dell'insegnamento dei Risvegliati. 10. Senza utilizzare la dimensione dei codici mondani, non può insegnarsi la verità ultima, senza realizzare la verità ultima non può essere realizzato il *nirvâna*"[83].

Come si vede la dimensione della verità/realtà convenzionale e quella della verità/realtà suprema ed ultima sono complementari e interrelate: il mondo del senso comune non può essere rifiutato perché nella sua negatività spinge e sprona alla pratica religiosa, senza

82 Tr. R. Gnoli, cfr. *La rivelazione del Buddha, II...*, cit., p. 635.
83 Tr. E. Magno in *Nâgârjuna...*, cit., p. 321.

la quale non si può raggiungere l'illuminazione, ma dev'essere accettato esattamente per quello che è, cioè privo di esistenza intrinseca. A Nâgârjuna importa quindi innanzitutto far vedere come le idee di *karman* e di rinascita facciano parte esclusivamente dell'ambito della verità convenzionale e pragmatica *samvritisâtya*, la verità relativa a cui si rapporta la vita quotidiana. In tale ambito, come si ricava da un'altra sua opera, *Ratnâvalî* [La ghirlanda preziosa (di consigli per il re)], di impronta didattica, egli è disposto a riconoscere che esse costituiscono un supporto decisivo per ispirare una condotta di vita morale e generosa. Tuttavia, dal punto di vista della suprema verità *paramârthasâtya*, e del più profondo significato della dottrina buddhista, *karman* e rinascita potrebbero far propendere verso un'idea di sé e del mondo che devono essere superate, perché pericolose. È infatti palmare che nella concezione di Nâgârjuna né l'accumulazione di *karman* positivo né lo sforzo per eliminare quello negativo possono condurre al *nirvâna*; anzi si può percepire come la dottrina della causalità karmica di retribuzione, a suo parere, discenda da un'impostazione che rimane fondamentalmente prigioniera della categoria di mezzo-e-fine, e pertanto si muove in una logica che mira all'acquisizione, alla manipolazione e al possesso. Per giunta, legata come si trova all'idea di rinascita, che postula una continuità con le esistenze passate e il proiettarsi verso esistenze future, essa non favorisce di certo l'abbandono definitivo della deleteria idea di un soggetto e di un sé sostanziale. Chi ha realizzato davvero la via del Buddha, secondo Nâgârjuna non può più chiedersi: "Sono esistito in passato in vite antecedenti? Quali azioni compiute in passato sono in grado di spiegare le mie attuali condizioni di vita?" e tanto meno: "Dopo la mia morte, continuerò ad esistere, in futuro? Verrò invece estinto ed annientato? Che genere di ricompensa o di punizione devo attendermi nelle rinascite future per le mie attuali azioni?"[84].

84 Su questo punto già il Buddha ammoniva: "In questi modi egli si impegna senza discernimento, se pensa: 'Esistevo io nel passato? O non esistevo io nel passato? Che cosa ero nel passato? Esisterò io nel futuro? O non esisterò io nel futuro? Essendo divenuto ciò [un uomo], che altro diverrò nel futuro?' In colui che senza

Sarà pertanto salutare ribadire che dal punto di vista della verità assoluta *paramârtasâtya* il *karman* è privo di essenza e vuoto, *shûnya*, tanto quanto lo è il sé individuale e non diversamente da come lo sono tutti i *dharma*. Conseguire il *nirvâna*, che è la liberazione definitiva, significa realizzare *questa* vacuità e soltanto questo, secondo Nâgârjuna, vuol dire ricollegarsi all'intento originario del Buddha[85].

Mi sono soffermato sulla posizione di Nâgârjuna perché il suo pensiero e la sua scuola costituiranno un punto di riferimento irrinunciabile per tutto il buddhismo del Grande Veicolo e la nozione di vacuità verrà fatta propria e manterrà un ruolo centrale in pressoché tutte le diramazioni successive di questa corrente. Siccome sarà in prevalenza il *mahâyâna* a migrare e a radicarsi nelle culture dell'Asia centrale ed estremo-orientale, l'impostazione della questione circa il *karman* e la rinascita delineata da Nâgârjuna rimarrà determinante per il buddhismo cinese, coreano e giapponese, mentre assumerà ulteriori e peculiari sviluppi all'interno del buddhismo tantrico sviluppato in Tibet, sul quale tuttavia non mi è possibile addentrarmi in questa sede.

3. *Rinascita e* karman *agli esordi del buddhismo in Cina*

Non più di qualche cenno ci permetterà di delineare alcune vicissitudini occorse alla tematica della rinascita, e del *karman* che la determina, nel trapianto del buddhismo dalla cultura indiana a quella cinese, di struttura per molti aspetti assai diversa. Nel subcontinente indiano e nelle società asiatiche tributarie dell'India, la polemica dei buddhisti con le dottrine dell'induismo e dei jaina, pur essendo aspra e protratta, si svolgeva a partire da un substrato culturale comune. Prospettive cosmologiche, come l'idea di un universo che si evolve e si rinnova ciclicamente, passando attraverso

---

sapienza presta attenzione in questi modi, sorge una delle sei opinioni [errate]: 'Ho un'identità.' L'opinione sorge in lui come se fosse vera, come se fosse reale..." in *Sabbâsava Sutta* [Discorso su tutti gli *âsava*] (*Majjhima-nikâya* 2).

85 Per queste conclusioni mi rifaccio alle riflessioni di W. Halbfass, *Karma...*, cit., pp. 127 *sg*.

periodi cosmici diversi, *kalpa*, nonché l'esistenza di innumerevoli mondi, *lokadhâtu*; concezioni antropologiche, come quelle del *karman* e della rinascita, della sofferenza inevitabilmente connessa all'esistere, dell'impermanenza e della fugacità della vita, da un lato e dall'altro l'ideale di una vita religiosa come modo per sottrarsi a tutto ciò, grazie all'efficacia delle opere meritorie, oppure la scelta ascetica radicale, la totale rinuncia allo scopo di consacrarsi alla ricerca dell'assoluto: tutto questo patrimonio di idee apparteneva alla visione del mondo dell'India antica in generale e non era affatto peculiare del solo buddhismo. Tuttavia, il messaggio del Buddha richiedeva questo sfondo per venire ben compreso ed era giocoforza che, in ogni suo trasferimento in altre aree culturali, portasse con sé anche tale contorno di concezioni pan-indiane. In Cina, a sua volta un paese di antica cultura e, per giunta, orgogliosamente autoreferenziale, tutte queste idee venivano viste come estranee, esotiche se non proprio barbare, a corredo di una dottrina che proponeva curiose innovazioni, talora incompatibili con idee e valori tradizionali ben saldi nel vissuto cinese; i buddhisti cinesi, perciò, dovettero trovare ben presto argomenti per difenderle, attingendo al patrimonio dottrinale esiguo e piuttosto malcerto di cui disponevano.

Del resto la dottrina che costituiva il nucleo stesso del buddhismo indiano e lo distingueva recisamente dottrine induiste e jaina, ossia la dottrina che negava l'esistenza di un sé sostanziale permanente (*anâtmya*), rimase per ovvie ragioni inaccessibile ai buddhisti cinesi, e venne totalmente fraintesa sia dai monaci che dai laici, almeno fino al V. secolo. Il tema della rinascita risultava ancora ostico al punto che i buddhisti cinesi furono a lungo incapaci di vedervi qualcosa di diverso da un'affermazione della sopravvivenza dell'"anima" (*shen*) dopo la morte. La possibilità stessa di immaginare l'idea di rinascere non era ancora svincolabile dall'esistenza di un'entità, di un *quid* in grado di attraversare intatto la fine della vita e di assumere un nuovo corpo diverso. Si verifica quindi la paradossale situazione che fino all'inizio del V. sec. i buddhisti cinesi si trovano a difendere l'immortalità del principio vitale (professando cioè quella che per il buddhismo indiano è un'eretica credenza nel sé, *satkâyadrishti*) contro gli attacchi dei cinesi tradizionalisti che, stando alle loro dottrine avite, lo ritengono "annientato" o "trasformato" al momento della morte del corpo. Anche gli stessi monaci cinesi, scrivendo i loro trattatelli apologetici e predicando in un ambiente colto, potevano avere solo una vaga nozione del messaggio originario (nonché "puro" dal punto di vista indiano) del buddhismo, ed erano in grado di esporre ai loro seguaci (o agli antagonisti) soltanto uno sfuocato riflesso del Dharma del Buddha[86].

Alcuni letterati del tardo III. sec., appartenenti alla piccola nobiltà colta, trovarono nella dottrina straniera della vacuità *shûnyatâ* un cammino del pensiero al tempo stesso nuovo e stranamente familiare; va da sé che la loro comprensione di tale idea era influenzata (e distorta) dal loro peculiare retroterra culturale, ampiamente permeato di daoismo. Tutta una serie di concetti *mahâyâna* come: sapienza (*prajñâ*), vacuità (*shûnyatâ*), quiete (*shânti*) e mezzi opportuni (*upâya*) veniva ovviamente percepita alla luce di termini per certi versi analoghi che circolavano all'epoca negli ambienti dello Studio del Mistero *xuanxue*[87] quali: santità, vuoto e non essere (*wu*), tranquillità e non-attività (*wu wei*), ecc. Gli insegnamenti contenuti nei *sûtra mahâyâna* della "sapienza trascendente" o *prajñâ-pâramitâ*, e delle scuole che li diffusero commentandoli, risultavano attraenti

86 Cfr. E. Zürcher, *The Buddhist Conquest of China*, Brill, Leiden 1959, 2007³, pp. 11 *sg.*

87 Lo *xuanxue* è stata un'originale corrente della filosofia cinese, nota in inglese come Dark Learning, e in Italia come lo Studio del Mistero (in riferimento al "mistero al di là del mistero" di cui parla il *Laozi*, I, 14). La sua origine è tradizionalmente associata con i nomi di He Yan (?-249) e il precoce genio di Wang Bi (226-249). Lo *xuanxue* si basa principalmente sullo studio del *Yijing*, il Classico dei mutamenti, associato ad idee tratte dal primo pensiero daoista (dal *Laozi* e dallo *Zhuangzi*), tutti soggetti, va da sè, a decise reinterpretazioni. I commentari di Wang Bi allo *Yijing* e al *Daodejing* divennero due dei tre testi più autorevoli di questa corrente, mentre il terzo fu il commentario allo *Zhuangzi* di Guo Xiang (?-312), nel quale l'autore incorporò in tutto o in parte un precedente commentario di Xiang Xiu (223-ca 300). Cfr. E. Zürcher, *The Buddhist...*, cit., pp. 87-92 ed anche A. Crisma, *Confucianesimo e Taoismo*, Emi, Bologna 2016, pp. 72-74.

a causa di quest'apparente familiarità; si servivano di quelli che parevano gli stessi concetti fondamentali, collocandoli però in una nuova prospettiva, dando loro un senso più profondo e nobilitandoli con l'alone di una rivelazione sovramondana. Per giunta anche il buddhismo pareva mettere in rilievo l'inesorabile corso della natura, che è tanto la fonte quanto l'energia propulsiva che pervade e sostiene tutto l'esistente, e che assegna a ogni essere la sua collocazione naturale, un caposaldo del pensiero ancestrale cinese. E tuttavia nel buddhismo a questa legge universale, che coincide con il processo di retribuzione karmica, veniva dato un significato ben diverso: quello di un principio morale che opera inesorabilmente da un capo all'altro dell'universo, certo in modo impersonale ma come risultato dell'agire individuale umano e da esso dipendente. In tal modo però il buddhismo trasformava il corso della natura, che nel daoismo era moralmente indifferente, nello strumento di una giustizia cosmica impersonale, e introducendo il dogma della rinascita, tracciava un quadro logicamente coerente ed accettabile, benché i cinesi generalmente comprendessero la rinascita nei termini di "immortalità dell'anima". La "vacuità e sapienza santa", "la retribuzione dei peccati" e "l'immortalità dell'anima", divennero così i principi basilari del buddhismo che si diffuse in Cina tra il IV. e l'inizio del V. sec., ed essendo oggetto di controversia furono anche quelli che attrassero di più l'attenzione del pubblico colto cinese.

Un ulteriore elemento di affinità fra buddhismo e daoismo era poi costituito dalla ricerca della sapienza; prese forma quindi l'ideale buddho-daoista del saggio che riflette, al pari di uno specchio, tutti i fenomeni senza mai abbandonare il suo stato di non-attività (*wu wei*), analogo alla concentrazione profonda (*samâdhi*) della meditazione; e la sapienza di cui si va alla ricerca in questi ambienti venne assimilata ai contenuti ancora nebulosi dei concetti indiani di *nirvâna*, *prajñâ*, *samatâ* [equilibrio, imperturbabilità], *tathatâ* [talità, essere-così] e *bodhi* [risveglio, illuminazione] fusi in qualche modo insieme.

Dalla filosofia della natura daoista si apprendeva inoltre che ogni "essere" è generato "automaticamente", ogni cosa è prodotta da sé, tutti gli esseri sono ciò che sono spontaneamente (*ziran*), per forza propria; anzi ogni singola cosa è il modo in cui è, è "così", ed è appunto in questo che si scorge l'essenza della Via, ossia del Dao. Nel proiettare questo principio sul piano storico e sociale, un commentario di scuola *xuanxue* come lo *Xiang-Guo*[88] evitava di addurre qualsiasi spiegazione del fatto per cui le diverse situazioni umane, le "assegnazioni", sono come sono, su perché alcuni individui nascano "spontaneamente" come re ed altri come mendicanti, alcuni saggi e altri stolti. In ciò si vede chiaramente riflesso l'ideale medievale ed aristocratico di una società adusa a rigide distinzioni di classe, che si esprime anche in affermazioni come questa: "Ciascuno ha la sua assegnazione di base che ha ottenuto come sua natura innata; nessuno può sfuggire a ciò, e nessuno può associarsi a ciò". Ed è proprio su questo snodo che il buddhismo, con la sua dottrina di *karman* e rinascita, veniva a colmare una delle più profonde lacune introducendo il paradigma di una retribuzione universale che forniva una giustificazione ragionevole a questa distribuzione, in apparenza tutta casuale, di "sorti naturali". E poco importa se per i buddhisti cinesi la giustizia cosmica del *karman* rimaneva una "retribuzione naturale" o "spontanea", ossia risultava ancora definibile con un termine classico della cultura daoista[89].

Questi brevi cenni consentono di intravedere quello che Erik Zürcher chiamava "il buddhismo ibrido che venne all'esistenza non appena l'*intelligencjia* cinese, con il *Daodejing* in mano, si mosse a cercare la sua strada nella giungla della metafisica buddhista" [90].

88 Si tratta di un *Commentario allo* Zhuangzi, redatto da Xiang Xiu (ca. 221 – ca. 300) e completato da Guo Xiang (morto nel 312).
89 Cfr. E. Zürcher, *op. cit.*, p. 92.
90 Cfr. ivi, p. 74.

4. *Sopravvivenze e reinterpretazioni nel* chan *cinese e nello zen giapponese*

A testimonianza delle trasformazioni che l'idea di rinascita e retribuzione karmica subiranno nell'ambito del buddhismo cinese viene ora chiamato in causa un testo famoso e autorevole, pietra angolare del buddhismo *chan*, scuola nata in Cina e considerata un frutto rappresentativo della sintesi spirituale ormai avvenuta fra le dottrine indiane pienamente comprese e le tonalità più profonde della cultura autoctona. Si tratta del *Sûtra della piattaforma* (c.a VIII. sec.), lo scritto che ha trasmesso i detti, i sermoni, gli insegnamenti, ma anche la vicenda biografico-iniziatica (ed emblematica) di Huineng (638-713), il Sesto Patriarca del *chan*, che di tale scuola ha fortemente plasmato le caratteristiche[91]. Esso verrà tuttavia esaminato qui esclusivamente come una fonte capitale per delineare il ruolo che la questione della rinascita viene ad assumere nel nuovo contesto, anche perché tutti gli ulteriori sviluppi della scuola in Cina guarderanno a questo maestro esemplare e in seguito, a partire dal XIII. secolo, dal *chan* prenderà l'avvio e si svilupperà in Giappone lo zen.

Non sarà difficile notare come il tema della rinascita e del *karman* in questa tradizione venga relegato ad un ruolo secondario, come elemento di una forma di religiosità che non intende perseguire l'ideale primario della liberazione definitiva attraverso la *bodhi*, l'illuminazione. Così il Quinto Patriarca Hongren, nel monastero in cui Huineng è ancora un novizio, redarguiva i suoi monaci:

"Voi discepoli fate offerte durante tutta la giornata e cercate solo il terreno delle benedizioni[92], ma non cercate di fuggire dal mare amaro di nascita-e-morte. La vostra stessa natura è confusa dal metodo delle benedizioni; come potrete essere salvati?" § 4 (128).

---

91 Esso sarà qui citato seguendo P.B. Yampolsky, *The Platform Sutra of the Sixth Patriarch: the Text of the Tun-huang Manuscript, with Translation, Introduction and Notes*, Columbia University Press, New York, NY 1967, con il numero del paragrafo e in parentesi la pagina.

92 Ossia: con le azioni meritorie cercate di preparare il terreno che produrrà dei buoni effetti nelle prossime vite.

Ponendosi l'obiettivo più accessibile e cercando innanzitutto (oppure anche) di accumulare dei meriti in vista della futura rinascita, questi monaci sbagliano non dedicando ogni loro sforzo alla ricerca dell'illuminazione. Poco più avanti, in merito a una quartina dal contenuto dottrinale che, pur ricca d'insegnamento, non rivela ancora una perfetta comprensione della Via buddhista, Hongren si propone di farla apprendere a memoria ai monaci:

"Sarebbe meglio lasciare qui (scil. in un luogo accessibile a tutti) questa strofa per far sì che gli illusi la recitino. Se praticheranno conformemente ad essa, non cadranno nelle tre vie del male[93]. Coloro che praticheranno con essa [in mente] ne trarranno grande beneficio." § 7 (130)

L'evocazione delle rinascite sfavorevoli compare qui, dunque, in funzione di deterrente e suggerisce un quadro di religiosità tradizionale a cui persino in ambito *chan* molti monaci "illusi" sono ancora legati. Lo stesso Huineng, da poco entrato in monastero, fa mostra di accettare questo consiglio allo scopo avere una buona rinascita in futuro, e dichiara pubblicamente:

"Voglio recitarla anch'io in modo da poter stabilire una [buona] causalità per la mia prossima nascita e rinascere in una Terra di Buddha." § 8 (131)

Pare quindi che molti, anche fra quelli che hanno optato per la vita monastica, si limitino a gestire strategicamente la loro opportunità di compiere atti meritori, onde poterne godere la retribuzione in future esistenze. Infatti, quando nel *Sûtra della piattaforma* Huineng è presentato a sua volta nel ruolo di maestro *chan*, nel formulare il suo insegnamento traccia anch'egli un netto confine tra quanti raggiungono l'illuminazione, e quindi si emancipano definitivamente dalla ruota delle rinascite, e quanti invece dovranno continuare a vagare nel *samsâra*:

"Una volta illuminati, non c'è fin dall'inizio distinzione fra questi

93 I tre "sentieri (*gati*) del male" ossia le rinascite negative: come spiriti purganti negli inferi, come spiriti affamati, come animali.

due metodi (scil. gradualismo e subitaneismo); quelli che non sono illuminati saranno catturati per lunghi *kalpa* nel ciclo della trasmigrazione." § 16 (137)

A questo punto incontriamo una pagina che fornisce un pionieristico esempio della trasformazione che subirà in tutta questa scuola il tema della rinascita: essa non viene più considerata un evento concreto che si svolge nella realtà esterna, sulla scena di un universo in cui gli esseri rinascono con destini diversi a seconda del *karman* prodotto, vita dopo vita. Gli dèi (*deva*), gli anti-dèi gelosi (*asura*), gli spiriti affamati (*preta*), gli animali e i condannati alle pene espiatorie negli inferi, non sono più intesi come classi di esseri, ma reinterpretati come altrettante metafore di stati mentali, emblemi delle trasformazioni che subisce la dimensione interiore se l'individuo viene pervaso e dominato da certi tipi di pensiero. Afferma Huineng:

"Se non pensate, allora la vostra natura è vuota, se pensate, allora cambierete voi stessi. Se pensate a cose cattive allora cambierete ed entrerete nell'inferno; se pensate a cose buone allora cambierete ed entrerete in cielo. [Se pensate al] male cambierete e diventerete animali; [se pensate alla] compassione cambierete e diventerete *bodhisattva*. [Se pensate alla] sapienza intuitiva cambierete ed entrerete nei regni superiori; [se pensate all'] ignoranza cambierete ed entrerete nei soggiorni inferiori. I cambiamenti della vostra natura sono estremi, però le persone illuse non ne sono soggettivamente coscienti. [I pensieri in successione danno origine al male e le vie del male sono sempre praticate.] Ma se un singolo pensiero buono cresce, la sapienza intuitiva è nata." § 20 (142)

A questa reinterpretazione può avere contribuito anche una certa influenza della scuola *cittamâtra* [scuola della Mente Soltanto], la più spiccatamente idealistica fra le correnti buddhiste confluite a formare, in modo solo relativamente coerente, il patrimonio dottrinale del *chan*. Ma un'enfatizzazione dell'importanza degli stati mentali è di per sé totalmente plausibile in una scuola come il *chan*, che ha eletto la meditazione intensiva a sua pratica principale, per non dire esclusiva. Tuttavia, accanto a questa robusta trasposizione nel registro metaforico, la visione cosmologica tradizionale ed il tema della rinascita continuano a venire rammentati nella predicazione e nelle esortazioni, e però sempre presentati come lo scenario cosmico da cui è indispensabile emanciparsi; la prospettiva di una rinascita migliore è ridotta a un disdicevole obiettivo secondario, a cui i monaci non dovrebbero mai mirare, poiché solo i praticanti pavidi o di modeste qualità spirituali vi si possono adattare. In un poemetto didascalico così puntualizza Huineng:

"La persona ignorante pratica cercando la felicità futura[94], e non pratica la Via,
E dice che praticare cercando la felicità futura è la Via.
Sebbene speri che dare in elemosina e fare offerte [rituali] le portino la felicità illimitata,
Come in precedenza, nella sua mente i tre *karma* vengono creati[95].
Se sperate di distruggere i vostri crimini con una pratica che va in cerca della felicità futura,
Anche se in una vita futura otterrete questa felicità, il crimine ci sarà ancora." § 33 (154)

Infatti, rileva il maestro, ci si può trovare persino di fronte a tentativi di pervertimento della dottrina, che vogliono ridurre il buddhismo, la Via, ad un mero dispositivo per assicurarsi le migliori condizioni di rinascita, tralasciando le pratiche mirate alla liberazione definitiva. Viceversa il Sesto Patriarca muove nella direzione contraria e riscrive persino la nozione di merito, *punya*, antica ed autorevole, dislocandola a un livello superiore, sul piano dell'Assoluto, il *Dharmakâya*. In tal modo la strappa alla sua funzione di ricompensa, di premio per le attività caritatevoli, benefiche, o per

94 La pratica che cerca una ricompensa nel campo delle benedizioni. Cfr. *supra* § 4.
95 "I tre *karman*" è un'espressione tecnica del *chan*, per indicare il *karman* prodotto da atti, parole e pensieri.

le iniziative devote, e la inserisce nell'ambito del percorso verso l'illuminazione.

"Il Maestro disse: "Costruire templi, elargire elemosine e fare offerte sono soltanto la pratica della ricerca di benedizioni. Non si può produrre il merito con le benedizioni. Il merito è nel *Dharmakāya*, e non nel campo delle benedizioni. Nella natura stessa del Dharma c'è il merito (*kung-te*). [Vedere nella tua propria natura è *kung*]; la mente semplice è *te*. All'interno, vedi la natura del Buddha; all'esterno pratichi la venerazione." § 34 (156)

Si può osservare come la rilettura a cui il *chan* sottopose la prospettiva della rinascita abbia un esito bifido: da un lato i diversi destini, *gati*, classificati nella concezione antica, "ingenuamente realistica", della rinascita vengono reinterpretati simbolicamente, come dimensioni della mente incontrollata, che nel suo vagare succuba delle passioni fuorvianti, da un momento all'altro si trasforma e assume le vesti del tipo di essere e di esistenza adeguati al suo obnubilamento di volta in volta prevalente; dall'altro, la serie dei destini di rinascita permane come nozione ben nota e continua ad essere menzionata, ma diviene una sorta di discorso "mitico", ormai di tonalità popolare, relegato all'ambito dell'omiletica e utilizzato quasi soltanto in funzione esortativa.

All'epoca della grande risistemazione del *chan* durante la dinastia Song (960-1279), si era ormai diffusa e ufficializzata la pratica di sottoporre agli allievi dei "casi pubblici", *gong'an* (in giapp. *kôan*), ossia dei dialoghi concisi, di tono enigmatico o paradossale, avvenuti in varie situazioni tra autorevoli maestri e i loro discepoli, e registrati dalla tradizione poiché giudicati utili per impegnare la mente dei praticanti nella giusta direzione. Di questi brevi colloqui, *wenda* (giapp. *mondô*), vennero compilate delle raccolte, che li presentavano uniti a note di commento e a qualche strofa appropriata; alcune di tali raccolte divennero classiche, come il *Biyanlu* [Le iscrizioni della verde scogliera], XII. sec., silloge di cento casi, dovuta a vari maestri della corrente Linji (giapp. Rinzai) del *chan*[96], il *Wumenguan* [La barriera priva di porta], XIII. sec., quarantotto casi, redatta dal monaco *linji* Huikai, detto Wumen (1183-1260) (più nota da noi con il titolo giapponese *Mumonkan* ed il nome dell'autore reso come Mumon Ekai) e il *Congronglu* [Libro del tempio della tranquillità], XIII. sec., cento casi, che si deve a maestri della corrente Caodong (giapp. Sôtô)[97]. In tutto il materiale riportato da questi autorevoli repertori, rimasti in uso fino ai giorni nostri, l'occorrenza del tema della rinascita e del *karman* è pressoché inesistente[98]; l'unica sua comparsa davvero eclatante si registra nel secondo caso nel *Wumenguan*, che figura anche nel *Congronglu* come ottavo caso[99]. Poiché si tratta di un *gong'an* insolitamente lungo, con un andamento narrativo, trascriverò solo la parte che concerne la rinascita. Porta il titolo: "Hyakujô e la volpe"[100].

"Ogni volta che il maestro Hyakujô[101] dava un *teisho* [insegnamento] sullo zen, un vecchio si sedeva ad ascoltare fra i monaci, e andava sempre via insieme a loro. Un giorno però rimase indietro, e il maestro gli chiese: "Chi sei tu che stai qui di fronte a me?". Il

96 Cfr. T. e J.C. Cleary (a cura di), *La raccolta della roccia blu. Cento casi dello zen modello di tutti i koan*, 3 voll. (1977), tr. it. Ubaldini, Roma 1979.

97 Cfr. L.V. Arena (a cura di), *Il libro della tranquillità. Cento koan del buddhismo Ch'an*, Mondadori, Milano 2004.

98 Con l'eccezione di un breve passo dal *Vajracchedika prajñâparamitâsûtra* [S. del diamante] che costituisce sia il caso 97 nel *Biyanlu* sia il 58 del *Congronglu*, nel quale si legge solamente: "Se qualcuno viene denigrato, [è segno che] si è macchiato di gravi colpe karmiche nelle vite precedenti e dovrebbe cadere nei sentieri negativi; tuttavia, a causa delle denigrazioni nella vita attuale, le colpe karmiche delle vite precedenti si estinguono."

99 Dove, tuttavia, a parte alcune varianti di minor peso, l'episodio si chiude dopo l'intervento risolutivo del maestro e non si fa parola della cremazione della volpe. Cfr. *Il libro della tranquillità...*, cit., p. 18.

100 Riporto la versione fornita in Zenkei Shibayama, *Mumonkan. La porta senza porta* (1974), tr. it. Ubaldini, Roma 1977, p. 40. Una traduzione lievemente diversa in: Mumon, *La porta senza porta*, a cura di N. Senzaki e P. Reps (1957), tr. it. Adelphi, Milano 1987, pp. 21 *sg*.

101 Hyakujô Ekai è il nome giap. del maestro *chan* cinese Baizhang Huaihai (720-814) che fu allievo di Daozhi e poi di Mazu, e divenne un famoso insegnante che, tra l'altro, promosse il lavoro manuale dei monaci contro i dettami del Vinaya antico. Compare in più di una raccolta di *kôan*.

vecchio rispose: "Io non sono un essere umano. In passato, al tempo del buddha Kasho[102] ero il capo di questo monastero. Una volta un monaco mi chiese: 'Anche un uomo illuminato cade nella causalità, o no[103]?' Risposi di no. Per aver dato questa risposta dovetti vivere cinquecento vite come volpe. Adesso vi prego di dire per mio conto le parole della trasformazione e di liberarmi dal corpo di volpe." Il monaco chiese quindi a Hyakujô: "Anche un uomo illuminato cade nella causalità, o no?" Il maestro rispose: "Egli non ignora la causalità"[104]. Udito ciò il vecchio fu subito illuminato. Inchinandosi davanti a Hyakujô, disse: "Adesso sono stato liberato dal corpo di volpe, che verrà trovato dietro la montagna. Oso fare una richiesta al maestro: vi prego di seppellirlo come fareste se fosse morto un monaco."

Il maestro fece battere il martello all'*ino* [l'addetto ai rituali] per annunciare ai monaci che dopo il pasto di mezzogiorno ci sarebbe stato un funerale per la morte di un monaco. I monaci meravigliati si dissero: "Siamo tutti in buona salute. Nella Sala del *nirvâna* (scil. infermeria) non c'è nessun monaco malato. Che succede?"

Dopo il pasto il maestro guidò i monaci a una roccia dietro la montagna, Tenne sospesa col bastone una volpe morta e la cremò.

A sera salì sulla tribuna della sala e raccontò ai monaci tutta la storia [...]."

Nell'intera variegata proposta di temi di meditazione che si è depositata nelle raccolte di *gong'an*, riflettendone l'importanza per la pratica del buddhismo *chan* (come pure nello zen che ne è derivato), la presenza della tematica di *karman* e rinascita risulta quindi rara quanto può esserlo per l'uomo comune un'esperienza del paranormale.

Tale stato di cose, testimoniato dai repertori di epoca Song,

102 Denominazione giapp. per Kâshyapa (sscr.) che fu, secondo la tradizione, il buddha dell'eone antecedente a quello attuale.
103 S'intende: è ancora sottoposto alla legge di retribuzione di *karman* e rinascita oppure no?
104 Questo decisivo scambio di battute, in Mumon, *op. cit.*, p. 21, è tradotto: "'L'uomo illuminato è soggetto alla legge di causalità?' Hyakujô disse: 'L'uomo illuminato è tutt'uno con la legge di causalità'."

risulta ancora confermato da testi della scuola zen *rinzai* elaborati nel Giappone del XVIII. secolo avanzato. Così nel trattatello *I segreti essenziali per entrare nella Via* di Tôrei Enji (1721-1792)[105], ad esempio, da un lato è possibile riscontrare una persistenza di lungo periodo dei ben noti motivi cosmologici e ingenuamente "realistici" connessi al tema della rinascita, tipici della predicazione, in passi come questo:

"Coloro nei quali avidità e concupiscenza agiscono in profondità si mutano in spiriti famelici [*preta*], quelli in cui ira e collera agiscono in profondità diventano anti-dèi [*asura*] e quelli profondi in stoltezza e illusione diventano animali [*tiryak*]; coloro nei quali i tre veleni sono uguali cadono negli inferi [*naraka*] e soffrono svariate infelicità. Queste sono chiamate le quattro cattive disposizioni; sono assai spaventose"[106].

Mentre, d'altro canto, a conferma di una risistemazione teorica da tempo consolidata, accanto a questo richiamo alla dottrina antica e tradizionale compare nello stesso testo, e con maggior ampiezza, la rilettura simbolica dei "sentieri di rinascita" sul piano soggettivo e psicologico legata all'esperienza quotidiana, con l'esplicita dichiarazione che i due livelli non si escludono. Quella che si affaccia qui sommessamente è l'avvenuta conciliazione fra l'antico modello delle rinascite reali nel cosmo, venerabile ma ormai sfumato sullo sfondo mitologico delle credenze, e la sua reinterpretazione a livello di interiorità, di stati di coscienza, che fa appello ai ben più vividi riscontri dell'esperienza individuale.

"Quindi, le ripetizioni delle trasmigrazioni nei sei generi di vita non sono soltanto una questione di ulteriori esistenze; anche in un solo giorno c'è il fluttuare e lo sprofondare. Coloro le cui menti sono rette e le cui azioni non sono malvage sono umani; quando diventano

105 Tôrei Enji fu allievo, e successore nell'insegnamento, del grande maestro zen Hakuin Ekaku (1686-1769), di tradizione *rinzai*, sulle orme del quale aveva raggiunto l'illuminazione dopo anni di severi sforzi.

106 Cfr. T. Cleary, *The Original Face. An Anthology of Rinzai Zen*, Grove Press, New York, NY 1978, pp. 142-158, cit. pp. 142 *sg*.

furiosi a causa di un contrasto, essi sono anti-dèi. Se si attaccano alle cose che prediligono, sono degli spettri famelici. Quando le loro menti sono soffocate dall'ansietà e dal desiderio, sono animali. Quando i loro desideri sono profondi e i loro avidi attaccamenti sono forti e le fiamme della loro rabbia non si placano mai allorché amareggiano le persone e fanno del male agli esseri, allora essi sono demoni infernali. Questo è chiamato perdere la forma umana e creare i semi delle tre paludi."[107].

Quanto al vero problema, antichissimo e sempre vivo, da cui si è innescata la riflessione che ha condotto all'idea di rinascita, forse il peculiare approccio zen si può cogliere da un dialogo come questo:

"Subito prima che Ninakawa morisse, gli fece visita il maestro zen Ikkyû[108]. "Devo farti da guida?" gli chiese Ikkyû. Ninakawa rispose: "Sono venuto qui da solo e da solo me ne vado. Che aiuto potresti darmi?"

Ikkyû rispose: "Se credi veramente che vieni e che vai, questo è il tuo errore. Lascia che ti mostri il sentiero dove non si viene e non si va."

Con queste parole Ikkyû aveva rivelato il sentiero con tanta chiarezza che Ninakawa sorrise e spirò."[109]

107 Ivi, p. 156.

108 Ikkyû Sôjun (1394-1481), figlio illegittimo dell'imperatore Go-komatsu, visse in monastero fin da bambino e si formò con Kasô Sôdon al Daitoku-ji di Kyôto. Colto poeta e calligrafo, di carattere anticonformista e irriverente, visse per lo più da eremita, anche quando fu insignito di importanti cariche monastiche, esprimendo il suo dissenso verso la pratica istituzionale dello zen.

109 Cfr. *101 storie zen*, a cura di N. Senzaki e P. Reps (1957), tr. it. Adelphi, Milano 1973, pp. 68 *sg*.

Le rythme comme sagesse de la vie

Jean-Jacques Wunenburger

Nice, France / *Francia*
September / *Settembre* 2019

Première partie : vitalisme, urbanisme, transhumanisme

Le cosmos est composé de matière inerte et vivante. Seule l'existence de composants vitaux a permis l'émergence de vivants (de l'unicellulaire aux primates), jusqu'à rendre possibles des humains, dotés de verticalité, langage, imagination symbolique, etc., capables de fabriquer des artefacts créés par leur cerveau : techniques et arts. Paléontologues, anthropologues, historiens ont suivi la complexification de ces représentations et comportements de l'*homo sapiens*, qui ont permis à l'humanité de maîtriser la nature, tout en prolongeant et en enrichissant les formes et les forces de la vie initiale selon une ligne que l'on a qualifiée de progrès. Pendant des millénaires il existait un équilibre entre le naturel et l'artificiel, le donné et le voulu, la nécessité et l'imaginaire. Unanimement nous sommes de nos jours devenus conscients que cet équilibre est menacé et que l'homme a déréglé la planète, en accentuant une démesure (*hybris*), en transformant la vie et les vivants à l'excès.

Le tableau de cette crise anthropo-cosmologique est à présent déployé partout sous toutes sortes de versions, fortes ou faibles, et motive une résistance voire une réaction urgente face aux désordres et aux menaces. De la profusion de références, idéaux, modèles émergent deux projets alternatifs pour demain, un technophobe, de retour à naturalisme intégral, annulant les choix de l'*homo faber*, l'autre technophile, désireux de perfectionner encore davantage la nature voire de la remplacer, par l'artifice, les deux prétendant améliorer la vie des humains sur terre. Ces deux imaginaires s'opposent en apparence, l'un mettant en avant une temporalité régressive, l'autre prospective, mais avec un point commun, non restaurer la « mesure », restaurer une sagesse millénaire, mais remplacer la vie malade, nuisible, par une autre vie, sans négativité, sans désordre, sans violence. Ces programmes alternatifs prônent soit une nature restaurée, pacifiée sur le modèle du mythe de l'Âge d'or (et de la société communiste), l'autre un monde où le vivant aurait été entièrement remplacé par des artefacts, capables d'imiter artificiellement l'âge d'or. Malgré leurs différences, ces imaginaires du monde à venir ne renvoient-ils pas au même présupposé, améliorer, remplacer, perfectionner la vie pour qu'elle se tienne à l'abri des tensions, oppositions, considérées comme des processus délétères et nocifs ? Mais cette vie mythique (du passé) ou utopique (de l'avenir) correspond-elle vraiment à la Vie ? Les alternatives pour sauver la vie de la planète et de l'humanité ne sont-elles pas aveuglées par une utopie unidimensionnelle, monovalente de la bonne vie, qui serait en fait déjà une forme altérée, aliénée de temporalité linéaire, indifférenciée, de la vie ? Ne sommes-nous pas encore victimes d'une conception erronée de la vie que nous essayons d'opposer aux formes d'existence dominantes de l'humanité contemporaines ? Toutes les versions réformistes qui émergent en tous sens de nos jours ne restent-elles pas prisonnières d'une Idée de vie comme un processus linéaire autorégulé ?

On se propose d'examiner d'abord le statut général du vivant dans le paradigme civilisationnel contemporain. Sous la pression d'une technicisation croissante de la vie, la vie a été progressivement réduite à des caractères simples, simplifiés pour être précisément remplacés par des artefacts. La vie est de plus en plus abordée comme un langage d'informations matérielles, dotées de lois homéostatiques, entropiques (menant à la mort), ou néguentropiques, celles-ci déterminant les fonctions énergétiques de croissance. Malgré les développements de la biologie et de la médecine, la vie est un processus linéaire, avec rétroaction, mais maintenu à l'intérieur d'une normalité prévisible (sauf dans le cas de pathologies considérées comme des erreurs). L'ensemble de cette complexité est compatible avec une artificialisation, qui rend possibles des équivalences voire des améliorations. L'artificialisation de la vie peut donc être conçue comme possible et même comme souhaitable puisqu'elle élimine les défaillances spontanées du vivant. Bien plus l'artifice hautement sophistiqué du numérique devient de nos jours une réponse perfectionnée à la vie nue.

La confrontation dialectique entre vie et mécanisme puis automatisme qui domine l'horizon de pensée actuel n'est-elle cependant pas biaisée, et ne nous empêche-t-elle pas de revenir au sens profond de la Vie ? Si un certain mythe de la vie idéale (l'Age d'or, les paradis) a amputé la vie de sa complexité en la réduisant à une sorte d'homéostasie sans fin, l'utopie de la vie technicisée ne conduit-elle pas à une réduction tout aussi malencontreuse ? La belle et bonne vie annoncée par les idéologies technicistes n'est-elle pas une amputation, un oubli de la nature de la vie ?

Nous nous proposons d'abord d'examiner un cas concret, empirique de crise contemporaine et des réponses qui lui sont apportées pour en établir le caractère aporétique, faute d'une remise en jeu préalable des présupposés spatio-temporels, et donc de la complexité de l'idée de bonne vie. On aurait pu suivre plusieurs exemples d'observation, du plus proche au plus lointain, du plus intime au plus global : le corps, l'habitat (architecture), le phénomène urbain, les institutions juridico-politiques (de l'État, fédération, empire, ONU, etc.) pour lesquelles il s'agit de trouver des formes de vie meilleure. On va se limiter au phénomène urbain qui a toujours été pris comme mode de vie collective, à la fois naturelle et artificielle, et qui va devenir l'horizon indépassable de l'humanité future. Après avoir connu un développement exponentiel, comment la vie des humains y est-elle agressée, saturée, opprimée et comment l'urbanisme peut-il rendre les villes plus vivables, durables, soutenables, harmonieuses, idéales ? Ce projet n'est pas nouveau puisque depuis les premières spéculations antiques les urbanistes ont cherché une vie sociale dense, artificielle, idéale : l'utopie[1]. Le projet utopique moderne restaure-t-il la vie dans l'espace-temps de la ville ou la menace-t-elle, la détruit-elle en devenant dystopie ?

Cette prise en considération de l'utopie urbaine peut nous permettre de nous confronter à la nouvelle mythologie de la vie post humaine développée par l'idéologie technoscientiste du transhumanisme, qui se propose de surmonter la vie naturelle par une nouvelle vie humaine rectifiée voire remplacé

1. La voie alternative de l'utopie

Les villes résultent la plupart du temps de processus de développement et de croissance de population par agrégation aléatoire, liés aux hasards de l'histoire, de l'économie, etc., mais aussi à certains moments d'une (ré)organisation volontaire, programmée, contrôlée par des architectes, urbanistes et politiques. L'agrégation urbaine constitue toujours une expérience ambivalente et paradoxale où se mêlent jusqu'au paroxysme, volontarisme et fatalisme, plaisir et souffrance, sociabilité et insociabilité, ordre et désordre. Les villes sont donc au carrefour de la nécessité aveugle et de la liberté contrôlée pour la vie collective. La tentation est grande d'échapper à ces tensions, voire contradictions parfois invivables et de bâtir, aménager une urbanité ordonnée et heureuse, car belle et bien réussie

1 Depuis Platon la pensée occidentale cherche à définir une forme idéale (une utopie) de « *kallipolis* », où les citadins pourraient vivre selon le beau et le bien (*kalos kai agathos*).

(au sens de *La république* de Platon). Plus que jamais la crise moderne urbaine, par ses excroissances monstrueuses en mégapoles, par l'accélération des constructions, de la mobilité, de la pollution, incite à faire croitre la part de prospective et de développement planifié, pour obtenir à nouveau la maîtrise de la ville.

Par quelles méthodes peut-on espérer faire les meilleurs choix urbanistiques ? Aujourd'hui le projet urbain est pris en main par les sciences et les techniques d'ingénierie informatique, qui veulent perfectionner le monde de la ville en contrôlant et régulant en temps réel les éléments négatifs, pollution, déséquilibre écologique, perte de temps, mode de vie déshumanisé. Ce programme dominant, dit des villes intelligentes, des « *smart cities* » est-il à lui seul une réponse cohérente et adéquate ?

Le phénomène urbain donne naissance, depuis les Grecs anciens, à une démarche utopique qui consiste à représenter, puis à réaliser, une socialité artificielle où l'architecture et l'habitat constituent le cadre d'habitudes, de règles et d'institutions censées apporter le bonheur, la paix et la justice, au moins dans une société limitée. Dans les versions modernes des maquettes utopiques, depuis la Renaissance (Thomas More, Campanella), le cadre urbain rénové remplace de plus en plus le rêve (anti-urbain) d'insertion dans une nature idyllique voire édénique, celle des mythes de l'Âge d'or. Le projet utopique de construire une alternative à la société historique se confond avec des scénarios de législateurs mais surtout des plans d'architectes bâtisseurs de villes nouvelles[2]. L'utopiste devient alors une sorte d'ingénieur social doublé d'un constructeur d'espaces. Car si l'on a coutume de centrer les utopies sur la personne du législateur-sage, on oublie souvent qu'il dépend lui-même de l'architecte. Car tout texte utopien, depuis l'Utopie de Thomas Morus, est confronté aux impératifs de l'architecte, prototype de la pensée technicienne, qui deviennent insensiblement les règles

2 Nous reprenons ici des analyses développées dans *L'utopie ou la crise de l'imaginaire*, Jean-Pierre Delarge, Paris, 1979.

d'agencement et de fonctionnement de la société toute entière. L'homme de la Renaissance cherche à construire un espace de vie collectif rationnel, un univers de formes nouvelles, qui feraient de l'habitat le signe d'une maîtrise du pensé sur le perçu et le vécu.

Renouant avec l'inspiration des premiers architectes grecs comme Hippodamos de Milet, Alberti ou Léonard de Vinci consacrent de nombreux travaux à la réorganisation urbaine. à l'ordonnancement rationnel et hygiénique de l'habitat[3]. Le rêve technocratique envahit le terrain de l'aménagement de l'espace, et prépare un arsenal de réponses pratiques, de solutions techniques, en rupture radicale avec l'organisation des villes moyenâgeuses, qui cumulent l'intimité et le désordre d'une histoire fragmentée. Les nouvelles normes d'urbanisme s'opposent à la technique architecturale du Moyen-Age comme la science galiléenne des figures et mouvements mathématiques s'oppose aux théories finalistes et qualitatives de la science aristotélicienne. Les valeurs esthétiques et fonctionnelles dominantes vont enfermer la construction de bâtiments et de quartiers et surtout les plans de cités-modèles, dans un moule de lignes symétriques, de grandes perspectives qui découpent l'espace comme un réseau de figures géométriques. L'architecture utopiste s'irrite devant l'irrégularité et la cassure des volumes et lignes de démarcation des villes existantes. La raison architecturale y voit un défi à la clarté et à la distinction des formes, qui répète sur le plan de l'action, l'impératif de la clarté et de la distinction des idées sur le plan théorique.

C'est ainsi qu'Alberti estimait que les rues « seraient d'un plus noble aspect si toutes les ouvertures étaient uniformisées, si les bâtiments tous d'une égale hauteur, s'alignaient en deux rangées parfaitement parallèles »[4]. Descartes lui-même n'a-t-il pas déploré le fait que l'espace des cités médiévales traduisait encore la marque

3 Voir E. Garin, « La cité idéale à la Renaissance italienne », dans: *Les utopies à la Renaissance. Colloque international (Bruxelles, avril 1961)*, Presses Universitaires de Bruxelles/Presses Universitaires de France, Bruxelles/Paris, 1963.

4 L. Mumford, *La cité à travers l'histoire*, Agone, Marseille, 2011[1], p. 443.

du hasard puisqu'en considérant leurs édifices chacun à part, « on y trouve souvent autant et plus d'art qu'en ceux des autres : toutefois à voir comme ils sont arrangés ici un grand, ici un petit, et comme ils rendent les rues courbées et inégales, on dirait que c'est plutôt la fortune que la volonté de quelques hommes usant de raison qui les a ainsi disposées »[5]. Et dès les XVIIème et XVIIIème siècles on voit les villes anciennes raser leurs fortifications, percer leurs anciens quartiers et soumettre ainsi leur géographie aux modèles de leurs géomètres.

Ainsi la conception galiléenne de l'architecture (qui remplace aussi pour le vivant le biologique par le mécanisme, à travers l'animal-machine), ne se soumet plus à l'histoire, mais va au-devant de la nature pour lui imposer ses lois. Elle met en place un réseau d'images et de concepts qui vont nourrir le projet d'un aménagement de l'espace, d'une réforme de la vie de ses habitants, pour servir de décor pour l'homme nouveau que rêvent dans leurs livres les utopistes. Les canons architecturaux ont d'abord servi de banc expérimental, de laboratoire à l'idéologie mathématique dans sa transposition culturelle.

A la philosophie médiévale et antique d'un cosmos hiérarchisé correspondait un espace horizontal polycentrique où les différents lieux exprimaient les besoins et les rythmes spécifiques d'une communauté humaine. La ville médiévale se constitue comme une mémoire historique autour d'une âme et non d'un point géométrique. C'est une totalité organique dans laquelle aucun impératif exclusif, économique ou militaire, ne conditionne la disposition du tout. Au contraire, l'architecte galiléen soumet son esthétique à une logique unidimensionnelle et analytique. La ville doit devenir claire, efficace et s'ordonner autour d'un centre, palais royal ou quartier de production. L'impératif politique et économique scinde l'espace, et un plan d'ensemble unique fixe sa place et sa forme à chaque partie de la ville. La ville n'est plus le sillage d'une histoire plurielle

5 R. Descartes, *Discours de la Méthode*, Deuxième partie.

d'hommes différents, elle devient une machine préindustrielle qui définit pour ses outils-habitants des lieux de fonctionnement. Certes la prégnance de normes esthétiques masque encore pour quelque temps l'inévitable dérive du rationnel-esthétique vers le rationnel fonctionnel, et les édifices publics tracés avec la règle ne sont pas encore des cités dortoirs ; mais il reste que le primat de la logique sur l'historique, de l'espace quantitatif et analytique sur l'espace qualitatif et synthétique, se transforme en idéal. L'espace urbain appelle déjà des hommes unifiés, standardisés, remplissant un espace comme dans un lit de Procuste[6].

L'utopiste des cités idéales trouve alors préformé dans la dogmatique architecturale, le plan de son livre. A la différence du poète des voyages imaginaires qui se projette dans des espaces oniriques ou exotiques, l'auteur des utopies importe dans son œuvre l'espace interchangeable des villes géométriques. En ce sens, l'homme utopien n'est pas seulement entouré d'un environnement sur mesure, mais il est lui-même fabriqué sur mesure, c'est-à-dire qu'il est moins l'habitant d'une cité idéale, que l'habitant idéal pour une cité déduite, moins selon l'ordre des valeurs morales ou politiques, que selon l'ordre des figures et mouvements. L'habitant d'Utopie, avant d'être un surhomme régénéré, est le prototype ou l'avant-garde d'un citadin déraciné. Bien avant la lettre, l'homme utopien est doté d'un gouvernement des hommes qui se réduit déjà à une administration des choses. Comme l'ordre esthétique de la ville exige que chaque propriétaire « se plie au règlement et suive le programme qui a été arrêté, le plus souvent sans qu'il ait été consulté »[7], de même la perfection et la justice exigent que chaque citoyen se soumette aux contraintes uniformes de l'égalité et de l'efficacité. De même que l'esprit classique veut « que chacun des côtés d'une rue forme un bloc uniforme et que, lorsqu'on se place à une extrémité, on ait l'illusion

6 Voir T. Paquot, *Désastres urbains. Les villes meurent aussi*, La Découverte, Paris, 2019 ; *Mesure et démesure des villes*, CNRS, Paris, 2020.

7 P. Lelièvre, *La vie des cités*, Bourrelier, Paris, 1954, p. 49.

de ne voir qu'une façade continue »[8], de même l'esprit de l'utopiste va niveler les différences individuelles et garantir que selon toute perspective ne se profilent qu'harmonie et bonheurs continus. L'urbanisme est le levier technique par lequel on veut faire progresser le monde. La topographie rationnelle connote toutes les valeurs de rénovation, de dépassement historique, de maîtrise et contrôle de toutes les forces hostiles à l'homme. Poser un cadre urbain avant tout inventaire d'institutions, permet d'exorciser les résistances et les pesanteurs de l'histoire réelle et de la vie concrète.

2. La voie cybernétique des villes intelligentes

Le projet de rénovation urbaine est aujourd'hui confronté à une utopie d'un nouveau type, marquée par les technosciences de l'information, du virtuel et des *big data*. Les nouvelles technologies qui investissent l'urbanisme et l'urbanité semblent être capables d'obtenir un savoir total du monde urbain et de corriger et réguler la ville optimale en temps réel, mettant ainsi fin aux servitudes du passé et aux programmes différés dans le futur. Le développement des nouvelles technologies informatiques et numériques permet de multiplier les sources d'informations, de les centraliser, de les traiter et de les diffuser en temps réel, menant à un paradigme urbain de type cybernétique, au sens d'un système d'informations intelligent qui capte, calcule et décide comme un système expert. Au lieu de chercher à construire des maquettes totales servant d'alternatives futures au développement de la ville, cette démarche met en œuvre une rationalité instrumentale, pragmatique, tout en cherchant à favoriser concrètement des modes de vie que l'on veut plus sensibles, plus harmonieux, doux, flexibles, hygiéniques et écologiques.

Le vecteur le plus avancé de cette nouvelle approche technoscientifique se confond avec une informatisation des bâtiments et des comportements (mobilité), destinée à assurer une gestion

8 *Ibidem.*

centralisée et automatique, afin de réguler les flux d'énergies ou de populations de manière optimale. On assiste donc à une rationalisation immédiate de la cité, des événements réels et des comportements humains, avec rectification et correction des indicateurs et des normes. On espère ainsi obtenir un milieu urbain débarrassé de ses excès, ses déchets, ses pollutions, ses gaspillages, ses blocages et sa saturation. En évitant par le contrôle d'un cerveau électronique les excès et les défauts, la politique urbaine veut introduire en ville, dans l'habitat et les voies de circulation, une vie sans négativité.

On peut mettre sur le compte de ce paradigme de nombreuses réalisations qui se répandent aujourd'hui dans les « villes intelligentes ». Sur le plan de l'habitat, multiplication de nouveaux quartiers d'habitation composés de bâtiments à haute qualité environnementale (HQE), à énergie renouvelable, permettant des économies d'énergie et favorisant une cogestion démocratique et participative par ses habitants ; développement de bâtiments et de quartiers verticaux (aérien et même souterrain) pour reconquérir les centres désertés et diminuer les temps de transports entre la périphérie et le centre. Parallèlement, expansion de la nature en ville, par la végétalisation et même la réintroduction d'animaux en villes, mais au risque de superposer ces éléments de vie sans véritable enracinement, comme un cosmétique superficiel.

Sur le plan économique, développement de l'économie circulaire pour éviter l'inflation des déchets par le recyclage et développement de la production dite du « km zéro », avec parfois des projets de rapatriement des activités agricoles et d'élevage en ville dans des silos-fermes automatisés et autonomes. Sur le plan de la mobilité, régulation cybernétique des déplacements par géolocalisation, pour éviter les pertes de temps et les pollutions dues à la surcharge de trafic des véhicules aux heures de pointe ; possibilité d'identification à distance des personnes rendant possibles des événements de sociabilité. Par extension, tendance à briser le temps unique et synchrone au profit de politiques de temps et de rythmes pluriels, sur fond d'un découpage des rythmes et de temps lents *(slow town)*. Ces nouvelles modalités d'usage de l'urbain reposent entre autres sur la généralisation du captage d'information (par la téléphonie mobile) en temps réel, chaque habitant devenant un usager capteur et émetteur d'informations utiles pour une supervision-alerte généralisées.

Toutes ces démarches, et d'autres encore, sont censées libérer le fait urbain de la dérive, de l'excès, de la démesure, de l'asphyxie, de l'obésité, par l'entremise d'une pensée écosystémique et de savoirs technologiques très poussés liés à l'informatisation et aux nouveaux moyens de télécommunication. Ainsi la ville se transforme, moins par la rénovation matérielle ou l'ambiance poétique, que par une nouvelle logique immatérielle de fonctionnement où tout est capté, traité, corrigé. Le formalisme prend la place de la spontanéité, le démiurgique remplace le phyturgique[9].

Quels types d'effets sur la vie urbaine peut-on attendre de cette prise en main de la ville par les technologies numériques? Les uns sans aucun doute positifs, largement revendiqués par les promoteurs des progrès numériques: les villes sont moins polluées et moins dévoreuses d'énergies, plus économiques et plus propres. En même temps que la ville réintègre de la nature, elle gagne en socialité plus responsable et plus participative, avec une possibilité croissante d'individualiser les solutions. Il en résulte d'ailleurs un nouvel imaginaire de la ville cybernétique, qui mobilise des mythèmes proches des récits du transhumanisme[10]. Comme le dit A. Picon: « La dimension imaginaire de ce processus s'avère particulièrement prononcée, ne serait-ce que parce que le numérique possède un caractère auto-réalisateur qui tend à transformer les mythes, les rêves et les récits qui s'en font l'écho en réalités technologiques.

9 Chez Platon déjà on trouve l'opposition entre ce qui croît naturellement – *phyturgos* (en rapport avec la *physis*) – et ce qui est le produit artificiel d'une volonté technique (*tekhnè-démiurgos*).

10 Le transhumanisme est un nouveau courant de futurologie qui veut améliorer voire remplacer la vie spontanée, jugée déficiente, par des artefacts numériques et cybernétiques (robots).

L'importance de l'imaginaire s'explique également par le fait que les technologies de l'information et de la communication s'écartent sur de nombreux points des règles qui régissaient les technologies traditionnelles, de la miniaturisation extrême des composants auxquels elles font appel à la nature totalement imprévue de certains des dysfonctionnements qui les affectent. Elles semblent du même coup relever d'un univers où la magie aurait retrouvé une partie de ses droits. »[11]

Mais on ne saurait minimiser d'emblée la crainte d'effets négatifs, étroitement associés au développement de technologies de l'information: surinformation des pouvoirs (par traitement de « *big data* »), régulation excessive des conduites frôlant le contrôle totalitaire, omniprésence des simulations et des simulacres dans un espace-temps entièrement artialisé. Sans prétendre épuiser la question de l'évaluation de la politique de la ville intelligente, on peut se demander alors si elle constitue vraiment un modèle innovant spécifique ou si elle ne relève pas d'une sorte de croisement, d'hybridation des deux modèles précédents, utopique et poétique, pour devenir une sorte de mythe poétique et d'utopie réunis, à l'âge des technosciences[12]. En un sens, la ville numérique relève encore de l'utopie rationnelle puisque son contrôle est censé enrayer les désordres, l'accident, la démesure, au profit d'une normalisation la plus idéale possible. La collecte des données et leurs fonctions de régulation sont en continuité avec le projet utopique de tout rationaliser, au point d'apparenter à nouveau la ville intelligente à la ville totalitaire où tout est identifié, consigné, enregistré, à la manière de la prison du « Panoptikon » de Bentham[13]. Mais en un autre sens, l'hyper gestion de données en temps réel voire accéléré, semble favoriser des conduites d'émancipation de l'espace et du temps, de

11 A. Picon, *La ville des réseaux, un imaginaire politique*, Manucius, Paris, 2014, p. 28; voir aussi *Smart cities : théorie et critique d'un idéal auto-réalisateur*, B2, Paris, 2013.
12 Voir Paolo Bellini sur la signification de la mythopie: *Mythopies techno-politiques*, Mimesis, Milano, 2011.
13 Voir T. Paquot, *Utopies et utopistes*, La découverte, Paris, 2007.

déracinement de la vie spontanée, de survol, de désatellisation, nous faisant entrer dans ce monde artificiel attendu par le post humanisme ou transhumanisme[14].

3. Le projet biotechnique comme vie remplacée

Les post et trans-humanisme actuels pourvoient les inventions techniques de l'homme d'une puissance d'augmentation et de transformation de l'espèce, qui a déjà été défendue par le siècle des Lumières (mouvement encyclopédiste), par la Renaissance (Francis Bacon, Pic de la Mirandole), et d'abord par les sources bibliques monothéistes. Si la Bible comporte, en effet dans certaines de ses versions, une invitation faite à l'humanité adamique de protéger la création parfaite de Dieu (puisqu'elle est « à son image »), elle incite aussi dans une autre version de la Genèse, à faire de la créature non le gardien mais l'artisan d'un achèvement, d'une bonification, d'un perfectionnement, don de Dieu à des hommes libres et intelligents[15]. L'humanisme classique, pour les uns, a cautionné et même exalté la limite, la finitude, la faiblesse, la mort, de la créature humaine et pour les autres a nourri une prétention à la domination illimitée et à une recréation de l'homme par l'homme. On assigne ainsi à l'humanité la tâche de continuer la création inachevée, aboutissant au 16ème siècle avec F. Bacon, à fonder les bases d'un christianisme technologique. Ce projet d'un parachèvement de l'humanité par une paranature renforce progressivement l'arsenal démiurgique de la raison. On est ainsi passé progressivement d'une amélioration continue à une situation-limite à venir où la technique artificialiserait complètement les vivants, dont l'homme. Pendant longtemps

14 Ces interprétations réactivent une tradition de pensée critique du rationalisme morbide, développé par l'école de Francfort (Marcuse, Adorno, Horkheimer, etc.) et par une lecture vitaliste des idées marxienne (de Georges Politzer à Michel Henry et Bruno Pinchard).

15 Voir nos développement « Mythanalyse des imaginaires techniques : le conflit entre nature et artifice », dans : P. Mustières et M. Fabre (éds.), *Rencontres Jules Verne : Science, crises et utopies*, Coiffard libraire-éditeur, Nantes, 2013, pp. 50 *sv.*

la technique n'a servi qu'à accroitre le pouvoir de l'homme sur les choses, puis à améliorer (par la médecine) l'« *homo faber* » lui-même ; pour nos contemporains, il est temps de le transformer (thèse L. Feuerbach défendue par Marx). Ce projet a été longtemps anticipé par la fiction puis se trouve en voic d'expérimentation et même de planification (industrielle et politique)[16].

On peut donc parler de différents objectifs gradués pour maitriser la vie, car l'optimisme technique comprend des assertions multiples, qui rompent plus en moins avec la finitude de l'espèce humaine. S'échelonnent ainsi au moins quatre finalités successives : - remédier, restaurer et guérir ; - améliorer les performances naturelles ; - remplacer les organes et fonctions de la vie (prothèse) en hybridant le vivant avec le cybernétique[17] ; - dépasser toutes les caractéristiques de la vie pour devenir immortel.

Du côté du transhumanisme, il est admis pour certains penseurs, que l'homme augmenté serait mieux disposé ainsi pour réaliser les potentialités physiques et cognitives de l'homme comme espèce. Ils rejoignent et invoquent alors une lecture de Pic de la Mirandole au XVème siècle, qui se réapproprie le paradigme biblique d'une créature coopérant à l'achèvement de la création[18]. Il n'est pas étonnant

16 A. Huxley, *Le meilleur des mondes*, Pocket, Paris, [réed.] 2017. De nos jours le projet est repris par les grandes entreprises NBIC que sont les GAFAM (Google, Facebook, Apple, Amazone, Microsoft).

17 Voir J. Goffette, *Naissance de l'anthropotechnie : De la médecine au modelage de l'humain*, Vrin, Paris, 2006.

18 Pic de la Mirandole : « Il (Dieu) prit donc l'homme, cette oeuvre indistinctement imagée, et l'ayant placé au milieu du monde, il lui adressa la parole en ces termes : Si nous ne t'avons donné, Adam, ni une place déterminée, ni un aspect qui te soit propre, ni aucun don particulier, c'est afin que la place, l'aspect, les dons que toi-même aurais souhaités, tu les aies et les possèdes selon ton vœu, à ton idée. Pour les autres, leur nature définie est tenue en bride par des lois que nous avons prescrites : toi, aucune restriction ne te bride, c'est ton propre jugement, auquel je t'ai confié, qui te permettra de définir ta nature. Si je t'ai mis dans le monde en position intermédiaire, c'est pour que de là tu examines plus à ton aise tout ce qui se trouve dans le monde alentour. Si nous ne t'avons fait ni céleste ni terrestre, ni mortel ni immortel, c'est afin que, doté pour ainsi dire du pouvoir arbitral et honorifique de te modeler et de te façonner toi-même, tu te donnes la forme qui aurait eu ta préférence. Tu pourras dégénérer en formes inférieures, qui sont bestiales ;

qu'un Joël de Rosnay puisse parler alors d'un hyper humanisme[19]. Mais la réduction moderne à l'animal-machine restait compatible avec un dualisme (sauf dans le monisme matérialiste d'un La Mettrie) et donc une filiation de l'humanité à la nature divine dont elle est une « image ressemblante ». Or aujourd'hui dans la biotechnologie, l'appareil perceptif et l'intelligence ont été intégré dans le programme de mécanisation-numérisation, ouvrant bien ainsi la porte à du post-humain. La machine prend bien le relais, voire remplace, les fonctions biopsychiques devenues obsolètes[20], délégitimant l'utilisation du terme d'humanisme même enrichi de divers préfixes[21].

Avec les dernières étapes on parvient aux programmes Trans humanistes d'origine américaine, véritable idéologie-mythologie scientifique qui veut mettre les NBIC au service d'une nouvelle espèce mutante[22]. Non seulement il s'agit de raffiner les performances du vivant par des connexions et des prothèses, mais il sera possible à terme de remplacer le cerveau biologique par une Intelligence artificielle (IA), qui elle-même connectée et interconnectée assurerait des fonctions de développement des vivants humains et autres, sans échecs ni violences ni inégalité. Le Trans humanisme non seulement parie sur la substitution à la complexité du vivant des performances complexes des machines, mais il charge ces biotechnologies, et ces androïdes, de réaliser des fins précédemment attendues par des humains, mais qu'ils ne pouvaient atteindre. L'homme bionique est donc présenté comme une des figures d'accomplissement du désir

---

tu pourras, par décision de ton esprit, te régénérer en formes supérieures, qui sont divines. » G. Pic de la Mirandolle, *De la dignité de l'homme, Oratio de hominis dignitate*, prés. et trad. Yves Hersant, L'Éclat, Paris, « Philosophie imaginaire », 1993.

19 J. de Rosnay, *L'homme symbiotique. Regards sur le 3e millénaire*, Seuil, Paris, 1995.

20 Voir G. Anders, *L'obsolescence de l'homme, sur l'âme à l'époque de la seconde révolution industrielle* [1956], Éditions de l'Encyclopédie des Nuisances, Paris, 2002.

21 J. Dufresne, *Après l'homme, le cyborg ?*, Éditions MultiMondes, Montréal, 1999; P. Breton, *À l'image de l'homme : de Golem aux créatures virtuelles*, Seuil, Paris, 1995.

22 Le transhumanisme date des années 1980 lors de la gestation d'un mouvement à Los Angeles (Max O'Connor, puis Nick Bostrom et James Hughes.). Il est né de la convergence des NBIC et veut progressivement teinter ses objectifs d'un prophétisme eschatologique: une humanisé heureuse et pacifiée.

humain, mais sans recourir aux attributs tenus longtemps pour limités de l'homme. Ainsi passe-t-on d'un humanisme accompli à un humanisme dépassé, l'intervention artificielle étant destinée à remplacer le vivant. Dans ses expressions les plus prophétiques, le Trans humanisme prédit et promet la disparition de la mort et l'accès de l'homme à l'immortalité. « On ne peut pas vivre en un meilleur temps qu'aujourd'hui où la mort est, ou sera bientôt anéantie pour un certain nombre de personnes privilégiées qui se seront vouées, consacrées à l'anéantir ou pour les bien nantis de la planète. *Death is obsolete*. C'est le titre du dernier site in. Il est l'œuvre de Andy Walker, un ami intime de David Bunnel, fondateur de PC Magazine, PC World et MarWorld. »[23]

De manière générale l'artificialisation étant censée porter sur le corps, donc sur les émotions et la créativité, sur le cognitif et le langage, il est inévitable de voir affaiblis, récusés, voire supprimés les attributs de la vie, entendue comme spontanéité de la nature. Il convient de ce point de vue de distinguer deux expressions du Trans humanisme :

– un mode libertarien, issu du mariage de la génération hippie et de la technologie en Californie[24], qui voit dans ce programme un moyen pour des individus ou des communautés de vivre mieux, de s'améliorer, sans l'aide des institutions politiques, de l'Etat, sur fond d'une concurrence entre forts et faibles ;

– un mode bio-socio-démiurgique, qui veut partager le projet technologique en y incluant tous les individus, sur fond d'une morale socialiste. Telles sont les missions d'une société transhumaniste comme Technoprog qui veut conduire en même temps le progrès biologique et le progrès social, en luttant contre l'individualisme inégalitaire. L'Association Française Transhumaniste – Technoprog interpelle la société sur les questionnements relatifs aux mutations

23 Cité dans Encyclopedie.homovivens.org.

24 Voir F. Monneyron, *Au coeur des Etats-Unis : Mythes, imaginaires et fictions*, Michel Houdiard, Paris, 2011.

actuelles de la condition biologique et sociale de l'humain. Son objectif est d'améliorer cette condition, notamment en allongeant radicalement la durée de vie en bonne santé. Elle cherche à promouvoir les technologies qui permettent ces transformations tout en prônant une préservation des équilibres environnementaux. Technoprog, comme le sous-entend son nom, se réclame ouvertement d'un « transhumanisme démocratique » ou « techno-progressisme environnementaux, une attention aux risques sanitaires, le tout dans un souci de justice sociale »[25].

En fin de compte, dans les deux versions fortes et faibles, le transhumanisme s'appuie sur les promesses de la science de changer l'être humain en l'améliorant à la fois comme individu vivant et comme personne psychologique et morale bonifiée puisque protégée des déficiences de fait remontant à la précarité de sa constitution naturelle.

4. Un chronotope urbain tronqué

Les limites de cette pensée inspirée par l'utopisme cybernétique et le transhumanisme se constatent finalement bien dans les projets d'urbanisme actuel. Nombre de nouvelles versions semblent conscientes des limites du modèle formel algorithmique de la ville et cherchent à restituer à la vie urbaine une hétérogénéité, une complexité, une fluidité apportée notamment par la temporalité de la vie des citadins. La critique de l'accélération, la défense de la lenteur, la prise en compte de dimensions plurielles des rythmes de vie, témoignent qu'il existe bien une conscience de la dévitalisation rationaliste de la gestion urbaine. Mais ces avancées, rectifications sont-elles suffisantes, adaptées pour retrouver la pulsation de la vie ?

La question des rythmes est redevenue d'actualité ces dernières décennies en sociologie, économie, géographie aménagement, urbanisme, sous forme nostalgique, de perte ou d'absence de rythmes,

25 Dépliant de la société sur internet : www.transhumanistes.com.

entrainés par des rationalités systémiques, standardisées, typiques d'une certaine uniformisation (des mœurs), taylorisation (du travail), massification (de l'habitat) et donc un constat des méfaits de la perte d'une certaine culture rythmique traditionnelle propres aux sociétés rurales (rythme jour et nuit avant l'électricité, pratiques religieuses fréquentes, musiques, etc.). Cette situation fait suite à deux évolutions de la temporalité moderne[26] largement identifiées et commentées depuis un demi-siècle :

- l'une est caractérisée par un éclatement et division du temps entre travail et loisirs, le travail lui-même devenant depuis la taylorisation, répétitif, monotone (« Métro boulot dodo »), le loisir exaltant de manière mono-idéique et fantasmatique le repos (exploité par les publicités du Club Méditerranée des années 70) ;
- l'autre, concerne le caractère stressant du temps social, son accélération[27], qui aboutit à des situations frénétiques[28], d'intensité épuisante (*burn out*) de compétition, performance qui isolent l'individu et le font courir vers des gains de temps dérisoires.

Dans ce contexte, la valorisation des temps rythmiques devient fréquemment une alternative réformiste, thérapeutique et politique, dans la vie sociale (surtout urbaine). Les positions rythmophiles visent à réintégrer dans un monde abstrait, normé, surveillé, évalué, des moments de lâcher prise, de détente, de personnalisation, d'individuation et à insérer dans les horaires contraints et étroitement corrélés, des formes de débranchements, débrayages, qui réintroduisent de désynchronisations, des horaires décalés et adaptés aux individus et à leur situation (parents, mère de famille). Les invocations d'une rythmanalyse sociale payent leur tribu à un moment paroxystique de la vie moderne, celui des années 1960-70, avec le point culminant de mai 68, qui a vu fleurir de nombreuses critiques

26 Voir les travaux de Lewis Mumford, André Leroi Gourhan, André Varagnac, etc., et plus récemment de Thierry Paquot.

27 Voir Harmut Rosa, *Une critique sociale du temps*, La découverte, Paris, 2010.

28 Frénésie déjà décrite en 1932 par H. Bergson, *Les deux sources de la morale et de la religion*, Garnier Flammarion, Paris, 2012.

de l'aliénation des temps et des espaces sociaux : Guy Debord, Raoul Vaneighem et le situationnisme, Henry Lefebvre et sa critique néo-marxiste de la ville[29]. Ces corpus qui revendiquent des alternatives anarchistes, gauchistes, ou néo-marxistes retrouvent, paradoxalement, des inspirations vitalistes souvent proches du bergsonisme (moins du bachelardisme) et de sa critique du temps abstrait.

Récemment un retour à ce moment de rythmanalyse entraine une remobilisation autour de l'idée de rythme dans la pensée du travail[30], l'aménagement et l'urbanisme. Si l'espace a été au centre de plusieurs décennies de critique de la société moderne, sous l'impulsion de la revendication écologiste, le temps a fait son entrée plus tardivement[31]. Cette nouvelle actualité de la rythmologie est motivée par une sorte de hantise d'une temporalité idéale, vitale désaliénante. Elle thématise de différentes manières le besoin prioritaire à dés/re/synchroniser les temporalités individuelles, à multiplier les étalons de vitesses (en mixant, en hybridant le rapide et le lent, surtout via les modalités des transports), à mieux utiliser et faire alterner des périodes d'activité (nocturne contre diurne), etc. En fait la tendance dominante reste de lutter contre les effets de massification répétitive (du célèbre slogan « Metro, boulot, dodo » de 1968), afin que les activités soient moins planifiées, moins continues, mais étalées dans le temps, adaptées aux besoins des individus, familles, groupes, etc., interrompues, scandées, de variations,

Mais malgré la pertinence de toutes ces nouvelles herméneutiques et innovations, on peut se demander si elles ne sont pas exposées à des usages encore flous et appauvrissant de la notion de rythme, qui vont du sens faible, équivalent à temps, au sens fort[32].

29 N. Caritoux *et alii*, *Nouvelles psychogéographies*, Mimesis, Milano, 2016 ; H. Lefebvre, *Eléments de rythmanalyse, introduction à la connaissance des rythmes*, Syllepse, Paris, 1992.

30 Voir les travaux d'ergonomie (P. Cazamian *et alii*, *Traité d'ergonomie*, Octares, Toulouse, 1996) qui n'ont pas toujours connu la diffusion attendue.

31 L. Gwiazdzinski, *L'hybridation des mondes. Territoires et organisations à l'épreuve de l'hybridation*, Seyssinet-Pariset, Elya, 2016.

32 Pour Pierre Sauvanet (*Le rythme et la raison*, Kimé, Paris, 2000), le rythme est

N'y a-t-il pas souvent risque (potentiel et réellement pris parfois) de confusion dans les usages sociaux et urbains entre temps, agenda, vitesse, cycle, etc. Le rythme ne devient-il pas un mot passe-partout qui n'évite pas la confusion dans les discours entre période, cycle, intervalle, horaires, etc. La rythmanalyse n'est-elle pas souvent enfermée dans une approche disjonctive, alternative qui veut seulement inverser le temps dominant pour restaurer à côté ou dans les interstices un temps différent, sans que soient préalablement réunies les conditions pour ce temps alternatif, pour qu'il soit vraiment un temps rythmique, nourri de référentiels musicaux et enrichis de toutes les relations corrélatives avec le biologique, le cosmologique, etc..Par exemple la critique de l'accélération du temps (*fast*) ne fait souvent que préparer la réhabilitation de son opposé, la lenteur (*slow*), entendue comme débrayage des instances normatives, abandon des injonctions des taches programmées selon des horaires, comme on propose dans le registre spatial de remplacer le grand (*big*) par le petit (*small*). Mais est-ce satisfaisant ? Suffit-il de ralentir un rythme trop rapide pour bénéficier de la potentialité vitale d'un rythme ? Ne peut-on aller plus loin si l'on veut vraiment rythmiser la vie sociale ?

5. *Vers une chronotopie complexe et anarchique*

Si l'on tient vraiment à re-rythmiser la vie individuelle et collective, il ne suffit donc pas d'inverser ce qui est mais de transformer le type de temporalité antérieure. Car la temporalité, standardisée, monotone ou alternative, a souvent inhibé, sclérosé des matrices de temporalisation, au point que la rythmisation, même programmée, devient inopérante. Il en irait du temps social comme du temps de l'individuation psycho-physique, qui se révèle d'une subtile complexité

---

composé de structure mesurée, de périodicité et de changement/mouvement. Nous précisons que la périodicité cyclique peut se compliquer en micro cycles, que le mouvement peut lui-même être saccadé, pulsé, vibré, etc. Voir : J.J. Wunenburger (dir.), *Les rythmes, lectures et théories*, L'Harmattan, Paris, 2000 ; *Rythmanalyse, théories et pratiques*, J. André, Lyon, 2018.

en se greffant sur une organisation logo-psycho-somatique. Marcel Jousse a bien mis en évidence le patrimoine rythmophasique utilisé dans les rites religieux anciens, qui activent des processus de balancement, de rejeu, qui participent de la mémorisation des savoirs et de la production de rituel [33]. Gaston Bachelard et Gilbert Durand n'ont pas manqué non plus de rapprocher la rythmique psychique, inhérente à la poétique langagière, du rôle sensori-moteur du corps, de la gestuelle de l'artisan et de l'artiste, etc., démontrant par là que le rythme est conditionné par un usage du corps[34], largement refoulé par les comportements du mode mécanique et industrialisé et de nos jours par les techniques des ordinateurs.

Pour qu'une temporalité rythmique puisse vraiment réapparaitre (et pas seulement par inversion des vitesses) il faudrait chercher un entrelacement du *fast* et du *slow* comme on devrait tendre à entrecroiser dans l'espace le *big* et le *small* (comme l'enchevêtrement harmonieux dans l'espace de grands monuments et de petites maisons dans une ville ancienne). Il ne s'agit pas seulement de réorganiser les temporalités effectives, mais d'élaborer une temporalité nouvelle qui retrouve les formes et forces dynamiques de la vie. Par là, la réforme rythmique devrait permettre de contraster la vie, d'introduire des alternances hétérogénéisantes de cycles. Pour cela il faut sans doute sortir des binarités stables pour réactiver des énantiodromies, chercher un équilibre complexe pluralisant des temporalités du travail, des déplacements, des socialités (solitude, foule), resémantiser sociologiquement le lexique du rythme, pluraliser les phénomènes, descendre dans le micro pour quitter le plan macro des agendas, calendriers, périodes etc. On gagnera ainsi à analyser l'urbanité au niveau moléculaire qui permet de faire émerger des

33 Marcel Jousse est parti des rituels de récitation évangélique, qui ont depuis les origines araméennes fait appel au balancement du corps comme on le retrouve dans la célèbre prière juive devant le mur du Temple à Jérusalem. Voir : *Anthropologie du geste*, Gallimard, Paris, 2008.

34 Déjà établie par Marcel Mauss, voir J.-F. Bert e M. Mauss, *Les techniques du corps, dossier critique*, Publications de la Sorbonne, Paris, 2012.

expressions rythmées subtiles et surtout leurs possibilités d'interconnexions dans le respect de différences individuelles.

La rythmologie implique de repenser la chronotopie des villes, à multiplier les espaces-temps, les moments de vide, d'intervalle, au lieu de tout remplir. Elle consisterait à (re) créer des dispositifs rythmophasiques qui permettent d'expérimenter des composantes pré-rationnelles, des oscillation, vibration, ritournelle, où sont présents des rythmes cosmologiques (écologique), des potentialités rythmiques du corps (musique et danse), des processus de phasage des rythmes pour créer du lien et de la séparation, à tour de rôle.

Par là la rythmique de la vie, au lieu d'enfermer l'individu dans sa monade, ouvrirait sur des relations symboliques avec les autres, au sens où à la différence du lien matériel qui contraint deux entités à fonctionner de la même manière (comme les deux roues d'une bicyclette qui doivent tourner ensemble), le rythme produit, même sans contact ni cadre physique, une interdépendance immatérielle qui relie et sépare en même temps. En ce sens, la phase des rythmes n'est pas réductible à la simple synchronisation (marche militaire) mais à une alternance précisément de moments synchronisés et désynchronisés (comme dans la danse folklorique). L'eurythmie, un rythme heureux, est ainsi, à son tour, à penser comme une alternance de processus où se succèdent des couples de mouvement et de dissociations individuelles selon un tempo entrecoupé où le temps intègre une dimension singulière voire ludique.

Que faut-il retenir ? Beaucoup d'invocations à rythmiser, favorisées par l'incertitude du temps générique, manquent leur enjeu en ramenant le concept à de simples remaniements du temps dominant, saturé d'une rationalité légaliste unidimensionnelle. Le rythme peut au contraire redevenir, s'il est bien compris, un opérateur de la rencontre en l'homme de la nature et de la culture.

D'une part, le rythme est une manière d'inscrire sa vie dans une totalité bio-cosmologique, qui est le déploiement initial de rythmes.

C'est un marqueur de la vie[35], de la vitalité complexe systémique et interactive[36]. Il en reproduit les changements, jamais réductibles à la métrique, à l'isomorphisme, à l'isochronie. D'autre part, le rythme est une manière de produire de la société, du lien, il permet de créer des couplages pluriels, des interactions, comme le montrent l'orchestre, la danse, qui est à l'inverse du défilé militaire, réglé par une répétition uniforme. Le recours créatif au rythme permet d'élaborer une eurythmie sociétale[37]. Une société heureuse est une société pan-rythmée où chacun, enraciné dans ses rythmes propres (biologiques, psychiques et mentaux), entre en phase avec d'autres êtres rythmés pour former une communauté rythmante[38].

Pa là on gagne à se libérer de l'équivalence superficielle entre temps et rythme, le rythme étant à la fois moins que le temps (le temps rythmique est une espèce) mais aussi plus que le temps, puisque le rythme est inséparable de l'espace, du milieu, du lieu. Et si on le prend en ce sens double, qui n'est plus congruent à la temporalité, il faut le dissocier du temps dominant dans notre civilisation (imposé par l'écriture, l'horloge, la mécanique) qui est d'être régulier, pour y introduire des micro-désordres (interruption, instant, vide, *kairos*, etc.), qui seront d'autant plus actifs qu'on va les extraire de la corporéité des agents-habitants. Les rythmes sociaux de l'urbanité s'originent dans la vie des humains, les artefacts ne pouvant que devenir des adjuvants, facilitateurs, marqueurs, déclencheurs. Tel est le sens de la révolution sociale à venir qui s'origine dans une anthropologie intégrale à redécouvrir.

Car le danger est menaçant de réintroduire dans les réformes proposées par les chrono-politiques et chrono-urbanismes un ordre

---

35 L. Klages, *La nature du rythme*, L'Harmattan, Paris, 2010.

36 Voir les oeuvres de Edgar Morin et de Jacques Dufresne, Encyclopédie, *Homo vivens* : encyclopedie.homovivens.org

37 Eurythmie déjà évoquée par Platon dans *Les lois*, retrouvée dans la tradition post-goethéenne, par Rudolf Steiner et l'anthroposophie, qui esthétise la symbolique de l'espace et du mouvement dans le Goetheanum de Dornach en Suisse.

38 Voir les positions de Proudhon; et P. Michon, *Rythmes, pouvoir et mondialisation*, Presses Universitaires de France, Paris, 2005.

surplombant, un régulateur externe, prothétique, cybernétique du temps de la vie, projet encore souvent masqué dans les projets des « smart cities »[39], qui visent à instruire une simple optimisation temporelle de la ville par algorithme. Si le rythme est bien celui de la vie, il faut créer les conditions d'une eurythmie mais sans y contraindre. L'urbaniste aménageur ne doit pas être un grand organisateur de l'utopie, il faut laisser les êtres rythmés devenir rythmant grâce aux facilitateurs, dispositifs mis en place. En évitant une trop grande ingérence fonctionnelle, les décideurs et designers de la ville doivent laisser place au jeu, à la rêverie, au repos ou aux actes de syncope, déjouer les tentations de mesurer l'ordre des temporalités, rendre possible d'y échapper, pour retrouver des vibrations personnelles et cosmologiques.

Deuxième partie : *bios, agôn, harmonié*

Il reste à réouvrir des chemins vers une autre pensée de la vie, qui prenne son départ dans une métaphysique de la vie. Si l'analyse anthropologique a permis de cerner l'importance du rythme comme matrice d'une vie, individuelle ou collective, radicale, tout en incitant à regretter la pauvreté de l'idée du rythme de la vie, il convient de rendre possible une pensée du rythme plus archaïque, au sens de commencement et de commandement. Comment une pensée de la vie peut-elle servir à inaugurer une révolution de la pensée vitaliste et servir à rythmiser les manifestations de la vie ? Cette pensée alternative de la vie n'est sans doute pas compatible avec une pensée purement rationnelle, abstraite, scientifique et technique, qui est inappropriée à se rendre commensurable à la vie. Il n'est pas étonnant alors que les sources profondes d'un Logos du

39 Voir notre critique dans « Figures de l'utopie et crise urbaine », dans : C. Bard *et al.*, *Figures de l'utopie, hier et aujourd'hui*, Presses Universitaires de Rennes, Rennes, 2014, pp. 61 *sv.*

rythme, excèdent les grands systèmes conceptuels et soient davantage présentes dans les grands héritages de pensée, esthétiques, théologiques, mystiques, panthéistiques.

Le jeune Nietzsche, lecteur des présocratiques et encore wagnérien, avait proposé de suivre une ligne de partage entre deux conceptions de la vie, l'une dionysiaque, remontant au sens archaïque de la tragédie antique, et une autre apollonienne, contaminée par la médiation du concept abstrait, absorbant la vie dans une forme sublimée. L'intelligence de la vie ne résulterait-elle pas d'une tension entre ces deux approches herméneutiques, ces deux expériences, qui frisent la contradiction créatrice ? Ainsi Nietzsche nous invite-t-il à une nouvelle logique de compréhension de la vie, celle d'une tension oscillatoire entre deux polarités, dont l'une serait de plus négative, destructrice, explosive.

Nos obstacles à appréhender une pensée radicale de la vie ne viendraient – ils pas de ce que nous voulons élaborer une pensée identitaire de la vie (apollinienne) au lieu d'en appréhender la tension antonymique contradictorielle, et à exclure de la vie la matrice destructrice et informe que représente le pôle dionysiaque ? La vie ne serait-elle pas archaïquement une tension d'opposés, entretenue par une négativité originaire, qui produirait sa manifestation temporelle rythmique ?

Comment réactiver, renouveler, réinterpréter une tradition mytho-cosmologique qui bipolarise la vie, l'accompagne dans son oscillation alternante et à rythmicité plurielle, esquissée ci-devant ? Ce paradigme se rapporte à une tension complexe mouvante entre polarités opposées qu'on peut désigner comme rythme, qui serait l'idée matricielle de la vie.

Pour nourrir ce trajet métaphysique, on peut disposer d'un grand nombre de mythologies extra européennes, qui sont inspirées par cette intuition largement présentes à Eranos, cosmologies amérindiennes, mythes de la Vie en Afrique, la pensée chinoise du Ying et du Yang, et du corpus parallèle de la pensée contradictorielle qui s'étend des présocratiques à l'hermésisme, à la théosophie, à la Naturphilosophie[40], et la psychologie de profondeurs de C.G. Jung, qui ont toujours survécu en marge du grand rationalisme dominant.

Pour la présente section nous nous limiterons aux deux extrémités de l'histoire de la philosophie occidentale, les fragments d'Héraclite, et le dialogue au XXème siècle entre Bergson-Bachelard, qui tous développent des principes comme: 1. L'archée (le commencement, ce qui commande) est une bipolarité d'opposés (lumières et ténèbres) qui forment une relation exclusive mais inséparable; 2. La vie comme devenir (le non changement est la mort, comme le *nirvana* pour Freud) passe par un cycle d'alternances comprenant des mouvements de retournement (énantiodromie); 3. Le rythme de la vie implique une phase de discontinu, de vide, de négatif, de déséquilibre, de désordre.

1. Le feu d'Héraclite

Héraclite, philosophe grec, originaire d'Asie mineure (5e siècle AC), nommé très tôt l'Obscur, fut un des premiers philosophes antérieurs à Socrate. Comme ce fut le cas pour ses contemporains, ne nous sont parvenus de lui que des fragments de textes incomplets qui ont alimenté des siècles de traductions et d'exégèses dans les sens les plus variés voire contradictoires. En dépit de ce corpus tronqué, dont le style se ramène à celui des aphorismes, souvent énigmatiques, sa pensée n'a cessé d'inspirer nombre de grands philosophes et certaines de ses formules sont même devenues des sentences philosophiques populaires. A côté d'un énoncé célèbre comme « On ne peut se baigner deux fois dans le même fleuve » (frag. 91)[41], qui est censé illustrer l'instabilité et l'irréversibilité du temps, la formule consacrant la royauté de *Polemos* dans la vie semble cautionner ou

40 A. Faivre, *Accès de l'ésotérisme occidental*, T. I et II, Gallimard, Paris, 1996; G. Georges, *Fondements du savoir romantique*, Payot, Paris, 1982.

41 Les citations sont prises dans l'édition Diels-Kranz revues par Jean Brun, *Héraclite*, Seghers, Paris, 1965.

recommander une vision agonistique du monde, qui voit dans les conflits une source et un moyen d'assurer justice et progrès. Et de fait, nombre de penseurs romantiques et révolutionnaires (Hegel, Marx) ont fait référence à Héraclite, tenu pour l'ancêtre de la créativité des luttes, de l'entrechoc du positif et du négatif, du bienfait des violences engendrant du nouveau, de la mort comme accoucheuse de vie.

Héraclite comme la plupart de ses contemporains cherche d'abord à énoncer, loin des mythes et religions archaïques, des lois pour comprendre l'ordre du monde, à commencer par celle de la Nature méditerranéenne. Si tout renvoie à une Unité primordiale, car tout vient d'une cause unique qui donne vie et sens, qu'on l'appelle Feu, Vie ou *Logos*, les phénomènes visibles semblent aussi ordonnés par des couples de contraires (chaud-froid, hiver-été, bien-mal, etc.), qui alternent périodiquement selon des degrés, à l'intérieur de limites extrêmes qui ne sont qu'exceptionnellement dépassées. C'est même ce jeu alternatif du bien et du mal, de vainqueurs et de vaincus, qui constitue la seule forme de justice parmi les hommes. L'univers obéit donc à un principe d'oscillation de contraires qui atteste que les réalités finies (physiques, psychologiques, morales, etc.) doivent se différencier jusqu'à s'opposer, tout en étant en même temps solidaires les unes des autres. « Ils ne comprennent pas comment ce qui s'oppose à soi-même est en même temps en harmonie avec soi ; tout comme les tensions opposées de l'arc et de celles de la lyre » (frag. 51). Toutes choses ressemblent en effet à l'arc et à la corde qui, pour accumuler l'énergie d'un tir, doivent être liés aux extrémités tout en étant tirés le plus fortement en sens contraires. « Le nom de l'arc signifie vie et son œuvre est la mort » (frag. 48). Autrement dit, la lutte des éléments définit l'être même de la vie et, sans lutte, la vie cesserait, cèderait la place à l'indifférenciation, à la mort. « Le cycéon (breuvage) se décompose si on ne l'agite pas » (frag. 125) et le célèbre « Le combat (*polemos*) est le père de toutes choses, le roi de toutes choses. Des uns il a fait des dieux, des autres il a fait des hommes. Il a rendu les uns libres, les autres esclaves » (frag. Diels Kranz 53, tr. J. Brun). Autre formule : « Il faut savoir que le combat (*polémos*) est universel, que la justice est une lutte (*eris*) et que toutes choses naissent selon la lutte et la nécessité » (frag. 80).

Héraclite, loin de défendre une sorte de vision linéaire d'un flux, place la sagesse dans la compréhension et dans le respect de ce balancier du monde qui suppose en son principe une opposition, un antagonisme, qui différencie et fait varier toutes choses selon un rythme d'aller-retour. L'intelligence dernière consiste donc à voir tout événement comme un moment, une phase, d'un cycle, ce qui oblige à ne pas l'isoler, à ne pas le prendre comme une totalité autonome. C'est pourquoi les aspects les plus opposés doivent être ressaisis ensemble pour appréhender les ultimes propriétés de tout. En chaque chose coexistent, selon des proportions variables dans le temps, vie et mort, pauvreté et richesse, bien et mal, etc., d'où leur coappartenance et leur unité cachée. « C'est la même chose en nous que la vie et la mort, la veille et le sommeil, la jeunesse et la vieillesse, car ceux-ci se transforment en ceux-là, et inversement ceux-là se transforment en ceux-ci » (frag. 83). Bref, tout dans l'univers est fait de mélange de qualités opposées et c'est cette opposition qui définit en fin de compte, paradoxalement, la confiance en une justice et une harmonie universelle.

Cette interprétation vitaliste d'une oscillation de toutes choses entre des pôles contraires relève d'un courant de pensée caractéristique de la philosophie antésocratique, soucieuse d'inscrire les événements dans une rythmique cosmologique. C'est ainsi qu'Empédocle décrit aussi la vie de la « Sphère » cosmique comme une succession de dilatations et de contractions, qui font se succéder des principes d'amour (*Eros*) et de colère (*Eris*). Les intentions et les actions humaines, sans dériver au sens strict d'une nécessité aveugle, prennent place dans une loi universelle, dont il importe seulement de connaître la forme pour saisir l'occasion favorable (en grec, le *kairos*) qui permettra à l'homme d'être en phase avec le tout. Par là même, ces visions du monde soumettent la volonté des hommes à un rythme qui leur impose des configurations et des orientations contraignantes.

Il était inévitable que cette pensée archaïque subisse un revers et un déclin avec l'éveil d'une subjectivité responsable qui doit en connaissance de cause choisir sa destinée. La conscience morale à laquelle fait appel Socrate, les replis de l'âme qu'invoque le christianisme à partir de saint Augustin, sont autant d'étapes en Occident d'une progressive émancipation de la liberté intérieure face aux enchainements inscrits dans l'ordre de la Nature. Il en résultera l'avènement d'une philosophie humaniste qui confère à l'homme la tâche de poser des fins bonnes indépendamment de l'ordre du monde, dessinant ainsi la grande voie d'une morale de la liberté, qui affirme la supériorité du bien sur le mal, de la volonté sur la Nature, de l'esprit sur la matière. Pourtant les intuitions présocratiques et d'Héraclite en particulier, ne cesseront de hanter périodiquement les esprits : même si les hommes peuvent et doivent imposer un ordre de valeurs en rupture avec le tout du monde, il n'en demeure pas moins des événements et des actions qui ne dépendent pas nous et dont on ne peut qu'orienter les effets par la connaissance de leur avènement inéluctable. L'époque de la Renaissance exalte certes la liberté de l'homme mais n'en recommande pas moins encore de se régler sur le cours des astres qui indique les conditions favorables pour réussir les desseins de la liberté. Shakespeare ou Machiavel en appellent encore à la fortune, qui vient limiter ou servir les plans des hommes[42]. Il n'est pas étonnant que ces conceptions reprennent de leur actualité dans la modernité lorsque s'affaiblissent les philosophies du sujet libre.

Divers courants du naturalisme romantique, les philosophies du soupçon (Marx, Nietzsche ou Freud), qui dénoncent les illusions de la maîtrise de la conscience sur ses représentations et actions,

42 Il faudrait noter que la théologie chrétienne a dans ses marges repris ce schème par exemple chez Jakob Boehme, ancêtre de Hegel.

retrouvent dans le legs présocratique une intelligence de l'histoire qui redonne la primauté au devenir du monde. Nous sommes certes en apparence éloignés aujourd'hui, à l'âge d'une science du chaos, du hasard et des mutations aléatoires, d'une vision d'une Nature ordonnée par des rythmes. Un retour à Héraclite s'opère cependant chez ceux de nos contemporains, qui ont fait le deuil d'une subjectivité législatrice, source de devoirs contraires à la nature, et qui sont en quête d'une nouvelle forme de sagesse. Orientalismes plus ou moins syncrétiques, néo-nietzschéismes, écologie profonde, mouvements du « *new age* » se tournent à nouveau vers une Nature considérée comme une instance supérieure capable par ses lois et rythmes de nous indiquer des normes de bonne vie. Nul n'est tenu d'adhérer à cette conversion intellectuelle qui se présente, à certains égards, comme un anti-humanisme, mais encore faut-il comprendre quel sens peut prendre aujourd'hui ce retour à un *Logos*, à un sens de la vie, qui prendrait appui sur les leçons de la *physis*. On ne saurait dissimuler les implications et les risques, pour la morale de la liberté et de la responsabilité, d'une telle resacralisation d'une Nature qui seule serait capable d'indiquer les voies d'un *Nomos*. Il n'est pas sûr non plus que les adhésions actuelles restent toujours fidèles aux inspirations des origines, ni que les thèses défendues n'entremêlent pas des positions qui à certains égards sont hétéroclites voire incompatibles entre elles, mais cette rationalisation, nourrie de l'air du temps, témoigne peut-être éloquemment de l'état d'esprit que l'on qualifie souvent de « post-moderne ».

2. La tension créatrice

Héraclite nous invite à une intelligence subtile, qui, sans être forcément une voie moyenne ou une synthèse fausse, nous invite à une pensée renouvelée de la tension, comme force de vie juste. Que ce soit l'effet d'une structure mentale, d'habitudes linguistiques ou d'évidences affectives, le réel se présente souvent à nous par couples, par binarités qui définissent généralement des pôles et des thèmes entre lesquels se produisent les changements. Si une réalité est donc inséparable d'une autre opposée, on peut inférer que le changement qualitatif exige sans cesse que l'un des pôles s'affirme, s'actualise, en repoussant précisément son contraire. Ainsi le changement comprend simultanément deux processus ou logiques, un d'émergence, l'autre de disparition, ce qui veut bien dire que la tendance qui s'accroît doit repousser l'autre qui diminue. L'intervalle entre les deux extrêmes fait place à une infinité de degrés qui comprennent, au milieu, un équilibre, où les deux contraires sont parvenus à égalité, où leurs liens et leurs répulsions sont égaux. Telle est bien la leçon tirée par Aristote, qui isole toujours dans les jeux de contraires trois états : le courage est intermédiaire entre la témérité et la lâcheté, la grandeur entre la vanité et l'humilité, la modération entre la débauche et l'insensibilité, etc. En conséquence, le mouvement de variation est amené à s'arrêter sur un extrême avant de tourner en sens inverse, ce que Héraclite avait dit dans le fragment 76 : « La mort de la terre fait naître l'eau, la mort de l'eau fait naître l'air, l'air engendre le feu ; et inversement. » Ainsi se dessine bien un schéma qui permet de cerner le jeu complexe de l'antagonisme dans les phénomènes de notre monde. Comme le dit Bergson, tout oscille entre des extrêmes, amenant à réduire ainsi la frénésie c'est-à-dire les dépassements aux limites. Cet équilibre est alors la seule forme de justice possible dans ce monde instable sans que rien ne puisse jamais s'immobiliser en figure parfaite et idéale. Le mérite de cette conception est d'affermir l'idée centrale selon laquelle tout ce qui vit à besoin de varier et qu'une forme de variation dominante repose sur un antagonisme. S'il existe sans doute de l'immobilité et de la mobilité linéaires et continus (progrès ou décadence pure), il est possible que la plupart du temps les phénomènes ne fassent que balancer entre des états contraires, en une succession de justice et d'injustices, ouvrant ainsi sur des cycles plus que sur des lignes droites. Et cette logique implique en fin de compte que les réalités ne sont jamais stables, simples, homogènes, mais mouvantes, mixtes, composites, ambivalentes. C'est ce qu'illustrent entre autres la vie, l'affectivité, l'esprit et la société[43].

L'observation des vivants n'a pas attendu les sciences biologiques sophistiquées pour découvrir que les systèmes physiologiques qui maintiennent l'être en vie, reposent sur des tensions. Hippocrate, père de la médecine, avait déjà placé la santé dans l'équilibre des humeurs et compris que, de manière générale, l'homéostasie, le maintien des paramètres des fonctions vitales, implique une régulation entre des forces contraires. La thérapie, comme l'a montré François Dagognet, gagne à attaquer un mal par des remèdes antagonistes, vérifiant ainsi ce que Elie Bernard-Weil appelle une logique « ago-antagoniste ». Une des lois de la vie est la compensation, qui amène à contrebalancer une force lorsqu'elle est allée trop loin[44]. Et la maladie signifie en un sens l'échec d'une compensation naturelle, qu'il faut donc réactiver de manière délibérée. Quant aux relations d'un organisme et de son milieu, elles résultent aussi, comme l'a souligné Georges Canguilhem, d'une adaptation, c'est-à-dire en fin de compte d'un équilibre entre des exigences opposées[45].

Le retentissement intérieur du monde sur le vivant va marquer aussi son affectivité de cette même tension. Comme le proposait déjà Empédocle, dans un sens voisin d'Héraclite, le monde est soumis à une alternance de manifestations d'amour et de haine, d'*éros* et d'*éris*, chacun augmentant quand l'autre diminue, et le mouvement se poursuit alors en sens contraire. Attraction et répulsion ne définissent pas seulement quelques phénomènes physiques comme le magnétisme, mais peuvent, au moins métaphoriquement, servir à décrire toutes sortes de formes du *pathos*. De manière générale, nos

43 Voir la démarche de Stéphane Lupasco (*L'énergie et la matière psychique*, Éditions du Rocher, Monaco, 1987), reprise par Gaston Bachelard (*La philosophie du non*, Presses Universitaires de France, Paris, 1962), qui décrit une métalogique ternaire fondée sur le principe d'antagonisme.

44 Voir J. Svagelski, *L'idée de compensation en France (1750-1850)*, Hermes, Lyon, 1981.

45 G. Canguilhem, *La connaissance de la vie*, Vrin, Paris, 2000 (rpt.).

désirs, sentiments et passions sont aussi voués à l'ambivalence, qui les fait basculer d'un pôle à l'autre. Notre vie intérieure se passe au rythme de cycles, de dépression et d'exaltation, qui dessinent la périodicité des humeurs. C'est pourquoi les Stoïciens déjà recommandaient de veiller à conserver une bonne tension (*tonos*), qui seule assure la puissance de la volonté et donc la maîtrise de soi. La célèbre « ataraxie » du sage est donc moins immobilité dans une forme parfaite que tension maîtrisée. Quand l'énergie s'affaiblit, lorsque l'âme n'a plus la force d'affronter le monde, elle s'expose à la faiblesse et donc à l'aliénation. Et la vie tout entière est peut-être placée sous le signe d'un conflit originel en chacun qui voit alterner des principes opposés, comme le soutient la doctrine chinoise du Yin et du Yang. Les métamorphoses du Moi au long de sa vie suivent sans doute ce grand cycle des opposés qui cohabitent de manière tensorielle en nous.

Quant à la vie de l'esprit, elle n'exploite les puissances du langage et de la pensée qu'en activant des oppositions. Les antinomies, les symétries, les négations sont des moyens pour ajuster les mots et les choses. La contradiction est devenue, sous forme de pensée dialectique, une démarche heuristique féconde. La polémique elle-même aiguise les arguments et permet de nuancer des énoncés. Gaston Bachelard a bien reconnu combien la raison était polémique, que pour poser une vérité nous avons besoin de penser contre. Sous toutes ces formes, l'esprit gagne à s'ouvrir au négatif, à une démarche en ligne zébrée et non droite, qui seule permet les va-et-vient aptes à restituer la complexité des vérités.

Enfin la tension culmine peut-être dans la vie sociale. Individus et peuples ne peuvent se définir que par rapport à d'autres auxquels ils se confrontent. Julien Freund voit au fondement du politique la nécessité de se donner des adversaires sans forcément s'en faire des ennemis. Même à l'abri de la violence sans frein, les hommes s'unissent et se séparent, se rassemblent et s'évitent, laissant toujours dans le corps social des points de friction, des zones de tension.

Différences et inégalités peuvent donner lieu à de l'émulation, au même titre que les arbres dans une forêt cherchent à trouver chacun leur place au soleil, selon l'exemple de Kant. Bien réglées, ces tensions produisent des oscillations qui voient alterner dans la vie des hommes et des peuples, calme et montée de violence, fusion et séparation, sans qu'aucun de ces états ne puisse s'imposer définitivement. Les relations justes sont sans cesse menacées par de nouvelles injustices qui obligent à les corriger. Déjà les Anciens (Platon, Aristote) aimaient noter que les régimes politiques s'enchaînent selon des cycles, marquant ainsi que le temps politique est bien oscillatoire.

Le message d'Héraclite fait donc toujours sens. Rien de plus trompeur que cette quête d'une vie calme, mécanisée, automate où, comme le disait Hegel, « tous les chats sont gris ». Cette aspiration à un monde indifférencié, égalitaire, fusionnel ne peut être synonyme de perfection. Certains paradis, à vue humaine, pourraient être décevants. Faut-il, à l'opposé, exalter la force victorieuse, voire l'agressivité, la violence et penser l'être comme affrontement permanent, défi et victoire ? Une certaine esthétique et éthique du combat a certes le mérite de forger des corps et des volontés (éthiques du chevalier, du samouraï) mais elles ne peuvent tout au plus que servir d'idéal à une communauté particulière. Entre ces deux positions, Héraclite nous rappelle que la vie échappe toujours à l'ordre constant, à la loi nécessaire, à l'immobilité. En un sens, vivre c'est tendre un ressort, comprimer les anneaux en sens opposés de leur mouvement naturel. Contrarier, c'est-à-dire faire croître la tension entre contraires, est peut-être le ressort de la vie et de la seule harmonie accessible.

3. La vie comme vibration

Une fois reconnues ces manifestations comment comprendre cette structure rythmique ? Comment la vie peut-elle être pensée non comme élan, flux, force (*conatus*, *impétus*) mais comme rythme ? La question majeure reste de savoir ce qui est source du mouvement, de force en tension. S'agit-il d'une source jaillissante, d'une fontaine de vie (Plotin ?) ou d'un processus d'action-réaction, d'une force qui face à une résistance d'un pôle accroit sa force ? Telle est l'option de Bergson, que Bachelard va corriger en proposant une conception originale, d'une vibration originaire (proche d'une théorie des cordes en cosmologie).

Bachelard, à qui l'on doit aussi une approche inédite de la poétique de l'espace, a fortement contribué à renouveler la compréhension du temps, en l'associant à une structure dialectique, subsumée sous le terme de rythme[46]. Dans *L'intuition de l'instant* (1932), et surtout dans *La Dialectique de la durée* (1936), Bachelard, à grand renfort d'arguments tirés de la science quantique et de la théorie de la causalité, s'est démarqué fermement de l'analyse bergsonienne, qui, malgré ses immenses mérites, à ses yeux, aurait survalorisé indûment la continuité, en fondant le temps dans le magma fluide de la durée (de Bergson, il accepte « presque tout, sauf la continuité »[47]). Pour Bachelard, au contraire, le temps vécu comme le temps abstrait témoignent d'une discontinuité primitive, où l'instant prend le dessus sur la durée, où la plénitude substantielle laisse place à des vides, à des lacunes, qui constituent des intervalles. « La phénoménologie comporte toujours une dualité des événements et des intervalles », « une durée précise et concrète fourmille de lacunes ». De ce point de vue, Bachelard a cherché à penser la discontinuité temporelle en la rattachant à une conception mathématique de l'espace, fait de

46 Voir M. Perrot, *Bachelard et la poétique du temps,* Peter Lang, Frankfurt am Main/ Bern/New York, NY, 2000.

47 G. Bachelard, *La dialectique de la durée*, Presses Universitaires de France, Paris, 1989, p. 7.

points à l'infini, de sorte qu'elle se ramène à une « arithmétisation numérique » d'instants.

Bergson avait d'abord opposé un temps propre à l'abstraction scientifique et un temps propre à l'intuition subjective de la conscience préparée par l'image et la métaphore. Le premier est analytique, discontinu, le second est une durée continue en perpétuel renouvellement qualitatif. Bachelard pense identifier une seule structure temporelle, subjective et objective, qui serait faite d'instants séparés par des néants, et qui serait radicalement opposée à la durée bergsonienne. Les deux ouvrages (commentant les écrits d'un historien de la campagne, G. Roupnel, collègue à l'université de Dijon) rassemblent des arguments psychologiques (mémoire et attention), esthétiques (poésie et musique), scientifiques (relativité einsteinienne) pour attester de la primauté de l'instant sur la durée, de l'acte comme nouveau commencement par opposition à l'action comme persévérance, qui convergent vers une représentation audacieuse d'une temps universel :

– l'expérience de la conscience du présent nous livre un atome temporel, l'instant, discontinu, séparé d'un autre qui le précède et le suit. Le temps n'est pas plein mais troué de vide, qui ouvre sur une alternance de positivité et de négativité. « Le fil du temps est couvert de nœuds. »[48] La durée bergsonienne n'est qu'une perspective épisodique, elle « est une poussière d'instants, mieux un groupe de points qu'un phénomène de perspective solidarise plus ou moins étroitement »[49] ;

– dans la pensée, le langage fait émerger le négatif avant l'affirmatif, ouvrant sur une continuité et une linéarité faite d'alternances. Cette linéarité horizontale est coordonnée par la rationalité qui introduit une synthèse alors que l'imagination poétique se déplace sur la verticalité de l'instant. L'image poétique s'installe en fait dans la discontinuité par opposition à la narrativité.

48 Ivi, p. 67.
49 Ivi, p. 33.

De cette discontinuité structurelle, Gaston Bachelard tire ensuite l'idée que cette succession d'événements et de vides constitue un rythme. Le rythme devient, dès lors, la notion-clé qui permet d'inscrire la structure instantanéiste, trouée et hachée, du temps, dans une nouvelle forme de répétition, dans une continuité qui n'est plus substantielle, mais plutôt formiste. Car c'est bien par une vibration, qui parcourt les instants, que le temps « lacuneux » se mue en une synthèse dynamique, que Bachelard rattache, comme souvent, au terme plurivoque de « dialectique ». Bref la continuité résulte d'une saisie constructiviste de dialectisation « du son et du silence » (pour la musique, p. 122), par des « systèmes d'instant » (IX) et par une superposition de rythmes pluriels (VIII). Qu'il soit réel ou pensé, le temps discontinu repose sur une structure primaire, la vibration (« le temps primitif est le temps vibré » – DD, p. 131 – et « repos vibré » – DD, p. 127), qui fait surgir dans tous les événements temporels un rythme. Bachelard oppose le rythme à la mélodie bergsonienne, il l'étend à toute temporalité alors que Bergson affaiblissait le rythme en mélodie et le réservait à la sphère du Moi intime. Le rythme vient de la configuration vectorielle des instants : « l'être est un lieu de résonance pour les rythmes des instants et comme tel on pourrait dire qu'il a un passé comme on dit qu'un écho à un voix » (II, 2).

« Le rythme est vraiment la seule manière de discipliner et préserver les énergies les plus diverses. Il est la base de la dynamique vitale et de la dynamique psychique. Le rythme – et non la mélodie trop complexe – peut fournir les véritables métaphores d'une philosophie dialectique de la durée »[50] (DD, p. 128). Par là Bachelard ouvre dans les années 1935 un programme de rythmanalyse, certes appuyé sur des travaux de versification et de musicologie francophones, mais qui évoque, par ses fondements et son ampleur métaphysique et cosmologique, des thèses d'ontologie forte que l'on ne trouve alors que dans la pensée allemande[51]. Signe qu'une fois encore Bachelard

---

50 Ivi, p. 128.
51 Comme Heidegger, Bachelard pense que l'Etre (ou le cosmos) est temps rythmé,

nourrit, corrige, complète les pensées inspirées par une langue et une tradition nationale par celles trouvées dans la voisine de l'autre rive du Rhin. En ce sens, même si Bachelard n'a sans doute pas connu les ouvrages berlinois de Ludwig Klages, on ne peut qu'être frappé de l'étonnante proximité des thèses développées dans *La Dialectique de la durée* et celles défendues par Klages dans ses travaux sur le rythme. « Nous avons déjà bien souvent donné la réponse à cette question : c'est la vie elle-même qui, dans la mesure où elle est dans une position dominante, donne du rythme aux processus et aux formes. C'est pourquoi ‹ vibrer › en rythme signifie vibrer dans la pulsation de la vie, et signifie de surcroît pour les hommes être libérés temporairement des limites par lesquelles l'esprit rétrécit notre pulsation vitale. »[52] L. Klages engage une philosophie de la vie (*Lebensphilosophie*) en consonance avec ce devenir perpétuel bachelardien, rythmé par un jeu d'élan et de résistance, de mouvement et d'interruptions (repos vibré), qui transforme perpétuellement l'être[53].

4. Bergson et Bachelard

Il reste à s'interroger sur le processus caché qui assure à la vie cette capacité d'entrer en tension (Bachelard parle de vibration). S'agit-il d'un effet, d'un processus accidentel lié à la rencontre d'une

excluant par conséquent l'idée d'un hors temps, d'un non temps, nommé par la théologie « éternité ». Boehme avait déjà pensé Dieu comme Devenir d'une déité (Gottheit) sur fond d'un grondement de contraires.

52 L. Klages *La nature du rythme*, cit., p. 97 : conférence prononcée au Congrès de pédagogie de 1922. L. Klages (1872-1956) est le successeur à la chaire de Hegel à Berlin. Voir Olivier Hanse, préface à *La nature du rythme*, cit. On peut noter également l'intérêt pour le rythme chez Georg Simmel ; voir *Philosophie de l'argent*, Presses Universitaires de France, Paris, 1987, pp. 624 *sv.*, auquel se réfère Bachelard : « Le temps est [...] une tentative de vivre autrement, de vivre plus ou même, comme le voulait Simmel, une volonté de dépasser la vie » (*La dialectique de la durée*, cit., p. 79).

53 Voir notre analyse « Le rythme de la vie. La pensée rhénane de Gaston Bachelard (de Ludwig Klages à Pinheirio dos Santos) », dans: P. Delhom et A. Hilt (éds.), *Das Leben denken: Philosophische Anthropologie und Lebensphilosophie im deutsch-französischen Gespräch*, Karl Alber, Freiburg-München, 2018, p. 131-44.

altérité (comme un pont qui vibre sous la charge qui le traverse) ou d'une disposition originaire ? La vie est-elle rythmique par accident ou par nécessité/finalité ?

On peut cerner la question dans le débat entre Bergson et Bachelard. Si on résume souvent leur opposition à une position superficielle (opposition entre durée et instant), il faut au contraire déplacer leur divergence vers un point plus essentiel : car chacun admet que la vie est caractérisée par une alternance d'action et de réaction, d'élan et de résistance, qui engendrent un certain rythme de succession (même si Bergson n'adopte pas vraiment la notion de rythme). Mais Bachelard semble avancer de plus près vers l'intelligence ultime de ce qui préside au commencement et à l'expression de la vie (sans clore le débat).

Bien que Bergson et Bachelard aient développé des projets et des démarches philosophiques fort hétérogènes, on ne peut qu'être frappé par le recours, chez tout deux, de formes de discursivité parallèles ou convergentes, qui aboutissent en l'occurrence à un certain isomorphisme des schèmes d'analyse, des types de problématisation, du déploiement d'arguments et de résolution de problèmes[54]. Dès lors, il s'agit de comparer moins des réponses explicites à des questions fondamentales que des modes de traitement, des styles de développement de positions, qui peuvent être rapprochés même s'ils engendrent des expressions philosophiques littéralement différentes. On se centrera à cet effet sur le couple conceptuel de force et de résistance, qui apparaît jouer un rôle heuristique semblable chez l'un et l'autre des philosophes, attestant peut-être par là une commune conception énergétique de la vie[55].

54 Voir nos analyses : « Images poïétiques, schèmes et création intellectuelle », dans : J.-P. Mourey (éd.), *Miroirs, fragments, mosaiques,* Publications de l'Université de Saint-Etienne, Saint-Etienne, 2005, pp. 11 *sv.* ; « Rationalité philosophique et figures symboliques », in : *Les lieux de l'imaginaire*, Liber, Montréal, 2002, pp. 33 *sv.*

55 Développé in F. Worms et J.J.Wunenburger (éds.), *Bachelard et Bergson : continuité ou dicontinuité ? Une relation philosophique au coeur du XX*^{ème} *siècle*, Presses Universitaires de France, Paris, 2008.

a. De l'art des bifurcations symétriques

La description des formes physiques et psychiques, la compréhension de leurs émergence, variation et transformation renvoient, en effet, de manière privilégiée, chez Bergson comme chez Bachelard, à une énergie, une force, un dynamisme originaire de la vie, qui à leur tour vont orienter, irriguer, traverser la plupart des opérations cognitives, des plus simples aux plus complexes. Chez Bergson, l'action d'une force primitive dans le cosmos ou dans la Nature est ainsi censée se prolonger dans la conscience, qui puise dans ce dynamisme la capacité de mobilisation et de créativité psychique et intellectuelle. Chez Bachelard, une tonalité vitale, proche à certains égards d'un vouloir-vivre schopenhauerien, va doter la rationalité scientifique et l'imagination poétique d'une puissance plastique de transformation des représentations. La référence à une semblable force primitive va donc leur permettre d'éclairer les processus de complexification de la vie de l'esprit, même si la médiation du langage inhibe voire masque l'élan vital chez Bergson, alors qu'elle se présente comme la forme irréductible à travers laquelle la pensée active un dynamisme élémentaire chez Bachelard[56].

Chacune des deux philosophies va aussi identifier et classer les processus intellectuels selon leurs rapports de continuité ou de discontinuité avec cette force vitale qui traverse le non-Moi mais aussi l'intériorité du Moi-sujet. A première vue, volonté et imagination chez Bachelard[57], intuition et image chez Bergson, nous rendent réceptifs aux propriétés de fluidité et de mobilité de la vie, qu'elles

56 Pour Bachelard « il n'y a de vie que « parlée » (Introduction à *La Poétique de l'espace*, Presses Universitaires de France, Paris, 1957, p. 7). « En règle générale nous pensons que tout ce qui est spécifiquement humain dans l'homme est logos. Nous n'arrivons pas à méditer dans une région qui serait avant le langage » (*ibidem*).

57 La volonté peut aider à animer l'imagination (« Rêver d'images matérielles – oui, simplement les rêver – c'est tonifier la volonté » (G. Bachelard, *La terre et les rêveries de la volonté*, Librairie José Corti, Paris, 1948, p. 8), même si celle-ci la dépasse amplement voire parfois s'en émancipe, comme dans les rêveries du repos (« Les rêveries de la volonté ne doivent pas venir brutaliser, masculiniser les rêveries du loisir » ; Id., *La poétique de la rêverie*, Presses Universitaires de France, Paris, 1960, p 183).

s'expriment sur un mode physique ou psychique, tandis que la raison chez l'un, l'intelligence chez l'autre, nous en séparent par le biais de la représentation abstraite, qui ne permet de poser une proposition vraie sur la vie que sur fond d'une altération, d'une coupure, voire d'une aliénation, qu'il faudra contourner et compenser, même si la raison comme l'intelligence contribuent à une construction intellectuelle, sous forme de connaissance scientifique. On peut donc bien parler chez tout deux d'une distribution des opérations de l'esprit, répartie selon qu'elles sont en phase, en osmose, en connaturalité avec la vie ou, au contraire, qu'elles sont extérieures, étrangères, scindées par rapport à sa manifestation originaire.

Cette dualité de principe, articulée autour d'un couple de contraires, lien-coupure, consubstantialité-hétérogénéité, semble de plus se répéter lors de l'analyse de chaque type d'opération de l'esprit, mais surtout dans les opérations intellectuelles dotées d'une affinité et d'une empathie avec l'objet. Certaines expressions et manifestations intuitives ou discursives de l'esprit se voient en effet mobilisées, entraînées, par une dynamique primitive, mais qui ne peut développer pleinement ses potentialités cognitives et émotives qu'en étant couplée avec une rupture, une résistance, une discontinuité. Chez Bergson comme chez Bachelard, la vie de l'esprit connaît donc un couplage originaire, structurel et fonctionnel, entre un élan, un dynamisme et son contraire, une résistance, un arrêt. C'est ce que nous nous proposons d'établir dans ses grandes lignes en proposant une analogie entre les paradigmes de la conscience créatrice chez l'un et l'autre.

b. Le philosophème commun de la tension antagoniste

A la croisée de philosophies vitalistes, panpsychiques, et des sciences de la nature et de la vie (même si Bachelard est sans doute moins attiré par la biologie et la psychophysique que Bergson[58]),

58 Voir J.J. Wunenburger (dir.), *G. Bachelard et l'épistémologie française*, Presses Universitaires de France, Paris, 2003.

Bergson et Bachelard renvoient originairement l'intelligibilité des phénomènes, externes et internes, à l'existence et au développement d'une force vitale qui pousse au changement, au devenir, à la mobilité mais aussi à l'accroissement, à l'augmentation de la puissance propre[59]. Les formes et matières sont bien l'enveloppe externe de forces, qui non seulement persévèrent dans leur être mais tendent à la création d'états plus riches et plus complexes (dans l'évolution de la cosmologie bergsonienne comme dans l'ordre des représentations conceptuelles et imagées chez Bachelard). Corollairement, il existe dans l'esprit des processus cognitifs qui prolongent ce dynamisme et l'intériorisent dans la vie de l'esprit.

Pour Bergson et Bachelard les processus de connaissance intellectuelle, intuitifs ou discursifs, abstraits ou concrets, se développent donc selon des propriétés et régularités déterminées par l'existence sous-jacente d'un dynamisme. Bergson rattache sa manifestation spirituelle chez l'individu à un processus cosmologique et phylogénétique, source d'une évolution généralisée de la matière et de l'esprit, alors que Bachelard s'en tient à un examen purement ontogénétique, identifiant cette puissance originaire dans une volonté à l'œuvre aussi bien dans l'ordre de la rationalité que de l'imagination créatrice.

D'un point de vue cognitif, le dynamisme spirituel se concentre chez Bergson dans l'intuition d'une durée, capable de renouer par son immédiateté avec le flux universel, d'assurer une saisie de réel en soi et d'engendrer une créativité de contenus de conscience nouveaux. Alors qu'au contraire, l'intelligence discursive, productrice de représentations verbales et abstraites, se détache de la vie et lui oppose l'écran de ses abstractions.

Une semblable dualité se retrouve chez Bachelard. Nos représentations peuvent se trouver immobilisées, réifiées, dans le cas des images projectives et des concepts réalistes, coupant ainsi raison et

59 Il y aurait lieu de rapprocher ces prémisses des conceptions de Plotin, Spinoza ou Nietzsche.

imagination de leur source vive et de leurs productions dynamiques. A l'opposé, dès lors qu'elles se trouvent réappropriées par une raison et une imagination animée par une force énergétisante, qui les inscrit dans une temporalité, elles se voient dotées d'une plasticité cognitive ou poétique inégalée.

Par ailleurs, tout déploiement dynamique et créatif de la force psychique nécessite une configuration complexe résultant d'une opposition dynamique. Certes, la pensée de la force peut induire une représentation homogène d'un seul flux continu, unidirectionnel. D'ailleurs, pour Bergson, la conscience intime du flux se confond avec l'expérience de la durée continue, à laquelle Bachelard avait précisément opposé une temporalité discontinue faite d'instants entrecoupés, réunis seulement par une vibration rythmique. Pourtant Bergson et Bachelard se rejoignent en associant la force originaire, cosmologique ou psychologique, avec une inhibition, qui opère comme une résistance et qui lui fait obstacle. Cette contrariété, qui s'oppose à la simple expansion ruisselante, fluide, ouvre alors un changement de direction et d'intensité, bref inaugure un devenir saccadé. Bergson comme Bachelard font place dès lors à un obstacle, à un arrêt de la force, qui devient étape obligée d'un processus[60].

Dans l'*Evolution créatrice*, Bergson compare ainsi la trajectoire de la vie à celle d'un boulet de canon qui se fragmente en explosant en cours de vol. « Quand l'obus éclate, sa fragmentation particulière s'explique tout à la fois par la force explosive de la poudre qu'il renferme et par la résistance que le métal y oppose. Ainsi pour la fragmentation de la vie en individus et espèces. Elle tient, croyons-nous, à deux séries de causes : la résistance que la vie éprouve de la part de la matière brute, et la force explosive – due à un équilibre instable des tendances- que la vie porte en elle. »[61]

60 On gagnerait à comparer ces analyses avec celles de Maine de Biran qui appréhende le fait intime originaire du Moi comme une expérience d'une résistance. Voir *Mémoire sur la décomposition de la pensée*, CreateSpace independant Publishing platform, 2005.

61 H. Bergson, *L'évolution créatrice*, Presses Universitaires de France, Paris, 1959, p. 578

Pour Bachelard, l'imagination matérielle s'inscrit dans une expérience vécue de la résistance de la matière qui excède la simple vision à distance. « L'imagination active ne commence pas comme une simple réaction, comme un réflexe. Il faut à l'imagination un animisme dialectique, vécu en retrouvant dans l'objet des réponses à des violences intentionnelles, en donnant au travailleur l'initiative de la provocation. L'imagination matérielle et dynamique nous fait vivre une adversité provoquée, une psychologie du *contre*, qui ne se contente pas du coup, du choc, mais qui se promet la domination sur l'intimité même de la matière. »[62]

Dans ces deux extraits de textes, on peut remarquer que, malgré la disparité des champs d'application, un même schème de tension antagoniste se trouve mis en œuvre, vérifiant un double principe. D'une part, une force ne peut se déployer si elle obéit seulement à un modèle d'écoulement et d'intensification linéaire et continu. Le potentiel de la force et son actualisation sont conditionnés par un dispositif de résistance qui favorise ses variations et transformations. Autrement dit, toute force a besoin d'une contre-force qui s'oppose à son actualisation[63]. L'absence de cette discontinuité entraverait et inhiberait le flux énergétique, car la résistance favorise le processus de transformation et d'intensification de la force. Autrement dit, la force et son opposé constituent bien une structure d'organisation et de renforcement de l'actualisation des dynamismes.

D'autre part, l'antagonisme ainsi créé par le couple de la force et de la résistance ouvre chez Bergson sur différentes réactions de montée et de chute, transcrites dans des verbes comme rebondir, concentrer, éclater et disperser en gerbe, voire faire exploser en un mouvement de feu d'artifice ; la résistance instaure ainsi une diversification phénoménale, produit un spectre de processus créatifs, explosifs mais imprévisibles. Certes Bachelard, pour son compte,

62 G. Bachelard, *La terre et les rêveries de la volonté*, Librairie José Corti, Paris, 1948, p. 21.
63 Voir notre développement dans *La raison contradictoire*, Albin Michel, Paris, 2016 [1990].

évoque surtout l'intensification qui résulte de la résistance, en renforçant la tonalité du sujet, son énergie, mais en retour elle confère à la matière perçue et rêvée une « profondeur substantielle » nouvelle. Du fait de cette résistance énergétique, matière et sujet se mettent en mouvement, substituant un devenir à l'être inerte. « Dans cette matière-durée, l'homme se réalise plutôt comme devenir que comme être. Il connaît une promotion d'être. »[64]

c. La controverse ambiguë

Pour Bergson et Bachelard il existe donc bien un antagonisme élémentaire entre la manifestation d'une force et un état d'inertie extérieur, qui engendre une réaction qui renforce l'expérience et l'expression de la force initiale. Mais c'est précisément au sujet de cette relation antagoniste que les deux s'affrontent indirectement, autour d'un jeu étrange d'interprétations et d'incertitudes croisées. Il s'agit en effet de savoir si l'obstacle qui engendre la réaction est extérieur à la force initiale, donc totalement lié à une contingence, ou au contraire s'il est solidaire, voire généré par elle, selon une sorte de finalité structurelle.

Bachelard, dans ses analyses de *La Dialectique de la durée*, semble reprocher à Bergson de penser l'obstacle de manière inappropriée. D'une part, il le considérerait comme « externe »: « La cause de l'échec, d'après M. Bergson, est toujours externe. C'est la matière qui s'oppose à la vie, qui retombe sur la vie élancée et en ralentit ou en courbe le jet [...]. On a l'impression que la matière est pour M. Bergson, purement et simplement égale à l'échec qu'elle occasionne. »[65] Reproche qui pourrait paraître injuste puisque Bergson semble bien faire de la résistance un mouvement d'auto-enroulement de la vie comme matière sur elle-même, résistant à la montée en puissance de la vie versus psychique: « Il fallait que la vie entrât ainsi dans

64 Ivi, p. 22.

65 G. Bachelard, *La dialectique de la durée*, Presses Universitaires de France, Paris, 1950, p. 21.

les habitudes de la matière brute, pour entraîner peu à peu sur une autre voie cette matière magnétisée. La vie est tendance, et l'essence d'une tendance est de se développer en forme de gerbe, créant, par le seul fait de sa croissance, des directions divergentes entre lesquelles se partagera son élan. »[66] D'autre part, Bachelard reproche à Bergson de penser l'obstacle comme une substance opaque et rebelle (dotée d'une sorte d'antitypie), alors que lui-même soutient à l'opposé que « l'hésitation » créatrice de la vie et du temps réside dans un vide, dans une interruption, une suspension qui voit l'être affronté au néant. « Ce n'est pas la matière qui fait obstacle. Les choses ne sont que les occasions de nos tentations. »[67] La vie expose à une alternance d'adhésion et de refus, de oui et de non, dont le rythme nous montre « la vie essayée, éphémère, refusée, reprise » où apparaît « la dialectique fondamentale de l'être et du néant »[68]. Mais ce néant qui suspend le mouvement « est en nous-même, éparpillé le long de notre durée, brisant à chaque instant notre amour, notre foi, notre volonté, notre pensée. Notre hésitation temporelle est ontologique. »[69]

Il n'en reste pas moins que chez Bergson, la résistance matérielle dans l'évolution générale de la vie finit bien par s'autonomiser au point d'échapper à la vie, ce qui résiste devenant vraiment « autre » ; alors que chez Bachelard, l'obstacle opposé par les matières à la volonté créatrice ne se réduit pas à une discontinuité temporelle, mais devient une source d'adversité forte et violente que le sujet s'impose de lui-même et à lui-même, de manière quasi masochiste, pour se dépasser. « La vie s'oppose à la vie, le corps se dévore lui-même et l'âme se ronge. »[70] « L'imagination qui se complaît à de telles images d'opposition radicale enracine en soi l'ambivalence du sadisme et du masochisme [...]. L'imagination [...] détermine un matérialisme manichéen, où la substance de toute chose devient le

66 H. Bergson, *op. cit.*, p. 579.
67 G. Bachelard, *op. cit.*, pp. 21 *sv.*
68 Ivi, p. 25.
69 Ivi, p. 29.
70 Ivi, pp. 21 *sv.*

lieu d'une lutte serrée, d'une fermentation d'hostilité. L'imagination aborde une *ontologie de la lutte* où l'être se formule en un *contre-soi*, en totalisant le bourreau et la victime. »[71]

Le débat ainsi ouvert porte donc sur le fait de savoir si la résistance que rencontre une énergie, un élan, est déjà virtuellement inscrite en elle et si cet obstacle est de l'ordre du plein (comme la matière contre l'esprit, chez Bergson) ou du vide (sous forme d'intervalle, d'instantané temporel chez Bachelard). Dans ce cas, l'expansion de la force se heurte à des interruptions, qui ne sont pas virtuellement inscrites dans la logique immanente de la force. Il n'est pas sûr que, malgré leur divergence proclamée, Bachelard et Bergson aient échappé à une même ambiguïté fondamentale, qui vient de ce que l'altérité qui participe à l'auto-développement d'une identité doit être à la fois connaturelle et radicalement hétérogène.

d. Enjeux d'un philosophème dynamique

Bergson et Bachelard ont ainsi valorisé de manière proche un même schème d'action-réaction pour rendre compte des processus dynamiques et évolutifs. Ce rapprochement nous incite donc à mettre en rapport des philosophies non seulement par leurs positions conclusives mais par les types d'intelligibilité mis en œuvre dans des domaines hétéroclites. Chaque système philosophique recourt en effet à des opérateurs, des schèmes qui règlent les lois de la causalité et les relations entre des réalités aussi bien matérielles que psychiques. Bergson et Bachelard disposent ainsi de catégories opératoires pour rendre intelligible le donné, ici en l'occurrence les flux. Une grande philosophie se caractérise peut-être justement par l'idiosyncrasie et la systématicité de ces schèmes organisateurs. Or, le philosophème central que nous avons identifié chez l'un et l'autre comprend un couplage « action-réaction », qui appartient certes à la description de certains phénomènes empiriques de la nature, mais qui, à l'âge préscientifique déjà, avait émergé comme un modèle

71 G. Bachelard, *La terre et les rêveries de la volonté*, cit., p. 75.

opératoire pour rendre compte de la vie[72]. L'antagonisme de la force et de la résistance constitue ainsi le noyau dur d'une pensée du rythme vibrant, en tant que celui-ci présuppose une séquence « élan-césure », « continuité-discontinuité »[73]. Bergson n'a certes pas vraiment reconduit sa pensée de l'antagonisme primitif vers une philosophie explicite du rythme, dont il a seulement appréhendé le principe dans une logique héraclitéenne qui lui fait dire que tout processus rencontre à un moment donné une limite de son développement, avant de revenir en sens contraire[74]. Il rend ainsi possible des mouvements alternatifs et pendulaires qui évitent la frénésie, c'est-à-dire la continuation linéaire dans le même sens. L'originalité puissante de Bachelard tient peut-être à ce qu'il s'est aventuré à esquisser cette rythmanalyse dans *La dialectique de la durée*, où se dévoile un temps vibratoire, un « repos vibré », bien éloigné de la durée bergsonienne.

Cette commune pensée d'un devenir contrarié rend possible, par son mécanisme même, une philosophie de la complexification de la réalité physique et psychique, puisque l'arrêt que rencontre l'expansion linéaire d'une force lui permet de s'auto-organiser autrement en faisant apparaître une configuration nouvelle, qui enrichit le plan phénoménal. Il est remarquable d'ailleurs, qu'à la différence de Bergson, Bachelard a introduit ce même binôme flux-résistance dans le devenir de la raison abstraite, puisque le devenir de la raison exige précisément un jeu dynamique d'oppositions logiques, de contrariété et même de contradiction qui reproduisent sur un plan conceptuel l'antagonisme des forces[75]. Enfin, par ce jeu de la résistance, il apparaît que les processus d'évolution et de transformation ne relèvent chez Bergson et Bachelard, ni d'un mécanisme répétitif

72 On trouve ce schème tensoriel depuis les Présocratiques. Il revient en force dans le romantisme allemand, dans la *Naturphilosophie*, de Goethe, de Franz von Baader et de Schelling.

73 Voir P. Sauvanet et J.J. Wunenburger, *Rythmes et philosophie*, Kimé, Paris, 1996.

74 H. Bergson, *Les deux sources de la morale et de la religion*, Presses Universitaires de France, Paris, 1932, pp. 1226 *sv.*

75 Voir G. Bachelard, *La philosophie du non*, cit.

linéaire, ni d'un hasard généralisé, ni d'une finalité englobante. Il existe bien dans la vie des orientations virtuelles (à certains égards inconscients chez les deux), mais qui ne s'actualisent qu'au contact d'obstacles qui peuvent produire aléatoirement des bifurcations, des innovations, des enchaînements imprévus. La vie cosmique comme la vie poétique sont à la fois prédéterminées, et livrées à des irruptions inédites, qui constituent la créativité.

Bergson et Bachelard ont donc recouru à un même type d'intelligence des processus dynamiques, d'évolution et de création, fondé sur une dialectique d'action-réaction, mais on peut convenir que Bachelard a conduit sans doute plus loin le modèle, en théorisant plus soigneusement les conséquences. Son apport nous semble dorénavant incontournable pour penser une métaphysique de la vie, toujours encore inachevée.

Conclusion

A l'apogée d'une rationalité technoscientifique de plusieurs siècles, la pensée occidentale se trouve confrontée à une crise sans précèdent, à une impasse qui conduit à s'interroger sur le sens à poursuivre avec frénésie dans la même direction le progrès rationnel, destiné à devenir maître et possesseur de la nature et de la vie. La résistance se déploie cependant selon deux versants : pour les uns, groupés sous le programme de l'écologie, il s'agit avant tout de découpler la rationalité technoscientifique pour retrouver la nature, libérée des artifices de l'anthropocène. Mais cette vision alternative de la primauté de la nature n'est-elle pas idéalisée, mystifiée, en se représentant la nature bucolique et idyllique, telle que les mythes paradisiaques et de l'Âge d'or l'avaient évoqué ? Or cette théologie de la nature ne reste-t-elle pas une des structures possibles des représentations de la nature, sur le mode euphémique, homogénéisant, holistique, prolongeant une expérience fusionnelle et maternante[76] ? Le régime nommé « mystique », par Gilbert Durand, peut-il soutenir autre chose qu'un déploiement régressif de la vie sur le mode maternel ? A l'opposé une approche technophile a conduit à se détourner de la vie spontanée, rythmique mais vulnérable pour la remplacer par des artefacts puissants qui plus que prolonger la nature devaient la remplacer au point de substituer à la vie spontanée une vie simulée, robotisée, prothétique. Mais par un chemin opposé, cet imaginaire ne cherche-t-il pas à nouveau à mimer une vie sans négativité, sans variations ?

Le Logos de la vie ne serait-il pas rendu possible par un imaginaire synthétique, cyclique et rythmique, qui est apte à intégrer la mystique et la schizomorphe ? Cet imaginaire appelle alors une rationalité complexe, dialectique, qui cherche à penser l'équilibre des opposés, la *concordia discors*. C'est au prix seulement de cette révolution cognitive, de l'imaginaire de la rationalité que nous pouvons retrouver une sagesse de la vie, celle du Ying et du Yang, qui constitue sans doute la matrice de toute pensée mythologique universelle, mais qui a été oubliée, méconnue, caricaturée par une longue tradition rationaliste identitaire. Si beaucoup d'expressions de la pensée critique entrevoient de nos jours la nécessité de renouer la raison avec cette vie originaire, il reste à déployer à nouveaux frais cette logique rythmique si l'on veut sortir l'anthropologie de ses impasses et ornières.

76 Voir G. Durand, *Les structures anthropologiques de l'imaginaire*, Dunod, Paris, 2016[12].

Presentations of the Eranos Conference

Ties.

Form and Destiny of Relationships in the Age of Self-Referentiality:

The Challenge of the Community to Rediscover

Presentazioni del Convegno di Eranos

Legàmi.

Forma e destino delle relazioni nell'epoca

dell'autoreferenzialità:

la sfida della comunità da riscoprire

In collaboration with
the Ph.D. program in Transcultural Studies in Humanities,
University of Bergamo,
the Ph.D. program in Philosophy,
University of Pisa and University of Florence,
and the Ph.D. program in Religious Sciences,
Faculty of Theology of Lugano

In collaborazione con
il Dottorato di ricerca in Studi umanistici transculturali,
Università di Bergamo,
il Dottorato di ricerca in Filosofia, Università di Pisa e Università di Firenze,
e il Dottorato di ricerca in Scienze religiose, Facoltà di Teologia di Lugano

Casa Eranos, Ascona

9–11 September / *settembre* 2021

Peter Anton Miescher (1923-2020). Ricordando un grande uomo di scienza, medicina, cultura e generosità

Sandro Rusconi

Arosio, Switzerland / *Svizzera*
September / *Settembre* 2021

Introduzione

Peter Anton Miescher è deceduto alla nobile età di 97 anni nel mese di maggio 2020. Chi scrive questo ricordo ha avuto il privilegio assoluto di passare un'intera serata in compagnia di questo grande personaggio. Eravamo vicini di tavola alla cena inaugurale della *Eranos Tagung* 2019. Una persona squisita che parlava un italiano forbitissimo. Sapevo della sua origine di famiglia prestigiosa, ma devo confessare che in quel momento non ero a conoscenza dei dettagli del suo passato accademico. Lo vedevo però illuminarsi quando, dopo che mi chiese della mia carriera accademica, e gli raccontavo di malattie genetiche rare, di terapia genica, di anticorpi monoclonali, di biomedicina. Riguardando il suo percorso ho compreso il perché del suo grande entusiasmo.

In questo esercizio di doveroso ricordo e omaggio, cercherò di illustrare, nell'ordine: la prestigiosa origine della sua famiglia; il posizionamento della sua carriera accademica nel contesto degli straordinari progressi della biomedicina del XX secolo; le sue capacità di combinare attività pionieristiche ai livelli più alti di tecnologia mantenendo nel contempo l'attenzione alla medicina quotidiana; le sue apprezzate qualità di mecenate per la scienza e per la cultura.

Una famiglia di enorme prestigio e un celebre bisnonno

Per contestualizzare la figura di Peter Anton Miescher è necessario effettuare un piccolo excursus genealogico. La famiglia Miescher è riportata in documenti di prestigio già dal Medioevo e risulta originaria della regione di Berna. All'inizio del XIX secolo un ramo importante (vedi Friedrich Miescher) si trasferì a Basilea dove si inserì da subito nella élite intellettuale e politica di quella città-cantone.

Per illustrare la rilevanza di questa famiglia basta menzionare che nei 62 nominativi dell'albero genealogico della discendenza di Friedrich Miescher riscontriamo 12 avvocati, 5 commercianti di livello internazionale, 4 banchieri, 10 medici, 7 ingegneri, 8 scienziati.

Il ramo di discendenza che porta a Peter Anton Miescher è quello di uno dei cinque figli di Friedrich (Max Eduard, commerciante, 1846-1896) che a sua volta ebbe tre figli. Uno di questi (Alfred Guido, medico, 1887-1961) ebbe a sua volta due figli: Guido Max (1921-2005, ingegnere agronomo) e appunto il "nostro" Peter Anton (1923-2020).

Friedrich Miescher (1811-1895), incredulo scopritore del DNA

Il personaggio-chiave e fondatore del ramo basilese è certamente Friedrich Miescher. Era uno dei tanti nipoti del già famoso Christen Miescher (1746-1809, membro della Dieta Federale; vedi sopra). Medico di formazione, essendo debole di udito, Friedrich scelse di non dedicarsi alla cura dei pazienti bensì alla ricerca. Si trasferì presso l'Università di Tübingen nella neonata facoltà di scienze. Nel laboratorio del chimico Felix Hoppe-Seyler riuscì nel 1869 a isolare dal nucleo delle cellule bianche del sangue una sostanza che allora sembrava molto strana e che chiamò "nucleina". Le proprietà uniche e sorprendenti della sostanza (che appariva molto semplice per composizione ma molto complessa per struttura) suscitarono lo scetticismo di Hoppe Seyler che richiese numerose ripetizioni degli esperimenti prima di poter arrivare alla pubblicazione nel 1871 (*Fig. 1/a*). La comunità scientifica sospettava da tempo che la sede dell'informazione genetica si trovasse nel nucleo delle cellule, ma sembrava implausibile che una sostanza di così semplice composizione potesse esserne il vettore. Lo scetticismo perdurò fino agli anni '40 del XX secolo.

Qualora fosse necessario certificare ulteriormente l'impronta che ha lasciato questo illustre personaggio dell'ottocento nell'immaginario collettivo dei basilesi, basterebbe citare l'omonimo istituto a lui dedicato dall'Università di Basilea e dalle locali multinazionali farmaceutiche (Ciba e Geigy) nel 1970 per festeggiare la ricorrenza del 100° anniversario della scoperta del DNA. Nei decenni il Friedrich Miescher Institute ha ospitato personalità scientifiche di impatto mondiale ed ha consolidato la sua fama in maniera indiscutibile. Oggi il Friedrich Miescher Institute conta 350 collaboratori, è retto dall'omonima fondazione finanziata dal Cantone di Basile e dalla Novartis ed è affiliato all'Università di Basilea.

Peter Anton Miescher: una vita e una carriera a cavallo delle straordinarie scoperte della del XX secolo

Cercheremo in questo capitolo di posizionare la carriera di Peter Anton Miescher lungo la scia delle sensazionali scoperte che, a partire dal suo illustre bisnonno Friedrich hanno reso possibile l'inizio dell'era della medicina molecolare.

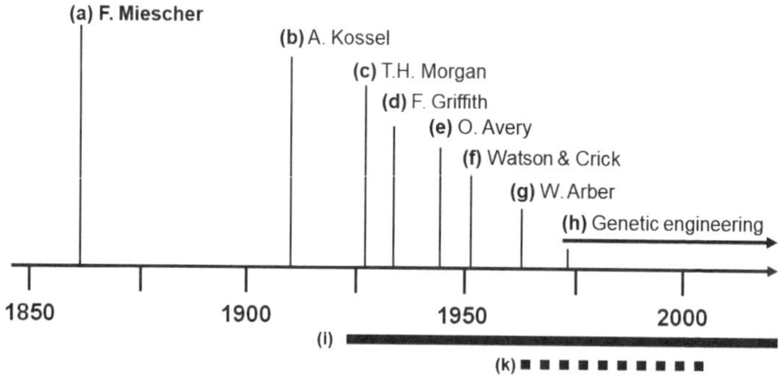

Fig. 1.

La vita e la carriera di Peter Anton Miescher lungo l'asse delle scoperte miliari della genetica. La figura posiziona lungo l'asse del tempo alcune scoperte miliari che hanno permesso lo sviluppo della genetica molecolare e della biomedicina attuale. I nomi dei protagonisti sono menzionati e commentati nel testo. La durata della vita di Peter Anton Miescher è illustrata dalla barra solida indicata con (i); il periodo delle sue principali pubblicazioni è indicato dalla barra tratteggiata (k).

Si diceva dello scetticismo sul ruolo del DNA. Infatti, nemmeno quando Albrech Kossel (1853-1927), pure allievo di Hoppe Seyler, riuscì a definire meglio le componenti del DNA (le 4 basi azotate Ademina, Guanina, Timina e Citosina, e il legame fosfo-di-estere che collega le unità di desoxi-ribosio) la comunità scientifica riuscì a credere che un tale polimero potesse essere il portatore di informazione genetica. Per le sue scoperte, Kossel fu insignito nel 1910 del premio Nobel (*Fig. 1/b*), premio che non ha dovuto condividere con il già deceduto Friedrich Miescher.

La prima metà del XX secolo vide ulteriori imprese illuminanti che portarono alla comprensione della genetica. Thomas Hunt Morgan (1856-1945) riuscì a determinare che i geni erano posizionati su una struttura lineare lungo la quale si potevano calcolare le "distanze" basandosi sulla frequenza di ricombinazione fra due geni (l famoso "crossover", appunto scoperto e definito da lui). Morgan si accorse che quando si consideravano tre geni (che erano nell'ordine A, B e

C) la "distanza" misurata fra A e C corrispondeva alla somma delle distanze fra A-B e B-C. Questa osservazione gli permise di mappare la posizione e la distanza relativa di oltre un migliaio di geni lungo i cromosomi del moscerino della frutta (*Drosophila melanogaster*). Per queste sue scoperte fu onorato del premio Nobel nel 1933 (*Fig. 1/c*). Nel suo discorso di accettazione affermava di non voler dibattere se i caratteri ereditari fossero determinati da proteine o dal DNA, ma di essere consapevole di avere comunque fornito la prova che questi erano disposti su una struttura lineare lungo la quale era possibile misurare le distanze relative. Quando nel 2001 il genoma della *Drosophila* fu interamente sequenziato, si costatò con grande ammirazione che i geni identificati da Morgan più di 80 anni prima si trovavano esattamente nell'ordine e alla distanza relativa da lui calcolata.

Frederick Griffith (1877-1941), batteriologo britannico, riuscì nel 1928 a dimostrare che dei batteri morti potevano trasmettere alcune proprietà patogene a dei batteri vivi (*Fig. 1, d*). Ipotizzò che ci fosse una sostanza che mediava questo effetto che lui denominò "principio di trasformazione". Griffith, come molti contemporanei, era però convinto che questa sostanza fosse da attribuire al settore delle proteine. Si dovette attendere gli anni '40 per disporre di conferme dell'esperimento di Griffith. Oswald Avery (biologo statunitense, 1877-1955), riuscì infatti nel 1943 a ripetere l'esperimento di Griffith e a dimostrare che il "principio di trasformazione" era insensibile ad enzimi che degradano le proteine, ma che era sensibile ad enzimi che degradano il DNA (*Fig. 1/e*). È solo a partire da quel momento e grazie a numerosi esperimenti di altri validissimi ricercatori che l'ipotesi del ruolo del DNA prese progressivamente il sopravvento sull'"ipotesi proteine". Rimanevano però molte perplessità sulla struttura, sulle modalità di replicazione del medesimo e di come avvenisse l'espressione dell'informazione ivi contenuta.

Nel 1953, con una pubblicazione tanto breve quanto sensazionale, la coppia di ricercatori James Watson (USA, 1928-) e Francis Crick

(UK, 1916-2004) pubblicò il famoso articolo ("Nature", Vol. 171, 1953) nel quale proponevano la struttura dei due filamenti attorcigliati a elica e con le basi azotate che si appaiavano per complementarità (*Fig. 1/f*). Questo modello di struttura portava a comprende come il DNA potesse replicarsi e come potesse venire trascritto. Gli esperimenti successivi fornirono le prove tangibili di questi processi fondamentali. Watson e Crick ricevettero il Premio Nobel unitamente a Maurice Wilkins che li aveva fortemente aiutati a ipotizzare la struttura mostrando loro in maniera in po' piratesca le analisi cristallografiche di Rosalind Franklin (1920-1958) che resta a tutti gli effetti l'eroina "dimenticata" di quella scoperta della struttura del DNA.

Nel 1978 il ricercatore svizzero Werner Arber (1929) fu insignito del premio Nobel unitamente a Daniel Nathans e Oliver Smith (*Fig. 1/g*) per la scoperta degli enzimi capaci di "tagliare" il DNA a posizioni ben precise (i famosi "enzimi di restrizione"). Queste scoperte effettuate verso la fine degli anni '60 diedero la stura alla tecnologia conosciuta come "ingegneria genetica" (*Fig. 1, Genetic engineering*) che è poi lo zoccolo solido sul quale si sono costruite la bioingegneria e biomedicina attuali con tutte le loro applicazioni.

Risulta pertanto affascinante costatare che quando Peter Anton Miescher nacque, gli esperimenti di Morgan e di Griffith erano ancora in corso e che quando Avery pubblicava i suoi risultati seminali il Nostro aveva appena iniziato gli studi di medicina. La sua carriera di ricercatore si avviava in concomitanza con la pubblicazione di Watson and Crick e molto prima dell'avvento dell'ingegneria genetica.

Per riassumere, quando Peter Anton iniziò a studiare all'università, il ruolo del DNA non era ancora stato definitivamente chiarito e quando iniziò le sue attività di ricerca l'ingegneria genetica doveva ancora attendere un paio di decenni per vedere la luce. Azzardando un paragone personale, io ho iniziato gli studi in biologia molecolare a metà degli anni 70 e sono stato in seguito inevitabilmente coinvolto in pieno dal vortice dell'ingegneria genetica fino alle sue applicazioni più avanzate come gli anticorpi monoclonali, la terapia genica, eccetera. Nelle lezioni di genetica molecolare agli studenti di Biologia e di Medicina non mancavo mai di sottolineare entusiasticamente le pietre miliari e le menti geniali che ci hanno portato alle conoscenze attuali.

È stato solamente nel preparare questo riassunto che ho compreso perché quella sera a cena Peter Anton fosse così manifestamente entusiasta di poter parlare con qualcuno che conoscesse e apprezzasse questo epico percorso scientifico e i suoi protagonisti. Mi ricordo come gli luccicavano gli occhi quando gli raccontavo di avere anche collaborato con Georges Köhler, (scopritore della tecnica di isolazione degli anticorpi monoclonali e premio Nobel nel 1985) e di essermi occupato di terapia genica.

Un pioniere non solo nell'alta tecnologia, ma anche nella medicina quotidiana

Malattie autoimmuni. Peter Anton divise il suo tempo fra l'attività clinica e le attività di ricerca. Il suo campo di interesse era quello delle malattie causate dalle reazioni di autoimmunità. Sono situazioni in cui il sistema immunitario non sé in grado di operare correttamente nella distinzione fra "self" (le proteine proprie dell'individuo) e il "non self" (le proteine estranee). In tal modo inizia a scatenare reazioni contro le proteine proprie, causando infiammazioni croniche e degenerazione di alcuni organi. Ci sono malattie autoimmuni che attaccano organi del sistema digestivo (intestino, pancreas), altre che attaccano il tessuto connettivo e le cartilagini, altre il sistema nervoso, e altre che sono sistemiche.

I meccanismi che stanno alla base di queste degenerazioni hanno potuto venire parzialmente caratterizzati solo in questi ultimi due decenni. Di conseguenza le cure sono state per lungo tempo dei trattamenti empirici o sintomatici, in particolare per contrastare le crisi alternanti in cui vi è una iper-proliferazione di cellule immunitarie che attaccano i vari organi citati prima. All'inizio degli anni '50, gli studi sul metabolismo avevano raggiunto il loro apice. Si cominciava a comprendere come venissero sintetizzate, modificate, riciclate o eliminate le molecole essenziali per la vita: aminoacidi, lipidi, zuccheri, le componenti degli acidi nucleici, eccetera. Questi studi permisero di indentificare non solo gli enzimi che permettevano queste trasformazioni, ma anche i cosiddetti "co-enzimi) che in buona parte risultarono appartenere al settore delle vitamine. Uno di questi co-enzimi è l'acido folico (o folato) che interviene in numerose reazioni in cui vengono modificate le molecole con l'aggiunta di gruppi di metile (CH3).

Metotrexato contro i tumori, ma non solo. Per poter comprendere un importante contributo di Peter Anton in questo settore mi permetto di a questo punto proporre qualche concetto scientifico. Mi scuso con coloro che si sentissero disturbati da questa digressione un po' tecnica e li invito se del caso a saltare al penultimo paragrafo di questo capitoletto.

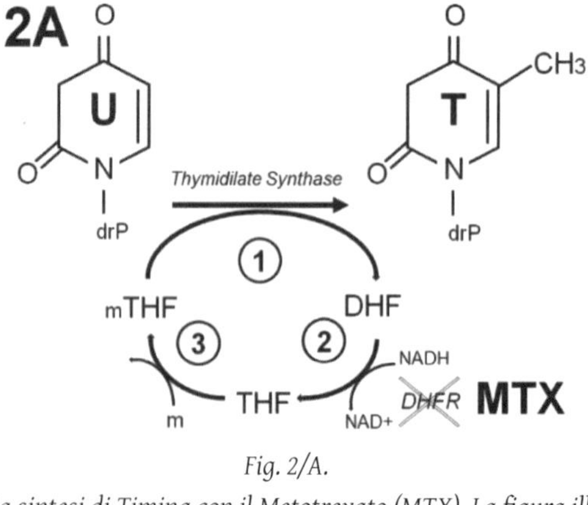

Fig. 2/A.

Inibizione della sintesi di Timina con il Metotrexato (MTX). La figura illustra il ciclo di reazioni necessarie alla sintesi della Timina. La reazione fondamentale converte l'Uridina (T) in Timidina(T) aggiungendo il gruppo metile (CH3) alla posizione 5. La reazione è condotta dall'enzima Thymidilate synthase (reazione 1) e richiede come co-fattore il Tetraidrofolato caricato con gruppo metile (mThF). Durante la reazione il mTHF perde il gruppo metile e si ossida, diventando Di-idrofolato (DHF). Questi può venire nuovamente ridotto in Tetra-idrofolato (THF) dall'enzima Dhydrofolate. reductase (DHFR, reazione 2). Il THF può venire ricaricato con gruppo metile (m) nella reazione 3 e può nuovamente servire per la reazione 1. Il Metotrexato (MTX) è un analogo semisintetico del DHF che blocca l'enzima DHFR. In questo modo interrompe il cerchio necessario per la sintesi di Timina. Altri simboli: drP, 2' deoxy-ribose-monofosfato; NADH/NAD+, forma ridotta, rispettivamente ossidata del cofattore Nicotinamide adenina dinucleotide; O, ossigeno, N, azoto, C, carbonio; H, idrogeno.

Una di queste reazioni avviene nel ciclo di sintesi della Timina (*Fig. 2/A*). La reazione-chiave è appunto l'aggiunta di un gruppo metile all'Uracile (*Fig. 2/A*, U), che viene così trasformato in Timina (*Fig. 2/A*, T). In questa reazione il Metil-tetraidro-folato (*Fig. 2/A*, mTHF), oltre a perdere il gruppo metile che ha donato alla Timina, viene ossidato e si ritrova allo stato di Diidro-folato (*Fig. 2/A*, DHF). Prima di poter venire ricaricato con un gruppo metile per poter servire a ulteriori reazioni, deve essere perciò chimicamente ridotto in tetra-idrofolato (THF) dall'enzima che si chiama *Dihydrofolate-reductase* (*Fig. 2/A*, DHFR, reazione 2). È con questa reazione che può interferire il Metotrexato (*Fig. 2/A*, MTX), una molecola semisintetica analoga al di-idrofolato, e capace di bloccare l'enzima DHFR. in questo modo il ciclo non può chiudersi e la sintesi di Timina viene bloccata.

Ricordiamo che la Timina è la base essenziale per sintetizzare il DNA, ed è quindi assolutamente necessaria per permettere la replicazione cellulare. Bloccare la sintesi di Timina significa quindi bloccare la replicazione cellulare. Per questa ragione si è capito sin da subito che il MTX avrebbe potuto essere utilizzato come agente anti-tumorale. Infatti, le pubblicazioni che descrivono questo utilizzo sia a livello sperimentale che clinico iniziano appunto in quel periodo (*Fig. 2/B*, linea spessa, a).

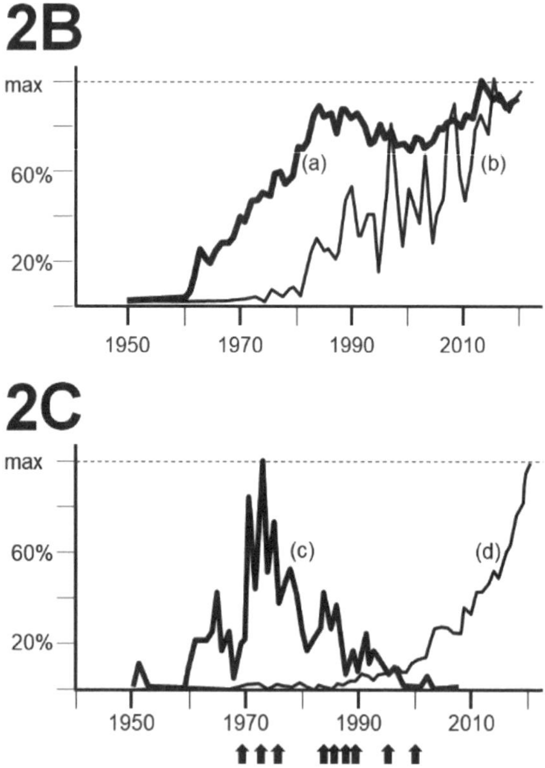

Figg. 2/B – 2/C.

Andamento delle pubblicazioni scientifiche annuali riguardanti l'utilizzo del metotrexato (MTX). I grafici illustrano l'andamento di pubblicazioni annuali, normalizzato a 100% per il valore massimo per ciascuna categoria. Asse x: anni; asse y: percentuale di pubblicazioni rispetto al valore massimo. Fig. 2/B: la linea spessa (a) mostra l'andamento delle pubblicazioni sull'utilizzo del MTX per le terapie tumorali (massimo = 730 annuali); la linea sottile (b) indica il profilo delle pubblicazioni sul MTX come terapia complementare nei tumori (massimo = 180 annuali). Fig. 2/C: la linea spessa (c) riporta l'andamento delle pubblicazioni di P.A. Miescher (massimo = 12 annuali); la linea sottile (d) riporta l'andamento delle pubblicazioni sull'utilizzo del MTX per il trattamento di malattie autoimmuni (max = 198 annuali). Le frecce verticali indicano le singole pubblicazioni di P.A. Miescher che descrivono l'utilizzo del MTX per la terapia delle malattie autoimmuni.

Ci si rese però presto conto che questa strategia mostrava però molte limitazioni poiché le cellule tumorali sono in grado di diventare rapidamente resistenti al farmaco. Per questa ragione l'utilizzo di MTX si mantenne a livelli piuttosto moderati (500-600 pubblicazioni annuali) e dopo il cambio di secolo sarebbe progressivamente scomparso dal settore delle terapie anti-tumorali se non si fosse recuperato il suo uso come terapia tumorale complementare unitamente agli anticorpi monoclonali (*Fig. 2/B*, linea sottile, b).

Le proprietà del MTX non sfuggirono anche ad alcuni medici che si interessavano di malattie autoimmuni. Fra questi troviamo appunto il nostro Peter Anton, il cui profilo generale delle pubblicazioni è mostrato nella *Fig. 2/C* (linea spessa, c). Peter Anton descrisse in diverse pubblicazioni già a partire dalla fine degli anni '60 (*Fig. 2/C*, frecce verticali sotto l'asse x) i vantaggi delle applicazioni di questo farmaco per attenuare le ondate di crisi nelle malattie autoimmuni. Dovettero però trascorrere ben due decenni prima che il mondo della clinica accogliesse questa terapia (*Fig. 2/C*, vedi la rapida progressione della linea sottile, d).

Oggi il MTX è effettivamente diventato parte integrale dell'arsenale standard a disposizione dei clinici per affrontare le malattie autoimmuni. L'uso di questo sperimentato medicamento permette infatti di risparmiare somme notevoli nelle terapie contro le malattie autoimmuni che utilizzano gli anticorpi monoclonali. Per citare un esempio rilevante, il preparato di anticorpi monoclonali per una terapia diretta contro l'artrite reumatoide costa al sistema assicurativo svizzero ben 130 milioni all'anno. Se questo preparato non potesse venire alternato con l'impiego di MTX, dovrebbe venire somministrato con maggiore frequenza e i costi ammonterebbero a oltre 220 milioni annuali. Questo esempio ci permette di comprendere meglio le doti di visionario e di pioniere di Peter Anton Miescher e l'impatto che le sue raccomandazioni hanno ancora oggi. Peculiarità che gli furono ampiamente riconosciute dalla comunità scientifica solamente dopo l'inizio del nuovo millennio.

Misurare la milza senza apparecchiature sofisticate: semplice, preciso ed economico. La milza è l'organo dove i linfociti e altre cellule sanguigne completano la maturazione. Quando si innescano reazioni immunitarie persistenti, la milza si ingrossa. La misurazione delle dimensioni è perciò un metodo empirico che fornisce indicazioni sullo status funzionale del sistema immunitario. La misurazione avviene oggi con apparecchi di alta tecnologia come i nuovi sistemi ecografici a ultrasuoni o con la MRI.

Esiste però da lungo tempo un sistema molto pratico che consiste in una procedura di palpazione-percussione che permette non solo di rilevale le dimensioni bensì anche la consistenza di questo organo. È un procedimento molto empirico ma che richiede molto esercizio e, oltre a un tatto finissimo, anche una specie di orecchio musicale che sappia interpretare il responso alla percussione. Probabilmente non è alla portata di tutti poiché richiede alcune doti innate. Ciononostante, quando applicato in maniera esperta, il responso manuale è molto rapido e preciso e permette di formulare diagnosi accurate. In questi casi l'essere umano è in grado di superare le macchine in rapidità, precisione ed economicità. Avete in mente la serie televisiva del Dr. House a cui a volte basta un'occhiata al paziente per capire da che parte iniziare la diagnosi? Ebbene, io mi immagino il Dr. Miescher armato di solo stetoscopio e pennarello, intento a mostrare ai suoi discepoli come si può effettuare in maniera precisa e a mani nude una diagnosi accurata di malattia autoimmune soggiacente.

Non crediate che stia parlando di metodologie obsolete, magiche o nostalgiche. Sono moltissimi i medici che hanno seguito i suoi corsi oppure che, basandosi sulle sue pubblicazioni e raccomandazioni, praticano tutt'ora con successo questa tecnica. Ancora nel 2004 Peter Anton scriveva (unitamente ai colleghi Zavota, Ossandon e Lagana) su *Springer Seminars in Immunopathology* in un capitolo dedicato all'artrite reumatoide (Rheumatoid arthritis, RA): "[...] Indeed, one of the first signs of RA is a slight enlargement of the spleen, in general not detectable by echographic examination but demonstrable by splenic percussion. The splenic percussion dullness is very constant with a diameter of 5-6 cm diameter in healthy subjects. The strength of percussion must be adjusted to the thickness of the fat-layer and attention paid to the difference between 'pulmonary' and 'abdominal' air sonority in order to detect the upper and lower poles of the spleen with precision [...]."

Questa capacità di valorizzare esperienze antiche pur rimanendo a contatto con la tecnologia avanzata caratterizza la natura bivalente di Peter Anton, uno scienziato e un medico capace di mediare una sana riconciliazione del futuro con il passato.

Un uomo di grande generosità nei confronti della scienza, della medicina e della cultura

Un mecenate per la Biomedicina. Il Dr. Miescher è stato attivo per diversi anni presso l'ospedale di San Marino, dove diede vita nel 1994 a un Centro di malattie autoimmuni. È a partire dalla rete di collaborazioni istituita in quel periodo che Peter Anton partecipò attivamente alla creazione del convegno "Malattie rare e immunità", che si tiene a ritmo biennale dal 2007 (www.associazione-amar.org). Almeno cinque edizioni di questo importante convegno sono state da lui personalmente e generosamente finanziate.

Sempre nel contesto della biomedicina, è importante ricordare la Fondation Peter Anton et Anna Katharina Miescher pour la recherche en hématologie. che sostiene il premio omonimo di 100'000 Fr. attribuito dalla Società svizzera di ematologia (www.sgh-shh.ch) su base biennale a ricercatori meritevoli.

Questi due fatti dimostrano inequivocabilmente da una parte la generosità e dall'altra l'attenzione del Dr Miescher alla creazione e alla diffusione delle conoscenze avanzate in biomedicina.

Un mecenate per la cultura. Il 26 marzo 2016 la nostra RSI diffondeva un servizio intitolato "Un nuovo re per Tarasp" (www.rsi.ch/news/

svizzera/Un-nuovo-re-per-Tarasp-7097363.html). Nel servizio si parla dell'artista Not Vital che diventava nuovo proprietario del famoso castello. In realtà il servizio non riporta il completo retroscena, dal quale si apprende che l'artista è pure il compagno della figlia di Peter Anton Miescher. Da quanto ci è stato riferito, Peter Anton ha contribuito finanziariamente a quell'acquisto in maniera particolarmente sostanziale. Il Castello di Tarasp è diventato sede di mostre, concerti e di convegni. Due di questi convegni sono stati curati dal Presidente e dal Segretario Scientifico della nostra Fondazione e probabilmente sarebbero continuati se la pandemia di Coronavirus e la scomparsa del Nostro non ci avessero messo lo zampino. Per meglio comprendere questo suo slancio bisogna ricordare che Peter Anton era pure un raffinato musicista (diplomato in violoncello al Conservatorio) e cultore delle arti, dell'architettura, della storia e della filosofia.

Un sincero e generoso amico di Eranos. Sempre dal 2017 il Dr. Miescher è entrato in contatto con la nostra Fondazione e si è da subito dimostrato un assiduo e generoso sostenitore. È grazie a lui se negli anni 2018 e 2019 abbiamo potuto mantenere la nostra offerta di conferenze a un livello particolarmente elevato. Nel 2019 ci ha gratificato con un'importante donazione destinata e permetterci di perpetuare dei convegni in sua memoria. Questo suo gesto è stato purtroppo frutto di triste premonizione, visto che Peter Anton ci ha lasciato appena un anno dopo. È anche per questa ragione che il Consiglio di fondazione Eranos ha deciso di dedicare il Convegno del 2021 alla memoria di questo nostro illustrissimo e affettuoso amico.

Conclusioni

Chi ha avuto la pazienza di leggere quanto raccontato, capirà facilmente perché mi siano rimaste impresse due sensazioni molto vivide di quella famosa cena che passai seduto accanto a Peter Anton. Da una parte gli occhi vivacissimi che si illuminavano sempre di più ogni volta che si scopriva qualche elemento di esperienza comune, dall'altra l'assoluta maestria con la quale Peter Anton padroneggiava la lingua italiana. Questo anche se in alcune parti tecniche della nostra discussione ci eravamo addentrati nell'inglese e nello "Schwyzerdüütsch". Ho poi saputo che aveva la medesima perfetta dimestichezza con diverse altre lingue, ma il suo modo di utilizzare la lingua italiana rivelava qualcosa di più che non una conoscenza letteraria o scolastica, tradiva un affetto profondo per la cultura mediterranea e questo si allineava perfettamente con le mille passioni che accompagnavano la sua dedizione alla conoscenza.

Ripensandoci, oggi tendo a considerare quasi "naturale" il fatto che Peter Anton si sia da subito sentito attratto dalle vicende e dai personaggi illustri che hanno caratterizzato la storia di Eranos. Fra di essi troviamo dei veri e propri "maestri" che non si accontentavano di seguire la loro disciplina di predilezione, ma che desideravano interrogarsi più profondamente nelle mille sfaccettature dell'animo umano e della cultura. Lui ha fatto incontestabilmente parte di quella schiera eletta e merita anche per questo motivo tutto il nostro affettuoso e riconoscente ricordo.

Peter Anton Miescher (1923-2020). Remembering A Great Man of Science, Medicine, Culture, and Generosity

Sandro Rusconi

Arosio, Switzerland / *Svizzera*
September / *Settembre* 2021

Introduction

Peter Anton Miescher passed away at the respectable age of 97 in May 2020. The writer of this memoir had the absolute privilege of spending an entire evening in the company of this great character. We were sitting close at the inaugural dinner of the 2019 *Eranos Tagung*. He was an exquisite person who spoke a very fine Italian. I knew of his prestigious family background, but I must confess that I was not aware of the details of his academic past at the time. Nonetheless, I could see him light up when he asked me about my academic career, and I told him about rare genetic diseases, gene therapy, monoclonal antibodies, biomedicine. Looking back on his career I understood why he was so enthusiastic.

In this exercise of dutiful remembrance and homage, I will try to illustrate, in order: the prestigious origin of his family; the positioning of his academic career in the context of the extraordinary advances in biomedicine in the 20th century; his ability to combine pioneering activities at the highest technology levels while maintaining a focus on everyday's medicine; and his valued qualities as a patron of science and culture.

A family of enormous prestige and a renowned great-grandfather

To place Peter Anton Miescher into context, it is necessary to take a brief look at his family history. The Miescher family has been mentioned in prestigious documents since the Middle Ages and originated in the Bern region. At the beginning of the 19th century, an important branch of the family (see Friedrich Miescher, below) moved to Basel where it immediately became part of the intellectual and political elite of the city/canton.

To illustrate the significance of this family, it is sufficient to mention that in the 62 names of Friedrich Miescher's family tree, we find 12 lawyers, 5 international merchants, 4 bankers, 10 doctors, 7 engineers, and 8 scientists.

The line of descent leading to Peter Anton Miescher is indeed that of one of Friedrich's five sons (Max Eduard, merchant, 1846-1896) who in turn had three sons. One of them (Alfred Guido, doctor, 1887-1961) had two sons: Guido Max (1921-2005, agricultural engineer), and "our" Peter Anton (1923-2020).

Friedrich Miescher (1811-1895), incredulous discoverer of DNA

The key figure and founder of the Basel branch is certainly Friedrich Miescher. He was one of the many grandsons of the already famous Christen Miescher (1746-1809, member of the Federal Diet; see above). As a doctor by training, Friedrich, who was hard of hearing, chose to devote himself to research rather than to patient care. He moved to the newly established Faculty of Science at the University of Tübingen. In the laboratory of the chemist Felix Hoppe-Seyler, he succeeded in 1869 in isolating a substance from the nucleus of white blood cells, which at that time seemed very strange and that he called "nuclein." The unique and surprising properties of the substance (which appeared to be very simple in composition but very complex in structure) raised Hoppe Seyler's skepticism and required numerous repetitions of the experiments before he was able to publish in 1871 (*Fig. 1/a*). The scientific community had long suspected that the seat of genetic information was in the cell nucleus, but it seemed implausible that a substance of such simple composition could be the carrier. Skepticism persisted until the 1940s.

If the imprint left by this illustrious 19th century figure on the collective imagination of the people of Basel is anything to go by, we need only mention the institute dedicated to him by the University of Basel and the local pharmaceutical multinationals (Ciba and Geigy) in 1970 to mark the 100th anniversary of the discovery of DNA. Over the decades, the Friedrich Miescher Institute has hosted scientific personalities of world renown and has established an unquestionable reputation. As of today, the Friedrich Miescher Institute employs 350 staff, is governed by the foundation carrying the same name and funded by the Canton of Basel and Novartis, and is officially affiliated to the University of Basel.

Peter Anton Miescher: a life and career spanning the extraordinary discoveries of 20th century genetics

We will attempt in this chapter to place Peter Anton Miescher's career in the wake of the sensational discoveries that, starting with his illustrious great-grandfather Friedrich, made possible the beginning of the era of molecular medicine.

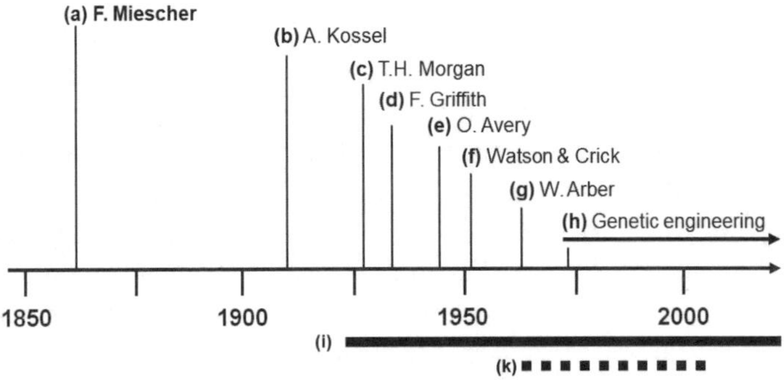

Fig. 1.

The life and career of Peter Anton Miescher along the axis of genetic milestones. The figure positions along the time axis some milestone discoveries that enabled the development of molecular genetics and current biomedicine. The names of the protagonists are mentioned and commented on in the text. PA Miescher's life span is illustrated by the solid bar indicated by (i); the period of his major publications is indicated by the dashed bar (k).

We were mentioning above the scepticism surrounding the role of the newly discovered DNA. In fact, not even when Albrech Kossel (1853-1927), also a pupil of Hoppe Seyler, succeeded in better defining the components of DNA (the four nitrogenous bases Ademine, Guanine, Thymine, and Cytosine, and the phospho-di-ester bond linking the desoxy-ribose units), could the scientific community believe that such a polymer could be the carrier of genetic information. For his discoveries, Kossel was awarded the Nobel Prize in 1910 (*Fig. 1/b*), a prize he did not have to share with the already deceased Friedrich Miescher.

The first half of the 20th century saw further enlightening ventures that led to an understanding of genetics. Thomas Hunt Morgan (1856-1945) was able to determine that genes were positioned on a linear structure along which "distances" could be calculated based on the frequency of recombination between two genes (the famous "crossover," discovered and defined by him). Morgan realized that when three genes were considered (which were in the order A, B, and C) the 'distance' measured between A and C was the sum of the distances between A-B and B-C. This observation enabled him to map the position and relative distance of more than a thousand genes along the chromosomes of the fruit fly (Drosophila melanogaster). For these discoveries he was honored with the Nobel Prize in 1933 (*Fig. 1/c*). In his acceptance speech he said that he did not intend to debate whether the hereditary traits were determined by proteins or DNA, but that he was aware that he had nevertheless provided evidence that they were arranged in a linear structure along which it was possible to measure relative distances. When the Drosophila genome was sequenced in its entirety in 2001, it was noted with great admiration that the genes Morgan had identified more than 80 years earlier were in exactly the order and relative distance he had calculated!

Frederick Griffith (1877-1941), a British bacteriologist, succeeded in 1928 in demonstrating that dead bacteria could transmit certain pathogenic properties to living bacteria (*Fig. 1, d*). He hypothesized that there was a substance mediating this effect which he called the "transformation principle." However, Griffith, like many of his contemporaries, was convinced that this substance was attributable to the field of proteins. It was not until the 1940s that Griffith's experiment was confirmed. In 1943, Oswald Avery (American biologist, 1877-1955) repeated Griffith's experiment and demonstrated that the "transformation principle" was insensitive to enzymes that degrade proteins but was sensitive to enzymes that degrade DNA (*Fig. 1/e*). It was only from that point onwards, and thanks to numerous confirming experiments by other very valuable researchers, that the "DNA hypothesis" gradually took over from the "protein hypothesis." However, many questions remained about its structure, how it was replicated and how the information it contained was expressed.

In 1953, in a publication as short as it was sensational, the pair of researchers James Watson (USA, 1928-) and Francis Crick (UK, 1916-2004) published the famous article (*Nature* 171, 1953) in which they proposed the structure of two twisted helical strands with the nitrogenous bases pairing up (*Fig. 1/f*). This model structure led to an understanding of how DNA could replicate and how it could be transcribed. Subsequent experiments provided tangible evidence of these fundamental processes. Watson and Crick received the Nobel Prize together with Maurice Wilkins who had greatly helped them to finalize the structure model by showing them in a somewhat pirate-like manner the crystallographic analyses of Rosalind Franklin (1920-1958) who remains to all intents and purposes the "forgotten" heroine of that discovery of DNA structure.

In 1978, Swiss researcher Werner Arber (1929) was awarded the Nobel Prize together with Daniel Nathans and Oliver Smith (*Fig. 1/g*) for the discovery of enzymes capable of "cutting" DNA at precise positions (the famous "restriction enzymes"). These discoveries in the late 1960s gave rise to the technology known as "genetic engineering" (*Fig. 1, Genetic engineering*), which is the solid foundation on which current bioengineering and biomedicine and all their applications have been built.

It is particularly fascinating to note that when Peter Anton Miescher was born, Morgan's and Griffith's experiments were still going on, and that when Avery published his seminal results, he had just started studying medicine. His research career was beginning at the same time as the publication of Watson and Crick and long before the advent of genetic engineering.

To summarize, when Peter Anton began his studies at university, the role of DNA had not yet been definitively clarified and when he began his research activities, genetic engineering still had to wait a couple of decades to see the light of day. If I can dare a personal comparison, I started studying molecular biology in the mid-1970s and I was then inevitably caught up in the stormy maelstrom of genetic engineering up to its most advanced applications such as monoclonal antibodies, gene therapy, etc. In my molecular genetics lectures to Biology and Medical students, I never failed to enthusiastically highlight the milestones and genius minds that brought us to our current knowledge.

It was only while preparing this summary that I realized why that evening at dinner Peter Anton was so obviously excited to talk to someone who knew and appreciated this epic scientific journey and its protagonists. I remember how his eyes sparkled when I told him that I had also collaborated with Georges Köhler (discoverer of monoclonal antibodies and awarded of the Nobel Prize in 1985), and that I had been involved in the field of gene therapy.

A pioneer in high-tech as well as in low-tech medicine

Autoimmune diseases. Peter Anton divided his time between clinical and research activities. His field of interest was diseases caused by autoimmunity reactions. These are situations in which the immune system is unable to correctly distinguish between the "self" (the individual's own proteins) and the "non-self" (foreign proteins). In this way it starts to trigger reactions against the self-proteins, causing chronic inflammation and degeneration of certain organs. There are autoimmune diseases that attack organs of the digestive system (intestine, pancreas), others that attack connective tissue and cartilage, others the nervous system, and others that are systemic.

The mechanisms underlying these degenerations have only been partially characterized in the last two decades. Consequently, the treatments have long been empirical or symptomatic, in particular to counteract the alternating crises in which there is a hyper-proliferation of immune cells attacking the various organs mentioned above. By the early 1950s, metabolic studies had reached their zenith. They were beginning to understand how molecules essential to life were synthesized, modified, recycled, or eliminated: amino acids, lipids, sugars, the building blocks of nucleic acids, and so on. These studies made it possible to identify not only the enzymes allowing these transformations, but also the so-called "co-enzymes," most of which were found to belong to the vitamin sector. One of these co-enzymes is folic acid (or folate), which is involved in numerous reactions in which molecules are modified by the addition of methyl groups (CH3).

Methotrexate against tumors but non only. In order to understand Peter Anton's important contribution in this field, I would like to propose some scientific concepts at this point. I apologize to those who feel disturbed by this somewhat technical digression and invite them to skip to the second-to the last paragraph of this chapter.

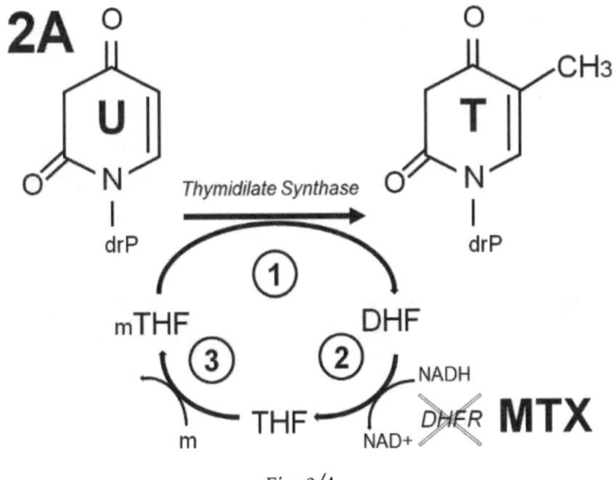

Fig. 2/A.

Inhibition of thymine synthesis by Methotrexate (MTX). The figure shows the cycle of reactions required for the synthesis of Thymine. The basic reaction converts Uridine (T) to Thymidine(T) by adding the methyl group (CH3) at position 5. The reaction is carried out by the enzyme Thymidylate synthase (reaction 1) and requires methyl group-loaded Tetrahydrofolate (mThF) as a co-factor. During the reaction, mTHF loses its methyl group and is oxidised to become Di-hydrofolate (DHF). This can be reduced again to Tetra-hydrofolate (THF) by the enzyme Dhydrofolate. reductase

(DHFR, reaction 2). THF can be reloaded with methyl group (m) in reaction 3 and can again be used for reaction 1. Methotrexate (MTX) is a semi-synthetic analogue of DHF that blocks the enzyme DHFR. This breaks the circle necessary for the synthesis of thymine. Other symbols: drP, 2' deoxy-ribose monophosphate; NADH/NAD+, reduced, respectively oxidised form of the cofactor Nicotinamide adenine dinucleotide; O, oxygen; N, nitrogen; C, carbon; H, hydrogen.

One of these reactions takes place in the thymine synthesis cycle (*Fig. 2/A*). The key reaction is the addition of a methyl group to Uracyl (*Fig. 2/A*, U), which is then converted into Thymine (*Fig. 2/A*, T). In this reaction, the methyl-tetrahydrofolate (*Fig. 2/A*, mTHF), as well as losing the methyl group it has donated to the thymine, is oxidized, and returns to the Dihydrofolate state (*Fig. 2/A*, DHF). Before it can be recharged with a methyl group to serve further reactions, it must therefore be chemically reduced to tetrahydrofolate (THF) by the enzyme *Dihydrofolate-reductase* (*Fig. 2/A*, DHFR, reaction 2). It is this very reaction that can be interfered with by Methotrexate (*Fig. 2/A*, MTX), a semi-synthetic molecule similar to dihydrofolate, and capable of blocking the DHFR enzyme.

It should be remembered that thymine is the essential base for synthesising DNA, and is therefore absolutely necessary for cell replication. Blocking thymine synthesis therefore means blocking cell replication. For this reason, it was realised early on that MTX could be used as an anti-tumour agent. In fact, publications describing this use both experimentally and clinically began at that time (*Fig. 2/B*, thick line, a).

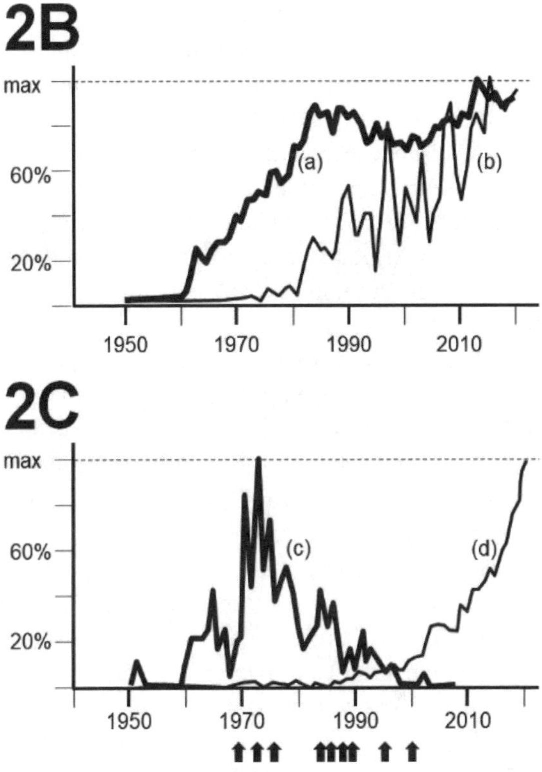

Fig. 2/B – 2/C.

Trend in annual scientific publications concerning the use of methotrexate (MTX). The graphs illustrate the trend of annual publications, normalized to 100% for the maximum value for each category. x-axis: years; y-axis: percentage of publications compared to the maximum value. Fig. 2/B: the thick line (a) shows the trend of publications on the use of MTX for cancer therapies (maximum = 730 per year); the thin line (b) shows the profile of publications on MTX as a complementary therapy in cancer (maximum = 180 per year). Figure 2C: The thick line (c) shows the trend of publications on P.A. Miescher (maximum = 12 annual); the thin line (d) shows the trend of publications on the use of MTX for the treatment of autoimmune diseases (maximum = 198 annual). Vertical arrows indicate individual PA Miescher publications describing the use of MTX for the treatment of autoimmune diseases.

However, it was soon realized that this strategy had many limitations, as tumor cells are able to become rapidly resistant to the drug. For this reason, the use of MTX remained at rather moderate levels (500-600 publications per year) and after the turn of the century it would gradually disappear from the field of anti-tumor therapies if its use as a complementary tumor therapy together with monoclonal antibodies did not recover the interest (*Fig. 2/B*, thin line, b).

The properties of MTX also caught the attention of a number of doctors interested in autoimmune diseases. These included our own Peter Anton, whose general profile of publications is shown in *Fig. 2/C* (thick line, c). Peter Anton described in several publications from as early as the late 1960s (*Fig. 2/C*, vertical arrows below the x-axis) the advantages of applications of this drug to attenuate seizure waves in autoimmune diseases. However, it took a full two decades before the clinical world embraced this therapy (*Fig. 2/C*, see the rapid progression of the thin line, d).

Today, MTX has indeed become an integral part of the standard arsenal available to clinicians to address autoimmune diseases. The use of this proven medicine saves considerable sums in the treatment of autoimmune diseases using monoclonal antibodies. To cite a relevant example, the monoclonal antibody preparation for a direct therapy against Rheumatoid arthritis (see below) costs to the Swiss insurance system 130 million Fr. per year. If this preparation could not be alternated with the use of MTX, it would have to be administered more frequently and the costs would amount to over 220 million Fr. per year. This example among several others gives us a better understanding of Peter Anton Miescher's visionary and pioneering qualities and of the impact that his recommendations still have today. These qualities were only widely recognized by the scientific community after the turn of the millennium.

Measuring the spleen in a simple, accurate, and inexpensive manner. The spleen is the organ where lymphocytes and other blood cells complete their maturation. When persistent immune reactions are triggered, the spleen becomes enlarged. Measurement of its size is therefore an empirical method that provides an indication of the functional status of the immune system. Today, this is measured with high-tech devices such as new ultrasound systems or MRI.

However, for a long time there has been a very practical system based on a procedure of palpation-percussion that allows not only the size but also the consistency of this organ to be detected. It is a very empirical procedure, but it requires a lot of practice and, in addition to a very fine touch, a kind of musical ear that can interpret the response to percussion. It is probably not within everyone's reach as it requires some innate skills. Nevertheless, when expertly applied, this manual feedback is very quick and precise and enables accurate diagnoses to be made. In these cases, the human being is able to outperform the machines in speed, precision, and economy. Do you remember the TV series of Dr. House where sometimes a glance at the patient is enough to know which way to start the diagnosis? Well, I can imagine Dr. Miescher armed with only a stethoscope and a felt-tip pen showing his disciples how to make an accurate diagnosis of an underlying autoimmune disease with his bare hands.

Do not think that I am talking about obsolete, magical or nostalgic methods. There are plenty of doctors who have followed his courses or who, on the basis of his publications and recommendations, are still successfully practicing this technique. Back in 2004, Peter Anton wrote (together with colleagues Zavota, Ossandon, and Lagana) in Springer Seminars in Immunopathology in a chapter on Rheumatoid arthritis (RA): "[...] Indeed, one of the first signs of RA is a slight enlargement of the spleen, in general not detectable by echographic examination but demonstrable by splenic percussion. The splenic percussion dullness is very constant with a diameter of 5-6 cm diameter in healthy subjects. The strength of percussion must be adjusted to the thickness of the fat-layer and attention paid to the difference between 'pulmonary' and 'abdominal' air sonority in order to detect the upper and lower poles of the spleen with precision [...]."

This ability to value ancient experiences while remaining in contact with advanced technology characterizes the bivalent nature of Peter Anton, a scientist and doctor capable of mediating a healthy reconciliation of the future with the past.

A man of great generosity towards science, medicine, and culture

A patron for biomedicine. Dr. Miescher was active for several years at the San Marino Hospital, where he set up a Centre for Autoimmune Diseases in 1994. It was from the network of collaborations established at that time that Peter Anton actively participated in the creation of the conference "Malattie rare e immunità" (Rare Diseases and Immunity), which has been held every two years since 2007 (www.associazione-amar.org). At least five editions of this important conference have been personally and generously funded by him.

Also in the context of biomedicine, it is important to mention the Fondation Peter Anton et Anna Katharina Miescher pour la recherche en hématologie, which supports the 100,000 Fr. prize of the same name awarded by the Swiss Society of Hematology (www.sgh-shh.ch) every two years to deserving researchers.

These two facts unequivocally demonstrate Dr Miescher's generosity and focus on the creation and dissemination of advanced knowledge in biomedicine.

A patron for culture. On March 26, 2016, the Ticino's broadcast RSI released a report entitled "A new king for Tarasp" (www.rsi.ch/news/svizzera/Un-nuovo-re-per-Tarasp-7097363.html). The report talks about the artist Not Vital becoming the new owner of the famous castle. In fact, the report does not give the full background, from which we learn that the artist is also the partner of PA Miescher's daughter. According to our information, Peter Anton contributed financially to that purchase in a particularly substantial way. Tarasp Castle has become a venue for exhibitions, concerts, and conferences. Two of these conferences were organized by the President and the Scientific Secretary of our Foundation and would probably have continued had it not been for the Coronavirus pandemic and the death of Peter Anton. In order to better understand his enthusiasm, it must be remembered that Peter Anton was also a fine musician (he graduated in cello from the Conservatory) and an expert in the arts, architecture, history, and philosophy.

A sincere and generous friend of Eranos. In 2017, Dr. Miescher came into contact with our Foundation and immediately proved to be an assiduous and generous supporter. It is thanks to him that in the years 2018 and 2019 we have been able to maintain our conference program at a particularly high level. In 2019, he rewarded us with a major donation intended to enable us to perpetuate conferences in his memory. This gesture of his was unfortunately a sad premonition, as Peter Anton left us just one year later. It is also for this reason that the Eranos Foundation Board has decided to dedicate the 2021 Conference to the memory of our most illustrious and affectionate friend.

Concluding remarks

Anyone who has had the patience to read what I have told you will easily understand why two very vivid impressions of that famous dinner I spent sitting next to Peter Anton have remained with me. On the one hand, the lively eyes that grew brighter and brighter every time something of common experience was discovered, and on the other hand, the absolute perfection with which Peter Anton mastered the Italian language. This even though in some technical parts of our discussion we had delved into English and "Schwyzerdüütsch." I later learned that he was equally fluent in several other languages, but his use of the Italian language revealed something more than literary or scholastic knowledge; it betrayed a deep affection for Mediterranean culture and this aligned perfectly with the myriad passions that accompanied his dedication to knowledge.

Thus, in retrospect, I tend to consider it almost "natural" that Peter Anton immediately felt attracted to the events and illustrious figures that have characterized the history of Eranos. Among them we find true "masters" who were not fully satisfied to follow their favored discipline, but who wished to question themselves more deeply into the thousand facets of the human soul and culture. Peter Anton unquestionably belonged to that select category, and for this reason he deserves our affectionate and grateful remembrance.

In memoriam Elena Pulcini (1950-2021)

Adriano Fabris

Pisa, Italy / *Italia*
September / *Settembre* 2021

Elena Pulcini era una cara amica di molti di noi. Era un'amica di Eranos. A Eranos aveva parlato nel 2014, nella *Tagung* dedicata al tema "Cura del mondo e cura di sé", presentando una relazione dal titolo "La cura, le emozioni e il soggetto vulnerabile"[1]. In un convegno coevo al Monte Verità, organizzato sempre dalla Fondazione Eranos sul tema dell'eresia, era invece intervenuta su "L'eresia della gratuità". Si tratta, come si vede, delle questioni che a Elena erano care, e che hanno trovato altre trattazioni da parte sua in Svizzera e in varie parti del mondo. Voglio ricordare ad esempio, ancora, una *lecture* tenuta nel quadro delle iniziative promosse dalla sede della Svizzera italiana della Scuola Universitaria Federale per la Formazione Professionale SUFFP sul tema "Oltre la paura e il risentimento: l'ospitalità nell'era globale"[2]. Tutto questo lo segnalo a riprova della stretta vicinanza di Elena Pulcini alle iniziative e alla realtà culturale ispirata da questi luoghi.

Elena era nata all'Aquila nel 1950, ma – come molti – aveva scelto Firenze per studiare, alternando il suo percorso formativo in Italia con lunghi e importanti soggiorni a Parigi. A Parigi, fra l'altro,

1 Ora in "Eranos-Jahrbuch", Vol. 72, 2013-2014, pp. 478-99, fascicolo dedicato al tema *Soul between Enchantment and Disentchantment/L'anima tra incanto e disincanto*, curato da Fabio Merlini e Riccardo Bernardini, Daimon Verlag, Einsiedeln 2016.

2 Pubblicato poi nel Vol. 1, 2018, dei "Quaderni" dell'Istituto stesso.

aveva conseguito nel 1991 il *Noveau Doctorat* all'Université Sorbonne Nouvelle – Paris 3. Ha insegnato per molti anni Filosofia sociale all'Università di Firenze, impegnandosi attivamente nella didattica e nel dottorato, ma ha sempre mantenuto nella sua ricerca e nelle sue pubblicazioni una proiezione internazionale. Ricordo, ad esempio, che ha fatto parte del network di ricerca "Athena" promosso dal 2004 al 2007 da Rosi Braidotti presso l'Università di Utrecht.

Non posso soffermarmi nei dettagli sui moltissimi suoi volumi, diversi dei quali riediti più volte. Soprattutto non voglio fare un semplice elenco dei suoi libri, pubblicati dalle più diffuse case editrici italiane. Voglio piuttosto tentare di mettere in luce alcune linee del suo pensiero, soprattutto recente. Lo voglio fare anche per evidenziare il carattere concreto, l'immediata applicabilità nel contesto pratico, di questo pensiero stesso. Elena, infatti, è stata anche impegnata direttamente in politica, sempre in modo coerente con le idee che sviluppava nei suoi scritti.

I temi di fondo della sua ricerca nell'ultimo decennio sono quelli che fanno riferimento alle istanze del pensiero femminista, alla preoccupazione ambientalista, all'interesse politico, all'esigenza di ridefinire il soggetto non più come individuo isolato, ma come essere in relazione, e – soprattutto – alla rivalutazione della sfera delle passioni. Questi interessi sono confluiti nei suoi volumi più recenti: da *L'individuo senza passioni. Individualismo moderno e perdita del legame sociale*[3] a *Il potere di unire. Femminile, desiderio, cura*[4]; da *La cura del mondo. Paura e responsabilità nell'età globale*[5] a *Invidia. La passione triste*[6]. Ma è soprattutto nel suo ultimo libro, *Tra cura e giustizia. Le passioni come*

3 E. Pulcini, *L'individuo senza passioni. Individualismo moderno e perdita del legame sociale*, Bollati Boringhieri, Torino 2001.

4 E. Pulcini, *Il potere di unire. Femminile, desiderio, cura*, Bollati Boringhieri, Torino 2003.

5 E. Pulcini, *La cura del mondo. Paura e responsabilità nell'età globale*, Bollati Boringhieri, Torino 2009.

6 E. Pulcini, *Invidia. La passione triste*, il Mulino, Bologna 2011.

risorsa sociale[7] che le questioni affrontate da Elena nell'arco della sua ultima riflessione si ritrovano collegate fra loro.

Il problema che guida questo libro è il nesso – come dice il titolo – tra cura e giustizia. Rigettando l'impostazione astratta, razionale, del contrattualismo di Rawls, Elena Pulcini ricerca le *motivazioni* che stanno alla base della pratica della giustizia, e le trova nelle passioni. Anche la giustizia, in altre parole, e non solo l'esercizio della cura, richiede che vi siano affetti alla sua origine, anche se diversi da quelli che motivano all'adozione di un atteggiamento di cura. Sono soprattutto la compassione e l'indignazione quelle passioni che si trovano in relazione con la giustizia; sono l'empatia e l'amore quelle invece che risultano connesse alla cura. Tali passioni vanno comprese, nell'ottica di una psicologia morale, e – come vedremo – vanno educate. Solo così saremo in grado di "generare il futuro".

In questo quadro un ruolo importante gioca il riconoscimento della vulnerabilità umana. Contro, appunto, l'idea di un individuo isolato e – presuntivamente – onnipotente, Elena insiste sull'assunzione della consapevolezza, da parte di ciascuno di noi, della rete di relazioni che ci coinvolge, e che ci fa comprendere la mutua dipendenza che lega ciascuno a ogni altro, e al mondo intero. È qui che emerge, in tutta la sua portata, la questione della vulnerabilità. Ed è proprio l'esperienza della *vulnerabilità* a costituire lo sfondo a partire dal quale è possibile pensare un'etica e una politica in modi nuovi.

La vulnerabilità di cui Elena parla è proprio quella che abbiamo sperimentato nell'epoca della pandemia. Anche se, come viene detto, in *Tra cura e giustizia*, non sempre la vulnerabilità viene riconosciuta in quanto tale, ciò tuttavia che ci offre la situazione determinata dal COVID-19 è la possibilità di fare i conti con una vera e propria "catastrofe", lei dice, con una "catastrofe globale" intesa in senso etimologico: cioè come il capovolgimento dell'esistente. Ma è proprio questa catastrofe che ci può aprire un futuro diverso.

7 E. Pulcini, *Tra cura e giustizia. Le passioni come risorsa sociale*, Bollati Boringhieri, Torino 2020.

Afferma Elena verso la fine del suo libro:

> "Esposti allo shock della vulnerabilità estrema, che nell'investire i nostri corpi infligge anche una ferita ai nostri stili di vita, ai nostri privilegi e certezze, abbiamo l'opportunità di aprire una breccia nella fortezza delle nostre convinzioni e presunzioni per provare a invertire la rotta, alla ricerca [...] di un punto dove atterrare. Purché, finalmente memori della condizione condivisa di vulnerabilità che caratterizza l'umano, siamo convinti di poterlo fare solo insieme; aperti a un'assunzione di responsabilità che è singolare e comune allo stesso tempo e nella quale siamo sia soggetti che oggetti, in quanto il nostro destino è, mai come oggi, indissolubilmente legato a quello degli altri."[8]

E dice anche i modi, i modi concreti, in cui questa assunzione di responsabilità collettiva, attraverso il percorso delle passioni, può essere realizzata. Parla di una *paideia* delle passioni, di un ritorno al linguaggio simbolico, di una nuova forma di politica, guidata appunto dalla volontà di prenderci cura di noi stessi, degli altri, del nostro mondo comune. Solo così sarà possibile imparare dalla catastrofe della pandemia e guardare davvero al futuro.

Tutto questo, ripeto, ci insegna Elena con il suo ultimo libro. Ne abbiamo parlato, poco prima che ci lasciasse, in una telefonata nella quale, pur dicendosi provata dalla malattia, non aveva perso la speranza di vederlo, questo futuro, e di cooperare, con tutto il suo impegno, alla realizzazione di esso. Non è stato possibile. E la perdita per noi di questa amica e compagna di pensiero è davvero difficile da sopportare, come lo è, ancora di più, per i suoi cari.

Ma ciò che ha scritto resta. Così come resta il suo inconfondibile stile di pensiero e di vita. Anche per questo Elena continuerà a essere con noi.

---

8 Ivi, p. 174.

Individualismo della singolarità e democrazia post-sovrana

Dimitri D'Andrea

Firenze, Italy / *Italia*
September / *Settembre* 2021

Premessa

In Occidente la democrazia rappresentativa conosce ormai da decenni un processo di lento ma costante e apparentemente inarrestabile degrado. Declino della partecipazione politica, deperimento delle grandi organizzazioni di massa, crescita della sfiducia nei confronti della classe politica e delle istituzioni democratiche, percezione della realtà politica come distante, separata, incontrollabile, crisi di legittimità dell'autorità politica sono i sintomi più evidenti della crescente fatica delle istituzioni politiche dei paesi occidentali a conservare il loro profilo compiutamente moderno di democrazie liberali. L'idea è che la ragione primaria del degrado delle democrazie in Occidente debba essere individuata nell'incepparsi del meccanismo rappresentativo e nell'incapacità della politica democratica di mettere in scena conflitti trasparenti, riconoscibili e realistici su dimensioni rilevanti della vita sociale, di prospettare idee di futuro diverse e verosimili. Polverizzati dalla complessità e dalla differenza, società e futuro sono diventati irrappresentabili.

I processi che hanno indotto questo degrado sono molteplici e si dispongono sia sul versante dello stato del mondo, sia su quello delle trasformazioni della soggettività. Saturazione del mondo e interdipendenza globale, da una parte, identità assemblate, appartenenze senza trascendenza e individualizzazione dei significati, dall'altra, producono una esigenza di immediatezza, di disintermediazione politica e sociale sempre meno compatibile con il funzionamento della democrazia rappresentativa e con il suo incardinamento privilegiato se non esclusivo nella cornice dello Stato-nazione. L'esito è, dunque, quello di un disallineamento strutturale fra configurazioni della soggettività e assetti istituzionali. Alla base degli affanni della democrazia dei moderni c'è lo scarto sempre più evidente fra gli individui come realmente sono (divenuti) e gli individui come dovrebbero essere per consentire un adeguato funzionamento delle istituzioni politiche. Insomma, una delle ragioni della crisi delle istituzioni politiche delle liberaldemocrazie contemporanee in Occidente è la crescente inadeguatezza degli individui al fisiologico funzionamento della democrazia rappresentativa moderna.

Quale potrà essere, allora, il destino della democrazia e delle istituzioni politiche nell'epoca dell'*individualismo della singolarità*? La mia idea è che appellarsi esclusivamente ad una trasformazione più o meno palingenetica delle soggettività non sia realistico e che sia necessario ripensare prima di tutto la fisionomia, la logica e le funzioni delle istituzioni (politiche e non solo) lungo tre direttrici: una riduzione e una differenziazione delle dimensioni degli spazi politici (geometria variabile) e una valorizzazione della democrazia come autogoverno (federalismo, democrazia dei luoghi, democrazia partecipativa); una scomposizione per *issues* della rappresentanza; l'attivazione di istituzioni regolative che prevedano un ruolo anche per la rappresentanza degli interessi e delle competenze e non soltanto delle volontà. L'obiettivo di fondo è duplice: individuare le condizioni per ricentrare la politica e l'economia sulle comunità; rendere le istituzioni politiche più ospitali nei confronti delle soggettività esistenti, più adeguate alle capacità e alla fisionomia dei soggetti concreti.

Modernità paradossale

In uno dei capolavori filosofici del Novecento Hans Blumenberg, polemizzando con i teorici della secolarizzazione, ha individuato nella perdita di ordine, nella trasformazione del cosmo in mondo, la grande rivoluzione che ha dato origine alla modernità come epoca dell'autoaffermazione umana[1]. Il principale vettore di questa trasformazione è stato il nominalismo: un'ontologia della singolarità assoluta, dell'assenza di un ordine di tipo teleologico che configuri gerarchie, compiti e limiti. Esempi paradigmatici degli effetti di libertà sull'agire e sul desiderio umano della rivoluzione nominalista sono l'antropologia del *Leviatano* di Thomas Hobbes[2]: individualità e contingenza delle passioni, uguaglianza degli individui, desiderio illimitato di potere e ansia per il tempo a venire descrivono una condizione umana all'insegna della guerra di tutti contro tutti e dell'esigenza della costruzione artificiale (politica) dell'ordine sociale[3]. Alla politica spetta il compito di assicurare quell'autoconservazione in società (la prosecuzione della vita fino al suo termine naturale e gli agi derivanti dalla cooperazione pacifica) che è nell'interesse di ciascuno, ma di cui gli individui sono incapaci senza coercizione e senza rinuncia al proprio particolare e contingente giudizio soggettivo.

La modernità si definisce, dunque, per l'affermazione di una nuova immagine del mondo (*Weltbild*) al cui centro si situa un dispositivo anti-teleologico di singolarizzazione degli enti. L'immagine del mondo è una costruzione di significati relativa all'orizzonte ultimo della nostra esperienza, un assemblaggio, solo tendenzialmente coerente, di credenze che forniscono risposte alla domanda 'che cos'è

1 H. Blumenberg, *La legittimità dell'età moderna* (1972), tr. it. Marietti, Genova 1992, in particolare pp. 143-50.

2 Cfr. T. Hobbes, *Leviatano* (1651), tr. it. Laterza, Bari-Roma 1989, in particolare pp. 11-104.

3 Per questa ricostruzione dell'antropologia hobbesiana, cfr. D. D'Andrea, "Curiosità, linguaggio, ansia. L'uomo del *Leviatano* di Hobbes tra differenza antropologica e forme di soggettività", in: "Dianoia", Vol. 25, N. 30, 2020, pp. 45-65.

il mondo?': "L'idea della redenzione era di per sé antichissima, se in essa si include la liberazione dal bisogno, dalla fame, dalla siccità, dalla malattia e – infine – dalla sofferenza e dalla morte. Tuttavia, la redenzione acquistò un significato specifico soltanto dove fu espressione di un''immagine del mondo' razionalizzata sistematicamente e di una presa di posizione in base ad essa [...]. L'immagine del mondo stabiliva infatti 'da che cosa' e 'per che cosa' si volesse e – non si dimentichi – si potesse essere 'redenti'"[4]. L'immagine del mondo è la cornice ultima di significati che orienta il nostro essere nel mondo, l'orizzonte totale nel quale e in base al quale, per dirla con Blumenberg, l'individuo "comprende se stesso, interpreta se stesso e i propri interessi, definisce le proprie aspirazioni e le proprie aspettative, orienta le proprie strategie pratiche"[5]. L'immagine del mondo è, dunque, il *frame* intrascendibile della definizione non soltanto del mondo, ma anche delle sue dimensioni 'locali' come la storia, la natura, l'uomo, la società, l'economia, la politica. Un'attribuzione di significato che costituisce il rifermento ultimo dei processi di soggettivazione e delle relazioni di potere.

Gli effetti del dispositivo nominalista – del nucleo metafisico caratterizzante il *Weltbild* dei moderni – sull'insieme dell'immagine del mondo non sono stati, tuttavia, né immediati, né coerenti. L'immagine moderna del mondo ha conosciuto un processo, potremmo dire, di nominalizzazione progressiva: l'individualismo e l'assenza di un ordine teleologico – o comunque oggettivo – non hanno caratterizzato da subito e in modo coerente tutte le dimensioni locali dell'immagine del mondo. Razze, nazioni, progresso, filosofie della storia di vario genere hanno, ad esempio, continuato a caratterizzare il discorso e l'immagine della politica. Le istituzioni

4 M. Weber, "Introduzione" a *L'etica economica delle religioni universali*, in: Id., *Sociologia della religione*, tr. it. Edizioni di Comunità, Torino 2002, Vol. II, pp. 7-40. Sul concetto di immagine del mondo a partire da Weber, cfr. D. D'Andrea, "Soggettività e immagini del mondo in Max Weber", in: "Iride. Filosofia e discussione pubblica", Vol. 25, N. 65, 2012, pp. 5-24.

5 H. Blumenberg, "Immagini del mondo e modelli di mondo", tr. it. in: "Discipline filosofiche", Vol. 11, N. 1, 2001, pp. 13-23.

politiche moderne si sono nutrite di immagini della storia e della politica caratterizzate da un senso oggettivo e da dispositivi di tipo finalistico. Di più: le istituzioni politiche dei moderni hanno potuto funzionare grazie al carattere non compiutamente moderno degli individui che le costruivano e le abitavano. La rappresentanza non è mai stata rappresentanza soltanto di individui. Ad essere rappresentato non è mai stato il singolo individuo in quanto tale, ma sempre ciascuno in quanto parte-membro di un gruppo, di un insieme a cui apparteneva. Il funzionamento logico e concreto della rappresentanza ha sempre presupposto l'esistenza di un'appartenenza, l'effettività della immaginazione di un *noi*.

Le istituzioni politiche della modernità hanno preso forma grazie all'esistenza di immagini della storia e della politica in *dissonante coesistenza* con il nucleo nominalista dell'immagine moderna del mondo. La politica dei moderni è stata possibile perché le soggettività non si sono concepite come integralmente singolari, perché l'esistenza politica è stata percepita come manifestazione di un noi e realizzazione di un compito collettivo o di un destino storico condiviso. Sovranità, rappresentanza, monopolio statuale della produzione giuridica, autonomia della decisione politica e, più avanti, democrazia e partiti di massa presupponevano la validità di entità sovraindividuali che pretendevano l'obbedienza e il servizio degli individui. Mentre il rapporto con la natura e le relazioni economiche hanno assunto rapidamente una fisionomia coerente con l'impianto nominalista, politica e storia sono rimaste all'insegna di immagini che postulavano un senso oggettivo e che concepivano l'individuo al servizio di potenze trascendenti.

Non si è trattato soltanto di differenze temporali nella capacità del nucleo nominalista di colonizzare l'intera immagine del mondo, ma della presenza di un vero e proprio contromovimento, della coesistenza di logiche dissonanti. Le identità collettive che hanno segnato la modernità politica non sono state infatti semplici residui del passato, ma creazioni originali della nuova epoca, prodotti specifici e inediti sorti nell'ambito – e in risposta a questioni specifiche – del nuovo *Weltbild*.

Insomma, la modernità politica è stata un composto precario e ibrido di individualismo politico (la stagione dei diritti) e di solide appartenenze collettive, di consapevolezza della contingenza dell'ordine politico e di filosofie della storia, di esperienza del pluralismo e di conflitti non negoziabili. Così come sul piano individuale il pluralismo dei valori e la contingenza delle appartenenze ha convissuto con modalità di costruzione delle identità all'insegna della ricerca di coerenza e della disposizione gerarchica dei contenuti identitari. La politica dei moderni si è nutrita fino alle esperienze iperpolitiche che hanno insanguinato il Novecento di immagini della società e della storia che continuavano a postulare l'esistenza di un ordine, di entità sovraindividuali (classi, nazioni, razze, Chiese, sette) capaci di dare un senso all'agire politico irriducibile alla semplice soddisfazione dei desideri individuali. Ma identità e appartenenze collettive, progetti di emancipazione e fiducia nel progresso hanno sostenuto anche il conflitto politico che ha nutrito le democrazie liberali occidentali e che è stato un fattore decisivo nella costruzione del *Welfare state*.

In sostanza, l'individuo politico della modernità occidentale non è mai stato integralmente e coerentemente nominalista, non è mai stato – né nel cielo della teoria, né nella realtà delle istituzioni – la tabula rasa delle appartenenze, l'annichilimento di ogni dimensione sovraindividuale (sociale e storica che fosse), l'io-centrismo assoluto di una soggettività che si concepisce come l'alfa e l'omega del mondo, un assemblaggio contingente di preferenze. Di più: ha avuto esistenza politica moderna proprio in quanto non è stato riducibile a tutto questo, in quanto non è stato integralmente moderno. È questo paradosso che spiega l'effetto patogeno che la soggettività ipermoderna delle società occidentali produce sulle categorie e sulle pratiche politiche della modernità liberaldemocratica.

Modernità estrema: la dilatazione esponenziale della mediazione, fra aumento di potere e perdita di libertà

Lo scenario in cui si è svolta la vicenda politica dei moderni ha subìto un mutamento radicale a partire dagli ultimi decenni del Novecento in direzione di un incremento esponenziale delle mediazioni, della loro intensificazione e dilatazione su scala planetaria. Si tratta di un fenomeno legato, innanzitutto, all'incremento del potenziale dei dispositivi tecnici – dei mezzi di comunicazione, delle armi, della capacità di trasformazione della natura, della potenza e velocità dei mezzi di trasporto di cose e persone – che hanno amplificato l'*interdipendenza* ovvero il numero e la distanza spaziale di coloro – individui o gruppi, umani e non umani – che sperimentano gli effetti delle azioni di un attore e che ne condizionano le decisioni in virtù della rappresentazione anticipata delle reazioni prevedibili. In questa accezione, incremento della mediazione significa ampliamento del numero delle alterità rilevanti per la determinazione dei contenuti della volontà e dell'agire individuale e collettivo, crescita della complessità, della numerosità degli attori e dei fattori di cui è necessario tenere conto per stabilire una linea di azione o per conseguire un determinato obiettivo.

A partire da questo scenario, Sloterdijk ha concettualizzato l'età globale come saturazione dello spazio, come "un'estensione esponenziale degli effetti di *feedback*" che configura "l'inedito panorama di una saturazione tra iniziative di innumerevoli centri d'azione spesso molto distanti e una volta totalmente indifferenti"[6]. Un mondo pieno e senza vuoti è un mondo senza indifferenza in cui tutto ciò che facciamo retroagisce immediatamente sull'attore. Interdipendenza vuol dire così costrizione alla mediazione: necessità di tener conto anticipatamente delle reazioni di altri come fattori che condizionano le nostre scelte e gli effetti delle nostre azioni. Età

6 D. Consoli, "Saturazione nell'ultima sfera. L'analisi della società globale in Peter Sloterdijk", in: "Spazio filosofico", Vol. 2, N. 6, 2012, p. 443.

globale in questa lettura significa interdipendenza come immediatezza della reazione: "La terra è satura [*gesättigt*] in senso sistemico dal momento che i vettori dell'espansione nello spazio aperto hanno la necessità di assumere come punto di vista che tutte le iniziative siano sottoposte al principio dell'azione reciproca e che la maggior parte delle offensive, dopo un certo periodo di rielaborazione, retroagiscono sulla fonte originaria"[7]. Ipertrofia della mediazione significa saturazione del mondo, eliminazione dei vuoti, degli spazi di indifferenza.

Di questa condizione di saturazione del globo Sloterdijk ha enfatizzato l'esito in termini di fine dell'unilateralismo, di prevalenza degli *scrupoli* sulle *iniziative*[8]. Un mondo saturo è un mondo in cui si riduce drasticamente l'autonomia degli attori. L'incremento dell'interdipendenza implica una limitazione della libertà. Nella misura in cui ciascun attore deve calcolare in anticipo le inevitabili reazioni degli altri si riduce la sua capacità di iniziativa, la sua libertà di azione, lo spettro delle possibilità: "Entro un intenso traffico di eventi le singole iniziative sono sottoposte alla legge di un sempre crescente ostacolo reciproco – fino al punto in cui la somma di tutte le imprese che avvengono contemporaneamente non si stabilizza in un'iperattiva e vibrante gelatina"[9]. La condizione di interdipendenza, di reciproco condizionamento configura uno strapotere del contesto che si traduce nell'imperativo dell'adattamento: tutti agiscono, ma nessuno è in grado di imporre una direzione. La densità delle interazioni cancella la libertà di iniziativa. Un mondo pieno è come un aereo senza pilota[10]: un processo senza soggetto, un movimento che possiede una direzione a cui tutti si adattano, ma che nessuno propriamente decide o controlla. Si tratta di una dilatazione della mediazione in gran parte irreversibile perché segnata dalle

7 P. Sloterdijk, *Il mondo dentro il capitale* (2005), tr. it. Meltemi, Roma 2006, p. 40.
8 Ivi, p. 39.
9 Ivi, p. 41.
10 Cfr. Z. Bauman, *La solitudine del cittadino globale* (1999), tr. it. Feltrinelli, Milano 2000, p. 28.

implicazioni di dispositivi tecnici che sono entrati a far parte del nostro mondo.

Ma l'ipertrofia della mediazione è legata anche all'allungamento delle catene causali, all'ampliamento dei fattori coinvolti nella produzione di un effetto, allo sviluppo di sistemi complessi di cooperazione, più o meno competitiva. La razionalità che governa questa trasformazione è l'accrescimento della potenza del network nel suo insieme e, di conseguenza, di quella di ogni singolo membro. Più grande e più complesso significa, infatti, più potente e più efficiente. L'incremento del numero degli attori è la condizione per una crescita di scala degli effetti che risulta desiderabile in funzione sia di obiettivi sempre più grandi sia dell'esigenza di sopravvivere in un contesto competitivo. Le istituzioni politiche ed economiche – le organizzazioni politiche internazionali e macroregionali, il mercato mondiale, le imprese multinazionali e le catene del valore – si sono sviluppate negli ultimi decenni lungo linee di crescente complessità e di ampliamento della mediazione cooperativa – dimensioni crescenti, incremento degli attori, disseminazione spaziale dei partecipanti – proprio in funzione della ricerca di maggiore efficienza, potenza di azione, capacità di governo di problemi e processi.

Tuttavia, anche nell'incremento di questo tipo di mediazione c'è un risvolto di perdita di autonomia, un *trade off* fra potere-efficienza e libertà. L'ampliamento del potere del *network* nel suo insieme viene pagato in termini di diminuzione della capacità di influenzarne il funzionamento da parte dei singoli membri. L'estensione dell'interazione cooperativa si traduce in un aumento di potere dell'assemblaggio, ma comporta una perdita della *libertà* del singolo membro. Crescita delle mediazioni significa incremento di potere in cambio di perdita di libertà. Più complesso è un sistema, maggiore è il potere del tutto e del singolo membro, ma minore è la capacità del singolo di governare e di influenzare/cambiare il funzionamento del tutto. I sistemi complessi – ad alta intensità di mediazione – sono sistemi in cui l'individuo guadagna potere (può realizzare effetti che isolatamente non riuscirebbe in alcun modo a conseguire), ma al tempo stesso diventa dipendente, soggiace a regole che non controlla, di cui non dispone mai completamente. L'incremento della mediazione aumenta il potere prestazionale dell'assemblaggio, amplia il potere dei singoli membri, ma ne riduce l'autonomia, ne comprime la capacità di riscriverne le regole o modificarne la logica o le finalità. La crescita esponenziale della mediazione, della estensione degli assemblaggi (economici, politici, tecnici) amplifica il potere del tutto, ma comprime proporzionalmente il ruolo del singolo nel governo del tutto e riduce la capacità di realizzarne una trasformazione.

Inoltre, la complessità dei sistemi di interazione realizza una dipendenza anche da ciò che è lontano nel tempo. I sistemi complessi sono sistemi fortemente inerziali: la dilatazione della mediazione – l'esistenza di una vasta articolata rete di mediazioni – si traduce in una difficoltà di mutamento delle caratteristiche dell'assemblaggio, nella lentezza dell'adeguamento a nuove circostanze e/o a nuovi compiti. L'ampliamento delle mediazioni consuma tempo, perché configura sistemi con un basso tasso di modificabilità, con processi evolutivi particolarmente laboriosi. Più ampia è la rete delle mediazioni, maggiore è la quantità di tempo necessaria per la sua trasformazione.

Per la stabilità dell'assemblaggio e per la sua capacità di crescere e includere nuovi membri è decisivo il prodursi e il conservarsi di una comunanza di interessi, di una simmetria di massima fra l'incremento di potere del network nel suo insieme e il guadagno di ogni singolo membro. Quello che conta non è l'uguaglianza dei vantaggi della cooperazione, ma il suo carattere vantaggioso per ciascuno. La solidità e la durata, in una parola il successo, degli assemblaggi economici, politici, tecnici dipende, cioè, dalla condivisione del senso e/o dalla partecipazione di ogni singolo membro ai vantaggi della cooperazione.

La crescente complessità delle aggregazioni politiche e sociali è, tuttavia, anche il prodotto della loro differenziazione interna, della scomposizione di ciò che costituiva un'unità in una pluralità composita di elementi differenti. In questo senso, un fattore decisivo di espansione della complessità politica e sociale è stato anche il diffondersi di un nuovo tipo di individualismo: la trasformazione della soggettività in una direzione che ha accentuato l'irriducibile diversità degli individui.

La soggettività singolarista come ricerca dell'immediatezza

A partire dalla fine del secolo breve le società occidentali hanno conosciuto un mutamento significativo anche dal punto di vista della configurazione egemone della soggettività. Questa trasformazione è consistita nella progressiva affermazione di una nuova forma di individualismo che propongo di chiamare *singolarismo*[11]. Con questo termine intendo un individualismo della singolarità e dell'immediatezza concepito come un tipo puro – un modello internamente coerente – da utilizzare come criterio o unità di misura per decifrare tendenze e stabilire direzioni prevalenti di trasformazione delle soggettività concrete. La configurazione tipico-ideale di questa forma di soggettività può essere descritta attraverso tre caratteristiche.

Una prima caratteristica del tipo ideale della soggettività singolarista è l'*immediatezza* del rapporto con sé, con gli altri e con il mondo come assenza di condizioni, assolutizzazione della datità, non dipendenza da altro. Immediatezza è sinonimo qui di assenza di mediazione, di un'autoreferenzialità che si traduce in una declinazione solipsistica dell'autonomia, della libertà e del potere del soggetto.

11 Fra gli autori che, con prospettive e valutazioni diverse, hanno messo a tema il singolarismo come nuova forma di individualismo cfr. D. Martucelli, *La société singulariste*, Armand Colin, Paris 2010; P. Rosanvallon, *La società dell'uguaglianza* (2011), tr. it. Castelvecchi, Roma 2013; A. Reckwitz, *Die Gesellschaft der Singularitäten*, Suhrkamp, Berlin 2017; e F. Rigotti, *L'era del singolo*, Einaudi, Torino 2021.

L'immediatezza della singolarità si traduce, in primo luogo, nell'accettazione incondizionata di sé, dei propri desideri e delle proprie preferenze, nel rifiuto di ogni lavoro su di sé che non risponda alla logica della razionalità rispetto allo scopo. L'individualità singolarista è, così, una soggettività al di là del principio di coerenza. I materiali presenti all'interno del perimetro identitario – credenze, interessi, preferenze relative agli ambiti più diversi: dagli stili di vita ai rapporti tra i generi, dai consumi alimentari al governo dei flussi migratori – non sono selezionati sotto un vincolo di coerenza e disposti in modo gerarchico, ma semplicemente assemblati, giustapposti. L'identità individuale assume la forma di un sé frammentato[12], di un aggregato caotico di elementi accomunati esclusivamente dall'essere stati risucchiati, attraverso scelte di gusto del tutto arbitrarie e insindacabili, nel campo gravitazionale dell'io. Il pluralismo delle singolarità non è più quello moderno delle aggregazioni collettive, ma quello della polverizzazione delle opzioni e delle preferenze individuali in funzione dei diversi ambiti e delle diverse dimensioni della vita sociale: una super-diversità[13] prodotta dalla trasformazione del soggetto stesso in spazio plurale e molteplice.

L'immediatezza della soggettività singolarista si manifesta, inoltre, nel rifiuto della trascendenza delle identità collettive: nella labilità delle appartenenze e nella tendenziale riduzione a zero dei vincoli e dei limiti posti da una qualsiasi entità collettiva. Ogni appartenenza risulta temporanea e precaria perché l'inclusione o riposa su una motivazione strumentale o risulta accettabile per il singolo soltanto a condizione di una piena coincidenza fra le proprie posizioni e quelle del gruppo. Il sacrificio anche soltanto parziale delle proprie opinioni/preferenze viene percepito come intollerabile.

Da qui una specifica forma di superficialità. Non quella che

12 Per il versante patologico di questa configurazione cfr. T. Fuchs, "Fragmented Selves: Temporality and Identity in Borderline Personality Disorder", in: "Psychopathology", Vol. 40, N. 6, 2007, pp. 379-87.

13 Cfr. T. Vertovec, "Super-diversity and its implications", in: "Ethnic and Racial Studies", Vol. 30, N. 6, 2007, pp. 1024-54.

coincide con l'assenza di riflessività, con l'assenza di motivazioni profonde o con l'adozione di futili motivi. Neppure quella che coincide con la successione indifferente dei contenuti identitari – passioni, interessi, credenze –, con una sorta di volubilità e contingenza del sé che di fatto coinciderebbe con la sua dispersione. Obiettivo più auspicato che registrato da tanto pensiero contemporaneo. La superficialità dell'individualità singolarista è quella più specifica che lega il sé al noi, l'identità individuale a quella del gruppo. Ad essere divenuto superficiale nel senso di privo di radici e pertanto instabile e incostante non è il sé ma il legame che lo unisce al noi[14]. La superficialità singolarista è quella della precarietà delle ragioni dell'appartenenza, di una forma radicale di individualismo che non si nutre della propria precarietà, ma della irrinunciabilità a sé.

Individualismo della singolarità significa, in terzo luogo, rivendicazione del diritto alla costruzione immediata e irrelata dei significati, esasperazione del carattere soggettivo della costruzione della realtà. La proliferazione incontrollabile dei significati, delle risposte alla domanda "che cos'è?" relativa agli enti (oggetti, fenomeni, processi, eventi) del mondo produce la perdita del mondo come sfondo-contesto comune in cui si situa l'agire e la vita degli esseri umani. L'individualismo della singolarità ci trasporta così nell'epoca della post-realtà, del disaccordo su ciò che è reale come primario e preliminare rispetto a quello sul suo valore o sulla sua legittimità. E questa pretesa soggettiva di una definizione immediata dei significati non si limita ai fatti, investe, altresì, anche i valori fondamentali, che finiscono per perdere qualunque significato preciso e condiviso e per confondersi in una sorta di equivalenza generale.

C'è poi una dimensione squisitamente temporale[15]

14 Per questa accezione di superficialità, cfr. M. Alagna, "Pura superficie", in: M. Alagna e L. Mazzone, *Superficialismo radicale. Soggetti, emancipazione e politica*, ETS, Pisa 2021, pp. 27-29.

15 Fra gli altri, cfr. H. Rosa, *Accelerazione e alienazione* (2013), tr. it. Einaudi, Torino 2015; M. Hartog, *Regimi di storicità* (2003), tr. it. Sellerio, Palermo 2007; e F. Merlini e S. Tagliagambe, *Catastrofi dell'immediatezza*, Rosenberg & Sellier, Torino 2016.

dell'immediatezza singolarista che si declina in due distinte direzioni. La prima è quella della riduzione tendenzialmente a zero dell'intervallo fra il desiderio e la sua soddisfazione. L'immediatezza coincide in questo caso con l'aspirazione alla soddisfazione istantanea del desiderio[16], l'imperativo della gratificazione immediata, l'accelerazione della successione dei desideri per la loro sempre più rapida soddisfazione. La mediazione che qui si aspira a contrarre – e idealmente a elidere – è quella del tempo dell'attesa, del desiderio insoddisfatto come condizione di carenza, di assenza di piacere. Ma anche di rinuncia ad ulteriori piaceri desiderabili. Immediatezza della soddisfazione istantanea del desiderio significa, infatti, anche istantanea insorgenza di un nuovo desiderio. L'attesa che separa il desiderio dalla sua soddisfazione è anche differimento dei desideri e dei piaceri futuri.

Hartmut Rosa ha attribuito l'insorgenza di questa dinamica emotiva al carattere mondano dei beni a cui aspirano gli individui moderni e alla divaricazione fra tempo della vita (*Lebenszeit*) e tempo del mondo (*Weltzeit*). In una società secolare, gli individui, da una parte, misurano la qualità della vita in base alla "realizzazione del maggior numero possibile di opzioni tra le innumerevoli possibilità offerte dal mondo"[17], dall'altra, divengono consapevoli che "il mondo ha sfortunatamente molto piú da offrire di quanto si possa sperimentare in una singola esistenza"[18]. L'accelerazione del ritmo di vita appare la risposta più efficace a questa condizione tipicamente moderna: "se viviamo 'due volte piú veloce', ci serve solo metà del tempo per portare a termine un atto, un obiettivo, un'esperienza e possiamo raddoppiare la 'somma' delle esperienze e, quindi, della "vita" stessa nel corso della nostra esistenza"[19].

Nella ricostruzione di Hartmut Rosa rimane, tuttavia, sullo

---

16 C. Muscelli e G. Stanghellini, *Istantaneità. Cultura e psicopatologia della temporalità contemporanea*, Franco Angeli, Milano 2012, pp. 147-52.
17 H. Rosa, *op. cit.*, p. 27
18 *Ibidem*.
19 *Ibidem*.

sfondo un passaggio argomentativo decisivo. Si tratta di un elemento che, invece, proprio l'enfasi di Blumenberg sul nominalismo consente di cogliere a pieno: non necessariamente l'orientamento ai beni del mondo (immanenza) coincide con l'infinità dei piaceri possibili. La serialità infinita dei desideri/piaceri rappresenta piuttosto l'esito conseguente della dissoluzione di ogni gerarchia dei beni e dell'idea stessa di un fine ultimo o di un sommo bene. Sono la singolarizzazione nominalistica dei piaceri e la disposizione orizzontale dei beni – a partire dalla mancanza di un *telos* della natura umana – che aprono la strada all'esperienza di un'infinità di desideri/piaceri possibili tutti ugualmente legittimi, tutti incapaci di neutralizzazione dell'ulteriorità. La scarsità del tempo della vita rispetto al tempo del mondo dipende dall'assenza di qualsiasi gerarchia dei piaceri, dall'impossibilità che il conseguimento di beni 'superiori' neutralizzi l'interesse per quelli 'inferiori'. Già in Hobbes si trova una formulazione esplicita ed esemplare del nesso fra una prospettiva nominalistica e anti-teleologica e una determinata configurazione della felicità e del desiderio: "la felicità di questa vita non consiste nel riposo di una mente sodisfatta. Non si dà infatti in questa vita né un *finis ultimus* (scopo ultimo) né il *summum bonum* (il massimo bene) di cui si parla nei libri degli antichi filosofi morali [...]. La felicità è un continuo progresso del desiderio da un oggetto ad un altro, dove il raggiungimento del primo non è altro che la via per il conseguimento del secondo"[20].

La seconda dimensione dell'immediatezza temporale è costituita dal *presentismo* come regime di storicità[21]. Perdita di rilevanza del passato e riduzione dell'arco temporale delle aspettative e degli effetti delle azioni individuali e collettive sono l'esito forse più eclatante dell'esplosione della complessità dei processi e delle interazioni. Il presente soltanto conta, perché il tempo ha perduto non soltanto senso, ma anche prevedibilità: ha cessato di essere un

20 T. Hobbes, *op. cit.*, p. 78.
21 M. Hartog, *op. cit.*, pp. 145-52.

continuum. Il punto non è tanto l'accelerazione – questione cruciale anche nelle filosofie della storia del Novecento – quanto la perdita di stabilità/affidabilità del tempo a venire, il suo dissolversi nella risultante di un complesso di eventi, fenomeni, processi cognitivamente ingovernabili perché non riconducibili a leggi, non semplificabili in tendenze.

Singolarismo come valore dell'unicità

La soggettività singolarista è segnata anche e soprattutto dalla fede nella propria *unicità*, e dalla pretesa di "essere considerato come una star, un esperto o un'artista; di vedere le proprie idee e i propri giudizi presi in considerazione"[22]. Si tratta, tuttavia, di una unicità costruita non sul registro dell'eccellenza e dell'eminenza, ma su quello orizzontale dell'originale, inedito, irripetibile assemblaggio di caratteri normali, ordinari. La logica del singolarismo è quella dell'uguale diversità, di una diversità che non discrimina e non gerarchizza. L'individualismo della singolarità riposa su una ontologia della diversità.

L'ultimo tratto distintivo della soggettività singolarista è l'immediata traduzione di questa unicità in valore (autenticità) e l'adozione dell'espressione di sé come ragione ultima della propria condotta (espressivismo). L'individualismo della singolarità "coincide con la volontà di realizzare qualcosa di personale, liberamente scelto, un mondo che mi somigli e che risponda alla mia specifica soggettività. Non per conquistare quel quarto d'ora di celebrità e di riconoscimento di cui parlava Warhol, ma più profondamente per essere se stessi senza vincoli imposti dall'esterno"[23]. La pretesa all'espressione di sé prescinde, tuttavia, non soltanto da qualsiasi interrogazione o dubbio sul proprio valore, ma anche dalla individuazione di criteri

22 P. Rosanvallon, *op. cit.*, p. 228.
23 J. Lipovetsky, *L'estetizzazione del mondo. Vivere nell'era del capitalismo artistico* (2013), tr. it. Sellerio, Palermo 2017, p. 341.

per distinguere, gerarchizzare il valore. Uno vale uno è la regola aurea del singolarismo, la sua formulazione più icastica. Non esiste più alcuna unità di misura esterna all'individuo che consenta di misurarne, in termini di adeguatezza o di qualità, le azioni e le capacità. Siamo di fronte ad una soggettività al di là del principio di realtà, al compiuto sganciamento del valore dell'individuo da qualsiasi conferma (*Bewährung*), prova, verifica. L'unicità singolare di ciascuno diviene fonte di valore e fondamento di pretese soggettive nei confronti di un mondo sociale concepito come il terreno per l'autorealizzazione del soggetto individuale. L'individualismo si presenta così in una forma assoluta: un estremismo dell'autenticità che rifiuta ogni costruzione del sé improntata ad un dover divenire altrimenti e che ricorda da vicino il "confuso desiderio di sentirsi importanti" degli "ultimi uomini" weberiani[24]. Questa pretesa di autenticità si traduce anche nella rottura di qualunque diaframma fra pubblico e privato e nella rimozione radicale di ogni dubbio sulla rilevanza dell'io e delle sue esperienze. Il mondo costituisce il teatro delle gesta dell'io, delle sue vicende biografiche, delle sue emozioni. Una soggettività totalmente autocentrata ed estroflessa che immette nel mondo tutta se stessa senza filtri e senza criteri[25].

L'immediata assunzione dell'unicità come valore distingue nettamente il singolarismo da altre forme di individualismo. In primo luogo, perché comporta la perdita di rilevanza del riconoscimento. Nella sua versione idealtipicamente pura, l'individuo della singolarità possiede la certezza del suo valore al di là del riconoscimento altrui e di ogni mediazione sociale. In quanto svincolata dal principio di prestazione, l'unicità che si nutre della semplice diversità non

24 Cfr. M. Weber, "L'etica protestante e lo spirito del capitalismo", tr. it. in: Id., *Sociologia della religione*, Edizioni di Comunità, Torino 1982, Vol. I, pp. 192 *sg*.; e D. D'Andrea, *L'incubo degli ultimi uomini*, Carocci, Roma 2005.

25 Sulla cifra intrinsecamente creativo-artistica di questa forma di soggettività, cfr., tra gli altri, P. Rosanvallon, *op. cit.*, pp. 220-29; L. Boltanski e E. Chiapello, *Il nuovo spirito del capitalismo* (2011), tr. it. Mimesis, Milano-Udine 2014, in particolare pp. 63-108; J. Lipovetsky, *op. cit.*, in particolare pp. 323-51; e R. Guardini, *La fine dell'epoca moderna*, tr. it. Morcelliana, Brescia 1987, pp. 43 *sg*.

ha bisogno del riconoscimento. Anzi: in qualche misura proprio la mancanza di riconoscimento conferma la convinzione della propria unicità e del proprio valore. La soggettività singolarista non aspira al riconoscimento, ma non è neppure disposta a riconoscere: si percepisce dotata di uguale valore e perciò rifiuta qualsiasi principio di autorità, rivendica il diritto di parola e delegittima le competenze e le istituzioni che le formano e le garantiscono. Concentrata sull'essere e sul valore relativizza la disuguaglianza materiale per dedicarsi alla coltivazione di sé.

Il singolarismo si distingue, inoltre, da altre forme di individualismo anche per la neutralizzazione degli effetti della competizione in termini di autostima. Il fallimento esistenziale e il perdente radicale sono l'impensabile dell'individualismo della singolarità. Il venir meno del significato interiore del competere non si traduce, tuttavia, nel rifiuto della competizione, quanto piuttosto nella sua disincantata accettazione. La perdita del significato interiore del successo e del fallimento sdrammatizza la competizione e rende, quindi, accettabile la sua intensificazione nella società neoliberale. Dove domina la diversità, non c'è spazio per un'aspirazione interiore alla superiorità di valore su qualcun altro. Il radicamento del valore nella semplice differenza rende l'autostima un bene non più scarso: una società singolarista è anche una società post-invidiosa e post-risentita. Invidia e risentimento hanno bisogno di parametri oggettivi, di prestazioni misurabili e di spazi identitari ordinati e gerarchizzati. Se l'invidia nasce dalla consapevolezza che l'altro è meglio di me, la soggettività singolarista è immune dall'invidia e sempre capace di compensare un'esperienza specifica di inferiorità con l'appello alla unicità della propria combinazione di talenti, interessi, scelte.

L'individualismo della singolarità non equivale sempre e necessariamente all'adozione di una postura edonistico-materialistica e iperconsumistica[26]. O addirittura cinica e nichilistica. Non è neppure

26 Cfr. tra gli altri G. Lipovetsky, *Una felicità paradossale. Sulla società dell'iperconsumo*

vero, come sostiene Lipovetsky, che la relazione con la dimensione (sovraindividuale) dei valori abbia sempre come condizione l'assenza di costi o il suo carattere indolore[27]. Nella soggettività singolarista c'è spazio non soltanto per l'apprezzamento dei beni immateriali, ma anche per la presenza di istanze o aspirazioni etiche, per forme di impegno sociale o per una sensibilità di tipo ecologico. Molto spesso le idee di felicità e di benessere della soggettività singolarista si colorano di tinte ascetiche o spirituali. Decisiva è piuttosto la natura del fondamento: qualunque scelta etica, qualunque postura pratica trova la sua ragion d'essere nell'esigenza che il singolo sia felice e che la vita in questo mondo sia ricca e piena. Quello che esce dall'orizzonte è l'idea di un rapporto con i valori etici in termini di servizio, senza nessuna connessione predeterminata con la felicità e il benessere individuale in questo mondo. Al contrario, l'alfa e l'omega dell'atteggiamento pratico della soggettività singolarista è la perfetta coincidenza di virtù e felicità: l'etica non è nient'altro che il mezzo per la vera, autentica felicità e la ricerca della vera, autentica felicità coincide con la virtù, ci indica la via per agire bene nei confronti degli altri. Ciò che viene escluso in linea di principio è qualsiasi scollamento in questo mondo fra destino e merito, fra una condotta di vita eticamente orientata e la felicità individuale, fra il servizio di potenze etiche e l'esperienza dell'infelicità.

L'assolutismo dell'io: siamo divenuti moderni

L'individualismo della singolarità è l'esito dell'affermazione dell'assolutismo dell'io come immagine del mondo egemone nelle società liberaldemocratiche occidentali. Con assolutismo dell'io

(2006), tr. it. Raffaello Cortina, Milano 2007; Z. Bauman, *Homo consumens Lo sciame inquieto dei consumatori e la miseria degli esclusi*, Erickson, Trento 2006.

27 A proposito del rapporto con l'etica della soggettività contemporanea Lipovetsky ha parlato di *éthique indolore* e di *société postmoraliste*. Cfr. G. Lipovetsky, *Le crépuscule du devoir*, Gallimard, Paris 1992, in particolare pp. 11-25; e Id., *L'era del vuoto* (1993), tr. it. Luni, Milano 1995, p. 253.

intendo un *Weltbild* caratterizzato da una concezione coerentemente nominalistica dell'individuo e dalla collocazione di questa immagine dell'uomo al centro dell'immagine del mondo.

Il *nominalismo è un'ontologia della singolarità* e il singolarismo come immagine dell'uomo è la verità e il compimento del nominalismo: l'idea che la singolarità costituisca un dato e non un prodotto sociale. Questa immagine dell'uomo ha poi conquistato il centro dell'immagine del mondo, costituendo ciò che orienta e condiziona movimento e fisionomia delle altre componenti del *Weltbild*. Detto altrimenti: ha eclissato gli altri "pianeti" che compongono il sistema solare dell'immagine del mondo[28]. Le immagini sono, infatti, costrutti tridimensionali il cui profilo cambia in funzione non soltanto della diversità degli elementi che la compongono, ma anche della loro differente disposizione spaziale. È come se il dispositivo nominalista avesse conquistato una nuova porzione dell'immagine del mondo, avesse finito per prosciugare ulteriormente ogni eccedenza rispetto all'unicità individuale e alle sue pretese. E occupare il centro dell'immagine del mondo equivale a dettare la logica che governa il tutto.

Assolutismo dell'io significa, innanzitutto, un radicale orientamento all'immanenza che si traduce, da una parte, nell'elevazione del benessere del singolo in questa vita a scopo assoluto dell'agire individuale, dall'altra, nell'idea della felicità come condizione universalmente accessibile in questo mondo sulla base dell'adozione di un corretto atteggiamento soggettivo. Anche se questo mondo non è il migliore dei mondi possibili, è comunque un luogo in cui felicità, salvezza, riscatto sono sempre accessibili come risultati di uno sforzo che per la sua natura strettamente individuale non può contemplare una trasformazione del mondo, ma soltanto un lavoro del soggetto su se stesso. Il destino individuale è interamente nelle mani del singolo e della sua volontà autonoma. Essere felici dipende

28 Per questa metafora, cfr. M. Alagna, *Atlanti. Immagini del mondo e forme della politica*, Roma, Donzelli 2017, pp. 26-39.

così esclusivamente dalla capacità del singolo di utilizzare le risorse del mondo e quelle sue proprie per un progetto di autorealizzazione universalmente accessibile e che scarica interamente la responsabilità del fallimento sulle scelte o sulla postura adottate dal singolo individuo: ci si salva da soli, tutti si possono salvare, chi fallisce è per proprio demerito.

L'orientamento all'immanenza non implica la rimozione di tutto ciò che trascende la singolarità, quanto piuttosto la subordinazione della trascendenza alle esigenze della singolarità. L'eclissi della trascendenza non equivale alla rimozione di ogni credenza religiosa (secolarizzazione), o l'assenza di fede in un senso del mondo o della storia (declino dei *Weltbilder* che attribuivano al mondo un senso oggettivo). L'immagine del mondo dell'assolutismo dell'io non coincide necessariamente con l'idea che il mondo (natura, storia, società) sia un'"infinità priva di senso"[29]. A caratterizzare questa immagine del mondo non è, cioè, l'assenza assoluta di trascendenza, l'annichilimento di qualsiasi relazione del soggetto con qualcosa che lo eccede, l'elisione di qualunque relazione ai valori, di qualunque appartenenza, di qualunque credenza metafisica. L'immanenza che lo caratterizza allude piuttosto all'inversione della direzione gravitazionale della relazione: se nella modernità classica era l'individuo al servizio della trascendenza, adesso è quest'ultima ad essere al servizio dell'individuo e delle sue esigenze. La trascendenza ha cessato di essere qualcosa da servire, ed è divenuta qualcosa che viene convocato al servizio dell'individuo e delle sue esigenze di vita. Non è più la dimensione che interpella, inquieta, esige, ma quella che sostiene, aiuta l'individuo nel compito di vivere/essere se stesso. Detto in termini teologici: Cristo non è più la domanda, è divenuto la risposta.

La tarda modernità è sotto questo punto di vista il compimento

29 M. Weber, "L''oggettività' conoscitiva della scienza sociale e della politica sociale" (1904), tr. it. in: Id., *Saggi sul metodo delle scienze storico-sociali*, Edizioni di Comunità, Torino 2001, p. 179.

della modernità. La fine del Novecento ha visto l'avvento di una forma di soggettività non post-moderna, ma integralmente moderna[30]. Anche se con un significato diverso, condivido, quindi, l'affermazione di Latour che non siamo mai stati moderni[31]. Credo, tuttavia, che lo siamo divenuti sempre di più e che lo siamo oggi in modo radicale, in qualche misura estremo. E continuiamo ad esserlo nonostante l'antropocene e l'esperienza sempre più evidente delle reazioni di Gaia ad una modernità insostenibile[32].

Questo non vuol dire che l'individualismo della singolarità costituisca il *destino* della modernità, un suo esito inevitabile già iscritto nella sua matrice nominalistica. Significa piuttosto affermare che i processi economici, le trasformazioni politiche e gli sviluppi tecnologici hanno contribuito alla nascita dell'individualismo della singolarità soltanto nella misura in cui hanno condizionato, influenzato l'immagine del mondo favorendone una sua trasformazione in direzione dell'assolutismo dell'io. I processi materiali non intervengono immediatamente nella costituzione della soggettività, ma sempre e soltanto in virtù della mediazione di una loro interpretazione sulla base di una immagine del mondo. E quindi in quanto fattori che possono favorire. condizionare la trasformazione di un *Weltbild*. Questo però significa altresì che esiste una autonomia delle immagini del mondo e che questa autonomia si manifesta *anche* nella forza della *logica* che le ispira e le governa. Le immagini del mondo si trasformano così, oltre che per l'influenza delle condizioni materiali, anche perché possiedono una tendenza evolutiva interna che favorisce e sostiene alcune configurazioni piuttosto che altre. In questa prospettiva, un ruolo centrale è giocato dalla ricerca della

30 Fra gli autori che hanno insistito sulla contemporaneità come radicalizzazione della modernità, cfr. U. Beck, *La società del rischio. Verso una seconda modernità* (1986), Carocci, Roma 2000; e A. Giddens, *Le conseguenze della modernità* (1990), il Mulino, Bologna 1994.

31 Cfr. B. Latour, *Non siamo mai stati moderni* (1991), tr. it. Elèuthera, Milano 2009.

32 Cfr. B. Latour, *La sfida di Gaia* (2015), tr. it. Meltemi, Milano 2020, in particolare pp. 27-71.

coerenza con il nucleo centrale di significati che decide la fisionomia complessiva dell'immagine del mondo.

Unici, liberi, monotematici

L'individualismo della singolarità è stato uno dei fattori decisivi che ha inceppato le istituzioni e le pratiche della politica dei moderni. Il degrado della democrazia in Occidente è legato innanzitutto alla divaricazione crescente fra la forma prevalente della soggettività e la configurazione che, invece, quest'ultima dovrebbe avere per un buon funzionamento delle istituzioni democratiche: le istituzioni avrebbero bisogno di altri soggetti e i soggetti reali sono inadatti alle istituzioni esistenti. La soggettività singolarista intrattiene, infatti, con la politica democratica un rapporto tanto più problematico quanto più si manifesta in forma pura.

Nella sua forma più pura il singolarismo si traduce nell'aspirazione alla massimizzazione della libertà individuale come tutela e garanzia della espressione della propria unicità. La libertà singolarista è, innanzitutto, una libertà assolutizzata, priva di relazione con altri valori che la possano limitare o condizionare in qualche modo. Non un valore accanto ad altri (come nella triade *Liberté, Égalité, Fraternité* o nei valori fondamentali della prima parte della Costituzione della Repubblica Italiana), ma qualcosa di incondizionato che incontra dei limiti soltanto in relazione alla fruibilità di una *identica* libertà da parte degli altri: chi rivendica la libertà di non vaccinarsi non limita la libertà di qualcun altro di farlo.

È poi una libertà concepita in senso eminentemente negativo, come 'libertà da'. Non rivendica e non può rivendicare che lo Stato o l'autorità politica governi, regoli, imponga. Aspira ad una ritrazione, ad un 'non fare' della politica che lasci spazio alle scelte individuali di ognuno. Anche quando assume una valenza politica, perché contesta scelte di istituzioni politiche, lo fa non in nome di un'altra regolazione, ma di una ritrazione della politica. È in questo senso impolitica o meglio antipolitica. Anche quando riconosce la necessità di una regolazione giuridica, concepisce il diritto esclusivamente come ampliamento inclusivo di nuove possibilità e figure e non come strumento di proibizione o imposizione.

Tipico di questa declinazione assoluta della libertà è, infine, il rifiuto di ogni autorità, l'idea che libertà significhi non essere dipendenti da niente e da nessuno: neppure dalle competenze e dalle conoscenze di altri. Essere liberi significa in questa accezione non dover accettare niente che non venga approvato dal singolo, a cui il singolo non dia il proprio assenso. Anche quando assenso e dissenso risultino ugualmente infondati per mancanza delle conoscenze teoriche e fattuali indispensabili alla formazione di un orientamento in base ad argomenti. Si tratta della paradossale estensione ad ogni contenuto dell'ideale moderno e liberale in base al quale il consenso soggettivo è condizione indispensabile per la legittimità del potere: l'adozione generalizzata della sovranità individuale dell'uno vale uno.

La soggettività singolarista è la radice antropologica dell'egemonia del paradigma liberale sulle posture e sulle mobilitazioni politiche contemporanee. Al di là della tradizionale distinzione destra/sinistra. Insofferente alla mediazione, recalcitrante all'autorità, refrattario alla condivisione meno che perfetta l'individuo della singolarità mal si concilia con l'agire collettivo strutturato, con le forme di organizzazione di partiti, movimenti che non si scompongano immediatamente in gruppi di uno. Anche quando incontra il terreno della politica e delle istituzioni, il tipo di conflitto che genera è orientato alla limitazione della regolazione, o, per essere più precisi, alla richiesta di apertura e di riconoscimento di nuovi spazi di libertà, di nuove possibilità. Il volto arcigno della politica che costringe, che vieta, che limita le possibilità risulta intollerabile. In questo senso, l'individuo della singolarità possiede una intrinseca vocazione liberale e libertaria.

D'altro canto, proprio il carattere assemblato, internamente incoerente, dell'individualismo della singolarità consente al liberalismo singolarista contemporaneo di assumere anche posture decisamente "illiberali". Le libertà da tutelare, difendere, implementare sono esclusivamente le proprie: si tratta di un liberalismo che ha smarrito la spinta alla reciprocità o alla generalizzazione e che può includere soltanto i *simili*, escludendo tutti gli altri. Il venir meno della tensione identitaria alla coerenza, la legittimità immediata delle preferenze, il rifiuto di qualsiasi dover essere altrimenti rendono possibile anche un liberalismo sessista, omofobo, razzista e via elencando. La tutela di alcune libertà e delle libertà di alcuni si unisce così alla negazione di altri tipi di libertà e delle libertà degli altri. Non una novità assoluta, ma l'emersione di un problema costitutivo: la libertà non contiene nessun criterio *interno* che stabilisca chi sono coloro che hanno diritto di essere liberi.

Le idee di legittimità e di obbligo politico (l'obbedienza come dovere) sono state le principali vittime dell'individualismo della singolarità a tutto vantaggio di un rapporto strumentale con le istituzioni incentrato sulla loro capacità di fornire prestazioni funzionali ai progetti individuali di felicità e benessere. Le istituzioni più indiscusse sono quelle ritenute più efficienti – e soltanto fin quando rimangono tali – perché il rispetto delle regole è divenuto, da dovere che era, un puro mezzo funzionale alla realizzazione di scopi privati. Alla legitime *Geltung* si è sostituita la *Regelmäßigkeit*[33], alla legittimità di *input* quella di *output*, alla doverosità dell'obbedienza e del rispetto delle regole l'oggettiva uniformità di alcune tipologie di agire sociale motivate da una "situazione di interessi"[34].

Anche quando non assume un volto radicalmente e coerentemente impolitico, l'individualismo della singolarità produce forme di mobilitazione e di partecipazione politica con un carattere prevalentemente negativo-interdittivo. La politica singolarista si

33 Per questa distinzione, cfr. M. Weber, *Economia e società* (1922), tr. it. Edizioni di Comunità, 5 voll., Milano 1980, Vol. I, pp. 23-30.
34 Ivi, p. 26.

dispone all'insegna più della condivisione di veti o di opposizioni che dell'affermazione di contenuti positivi: più della protesta e della resistenza, che del progetto e della proposta. In questo senso Rosanvallon ha persuasivamente parlato di contro-democrazia, di forme di partecipazione attiva che delineano "una sorta di *contro-politica* fondata sul controllo, l'opposizione, l'umiliazione di quei poteri che non si ha più voglia di fare oggetto prioritario di conquista"[35]. Si tratta di mobilitazioni democratiche con un carattere squisitamente reattivo che non esprimono alcun contenuto positivo collettivamente condiviso. Bersagli privilegiati di questo tipo di agire collettivo sono le localizzazioni delle opere pubbliche in generale e, in particolare, dei grandi impianti e delle grandi infrastrutture.

Al carattere frammentato, scomposto, incoerente della soggettività singolarista va ricondotto, infine, anche il successo e la crescente diffusione nello scenario politico delle liberaldemocrazie occidentali di movimenti, partiti, associazioni *single issue*. Il carattere monotematico delle mobilitazioni incrementa le *chances* di condivisione: per agire insieme non è più necessario condividere un'idea di società o, addirittura, di mondo, ma semplicemente una posizione specifica in relazione ad una determinata questione, rivendicando poi su tutto il resto il diritto alla diversità dei posizionamenti. Inoltre, la concentrazione monotematica consente una parziale, ma significativa, riduzione delle mediazioni e un guadagno di realismo attraverso la formulazione di obiettivi semplici e raggiungibili a breve termine. Il particolarismo – senza alcuna connotazione assiologica negativa – è qui risorsa e opportunità: mobilitazione, partecipazione, condivisione risultano ancora possibili soltanto laddove le dimensioni del problema consentono schieramenti definiti e riconoscibili e lasciano intravedere soluzioni praticabili.

Anche nelle sue declinazioni non idealtipicamente pure, il singolarismo ha reso la soggettività politicamente irrappresentabile.

35 P. Rosanvallon, *La politica nell'era della sfiducia* (2006), tr. it. Edizioni Città Aperta, Trina 2009, p. 29.

La rappresentanza democratica funziona se esistono grandi soggetti collettivi e progetti politici coerenti capaci di fornire risposte unitarie e complessive. Non lo esige una certa idea – magari un po' datata – di politica, ma la logica stessa della rappresentanza generale, della scelta di rappresentanti che sono tali su ogni questione un Parlamento o un'assemblea elettiva si trovi ad affrontare. La scomposizione dei soggetti collettivi e di quelli individuali in aggregati di preferenze spesso contraddittorie ha minato alla radice la possibilità di qualsiasi funzionamento fisiologico della rappresentanza e della mediazione politica: non il superamento della dicotomia destra e sinistra, ma la scomparsa di soggetti (individuali e collettivi) integralmente e coerentemente di destra o di sinistra è stato il fenomeno politico macroscopico degli ultimi decenni.

La rappresentanza parlamentare generalista, una volta scomparsi i partiti-progetto moderni, ha finito, infatti, per essere un fattore potentissimo di neutralizzazione dei conflitti possibili, e in qualche caso anche di quelli reali, costringendo le grandi alternative costruite su singole *issues* ad annacquarsi, quando non ad annullarsi, in partiti contenitore che dovevano rappresentare tutti su tutto. La forma contemporanea della rappresentanza democratica costringe l'attivista dei diritti civili, il pacifista, il militante sindacale, chi protesta contro il degrado urbano, chi si mobilita contro la opera pubblica di turno, il militante *pro-life*, i molti e le molte che si mobilitano su tematiche specifiche a scegliere fra una rappresentanza testimoniale del tutto inefficace e una rappresentanza più ampia e consistente nella quale, tuttavia, le proprie istanze vengono costrette al compromesso e risultano alla fine irriconoscibili e indistinguibili. Per non dire della coabitazione forzata alla quale i partiti della rappresentanza generale finiscono spesso per condannare militanti ed elettori schierati su fronti opposti su questioni politiche specifiche, ma eticamente rilevanti: dalla laicità dello Stato alle politiche del lavoro, dalle scelte ambientali alla tutela dei diritti soggettivi.

Siamo di fronte, dunque, ad una divaricazione crescente e

strutturale fra la fisionomia prevalente della soggettività contemporanea – assemblata e gelosa della propria differenza – e la logica implicita delle istituzioni moderne che presuppone coerenza e capacità di aggregazione. Questa divaricazione, sul versante della rappresentanza, nutre una politica senza principi e senza identità incline al compromesso e votata al trasformismo e al mercato delle vacche[36], mentre su quello dei cittadini e delle cittadine produce frustrazione, distanza e sensazione di impotenza.

La Gorgone della totalità

Al degrado della democrazia, all'anossia della politica nelle democrazie liberali occidentali, ha contribuito, inoltre, un fenomeno più generale che ha investito anche soggettività irriducibili all'individualismo della singolarità: un incremento esponenziale della complessità di cui si sono dovute far carico le aspirazioni ad una trasformazione radicale e complessiva degli assetti politici e dell'organizzazione sociale. Cambiare la politica e la società è diventato sempre più inimmaginabile: un compito la cui difficoltà cresceva proporzionalmente all'ampiezza degli aspetti della nostra forma di vita che venivano messi in discussione. Più la critica diventava complessiva, radicale, globale, più perdeva realismo. Per usare un'espressione di Fredric Jameson divenuta celebre, è oggi "più facile immaginare la fine del mondo che la fine del capitalismo"[37].

L'ampiezza delle mediazioni necessarie alla realizzazione di progetti complessivi di trasformazione si è dilatata non soltanto per il regime di interdipendenza globale o per la crescente complessità generata dall'egemonia della soggettività singolarista, ma anche per il venir meno di immagini del mondo che, attribuendo un senso alla storia, offrissero un sostegno agli sforzi soggettivi di rivolgimento complessivo e radicale del mondo. L'avvento di una immagine del

36 Cfr. M. Weber, *Politica come professione* (1919), tr. it. Einaudi, Torino 2004, p. 99.
37 F. Jameson, "Future City", in: "New Left Review", Vol. 43, N. 21, 2003.

mondo sprovvista di un senso della storia *rilevante per le forme della società e della politica* ha fatto esplodere le mediazioni e ha reso di fatto paralizzante il confronto con la totalità. Senza un piano sovraindividuale che fornisca una qualche garanzia di integrazione e convergenza agli sforzi soggettivi le mobilitazioni che prendono di mira la società nel suo insieme e che aspirano ad una sua radicale ridefinizione sono destinate a rimanere ineffettuali. In un *Weltbild* senza matrici del mutamento storico-sociale il cambiamento complessivo del mondo diviene un compito impossibile e lo sguardo sulla totalità uno spettacolo che immobilizza. Pensata al di fuori di qualsiasi struttura oggettiva di senso la totalità annichilisce la rappresentazione/percezione del possibile.

L'esito è stato un congedo generalizzato della critica dalla politica. Non l'assenza di contestazioni o di forme di protesta e di mobilitazione contro aspetti inaccettabili del nostro modo di vita, quanto piuttosto la loro ineffettività politica, la loro estraneità – per incapacità o per rifiuto – alla logica della rappresentanza e del conflitto democratico, l'assenza di qualsiasi esito non soltanto sul piano della politica istituzionale, ma anche dei cambiamenti effettivi.

Tre sostanzialmente le forme e le direzioni di questa im-politicità. Innanzitutto, quella dei movimenti pacifisti, alterglobalisti ed ecologisti succedutisi nei decenni immediatamente a cavallo della fine del Novecento. Le mobilitazioni sulle grandi questioni globali (economiche, ecologiche, politiche) o sulle diseguaglianze inaccettabili che segnano le nostre società hanno declinato spesso l'intensità dell'impegno etico con la sostanziale incapacità di formulare progetti politici capaci di modificare lo scenario politico e sociale. Il tratto che accomuna il movimento *Fridays for Future* al popolo dei *Noi siamo il 99%*, i *no global* al movimento pacifista internazionale, i diversi *occupy something* ai vari *not in my name* che si sono succeduti su scala nazionale e globale è, infatti, proprio la coesistenza contraddittoria di una capacità di critica e di opposizione all'esistente (anche basata sul riferimento a valori e principi almeno potenzialmente universalistici) con l'incapacità di individuare soluzioni politiche realistiche, di darsi una strategia politica efficace in vista di obiettivi praticabili e risolutivi.

C'è poi il fenomeno che più di ogni altro sembra segnare il nostro tempo: la rivolta[38]. Alain Bertho ha definito la nostra come l'epoca delle proteste radicali "a corto di progetti rivoluzionari"[39]. Frammentate, ibride, complesse per origini e motivazioni, le rivolte contemporanee – da quella di Los Angeles del 1992 ai *Gilets juanes* passando per le *banlieues* francesi del 2005, i *riots* di Brixton del 1995 e quelli di Londra del 2011 – condividono la sostanziale assenza di rivendicazioni precise e una pratica della violenza priva di qualunque senso strumentale. Il tempo della rivolta è un presente contratto che non conosce e non immagina futuro. "Ribelli dal fiato corto" i rivoltosi contemporanei esprimono la rabbia per un presente intollerabile, ma non progettano o annunciano nessun futuro. Una politica istituzionale a sua volta a corto di risposte riesce facilmente a degradarli a fenomeno di ordine pubblico.

La terza declinazione impolitica della critica è quella del volontariato, dell'impegno etico concreto e immediato a sostegno dei deboli, di chi soffre, di chi ha bisogno. Qui il congedo dalla politica matura a ridosso di un'esigenza etica che guarda con distacco e diffidenza alla politica e alle sue mediazioni. L'ampiezza degli effetti che soltanto la politica è in grado di produrre viene ottenuta al prezzo di una complessità e di una ampiezza temporale delle mediazioni che rendono incerti effetti e significati dell'impegno individuale. La prossimità e l'immediatezza dei risultati dell'impegno personale rassicurano sulla possibilità di fare qualcosa per migliorare la condizione del prossimo proprio quando la politica sembra aver perduto la possibilità di cambiare il mondo.

38 Sulla rivolta come cifra delle mobilitazioni radicali contemporanee, cfr., fra gli altri, A. Bertho, *Le Temps des émeutes*, Bayard, Paris 2009; P. Amato, *La rivolta*, Cronopio, Napoli 2010; e D. Di Cesare, *Il tempo della rivolta*, Bollati Boringhieri, Torino 2020.

39 A. Bertho, *Les Enfants du chaos*, La Découverte, Paris 2016, p. 4.

Primum ridurre la mediazione: dis-integrare, scomporre e semplificare

La crescita esponenziale della mediazione (interna ed esterna, delle soggettività e delle istituzioni) sta degradando la democrazia perché ne inibisce la capacità di mettere in scena un conflitto nitido e riconoscibile su alternative praticabili. L'ampliamento delle mediazioni ha prodotto una perdita di controllo e di autonomia dei soggetti individuali e istituzionali su processi rilevanti per la vita di individui e collettività. Catene di dipendenza troppo lunghe, problemi troppo complessi per avere soluzioni realistiche, livelli decisionali troppo distanti e generali stanno privando di contenuti e di senso la democrazia e la politica degli Stati-nazione occidentali.

In questo scenario, il futuro della politica e della democrazia passa per la capacità di immaginare processi di disintermediazione, di semplificazione dei problemi e delle condizioni per la loro soluzione. Occorre immaginare istituzioni capaci di ridurre la complessità del governo (del mondo, dell'economia, della società), recuperando spazi di manovra per una politica democratica attraverso la declinazione delle questioni globali in problemi locali e un tendenziale riallineamento fra la decisione politica, le pratiche democratiche e i concreti contesti di vita. Il fatto, in gran parte irreversibile, che il mondo sia saturo non implica che le istituzioni per governarlo debbano possedere un'ampiezza globale. Alla saturazione del mondo non è necessario rispondere con l'*inglobamento* nel mondo, dall'interdipendenza non discende l'assorbimento senza resti o residui in istituzioni che non si radicano in nessuna comunità presente (di interessi, di credenze, di valori, di aspettative, di minacce), e che sono incompatibili con la democrazia possibile nell'epoca della soggettività singolarista. Il globale può esistere solo come orizzonte problematico, non come dimensione del governo, non come istituzione[40].

Non soltanto un'esigenza, ma in qualche modo una tendenza già in atto. La crisi finanziaria del 2008-9 con la recessione che ne è

40 Cfr. B. Latour, *Tracciare la rotta* (2017), Raffaello Cortina, Milano 2020, p. 117.

seguita, la pandemia di COVID-19, il ritorno della guerra in Europa hanno evidenziato che la crescita delle mediazioni e dell'interdipendenza alla ricerca di efficienza hanno prodotto un globale senza comunanza né di condizioni né di interessi. È divenuto sempre più chiaro che la globalizzazione non costituisce un processo nel quale "quando la marea sale tutte le barche salgono"[41], ma che al contrario produce vincitori e sconfitti, ascese e declini. In questo scenario la diversità o il conflitto fra gli interessi rende acuta la percezione della perdita di libertà connessa all'incremento di una mediazione legittimata essenzialmente dall'aspettativa di un guadagno di efficienza. La parziale *dis-integrazione* del globo, alla quale stiamo assistendo in varia misura e con varia intensità, è una risposta al fatto che la crescita delle mediazioni viene sempre più percepita come incapace di produrre un incremento di potere e, al tempo stesso, come vincolo e limite alla volontà e agli interessi degli attori. L'interdipendenza e la mediazione globale non accomunano, sembrano piuttosto conservare, quando non addirittura incrementare, la particolarità delle posizioni, delle aspettative e degli interessi. In questo contesto, gli attori che non si percepiscono avvantaggiati dalla mediazione competitiva del mercato e dell'economia globale aspirano a riprendersi spazi di autonomia attraverso sconnessioni *parziali*, più o meno negoziate, più o meno conflittuali.

Ridurre la mediazione significa, innanzitutto, incrinare lo spazio liscio dell'economia globale, provare a ripensare, sulla scia di Karl Polanyi[42], una qualche forma di nuova perimetrazione dell'economia sulle esigenze di una società che possiede sempre specifici caratteri spaziali e una determinata configurazione locale. L'integrazione senza resti, senza filtri, senza scarti nell'economia globale è incompatibile con qualunque possibilità di rendere l'agire economico funzionale al benessere dei concreti contesti sociali e

41 L'espressione "*a rising tide lifts all boats*" usata da J.F. Kennedy in un celebre discorso del 1963 era in realtà lo slogan del New England Council dal 1950.

42 Cfr. K. Polanyi, *La grande trasformazione* (1944), tr. it. Einaudi, Torino 2000.

alle esigenze di ridefinizione del rapporto economia-natura. Se non esiste un pianeta a misura di capitalismo, occorre ritematizzare i limiti ecologici e sociali allo sviluppo e pensare ad una rilocalizzazione dell'economia che ha come condizione necessaria, anche se non sufficiente, l'interruzione delle reti lunghe della valorizzazione del capitale e lo spazio-tempo senza limiti della finanza globale. Si tratta di proteggere la società e la terra dalla crescita illimitata del capitalismo globale attraverso politiche che producano nuove forme di sviluppo locale all'insegna della autosostenibilità ecologica e sociale[43].

La prospettiva di una riduzione della mediazione economica globale pone la questione dell'autonomia degli spazi politici, ma non implica di per sé ancora nulla sul piano della loro ampiezza. L'esigenza di un contenimento della dipendenza dall'economia globale non significa necessariamente l'adozione di un particolarismo politico a scala nazionale. Il recupero di spazi di manovra per la politica può anzi passare più efficacemente attraverso la costruzione di spazi politici sovranazionali. A condizione, tuttavia, di costruire una vera entità politica capace di solidarietà e di comunanza.

Ma ridurre la mediazione significa, soprattutto, riconfigurare le istituzioni politiche e le forme della democrazia attraverso un doppio movimento: da una parte, un riavvicinamento complessivo dei luoghi della decisione ai contesti locali; dall'altra, il superamento del carattere sovrano della rappresentanza. Indipendentemente dalla loro ampiezza spaziale - nazionale o sovranazionale - le istituzioni politiche democratiche sono troppo complesse - al tempo stesso lontane e generali - per poter assicurare ai cittadini delle democrazie occidentali un qualche controllo reale dei processi politici e quindi il senso della partecipazione politica. Si tratta di recuperare il significato della democrazia come autogoverno attraverso una accentuazione del carattere federale delle istituzioni politiche e

43 Per il concetto di autosostenibilità ecologica e sociale, cfr. A. Magnaghi, *Il principio territoriale*, Bollati Boringhieri, Torino 2020, pp. 11-36.

un superamento della rappresentanza generale: un movimento di (parziale) disintermediazione con un segno e una direzione opposta a quella populista o tecnocratica, incentrato sull'applicazione radicale del principio di sussidiarietà e sul superamento della rappresentanza politica come rappresentanza generale delle volontà. La soggettività singolarista contemporanea non possiede più le risorse di senso e significato per i grandi progetti complessivi. Il tentativo di adeguare le istituzioni democratiche alle capacità politiche degli individui costituisce, a mio avviso, l'unica strategia percorribile per evitare due rischi opposti, ma compresenti: da una parte, la deriva populista di una rappresentanza che diviene identificazione personale con il leader e che assume i contorni di una rappresentanza contro; dall'altra la completa privatizzazione dell'esistenza individuale e il congedo definitivo dalla politica e dalle speranze che soltanto questa può nutrire.

Infine, una democrazia come autogoverno dei luoghi al di là della rappresentanza generale consente anche di operare un congedo dal paralizzante confronto con i problemi totali. In un'intervista a "Reporterre" del 19 febbraio 2019, Latour ha insistito sul rapporto tra la descrizione dei problemi concreti e particolari e il recupero di margini di manovra per la politica e la regolamentazione dell'interazione sociale: "Quando qualcuno dice: 'tassare i ricchi' o 'rovesciare il capitalismo' o 'salvare il pianeta', non si apre alcuno spazio di manovra. C'è spazio di manovra solo se ci rendiamo conto che i dieci agricoltori biologici della zona non sono in grado di vendere i loro prodotti nel supermercato vicino alla rotonda che occupano. Ma per ottenere questo margine di manovra è ancora necessario descrivere con precisione la situazione iniziale"[44]. Scomporre i problemi, ri-localizzarli rendere agevole la predisposizione di politiche adatte al contesto è un passaggio ineludibile per intravedere una

44 B. Latour, *Les Gilets jaunes sont des migrants de l'intérieur quittés par leur pays*, disponible all'indirizzo https://reporterre.net/Bruno-Latour-Les-Gilets-jaunes-sont-des-migrants-de-l-interieur-quittes-par, 19 febbraio 2019.

possibilità, per dare contorni definiti a scelte e ad alternative che sul piano complessivo appaiono inimmaginabili e/o irrealizzabili. Ridurre la mediazione significa anche sminuzzare le gradi questioni complessive in problemi concreti e situati rispetto ai quali è possibile guadagnare capacità immaginativa e spazi di manovra. Detto altrimenti: sottrarsi allo sguardo paralizzante della totalità.

Democrazia post-sovrana

Elemento decisivo per superare il disallineamento strutturale fra configurazioni della soggettività e assetti istituzionali è dunque ripensare la democrazia in una prospettiva post-sovrana. Tratto distintivo della sovranità e della rappresentanza moderna è il carattere unitario del potere istituito: unito territorialmente e unito materialmente. La rappresentanza è sempre rappresentanza generale. Anche in un contesto federale, gli organi elettivi ai diversi livelli istituzionali – federazione, Stati membri, istituzioni locali, municipalità – sono comunque sempre, indipendentemente dalla loro funzione legislativa o esecutiva, unici e unitari. Esiste una sola autorità che decide su tutto ciò su cui ogni singola entità politica ha competenza a decidere. Il pensiero democratico ha talvolta messo in discussione il carattere *rappresentato* della volontà popolare, ma non ha mai, neppure nelle sue versioni più radicali, messo in dubbio che la sua forma di esistenza dovesse essere unitaria e generale.

La natura post-sovrana di una democrazia per l'epoca del singolarismo e della crescita esponenziale della mediazione si manifesta nel suo carattere scomposto, eterogeneo, asimmetrico. Un carattere che, da una parte, recepisce e valorizza alcune trasformazioni già in atto nel funzionamento delle democrazie occidentali, mentre, dall'altra, introduce elementi rilevanti di discontinuità. Della democrazia moderna conserva il momento politico della capacità di *reductio ad unum* e di regolazione non volontaria dei processi e delle interazioni sociali. Da questa si allontana, invece, per l'adozione di una differenziazione per competenza degli spazi politici, a partire dal livello immediatamente superiore alla municipalità per arrivare fino alle istituzioni sovra-nazionali. Ma anche per la presenza di forme di partecipazione politica (degli interessati) capaci di decisione politica senza ulteriori mediazioni, o per la presenza di forme di regolazione mediate dalla rappresentanza degli interessi e non delle volontà/opinioni.

È possibile caratterizzare l'idea di una democrazia post-sovrana a partire dalla coabitazione di quattro dimensioni istituzionali. La prima è quella degli istituti del comune, ovvero di tutte quelle forme di auto-organizzazione in cui i cittadini si prendono in carico direttamente la gestione di beni e servizi locali in forma comunitaria – spazi urbani, aree verdi, servizi di prossimità –, oppure realizzano istituzioni, come le monete di comunità, finalizzate a produrre una rilocalizzazione dello sviluppo e forme di crescita del legame sociale e della solidarietà. Alla cura dei bisogni collettivi e alle attività di interesse comune provvedono, fin dove ne esistono le condizioni, direttamente i privati cittadini associati, mentre i pubblici poteri intervengono in funzione di fissazione degli standard minimi, di predisposizione delle condizioni di possibilità e, dove necessario, di supplenza. Si tratta di esperienze e istituzioni già ampiamente diffuse in molti contesti locali contemporanei e che consentono di individuare nell'idea di attivismo civico una componente significativa delle politiche pubbliche e del welfare di prossimità.

La seconda dimensione è quella della democrazia dei luoghi e delle funzioni a geometria variabile. Si tratta di una dimensione incentrata innanzitutto sulle municipalità e sul loro autogoverno in cui alla presenza di istituzioni rappresentative si accompagna la presenza di pratiche partecipative[45] – su questioni più o meno

45 Sulla distinzione fra democrazia partecipativa e democrazia deliberativa seguo V. Pazé, *In nome del popolo. Il problema democratico*, Laterza, Bari-Roma 2011, pp. 137-44. Su questa distinzione cfr. anche A. Floridia, *Un'idea deliberativa della democrazia. Genealogia e principi*, il Mulino, Bologna 2017.

ampie: dal bilancio[46] alle opere pubbliche, dalle questioni urbanistiche all'organizzazione di specifici servizi – i cui esiti si configurino come giuridicamente vincolanti senza approvazione delle istituzioni della rappresentanza generale. Al di sopra delle municipalità si sviluppa un tessuto di istituzioni democratiche di rappresentanza e di governo con dimensioni spaziali differenziate in funzione delle *issues* o degli ambiti di regolazione. Non più province e regioni che gestiscono unitariamente competenze diversificate su spazi omogenei, ma una differenziazione della validità spaziale della regolazione in funzione degli ambiti di governo: sanità, trasporti, sviluppo economico, formazione, paesaggio e governo del territorio.

La terza dimensione è quella delle istituzioni su scala nazionale e macroregionale a cui sono attribuite funzioni di coordinamento, redistribuzione e di controllo/garanzia degli standard minimi nei servizi e nella tutela dei diritti. Anche a questo livello la direzione è quella di un superamento del carattere unitario e generale della rappresentanza politica, ipotizzandone una scomposizione per *ambiti di competenza*: non più un Parlamento unico, ma una pluralità (ristretta) di assemblee rappresentative – elette direttamente dai cittadini – ognuna delle quali competente su un settore specifico e limitato dell'attività dello Stato: affari sociali, bilancio, ambiente, cultura e istruzione, attività produttive. Anche a questo livello, alla rappresentanza delle volontà può essere affiancata una regolazione di ambiti specifici, ad esempio i rapporti di lavoro attraverso un accordo tra i rappresentanti degli interessi delle parti (imprenditori e lavoratori) che non debba poi essere ratificato da una qualche rappresentanza politica generale. Naturalmente in presenza di requisiti fissati e garantiti per legge della democraticità e della rappresentatività delle organizzazioni che partecipano alle trattative.

Al di sopra e al di là delle istituzioni nazionali e macroregionali si

46 Per una ricognizione dei bilanci partecipativi in Europa, cfr. Y. Sintomer e G. Allegretti, *I bilanci partecipativi in Europa. Nuove esperienze democratiche nel vecchio continente*, Futura, Roma 2009.

dischiude il mondo del diritto internazionale e della giurisprudenza delle Corti – dalla Corte europea dei diritti umani alla Corte penale internazionale – con funzioni rilevanti nella tutela dei diritti soggettivi anche all'interno dei singoli Stati e, in qualche caso, anche contro di essi.

Disarticolare la rappresentanza per ambiti di competenza, ipotizzare forme di democrazia degli interessi, forme di partecipazione degli interessati significa muoversi in direzione di un ambiente istituzionale più facilmente agibile dalla forma egemone della soggettività contemporanea. Significa immaginare istituzioni che possano funzionare anche in assenza di identità politiche coerenti e unitarie, di progetti complessivi di organizzazione della società, di soggetti collettivi strutturati. Il paradosso di una crisi della modernità politica legata al divenire compiutamente moderna della soggettività contemporanea potrebbe così trovare una risposta nel recupero di alcuni aspetti delle istituzioni politiche medievali, in una medievalizzazione del mondo istituzionale come risposta a soggetti ormai incapaci di interpretare il copione della rappresentanza dei moderni con la sua istanza di monolitica unità. Il destino della politica e della democrazia nell'ipermodernità occidentale potrebbe dipendere dal recupero di elementi e di logiche istituzionali del mondo medievale.

Face aux mutations, les liens subtils

Pascal Chabot

Brussels, Belgium / *Belgio*
September / *Settembre* 2021

Un changement de paradigme

Imposé par la pandémie, le télétravail est vécu dans bien des secteurs d'activité comme une manière sûre, efficace et peu onéreuse de continuer à échanger entre collègues. Par écran interposé, la parole continue à transiter, les écrits sont partagés et, de cette manière, ce que l'on appelle « travail » continue à se faire, même sans présence physique. Qu'il soit cependant ainsi dématérialisé produit sur lui des effets profonds d'altération. La distance change les relations, les procédés et parfois même les objectifs. La mutation que nous vivons semble en réalité une des plus profondes que le travail ait connu depuis qu'il s'est déployé, avec l'avènement d'une société des « services », comme travail de bureau.

Ce fut une contribution notable de la médiologie que de faire prendre conscience que le média utilisé pour une activité avait le pouvoir de la transformer. Le passage de l'écriture manuscrite à l'écriture dactylographiée a produit des effets sur le style littéraire, en lui enlevant souvent une certaine amplitude ainsi qu'un peu de son allant, auquel la graphie cursive communiquait un rythme spécifique. De même, le message se transforme lorsqu'il est communiqué par téléphone plutôt que *de visu* : tout doit passer par le langage et ses silences, puisque le corps invisible ne peut, lui, accompagner les mots de gestes et de mimiques. Suivant cet ordre d'idée, un champ de recherche s'ouvre pour comprendre la manière dont le télétravail modifie tous les paramètres qui déterminent l'activité, son organisation comme sa dimension collaborative, son efficacité comme son ambiance, son agrément ou sa pénibilité comme son sens. Le programme est vaste, requérant pour être mené à bien des observations et des enquêtes déjà entamées par nombre de spécialistes.

Sans vouloir embrasser toutes les dimensions de cette mutation, le présent propos est centré sur le rapport au temps. Il entend argumenter en faveur de l'idée que la civilisation numérique dans laquelle nous baignons depuis un moment déjà provoque un changement dans notre perception du temps (voire, donc, dans le temps lui-même, car le temps et la perception du temps sont, pour l'humain, les deux faces d'une même réalité), et que ce changement est accentué et consolidé par le télétravail. Ce nouveau régime temporel induit par les technologies, que l'on appellera ici « Hypertemps », se voit non seulement entériné mais aussi amplifié par ce passage massif au virtuel, qui nous rapproche toujours davantage de nos écrans face auxquels nous passons parfois nos journées (sauf quand on prend le temps de s'asseoir dans un fauteuil, et de lire tranquillement Freud, par exemple, ce qui est une manière en voie de raréfaction d'éprouver comment l'écriture rend une voix présente, malgré la distance).

Télétravail et hypertemps évoluent de conserve, mettant fin au modèle traditionnel du travail de « bureau », qui fut régulé par la règle monastique de saint Benoît. Le mot « bureau », du reste, provient métonymiquement de cet univers clérical, puisqu'il désignait à l'origine la robe de bure des moines, puis le tissu de la même matière dont on recouvrait le meuble sur lequel l'on travaillait, puis la pièce où était ce meuble, et enfin l'ensemble des collègues et des collaborateurs, ainsi que l'immeuble où ils officient. Ce long transfert métonymique n'est rien d'autre qu'un indice que ce qui fut décidé pour l'organisation de l'activité dans ces lieux scrupuleusement disciplinés qu'étaient les grandes abbayes a marqué l'évolution du travail. Or, concernant le temps, la règle de saint Benoît est explicite : chaque activité a un début et une fin, et se déroule dans un lieu idoine. C'est la cloche égrenant les heures et les offices qui dicte à tous un même rythme : elle est le son de la communauté qui rappelle chacun à l'ordre, et re-synchronise les psychismes et les corps qui vaquaient à leurs activités. Garante du temps commun, elle découpe la journée en séquences bien délimitées, ce qui crée un effet de routine qui dut avoir des vertus sécurisantes pour ceux qui n'y étaient pas récalcitrants. Or il n'est pas exagéré de dire, malgré l'immense saut chronologique que ce constat implique, que ce découpage précis et rationnel du temps fut encore à l'œuvre durant le XXème siècle dans les entreprises et les bureaux. Taylor y souscrit, comme bien d'autres. Unité de temps, unité de lieu, contrôle par l'imposition d'un rythme commun, début et fin des activités, tels sont les carcans temporels du travail « présentiel ».

Nous avons toutefois changé de manière de vivre le temps. Avec le numérique, nous sommes entrés dans l'ère de ce que l'on peut appeler l'« Hypertemps » dont on verra, après en avoir dit les caractéristiques, comme son imposition est amplifiée par le télétravail.

La vie dans l'Hypertemps

Dans l'hypertemps contemporain, l'heure est partout, sans cesse rappelée, affichée sur des écrans de tout format, toujours chiffrée et précise. Parmi les caractéristiques majeures de cet hypertemps, la première est son *omniprésence*. Son incessante répétition par des instruments et médias, la plupart digitaux, produit un quadrillage très serré des journées. Le temps se dit, se lit, se rappelle ; il existe et insiste, comme si notre société voulait à tout prix conjurer ce qui serait pour elle impensable : l'oubli du temps. Cette omniprésence s'apparente à un culte inconscient rendu à un temps artificiel, les rythmes naturels étant, quant à eux, de plus en plus masqués.

La deuxième caractéristique de l'hypertemps est qu'il est

quantitatif. Une minute vaut une minute, qu'elle soit futile ou déterminante. C'est, pour tous, la quantité chiffrable de temps qui importe, par laquelle se mesure souvent la valeur relative d'une action. Plus grande est la somme de minutes investies dans une tâche, plus haute sera souvent son importance. Le goût très prononcé pour le numérique accroît ce calcul constant où se déchiffre aussi la convertibilité du temps en argent qui est un des piliers du technocapitalisme. Dans cet hypertemps, ce que serait la qualité d'une heure – l'« or du temps », pour parler comme André Breton qui demanda à ce que l'on grave la formule « Je cherche l'or du temps » sur sa pierre funéraire du cimetière des Batignolles-, n'est pas une question prioritaire.

La troisième caractéristique de notre organisation temporelle contemporaine est que la présence du temps y est souvent vécue comme une *injonction*. Le temps s'y accompagne du rappel des actions qu'il faut encore accomplir. Il ordonne d'accélérer la cadence, il impose d'évaluer le degré d'urgence, il objective le nombre des retards. L'horloge, à laquelle Baudelaire déjà prêtait un doigt autoritaire et impérieux qui « menace et nous dit ‹ souviens-toi › », n'est ni la complice ni l'amie, mais la garde-chiourme de l'hypertemps. La course n'est jamais assez rapide, les journées n'ont pas assez de secondes. Les heures sont pour nos existences comme des lits de Procuste : il faut en retrancher une partie pour que nos désirs parviennent à s'y loger. Ce pouvoir contemporain du temps fait songer avec un peu de nostalgie au caractère suggestif des rythmes naturels où l'on oublie de compter.

Ensuite, le temps commence à se décompter plus qu'il ne se compte. Il se présente comme du temps *à rebours*. Les GPS qui estiment une heure d'arrivée, les ordinateurs qui prévoient la durée d'un téléchargement ou les informations sur les programmes qui indiquent le temps restant fonctionnent selon un temps à rebours. Ces pronostics précis et souvent exacts traitent la durée à l'envers, en montrant combien de minutes il faut encore épuiser, ou d'heures tuer, pour arriver au résultat. L'incontestable avantage pratique de ces dispositifs qui se généralisent à mesure que les algorithmes informatiques régissent de nouvelles sphères d'activité, obligent l'humain à s'habituer à un mode de calcul qu'il fuit d'instinct. Car ce que signifie le « temps restant » n'est que trop clair, et décompter les jours, en termes existentiels, ne va pas sans un certain goût morbide. *Mors certa, hora incerta*, disent les latins. La mort est sûre, quoi que son heure soit incertaine. C'est pourtant ce calcul à rebours qui se répand, parce que les ordinateurs sont programmés pour calculer d'abord la durée d'une action, afin non seulement de l'indiquer, mais surtout de l'optimiser. Il n'existe pas pour eux de temps, mais juste des durées d'action, ce qui est très différent.

Enfin, l'hypertemps est celui de l'*immédiateté*. On apprenait naguère un geste pour une vie, on plantait un olivier pour un siècle, on bâtissait pour l'éternité. Actuellement, l'usage privilégie les temps brefs, les projets révisables, les résultats rapides. Les périodes d'essai sont courtes et même les idées se périment vite. Dans l'immédiateté, le futur ne peut pas être plus loin qu'un jet de pierre. On resserre le temps, on écourte les processus, on avance le terme et on intensifie les instants qui nous en séparent pour que toute la séquence soit ramassée en un laps suffisamment bref pour être contrôlable. Les protagonistes de l'immédiat sont semblables à des pongistes : action contre réaction, de manière presque réflexe, sans, précisément, cette médiation qui est celle de l'esprit. Car l'immédiat n'est pas médié par les temps longs de la réflexion, par cette incubation des idées qui peuvent résonner avec l'être profond et ses aspirations, qui ont le loisir de se déployer, et pourrait-on dire de s'ennuyer, pour finalement revenir mûres, solides et libérées des contraintes parfois artificielles et éphémères de l'actualité. Le temps de l'esprit est un temps long, ce qui ne veut pas dire qu'il ne soit pas vif. Par contraste, l'immédiateté, plus efficace, est aussi moins consciente. Elle subit plus qu'elle ne décide.

Omniprésence du temps, vision quantitative, injonction, compte à rebours et immédiateté sont les caractéristiques de l'hypertemps contemporain. Celui-ci n'est pas le temps lui-même. Il est une transformation du temps, une projection sur le temps d'habitudes mentales et de mode d'action propre au technocapitalisme. Cet hypertemps forme ainsi un « chronotype », c'est-à-dire une forme de temps ou une structure du temps imposé à ce Grand Neutre que l'humain cherche constamment à organiser. Le temps est comme un œil fermé que l'on ne se lasse pas de scruter et, faute de savoir ce qu'il est, de régenter avec des modèles psychologiques et sociologiques.

Nul doute qu'avec le télétravail, cet hypertemps s'est affirmé plus massivement qu'auparavant dans une série de secteurs. Confronté en permanence au logiciel, c'est l'écran et les échanges qu'il permet qui dictent son rythme. Il n'est que de voir la manière dont les réunions Zoom ou Teams commencent avec la plus grande ponctualité, et se terminent de manière abrupte, pour comprendre que cette temporalité-là n'est pas secrétée par les modes de convivialité eux-mêmes, mais formatés par les outils. Ceci n'est pas une remarque critique, car chaque outil produit aussi des gains ; c'est une auscultation qui cherche à donner la mesure de la métamorphose que nous vivons.

Logiciel et logistique

Qu'une partie de l'humanité soit toujours davantage temporalisée par les logiciels utilisés ne doit cependant pas faire croire que l'« autre temps », celui qui rythme le rapport à la matière, a disparu. Il n'en est rien, mais la nouveauté est l'apparition d'une fracture toujours plus marquée entre deux mondes : celui du logiciel et celui de la logistique.

Commençons par le monde du logiciel. Les populations européennes, dociles, ont abdiqué sans résistance d'une de leurs libertés les plus précieuses, celle d'aller et de venir. La conscience de la nécessité sanitaire de cette réclusion entre sûrement pour beaucoup dans cette docilité. Mais elle ne suffirait probablement pas si les réseaux ne venaient offrir une vie de substitution assez riche à ceux qui y ont accès. La proximité virtuelle joue ici comme compensation à la distanciation sociale. Les écrans font écran au virus, mais ouvrent sur le monde. Ils permettent que la vie dans les bulles ne soit pas une vie autistique, mais une vie connectée.

D'un point de vue technique, c'est comme si tout était prêt et que les plateformes avaient depuis longtemps tablé sur l'atrophie musculaire d'une humanité nourrie de pixels du matin au soir. Rivé à son récepteur, chaque individu est l'heureux participant d'un réseau d'assignés à résidence qui ne se plaint de sa situation que via l'ajout de nouveaux posts et de nouvelles vidéos aux dizaines de milliards qui circulent déjà. Il faut dire que les offres sont assez prodigieuses. Les logiciels de télétravail qu'on essayait de vendre sans beaucoup de succès depuis des années connaissent leur heure de gloire, et s'installeront probablement pour longtemps dans la société. Dans les universités et les écoles, les cours se donnent à distance. C'est comme si toute une série d'entreprises anticipait depuis longtemps la possibilité de ce confinement dont elles tirent maintenant les bénéfices. Tant de choses peuvent se faire à distance que certains se demandent pourquoi ils perdaient du temps dans les transports, risquaient des rhumes dans les open spaces et supportaient la conversation d'individus qu'ils n'auraient jamais eu l'idée d'accepter sur leurs écrans. Et tout cela protégé, au chaud, cumulable à loisir avec des tâches domestiques ou du vélo d'appartement. L'essentiel pour la visio-conférence est que le haut du corps soit habillé ; le bas sera toujours hors-champ. La vie dans les bulles n'est-elle pas confortable et libre ? La cybernétique au chevet d'une biologie fragilisée, voilà la formule gagnante du jour.

Dans cette mue, l'humanité continue à s'auto-définir comme manipulatrice de signes. Car via un clavier, sur un écran et par le micro, ne passent que des informations numérisées : des signes visuels et auditifs, des mots et des phrases, des dias et des tableaux, des chiffres à foison... Pour beaucoup, travailler aujourd'hui consiste à recevoir, à traiter et à envoyer des emails, comme un jeu de ping-pong infini. Mais toujours des signes et rien que des signes! Rien de concret. Tout qui télétravaille reste dans la partie abstraite de l'univers humain, celle qu'une barrière qu'on appelle écran sépare du monde des choses et, plus largement, de la matière. Mais il s'en passe des événements dans ce monde des signes. On y apprend, on y paraphe des contrats, on y conclut des affaires, on donne des ordres, beaucoup d'ordres, et on se fait plaisir. L'inflation du signe par la technique a créé le plus grand *cloud* d'interactions et de messages qui soit.

Mais voilà, il faut rappeler l'évidence: on ne plante pas un clou sur Internet. Les optimistes habitants du *cloud* ne devraient peut-être pas trop oublier que leur télétravail nécessite une infrastructure matérielle où tous les boulons comptent, pour lesquels les kilomètres de câbles nécessitent de creuser la terre, dont les satellites requièrent une maintenance, avant d'avoir été minerais de fer ou extrait de terre rare. Bref, il y a de plus en plus deux humanités: ceux qui appuient sur des boutons, qui pianotent à longueur de journée, et ceux pour qui ces segments signifiants deviennent des ordres de faire, de déplacer, de toucher, de coller, d'assembler, de soulever, de porter, de conduire, de trier, de planter, d'arroser, de récolter, de saigner, d'équarrir, de découper... Le bon vieux monde, en somme, où la sueur existe, où le tour de rein menace plus que l'embonpoint: le monde de la matière, sans lequel les prodiges du clavier ne pourraient survivre longtemps. Logiciel contre logistique, voilà la nouvelle fracture que cette crise éclaire d'un jour très franc. Les logisticiens travaillant à flux tendus ont connu leur revanche en termes d'utilité, eux qui passaient parfois pour des habitants de second ordre du village global, tandis que les télétravailleurs comprennent de mieux en mieux que ce n'est pas parce que l'on appuie sur un bouton que l'ordre est suivi d'effet. Vous pouvez envoyer tous les mails que vous voulez pour exiger qu'on vous livre des masques: s'il n'y en a plus, il n'y en a plus. Les signes et les choses ont deux vies bien différentes. D'un côté la distance, de l'autre la proximité. Et l'on comprend enfin avec cette crise que l'humanité a été beaucoup trop loin dans la fracture entre logistique et logiciel. Que des pays européens qui ont dominé l'industrie textile mondiale pendant des décennies n'aient pas été capables, durant le premier confinement, de produire des masques chirurgicaux en cellulose montre à tout le moins qu'il y a eu abandon de poste. L'on a cru que les boutons suffisaient à faire tourner le monde... On s'est trompé.

Dans cette perspective, il faut noter que le télétravail est l'étape la plus poussée de la division du travail. A chacun sa tâche et uniquement sa tâche. L'employé est seul, avec des collègues de plus en plus virtuels, parfois moins solidaires. Ce peut être ressenti comme une perte. Bien des études ont montré que l'ambiance d'un collectif de travail dépendait notamment de la fréquentation des machines à café où tant de choses se nouent et se dénouent. Les méthodes physiques informelles et les interactions classiques restent les plus savoureuses.

Et soit dit en passant, il ne faudrait pas oublier que le cybermonde est aussi un bon terrain de jeu pour les virus! Avant cette crise, le terme était d'ailleurs réservé aux logiciels malveillants; on avait oublié leur origine biologique. Ce serait donc une erreur de trop s'y retrancher. On peut en effet se poser la question: une paralysie générale des réseaux et des banques de données à cause d'un virus informatique serait-elle ou non pire dans ses retombées sociales (et non dans ses horribles effets létaux) que celle que nous vivons? Il y a en tout cas matière à réfléchir, ce qui ne veut pas dire qu'il faille se retirer du monde réconfortant des réseaux, si utile, mais plutôt qu'il faut réfléchir aux manières de combler cette fracture.

La nouvelle polychronie

Un autre point à aborder est celui de la polychronie. Dans un livre récent, *Avoir le temps. Essai de chronosophie* (PUF, février 2021), j'ai cherché à montrer que, pour la première fois de son histoire, l'humanité vivait simultanément dans cinq temporalités différentes. Car nous n'habitons jamais un seul temps, mais séjournons alternativement, voire même simultanément pour celles et ceux qui sont habitués à suivre deux pistes psychiques conjointement, dans des temporalités hétérogènes. L'humanité, naguère, l'a thématisé comme conflit entre les Anciens et les Modernes, ce qui peut se lire de manière temporelle comme la discorde entre des individus pour qui le référentiel dominant était lié au passé, et d'autres pour qui il était encore à venir et à construire. Cette dichotomie indique qu'existaient alors deux grandes matrices temporelles, dont l'opposition est récurrente aux époques charnières.

Or pour ce qui nous concerne, ce n'est entre deux, mais entre au moins cinq temporalités différentes que nous nous partageons. Car presque jamais nous n'en élisons une au détriment des autres; nous passons simultanément d'un registre à un autre, ce qui peut contribuer à donner à l'existence contemporaine un certain charme bariolé. Cette appréciation est affaire de tempérament, bien sûr, et certains préféreront peut-être l'austère mais concentré monochronisme. Mais notre civilisation, à cause de ses outils et de ses urgences, nous emmène plutôt vers une polychronie que nous vivons inconsciemment.

Ces cinq grands schèmes correspondent aux modes majeurs du temps des civilisations. D'abord une période prémoderne dans laquelle le temps appartient aux puissances célestes, à Dieu ainsi qu'à la Nature. Il est alors assimilé à un *Destin*. Ensuite une période moderne, qui débute au XVème siècle, où l'homme cherche à maîtriser le temps. Il le vole pour ainsi dire à Dieu, désireux d'y intervenir et d'y imprimer sa marque en le mesurant et le quantifiant, ce qui est d'une audace prodigieuse qui ne fut pas sans déboucher sur une vraie réussite dont nous profitons encore : le temps, alors, devient Progrès. Dans son sillage et sans rupture claire avec le *Progrès*, une période postmoderne voit le temps s'affirmer à la fois comme *Hypertemps* et comme Délai. Le temps conquis par le progrès moderne échappe à l'homme sous l'effet d'ultraforces technoscientifiques et financières, dopées par la mondialisation. C'est, on l'a vu, un nouveau régime très spécifique, fabuleux à bien des égards, dommageable par certains de ses impacts délétères. La temporalité s'y accélère, mais elle devient aussi *Délai*, puisque la question qui s'y pose est de savoir combien de temps il reste pour agir, avant que ne survienne une catastrophe écologique que l'on dit inéluctable. Que faire avec au Délai ? Comment agir ? Aurons-nous l'*Occasion* d'inverser le cours des événements ? Telle est la question que bon nombre se pose, en réactivant sur le mode interrogatif avec ce schème de l'Occasion, l'ancienne pensée du *Kaïros*.

Destin, Progrès, Hypertemps, Délais et Occasion : tels sont les cinq grandes figures du temps. La polychronie, on le voit, est de mise : nous passons souvent de l'un à l'autre, et même nous changeons de référentiel temporel selon les questions que nous avons à traiter. L'unité de temps a bel et bien volé en éclat. Mais pour retrouver le télétravail, n'est-il pas d'une ironie étrange de se dire que ces cinq schèmes temporels, nous les fréquentons devant le même écran, en songeant, assis à la même place ? Nous sommes devenus des voyageurs immobiles, et même des explorateurs de temps divers. La pluralité des temporalités dans une unité de lieu, voilà ce que nos lucarnes numériques permettent. Vu sous cet angle, il faut aussi admettre que la mutation contemporaine est synonyme de nouvelles libertés psychiques. Il faudra s'en souvenir et en garder le positif, en attendant de pouvoir retrouver, au sortir du confinement, cette pluralité de lieux dont le nom le plus commun est « la vie réelle ».

Ce positif, cependant, ne peut occulter les dangers et les angoisses qu'éveillent certaines mutations contemporaines, et vis-à-vis desquelles il nous faut apprendre à résister. Mais comment ? Et qu'en est-il de cette résistance ? Pour le penser, c'est d'abord vers la question de la protection et de ses limites qu'il nous faut aller.

Insuffisance des protections tribales et nationales

S'il y a un domaine que les circonstances actuelles imposent d'interroger de manière neuve, c'est celui de la protection. Comment se protéger, sur quoi compter et comment évaluer l'efficacité des mesures prises: autant de questions que l'omniprésence du virus rend décisives. Or dans ce nouveau contexte, les réponses traditionnelles ne suffisent plus. L'éclatement des modèles communautaires, puis des cadres nationaux, sous l'effet de la globalisation, a rendu inopérants certains réflexes protectionnistes. La propagation mondiale du virus a imposé un changement d'échelle et une pensée transfrontalière, ce qui n'est pas aisé, et s'accorde mal avec le besoin primaire, presque amniotique, de se sentir protégé et enveloppé. C'est en effet du proche que l'on attend la protection. Mais qu'advient-il d'elle à l'âge des lointains?

La protection fut d'abord tribale. Naguère, c'était la structure sociale rapprochée, la famille, le clan ou la tribu, qui prenait à sa charge la défense de l'individu. Les récits et les baumes guérisseurs, le réconfort, la chaleur humaine et, au besoin, les armes et les stratégies, se trouvaient au cœur du groupe. Le prix en était le conformisme social, ce qui ne paraissait pas exorbitant au regard de la qualité de ce refuge. Plus tard, l'État-Nation prit le relais en endossant cette fonction protectrice pour tous ses citoyens, quels que soient leurs liens familiaux ou communautaires. Hobbes, Rousseau et d'autres théoriciens de l'État moderne ont montré comment un contrat investissait celui-ci de la fonction de paravent contre les agressions extérieures et de soutien pour traverser les phases rudes de l'existence. La bien-nommée « protection sociale » s'affirma, notamment par la redistribution, comme l'instance qui cherche à répartir égalitairement une protection suffisante. En matière médicale, à travers le concept de « santé publique », ce fut encore l'État qui rationnalisa les normes d'hygiène, organisa les campagnes de vaccination et définit les missions des hôpitaux.

Ces deux phases de protection tribale, puis de protection sociale, ne sont pas abolies, loin de là. Elles conservent un rôle majeur, et c'est vers elles qu'en cas de crise l'on fait retour pour s'y serrer les coudes. Mais elles ne suffisent plus. Elles peuvent même paraître fragiles, parfois aussi dérisoires qu'un parapluie dans une bourrasque. C'est que toutes les échelles ont changé. Si autrefois les protections physiques prenaient modèle sur le principe des fortifications, il faut aujourd'hui tenir compte des actions à distance, et des tirs de longue portée. Si la protection de la vie privée se suffisait du secret des lettres et des messes basses domestiques, elle est de nos jours entamée de toutes parts par les logiciels mouchards qui saisissent au vol ce qui transite sur les réseaux. Si la protection économique des industries et des brevets découlait d'une fierté nationale qui en gardait jalousement les procédés, elle est depuis plusieurs dizaines d'années défiée par des groupes multinationaux qui ne regardent les frontières que sur des cartes commerciales et fiscales.

Rien ne dit mieux la métamorphose du monde que l'inefficacité des protections sensées en défendre le partitionnement. C'est comme si tous les murs protecteurs avaient été érigés pour des individus d'un mètre à peine, et que soudain des géants les enjambaient facilement. Ou que toutes les défenses étaient terrestres, et que l'adversité volait avec les nuages. Le virus l'a bien montré, lui qui passe les frontières avec l'aisance d'un colis postal, franchit les océans, s'invite dans tous les quartiers et dans tous les milieux. Les réseaux sur la planète sont trop denses et multimodaux pour que l'on puisse artificiellement recréer des zones autarciques. Même les bulles de confinement restent poreuses – et heureusement, du reste, car sans la circulation numérique qui a permis de récréer une socialité artificielle, l'épreuve aurait été plus rude encore, et l'isolement plus amer. Tout circule vite, presqu'en temps réel. C'était là une promesse de la globalisation, promesse tenue au bénéfice de la majorité des citoyens qui en sont les clients bénéficiaires. On en connaît les effets agréables, fabuleux même. Mais à la faveur de la crise, une grille d'analyse supplémentaire s'est surimposée. Quand il faut refaire l'inventaire des protections disponibles et efficaces face à la menace nouvelle, nous restons aussi navrés qu'un ministre dont l'administration n'avait pas songé depuis longtemps à refaire des stocks de masque. Les portes ouvertes et l'euphorie insouciante ne conviennent pas en toute saison. A la question tripartite *Qui protège qui de quoi* ?, deux réponses sur trois existent. Mais le premier « qui », ciblant les instances chargées de protection, reste comme une interrogation dans le vide. Le suzerain ne répond plus ; ou du moins sa réponse ne suffit plus.

Paradoxe des ultraforces

Le propos est ici, philosophiquement, d'interroger le fait que l'on attend précisément la protection à venir, d'instances que l'on a jugé responsables de la mise à mal des protections anciennes. Ce sont les acteurs de la globalisation, comme les multinationales pharmaceutiques, qui ont eu pour effet de contribuer à disqualifier les protections tribales et nationales ; et c'est d'eux maintenant que l'on reçoit, notamment avec le vaccin, une nouvelle immunité. Il y a là une vraie ironie dont il faut chercher à savoir si elle pourrait ou non amorcer un progrès pour l'humanité.

Sous le nom d'« ultraforces », j'ai cherché dans *Exister, résister. Ce qui dépend de nous* (PUF, 2017), à caractériser le type de puissance des acteurs dominants de la mondialisation. Le néologisme était nécessaire pour affirmer qu'on se trouve là dans le registre de la force, de la puissance et de l'énergie, et non dans un quelconque état du « système ». Les rhétoriques populistes ont beaucoup utilisé ce terme de « système », mais de façon vide et inappropriée. Google n'est pas un élément du système contemporain. Google est une *force* numérique, technique, économique, psychique, sociale et finalement civilisationnelle comme il n'en a jamais existé, hormis peut-être les religions. Une *ultraforce*, même, pour marquer par ce préfixe la disproportion entre l'échelle réduite des citoyens nationaux et l'immensité du terrain mondial où ce colosse déploie ses innombrables effets, sans que nous soyons bien à même de les percevoir (comme pour un ultrason ou pour l'ultraviolet). S'il n'est pas un élément parmi d'autres du système, c'est qu'il module et transforme ce système, qu'il en provoque les prochaines métamorphoses, aux côtés d'autres puissances tout aussi gigantesques : Amazon, les gestionnaires de réseaux sociaux, de grands distributeurs (Wallmarkt a autant d'employés qu'il y a d'habitants à Paris), les géants mondiaux de l'énergie, les dix-huit banques systémiques, les fonds de pension, les grandes sociétés chinoises qui, pour paver la Route de la Soie, achètent partout des terres. Et tant d'autres encore, parmi lesquels les grandes firmes du secteur pharmaceutique.

Hormis quelques États et fédérations d'États, seules ces ultraforces sont capables d'opérer à l'échelle globale. Leurs effets, qu'ils soient positifs ou négatifs, sont ressentis par une grande majorité des 7,8 milliards d'individus que compte la planète. C'est qu'ils peuvent agir disruptivement, c'est-à-dire introduire sur le marché mondial de nouveau type de biens, de services ou de pratiques, qui clivent le monde en deux pans : un pan ancien, voué à une relative obsolescence (comme le fut celui des réseaux sociaux limités dans l'espace, de la photo argentique, de la dépendance absolue de l'alimentation vis-à-vis des productions locales ou encore, d'ici une décennie espérons-le, du pétrole), et un pan nouveau, où des mondes inanticipés se reconfigurent autour de techniques et de pratiques nouvelles initiées par ces ultraforces dont l'intérêt est d'en rester les premiers bénéficiaires financiers. Il s'agit de comprendre les choses froidement, et surtout sans paranoïa : tels sont les acteurs majeurs du technocapitalisme contemporain, à l'œuvre dans un monde où l'on vit globalement beaucoup mieux qu'il y a un siècle. Tout est bien sûr la question de comparaison, et partant de hiérarchisation entre les éléments à comparer, ce qui suppose de faire entrer dans ce genre de jugement une forte dose de subjectivité libre. Mais l'immense majorité des sujets clivés par ces ultraforces, quelles que soient leurs opinions politiques, jugent qu'un monde sans réseau numérique est *moins intéressant* qu'un monde qui en est, comme le nôtre, pourvu. Partant de là, il s'agit d'en assumer les conséquences.

Or justement sur le plan politique, la situation est difficile. Face à toute force, le réflexe humain ordinaire est de chercher un rapport de force : c'est là une manière d'exister, en prévision d'une nécessité de résister. Face aux ultraforces cependant, et du fait de leur disproportion, cette recherche d'un rapport de force paraît vaine. On parlera d'« antirapport ». Quel individu et même quel gouvernement est capable d'infléchir Facebook, de contraindre Total ou Gazprom ? Dans les peu de cas où cela se produit, ces nouveaux David font la une des journaux, ce qui rappelle qu'ordinairement Goliath opère et prospère sans beaucoup de limitation, mais au prix d'un travail colossal, d'une organisation et d'une logistique qui forcent l'admiration des connaisseurs. L'antirapport est le nom philosophique de l'impuissance de la politique locale à l'heure où les choix qui impactent le plus les sociétés, comme la numérisation, la robotisation, les politiques de l'énergie et du climat, ou les canalisations des grands flux financiers, échappent à ceux qu'elles affectent. Ce ne sont pas quelques élites qui sont en question, mais des mouvements de fond planétaires et abstraits. La numérisation du monde ne repose pas entre les mains de quelques acteurs ; elle est plutôt le processus par lequel toutes les conséquences sont tirées du fait maintenant avéré qu'une pragmatique du code fait muter le monde. Et la timbale revient chaque fois à l'ultraforce qui a inventé la pragmatique qui recueille le plus de votes de ses utilisateurs. Le technocapitalisme ne s'est pas mondialisé pour rien : il s'y connaît en matière de compétence, au point d'éclipser les politiciens qui, eux, devraient s'y connaître en matière de justice.

Progrès utile et progrès subtil

Or, face à ces ultraforces qui forment le réel contemporain, comment résister pour qu'elles ne soient pas seules à déterminer le futur ? Car leurs apports, on l'a assez dit, sont considérables, et à bien des égards positifs. Mais à elles seules, elles ne peuvent résumer ce que l'on entend par progrès. Au contraire même, elles s'opposent parfois à un progrès authentiquement humain. Pour le penser, il me semble qu'il faut retravailler cette notion de progrès, et faire exister une conception du progrès différente de celui qui triomphe actuellement. Car jamais époque ne fut aussi mobilisée et tendue par le progrès que la nôtre, jamais époque n'osa, comme la nôtre, rêver transcender ses propres limitations matérielles grâce aux biotechnologies. Jamais, non plus, époque n'eut autant de ressources et n'en consacra de si larges parts à se construire un futur, tout en s'interrogeant si peu sur ce qu'elle attendait de ce futur. D'où l'interrogation : que reste-t-il du progrès depuis qu'on a cessé de le mythifier, de le mystifier, d'en faire un drapeau et un prétexte ? Peut-il, en d'autres mots, exister un rapport plus fort, plus philosophique, et moins idéologique, au progrès ? La seule piste, me semble-t-il, c'est de faire du progrès une question personnelle. Si l'on persiste à n'y voir qu'une utopie civilisationnelle, qu'un mode de développement du système, ou qu'un processus aveugle, alors le progrès nous aura totalement échappé. Si par contre, on part du fait que le progrès fondamental est un progrès entre soi et soi, un progrès entre ce que l'on est en train de vivre et le sens que l'on voudrait, peut-être désespérément, peut-être avec raison, donner à ce que l'on est en train de vivre, alors on peut reprendre pied, retrouver une question intéressante. Il faut recentrer le progrès sur l'humain. Il faut tâcher de penser à la fois le progrès du système, le progrès global, et le progrès dans l'existence, entre la vie et l'hypothétique sens de cette vie.

Ceci sera plus parlant si l'on convient d'admettre qu'il y a deux progrès : un progrès utile et un progrès subtil. Le premier est d'ordre matériel et technique. C'est à lui que l'on se réfère lorsqu'on salue une innovation médicale, le perfectionnement d'un outil, la miniaturisation d'un appareil, l'invention d'un dispositif qui concentre plusieurs fonctions auparavant disjointes. Le progrès dans la sphère de l'utile a pour valeurs l'efficacité, la fonctionnalité, la performance, le confort, le plaisir, le bien-être. Il est difficile de lui trouver un sens. Il n'est d'ailleurs pas là, ce progrès, pour répondre de quelque manière que ce soit, à la question du sens éventuel d'une vie humaine. Il transforme cette vie, il la facilite, la complexifie, parfois la gâche, lui offre souvent de nouvelles dimensions et de nouvelles possibilités, mais jamais il ne concerne le cœur de la question humaine : le sens de l'existence. Par contre, et cela mérite d'être noté, ce progrès utile est *capitalisable* : chaque progrès constitue à la fois un acquis, une ressource et un tremplin en vue d'un progrès futur. Le progrès technique et le capitalisme obéissent à des logiques connexes.

Mais existe-t-il un autre progrès que le progrès utile ? Le fait même de devoir se poser la question montre combien la sphère matérielle a acquis d'étendue et d'importance, et a imposé sa logique et sa primauté, au point de faire douter de l'existence d'une sphère qui n'obéirait pas au mode de fonctionnement utilitaire. Bien sûr, donc, qu'un autre progrès existe. On l'appellera *subtil*, pour préciser qu'il échappe aux catégories habituelles. Car si, en effet, *progresser*, comme on l'a dit, c'est étymologiquement *marcher en avant*, il convient d'admettre que cette marche doit concerner d'abord chaque existence en particulier.

Exister, c'est chercher à formuler le sens de cette existence. Chaque vie est un progrès qui s'extraie des données biologiques et naturelles initiales et qui s'achemine, ou qui essaye de s'acheminer, vers la formulation d'un sens. Les langages et les formes sont multiples : relationnels, parlés, écrits, plastiques, musicaux, émotionnels, ... dans tous ces cas, sur tous ces registres, il y a tentative de formulation. Le donné brut qu'est le fait d'être en vie, de sentir et de savoir que la matière qui nous constitue est animée, que les cellules qui

sont le soubassement de notre être sont programmées, mais que ce programme n'a pas d'autre sens que celui de leur perpétuation, ce donné brut là est le donné initial. Si l'existence peut être vue comme mue par un progrès subtil, intime, existentiel, c'est dans la mesure où chaque vie tente de se formuler à elle-même les raisons qu'elle a d'exister. Cela n'est jamais fixe : on progresse vers le sens, on tente, on rate. Une chose est sûre : on ne le capitalise pas. De même que celui ou celle qui prétend « J'ai beaucoup d'humour » cesse souvent aussitôt d'en avoir, de même les vies qui se targuent d'être les plus sensées connaissent souvent d'amères mésaventures. Le progrès subtil est par définition un progrès fragile.

Progrès utile et progrès subtil sont les deux faces d'une même question. Il n'y a qu'en le considérant ensemble que l'on peut avoir une juste appréciation des enjeux du progrès. Si l'on se restreint au progrès utile, on élimine l'individu et on se borne à considérer le développement matériel de l'humanité. Si par contre le seul progrès subtil est considéré, les aspects philosophiques et spirituels primeront, mais sans laisser de possibilité de les articuler à leur environnement matériel et à leur époque : on en ferait de purs esprits, ce qui les priverait de bien des plaisirs. L'enjeu est dès lors de parvenir à articuler progrès utile et progrès subtil, de trouver les manières dont ces deux sphères liées, et répondant cependant à des logiques différentes, peuvent interagir, s'influencer mutuellement, coexister.

Vers le soi

Toute la difficulté, cependant, est de faire vivre aujourd'hui ce progrès subtil. Pour le penser, il faut commencer à caractériser la situation contemporaine de l'existence au sein du technocapitalisme. Pour ce faire, trois dimensions sont à étudier. La première est celle du « système ». Plutôt que de relayer les débats trop vagues entre les pro- et les anti-système, l'auteur adopte une approche descriptive et matérialiste en réfléchissant sur trois réalités : la vitre, la chaise et l'écran. Être dans le système, c'est souvent être assis derrière un écran, à l'abri d'une fenêtre. Ce qui a été dit plus haut sur la protection trouve ici sa traduction matérielle. En effet, outre l'importance de révéler ces dimensions matérielles de l'existence trop souvent inaperçues, l'analyse conduit à interroger les valeurs portées par ce système. La vitre protège tout en filtrant le rapport au dehors, privilégiant la vue au détriment des autres sens. La chaise matérialise la recherche d'une place et d'un rôle social. L'écran organise la comparaison universelle entre les informations. Mais ces valeurs sont en crise, soumises à des stress systémiques repérables dans le fait que les vitres opèrent comme des clôtures, que les sièges manquent (ce que le chômage, aggravé par la robotisation, confirme) et que les écrans imposent leurs vitesses de défilement aux consciences.

Plutôt que de faire le procès du système, cherchons à diagnostiquer les causes de ces stress systémiques. Elles résident dans les « ultraforces » dont nous avons parlé. Il manque en effet à l'approche systémique une vision dynamique, centrée sur les forces de devenir, de transformation et de métamorphose. La distinction entre le système et la force est cruciale (ce qu'il montre en relisant Kant et Deleuze). Mais les forces en présence ont aujourd'hui, comme on l'a dit, muté. Elles ne sont plus, comme naguère, soit techniques, soit politiques, soit psychiques, soit économiques. Une ultraforce comme Google, par exemple, est tout à la fois technique, psychique, économique, politique. La numérisation, la financiarisation, la poussée démographique, et d'autres ultraforces encore sont analysées comme des forces globales de clivage : dans tous les champs qu'elles traversent se crée une scission entre un plan nouveau (plan de futur) et un monde ancien, disqualifié rapidement et dont l'imposition ressemble à un destin. Les ultraforces posent ainsi la question politique : quel rapport avec elles ? Comment créer un rapport de force ? À cette question, on ne peut que répondre par le thème de l'antirapport, car il ne semble pas y avoir de possibilité de vrai rapport de force avec les banques systémiques ou avec les géants du numériques, ce qui accroît l'impression de destin. Ce rapport est à inventer, ce qui amène la question de la résistance.

Entre le système et les ultraforces, souvent confondus dans d'autres analyses, existe une « dialectique de la surenchère ». Le système, déjà intrinsèquement fragilisé, est traversé par des ultraforces clivantes, qui le stressent encore davantage, et le rend encore moins capable de se défendre et de réguler ces forces. C'est de cette dialectique de la surenchère et de cette fragilisation que profitent les populismes en actant, par la rhétorique « anti-système », qu'ils oublient complètement d'abord que les systèmes doivent être des lieux de protection, qui donnent un rôle et favorisent la liberté à travers le numérique, et ensuite que les ultraforces, qui sont une part du réel contemporain, ne disparaîtront pas d'un coup de baguette magique...

Comment sortir de cette dialectique de la surenchère et des réactions « magiques » qu'elle engendre ? Pour l'éclairer, il est impératif de mettre au jour la troisième dimension si souvent oubliée du débat : le soi. L'individu n'est plus traité que comme être-dans-le-système ou comme être-clivé-par-les forces, ce qui sont deux déterminations de lui-même, parfois imposantes, mais superficielles tout-de-même au regard de ce que les anciens appelaient son « aséité », c'est-à-dire son être pour lui. Essayer de caractériser le rapport à soi comme centre du mode d'existence contemporain revient à poser plusieurs questions. Qu'est-ce que l'équilibre, pour le soi ? Non pas l'équilibre figé, mais l'équilibre mobile et fertile ? Qu'est-ce que le *non finito*, c'est-à-dire la conscience que nous ne vivons pas sur la seule lamelle du présent, mais qu'en nos consciences coexiste tout notre passé (toutes les histoires et les relations qui nous constituent), de même que notre culture est stratifiée de manière vivant par des legs qui demeurent psychoactifs. Qu'est-ce que le désir de changement pour le soi, et surtout : comment le soi est-il d'abord un hors-de-soi, c'est-à-dire un collectif.

À côté du système et des ultraforces, la dimension du soi est précieuse et centrale. Elle est le lieu de la résistance, qui nous mène vers une méditation sur les conditions de convergence entre les trois dimensions du contemporain (convergence qui est un idéal de la raison, bien sûr, et pas une réalité, mais qui cherche à penser la coexistence de ces trois pôles dont aucun ne peut être magiquement gommé). C'est là que réside centralement le progrès subtil et la découverte de liens que l'on peut aussi dire subtils. On le retrouve aussi dans les initiatives de transition (écologique, environnementale, organisationnelle dans les entreprises notamment sur la question du pouvoir, mobilitaire, et plus encore intérieure et philosophique), qui sont le lieu majeur d'une résistance créatrice et constructive. Dans toutes ces transitions, c'est toujours le soi qui est engagé, cherchant dans les systèmes et les ultraforces des relais, pour son objectif majeur : une coexistence pacifique et éduquée entre les humains entre eux, sur leur planète bleue.

Individuo e comunità in Platone e Aristotele

Giuseppe Cambiano

Torino, Italy / *Italia*
September / *Settembre* 2021

Il termine greco corrispondente al nostro "individuo" è *atomos*, ma non è questo ad essere usato nella Grecia classica per indicare il singolo e la sfera di sua appartenenza. Tanto meno in Platone e in Aristotele, per i quali la stessa dimensione psichica dell'uomo è articolata in parti e funzioni diverse. La nostra nozione di individuo trova piuttosto il suo corrispondente greco nel termine *idios*, che, come ha chiarito Émile Benveniste, "si riferisce alla nozione di "privato, che è proprio di qualcuno", in opposizione a ciò che è pubblico o comune a tutti"[1]. Il termine greco al quale *idios* è contrapposto è *koinós*, da cui deriva il verbo *koinonein* per indicare la condivisione di determinate cose con altri, il che dà luogo a una *koinonía*, a una comunità. Sullo sfondo si può cogliere un senso spaziale presente anche nell'espressione "mettere nel mezzo (*eis meson*)", la quale

1 E. Benveniste, *Il vocabolario delle istituzioni indo-europee* (1969), tr. it. Einaudi, Torino 1976, Vol. I, pp. 252 *sg*. Egli precisa anche che nessun'altra lingua ha il corrispondente esatto di questo termine greco, una forma vicina all'aggettivo *sodalis*, il cui corrispettivo greco è rintracciabile in *hetairos*, che "implica un legame con un gruppo unito dall'età o dalla professione [...] anche in questo caso (come per la libertà) è la società, sono le istituzioni sociali che forniscono i concetti all' apparenza più personali" (ivi, pp. 255 *sg*). Per la contestualizzazione storica della nozione di individuo, cfr. J.-P. Vernant, *L'individu, la mort, l amour. Soi-même et l'autre en Grèce ancienne*, Gallimard, Paris 1989, in part. pp. 211-32, e M. Vegetti, "L'io, l'anima, il soggetto", in: S. Settis (a cura di), *I Greci. I: Noi e i Greci*, Einaudi, Torino 1996, pp. 431-67.

caratterizzava originariamente la pratica di gruppi di cacciatori o di guerrieri di mettere la preda o il bottino nel mezzo per essere spartito[2]. Ma *idios* è frequentemente contrapposto anche a *demosios*, soprattutto nella coppia polare "in pubblico-in privato", dove la sfera pubblica è costituita dal *demos*, il popolo. E a partire da *demos* si ha anche l'espressione *demiourgós* a indicare, già in Omero, colui che svolge una funzione o un lavoro non per se stesso o non solo per se stesso, ma anche per altri, in particolare l'artigiano, grazie a proprie peculiari capacità o conoscenze[3]. È interessante il fatto che da *idios* deriva il termine *idiotes*, che sta appunto a indicare colui che, in contrapposizione a chi ricopre una carica pubblica o esercita un'attività tecnica specializzata richiedente una certa competenza, non dispone di tale competenza. Di qui il significato di incompetente, profano e quindi ignorante[4]. E tale significato persiste anche nel calco latino *idiota*. Sarà invece nelle lingue moderne come l'italiano o il francese che la parola idiota diventerà sinonimo di stupido, come se la stupidità comportasse anche il ritrarsi in una sfera esclusivamente privata, incapace di fornire alcun contributo alla sfera pubblica.

La contrapposizione *idios-koinós* fu ben presto sfruttata anche sul piano filosofico, per esempio da Eraclito, quando afferma che bisogna seguire ciò che è comune, cioè il *logos*, mentre i molti vivono come se avessero "un pensiero proprio (*idia phronesis*)" (B 2). Ma il *phronein* è comune, termine che traduce il greco *xynòn*, scomposto etimologicamente da Eraclito in "con *nous*", cioè con intelletto (B 2 e 113-114). Su questa base egli contrappone agli svegli, per i quali "uno solo e *koinòn* è il cosmo", i dormienti, ciascuno dei quali "si rivolge ad un mondo *idion*" (B 89). Sono considerazioni che coinvolgono un

2 Cfr. M. Detienne, "En Grèce archaïque: géométrie, politique et société", in: "Annales E.S.C.", Vol. 20, 1965, pp. 425-41 e la raccolta di saggi da lui curata, *Qui veut prendre la parole?*, Seuil, Paris 2003.

3 Per l'uso del termine nel significato di chi ricopre una carica pubblica, cfr. K. Murakawa, "Demiourgos", in: "Historia", Vol. 6, 1957, pp. 385-415.

4 Per la nozione di *idiotes* nel senso di incompetente in Platone, cfr. per es. *Eutidemo* 278 d, 282 d; *Repubblica* 493 a 6; *Politico* 298 c 4-5 e, per l'opposizione "in privato-in pubblico", *Teeteto* 174 b 9 – c 1.

piano cosmico generale e non sembrano riguardare esplicitamente la sfera politica. È invece in Platone e Aristotele che questa polarità assume valenze propriamente politiche ed è su essi che concentrerò l'attenzione: entrambi assegnano ruolo di preminenza alla sfera comune rispetto al pieno individuale, ma in modi ben diversi. Assumerò come ipotesi che Platone privilegia l'opposizione *idiotes-demoiourgós* ed Aristotele invece quella tra *idion* e *koinón*.

1. Platone contro l'individualità

Quando nel secondo libro della *Repubblica* è affrontata la questione di come si possa ricostruire razionalmente, mediante un *logos*, la genesi della città, Socrate parte dall'assunzione che ciascun individuo è contrassegnato da una molteplicità di bisogni, che da solo è incapace di soddisfare adeguatamente nella loro totalità[5]. Si tratta quindi di una finitudine antropologica, dovuta al fatto che la natura fornisce a ciascuno attitudini a svolgere un solo *ergon*, dove per *ergon* si deve intendere la funzione e l'attività propria di un individuo, quella che solo egli può svolgere o svolgere meglio di altri. Ciascun individuo infatti è per natura differente da altri proprio perché ciascuno può svolgere bene un solo *ergon* e non molti, cioè quello per il quale ha attitudini naturali (*pròs ho epephykei*). Di qui la necessità di dedicarsi a questa sola attività per la quale dispone di attitudini, perché solo così essa potrà essere svolta bene, mentre un individuo che pretenda di svolgerne molte le svolgerà necessariamente male. La virtù, l'*areté,* cioè l'eccellenza relativa all'esercizio di questa funzione, consiste appunto nell' eccellenza della *dynamis*, della capacità di svolgerla bene. Ciascuno dovrà quindi dedicarsi a tempo pieno all'attività che gli è propria, anche perché se la esercitasse solo parzialmente o saltuariamente (*en parergo*) rischierebbe di perdere

5 Sul metodo usato da Platone in questo contesto rinvio a G. Cambiano, "La méthode par hypothèse en *République II*", in: M. Dixsaut (a cura di), *Études sur la République de Platon*, Vrin, Paris 2005, Vol. II, pp. 9-24.

il *kairós*, l'occasione, il momento opportuno per intervenire, dove si può pensare che il riferimento sia a tecniche come la medicina o l'agricoltura. Il "deve" non va però interpretato nel senso di un comando o di un obbligo: infatti l'assegnazione delle diverse funzioni e quindi la divisione del lavoro o dei mestieri che ne consegue non avviene sulla base di un accordo o di una costrizione, non è cioè un fatto artificiale, ma ha una base naturale. E proprio in quanto corrisponde alle attitudini naturali di ciascuno è anche gratificante sul piano personale e fa tendere a lavorare di più e meglio che non dedicandosi ad attività per le quali non si hanno attitudini, sicché esercitandola per tutta la vita, si arriverà ad esercitarla sempre meglio[6].

L'unilateralità e differenza delle doti naturali dei singoli, determinando la non autosufficienza di ciascun individuo, rende necessaria una integrazione delle varie funzioni individuali, in modo da assicurare uno scambio tra prestazioni diverse, le quali consentano quindi di procurare, nel loro insieme, quanto è necessario a soddisfare la molteplicità dei bisogni individuali. Qual è dunque la finalità di questa integrazione reciproca di funzioni, che si concretizza in una sorta di coabitazione anche spaziale (*synoikia*) tra questi individui, cioè appunto nel nucleo embrionale di una città? Per indicarla Socrate usa esplicitamente il termine *boétheia*, il soccorso reciproco, che induce ciascuno a credere che ciò sia meglio per lui (369 b 7 – c 7). Non è da sottovalutare il fatto che Platone ravvisi la condizione primaria della formazione di una comunità non nel costituirsi di una famiglia per esigenze riproduttive né in ragioni di ordine politico, tanto meno etico, ma in motivazioni che potremmo dire di ordine economico, nella sopravvivenza fisica assicurata dal soddisfacimento dei bisogni primari, cibo, abitazione, vestiti[7]. È quella che viene

6 *Repubblica* 352 e 2 – 353 c 2, 370 a 8 – e 1, 374 b 6 – c 3. Cfr. G. Cambiano, *Platone e le tecniche*, Laterza, Bari-Roma 1991[2], pp. 143-68.

7 Sul variare della nozione di comunità nei vari libri della *Repubblica*, in base alla determinazione di chi ne fa parte, di che cosa è posto in comune (prestazioni, beni, famiglia) e della natura di questo porre in comune (scambio, condivisione) cfr. P.

chiamata *anankaiotate polis* (369 d 11-12), dove l'aggettivo *anankaios* sottolinea che essa presenta le condizioni necessarie, senza le quali una città non può né formarsi né sussistere: se deve esserci una *polis*, l'esistenza di individui preposti all'assolvimento di queste funzioni diverse è imprescindibile. Di qui, sempre con un ragionamento condizionale, Socrate inferisce che per la buona esecuzione delle attività tecniche volte a soddisfare questi bisogni primari, sarà necessaria la presenza di altri individui dotati di attitudini a procurare ad esse gli strumenti adeguati e quindi la presenza di altre tecniche e delle figure correlate ad esse. Tutto ciò porta ad un ampliamento progressivo della città: l'incremento della divisione del lavoro è un corollario del carattere non autosufficiente del singolo e ha come conseguenza l'accrescimento del gruppo con le figure necessarie a garantirne l'autosufficienza e quindi il pieno soccorso reciproco. Il nocciolo della questione è dunque dato dal fatto che il singolo, senza l'integrazione della sua attività in un contesto più ampio, non è in grado di sopravvivere: l'esistenza di una relazione di reciprocità con altri è imprescindibile. Si tratta di una città caratterizzata dalla piena occupazione di tutti i suoi membri e da una completa reciprocità: nessuno riceve qualcosa senza fornire in cambio le prestazioni che gli sono proprie. Ciò si traduce quindi in una sorta di imperativo ipotetico: ciascuno, se intende sopravvivere, deve porre in comune (*koinón*) il proprio *ergon*, deve cioè svolgere l'attività che gli è propria (*tà hautou prattein*) non solo per sé, in modo da soddisfare una parte dei propri bisogni, ma anche per altri, in modo da contribuire alla soddisfazione dei loro bisogni (369 e 3- 370 a 4). La riunione in gruppo e quindi la formazione di città non è una tra alternative possibili, ma è l'unica alternativa perché solo così un individuo può sopravvivere, ma qui dire gruppo e città vuol dire divisione dei mestieri. A ben vedere, in questa argomentazione di Socrate ciascun individuo è di fatto identificato con la tecnica di cui è portatore, la quale lo rende

---

Butti de Lima, *Archeologia della politica. Letture della* Repubblica *di Platone*, Mimesis, Milano-Udine 2012, pp. 85-106.

elemento indispensabile per la sopravvivenza di una comunità. Per questo avanzavo all'inizio l'ipotesi che Platone accentuasse prevalentemente la polarità *idiotes-demiourgós*, finendo per ricondurre, se non a ridurre, la figura dell'*idiotes* a quella del *demiourgós*, che svolge un'attività utile anche per gli altri membri della comunità. E mi pare che questo punto trovi ulteriore conferma nella considerazione svolta da Socrate a 406 a 5 -407 e 3, secondo cui se ogni cittadino ha il suo compito proprio nell'esercitare un lavoro specifico, non ha senso che possa essere malato e curato per tutta la vita, come invece avviene nelle città attuali esclusivamente per cittadini abbienti che non abbiano alcuna necessità di lavorare[8].

Già nel primo libro della *Repubblica*, in opposizione a Trasimaco che prospettava una concezione dell'attività tecnica come volta esclusivamente a procurare ciò che è utile al detentore di essa (il pastore che ingrassa le pecore a suo vantaggio), Socrate aveva opposto la concezione alternativa del carattere non esclusivamente autoreferenziale della tecnica, nel senso che il medico esercita il suo sapere e le sue cure a vantaggio del malato ed eventualmente anche di se stesso, ma in quanto malato (341 d-342 e). Questo aspetto viene esteso all'intera città sotto l'insegna della *boétheia* reciproca: in luogo della competizione tra individui, la posizione centrale è assunta dalla cooperazione reciproca[9]. Ricorre qui la ben nota affermazione di Socrate, secondo cui qualunque gruppo, fosse anche una banda di briganti, non può funzionare, cioè realizzare i propri scopi (indipendentemente dalla bontà o malvagità di essi), senza la cooperazione tra i suoi membri (351 c 6-9). In caso contrario si ha la paralisi o la dissoluzione del gruppo stesso. La teoria contrattualistica privilegia

8 Cfr. G. Cambiano, *Platone e le tecniche* cit., pp. 149-51, e M. Vegetti, "*Kompsoi Asklepiades*: la critica di Platone alla medicina nel III libro della *Repubblica*", in: K.A. Algra, P.W. van der Horst e D.T. Runia (a cura di), *Polyhistor. Studies in the History and Historiography of Ancient Philosophy*, E.J. Brill, Leiden/New York, NY/Köln 1996, pp. 61-75.

9 Sulla distinzione tra virtù competitive e virtù cooperative, cfr. soprattutto A.W. Adkins, *Merit and Responsibility. A Study in Greek Values*, Clarendon, Oxford 1960 (tr. it. *La morale dei Greci*, Laterza, Bari 1964).

il singolo rispetto al gruppo e qualifica la giustizia come strumento di difesa dei contraenti e non come condizione dell'esercizio di funzioni diverse, ma complementari. In Platone invece il fare le cose proprie, *tà hautou prattein*, è sì prerogativa dei singoli individui, ma è al tempo stesso in maniera indisgiungibile una virtù cooperativa. L'espressione *tà hautou prattein* non era probabilmente inventata da Platone. Nel *Carmide* (161 b – 163 c) essa viene attribuita al parente di Platone, poi tristemente celebre come uno dei Trenta tiranni, Crizia, per definire non la giustizia, bensì un'altra virtù, la *sophrosyne,* intesa come tratto distintivo di classe, non di tutti i membri della città. Crizia, infatti, distingue tra *poiein* nel senso di produrre oggetti privi di bellezza ed *ergazesthai* come produrre oggetti accompagnati da bellezza. Entrambe le attività, pur differenti sul piano dei valori, sono tuttavia pertinenti le prime alle classi artigianali e le seconde agli agricoltori. Rispetto a questi termini un innegabile tratto di superiorità è assegnato al *prattein,* consistente nello svolgere attività nobili, non necessariamente destinate alla produzione di oggetti. Solo questa interpretazione restrittiva del verbo *prattein* poteva consentire a Crizia di assegnare a ceti socialmente superiori la prerogativa della saggezza, *sophrosyne,* come massimo valore politico. In Platone invece il *tà hautou prattein* è prerogativa di tutti i membri della città, non solo di alcuni. Si capisce allora perché nel seguito del dialogo esso sia identificato con la virtù della giustizia, necessariamente comune a tutti i membri di una città che si possa dire giusta. La giustizia, consistente appunto nell'adempimento da parte di ciascuno delle funzioni per le quali ha attitudini naturali (422 a 4-b 1), assicura l'esercizio efficiente di tali funzioni, eliminando al tempo stesso ogni conflittualità.

Il concetto di funzione ha chiare implicazioni di ordine biologico, stabilendo una precisa analogia con il corpo nel quale ogni organo è caratterizzato da una funzione specifica, per cui si è potuto parlare di modello organico a proposito della città delineata nella *Repubblica.* Effettivamente Socrate mette in rilievo come connotato di questo modello la caratteristica dell'unità[10]. Una *polis* unitaria così grande, dice Socrate, non la troverai facilmente né tra gli Elleni né tra i barbari (423 a 5-b 2). Non si tratta della semplice somma di una molteplicità qualsiasi di individui, ma di una unità coesa nella quale ciascuna parte è funzionale alle altre e, quindi, alla città nel suo insieme. Ma a tale scopo occorre appunto che ciascun cittadino sia uno, non molteplice, non portatore di una molteplicità di funzioni diverse (423 b 4-c 4), non sia ciò caratterizzato da quella che viene chiamata *polypragmosyne* (551 e 4 – 552 a 2), né da funzioni che gli siano estranee e pertinenti invece ad altri (*allotriopragmosyne*) (444 b 1-8)[11]. Paradossalmente è proprio l'unilateralità delle funzioni che permette la loro integrazione in un unico organismo, ma d'altro canto è proprio questo legame che assicura la piena funzionalità della città e di conseguenza la felicità della città nella sua interezza, con la quale viene a coincidere la felicità dei singoli che in essa possono esplicare a pieno le proprie attitudini naturali e quindi le attività relative ad esse, partecipando al tempo stesso dei vantaggi per il *koinón*, la comunità, derivanti dall'insieme delle loro prestazioni (420 c-421 c, 519 e 1-520 a 2)[12].

La divisione del lavoro è il fattore fondamentale dell'unità e coesione sociale, proprio perché le differenti funzioni, in quanto complementari e solidali, non danno luogo a conflitti, anzi eliminano i conflitti. D'altro canto, la crescita della città, con l'inserzione di

10 Cfr. J.M. Arends, *Die Einheit der Polis*, E.J. Brill, Leiden 1988.

11 Su questo punto, cfr. A.W. Adkins, "*Polypragmosyne* and 'Minding One's One Business'", in: "Classical Philology", Vol. 71, 1976, pp. 301-27.

12 Contro Popper, secondo cui oggetto dell'impegno platonico sarebbe non la felicità degli individui né di una singola classe, ma solo la felicità del tutto, G. Vlastos, "The Theory of Social Justice in the Polis in Plato's *Republic*", in: H.F. North (a cura di), *Interpretations of Plato*, Brill, Leiden 1977, pp. 1-40, argomenta che per Platone la felicità del tutto è inseparabile da quella delle parti e in qualche modo risultante da esse: l'intuizione centrale di Platone sarebbe il concetto di reciprocità. Sui vari sensi di *tà hautou prattein*, cfr. E.N. Lee, "Plato's Theory of Social Justice in *Republic* II-IV", in: J.P. Anton e A Preus (a cura di), *Essays in Ancient Greek Philosophy. III: Plato*, SUNY, Albany.NY 1989, pp. 117-40, che ravvisa una tensione tra il requisito dell'unicità delle attitudini e quello della adeguatezza, a mio avviso invece strettamente legati.

ulteriori figure di tecnici, non può andare oltre un certo limite, se non vuole compromettere l'unità della città stessa ed è compito dei guardiani badare a che essa non sia né troppo grande né troppo piccola, ma *tis hikanè kai mia* (423 b 4 – c 4, 460 a 2-6)[13]. Platone estende questa unità sino a coinvolgere anche la sfera delle emozioni, piacere e dolore. Egli sottolinea infatti che l'unità è assicurata e rafforzata dalla condivisione delle stesse emozioni tra le componenti sia dell'anima individuale, sia della città, le quali si rallegrano o addolorano tutte per le stesse cose. E qui viene introdotto un termine ricorrente solo qui, un *hapax*, cioè il termine *idiosis* ad indicare la particolarizzazione, il restringimento delle emozioni all'esclusiva sfera individuale e privata. Essa, dice Socrate, dissolve (*dialuei*) la città (462 b 4 – c 1). Ne scaturisce la necessità di eliminare dalla città giusta tutto ciò che porta a particolarizzare le emozioni, cioè la dimensione del privato e del proprio, che si esprime con l'aggettivo possessivo "mio". Come si sa, la misura escogitata da Platone a tale scopo per le figure dei guardiani, che devono presiedere alla salvaguardia e al governo della comunità, è la comunanza dei beni, delle donne e dei figli (458 c-d). Sono queste le sfere tradizionalmente peculiari degli *idia*, che vanno sradicate dalla città. Si potrà allora procedere a quello che è stato ben definito un "mutamento semantico degli usi linguistici della nuova comunità", in primo luogo del linguaggio della parentela, coinvolgendo "non singoli individui diversi per ciascun parlante, bensì interi gruppi di persone distinte per fasce d'età: una consanguineità solo possibile, virtuale, sostituisce così quella reale, trasferendone il sistema di vincoli affettivi alla comunità politica nel suo insieme"[14]. Se la nozione di "mio" viene estesa all'intera sfera

13 Sul problema delle dimensioni della città in Platone e Aristotele, cfr. G. Cambiano, *Come nave in tempesta. Il governo della città in Platone e Aristotele*, Laterza, Bari-Roma 2016, pp. 84-105.

14 M. Vegetti, "*Beltista eiper dynatá.* Lo statuto dell'utopia nella *Repubblica*", in: M. Vegetti (a cura di), *Platone. La Repubblica*, Vol. IV, Bibliopolis, Napoli 2000, pp. 107-47, in part. p. 142, il quale pone anche la questione se questa misura riguardi solo i guardiani o tutti i cittadini (ivi, pp. 134 *sg.*). Giustamente S. Campese, "La seconda ondata: la comunanza di donne e figli", in: ivi, pp. 257-293, in part. pp. 282-84,

delle cose di interesse comune, l'interesse di ciascuno dei singoli verrà a coincidere integralmente con essa. Si ha così una *polis* quanto più possibile simile a un singolo uomo, come se fosse un unico uomo (462 c 7-10). Tra le motivazioni di queste misure è decisiva l'osservazione che sia la proprietà dei beni sia le relazioni familiari rendono impossibile o guastano irrimediabilmente lo svolgimento delle funzioni naturali dei singoli correlate alla loro classe naturale di appartenenza. Un tecnico arricchito non vorrà più occuparsi della sua tecnica, ma se povero non potrà procurarsi gli strumenti e materiali necessari alla sua tecnica, che quindi peggiorerà. Sia ricchezza sia povertà sono impedimenti al buon esercizio di una tecnica (421 d-e e 422 a). Non solo, ma un tecnico arricchito vorrà elevare socialmente se stesso e i propri figli, sottraendoli alla sfera che pertiene loro per natura[15].

2. *L'individuo nelle Leggi platoniche*

Si può allora porre a questo punto il problema della distribuzione del potere. Livelli di potere sono peculiari di ogni tecnica: ognuna di esse dispone di un potere rispetto agli oggetti di sua competenza.

---

osserva che la terminologia del possesso, l'affermazione "è mio" non è cancellata, ma scissa dal legame col privato.

15 Sulla comunità di beni, donne e figli, cfr. anche G. Cambiano, *Platone e le tecniche*, cit., pp. 161-68, e C. Natali, "L'élision de l'*oikos* dans la *République* de Platon", in: M. Dixsaut, *op. cit.*, pp. 199-223. In generale Platone parla poco della terza classe ed è difficile determinare con sicurezza se egli limitasse la comunanza di donne e figli solo alle due classi superiori. Se così fosse, non si capirebbe allora come ciò sia compatibile con l'affermazione che dalla terza classe possano nascere figli con attitudini superiori e viceversa, dato che l'appartenenza di un individuo a una delle tre classi non è determinata totalmente dall'ereditarietà biologica, pur avendo essa peso, come emerge dalle misure eugenetiche prospettate da Platone. Come si può infatti arrivare a riconoscere le attitudini naturali di ciascuno se non attraverso un processo educativo via via più selettivo, ma coinvolgente "tutti i figli"? Se si ammette che per la terza classe vige il regime familiare tradizionale, i custodi che educano giovani già sapranno in partenza che i figli provenienti da tale classe dovranno essere esclusi dal processo educativo. Cfr. per esempio *Repubblica* 423 c-d e il caso della viltà in guerra che comporta una retrocessione alla terza classe (468 a).

Ma nel momento in cui le tecniche sono integrate nel sistema di prestazioni reciproche della città, i personaggi che ne sono i detentori si collocano nella posizione di essere governati per tutto quanto riguarda la sfera esterna agli oggetti di loro competenza e quindi rispetto a forme superiori di sapere. Platone sottolinea in particolare il primato del saper usare rispetto al semplice saper produrre, dal momento che i pregi dell'oggetto prodotto possono essere adeguatamente valutati solo in base all' uso di esso, fondato sulla conoscenza anche dei suoi effetti possibili, positivi o negativi (601 c-e)[16]. È sempre la natura, opportunamente sviluppata attraverso un processo educativo, a fissare i ruoli anche nell' esercizio del potere. Ciò che è grave è soprattutto lo scambio di funzioni pertinenti a classi diverse, più che a individui diversi (per esempio tra un fabbro e un muratore), con la conseguente pretesa di arrogarsi gradi di potere che non competono loro. Non esiste però una tecnica specifica il cui contenuto peculiare ed esclusivo sia l'esercizio del potere. Il grado di potere (*arché*) è relativo piuttosto allo *status* occupato da ciascun cittadino entro una struttura gerarchica determinata da livelli diversi di sapere. La forma più alta di sapere per Platone è assicurata, come si sa, dalla filosofia il cui massimo oggetto di apprendimento è l'idea del bene, ma ciò non vuol dire che i singoli filosofi saranno governanti a tempo pieno, bensì a turno per breve tempo, sottoponendosi a tale costrizione, rinunciando cioè alla loro attività più propria, che è il filosofare, dato che per i filosofi il potere non è qualcosa di appetibile, come avviene abitualmente nelle città storiche, dove è perenne la lotta per la conquista del potere: essi hanno un oggetto più alto di desiderio, il sapere[17].

Qual è allora la funzione dei filosofi quando scendono a turno nella caverna della città? Platone attribuisce loro esplicitamente la funzione di servire da legame (*syndesmon*) della *polis* (520 a 2-4),

16 Su questa distinzione uso e produzione, cfr. G. Cambiano, *op. cit.*, pp. 154 *sg.*

17 Sulla costrizione dei filosofi a governare, cfr. G. Cambiano, *Come nave in tempesta...*, cit., pp. 14-41.

rafforzando con le loro misure i vincoli di solidarietà tra i cittadini e impedendo che ciascuno eserciti non la propria tecnica, ma un'altra, non solo perché ciò impedisce il buon esercizio di una tecnica, ma perché comporta appunto la pretesa di arrogarsi un potere che non compete (cfr. 374 b 6 – d 6), come viene chiarito dalla famosa metafora della nave, nella quale i marinai pretendono di essere loro e non il pilota a guidare la nave. Ciò che il governo dei filosofi assicura è quindi in primo luogo la salvaguardia dalla malattia del conflitto (520 c 7 – d 11). Con Platone si inaugura una lunga tradizione di analisi della patologia politica. La *stasis*, il conflitto, è infatti agli occhi di Platone, ma più in generale dei filosofi antichi, la malattia della città. Essa nasce soprattutto – come si chiariva già nell'*Eutifrone* (7 b – 8 a) – da divergenze nei giudizi non di fatto, ma di valore, i quali si traducono per Platone soprattutto in una distribuzione innaturale del potere, non più fondata sui gradi relativi di sapere. Ciò significa da una parte l'assenza di giustizia, che, come si è visto, coincide con l'*hautou prattein*, ma anche di un'altra virtù essenziale per la città, la *sophrosyne*, che consiste nell'opinione condivisa da tutti i cittadini su chi debba governare: è la virtù del riconoscimento (431 d 9-e 2, 433 c 6, 442 c 9-d 2). Al cuore di essa è la *homonoia*, il pensarla allo stesso modo, che ha il suo correlativo nel latino *concordia*, dove però è il cuore che viene sostituito al *nous*, all'intelletto. Solo *homonoia* e *philia* assicurano cooperazione (351 d 3-5), mentre la *stasis* rende impossibile l'agire in comune (359 d 9-e 1) e ciò vale anche per il singolo al suo interno, dato che il conflitto psichico paralizza (351 e 9-352 a 3)[18]. Il male peggiore in cui può incappare una città è appunto il non essere una, ma molti, impedendo ogni forma autentica di cooperazione, soprattutto lo spaccarsi in due e il contrapporsi fra queste due parti

18 Non è possibile affrontare qui il problema dell'analogia tra anima individuale e città, ma si veda almeno J. Neu, "Plato's Analogy of State and Individual: the *Republic* and the Organic Theory of the State", in: "Philosophy", Vol. 17, 1971, pp. 238-54; B. Williams, "The Analogy of City and Soul in Plato's *Republic*", in: E.N. Lee *et al.* (a cura di), *Exegesis and Argument*, Van Gorcum, Assen 1973, pp. 196-206; e O. Höffe, *Zur Analogie von Individuum und Polis*, in Id. (a cura di), *Platon. Politeia*, Akademie, Berlin 1997, pp. 69-83.

(462 a 9-b 2, 465 b 8-10, dov'è usato il termine *dichostasie*), soprattutto fra le due parti dei ricchi e dei poveri che sono *polemia.* tra loro, implicati in una vera e propria guerra (422 e 8-423 a 2), Anche alla radice di tale polarizzazione c'è una contrapposizione tra la sfera dell'*idion* e quella del *koinón*. La cosa risulta particolarmente evidente nella democrazia come governo dei poveri, soprattutto in quella che Platone aveva davanti agli occhi, la democrazia ateniese. In essa la città è piena di libertà di parola (*parrhesia*) e c'è licenza (*exousia*) di fare ciò che uno vuole (557 b 4-6). Ma dove c'è *exousia*, è chiaro che ciascuno può dare una propria configurazione (*idia kataskeué*) alla propria vita, al proprio *bios*, quella che piace a ciascuno (557 b 8-10). Platone paragona tale città a un mantello, *imation* variopinto, caratterizzato da una *poikilia* e da uomini *pantodapoì* (c 1.-9), quanto mai diverso dalla città fortemente unitaria da lui prospettata. In una città così variopinta non solo salta ogni gerarchia di comando, ma si genera una situazione di assenza di potere (*anarchia*) non solo in ambito pubblico, bensì anche in quello familiare (557 e 1 – 558 a 2, 562 e 6 – 563 c 10). Da tale situazione non può che nascere il mutamento nel senso opposto, dalla libertà eccessiva alla schiavitù eccessiva, cioè alla tirannide, nella quale il popolo viene ad indossare al posto di quella grande libertà "la veste della più dura e amara schiavitù" (569 b 9-c 4).

Le *Leggi*, come si sa, abbandonano il modello di città della *Repubblica*, dove tutto è comune, anche donne, figli e beni, e viene quindi eliminato, per quanto è possibile, "il cosiddetto *idion*", rendendo cioè comuni anche le cose *idia.* È significativo che tra le cose da rendere comuni siano indicate anche cose proprie per natura del singolo individuo, cioè occhi, orecchie e mani in modo da far sì che paiano (*dokein*) vedere e udire e *prattein* cose comuni (*koinà*), lodando e biasimando, provando gioie e dolori per le stesse cose, dove torna a essere centrale la condivisione totale delle emozioni e dei giudizi di valore come se in gioco fosse un unico singolo organismo. Questo modello di *polis* è però ora lasciato da parte, in quanto ritenuto appropriato a dèi o figli di dèi, ma inadeguato per gli uomini di oggi e tuttavia esso conserva la sua funzione di modello anche per delineare la costituzione più vicina ad esso, elaborata appunto nelle *Leggi* (739 b 8-e 3). Anche nelle *Leggi*, infatti, si ribadisce che il *koinón* tiene unite (*syndei*) le città, mentre l'*idion* le spacca, per cui è necessario che una vera tecnica politica si prenda cura non di ciò che è privato o individuale (*idion* appunto), ma di ciò che è comune. Qui si aggiunge però che essa sarà utile (*sympherei*) sia a ciò che è comune, sia alla sfera dell'*idion* (875 a 1-b 1; cfr. anche 945 d 1-e 2). Ciò significa che un certo spazio è ora riservato anche all'ambito privato individuale. Il principio della necessità che ciascuno si dedichi ad una sola occupazione è ribadito anche nelle *Leggi*, dove si dice tra l'altro che sin da piccoli si dovrà apprendere, attraverso i giochi, a dedicarsi ad una sola occupazione, quella che svolgeranno in futuro, per esempio come agricoltori o architetti, ma ora interviene il fatto decisivo che le attività artigianali e commerciali non sono più prerogativa di cittadini, bensì affidate a non cittadini, stranieri o schiavi, pur valendo anche per essi il principio dell'*oikeiopragia* (846 d 1-847 b 2). Non solo quindi beni, donne e figli non sono messe in comune, ma neppure quelle prestazioni tecniche che nella *Repubblica* costituivano il nucleo essenziale per la genesi della città. Non è più la divisione dei mestieri e lo scambio di prestazioni reciproche tra cittadini ad essere la condizione minima necessaria per l'istituzione dei legami che tengono insieme i cittadini. Di qui il peso ancora maggiore in questa direzione assunto nelle *Leggi* dall'educazione e dalla *philia*. Ora la vera educazione (*paideia*) riguarda la virtù, è mirata a formare il buon cittadino, dotato di propri beni e di una propria famiglia, che sa governare e essere governato (*archein* e *archesthai*) con giustizia, più che la formazione, noi diremmo, di tipo professionale, la quale è ora qualificata come *banauson* e *aneleutheron*, indegna di un uomo libero (643 b 4-644 a 5).

Anche nelle *Leggi* comunque torna il modello negativo rappresentato da Atene, caratterizzata da un eccesso di libertà che porta all'anarchia, al non voler essere soggetti ad alcun potere, con la conseguente assenza di ogni vincolo di amicizia (701 b 5-c 4). Esso è affiancato dal modello altrettanto negativo della Persia, che con Serse, a causa della sua educazione dissoluta e sfarzosa, aveva portato alla distruzione della *philia* e della *koinonia* perseguite invece dai suoi predecessori Ciro e Dario. Si era così finiti in un dominio dispotico ad esclusivo vantaggio del despota, dove, ponendo limiti eccessivi alla libertà del popolo e degli *ethne* sottomessi, era stato distrutto il senso di ciò che è *koinón* e *philon*, per cui quando c'è bisogno di combattenti, non si trova nessuno disposto ad affrontare i pericoli e si deve quindi ricorrere a mercenari (695 c 7 – 698 a 2). È chiaro che, venuta meno la comunità di beni, donne e e figli, vengono ad assumere posizione dominante nelle *Leggi* il nesso *philia-koinonia* e le misure soprattutto educative volte ad assicurarlo. Nel caso di una colonia, cioè di una città di nuova fondazione come quella prospettata nelle *Leggi*, la cooperazione entro un gruppo disomogeneo di cittadini non può essere assicurata in prima istanza dalla divisione dei mestieri e dallo scambio reciproco di prestazioni, dal momento che qui i cittadini dispongono di proprietà della terra e di una famiglia. Il fattore centrale di unità diventa la *philia*, che però richiede la formazione lenta e difficile di una tradizione condivisa (708 b 1-d 5)[19]. Di qui allora la funzione positiva assolta per esempio dai simposi e dai cori (640 c 9 – d 2; 664 a 1 – d 4), volti a rinsaldare questi legami unitari, o da norme miranti a far sentire tutti parte lesa nei delitti contro la città (767 c-768 b) o a sanzionare con la pena di morte quanti fanno pace privata in casi di guerra (955 b 8 – c 5). Solo l'amicizia politica salvaguarda dal male della *stasis* (cfr. 945 d 1- e 2), in quanto agli antipodi di essa si collocano la *pleonexia*, il prevaricare, il voler avere più degli altri, e l'*idiopragia*, il badare solo alle cose proprie (875 b 1-c 3), ben distante dall'*oikeiopragia*, cioè dal *tà hautou prattein*

19 Sulla nozione platonica di amicizia, anche nelle *Leggi*, cfr. D. El Murr, "*Philia* in Plato", in: S. Stern-Gillett e S. Gurtler (a cura di), *Ancient and Medieval Concept of Friendship*, SUNY, New York, NY 2014, pp. 3-34.

che nella *Repubblica* costituiva la giustizia dei cittadini. Il massimo male è infatti identificato nelle *Leggi* con l'eccessivo amore (*philos*) di sé, che porta a compiere gli errori più gravi (731 d 6-732 b 4), in particolare con l'amore esclusivo di quegli *idia*, di quelle cose proprie che sono le ricchezze, anteposte a tutto (831 c 4-832 a 2; cfr anche 870 a 1-c 1). Ma al tempo stesso questo comporta ora, a differenza che nella *Repubblica*, il riconoscimento di una sfera privata accanto a quella pubblica, tanto è vero che sono previste leggi non solo per l'ambito pubblico, ma anche per quello privato (780 a 1-7, 788 a 1-c1, 790 a 1-b 6).

3. *La rivendicazione aristotelica dell'individuo*

Non a caso la critica a Platone nel libro II della *Politica* aristotelica si concentra in modo particolare sulla comunanza di donne, figli e beni[20]. Aristotele delinea un'alternativa esaustiva, nel senso che

20 Sulle forme argomentative usate da Aristotele nella sua critica a Platone, cfr. L. Bertelli, *Historia e methodos. Analisi critica e topica politica nel secondo libro della "Politica" di Aristotele*, Paravia, Torino 1977, in part. pp. 1-52. Le discussioni moderne si sono prevalentemente concentrate sul problema della correttezza del resoconto aristotelico e delle sue critiche a Platone: cfr. D. Lanza "La critica aristotelica a Platone e i due piani della "Politica", in: "Athenaeum", Vol. 49, 1971, pp. 355-92; M. Craven Nussbaum, "Shame, Separatness, and Political Unity: Aristotle's Criticism of Plato", in: A. Oksenberg Rorty (a cura di), *Essays on Aristotle Ethics*, University of California Press, Berkeley, CA/Los Angeles, CA/London 1980, pp. 395-435; L. Napolitano Valditara, "La trattazione aristotelica della 'Politeia' di Platone (a proposito di *Pol.* II 1.5)", in: E. Berti e L. Napolitano Valditara (a cura di), *Etica, Politica, Retorica. Studi su Aristotele e la sua presenza nell'età moderna*, Japadre, L'Aquila 1989, pp. 135-59; R.F. Stalley, "Aristotle's Criticism of Plato's *Republic*", in: D. Keyt e F.D.Miller jr. (a cura di), *A Companion to Aristotle's* Politics, Harvard University Press, Cambridge, MA 1991, pp. 182-99; M. Canto Sperber, "L'unité de l'état et les conditions du bonheur publique (Platon, "République" V, Aristote, "Politique" II 9), in: P. Aubenque e A Tordesillas (a cura di), *Aristote politique. Études sur la* Politique *d'Aristote*, PUF, Paris 1993, pp. 49-71; R. Mayhew, *Aristotle's Critics of Plato's* Republic, Rowman & Littlefield Publishers, Lanham 1997; F. Calabi, "Aristotele discute la *Repubblica*", in: M. Vegetti, *Platone...*, cit., pp. 421-38. M. Vegetti, "La critica aristotelica alla *Repubblica* nel secondo libro della *Politica*, il *Timeo* e le *Leggi*", in: ivi, pp. 439-52, ha mostrato come le critiche aristoteliche si concentrino sui temi indicati nella descrizione della città della *Repubblica* da Platone stesso nel *Timeo* (17 c – 19 a) e nelle *Leggi* (739 c – 740 a).

è necessario che tutti i cittadini abbiano in comune (*koinonein*) o tutte le cose o nessuna o alcune sì e altre no. Non esiste un'ulteriore possibilità, ma che non ci sia nulla di comune è di fatto impossibile, perché un sistema politico, una *politeia*, è un certo tipo di comunità (*koinonia*), caratterizzata in prima istanza da una comunità del suolo (II, 1, 1260 b 37-1261 a 1). Restano allora le altre due possibilità: una città che intenda essere bene governata (*oikesesthai*), è meglio che abbia in comune tutte le cose che è possibile avere in comune o alcune sì e altre no? E qui Aristotele si richiama esplicitamente alla tesi enunciata da Socrate nella *Repubblica* platonica, secondo cui è possibile (*endechetai*) avere in comune figli, mogli e possessi (*ktemata*), distanziandosi così dalla prassi esistente di fatto (1261 a 2-9). Qui si aprono però agli occhi di Aristotele una serie di difficoltà sia sul piano teorico, sia su quello della realizzabilità di una tale comunanza. Egli condivide l'*hypothesis* assunta da Socrate che cosa ottima è che la città sia il più possibile una, ma le conseguenze che questi ne trae sono inaccettabili, perché è chiaro che, diventando via via sempre più una, essa non sarà neppure più una *polis*. Questa, infatti, è per sua natura una molteplicità (*plethos*), per cui, diventando sempre più una, da città diventerà famiglia (*oikia*) e da famiglia un uomo singolo, dato che si può dire che la famiglia è una più della città e il singolo è uno più della famiglia. La conseguenza è che, se anche fosse possibile realizzare la comunità di donne e figli, essa non deve essere realizzata perché distruggerebbe la città (II 2, 1261 a 10-22). Non solo, ma tale molteplicità è fatta di uomini differenti per specie (*eidos*), dal momento che una città non nasce da uomini simili (*homoioi*). Di per sé questa tesi sembrerebbe coincidere con la tesi platonica sulla genesi della città, ma in realtà Aristotele la smonta sul piano fattuale sottolineando che una città è diversa da un'alleanza (*symmachia*), la quale può intercorrere anche tra individui identici per *eidos*. L' utilità di un'alleanza dipende infatti esclusivamente dal numero dei suoi aderenti, dato che si costituisce per natura con l'unica finalità di portarsi aiuto (*boetheia*) reciproco, per cui la quantità ha qui funzione analoga a un peso che grava maggiormente sulla bilancia (1261 a 22-27). Di fatto Platone aveva indicato il primo motore del processo che portava alla genesi della città proprio nella *boetheia* assicurata dalla diversità delle attitudini naturali dei singoli a svolgere attività diverse, ma non è questa la "differenza di *eidos*" sussistente tra i singoli alla quale Aristotele pensa, quando parla di una città. Egli trae infatti la conseguenza (*dioper*) che ciò che salva le città è l'uguaglianza reciproca (*ison antipeponthós*) – come ha argomentato negli scritti etici – perché è necessario che questa sussista tra uomini liberi ed uguali, dato che tutti non possono governare (*archein*) contemporaneamente, ma solo a turno attraverso avvicendamenti temporali (1261 a 30-34). In questo modo Aristotele pone subito al centro non la funzione economica della città, legata alla divisione dei mestieri secondo le differenti attitudini dei cittadini, bensì la dimensione del potere e del governare e su questo piano trova una forma di uguaglianza compatibile con le differenze sussistenti tra i singoli cittadini. Si tratta di una rotazione incompatibile con il modello delle tecniche: è come se i calzolai e i muratori non fossero sempre gli stessi, ma si scambiassero le loro funzioni. Aristotele non nega che il modello tecnico possa rappresentare la soluzione migliore, nel senso che sarebbe meglio che fossero gli stessi ad esercitare sempre il potere, come avviene appunto nelle tecniche, ma dove questo non è possibile, tutti, in quanto uguali per natura, devono partecipare dell'*archein*, ma appunto a turno (1260 a 34 -1261 b 6; cfr. anche II 11, 1273 b 8-12). L'uguaglianza naturale tra cittadini liberi è pienamente compatibile con le differenze individuali: l'unità preconizzata nella *Repubblica* platonica in realtà distrugge la città.

Contro l'unità eccessiva Aristotele prospetta ulteriori argomentazioni, che cercherò di seguire passo passo pressoché alla lettera. La prima sostiene che la città assicura un grado maggiore di autosufficienza rispetto all'*oikia*, la quale a sua volta è più autosufficiente del singolo individuo. Di fatto anche Platone sosteneva che un individuo da solo non è autosufficiente e proprio da ciò faceva scaturire la nascita della *polis*. Apparentemente la posizione di Aristotele sembrerebbe qui coincidere con quella di Platone, ma diverso era il loro modo di concepire la *polis*, per Platone caratterizzata da un'unità totale come se si trattasse di un unico individuo, mentre per Aristotele essa consisteva nella *koinonia* da parte di una molteplicità. Di qui la preferibilità del meno unitario rispetto al più unitario, il che non vuol dire una diminuzione del carattere comunitario della città: l'autosufficienza assicurata dalla *polis* non annullava la molteplicità, anzi garantiva al meglio la comunanza tra molti (II 2, 1261 b 11-15). Ed anche ammessa la possibilità della massima unità di una comunità, non si può sostenere, come faceva Socrate, che contrassegno (*semeion*) di essa fosse l'unanimità, cioè il fatto che a proposito di una stessa cosa tutti insieme (*hama*) dicessero "mio" e "non mio". La parola "tutti" ha infatti un duplice significato, distributivo o collettivo. Se intesa nel senso di "ciascuno", corrisponderebbe maggiormente all' intento di Socrate, in quanto ciascuno dirà di uno stesso individuo che è il proprio figlio o la propria moglie e la stessa cosa vale per i beni. Ma non parleranno così quanti hanno in comune l'uso di donne e figli, bensì nel senso di "tutti nel loro insieme", non nel senso di "ciascuno di essi" (II 3, 1261 b 16-27). Aristotele considera questo uso di "tutti" un paralogismo, dato che termini come "tutti", "entrambi", "dispari" e "pari" a causa del loro duplice significato producono, nei ragionamenti, sillogismi eristici (3, 1261 b 27-30). Perciò il dire tutti la stessa cosa è in un senso bello, ma impossibile e in un altro non è per nulla espressione di concordia (*homonoetikón*), noi diremmo di unanimità (1261 b 30-32), in quanto ognuno sarebbe solo parzialmente padre o marito. La concezione socratico-platonica finisce agli occhi di Aristotele per rendere una sinfonia una omofonia: occorre invece rendere una la città, che è *plethos*, molteplicità, mediante un'educazione (*paideia*) comune, non annullando totalmente l'individualità ed è strano che chi, come Socrate nella *Repubblica* platonica, credeva di rendere buona la città mediante l'educazione ricorresse poi all' introduzione della proprietà comune di donne, figli e beni (II 5, 1263 b 29 -40).

A queste incongruenze sul piano argomentativo si aggiunge secondo Aristotele un effetto negativo che sarebbe prodotto dall'introduzione di questo tipo di comunità, proprio il contrario di ciò che vorrebbe assicurare, ossia il disincentivo a occuparsi delle cose comuni. Qui Aristotele fa valere ciò che si può osservare sul piano della realtà empirica, secondo un suo modo tipico di argomentare, prima sul piano del *logos* e poi appellandosi ai fatti. Succede infatti che si presta minima cura a ciò che è comune ai più, perché ci si preoccupa soprattutto delle cose proprie (*idia*), mentre di quelle comuni ci si occupa meno o soltanto nella misura in cui conviene a ciascuno. Inoltre, si trascura maggiormente ciò che si pensa che sia un altro a occuparsene, come nei servizi domestici dove talvolta molti che vi attendono servono peggio di pochi. Avviene allora che ciascuno dei cittadini ha mille figli e non nel senso di figli di ciascuno, ma nel senso che chi capita è figlio di chi capita, sicché tutti li trascureranno allo stesso modo (3, 1261 b 32-40). A rafforzare questa disincentivazione contribuisce ulteriormente il fatto che ciascuno, dicendo "mio figlio" a proposito di un gran numero di individui, rimane nel dubbio (*distazon*), perché è oscuro a chi sia capitato di generare un figlio e di allevarlo una volta nato. Ci si può allora tornare a chiedere se sia meglio dire "mio" per ciascuno dei duemila o diecimila o piuttosto come lo si dice oggi nelle città, dove ciascuno chiama figlio un individuo preciso e un altro individuo fratello o secondo qualche rapporto di parentela di sangue o compagno di fratria o di tribù. È meglio infatti essere un cugino *idios*, effettivo, che figlio in quel modo, è preferibile cioè una parentela anche minore, ma effettiva che non una parentela solo presunta (3, 1262 a 1-14). È possibile, d'altra parte, il verificarsi di una situazione inversa, che finisce col privilegiare alcuni rispetto ad altri, perché non è neppure possibile evitare che alcuni nutrano qualche sospetto su chi siano i loro effettivi fratelli, figli, padri e madri, in base a somiglianze reciproche con essi (3, 1262 a 14-24).

Nel capitolo 4 del libro II Aristotele solleva poi una serie di difficoltà su misure da adottare qualora si stabilisse la comunanza di donne e figli, per esempio nel caso di aggressioni o uccisioni, volontarie e involontarie, verso genitori e parenti, considerate più gravi rispetto a quelle perpetrate verso individui con i quali non si hanno rapporti di parentela. Anzi queste azioni delittuose sarebbero incrementate in situazioni di ignoranza dei legami effettivi di parentela e, mentre nella prassi attuale si procedeva anche a pratiche di purificazione rispetto ad esse, in tali situazioni non sarebbe possibile, non essendo possibile distinguere genitori o figli effettivi (4. 1262 a 25-32; cfr. anche 1262 b 29-35). Per non parlare poi della possibilità di incesti e di rapporti sessuali tra consanguinei (1262 a 32-40). A ciò si aggiunge infine la difficoltà su come assegnare i nuovi nati a classi diverse da quelle dei genitori, per esempio i nati da agricoltori o artigiani alla classe dei custodi, dove sembra necessario che quanti procedono a tali trasferimenti conoscano chi sono i genitori e le caratteristiche dei figli (4, 1262 b 24-29).

La questione risulta particolarmente delicata anche nel caso della comunità dei beni. Anche in questo caso si apre l'alternativa se la proprietà (*ktesis*) debba essere o no comune, ma tale alternativa si articola con maggior precisione introducendo la distinzione tra possesso ed uso: che cosa deve essere comune, il possesso o l'uso o entrambi? Oppure il possesso deve essere privato e l'uso comune, cioè frutti messi e goduti in comune? O viceversa la terra deve essere comune e lavorata in comune e l'uso dei suoi frutti invece individuale secondo i bisogni individuali *(idias)* di ciascuno? (5, 1262 b 37-1263 a 8). Il modello di proprietà comune parrebbe gradevole, in quanto sembra legare i cittadini da mirabile amicizia e a conferma si adducono i mali che affliggono le costituzioni attuali, come cause giudiziarie e conflitti, dovuti proprio al fatto che la proprietà non è comune. Ma per Aristotele la causa autentica di ciò non è l'assenza di questo tipo di comunità (*akoinonesía*, verosimilmente un *hapax* di conio aristotelico), bensì la cattiveria, poiché si può constatare che tra gli aventi proprietà comuni sorgono molte più divergenze che tra gli aventi proprietà separate (5, 1263 b 15-27). La situazione è più facile quando i proprietari non coltivano loro stessi le loro terre. Quando invece a farlo sono gli stessi proprietari la situazione diventa difficile, perché si può produrre una disuguaglianza tra la quantità di lavoro impiegata da ciascuno e la quantità del godimento dei frutti, per cui nascono recriminazioni verso quanti godono di più, ma faticano di meno da parte di quanti faticano di più, ma godono di minori frutti (5, 1263 a 8-15). Aristotele ne trae la considerazione che in generale è difficile il vivere insieme (*syzén*) e *koinonein* in tutte le cose umane e fa l'esempio dei compagni di viaggio che in buona parte divergono su cose di poco conto e dell'ira esercitata soprattutto verso i propri servitori (1263 a 15-21). Date queste difficoltà, è ancora sempre la situazione attuale, abbellita (*epikosmethén*) da buoni costumi e dall' istituzione di leggi rette, a configurarsi come la migliore. Essa, infatti, consente di realizzare i vantaggi dei due sistemi dei possessi comuni e di quelli individuali (*idias*), dato che le incombenze (*epimeleiai*) suddivise non produrranno recriminazioni reciproche, ma contribuiranno maggiormente a condurre verso (*prosedreuontos*) l'*idion* di ciascuno. Viceversa, la virtù (*areté*) sarà causa del fatto che, come dice il proverbio, le cose degli amici (*philoi*) saranno comuni (5, 1263 a 21-30). È chiaro dunque in conclusione che è meglio che le proprietà siano private, mentre per l'uso le si faccia comuni, ma è compito proprio del legislatore far sì che diventino tali (5, 1263 a 37-40). Questa situazione rende possibile l'esercizio di una virtù come la liberalità e il piacere che l'accompagna nel rendere favori e apportare aiuto ad amici o compagni, il che sarebbe impossibile se la proprietà fosse comune, mentre l'*ergon* proprio della liberalità consiste nell'uso della proprietà (5, 1263 b 5-14).

4. Aristotele: comunità e amicizia

Punto decisivo nel ragionamento di Aristotele è dato dal modo di concepire il nesso tra comunità e amicizia (*philía*). Anch'egli ritiene che la *philia* sia massimo bene per le città, dato che grazie ad essa si riducono moltissimo i conflitti (*stasiazein*). Egli rileva che è questa tesi il motivo che ha indotto Socrate a introdurre la comunanza di donne e figli e ne trova un parallelo nel discorso di Aristofane nel *Simposio*, dove si sostiene che l'amore porta gli amanti a desiderare di fondersi in un'unica natura *(symphynai)* e diventare da due una persona sola (4, 1262 b 5-13). Ma in questo caso la conseguenza necessaria, osserva Aristotele, è che entrambi si annullino o almeno uno dei due, mentre nella *polis* delineata da Socrate è necessario che a causa della comunanza di donne e figli la *philia* si annacqui, per cui significa ben poco dire "mio" il figlio del padre o il padre del figlio. Come poco vino dolce dissolto in molta acqua rimane impercepito, così è in questi presunti rapporti di parentela dove necessariamente il padre si occupa poco dei figli e viceversa e così tra fratelli (1262 b 14-22). Ed è significativa la ragione addotta da Aristotele, cioè un dato di fatto: che due cose soprattutto producono negli uomini la *philia* e il prendersi cura (*kedesthai*), ossia l'*idion*, ciò che è proprio e pertinente alla propria sfera privata, e l'*agapetòn*, oggetto di predilezione, ma nessuna di queste cose può sussistere tra gli uomini della città platonica (1262 b 22-24). L'*idion* appare dunque come un dato ineliminabile, per cui le nozioni di comunità e di amicizia politica non possono non tenerne conto, contrariamente al modello della città della *Repubblica*. E qui Aristotele introduce il concetto di amore di sé, *philautía*. Anche sul piano del piacere è indicibile la superiorità del considerare qualcosa come proprio (*idion*). La ragione è che la *philía* che ciascuno ha per se stesso è qualcosa di naturale (*physikón*), che come tutte le cose naturali, secondo un ben noto assunto aristotelico, non è dato invano. Giustamente, rileva Aristotele, si biasima l'essere *philauton*, amante di se stesso, ma questo non è l'autentico amare se stesso, bensì amare se stesso più di quanto di deve, come avviene anche per chi è *philochrematon*, amante delle ricchezze (5, 1263 a 40-b 5).

Sull'amicizia politica e sulla *philautia* Aristotele si sofferma a lungo anche nell'*Etica Nicomachea* e nell'*Etica Eudemia*[21]. Egli riconosce nella *philia* una delle cose più necessarie alla vita umana e ne trova conferma nel fatto che nessuno, pur essendo in possesso di tutti gli altri beni, sceglierebbe di vivere senza amici (*Etica Nicomachea* VIII 1, 1155 a 4-6). Ma *philia* ha un significato più ampio della nostra comune nozione di amicizia, perché pare intercorrere per natura anche tra genitori e prole e non solo in ambito umano, ma anche animale (I 1, 1155 a 16-21) e non solo tra individui singoli, ma anche tra appartenenti a uno stesso *ethnos* e sembra tenere unite (*synechein*) anche le città. Per quest'ultimo aspetto Aristotele trova una somiglianza tra *philia* e *homonoia*, concordia, alla quale mirano soprattutto i legislatori nel bandire la *stasis* (1155 a 22-26). La concordia non consiste nella semplice condivisione di opinioni, la quale può intercorre anche tra individui che non si conoscono. Essa si realizza invece quando i cittadini, cioè i membri a pieno titolo della comunità politica, hanno sì le stesse opinioni su ciò che è loro utile, ma compiono anche scelte conseguenti ad esse e le mettono in pratica (IX 6, 1167 a 22 – b 5)[22].

21 Limito la mia analisi all'*Etica Nicomachea*, ma si veda anche *Etica Eudemia* VII 6-7 e VII 10 sulla *philia* politica. Sulla struttura dei libri dedicati all'amicizia cfr. C. Natali, *Il metodo e il trattato. Saggio sull'*Etica *di Aristotele*, Edizioni di Storia e Letteratura, Roma 2017, pp. 163-76. Su *philia* e concordia in Aristotele cfr., oltre a G. Cambiano, *Come nave in tempesta...*, cit., pp. 124-32, M. Schofield, *Saving the City: Philosopher-Kings and Other Classical Paradigms*, Routledge, London-New York, NY 1999, pp. 82-99; e ora A. Ceron, *Le amicizie degli Antichi e dei Moderni*, ETS, Pisa 2020, pp. 59-112, dov'è reperibile altra bibliografia. In particolare, sulla nozione positiva di *philautia*, cfr. C. Rapp, "The Notion of Self-Love in Aristotle *EN* IX", in: F. Masi *et al.* (a cura di), *ÊTHIKÊ THEÔRIA. Studi sull'Etica Nicomachea in onore di Carlo Natali*, Edizioni di Storia e Letteratura, Roma 2019, pp. 191-216.

22 Sulla questione se l'amicizia politica sia fondata, secondo Aristotele, solo sull'utilità o no, cfr. J. Cooper, "Political Animals and Civic Friendship", in: G. Patzig (a cura di), *Aristoteles'* Politik, Vandenhoeck & Ruprecht, Göttingen 1990, pp. 220-41, favorevole a una concezione ampia, non solo economica, di utilità, con il commento critico di J. Annas, ivi, pp. 242-48, e di P. Destrée, *Pourquoi l'amitié politique?*, in: F. Masi *et al.*, *op. cit.*, pp. 179-90.

La costituzione peggiore, la tirannide, è contrassegnata dall'assenza o scarsa presenza di *philia*, dal momento che in essa non c'è nulla di comune (*koinón*) tra chi governa e chi è governato (VIII 13, 1161 a 30-b 29). C'è però un'aporia: si deve amare (*philein*) soprattutto se stessi o qualcun altro? Aristotele registra l'esistenza di *endoxa*, opinioni reputate a favore dell'una o dell'altra tesi. In senso contrario milita il fatto che vengono biasimati quanti amano principalmente se stessi, i quali sono chiamati *philautoi* in senso negativo, noi diremmo egoisti, in quanto pare (*dokei*) che sia l'uomo da poco (*phaulos*) a compiere ogni azione in vista di se stesso, tanto più quanto più è malvagio, mentre l'uomo dabbene (*epieikés*) agisce in vista di ciò che è bello (*kalòn*) e in vista dell'amico e trascura invece ciò che è proprio (*hautò*) (IX 8, 1168 a 28 – 35). A favore militano invece i fatti e non senza ragione (*alogos*): si sostiene infatti che bisogna *philein* soprattutto ciò che è *philon* al massimo. E questo, per chi vuole le cose buone, sono appunto queste, le quali appartengono (*hyparchei*) soprattutto a se stesso in relazione a se stesso. Tutti gli atteggiamenti amichevoli (*philikà*) provengono da se stessi e si estendono agli altri (1168 a 35 – b 6). Con questo *endoxon* concordano tutti i proverbi, come "comuni sono le cose degli amici" o *isotes-philotes*, "l'amicizia è uguaglianza", i quali confermano che si è amici soprattutto con se stessi e che bisogna amare se stessi (1168 b 6-10). Si tratta dunque di una vera e propria aporia, perché entrambe le opinioni hanno un contenuto di credibilità (*tò pistón*). Come risolverla allora? Per accertare il contenuto di verità dei due discorsi Aristotele procede operando, come fa frequentemente, una pulizia linguistica, consistente nel distinguere quale sia il significato assegnato da ciascuno dei due contendenti al termine *philauton* (1168 b 10-15). Quelli che lo assumono in senso negativo lo riferiscono a quanti vogliono avere per sé il massimo nell'ambito delle ricchezze, degli onori e dei piaceri corporei. Ma questi sono i più, i quali aspirano a queste cose, convinti che siano le cose ottime e di conseguenza oggetto di contesa (*perimacheta*). Essi, pertanto, provano gioia nei desideri, nelle passioni e in ciò che proviene dalla parte irrazionale dell'anima. Ma ciò che riguarda i più è dappoco, *phaulon* e perciò i *philautoi* in questo modo sono giustamente biasimati (1168 b 15-23). Le cose stanno invece ben diversamente se uno si impegna a compiere ciò che è giusto e in generale azioni virtuose, procurando a se stesso ciò che è *kalón*: in tal caso nessuno lo biasimerà come *philautos*. Di fatto però pare che soprattutto un individuo simile sia *philautos*: infatti attribuisce a se stesso le cose più belle e si rallegra della parte più importante di se stesso, quella razionale, alla quale obbedisce in tutte queste sue azioni (1168 b 25-34). A conferma di questa tesi Aristotele accenna all'uso linguistico delle parole *enkratés* e *akratés*, padrone di sé e incontinente, a seconda che domini o no il *nous*, l'intelletto, considerato la parte più propria di ciascuno[23]. Volontarie e opera dell'individuo stesso appaiono infatti soprattuto le azioni accompagnate da *logos* ed è chiaro che ciascuno è soprattutto *logos* ed è questo soprattutto che ama l'uomo eccellente (*epieikés*). Si tratta dunque di un'accezione ben diversa di *philautos*, corrispondente a un *eidos* ben diverso da quello oggetto di biasimo, tanto quanto il vivere conforme a ragione (*logos*) lo è rispetto al vivere secondo passione, aspirando invece al bello e a ciò che pare essere utile (1168 b 34-1169 a 6).

È chiaro che Aristotele tende a privilegiare questa nozione positiva di *philautia*, la quale riserva posizione centrale all'individuo singolo, ma caratterizzata dalla pratica di un'etica della virtù, che ha quindi effetti positivi anche sul piano comunitario. Il fatto che tutti lodino quanti si impegnano in belle azioni induce Aristotele a prospettare l'ipotesi che, se tutti gareggiassero per il *kalón* e tendessero a compiere le azioni moralmente più belle, in comune (*koinéi*) sarebbero tutte le cose necessarie e in ambito privato (*idiai*) per ciascuno i massimi beni, se la virtù è appunto un bene di questo tipo. Ciò permette ad Aristotele di trarre una conseguenza sul piano

23 Sull'identificazione aristotelica dell'individuo con la parte razionale dell'anima, cfr. S. Stern-Gillett, *Aristotle's Philosophy of Friendship*, SUNY, Albany, NY 1995, in part. pp. 11-55.

normativo, nel senso che l'*agathós*, l'uomo moralmente buono, deve essere *philautos*, perché compiendo belle azioni, gioverà a se stesso e sarà utile anche agli altri, mentre il cattivo non deve esserlo, perché danneggerà se stesso e i vicini. Mentre nel caso del cattivo c'è dissonanza tra le azioni che dovrebbe compiere e quelle che compie effettivamente, nel caso dell'uomo eccellente c'è concordanza tra ciò che deve e ciò che fa, dato che l'intelletto sceglie ciò che è meglio e l'uomo eccellente obbedisce all'intelletto (1169 a 6-18). Ma ciò coinvolge necessariamente anche altri, gli amici in senso stretto e la patria, anche il morire per essa se necessario. L'uomo eccellente trascurerà infatti ricchezze, onori e in genere i beni oggetti di contesa, anteponendo per se stesso ciò che è bello, dato che sceglierebbe di provare un piacere intenso per poco tempo piuttosto che uno tenue per molto tempo e di vivere *kalós*, in modo moralmente bello, un solo anno che molti anni a caso, e compiere una sola azione bella e grande che molte e piccole, cioè scegliendo un grande bene per se stessi: così egli deve essere ed è *philautos*, non come lo sono i molti (1169 a 18-26). Esiste cioè una forma di amore di sé che si traduce anche in amore dell'altro, ma questa è propria solo dell'uomo moralmente buono: nel suo caso non si genera alcun dissidio tra individuo e comunità. In tal modo Aristotele introduceva una distinzione che avrà grande fortuna, per esempio nel Sei-Settecento in Francia, tra *amour propre* e *amour de soi*.

5. *Aristotele: la polis comunità perfetta*

Alla luce delle critiche mosse alla *Repubblica* platonica si possono comprendere meglio le considerazioni aristoteliche sulla *polis* come forma di comunità (*koinonia*) svolte nel libro primo della *Politica*. Ogni comunità si costituisce in vista di qualche fine considerato buono, dato che questo è il carattere costitutivo di ogni prassi umana: tendere a qualcosa che è ritenuto un bene (I 1, 1252 a1-4). La *polis* però non è l'unica forma di comunità, esiste anche l'*oikia*, la famiglia e la *polis* stessa è costituita da villaggi composti da una molteplicità di famiglie. Ma contrariamente al *Politico* di Platone, che aveva assimilato l'uomo politico, l'amministratore della casa e il padrone di schiavi, come se non ci fosse differenza tra una grande *oikia* e una piccola *polis*, per Aristotele la differenza tra *polis* e *oikia* non è solo quantitativa, relativa al numero più o meno ampio di quanti in esse sono soggetti al governo: la differenza è invece di *eidos*, di specie (1, 1252 a 7- 13). Per cogliere in che cosa essa consista Aristotele fa ricorso a un metodo analitico – scomporre un composto nelle sue parti semplici e considerare queste nelle loro differenze (1252 a 13-23) – e al tempo stesso genetico, perché la teoria riesce migliore osservando le cose nel loro generarsi (*pragmata phyomena*) a partire dal principio (*arché*) (2, 1252 a 23-26)[24]. Da questa indagine emerge che la prima comunità è originata dalla necessità di *synduazesthai*, di accoppiarsi tra individui che non possono essere l'uno senza l'altro, come maschio e femmina in vista della generazione. E ciò non in quanto frutto di una scelta (*prohairesis*), ma perché è naturale (*physikòn*) lasciare qualcosa di simile a sé, proprio come avviene anche per gli animali e le piante (a 26-30). Ben prima della divisione dei mestieri, in cui Platone aveva ravvisato la matrice originaria della città, esiste dunque quella formazione naturale che è la famiglia. Ma fin da subito Aristotele descrive quest'ultima come caratterizzata da una relazione naturale di governante e governato finalizzata alla propria salvaguardia (*soteria*), dove la funzione di *archein* e di *despozein* è assegnata per natura a chi è in grado di formulare previsioni mediante il pensiero (*dianoia*). In tal modo Aristotele introduce tra le figure costitutive della famiglia non solo moglie e figli, ma anche lo schiavo, cioè colui che per natura è in grado di faticare (*ponein*) con

24 Su tale metodo e sulla distinzione tra parti vere e proprie e condizioni necessarie della città, cfr., oltre a E. Schütrumpf, *Die Analyse der Polis durch Aristoteles*, Grüner, Amsterdam 1980, P. Accattino, "Il problema di un metodo biologico nella *Politica* di Aristotele", in: "Atti dell'Accademia delle Scienze di Torino", Vol. 112, 1978, pp. 169-95, e *L'anatomia della città nella* Politica *di Aristotele*, Tirrenia Stampatori, Torino 1986, pp. 1-19, anche per le differenze tra i libri I e VII e per il nesso tra *koinonia* e reciprocità.

il proprio corpo (2, 1252 a 30-34), scaricando quindi soprattutto su questa figura le funzioni economiche. In questa argomentazione è decisiva la nozione di natura. La distinzione tra donna e schiavo è naturale, perché la natura non fa nulla poveramente (*penichrós*) – diversamente dal coltello di Delfi prodotto dai fabbri, il quale può assolvere a più usi -, ma ogni cosa per un'unica funzione, perché in questo modo ciascun strumento può portare a compimento la propria opera nel modo più bello, non asservito a molte funzioni, ma a una sola (1252 a 34-b 5). Aristotele fa quindi valere per la famiglia quella diversità di attitudini naturali che Platone aveva invece indicato come condizione necessaria per la genesi della città. In un composto naturale vale in generale anche per Aristotele l'assunto platonico che, sulla base dell'attitudine a funzioni diverse e della superiorità di chi sa usare rispetto a chi sa semplicemente produrre qualcosa, una parte governa e l'altra è governata (I 5, 1254 a 21-b 20; I 12, 1259 a 37 – b 4; III 4, 1277 b 2930; III 11 1282 a 18-23). Ma per Aristotele ciò vale all'interno della famiglia, non in quel composto naturale che è la comunità politica fatta di cittadini maschi adulti liberi ed uguali: qui si governa e si è governati a turno. Sarebbe tuttavia un errore spingere questa tesi aristotelica del governo a turno dei cittadini in direzione fortemente egualitaria, perché in realtà le sue preferenze vanno ad una città in cui le funzioni di governo siano di fatto affidate a quanti hanno la possibilità di *scholazein*, godere di tempo libero da dedicare alla propria formazione[25].

L'*oikia*, la famiglia, è dunque la risultante di due comunità, quella tra maschio e femmina e quella tra padrone e schiavo, ed è costituita per natura per le esigenze della vita quotidiana (2, 1252 b 9-10, 12-14). Proseguendo nella sua indagine genetica Aristotele indica nel villaggio la comunità composta da più famiglie, anch'essa in funzione della vita quotidiana (b 15-16). Da più villaggi si forma infine la *polis*, che però a differenza delle altre comunità, ha il contrassegno di essere compiuta o perfetta (*teleios*). Questo significa che essa è il *telos*

25 Cfr. G. Cambiano, *Come nave in tempesta...*, cit., pp. 98 *sgg*.

di queste altre comunità e dire che è *telos* equivale a dire che è una formazione naturale, perché ciascuna cosa è propriamente ciò che è quando la *genesis* di essa è giunta al termine e allora diciamo che questa è la sua natura (*physis*), si tratti di un uomo, di un cavallo o di una casa. Ma l'individuo in quanto appartenente alla famiglia o al villaggio non trova in esse la sua piena realizzazione. La *polis*, infatti, è *teleios* anche secondo un altro significato di *telos*, cioè nel senso di fine a cui qualcosa tende. Ora, tutte le comunità hanno di mira, come un arciere (*stochazontai*), qualche bene, ma la *polis*, in quanto comunità che abbraccia le altre, mira al bene più importante, sovrano (*kyriotaton*) e lo raggiunge. Questo è la completa autosufficienza (*autarkeia*), che solo la *polis* può assicurare, per cui Aristotele può affermare che essa si è generata in vista non del solo vivere, ma del vivere bene (1, 1252 a 4-7; 2, 1252 b 27-1253 a 1).

Nasce di qui la celebre tesi aristotelica, secondo cui l'uomo è per natura un animale politico e che l'*apolis*, colui che non vive in una comunità cittadina, non per caso (*tyche*), ma per natura -- dove sottolineo l'iterazione del termine "natura" -, è un individuo o da poco o superiore all'uomo, dove si può supporre che Aristotele pensi a una divinità. Un individuo che è tale per natura secondo Aristotele è anche desideroso di guerra, in quanto è senza legami (*axyx*), come una pedina isolata nel gioco della dama (2, 1253 a 1-7). Aristotele sa benissimo che esistono anche altre specie animali che vivono in comunità, ma ritiene che l'uomo sia animale politico più di ogni ape o animale gregario. E ancora una volta ravvisa la ragione di ciò nella natura che non fa nulla invano: essa ha infatti dotato l'uomo, unico tra gli animali, di *logos*. La parola *logos* convoglia in sé componenti al tempo stesso linguistiche e razionali. Infatti anche altri animali dispongono di voce (*phoné*), che è segno (*semeion*) di ciò che è piacevole e doloroso: la loro *physis* infatti arriva ad avere percezione (*aisthesis*) del doloroso e del piacevole e a comunicarlo anche ad altri. Il *logos* invece consente di indicare, rendere chiaro (*deloun*) ciò che è utile e dannoso e quindi anche ciò che è giusto e ingiusto. Infatti la percezione di ciò che è buono e cattivo, giusto e ingiusto non può essere comunicata soltanto attraverso un'emissione di suoni, ma richiede l'uso di un linguaggio articolato. Credo che usando il verbo *deloun* e non il semplice *semainein* Aristotele intenda sottolineare che non si tratta soltanto di emettere un suono e quindi il segno di qualcosa, come è sufficiente nel caso della percezione di qualcosa di doloroso o di piacevole, ma di formulare anche proposizioni e quindi anche di veri e propri ragionamenti. Questo, dice Aristotele, è proprio (*idion*) degli uomini rispetto agli altri animali, l'avere essi soli percezione (*aisthesis*) di ciò che è buono e cattivo, giusto e ingiusto. È l'avere in comune questa proprietà che produce (*poiei*) l'*oikia* e la *polis* (1253 a 7-18).

Per questo aspetto sembrerebbe non esserci differenza tra *oikia* e *polis*, ma non è così. L'indagine genetica sulle comunità originarie è importante perché mette in luce la loro naturalità, da cui consegue la naturalità anche della *polis*. Ma ciò implica per così dire una priorità ontologica della *polis* rispetto alla sua genesi empirica che la colloca dopo il singolo individuo e dopo l'*oikia*. Per natura, infatti, la *polis* è prima per natura rispetto all'*oikia* e a ciascuno di noi, perché solo attraverso la *polis* può trovare compimento la piena autosufficienza e la possibilità di realizzare la vita buona. Aristotele non esclude che la *polis* sia costituita anche per aiuto reciproco e per l'utilità comune (*koinêi sympheron*) (*Etica Nicomachea* VIII 11, 1160 a 11-14), cioè per il semplice vivere, ma non è questo il movente e fine decisivo, che è il vivere bene. È questo un punto ribadito ripetutamente da Aristotele. Egli afferma infatti che gli uomini, anche non avendo alcun bisogno di aiuto (*boétheia*) reciproco, tendono tuttavia a vivere insieme (*syzén*) e che ciò che è di utilità comune li tiene uniti (*synagein*) nella misura in cui contribuisce ad una parte del vivere bene di ciascuno, dato che anche nel solo vivere in sé c'è una qualche parte di bello e molti sopportano molte sofferenze (*kakopatheia*) nel loro attaccamento (*glischomenoi*) alla vita, come se ci fosse in essa qualche gioia e dolcezza naturale (*Politica* III 6, 1278 b 17-30). Ma è chiaro che il fine, *telos*, della *polis* è il vivere bene, non il semplice condividere un luogo o il formare un'alleanza – noi diremmo un contratto – per non subire ingiustizia da parte di nessuno o realizzare scambi commerciali. Queste sono sì condizioni necessarie per l'esistenza di una città, ma non sufficienti in vista di una vita compiuta e autosufficiente. Di fatto non esiste una *polis* di schiavi o di animali, dato che questi non partecipano della felicità né del vivere in conformità a una scelta (*prohairesis*), compiendo azioni moralmente belle (III 9, 1280 a 31-1281 a 4). Ciò non produce un'opposizione tra l'individuo e la comunità. Come dice nell'*Etica Nicomachea* (I 2, 1094 b 7- 10), se identico è il bene per il singolo e per la *polis*, maggiore e più perfetto (*teleioteron*) appare quello della *polis*. Da questo punto di vista la *polis* è per Aristotele un *holon*, un intero, un tutto, che esiste necessariamente prima della parte, come mostra il caso del corpo nella sua interezza senza il quale non ci sarà né piede né mano, se non per omonimia, come quando si parla di una mano di pietra. Ma se ogni cosa è definita in base alla sua funzione, *ergon* e *dynamis*, è chiaro che una mano di pietra non sarà una mano vera e propria. Nel caso della *polis* ciò è confermato dal fatto che ciascun individuo separato dal tutto non è pienamente autosufficiente e che chi non è in grado di far parte di una comunità, *koinonein*, è una fiera (*therion*), mentre chi non ha bisogno di nulla, è un dio (*Politica* I 2, 1253 a18-29). Dire che l'uomo è per natura un animale politico vuol dire che in tutti c'è la *hormé*, l'impulso a costituire tale comunità, matrice di beni, nel senso che l'uomo, quando ha raggiunto il suo fine, il suo *telos*, è il migliore degli animali, mentre quando è separato da leggi (*nomoi*) e giustizia (*dike*) è il peggiore di tutti. La giustizia infatti è l'ordine (*taxis*) della comunità politica e la virtù della giustizia è virtù politica, è il giudizio (*krisis*) di ciò che è giusto. L' ingiustizia armata infatti è la più pericolosa, ma l'uomo nasce dotato delle armi per la saggezza e la virtù, delle quali può far uso per fini contrari, per cui senza virtù è l'essere più empio e più selvaggio (2, 1253 a 29-39). Il verdetto di Aristotele era chiaro: mentre le costituzioni rette sono governate in vista del *koinòn sympheron*, le deviazioni (*parekbaseis*) lo sono invece in vista di ciò che è *idion* o di uno solo o di pochi o del *plethos* (III 7, 1279 a 25-31), dove si vede che la sfera del *koinòn* assume una dimensione globale, che va al di là di semplici differenze quantitative.

Le bien commun : du politique à la communion

Jean-Luc Marion

Paris, France / *Francia*
September / *Settembre* 2021

Mesdames, Messieurs,

Je vous remercie de votre invitation. La Fondation Eranos étant un lieu intellectuellement renommé et, historiquement reconnu, ce m'est donc un honneur d'y être invité. Je regrette de ne pouvoir m'y rendre physiquement présent pour des raisons familiales, mais j'essaierai de remplir mon office par écran interposé.

Le thème que vous me proposez, la question des liens sociaux, est un thème philosophique mais, évidemment, politique. Je serai donc conduit à faire ce que je n'aime pas faire, c'est-à-dire de la philosophie politique, mais – rassurez-vous – ce ne sera pas de la vraie philosophie politique, mais, je l'espère du moins, de la vraie philosophie. Cette question du lien social, je vais l'éclairer par la question plus ancienne du bien commun. C'est-à-dire tenter de lier la question politique avec une réponse qui n'est pas politique, puisqu'elle est en fait, en dernier ressort, sans doute théologique : la question de la communion. En un mot, le lien social n'est pas, telle sera ma thèse, une affaire de communication, comme on nous le répète, mais une affaire de communion, comme on ne le dit pas assez. Je procéderai en cinq moments. Premièrement, la défaillance de la liaison sociale. Deuxièmement, l'origine de cette défaillance qui est, sous un regard proprement métaphysique, le nihilisme. Troisièmement, le moment essentiel du nihilisme, qui met en cause la chose, la *res*. Quatrièmement, l'interprétation de la *res*, de la chose, à partir du don, du caractère inconditionnel du don et, enfin, de la question du bien commun, simplement.

Commençons par la défaillance du lien social, de la liaison entre des individus, dans une communauté politique. Pour m'en tenir à ce que je connais moins mal, parlons de la situation française. La France, pour le meilleur et pour le pire, a choisi comme slogan ou comme devise, « liberté, égalité, fraternité ». Il est bien clair que les trois termes restent imprécis. Et cette imprécision même est la seule manière de les présenter comme formant un ensemble cohérent, car dès qu'on tenterait de les préciser, les difficultés – pour ne pas dire les contradictions – apparaîtraient immédiatement. Il est assez aisé de les voir. La liberté est évidemment entendue ici dans un sens restreint, mais déjà trop large. S'agit-il de la liberté d'opinion ? S'agit-il de la liberté de conscience ? Implique-t-elle aussi la liberté religieuse ? Cette liberté est-elle une simple résistance à la tyrannie ou une exigence positive ? Et surtout il n'est nul besoin d'être marxiste pour le remarquer, cette liberté est évidemment conçue ici selon la plus parfaite abstraction, supposant que, même si cette liberté était définie précisément, chacun des bénéficiaires de cette liberté aurait les moyens effectifs de la mettre en œuvre. Ce qui nous mène directement au second élément : égalité. L'égalité est-elle une égalité formelle, une égalité des chances ou bien une égalité réelle, c'est-à-dire une égalité qui, d'une façon ou d'une autre, serait une égalité économique.

Cette question fondamentale, durant tout les XIXème et XXème siècle, n'a évidemment pas été résolue concrètement. Elle reste même l'objet de la plupart des revendications sociales, en France comme dans tous les pays démocratiques. Mais en dehors d'inachèvement inévitable de la demande d'égalité, en dehors même des questions de savoir jusqu'*où* l'égalité doit aller, se pose une autre question – elle fondamentale, et de principe – la liberté et l'égalité peuvent-elles coexister ? Est-ce que l'égaliténe doit pas finalement contredire ou limiter la liberté ? Est-ce que la liberté n'induit pas au contraire, dans la réalité, la production des inégalités intellectuelles, sociales, économiques ? On pourrait en conclure que les sociétés – disons européennes et assimilées, ouvertes sur le marché libre, des choses et des finances – sont toujours confrontées à la contradiction à tout le moins possible d'une inadéquation de l'une à l'autre, de la liberté et de l'égalité. Cette question est l'horizon de développement de la vie démocratique.

Cette crise est permanente. C'est une crise qui n'est pas nommée, qui est masquée par les crises conjoncturelles, économiques, sanitaires, etc., mais c'est l'horizon même, enfin plutôt le seul, de toutes les discussions. Quant au troisième terme, la fraternité, il semble le plus problématique. Le Président de la République française a maintenant coutume, quand il prend la parole, de mettre un écusson derrière lui, à coté du drapeau Français et du drapeau Européen, soulignant qu'il est inscrit, en lettres majuscules, fraternité. Je suppose qu'il exhibe ainsi la fraternité précisément parce que c'est ce qui nous manque le plus. Je ne sais pas si la Confédération helvétique est un bon exemple de fraternité, je ne me pourrais pas m'avancer sur ce sujet difficile, mais je peux bien dire, sans aucun risque, que la société française est en déficit de fraternité. Elle est en déficit de fraternité, comme le prouvent les débats hystériques à propos de la politique de santé, des vaccins, etc., aujourd'hui ; mais évidemment – la fraternité est aussi manquante sur la question de l'immigration, manquante sur la question de la solidarité sociale, comme elle fut manquante à propos des débats sur le mariage pour tous, manquante aussi sur les questions du rapport entre l'État et l'Église catholique. Elle t manque en général. Et il bien clair que la problématique de la relation de l'Union Européenne avec les populations qui tentent d'immigrer chez nous relève aussi de fraternité : il suffit pour s'en convaincre d'avoir suivi les remous provoqués par l'encyclique pontificale « Fratelli Tutti ». Car d'une certaine manière, nous n'avons aucune envie d'être frères de tous les hommes, puisque d'ailleurs nous sommes bien incapables d'être frères même dans une seule nation. On pourrait même dire que l'idéal de fraternité reste tout à fait problématique : sans se faire un lecteur assidu de René Girard, il suffit de lire Shakespeare ou Sophocle, pour voir que la fraternité est précisément l'origine de ou le cas particulièrement favorable à la rivalité mimétique, c'est-à-dire à la violence. Être frère, être jumeau, c'est justement ce qui favorise le plus l'éclatement du lien social ; être frère c'est pourvoir, en un premier temps, être le rival de son prochain. Plus le prochain est proche, plus j'ai des raisons pour être en rivalité avec lui. C'est-à-dire de le tuer. Tuer son frère, depuis d'Abel et Caïn, constitue une des règles fondamentales de la vie, politique ou non politique, de l'humanité. Donc, liberté, égalité, fraternité, étaient un slogan, une devise extrêmement intéressante, parce qu'intenable, et nous autres Français, spécialistes des guerres civiles, larvées ou déclarées, nous pouvons en témoigner.

Mais la faute n'est pas uniquement à la devise française. Elle est dans son fond assurée par ce que l'on pourrait nommer la difficulté voire l'inaccessibilité de ce qu'est cette devise prétend se mettre en œuvre, à savoir le contrat social. Je m'étonne, plutôt je ne m'étonne pas, que la philosophie politique contemporaine devienne de plus en plus discrete sur la notion de contrat social, qui fut pourtant la base théorique de la Révolution du 1789, de celles qui l'ont précédées comme de celles qui se sont inspirées ensuite. Le caractère propre du contrat social, c'est que, selon Rousseau – sur ce point d'une clarté absolue et d'une lucidité admirable – il ne consiste pas en un contrat général, ou qui qui serait basé sur le compromis, dans le style d'une grosse *große Koalition*, entre des intérêts divergents que par discussions, aménagements, on ferait néanmoins converger sur un programme minimum. La volonté qui instaure le contrat social devrait reposer sur la volonté générale, c'est-à-dire sur ce qui reste irréductible à la somme des intérêts particuliers. La volonté générale, comme la Jérusalem céleste dans l'*Apocalypse*, à proprement parler, vient du ciel. D'un ciel qui est peut-être trop vide, mais enfin il tombe du ciel et ne remonte pas de la base au sommet. Et c'est pourquoi la volonté générale reste – Rousseau le souligne – hautement problématique, car elle suppose, d'une certaine manière, la mise entre parenthèse de la subjectivité du désir chez chacun des contractants. Or le désir, pour autant qu'il est individuel, suppose évidemment une singularité: singularité empirique liée aux individus, singularité liée à la diversité des objets du désir, c'est-à-dire singularité du besoin et, en un sens, dans le cas des compromis sur les désirs individuels, il s'agit toujours en fait d'un lien d'une gestion de la pénurie. D'ailleurs, il paraît tout à fait remarquable que la notion de pénurie soit fondamentale dans la définition des sociétés modernes. La pénurie est évidemment l'envers de la diversité des désirs et de la définition des besoins. Dans tous les cas d'accord social par compromise, il s'agit d'une généralisation des singularités. Il y a d'une certaine manière, dans les situations de compromis politique qui permettent à une société de se fonder deux non-dits.

Le premier, du moins beaucoup de traditionalistes l'ont pensé, c'est qu'il n'y a jamais eu un seul contrat social réel. Aucune société ne s'est constituée par contrat. Les sociétés se constituent, se reconstituent, se réaffirment par modifications d'un contrat implicite, qui n'a pas eu lieu au présent. Les Constitutions sont toujours des réécritures d'une situation passée, seulement modifiée, renversée, améliorée, et peut-être durablement, mais à partir d'une Constitution précédente. Le fait qu'il n'y ait pas de Constitution écrite au Royaume-Uni, par exemple, est absolument essentiel. On peut dire qu'aucune constitution n'est véritablement constitutive. En France, la Constítution de la Vème République, considérée maintenant comme un monument, se trouve sans cesse corrigée, et surtout elle est une immense correction des constitutions de la Quatrième et de la Troisième République. Et sans cette correction elle ne serait pas, comme elle est encore actuellement, la base de tous les aménagements conjoncturels. Mais cette absence de contrat social effectif, historiquement initial, ne fait que – c'est le deuxième point – que manifester ce qu'on pourrait appeler la dissolution de l'universel.

Ce que nous appelons actuellement une société, une cohérence sociale, est basée sur le compromis entre des intérêts collectifs ou individuels divergents, et empiriquement vérifiables, mais sans doute inconciliables, et la volonté générale. Or la volonté générale n'est jamais l'objet du débat, me semble-t-il, ou très peu. On pourrait dire que c'est la raison pour laquelle nos sociétés sont – c'est peut-être inévitable – sont essentiellement en conflit. Les conflits quotidiens, qui font le débat politique, ne sont que les avatars d'une situation essentiellement conflictuelle, c'est-à-dire de l'absence de l'universel et du caractère fictif du contrat social. Et c'est pourquoi qu'il n'y a pas de pessimisme névrotique à dire que l'état d'esprit fondamental des sociétés occidentales démocratiques (plus évidemment les États Unis et l'Amérique du Sud) comme aussi l'état fondamental des citoyens de ces sociétés relève de ce que Nietzsche a thématisé sous le titre du ressentiment. Le ressentiment est la force réelle de la vie politique sous toutes ces formes, des revendications politiques, des partis politiques, etc. Et les décisions politiques, gèrent et s'appuient sur cette source d'énergie infinie qu'est le ressentiment. Et c'est donc à ce niveau qu'il faut poser le problème, au niveau de la difficulté à établir des liens sociaux dans le contexte de l'hégémonie du ressentiment. Je ne porte pas là, au jugement moral, j'essaie d'écrire une situation. Je ne sais pas non plus s'il y a une époque à partir de laquelle le ressentiment devint le ressort de la vie démocratique, peut-être a-t-il toujours été, peut-être d'ailleurs est son moindre mal, la question n'est pas là. Ce ce qui menace le lien social, la cohésion des sociétés et ce qui évidemment nourrit la violence tient au fait que les citoyens, sous le nom de la justice sociale, d'égalité, de liberté, agissent profondément selon leurs sentiments et leurs ressentiments. Et je pense qu'aucun d'entre nous n'en est exempt. On pourrait suggérer que les intellectuels sont les plus grands consommateurs de cette énergie spirituelle.

D'où, ce sera le troisième point du diagnostic, la question de l'objet du ressentiment, donc de l'objet du désir. L'objet du désir fut formulé – nous y reviendrons – dans le principe proprement métaphysique si bien thématisé par Spinoza du *conatus in suo esse perseverendi,* tout étant tend à persévérer dans son être. Ce que disant il est d'ailleurs suivi avec une tradition beaucoup plus ancienne, puisque ceci se retrouve chez saint-Thomas et de très nombreux autres penseurs : il est très bon et donc normal de désirer d'être et de désirer d'abord son propre être, puisque – comme dit saint Paul – personne ne hait pas son propre chair (ce qui me paraît d'ailleurs un peu optimiste). La question de la modernité consiste à savoir comment thématiser le désir de persévérer dans son être. L'objet – qui n'est pas obscur – du désir, quel est-il, quand on dit qu'il s'agit de son être ? Disons que cet objet, cet être, a comme caractéristique moderne – quand je dis moderne, j'entends que nous ne sommes plus dans la modernité mais au-delà – d'abandonner l'être de la chose, pour s'en tenir à l'être de l'objet. Or l'objet se définit par son caractère standardisé : l'objet est justement juste ce que je peux connaître, ce qui, de toute façon, dans l'expérience, peut être connu. Descartes a donné une formulation extraordinairement précise de l'objet dans la deuxième des *Règles pour la direction de l'esprit* : pour avoir une connaissance certaine, il faut ne garder de l'expérience que ce qui rend son objet certain, donc écarter de l'expérience tout ce qui rend l'objet incertain. Qu'est-ce qui rend l'objet incertain ? C'est précisément l'indétermination de sa matière, au sens des Grecs, où justement la matière constitue non seulement de la matérialité, mais plus essentiellement de l'indétermination de la forme. La matière étant indéterminée, seule la forme l'est ; car le propre de la forme c'est qu'elle fait pour autant qu'elle le peut, la conquête du *plus* matière possible, pour la déterminer. L'objet, au contraire de la forme, retient le *moins* de matière possible dans l'expérience et donc ce qui, d'une certaine manière, demeure toujours le même. Qu'est-ce que c'est que l'objet dans la pensée contemporaine ? C'est évidemment, dans le domaine de la matière, ce qui est le plus *définie*, au sens grec le *moins* matériel. Un logisticien de mes amis – entendons, un spécialiste des transports – m'avait dit, que dans le monde contemporain, celui de la modélisation et de la mondialisation des échanges, il n'y a plus rien matériel est tel qui ne puisse pas entrer, démonté d'une manière ou une autre, dans l'espace d'un container, et rien au monde de immatériel qui ne puisse transmettre par le codage informatique en 0.1. C'est-à-dire que, dans cette décomposition, cet emballage, cette communication et ce transfert, toute chose peut devenir un objet. Et toute chose déviant de fait objet.

Ce changement capital, de notre rapport au monde, s'est fait en deux temps : d'abord quand l'homme fut conçu – disons que ce sont les analyses de Marx – comme le producteur d'objets, puis quand l'homme est devenu – c'est l'analyse du XXème siècle – le consommateur de ces objets. L'homme désormais à la fois le producteur et le consommateur des objets, mais d'objets tous déterminés, standardisés et, si possible, mis en conformité avec l'habite un le monde devenu la forge des producteurs et des consommateurs, liés parce qu'ils sont chacun le même, à la fois producteur et consommateur, maintenus ensemble seulement par l'objet qu'ils échangent. Ils deviennent d'une certaine manière les accessoires et les serviteurs de l'objet qu'ils échangent. L'analyse marxiste du travail aliéné se reproduit à l'identique dans l'analyse post-marxiste du consommateur aliéné. Le consommateur aliéné propose la forme achevée du travail aliéné, la consommation aliénée ; c'est pourquoi la question d'une consommation libre et non aliénée se pose aujourd'hui. Ainsi se termine mon premier point, dans ces situations (que je évidemment brosse à grands traits et en simplifiant, mais la simplification ici aide), on voit que le lien social disparaît, parce qu'il n'a même plus lieu d'être. Si c'est l'objet qui unit le consommateur et le producteur, si c'est toujours le même objet standardisé qui unit tous les homes, autant que consommateurs et que producteurs, alors l'objet est comme l'argent dans l'analyse classique de l'économie : universel échangeur, lien universel. L'argent assurait le lien universel entre les choses selon l'analyse classique (d'Aristote aux Anglais au XVIIème siècle). De même manière l'objet devient l'intermédiaire universel entre des sujets consommateurs-producteurs qui n'ont plus rien d'autre en commun que lui. Et c'est la raison pour laquelle la notion de fraternité n'a pas lieu d'être. Si la fraternité n'est pas atteinte, c'est bien entendu parce que nous sommes tous égotistes et rivaux, mais cette analyse morale reste tout à fait insuffisante ; car si la fraternité manque, c'est surtout parce qu'elle devient *inutile*. La grande circulation de la globalisation ne repose pas sur la fraternité, mais sur la standardisation de l'objet, qui suffit à mettre en rapport des consommateurs et des producteurs sans rien d'autre en commun que cet objet même. Cet objet étant irréel et artificiel, il n'y a plus aucun besoin de mettre directement en communication par la fraternité ou quelque autre instance qu'on voudra, les individus en question. Telle est la raison profonde de la défaite du lien social. Et je ne peux pas m'instaurer en « défenseur du lien », comme on dit dans le droit canon à propos des procès en annulation de mariage. Il est trop tard.

D'où mon second point, qui porte sur le nihilisme. Il faut prendre ici la mesure de ce dont la disparition du lien est la conséquence et lier cette situation à ce que Nietzsche analysait sous le terme du nihilisme. Non que Nietzsche soit le premier à parler de nihilisme, mais parce qu'il a élevé le nihilisme à niveau de concept, au lieu de s'en tenir à une constatation psychologique ou sentimentale, même religieuse particulière. Nietzsche déclare que « Le nihilisme se tient à la porte de l'Europe ». Nous savons maintenant qu'il ne se tient plus à la porte, mais qu'il est entré depuis longtemps. Il n'est plus un fantôme qui menace, mais une puissance qui nous gouverne. En quoi consiste le nihilisme ? Nietzsche en a donné une définition fameuse : que signifie le nihilisme ? Que les plus hautes valeurs se dévalorisent ; ce texte mérite commentaire. Que signifie que les plus hautes valeurs se dévalorisent, en un premier temps, veut dire que les plus hautes valeurs, par exemple « liberté, égalité, fraternité », mais aussi la vérité, le libre arbitre, Dieu même, perdent leur valeur. Cela reste pourtant une constatation relativement banale et si Nietzsche n'avait dit que ça, sinon il n'aurait pas dit beaucoup plus que ses prédécesseurs. Car la perte de valeurs en soi pourrait être considérée comme la condition pour la renaissance de vraies valeurs. Le point fondamental serait plutôt de comprendre pourquoi certaines valeurs perdent de la valeur. C'est parce qu'on n'y croit pas, qu'on ne les éprouve pas, qu'on ne peut plus les mettre en œuvre, etc. ; mais pourquoi ne le peut-on plus, pourquoi deviennent-elles inefficientes, bref pourquoi n'y croit-on plus ? La réponse tient en un mot : parce que ce ne sont que des valeurs. Ce qui dévalorise la valeur, c'est pas seulement qu'elle perde de la valeur (car après tout, ce qui augmente de valeur est tout aussi fragile que ce qui en perd), mais c'est que la notion de valeur n'a qu'une valeur finalement boursière, monétaire ; la valeur est une convention, qui permet justement son évolution ou son évaluation. Le propre de la valeur consiste justement en ce que n'en a pas en elle-même, et c'est pourquoi elle peut, elle doit varier. Une valeur se définit comme ce qui peut se dévaluer, parce qu'elle d'abord doit s'évaluer. Ce n'est pas une chose qui tient elle-même, mais, comme un objet, ce qui dépend des conditions de sa fabrication, de son utilité et donc de sa consommation. Elle n'est rien, sans sa mise en œuvre, sans sa fabrication et son usage. Donc, la valeur n'est pas une chose en soi, elle est chose aliénée à elle-même. Une valeur en soi n'existe point. Même l'or n'est pas une valeur en soi, parce qu'il n'y pas de *valoir* en soi. L'or reste une valeur qui d'ailleurs ne monte que quand les autres valeurs matérielles semblent moins d'usage, moins utilisables, moins disponibles, moins désirables. Donc, fondamentalement, ce qui fait que les plus hautes valeurs se dévaluent, ce n'est pas qu'on cesse de les valoriser, c'est au contraire qu'on les a valorisées et qu'on le sait. Les plus hautes valeurs se dévaluent parce qu'on découvre d'un seul coup qu'elles ne sont que des valeurs, que ce qui était sacré est simplement une valeur. C'est une manière de dire, la chose est nue, comme on dit le roi est nu. Il n'est plus qu'une valeur. Et il ne reste valide qu'en tant que valeur, résultat d'une évaluation *a minima.*

Donc la valeur accomplit, si je puis dire, le prossessus de production et de consommation de l'objet. La valeur équivaut à la chose aliénée par celui qui l'a produite et celui qui la consomme, à l'objet. La valeur apparaît au moment où la chose, en soi (*kat'auto*, comme disait Aristote) disparaît et ne reste qu'à titre d'objet évalué. Comment cette disparition se produit-elle ? Revenons à Aristote qui pensait la chose en soi et comme telle : pour penser la chose, il faut lui donner sa définition et sa définition consistant dans ce qui fait qu'elle est ce qu'elle est ; on peut donner une définition relativement précise de la chose, dans son genre, dans son espèce, et même parfois peut-être aller plus loin, en précisant son genre, puis son *eidos*, puis ses les accidents, puis parmi ceux-ci ceux qui lui reviennent par soi, etc. Donc il va y avoir, en quelque manière, une approche avec ces accidents, de l'individualité, mais l'individualité comme telle ultimement ne va pas pouvoir être définie. La dernière définition ou la dernière délimitation va porter sur ce que c'était jusqu'alors que l'être pour cette chose; cette une assomption répétitive de l'essence encore inconnue de la chose peut se prolonger à l'avenir, mais bien entendu comme telle elle ne peut le définir. La chose peut être constatée dans son accomplissement, en acte, mais il ne peut pas être définie en termes universels, puisque plus précisément il s'agit de l'individualité. Et comme on sait, ce qui est individuel ne peut pas se définir. On voit donc qu'il reste toujours un écart entre la connaissance de la chose et cette chose en tant que telle, en soi (*kat'auto*). Et cet écart, Aristote lui-même ne peut pas le franchir. Pourtant cet écart fut franchi, mais par l'ontologie moderne (je rappelle qu'il n'y a d'ontologie que moderne, comme le terme n'apparaissant qu'au milieu du XVIIème siècle et que donc on ne peut parler d'ontologie, par exemple Aristote). L'ontologie a consisté à s'en tenir à l'équation suivante : ce que nous pensons ultimement de la chose, à l'occurrence de l'objet, c'est cela qui en est l'essence. Pour dire pas dire l'étant tant qu'étant, il faut dire l'étant en tant que pensé, *ut cogitatum, ut cogitabile*. La chose n'est jamais, à ce moment-là, qu'un cas particulier, un exemple, une vérification empirique et provisoire de ce qui est connu, à savoir le concept de cette classe de choses. L'*ens ut cogitabile* se substitue à la chose même, sans équivaloir à elle. La chose n'est plus connaissable comme telle, elle n'est connaissable que pour autant que nous pouvons la penser, puis la produire, en éliminant son accidentalité fondamentale. Dans l'horizon de toute la théorie moderne de la connaissance, qu'est-ce qui est perdu et qu'est qui est gagné ?

Encore une fois revenons à Descartes. Il posait que si nous voulons connaître certainement une chose, nous devons nous en tenir à ce que l'expérience ne rend pas incertain. Comme l'expérience rend une connaissance incertaine en tenant compte de sa matérialité, c'est-à-dire de sa variabilité, Descartes déclare ne retenir de l'expérience que ce qui se rapproche le plus des critères des mathématiques, des les deux sciences, géométrie et arithmétique libre, qui sont les seules absolument certaines ; il faut donc généraliser leurs procédés, à savoir d'une part la mesure de l'étendue, donc réduire les choses à leur étendue, et pouvoir les mesurer ; de l'autre part l'ordre, dans lequel les différents paramètres se trouvent ordonnés, pour construire ce que nous nommons aujourd'hui un modèle. Ce faisant, Descartes a établi déjà ce que nous respectons absolument : toute chose est quantifiable et les quantifiée, et ses paramètres doivent être organisés dans un modèle. Quand on peut modéliser des paramètres, on produit un objet et cet objet se donne d'abord par son concept. Nous connaissons l'objet par immatérialisation de l'expérience, car nous faisons abstraction de tout ce qui ne peut ni se paramétrer ni se modéliser. Gaston Bachelard, dont le travail n'est pas toujours utilisable, a néanmoins bien marqué qu'un objet scientifique se résume en la réalisation d'un concept, on pourrait dire aussi à la conceptualisation de l'expérience, en quelque manière, abstraite de sa matérialité. Notre société, notre rationalité n'est pas une rationalité matérialiste, comme l'on croit. Ou alors il faut dire que ce matérialisme n'a plus besoin de matière, puisqu'il est en fait une pensée de la technique, un matérialisme basé sur la modélisation et la paramétrisation qui conduit à l'immatérialisation de l'objet. Notre société n'est plus matérialiste, parce que le sensible de l'expérience devient non seulement l'ennemi de la pratique technique, mais ce que nous sommes de plus en plus incapables d'éprouver et dont nous ne savons même plus jouir. Nous vivons dans la société la moins matérialiste et la moins sensible qui soit ; c'est ailleurs pourquoi nous vivons aussi dans une société non érotisée, donc la plus pornographique.

D'où le passage au troisième point. La question devient donc de savoir si nous pouvons avoir accès à autre chose qu'à des objets ou à des valeurs, afin de rétablir pou un lien social. Car les objets et les valeurs ne lient pas, étant le résultat du sujet qui les produit et qui les échange ; ils mettent simplement en compétition l'homme producteur et consommateur avec son semblable. Alors le ressentiment suffit à stimuler suffisante toute forme de compétition, d'émulation et de l'accumulation. Pouvons- nous entrer en rapport au-delà ou en deça des objets et des valeurs par l'intermédiaire de la chose même ? Ici il faudrait entrer dans une longue analyse de ce que c'est qu'une chose. Ce travail, Heidegger l'a en grande partie accompli à la fin de sa carrière. Je n'y entrerai pas aujourd'hui, bien entendu, mais je voudrais néanmoins faire au moins, deux remarques. – Sur la question d'abord du nihilisme de la valeur : on entend beaucoup parler, chez les gens qui sont un peu sensibles au problème du nihilisme, qu'il faut réagir contre le nihilisme, contre la perte des valeurs. Les partis politiques français gardent l'habitude de dire qu'il faut « se battre sur ses valeurs ». Les Présidents de la République, à chaque attentat ou à chaque grosse vicissitude, font appel aux « valeurs de la République ». Les mouvements conservateurs veulent défendre les « valeurs traditionnelles ». Que ne voient-ils pas comprendre que, sitôt qu'on évoque des valeurs, quelles qu'elles soient (d'ailleurs ce sont souvent les mêmes), défendre des valeurs ne permet pas s'opposer au nihilisme, mais revient à le le confirmer. Car si on défend les valeurs, on admet que ce ne sont que des valeurs, dont la solidité, ne dépend que de la puissance de ceux qui les soutiennent. En d'autres termes, s'il y a dix mille personnes dans la rue pour défendre des valeurs, elles sont moins bien défendues que s'il y en a cent mille, et si on avait un million, elles seraient bien mieux défendues. De telles valeurs ne tiennent donc pas par elles-mêmes. Plus on les défend, plus on y reconnaît des valeurs, donc qu'elles n'en ont pas, de valeur, en soi. Ce qu'il faudrait pour résister au nihilisme, serait de dire que la liberté, la démocratie, la famille, la morale, Dieu, la patrie, le travail ne sont pas de valeurs, mais des réalités ; et des réalités que nous ne défendons pas, mais qui nous défendent, nous. En particulier, il faudrait même dire que ceux qui que prétendent « défendre Dieu », le blasphèment. Car la Révélation judéo-chrétienne enseigne que c'est Dieu qui nous défend et qui nous défend d'ailleurs d'abord de nous-mêmes ; Dieu qui nous défend, ce n'est pas nous qui défendons Dieu. Si donc défendre les valeurs c'est les condamner, alors s'opposer au nihilisme consiste à voir qu'il y a des réalités qui ne se réduisent pas à des valeurs. La sagesse consiste à s'appuyer sur ce qui n'est pas une valeur et à laisser les valeurs à ceux qui n'ont qu'eux-mêmes pour se défendre.

La deuxième remarque concerne l'objet, dont le propre consiste en ce que, pouvant être produit et produit à l'identique (ou presque), il peut être consommé par n'importe qui (ou presque). Ce qui fait tout son prestige. L'objet apparaît universel et universalisable, parce qu'il ne dépend pas de la contingence de la matière, ni de la temporalité. Ainsi l'objet assure-t-il une sécurité. L'objet peut évidemment devenir caduque, être consommé, perdu ou fracturé, mais il peut être remplacé. L'objet reste toujours là. De droit il peut toujours revenir. Donc il est en quelque manière l'indice, le signe, et si je puis dire l'incarnation d'un présent qui dure. Certes le présent se réduit à l'instant et l'instant ne dure pas. Mais l'objet, lui, dure parce qu'il peut se reproduire. L'objet joue le rôle d'une assurance contre la ponctualité de l'instant, contre la nullité du temps. Ce faisant, nous pensons que posséder l'objet nous donne du temps, plutôt nous assure du présent. L'objet paraît une assurance-temps, comme il y a des assurances-vie, qui ne sont en fait que des assurances sur la mort. Le problème demeure pourtant de savoir si nous pouvons posséder des objets, ou plutôt ce que signifie la possession d'objets ? Est-ce que la possession d'un objet est une réalité, nous ouvre une réalité ?

Nous en sommes au point de nous demander s'il est possible de se défaire de l'évaluation et de l'objectivation des choses. J'avais donc remarqué que le propre de la valeur est d'en n'avoir pas en soi et que le propre de l'objet est de nous donner l'impression (fausse) d'une possession du présent, et donc d'une certaine manière d'une possession de soi, malgré le temps. Cette possession de soi par l'objet, il faut donc mesurer à sa juste, plutôt à son injuste ambition. Ce qui est possédé, l'objet devrait censément nous assurer la possession du temps, dû à l'objet, c'est-à-dire nous assurer d'un présent. Mais à supposer que l'objet puisse durer, ce que nous admettrons sans l'examiner, nous, nous ne durerons pas. Le tombeau du riche demeure, mais pas le riche mort. Et comme me rappelait un médecin cardiologue, d'une sagesse de bon ton, on n'a jamais vu un coffre de banque suivre un corbillard. Ou plutôt à supposer qu'un coffre de banque puisse suivre un corbillard, le mort du corbillard ne posséderait pourtant pas le coffre de banque. Ce qui est possédé finit par se perdre, ou plutôt celui qui possède ne se possède pas lui-même et se perd avec ce qu'il possédait. C'est un point absolument essentiel que de voir que *la possession (se) perd*. La possession perd celui qui la possède, parce que la possession ne se possède pas elle-même. Ceci semble un paradoxe et pourtant c'est le paradoxe le plus clair qu'impose la mort. La mort se définit fondamentalement notre rapport au temps et rien n'échappe à cette règle que la mort détruit la possession. C'est la même logique qui permet de comprendre pourquoi, de manière extraordinairement publique et donc extraordinairement naïve, ceux qui possèdent aujourd'hui les moyens de la recherche, proclament, encore avec une fois avec une naïveté confondante, leur désir d'échapper à la mort par les moyens techniques. Y-aurait-il donc une possession qui nous assure contre la mort? Bien entendu la possession n'assure rien, ni surtout sur la mort. C'est ici qu'un proverbe, dont je ne sais l'origine, prend une autre résonance. Il dit que seul est sauvé ce qui se trouve donné, qu'est perdu tout ce qui n'est pas donné. Ce paradoxe – et ne disons pas de mal du paradoxe, car il sert en quelque manière de ressort de la pensée – permet *a contrario* de conclure que seul ce qui est donné me sauve, parce que ne se sauve que ce qu'on donne à un autre que soit. Ici on ne peut qu'entendre la formule évangélique où le Christ dit que « celui qui trouve son âme la perdra et celui qui perdra son âme la trouvera » (*Matthieu* 10,39). Ou encore que « celui qui veut sauver son âme la perdra. Et celui qui perd son âme pour moi la trouvera » (*Matthieu* 16,25, voir *Marc* 8,35, *Luc* 9,24 et *Jean* 12,25). Réciproquement donc, ce qui est donné sera sauvé. Et ce qui est gardé, ce qui est réduit à la possession sera perdu, comme si l'arc du don, du don donné, dépassait, surpassait et survivait à celui qui le donne. C'est donc le don donné qui sauve celui qui le donne. Le don que je donne me sauve, moi qui l'abandonne. À quoi répond, en retour sur le même arc, cette interrogation fondamentale de Paul: « Que ne possèdes-tu [que n'as-tu], que tu n'aies reçu ? » (*I Corinthiens* 4,7).

Si donc rien ne tient ni ne se possède que ce qui se trouve donné, c'est justement parce que l'on ne possède rien qu'on ait reçu, selon l'arc du don donnant au don reçu. Ces deux règles forment deux versants d'un unique principe: « Vous avez reçu un don, donnez un don » (*Matthieu* 10,8); autrement dit: vous avez reçu un don donné, donc à donner; à un don reçu gratuitement, il faut rendre un donné gracieux. Soulignons bien qu'ici le don ne doit pas s'entendre comme une forme tronquée d'échange, mais comme une gratuité redouble, qui vient d'ailleurs et qui va ailleurs. Car la possession se voudrait fixe et central ; elle prétend s'approprier le passé donné et le futur à donner et donc figer dans un présent qu'elle suppose *non passant*. Mais la bande passante du don lui substitue précisément l'arc du don, qui me précède et qui me succède, l'arc du don où le don me vient d'avant le présent et va au-delà du présent, en sorte de me traverser et, en ce sens, me sauver, parce qu'il m'inscrit dans ce que Paul appelle *kénose*. Nous devons imiter le Christ, « [...] qui, se trouvant dans la condition de Dieu, ne retint pas par force [reteint par force, ravir par un rapt, *arpagmon*] d'être égal à Dieu, mais, se vidant, il la condition d'esclave » (*Philippiens* 5-6). *Arpagmon*, venant d'*arpazô*, indique ce que l'on possède en le prenant et le gardant par force. Comme l'Arpagon de Molière, *L'avare*, qui transforme toute chose en une possession qu'il s'approprie de force, à l'inverse du don, qui a en propre du don de lâcher ce qu'il possède e de l'abandonner sitôt reçu, *parce* que reçu. « Laissez faire, laissez passer », le banal adage des Physiocrates prend ici un sens tout à fait neuf, autrement puissant : le don passé et *se* passe, laisse passer et d'une certaine manière emporte celui à travers lequel il passe.

Alors, et c'est notre quatrième point, il reste à considérer le don comme une détermination pour ainsi dire ontologique, comme une *manière d'être* des choses, qui ne se résume pas, qui ne les réduit pas à la possession ni donc à l'échange. L'échange lui porte toujours sur un objet dont il règle un changement de possesseur, selon le principe que je ne suis en rapport avec autrui que par ma dé-possession d'un objet en échange d'un objet d'égal valeur, ou à peu près d'égal valeur. Si je fais de bonnes affaires, ce que je reçois dans l'échange est un peu (ou beaucoup) supérieur à ce que j'ai donné ; si je fais de mauvaises affaires, c'est l'inverse ; mais de toutes façons, il s'agit toujours de valeur, de valeur d'échange, comme on le dit très bien ; et la valeur d'échange ne porte évidemment que sur un objet. Tout est alors affaire de possession, qui s'accroît où qui décroît. Et dans cette possession, si je puis dire, je suis toujours le maître de ce que je possède, tant que je ne suis pas mort. C'est-à-dire que je suis, dans la meilleure hypothèse, possesseur d'infiniment d'autre chose que soi, puisque ces choses de bonne valeurs me survivront, en sorte et je suis (dé-)possédé par ma possession ; et à la fin de toutes les possessions qui me possèdent, je suis, comme on dit en français, *possédé*, c'est à dire *perdu*. Être possédé ne signifie pas en français être possédé par un démon, mais se faire se posséder, se retrouver faire floué, se faire avoir en s'imaginer avoir. Dans l'échange, je suis possédé par la possession qui me fait croire qu'en possédant je vais me posséder moi-même. Or, ce que la possession montre chez chez l'Avare qui meurt, c'est justement qu'il meurt pour avoir voulu posséder quelque chose, alors que ce qu'il voulait sauver, c'était lui-même. Et en un sens il a sauvé ce qu'il possédait, mais, pauvre fou, quand sa grange brûlera, c'est tout, lui compris, qui sera repris et perdu. C'est-à-dire que celui qui possède le monde se dépossède de lui-même, se fait posséder par sa possession. Ce n'est pas qu'il ne restera rien de sa possession : il ne restera rien de celui qui possède, parce que celui qui possède a crû qu'il se sauverait en possédant. A force de (se) posséder par force, il s'est dépossédé lui-même et le découvre à la fin. Alors ceci vaut pour toutes les possessions, évidemment les possessions matérielles, mais aussi, je veux dire surtout, les possessions morales et intellectuelles. Il y aurait beaucoup à dire sur l'éternité dans la mémoire des hommes. On pourrait dire qu'un écrivain, s'il survit dans la mémoire des hommes, c'est parce qu'il a abandonné ses droits de propriété de ce qu'il a écrit. C'est pourquoi il ne maîtrise pas ce qu'il a écrit, ni sa signification ou sa portée ; et c'est cela qui le sauve. Un vrai écrivain, un vrai penseur, ne possède pas ce qu'il a écrit et ce qu'il a pensé. Et parfois ce qu'il a écrit et ce qu'il a pensé ne veut pas dire que ce que lui-même croyait qu'ainsi il disait.

Revenons donc sur le don et sa manière d'être. La manière d'être du don (que j'ai essayé d'exposer dans plusieurs livres, dont *Etant donné*) se caractérise par son inconditionnalité. Contre Marcel Mauss, qui confond l'échange et le don, et avec Derrida, qui pense que le don se définit lorsqu'il s'accomplit correctement par son impossibilité même, j'ai tenté de montrer que le don ne repose sur aucune condition de possibilités. Très rapidement, rappelons les conditions de possibilité de l'objet, tells qu'elles ne s'appliquent pas au don. Le don n'est pas un échange, parce qu'il peut se produire sans le couple du donateur au donataire. – Car un don sans donateurs est parfaitement possible. Il y en a de nombreux exemples mais le plus impressionnant reste l'héritage: l'héritage opère un don qui suppose l'absence du donateur. On peut dire plus généralement que si le donateur reste présent dans le don, le don n'est pas complet, parce que la présence du donateur impose la reconnaissance de la dette par le bénéficiaire, à qui l'on peut toujours demander de rendre ce qu'il a reçu; même si on n'obtient pas la restitution de ce qui a était reçu, il ne reste pas moins que la reconnaissance, la gratitude, doit demeurer. Celui qui a reçu est donc toujours l'obligé de celui qui a donné. À supposer que celui qui a reçu ne fasse pas montre de gratitude, là aussi le donateur se voit généreux par comparaison à l'ingratitude du débiteur et, en un sens, il se rembourse, en lui montrant sa propre générosité. – Mais on peut donner sans savoir à qui l'on donne. C'est d'ailleurs ce que nous faisons la plupart du temps, lorsque nous donnons à une bonne cause. Ça nous arrange peut-être un peu de ne pas nous familiariser avec le malheur de l'indigent, et de toute façon c'est une manière peut-être, en un premier temps, la plus évidemment efficace de donner. Je donne alors sans savoir à qui je donne en faisant confiance à ceux qui feront bon usage de mon don. Donc le don se fait alors sans retour (je ne suis pas même tout à fait certain qu'il était d'ailleurs transmis, mais peu importe!). De toute façon j'aurais fait un don, même si ce don est détourné. Mon don, bien que inefficace, restera un don. Donc, le don peut avoir aucun donateur, donataire. – Mais il y a un paradoxe encore plus grand: le don n'est pas non plus un échange, parce qu'il peut ne pas y avoir d'objets échangés. Objectera-t-on que, si vous donnez un chèque, vous donnez encore quelque chose, quelque objet, quelque monnaie. Oui et non: car en fait en donnant quelque chose à quelqu'un, vous lui donnez non seulement ce que vous lui donnez, mais beaucoup plus. Vous lui donnez une reconnaissance – qu'il un interlocuteur valable, qu'il faut prendre soin de lui, que vous n'ignorez pas. Vous lui donnez aussi quelque chose qui va lui sauver la vie ou du moins améliorer sa vie sous un certain rapport et pour un certain temps ; et donc l'objet ou l'argent, que vous lui transmettez, lui permettra de modifier les conditions de sa vie. En cette instance le don devient d'autant plus grand que c'est la vie que vous rendez. Vous ne donnez pas un verre d'eau, vous donnez à quelqu'un le moyen de ne pas mourir de soif. Vous ne donnez pas un repas, vous donner à quelqu'un de ne pas mourir de faim. Vous ne donnez pas un vêtement, vous donnez à quelqu'un de ne pas mourir de froid. C'est pourquoi, quand vous donnez vraiment quelque chose à quelqu'un, vous lui donnez beaucoup plus, en fait vous donnez votre attention, votre amitié, votre temps, votre présence, voire, dans certains cas, votre vie pour la sienne. Car vous donnez quelque chose qui n'est pas un objet, mais justement beaucoup plus qu'un objet. Vous lui re-donner son humanité à lui. Vous lui donnez non seulement ce que vous avez, mais aussi quelque chose que vous n'avez pas, parce que ce n'est pas un objet à posséder. Quand vous donnez votre temps, votre vie, votre amour, vous ne donnez pas quelque chose, vous donnez vous-même, qui n'est pas un objet et que vous ne possédez pas, puisque vous l'avez reçu. Prenons le cas le plus élémentaire du monde que tout le monde reconnaîtra : quand on donne la possession d'une maison, d'une usine, d'un compte bancaire, etc., en un sens ne donne rien. On ne donne qu'une signature, qu'un code, qu'une clé, qu'un titre de propriété ; ce qu'on donne se résume au processus même du don, qui entraîne un transfert de valeur et qu'elle peut varier, mais l'essentiel reste le transfert. Quand vous donnez le pouvoir à un président élu qui va devenir un président installé, que lui donnez-vous ? Concrètement rien, sinon un code atomique, la main sur la bible, le *pallium* s'il agit d'un patriarche ; on ne peut remettre qu'un insigne du pouvoir, qui au son strict n'est aucun objet. C'est pourquoi on peut perdre le pouvoir instantanément, dans un conseil d'administration, comme Mussolini lorsqu'il perdit le pouvoir dans une réunion d'un grand conseil fasciste. On peut perdre le pouvoir sans s'en apercevoir, sans le vouloir : il passe sans qu'il se passe rien. Donc le donne porte jamais sur un objet. Concluons que ni le donateur ni le donataire ni l'objet transmis ne sont, dans le don, comme dans l'échange des conditions de possibilité absolue. On pourrait même aller plus loin, en disant que le don n'a pas de causes. Si je décide de faire un don, je ne le peux qu'autant que le don se limite à un objet ; alors je peux avoir des raisons de le faire : faire plaisir à quelqu'un, manifester ma magnanimité, montrer mes moyens. Quand le don a vraiment une cause, on peut dire qu'il reste un échange. Mais le vrai don se fait pour un rien : quand on donne sa vie pour sauver quelqu'un, on ne commence pas par calculer les raisons qu'on a de faire ; si l'on commence par calculer ces raisons, on ne fait rien et on ne sauve pas autrui. Quand on donne sa vie pour quelqu'un, c'est toujours sans raison., et c'est le seul moyen de le faire. Donc, il n'y a pas de conditions de possibilité du don, comme il y a des conditions de possibilité de l'objet. Le don, d'une certaine manière, vient de lui-même. Il s'impose dans l'instant, peut-être avec une longue maturation, mais par lui-même.

Concluons que n'est pas moi qui prend la décision de faire un don, mais c'est le don qui se décide pour moi, aussi est-il assez mystérieux de savoir pourquoi certains dons décident de s'imposer et pourquoi d'autres non. Pourquoi est-ce que le jeune homme riche qui applique la loi finalement se détourne du Christ, « parce qu'il avait de grands biens » ? Pourquoi est-ce les premiers disciples mettent tous leur bien en commun sans poser de question. Sans doute parce que le don est un événement automate, qui se met en route de lui-même. Le don n'est jamais impossible et les règles de la possibilité restent bornées à l'objectivité, mais ne s'appliquent pas à lui. On peut aimer quelqu'un qui est profondément instable. On peut aimer quelqu'un qui n'existe plus. On peut aimer quelqu'un qui n'existe pas encore et qui peut-être n'existera jamais. Et cet amour-là peut déterminer l'ensemble d'une vie. Il est donc impossible que l'amour ne soit pas possible, tout comme en général, il est impossible que le don ne soit pas possible. Cette impossibilité de la possibilité tient au fait que le don, libre les conditions de l'objet, opera de soi, il se met en mouvement par soi. D'où le paradoxe que le don devient *la* chose par soi par excellence. Et il se trouve un cas indiscutable du don, qui résume tout la vie. La biologie – comme on le disaient très bien les biologistes –, n'a pas pour objet la vie parce que la vie n'est pas un objet ; mais elle a pour objet la reconstitution des conditions physiologiques et matérielles, physiques et chimiques, sans lesquelles ce que nous appelons la vie disparaît ; aussi ne pouvons nous fixer de la vie qu'une définition négative : l'état dans lequel on n'est pas mort. Et le corps mort garde toutes les caractéristiques matérielles du corps vivant ; sauf que la vie, qui s'était emparée du corps vient de le quitter. La seule vie que je puisse atteindre reste donc ma vie à moi, la seule que je puisse expérimenter, la vie des autres, je ne la connais que par analogie. Or cette vie à moi, je ne sais ni d'où elle me vient, ni où elle me mène, si elle me mène quelque part. Car ma vie, je ne ne la possède pas, mais je ne l'ai que parce que je l'ai reçue. « Que n'as-tu que tu n'aies reçu ? » Et donc, de la même manière, si je veux sauver ma vie, la meilleure chose que je puisse faire sera de la donner. Si je la donne à une descendance physique, aux enfants, ou si la donne à d'autres vies pour les pour aider à les maintenir, j'aurai sauvé quelque chose de ma vie. Ma vie, que je ne possède pas, je ne la sauve que si je la donne et, si je la garde pour moi, je la perdrai. Il ne s'agit pas seulement un mystère théologique, mais aussi d'une règle anthropologique. Ma vie s'avère ce que je ne peux ni provoquer, ni prévoir, ni programmer, mais ce que je ne peux que recevoir, inexplicable et imprévisible. Ma vie, qui est plus moi que moi m'est pourtant totalement inconnue. Cette possibilité de toutes mes possibilités me vient d'ailleurs.

Où se retrouver le lien social, notre première interrogation ? Précisément ici : ce qui nous lie, ce ne sont pas les objets, leur production, leur consommation et leurs échanges, mais la chose même, seule *réelle* et commune. A savoir le don, que rien ne rend jamais impossible. Et le don ne s'éprouve jamais aussi bien que dans la vie, parce qu'elle se perd si elle se possède comme un objet. Et ne se sauve que si elle parcourt l'arc du don.

Presentations of the Eranos-Jung Lectures

Politics and Techniques of Fear.

The Shadow in the Era of the Crisis of Civilization,

between Projection and Manipulation

Presentazioni delle Eranos-Jung Lectures

Politiche e tecniche della paura.

L'Ombra nell'epoca della crisi della civiltà,

tra proiezione e manipolazione

Monte Verità, Ascona

2019

Paura e potere

Enrica Lisciani-Petrini

Salerno, Italy / *Italia*
February / *Febbraio* 2019

La paura è la cosa di cui bisogna avere più paura.
(M. de Montaigne)

Premessa

La paura – com'è talmente noto da esser persino ovvio – è uno dei sentimenti primordiali, se non *il* sentimento primordiale, dell'umanità. Proprio per questo gli interrogativi su di essa sono sempre stati ricorrenti e non smettono di assillarci. Anche oggi. Certo, nella diversità dei contesti storici, sotto forme inevitabilmente differenti – e tuttavia senza modificare nel fondo la sostanza dell'allarme che sempre suscita e ci accompagna. Dunque, siamo ancora costretti a chiederci: che cos'è la paura – ancora, e per noi, oggi? Perché è sempre strettamente connessa al potere? Ma poi, soprattutto: perché in certi "momenti sembra conveniente alimentare questo sentimento attraverso una più o meno raffinata messa in scena di orizzonti della minaccia"? "Esiste un'arte della paura"? e chi la pratica?

Per poter rispondere a queste domande, in modo non cronachistico ma ragionato, occorre allargare, andando oltre l'ambito presente, il campo visivo storico e tematico, per "comprendere quale sia la radice antropologica della paura"[1]. Partiamo appunto da qualche elemento antropologico, così come da alcuni rilevanti riferimenti storici. Questo sguardo sagittale e pluridisciplinare – che dal presente risale al passato e addirittura all'arcaico, per ritrovare in essi elementi genealogici utili alla comprensione dell'attuale – consentirà di delineare l'indispensabile sfondo teorico e storico retrostante all'argomento che dobbiamo affrontare. La paura appunto – la sua genesi, il suo uso politico e i suoi eventuali rimedi. In modo da mostrare l'importanza, per noi, oggi, di tornare a riflettere su questo argomento.

Parte Prima. Breve genealogia del nesso paura-potere

1. Alle origini dell'umanità: la paura della morte

Come la paleoantropologia ha ormai ampiamente acclarato, da 2 milioni di anni fino a 100 000 anni fa, diverse specie viventi del genere *Homo*, dunque di "umani", abitavano contemporaneamente sulla faccia della Terra. Erano animali insignificanti, che vivevano esattamente come le altre specie viventi. Finché, 70.000 anni fa, è comparsa la specie umana più singolare: *Homo Sapiens* – alla quale noi apparteniamo (pur con qualche minima variante, comunque *non genetica*)[2]. Ebbene, che cosa fin dall'inizio l'ha connotata? Una pode-

1 Questo testo è la rielaborazione di una lezione tenuta, nella magica atmosfera culturale e paesaggistica della Fondazione Eranos, il 15 febbraio 2019, in occasione del ciclo di Eranos-Jung Lectures dedicate alla "paura" – a riprova dell'importanza di tornare ad interrogare questo problema. Le frasi fin qui citate sono riprese dalla Presentazione che accompagnava il programma ufficiale del ciclo: "Politiche e tecniche della paura. L'Ombra nell'epoca della crisi della civiltà, tra proiezione e manipolazione". Ringrazio Fabio Merlini, presidente della Fondazione Eranos, per avermi invitata; Monica Pongelli e Riccardo Bernardini per l'accoglienza – nonché il pubblico di quella serata, singolarmente attento e partecipe.

2 Sull'argomento, trattato in numerosi studi, una sintesi efficace in: Y.N. Harari, *Sapiens. Da animali a dei. Breve storia dell'umanità*, tr. it. Bompiani, Milano 2017.

rosa capacità intellettiva, unita ad una caratteristica fragilità fisica. Una vulnerabilità dovuta a quella che è stata definita la sua condizione "neotenica": l'assenza di apparati corporei e comportamentali, soprattutto di difesa, precostituiti (come negli altri animali), ovvero di strutture "a priori" predeterminate, tale da far ipotizzare uno sviluppo fetale non compiutamente raggiunto[3]. E tuttavia, esattamente questa originaria carenza sarebbe all'origine della nostra connotazione specie-specifica più peculiare: una costitutiva apertura al mondo, una tipica "eccentricità", "oltre sé" e il proprio corpo, foriera di una illimitata "plasticità" e "flessibilità", alla base delle più straordinarie abilità formatrici e delle più spettacolari conquiste umane[4] - ma anche, di conseguenza, una inaggirabile esposizione alle influenze rischiose dell'ambiente esterno e dunque una assoluta caducità[5].

Ebbene, che cosa immediatamente ha compreso *Homo Sapiens* come nessuna altra specie? Appunto la sua esposizione alla morte: il suo *destino* di morte. Naturalmente, anche gli altri animali, come ben sappiamo, hanno paura della morte e lottano per la propria sopravvivenza. Ma la morte è vissuta come un dato, per dir così, naturale - tant'è che un animale può accostarsi alle spoglie di un altro animale morto, della stessa specie, senza provare nessun particolare

3 Com'è noto, questa ipotesi è stata formulata per primo dall'anatomo-fisiologo olandese Louis Bolk (si veda L. Bolk, *Il problema dell'ominazione* (1926), tr. it. DeriveApprodi, Roma 2006).

4 Peraltro, va aggiunto, precisamente questa "sporgenza" fuori di sé e della propria dimensione corporea, tipica dell'uomo, è ciò che impedisce qualsiasi riduzionismo biologista e consente di comprendere quel movimento di trascendenza, costitutivo dell'essere umano, che lo ha portato tra l'altro alla formulazione delle grandi visioni religiose e spirituali. Anche se, per converso e reciprocamente, proprio questo dimostra che persino i più alti innalzamenti umani affondano le radici nel sostrato della *vita* (in questo senso bio-logico), specifico dell'uomo.

5 Su questi temi - i cui epicentri teorici sono in autori come, in particolare, J. von Uexküll, M. Scheler, H. Plessner, A. Gehlen, K. Lorenz - esiste una ormai amplissima letteratura. In questa sede mi limito a ricordare il celebre testo di Plessner, *Die Stufen des Organischen und der Mensch. Einleitung in die philosophische Antropologie* (1928), da cui sono tratte le espressioni sopra citate (cfr. H. Plessner, *I gradi dell'organico e l'uomo. Introduzione all'antropologia filosofica*, tr. it. Bollati Boringhieri, Torino 2006, in part. pp. 151-54).

ribrezzo o dolore. Teme la morte non perché se ne rappresenta la dinamica vertiginosa, ma come semplice rischio di vita. Non così per l'uomo (inteso nell'accezione a noi ormai consueta). Questi ha sùbito avuto coscienza della morte come ciò in cui è racchiuso *il sigillo* della nostra mortalità, *il segno* della nostra costitutiva essenza finita. In questo senso la morte ha immediatamente ricoperto per l'uomo un altissimo valore simbolico. Tant'è che uno dei suoi primi gesti è stato – come la paleoantropologia ha presto scoperto – il dar sepoltura alle spoglie dei cadaveri umani, non lasciandoli esposti allo sfregio della corruzione esterna o alla voracità degli altri animali[6].

Nasce da qui, dunque, la paura della morte come la paura per eccellenza, primordiale, ancestrale, dell'uomo: la sede di tutte le sue angosce. Come la psicoanalisi ben ci insegna.

Ma perché? Andiamo ancora più a fondo – come ci aiuta a fare appunto Freud nello straordinario scritto *Al di là del principio di piacere*. In questo scritto – tanto inquietante quanto di illuminante potenza euristica – il grande psicoanalista analizza infatti la scoperta nevralgica che ad un certo punto è costretto a fare, e cioè che non è la pulsione di vita a guidare il nostro esistere, bensì – paradossalmente – la pulsione di morte, il ritorno ad uno stato di inerzia antecedente. La morte è il luogo principe di tutte le nostre paure e angosce perché l'uomo avverte fin dall'inizio, oscuramente, che essa non solo determina la sua finitezza, ma è anche ciò *a partire da cui* egli vive: la dimensione pre-vitale da cui proviene, dalla quale si allontana "per vie errabonde", concrescendo su se stesso, e alla quale inevitabilmente ritorna. È lo stadio originario da cui è – antinomicamente – attratto come la propria "meta". La vita è, insomma, una deviazione dalla/della morte. Come del resto aveva già osservato il celebre fisiologo francese Xavier Bichat: "La vita non

6 Tant'è che secondo Gianbattista Vico "essa Umanità ebbe incominciamento dall'*humare*, seppellire", e cioè dal mettere nell'*humus*, nella terra, i corpi dei morti (G. Vico, *La scienza nuova* (1744), in: Id., *La scienza nuova. Le tre edizioni del 1725, 1730 e 1744*, a cura di M. Sanna e V. Vitiello, Bompiani, Milano 2012, p. 1006).

è altro che l'insieme delle forze che contrastano la morte"[7]. Sicché – conclude Freud, ben conoscendo le tesi di Bichat, con una metafora incisiva e caustica – "i custodi della vita", ossia le pulsioni auto-conservative, sono in realtà le "guardie del corpo della morte"[8], ossia le forze che ci fanno vivere solo in quanto ci consegnano alla morte, perché "l'aspirazione più universale di tutti gli esseri viventi [è] quella di ritornare alla quiete del mondo inorganico"[9]. In tal senso la morte è il rovescio inseparabile della vita, che la segue o l'insegue costantemente come la sua inseparabile ombra.

Ecco allora perché, da sempre, l'uomo prova di fronte alla morte – insieme – un orrore manifesto e un fascino occulto, una paura incontenibile e un'attrazione irresistibile. Come dimostrano, dalla più lontana antichità, tutti i riti arcaici, sacri e/o religiosi, basati su sacrifici cruenti e procedure mortali. Dove la morte è – insieme, appunto, antinomicamente – sacrificio e redenzione, orrore e purezza. Dunque, allo stesso tempo: esorcizzata e introiettata.

Faccio notare, giusto di passaggio, che la morte di Cristo, in questo senso, è la ripetizione – in forma altamente sublimata – di paradigmi lontanissimi e terribilmente sacrificali. Dove la morte – la paura della morte – è il perdurante, insuperabile, nucleo incandescente al contempo respinto e reclamato.

2. La paura della morte, epicentro del potere: Freud

Da tutto quanto fin qui detto si comprende facilmente, allora, come la paura della morte sia stata *anche* – fin dai tempi primordiali – l'epicentro del potere. Al cuore della formazione delle comunità e della gestione, all'interno di esse, del comando.

Anche in questo caso ci viene in aiuto Freud. Ossia quanto lo psicoanalista scopre – lavorando sui complessi nevrotici dei pazienti,

7 X. Bichat, *Recherches physiologiques sur la vie et la mort*, Brosson, Gabon et Cie., Paris 1801.

8 S. Freud, *Al di là del principio di piacere* (1920), in: *OSF* 6.

9 Ivi, p. 247.

sull'immaginario dei bambini e sulla psicologia dei cosiddetti selvaggi – a proposito della formazione della comunità nell'orda primitiva. Egli ipotizza, nel celebre scritto *Totem e tabù*, che, all'origine della formazione delle comunità, ci sia stato un gesto terribilmente effrattivo: l'uccisione del padre, potente e dominatore sulle donne del gruppo, da parte dei figli. I fratelli avrebbero dunque ucciso il padre, ne avrebbero sbranato il corpo, per far trapassare in se stessi l'immensa forza del padre e così comandare sui gruppi successivi. Ma perché l'uccisione del padre consente di formare un gruppo e guidarlo? Perché nell'uccisione del padre i fratelli scaricano tutta la volontà sopraffattrice da cui è dominato l'uomo nello stato di natura primordiale e da questo momento – *nella paura della morte che si possono infliggere reciprocamente come l'hanno inferta al padre* – possono stringersi fra loro in un patto protettivo e perciò dominatore.

Che questa ricostruzione mitica sia vera o meno [ricordiamoci comunque che spesso i bambini maschi sognano di uccidere il padre per poter possedere da soli la madre e viceversa le bambine spesso sognano di uccidere la madre per poter possedere il padre: anche su questi sogni si basa l'ipotesi di Freud], il punto di fondo è invece chiaro e incontrovertibile: *all'origine della formazione di una comunità c'è sempre un sacrificio di morte* – come del resto tutte le paleo-storiografie e archeologie attestano. Qualcuno viene ucciso affinché dalla sua morte – dal ricordo simbolico della sua morte, *che ricorda a tutti la mortalità di ogni singolo individuo* – si possa cementificare una comunità. Comunità che in tal modo viene a costituire l'involucro protettivo e difensivo di ogni individuo, rispetto al rischio di morte che continuamente lo insidia.

Faccio notare di nuovo, en passant, come anche il sacrificio di Cristo sia all'origine della comunità (*ecclesia*) cristiana. È il ricordo – e la paura – di *quella morte* (non a caso continuamente ricordata nella comunione quando, assumendo l'ostia, si introietta una parte del corpo di Cristo morto *per noi*) a stringere i singoli in un patto condiviso, tale per cui ciascuno sacrifica le proprie pulsioni individuali, egoistiche, per il "bene" (la vita) della comunità religiosa. E – soprattutto –, attraverso questa introiezione di un frammento del corpo morto di Cristo, il cristiano si prefigura simbolicamente la sconfitta della propria morte terrena, e della paura che l'accompagna, conquistando l'immortalità: la vita eterna.

Possiamo arrivare così ad una prima conclusione: *la paura della morte*, originaria e costituiva della specie cui apparteniamo, è fin dall'inizio *strettamente legata alla formazione e al funzionamento di una comunità umana*. Dunque, legata e funzionale al potere. Sia nel senso – effettivo – che il potere la deve estromettere: la morte, con la paura ad essa connessa, è ciò rispetto a cui la comunità deve proteggere/immunizzare i singoli individui, e che la comunità quindi deve espungere fuori di sé, esorcizzare. Sia nel senso – conseguente e contrastivo – che il potere la deve introiettare: essa è quel vuoto, quell'abisso, quel nulla, quell'ombra tenebrosa, attorno a cui la comunità si forma ed esiste. Esattamente come quando ci immunizziamo da una malattia: la malattia è cacciata fuori, debellata, a condizione che un frammento di essa venga introiettato/immesso nell'organismo in modo tale che questo sappia attivare le difese per proteggersi[10].

Qui si spiega perché – così cominciamo a rispondere a una delle domande da cui siamo partiti in Premessa – la paura (sempre connessa alla morte) viene utilizzata "ad arte" dal potere per formare una comunità e in tal modo dominare i singoli individui. Si tratta di una strategia spesso perversa e insidiosa, che si innesta precisamente sulla paura della morte e sul congiunto istinto di sopravvivenza; e dunque stimola "ad arte" proprio quel senso di minaccia ancestrale, arcaica, irrazionale, profonda e incontenibile, che costituisce l'uomo dai primordi e sempre lo accompagna.

10 Sul punto, e cioè sui meccanismi "katechontici" di immunizzazione, alla base della formazione delle comunità e inevitabilmente strutturali all'interno della gestione del potere, ma anche sulle possibili derive autoimmunitarie, v. R. Esposito, *Immunitas. Protezione e negazione della vita* (2002), Einaudi, Torino 2020[2].

3. *La paura della morte e il pensiero politico moderno: Hobbes*

Ebbene, è esattamente questo il tragitto teorico – naturalmente rivisto in chiave razionale e secondo la visione meccanicistica tipica del Seicento – alla base dell'impostazione politica di Thomas Hobbes, il teorico dello Stato moderno. Qual è, infatti, il transito logico che percorre Hobbes? Il seguente: l'uomo nello stato di natura originario è governato dall'istinto di appropriazione illimitata e perciò è pronto a sopraffare gli altri per garantire il proprio movimento vitale. Ma, poiché questo istinto domina tutti gli uomini, essi diventano inevitabilmente l'un per l'altro "*homo homini lupus*", impegnati in un "*bellum omnium contra omnes*", in una "guerra di tutti contro tutti". Sicché, per potersi salvaguardare da questo rischio mortale, generatore di caos e disordine all'interno della comunità, e garantire invece l'ordine e la pace, l'unica strada da seguire è quella di sacrificare i propri "diritti *naturali*"[11] a un terzo – il Leviatano – in cambio della sua protezione. Questi – di fatto lo Stato assoluto rappresentato dal sovrano – ingloba dunque in sé i diritti naturali degli uomini costringendoli ad obbedire alle leggi, che esso stesso promulga, anche con la forza e – soprattutto – con la minaccia di infliggere loro la morte per garantire la vita.

Come si vede, nel progetto politico di Hobbes la paura della morte è utilizzata nei due sensi, contrapposti, prima richiamati: *per un verso*, essa viene esorcizzata, rimossa, "immunizzata" dal potere, che protegge i sudditi dai loro istinti mortali; *per un altro*, essa viene

11 "Il diritto di natura, che gli scrittori chiamano comunemente jus naturale, è la libertà che ciascuno ha di usare il proprio potere a suo arbitrio per la conservazione della sua natura, cioè della sua vita, e conseguentemente di fare qualsiasi cosa che, secondo il suo giudizio e la sua ragione, egli concepisca come il mezzo più idoneo a questo fine" (T. Hobbes, *Leviatano* (1651), tra. it. Rizzoli, Milano 2013, cap. XIV). Una analisi attenta del tema della "paura" e del suo "governo", a partire da Hobbes fino agli sviluppi "biopolitici" contemporanei, è in M. D'Alfonso e M.-L. Lanzillo (a cura di), *Gouverner la peur. Réflexions politiques et visions de l'Autre de l'époque moderne à l'ère globale*, Olms, Hildesheim-Zürich-New York, NY 2010. Più in generale, sempre utili, J. Bourke, *Fear: A Cultural History*, Virago, London 2005, e C. Robin C., *La peur: histoire d'une idée politique*, Colin, Paris 2006[2].

inoculata dentro la comunità stessa – sia sacrificando i diritti naturali degli individui, sia tenendo gli individui stessi sotto la costante minaccia di morte. Tutta l'architettura politica di Hobbes si fonda dunque su due pilastri: la spinta a dare la morte e la paura di riceverla, generativa dello Stato Leviatano – inscindibile intreccio insito nell'uomo dai primordi, come si è visto. In tal senso il filosofo inglese è il primo a mostrare – in modo netto – l'intreccio fra paura e potere.

Non che questo nesso non fosse stato colto. Già Platone, nella *Repubblica*, aveva mostrato che fra le forme di governo spicca la tirannide perché usa la paura per esercitare il potere. Ma appunto, Platone, come molti altri autori antichi e moderni, lega la paura al potere tirannico. Non Hobbes. Questi individua con perfetta lucidità che il potere è *originariamente* legato alla paura della morte – scardinando tutta l'antropologia tradizionale positiva, di matrice aristotelica, fondata sulla "naturale socievolezza" dell'uomo. "È questo l'elemento che [...] distanzia Hobbes da tutti gli altri pensatori politici passati e presenti"[12] e ne fa – come ebbe a dire Canetti – "il più importante" dei pensatori politici[13]. Egli, cioè, coglie con assoluta chiarezza che la paura della morte può portare alla istituzione di un potere politico *liberamente scelto dai singoli,* con un "patto" non imposto da un tiranno. Così egli rivela il "cuore di tenebra", l'ombra, che sempre accompagna la luce del potere. Tant'è che l'immagine del Leviatano, scelta da Hobbes come frontespizio della seconda edizione del suo libro, è quella, altamente simbolica, di un corpo gigantesco che ingloba in sé tanti piccoli uomini che si affidano a lui appunto in quanto spinti dalla paura della morte e dal desiderio di preservare il loro bene più prezioso: la vita. In tal senso il pensatore inglese pone la paura "all'origine non solo delle forme degenerative o difettive,

12 R. Esposito, *Communitas. Origine e destino della comunità*, Einaudi, Torino 1998, pp. 6, 9

13 "Tra i pensatori [...] Hobbes [...] è il più importante [...]. Fra tutti i pensatori che conosco, è l'unico che non maschera il potere, il suo peso, la sua posizione centrale in ogni comportamento umano" (E. Canetti, *La provincia dell'uomo*, tr. it. Adelphi, Milano 1978, p. 158)..

ma anche, e soprattutto, di quelle legittime e positive, di Stato"[14]. Questo spiega perché egli abbia potuto essere il teorico dello Stato moderno istituito per contratto. Pur mantenendo, proprio nel cuore della modernità, un nucleo antico, arcaico – l'istinto dell'uomo di uccidere l'altro uomo e la paura della morte – ora conservato come il fondo oscuro e irrazionale del potere più lucido e razionale.

Ma guardiamo meglio. Qual è il gesto che – veramente – Hobbes compie nell'istituire questo corpo apparentemente compatto, il Leviatano, lo Stato, che incorpora dentro di sé tutti gli uomini, divenuti sudditi, per garantire loro la vita? Quella che viene istituita in questo modo non è affatto una "comunità", un organismo costituito da una molteplicità di rapporti legati dal "cum", dallo stare insieme: dalla *relazione*. Al contrario. Hobbes ritiene che, proprio stando insieme, gli uomini si sbranino fra di loro, siano in perenne conflitto mortale. Di conseguenza, come si è visto, per evitare questo rischio o questa condizione naturale mortale, l'unica via d'uscita gli appare la distruzione della relazione. E quindi la creazione di un'unione artificiale (lo Stato), il cui unico scopo è l'eliminazione del conflitto – e dunque esattamente della relazione: del "contagio", si potrebbe arrivare a dire, vivo e reale degli uomini fra di loro. Da questo momento i singoli non si rapporteranno direttamente, ma attraverso un "terzo" che essi stessi hanno istituito: lo Stato con le sue leggi e i suoi divieti. Non a caso, peraltro, è da *questa* idea di Stato e da *questa* impostazione politica che è germinato quell'*individualismo moderno* fondato su una costitutiva *irreciprocità* degli individui, ed anzi su una latente e continua sopraffazione e una persistente *auto*-difesa degli uni verso o contro gli altri, quel "ciascuno per sé e nessuno per tutti", solo a stento tenuto a bada dalle leggi. Un individualismo che non solo, ancora oggi, costituisce il motore occulto e "negativo" dei rapporti intersoggettivi, ma soprattutto, da qualche tempo, è "ad arte" di nuovo rinfocolato attraverso una prassi politica, tesa alla

14 R. Esposito, op. cit., p. 6.

difesa identitaria, cui si è dato il nome (in particolare nel linguaggio giornalistico) di "sovranismo"[15].

Si tratta, in questo caso, di una regressione inquietante, che ripropone, secolarizzati, quegli elementi ancestrali, arcaici, irrazionali, prima ricordati: una paura della relazione che comporta, come contraltare, *la figura di un nemico* rispetto al quale occorre rinserrarsi nel proprio recinto protettivo e identitario. Una miscela pericolosa, di cui la storia ha visto non di rado gli effetti devastanti[16]. Senza voler istituire un rapporto tra situazioni diversissime e imparagonabili, non si dimentichi quello che è successo nel cuore della razionalissima e civilissima Europa, ovvero in Germania, meno di un secolo fa, in una forma parossistica e oggi per fortuna irriproducibile.

Occorre dunque guardare altrove se vogliamo trovare un'*altra* risposta alla paura della morte e al suo connubio costitutivo col potere. Una risposta che non elimini questa paura – di per sé

---

15 Un'approfondita analisi della categoria politica di "sovranità", di cui viene evidenziata la complessità strutturale e storica – ben lontana dalle semplificazioni politiche (e giornalistiche) cui si assiste quotidianamente –, in: C. Galli, *Sovranità*, il Mulino, Bologna 2019.

16 Val la pena di ricordare che questa paura si accresce in modo esponenziale – a partire dalla prima metà dell'"800 – allorché le società subiscono un vertiginoso aumento demografico e le città (alcune delle quali diventano vere e proprie "grandi città", "metropoli") si riempiono di folle cittadine trascinate dentro flussi economico-mercantili sempre più parossistici e di masse brulicanti costituite per lo più da operai affamati. Un processo i cui effetti non tarderanno a farsi sentire, come dirà G. Simmel, sull'appartato nervoso degli individui. Questo processo e soprattutto le cruente rivoluzioni sociali, che ne scaturiscono (per es., a Parigi, quella del 1848 e la "famosa" "Comune" del 1871, indimenticabile per efferatezza e crudeltà), riportano in primo piano la paura dell'"orda primordiale", dal "carattere animalesco", e del "contagio" sociale, favorendo, di conseguenza, una produzione teorica e dei provvedimenti politici tesi, di nuovo, a disinnescare quei processi con severe procedure profilattiche. Sul tema, ampiamente dibattuto, restano apicali: G. Le Bon, *La psicologia delle folle* (1895), tr. it. Tea, Milano 2004; Tarde G., *L'opinione e la folla* (1901), tr. it. La Città del Sole, Napoli 2005; S. Freud, *Psicologia delle masse e analisi dell'Io* (1921), tr. it. in: *OSF* 6; e G. Simmel, *Le metropoli e la vita dello spirito* (1903), tr. it. Armando, Roma 2002[5]. V. inoltre D. Palano, *Volti della paura: figure del disordine all'alba dell'era biopolitica*, Mimesis, Milano 2010, e i due fascicoli di "Filosofia Politica", dedicati al tema "Massa-Folla", Vol. 3, 2020 e Vol. 1, 2021 (in part., E. Lisciani-Petrini, "Immagini della folla. Baudelaire, Simmel e Benjamin", in "Filosofia Politica", Vol. 1, 2021, pp. 29-42).

ineliminabile – e, di conseguenza, la necessità di immunizzarci. Ma contempli, per dir così, un "uso" diverso di essa e metta in campo meccanismi di protezione differentemente pensati. Nella seconda parte del saggio proverò a proporre un altro pensiero politico, seguendo una differente filiera di pensatori. Una filiera che – partendo da Machiavelli – si dirama in due direzioni: una è quella che arriva a Nietzsche; l'altra è quella che arriva a Merleau-Ponty. Entrambi – non a caso – attenti "lettori" di Machiavelli.

Parte Seconda. Il recupero della dimensione affermativa della vita e del corpo: un diverso scorcio sulla paura

1. Machiavelli e la realtà "effettuale"

Per avviare questo secondo giro del discorso, torniamo ancora per un momento a Hobbes e alla visione che sta sullo sfondo della sua impostazione teorica. Si tratta di quella visione, che germina dal trionfo tipicamente seicentesco del *cogito* e del razionalismo, basata sulla scissione, sistematizzata come si sa da Cartesio, fra due sostanze costitutive dell'intera realtà: la *res cogitans* – la sostanza pensante, la ragione – e la *res extensa* – la sostanza materiale estesa, la corporeità. Dove, per definizione, la prima ha una precedenza gerarchica, una superiorità o, per dir così, una "sovranità", sulla seconda: la sostanza pensante è ciò che misura e calcola, e dunque dispone e governa, con la forza sovrana della ragione, la sostanza estesa corporea materiale, alla prima inferiore e subalterna[17]. Viene così fissata quella "dicotomia", fra mente e corpo, che diventa dominante per almeno due secoli e che per molti versi prolunga i suoi effetti fino ad oggi.

17 Su questo plesso problematico, decisivo, resta fondamentale il testo di Heidegger "L'epoca dell'immagine del mondo" (in: M. Heidegger, *Sentieri interrotti*, tr. it. La Nuova Italia, Firenze 1968, pp. 71-101).

Ebbene, è esattamente questa la scansione gerarchica che sta sullo sfondo della visione hobbesiana. Per Hobbes, infatti, come si è visto, è la mente, la ragione - rappresentata dallo Stato-Leviatano, *sovrano e trascendente* - che deve governare il tumulto scomposto dei corpi, il caos belluino pre-politico determinato dai loro appetiti, gestendone - come farebbe uno scienziato - il gioco "meccanico" delle spinte e controspinte reciproche. Secondo lui è lo Stato che deve governare la dimensione ribollente e immanente della vita, sempre in preda a rivoluzioni improvvise quanto pericolose e insidiose. Ecco perché Hobbes, nonostante l'impianto assolutistico del proprio discorso politico, è di fatto il teorico dello Stato moderno e ha potuto ispirare pensatori di opposte tendenze, come il liberale Locke e il democratico Rousseau. Infatti il presupposto di base, comune a tutti e tre, è lo stesso: "la categoria di sovranità, pur diversamente formulata"[18]. Ossia, il principio secondo il quale è la ragione che deve governare i corpi viventi e i loro meccanismi.

Ora - come già prima osservavamo - tutto questo impianto crea sì un ordine, ma nella forma di una sorta di gabbia razionale artificiale, dalla valenza fortemente immunitaria. La vita viene sì difesa da se stessa (dalla paura mortale in essa insita), ma svuotata dall'interno della sua sostanza naturale vitale e irreggimentata dentro forme convenzionali algide e fisse - perciò stesso *mortuarie*. Gli individui sono sì difesi dal contagio dell'uno con l'altro, ma attraverso la rescissione dei legami fra loro, l'interruzione delle dinamiche inter-relazionali prodotte soprattutto dai corpi e dai contatti corporei - che sono *naturalmente conflittuali* e perciò stesso *vitali* - e dunque la chiusura dentro il perimetro delle specifiche, irrelate, identità individuali. Insomma, il prezzo pagato per proteggere la vita è - alla lettera - la "morti-ficazione" della vita stessa, la sua devitalizzazione[19].

---

18 R. Esposito, *Pensiero vivente. Origine e attualità della filosofia italiana*, Einaudi, Torino 2010 p. 57.

19 Su questo plesso antinomico - una protezione della vita che si rovescia nella sua negazione, esattamente come una procedura iper-immunitaria si rovescia in una

Ebbene, se ora spostiamo lo sguardo altrove e lo facciamo risalire a più di un secolo all'indietro, possiamo vedere che, prima di Hobbes, con Machiavelli viene offerto un pensiero di tutt'altra intonazione. Come si presenta, infatti, fin dall'inizio la posizione del celebre Segretario fiorentino? Nettamente eterogenea rispetto a quella prevalente nella modernità. E proprio per questo, in genere, criticata o emarginata dalla linea di pensiero politico moderna. Machiavelli difatti non recide mai il legame fra la politica e la dimensione ad essa interna della vita. Al contrario. Egli parte esattamente dal nesso *inscindibile* della politica proprio con quella vita fermentante ed energetica, da cui promanano i rapporti di forza, anche in conflitto fra loro, che sempre attraversano e caratterizzano la dimensione concreta della storia. Per la stessa ragione egli non si affida a leggi universali inamovibili, che dovrebbero stringere la realtà dentro la griglia di un ordine persistente e immutabile, ma del tutto artificiale e astratto. Al contrario. La sua attenzione è sempre rivolta alla contingenza, alla realtà "effettuale" come lui la chiama, dominata dall'insorgere di eventi imprevedibili, che non solo destabilizzano l'ordine costituito, ma soprattutto svelano come vi sia un fondo irriducibile, che si sottrae a qualsiasi tentativo di unificazione e rappresentazione. Ecco perché per Machiavelli "tra potere e vita non si dà mai distanza assoluta, scarto radicale"[20]. Sicché, non può darsi mai un potere totalmente chiuso in se stesso e sganciato dalle forze istintuali e naturali – non lontane dal mondo animale – che attraversano il quadrante dell'esperienza. "L'immagine del Centauro" Chirone – a cui Machiavelli si richiama nel *Principe*[21] – "e la definizione del

patologia autoimmune – si veda ancora R. Esposito, *Immunitas...*, cit.

20 Per questa citazione e quelle che seguiranno in questa parte del discorso cfr. R. Esposito, *Pensiero vivente...*, pp. 48-58.

21 "Dovete dunque sapere come ci siano due modi di combattere: l'uno con le leggi, l'altro con la forza. Il primo modo appartiene all'umo; il secondo alle bestie. Ma poiché molte volte il primo modo non basta, si rende necessario ricorrere al secondo. È pertanto necessario che il principe sappia servirsi dei mezzi adatti sia alla bestia, sia all'uomo. Gli antichi scrittori hanno già fornito ai principi questo insegnamento sotto forma di allegoria, quando hanno riferito che Achille e molti

principe a metà tra la volpe e il leone restituiscono in maniera plastica l'insolubilità di questo viluppo". Perciò per Machiavelli l'ordine ogni volta raggiunto non può essere – e non è mai – l'opera di un soggetto sovrano (come il Leviatano di Hobbes); né, "tanto meno, di individui riuniti in un patto di fondazione"; bensì il risultato, sempre contingente e quindi reversibile, "di uno scontro fra potenze che si alternano nella loro prevalenza" (che siano i principi o i "populi", i nobili o le forze "populari").

Come si vede, la differenza da Hobbes e dal pensiero moderno è totale. Certo, anche per la ragione che Machiavelli appartiene a un'epoca precedente, il Rinascimento, dove quella dicotomia fra soggetto e oggetto, pensiero e corpo, non era ancora all'ordine del giorno. Ma, appunto, mentre il pensiero moderno tende a separare la materia vivente e il corpo dalla dimensione razionale, dalla ragione, anestetizzando la materia e il corpo nella loro carica dinamizzante e dunque conflittuale ma perciò anche effrattiva, irreggimentandoli dentro un apparato sovrastante – o sovrano – di leggi artificiali neutralizzanti il conflitto, Machiavelli non dimentica mai che la storia delle forme umane affonda le proprie radici proprio in questa dimensione sottostante pulsante e caotica. E dunque che *il conflitto delle forze è la dinamica stessa della vita*. Non a caso, quasi anticipando profeticamente la biopolitica contemporanea, Machiavelli si avvale di tutto un lessico medico, per parlare dell'organismo statale, e si richiama all'equilibrio che un organismo raggiunge non prosciugando gli umori contrastanti da cui è governato, ma bilanciandone le dinamiche e non consentendo a nessuno di prevalere sugli altri, e nemmeno a un membro o un organo rispetto agli altri – il che armonizza i rapporti fra le diverse parti dell'organismo (le mani valgono quanto la testa, le gambe quanto il cuore ecc.).

hanno principi furono affidati al Centauro Chirone, affinché li allevasse e li educasse sotto la sua disciplina. L'avere per precettore qualcuno che sia mezza bestia e mezzo uomo ha un solo significato: che il principe deve sapersi servire dell'una e dell'altra natura" (N. Machiavelli, *Il Principe* [*De Principatibus*] (1514), Einaudi, Torino 2014, cap. XVIII).

Ma, di nuovo, in questo quadro, determinante è la presenza delle forze brulicanti che continuamente attraversano la storicità dell'esperienza. In questo senso, allora, in Machiavelli, la dimensione pulsionale della paura non è qualcosa che va neutralizzata o eliminata, a favore della dimensione "alta" e "sovrana" del pensiero – come in Hobbes. Al contrario. È l'humus vivente, per dir così il piano "basso" della storia, che va sapientemente gestito, "usato", perché consente a questa, in prospettiva, di rinnovarsi di continuo e, nel presente, di mantenere in stato di equilibrio le parti in causa: il potere e il popolo, i governanti e i governati – i principi e i "populari" come appunto Machiavelli si esprimeva. In questo caso la paura della morte – sempre onnipresente – è ciò che va di volta in volta contenuto in quanto però piegato ad alimentare – e non spegnere – la dinamica della storia. Dunque la paura viene "immunizzata" non perché esorcizzata o estromessa dall'arena del potere, bensì, al contrario, perché portata *dentro* di essa e resa funzionale alla gestione polivalente (e non univoca o tirannica) dell'organismo sociale. Non, dunque, come fattore di dominio, minaccia e repressione: alibi per la formazione di costituzioni rigide e fisse. Bensì come sua fonte di continua ricarica: motore della formazione di istituzioni flessibili aperte al cambiamento. Anche perché solo così la paura non si trasforma in qualcosa di esplosivo e micidiale, tale da rovesciare il governo e i governanti; oppure, tale da invadere completamente il governo e i governanti, trasformando questi ultimi in feroci, paranoiche, espressioni della "paura al potere".

In breve: "A essere revocata in causa, nell'opzione di Machiavelli [...], è quella categoria di sovranità, intorno alla quale ruota invece l'intera politica moderna" tesa alla costruzione di un "ordine artificiale governato da un unico punto di comando", che si separa e si solleva al di sopra dei singoli (a loro volta separati gli uni dagli altri), li immunizza rispetto ai conflitti e si pone in una posizione trascendente astratta. Viceversa, per Machiavelli la vita politica è il portato della perenne dinamica fra "aggregati di uomini mossi da desideri diversi e contrastanti". Del resto, come si sa, nel pensare a tutto questo Machiavelli aveva davanti agli occhi l'immagine dell'antica Repubblica Romana, la cui forza nasceva proprio dalla tensione, costante ma produttiva, fra patrizi e plebei. Dove la vita politica non era il risultato di un potere assoluto sganciato dalle dinamiche fra gruppi sociali appunto diversi e contrastanti, bensì, al contrario, l'esito di bilanciamenti istituzionali continuamente realizzati dentro e attraverso quelle dinamiche. Un paradigma, come ben si vede, non scisso su due piani gerarchicamente e rigidamente contrapposti (come quello moderno), bensì fondato sui processi immanenti al tessuto storico-politico concreto. Certo, anche contrapposti e conflittuali fra loro, ma proprio perciò in continua relazione. Dove, quindi, l'altro non è il nemico da annientare, eliminando così il conflitto, ma l'avversario con cui combattere ad armi pari, in un corpo a corpo vissuto a viso aperto.

La storia – come sappiamo – non ha seguito Machiavelli, ma Hobbes. Dal quale infatti deriva l'impalcatura politico-statuale moderna. Un'impalcatura a cui, intendiamoci, vanno riconosciuti molti meriti: l'istituzione dello Stato ha costituito pur sempre una grande conquista politica, foriera di assetti solidi e fecondi – come si vede ancora oggi in nazioni quali l'Inghilterra, la Francia e la Germania, che godono, a differenza dell'Italia per esempio, di una secolare stabilità politico-amministrativa. E tuttavia il risvolto paradossale di una siffatta sistemazione – come ben videro sia il democratico Tocqueville, sia l'"aristocratico" Nietzsche – è che il dispositivo immunitario di fondo, messo in campo per salvaguardare gli individui dal conflitto potenzialmente mortale che li lega, in realtà è esattamente ciò che alla fine li depriva della loro vitalità, chiudendoli dentro perimetri autoreferenziali, asfittici e meramente "funzionali" alla macchina politico-amministrativa. Talché un dispositivo volto a preservare dalla morte finisce col rovesciarsi in un risultato mortifero e depotenziante.

Questo spiega perché, per i critici di questa impalcatura, diventa fondamentale richiamarsi proprio a Machiavelli e alla sua strategia di pensiero volta a *non separare* l'apparato protettivo delle forme storiche dal fondo pulsante che le precede, e a mantenerli piuttosto in un intreccio, e dunque in un equilibrio fra loro, insolubile. Come dicevo all'inizio, due sono le linee di pensiero che si dipartono da questa esigenza. Una sposta il baricentro sul concetto di *vita* come dimensione basilare e insuperabile – ed è la linea che da Nietzsche giunge fino ai nostri giorni attraverso la categoria di biopolitica. L'altra mette l'accento sul concetto di legame, di *relazione* fra gli individui, che la vita stessa comporta – ed è la linea che da Hegel arriva a Merleau-Ponty.

2. Il recupero della dimensione della vita e del corpo in Nietzsche

Nietzsche è il primo a portare un attacco senza precedenti all'apparato filosofico-politico moderno. Che cosa di inaccettabile vi scorgeva? Quanto si diceva poco fa: la pretesa di creare norme che stringano la vita dentro forme definitive e anestetizzate, ma proprio perciò devitalizzate – dunque "malate". Anestetizzate per l'appunto da ciò che la vita ha in sé di potenzialmente distruttivo – la morte –, ma *insieme* di affermativo: "l'energia" inesauribile del proprio movimento. La celebre distinzione fra apollineo e dionisiaco a questo allude: alla inscindibile compresenza nella realtà di due dimensioni opposte ma inseparabili. La dimensione apollinea delle forme diuturne, luminose, perfette, razionali – che ci proteggono e ci rassicurano. E la dimensione dionisiaca dell'informe, del caotico, del vertiginoso, del mortale – che ci fa paura e ci inquieta, perché continuamente dissolve quelle forme. Ma Nietzsche vede sempre l'una *con* l'altra. Cosicché la dimensione apollinea continuamente si rigenera risprofondando proprio nella dimensione dionisiaca e riattingendo da questa le forze primigenie che ridanno la spinta verso nuove creazioni. Dunque, una visione che *non toglie, non esorcizza la paura* immunizzando da essa (rendendo così gli individui pavidi e chiusi su loro stessi), ma – aristocraticamente, eroicamente – la porta dentro l'agone politico e culturale, intendendola come la sfida che va affrontata ogni volta per creare un nuovo ordine.

Pertanto, per il filosofo tedesco, la pretesa moderna di fissare forme definitive, tali da dirci per sempre che cos'è la vita e così dominarla, governarla, è una pretesa, insieme, assurda e falsa. Assurda: perché cerca di assorbire, di portare completamente dentro l'apollineo il dionisiaco, rimuovendo o cancellando quest'ultimo – cosa impossibile, tanto varrebbe dire che si può togliere alla vita il suo esser vita. Falsa: perché spaccia per raggiunto "governo" della vita quelle che sono di volta in volta delle forme contingenti e sempre soggette a trasformazione. Generate peraltro esattamente da quella vita che si pretende di addomesticare. Il dionisiaco, ossia la vita nel suo magmatico divenire, resta l'"irrappresentabile" per eccellenza, ossia ciò che sfugge a ogni forma determinata – *ma*, proprio per questo, rende possibile la ricreazione di infinite altre forme, essendo continuo oltrepassamento di se stesso, perenne trasformazione che non sopporta limiti, confini, argini di contenimento. Tentare di rimuovere o cancellare – con astratte procedure profilattiche e immunitarie – questa falda vitale significa, dunque, non solo compiere un'operazione artificialmente ideologica, ma soprattutto "far ammalare" quelle stesse forme che dalla vita sono state derivate, dando luogo a un loro progressivo indebolimento – dal momento che esse perdono il "propellente" sottostante rigeneratore.

Si capisce allora perché per Nietzsche l'unica vera politica non sia quella "*sulla*" vita – che si limita a difendere l'esistente e le sue istituzioni irrigidite, tali da produrre individui sempre più egoisti, asfittici e indeboliti –, ma una politica *della* vita. Che si muova dalla aderenza a quest'ultima, ai suoi processi trasformativi che investono sempre grandi porzioni di realtà: gli uomini insieme alle cose, la specie umana insieme all'ambiente, gli individui insieme alle dinamiche – biologiche, fisiche, etniche, orografiche ecc. – che li avviluppano. Ancora una volta, contro una politica basata sugli individui atomisticamente considerati e sulla loro presunta volontà autonoma e razionale di istituire patti o contratti fra loro – perno della politica moderna –, la visione di Nietzsche ci insegna che la politica deve muoversi sul piano dei grandi flussi storico-biologico-sociali. Tali da misurarsi con processi che vanno ben al di là della volontà di singoli individui chiusi nella loro specifica identità autoimmunizzata e appiattita su convenzioni sclerotizzate.

Di qui anche – per concludere – l'importanza della dimensione del corpo nella visione nietzschiana. Contro, di nuovo, la tradizione astrattamente razionalista, fondata sul primato dell'anima e della ragione rispetto al corpo materiale. Il corpo per Nietzsche (ma come sarà per tutto il '900) non è più *res extensa*, sostanza misurata e governata dal pensiero – secondo la vetusta lezione cartesiana –, bensì la dimensione materiale dentro la quale avvengono tutti i processi storici. Dunque, contro una politica della "paura" – per tornare al nostro tema – che crea un potere esclusivamente poliziesco, una "piccola politica", Nietzsche ci esorta a pensare a una "grande politica", capace di partire dalla potenza espansiva del corpo; e ci spinge così a dominare – "aristocraticamente" – la paura, a gestirla, non per comprimere e frammentare atomisticamente, ma per dilatare, le dinamiche politiche e inter-relazionali[22].

Peraltro, se si pensa a come oggi la politica sia diventata davvero una "politica dei corpi" – dal momento che essa si occupa prevalentemente dei nostri bisogni materiali in termini prima di tutto di sanità, controllo delle nascite, controllo dei flussi migratori (che significa: controllo di altri corpi affamati che arrivano nelle nostre terre europee), controllo della sicurezza dei nostri corpi nelle città, sul lavoro ecc. –, si ha la misura di quanto Nietzsche abbia precorso,

22 Importanti notazioni su Nietzsche in tal senso – con uno sguardo acuto verso il nostro presente e la strisciante "mobilitazione totale" che lo attraversa e lo riduce a "mondanità atomistica", appiattendo il potenziale creativo degli individui e asservendoli a mere procedure "funzionalistiche" – sono in F. Merlini, *Ubicumque. Saggio sul tempo e lo spazio della mobilitazione*, Quodlibet, Macerata 2015, pp. 65-83.

profeticamente, i nostri tempi e la nostra politica attuale, di stampo eminentemente biopolitico. Naturalmente il suo discorso ha anche un risvolto tanatopolitico inquietante. Come sappiamo Nietzsche è anche colui che ha teorizzato la supremazia dei forti sui deboli e addirittura la soppressione dei deboli. Ed è questo risvolto che ce lo rende – nonostante le felici suggestioni che abbiamo visto – politicamente problematico.

Ben diversamente da un'altra linea di pensiero alla quale ora – più fecondamente, secondo me – ci rivolgiamo.

3. Merleau-Ponty: verso una "nuova politica"

Accanto alla linea che da Nietzsche arriva alla biopolitica contemporanea, c'è infatti, come si diceva sopra, un'altra traiettoria di pensiero che si distanza drasticamente anch'essa dalla visione moderna. Quella che va da Hegel – secondo il quale, ricordiamolo, la realtà (e dunque la società) è il "fare di tutti e di ciascuno", ovvero il portato di una grande sintesi fra "il tutto" rappresentato dallo Stato e "i molti" rappresentati dai cittadini – fino ad un pensatore a noi più vicino: Merleau-Ponty. Ideatore di una visione delle cose (e dunque anche di una politica) innovativa, all'altezza del nostro tempo. Una visione capace di sconfiggere le paure identitarie ricorrenti, attraverso un quadro politico fondato su una strutturale *inter-relazione fra uomini e cose, costitutiva dell'intera realtà*[23].

Fin dalle prime pagine del libro più celebre del filosofo francese, *Fenomenologia della percezione*, ci si rende immediatamente conto del cambiamento radicale di registro da lui impresso alla visione delle cose precedente. Gli esseri, le cose, gli individui, i significati – egli ci dice – non vanno visti come nuclei identitari chiusi,

23 Il tema della "relazione" è uno dei più dibattuti e frequentati. Nell'ambito di una letteratura cospicua, si segnala A. Fabris, *RelAzione. Una filosofia performativa*, Morcelliana, Brescia 2016, per la ricchezza degli snodi storico-concettuali all'interno dei quali il tema è collocato e per le conseguenze teoretiche ed etiche lucidamente profilate.

come abitualmente pensiamo. Occorre invece rendersi conto che le identità nascono "all'intersezione" di vari fili relazionali, cioè alla confluenza di vari dinamismi che si generano a partire dal tessuto materiale vivente. Ecco perché "ogni [essere] è lo specchio di tutti gli altri"[24]. Ossia: l'intera realtà è un "vedersi/rispecchiarsi reciproco". Ed è questo ciò che istituisce il significato e l'identità di ogni cosa. Fuori di questa relazionalità non si dà alcuna identità. Prendiamo per esempio *questo* tavolo[25]. Questo tavolo – ci fa capire Merleau-Ponty – non nasce nel cielo delle idee e il suo significato non sta in un astratto mondo concettuale, come siamo per lo più portati a pensare. Questo tavolo è la risultante di tutte le connessioni relazionali che lo circondano e lo fanno essere il tavolo che è: questa stanza, noi che vi stiamo seduti, la cultura cui apparteniamo e per la quale facciamo cicli di incontri, convegni ecc. Se questo tavolo stesse in una sala da pranzo o in un luogo sacro, cambierebbe completamente il suo significato e diverrebbe o il desco sul quale si mangia, senza microfono ma con dei piatti, bicchieri ecc.; oppure l'equivalente di un altare. Dunque *questo* tavolo trova tutto il suo senso e il suo significato qui, in questa sala, in *questo* intreccio di relazioni dentro le quali è preso e si rispecchia, e dentro le quali *soltanto* acquista la sua identità. Fuori di questa relazionalità non esiste nessun tavolo. E come non esiste questo tavolo, non esiste nessuna altra cosa o essere. *Ogni* ente/essere è il prodotto delle relazioni che lo costituiscono.

24 È bene riportare i passi salienti di questo giro argomentativo: "*L'orizzonte è ciò che assicura l'identità dell'oggetto* [...]. Vedere significa entrare in un universo di esseri che *si mostrano* [...]. In altri termini: *guardare un oggetto significa venire ad abitarlo*, e da qui cogliere tutte le cose secondo la faccia che gli rivolgono [...]. Io posso quindi vedere un oggetto in quanto gli oggetti formano un sistema o un mondo, e ciascuno di essi dispone degli altri attorno a sé come spettatori dei suoi aspetti nascosti e garanzia della loro permanenza. Ogni mia visione di un oggetto si ripete istantaneamente fra tutti gli oggetti del mondo che sono colti come coesistenti: *ciascuno di essi è infatti tutto ciò che gli altri ne 'vedono'*". In breve: "*Ogni oggetto è pertanto lo specchio di tutti gli altri*" (M. Merleau-Ponty, *Fenomenologia della percezione*, tr. it. il Saggiatore, Milano 1980, pp. 114 *sg*.; cors. mio).

25 Ovviamente, gli esempi che ora verranno fatti, ancorché leggermente adattati a questo testo scritto, si riferiscono alla particolare occasione pubblica da cui esso nasce (v. *supra*, n. 1).

Prima di tirare le somme da questo discorso relativamente al nostro tema – la paura e il potere – procediamo ancora un po' sulla strada aperta da Merleau-Ponty e chiediamoci: in quale luogo viene alla luce più potentemente questo nascere di ogni identità "all'intersezione" di più fili relazionali? La risposta del filosofo è netta: nel corpo. È proprio la dimensione corporea che ci mostra nel modo più lampante la condizione caratteristica di ogni ente: l'esser sempre preso dentro un dinamismo relazionale insolubile. A tale scopo Merleau-Ponty fa un celebre esempio: quello delle mani che si toccano[26].

> "C'è un rapporto del mio corpo con se stesso che dimostra il mio *vinculum* con le cose. Quando la mia mano destra tocca la mia mano sinistra, io la sento come "una cosa fisica" [un oggetto]; ma in quel medesimo momento ... accade un evento straordinario: ecco che la mia mano sinistra a sua volta si mette a sentire la mia mano destra [...]. Dunque [...] il mio corpo compie "una specie di riflessione" [di ribaltamento] [...] il rapporto si rovescia: la mano toccata [oggetto] diventa toccante [soggetto] e io sono costretto a dire che il corpo è [...] [contemporaneamente] 'soggetto/oggetto'"[27].

Questo celebre esempio sta a dirci che esattamente quanto avviene per le mani che si toccano – che sono *contemporaneamente l'una per l'altra soggetto/oggetto* – accade per *tutti gli enti del mondo* (siano essi cose o esseri umani, animali o vegetali). Di nuovo prendiamo questo tavolo: questo tavolo non è solo "l'oggetto" sul quale io sono appoggiata, ma è anche *ciò per cui* (il "soggetto" dunque) io sono una persona che qui-ora ha una certa postura: se non ci fosse il tavolo io non potrei mai stare in questa posizione e non potrei essere l'identità che in questo momento rivesto. È il tavolo – per quanto possa

26 Come si sa, Merleau-Ponty riprende questo celebre esempio da Husserl, ma scavando nell'"impensato" di Husserl stesso e portando così il discorso ad una più acuta "riabilitazione ontologica del sensibile" (M. Merleau-Ponty, *Segni*, tr. it. Il Saggiatore, Milano 1967, p. 220).

27 Ivi, p. 210.

apparire paradossale nella nostra ottica canonica – che mi "oggettiva" come "l'autrice" che in questo momento sono. E viceversa. Come si è detto prima: questo tavolo acquista tutto il suo senso perché io (soggetto a mia volta ora) lo sto usando (lo "oggettivo") in un certo modo: è l'appoggio sul quale ho deposto dei libri e i fogli che sto leggendo ecc. Dunque, io e il tavolo siamo, simultaneamente, soggetto/oggetto l'uno per l'altra. C'è un "rovesciamento"[28] chiasmatico continuo dell'uno sull'altra e viceversa. E questo, che vale per me e il tavolo, vale per *ogni* cosa, persona, ente di questo mondo. Insomma l'io, il mondo, tutti gli esseri – come "le mani che si toccano" – sono sdoppiati in interno/esterno, come un foglio a due facce il cui *recto* è inseparabile dal *verso*. E non solo. Ma dove il *recto* e il *verso* trascorrono continuamente l'uno nell'altro.

Questo significa che gli esseri non vengono più visti, ora, come identità già date a sé stanti e separate – secondo un'abitudine rappresentativa di stampo moderno. Bensì come il *risultato*, il *prodotto*, di un gioco speculare di riflessi reciproci. Talché ogni identità, alla fine, non è altro che il "centro del tutto virtuale"[29] di tutte le infinite relazioni che lo circondano e grazie alle quali *soltanto* essa è ciò che è e – alla lettera – *esiste*. Ora comprendiamo bene come Merleau-Ponty abbia potuto definire questa impostazione filosofica, sulla quale lavorò negli ultimi anni della sua vita, una "nuova ontologia" – ossia una nuova visione dell'essere – che vede l'intera tessitura della realtà come una immensa "carne"[30] nella quale tutti siamo presi e dove

28 M. Merleau-Ponty, *Il visibile e l'invisibile*, tr. it. Bompiani, Milano 1994, p. 317.
29 Ivi, p. 154.
30 "Carne" è, notoriamente, un lemma caratteristico del discorso merleau-pontiano soprattutto nella formulazione che esso prende negli ultimi scritti, in particolare *Il visibile e l'invisibile*. Come dice lo stesso filosofo: si tratta del tentativo di trovare un nome, mai usato, al tessuto relazionale dell'intera realtà senza conferire ad esso, come è accaduto invece nell'intera tradizione filosofica, il connotato di una sostanza, dato che ciò che il filosofo francese ha in mente è piuttosto un movimento relazionale che si dispiega come un'onda incessante fra gli enti – egli infatti precisa esplicitamente: "La carne del mondo [...] non è ilozoismo", non va intesa "come 'materia' [...] è un Essere che è eminentemente percipi" (cfr. ivi, pp. 262-85). Su questo tema è stata prodotta una letteratura ampia e importante.

tutti ci rispecchiamo l'un l'altro[31].

A questo punto siamo in grado di tirare le fila del discorso merleau-pontiano sul piano politico – e dunque anche in relazione al nostro tema: la paura. Tutto quanto fin qui detto, infatti, significa che il mondo è un movimento di relazioni – di identità con-divise – prodotte dalla continua intersecazione reciproca. Tale per cui in ogni identità è "im-plicato – nel senso letterale che è una 'piega' (dal latino: *plica* e dal greco: *pleko*) del sé – l'altro", "l'estraneo". Il quale non è più, quindi, lo "straniero", bensì alla lettera il *di-verso*: il *verso*, *"l'altro lato o il rovescio"*[32] rispetto al quale ciascuno di noi è il *recto* della propria identità. E come tale un "verso" già da sempre "innestato" nella nostra identità, in modo da disinnescare ogni affermazione di sé chiusa su se stessa. Per esempio: il mio essere italiana si costituisce – e mi costituisce – precisamente perché *non-sono* marocchina, nigeriana, cinese, francese ecc.; ma proprio perciò il mio essere italiana resta intrinsecamente *"implicato" in e da*

Mi limito a segnalare il bel saggio di M. Carbone, "Flesh: Towards the History of a Misunderstanding", in "Chiasmi International", Vol. 2, 2002, pp. 49-64 (da v. anche Id., *Thinking of the Sensible*, Northwestern University Press, Evanston, IL 2004) e mi permetto di rinviare a E. Lisciani-Petrini, *La passione del mondo. Saggio su Merleau-Ponty*, ESI, Napoli 2001 (ma specifici riferimenti sono anche in Id. "Merleau-Ponty: potenza dell'istituzione", in "Discipline Filosofiche", Vol. 29, N. 2, 2019, pp. 71-98, e Id., "Le avventure del corpo. A partire da Merleau-Ponty", in "Teoria", Vol. 41, N. 1, 2021, pp. 189-207). Quanto, partendo proprio da questa tematica merleau-pontiana di una "visibilità" reciproca generalizzata, si possa aprire una prospettiva teorica di straordinaria attualità, è evidenziato dallo stesso Carbone, sia in M. Carbone, *Filosofia-Schermi*, Cortina, Milano 2016, sia in M. Carbone, A. C. Dalmasso e J. Bodini, *I poteri degli schermi*, Mimesis, Milano 2020.

31 Come si comprende, questo discorso – per alcuni versi – può essere ricollegato a talune visioni mistiche e propriamente "simboliche" da sempre al centro del pensiero umano. Un vettore tematico, nei celebri "incontri" di Eranos, oggetto di quelle preziose e approfondite analisi che ne sono diventate "uno dei tratti caratteristici", come è stato giustamente sottolineato da Mircea Eliade in un articolo, "Incontri ad Ascona", che bene rende lo spirito dell'istituzione – compreso in un volume ad essa dedicato (Merlini-Bernardini 2017), che mostra tutta la ricchezza del lavoro svolto in tanti anni (da v. l'articolata prefazione di Fabio Merlini). Ma questo vettore dischiude una tutt'altra linea di discorso, che in questa sede non è possibile affrontare.

32 M. Merleau-Ponty, *op. cit.*, p. 309.

queste "alterità", che – "ribaltandosi" su di me come il *verso* del mio *recto*, la "piega rovesciata" del mio essere frontale – mi fanno essere precisamente la mia identità: l'essere che sono. Una italiana.

Come si vede una prospettiva completamente differente da qualsiasi pensiero identitario "appropriante", o comunitario nel senso della "comunità organica" che crea identificazione e chiusura. Ma completamente differente – anche e a maggior ragione – da qualsiasi prospettiva basata sulla separazione fra gli individui e sul presupposto della loro costitutiva inimicizia: il "*homo homini lupus*" hobbesiano, tanto per intenderci. Al contrario, il merito di Merleau-Ponty è quello di sganciarsi sia dalla politica contrattualistica moderna, artificiale, basata sul ruolo e la volontà agente del soggetto razionale; sia dall'aristotelica convinzione che l'uomo sia originariamente un "animale sociale". Egli invece – retrocedendo ad una falda antropologica e ontologica più originaria – si basa sulla universale inter-relazionalità di tutti gli esseri. Quella inter-relazionalità per la quale *tutti* gli esseri sono fra loro intimamente e originariamente collegati, tant'è che nessuno potrebbe esistere senza il contesto umano, animale, vegetale e persino inorganico e minerale che lo circonda (riflettiamo: potremmo mai vivere senza l'aria? No. Dunque la nostra identità di esseri viventi è costituita anche dall'aria).

Ancora una volta, tutto questo viene a piena evidenza nella dimensione della corporeità. Ben prima che in qualsiasi dimensione "spirituale", è in quella dei corpi – nella tessitura relazionale che Merleau-Ponty chiamava "carne" appunto – che noi scopriamo l'impossibilità di creare identità chiuse: continuamente, da quando nasciamo (e addirittura già dentro il ventre materno), noi "tocchiamo" e "siamo toccati" dalle cose, dagli altri, dal mondo[33]. Proprio

33 Quanto il discorso di Merleau-Ponty sia stato fecondo per il pensiero successivo è dimostrato dalla presenza del suo lessico nella riflessione almeno di un autore come J.-L. Nancy. Sul punto v. D. Calabrò, *Dis-piegamenti. Soggetto, corpo e comunità in Jean-Luc Nancy*, Mimesis, Milano 2006, e M.Villani, *Arte della fuga. Estetica e democrazia nel pensiero di Jean-Luc Nancy*, Mimesis, Milano 2021. Un'analisi importante sui temi dell'intersoggettività e della comunità, in Merleau-Ponty, è in N. Comerci, *La deiscenza dell'altro. Intersoggettività e comunità in Merleau-Ponty*, Mimesis, Milano

come le "due mani che si toccano" di cui si parlava prima. Come se fossimo continuamente aderenti ad una "membrana" – per dirla ancora con un lemma del lessico merleau-pontiano – che ci sembra invisibile, ma che tuttavia è l'elemento che più ci avvolge e ci costituisce.

Ed ecco perché proprio sui corpi, oggi come sempre, si giocano le partite dei poteri. Soprattutto quando i poteri cercano di elidere, di separare e di distruggere i fili relazionali che ci tengono vincolati gli uni agli altri, erigendo steccati, muri e addirittura fili spinati fra le identità. In breve: stimolando "ad arte" la paura dell'altro; e, spesso, facendo dell'altro il nemico da combattere, da eliminare. Si pensi al significato simbolico che hanno i fili *spinati*: precisamente quello di ferire, straziare – *prima della mente e dello spirito* – la carne, il corpo, di chi è "altro" rispetto a noi, rispetto al nostro corpo. Magari nella presunzione-illusione di difendere in questo modo le nostre identità specifiche ed eliminare la "paura" della con-divisione che crea "contagio". Col risultato, invece, di toglierci esattamente – come abbiamo fin qui visto – ciò che ci fa vivere, ci fa *essere* ed *esistere*: il nostro di-verso. Il nostro *verso*.

Ma allora è precisamente questa profonda *ignoranza "ontologica"* – proprio perché tale, paurosa e bisognosa di autoprotezioni escludenti – che va combattuta. E Merleau-Ponty ci aiuta a farlo. La posizione del filosofo francese, infatti, ci consente – e così arriviamo alla conclusione del discorso qui sviluppato – di affrontare il tema del binomio "paura e potere" in un modo che, senza elidere quel binomio insuperabile, lo articola in una chiave del tutto differente rispetto a chi vuol fare della paura "l'ombra" nascosta del nostro tempo, proiettata e manipolata ad arte sulle nostre vite[34]. Anche per Merleau-Ponty, come per altri autori che si muovono lungo la

---

2008, e D. Calabrò, "L'exigence politique: l'*humanitas* selon Merleau-Ponty", in "Shift. International Journal of Philosophical Studies", Vol. 2, 2017, pp. 17-33.

34 Qui il richiamo è ancora alla Presentazione del ciclo di Eranos-Jung Lectures presso la Fondazione Eranos, di cui alla nota 1.

filiera risalente a Machiavelli[35], la politica, al pari di ogni ambito della riflessione umana, affonda dentro un "irriflesso", un fondo "selvaggio", che non può essere completamente e definitivamente addomesticato attraverso una volontà di sopraffazione da parte della Ragione, in ciò sempre perdente. Ma questo, lungi dal dover o poter essere estromesso – "immunizzato" potremmo dire, con un lessico che il filosofo francese non usa, ma può essergli attribuito –, è esattamente la "potenza invisibile" che rigenera continuamente il processo istituente, ossia il processo formatore di istituzioni volta a volta tese a fronteggiare quel dinamismo "selvaggio" sottostante e sempre circolante[36]. Il rischio del "contagio" – nonché poter mai essere debellato definitivamente o, all'inverso, negato a priori – è proprio quanto va costantemente gestito dal potere, attraverso istituzioni volta a volta flessibili e rese adeguate alle circostanze. Proprio per evitare quella implosione "autoimmunitaria" che nasce precisamente o dalla sua (falsa) negazione o dalla sua (impossibile) estromissione[37]. E per sconfiggere, in tal modo, le paure "alimentate

35 L'importanza della figura di Machiavelli nel pensiero di Merleau-Ponty è dimostrata non solo da uno scritto del filosofo dedicato al Segretario fiorentino ("Nota su Machiavelli", in M. Merleau-Ponty, *Segni*, cit., pp. 277-93), ma soprattutto dal fatto che il maggior allievo del filosofo francese, Claude Lefort, gli ha dedicato un'opera fondamentale (v. C. Lefort, *Le travail de l'oeuvre. Machiavel*, Gallimard, Paris 1972) e ha tratto non pochi spunti, dalla "macchina" machiavelliana, per la propria personale impostazione filosofico-politica. Sul punto v. M.Di Pierro, *Claude Lefort e la fenomenologia del politico*, Mimesis, Milano 2020).

36 Su questo punto mi sia permesso rinviare al già citato articolo E. Lisciani-Petrini, "Merleau-Ponty: potenza dell'istituzione". Al tema dell'istituzione, con opportuni riferimenti a Merleau-Ponty e Lefort, ha dedicato pagine importanti R. Esposito, in *Pensiero istituente. Tre paradigmi di ontologia politica*, Einaudi, Torino 2020.

37 Questo saggio è stato rielaborato due anni dopo la conferenza che ne è all'origine, ossia in piena pandemia da COVID-19. Un evento che da solo dimostra quanto le riflessioni sollecitate da Merleau-Ponty siano feconde, anche per la difficile attualità ancora in corso. Sul tema dell'immunizzazione e sui provvedimenti sanitari e socio-politici adottati e da adottare, come si sa, si è aperto un acceso dibattito, fra intellettuali da una parte "negazionisti" e dall'altra favorevoli a procedure d'emergenza. Come si evince da quanto fin qui detto, una attenta riflessione filosofica consente di individuare una linea di equilibrio che, senza giungere a presunte e infondate derive totalitarie occulte, si muova nel perimetro

ad arte". Oggi, dopo le tre terribili crisi che abbiamo vissuto in questi anni – terrorismo, crollo dell'economia mondiale e pandemia – di cui la semantica della paura è stata insieme il commutatore di senso e lo sfondo comune, abbiamo bisogno di riflettere in termini nuovi sul nodo tra paura e potere. Come ci insegna a fare anche un ciclo di incontri come questo, organizzato nella prestigiosa sede di Eranos.

di istituzioni flessibili e calibrate sulla contingenza (che prevede, appunto, meccanismi giuridici di "emergenza"). Sul dibattito da v. il recente F. Castriòllon e T. Marchevsky, *Coronavirus, Psychoanalysis, and Philosophy. Conversations on Pandemics, Politics, and Society*, Routledge, London-New York, NY 2021.

Libertà e paura. Metafisica del populismo

Rocco Ronchi

L'Aquila, Italy / *Italia*
May / *Maggio* 2019

La metafisica della libertà

Liquidare il populismo come mero non-pensiero, ripetendo il ritornello della "pancia" contrapposta alla "ragione critica", non solo ne sottovaluta la potenza, ma impedisce di dotarsi delle armi necessarie per combatterlo. La critica del populismo è vittima dello stesso vizio che stigmatizza nel suo avversario. Fare infatti della "semplificazione" la chiave del successo del populismo su scala planetaria non è forse una semplificazione altrettanto grave di quella che vorrebbe denunciare? La tesi della semplificazione è una tesi "comoda" che procede, appunto, *semplificando* ed esonerando così dallo sforzo dell'analisi. Le conseguenze sono gravi. Già negli anni Trenta del secolo scorso, filosofi come Ernst Bloch o Georges Bataille gridavano (nel deserto) che non si sarebbe andati molto lontani limitandosi a stigmatizzare l'irrazionalismo dell'avversario nazionalsocialista e fascista contrapponendo ad esso la frigidità impersonale della ragione critica[1]. Il fascismo non era mera ciarlataneria da fiera, anche se come imbonitori si presentavano i suoi alfieri agli occhi della *élite* intellettuale europea (ad un Benedetto Croce, ad esempio). Il fascismo era una metafisica; il fascismo apparteneva alla storia

1 E. Bloch, *Eredità del nostro tempo* (1935) tr. it. Mimesis, Milano 2015; G. Bataille, *Scritti sul fascismo 1933-1934*, tr. it. Mimesis, Milano 2010.

dello spirito europeo. Se si fosse voluto essere veramente antifascisti, si sarebbe dovuto allora comprenderne la matrice "teorica" della sua potenza di fatto. Lo stesso, credo, si deve ripetere oggi di fronte all'affermarsi di qualcosa che è certamente irriducibile al fascismo storico, ma che appartiene alla stessa "famiglia".

La solidarietà di fondo tra fascismo storico, da un lato, e populismo o sovranismo attuale, dall'altro, non si spiega ricorrendo all'argomento della "ripetizione". Solo nell'immaginazione di qualche suo farneticante esponente il secondo ripete il primo assumendolo come modello. In tal caso vale la sferzante battuta marxiana: nella storia le ripetizioni sono solo farse, proprio come le pagliacciate che si svolgono a scadenze fisse a Predappio. Lungi dall'essere un "paradigma" o un "archetipo", il fascismo storico, nel suo rapporto con il populismo, va inteso piuttosto come un "prototipo". I prototipi differiscono radicalmente dagli Archetipi/Paradigmi perché funzionano come schemi operativi. Essi guardano al futuro e reclamano un'azione che li realizzi. L'Archetipo-Idea è invece un fatto. Appartiene ad un passato dato una volta per tutte e carico di ogni possibile perfezione. L'Archetipo è un modello trascendente che può essere solo imitato in modo più o meno adeguato, ma comunque, sempre difettivamente. L'Archetipo è un Simbolo. Il prototipo, invece, è qualcosa che non può prescindere dal suo ulteriore sviluppo, è un essere che è fatto tutto di divenire, un essere che ha bisogno del divenire (un divenire *altro*) per essere quello che ancora non è ma ha da essere. Un prototipo è una latenza di futuro: per definizione non è finito, ma è sempre da fare. Il prototipo è un Segno che chiede di essere sviluppato in una interpretazione attualizzante. Nel corso del suo sviluppo cambia incessantemente, deve cambiare. L'errore lo costituisce da capo a piedi perché se non fosse errante non sarebbe affatto un buon prototipo, cioè una macchina da sviluppare. Al riguardo della "somiglianza di famiglia" tra i due fenomeni, si deve dunque concludere che il populismo non replica affatto il fascismo nelle sue forme storicamente determinate, che, anzi, può tranquillamente ripudiare, ma elabora in modo originale la virtualità che il prototipo esibisce.

La questione con cui misurarsi è, dunque, la *metafisica del populismo*. La domanda concerne il suo fondamento speculativo. La risposta non la si ritroverà ovviamente nelle dichiarazioni dei suoi esponenti e tantomeno nelle loro predilezioni teoriche. È il segno della vitalità di una pratica il potersene infischiare della teoria. Quando le cose funzionano la riflessione è tempo perso. Possiamo allora chiedere aiuto al metodo psicoanalitico. Per risalire alla causa di un fenomeno psichico estremamente complesso Freud prendeva le mosse dall'apparentemente irrilevante (un lapsus, un sogno, un atto mancato...). Nel caso che ci interessa un buon punto di partenza è la tendenza populista a fare proprie le più sgangherate rivendicazioni anti-scientifiche, dal negazionismo sul clima alla polemica sui vaccini. La critica della casta, la contestazione del livello istituzionale della politica, l'antiparlamentarismo, l'indulgenza con l'illegalità di massa (evasione fiscale) che costituiscono il cuore del populismo politico, si prolungano in una insofferenza generalizzata per il sapere e per i suoi detentori: nella retorica populista, nient'altro che ottusi esecutori di un potere tanto invisibile quanto odioso (i "poteri occulti"). Chiedersi perché questo avvenga mi pare allora un buon punto di partenza per un'analisi spregiudicata del fenomeno in oggetto. Si fanno allora scoperte interessanti perché controintuitive e collidenti con l'interpretazione generalizzata che del fenomeno viene dato.

Già del suo prototipo fascista si è soliti dire che esso si spiegherebbe con la "fuga dalla libertà", vale a dire con l'angoscia che si genera quando, nella modernità, gli assoluti tramontano ("morte di Dio") e masse sradicate devono fare i conti con una solitudine divenuta irrespirabile[2]. Allora quelle masse cercherebbero rifugio

2 Derivo la formula dal fortunato saggio di E. Fromm, *Fuga dalla libertà* (1963), tr. it. Mondadori, Milano 1994.

nell'autorità (il Duce, il Führer, il Padre della patria) e nella tradizione. La esperienza della libertà sarebbe il contrario di tali fenomeni. Il populismo – questa sarà invece la nostra tesi - si radica nel terreno della moderna metafisica della libertà. La libertà è una sua parola d'ordine. Essa risuona nel suo appello alla sovranità e all'autonomia ("padroni in casa propria!"). Occorre però fare chiarezza sull'idea di libertà che il populismo fa propria e che promuove incessantemente, guadagnando, grazie ad essa, un crescente consenso presso masse che, a differenza di quanto si vorrebbe credere, sono *altamente* alfabetizzate e assai poco *masse*. Certo, sarebbe tutto più semplice se si potesse rubricare il fenomeno populista nella categoria astorica della eterna "ignoranza delle plebi", se a spiegarlo fosse solo la demagogia e il sottosviluppo intellettuale. Così facendo si continuerebbe a trascurare però un dato macroscopico: mai nella storia umana si è assistito ad una diffusione così ampia della cultura, mai è stato possibile un accesso così generalizzato al sapere, mai è stata offerta all'espressione delle proprie opinioni una così grande possibilità di manifestarsi e di "pesare" nel dibattito pubblico, orientandolo e determinando le scelte politiche. Tutto questo lo si deve, ovviamente, alla tecnologia della comunicazione, nella cui "rete" il populismo si trova perfettamente a suo agio.

La libertà per la verità

Anche per questa sua capacità di sintonizzarsi con la tecnologia della comunicazione, il populismo, come il suo prototipo fascista (sintonizzato sui media del suo tempo: radio e cinema), presenta un tratto squisitamente "moderno". Chiediamoci, però, ora qual è il senso ultimo della modernità? La modernità è stata segnata in modo inequivocabile dalla rivendicazione della autonomia del soggetto contro l'eteronomia (la verità di fede, la verità dogmatica). Lo abbiamo appreso sui banchi di scuola: la critica del principio di autorità è la cifra da cui si riconosce la modernità nel suo insieme.

Kant ha portato ad espressione nel modo più sublime lo spirito della modernità nel celebre *incipit* del suo articolo del 1784 sull'illuminismo: "*L'illuminismo è l'uscita dell'uomo dallo stato di minorità il quale è da imputare a lui stesso*"[3]. Fa uno strano effetto citare questa immortale proposizione kantiana in sede di analisi di un fenomeno dalle tinte ferocemente anti-illuministe, eppure il populismo, nella sua radice metafisica, è *un modo* di corrispondere all'appello moderno a diventare soggetti autonomi, a "liberarsi" dai vincoli che impediscono di lasciare il fondo della platonica caverna, ad "insorgere", infine, contro l'autorità. Questo particolare modo della soggettivizzazione è stato ben mappato dalla metafisica classica. L'*anarca* populista, perché così andrà chiamato, ha, insomma, un illustre *pedigree* filosofico.

Fin dalla sua fondazione cartesiana, l'autonomia del soggetto ha avuto due sensi. In prima istanza ha avuto il senso della rivendicazione della libertà dell'*intelletto giudicante*. La libertà per cui ci si batte e per cui si è pronti anche a morire è la libertà della scienza. La libertà rivendicata da Kant nell'articolo sull'illuminismo consiste infatti nell'*uso pubblico della ragione*. Per difenderla e per promuoverla presso sovrani "illuminati", Kant pratica l'*understatement* e la battezza "la *più inoffensiva* di tutte le libertà". Essa si risolve nel "fare pubblico uso della propria ragione in tutti i campi... Intendo per uso pubblico della propria ragione l'uso che uno ne fa, come studioso, davanti all'intero pubblico dei lettori"[4]. La libertà dell'intelletto giudicante è, insomma, la libertà scientifica dello scienziato, la libertà di chi parla rivolgendosi alla comunità scientifica accettando la sua autorità "razionale". Questo primo senso della libertà dei moderni è un senso invero molto antico. Essere liberi per gli antichi significava lasciarsi educare dal vero, esporsi alla sua luce, "indiarsi" nella verità oggettiva. Non di altro parla il celeberrimo mito platonico della caverna. Bisogna "rialzarsi" e procedere in direzione

3 I. Kant, *Risposta alla domanda: che cos'è l'Illuminismo* (1784) tr. it. Editori Riuniti, Roma 1997, p. 48.
4 Ivi, p. 49.

del sole splendente anche se gli occhi fanno male. Per i moderni cartesiani essere liberi significa, dopotutto, "onestà intellettuale". A ben considerarla, l'onestà non è altro che un rinnovato esercizio di *sottomissione*, non però all'irrazionalità del dogma, bensì alla luce della evidenza. Si "deve" *acconsentire* al vero che l'intelletto ci mostra, anche se quel vero non ci piace e contraddice la fede. La libertà che così assaporiamo è perciò una libertà che prescinde dalle differenze individuali, dalle passioni degli "ego" in essa implicati; è una libertà astratta, impersonale, una libertà *frigida*, come lo sarà la maestà della Legge alla quale "deve" sottomettersi, che gli piaccia o meno, ogni potere esecutivo in uno stato costituzionale. Nel suo primo senso la libertà cartesiana è, quindi, libertà dal dogma ed è libertà *per la verità*, cioè *per la necessità* riconosciuta *come necessità* (2+2 = 4, ci piaccia o meno).

La libertà dalla verità

La libertà dei moderni ha però anche un altro senso che la differenzia da quella degli antichi. Essa è anche, nello stesso tempo, e, forse, ad un livello più profondo della libertà dell'intelletto, *libertà del volere*. Di questa libertà non c'era traccia negli antichi per i quali il volere era guidato all'intelletto, al punto tale che per un Platone era inconcepibile che chi vedesse intellettualmente il bene potesse poi praticamente agire male. Per Cartesio, invece, le cose non stanno affatto così. Il consenso al vero oggettivo, in cui si risolve l'attività dell'intelletto che giudica, presuppone la possibilità (che i filosofi direbbero "trascendentale") del rifiuto. Per lui, come per tutta la tradizione filosofica, il giudizio (2 +2 = 4) è sì il luogo della verità, vale a dire il luogo in cui il vero è riconosciuto come tale, ma il giudizio non è una facoltà dell'intelletto: il giudizio è una facoltà della volontà[5]. La potenza di acconsentire o rifiutare appartiene insomma a quella parte dell'anima che è estranea al dominio dell'intelletto, la parte

5 Cartesio, *Meditazioni metafisiche*, *Quarta meditazione*, tr. it. Laterza, Bari 1978.

“peggiore”, secondo il Platone della *Repubblica*, la parte passionale, quella che i “poeti” sanno sedurre. E questa parte dell’anima non è affatto una parte, perché la facoltà del volere, che si pone al cuore dell’uomo, è da Cartesio ritenuta infinita, a differenza della facoltà dell’intelletto che è ovviamente finita. A causa di questa differenza tra le due facoltà può darsi allora l’errore (2 + 2 = 5). Anzi l’errore non può non darsi perché la sua presenza testimonia della libertà infinita del soggetto come soggetto del volere. L’errore è il garante della libertà. E la libertà cui qui si fa menzione non è la frigida libertà dell’intelletto, ma è una libertà concretissima, è una libertà individuata, è la libertà dell’*ego* che *io sono* e che, errando, dà prova della sua sovranità.

La tesi veramente stupefacente di questo Cartesio è *che ciò che fonda la possibilità dell’errore, vale a dire l’eccedenza della volontà sull’intelletto, è anche quanto eguaglia l’uomo a Dio*. Non è infatti l’intelletto che può eguagliarli. Finito nell’uomo, è infinito in Dio. Solo la volontà infinità si dice invece, secondo Cartesio, univocamente dell’uno e dell’altro. Cartesio era una ipercristiano. Credeva talmente nell’onnipotenza del creatore da non tollerare nessuna limitazione alla sua libertà, nemmeno quella che lo vincolava al rispetto delle cosiddette “verità di ragione”. Se Dio lo avesse voluto 2 + 2 avrebbe potuto fare tranquillamente anche 5 e una montagna avrebbe potuto esistere senza la valle. Essendo la fonte di ogni verità, Dio ne è al di qua, in una condizione di sovranità assoluta. In questa prospettiva l’errore umano prende allora un altro aspetto. Se per i classici del razionalismo era ciò che si doveva emendare come perversione della verità, esso diventa ora la similitudine, ma meglio sarebbe dire la *caricatura* dell’onnipotenza divina. La *potenza di errare* diviene così segno della trascendenza della condizione umana. Questa strada delirante non è certamente battuta da Cartesio. Egli l’ha resa tuttavia praticabile con la sua concezione della libertà infinita del volere e lo ha fatto proprio mentre con il suo *cogito* emancipava definitivamente l’intelletto da ogni vincolo trascendente inaugurando la stagione dell'illuminismo europeo. Spetterà ad altri maestri della nostra modernità percorrerla fino in fondo. Essi ne faranno la bandiera di una liberazione integrale e definitiva dell'uomo: la liberazione dell'esistenza dall'obbligo nei confronti della verità.

La più completa espressione di questa libertà "esistenziale", direi quasi il suo manifesto, si trova nelle *Memorie del sottosuolo* di Dostoevskij (1864). Se il populismo dovesse assegnarsi un padre nobile è allo scrittore russo, inteso come autore di quel formidabile racconto, che dovrebbe guardare (e, insieme a lui, a Max Stirner, la cui grande opera *L'Unico e la sua proprietà* è di venti anni precedente). Il protagonista delle *Memorie* - un uomo meschino, segnato dalla impotenza e dal livore verso il mondo che non lo riconosce - afferma infatti il suo diritto assoluto a ribellarsi alla verità razionale, rivendica il suo diritto assoluto all'errore *come errore*. Nell'errore come errore fissa tutta la sua libertà sovrana. Non vuole, dice (o meglio, biascica tra sé e sé), inginocchiarsi di fronte al muro della evidenza che ipnotizza i filosofi razionalisti. "Due più due fa quattro, questa è matematica. Provatevi un po' a replicare (...) Voi siete obbligati ad accettarla così com'è, e perciò dovete accettare anche tutti i corollari. Un muro, quindi, è un muro... eccetera. Signore Iddio, ma a me che importa delle leggi di natura e dell'aritmetica se poi, chissà perché, queste leggi e questo due più due quattro non mi piacciono? S'intende che non cercherò di abbattere quel muro a testate se non avrò davvero la forza di abbatterlo, ma non mi concilierò con esso soltanto perché mi trovo davanti un muro di pietra e le mie forze non sono sufficienti"[6].

Non pochi, nel Novecento, hanno scorto in questa insurrezione dell'esistenza il culmine del processo di liberazione del singolo dall'ultima forma di autorità rimasta dopo la morte di Dio, quasi essa fosse la perfezione del dettato illuminista. Non pochi movimenti, che si volevano "progressisti", hanno scommesso su questa idea di libertà. In effetti la libertà esistenziale reclamata dall'uomo del sottosuolo è la libertà della volontà infinita *dal* giogo della verità necessaria.

6 F. Dostoevskij, *Memorie del sottosuolo* (1864), tr. it. Voland, Roma 2012.

Egli, infatti, rivendica a sé la proprietà di Dio di creare la verità: ne vuole essere la *scimmia* (le *fake news* che infestano i nostri social non sono forse la caricatura della cartesiana verità *creata*?). Max Stirner non edificava forse il proprio anarchismo sull'ipotesi che il "singolo", cioè il dostoevskiano uomo del sottosuolo, potesse essere *causa di sé* come *causa di sé* era il Dio della metafisica tradizionale[7]? Troviamo qui, riferito però all'uomo, il senso della libertà assoluta di Dio cioè la tesi cartesiana della verità *creata*. Dio, sostenevano i teologi che piacevano a quel Cartesio ipercristiano, non vuole il bene, perché se così fosse sarebbe sottomesso ad una legge trascendente, ma il bene è ciò che vuole Dio *per il semplice fatto che lo vuole*. Se si cambia soggetto e si mette l'io al posto di Dio, ecco che appare il volto poco gradevole dell'uomo del sottosuolo. È il volto dell'anarca, il volto del ribelle o, come meglio sarebbe dire, dell'*insorto*. Un volto luminoso, quando ad aureolarlo era la luce della verità per la quale testimoniava con la sua ribellione, ma che adesso si presenta con un tratto perverso, perché la sua causa è la non-verità, è il sonno della ragione. Se infatti la libertà razionale era la libertà del soggetto *per* la verità, la libertà esistenziale è la libertà del soggetto *dalla* verità, oppure è la verità posta nell'esercizio stesso della soggettività assunta nella dimensione della sua più sfrenata singolarità (il "capriccio", il "non mi piace che 2 + 2 = 4") e della sua irriducibilità all'universale, una libertà al di là della legge e fuori da ogni legge, una libertà che si risolve, in ultima analisi, nel diritto, gridato oggi a gran voce, ad essere finalmente "cattivi", contro il "buonismo" di chi si sottomette all'impersonalità del bene.

Ad ogni latitudine del pianeta, il populismo si è fatto paladino e portavoce degli "insorti". Da qui il suo successo, la sua capacità universale di fascinazione. Esso si rivolge infatti a quanto vi è di più astratto da ogni contesto storico, vale a dire alla singolarità irriducibile (e rabbiosa) che è racchiusa nel pronome "Io". Un "Io" lo siamo tutti. Un "Io", soprattutto, vogliamo esserlo tutti e, nel tempo

7 M. Stirner, *L'unico e la sua proprietà* (1844), tr. it. Adelphi, Milano 1999.

della comunicazione istantanea resa possibile dalla rete, lo possiamo essere di fronte a tutti. Da qui trae anche origine la convergenza tra populismo anti-istituzionale e la forma più pura del liberalismo: l'anarco-capitalismo. Per quanto la propaganda populista sia infarcita di retorica anticapitalista, l'anarca, vale a dire il soggetto della volontà infinita, è veramente il soggetto *neoliberale*. Il grande teorico liberale Isaiah Berlin (che certo non può essere ascritto all'anarco-capitalismo) lo ha dovuto francamente riconoscere. A fondare il diritto assoluto di una convinzione, scrive, è il solo fatto di essere una *mia* convinzione. La sua verità o fondatezza è del tutto inessenziale. "L'essenza della libertà è sempre consistita nella capacità di scegliere come si vuole scegliere e *perché così si vuole,* (...) di schierarti per le tue convinzioni *per il solo fatto che sono tue.* La vera libertà è questa, e senza di essa non c'è mai libertà, di nessun genere, e nemmeno l'illusione di averla". E ancora: "L'essenza della libertà sta nel diritto di opporsi di difendere le nostre convinzioni *solo perché sono le nostre convinzioni*" [8]. Da qui anche l'anti-intellettualismo feroce che fa da collante ideologico a questa santa alleanza tra populismo e individualismo proprietario. La scienza è sospetta perché sembra vincolare il volere a dei principi indipendenti dal volere stesso. La scienza va benissimo come tecnica al servizio della volontà e del suo capriccio, ma diventa sopruso insopportabile quando pretende di farsi sapere e di legiferare sul reale (affermando, ad esempio, che i bambini "vanno" vaccinati o che le emissioni di Co2 "devono" essere ridotte)

La libertà della verità

Se tale è la metafisica del populismo, bisogna *rettificare* il giudizio che lo bolla come fascista e razzista. Il suo fascismo non è quello gentiliano dello stato etico ma quello mussoliniano del "me ne frego". Il

8 I. Berlin, *La libertà e i suoi traditori* (2002), tr. it. Adelphi, Milano 2005, p. 166; corsivi miei.

suo razzismo non è quello codificato, ideologico e, in un certo senso, intellettualmente elaborato del *Mein Kampf*, ma quello per così dire "estetico" del "non mi piacciono i negri, gli zingari, i froci ecc.". Contro *questo* fascismo anarchico e contro *questo* razzismo estetizzante sono però inefficaci gli appelli alla libertà razionale, alla terzietà del giudizio, al tribunale della ragione critica. La grande onda della cultura postmoderna ha contribuito a metterne in questioni i fondamenti. Lo ha fatto con le migliori intenzioni, credendo di assicurare all'umanità un futuro di libertà, ma il risultato è stato quello di dare armi teoriche al nemico. A forza di sospettare della verità, della verità non ne è infatti più nulla e a dominare la scena è ormai solo il diritto assoluto dell'uomo del sottosuolo ad insorgere contro ogni verità. Per poter essere combattuta su tutti i campi (sociale, politico, istituzionale, giuridico, pedagogico), la battaglia antifascista deve perciò ritornare sul terreno metafisico nel quale si è generata la concezione moderna della libertà nella sua doppia versione, intellettuale ed esistenziale, libertà *per* la necessità e libertà *dalla* necessità. Come pensare, come praticare, come sperimentare "qui e ora", in *queste* situazioni determinate, una libertà del terzo genere, una libertà che sia finalmente *reale* e non *immaginaria* come lo è quella dell'anarca populista o *frigida* come lo è quella dell'intellettualista?

Questo terzo senso della libertà posso qui solo accennarlo, sebbene la sua elaborazione sia il compito precipuo di un pensiero a venire. Non sarà né libertà *per* la verità come la liberta razionale, né libertà *dalla* verità come la libertà esistenziale. Non sarà una libertà che si guadagna lottando contro l'errore trascendentale, né una libertà che si risolve anarchicamente nel diritto assoluto all'errore. Né adeguazione ad una verità trascendente, né idiosincrasia dell'errore singolare rivendicato come espressione della propria sovranità. Sarà piuttosto una libertà *della* verità. Una sua embrionale formulazione la si ritrova nella metafisica bergsoniana della durata creatrice[9].

9 Si veda, in particolare, il saggio "Il possibile e il reale", in: H. Bergson, *Pensiero e movimento* (1938), tr. it. Bompiani, Milano 2000.

Bergson contestava tanto chi, come i meccanicisti, faceva discendere la libertà dalla verità, di fatto annullandola e risolvendola in una coscienza della necessità, quanto chi la radicava nella dimensione del possibile e, in ultima analisi, nella dimensione del libero arbitrio e del capriccio. A queste immagini della libertà, ne contrapponeva un'altra, nella quale la libertà veniva a coincidere con il processo stesso di autocostituzione del reale, cioè con la natura colta nel suo momento *naturante*, nell'atto di generare nuove forme. La libertà, per Bergson, è la libertà dell'accadere, è la libertà del reale, che, avendo luogo, pone retrospettivamente le condizioni della propria intelligibilità, financo della sua necessità. In questa prospettiva l'errore va perciò ricalcolato: non sarà più deviazione dalla norma (trascendente), né affermazione della singolarità esistenziale eccedente la natura, ma assumerà un senso positivo, affermativo. In quanto errore immanente al vero, in quanto coincidente con lo stesso evento della verità, con il suo aver luogo, l'errore prenderà la forma della creatività e della sperimentazione di inedite possibilità di vita.

Libertà e paura

E la paura? Come si coniuga la paura con la metafisica della libertà (esistenziale) che caratterizza il populismo? Il populismo vive di paura. La diffonde, l'asseconda, le offre dei bersagli immaginari, l'amministra con leggi specifiche il cui scopo è quello di tenerne sempre alimentato il fuoco. La sicurezza, del resto, a chi la si può presentare come la merce più preziosa se non a chi sempre trema? E di che cosa ha più bisogno l'istanza populista se non del timore e tremore della creatura? È un'ovvietà ma va ribadita una volta di più: senza paura il populismo sfiorirebbe. La sorda rabbia che agita il suo elettore ne è una compiuta espressione. Quella rabbia non ha valore per i suoi contenuti. Ciò che conta veramente in quella rabbia non sta in *ciò* che viene enunciato, quanto piuttosto nel fatto *che* venga enunciato. Il populismo sa infatti come si fa comunità tra uomini divenuti perfettamente estranei a causa della libertà assoluta che rivendicano per se stessi. I linguisti e gli antropologi hanno chiamato "fàtica" quella comunicazione che non comunica nulla se non il fatto che si sta comunicando. La funzione fàtica mira alla produzione del sentimento della comunità. Walter Benjamin diceva che la modernità inizia quando si è coartati dalla tecnica dei trasporti a intimità non volute e si devono scambiare due parole per ridurre il senso della estraneità. La rabbia populista funziona allora in modo analogo: crea *per il solo fatto di essere enunciata* una comunità momentanea tra estranei tutti ugualmente percorsi da brividi di paura.

La paura di cui vive il populismo è astratta per definizione al pari della libertà che rivendica. Resiste ad ogni tentativo di concretizzarla. Si sposta continuamente e prende sempre nuove figure, perché ciò che veramente conta nella paura determinata di negri, zingari, ebrei, omosessuali, donne ecc. non sono negri, zingari, ebrei ecc. ma la "forma" paura. Il populismo da voce ad una paura senza nome, ad una paura antica, una paura così antica da aver perso perfino la memoria del proprio oggetto, forse, addirittura ad una paura *senza oggetto*, quale può essere, ad esempio, quella che affiora nel grido inarticolato della creatura che viene al mondo. Secondo il classico schema illuminista, il sapere emanciperebbe dalla paura. Ma la paura è indifferente al sapere come lo è la libertà alla verità. Il sapere non può nulla su di essa. L'oggettività le è indifferente per una incommensurabilità di principio. La paura tinge di sé tutti i contenuti come un paio di lenti rosse renderebbero rossa ogni cosa che ci passi sotto il naso. Il soggetto populista è perciò attaccato ad essa per una specie di istinto di autoconservazione, per questo difende il diritto assoluto ad essere spaventato, indipendentemente da ogni ragione reale di spavento.

Di Thomas Hobbes, Elias Canetti diceva che era stato il solo filosofo a non mascherare "il potere, il suo peso, la sua posizione centrale in ogni comportamento umano". Egli, infatti, sapeva che "cosa è la paura". Il suo "calcolo" la svelava. "Tutti coloro che sono venuti dopo

(Hobbes) – continua Canetti –, e che provenivano dalla meccanica e dalla geometria, non hanno fatto che prescindere dalla paura; così questa è dovuta di nuovo rifluire nell'oscurità, dove continua a operare, indisturbata e innominata" [10]. Hobbes intuisce insomma che la paura è l'elemento stesso nel quale sguazza un ente che si vuole incondizionatamente libero. Libertà e paura sono fratelli gemelli. La lezione di Hobbes, dopotutto, è semplice: la libertà (il diritto naturale) ha nella paura non il suo opposto ma il suo habitat. Tremare e sentirsi liberi sono il medesimo. Tutta la "scienza" politica di Hobbes è consistita allora nel misurarla e nel metterla in linea di conto, cioè nel "farne qualcosa" di utile. Grazie ad un "calcolo razionale" la paura produce in Hobbes il *Leviatano*, vale a dire la potenza irresistibile dello Stato che salverà *omeopaticamente* l'uomo dalla paura. Alla paura caratteristica dello stato di natura si sostituisce una paura canalizzata e generatrice di ordine: la paura dei sudditi di fronte al sovrano, il solo che continua ad essere assolutamente libero, cioè assolutamente *spaventato* come lo erano gli uomini tutti allo stato di natura (le relazioni tra Stati sovrani nella epoca aurea dello *jus publicum Europaeum* sono infatti regolate dalla legge universale della paura).

L'osservazione di Canetti su Hobbes aiuta a fare chiarezza sulla metafisica del populismo, dissolvendo gli equivoci che gravano sulla questione. Il primo e il più grave consiste nel confinare la "paura" nell'ambito della retorica, cioè della tecnica della persuasione. Il populismo, si dice, utilizzerebbe cinicamente la paura per persuadere le masse. La paura sarebbe, insomma, dell'ordine dell'immaginario. La paura: nient'altro che un "affetto" tutto soggettivo. Basterebbe allora mettere a confronto la realtà di fatto con la sua percezione allucinata per dissolverla. Questa interpretazione tutta intellettualistica della paura è però uno dei modi in cui la paura rifluisce nell'oscurità, dove continua ad agire indisturbata e innominata. Da

10 E. Canetti, *La provincia dell'uomo. Quaderno di appunti 1942-1972*, tr. it. Adelphi, Milano 1978, p. 158.

essa discende la nefasta convinzione che il populismo non abbia oggi altro avversario possibile che la ragione critica. Il problema politico posto dal populismo sarebbe insomma, in ultima analisi, solo un problema "pedagogico". È, questo, uno strano gioco delle parti tra il populismo e i suoi avversari dall'effetto quasi comico: per arginare il populismo, i suoi avversari non hanno niente di meglio che riformulare quella contrapposizione massa-*élites* che del populismo è il cavallo di battaglia! Sul piano sociologico "massa" sta per ciò che la gnoseologia chiama "sensibilità" e *élite* sta per la "facoltà" che la gnoseologia chiama "intelletto". L'intelletto è così chiamato a "dominare" pedagogicamente l'elemento sensibile, come pretende ogni morale. Ma la ragione critica, alla quale si aggrappano, si scopre impotente: essa, infatti, non è capace "da sola" di generare alcun effetto reale. L'energia per agire le viene da qualcos'altro che l'élite intellettuale non può che considerare con disprezzo perché contaminato dalla sensibilità, cioè dal regno notturno della paura. Già Platone, al quale l'illuminismo guarda come al proprio antico maestro, se ne era reso conto: l'auriga della dialettica, cioè la ragione, non va da nessuna parte se non ci sono cavalli "passionali" che la trascinino nella direzione "giusta".

Ma allora l'unico modo per uscirne fuori è "rettificare" quella idea astratta di libertà che la modernità ha generato (la libertà *dalla* verità). C'è una verità che rende liberi senza precipitarci nell'abisso nero di una paura senza nome. C'è una verità che, senza essere indifferente alla paura, aiuta a liberarci dal dominio della paura. Per trovarla non è necessario alzare gli occhi al cielo. Bisognerà anzi volgere lo sguardo in basso, alla terra, al fango, alla vita brulicante di cui, in quanto viventi, anche noi siamo parte. Allora il sentimento immediato della libertà diverrebbe il sentimento di una partecipazione a un destino comune e a una responsabilità collettiva, come accade a chi naviga in un mare tempestoso. Nel suo ultimo grande libro Bergson chiamava "mistica" questa opzione, ma "mistica" per lui non era niente di trascendente: era solo il nome per una "grande politica" che tenesse conto realisticamente delle "linee dei fatti", che non si facesse illusione alcuna sul primato dell'intelletto sulla sensibilità e che sapesse "usare" le passioni come fa chi regge il timone della nave quando questa è alle prese con onde e venti contrari[11]. Fuor di metafora, la libertà che è qui è in gioco – la libertà *della* verità - è una libertà intesa come *processo*, non un *fatto* ma un *atto*, un atto *in atto*, un processo di *liberazione*, dunque, che, lungi dall'assegnare all'uomo una dimensione di eccezionalità rispetto alla natura, lo fa sentire parte integrante di essa, del suo accidentato procedere e della sua immanente verità.

11 H. Bergson, *Le due fonti della morale e della religione* (1932), tr. it. SE, Milano 2021.

La paura del diverso

Luigi Zoja

Milano, Italy / *Italia*
October / *Ottobre* 2019

Istinto

Ogni umano è al tempo stesso un animale. Quindi ha anche degli istinti: che sono gli stessi dalla fine del paleolitico. Per il bisogno di nutrimento e per quello sessuale le possibilità di soddisfazione si sono moltiplicate. L'istinto territoriale è stato invece sconvolto dalla civiltà umana. Ognuno di noi si muove già in appartamenti troppo piccoli. Ma uscire di casa in città è addirittura contro natura: anche se ha dovuto abituarsi e non si accorge di soffrirne. Siamo costretti a stiparci con cento altre persone in un vagone della metropolitana. Gli animali – anche quelli più intelligenti e disciplinati - difficilmente lo accetterebbero: l'istinto vuole prima controllare se i vicini sono amici. Diffidare non è una malattia: senza diffidenza i nostri antenati non si sarebbero evoluti fino all'oggi. La ragione del passeggero accetta i vicini perché "sa" che sono viaggiatori, non invasori. Ma il suo istinto entra in allarme. Ora immaginiamo che questo passeggero sia europeo come noi, mentre gli altri 99 sono africani molto scuri, che portano le vesti colorate e parlano le incomprensibili lingue dell'Africa sub-sahariana. Questo signore ha ricevuto una profonda educazione cattolica secondo la quale anche lo sconosciuto è "prossimo"; poi ha militato in movimenti politici che predicano l'internazionalismo. Ma diffida ancor più.

Preoccupate per i comportamenti violenti di molti passeggeri, le ferrovie metropolitane potrebbero decidere di destinare un vagone solo ai neri e il successivo solo ai bianchi. Sul momento, l'ansia dei viaggiatori diminuirebbe un po': i "diversi" che fanno paura sono ora più lontani. In realtà, se i vagoni sono pieni il problema del territorio rimane insoluto. Per giunta ormai molti passeggeri provengono da paesi lontani: sono "diversi" non integrati nella nostra società. Per i nostri istinti sono quasi appartenenti a una specie non umana: ci sentiamo minacciati senza saper spiegare bene perché. L'istinto "sente" la differenza dei vicini come un pericolo. Essa non è così netta come quella tra gatto e topo. Ma – se non siamo cresciuti con loro fin da bambini - gli abiti, la lingua, la carnagione li rendono incomprensibili. Quanto più la diversità è sottolineata da una divisione, come durante l'apartheid in Sudafrica, tanto meno la si supera. Con la mancata conoscenza, la responsabilità della "minaccia" viene più facilmente "proiettata", cioè attribuita ai diversi. Se gli si chiedono di spiegare qual è il pericolo, il passeggero non sa rispondere. Ma forse si irriterà: e in un certo senso a ragione, perché l'istinto non "si capisce", lo si "sente". Tutti lo seguiamo, senza bisogno di spiegarlo. Non spieghiamo perché a un certo punto mangiamo: abbiamo fame e basta.

Ora passiamo dal caso individuale alla massa. Nella Germania di Weimar, dove la stabilità quotidiana era sconvolta da una inflazione mai vista, tutti erano nel panico. A quel tempo, secondo Hitler il paese era minacciato dal corrompersi della razza: bastava preservarla e tutto sarebbe tornato a posto. La purezza razziale era minacciata dagli ebrei, che "complottavano" per prendere il potere. Come il passeggero spaventato da troppi diversi, Hitler si appellava a un istinto, che la natura ha fornito a noi come ai cani i quali, vedendo un'ombra, abbaiano prima di capire cos'è. Ma la società umana è ben più complessa di quella animale, il nostro bisogno di "abbaiare" va contenuto e rieducato. Hitler invece seguì una "rivelazione" paranoica: non cercò di dimostrare cosa fosse il suo ipotetico "complotto ebraico". Passò direttamente alle leggi razziali e all'annientamento di tutti i diversi.

Etica

L'uomo non è fatto solo di corpo e di istinti. Ha una psiche complessa, con una vita interiore e una dimensione morale. Non cerca solo l'utile, seguendo l'istinto: vuole anche distinguere il bene e il male. Questo "secondo livello" dovrebbe salvarci dalla bestialità. Invece conferma il grave pericolo di cui parliamo.

La paranoia ha radici in un istinto normale: la diffidenza, portata però a un eccesso. Il riflesso paranoico non si ferma a un istinto. Inserisce il suo sospetto e le sue ostilità nelle categorie umane di bene e male. Propriamente parlando, Hitler e Stalin non erano senza morale: pensavano al "bene" e combattevano il "male". Ma in loro queste categorie erano assolute e riguardavano gli "altri". Il paranoico manca completamente di psicologia: non sa guardarsi dentro. Nessuno è perfetto, il male esiste in tutti. Ma quello del paranoico verrà semplicemente espulso dal suo mondo interiore e attribuito ad altri. La tigre uccide perché è il suo istinto. Il despota paranoico, invece, compie stragi perché è convinto che corrispondano al bene. Esagera la quantità di nemici o addirittura ne inventa la presenza. Come ho spiegato in *Paranoia. La follia che fa la storia* (Bollati Boringhieri) la psicopatologia dice qui qualcosa che riguarda tutti. Mentre le malattie mentali - come depressione o schizofrenia - di solito escludono dalla società, il paranoico può addirittura usare il suo disturbo per ottenere successo. Per farlo, ripete il rito magico del capro espiatorio. Le società tribali si liberavano dal malocchio sacrificando un loro membro. La spiegazione era pre-scientifica. Ma spesso funzionava: almeno per un po' la tribù si sentiva purificata. Anche Hitler e Stalin, eliminando i loro nemici immaginari, offrivano un temporaneo sollievo alla popolazione: che in realtà era traumatizzata dal regime in cui viveva. Il diffondere l'idea che chi è diverso sia nemico, o l'alludere a complotti contro di "noi", offre una rapida "rendita" di popolarità, interessante per i politici: ma nei tempi lunghi può condurre a catastrofi.

Mezzi di comunicazione

Da quando esistono i mezzi di comunicazione, abbiamo maggior accesso alle spiegazioni reali e non dovremmo aver più bisogno di quelle superstiziose, come il malocchio o le teorie del complotto. Invece, proprio la manipolazione di stampa, radio e televisione conferma spesso le nostre paure più animali e le moltiplica: basta additare qualcuno definibile come "altro" e trasformarlo nel nemico. Questa degenerazione è stata molto chiara nelle dittature: ma non è necessariamente terminata con la loro scomparsa. Con esse, la paranoia era *hard*, nelle democrazie post-moderne è *soft*. Oggi alle possibilità quasi infinite di essere informati corrisponde un nuovo inconveniente, chiamato "paradosso di internet". Oltre un certo limite, all'aumento della informazione corrisponde un aumento dell'ignoranza. Naturalmente l'ignoranza è sempre esistita: ma l'analfabeta era cosciente di esserlo. La "alfabetizzazione digitale" rinforza invece l'illusione chiamata "Effetto Dunning – Kruger" (*Fig. 1*): una diffusa conseguenza dell'incompetenza è la convinzione di sapere. L'uso di internet è massimo fra i più giovani. Ma, nelle ultime generazioni, le comunicazioni si concentrano fra coetanei, rinforzando pregiudizi già esistenti. Lo scambio intergenerazionale viene meno, allontanando dalla conoscenza della storia. I *social* permettono scambi velocissimi e gratuiti.

Fig. 1

Ma fuori dall'Europa – dove massimo è l'uso di internet e minima la lettura dei giornali - avvengono linciaggi per false accuse "postate" su Facebook. Anche gli studi su Twitter indicano che tende a favorire l'estremismo: poiché limita la lunghezza dei testi, è più facile che contenga accuse infondate anziché approfondimenti. A sua volta Youtube, se guardiamo un video violento, ci propone altri video sempre più violenti.

Come ho notato nel testo *Nella mente di un terrorista* (Einaudi) persino in Italia c'è chi non vuole più uscir di casa per paura dei terroristi: anche se, finora, il paese è stato risparmiato da grandi attacchi. Nessuno, invece, si rifiuta di uscire perché in strada sta un altro killer: in Italia muoiono 83 000 persone all'anno per l'inquinamento atmosferico (EEA – European Environmental Agency). Ma l'aria tossica non è un "altro" di cui aver paura, così il rischio quasi non viene percepito.

Il terrorismo degli estremisti islamici è un reale e terribile. Ma una sua conseguenza è la sopravvalutazione del numero di immigrati mussulmani in tutta Europa (*Fig. 2*): si crede sia fino a settanta volte superiore al reale. Ripetiamolo: il terrorismo esiste e la difficoltà dell'immigrazione pure. Ma in questo caso corrisponderà a un settantesimo del problema. Gli altri sessantanove settantesimi corrispondono alle nostre paure e alle nostre paranoie. Potremmo però conoscerle, controllarle, vivere più sereni.

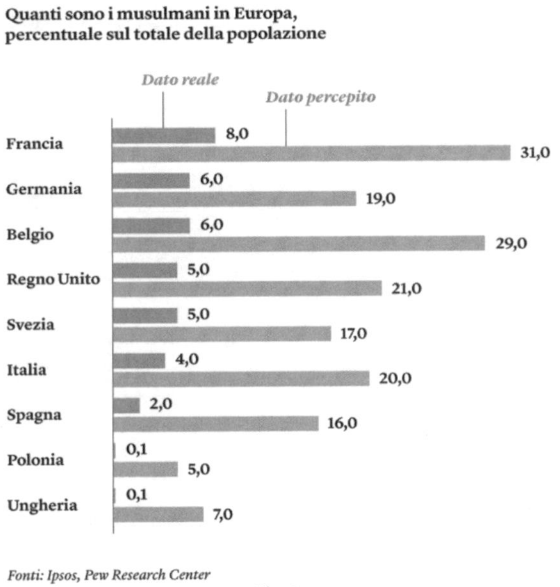

Fig. 2

Gli studi che includono queste preoccupanti notizie ci offrono anche una notizia buona, indicando una via semplice e antica. La percezione paranoica dell'"altro" come nemico è massima dove questo "diverso" è più assente - fra i paesi d'Europa, in Ungheria - e minima dove è più presente, cioè in Germania. Qui troviamo addirittura una conferma all'interno del paese. L'accettazione dei diversi è massima in quella occidentale, dove sono molto numerosi, e minima in quella ex-comunista: che, essendo rimasta più povera, ha ricevuto pochissima immigrazione.

Fortunatamente, l'uomo resta uomo: cioè per natura animale sociale, che ha bisogno degli altri. Anche gli studi storici degli scontri razziali e dei genocidi lo provano. Mentre è facile attizzare l'ostilità verso un gruppo astratto e sconosciuto, conoscere personalmente "l'altro" è la difesa migliore contro le nostre paure irrazionali.

Contro la paura
Considerazioni platoniche e iniziatiche

Davide Susanetti

Padova, Italy / *Italia*
November / *Novembre* 2019

"Può sembrare strano che [...] io non abbia mai osato salire su una tribuna, durante un'assemblea, per dare consigli alla città [...]. Perché se mi fossi dato alla politica, lo sapete bene, sarei morto da un pezzo, senza aver fatto nulla di utile né per voi né per me. E non arrabbiatevi se dico così. Nessuno può salvarsi se si oppone apertamente a voi o a qualunque altra folla, se cerca di impedire che nella città si commettano ingiustizie e venga violata la legge."[1] Sono, queste, le parole con cui Socrate spiega, dinanzi al tribunale che lo condannerà a morte, il proprio rifiuto di prendere la parola negli spazi e nelle occasioni istituzionali della città, la scelta di non intervenire, direttamente, nel dominio pubblico dei *pragmata*, degli affari della città, di non prendere parte al dibattito deliberativo della *polis*, contraddicendo quel principio così spesso ribadito in essa, secondo cui sarebbe preciso dovere di ogni cittadino partecipare, proporre e decidere che cosa la città debba o non debba fare per la propria prosperità e per il proprio bene.

"Una stessa persona — aveva detto Pericle, tratteggiando il modello ateniese — può curare i propri interessi e nello stesso tempo

1 Platone, *Apologia* 31, in: Id., *Apologia - Critone*, a cura di D. Susanetti, Feltrinelli, Milano 2019, pp. 87 *sgg.*, e, per il relativo commento, pp. 188 *sgg.*

occuparsi della cosa pubblica [...]. Per noi, e siamo gli unici a pensarla così, chi si astiene dalla politica non è un cittadino tranquillo, ma un cittadino inutile. Noi siamo in grado di formulare e giudicare le proposte politiche e pensiamo che il dibattito non pregiudichi l'azione."[2] Sarebbe, questo, il principio democratico dell'uguaglianza che non solo consente, ma esorta ognuno a contribuire alla vita comunitaria con la propria parola, promettendo il riconoscimento del pubblico apprezzamento e la distinzione degli onori, come si afferma anche sulla scena teatrale, facendo eco alle formulazioni ideologiche della *polis*: "In questo consiste libertà: Chi vuole dare un consiglio utile alla città? Chi vuole distinguersi parla e chi non vuole tace. C'è un'uguaglianza migliore di questa?"[3]

Uguaglianza, libertà, partecipazione attiva, invito alla presa di parola, possibilità garantita di una franca espressione del proprio parere, conseguimento di prestigio in virtù dei propri stessi interventi: così si delinea, dall'oratoria al teatro, il paradigma di quel regime che, quanto al "nome" — come dice Pericle[4] — si chiama democrazia. Ma tra il manifesto dell'ideologia civica e la prassi, tra la petizione di principio e l'esperienza assembleare, esiste, non di meno, un tragico divario che le fonti altrove non mancano di segnalare, come accade, ad esempio, nelle pagine tucididee, ove, al di là del dibattito che vi si riporta, emerge una fenomenologia del discorso pubblico affatto contraria agli auspici modellizzanti o alle formule rassicuranti di un fare comunitario libero e condiviso: "Chi vuol far passare una proposta infame - osserva un oratore - [...] pensa, con le calunnie, di spaventare ascoltatori e avversari [...]. Alla città non viene nulla di buono in questa situazione: chi ha un consiglio da dare rinuncia per paura [...]. È ormai la regola: una buona proposta,

2 Tucidide, *La guerra del Peloponneso* 2, 40, in: Id., *I discorsi della democrazia*, a cura di D. Susanetti, Feltrinelli, Milano 2015, pp. 73 *sg.* e, per il relativo commento, pp. 164 *sg.*),

3 Euripide, *Supplici* 448-441, su cui D. Susanetti, *Atene postoccidentale. Spettri antichi per la democrazia contemporanea*, Carocci, Roma 2014, pp. 161 *sgg.*

4 Tucidide, *La guerra del Peloponneso* 2, 37.

espressa con franchezza, risulta sospetta quanto un cattivo consiglio [...]. Con tutta questa malizia, la nostra è l'unica città al mondo dove non si può rendere un buon servizio allo stato in modo aperto e trasparente: bisogna comunque ricorrere all'inganno."[5] Insulto, intimidazione, delegittimazione preventiva, sospetto, aggressione personale, timore, menzogna: la realtà del discorso pubblico sarebbe, nei fatti, una sorta di incubo disforico. La politica, lungi dall'essere libera partecipazione e comune utilità, costituirebbe, all'opposto, il luogo del *phobos*, l'orizzonte della "paura" e del pericolo oggettivo, ogniqualvolta s'intenda esprimersi in modo diretto e trasparente. "Città piena di paura" e di "calunnia" è il modo in cui la luminosa Atene può apparire a chi la guardi da fuori e da straniero, senza i veli della propaganda e le bugie dell'appartenenza[6].

L'occasione della parola sarebbe dunque, con drammatica contraddizione, l'impossibilità della stessa, a meno di non tacere, per l'appunto, quanto, in verità, si pensa e si vorrebbe affermare. Ed è a questa impossibilità che lo stesso Socrate reagisce nelle osservazioni testé ricordate. A ben vedere non sarebbe neppure questione di uno specifico regime. Nelle "prove" che il Socrate platonico allega per spiegare le ragioni del suo rifiuto sono citati due episodi che lo avrebbero coinvolto in condizioni di regime affatto opposte. Il primo si sarebbe verificato quando ad Atene vigeva ancora la democrazia, il secondo si sarebbe consumato durante il regime oligarchico dei Trenta Tiranni. Ma il risultato era stato il medesimo in entrambi i casi: "Voi volevate giudicare in blocco tutti e dieci i comandanti che non avevano raccolto i naufraghi e i morti dopo la battaglia delle Arginuse [...]. Ebbene fui l'unico nel consiglio di presidenza ad opporsi, perché non fosse commessa alcuna illegalità, e diedi voto contrario. Gli altri oratori erano già pronti a denunciarmi e a farmi arrestare e voi eravate lì a gridare e a incitarli [...]. Quando poi prese il potere l'oligarchia, i Trenta mi convocarono alla Rotonda insieme

5 Ivi, 3,42-43 su cui Tucidide, *I discorsi della democrazia*, *cit.*, pp. 214-18.
6 Euripide, *Ione* 601.

ad altre quattro persone, e ci ordinarono di prelevare da casa sua Leonte di Salamina perché fosse messo a morte [...]. Quando uscimmo dalla Rotonda, gli altri quattro andarono a Salamina e arrestarono Leonte, mentre io me ne tornai a casa mia. E probabilmente, per questo, mi avrebbero ucciso, se il regime non fosse caduto poco dopo. Pensate che sarei potuto vivere per tanti anni se mi fossi dato alla politica, se avessi difeso la giustizia comportandomi come un uomo perbene, e avessi messo questo dovere al di sopra di tutto? Niente affatto."[7] Opporsi a "qualunque folla" – indipendentemente dalla costituzione vigente – sarebbe impossibile e insieme mortale.

Occuparsi dei *pragmata*, degli "affari" di Atene, ove si intenda farlo secondo verità e giustizia, comporta il rischio estremo della vita: la perdita di sé, della propria famiglia, dei propri beni e della propria stessa esistenza. Se politica e paura finiscono per coincidere nel medesimo, non è, tuttavia, il timore in sé della morte a trattenere Socrate: "Sappiate che, se si tratta di difendere la giustizia, non cedo dinanzi a nessuno per paura della morte. Preferisco morire piuttosto che cedere"[8], come egli ribadisce a più riprese, quasi sfidando i propri giudici. La questione è un'altra. O, più precisamente, si tratta di fare "altro" rispetto alla politica, e il rifiuto di essa è solo una dilazione strategica in rapporto a un diverso obbiettivo. A trattenerlo dalla partecipazione pubblica è stata la sua voce demonica: "In me c'è qualcosa di divino e demonico. Lo ha scritto anche Meleto nella sua accusa, prendendomi in giro alla maniera dei comici. È come una voce, che io sento fin da quando ero ragazzo[57]. Quando si manifesta, è sempre per distogliermi da quello che sto per fare e non, al contrario, per spingermi ad agire. Ed è questo che mi impedisce di fare politica e mi sembra che faccia bene ad impedirmelo."[9]

Ma questa voce non è altro che espressione intuitiva di una dimensione sovra-mentale, sovra-discorsiva: qualcosa che rimanda

7 Platone, *Apologia* 32 b-33 a.
8 Ivi, 32 b.
9 Ivi, 31 c-d.

al nucleo essenziale del proprio essere al di là della finitezza e della contingenza dell'identità, qualcosa che eccede l'umano valicando l'ordinaria dimensione di coscienza che altrimenti lo caratterizza nella veglia. Un qualcosa, ancora, che è in accordo con il sacro, con ciò che permea il cosmo nella sua armonica e intelligente interezza. La voce demonica, nell'impedire la politica, non fa che preservare Socrate rispetto all'*ergon*, al "compito" che gli è proprio in senso destinale. Quel compito che è il "suo proprio" e che egli deve indefettibilmente compiere se vuole davvero essere giusto e insieme "felice" in un'accezione affatto diversa dalla corrente comune del pensiero[10]. Un compito che gli è stato affidato da Apollo e dall'oracolo di Delfi con un'investitura solenne quanto vincolante.

E la designazione apollinea non è altro che il simbolo dell'invariabile centro in cui il sé si rivela e, al contempo, si realizza nella fedeltà a se stesso. Oracolo e voce demonica indicano che l'alternativa della politica si radica nella dimensione del sacro e del divino, sovvertendo ogni prospettiva e ogni pretesa umana e troppo umana. È da questo altrove che l'*ergon* si dispiega appunto come *latreia*, come "servizio divino", come missione sacrale che rappresenta il luogo e il ruolo ove il sé di Socrate si è posto e da cui non intende deflettere, perché quello è il suo "dovere"[11]. Rapportandosi al modello eroico di Achille e in questo identificandosi, egli ribadisce l'impossibilità di mancare a ciò che gli è stato assegnato e che lui stesso ha consapevolmente assunto: "Ognuno ha il proprio posto, perché se l'è scelto lui stesso, pensando che fosse il meglio per lui, o perché gli è stato assegnato da chi comanda. Ma, una volta che ci si trova, lì si deve rimanere, secondo me, e lì si deve affrontare il pericolo, senza temere la morte o altro male"[12]. L'assoluto compimento del proprio "dovere" è questo che Socrate addita, mostrando che la "paura" della politica – la "paura" che essa produce – può essere contraddetta muovendo fuori

10 D. Susanetti, *La felicità degli antichi. Idee e immagini di una buona vita*, Feltrinelli, Milano 2018, pp. 12 *sgg*.
11 Ivi, 30 a.
12 Ivi, 28 d.

di essa, delineando una dimensione differente che annulli, purifichi e sospenda tutto ciò che concerne il politico comunemente inteso. Una dimensione di spazio e di tempo che scavi una distanza abissale rispetto al circuito vizioso della città ove ogni discorso e ogni gesto è *performance* agonistica e sopraffazione reciproca.

Nella cornice della *polis*, infatti, l'esistenza si consuma in una *routine* logorante di impegni e di obblighi che occupano e alienano chi ad essi attende, come lo stesso Socrate suggerisce nel *Teeteto*. Tutto è misurato e rigidamente scandito. È un affaccendarsi senza tregua per conquistare vantaggi personali e beni materiali: i discorsi e gli atti sono sottomessi alla quantificazione di effetti immediati, all'urgenza di situazioni contingenti cui occorre rispondere subito. Il ritmo della comunità politica corrisponde, in tutto e per tutto, alla scena inquieta e litigiosa del tribunale. Là, due contendenti si sfidano in un dibattimento ove essi non possono svolgere i propri argomenti con agio e come vogliono: sono incalzati dall'acqua della clessidra che segna il tempo concesso ad ognuno per esporre le proprie ragioni e per confutare l'avversario.

Per raggiungere i propri scopi o salvarsi dalle accuse, essi devono dunque farsi accorti ed astuti per ingraziarsi i giudici ed ottenerne il consenso. Non c'è possibilità per un esame o per un confronto che si protragga al di fuori di questi angusti limiti, né, per questa stessa ragione, è opportuno esprimere davvero il proprio pensiero. Occorre piuttosto formulare quanto è utile allo scopo, senza preoccuparsi che le parole siano vere o false: "È come una gara di corsa [...] verso una direzione già segnata e il premio è il più delle volte la vita stessa."[13] Tutto è "tensione", affanno e paura: la parola e il tempo sono interamente determinati dalle contese e dalle controversie, dalle contrapposizioni dei desideri e delle ambizioni, dalla violenza di scontri ove i soggetti si giocano la possibilità stessa della loro esistenza e del loro ruolo nella comunità. Un tribunale permanente in cui tutti sono asserviti alla necessità inflessibile di una temporalità

13 Platone, *Teeteto* 172 e.

convulsa. La vita della *pólis* è un tempo "da schiavi" che distrugge ogni possibilità di elevatezza morale, ogni senso di vera "libertà" e ogni dirittura di comportamento.

La ricerca di un orizzonte altro dalla politica non è solo l'abbandono dei contesti in cui la parola pubblicamente si formula, ma anche la programmatica lontananza dai luoghi e dalle occasioni in cui una certa socialità prolunga e rafforza quella stessa politica: la strada che conduce all'*agorà* e al mercato, le riunioni delle eterie politiche o i banchetti in cui ci si abbandona a piaceri di ogni sorta. Situazione, per certi versi, paradossale, in cui, seguendo le indicazioni di Socrate, si vive formalmente da cittadini, ma di fatto ci si sforza di condursi come stranieri: "In verità solo il corpo si trova e dimora nella città", mentre la mente "vola" da ogni parte, allontanandosi dalle cose che gli altri ritengono importanti: "Vola dappertutto [...] scendendo sotto terra e salendo su nel cielo, esplorando l'intera natura degli esseri, senza abbassarsi a niente di particolare che gli stia vicino"[14].

La voce demonica, la voce del sé e l'ingiunzione del "centro" raffigurato da Apollo inducono a questo drastico dislocamento, che guida fuori dall'assemblea civica, dai modi del discorso pubblico così come dalle forme ordinarie del vivere sociale. Il "servizio divino", il "lavoro" del sacro esige l'elaborazione di ciò che si potrebbe chiamare un'"eterotopia" rispetto alla *polis*, se non fosse che il Socrate platonico è programmaticamente associato a un termine ancora più radicale. "Può sembrare strano — aveva detto — che [...] io non abbia mai osato salire su una tribuna..." *Atopon* è l'aggettivo che egli non casualmente sceglie per ricordare la sua scelta: "singolare", "eccentrico", "assurdo", "inclassificabile". Letteralmente, esso designa ciò che è senza *topos*, senza un "luogo", in cui consistere o essere posto, senza un "luogo" riconoscibile e intelligibile secondo i correnti modi di percepire e cogliere la realtà delle cose e dei soggetti. Ed è precisamente la necessità di tale *atopia* che Socrate contrappone ai modi e ai

14 Ivi, 173 e.

linguaggi della politica e della città. Un'*atopia* che egli stesso incarna con le parole, gli esempi, gli atteggiamenti che, giorno per giorno, adotta, sovvertendo ogni "luogo" comune riconosciuto dagli altri. Agli occhi e alle orecchie di chi lo avvicina, egli appare talmente "stravagante" da non risultare comparabile a nessun precedente personaggio storico o mitico[15]. Egli è a tal punto "eccentrico" che il suo stesso stile di vita può apparire "inumano" per la sua distanza da tutti i parametri usualmente accettati, per il suo totale disinteresse per ciò che la maggior parte dei suoi concittadini ritiene desiderabile e auspicabile obbiettivo di una buona vita[16]. Ma questa *atopia*, l'incomprensibile stravaganza è, per l'appunto, la strategia necessaria e insieme l'effetto previsto per il fine altro che Socrate si propone: occorre uscire dai canoni, perdere i riferimenti, spostarsi in un altro luogo da cui ricominciare a guardare le cose e se stessi.

L'*atopia* non è solo una caratteristica di Socrate, ma ciò che deve provare e sentire chi voglia conoscere se stesso: un totale spaesamento come possibilità di un nuovo inizio, uno smarrirsi per trovare un altro spazio e un altro tempo nel cuore della vita, una "vertigine" in cui ogni usuale riferimento ed ogni identificazione vengono meno. Chi si intrattiene con l'*atopos* Socrate si trova, all'improvviso, quando meno se lo aspetta, come «sospeso» nell'aria e costretto a guardare, da lassù, tutto ciò che faceva parte del suo mondo e della sua esistenza. Senza alcun apparente appoggio, egli si vede librare in una dimensione del tutto inconsueta. È smarrito e terrorizzato, come se fosse in bilico su un precipizio, con il vuoto sotto di lui. Comincia a balbettare per l'inquietudine e il turbamento che prova. Si sente *ilingian*, "in preda alle vertigini", afferrato da un "vortice", da un "turbine" che rapisce e risucchia nel moto ascendente di una spirale. È un momento di confusione, di sconcerto, ma anche di profondo stupore: "Sono straordinariamente meravigliato – confessa un interlocutore a Socrate – [...] e, quando mi fisso a guardare

15 Platone, *Simposio* 221 c-d.
16 Platone, *Apologia* 31 b.

che cosa siano queste "apparenze" mi sembra davvero di avere un capogiro."[17]

Quando si entra nel gioco "atopico", la testa inizia letteralmente a girare. Ed è un girare nello *skotos*, nel "buio". Come se la vista si ottenebrasse e ci fosse un mancamento. Ma ciò che viene meno, ciò che si ottenebra è la mera percezione sensibile, il modo usuale di osservare la realtà, le certezze cui si faceva affidamento senza essersi mai davvero interrogati su di esse. Dal buio può scaturire una luce e nel vortice dello sconcerto si intravede che c'è dell'altro: le cose non sono come appaiono, il piano fluente e cangiante del divenire è affatto diverso dalla stabilità dell'essere. "Questo stupore, questo *pathos* che senti – commenta Socrate – è [...] il principio dell'amore della sapienza"[18]: è l'inizio, potremmo aggiungere, di una diversa forma di coscienza e di consapevolezza che si dischiude. È l'inizio di quel percorso cui il monito delfico della conoscenza di sé e la prescrizione socratica del "prendersi cura di se stessi" invitano.

L'*atopia* perseguita da Socrate è "non umana" perché vuole contraddire ciò che si prende per umano, perché vuole disarticolare, dall'interno, la supposta umanità di ognuno e ad assegnare al soggetto una meta e un fine al di là di quel plesso di immagini fallaci con cui l'identità quotidiana e politica tendono a coincidere. L'*atopia* è "non umana" perché in essa risuona ed opera la forza del *daimon*, quel nucleo interiore che non solo corrisponde a un'identità essenziale, ma si connette anche all'intero della vita e dell'universo. Vertigine, vergogna, smarrimento, confusione, paralisi sono le emozioni che l'*atopia* non manca, ogni volta, di suscitare. Intrattenersi con Socrate *idia*[*i*], "in privato", lontano da ogni dimensione istituzionale e pubblica, significa essere sottoposto a una "tortura" in cui, pezzo per pezzo, crolla quell'immagine magnifica quanto inautentica che ognuno, indefettibilmente, nutre di se stesso.

Il dialogo con Socrate non è tanto l'occasione di una confutazione

17 Platone, *Teeteto* 155 c.
18 Ivi, 155 d.

razionale di una serie di opinioni, quanto la dolorosa esperienza di una mancanza d'essere, di un'inconsistenza che segna l'esistenza e le proprie pretese individuali. Quell'*elenchein* – l'atto del "mettere alla prova" e del "confutare", che Socrate opera ad ogni nuova conversazione – vuol dire anche "rimproverare", "disonorare", "coprire di infamia". Perché, alla fine, non ci si può sottrarre a un senso di "vergogna" nel momento in cui l'"esame", la "tortura" dell'*atopia* ha messo impietosamente in luce la vacuità del proprio supposto sapere, la ridicola follia dei propri pensieri e dei propri desideri: "Socrate mi forzava a riconoscere – afferma, fra gli altri, l'ambiziosissimo Alcibiade – che mancavo di molte cose e che, ciò nonostante, non mi prendevo affatto cura di me stesso, ma mi intrigavo della politica di Atene [...]. Davanti a Socrate io mi vergogno e so di non poter contestare quello che dice, le cose che mi esorta a fare. Ma, poi, appena mi allontano, mi faccio vincere di nuovo dal desiderio degli onori che la massa mi tributa [...]. Quando poi lo rivedo, mi ricordo di quanto mi aveva fatto ammettere e di nuovo mi sento pieno di vergogna."[19]

La maggior parte degli uomini non vuole abbandonare le proprie abitudini e i propri schemi. Vi è tenacemente avvinta e crede che tutto sia giusto così com'è. La maggior parte degli uomini preferisce non essere disturbata dal sonno profondo in cui giace e si rivolta, talora ferocemente, con chi tenti di destarla. Ma chi ama e ricerca la sapienza non può fare a meno di opporsi a tale letargia. Non può fare a meno di risvegliare le anime e le coscienze. "Non bisogna agire e parlare come dormendo" aveva scritto, in età arcaica, Eraclito[20]. E lo stesso pensava anche Socrate. Per questo, non dava tregua ai suoi concittadini, sperando che qualcuno si destasse, perché di una cosa era fermamente convinto: *anexestatos bios ou biotos*, "una vita senza esame – "una vita che non si metta alla prova", interrogandosi

19 Platone, *Simposio* 216a-b.
20 Eraclito, fr. 73 Diels-Kranz.

incessantemente sul suo valore e sul suo significato – non è degna di essere vissuta"[21].

Per questo, Socrate si era allontanato dalla politica, perseguendo fino in fondo le vie dell'*atopia*: per risvegliare le anime ad un salto di coscienza. Per questo si dipingeva come un "tafano" che trafigge e molesta tutti con le sue punture, turbando l'inconsapevole riposo degli addormentati Ateniesi: "Non troverete facilmente un altro come me, uno che il dio ha inviato alla città [...] come un tafano messo addosso a un cavallo grande e di buona razza, ma un po' pigro per la sua stessa mole e bisognoso di essere punzecchiato. Mi sembra che il dio mi abbia posto proprio così al fianco della città, io che non smetto mai di stuzzicarvi, di persuadervi, di rimproverarvi, uno per uno, standovi addosso sempre."[22]

In più di un'occasione, Socrate descrive il proprio atopico operare come un'*epode*, come un "incantesimo" che avvince la psiche, rimodellandone pensieri ed emozioni[23]. Due scene, in particolare, tematizzano la necessità di tale magia operata dalla parola socratica. L'una ambientata nella quotidianità di una palestra e l'altra nel carcere ove egli trascorre le sue ultime ore in compagnia degli amici di sempre.

Nel primo caso, Socrate si intrattiene con il giovane Carmide, la cui bellezza è a tal punto straordinaria da suscitare stordimento. Il ragazzo ha mal di testa e Socrate, curioso di conoscerlo e metterlo alla prova, affetta di possedere un rimedio infallibile che egli avrebbe appreso da un seguace dello sciamano Zalmoxis. La cura consisterebbe nel recitare, appunto, un incantesimo e nell'assumere, insieme, una particolare erba. Le due cose si dovrebbero compiere congiuntamente, perché ogni terapia, per essere efficace, non può che rivolgersi all'*holon*, all'"intero". E, nel caso dell'essere umano, tale interezza non sarebbe costituita solo dal corpo, ma anche dalla

21 Platone, *Apologia* 38a.
22 Ivi, 30e.
23 Per tutto questo in: D. Susanetti, *La via degli dei. Sapienza greca, misteri antichi e percorsi di iniziazione*, Carocci, Roma 2018, pp. 111 *sg*.

psuche, dall'anima come principio superiore al mero dato somatico: "Tutto prende le mosse dall'anima, i beni e i mali del corpo e dell'uomo nella sua interezza, e dall'anima essi si riversano al resto [...] ed è l'anima che, prima di tutto, bisogna curare se si vuole che la testa e le altre parti del corpo siano in salute."[24] A questo servono specificamente gli incantesimi, le *epodai*: a medicare l'anima perché da essa dipende, come il flusso di una cascata, lo stato dell'intero. Gli incantesimi sono *logoi*, discorsi, parole, atti a suscitare *sophrosune*, uno stato di "mente sana", una condizione "integra" e dunque "perfetta" che, con il destarsi di ulteriori facoltà e poteri, produce mutamento e autentica "salute" di "tutto" l'uomo.

Fatta tale premessa, Socrate interroga Carmide sul suo personale stato. Se egli è già dotato di *sophrosune*, di "mente sana", forse non ha bisogno dell'incantamento volto a ingenerare tale virtù interiore, e si può direttamente passare all'uso dell'erba. Il giovane pensa di possedere tale qualità, ma esita ad affermarlo e, ben presto, diviene chiaro che né lui né gli altri presenti sono in grado di dire in che cosa tale *sophrosune* precisamente consista. Nel dispiegarsi della conversazione si fanno ripetuti tentativi di definizione, ma sembra che non si riesca a venir capo di nulla. Alla fine di un lungo e tortuoso esame, il bel ragazzo è costretto ad ammettere che non è in grado di dare una risposta: "Io non so se la possiedo né se non la possiedo. Come potrei sapere ciò che neanche voi siete riusciti a trovare [...]. Per quanto mi riguarda, penso di aver assolutamente bisogno dell'incantesimo e nulla vieta, da parte mia, che io sia incantato da te tutti i giorni, finché tu ritenga che sia sufficiente."[25] Se a nessun punto fermo si è giunti nonostante gli sforzi, un'evidenza tuttavia si impone: l'*epode* è, anzi tutto, il fatto stesso di intrattenersi con Socrate, di dialogare con lui nella misura dell'*atopia* che egli rappresenta. L'incantesimo è farsi spiazzare dalle sue parole, essere "purificati" dalle scorie che

24 Platone, *Carmide* 156 e.
25 Ivi, 176 a-b.

ingombrano l'anima, impedendole di cogliere se stessa e la potenza di cui dispone.

Nella cella, attendendo che venga l'ora di bere la cicuta, Socrate e i suoi accorati discepoli si sforzano di dimostrare che l'anima è immortale e che la morte non è nulla per chi abbia davvero perseguito, in vita, la via della conoscenza. Le argomentazioni si susseguono con rigore sempre più stringente. Eppure la paura resta. E se si stessero solo ingannando con le loro stesse parole e le dimostrazioni fossero, in realtà, del tutto fallaci? Per quanto si impegnino, non riescono a "convincersi". Non possono far a meno di essere spaventati ed addolorati tanto dell'imminente scomparsa di Socrate quanto della fine che attende loro stessi. "Forse in noi — osserva Cebete — c'è un bambino spaventato da queste cose. Prova dunque a dissuaderlo dal temere la morte come uno spauracchio"[26]. "Noi" possiamo anche prestare fede a un discorso ben sviluppato, ma il "bambino" che ci abita si dibatte e arretra terrorizzato. "Questo bimbo — osserva di rincalzo Socrate — bisogna incantarlo ogni giorno finché non si sia placato"[27].

La conversazione prosegue e, a un certo punto, sembra che si sia pervenuti, con riferimento alle idee eterne, all'argomento che costituisce la prova decisiva e incontrovertibile. Si produce un generale assenso sulle conclusioni e tuttavia il timore e il dubbio persistono: "Non ho ragioni per dubitare dopo quel che si è detto — osserva uno degli interlocutori —, ma la rilevanza della questione e la sfiducia che nutro per la debolezza umana mi inducono ad avere ancora diffidenza e incredulità intorno ai discorsi appena fatti"[28]. L'uomo è cosa debole e fragile, priva di forza. Il suo linguaggio e la sua ragione si scontrano, continuamente, con limiti che appaiono invalicabili. La parola stessa è debole: l'essere può davvero essere detto da un discorso? La verità può essere provata con le armi e i procedimenti

26 Platone, *Fedone* 77 e.
27 Ivi, 78 a.
28 Ivi, 107 a-b.

della razionalità? La debolezza umana è anche il sussultare continuo e incontrollato delle emozioni che, ogni volta, confliggono con quanto la ragione suggerisce: le affezioni e i desideri derivanti da quella corporeità che fa sempre "guerra" alla vita della mente.

Socrate prende così a narrare un mito. Attingendo a credenze e a motivi antichi, egli dipinge una complessa rappresentazione del cosmo ed evoca gli spazi dell'aldilà cui le anime immortali sarebbero destinate. Dopo essersi ampiamente diffuso nella descrizione, Socrate osserva: "Affermare con forza che le cose siano così come le ho raccontate, non si addice certo ad un uomo intelligente, ma che siano così o in modo simile [...] dal momento che l'anima appare immortale, conviene e vale la pena, mi sembra, di correre il rischio di crederlo, perché questo rischio è bello. E bisogna incantare noi stessi con queste cose. È per questo che da tempo mi dilungo nel racconto"[29]. Il mito è *kyndinos*, "pericolo", "rischio": non può essere preso alla lettera né confuso con l'assoluta verità. Sarebbe da sciocchi e da ingenui pensarlo. E tuttavia il mito «conviene» all'anima: le è utile, le serve, per orientarla a trovare se stessa. La bellezza del rischio cui il mito espone sta tutta nell'orizzonte che il racconto lascia intravedere, nelle possibilità che apre a chi si lasci incantare. Non si tratta di credere, ma di condurre, per così dire, un esperimento.

Gli incantesimi del Socrate platonico si rivolgono, in primo luogo, all'anima ma operano consapevolmente nell'orizzonte dell'intero rappresentato tanto dalla *psyche* e dal *soma*, quanto dalla relazione con il cosmo e con ciò che vi è al di là del cielo. Le *epodai* sono, allo stesso tempo, "discorsi" e "miti", esercizi della ragione discorsiva e pratica dell'immaginazione e del simbolo. Dimensioni complementari che devono, di necessità, integrarsi reciprocamente nell'armonizzazione di ciò che possiamo definire "digitale" e di quanto, all'opposto, pertiene al registro dell'"analogico". Un'operazione di sintesi che desta facoltà altrimenti sopite o fra loro irrelate, dopo aver sospeso e purificato la mente dal confuso turbinare delle

29 Ivi, 114 d.

opinioni irriflesse e delle emozioni inconsapevoli. Un'operazione che guida, progressivamente, l'anima altrove rispetto al panorama ove usualmente si colloca.

Ed è per questo che Socrate sottolinea l'importanza della ripetizione. Non si tratta di intendere, una volta sola, il dispiegarsi di un'argomentazione o l'articolazione di un racconto: ciò non produce alcun apprezzabile effetto. Si tratta di insistere, quotidianamente, nella pratica, di ripetere gli esercizi del *logos* e del *mythos*, creando una progressiva familiarità e immedesimazione con la sfera che essi promettono di dischiudere. Allora discorsi e miti divengono, a poco a poco, strumenti di un sortilegio "cosciente" che porta la vita al di là di se stessa. Il valore di quelle parole, il valore dei *logoi* e dei *mythoi* non riposa solo in quanto essi dicono, ma anche, e forse, in modo più sostanziale, nell'esperienza che conducono a fare. Solo il compiersi dell'esperienza offre quella conferma e quella realizzazione che le parole non possono, in alcun modo, dispensare.

Nel discorrere del Socrate platonico, discreti, ma costanti, sono i riferimenti alla sfera dei misteri e delle sacre iniziazioni, cui, in ultima analisi, gli incantesimi additano e conducono. L'*atopia*, il "non luogo" che Socrate agisce nel suo dialogare, muove e, al contempo, rinvia al nucleo pulsante che sta al centro del fare misterico. Come recita un celebre frammento di Aristotele[30], gli iniziandi ai misteri non sono chiamati propriamente a *mathein*, "imparare", "apprendere" dei contenuti, bensì a *pathein*, "subire", "provare un'emozione" intensa, così da pervenire ad "un certo stato", ad una particolare condizione. Un *pathos*, un'affezione che disarticola e modifica il soggetto nei pensieri, nelle sensazioni, nel modo stesso di percepire se stesso. Un *pathos* che "modella" o meglio rimodella l'uomo, imprimendovi un *typos*, un'"impronta", una "forma" differente. Si produce allora qualcosa che assomiglia ad una "folgorazione", ad un lampeggiare intuitivo: la vita si manifesta nella sua luce assoluta e

30 Aristotele, *Sulla filosofia*, fr. 15.

nella sua verità. Questa illuminazione sarebbe – sottolinea ancora Aristotele – la modalità "misterica" del conoscere.

Il patire che produce questa conoscenza luminosa passa attraverso lo smarrimento, la perdita e la morte. È un'esperienza che comporta *phobos*, "paura", ma un *phobos* che diviene strumento di un radicale oltrepassamento del piano ordinario dell'umano. Come spiega Plutarco[31], vi è una perfetta corrispondenza tra *teleutan* e *teleisthai*, tra "morire" ed "essere iniziati": "La parola assomiglia alla parola, la cosa alla cosa". Entrambi i verbi si collegano, ancora una volta, a *telos*: il compimento della morte chiude la vita, ma il passaggio attraverso la morte apre, all'inverso, la via al compimento assoluto della vita stessa. Chi viene iniziato – suggerisce Plutarco – prova la stessa emozione di chi muore e, viceversa, chi lascia la vita terrena si trova a percorrere il medesimo cammino cui l'iniziando viene avviato. In quel momento ogni riferimento è perduto, tutto appare estraneo e sconosciuto: ci si trova a "vagare", a "girare" con fatica, a "camminare senza fine nell'oscurità", in preda alla paura. Nel percorso ci si imbatte in *deina*, in "cose terribili", ed ecco che allora si provano "brividi", "tremiti", si è madidi di sudore e completamente storditi dallo sbigottimento. Ma, dopo tutto ciò, si manifesta, all'improvviso, una "luce meravigliosa" e si dischiudono luoghi di purezza, con "voci, danze, musiche solenni e sante visioni (*phasmata*)". Una nuova e inaudita libertà è stata conquistata. Libertà di chi, morendo ha lasciato il peso della vita, trovandosi in una condizione felice. Libertà di chi, con l'iniziazione, si è liberato di paure e vane attese, trovando un diverso senso del vivere.

Se si ripercorrono le pagine platoniche tenendo a mente tale prospettiva, ci si avvede che il procedere di Socrate e le reazioni che esso attiva fanno sistema, rimandando circolarmente alla grammatica dell'iniziazione. La dimostrazione della fallacia dei propri pensieri – che sono, in realtà, non pensieri – si salda all'immaginazione mitico-simbolica, innescando la violenza di un'emozione che

31 Plutarco, fr. 178.

disintegra tutte le cristallizzazioni identitarie e gli automatismi della reattività psichica, in un atto catartico che permette di procedere in un inesperito "oltre": "Quando ascolto Socrate – testimonia, fra gli altri, Alcibiade – il cuore mi sussulta [...] e verso lacrime per le sue parole."[32] È com'essere posseduti, invasati, trasportati in un altro stato di coscienza, strappati a se stessi. E l'esperienza, compiuta una prima volta, lascia una traccia indelebile. Niente può più essere come prima.

C'è stata una rottura, una fessura che si è aperta, una crisi i cui effetti non possono essere ignorati o rimossi. La realtà è stata ormai vista e sentita altrimenti, con un'intensità e con una verità inaccessibili a chi permanga nell'assopita *routine* dell'esistenza. È – continua Alcibiade – come essere morsi da una vipera: un "morso dolorosissimo" nella parte di sé in cui la sensibilità e il dolore sono "più acuti". Non c'è scampo: un veleno è stato inoculato. Non resta che continuare, che seguire il passaggio che si è aperto. Fa male, ma, solo andando fino in fondo, si potrà scoprire che il veleno è una medicina benefica. Il veleno intossica, uccide, ma rigenera, portando alla soglia del *bios biotos*, della "vita" che merita di essere "vissuta" perché ha saputo trovare il proprio compimento. Ma occorre persistere e insistere, per l'appunto, nell'incantesimo del *logos* e del *mythos*. È come sfregare, giorno dopo giorno, due legnetti fra loro, finché l'anima non si infiammi di se stessa, raggiungendo una conoscenza che non è più né razionale né discorsiva, ma intuizione e contatto immediato che trasforma, per sempre, l'essere di ognuno: "La conoscenza di queste cose non è comunicabile come le altre conoscenze, ma dopo molte discussioni condotte su questi argomenti, e dopo una comunanza di vita, improvvisamente, come una luce che si accende dallo sprigionare di una scintilla, tale conoscenza nasce nell'anima e si nutre di se stessa. Sfregandosi fra loro queste cose – ovvero nomi, definizioni, visioni e sensazioni – [...] risplende all'improvviso la conoscenza e l'intuizione di ciascuna realtà per

32 Platone, *Simposio* 215 e.

chi compia il massimo sforzo possibile alle capacità umane"[33]. Ed "è quello il punto e il momento della vita che merita, se mai ve n'è un altro, di essere vissuto", come dice la sapiente Diotima, evocando l'incontro "mistico" con una bellezza immateriale, delineando la trasformazione che quell'esperienza di visione e contatto produce nel soggetto: "Lì soltanto avrà modo di generare vera eccellenza e [...] di diventare immortale."[34]

Tutto ciò continua a riguardarci e a costituire un orizzonte essenziale per il presente in cui viviamo e per il futuro verso cui ci incamminiamo. "L'uomo è un'invenzione di cui l'archeologia del nostro pensiero mostra agevolmente la data recente. E forse la fine prossima. Se tali disposizioni [*scil.* quelle che l'hanno prodotta] dovessero sparire come sono apparse; se, a seguito di qualche evento di cui possiamo tutt'al più presentire la possibilità, ma di cui ora non conosciamo né la forma né la promessa, esse precipitassero [...] possiamo senz'altro scommettere che l'uomo sarebbe cancellato, come sull'orlo del mare un volto di sabbia." Sono, queste, le parole con cui Michel Foucault chiudeva il suo scavo archeologico-genealogico relativo alle scienze umane nella pagina finale de *Le parole e le cose* (1966)[35].

L'uomo cancellato dall'acqua come un labile segno sulla sabbia. A distanza di alcuni decenni – negli eventi e nelle dinamiche che nel frattempo si sono inverate – possiamo cogliere, in modo più forte e incombente, il valore di questo cenno profetico in cui si coagulano gli esiti di un intero percorso storico e filosofico degli ultimi due secoli. La scomparsa dell'umano è una prospettiva non più meramente teorica, ma virtualità e rischio. Possibilità che, da capo, fa paura e ingenera ansie di diverso genere. Paure legate alle devastazioni dell'ecosistema e alla penuria delle risorse. Inquietudini e incertezze, ma talora anche esultanze, legate allo scenario aperto

33 Platone, *Lettera settima* 341 c-d, 343 b.
34 Platone, *Simposio* 211e-212a.
35 M. Foucault, *Le parole e le cose* (1966), tr. it. Rizzoli, Milano 2016, p. 414.

dalla bio-ingegneria, dalle neuroscienze e dalla genetica: innesti, protesi, modificazioni che investono la struttura organica e cellulare del corpo umano, dando luogo a "creazioni" del tutto inedite. Ciò che scaturisce dalla realizzazione di queste ricerche indicherebbe il profilo di una "trans-umanità" o di una "iper-umanità", i cui esiti sono ancora difficili da immaginare. "Tramonto", "oltrepassamento", "fine della storia" sono le parole chiave che sentiamo risuonare, da più parti, nelle parole dei pensatori che hanno tentato di riflettere su tali processi e sulle preoccupazioni etiche e sociali che essi ingenerano. Un termine è stato coniato per designare la condizione in cui siamo immersi: *post-moderno, post-modernità*, dove emerge, allo stesso tempo, l'acuta percezione dell'esaurimento definitivo di un'epoca e l'incertezza o l'impossibilità di delineare, con chiarezza, un futuro. Diciamo post-moderno, perché ci rendiamo conto che tutto ciò che ha operato sinora ha "terminato" – storicamente e processualmente, ovvero *in re* – la sua funzione, ma non abbiamo ancora parole nuove per indicare i territori, concreti e metaforici, verso cui ci stiamo muovendo. In questo senso – pur nell'inquietudine e nell'incertezza – la post-modernità costituisce una sorta di globale e globalizzata "opera al nero", in cui la letterale "putrefazione" di tutta una serie di paradigmi e modelli, operanti nel moderno, libera un'enorme quantità di energia e di virtualità, dando l'occasione di nuove e impensate "costruzioni".

Ed è qui che l'*atopia* di Socrate, gli incantesimi platonici, l'esperienza delle antiche iniziazioni, nei termini sinteticamente evocati, si rivelano una risorsa preziosa non solo per sconfiggere le paure che aleggiano all'orizzonte, ma anche, e soprattutto, per orientare gli "oltrepassamenti" verso il compimento di una positiva evoluzione. La giunzione feconda tra il cuore pulsante della tradizione antica e le punte più avanzante del postmoderno rappresenta la felice possibilità di quel "radicamento progressivo" o "dinamico" su cui, fra gli altri, Michel Maffesoli ha richiamato ripetutamente l'attenzione[36]: una radice che non cessa di germinare e di svilupparsi da un seme riposto, secondo una legge che è sua propria e che va coerentemente individuata. In ciò riposa un principio di creatività e di sintesi capace di indirizzare l'umano ad un salto di coscienza nella reciproca interazione tra antichi incantesimi e inedite istanze scientifiche: "L'umanità – diceva, per altri versi, ma in modo concorde, Rudolf Steiner – non sa di ballare su un vulcano, eppure è proprio così. Sulla nostra terra sono iniziate rivoluzioni che rendono necessaria una nuova fase dell'*arte reale*. Chi non vive in un modo incosciente saprà che cosa c'è da fare, saprà che bisogna contribuire all'evoluzione del nostro pianeta [...], riaccenderà una scintilla dagli antichi simboli."[37]

36 M. Maffesoli, *Le trésor caché. Lettre ouverte au francs-maçons et à quelques autres*, Paris, Scheer 2015, pp. 29 *sg.*

37 Cfr. R. Steiner, *Natura e scopi della massoneria* (1906), tr. it. Editrice Antroposofica, Milano 2014. Per tutte le considerazioni svolte mi permetto di rinviare a due mie lavori: D. Susanetti, *La via degli dei*, Roma, Carocci 2017, e *Il simbolo nell'anima*, Roma, Carocci 2020, dove più compiutamente sviluppo la prospettiva qui considerata.

Presentations of the Eranos-Jung Lectures

Hope and Crisis of the Future.

Individual, Community, and Environment

facing the Disillusionment with Progress

Presentazioni delle Eranos-Jung Lectures

Speranza e crisi del futuro.

Individuo, comunità e ambiente

di fronte al disincanto del progresso

Monte Verità, Ascona

2020

In che cosa dobbiamo sperare

Gian Piero Quaglino

Mazzè, Italy / *Italia*
February / *Febbraio* 2020

1. *Per iniziare dalla fine.*

Dal transito dell'età di mezzo, Carl Gustav Jung se ne esce, come si sa, con il *Libro Rosso* e con tre pietre angolari, ben squadrate. Non tre pietre nel vero senso della parola, ovviamente, non tre pietre di quelle di quelle a cui gli capiterà qualche anno dopo di dare forma per edificare la sua torre-rifugio di Bollingen. Tre pietre in metafora piuttosto, cioè tre solidi nuclei di pensiero o, se si vuole, tre idee-chiave (preferendo sempre dal mio punto di vista parlare, in campo junghiano, di *pensiero* anziché di "teoria" e di *idee* anziché di "concetti").

Queste tre pietre angolari, a cui corrispondono altrettanti scritti datati 1916, sono rappresentate dall'*inconscio*, dal *sogno* e dall'*individuazione*. Gli scritti in questione (brevi scritti in realtà, ma assolutamente decisivi soprattutto in termini, da un lato, di definitivo abbandono di possibili "pendenze" psicoanalitiche freudiane e, dall'altro, di audace apertura, e autenticamente innovatrice per quei tempi, di ciò debba essere riconosciuto appropriato allo *psichico* e, ancor più, proprio di *psiche*) corrispondono a *La struttura dell'inconscio* (che anticipa il più articolato *Psicologia dell'inconscio* dell'anno successivo), *Considerazioni generali sulla psicologia del sogno* e *Individuazione e collettività* (senza dimenticare un quarto cardine di pensiero esposto in *La funzione trascendente*).

Stando a ciò che qui ci interessa esplorare, concentriamoci sul tema dell'*individuazione* identificando nel termine ciò che abitualmente si usa indicare con espressioni quali *divenire chi si è*, o *divenire quel che si è*, o *divenire sé stessi*, o *divenire il "sé"*, pure se in ciascuna di queste quattro espressioni si possano cogliere, senza difficoltà, accenti diversi e dunque si debbano assumere come non perfettamente equivalenti l'una all'altra, per quanto tutte convergenti nel tentativo di afferrare un qualche principio "direzionale" del mondo personale: un qualche vertice, o culmine, che sia *axis* e al contempo *telos* della vita individuale.

Qualunque sia la formula scelta, si sta in ogni caso parlando di una "vecchia storia" che ci riporta indietro sino all'antica saggezza della classicità. Il *divieni chi sei* è, infatti, una delle massime del tempio di Apollo a Delfi che originariamente compariva in un verso della II Pitica di Pindaro, verso che suona precisamente così: "γένοι' οίος έσσί μαθών", *dimostra di sapere chi sei*[1]. Naturalmente tutti conosciamo le tre massime supreme riportate nel pronào del tempio: *Conosci te stesso* (γνῶθι σεαυτόν), *Nulla di troppo* (μηδὲν ἄγαν), che equivale al latino "ne quid nimis", e *La certezza porta rovina* (τὸ 'Εγγύη πάρα δ'ἄτη). Ma queste sono solo tre delle circa centocinquanta documentate, tra le quali, ad esempio, le sempre istruttive *abbi il controllo di te stesso, persegui l'onore, ascolta tutto, ciò che intendi fare fallo, parla chiaramente* e *non ti stancare di apprendere*.

Per venire tuttavia rapidamente a Jung e al tema dell'individuazione e lasciare alle spalle il pur glorioso passato "sapiente", quel *divieni chi sei* necessita di un paio di soste più vicine a noi. Soste non necessariamente nel senso di un legame di derivazione per il pensiero junghiano: più semplicemente nel senso di un rimando che certo allo stesso Jung non poteva essere sfuggito. Intendo il rimando da un lato a Arthur Schopenhauer e dall'altro a Friedrich Nietzsche.

1 Pindaro, *Pitiche*, tr. it. Rizzoli, Milano 2008, p. 93.

Scrive Schopenhauer in *Il mondo come volontà e rappresentazione*: "[...] l'individuo non è che un fenomeno; esiste soltanto per la conoscenza inviluppata nel principio di ragion sufficiente, nel *principium individuationis*. Sotto questo aspetto, l'individuo, scaturito dal nulla, riceve certo la vita come un dono; e, spogliatone dalla morte, ripiomba nel nulla"[2]. E ancora: "Vede [l'individuo] nel mondo la sofferenza e la malvagità, ma invece di riconoscervi due facce diverse del fenomeno dell'unica e identica volontà di vivere, le ritiene distinte, anzi opposte fra loro; e così, prigioniero nel *principium individuationis*, ingannato dal velo della "Maya", ricorre sovente alla malvagità, fa soffrire gli altri, nella persuasione di sfuggire in questo modo ai mali, ai dolori della propria persona. Come in mezzo ad un mare furioso, che da ogni parte dell'orizzonte sconfinato solleva e inghiotte con urlo spaventoso immense montagne d'acqua, il marinaio siede tranquillamente, confidando nella sua fragile imbarcazione, così l'uomo isolato, in mezzo a un mondo pieno di tormenti, se ne sta calma, abbandonandosi fiducioso al *principium individuationis*, all'aspetto fenomenico delle cose [...]. La saggezza mette l'individuo al sicuro contro le sorprese della sorte; la buona fortuna gli procura delle gioie, ma l'individuo non è che un semplice fenomeno, e ciò che lo fa parere distinto dagli altri, immune dai dolori che spezzano questi altri, è unicamente la forma del fenomeno, il *principium individuationis* [...] per chi riesce a sollevare con la conoscenza il velo del *principium individuationis*, una vita felice nel tempo, sia essa dono del caso o il compenso della saggezza, ma trascorsa in mezzo a un'infinità di esistenze dolorose, non è che il sogno di un mendicante, il quale crede nel sogno di essere un re: verrà il momento del risveglio e allora si accorgerà come fosse illusione fugace quella per cui si credeva immune dalle miserie della sua esistenza. All'intelligenza tenuta prigioniera dal principio di ragion sufficiente e dal *principium individuationis* la giustizia eterna sfugge come qualcosa di inafferrabile: in

2 A. Schopenhauer, *Il mondo come volontà e rappresentazione* (1819), tr. it. Mondadori, Milano 1989, p. 394.

tali condizioni, l'uomo la disconosce completamente o la sostituisce con finzioni"[3].

Dal canto suo Nietzsche destina al *divieni chi sei* quell'ultimo contributo di lucidità sulla soglia dell'oscurità (prima cioè di sprofondare nella follia) che è rappresentato dalle pagine (manifesto e compendio al tempo stesso) di *Ecce Homo* (sottotitolo, per l'appunto, "Come si diventa ciò che si è"), pagine che si offrono con l'inequivocabile apertura di: "Poiché prevedo che fra breve dovrò presentarmi all'umanità per metterla di fronte alla più grave esigenza che mai le sia stata posta, mi sembra indispensabile dire *chi io sono* [...]. *Ascoltatemi! Perché sono questo e questo. E soprattutto non scambiatemi per un altro!*"[4]; rievocano poi, poco più avanti, l'impersonificazione carismatica dello Zarathustra (a cui tra l'altro proprio Jung dedicherà cinquant'anni dopo uno dei suoi più magistrali *Seminari*) in: "Ora vado da solo, discepoli miei! Anche voi andatevene da soli! Così io voglio"[5]; ed esitano, nel penultimo capitolo "Perché io sono un destino", con: "Io non sono un uomo, sono dinamite. – E con tutto ciò non c'è nulla in me del fondatore di religioni – le religioni sono affari per la plebe, io sento il bisogno di lavarmi le mani dopo essere stato in contatto con uomini religiosi... Non *voglio* "credenti", penso di essere troppo malizioso per credere a me stesso, non parlo mai alle masse..."[6].

Un commento è d'obbligo, benché necessariamente al volo. Potremmo riassumere così, in estrema sintesi: mentre nel caso di Schopenhauer il *principium individuationis* ha a che fare sostanzialmente con un ingombrante intralcio all'attraversamento del velo di Maya, e quindi con una permanenza (barriera o prigione che sia, croce o condanna) nel mondo dell'illusione (pessimismo o negativismo che sia, sfiducia o malanimo), nel caso di Nietzsche il *diventare ciò che si è* ha il carattere della sollevazione e dell'insurrezione,

3 Ivi, pp. 496 *sg*.
4 F. Nietzsche, *Ecce homo* (1888), tr. it. Adelphi, Milano 1969, p. 11.
5 Ivi, p. 15.
6 Ivi, p. 135.

dell'ammutinamento e della rivolta. È sedizione (*sé-dizione*) come presa di potere "in sé e per sé", e conseguentemente testimonianza, o attestazione, della irrinunciabilità e ineludibilità di un *sacrificio* che solo il singolo (il singolo solo) è chiamato a compiere nel proprio nome e attraverso un atto, di necessità, rivoluzionario, sovversivo, "insurrezionale". Per il primo l'individuazione non sarebbe altro che un incatenamento, per il secondo uno scatenamento. Per il primo un "al di sotto", per il secondo un "al di sopra". Oscilleremmo dunque, più o meno pericolosamente, tra il depressivo e il maniacale.

Ora, per quanto significativi possano risultare entrambi questi antecedenti, quando si giunge a Jung ed alla formula sua propria dell'idea di *individuazione*, il salto, la discontinuità, l'altrove, è del tutto evidente e non si fatica a comprendere come solo all'interno di una prospettiva orientata sul terreno della comprensione di psiche (per semplificare al massimo, non filosofica ma a tutti gli effetti pienamente psicologica) questa idea possa essere esplorata più in profondità e così articolata sul duplice piano di *progetto* e *destino*, ovvero, come si è detto, di axis "portante" e di telos "fatale" non tanto del mondo personale e della vita individuale, bensì più propriamente del mondo psichico e della vita psichica.

Iniziamo a dipanare il tema con un passaggio contenuto nella *Minuta* dell'Associazione di Psicologia Analitica del 14 giugno 1916 (sempre il fatidico anno delle pietre angolari). Leggiamo: "Divenire un individuo: la totalità è integrata, compressa nella singolarità. L'individuazione è un processo di assoluta condensazione della libido che vuole divenire personale; lungo questa via emergono tensione, aspettativa, calore per il tramite delle inclinazioni rivolte verso di sé, che vogliono diventare personali. Al di là di questa tensione si formano le immagini. La vita procede per immagini. Si può cogliere il valore del simbolo soltanto attraverso un processo di introversione, come quando entriamo in un oggetto, perché a quel punto l'oggetto diventa vivo e reale e non ha un significato simbolico. Possiamo arrivare a questo soltanto se astraiamo. A questo punto la libido porta l'immaginale dentro di me e io posso contenere il mondo come imago dentro di me"[7].

Debbo riconoscere che, personalmente, non ho trovato nell'opera di Jung altra frase sul tema dell'individuazione capace di condensare con uguale intonazione visionaria il nucleo dell'idea e la più complessa articolazione degli elementi in gioco, articolazione che provo a compendiare in quattro questioni cardinali. In primo luogo la questione della *singolarità* che da subito istituisce una netta demarcazione tra individualità e individualismo a dispetto di ogni possibile equivoco (equivoco che tuttavia ancora oggi resiste a proposito di una lettura dell'individuazione come atto egoistico, o "egotistico", finendo per esitare, oppositivamente, nella vuota retorica del *Noi* altruistico, solidaristico, inclusivo ecc. ecc.); in secondo luogo la questione energetica e vitalistica del *flusso*, ovvero della "corrente" che trasporta, o trascina, secondo le personali inclinazioni, a intravedere prima e comprendere poi l'impermanenza della *meta* (del telos, appunto) nell'orientare il corso della vita e, un passo oltre, il "senso" irriducibilmente personale della meta stessa; in terzo luogo la questione dell'*immagine* come "lingua" della vita (ovvero dell'essere nella vita come "essere in psiche": altrimenti, dell'*esse in anima*) e dunque della assoluta reciprocità dell'"immaginale": non tanto potenziale rispecchiamento ma effettiva specularità tra individuo e mondo; e in quarto luogo la questione dell'*introversione* come postura e portamento necessitati dalla possibilità, solo così "ben disposti", di giungere a riconoscere quel simbolo (quel significato nel senso) capace di ricongiungere la vita alla vita, di consentire cioè, come direbbe Jung, non solo che la vita sia pienamente vissuta ("Ma una cosa devi sapere: una cosa ho imparato, ossia che questa vita va vissuta"[8]), ma che sia anzitutto compiutamente "vivente". Poste le

7 M. Jehle-Wildberger (a cura di), *The Correspondence of C.G. Jung and Adolf Keller*, Princeton University Press, Princeton, NJ 2020, pp. 30 *sg*.
8 C.G. Jung, *Il Libro rosso. Liber Novus*, a cura di S. Shamdasani (2009), tr. it. Bollati Boringhieri, Torino 2010, p. 232.

quattro questioni cruciali in tema di individuazione tentiamo un passo oltre.

Qualche mese prima, in una precedente *Minuta* dell'Associazione di Psicologia Analitica, in data 11 febbraio 1916, Jung sull'argomento scrive: "Oggi collettività e individuazione sono antitetiche. Ci sono due fronti, uno per cui l'accento morale è sul collettivo, l'altro per cui è sulla base individuale [...]. L'individuale fa parte anche del collettivo. Nulla andrebbe scisso [...]. La differenziazione portata all'estremo genera malattia (diminuzione dell'adattamento) rispetto alle condizioni. Oggi non c'è cultura – il vertice spirituale dello sviluppo è in contrasto con l'attualità del collettivo. Per prima cosa la cultura attinge e rielabora i residui del collettivo [...]. Il concetto di sacrificio non è più applicabile. Giunge dal tempo in cui si credeva di poterlo picchiare a morte o scuoiare vivo"[9]. Ecco qui un'ulteriore questione prendere luce: l'individuazione sempre si porrebbe all'interno di uno spazio "dialettico" (così per il pensiero come per l'azione) in cui si tratta di forzare l'antitesi tra individuale e collettivo. Il che però non va inteso nel senso della conciliazione ad ogni costo che inevitabilmente finirebbe per imporre il sacrificio del primo in nome del secondo (o viceversa), ma piuttosto nel senso del rispecchiamento (della mutualità) del collettivo-individuale nell'individuale-collettivo. Proviamo a dirlo più semplicemente.

Da un lato c'è l'individuo e c'è l'individuazione come compito dell'individualità, dall'altro c'è il collettivo che per quanto "interferente" con l'individuazione non potrà non essere estraneo alla meta, al telos: individuarsi significherebbe, in altre parole, oltrepassare la connotazione puramente esteriore del collettivo in cui abitiamo per poter così ritrovare il collettivo che ci abita nell'interiore (o che noi abitiamo "dall'interno"). Ancora più semplicemente, individuale e collettivo come le due facce della stessa medaglia. Lasciamo a Jung la parola: "Uso il termine 'individuazione' per designare quel processo che produce un 'individuo' psicologico, vale a dire un'unità separata,

9 M. Jehle-Wildberger, *op. cit.*, pp. 32 *sg.*

indivisibile, un tutto"[10], e "Alla domanda mille volte ripetuta: 'Che cosa posso fare?' non so rispondere altro che: 'Diventa ciò che sei già sempre stato', cioè quella totalità che abbiamo abolito attraverso la nostra esistenza civilizzata, consapevole; una totalità che noi eravamo già, ma senza saperlo"[11]. Impossibile ritenere, e ancor più immaginare, che di questa totalità il collettivo non faccia parte, che non vi appartenga. Non sarebbe totalità. Se si accetta il principio in base al quale "L'individuazione non esclude ma include il mondo"[12], allora giocoforza il tema del senso e della direzione del processo di individuazione verso il completamento di sé non potrà non darsi se non nell'unificazione (ri-unificazione) di tutti gli elementi in cui in qualche modo siamo immersi (per via di *psiche*) collettivo compreso.

È vero, "Individuazione e collettività sono una coppia di contrari, due destini divergenti. Stanno reciprocamente in un rapporto di colpa. L'individuo è obbligato dall'esigenza collettiva a riscattare la sua individuazione con un'opera equivalente in favore della società"[13]. Ed è altrettanto vero, "[...] l'uomo totale [è] minacciato da un ordinamento di vita ragionevole e corretto: l'individuazione è impedita o fuorviata"[14]. Tuttavia non sarà la sintesi dell'antitesi ad essere oggetto o cammino di individuazione se questa sintesi si tradurrà nell'assoggettamento dell'uno all'altro o nell'esclusione dell'uno da parte dell'altro. Il movimento di *differenziazione* dell'uno dall'altro potrà anche essere "nell'ordine delle cose" (anzi, da sempre lo è: eremitismo e totalitarismo, ad esempio, sono tentazioni "risolutive" che hanno entrambe radici profonde e che condividono la stessa cecità individuativa, o meglio contro-individuativa), ma se si riuscirà ad afferrare la contemporanea presenza del principio di "legame di tutte le cose" (lungo l'unica via possibile cioè, come si

10 C.G. Jung, "Coscienza, inconscio e individuazione" (1939), tr. it. in: *Opere* 9i, p. 267.
11 C.G. Jung, "Un mito moderno: le cose che si vedono in cielo" (1958), tr. it. in: *Opere* 10ii, p. 234.
12 C.G. Jung, "Riflessioni teoriche sull'essenza della psiche" (1947/1954), tr. it. in: *Opere* 8, p. 243.
13 C.G. Jung, "Individuazione e collettività" (1916), tr. it. in: *Opere* 7, p. 313.
14 C.G. Jung, "L'albero filosofico" (1945/1954), tr. it. in: *Opere* 13, p. 344.

è detto, quella immaginale) allora, e solo allora, risulterà evidente il convergente movimento di *unificazione* dell'uno con l'altro. Per insistere su questo punto, ed evitare equivoci: "Non ci si può individuare, in mancanza di un contatto con altri esseri umani. Non si può raggiungere l'individuazione sulla cima dell'Everest o in una caverna in qualche luogo sperduto in cui non incontri nessuno per settant'anni: l'individuazione è possibile soltanto insieme o contro qualcosa o qualcuno. Essere un individuo è essere un anello in una catena, sempre; non si tratta di una situazione totalmente separata, chiusa in se stessa priva di legami con l'esterno"[15]. E per insistere doppiamente: "Non ci si può individuare, per esempio, chiudendosi a chiave in una cella, ci si può individuare soltanto nella propria vita concreta; si fa mostra di se stessi nei propri atti: è lì che ci si può individuare e da nessuna altra parte [...]. L'individuazione è la realizzazione grazie alla vita"[16].

Da un lato dunque differenziazione, dall'altro unificazione: si tratta di un duplice movimento che accade nello stesso tempo. Immaginiamo un vortice o una spirale che contemporaneamente si muove in entrambe le direzioni, da un lato si espande verso l'alto in senso orario o antiorario, come si vuole, e dall'altro si concentra verso il basso, in senso orario o antiorario, come si vuole. Entrambi i movimenti (entrambe le "rotazioni") avvengono in simultaneità: un movimento punta alla massima condensazione al centro della spirale, l'altro alla massima espansione della circonferenza della stessa spirale. Centro e circonferenza divengono così perfettamente coincidenti "in asse". E l'individuazione? In questo doppio movimento contemporaneo l'individuazione sarà semplicemente (semplicemente si fa per dire) il "movente" lungo l'asse e nella traiettoria della meta: il "bilico" tra l'ordine (delle cose) e il legame (di tutte le cose). Volendo tuttavia procedere ad espandere, a nostra volta, l'immagine stessa

15 C.G. Jung, *Lo Zarathustra di Nietzsche. Seminario tenuto nel 1934-39*, a cura di J.L. Jarrett (1989), tr. it. Bollati Boringhieri, Torino 2011, pp. 109 *sg*.

16 C.G. Jung, *Visioni. Appunti del Seminario tenuto negli anni 1930-1934*, a cura di C. Douglas (1998), tr. it. Ma.Gi., Roma 2004, p. 821.

per articolare meglio il discorso e così cogliere con più precisione i molteplici elementi che compongono la lezione junghiana in tema di individuazione, ecco allora un possibile itinerario condensato in quattro passaggi.

Primo passaggio. "Vedete, colui che percorre la via dell'individuazione è ovviamente esposto alle infezioni collettive; tutte le verità banali che gli giungono alle orecchie nel mercato sono decisamente velenose, perché vanno in direzione assolutamente contraria alla sua, al suo tentativo. Gli parlano di quanto si sbagli e di come si dovrebbero fare le cose, e tutto ciò è contrario alla sua disposizione. Se egli acconsente a venire infettato da tali vedute, ben presto morirà in quanto individuo e diventerà parte di una piena o di un grande fiume, in cui scorrerà insieme a tutto il resto e penserà di essere un grande individuo, ma non sarà che una pecora grassa, magari l'unica di un gregge intero, e niente di più. Esporsi alle mosche del mercato rappresenta dunque un rischio pressoché mortale"[17]. Questo brano tratto dal *Seminario* dedicato allo Zarathustra di Nietzsche amplia il nostro punto di partenza (la questione di "differenziazione e unificazione") mettendo in luce quello che potremmo indicare come il *rischio* della non-differenziazione dal collettivo, ovvero come lo stallo verso l'unificazione di sé in nome dell'unificazione al collettivo stesso. Che ciò possa avvenire per acquiescenza o pigrizia o comodità o vantaggio o per qualunque altra ragione che rappresenti una "formazione di compromesso" ritenuta vantaggiosa *per sé* da parte dell'individuo, questo è del tutto evidente: ma dovrebbe risultare altrettanto evidente come ciò non possa che corrispondere ad un qualche cedimento (consapevole o inconsapevole che sia) sul fronte del sacrificio di sé. Naturalmente molto potenti sono le sirene del collettivo (e immaginiamoci oggi rispetto al tempo in cui Jung ne scriveva), per cui assai impegnativo (quasi nietzschianamente "titanico", oggi) appare lo sforzo di sottrarvisi: in altre parole di non cedere, di resistere, di non piegarsi, di impuntarsi, e conseguentemente di

17 C.G. Jung, *Lo* Zarathustra *di Nietzsche...*, cit., p. 647.

rifiutarsi, di opporsi, fino a "negarsi" (fosse solo per via di un banale *preferisco di no*) nella convinzione (nel timore) che ciò possa costare non solo il "posto" (nel mondo), tanto per dire, ma l'intera "posta" (in gioco). Resta il fatto che nessuno sentiero individuativo da un lato esclude il collettivo e dall'altro preclude l'individuale. Sicché la lucidità dello sguardo puntato sul collettivo è la risorsa primaria e irrinunciabile per chi voglia non solo mantenersi su quel sentiero, non "sviarsi" (tentando di scovare o anche solo fantasticando di trovare vie alternative, scorciatoie, traverse), non "cedere il passo", ma piuttosto continuare ad avanzare, a spingersi in là, a spingersi oltre. Sarà la lucidità di quello sguardo a "differenziare", del collettivo, tra il contagioso, l'infetto, il velenoso e il valevole, il rispettabile, il pregevole (che pure si dà sempre): a discernere il grano dal loglio, il flusso dal gorgo di quella corrente, per poter evitare così la miserevole fine della pecora grassa o della mosca del mercato. Qui, a questo punto e su questo punto, si aprirebbe evidentemente un lungo discorso o un ampio spazio di approfondimento che, come forse si è colto, avrebbe a che fare con una delle più insidiose e maligne infezioni in circolazione nell'odierno collettivo contemporaneo, un'infezione ad elevata trasmissibilità per via mediatica e techno-social: una vera e propria virosi che potremmo definire di *affatturazione narcisistica*. Di necessità non posso che limitarmi alla segnalazione. Con un'unica postilla: la "guarigione" dal narcisismo (ciò che in termini junghiani potrebbe essere in parte riletto come debellamento dell'inflazione della Persona o marginalizzazione dell'Io "personificato") non è che il primo passo obbligato sulla via dell'individuazione, la prima prova da superare, la prima soglia da attraversare. Dopodiché altre prove attendono, e ben più impegnative (tra Ombra e Anima). Ma il limite della semplice segnalazione va rispettato, e perciò veniamo al passaggio successivo.

Secondo passaggio. "Prima di tutto l'individuazione non è un'intensificazione di coscienza, ma molto di più. Bisogna infatti avere coscienza di una cosa prima che essa possa venire intensificata, e ciò significa esperienza, vita vissuta. Si può essere veramente consci soltanto delle cose che si sono sperimentate, e quindi l'individuazione deve essere interpretata come vita. Soltanto la vita nella sua interezza, la vita e ciò che in essa facciamo, fa comparire l'individuo"[18]. E ancora "Vedete, tutto quello che un uomo fa, tutti i suoi tentativi, sono la sua individuazione; è un compimento la realizzazione delle sue possibilità; una delle sue massime possibilità è il conseguimento della coscienza. Questo lo rende veramente uomo: per l'uomo, la vita deve essere conscia"[19]. E infine "Il compito consiste nell'integrazione dell'inconscio, cioè nella sintesi di 'conscio' e 'inconscio'. A questo processo io ho dato il nome di 'processo d'individuazione'"[20]. Dunque, *espansione del campo di coscienza.* È questo il campo permanente di esercizio richiesto dall'individuazione. Ovviamente non potrebbe essere altrimenti. Un campo di coscienza trascurato, negletto, "non coltivato", non solo rischia l'aridità e l'infertilità: rischia quella sclerosi (fino alla paresi) che produrrebbe inevitabilmente un serio impedimento a procedere sul sentiero individuativo e finirebbe per consegnarsi (mani e piedi, ovvero testa e cuore: ragione e sentimento) malauguratamente, infelicemente e "incoscientemente" alla prevaricazione del collettivo. Non una vera infezione forse, questa volta, ma sicuramente una qualche "infermità" in forma di sin troppo docile e remissiva, compiacente e transigente (altrimenti: malleabile e manovrabile) resa al dettato del collettivo: anzitutto a quella *forma-pensiero* del collettivo che si distingue (non nobilmente, né eticamente) per semplicismo e banalismo, superficialismo e uniformismo, là dove le parole perdono di significato proprio e i pensieri si svuotano di immagini proprie. La non coltivazione, in espansione, del campo di coscienza vanifica la vita, si potrebbe dire con Jung: la espropria del suo "portatore", la circoscrive al *conforme*, la recinta nello *standard.* Come dire, una vita pedissequamente

18 C.G. Jung, *Visioni...*, cit., p. 821.
19 Ivi, p. 822.
20 C.G. Jung, *Simboli della trasformazione* (1912/1952), tr. it. in: *Opere* 5, p. 297.

"eseguita" anziché originalmente vissuta. In sintesi, una vita falsa contro una vita vera, secondo il celebre dettato dell'Adorno dei *Minima moralia* ("Non si dà vera vita nella falsa"[21]). E naturalmente non certo la "vita acciaio su pietra" invocata dallo stesso Jung in una lettera ad Aniela Jaffé del 29 maggio 1953[22]. La non coltivazione del campo di coscienza come messa tra parentesi della vita vissuta in "ottemperanza" al canone di vita da eseguire preteso dal collettivo non finirebbe dunque per essere altro, sempre stando in parole junghiane, che una vita sprecata ("Ma è proprio questo il rischio che corre l'uomo moderno: destarsi un giorno e accorgersi di aver sciupato metà della sua vita"[23]). Sprecata cioè - non ci sarebbe forse bisogno di aggiungere - proprio nei termini della rinuncia all'axis e al telos dell'individuazione. Nel qual caso ogni possibile forma che volesse rappresentare un modo per far valere istanze singolari in opposizione al collettivo finirebbe per rappresentarsi in quelle infantilizzate o regressive (di "coscienza minuscola") del capriccio, della lamentela, del piagnisteo: così come, all'opposto, dello sdegno risentito, della collera rivendicativa e della rivalsa colpevolizzante (come è evidente, tutti "moti propri", o manifestazioni sintomatiche se si vuole, di chi è "portatore malato" di quella affatturazione narcisistica di cui si è detto). Resta il fatto, per concludere su questo secondo passaggio, che espandere il campo di coscienza è compito dal doppio volto: compito che include cioè, necessariamente in conciliazione degli opposti, quello dell'*integrazione dell'inconscio.* Anche in questo caso però sono costretto a limitarmi alla segnalazione del tema, in quanto esso si presenta non solo assai ampio, ma assai arduo, in particolare se si condivide l'assunto che, a proposito di inconscio, i passi fatti negli ultimi decenni (dal tempo dei nostri rimandi junghiani) siano stati più indietro che in avanti, e perciò

21 T.W. Adorno, *Minima moralia*, (1951), tr. it. Einaudi, Torino 1954, p. 29.

22 C.G. Jung, *Lettere. 1906-1961*, a cura di G. Adler e A. Jaffé (1976), tr. it. Ma.Gi., Roma 2006, Vol. II, p. 295.

23 C.G. Jung, "La psicologia della traslazione illustrata con l'ausilio di una serie di immagini alchemiche" (1946), tr. it. in: *Opere* 16, p. 283.

che non si possa non constatare di star assistendo ad una progressiva (cioè regressiva) caduta in una sorta di *incoscienza dell'inconscio*. Il che ovviamente rappresenta, per quello che qui ci interessa, un ulteriore ostacolo o incaglio in senso anti-individuativo. Forse addirittura il principale.

Terzo passaggio. "Continuo a vedere però che il processo d'individuazione viene confuso con il divenire cosciente dell'Io, e quindi l'Io viene identificato con il Sé, con l'ovvia conseguenza di un'irrimediabile confusione. Perché in tal modo l'individuazione diventa semplice egocentrismo e autoerotismo. Invece il Sé racchiude in sé infinitamente di più che un Io soltanto"[24]. E questo, potremmo subito dire, è il cuore, e il nodo, di tutta la faccenda. Il Sé che Jung intende non può essere né confuso né scambiato con qualunque altro *sé* di cui si parla o che si "nomina" in qualsiasi ambito generalistico o specialistico, tuttologico o disciplinare (psicologia compresa). Una premessa perciò è d'obbligo. Breve, ovviamente. Ma indispensabile. E in parole proprie junghiane (*dicere non docere* è sempre preferibile: con il *docere* si rischia troppo spesso di *nocere*: di nuocere, intendo, all'autore, a Jung). Diciamo così: *punto 1*, "Ora, il Sé è certamente il più grande concetto limite che possa mai riuscirci di escogitare"[25], e "Non sono in grado di immaginare alcunché al di là del Sé, dato che – per definizione – esso è un concetto limite per indicare la totalità ignota dell'uomo: non esistono confini noti dell'inconscio."[26]; *punto 2*, "Un punto è chiaro: quest'idea del Sé è assolutamente misteriosa. È un concetto simbolico: non si può dire che cosa sia il Sé; si può indicare che cosa si intende con tale concetto, ma non si potrà mai dire che cosa esso sia in sé. Compendia un fatto del quale si ha soltanto una consapevolezza parziale e che solo in parte risulta pensabile. La consapevolezza parziale del Sé è la coscienza; la coscienza dell'Io è quella parte del Sé che perviene a chiarezza

24 C.G. Jung, "Riflessioni teoriche sull'essenza della psiche", cit., p. 243.
25 C.G. Jung, *Lo* Zarathustra *di Nietzsche...*, cit., p. 461.
26 C.G. Jung, "Risposte alle domande del reverendo David Cox" (1956), tr. it. in: *Opere* 18, p. 428.

ed è immediatamente accessibile alla nostra ragione e al nostro giudizio. L'inconscio, invece, è un mero noumeno, e non disponiamo di alcuna via di accesso immediato alla sua sfera. È accessibile per via indiretta, esattamente come la materia, per esempio, o la natura intesa nella sua globalità"[27]; *punto 3*, "Distinguo quindi fra l'*Io* e il *Sé*, in quanto l'Io è solo il soggetto della mia coscienza, mentre il Sé è il soggetto della mia psiche totale, quindi anche di quella inconscia. In questo senso il Sé sarebbe un'entità (ideale) che include l'Io"[28]. E, "Abitualmente io designo la 'personalità sopraordinata' come 'Sé', distinguendo in questo modo nettamente tra l''Io' i cui limiti, come è noto, coincidono con quelli della coscienza, e la 'totalità della personalità', in cui oltre alla parte cosciente è compresa anche la componente inconscia. L'Io sta dunque al Sé come una parte sta al tutto. In questo senso il Sé è sopraordinato. Anche empiricamente, il Sé non è percepito come soggetto, bensì come oggetto, appunto per via della componente inconscia che può accedere alla coscienza solo indirettamente, e precisamente tramite proiezione"[29]. Per risolvere in "[...] il Sé ha tanto da fare con l'Io quanto il sole con la terra"[30]; *punto 4*, "Di conseguenza la mia definizione del Sé è quella di un centro non personale, il centro del non-Io psichico – di tutto ciò che nella psiche non è Io – e che è presumibile sia reperibile ovunque, in tutti gli individui"[31]. I contorni della questione dovrebbero risultare sufficientemente chiari, per quanto "ermeticamente": da un lato l'idea del Sé istituisce un *ente* (un'"entità") nei termini di un concetto o di un postulato "trascendente", per cui la varietà di espressioni a cui Jung ricorre per identificare (o tentare di identificare) quest'ente risulta assai ampia, a testimonianza della sua misteriosità, del suo porsi al limite di ciò che è possibile rendere in concetto e oggetto: *imago dei*, *punctum solis*, *coincidentia* o *complexio* o *unio oppositorum*,

27 C.G. Jung, *Lo* Zarathustra *di Nietzsche...*, cit.,, p. 434.
28 C.G. Jung, *Tipi psicologici* (1921), tr. it. in: *Opere* 6, p. 467.
29 C.G. Jung, "Aspetto psicologico della figura di Core" (1941), tr. it. in: *Opere* 9i, p. 182.
30 C.G. Jung, "L'Io e l'inconscio" (1928), tr. it. in: *Opere* 7, p. 233.
31 C.G. Jung, *Lo* Zarathustra *di Nietzsche...*, cit., p. 831.

homo maximus, lapis invisibilitatis, spiritus rector e τέλειος ἄνθρωπος. In sintesi, "Io ho definito questo centro come il *Sé*. Intellettualmente il Sé non è altro che un concetto psicologico, una costruzione, che deve esprimere un ente per noi inconoscibile, che non possiamo afferrare come tale, perché esso supera la nostra capacità di comprensione, come risulta dalla sua stessa definizione"[32]. In aggiunta, "Ma il nostro Sé, quale compendio del nostro sistema vivente, non soltanto contiene il deposito e la somma di tutta la vita vissuta, ma è anche il punto di partenza, il terreno materno gravido di tutta la vita futura, il presentimento della quale è intimamente altrettanto chiaro quanto l'aspetto storico"[33] e "[...] il Sé è l'inconscio collettivo nella sua globalità, è l'origine della vita e al contempo il suo punto terminale, è l'origine della pioggia e di tutti i fiumi, dell'intero universo, ciò che pone fine a ogni distinzione"[34]. E in conclusione, "Naturalmente, è facile dire 'Sé'; ma ciò che viene inteso con questa parola rimane celato in un'oscurità 'metafisica'. È vero che io definisco il Sé come totalità della psiche conscia e inconscia, ma questa totalità non può venir abbracciata con uno sguardo d'insieme"[35]. Dall'altro lato, e conseguentemente, spazio per eventuali equivoci non dovrebbe più sussistere: nella formula del *divenire chi si è* il "chi si è" chiaramente non può essere scambiato per il Sé di cui Jung parla, pur alludendo a una qualche verità intrinseca (più che "interiore") che ipostatizzerebbe più il piano ontologico che non quello psichico, così come nell'eventuale riformulazione del *divenire se stesso* la possibilità di scambiare il "se stesso" con il Sé risulta a maggior ragione del tutto irrealistica. Per cui l'inghippo si risolve da sé (appunto...): ogni disciplina che evoca il *sé* intendendo identificare con questo una presunta figura di ciò che sia l'intimo o il privato o l'interiore o il profondo del soggetto, di ciò che sia l'originario o il primigenio o l'autentico o il "veritativo", non è mai davvero, per questo, un passo

32 C.G. Jung, "L'Io e l'inconscio", cit., p. 233.
33 Ivi, pp. 190 *sg.*
34 C.G. Jung, *Lo* Zarathustra *di Nietzsche...*, cit., p. 77.
35 C.G. Jung, *Psicologia e alchimia* (1944), tr. it. in: *Opere* 12, p. 181.

oltre la superficie del campo di coscienza, se non, peggio, della recinzione dell'Io. In entrambi i casi non si tratterebbe d'altro che di un banalissimo (e del tutto arbitrario) gioco linguistico che pretenderebbe di istituire chissà quale eminenza epistemica. Vanagloria, più che vera gloria, di chi evidentemente non si accorge nemmeno di star usando il *sé* come puro e semplice riflessivo dell'Io, come maschera di un *me* complemento-oggetto, ovvero di un io all'"accusativo". Non è sicuramente in questi termini che il sé può farsi autenticamente rivelativo, né tantomeno *individuativo*. Anche perché nell'idea del sé come *oggetto di sé* non mancano tracce, risonanze, echi, "vaghi sentori" (insomma *ombre*) di una certa qual inclinazione del pensiero tra l'inquisitivo e il manipolativo (a pensar male...), di una certa qual "pendenza" del pensiero al principio malevolo del *senso di colpa* che con la pretesa di levare la maschera secondo il dettame di un qualsiasi sapere "esperto" si adopera in realtà a sostituirla con un'altra. Ampio e arduo discorso pure questo che sono costretto a rimandare ad altre occasioni limitandomi a risolverlo con una sola battuta. "[...] la gente non è in grado di distinguere tra il Sé e l'Io ordinario; quando parli del Sé pensano che tu intenda l'Io"[36]. E allora? E allora un quarto e ultimo passaggio.

Quarto e ultimo passaggio. Se il Sé è il *non-Io*, allora tutto ciò che è Io finisce per "esulare" dal Sé, mentre muovere verso il Sé non potrà essere altro che "esiliarsi" dall'Io. Per cui, ancora una volta in parole proprie junghiane, diciamo così: *punto 1*, "Se concepiamo il Sé come essenza dell'interezza psichica (cioè come totalità di conscio e inconscio), esso rappresenta *effettivamente* qualcosa di simile a una meta di sviluppo psichico, e ciò al di là di tutte le attese e di tutte le opinioni consce"[37]. E, "[...] lo scopo dello sviluppo psichico è il Sé. Non vi è una evoluzione lineare; vi è solo un andare attorno al Sé. Uno sviluppo uniforme esiste, al più, solo al principio; dopo, tutto

36 C.G. Jung, *Lo Zarathustra di Nietzsche...*, cit., p. 756.
37 C.G. Jung, "Santi indiani: prefazione a H. Zimmer, 'La via del Sé'" (1944), tr. it. in: *Opere* 11, pp. 589 *sg.*

tende al centro"[38]. E, "Prendere coscienza del Sé significa trovare il proprio centro di gravità ed equivarrebbe a una sorta di cosmo, uno stato di cose ordinatamente accentrato in cui ogni cosa è al proprio posto. Se però questo stato viene distrutto, per esempio dal panico, si precipita in una condizione di disgregazione dove nulla è in ordine e tutti si avventano contro tutti"[39]; *punto 2*, "Il Sé può essere, e molto spesso lo è, il compito più difficile, un compito quasi insopportabile. Ecco perché le persone lo evitano e fanno del proprio meglio per non conoscersi e per non essere se stesse: qualsiasi altra cosa sembra più facile. È come se le persone avessero un'idea ben precisa del Sé, e perciò lo evitassero con ogni cura perché, conoscendolo, con tutta probabilità vi saranno dei problemi"[40]. E, "Il Sé non è un puro concetto o postulato logico, ma una realtà psichica, conscia soltanto in parte, che per il resto abbraccia anche la vita dell'inconscio ed è quindi oscura ed esprimibile soltanto attraverso i simboli"[41] e "[...] la via verso il Sé è piuttosto dolorosa e sconvolgente"[42]; *punto 3*, "[...] io non darei all'Io quella posizione centrale. Scambierei quei due punti, assegnerei quello centrale al Sé – un punto indivisibile – e porrei l'Io sul cerchio esterno, come una sorta di pianeta in rotazione intorno al Sé, in modo da mantenersi in consonanza con l'armonia delle sfere che inizi a udire non appena t'immergi sotto il pelo dell'acqua. Se fate attenzione, la riuscirete a udire, e allora porrete il Sé nel centro, mentre l'Io verrebbe a spostarsi sul cerchio più grande. Vedete, è inevitabile che l'Io sembri più grande del Sé, nella sfera tridimensionale, poiché il Sé non è tridimensionale. Il concetto del Sé implica un'esistenza che abolisce la dimensione dello spazio [...]. Le cose che nel Sé, o per il Sé, sono piccolissime, nello spazio sono le più grandi, e si può senza alcun dubbio pervenire alla

38 C.G. Jung, *Ricordi, sogni, riflessioni*, a cura di A. Jaffé (1961), tr. it. Rizzoli, Milano 1978, p. 241.
39 C.G. Jung, *Visioni...*, cit., p. 1189.
40 Ivi, p. 503.
41 C.G. Jung, "Saggio di interpretazione psicologica del dogma della Trinità" (1942/1948), tr. it. in: *Opere* 11, p. 156.
42 C.G. Jung, *Visioni...*, cit., p. 54.

conclusione che tutte le cose che nel mondo esterno sono grandi e potenti, sono nulla in confronto al Sé. Quanto più ti concentri sul Sé, dunque, tanto meno vengono a contare le grandi cose esteriori, ed è proprio questo che non viene sopportato"[43]. E, "[...] il Sé è come una folla e perciò, essendo noi stessi, è come se fossimo in molti. Ognuno di noi esprime una totalità"[44]. Dunque il Sé come compito e scopo, ovvero il Sé come meta e traguardo. Il percorso? Quello indicato in precedenza nell'immagine del doppio vortice che nel mentre si espande (verso l'alto o verso il basso è identico) ad ampliare la circonferenza del campo di coscienza, nello stesso tempo si addensa verso il centro, essendo il Sé entrambi: centro e circonferenza. Ma in che senso "eroico e tragico" questo compito? Eroico, banalmente, perché non può che richiedere virtù di coraggio e ostinazione e determinazione e pazienza e fermezza e saldezza ecc. ecc. nella consapevolezza del sacrificio richiesto: il patimento dell'Io. Ma, di nuovo, patimento in che senso? Forse che l'Io merita castigo e punizione? O al contrario commiserazione e misericordia? Insomma, di che cosa mai si sarebbe l'Io reso colpevole? Di quali colpe si sarebbe macchiato? Se così la pensassimo è chiaro che saremmo ripiombati nel paradigma della colpa, ovvero nella pretesa della "mortificazione" dell'Io (equivalente, in termini junghiani, ad una *ombrificazione* dell'Io) che non potrebbe però che rivelarsi controproducente ai fini dell'individuazione per il solito principio della non-esclusione degli opposti. Nessuna impresa sul sentiero dell'avvicinamento al Sé, sono convinto, sarebbe ben indirizzata se a discapito dell'Io, e in qualunque forma ciò possa avvenire: dall'ignorarlo al disconoscerlo, dal negarlo al rinnegarlo. No, non è in questo il tragico. Il tragico è piuttosto nell'impossibilità di ritenere, convintamente, di poter effettivamente *divenire Sé*. Il tragico sta nell'equivoco di identificare in questo il compito. Divenire Sé è una vana illusione questa sì semmai indotta dalla grandiosità dell'Io (da quell'idea di "maestosità" in

43 C.G. Jung, *Lo* Zarathustra *di Nietzsche...*, cit., pp. 444 *sg.*
44 Ivi, p. 109.

cui potrebbe essersi confortevolmente insediato, sino a rivendicarla come una dote, a farla valere come un privilegio). Per cui il compito dell'individuazione è ridimensionare l'Io nella sua pretesa di sovranità, non certo di sopprimerlo (non buttar via il bambino con l'acqua sporca). L'esilio dell'Io non è la sua messa al bando, il suo confinamento non è la sua liquidazione. È un ridimensionamento delle pretese, delle presunzioni, delle ambizioni, delle superbie, delle vanità. In sostanza, al massimo, una *depersonificazione* dell'Io, se si ha a mente il dettato junghiano del "La dissoluzione della Persona è dunque condizione indispensabile dell'individuazione"[45]. Per il resto, se si ha memoria anche del dettato di "Finché si permane scissi in coppie di opposti, l'individuazione è impossibile"[46], si può ben comprendere come nessuna individuazione potrebbe mai darsi nell'aut-aut imposto all'Io in nome del Sé. Perciò veniamo al dunque al nostro *punto 4*: "Individuarsi significa diventare un essere singolo e, intendendo noi per individualità la nostra più intima, ultima, incomparabile e singolare peculiarità, diventare sé stessi, attuare il proprio Sé. 'Individuazione' potrebbe dunque essere tradotto anche con 'attuazione del proprio Sé' o 'realizzazione del Sé"[47]. E, "Scopo del processo d'individuazione è la sintesi del Sé. Secondo un altro punto di vista, al termine 'sintesi' sarebbe preferibile il termine 'entelechia'. Vi è una ragione empirica per cui quest'ultima espressione potrebbe risultare più adatta: i simboli della totalità si presentano spesso all'inizio del processo d'individuazione, anzi sono già osservabili nei sogni della piccola infanzia. Quest'osservazione depone per una esistenza a priori della potenziale totalità, per cui risulterebbe opportuno il concetto di entelechia. Dato però che il processo d'individuazione si svolge empiricamente come una sintesi, è come se, paradossalmente, qualcosa di già esistente dovesse essere ancora composto. Per questo si può usare anche il termine 'sintesi'"[48]. Ecco, a me pare che

45 C.G. Jung, "La struttura dell'inconscio" (1916), tr. it. in: *Opere* 7, p. 299.
46 C.G. Jung, *Lo* Zarathustra *di Nietzsche*..., cit., p. 224.
47 C.G. Jung, "L'Io e l'inconscio", cit., p. 173.
48 C.G. Jung, "Psicologia dell'archetipo del Fanciullo" (1940), tr. it. in: *Opere* 9i, p. 158.

la parola risolutiva stia qui, stia nell'*entelechia*. Che sia in rimando neoplatonico o leibniziano poco importa. Importa comprendere il senso di ciò che s'intende: entelechia come atto supremo e finale di un centro di energia "destinale", come principio e fine "daimonico".

In questi termini nessun equivoco dovrebbe più essere possibile né sul *Sé* né sul *divenire Sé*: l'individuazione è percorso di avvicinamento al Sé, è cammino di "posizionamento" nell'orbita del Sé. Se il Sé è il non-io, o l'altro dall'Io ("Vivere è essere altro"[49], ha ben detto Fernando Pessoa) sarà questo non-Io, o questo Altro, a orbitare intorno al Sé. E l'Io a osservare, da terra, l'espandersi del campo di coscienza riuscendo pure ad assistere, se le condizioni (di più matura consapevolezza) lo consentono, a qualche "celeste manifestazione" prodotta dall'invisibile inconscio. Solo così quell'astratto concetto-limite che è il Sé diverrà, nel concreto della vita individuale, il *limen*, la frontiera e la soglia raggiungibili dal cammino di individuazione. E fatto salvo che "L'individuazione resta una posa, fintantoché non vengono creati valori positivi"[50], in ogni caso vale il principio per cui "L'individuazione non è affatto una rarità o un lusso di pochi: coloro che sanno di essere immersi in tale processo sono però da ritenersi fortunati"[51]. Il che a me non pare affatto essere una magra consolazione, ma piuttosto il prezzo che può valere una vita. E ditemi se è poco.

2. *Per finire dall'inizio.*

Un elogio della Speranza? Magari. Sarebbe bello. Ma impossibile, forse. Impossibile, sospetto, un piccolo passo appena più in là della retorica ordinaria da cui la speranza è purtroppo afflitta. Non solo la speranza, naturalmente, di questi tempi. Pure, che so, la felicità o l'amore o l'amicizia. O il tanto inneggiato "noi". O il tanto declamato

49 F. Pessoa, *Libro dell'inquietudine* (1913), tr. it. Einaudi, Torino 2012, p. 305.
50 C.G. Jung, "Adattamento" (1916), tr. it. in: *Opere* 7, p. 312.
51 C.G. Jung, *Lettere...*, cit., Vol. II, p. 50.

"sé". Non è solo l'epoca delle passioni tristi e liquide, questa. È pure l'epoca delle gioiose e aeronautiche emozioni. A buon mercato, sempre. A un tanto al chilo. A manciate di "buoni consigli". A manipoli di "influencer". Tutto un gran darsi da fare (più che altro un lallare e quaqquare) per ciò che ci possa illuminare la vita. Renderla splendida e splendente. Addolcirla, dolcificarla, edulcorarla. Con un poco di zucchero. Lo zucchero della speranza, per esempio, visto che è di questo che dobbiamo parlare. Perciò sì: largo alle belle speranze. Largo alle verdi speranze. Largo alle grandi speranze (alla faccia di Dickens). Insomma sì: evviva la speranza! Però, al tempo, non sarà che l'entusiasmo ci sta prendendo un po' la mano? Che l'inguaribile ottimismo del bicchiere sempre mezzo pieno ci sta smemorando? Che il canto perenne della *Vie en rose* ci sta sirenando? Un momento, un momento. E come la mettiamo con tutte quelle altre dicerie assai meno benevole in circolazione? Con le dicerie delle vane speranze, per esempio. O con quelle delle vuote speranze. O con quelle delle false speranze. Ecco, come la mettiamo con tutto questo? Voci incontrollate? Maldicenze? Calunnie? Fossero pure solo pettegolezzi, non dovremmo forse tenerne conto? Almeno un po'? Difficile, credo, dire di no. Difficilissimo defilarsi. Far finta di niente, voltare la testa dall'altra parte e sgattaiolare via. Impossibile esimersi. Fosse solo per dovere d'ufficio. Se non per onestà intellettuale. E allora proviamoci. Saranno anche poche le pagine consentite, ma proviamoci. Risulterà, come senza dubbio risulterà, piuttosto intricata la questione, ma sfidiamo l'epitome. E poi vedremo. Poi ci penseremo se i conti tornano, o non tornano. Intanto andiamo con ordine. Partiamo dall'origine, dalla sorgente: dall'*ab ovo* della parola.

Il dizionario la risolve così: speranza è lo "stato d'animo, per lo più sorto in una situazione di incertezza, svantaggio o pericolo, di attesa fiduciosa nel compimento imminente o futuro di un evento, nell'attuarsi favorevole di un'azione, nell'acquisizione di un vantaggio, nel raggiungimento di uno scopo prefissato, ecc."[52]. Speranza dunque sarebbe la disposizione fiduciosa (fidente e confidente) rivolta ad un incerto accadimento sopravveniente dal futuro (prossimo o remoto) e, potenzialmente, portatore di beneficio (dal vantaggioso al provvidenziale). Viceversa, potremmo dire, pure l'identica disposizione a che non accada ciò che potrebbe essere sfavorevole o dannoso o perfino funesto. Una speranza *a contrario*: in un certo senso un gesto da rubricare forse in certe occasioni, non peregrinamente, tra lo scaramantico e l'apotropaico. Dunque, detto così, la speranza avrebbe a che fare con un un'attesa, con una aspettativa e forse pure con una certa apprensione per ciò che potrebbe (auspicabilmente dovrebbe...) sopravvenire: uno sguardo al futuro, un desiderabile, un ottimistico attendersi (e un incrocio di dita, a scanso di...). Se passiamo ora dalla parola alla sua radice etimologica qualcosa in più potremmo accertare.

Speranza è dal latino di *spes* incluso, ad esempio, nella "prosperità". Dunque parliamo di agio e benessere, ovviamente in termini di ottenimento e riuscita, vincita e successo: conquista da un lato e buona sorte dall'altro (in breve, felicità e fortuna). La stessa radice *spe-* è sia in *specum* (il rifugio, la "spelonca"), sia in *specto* (il guardare e l'osservare, fino alla "speculazione": ricerca e indagine, congettura e supposizione. Ma pure calcolo: come dire, la speranza puntata all'"affare"). Identica radice nello slavo di *speti*, tuttavia per indicare l'"essere ancora in tempo", l'"avere ancora da maturare". Speranza poi è nel greco di *elpis*. Qui un differente rimando che conduce al latino di *voluptas*: alla gioia e al piacere, alla voluttà e al godimento. Il "volere", ad esempio, che qualcosa accada (o qualcosaltro non accada) non è molto distante: il volere come aspirazione o vagheggiamento o concupiscenza si mostra con evidenza. Infine nell'inglese di *hope*, si ritorna all'attesa che è mira e desiderio. "Hopechest", tanto per dire, è il baule del corredo. Tuttavia l'antica radice sassone *hop/*

52 S. Battaglia (a cura di), *Grande dizionario della lingua italiana*, Vol. XIX, UTET, Torino 1998, p. 818.

hoff (pensiamo al tedesco "hoffnung"), rinvia anche, curiosamente, all'immagine di una terra chiusa circondata da una palude o da un acquitrino, o di una piccola valle appartata, o di una baia, una rada, un porto: insomma di un riparo sicuro.

Tirando le fila il quadro appare confortante e rassicurante. Sperare è cosa buona e giusta. E allora di quelle vane, vuote e false speranze di cui abbiamo detto che ne facciamo? Dovremmo considerarle solo chiacchiere del tutto infondate? E se invece volessimo tenerne conto, cioè dare credito al fatto che, della speranza se ne possa parlare bene, ma pure male, non potrebbe essere questo un frammento indiziario da prendere comunque in considerazione? Per conto mio, direi, è da prendere in attentissima considerazione. Perché la storia dei sì e no della speranza (alla speranza) è vecchia quanto il mondo. E tuttora tra noi. Anzi, a voler essere pignoli, dovremmo dire la storia dei sì, dei no e dei forse. Perché ne abbiamo, di chi ne ha detto e ne dice bene, almeno tanti quanti di chi ne ha detto e ne dice male. Ma pure altrettanti di chi ne ha detto e ne dice così-così, né bene né male, o bene e male insieme. Per adottare un qualche criterio di analisi delle idee espresse in tema di speranza, proporrei perciò di distinguere tra *chiaro* (i sì), *scuro* (i no) e *chiaroscuro* (i forse). Esempi? Giusto, passiamo agli esempi. Sempre in breve però, sempre alla veloce. Tanto per capirci. Pochi esempi e in tre differenti ambiti.

L'ambito del "proverbiale". In chiaro: "Corre più veloce chi insegue con speranza", "Di speranza non ce n'è mai abbastanza" e "Speranza tanta il mondo incanta"(incluso lo stranoto de "La speranza è l'ultima a morire"); in chiaroscuro: "Si spera il bene se il male non viene", "Non è diritto il sentiero della speranza" e "Sperare per sperare non vale a prosperare" (anche senza giochicchiare sul doppio senso del *diritto*, o triplo se si contrae in "dritto"); in scuro: "Chi uccella a speranza prende nebbia", "Chi esce di speranza esce d'impiccio" e "Delle morte speranze la fossa è comune" (per cui è fondato il sospetto che la speranza, prima o poi, finisca per rivelarsi nient'altro che una trappola o un intralcio o una nullità)[53].

L'ambito dell'antica saggezza. In chiaro: "Le speranze sono nei vivi, senza speranze sono i morti"[54], "Chi non spera l'insperabile non lo scoprirà"[55] e "In nessun modo siamo capaci di intraprendere la via della virtù se non accompagnati dalla speranza che ci fa da guida, giacchè ogni sforzo intrapreso nel cercare qualcosa è vanificato quando non si spera di poterlo conseguire"[56]; in chiaroscuro "Breve è il cerchio della vita, non vuole che si tentino lunghe speranze"[57], "La buona speranza spesso è tradita dal suo ottimismo"[58]e "Quel che non si spera accade più spesso di quel che si spera"[59]; in scuro "Sbagli, amico mio, ad attaccarti alla speranza, che, come un pastore, sa condurre al pascolo, ma non può assolutamente riempire lo stomaco"[60], "Quanto è ingannevole la speranza degli uomini, e quanto insicura la loro sorte!"[61] e "Gli insensati si nutrono di speranze"[62].

L'ambito della saggezza moderna. In chiaro: "La speranza nutre: le scorpacciate di successo sono mortali"[63], "La speranza anima il saggio e abbatte il presuntuoso e l'indolente, che riposano sconsideratamente sulle sue promesse"[64] e "La speranza è il bene più grande. Nessuno è in una condizione peggiore di chi è senza speranza"[65]; in chiaroscuro: "È difficile giudicare in che momento siamo proprio

53 Tratti da: V. Boggione, L. Massobrio, *Dizionario dei proverbi*, UTET, Torino 2004; L. Darivera, *Proverbi gnoti e ignoti*, Mescalino, Biella 1949.
54 Teocrito, *Idilli e Epigrammi*, Rizzoli, Milano 1993, p. 135.
55 G. Colli, *La sapienza greca*, Vol. III, Adelphi, Milano 1980, p. 71.
56 Pelagio, *Epistola a Demetriade*, tr. it. Città Nuova Editrice, Roma 2010, p. 67.
57 Orazio, *Odi*, Libro I, Rizzoli, Milano 1985, p. 77.
58 Ovidio, *Eroidi*, Garzanti, Milano 1996, p. 187.
59 Plauto, *La casa del fantasma*, BUR, Milano 1955, p. 103.
60 Esopo, *Favole*, Mondadori, Milano 1996, p. 165.
61 Cicerone, *De Oratore*, Rizzoli, Milano 1994, p. 575.
62 Menandro, *Sentenze*, Rizzoli, Milano 1997, p. 21.
63 B. Gracian, *Oracolo manuale ovvero l'arte della prudenza*, Adelphi, Milano 2020, p. 102.
64 L. de Clapiers de Vauvenargues, *Maximes et pensées*, Editions du Rocher, 2003, p. 13.
65 W. Hazlitt, *Characteristics: in the manner of Rochefoucault's Maxims*, Templeman, London 1837, p. 13.

all'estremo delle nostre speranze"[66], "La speranza, per ingannevole che sia, serve almeno a condurci alla morte per una strada piacevole"[67] e "Se uno si è sistemato nel peggio, nel livello più basso e dimenticato dalla fortuna, può sempre avere ancora speranza e non vivere con la paura"[68]; in scuro "La speranza è un ciarlatano che ci inganna in continuazione; e per me la felicità è iniziata solo quando l'ho persa"[69], "Speranza: una forma minore della disperazione scambiata per virtù"[70] e "Finalmente puoi lasciarti andare. Lasciarti andare giù a fondo. Riposare in pace. Non puoi andare più in giù. Non ci sono più speranze o illusioni che ti rodono"[71].

Come si vede, sulla speranza il dibattito è aperto. Ferve. Da sempre. Anzi eccede, senza esclusione dei colpi. Schierarsi più o meno apertamente "a prescindere", come di questi tempi accade fin troppo spesso, soprattutto per l'elogio, il panegirico, l'apologia della speranza non sarebbe altro, a ben vedere, che uno sbrigativo e irriflessivo (cioè ben poco approfondito) prender partito indotto da quell'infausta deriva del buonismo di comodo (il sermone consolatorio e assolutorio dei "buoni sentimenti") che offusca lo sguardo disincantato sulla natura impermanentemente ancipite delle "cose del mondo". Una volta di più il sintomo dell'analfabetismo di ritorno quanto al supremo principio che quelle cose governa: il principio incontrovertibile, per quanto scordato, della immutabile *coincidenza degli opposti*. Sicché pure per la speranza, come per tutto il resto, luci e ombre, pro e contro, bene e male. Da una parte, in chiaro, la speranza che mobìlita e nobìlita (addirittura agìlita), la speranza che anima la vita e la alimenta; e poi la speranza virtuosa che ci conduce, da fedele compagna, ci scorta, ci incita, ci sorregge e ci indirizza fino all'insperato e all'insperabile; e dunque la speranza come il

66 M. Montaigne, *Saggi*, Adelphi, Milano 1982, p. 456.
67 F. de La Rochefoucauld, *Œuvres Complètes*, Gallimard, Parigi 1964, p. 425.
68 E. Vila-Matas, *Dublinesque*, Feltrinelli, Milano 2010, p. 231.
69 N. de Chamfort, *Massime, pensieri, caratteri e aneddoti*, tr. it. Giunti, Firenze 1997, p. 25.
70 A. Bierce, *Il dizionario del diavolo* (1911), tr. it. Rizzoli, Milano 2014, p. 124.
71 E. O'Neill, *Arriva l'uomo del ghiaccio* (1946), tr. it. Einaudi, Torino 1966, p. 75.

bene più grande, la somma virtù, la suprema saggezza. Dalla parte opposta, in scuro, la speranza oziosa, perditempo, inconcludente, e la speranza senza senso, improduttiva, inutile; e poi la speranza subdola, menzognera, mistificatrice, la speranza "tutta una fregatura", un'impostura, un raggiro, una perdita secca; e dunque la speranza "meglio perderla che trovarla", buona solo per gli sciocchi che ci cascano, che infelicita la vita, che la tarla, la rode, la consuma con le sue insistenti, ma insussistenti, promesse. A metà strada, in chiaroscuro, la speranza pragmatica del "senza esagerare", la speranza *con juicio*, con i piedi per terra, a bocce ferme; e poi la speranza realistica dell'"a scanso di equivoci" e dell'"a patto che", e perciò, sempre e rigorosamente, di corto raggio, di breve periodo, di dopodomani; e dunque la speranza come espediente o escamotage "nell'eventualità che", e come attrezzo o armamentario *ad evitandum* il peggio (a scongiurarlo o, almeno, a ingraziarsi il "meno peggio").

A questo punto, se mai volessimo insistere a cercare una qualche voce che ci possa aiutare a "decidere" tra il chiaro e lo scuro, ad uscire dal disagio dell'impasse dei contrari, e ci rivolgessimo a quel massimo grado di giudizio che è rappresentato, incontrovertibilmente, dalla "corte costituzionale" del *mito*, potremmo confidare (sperare?) di avere finalmente soddisfazione? Ebbene, mi spiace, parrebbe di no (e uso il condizionale per attutire l'amara disillusione in arrivo). Che avrebbe da dire il mito sulla speranza? Quale sarebbe il suo verdetto? Se abbiamo anche solo un'infarinatura delle vicende di Pandora, dovremmo saperlo. Se no, provvedo subito ricapitolando in breve. Ecco.

Il buon Prometeo (ovvero "colui che pensa prima") ha pensato bene (un eufemismo) di sottrarre il fuoco agli dei. Gli dei (c'era da aspettarselo) non hanno gradito. Incapaci come sono di praticare una qualunque forma di stoico distacco dalle debolezze degli umani, così come pure da quelle di ogni altro essere di più nobile rango (come sarebbe per un titano), meditano punizione e vendetta (a riprova del fatto che nessuno, neppure nelle alte sfere, è immune dalla sindrome del *cuore oscuro*). A parte il fatto di provvedere a incatenare Prometeo sul Caucaso (un luogo a caso?) in balia delle fisime di un'aquila dalle ampie ali che gli volteggia sulla testa ed è pronta a calarsi di quando in quando ad arpionargli il fegato (evidentissima proiezione da parte degli dei, essendo che è a loro che "gli rode fegato" per il furto subito), escogitano pure, per sovrammercato, un teatrino decisamente non commendevole (e tantomeno, ai giorni nostri va detto, "politicamente corretto"). Zeus in persona ordina ad Efesto di fabbricare (è un fabbro no?) la più "dotata" delle fanciulle (dotata, ovviamente, nel senso delle doti ricevute in dono dagli altri dei: l'avvenenza da Afrodite, la perizia da Atena, l'astuzia da Ermes, ecc.) a cui, senza troppa fantasia, viene assegnato il nome di Pandora (essendo appunto pan il *tutto* e *doron* il dono). Il perfido piano prevede di inviare la fanciulla al fratello di Prometeo, Epimeteo (ovvero "colui che pensa dopo": come dire il meno sveglio dei due), di fare in modo che costui se ne invaghisca, si disponga a prenderla in moglie e incameri, tra i molti regali previsti, pure l'olimpico *special offer* (un *bonus-nozze*? Più che altro, come si vedrà, un *bonus-malus*...) consistente in uno di quei vasi che forse, nei tempi nostri, sarebbe finito tra i riciclati, ma che invece, essendo accompagnato da una enigmatica ingiunzione a non sollevarne il coperchio subito istiga la curiosità. E così la nostra Pandora, antesignana del celebre detto wildiano del "resisto a tutto, ma non alla tentazione"[72], cede a che la curiosità la vinca sull'intelligenza e sull'obbedienza (e anche in questo caso nessun commento per evitare accuse di misoginia o reprimende in chiave *Cancel Culture*), solleva il coperchio e tutti i mali che nel vaso erano racchiusi ne fuoriescono in velocità ad infettare e a dannare il mondo. Tutti eccetto uno. Perché solo uno ne resta sul fondo del vaso prima che la fanciulla sia lesta a rimettere il coperchio: la speranza, appunto. Parola di mito. E dunque?

E dunque, assai strana vicenda, come si vede. Come spiegarla? Necessiterebbe di una approfondita interpretazione. Ma

72 O. Wilde, *Opere*, Mondadori, Milano 2000, p. 582.

l'interpretazione, lo sappiamo, è sempre un esercizio fallace, una specie di gioco "a somma zero" in cui il testo su cui si applica è tanto catturato quanto perso. Perché ogni interpretazione richiede una teoria (è "imposta" da una teoria) e di conseguenza, alla fine, subisce la "forzatura" di quella teoria. Per cui interpretare un testo si risolve, il più delle volte (a essere generosi, per non essere costretti a dichiarare "tutte le volte"), in nient'altro che in una teorizzazione del testo stesso, o in quella che si indica come la sua *spiegazione*. L'esercizio ermeneutico non si addice al mito almeno tanto quanto il lutto non si addice ad Elettra (per teatralizzare la questione). E quindi è al *comprendere* non allo spiegare che ci si deve rivolgere. E il comprendere è il luogo delle domande, non quello delle risposte. Pretenderemmo forse di avere risposte dal mito? Ci illuderemmo. Il mito è sempre *in aenigmata*. Nel nostro caso, nel caso di Pandora, l'enigma permane ostinato. Sollevato il coperchio del vaso tutti i mali entrano in circolazione ad eccezione della speranza. Dunque anche la speranza sarebbe un male? Un male però "inoffensivo" non essendo sfuggita dal vaso? E per questo un male sì, ma incapace di nuocere, o impossibilitato a? Magra consolazione. A complicare la faccenda ci sarebbe poi anche da tener conto del fatto che non si dà mito senza varianti. Anche in questo consiste, o da questo dipende, la sua enigmaticità (la sua *enigmiticità*?). Babrio ad esempio, un post-esopiano avvolto nel mistero essendo stata collocata la sua vita e la sua opera in un tempo imprecisato (fin troppo imprecisato) compreso tra il terzo secolo AC e il terzo secolo BC, ce lo racconta, quel mito, ben diversamente "favoleggiato" (e, va detto, piuttosto politicamente scorretto sul fronte della nostra modernissima *parità di genere* essendo la Pandora sostituita da un tizio non meglio identificato che comunque, credo, ben difficilmente potrebbe rispondere al nome di Pandoro senza sfidare lo sfottimento): "Un giorno Zeus raccolse tutti i beni in un vaso e, dopo averlo chiuso con un coperchio, lo assegnò all'uomo. Ma l'uomo, incapace di dominarsi e smanioso di sapere che cosa mai ci fosse dentro, levò il coperchio, lasciando così che i beni tornassero alle dimore degli dei, e lassù s'involarono, scomparendo dalla faccia della terra. Rimase soltanto la Speranza, trattenuta dal coperchio rimesso all'ultimo momento. Solo la Speranza, dunque, ci è compagna tra gli uomini, promettendo di donarci tutti i beni che ci sono sfuggiti"[73].

Ecco una favola che rovescia il mito. Il vaso che contiene ogni bene, anziché ogni male, tutti i beni che, sollevato il coperchio, si volatilizzano, e l'unico a resistere, appunto, la speranza. È vero che, alla fin fine, il nostro anonimo uomo "incapace di dominarsi" (cioè, in fregola) ci fa la figura del citrullo (il che potrebbe essere buona cosa per attenuare l'imputazione di "prevaricazione del patriarcale"), ma è altrettanto vero che parecchi interrogativi insorgono. Davvero la speranza sarebbe l'unico bene di cui disporremmo? Il solo bene a cui poter attingere? La sola risorsa a poterci soccorrere in una vita in cui ogni altro bene è condannato a scivolarsene via, a "vanificarsi", come sabbia o, peggio, aria tra le dita? E poi, davvero il gran capo di tutti gli dei ha toppato nella scelta del destinatario? Oppure non si è trattato d'altro che di una messinscena, di un'abilissima studiata per potersi così reimpossesarsi dei beni fintamenti omaggiati? Di un dono-boomerang o con l'elastico? E l'unico non reclamato, proprio la speranza a illudere in eterno che qualcuno degli altri cadeaux possa un giorno o l'altro piovere dal cielo? Cioè doppia-fregatura?

Troppe domande, e tutte senza risposta ovviamente. A parte il fatto che dal mito alla favola si tratta comunque sempre di uno scadimento dal simbolico al moralistico, di un declassamento sapienziale dal "per spiriti eletti" al "per poveri di spirito", non è certo qui il caso di addentrarci in approfondimenti o di farci prendere dalla tensione ermeneutica. Limitiamoci a osservare, pedestremente, che tra male imprigionato e bene in cassaforte, non pare tuttavia che per noi la cosa possa fare una gran differenza. In entrambi i casi, per quanto la speranza appaia come una "rarità", il tutto risulta,

73 E. Zigiotto (a cura di), *Le favole dimenticata di Babrio*, Gribaudo, Milano 2021, pp. 46 *sg*.

alla fin fine, all'insegna dell'ipotetico, dell'aleatorio, dell'indefinito. Da un lato, con la speranza, si tratterebbe di prestare attenzione al "maneggiare con cautela", e dall'altro a ricorrervi eventualmente come "bene rifugio". Questo sì, almeno, potremmo averlo acquisito, compreso: con la speranza si tratta sempre di *extrema ratio*. La speranza è sempre l'*Ultima Dea*, come del resto si dice e si sa.

Soprattutto se, avendo lasciato trascorrere quasi un paio di millenni, ce lo ritroviamo "a sopresa" il nostro mito di Pandora, a fine diciannovesimo secolo, tra le pagine di *Umano troppo umano*. Trattandosi di Nietzsche potremmo già aver intuito come la cosa possa andare a finire, ma ugualmente riprendiamo lo scritto: "Pandora portò il vaso coi mali e lo aprì. Era il dono degli dèi agli uomini, un dono di fuori bello e seducente, chiamato 'vaso della felicità'. Subito tutti i mali, esseri vivi e alati, volarono fuori: da allora girano per il mondo e arrecano danno agli uomini di giorno e di notte. Un unico male non era ancora guizzato fuori dal vaso: allora Pandora riabbassò per volontà di Giove il coperchio, e così esso vi rimase dentro. Ora l'uomo ha in casa per sempre il vaso della felicità e crede *mirabilia* del gran tesoro che in esso possiede: esso è a sua disposizione, egli lo prende, quando gliene viene voglia; poiché non sa che quel vaso che Pandora portò era il vaso dei mali, e tiene il male rimasto lì dentro per il più gran bene di felicità – esso è la speranza. Giove volle cioè che l'uomo, per quanto tormentato dagli altri mali, tuttavia non gettasse via la vita, e continuasse invece a farsi tormentare sempre di nuovo. Perciò egli dà agli uomini la speranza: essa è in verità il peggiore dei mali, perché prolunga le sofferenze dell'uomo"[74].

Come ho detto, potevamo essercelo immaginato che non avremmo trovato, a penna di Nietzsche, un peana alla speranza, ma piuttosto una mazzata. Però ovviamente ulteriori domande si impongono: forse che gli dei nell'allestire il dono, avrebbero commesso l'imperdonabile svista di farci finire dentro, oltre ai mille mali, pure un bene? E si tratterebbe, se così fosse, di un sussulto di resipiscenza

74 F. Nietzsche, *Umano troppo umano* (1878), tr. it. Adelphi, Milano 1979, Vol. I, p. 65.

da parte di Zeus, di un rigurgito di caritatevolezza compassionevole? Caritatevolezza tuttavia a doppio taglio perché, per quanto gli uomini possano equivocare il gesto, ancor più subdolamente la speranza finirebbe per rivelare il suo vero volto di "quinta colonna", di doppiogiochista, di infiltrato, di talpa di una Spectre di tutti mali manovrata dalla cupola olimpica.

Non avendo così, ancora una volta, possibilità alcuna di decidersi sul fatto che la speranza sia benigna o maligna, non ci sarebbe altro da fare, sensatamente, giunti a questo punto, che tenere in sospeso il giudizio e insistere a cercare altre campane, a battere altre piste. Avendo, personalmente, investigato se non in lungo e in largo, almeno un tantino, mi limito a riproporre qui tre voci che, a mio modesto avviso, potrebbero tornarci utili. Per la cronaca, ho evitato di addentrarmi troppo nelle profondità dell'universo filosofico. In parte perché avrei rischiato di affondare nell'ampio dibattito, in parte perché, mantengo una certa qual malfidenza (ammetto, preconcetta) nella effettiva capacità di filosofeggiare arrivando al dunque anziché rimescolando le carte (e sia detto con il massimo rispetto). Per cui le tre voci a cui qui mi sono limitato a dare la parola (per quanto arbitraria possa risultare la scelta), a tre dei miei amici più fidati per un accelerato attraversamento del paio di millenni che dal mito ci conducono fino a noi: nella fattispecie da Seneca a Fernando Pessoa passando per Samuel Johnson. Vediamo.

La prima voce è quella di Seneca dalle *Lettere a Lucilio*: "Ma voglio condividere con te anche il piccolo guadagno di questa giornata; ho letto nel nostro Ecatone che smettere di avere desideri è un buon rimedio contro il timore. 'Cesserai', dice, 'di temere, se cesserai di sperare'. Tu mi dirai: 'Come è possibile che cose tanto diverse stiano insieme?'. Eppure è così, Lucilio mio: sembrano in contrasto, e, invece, sono strettamente connesse. Come la medesima catena tiene legato tanto il prigioniero quanto il suo guardiano, così queste cose che sono tanto diverse procedono di pari passi: il timore tiene dietro alla speranza"[75]. E: "Talvolta, benché non vi sia alcun indizio manifesto che preannunzi qualche sventura, l'animo si crea mal immaginare: o travisa in peggio una qualche parola ambigua o ingrandisce un'offesa ricevuta, e pensa non a quanto l'altro sia adirato, ma a quanto sia lecito a chi è adirato. Ma non c'è nessun motivo di vivere, nessun limite alle nostre miserie, se si teme tutto ciò che può accadere. Qui giova la saggezza: respingi con la forza d'animo la paura anche se è fondata; altrimenti scaccia una debolezza con un'altra: mitiga la paura con la speranza. Nulla di ciò che si teme è più certo del fatto che gli elementi temuti non accadono e quelli sperati deludono quindi, soppesa speranza e paura e quando tutto sarà incerto, decidi in favore di te stesso: credi ciò che preferisci. Se la paura avrà più argomenti, ciò nondimeno propendi per la speranza e smetti di angosciarti; pensa subito che la maggior parte degli uomini è inquieta e si agita sebbene non vi sia alcun male presente né certezza di un male futuro"[76].

La seconda voce è quella di Samuel Johnson dalle colonne del *The Rambler* in data 6 novembre 1750: "Tutti amano cullarsi nella speranza: se le altre passioni sono sempre occasionate da qualche evento particolare o da una fase ben precisa della nostra vita, la speranza nasce nel momento in cui operiamo per la prima volta un confronto tra la nostra condizione attuale e quella che potremmo raggiungere, e in seguito ci seguirà dovunque e in qualunque periodo della vita, spengendoci a fare scoperte sempre nuove, aiutandoci a contemplare successi che non sono ancora a portata di mano e promettendoci sollievo nel dolore o una felicità ancora più intensa. La speranza è sempre indispensabile. Le miserie della povertà, della malattia, della prigionia, tutte loro si rivelerebbero insostenibili senza il conforto della speranza, e nemmeno la più felice condizione di vita su questa terra potrebbe dispensarci dal bisogno di affidarci

75 Seneca, "Lettere a Lucilio", in: Id., *Tutte le Opere*, a cura di G. Reale, Bompiani, Milano 2000, p. 700.
76 Ivi, pag. 713.

a questa universale benedizione; e lo stesso vale per quella vita alla quale la natura e la fortuna hanno dispensato i loro doni migliori, la quale apparirebbe ancora meschina se non fosse animata e deliziata dall'attesa di qualche nuovo possesso o di qualche forma di godimento ancora sconosciuti, grazie ai quali essa potrebbe finalmente soddisfare ogni desiderio e far scoppiare il cuore di gioia. La speranza, però, è anche ingannevole, e spesso non mantiene le promesse, benché le sue promesse, a ben vedere, valgano molto più dei doni della fortuna e benché accada molto di rado che la speranza ci condanni alla frustrazione, senza prometterci e ricompensare il prolungamento della nostra attesa con qualche dono ancora più ambito"[77].

La terza voce è quella di Fernando Pessoa dal *Libro dell'inquietudine*: "Per non abbassarci ai nostri occhi, basta abituarsi a non avere ambizioni né passioni, né desideri né speranze, né impulsi né inquietudini. Per ottenere questo, per poter essere a nostro agio, ricordiamoci sempre che siamo alla presenza di noi stessi, che non siamo mai soli. E così domineremo le passioni e le ambizioni, perché passioni e ambizioni ci fanno mostrare il fianco. Non avremmo desideri e neppure speranze in quanto d[esideri] e s[peranze] sono gesti volgari e ineleganti; e nemmeno avremmo impulsi e inquietudini in quanto la precipitazione è un'indelicatezza verso lo sguardo altrui, e l'impazienza è sempre grossolana"[78]. E "Provo, provandola, una grande speranza; ma riconosco che la speranza è letteraria. Mattina, primavera, speranza – sono legate musicalmente dalla stessa intenzione melodica; sono legate nell'anima dallo stesso ricordo di un'uguale intenzione. No: se osservo me stesso, così come osservo la città, riconosco che ciò che posso sperare è che questo giorno finisca, come tutti i giorni. Anche la ragione vede l'alba, la speranza che vi ho riposto, se c'era, non era mia; era quella degli uomini che vivono l'ora che passa e dei quali ho assunto, senza volerlo, il modo di

77 S. Johnson, *Il viandante* (1750), tr. it. Nino Aragno, Torino 2019, pp. 445 *sg.*
78 F. Pessoa, *Libro dell'inquietudine* (1913), tr. it. Einaudi, Torino 2012, p. 31.

interpretare questo momento. Sperare? Che devo sperare? Il giorno non mi promette nient'altro che il giorno, e io so che ha uno svolgimento e una fine"[79].

In nessuno dei tre casi, per nessuna delle tre voci, si assiste, come si vede, ad un elogio "a una direzione" della speranza. Non c'è traccia di euforia o esaltazione a senso unico. Non si intonano laudi né si presta il fianco (la parola) all'apologia. Lo speranzismo progressista, futurista, resurrezionista, e via dicendo, è serenamente invitato a più miti consigli. A sbollire, a contenersi, a mantenere un sereno aplomb. Ovvero a restarsene saldamente ancorato ai dati di realtà. Speranza? Ottima cosa in teoria, ma, in pratica, sempre "a patti chiari" però. Anzitutto, tra sperare e desiderare c'è di mezzo il mare: a parte il fatto che il desiderio sia sempre pio (o pio-pio...), più ce ne si astiene meglio è. In secondo luogo timore, o paura, e speranza costituiscono una coppia ben difficilmente solubile: l'uno tiene dietro all'altra e viceversa. Disporsi a sperare è attizzare il timore. Attizzare il timore è insistere a sperare. Un circolo vizioso che si trasforma in labirinto. In terzo luogo, per quanto stimolatrice possa rivelarsi la speranza, sempre da qualche parte il difetto si nasconde nel manico: una promessa mantenuta sarà anche meglio di niente, ma ne alimenta una più grande e, come al tavolo da gioco, all'ultimo giro si potrebbe rischiare di perdere tutto quel che si era vinto prima. In conclusione, riepilogando in parole nostre le voci a cui abbiamo dato ascolto, la speranza prima o poi cede a calare la maschera e il suo devoto seguace (l'ottimista osservante e praticante) non avrebbe che un'unica lezione da ricavarne: non si è trattato d'altro che di false promesse, lusinghe, allettamenti e blandizie, tutte senza fondamento, tutte irrealistiche: fantasiose, balzane e puramente "platoniche". In attesa di chissà quale gioioso futuro si è sciupato il tempo che sarebbe stato più proficuamente impiegato a darsi da fare, anziché a sperare. Anziché rimboccarsi le maniche, lì ad attendere la manna dal cielo. La speranza come il welfare degli accidiosi? O, peggio, un'esca infida,

79 Ivi, p. 492.

e chi abbocca un boccalone, prima a implorare e poi a lagnarsi? Non la migliore delle prospettive, di sicuro. Mi rendo perfettamente conto che messa così la questione della speranza possa risuonare a fondo amaro, o addirittura finisca per risultare "senza speranza". Perciò, per evitare di arrendersi definitivamente all'idea che sperare sia un verbo per ignavi e scansafatiche, per svogliati e infingardi, tentiamo un'ultima giocata: chiamiamo al banco dei testimoni, con tutta l'autorevolezza che le va riconosciuta, la più "sonante" (altisonante) delle voci, ovvero la voce della poesia. E nello specifico la voce di quella *Poesia Romantica* che sempre sa rivelarsi culmine, apice, inimitabile e irraggiungibile vetta quando si tratta di penetrare e svelare le più recondite e segrete sfumature e tonalità del nostro "umano sentire" (o, tout court, dell'*anima*). Anche in questo caso, in controcanto alle precedenti, tre sole voci. La prima voce "in canto" (d'incanto) è dai versi *Alla speranza* di John Keats (1815)[80]:

> Quando solo siedo al mio focolare,
> E odiosi pensieri mi vestono di tristezza,
> Quand'anche i sogni vengon a meno all'occhio della mente,
> E non ci son fiori per la nuda brughiera della vita,
> Tu, dolce Speranza, profumami di magia:
> Sì, portami via sulle tue ali d'argento.
> [...]
> E se la Delusione, madre dell'Angoscia,
> la figlia spingesse a predare il mio cuore sbadato,
> quando, come una nube, sull'aria assisa
> s'appresta a colpire la vittima ammaliata,
> tu cacciala via, dolce Speranza, col tuo viso di luce
> spaventala, come la mattina quando terrorizza la notte.
>
> Quando il destino racconta, di quelli che più amo,
> Storie di dolore al mio cuore spaventato,

80 J. Keats, *Poesie*, Mondadori, Milano 1986, pp. 13 *sgg.*

Tu, Speranza, occhi di luce, la mia fantasia
Morbosa rallegra, dammi dolce conforto:
Illuminami di cielo, danza
Sul mio capo con le tue ali d'argento.
[...]
Come quando con regalità lucente una stella
Indora la cima chiara d'una nuvola scura
Accendendo il mezzo volto velato del cielo,
Così, se pensieri di tenebra il mio spirito presago
Avvolgono in un sudario, tu, dolce Speranza,
Con ali d'argento sul mio capo, spargimi d'azzurro.

La seconda voce in ombreggiatura di perplessità è da *Dicono che la speranza sia la felicità* di Lord Byron (1815)[81]:

Dicono che la Speranza sia felicità,
Ma il vero Amore deve amare il passato,
E il Ricordo risveglia i pensieri felici
Che primi sorgono e ultimi svaniscono.

E tutto ciò che il Ricordo ama di più
Un tempo fu Speranza solamente;
E quel che amò e perse la Speranza
Ormai è circonfuso nel Ricordo.

È triste! È tutto un'illusione:
Il futuro ci inganna da lontano,
Non siamo più quel che ricordiamo,
Né osiamo pensare a ciò che siamo.

La terza voce in incrinatura di disillusione fino alle trasparenze

81 F. Buffoni (a cura di), *George Gordon Byron. I giullari del tempo*, Rizzoli – Corriere della Sera, Milano 2012, p. 87.

dello smarrimento e dello sconforto è da *Speranza* di Emily Brontë (1846)[82]:

Una timida amica la speranza;
seduta sulle soglie di una cella,
del mio destino scrutava la via
come chi di sé solo abbia riguardo.

Era crudele nella sua paura;
spiavo tra le sbarre, un triste giorno,
per accertarmi della sua presenza,
e subito da me sviò lo sguardo!

Guardia infedele che la veglia finge,
pur angosciata, ti sussurra pace,
quando tu piangi canta e quando tu
ti disponi all'ascolto, a un tatto tace.

Era bugiarda e impietosa: scomparse
le mie ultime gioie, a terra infrante,
si pentì anche il Dolore innanzi a tante
tristi rovine tutt'intorno sparse;

e la speranza, in grado di alleviare
con un sussurro la mia folle pena,
spiegò le ali in alto verso il cielo.
E volò via senza mai tornare!

Dunque ci risiamo. Chiari, chiaroscuri e scuri. Però con nuovi motivi. Nuovi *revers*. Nuove "arie". Anzitutto il *chiaro*, il chiarissimo, di John Keats (pur costretto, per ovvie ragioni di spazio, a riprenderne qui l'ode solo a metà). In quel chiaro che più chiaro non si può, la

82 E. Brontë, *The Complete Poems of Emily Brontë*, Digireads.com, 2012, p. 1481.

speranza volteggia aerea e stellare pronta a soccorrere chi la invoca sgombrando il campo da ogni nube, rasserenando l'intero orizzonte, illuminando la notte più buia. Via la tristezza e gli odiosi pensieri, la delusione e gli angosciosi pensieri, così come ogni altro patimento di un'anima abbandonata perfino dal sogno,ogni altro tremore di un "cuore sbadato e spaventato" per chissà quale manchevolezza o debolezza o incertezza o errore. Un solo richiamo alla speranza, una sola invocazione ed ecco la speranza soccorrevole a dare conforto. Di più: a compiere la magia, a scacciare il "maligno", a resuscitare dal sudario. Una speranza pietosa e misericordiosa per ogni *anima in pena*. Perciò sempre vicina, a vegliare e sorvegliare, a proteggere e difendere. Più che un'amica: un vero "angelo custode". Insomma, verrebbe da dire, la speranza come prima delle beatitudini. Difficile, anzi impossibile, immaginare una più alta (altisonante) *laudatio* della speranza, così come un più appassionato incoraggiamento allo "speranzoso". D'altronde, con Keats, siamo alla vetta. Non c'è da stupirsi. Già con Byron lo slancio cala di un po' (di un bel po', in effetti).

Con Byron infatti a predominare è il *chiaroscuro*. E per un aspetto del tutto singolare, che ancora non abbiamo incontrato nel nostro girovagare intorno alla speranza, ma che risulta assai significativo. Speranza e memoria: ecco un legame da approfondire, una *liaison presque dangereuse* (una relazione "potenzialmente" pericolosa) dai risvolti inaspettati. Verde la speranza, e verdi gli anni della giovinezza. Verdi quegli anni perché tinti del colore della speranza? Così parrebbe. E se la giovinezza poi si allontana allora la speranza stinge? Oppure solo la speranza può rinnovarne il colore? Mantenerlo brillante e lucente? Forse sì. Ma sempre "forse" però. Perché ci si mette di mezzo la memoria, e quando succede così le cose si complicano. La buona memoria non è detto che sia poi così buona. Anzi, talvolta proprio la buona memoria difetta in bontà. Ricordarsi tutto, non dimenticarsi di niente, non è mai "indolente". Per fare un esempio, a caso, avere memoria delle giovanili speranze prima nutrite e poi svanite non è senza le ombre dell'amarezza, del rimpianto, dello sconforto. Il verde scolora nel grigio della malinconia o s'incupisce nel blu della tristezza. Oppure trasmuta nel lampo turchese della nostalgia. Una speranza immalinconita sarebbe ancora una speranza? E la speranza del "nostalgico" che volto potrebbe avere? Ma poi, perché continuare a sperare, insistere a sperare, sapendo che si rischia l'"inobliabile"? No, meglio dimenticare. E continuare a dimenticare fino a scordarsi che ci sia ancora un futuro, se quello che un tempo è stato il futuro sperato è poi diventato il passato di ciò che è stato sperato "invano". Allora, da dove cominciare a dimenticare? Per esempio dal dimenticarsi della speranza? O non sarebbe preferibile che fosse proprio la speranza a smetterla di assillarci, a dimenticarsi di noi? In effetti, ad ascoltare quel che ha da dire Emily Bronte il dubbio viene.

Con Emily Bronte piombiamo infatti nello *scuro*. Il quadro che ne viene fuori è un completo ribaltamento di prospettiva. Non si era detto che la speranza chiede il nostro coraggio? E qui siamo noi a scoprire che è la speranza a difettarne. Sta lì a guardare, a guardarci, come se noi non le riguardassimo. Osserva (non sappiamo nemmeno con quanta attenzione), più che altro adocchia (forse fa addirittura finta di), magari contempla (magari...il panorama), e per il resto non alza un dito, non fa una mossa. Soprattutto non si dà una smossa, non interviene, non partecipa, non dà il suo contributo. E a un certo punto, sorprendentemente, gira la testa, alza i tacchi, se la fila (all'inglese, ovviamente), e tanti saluti. Anzi, nemmeno un saluto. Una speranza così è meglio davvero perderla che trovarla. Lei toglie il disturbo e noi tagliamo i ponti, con lei. No, quando tornerà (se tornerà...) non le apriremo. Al massimo le diremo che ha sbagliato indirizzo. Se insiste la manderemo da qualcun altro. Se insiste a insistere, la manderemo direttamente a quel paese. No, di una speranza così si può fare benissimo a meno. Una speranza così non ci serve. E soprattutto non ci merita. Non solo è meglio dimenticarsene, è ancora meglio fare come se non esistesse. Una speranza così è solo un peso morto. Facciamo da soli, grazie. Facciamo da noi, senza speranza. E chi vivrà vedrà. *You say hello, and I say goodbye*. Addio speranza inetta, inabile e inutile. A mai più rivederci.

Arrivati a questo punto, direi che sulla questione della speranza dai cento volti, dai mille riverberi in luce e controluce potremmo, pur non serenamente ma almeno giudiziosamente, tirare il freno, dare un'occhiata intorno e svoltare per dove ci paia di riuscire a intravedere una possibile via d'uscita dal labirinto delle infinite giravolte tra chiari, scuri e chiaroscuri. Una via che, in ipotesi (sperabilmente?), non sia né del tipo di quelle che ci porterebbero a cedere nello *scuro* pessimistico della "maledetta" speranza, né di quelle che finirebbero per farci eccedere nel *chiaro* ottimistico della "benedetta" speranza. Piuttosto una via, fosse pure un viottolo, che sappia mantenerci nel giusto equilibrio tra l'enfatico consenso a prescindere e il drastico dissenso senza appello: come dire, il sentiero del giusto equilibrio del *chiaroscuro* sempre nel nome, come è evidente, del supremo principio della coincidenza degli opposti. Dubitando perciò fortemente del fatto che ciò possa accadere "per via" *filosofica* sicuri come siamo che finiremmo, così optando, per sostituire labirinto a labirinto (e questo secondo ancor più involuto di quell'altro per il ben noto eccesso di "traffico di influenze" che è scontato supporre, rischiando magari di finire per arrenderci alla glorificazione del *Principio Speranza*: un'eventualità che, personalmente, preferirei evitare), pare che non resti che un'unica chance a disposizione, un'ultima carta da giocare: come è facilmente immaginabile, conoscendoci, la chance e la carta rappresentate dal nostro affezionato nume tutelare Carl Gustav Jung (il quale, a proposito di speranza, ha pur sempre sentenziato "Non nutro alcun tipo di speranza filosofica": chiaro no?). Per cui, un unico aggancio filosofico in forma di domanda per pagare il pedaggio, e un fastello di risposte *à la junghienne* per fare strada verso una speranza "contemplata" nella giusta prospettiva.

La domanda non può che essere, banalmente, la domanda di tutte le domande: intendo l'interrogativo celebre kantiano enunciato nel

"Se io ora fo quel che debbo, che cosa allora posso sperare?"[83]. Il fastello di risposte junghiane, non essendo presente nell'opera alcuno scritto espressamente dedicato al tema, è un compendio in dieci battute ritrovate qua e là e collezionate (più che altro, collazionate) per la circostanza. L'ordine è a piacere.

1. *Il fiume della vita suona come qualcosa che è pieno di speranza, molto ottimistico, ma è pur sempre qualcosa di incerto: per questo la maggior parte delle persone tentano di rimanerne sulla sponda o, appena è possibile, ancora più lontano*[84]. Come tre sono le Parche a tessere il filo, così tre sono le *I* che dettano l'accadere della vita: l'*Incerto*, l'*Imprevisto* e l'*Inevitabile*. L'Incerto è il tempo presente, giorno dopo giorno, passo dopo passo. L'imprevisto è il futuro che ci viene incontro, che ci sopraggiunge. L'inevitabile è il passato che ci preme alle spalle, che ci conduce fin dove si sa. Per l'inevitabile la speranza non vale. La fine del cammino ha inizio nel momento stesso in cui il cammino comincia. L'esito è noto. Il quando no. La speranza, al massimo, è che sia il più tardi possibile. Ma anche questo conta ben poco. Inutile sprecare speranza. Per l'imprevisto la speranza vale solo se si difetta di immaginazione. Se al futuro ci si applica, in fantasia o per ipotesi, se si coltiva lo sguardo per ciò che è "a venire", allora sperare potrà anche avere il senso del preferibile e dell'auspicabile tra i molti possibili. Se si rinuncia all'esercizio l'imprevisto finirà per mutare nell'imprevedibile, e l'imprevedibile per assumere a sua volta il volto dell'inevitabile. Fine della storia. Per l'incerto la speranza vale solo a patto di "sfidare la corrente" del grande fiume della vita. Chi se ne resta sulla riva spera a vuoto: per lui (o lei) sperare sarà solo come starsene lì a guardare a occhi chiusi il trascorrere delle cose. Per accertare se si è sperato invano o no non si tratta di attendere: occorre sempre "andare a vedere".

2. *Se non si rischia, avviene come una frattura nel senso della vita e tutto il futuro è condannato a una piatta banalità senza speranza, a un grigiore*

83 I. Kant, *Critica della ragion pura* (1787), tr. it. Laterza, Bari 1969, p. 612.
84 C.G. Jung, *Visioni...*, cit., p. 416.

illuminato solo da fuochi fatui[85]. Affrontare l'incerto, immergersi nella grande corrente (che sia affidarsi o sfidarla dipende dalle circostanze, e tanto più abile è chi tanto meglio sa riconoscere quando è il momento dell'uno o il momento dell'altro) non è mai senza rischio. La misura del rischio, anche questa, è faccenda di abilità. La speranza in assenza di rischio non avrebbe ragion d'essere. Ma la speranza in presenza di rischio non è che "di contorno". Rinunciarvi, allora? E perché mai. Sperare male non fa. Impedire la speranza? Sarebbe crudele. Sarebbe come amputare di un tot l'umano sentire, restringere la gamma-colori del sentimento. Negare la speranza? Non avrebbe alcun senso. Per quanto la speranza non sia che un placebo, conforto ne dà. Come ogni illusione, illumina, almeno un po'. E invece rinunciare al rischio, impedire o negare il rischio? Di male in peggio. Il rischio è per il futuro, il rischio è nell'imprevisto per quanto ci si sia applicati a tentare di intravederlo, di "visionarlo". Di nuovo, la speranza non è che un ingrediente dell'immaginazione stessa. Semmai è in questo che dovremmo insistere a sperare: nell'essere sempre sorretti dalla nostra capacità di immaginare. Se l'immaginazione cala, cala il buio.

3. *Colui a cui il destino impone di fare la sua strada deve percorrerla armato soltanto di speranza e con gli occhi bene aperti, consapevole della sua solitudine e del pericolo che gli abissi della solitudine rappresentano*[86]. Repetita iuvant. Passo indomito, sul sentiero della vita, e occhi ben aperti. Tenacia e lucidità. Ostinazione e curiosità. Perseveranza e visione. In questo almeno possiamo sperare: che non ci capiti mai di abbandonare il sentiero senza accorgercene. E soprattutto di farci sviare finendo per imboccare il sentiero di qualcun altro. Già arrivare a comprendere quale sia il nostro, di sentiero, può richiedere tempo. Se va bene, metà della vita. Se va meno bene quasi una vita intera. Ogni passo sul sentiero è sempre con il dubbio (con l'"incerto") che sia quello giusto per noi. Sperare è anche augurarsi che sia sì. E non

85 C.G. Jung, *Simboli della trasformazione*, cit., p. 346.
86 C.G. Jung, "Psicologia dell'inconscio" (1917/1943), tr. it. in: *Opere* 7, p. 120.

si tratta di un rischio (i rischi si affrontano e se ne può uscire in mille modi diversi). Si tratta di una scommessa (e per le scommesse non ci sono che due sole alternative: o si vince o si perde). La speranza vale per la scommessa, per il rischio non è che un addendo. La speranza non è un gioco a somma zero. Al massimo è un gioco "a puntate". La speranza è il gioco della "prossima volta". E comunque, come gioco, è sempre e solo un *solitario*. Si potrà anche sperare per il mondo intero, ma non si potrà sperare che per proprio conto (dal proprio canto).

4. *Vivere in perpetua fuga da sé stessi è un compito amaro; vivere con sé stessi esige una serie di virtù cristiane - pazienza, amore, fede, speranza e umiltà - che bisogna saper applicare anche a noi*[87]. La speranza è come le stelle: *sidera inclinant non necessitant*. La speranza non basta a necessitare. Per necessitare ci vuole altro: pazienza, amore, fede, umiltà (come detto). Ma pure altro ancora: coraggio, fermezza, costanza, equilibrio, ecc. ecc. La lista è lunga. Perciò, dato l'ammontare del carico, e vigente il principio degli "esami che non finiscono mai", si comprende bene come possa sorgere, di quando in quando, il pensiero di evadere dalla vita: in uno o più dei mille modi consentiti. Per esempio di indugiare rallentando il passo, o di sostare più del necessario. Magari di retrocedere. Di fare dietrofront. Il che naturalmente significherebbe evadere *da sé*. Non solo un'illusione, il poterci riuscire. Perché sperare di farcela, a "dimettersi", sarebbe l'unica speranza stupida a corto di quel minimo di intelligenza che può rendere la vita meno ostile. O ingrata. Fuggire se stessi non è come fuggire l'inevitabile (*ad inevitabilia nemo tenetur*), da lì non si scappa. È solo anticiparlo. Come darsi la zappa sui piedi.

5. *[...] è proprio tipico degli esseri umani che, finché le cose sono sospese e hanno una possibilità di continuare a muoversi sempre in avanti, hanno la speranza di trovare la cosa buona appena girato l'angolo, quindi non insistono mai per avere la felicità nel luogo in cui si trovano*[88]. Qui un effetto

87 C.G. Jung, "La psicologia della traslazione...", cit., p. 304.
88 C.G. Jung, *Analisi dei sogni. Seminario tenuto nel 1928-30*, a cura di W. McGuire (1984), tr. it. Bollati Boringhieri, Torino 2003, pp. 636 *sg*.

controintuitivo. La speranza può essere troppo futuro. Non si tratta dello sguardo in avanti di cui si è detto per immaginare l'imprevisto, per averne visione. Questo è buono. Si tratta di sospensione. E questo è meno buono. Che significa sospensione? Che da un lato le cose a venire (quelle sperate) si fanno attendere, e dall'altro, per questa ragione, si potrebbe rischiare di inchiodarsi nell'attesa. Che si fa? Si dilaziona, si differisce, si rimanda. Insomma si rinvia. Si posticipano date, si allungano tempi, si ritardano scadenze. Per un verso si indugia e per l'altro si soprassiede. Ora, ogni speranza implicherà pur sempre un'attesa, ma a fissarsi nell'attesa si potrebbe anche finire per bruciarsi una vita intera. Come diceva quel tale "partire sarà anche un po' morire, ma morire è partire un po' troppo". Se l'attesa si piglia tutto, se inceppa ogni passo, se calamita ogni pensiero anche di quel poco di buono che potrebbe presentarsi nemmeno si riesce ad accorgersene. Per cui, sperare va bene, ma sperare solo non è altro che lasciarsi inghiottire dalle sabbie immobili. Le grandi speranze sono le "secche" in cui naufragano, affondano e scompaiono le piccole felicità.

6. *Nella nostra psicologia, nella vita dell'individuo, è perciò della massima importanza non pensare mai alla situazione come un mero 'ora', nella speranza di qualcosa che succederà in futuro. Potete essere certi che, se si pensa in questo modo, non accadrà mai. Si deve vivere in uno spirito tale per cui si fa di ogni momento la migliore delle possibilità*[89]. Stesso tema del punto precedente, ma da una differente angolatura. Qui è in gioco la capacità di intendere, prima che non quella di volere. Intendere l'"ora", cioè l'oggi prima separatamente (o, un'ennesima volta, in coincidenza degli opposti) dal domani, e poi in connessione (differenziazione e integrazione anche in questo ambito). Detto altrimenti, l'oggi, l'*ora*, non è solo e semplicemente l'"adesso" che proietta speranza, o da cui la speranza è proiettata in avanti (un avanti per altro indeterminato e indeterminabile): non è solo e semplicemente la rampa di lancio, e di slancio, per la speranza. È piuttosto il luogo, e il momento, che dà

89 C.G. Jung, *Visioni...*, cit., p. 823.

fondamento alla speranza (ora dopo ora, oggi dopo oggi), che può dare (o no) corpo e sostanza all'attuarsi, all'"effettuarsi" di ciò che è oggetto sperato. È il luogo, e il momento, di consolidamento e di edificazione di ogni possibilità connessa con ciò che è proprio di ciò che si spera. Sperare sarà allora non il restarsene passivamente (fatalisticamente) "nell'attesa", ma il fare attivamente "dell'attesa" una occasione in più per aumentare la possibilità che il puro verbo si trasformi nel corrispondente "complemento oggetto" anziché finire nell'amarezza del "participio passato".

7. *Non possiamo sbarazzarci di noi stessi: portiamo con noi il nostro corpo, la nostra ombra e tutto il resto è così come è sempre stato. Possiamo soltanto sperare di trovare un equilibrio tra la luce e l'ombra - e questo è praticamente tutto ciò che possiamo sperare, e nulla più*[90]. Qui la questione di tutte le questioni. E la più grande delle illusioni. Quella per cui l'atto di speranza potrebbe essere sostituito, impropriamente e ingannevolmente, con un "atto di fede". Mentre è chiaro come il sole che l'atto di speranza non potrà mai essere sostituito da un "atto di dolore", essendone necessariamente costituito. Se davvero la speranza è anche una virtù, e non solo un sentimento, allora non potrà che essere la virtù che deriva dalla piena consapevolezza del cruciale equilibrio di ogni dualità "congiunta" (l'abbiamo già detto e ripetuto: tra il chiaro e lo scuro, la luce e la tenebra, il bene e il male...). Riuscire ad arrivare a comprendere questo (fosse pure l'ultima o l'unica delle verità), riuscire a farsene una ragione, ad accollarsene il peso è la più decisiva delle speranze che possiamo coltivare per addomesticare, ammansire e "ammaestrare" la più esiziale delle illusioni (quella appunto di poter un giorno liberarci, disfarci, sgravarci del *lato oscuro*). Detto al contrario, non avere più alcuna speranza di una qualsiasi "vittoria finale" del giorno sulla notte è tutto ciò per cui sperare vale la pena.

8. *Da un punto di vista storico sono soprattutto i tempi di angustie fisiche, politiche, economiche e spirituali che fanno rivolgere lo sguardo*

90 C.G. Jung, *Lo* Zarathustra *di Nietzsche...*, cit., p. 462.

con angosciosa speranza verso il futuro e che creano anticipazioni, utopie e visioni apocalittiche[91]. La speranza è sempre "nel tempo". Sempre nel tempo *futuro*. La speranza è nel domani. Anche quando quel domani vale come compenso (a compensazione) per ieri: soprattutto quando quel futuro vale come riscatto o risarcimento o riparazione o restituzione per il passato. La speranza comanda al tempo, al nostro tempo vissuto e da vivere. Lo avvicina e lo allontana, lo restringe e lo dilata, lo contrae e lo espande: lo altera, lo manipola, lo falsifica. Lo inventa, perfino. Ma per quanto la speranza possa avere il nostro tempo nelle sue mani, per quanto possa avere il nostro tempo in suo potere, ai *tempi* non può, purtroppo per lei, comandare. Sono i tempi semmai a "dettare" la speranza. Se è bel tempo la speranza è in ultima fila. Se è cattivo tempo la speranza è sul palco. Se il tempo è buono la speranza si deve accontentare di qualche battuta, se il tempo è cattivo può togliersi la soddisfazione di un lungo monologo. Potrà anche essere la stessa speranza, ma non sarà mai esattamente la medesima speranza. A ogni tempo la sua speranza. Gioiosa nei tempi migliori, angosciosa nei tempi peggiori. Tra sperare di vivere bene e sperare di non morire male c'è un intero universo di decine e centinaia e migliaia di speranze dalle "forme" le più diverse. Ma per quanto vasto sia il "campionario" delle speranze, la lezione è sempre la stessa: *inclinant sed non necessitant*.

9. *Trovo che sia addirittura meglio prepararsi alla grande catastrofe che sperare che essa non avvenga e continuare a vivere nello stato sognante provocato dalla nostra immaturità. Può darsi che io sia troppo pessimista, ma non è quel che si dice un bel panorama, non trova?*[92]. Parole di Jung da una Lettera in data 3 agosto 1959. "Troppo pessimista"? "Non è quel che si dice un bel panorama"? Figuriamoci cosa potremmo dire noi che abbiamo alle spalle più di sessant'anni da quella lettera. Che, disgraziatamente, non c'è limite al peggio? Che, sfortunatamente, è andato tutto storto? Ovvietà. Come prendersela con il destino "cinico

91 C.G. Jung, "Presente e futuro" (1957), tr. it. in: *Opere* 10ii, p. 103.
92 C.G. Jung, *Lettere...*, cit., Vol. III, p. 227.

e baro". Al massimo potremmo puntualizzare evitando proiezioni e chiamandoci direttamente in causa per ciò che ci compete. Potremmo dire, ad esempio, che in effetti non c'è limite al peggio quando si della nostra *immaturità*, e che è ben difficile che le cose non vadano storte se a metterci mano è quel "legno storto dell'umanità", per dirla sempre con Kant, di cui conosciamo perfettamente sia il limite sia il senso del limite (cioè, il limite dell'assenza del senso del limite. Più che una perfetta aporia, un bel guaio). Per cui limitarsi a sperare che la grande catastrofe non avvenga (che si possa scongiurarla, magari a colpi di scongiuri) non sarebbe altro che un insulto alla stessa speranza. Anche se non si è credenti dell'ottimismo della volontà, non è che automaticamente non si possa non essere praticanti. La speranza è sempre dalla parte dei volenterosi. Che siano ottimisti o pessimisti poco importa alla speranza. Che siano affaccendati o sfaccendati importa già di più. Soprattutto quando di mezzo c'è la "faccenda" di quella maturità che magari non riuscirà a scansare la grande catastrofe, ma a "limitarla" forse sì ("Se noi cambiano, il mondo cambia"[93]).

10. *Probabilmente, come in tutti i problemi metafisici, tutte e due le cose sono vere: la vita è - o ha - significato, e assenza di significato. Io nutro l'ardente speranza che il significato possa prevalere e vincere la battaglia*[94]. È arrivato il momento di fare i conti con l'interrogativo celebre kantiano dell'"in che cosa posso sperare?", da cui siamo partiti per questo excursus in terra junghiana. In che cosa possiamo sperare? Se vale quello di cui abbiamo parlato sin qui, la risposta è "in tutto". Ma anche "in niente". La domanda è manifestamente retorica. La risposta, di conseguenza, perfettamente indifferente. È sbagliata la domanda? Più che altro, direi, è sbagliato il verbo. Quando si tratta di speranza il verbo *potere* non mi pare il più indicato: molto meglio il verbo *dovere*. "In che cosa dobbiamo sperare?". Secondo me suona più giusto. Anche perché è come dire che la speranza è sempre saggio

93 C.G. Jung, *Visioni...*, cit., p. 144.
94 C.G. Jung, *Ricordi, sogni, riflessioni*, cit., p. 419.

riservarla alle cose che davvero contano e valgono: che davvero fanno la differenza. Esempi? Sono tre le cose che più hanno valore, dal mio punto di vista, e per le quali la speranza si impone come un irrinunciabile dovere, come un imprescindibile *dover essere*. Della prima abbiamo già detto una pagina fa: sperare di riuscire, prima o poi, a trovare un equilibrio tra la luce e il buio rinunciando ad ogni speranza di potersi mai disfare dell'ombra. Della seconda si dice in quest'ultima battuta junghiana: la speranza che il *significato* (prima o poi pure questo) possa prevalere. La speranza cioè, anzi quell'"ardente speranza", che sia la nostra salvezza (perché "Soltanto ciò che ha significato redime"[95]). La terza? Della terza avremmo dovuto parlare di qui in avanti, se non fosse che ho ribaltato i piani, ho scambiato l'ordine tra prima e dopo, tra inizio e fine. Perciò dovrebbe essere chiaro: la terza speranza "dovuta" ha a che fare con la questione dell'*individuazione*. Ma questo lo riprenderemo nella Conclusione. Adesso è tempo di tirare le fila.

Riepiloghiamo. In estrema sintesi, sperare è sempre al *futuro*. Ce la ricordiamo ancora la cantilena dello *spero, promitto e iuro* che "reggono il futuro"? Appunto. Al che comunque potremmo aggiungere che se sullo sperato e sullo sperabile nessuno può giurarci quanto al suo "avverarsi", talvolta può capitare però di ritrovarsi a sperare con aggiunta di promesse, cioè a colpi di "buoni propositi". Come se sperare valesse quanto il pregare per l'ottenimento di un aiuto celeste. Non il massimo della devozione. D'altra parte la speranza chiama sempre in causa, implicitamente o esplicitamente, "entità" sconosciute che reggono i destini delle cose "a venire". E qui il discorso si fa insidioso (magari pure "invidioso"). Per cui è meglio tagliar corto e ricordare, come è stato detto, che la vera speranza non dispensa mai dal fare (dal continuare a fare) la propria parte fino in fondo: non esenta, non esonera, non esime da nulla di ciò che rappresenta il nostro compito, e non ne alleggerisce il carico, né disimpegna

95 C.G. Jung, "I rapporti della psicoterapia con la cura d'anime" (1932), tr. it. in: *Opere* 11, p. 314.

dall'obbligo, né svincola dalla responsabilità. Piuttosto esattamente il contrario. Sperare a mani basse è il modo migliore per rischiare di ritrovarsi a mani vuote. E il rischio si raddoppia quando avendo sperato a "energie spente" potrebbe accadere, per speranza inevasa, di essere travolti da un'improvvisa "fiammata" di quelle stesse energie: come dire, dall'accidia all'ira il passo è breve. Sperare senza fare non conquista nessun futuro: l'unica cosa che ottiene è di inimicarselo. Naturalmente anche sperare facendo potrebbe non essere sempre consigliabile, mentre fare senza sperare potrebbe rivelarsi, in certe occasioni, la scelta migliore. Sto dicendo cioè che conviene sempre riflettere con attenzione a quando sia davvero il caso di giocarsi la carta della speranza. E dunque? E dunque è di nuovo la questione dell'"in che cosa debbo sperare" anziché dell'"in che cosa posso sperare". Per cui: conclusione.

3. Per concludere (davvero).

– *"Se lei dovesse dirsi in cuor suo, sinceramente, magari questa notte: 'Non sono stato capace di farmi amare da nessuno, nessuno mi è attaccato, nessuno mi è grato, non ho la considerazione di nessuno, e nessuno mi rispetta, nessuno al mondo; non sono stato capace in nessun modo di trovarmi un affetto, e non ho fatto niente di buono, niente che qualcuno potesse ricordare di me!', beh, i suoi settantotto anni sarebbero settantotto anni sciagurati, o no?" [...] – "Vent'anni fa, sì, ma ora non più; a mano a mano che mi avvicino alla fine, mi pare di viaggiare in cerchio, sa? E di avvicinarmi sempre di più all'inizio"*[96]. Ecco un paio di battute contenute nella parte finale della *Storia tra due città* di Charles Dickens. Ovviamente non è possibile qui ripercorrere nel dettaglio la vicenda narrata. Ciò che ci interessa evidenziare (e intendere nel giusto modo) è solo il senso di quel "a mano a mano che mi avvicino alla fine mi pare di viaggiare in cerchio e di avvicinarmi vieppiù al centro". Ritorna l'immagine del doppio vortice che da un lato è movimento circolare in espansione

96 C. Dickens, *Una storia tra due città* (1859), tr. it. Frassinelli, Milano 2000, p. 383.

del campo di coscienza fino alla massima circonferenza e dall'altro è contemporaneo avvitamento al centro. Il singolare di ciò che appare inspiegabile (che è l'inspiegabile del "singolare" di ogni vita) sta tutto nella coincidenza di inizio e di fine: nella doppia coincidenza, meglio, di inizio e fine, e di fine e inizio. Per quanto ouroborica possa risuonare l'immagine, questa è la "figura" propria di ciò che si può racchiudere nell'idea, junghiana, di *individuazione*. Qualcosa che, per altre vie associative, ricorda il titolo di un vecchio giallo fine anni Sessanta di Agatha Christie in traduzione italiana, ovvero *Nella mia fine è il mio principio*, titolo che, nell'originale, suonava *Endless Night*: ecco, potremmo dire, non afferrare la circolarità di inizio e fine come "parabola" del cammino della vita sarebbe esattamente ciò che condannerebbe la vita stessa a una *notte senza fine*. Per un verso oscurità completa, per l'altro caduta nel vuoto dell'indeterminato (nemmeno un *Viaggio al termine della notte* celiniano). Impossibile dunque attendere al compito individuativo, cioè portarlo "a termine", senza averne compreso fino in fondo il paradosso che lo contiene: si procede sempre in avanti verso quel "terminale" che non è l'ultimo bensì il primo, che non è il finale bensì l'originario. Dopodiché altrettanto indispensabile per lo svolgimento del compito sarà averne ben chiari i connotati (i "termini" del problema). Connotati che, per riproporre la formula adottata in precedenza per identificare le dimensioni proprie dell'accadere della vita, ovvero le tre *I* dell'Incerto, dell'Imprevisto e dell'Inevitabile, anche in questo caso potremmo riassumer nelle tre I dell'*Ingrato*, dell'*Impopolare* e dell'*Inconscio*. Vediamo di chiarire.

Scrive Jung: "[...] fin quando si recita una parte di fronte a se stessi, non ci si può individuare; le convinzioni che si hanno su se stessi sono la forma più sottile di *persona* e l'ostacolo più sottile contro ogni vera individuazione. Si riesce ad ammettere praticamente tutto, eppure, da qualche parte, si mantiene l'idea di essere, nonostante tutto, così e così, e questo rappresenta sempre una sorta di argomentazione finale che arreca, apparentemente, un vantaggio; agisce tuttavia da influsso negativo contro la vera individuazione. Strapparsi via questi veli è un procedimento estremamente doloroso, ma ogni passo avanti nello sviluppo psicologico significa proprio questo, lo strapparsi via un altro velo. Siamo come cipolle, abbiamo molti strati, e, per arrivare al vero nucleo centrale, dobbiamo sbucciarci sempre di nuovo"[97]. Compito *ingrato* quello individuativo. E per nulla indolore. "Eroico e tragico" insieme, come è stato detto. Compito, per esempio, di ricusazioni, dinieghi e rifiuti. Di "No, grazie", di "No, mi dispiace", di "No, non è possibile". Compito di sottrazioni, schivate e scansate. Una gran fatica a non accondiscendere, a non assecondare, a non prestarsi. A non arretrare, a non cedere, a non capitolare. La tortuosa "dirittura" del cammino individuativo non concede nulla a ciò che lusinga la Persona e a ciò che pretende l'Io. Ogni vanto e vanità della Persona, e ogni arroganza e prepotenza dell'Io inchioderebbero il passo. Il compito individuativo è nell'*on the road* (again and again). Il carico e il peso, l'affanno e il tormento della sua "ingratitudine" è nel doppio nodo inestricabile di solitudine e libertà. La libertà della solitudine, e la solitudine della libertà. A fare che? A sbucciare cipolle, tanto per dire. O forse a "spellarsi". A cambiare pelle. Terra alla terra, cenere alla cenere e polvere alla polvere: – *Gon' walk down that dirt road until my eyes begin to bleed / Gon' walk down that dirt road until my eyes begin to bleed / 'Til there's nothing left to see, 'til the chains have been shattered and I've been freed // I've been lookin' at my shadow, I been watchin' the colors up above / Lookin' at my shadow watchin' the colors up above / Rolling through the rain and hail, looking for the sunny side of love*[98].

Scrive ancora Jung: "A ogni passo verso l'individuazione si produce nuova colpa che richiede una nuova espiazione. Per questo l'individuazione è possibile solo se si producono valori sostitutivi [...]. L'uomo individuato non ha a priori alcun titolo per essere in qualche

97 C.G. Jung, *Visioni...*, cit., pp. 888 *sg*.
98 B. Dylan, "Dirt Road Blues" (1997), in: A. Carrera (a cura di), *Lyrics 1962-2001*, Feltrinelli, Milano 2006, p. 1058.

modo apprezzato. Deve accontentarsi dell'apprezzamento che gli proviene dall'esterno in virtù dei valori da lui creati. La società ha non solo il diritto, bensì anche il dovere di disprezzare l'individuato se egli non crea valori equivalenti; egli è infatti un disertore. Quando perciò nell'analisi emerge, celata sotto una traslazione eccezionale, l'esigenza d'individuarsi, ciò significa il congedo dall'unanimità collettivo-personale e il passaggio nella solitudine, nell'eremo del Sé interiore. Al mondo esterno resta visibile solo l'ombra della personalità. Ecco il perché del disprezzo e dell'odio da parte della società."[99]. Compito *impopolare* quello individuativo. Guardato storto, dal collettivo. Giudicato male. Bollato di egoismo. Condannato per lesa maestà (del "noi"). Disprezzato con astio. "Come osa?", "Come si permette?", "Cosa si è messo in testa?". Il collettivo ha sempre il dente avvelenato con chi si azzarda a scantonare "fuori dal coro". A starsene in disparte, a mettersi per conto proprio, a fare di testa propria. Delle due l'una: o è un "colpo di testa", nel migliore dei casi, o è un "fuori di testa", nel peggiore. L'imperativo del collettivo (unica forma verbale in cui si esprime o, forse, conosce) è inequivoco: conformarsi. Chinare la testa, abbassare la cresta, troncare la festa. È davvero bizzarramente curioso, e amaramente ironico, come al "Lei non sa chi sono io" intimato all'unisono dalla Persona e dall'Io "collettivizzati" chi si è incamminato da sé sul sentiero individuativo non abbia altro da replicare che "Io non so chi sono io". In ogni caso la sentenza, per gli "individuanti", è lapidaria: esclusione, espulsione, messa al bando. Destituzione, proscrizione, ostracismo. Occhio per occhio. L'occhio cieco dell'odio del collettivo che nasconde l'occhio "bieco" dell'invidia per chi va dritto per la sua strada. A sentenza lapidaria perciò, conseguentemente, esecuzione (e-*sé*-cuzione) per lapidazione: – *Well, they'll stone ya when you're walkin' 'long the street / They'll stone ya when you're tryin' to keep your seat / They'll stone ya when*

99 C.G. Jung, "Individuazione e collettività", cit., p. 311.

you're walkin' on the floor / They'll stone ya when you0re walkin' to the door / But I would not feel so all alone / Everybody must get stoned[100].

Scrive infine Jung: "[...] il processo di individuazione è semplicemente inconscio, come in natura [...] Ora non fate l'errore di pensare che il processo di individuazione abbia qualcosa a che vedere con la santità o con il misticismo. Niente del genere accade nel processo di individuazione perché è un evento naturale o un corso di eventi, mentre il misticismo o la santità sono qualcosa di completamente differente, che non è paragonabile con il problema. Il processo di individuazione, il normale processo, inizia di per sé nella seconda parte della vita, perché in quel momento la coscienza inizia a distaccarsi appena, e solo allora siete in grado di comprendere. Finché la vostra coscienza è completamente imprigionata nella vostra psicologia personalistica, non potete comprendere; non potete vedere chiaramente; non potete oggettivare"[101]. Compito *inconscio* quello individuativo. Il suo è un accadere che appartiene al corso naturale delle cose. È l'ossimoro dell'accidentale "regolare" o, se si preferisce, del casuale "fatale". È l'obbligato del *The Times They Are a-Changin'*[102]. È l'edotto del crocevia dell'età di mezzo. Della soglia enantiodromica che segna il rovesciamento di tutte le cose nel loro opposto. La fine che diviene l'inizio. O, per essere più chiari, la fine dell'inizio che diviene l'inizio della fine. Fino a quella fine "finale" che, come si è detto, non potrebbe che corrispondere all'inizio dell'"iniziale. Transito inconscio per il fatto che è da lì, dall'inconscio, che arriva l'avviso. A patto che non si equivochi su chi sia il ventriloquo. Cioè non noi e l'inconscio il pupazzo, ma viceversa. A metà del cammino della vita è il momento, per tutti e per ciascuno, dell'"uomo avvisato mezzo salvato". Il cammino individuativo sarà l'altra metà della

100 B. Dylan, "Rainy Day Women #12&35" (1966), in: A. Carrera, *op. cit.*, p. 378.
101 C.G. Jung, *Dream Symbols of the Individuation Process. Notes of C.G. Jung's Seminars on Wolfgang Pauli's Dreams*, a cura di S. Gieser, Princeton University Press, Princeton, NJ 2019, pp. 266 *sg.*
102 B. Dylan, "The Times They Are a-Changin'", in: *The Times They Are a-Changin'*, CBS, 1964.

salvezza da conquistare. In marcia per dove? Sempre in avanti nella direzione del Sé che, del percorso, è luce in axis e telos: – *They say ev'ry man needs protection / They say ev'ry man must fall / Yet I swear I see my reflection / Some place so high above this wall / I see my light come shining / From the west unto the east / Any day now, any day now / I shall be released*[103].

A questo punto, si può dire di più? Teoricamente sì. Mettiamo infatti il caso che qualcuno esiga chiarimenti *a contrario*, ovvero su ciò che individuazione *non è*. Dal momento che non risulta che Jung si sia sottratto a una simile richiesta, non possiamo noi non accoglierla. Pur lasciando ovviamente a lui l'onere della risposta. In parole sue, l'individuazione non è *preparazione al dopo la morte*, non è *scienza né filosofia*, non è *intensificazione della coscienza*. Vediamo.

Scrive Jung: "Un'altra domanda è: 'Dovremmo considerare l'individuazione una preparazione a un'ipotetica vita dopo la morte, un fine in sé (nella misura in cui riguarda la vita sulla terra)?'. L'individuazione non deve essere considerata una preparazione. L'individuazione è la legge della nostra vita, la vita è *quella* a ogni stadio e non deve essere interpretata come una preparazione. La vita è un ciclo eterno, è in ogni momento: ci sono sempre state persone che sono morte, nate e vissute. In realtà, quindi, non si dovrebbe dire che l'individuazione sia una preparazione: è anche la vera fine; è sia l'inizio che la fine della vita, è il processo stesso della vita. Considerare la vita come una preparazione a una ipotetica vita dopo la morte significherebbe che la vita, in sé e per sé, non è nulla, che la cosa vera è la vita dopo la morte, il che è del tutto assurdo. Se c'è una vita dopo la morte, è inclusa in questa vita; allora la vita dopo la morte sarebbe di nuovo una mera preparazione alla vita qui sulla terra, apparterebbe allo stesso ciclo"[104]. Spiacenti, nessuna *santificazione* del cammino individuativo per assicurarsi il paradiso. L'individuazione è "creazione di valori" (pessima espressione, mi

103 B. Dylan, "I Shall Be Released" (1967), in: A. Carrera, *op. cit.*, p. 590.
104 C.G. Jung, *Visioni...*, cit., p. 821.

rendo conto, da gergo economicista da cui vorrei tenermi lontano mille miglia, ma il senso junghiano dovremmo averlo acquisito) nel *qui e ora* dello spazio collettivo e del tempo contemporaneo, a ogni "gradino" di vita vissuta (la nostra) nel momento stesso in cui la si vive. Nessun *poi e allora* sarebbe incluso nel compito individuativo. Il compito è sempre quello di oggi. Occuparsi del dopo della vita, del dopo la sua fine, sarà anche un'ottima scusa per scansare le beghe del giorno dopo giorno, ma suona, nemmeno troppo lontanamente, con una certa intonazione da grandiosità dell'Io o da inflazione della Persona. Un mix di iattanza e autocompiacimento del tipo "siamo in missione per conto di ..." (qualsiasi tre puntini, ovviamente, senza distinzioni). Ciascuno invece è in missione per conto proprio, e dovrebbe risultare non esserci troppo spazio, nel qui e ora, data la situazione, per occuparsi di questioni del poi e allora. Senza trascurare il piccolo particolare che tra le mille questioni di cui farsi carico c'è pure il problema non secondario che prima del dopo c'è comunque una fine. Quindi, al massimo, può far parte del compito individuativo il prepararsi alla fine (alla morte, invece che al dopo la morte). Così, a chi scambia la via dell'individuazione per quella della santità per il paradiso potrebbe capitare di accorgersi dell'errore quando è ormai troppo tardi con l'unica consolazione del "meglio tardi che mai". Il che, comunque, sarebbe sempre meglio del "meglio che niente". In ogni caso, al dopo non sarebbe meglio pensarci quando sarà il momento? Cioè, appunto, dopo?

Scrive ancora Jung: "[...] la filosofia, in quanto chiacchiera, è una norma procedurale alquanto utile: come diventare un professore. E la scienza o l'investigazione scientifica rappresenta un modo per inventare o scoprire, a fini pratici, nuove e utili norme procedurali: come diventare un professore, oppure come sviluppare capacità pratiche ed essere di una qualche utilità alle persone, come in medicina, diciamo. Esistono applicazioni di ogni genere per le prescrizioni pratiche, oggettive o soggettive che siano: in base a tale schema si possono addirittura suddividere le persone colte in gruppi distinti.

Da un lato ci sono i tipi 'soggettivi', la cui norma procedurale è: come diventare famosi, come dire qualcosa che faccia sobbalzare sulla sedia le persone, che faccia drizzare le orecchie a tutti ed esclamare: 'Meraviglioso!' – e dall'altro ci sono quelli che realizzano effettivamente qualcosa di valore. Ma si tratta comunque di scienza da cima a fondo, di un mondo di parole, di un mondo bidimensionale. Al di là di quest'ultimo, esiste un mondo in cui sperimenti realmente che il mondo esiste, che tu sei la psiche – la psiche diviene la tua esistenza"[105]. Nuovamente, spiacenti. Non c'è una *filosofia* del cammino individuativo così come non c'è una *scienza*. Certo possiamo "speculare" di individuazione, parlarne, ragionarci, rifletterci su, perfino riempire pagine (tipo queste, no?). Niente ce lo impedisce e nessuno ce lo proibisce. E possiamo pure tentare di "accertare" dell'individuazione, più o meno empiricamente, possibili regolarità che diventano leggi e irregolarità che diventano eccezioni, per poi stabilire principi comprovati dai fatti (tipo che è a metà della vita che si manifesta, no?). Niente ce lo impedisce e nessuno ce lo proibisce. Ma alle fine dei conti, tirate le somme, ci accorgeremmo facilmente che abbiamo ottenuto ben poco, e quel poco molto somigliante a un quasi-niente, e quel quasi-niente non solo molto somigliante ma del tutto identico a niente. Afferrare l'individuazione (afferrare qualcosa dell'individuazione) non è opera per filosofie o scienze ancorate irriducibilmente al primato della ragione "sufficiente", della ragione nei suoi "puri e semplici limiti". Già solo il principio della *coincidenza degli opposti* (tanto per fare un esempio così a caso) sfugge a quei limiti. Figuriamoci il resto, tutto quel resto che è *psiche* (inconscio, anima, Sé, caso, destino, immagine, sogno ecc. ecc.). Senza farla troppo lunga, è sempre la solita storia delle "ragioni che la ragione non conosce". Di quelle *ragioni del cuore* che sono sempre ragionevoli e irragionevoli (filosoficamente e scientificamente parlando) nello stesso tempo. Se vogliamo *comprendere* e non solo spiegare, se vogliamo comprendere in profondità il ragionevole e l'irragionevole che

105 C.G. Jung, *Lo* Zarathustra *di Nietzsche...*, cit., pp. 443 *sg*.

può animare il fenomeno individuativo, non c'è né filosofia né scienza che tengano. C'è solo psicologia? C'è anche psicologia, sicuro, o almeno una certa psicologia. Ma prima di tutto c'è vita. C'è la vita *di* psiche e la vita *in* psiche. Un territorio dai confini tanto vasti quanto sconosciuti. Il territorio, precisamente, dell'*irrazionabile* (filosoficamente) e dell'*indimostrabile* (scientificamente).

Scrive infine Jung: "Prima di tutto l'individuazione non è un'intensificazione di coscienza, ma molto di più. Bisogna infatti avere coscienza di una cosa prima che essa possa venire intensificata, e ciò significa esperienza, vita vissuta. Si può essere veramente consci soltanto delle cose che si sono sperimentate, e quindi l'individuazione deve essere interpretata come vita. Soltanto la vita nella sua interezza, la vita e ciò che in essa facciamo, fa comparire l'individuo [...]. Una vera coscienza si può basare soltanto sulla vita, sulle cose che si sono sperimentate, ma parlare di queste cose è soltanto fiato sprecato. È una sorta di comprensione conscia, ma non è l'individuazione"[106]. Spiacenti, per l'ennesima volta. Il cammino individuativo non è un *di più di coscienza*. O almeno non lo è "in primis". Prima vivere, poi tutto il resto: filosofia compresa, come usa dire, e pure scienza. Al limite potremmo includere l'uno e l'altro, lo speculare (filosofico) e l'accertare (scientifico) di cui abbiamo detto prima, tra gli *atti* individuativi. Ma molto "al limite" però. Come l'individuazione non è *compresa* pienamente né nei (e dai) concetti filosofici né nelle (e dalle) leggi scientifiche che pure potrebbero avere valore addirittura universale, altrettanto non lo sarà, compresa, da tutto ciò che sfugga all'irriducibile unicità di una singola vita *Alone in The Universe*[107]. Banalmente si potrebbe dire che non è mai la stessa individuazione per tutti, o che ci sono tanti cammini individuativi quante vite. Per darsi individuazione deve esserci prima una vita e poi un qualcuno a viverla come "individuo". Qualcuno che sia (che sappia essere) concetto e legge di se stesso (da se stesso). O almeno

106 C.G. Jung, *Visioni...*, p. 821.
107 Jeff Lynne's ELO, "Alone in the Universe", in: *Alone in the Universe*, CBS, 2015.

idea e regola di se stesso (per se stesso). Da questo punto di ista si potrebbe anche ire che l'individuazione è un compito *etico*. Ma anche in questo caso, poi. Prima, se vale quanto abbiamo detto sin qui, sarà un compito *mitico* (o "mitopoietico"). Il compito di compiere la vita (l'impresa della vita), di portarla a compimento. Come? In coscienza e incoscienza. Il "di più di coscienza" infatti ha sempre e solo a che fare con l'inconscio. Ma le tracce dell'inconscio all'opera sono nella vita prima che non nei pensieri sulla vita o nei saperi della vita. Negli accidenti, negli eventi, nelle combinazioni, nelle coincidenze, negli infiniti casi e fatti della vita. In quella trama "mitica" di casi e fatti che è *psiche* in energia d'anima e materia d'inconscio.

Siamo davvero alle ultime battute. Che fine ha fatto la speranza? Che fine ha fatto, anzitutto, la domanda "in che dosa dobbiamo sperare?". È tutto qui: se la speranza vale solo per ciò che vale, e se ciò che più vale è l'individuazione, allora riserviamo la speranza per questo. Per il resto si vedrà (se è il caso). Centrare la speranza sul cammino individuativo è sperare di fare tutto ciò che è in nostro potere per portare a compimento ciò che è in nostro dovere. Nessun altro potrebbe, per questo, sostituirsi a noi. A noi tocca, se lo vogliamo. Se no pazienza. Se no, sicuramente, ci ritroveremo a sprecare speranze per tutto ciò in cui possiamo speranze. Cioè, evidentemente, per tutto. Eccetto l'unica cosa che conti davvero. Che valga la vita. La speranza nell'individuazione resta comunque una speranza cieca, una speranza in aenigmata. E una speranza in psiche. Ciò che tocca a noi è solo fare. Sempre fare: – *May your hands always be busy / May your feet always be swift / May you have a strong foundation / When the winds of changes shift / May your heart always be joyful / May your song always be sung / May you stay forever young*[108].

Visto che siamo in tema, nel magistrale film-documentario di Martin Scorsese a celebrare i quarant'anni di quel "magical mystery tour" che fu la *Rolling Thunder Review* di Bob Dylan (e soci) ai filmati d'epoca si inframmezzano, qua e là, brevi passaggi di intervista al

108 B. Dylan, "Forever Young" (1974), in: A. Carrera, *op. cit.*, p. 622.

bardo. In uno di quei passaggi Dylan afferma: "La vita non è la ricerca di se stessi o di qualunque altra cosa. La vita è creare se stessi". Se *cercare se stessi* lo intendiamo nel senso del compito individuativo, certo la speranza di "trovarsi", prima o poi, può valere ad accompagnarci e a sostenerci. In primo luogo perché anche per la speranza si tratta comunque di psiche, e psiche certo non disdegna nulla di ciò che le appartiene almeno tanto quanto è disposta ad accettare tutto di noi (o almeno tutto tranne, forse – dico forse – quella "disperazione" che potrebbe rendere esitante il nostro passo sul cammino o vacillante la nostra fiducia in lei); in secondo luogo perché il viaggio dell'individuazione è viaggio nella notte, e ogni incerto passo nel buio della notte è sempre una scommessa, dovendo per di più tener conto del fatto che saranno anche tutti neri i gatti di notte, però sfortunatamente non è mai la stessa notte. Ma se il compito è *creare se stessi* allora la speranza non solo è preferibile: la speranza è obbligatoria. Creare se stessi è come dire *dare vita alla vita*, plasmarla a propria immagine e somiglianza, infonderle il soffio, darle anima (o qualunque altra espressione vi venga in mente che sia all'altezza). Solo nel creare se stessi (nel tentare di, almeno) è racchiuso il senso ultimo dell'axis e del telos che può guidare la mano operosa del fabbricante di quell'unico universo che "si è". C'è altro che potrebbe mai valere di più? C'è altro che potrebbe mai valere di più di una vita vissuta non a traino o a spinta del suo "portatore", bensì ad *opera* del suo "creatore"? Certo che non c'è. Per questo dunque, e solo per questo, la speranza o è *dovuta* o non è. Sperare di vederci chiaro, di non desistere per nessuna ragione e di dare il meglio di sé o almeno provarci. È questo, solo questo e tutto questo, ciò in cui *dobbiamo* sperare.

La creatività materna come promessa di futuro

Silvia Vegetti Finzi

Milano, Italy / *Italia*
May / *Maggio* 2020

Premessa

Giunta al tramonto della vita, volgendomi al passato, mi rendo conto del paradosso che caratterizza la mia riflessione e produzione culturale: l'interesse dedicato alla maternità. Una predilezione inspiegabile perché, come ho raccontato nel libro autobiografico *Una bambina senza stella,* come conseguenza della persecuzione antisemita che ha colpito la mia famiglia, ho incontrato la mamma per la prima volta a cinque anni, quando ormai l'attaccamento istintivo si è allentato e svanita la consonanza che nasce dalla convivenza di due corpi in uno.

Mi considero pertanto, senza rancore ma con rimpianto, "non figlia" di una "non mamma", con il senso di perdita che questa duplice negazione comporta. Come forma di resilienza ho cercato però, fin da piccola, di recuperare il tempo perduto e risanare la ferita del disamore pensando e agendo maternamente senza mai contrapporre "madri" e "non madri". Considero infatti la maternità un potenziale di tutte le donne, libere di riconoscerlo, valorizzarlo e realizzarlo senza necessariamente partorire un figlio in carne e ossa. La maternità è innanzitutto generatività in senso lato, creatività, capacità di ideare e realizzare ciò che prima non c'era. Mentre gli animali si riproducono, gli umani procreano, mettono al mondo, nel senso più prossimo alla creazione divina e proseguono l'impresa con tutte le loro capacità, considerandola la fondamentale realizzazione di sé. La lingua esprime efficacemente l'equivalenza tra corpo e mente quando diciamo: concepire un'idea, partorire un'opera d'arte, generare un progetto. Una persona materna può fare figli ma anche realizzare opere d'arte, legami affettivi e sociali, produzioni simboliche, atteggiamenti di comprensione, azioni di accoglienza, di accudimenti e di cura.

Secondo Freud, i compiti dell'umanità sono tre: governare, curare ed educare, al tempo stesso necessari e impossibili[1]. Compiti che, in quest'epoca di crisi globale, hanno più che mai bisogno di un apporto femminile e materno, non tanto nel senso anagrafico del termine quanto delle qualità che questa identità dovrebbe comportare. Manca invece una riflessione in proposito perché preferiamo condividere o contraddire i valori maschili senza affermare la nostra specificità, senza interrogare noi stesse. La forza che anima il progetto materno è l'amore, l'energia vitale che opera secondo il principio sostenuto da Freud (erede di una concezione presocratica del mondo): l'amore unisce e l'odio divide.

Viviamo in un'epoca tragica quando tutte le nostre certezze sembrano vacillare e l'orizzonte del futuro collassare. Le mappe tradizionali non valgono più. Mai come ora stiamo prendendo atto della nostra fragilità, della nostra dipendenza dalla natura e dalla società. La crisi demografica, l'inverno della natalità, è solo la punta di un iceberg che sprofonda nel buio della pulsione di morte. L'onnipotenza prometeica che ha indotto il progresso della civiltà a superare il limite sta rivelando il suo recondito potenziale distruttivo. Sentendoci minacciati reagiamo, in conformità alla nostra contradditoria natura, in modi positivi e negativi. Mentre la solidarietà ci spinge a unirci ad e aiutarci a vicenda, la paura ci induce a dividerci e contrapporci in forme di dilagante ostilità.

Vorremmo cambiare il mondo e più volte ci siamo ripetuti "nulla

1 S. Freud, *Analisi terminabile e interminabile* (1937), tr. it. in: *OSF* 11, p. 531.

sarà come prima", ma non sappiamo bene che cosa stiamo dicendo perché non c'è un "prima" senza un "dopo" e noi questo "dopo" non lo conosciamo. Il futuro si presenta ogni giorno nella forma astratta del calcolo delle *probabilità* ma abbiamo bisogno di *possibilità*, di proposte creative, di emozioni positive. La speranza chiede parole vere, che tutti possano comprendere e dalle quali si sentano interpellati. In questo momento, al di fuori della logica di mercato, possiamo trovare punti di riferimento in noi: riconoscerci nelle forme di vita che reggono da sempre la sopravvivenza individuale e la continuità della specie. Nella convinzione che la mente è corporea e il corpo pensante.

Essere umani

L'esortazione a "essere umani" risulta quanto mai opportuno ma richiede un'ulteriore specificazione perché, secondo Marco Revelli[2] umano e disumano convivono nella storia universale e, aggiungo io, nel nostro animo.

"Essere umani!" è una esortazione suggestiva in quanto evoca i valori dell'umanesimo classico che impronta a nostra storia, ma è anche un'espressione ambivalente perché l'uomo, in quanto tale, è buono e cattivo, bene e male.

> *Homo sum, humani nihil a me alienum puto.*
> ("Nulla che sia umano mi è estraneo")

La frase è di Publio Terenzio Afro, che la usò nella sua commedia *Heautontimorùmenos* (*Il punitore di se stesso*, v. 77) del 165 a.C. Sono umani tanto i grandi capolavori dell'arte, le costituzioni politiche esemplari, le azioni più eroiche, le condotte più sublimi quanto i campi di sterminio, le dittature più feroci, l'oppressione dei più deboli, le azioni più infami. Pare che Marc Twain, alla domanda "A

2 M. Revelli, *Umano, disumano, postumano. Le sfide del presente*, Einaudi, Torino 2020.

quale razza appartiene? fosse solito rispondere: “a quella umana. Tanto di peggio non ne conosco”.

Essere umani va inteso quindi come un invito a migliorare la nostra natura, a recuperare le nostre potenzialità e realizzare le nostre risorse. Come scrive Dante: “Considerate la vostra semenza: fatti non foste a viver come bruti ma per seguir virtute e conoscenza” (Canto XXVI dell'*Inferno*). Il termine “semenza” simbolizza, in senso teologico, il gesto della creazione divina, per cui siamo tutti figli di Dio. In senso laico possiamo invece intenderlo come il *germen* che abbiamo ricevuto dalle generazioni passate e che trasmettiamo alle future quando, dall' unione di due corpi, sorge una nuova creatura e, con lei, un mondo nuovo, un futuro imprevisto. Il germoglio umano ha bisogno, come quello delle piante, di un terreno in cui nutrirsi e crescere: per l'embrione quel terreno è il corpo materno, la prima Madre Terra in cui si radica. In quel momento, l'apporto generativo del corpo maschile si concluse e inizia la lunga, complessa vicenda della maternità.

Della maternità, intesa come impresa che impegna il corpo e la psiche di una donna, mi sono occupata in molti libri. Ne *Il bambino della notte*, indago i sogni e le fantasie; in *Volere un figlio* confronto la maternità naturale con quella artificiale; ne *L'ospite più atteso* racconto le difficoltà della gravidanza nella società delle prestazioni professionali e della fretta. Ma ora mi propongo di assumere un altro punto di vista e utilizzare la maternità, intesa come paradigma morale, utopia del possibile, per attribuire all'espressione “essere umani” un valore, non solo ideale ma reale, esistente e operante benché soggetto, come ogni esperienza, ad ambivalenze e conflitti. La maternità non è un sentimento ma una passione che motiva l'azione, di cui dobbiamo valorizzare le potenzialità etiche.

Di fronte al saper fare delle madri nei vari contesti storici e geografici, ci rendiamo conto di quante e quali risorse sperperiamo nel corso della vita, quanti errori commettiamo per incapacità di conoscere e di valorizzare ciò che da sempre sappiamo. Ci lasciamo condizionare dai pregiudizi e dalle credenze, orientare dalla moda, disperdere nel tentativo di piacere agli altri, dimenticando, come dice Sant'Agostino, che la verità abita in noi. Non mi riferisco ai singoli casi, alle esistenze individuali, ai rapporti fattuali, sempre imperfetti e incompiuti, ma al modello materno che possiamo disegnare sublimando l'esperienza, utilizzando memoria, intelligenza e immaginazione, interpretando sintomi e sogni.

La maternità è un'esperienza universale: tutti si nasce figli. Come scrive Adrienne Rich, femminista storica americana: "Tutta la vita umana sul nostro pianeta nasce da donna. L'unica esperienza unificatrice, incontrovertibile, condivisa da tutti, uomini e donne, è il periodo trascorso a formarci nel grembo di una donna...Per tutta la vita e persino nella morte conserviamo l'impronta di questa esperienza. Dimenticare la madre significa dimenticare se stessi."[3]. Ma è possibile dimenticare di essere nati da donna? Non credo. Nel bene e nel male è l'incipit della nostra vita l'inizio della nostra biografia.

La maternità è relazione per cui quando parliamo di madre parliamo anche di figlio e viceversa. Ma quando si diventa madri? Non basta certo un test di gravidanza per sentirsi tali. Ogni donna incontra quella rivelazione in un momento specifico della sua esistenza così come ognuno si sente figlio in frangenti particolari della sua storia. Di quell'esperienza universale l'iconografia dell'Annunciazione rivela emozioni inesplorate senza mai violare l'ombra di mistero che l'ammanta. Vi sono vissuti di cui tutto non si può mai dire.

In ogni caso, esiste una predisposizione alla maternità che prende la forma di un appello cui la bambina, l'adolescente o la donna può rispondere: "sì, no, più tardi, mai", oppure "Lo sarò nei modi e nei tempi che riterrò più opportuni". In generale, direi che si diventa madri quando si sente che un altro ha bisogno di noi, che il mondo ci chiede qualche cosa, quando si avverte un'urgenza

3 A. Rich, *Nato di donna. Cosa significa per gli uomini essere nati* da *un corpo di donna* (1979), Garzanti, Milano 1977, p. 7.

creativa, trasformativa, migliorativa. E si risponde alla chiamata con dedizione totale.

Ci sono tanti modi per realizzare il nostro potenziale generativo, ma il modello materno è il più universale perché tutti, maschi e femmine, nascendo, lo abbiamo condiviso. Ed è questo parametro che intendo proporre senza negarne le ambivalenze perché, come insegnano le fiabe, l'ombra della madre è la matrigna, della fata la strega, della casa il bosco, del latte il veleno, della vita la morte. Ma se il mondo continua è la componente positiva che trionfa per i nati e per quelli nati dopo di loro in una catena di generazioni che si dissolve nel passato e si prolunga nel futuro, oltre il nostro sguardo.

Riprendendo la narrazione, abbiamo lasciato il seme umano mentre germogliava nel grembo di una donna che sarà madre. Vediamo ora quali valori esprime quella metafora.

La maternità come ospitalità

A questo punto è già avvenuto un fenomeno unico ed esemplare che chiameremo "accoglienza", il primo dei modelli ideali che il progetto materno ci offre. Contrariamente agli impulsi di rigetto che rendono così difficili i trapianti d'organo, la gestante sospende le difese immunitarie e accoglie in sé, senza aggredirlo, un organismo che le è parzialmente estraneo in quanto la metà dei caratteri ereditari, dei geni che lo compongono derivano dal padre.

È un caso unico di blocco immunitario che nessuno sa ancora spiegare ma che costituisce un modello organico di ospitalità. Gli antichi Greci consideravano l'ospitalità un valore sacro e inviolabile in quanto, sotto le sembianze dell'ospite, poteva celarsi una divinità. Non è forse un piccolo dio ogni nascituro, antecedente di quello che Freud chiama "Sua Maestà il bambino"? Un dio da accogliere e proteggere per superare la paura dello straniero, del diverso, dell'altro che esiste in ogni comunità. E in ognuno di noi.

Quanto quell'etica sia andata perduta nell'epoca dei respingimenti, dei naufraghi condannati ad annegare per mancanza di soccorsi, lascio a voi valutare.

La maternità come riconoscenza

Abbiamo detto che si nasce da una fusione di elementi maschili e femminili e che la nuova vita inizia e si sviluppa dentro un corpo femminile. È la madre che accoglie e contiene i nascituri di entrambi i sessi. Ma il seguito sarà differente perché, mentre le bambine passano dall'essere contenute al contenere, i maschi non conterranno fisicamente nessuno. Mentre noi, come le Matrioske russe, procediamo in una sequenza di corpi che accolgono in successione nonna, madre, figlia e nipote, i maschi crescono nel corpo dell'altro genere, in un grembo femminile. Nell'esperienza somatica gli uomini conoscono l'ospitalità ricevuta, non quella offerta. Forse per questo sono meno disposti ad aprirsi all'estraneo, più timorosi di fronte allo sconosciuto, più parchi nel concedere intimità e confidenza. Il loro corpo è chiuso mentre quello femminile è predisposto, anatomicamente e fisiologicamente, per ricevere, contenere, alimentare e partorire un essere che, da nucleo indeterminato di cellule, diverrà conformato e individuato.

Un corpo, quello del figlio, che dopo essere stato contenuto per nove mesi crescendo in simbiosi con l'organismo materno, a tempo scaduto sarà spinto fuori dal tepore acqueo dove ha vissuto al riparo di pareti morbide e scure per essere, come dice Heidegger, "gettato nel mondo". Una espressione che nega, come è consueto nella mentalità patriarcale, la presenza della madre, il fatto incontestabile che nessuno nasce solo: chi viene alla luce ha sempre una donna accanto a sé e per i primi mesi di vita ne dipende per la sua stessa sopravvivenza. Dovremmo, sostiene D. W. Winnicott, ringraziare la madre per la sua dedizione nei primi mesi di vita ma è difficile perché quel dono è incomparabile. Non a caso tutte le culture celano, sotto evidenti espressioni d'amore, un odio oscuro nei confronti delle donne.

Quando però gli uomini riescono a superarlo, l'esito è straordinario perché smettono di aver paura delle donne, di temere di dipendere passivamente e totalmente da loro com' è accaduto nella primissima infanzia[4].

La maternità come creatività

Il dare alla luce un bambino corrisponde per molti aspetti al produrre un'opera d'arte. Non necessariamente un capolavoro in senso estetico ma un elemento unico, nuovo, ideato e realizzato seguendo un'idea, un'immagine, un sogno. Può essere un quadro o una statua, una musica o una poesia, un arazzo o un ricamo a piccolo punto, così come uno spettacolo teatrale o una forma di attenzione e di cura. E' un pregiudizio pensare che un atteggiamento materno sia sempre mite, tenero, dolce e arrendevole. Maria Montessori è stata una grande madre simbolica: la sua opera educativa ha creato le condizioni per la nascita di "bambino nuovo" senza mai bambineggiare e, per difendere la sua opera, non ha esitato ad assumere atteggiamenti forti e autoritari.

Come sostiene provocatoriamente Françoise Dolto, "per essere un vero uomo occorre essere una vera donna". Perché un agire sia considerato materno è necessario sia originale, disinteressato, fatto per amore e con amore. Esclude quindi la maternità surrogata, quella eseguita per conto terzi sotto il ricatto dell'emarginazione e della miseria. Il modello di riferimento è ancora una volta la maternità come generatività. Un'esperienza molto lontana dalla riproduzione animale. Basta pensare che, mentre una gatta o una cagna registra immediatamente di essere stata fecondata e sospende da quel momento l'accoppiamento, la femmina umana non prende atto della rivoluzione ormonale che si è prodotta dentro di lei, tanto che chiede la conferma di un test di gravidanza. E, anche nel caso risulti positivo, rimane comunque disponibile al rapporto sessuale. Aver

4 D. Winnicott, *Dal luogo delle origini* (1986), tr. it. Raffaello Cortina, Milano 1990.

perso l'aggancio con l'estro comporta un distacco dell'organismo femminile dal ciclo vitale che regola le fasi lunari, le maree, l'alternarsi del giorno e della notte. Per ovviare al silenzio dell'istinto, tutto deve essere appreso.

I corsi di preparazione al parto, spesso tenuti da uomini, rivelano il paradosso di apprendere dal di fuori ciò che si dovrebbe conoscere dal di dentro. Nel vuoto provocato dall'eclisse dell'istinto si apre lo spazio per un'esperienza culturale, per una consapevolezza profonda, che vorrei diventasse morale condivisa. Quando una donna prende atto di essere incinta inizia un periodo che prepara all'avvento dell'ospite più atteso. In quel lasso di tempo il vuoto della mente viene riempito dalla fantasia produttiva, non riproduttiva, del figlio che nascerà. Un'immagine cangiante che muta a seconda delle suggestioni ricevute durante il giorno e dalle configurazioni del sogno. Il risultato è quello che io chiamo il *Bambino della notte*, un fantasma che preannuncia il bambino reale, il figlio del giorno da condividere con l'altro genitore e introdurre nella società.

Per quanto riguarda la creatività, il processo è analogo a quello di ogni forma di produzione originale ove si va dall'ideazione alla realizzazione. Una famosa ceramista mi raccontava che, prima di plasmare con le sue mani un piatto o un vaso, lo aveva già in mente, lo pre-vedeva. Anche la gestante anticipa il figlio, lo pensa e lo sogna ma l'ospite che si trova dinnanzi non è mai identico a quello atteso. In quel momento accade, nella sospensione del sacro, una sorta di adozione. Accogliendo il suo nato e guardandolo in viso la madre lo introduce nell'umanità dicendogli: "tu sei mio figlio. Non un cucciolo qualunque della razza umana ma un essere unico, diverso da tutti gli altri, uguale solo a se stesso". È lì, in quello scambio di sguardi in cui ognuno si riconosce nell'altro, che succede "la prima cosa bella".

La nostra convinzione, per altro indimostrabile, di essere individui unici, opere d'arte non riproducibili si fonda sull'attribuzione d'identità effettuata dalla madre all'alba della nostra vita. Si tratta, salvo casi particolari, di una donazione incondizionata, illimitata, che tende ad attribuire al bambino ogni perfezione. Nel periodo di formazione professionale in cui ho frequentato i Reparti Maternità, mi sono sempre stupita che, tra le puerpere, non esista invidia o rivalità. Evidentemente, i neonati non sono tutti eguali: esistono i sani e i malati, i belli e i brutti, gli estroversi e gli schivi ma, come dice una filastrocca tradizionale: "ognuna ha il suo bambino, ognuno ha la sua mamma. E tutti fan la nanna". Una convivenza che mostra la possibilità di una terra senza il male, di una comunità immune dalle passioni negative dell'invidia e odio.

Nell'amore per il figlio si celano le radici dell'utopia perché i genitori vorrebbero, come dice Freud, che la sorte del bambino fosse migliore della loro: "egli non deve essere costretto a subire le necessità da cui, come i genitori sanno, la vita è dominata. Malattia, morte, rinuncia al godimento, restrizioni imposte alla volontà personale non devono valere per lui, le leggi della natura al pari di quelle della società devono essere abrogate in suo favore, egli deve davvero ridiventare il centro e il nocciolo del creato"[5]. Un'aspirazione che dovrà fare i conti con la realtà ma che continua comunque ad alimentare l'impresa inesausta di governare, educare e curare l'umanità.

La maternità come libertà

Se consideriamo il rapporto madre-figlio come una delle possibili interazioni umane, il rapporto tra i due membri della coppia originaria si mostra così dissimmetrico da configurarsi come la più estrema forma di dominio. Di fatto il neonato, nei primi mesi di vita, è assolutamente dipendente per la sua stessa sopravvivenza dalla dedizione di un altro, per lo più la madre. La madre possiede nei suoi confronti più potere di quanto un tiranno ne eserciti sui propri sudditi. Il possesso del padrone sullo schiavo, il dominio del signore

5 S. Freud, *Introduzione al narcisismo* (1914), tr. it. in: *OSF* 8, p. 461.

sul servo, dell'aguzzino sul prigioniero risultano ben poca cosa nei confronti della presa materna sul neonato.

Gli adulti possono mantenere margini di libertà interiore – come testimoniano i prigionieri che, nei campi di sterminio, sono mentalmente sopravvissuti ai tentativi di annientare la loro identità rievocando brani di opere classiche, come i poemi omerici, mentre i bambini piccoli, assolutamente dipendenti dalla madre, non possono neppure pensare di vivere senza di lei. Il loro attaccamento è totale e incondizionato.

Eppure, il possesso materno non diviene mai, salvo patologie, arbitrio, volontà di soggezione, annichilimento dell'altro. Invece di occupare il posto del potere assoluto, la madre si sdoppia e, con l'aiuto del padre, da una parte accoglie e protegge il bambino, dall'altra ne promuove l'emancipazione a costo di favorire ciò che più teme, la loro separazione.

Rinunciando al bambino perfetto che aveva vagheggiato durante l'attesa, la madre lascia, non senza ambivalenze e contraddizioni, che il figlio divenga se stesso, magari molto diverso da come lo avrebbe voluto. Contribuisce alla realizzazione di questa reciproca autonomia anche la spinta innata all'autonomia e all'indipendenza. Tuttavia, la presa di distanza operata dalla madre non si trasforma mai in abbandono perché non sospende il coinvolgimento, la responsabilità, la disponibilità.

Sempre in senso figurato, la vicenda materna testimonia che la libertà trova il suo modello nei primi passi, quando la madre abbandona la presa con cui sorregge il piccolo lo guarda allontanarsi insicuro ma determinato a divenire se stesso nella relazione con l'altro. Un se stesso che esiste solo nella relazione con l'altro, nel reciproco riconoscimento.

Per concludere, citerò i versi di Pablo Neruda in onore dei nuovi nati, ricordando che non dovremmo mai cessare di ri-nascere.

Ai nuovi nati
Lasciate tranquilli quelli che nascono!
Fate posto perché vivano!
Non fate trovare tutto pensato,
non gli fate leggere lo stesso libro,
lasciate che scoprano l'aurora
e che diano un nome ai loro baci.

Rinnovare lo spirito dell'utopia ripensando il dono della tradizione

Romano Màdera

Milano, Italy / *Italia*
October / *Ottobre* 2020

Imparare dalla catastrofe: pandemia e crisi di lunga durata. Pensare al di là dell'emergenza. La lezione da non perdere

Quando un avvenimento imprevisto scuote le abitudini consolidate e, soprattutto, quando si rivela fuori dalla portata delle difese che sono disponibili, inevitabilmente si genera una condizione di caos sistemico e di angoscia diffusa. Il virus come cigno nero, come imprevisto di dimensioni e di forza tali da mettere in questione l'efficacia delle istituzioni nel difenderci dalla diffusione epidemica a largo raggio, la fiducia nel nostro sapere e nei nostri mezzi di cura, il nostro stesso modo di vivere e le prospettive abituali di un futuro non troppo diverso dal presente.

Sono le strutture del quotidiano che vacillano e sussultano come sotto i colpi di un terremoto di vaste dimensioni: come se non bastasse il trauma di migliaia di vite perdute, e di migliaia di morti non accompagnate e non consolate dal commiato dei parenti e degli amici, le nuove scosse si annunciano di portata e di profondità tremenda contro le aspettative di lavoro, di reddito, di mantenimento di una decorosa condizione di vita (per tacere, per chi abbia vista e sentimenti meno locali, dello sconquasso che subiranno le popolazioni e le aree del pianeta piagate da condizioni di lavoro e di sopravvivenza degradanti).

Non abbiamo però cambiato il titolo e l'argomento della conversazione che avevamo programmato. Anzi, casualmente il nostro tema che cerca un nesso di pensabilità fra tradizione e innovazione, tra condizioni presenti e utopia come immaginazione di linee guida per il futuro, diventa di stringente e tragica attualità. Sembra che noi umani cominciamo a percepire il dramma del nostro presente e l'oscurità del nostro futuro solo quando siamo confrontati con il timore del crollo delle impalcature fondamentali del nostro vivere comune.

Eranos è certamente un luogo, per la sua storia e per la sua potenza simbolica, che può diventare già in se stesso fonte di ispirazione per cercare di mettere in relazione feconda utopia e tradizione. Negli anni Cinquanta, per il 25 anniversario delle Conferenze di Eranos , C. G. Jung scrisse questa dedica augurale: " Possa la luce dello spirito di Eranos ,che ha brillato per così tanti anni in questo tempo di oscurità, avere ancora il dono di una lunga vita per giocare il suo ruolo come faro di un'unione europea" . Ecco l'unione si è fatta, ma in modo così incerto e a pezzi che l'augurio di Jung non si è del tutto avverato, e tuttavia è importante il messaggio. Diversamente dal suo solito, stavolta Jung lancia una sonda augurale in un futuro culturale-politico e tocca la nostra attualità e il sogno possibile che ci aiuti e ci guidi nell'incubo del presente e dell'immediato futuro prevedibile.

Perché ritornare a queste parole del 1957 su Eranos? Non certo per la sola, pur importante, circostanza che è da Eranos che parliamo. Ma perché Eranos, proprio nei decenni dell'oscurità più grande caduta sull'Europa e quindi sul mondo (la prima *Tagung* si tiene nel 1933, e non è solo l'anno della ascesa al potere del nazismo in Germania, ma è a pochi anni di distanza dalla Grande Crisi del 1929) coltivava l'utopia di Olga Fröbe-Kapteyn di avvicinare le grandi tradizioni sapienziali dell'Oriente e dell'Occidente. Ecco, questa è una direzione che sarà tanto più importante seguire quanto più la crisi che ci attraversa tenderà a produrre ulteriori fratture, incomprensioni, accuse e contraccuse che, inevitabilmente, dal piano economico-politico della divergenza di interessi tra gli USA e la Cina, tenderà a produrre nuove difficoltà nell'avvicinamento e nella sinergia delle culture. Non è cosa da poco: è in questione anche l'egemonia culturale di quattro secoli dell'occidente sull'oriente.

E altra cosa è l'esterofilia di chi ha il predominio rispetto alla seria presa d'atto della necessità di costruire un mondo culturale di riferimento, capace di apprezzare affinità e differenze delle grandi tradizioni che, semplificando fin troppo, indichiamo come occidente e oriente. Su questo punto capitale per l'avvenire dello spirito nel nostro futuro, Eranos e la sua tradizione possono offrirci l'esempio di un esperimento di straordinaria lungimiranza. Di nuovo una luce sulle alture di fronte all'oscurità che viene.

Utopia e tradizione: futuro e passato. Crisi della politica e risorse della cultura

Ma riprendiamo il centro del nostro incontro domandando: perché mai rinnovare lo spirito dell'utopia? In fondo già il termine "rinnovare" ci farebbe rientrare nel nostro presente, appunto dominato dall'innovazione. Certo non un dominio di oggi. Schematizzando: l'espansione e l'approfondimento del modo di produzione capitalistico hanno lentamente corroso, nel corso di quattro secoli, e poi travolto, l'etica delle società basate sulla tradizione, la ripetizione-imitazione, i modelli esemplari. Un'etica che imponeva, con l'autorità della tradizione, la rinuncia alla tracotanza e l'educazione alla repressione per i più consapevoli, o alla rimozione per i meno consapevoli, delle pulsioni dei singoli. La nuova civiltà dell'accumulazione economica – basata sull'innovazione, la sperimentazione-sviluppo, la diversificazione – ha liberalizzato il desiderio in ogni forma, perché e finché esso sia funzionale alla produzione, allo scambio, alla comunicazione e al consumo di massa, così come alla concorrenza di tutti contro tutti. Fenomeno, quello della trasformazione in legge del desiderio, che ho chiamato licitazionismo (il "libito fè licito in sua legge", scrive Dante nel V Canto dell'*Inferno*).

Ora, una crisi da virus ci mostra crudelmente la fragilità e l'impotenza di tutta la costruzione del nostro mondo – ma avremmo potuto ben vederlo anche dopo la crisi del 2008, apparentemente dovuta al tracollo dei *subprime* e al fallimento della Lehman Brothers, o in molteplici altre occasioni, o in un momento qualsiasi guardando alla spaventosa disuguaglianza sociale che sta crescendo da decenni. Dalla crisi del 2008 non si è certo usciti invertendo la tendenza, sempre più evidente dagli anni Ottanta in poi. Basta uno sguardo alle tabelle del "World Inequality Report" del 2018. Se solo si riuscisse a capire la sentenza di condanna al nostro modo di vivere, di produrre, di consumare che traspare da quei numeri, non potremmo evitare di prendere atto della necessità di trasformazione radicale che si imporrebbe a chi abbia l'ardire di pensare in grande e di guardare lontano. Inutile aggiungere le condizioni precarie che si sono create in regioni intere del pianeta e che gravano su ogni forma di vita, ovviamente umani compresi.

Ma non è stato avvistato un faro nel caos crescente. Le istituzioni politiche dei vecchi stati-nazione non sono riuscite a trovare una sintesi che metta in grado le decisioni politiche di regolare, se non guidare, la globalizzazione economica. Le riunioni dei G8 o dei G20 sono materia di pezzi di costume piuttosto che di analisi dei risultati che non ci sono mai. Le altre istituzioni internazionali sono sottodimensionate per i loro poteri di incidere rispetto alla politica mondiale. Ultimo esempio: ha sortito qualche effetto l'appello, giustissimo, del presidente dell'ONU, per una tregua mondiale delle guerre nelle circostanze del coronavirus? Neanche per la piccola Libia (neppure 7 milioni di abitanti, 2 milioni meno della Lombardia) le grandi e medie potenze riescono a trovare un accordo.

Evidentemente, questo significa che una soluzione globale alla crisi globale non è alle viste, innanzitutto perché non ci sono neppure gli attori potenziali di un nuovo corso mondiale. La politica dunque è in stallo, e le illusioni dei vecchi stati nazionali di poter fare da sé sono destinate ad amari risvegli. È per questo che il lavoro culturale deve, proprio per essere anche "politico", saltare di livello. Avvicinarsi a quella metapolitica che è il lavoro culturale di fondo, che tende, anche se lentamente, molecolarmente e sul lunghissimo periodo, a cambiare la mentalità, il modo di vivere, innanzitutto dei più consapevoli e responsabili. Un compito gigantesco e però del tutto realistico. Gli antichi profeti l'avrebbero chiamato prendersi cura del "resto di Israele" perché, nell'immediato, la nazione non poteva essere salvata.

Riscoperta delle tradizioni: quali tesori a quali condizione, con quale lavoro di reinvenzione?

Ora, il caos che attraversiamo e che ci avvolgerà, ha certamente, come ogni grande disordine, in se stesso grandi potenzialità nascoste di rinnovamento. Ma prima di tutto dobbiamo cercare di comprendere in profondità la nostra condizione sociale e culturale, nella misura del possibile, e poi vanno esperite possibili nuove direzioni, la creazione di un nuovo senso, o di un senso complesso, capace di una nuova coesistenza e cooperazione tra energie che spingono in direzioni opposte. Certo, noi ci troviamo in un mondo unito dall'interdipendenza economica e ambientale me che si rifrange in miliardi di prismi differenti e divergenti che sono gli atomi, i singoli o i gruppi, che compongono il nostro mondo. Una società policentrica ma acefala, dove la differenziazione (figlia anche delle conquiste della libertà moderna degli individui) si sfrangia in un pulviscolo di direzioni contraddittorie. E tutto questo avviene, come ho detto, in una cultura che ci predispone all'infinitizzazione del senza né misura né regola (come dice una pubblicità che ha avuto un certo successo mondiale: la nostra unica regola è non averne – e verrebbe da commentare: sì, salvo il rapporto di forze, più o meno mascherato).

Proprio per questo, la necessità di immaginare altrimenti la nostra convivenza e il nostro modo di vita, dunque la necessità del rinnovamento dell'immaginazione utopica, dovrà saper collegare l'innovazione che è lo spirito della modernità, con la riscoperta, in nuove condizioni, dei tesori della tradizione. Spogliata del gravame dei condizionamenti storico-sociali che hanno ricoperto le grandi tradizioni spirituali del composto di etnocentrismo acritico, di classismo, di sessismo e di autoritarismo, la concordanza sul senso della misura dell'umano di fronte al cosmo, alla temporalità e alla interrelazione sociale, ci offre già un grande punto di appiglio. Che oggi non possiamo tradurre con l'accordo su specifici contenuti di concezione del mondo ma su un metodo che faccia perno sull'esperienza di ciascuno, a partire dalla sua vivente corporeità individuale, e miri però a una circolarità virtuosa dello scambio delle esperienze di "saperi della vita".

Un senso del sé non narcisistico

Ricominciare tuttavia senza scioccamente e presuntuosamente credere di essere all'anno zero: al contrario, proprio una storia e una cronaca in tempo reale dei tentativi utopici in atto, una sorta di possibile antropologia del futuro, potranno guidarci a capire, attraverso l'esperimento sociale concreto – che dura ormai da almeno un secolo e mezzo (vorrei ricordare che il Monte Verità è proprio vicino ad Eranos) e ha illustri precedenti anche in fenomeni storici antichi e medievali – cosa e come è possibile generalizzare o, invece, soltanto riuscire a far convivere, secondo quali regole di comunicazione e di decisione.

Ma l'esperimento va e deve andare molto al di là delle comunità esistenti ed esistite, l'esperimento riguarda le dimensioni della ricerca, in sostanza: quali sono i processi intellettuali, immaginativi, consci e inconsci, che possiamo intendere come critica potenziale allo stato di cose presente, e come fantasie attive di superamento della produzione di merci e capitali per la produzione di merci e capitali? Come è possibile elaborare altri sensi, altri orientamenti, diversi dall'insensato senso dell'accumulazione, senza finalità altra che la sua profittabilità? Qui allora non si spalanca solo il futuro, ma si aprono le vene di ricerca dei tesori sepolti nella sterminata miniera della memoria individuale e collettiva.

E la prima regola diventa; partire da sé, dalla propria esperienza e dalle proprie capacità, ma non per ravvoltolarle su di sé, al contrario, per trascendere la maledizione storica dell'incentramento nella ristrettezza mortifera dell'io, per poter osare uno scavo e una prospettiva che collochino la singolarità nel suo necessario orizzonte: un senso capace di ecumene, di casa comune per e con gli altri, dentro la storia umana e la natura che la rende possibile. Un patto di equilibrio nell'uso e nella ripartizione delle risorse e di pace fattiva tra le diverse ispirazioni e realizzazioni possibili.

Futuro come utopia permanente

Roberto Mordacci

Milano, Italy / *Italia*
October / *Ottobre* 2020

1. La chiusura del futuro

L'età contemporanea ha un rapporto contraddittorio con il futuro. Da un lato, essa assume ormai come un dato scontato il progresso tecnico e scientifico, lamentando anzi i "ritardi" di quest'ultimo quando si tratta di affrontare nuove e inattese sfide. La pandemia da COVID-19 ha offerto un esempio in merito: mentre i ricercatori annunciavano i passi avanti fatti per lo sviluppo dei vaccini, l'opinione pubblica si è divisa fra coloro che avrebbero voluto un'accelerazione delle procedure di approvazione (che presuppongono accurati e non brevi trial clinici) e coloro che hanno riversato sulla ricerca scientifica un velo indistinto di sfiducia e di sospetto. Dall'altro, è assai diffuso nel sentire comune un atteggiamento di sconforto e preoccupazione riguardo al futuro, motivato sia dalle fosche previsioni sugli effetti del cambiamento climatico, sia dai timori di una involuzione delle relazioni sociali, sia – da ultimo – dalle preoccupazioni tutt'altro che secondarie sollevate dalla brutale aggressione della Russia nei confronti dell'Ucraina, cui l'Occidente non può non reagire.

Il futuro appare quindi come un luogo privo di connotati positivi, segnato soltanto da un incremento del tasso di artificialità e dal decadere delle condizioni della vita civile. Questa configurazione dell'immagine del futuro sembra inverare le analisi offerte a suo tempo da Herbert Marcuse circa la società tardo-capitalistica: una società caratterizzata da una sola dimensione, quella tecnico-economica, in cui non solo sono anestetizzate tutte le forze che potrebbero produrre un cambiamento radicale, ma si è addirittura instillato il senso di una rinuncia a pensare il futuro, che appare troppo pauroso per essere messo a fuoco. Ogni prospettiva di mutamento, in questo quadro, è preliminarmente svuotata di valore. Con toni che oggi ci sembrano eccessivi, ma che tuttavia fanno pensare, Marcuse scriveva in *L'uomo a una dimensione*:

> Coloro la cui vita rappresenta l'*inferno* della Società Opulenta sono tenuti a bada con una brutalità che fa rivivere pratiche in atto nel medioevo e all'inizio dell'età moderna. Per gli altri, meno sottoprivilegiati, la società prende cura del bisogno di liberazione soddisfacendo i bisogni che rendono la servitù ben accetta e fors'anche inosservata, e ciò viene compiuto nel corso stesso del processo di produzione.[1]

Il vissuto che si è più fortemente imposto negli anni '80 e '90 del Novecento, è restituito in anticipo dalla rappresentazione che sempre Marcuse suggerisce: "Un circolo vizioso sembra l'immagine più adeguata per una società che si va espandendo e perpetuando nella direzione che essa stessa ha prestabilito, spinta dai crescenti bisogni che genera e che al tempo stesso mira a contenere."[2]

Questa percezione, per altro, si inserisce in una tendenza che si è fatta particolarmente sentire verso la fine del XX secolo: Il Novecento, segnato da immani tragedie civili, sociali e militari, ha avuto uno slancio di rinascita nei "gloriosi trenta" (*Les Trente Glorieuses* 1945-1975)[3], ma è progressivamente scivolato in uno scetticismo e in

1 H. Marcuse, *L'uomo a una dimensione* (1964), tr. it. di L. Gallino e T. Giani Gallino, Einaudi, Torino 1999, p. 38.
2 Ivi, p. 47.
3 Sui "gloriosi trenta", si veda T. Piketty, *Il capitale nel XXI secolo* (2013), tr. it. Bompiani, Milano 2014.

una mancanza di prospettive che si sono accompagnati a una deriva culturale che si è chiamata "postmodernismo"[4]. In quest'ottica, diversi intellettuali hanno proclamato la "fine della storia"[5], l'"addio alla verità"[6], il "tramonto dell'occidente"[7] o un "occidente senza utopie"[8] , alimentando un atteggiamento rinunciatario rispetto alla possibilità di un cambiamento.

Questa chiusura del futuro sembra essere per alcuni un lento oblio del mondo, una discesa verso il nulla, che ha persino un profilo rassicurante, se l'alternativa sono tragedie e disincanto. Nel contesto di fine secolo, l'idea stessa di utopia, come proiezione di una condizione giusta e ragionevolmente felice del vivere umano, è divenuta impensabile. Al suo posto, trascinata da un'onda letteraria, cinematografica e popolare, si è imposta piuttosto una visione francamente *distopica*, in cui il rapporto uomo-tecnologia tende a rovesciarsi nel domino di quest'ultima e nella quasi scomparsa dell'umano: l'esempio più emblematico è, forse, il finale aperto della versione *Director's Cut* di *Blade Runner* di Ridley Scott (versione originale 1982; Director's Cut 1992), in cui si allude persino all'eventualità che Rick Deckard, il cacciatore di replicanti emblema della lotta dell'uomo contro questi ultimi, sia un replicante egli stesso. In sostanza, l'immaginario distopico di fine Novecento esibisce plasticamente la percezione di irrilevanza dell'umano, attraverso la sua completa sostituzione con un universo di macchine (immagine poi esplicitata in *The Matrix* dei fratelli Wachowski (1999).

Tuttavia, il secolo XXI ha di fatto scosso in più di un senso l'acquiescenza scettica e relativista del postmodernismo: non si può più

4 L'opera che ha consacrato l'espressione "postmoderno" nella letteratura filosofica è J.F. Lyotard, *La condizione postmoderna* (1979), tr. it. Feltrinelli, Milano 1981.

5 Si veda il fortunato saggio di F. Fukuyama, *La fine della storia e l'ultimo uomo* (1992), tr. it. Rizzoli, Milano 1992.

6 G. Vattimo, *Addio alla verità*, Meltemi, Roma 2009.

7 Ha avuto grande eco, sproporzionata alla qualità dell'opera, il titolo del libro di O. Spengler, *Il tramonto dell'Occidente* (1918-1922), tr. it. di J. Evola, Longanesi, Milano 1957.

8 P. Prodi e M. Cacciari, *Occidente senza utopie*, il Mulino, Bologna 2019.

sostenere che la storia sia "finita" con la caduta del muro di Berlino e la conseguente globalizzazione; si vanno articolando sullo scenario globale cambiamenti epocali, che non si possono in alcun modo ricondurre alla dinamica della globalizzazione; si riaffacciano ricerche e linee di tendenza che riabilitano il soggetto, l'etica, la ricerca della verità; si fa strada la percezione della *necessità* di un pensiero del futuro che abbia il coraggio di osare, di immaginare vie d'uscita, per esempio, dall'incombente catastrofe ambientale, che nemmeno i venti di guerra soppiantano nella coscienza comune come il tema più urgente per l'umanità a venire.

In questo senso, occorre congedarsi dallo spirito rinunciatario del postmodernismo e riattivare la nostra capacità di pensare attivamente e costruttivamente un futuro. E in tale prospettiva, il pensiero utopico ritorna ad avere una pertinenza e un'urgenza che è testimoniata anche da numerose pubblicazioni di taglio sia scientifico sia divulgativo[9].

2. Il ritorno del "non-luogo"

In termini più precisi, che cosa indica il *concetto* di utopia? Bisogna resistere alla precomprensione del senso comune, che vede nell'utopia solo l'idea di un impossibile, di uno slancio irresponsabile nella fantasia.[10] Con l'aggravante, oggi, della consapevolezza che il sogno utopico contiene il suo contrario, la *distopia*, ovvero l'incubo della vita sovradeterminata, del controllo pervasivo e della perdita di libertà. Nel senso comune, rilevato anche dai dizionari, utopia è

9 Si vedano ad esempio, solo fra le pubblicazioni recenti, C. Altini (a cura di), *Utopia. Storia e teoria di un'esperienza filosofica e politica*, il Mulino, Bologna 2013; E. Giovannini, *L'utopia sostenibile*, Laterza, Bari-Roma 2018; A. Neima, *Gli utopisti. Sei esperimenti per una società perfetta*, Bollati Boringhieri, Torino 2021; E.O. Wright, *Utopie reali*, tr. it. Punto Rosso, Milano 2020.

10 In questo e nel paragrafo successivo, rielaboro quanto ho scritto nel mio *Ritorno a Utopia*, Laterza, Bari-Roma 2020, pp. 10-18.

"l'oggetto di un'aspirazione ideale non suscettibile di realizzazione pratica"[11].

Tuttavia, nel testo di Thomas More che originò il termine (*Utopia,* 1516)[12] e nel significato del concetto non vi è alcuna indicazione che si tratti di un ideale *impossibile*. Come scrive Vittor Ivo Comparato, l'utopia di More è "il modello di una comunità politica perfetta, che però non c'è. Il fatto che non ci sia, contrariamente al senso precocemente attribuito nel linguaggio comune al termine 'utopico', non implica per lo scrittore la nozione di impossibilità"[13]. Perché così fosse infatti, dovrebbe trattarsi di un concetto *contraddittorio* o, se si resta sul piano pratico, di qualcosa che vìola le condizioni di possibilità dell'esperienza e dell'azione. Perché l'utopia sia impossibile, deve essere impossibile volerla. Ma né la giustizia né l'armonia sono impossibili da volere, anzi, sono ciò che, come presupposti della felicità, gli esseri umani non si stancano mai di volere. Esse sono l'indicazione, come si è detto, di un «aver da essere» che è pienamente parte dell'essere e che richiede soltanto che si diano le circostanze operative, morali e politiche perché possa accadere ciò che dovrebbe accadere.

Non a caso, l'isola "inesistente", ossia il "non-luogo" (*ou-topia*) è comunque descritta come un luogo reale, in cui si sono concretizzate le condizioni ideali per la vita sociale umana. Il significato normativo dell'utopia è nei suoi contenuti ed è semplicemente possibile; sono le condizioni effettive della sua realizzazione che rappresentano un *unicum* e che, perciò, sono assai improbabili da replicare. Il nucleo politico di *Utopia* non è affatto contrario al realismo e non vi è tutta questa distanza, per contraddire un luogo comune, fra essa e *Il Principe* di Machiavelli, che è coevo (1513). Entrambi i testi, infatti, condividono la ricerca di un ordine politico che riconosce

11 G. Devoto e G. C. Oli, s.v. "Utopia", in: *Il dizionario della lingua italiana*, Le Monnier, Firenze 1996, p. 2116.

12 T. More, *Utopia*, ed. crit. con t. latino a fronte, tr. it. di L. Girardi, Mimesis, Milano 2020.

13 V.I. Comparato, *Utopia*, il Mulino, Bologna 2005, p. 9.

le condizioni esistenti del vivere sociale: come Machiavelli si muove a partire dal terreno della storia e dei conflitti civili, così More ricostruisce la situazione sociale del proprio tempo come premessa del suo discorso. La differenza essenziale fra i due testi è nella diversa individuazione dello *scopo* della teoria politica. Come scrive Max Lerner, "Machiavelli mirava a distinguere il regno di ciò che deve essere da quello di ciò che è. Egli rigettò il primo a favore del secondo. Ma c'è un terzo regno: quello di ciò che può essere. È in questo regno che risiede quello che possiamo chiamare umanesimo realistico"[14]. Machiavelli espunge dalla ricerca politica l'aspirazione a un mutamento dell'ordine sociale nel senso di una maggiore giustizia a causa dell'adesione metodica alla realtà effettiva; More non rinnega le dinamiche proprie del politico, ma ricerca al loro interno un elemento normativo, che indica un orizzonte di giustizia possibile, benché improbabile, verso cui orientarsi.

Dunque, il senso proprio dell'utopia è anzitutto critico nei confronti della società presente e delle sue ingiustizie, ma è al tempo stesso propositivo: si vuole spingere a un esercizio di immaginazione che prefiguri una società bene ordinata e felice, allo scopo di rintracciare le ragioni per cui essa non si realizza nelle condizioni attuali. Tale immaginazione non è attivata tramite un appello alla fantasia narrativa (che pure funge da sottile cornice), bensì attraverso la descrizione: *Utopia* invita a prestare attenzione a un racconto che non è anzitutto una storia – chi la leggesse aspettandosi un romanzo resterebbe deluso – ma è un resoconto accurato e dichiaratamente obiettivo, spassionato, di un certo luogo e delle usanze che vi si praticano. La realtà di cui si parla è stata *vista* e il racconto è una testimonianza, non una favola. Come dice il viaggiatore, Raffaele Itlodeo, "Se foste stato con me a Utopia e aveste veduto di persona, come ho fatto io che ho trascorso lì più di cinque anni, andandomene solo per poter far conoscere questo Nuovo Mondo, confessereste di non

14 M. Lerner, "Introduction", in: N. Machiavelli, *The Prince and the Discourses*, The Modern Library, New York, NY 1950, p. XLVI.

aver mai trovato altrove un popolo con una così buona costituzione politica"[15].

More in *Utopia* fa appello all'immaginazione lucida, ragionante, che non sospende le leggi della realtà ma si limita a rimuovere alcune specifiche assurdità che impediscono agli uomini di vivere giustamente e felicemente. Il suo scopo è persuaderci che un mondo giusto è possibile, non è una chimera, anche se dipende da una quantità di fattori che potrebbero non realizzarsi mai. *Utopia* è anche un invito a pensare su quali basi *provare* a organizzare le nostre vite sociali, ricavando quei principi non da un astratto cielo logico-metafisico bensì dalla prefigurazione semplice, vivida e certamente imperfetta (nessuna delle utopie scritte è totalmente condivisibile) di un mondo buono.

Anche a causa della sua evoluzione da nome a concetto, non è facile definire l'utopia. Si è provato a caratterizzarla in base alla sua natura di genere letterario: un racconto di finzione che si presenta come un dialogo, con un viaggiatore misterioso che descrive un'isola felice e ne tesse le lodi in opposizione ai guasti della società in cui vivono i lettori. A partire dall'archetipo offerto da More, molte utopie ripresentano grosso modo questa struttura. Il racconto di viaggio è la forma superficiale della *Città del Sole* di Campanella, della *Nuova Atlantide* di Bacone, del *Viaggio in Icaria* di Cabet. Ma di viaggi fantastici e raccontati è piena la letteratura fin dall'antichità e l'archetipo più vicino a questo stilema è certamente la *Storia vera* di Luciano di Samosata. More conosceva certamente quel testo, avendo tradotto in gioventù quattro dialoghi satirici dello stesso Luciano, e in questo non ha certo preteso di essere originale. Tuttavia, l'utopia non è propriamente né semplicemente un genere letterario.

L'utopia è in realtà una mescolanza di generi diversi: oltre che allo stilema del viaggio, essa si ispira alla *laudatio urbis* rinascimentale (come il *De magnalibus urbis Mediolani* di Bonvesin della Riva, 1288), alle fantasie sulle isole felici (un modello qui è certamente

15 T. More, *op. cit.*, p. 63.

l'Atlantide platonica evocata nel *Crizia*), alla ricerca della legislazione ideale come nella *Repubblica*, e più in generale alla letteratura epica e mitologica. Vi sono anche echi evidenti, nello stile e nei contenuti dell'utopia, della tradizione biblica: non tanto il tema dell'Eden, che si proietta piuttosto nel passato dell'origine, quanto la descrizione in linguaggio semplice delle prime comunità cristiane che ricorre, per esempio, in *Atti degli Apostoli* 2, 42-48 e 4, 32-35, in cui si dice che «ogni cosa era fra loro comune». Di fatto, l'*Utopia* di More si trova alla confluenza della tradizione ellenica con quella giudaico-cristiana[16] e il concetto che ne è derivato non può che attraversare tutti i generi appartenenti a queste tradizioni.

Un altro testo appartenente a uno di questi generi non avrebbe segnato uno scarto nella storia del pensiero e sarebbe stato presto dimenticato. Non possiamo nemmeno attenerci a una classificazione per così dire genealogica: utopico sarebbe solo ciò che replica da vicino il modello di More e più ci si allontana da esso più ci si trova nella regione dell'*utopismo* o di una generica aspirazione al cambiamento più o meno radicale.[17] Tuttavia, chi scrive utopie o esercita il pensiero utopico non mira affatto a replicare il modello moreano, bensì a scrivere una *nuova* utopia o a esercitare uno specifico tipo di pensiero circa la società ideale, ma spesso con contenuti diversissimi rispetto al prototipo originario.

3. *L'essenza dell'utopia*

Non è quindi la forma a rendere conto dell'originalità e della potenza dell'idea di utopia. Bisogna guardare alla sostanza. Qual è dunque l'*essenza* dell'utopia? Fra le molte definizioni proposte, forse quella che meglio esprime il suo senso ultimo è stata offerta da Martin Buber:

16 Si veda F.E. e F.P. Manuel, *Utopian Thought in the Western World*, The Belknap Press of Harvard University Press, Cambridge, MA 1979, pp. 16 *sg*.
17 Si veda V.I. Comparato, *Utopia*, cit., p. 10.

> L'immagine utopica è un'immagine di ciò che "deve essere", di ciò che colui che immagina desidera che sia [...] Quel che domina qui è la nostalgia per ciò che è *giusto*, che viene sperimentato nella visione religiosa o filosofica come rivelazione o come idea, e che per la sua essenza non può realizzarsi nel singolo, bensì solo nella comunità umana in quanto tale.[18]

L'immaginazione è il fulcro, ma con una precisa direzione e in una connessione rigorosa fra idea e desiderio. Scrive ancora Buber:

> Si è soliti in genere descrivere tali immagini come prodotto della immaginazione; ma con ciò si dice ben poco. Perché questa immaginazione non divaga, non viene sospinta qua e là da ispirazioni mutevoli, ma va concentrandosi in maniera solidamente strutturata intorno a una immagine prima e originaria, che dovrà elaborare, e questa immagine prima è un desiderio.[19]

L'idea di "*Wunschbild*", ovvero di "immagine del desiderio", che Buber evoca qui, non deve portarci troppo frettolosamente verso un terreno psicologico: l'immaginazione utopica è ben consapevole di sé ed è lucidamente costruita su criteri razionali, benché dia corpo a un impulso che è profondamente immerso nella dinamica del desiderio. Occorre dare un nome a questo desiderio, e non un nome qualsiasi.

Si tratta del desiderio di una società giusta e felice; della ricerca di un compimento per l'aspirazione a un'armonia tutta umana, anche se tutt'altro che slegata da un orizzonte divino; del buon ordine nelle relazioni, nella distribuzione dei beni, nella pratica del lavoro e nell'organizzazione politica; dell'impegno comune nella ricerca del sapere e nelle creazioni artistiche. Per usare un parallelo che non potremo qui approfondire, possiamo dire che si tratta dell'ideale di ciò che, a posteriori, chiamiamo *classico*, ovvero ciò che ha saputo

18 M. Buber, *Sentieri in utopia. Sulla comunità* (1947), tr. it. di D. Di Cesare, Marietti, Genova-Milano 2009, p. 48.
19 *Ibidem*.

realizzare almeno l'immagine di tale armonia nelle forme del bello, del pensiero e delle istituzioni sociali. Il classico è l'utopia che ci è alle spalle, che non genera un'inutile nostalgia ma ci proietta in avanti, come in vista di un auspicato incontro fra ciò che avremo realizzato e quell'ideale antico da cui abbiamo tratto ispirazione. Il desiderio di cui l'utopia è immagine è altro da una semplice pulsione. È originariamente mediato dalla riflessione ed è parte integrante della vita dell'intelletto: quest'ultimo non saprebbe pensare in termini sociali e politici se non fosse sospinto proprio dal desiderio utopico, dall'aspirazione controfattuale a ciò che merita comunque di essere perseguito.

L'utopia è dunque anzitutto un'*immagine*, una raffigurazione plastica delle speranze proiettate nella vita associata, nonostante tutte le smentite della storia. Essa, proprio in quanto immagine, è *concreta*: riporta i tratti reali, da quelli geografici a quelli quotidiani, economici, politici e religiosi, di una società *vista e testimoniata*. Non un piano, come nei progetti architettonici di città del Rinascimento, né una costituzione, come nelle *Leggi* di Platone, né un'enunciazione di princìpi, come nei manifesti politici socialisti, né una rappresentazione allegorica, come nel *Buon governo* del Lorenzetti. Essa partecipa di tutto questo, ma è anzitutto un *luogo*, uno *spazio* abitato (non può esistere un'utopia deserta) e frequentabile, verso cui qualcuno, misteriosamente, ha viaggiato e da cui è tornato, riportando le impressioni di un'esperienza quasi incredula, stupita di trovare l'ovvio: un ordine armonico che non ha nulla di artificiale, eppure non è dato nella natura *finora nota*.

Non basta quindi descrivere l'utopia come l'immagine del desiderio di giustizia e armonia. In questo senso, infatti, non sarebbe distinguibile dalla profezia, o dall'escatologia, o dai miti dell'età dell'oro, del paese di Cuccagna o dell'Arcadia. Bisogna dire di *quale tipo* di immagine si tratta. In questo senso, possiamo individuare cinque elementi che, nel loro insieme, sembrano caratterizzare in modo distintivo l'idea di utopia:

1. L'utopia nasce da una *critica della società presente*. L'immagine della giustizia è ricavata anzitutto per opposizione all'ingiustizia testimoniata nella realtà sociale di chi scrive. Così, More dedica l'intero primo libro, che è stato scritto dopo il secondo ma che si trova lì proprio a dire che ne è la ragione ultima, a una critica della proprietà latifondiaria inglese. Quest'ultima impoverisce i contadini e crea una massa di disperati i cui piccoli crimini sono puniti addirittura con la morte. L'utopia mira più a denunciare i torti che a farli semplicemente sparire. In questo senso, l'utopia si distingue dalla semplice proiezione del desiderio di giustizia in una fantasia di perfezione.
2. L'immagine utopica è resa tramite una *narrazione*, ma quest'ultima è di secondo grado (More riferisce il racconto di Itlodeo) ed è in realtà solo un'intelaiatura entro cui si colloca una *descrizione* sistematica, più simile al rapporto di un antropologo di ritorno da una missione di studio che a una storia di avventure romanzesche. Si tratta, per così dire, di una "narrazione descrittiva", addirittura scientifica nel suo carattere ordinato e sistematico. Si potrebbe suggerire che l'immagine utopica ha un carattere *documentale* o documentaristico. Questo tratto distingue nettamente l'utopia dalle storie fantastiche (come quella di Luciano, appunto), che hanno nella tensione drammatica il loro perno narrativo.
3. L'immaginazione utopica è *razionale*. Un'utopia, come accade magistralmente nel modello moreano, è un testo *argomentativo*, in cui lo stile di vita e le istituzioni della città ideale sono giustificate in base a ragionamenti, confutazioni, persino dimostrazioni. In tal senso, la forma del dialogo, naturalmente mutuata dal modello platonico, aiuta a intrecciare fatti e argomentazioni senza soluzione di continuità. L'essenza dell'immagine utopica è il suo potere persuasivo, ottenuto tramite la testimonianza e la discussione delle alternative. Questo aspetto rende l'utopia qualcosa di profondamente diverso dal semplice esercizio

dell'immaginazione senza vincoli: l'utopia è un'immagine che rende ragione di sé stessa in termini razionali.

4. L'immagine utopica è riferita agli *esseri umani quali sono,* in base al presupposto metodologico fondamentale del *realismo umanistico.* Gli utopiani non sono dotati di poteri superiori o di capacità illimitate. Nessun mutamento della natura umana è un requisito necessario per l'utopia. È sufficiente, per l'autore utopico, un insieme di condizioni favorevoli alla vita umana, una buona regolazione delle passioni, un esercizio adeguato della conoscenza e un'educazione appropriata. Il realismo dell'utopia sta precisamente in questo: essa disegna ciò che gli uomini potrebbero e dovrebbero fare per vivere felicemente. Sono previsti correttivi, una giustizia penale, un aggiornamento del sapere, persino un certo mutamento dei costumi nel tempo. L'utopia è l'immagine di ciò che sarebbe alla portata degli umani, se solo non perpetuassero i loro errori. Questo la distingue tanto dalle immagini edeniche quanto da quelle apocalittiche, che presuppongono una natura umana priva del peccato originale o interamente redenta.
5. L'immaginazione utopica apre sul *futuro.* La dimensione che certamente non le appartiene è il passato, ovvero la nostalgia. In questo, l'immagine utopica contrasta con tutti i miti dell'origine e i racconti di una terra perduta, inclusa la stessa Atlantide platonica. Inoltre, il fatto che sia narrata al presente (Itlodeo è da poco tornato dall'isola e ne parla come se fosse tuttora raggiungibile), consente non solo il contrasto con la società reale ma anche una sorta di invito a dirigersi verso l'utopia stessa. Se gli esseri umani mettessero in atto almeno alcuni degli accorgimenti sociali e politici di Utopia essi avrebbero in futuro una vita migliore, purché siano in grado di realizzare "un assetto totalmente nuovo dello stato sociale"[20]. L'idea di un futuro possibile è intrinseca all'immagine utopica, che altro non è se non l'immagine proprio

20 V. Melchiorre, s.v. "Utopia", in: *Enciclopedia filosofica,* Bompiani, Milano 2006, p. 11960.

di quel futuro. Per questo è così naturale l'accostamento dell'utopia alla finzione fantascientifica, con l'ulteriore differenza, però, che il futuro fantascientifico è molto spesso distopico invece che utopico, come si è detto sopra.

L'immagine utopica è quindi *critica, documentale, razionale, realistica e orientata al futuro.* Per la convergenza di questi tratti si tratta di un tipo di immagine unica e caratteristica, che ha nell'*Utopia* di More il suo archetipo ma che genera un concetto preciso: quello di un pensiero della sistemazione ideale della società, argomentato tramite l'elaborazione di un'immagine convincente e mirante alla trasformazione del presente.

4. Il futuro come utopia permanente

Per essere precisi, l'utopia non si colloca nel futuro. La genialità dell'intuizione di Thomas More risiede proprio nell'aver collocato Utopia nel tempo *presente*, come un esempio di una condizione sociale e civile che, altrove e in un luogo misterioso ma reale, è disegnata come *possibile.* Se vi si può approdare, come ha fatto Raffaele Itlodeo, e se si può tornare per raccontarne gli usi e i costumi, questo significa che può esistere, anzi: che certamente esiste, grazie a una combinazione di circostanze casuali e di impegno politico del suo fondatore, Utopo, e dei suoi abitanti. Utopia è altrove, ma è *ora.* Per questo aspetto, l'idea di utopia somiglia non all'attesa di un futuro escatologico, bensì alla raffigurazione di quell'"adesso" (*Jetztzeit*) cui alludono le proposizioni conclusive delle *Tesi sulla filosofia della storia* di Walter Benjamin.[21] Si tratta più di una dimensione di *profondità* della storia, che di una sua protensione verso il non ancora. Questa intuizione rende assai meglio l'idea di un possibile, rispetto alla mera *previsione* di un futuro migliore, che rischia sempre – inevitabilmente

21 W. Benjamin, *Sul concetto di storia* (1940), tr. it. Einaudi, Torino 1997, in particolare pp. 45 *sg.*

– di essere smentita dai fatti o procrastinata indefinitamente. L'utopia da costruire è ora, in questo tempo, contro ogni scetticismo e accomodamento nella decadenza. L'idea di utopia è una sfida che riguarda le energie attuali e non l'ipotesi di un sacrificio per un tempo a venire. In questo senso, proprio la denuncia di Benjamin contro il progressismo, che sacrifica gli ultimi sull'altare della storia, trova nell'utopia un aggancio essenziale a un modo di pensare che riscatta dall'interno l'oppressione attuale.

La differenza del pensiero utopico, rispetto al messianismo benjaminiano, risiede nel suo non affidarsi a una prospettiva trascendente. L'utopia è una rivoluzione permanente, è la *costruzione* del futuro invece che la sua attesa passiva, è l'adozione di un atteggiamento operante, che ha nell'immaginazione concreta il suo organo principale. Il cambiamento, che è tanto più urgente quanto più minacciose sono le prospettive che si affacciano, è oggetto di un pensiero figurativo non meno che razionale e discorsivo. Anzi, proprio il *discorso* con le sue regole, come quelle identificate da Jürgen Habermas,[22] appare l'articolazione che l'opinione pubblica deve assumere a propria guida per condividere le immagini utopiche e costruire, pazientemente, una visione non di ciò che *ci aspetta*, bensì di ciò *che vogliamo*. In ultima analisi, il futuro può essere pensato solo e soltanto come un compito. L'errore più catastrofico che l'umanità possa compiere in questa delicatissima fase è quello di fermarsi a fare *previsioni*, con un asettico sguardo *wertfrei* e un gelido distacco dai desideri, che invece non rinunciano a chiedere e pretendere un futuro possibile e buono.

Si fa allora chiaro che il futuro resta ancora pensabile solo se è visto come un'utopia permanente, ossia come il compito di pensare, *ora*, a come *deve essere* un mondo abitabile e condivisibile da visioni diverse, conflittuali ma capaci di una convivenza ragionevole. È a questo che allude, riprendendo proprio l'idea di una *utopia realistica*,

22 J. Habermas, *Etica del discorso*, tr. it. Laterza, Bari-Roma 1989.

la prospettiva che John Rawls ha elaborato come estensione, necessaria, della sua teoria della giustizia in *Il diritto dei popoli*[23].

La giustizia, sulla cui immagine si basa proprio l'utopia di More, non è frutto di una programmazione scientifica, per questo non si può prevedere ma solo costruire. Si tratta del pensiero più rivoluzionario, del rifiuto della decadenza come necessità, o della catastrofe come inevitabile. È a esseri umani capaci di questo che è affidata l'esistenza a venire.

23 J. Rawls, *Il diritto dei popoli*, tr. it. Edizioni di Comunità, Milano 2001.

Presentations of the Eranos-Jung Lectures

Meditations on Freedom.

Autonomy in the Mirror of Vulnerability,

between Paranoia and Responsibility

Presentazioni delle Eranos-Jung Lectures

Meditazioni sulla libertà.

L'autonomia allo specchio della vulnerabilità,

tra paranoia e responsabilità

Monte Verità, Ascona

2021

Il grande prigioniero.
Libertà, limite e i confini della *psyche*

Claudia Baracchi

Milano, Italy / *Italia*
April / *Aprile* 2021

Afoot and light-hearted I take to the open road,
Healthy, free, the world before me,
The long brown path before me leading wherever I choose.
....
(Still here I carry my own delicious burdens,
I carry them, men and women, I carry them with me wherever I go,
I swear it is impossible for me to get rid of them,
I am fill'd with them, and I will fill them in return.)

Walt Whitman
da "Song of the Open Road"

Sollevare la questione della libertà nell'era della pandemia, nei giorni del confinamento fisico, ci riportava subito all'esperienza della deprivazione, alla sofferenza dell'isolamento e all'insofferenza per divieti che sentivamo severamente alienanti. Il mondo così come lo conoscevamo, la vita così come l'avevamo vissuta, non c'erano più. (Ma... "noi" chi? In quale mondo ci eravamo accasati? Che vita credevamo di vivere, prima?) Nel perdurare di questa situazione irriconoscibile, cresceva lo sgomento. Tensione e incertezza stringevano l'assedio. Temevamo una deformazione, una compromissione definitiva del senso dell'umano.

Eppure l'esperienza della costrizione e dell'impotenza, l'incontro-scontro con ostacoli insormontabili, il dato frustrante della necessità, della vulnerabilità a forze maggiori, non sono mai stati periferici alla vicenda umana. Tendono anzi a definirla. Presumere la libertà nei termini dell'assoluta autonomia, come emancipazione da qualsiasi vincolo, condizione e restrizione, come esercizio incontrastato della volontà e del controllo, pare allora quantomeno discutibile.

Il grande prigioniero

In effetti è la figura di un grande prigioniero a inaugurare l'umano in quanto tale: Prometeo, nella tradizione greco-mediterranea. Ma il mitico ladro dalla "mente tortuosa", donatore di fuoco capace di truffe e bravate tanto quanto Hermes (sebbene meno fanciullesco), presenta analoghi in culture anche molto distanti[1]. Prometeo è il dio arcaico che subisce la prigionia e vive l'amarezza della punizione implacabile, nel nuovo ordine stabilito dal dio più giovane, signore della folgore e padre incontrastato – Zeus. Tutto il *Prometeo incatenato* di Eschilo si svolge intorno a Prometeo in ceppi. Ha amato gli umani, li ha estratti dall'opaca ottusità dell'argilla, li ha rischiarati, aperti al mondo, dischiudendo il mondo a loro. E ora vive la condizione umana (il vincolo alla terra, il duro confino, l'esposizione al dolore) nella sua versione più estrema. In un breve scritto postumo, Kafka racconta che Prometeo, incatenato alla roccia e sottoposto alla ripetitiva tortura del fegato squarciato, soffre così intensamente che si strugge contro la roccia fino a diventare anche lui roccia: da agile divinità a materia densa, compressa, immobile[2].

1 Per esempio, Matarishvan nell'ampio repertorio indo-vedico (tra le fonti, *Ṛgveda, Atharvaveda, Praśnopaniṣad, Chāndogyopaniṣad, Purāṇa*).
2 F. Kafka, *L'avvoltoio*, tr. it. Franco Maria Ricci, Parma 1978.

Eppure, osserva Simone Weil, tutto nella sua vicenda è libertà[3]. Perché? Innanzitutto per gli antefatti della sua storia. Prometeo scelse, al di là della fedeltà alla sua stirpe e delle ragioni del sangue, di appoggiare Zeus nella sua lotta per la successione. Se vi fu un avvicendamento nell'ordine del cosmo, che vide la deposizione di Crono, e quindi il tramonto dell'era dei Titani e l'ascesa di Zeus al potere, fu anche grazie a questa libera (e sorprendente) scelta di campo.

Presso i Titani l'intelligenza non gode di particolare rilievo. Essi credono di potersi basare soltanto sulla forza. Dunque sottovalutano l'apporto di Prometeo alla causa della nuova generazione di dei, e lo ignorano. Ma lui, che vede lontano, intravede lontane possibilità evolutive, si spende per esse, immagina, desidera – con lucido realismo, senza facili idealizzazioni. Sa bene, lui che vede avanti, che Zeus non sarà un sovrano gentile, tuttavia ne indovina i tratti meno selvaggi, meno cruenti di quelli del padre, dei padri (Kronos, Ouranos). Sta dunque della parte di Zeus, è strumentale per la sua vittoria e per la rivoluzione nell'ordine divino. Opera cambiamento, porta all'inaugurazione di una nuova epoca. In effetti Zeus non divorerà i figli, come fece suo padre Kronos, né li inumerà appena nati, ricacciandoli nel ventre materno, come fece Ouranos. Certo, divorerà o incenerirà alcune madri (Metis, Semele), ma proteggerà le travagliate, minacciate nascite dei figli (Atena, Dioniso) portandoli in sé, trovando nel proprio corpo ricettacoli materni (il capo, la coscia). Forse non desiste completamente l'ansia del padre rispetto alla prole, il timore di essere travolto e annientato dal succedersi delle generazioni. E forse è inaudita la distruttività con cui Zeus si abbatte sul femminile (per converso, sono figure femminili le significative interlocutrici di Prometeo nella tragedia). Ma in Zeus si attenua la negazione dei figli, del futuro, della temporalità. Si libera il tempo, e con esso l'andamento del divenire, la possibilità della trasformazione.

Zeus sarà comunque, come nuovo signore, inflessibile e

3 S. Weil, *La Grecia e le intuizioni precristiane*, Rusconi, Milano 1974, p. 218.

capriccioso, geloso e vorace. Vorrà sminuire la stirpe umana, o addirittura annientarla. Sotto di lui diverrà precaria la vita degli umani, dal destino straordinario di sopravvissuti[4]. Si scaglierà contro Prometeo, l'alleato di prima, per aver osato confondere la linea di demarcazione tra gli immortali e i mortali. Lo ridurrà alla sua mercé, all'umiliazione delle catene, impotente come un bambino. E, nella sua solitudine inerme e nuda, fissato alla rupe inospitale, Prometeo si scioglie nell'intimità con gli elementi primordiali che lo circondano, ne convoca la testimonianza, che tutto e tutti possano vedere la sua condizione:

> O etere divino, brezze dalle rapide ali,
> sorgenti dei fiumi, sorriso sconfinato
> delle onde del mare, terra di tutto madre [*pammetor*]
> e cerchio del sole che tutto vede [*panopten*], io chiamo:
> vedete cosa patisco, io dio, da parte di dèi...[5]

Poiché, invece che in un loculo buio e sotterraneo, Prometeo è imprigionato nell'aperto, nel tutto, *to pan*. Esposizione alla vertigine del tutto, ecco il senso del panico: non poter fuggire, non avere alcun dove in cui riparare, prigionia nella smisuratezza profonda, ineludibile. Ma Prometeo non è mai solo in questa vicenda, anche prima che arrivino da lui numerosi visitatori, tra cui le Oceanidi capaci di ascolto e la mortale Ió violata dalla dismisura di Zeus. Non sente il deserto intorno a sé, ma la vitalità dell'aria, l'acqua ridente, l'ampio grembo della terra, la luce che tutto accende. Questi Prometeo convoca. Come trovando conforto nella bellezza che lo circonda.

4 Come nel mito narrato da Aristofane nel *Simposio* platonico.
5 Eschilo, *Prometeo incatenato* 88-92; mia traduzione.

Catene

Lasciamo per il momento il grande prigioniero. È condizione tutta umana, quella dell'incatenato. Consideriamone alcune varianti.

(a) Pensiamo innanzitutto alla letteralità delle catene che immobilizzano l'umano. O meglio: delle catene che l'umano impone all'altro umano, immobilizzandolo, rendendolo servo, riducendolo a cosa. Quando ci interroghiamo sulla libertà non dovremmo dimenticare quanto spesso a vasti segmenti dell'umanità (passata e presente) sia preclusa la più elementare prerogativa dell'animale: la capacità di muoversi, nello spazio e nel tempo. Liberamente, appunto. O anche sospinti da necessità, persecuzioni e carestie, alla ricerca di pane e rifugio. Chi è ridotto in servitù spesso non ha nemmeno l'opportunità della disperazione, grande generatrice di flussi migratori. È legato, come Prometeo, alla terra più dura.

"Noi" (liberi, privilegiati, incoscienti padroni del mondo) nei confronti degli asserviti siamo come Achille nel XXIV libro dell'*Iliade*, quando, nella sua tenda, di notte, si trova improvvisamente Priamo di fronte. L'anziano re si è spinto nel campo degli achei, fin dentro la tenda di Achille, per chiedergli le spoglie del figlio Ettore. Al fine di aprirsi un varco nell'animo di Achille, Priamo gli bacia le mani, le mani che hanno ucciso suo figlio, si butta a terra per abbracciargli le ginocchia, gli ricorda la gentilezza di suo padre Peleo. Achille si commuove pensando al padre, desidera piangerlo, ed è significativo il gesto che ne segue:

> Afferrando la mano dell'anziano, lo allontanò da sé.
> Entrambi ricordavano: l'uno Ettore, sterminatore di uomini,
> e si scioglieva in lacrime ai piedi di Achille;
> ma Achille piangeva ora suo padre, ora anche Patroclo;
> i loro gemiti pervadevano le stanze.[6]

---

6 *Iliade* XXIV.508-512; mia traduzione.

Achille risponde con un momento di compassione, e concederà al padre il cadavere del figlio. Ma il cenno di scostare da sé l'anziano, prendendolo per un braccio, è rivelatore. Lo fa senza rendersene conto, completamente assorto, già inondato dai ricordi e scosso dai singhiozzi. Lo fa senza pensarci. Perché può. È uomo libero, si sente libero ed esercita il suo potere, semplicemente perché ne dispone. Diversamente dal supplice, dal vinto. "Come se invece di un supplicante fosse un oggetto a toccargli le ginocchia", osserva S. Weil. Davanti a questi esseri umani ridotti al livello della polvere, sconfitti, spezzati, "gli altri si muovono come se essi non esistessero"[7].

(b) Né dovremmo dimenticare quell'altra capacità di muoversi che non è solo, né semplicemente, locomozione, ma invece libero vagare, galleggiare nell'ozio (*otium*, *schole*), nel tempo liberato – che non è il tempo libero da dedicare alla banalità dei cosiddetti passatempi (come se fosse necessario escogitare stratagemmi per liberarsi del tempo dato), ma è tempo liberato nel senso del sollievo, nel senso che è sciolto dai vincoli della necessità, che sono alleviati almeno momentaneamente i gravi problemi della sussistenza e dei bisogni elementari. Solo quando la stretta del necessario e le preoccupazioni per la sopravvivenza si sono allentate, quando minime condizioni materiali sono garantite, si dischiude il tempo vuoto che inaugura l'umano in quanto tale, e si può parlare di accesso alle opportunità, ovvero di accesso al divenire, allo sviluppo e alla realizzazione della potenzialità, dell'ulteriorità. Il tempo non costretto, non ingombro, disoccupato o liberamente occupato, è l'elemento stesso del possibile. Quanta umanità ha accesso ad esso? Quanta, invece, è incatenata nella privazione di esso?

(c) Né infine dovremmo trascurare le forme di servitù volontaria, le catene che l'umano ricerca per se stesso, a cui si arrende, così abdicando a sé in quanto umano (ipotesi variamente formulata, in

7 S. Weil, *op. cit.*, p. 15.

una linea che da Deleuze[8] conduce a ritroso a Spinoza[9], Étienne de La Boétie, fino alla desolante situazione della caverna platonica). Giacché la libertà è responsabilità. E dunque compito, lavoro, peso. Come è chiaro nelle elaborazioni della scelta, della decisione, della valutazione. E a tale spaventosa incombenza ("la terribile libertà, dentro")[10], in vario modo e vario grado si può sempre rispondere con il conformismo, l'oblio, l'indifferenza, il disimpegno. Vivendo da morti. Senza rendersi conto che la libertà è anche una persecuzione, che da essa (proprio come dall'aperto in cui è confinato Prometeo) non c'è via d'uscita, non c'è modo di sfuggirle, che anche l'abdicazione è una scelta, e che l'irresponsabilità non è un'opzione.

(d) Inutile forse aggiungere, a queste formidabili catene, le severe necessità imposteci dal mondo non umano e oltre-umano in cui siamo, in quanto umani, inscritti. Che sono poi le cose ordinarie. Le condizioni limitanti, contundenti, inscrutabili, in cui ci troviamo a vivere, quali esseri mortali e vulnerabili travolti da un flusso per lo più ingovernabile. Sono, queste, fin troppo evidenti cause di dolore, lutto, trauma, o quantomeno perplessità: "Cosa distingue/ gli dei dagli esseri umani?/ Che molte onde/ scorrono davanti a loro,/ una corrente eterna:/ noi dall'onda siamo sollevati,/ dall'onda inghiottiti,/ e affondiamo./ Un piccolo anello/ delimita la nostra vita,/ e molte generazioni/ continuano a infilarsi/ nell'infinita catena/ della loro esistenza."[11]

È notevole che, nel periodo assai protratto di emergenza sanitaria mondiale, le molte voci che si sono levate a denunciare la contrazione delle libertà civili e individuali, paventando la deriva autoritaria, antidemocratica, tecnologicamente potenziata, abbiano per lo più ignorato queste dimensioni dell'esperienza della libertà. O della sua privazione. (Ammesso che libertà esista.) Notevole che chi

8 G. Deleuze e F. Guattari, *L'Anti-Edipo*, tr. it. Einaudi, Torino 1975, p. 32.
9 Spinoza, *Trattato Teologico-Politico*, tr. it. Einaudi, Torino, 2007.
10 A.R. Ferguson (a cura di), *The Journals and Miscellaneous Notebooks of Ralph Waldo Emerson*, Vol. IV 1832–1834, Harvard University Press, Cambridge, MA 1964, p. 46.
11 J.W. von Goethe, "Grenzen der Menschheit" (1780); mia traduzione.

si è così espresso, a volte anche con sottigliezza intellettuale, abbia costeggiato da vicino, troppo da vicino, acriticamente, un senso della libertà radicalmente depauperato, ridotto ai minimi termini, come se la libertà fosse proprietà dell'individuo – una libertà liberista, insomma, tutta privata, gelosamente custodita, intollerante al limite, autoindulgente affermazione di sé. La libertà assoluta, sciolta da tutto, è in realtà una caricatura della libertà. È piccola. E rende piccoli.

Vorrei allora, a questo punto, tratteggiare appena due pensieri sulla libertà. E vorrei sottolineare che non sono nuovi. Sono anzi antichissimi, tratti dal profondo di un'esperienza che ha anche connotati geo-storico-culturali ma, allo stesso tempo, trascende luoghi e nomi propri. Entrambe le prospettive, che in fondo sono una, comportano la giunzione di poli apparentemente inconciliabili, recalcitranti alla ricomposizione.

Primo pensiero: libertà e limite

Prima di tutto, si tratterebbe di pensare la libertà nella sua tensione verso il limite. Potremmo dire che, individualmente quanto collettivamente, la libertà riguarda divenire se stessi: è movimento verso sé, andarsi incontro. È, questo, un movimento verso una fisionomia, un profilo, una forma dell'esistenza – in breve, incontro a un limite. Il processo individuativo è questo percorso teso al limite, alla delimitazione: essere "questo", unicamente e singolarmente. La libertà dunque appartiene al limite. È ricerca del limite – di quel limite in ogni caso singolare. Che sono io, che è ognuno. Libertà non è il superamento, tantomeno l'annientamento, dei limiti, l'assoluta arbitrarietà (ovvero vacuità), bensì reperimento di quel limite (proprio quello, non altri) che di volta in volta mi definisce. La singolarità (delle forme, dei modi, delle vicissitudini) è vincolo, è stare entro un confine. Mobile e cangiante, certo, ma (de)finito. Stare in un confine, essere questo: è già tutto qui il pensiero aristotelico dell'*entelecheia*, che letteralmente indica divenire "mantenendosi nel fine", cioè un divenire sostenuto e orientato in ogni suo momento dal fine che lo permea. È un pensiero che, da Aristotele, attraverso Goethe, Hans Driesch e le scienze naturali ottocentesche, arriva a Ernst Bernhard, che ne rielabora il senso più profondamente problematico: la libertà ha in sé il fine, e dunque sempre già un vincolo ordinante. Il vincolo, la legge, dentro: una destinazione sia individuale sia "universale"[12]. Già Aristotele diceva che "tutte le cose sono coordinate verso l'uno" e che "i liberi hanno minime opportunità di agire a caso, e tutte o quasi tutte le loro azioni seguono un ordine"[13].

Tuttavia si potrebbe obiettare che, al contrario, la libertà è luogo del desiderio, il movimento stesso del desiderio nel suo impeto. Che la libertà è condizione del dinamismo essenziale al desiderio. *Wunsch*, "desiderio" nella lingua di Freud, dispiega i molti modi della motilità: esprime il desiderio anche come auspicio, augurio, e poi scelta, volontà, un voler porgere, protendersi, prolungarsi. Fortemente vettoriale, il desiderio dirige, guida, orienta. Perciò Lacan lo tradurrà: "vocazione".

Dunque, a ben vedere, anche in questo caso la libertà è questione di limite. Poiché il libero slancio desiderante ben poco ha a che fare con la voglia improvvisa, bizzosa – il fare quel che mi pare, secondo l'estro del momento. L'abbandono indiscriminato al capriccio corrisponde piuttosto alla banalizzazione del desiderio. Ed è il più grande inganno che si possa servire agli esseri umani, seduzione facile, deflagrante, frammentante. Ciò che ne segue, lungi dalla manifestazione del desiderio nella sua intrinseca creatività, è lo spegnimento di esso. Costantemente ipernutrito, affogato nella gozzoviglia dei consumi simultanei, indifferenziati e indifferenti, il desiderio resta

12 Osserva Bernhard: "L'entelechia è libera [...]. In quanto la seguo sono libero. Seguire questa tendenza è l'unica libertà". E, richiamandosi ad Angelo Silesio: "Giungiamo così a quel punto dove noi siamo depositari collettivi del senso del mondo (entelechia universale) e dove siamo una parte del tutto, senza di cui anche il Tutto non può esistere" (*Mitobiografia*, Adelphi, Milano 1969, pp. 24 e 22).

13 *Metafisica* 1075a19-20; mia traduzione.

il grande ignoto, sprofonda, inibito nella sua spinta fin dal primo incedere. L'impossibilità di conoscerlo è impossibilità di conoscersi. Jung annota nel *Libro rosso*: "Potrebbe, costui, trovare la sua anima nel desiderio, ma non negli oggetti del desiderio. Se possedesse il suo desiderio, e il suo desiderio non possedesse lui, costui toccherebbe la sua anima, poiché il suo desiderio è l'immagine e l'espressione della sua anima."[14] Qualcosa di simile è variamente espresso anche nel pensiero greco antico, in cui la coltivazione del desiderio e della sfera erotica, ovvero la magnificazione della capacità di amare (e non semplicemente di essere amati), si traduce nella capacità di sentire attivata in sé questa forza orientante, di sentirne l'energia, l'intensità, la nettezza crescere dentro di sé. Nell'esercizio di questa capacità ci si mette a fuoco, si prende forma. Il movimento del desiderio è realizzativo.

La libertà si rivela dunque essere un compito, un lavoro: ricerca di una misura non data, di una configurazione non dettata, non automatica. Compito di comprendere e seguire ciò che è celato, implicito, affinché si svolga e si dia a vedere. Il suo movimento ha il carattere del *conatus* più che del *liberum arbitrium*: fiotto che parte nel cuore della materia pulsante, guida endogena, immanente, naturale, a cui affidarmi. Essa non è quindi antitetica al vincolo, alla delimitazione, perché in essa io trovo me, mi preciso, divento quella che sono. E a volte può accadere che anche limiti imposti dall'esterno, la costrizione subita, perfino la prigionia, liberino la libertà nelle sue implicazioni più profonde, segrete. Come quando Thoreau racconta della notte che passò in prigione per la sua pratica della disobbedienza civile:

> ... e mentre andavo considerando i muri di solidissima pietra, spessi due o tre piedi, la porta di legno e ferro, un piede di spessore, e le inferriate che rigavano la luce, non potevo fare a meno di meravigliarmi per la stupidità di quell'istituzione che

14 C.G. Jung, *The Red Book. Liber Novus*, a cura di S. Shamdasani, W.W. Norton, New York, NY 2009, p. 232; mia traduzione.

> mi trattava come se io fossi meramente carne e sangue e ossa da rinchiudere [...]. Mi resi conto che, se c'era un muro di pietra tra me e i miei concittadini, ce n'era un altro, ben più difficile da scalare o valicare, prima che essi potessero diventare liberi come me. Non mi sono sentito confinato per un solo istante, e i muri mi sembravano un grande spreco di pietra e intonaco [...]. Non potevo che sorridere nel vedere con quanta solerzia avevano serrato a chiave la porta sulle mie meditazioni, che però li seguivano all'esterno senza permesso né ostacoli, ed erano *esse* veramente tutto ciò che c'era di pericoloso.[15]

Libertà, dunque, non malgrado il limite, ma grazie ad esso: questo andrebbe inteso anche nelle sue implicazioni politiche, relative cioè all'esperienza del convivere, della comunità, del "noi". Non è nonostante "noi" che io ci sono, e sono io. Io ci sono, e sono questa, costitutivamente tramite noi, e grazie a noi. Anche quando trasgredisco e nego il "noi" da cui sono scaturita. Anche nell'assoluta unicità di ognuno. Anche quando rovescio le regole comuni, l'architettura del mondo, e ne disegno altre. Perché la logica della trasgressione comporta la costante ri-affermazione del confine attraversato: momentaneamente sospeso, quasi sul punto di scomparire, ma necessariamente tracciato di nuovo, forse variato, spostato, ma pur sempre linea di demarcazione.

Basterebbero questi brevissimi cenni per porre in una luce problematica uno dei grandi costrutti freudiani: la tesi del disagio sofferto dall'individuo nella comunità, necessariamente forzato al sacrificio libidico-pulsionale al fine di assecondare una vita comune tollerabile[16]. Perché forse è proprio nella sua vita costitutivamente politica, comunitaria, culturale, che l'individuo può coltivare le pulsioni, farne la conoscenza, proprio come si impara a conoscere qualcuno o qualcosa attraverso momenti di resistenza, frizione,

15 H. D. Thoreau, "Civil Disobedience" (1849), in: Id., *Walden and Other Writings by Henry David Thoreau*, Bantam, New York, NY 1981, pp. 96 *sg.*; mia traduzione.
16 S. Freud, *Das Unbehagen in der Kultur* (1930).

frustrazione. Cioè quando la spinta desiderante incontra qualche intralcio, viene trattenuta o compressa, passa per delle strettoie. E in questo misurarsi contro l'ostacolo, in questo toccare ed essere toccata, in ogni incontro, scontro o graffio, la spinta (che io sono) prende misura, fa esperienza – di sé e del mondo. E diviene. Libera.

C'è libertà nel sentire che si è costituiti dall'altro, dagli altri – i vivi, i morti, i non nati. Tanto da non potersi nel modo più assoluto immaginare al di fuori del vincolo comune, culturale. Io sono una citazione. Che non significa che io sia riproduzione, o riproducibile. Ma anzi, che trovo nel limite ricevuto la possibilità di ridisegnare, deformare, trascendere. E ritrovarmi. Anche ritrovarmi altra.

Stare in comunità non è sacrificio della libertà individuale. La comunità non è limite o, se lo è, va intesa in senso generativo, delimitante, individuante; come possibilità stessa dell'esperienza della libertà, del desiderio in quanto tale, di coltivarli e accrescerli nel mistero di vivere insieme, di una mutua appartenenza e una comune inscrizione in un cosmo vivo. L'interdipendenza dà questo sostegno.

Secondo pensiero: libertà e necessità

Alla fine della *Repubblica*, Platone racconta una storia che mette al centro la questione della scelta (scelta del modo di vita, della prossima vita, dei passi da muovere da qui in poi)[17]. Questione, insomma, di responsabilità, e quindi di libertà. Ma in questo racconto nemmeno la scelta di vita sembra libera, bensì determinata dalle vite precedenti[18]. Ovvero da come si è vissuto finora. Da cui l'estrema cura, in Platone, della formazione umana, del portamento

17 Platone, *Repubblica* 614b-621d.

18 Ho affrontato questo tema in innumerevoli contesti, di cui, tra i più recenti: "Exile in the Flow of Time: On Memory and Immortality in Plato's *Republic*", in: "Research in Phenomenology", Vol. 47, N. 2, 2017, pp. 204-19; "Animals and Angels: The Myth of Life as a Whole in Plato's *Republic* X", in: M. Naas e J. Bell (a cura di), *Plato's Animals*, Indiana University Press, Bloomington, IN 2015, pp. 209-24; *Filosofia antica e vita effimera. Migrazioni, trasmigrazioni e laboratori della psiche*, Petite Plaisance, Pistoia 2020; e "Writing Life: Biography, Autobiography, and the Remainder", in: S. Benso

esistenziale (*ethos*), dell'azione (*praxis*) nel mondo – poiché sono queste le condizioni degli sviluppi (o degli stalli, o delle involuzioni) futuri. E c'è mistero in questa circolarità: è l'azione, e la vita forgiata da questa azione, a porre le basi determinative di ulteriori azioni.

Solo che noi (gli esseri animati, il vivente tutto), una volta nati a questa vita, non lo ricordiamo più. Non sappiamo di sapere. Il racconto abbagliante del mito tenta appunto di rinvenire, o inventare, una consapevolezza di questo, di far riaffiorare una sapienza dal profondo. Di farci avvertire ciò che la vita, nella sua densità e intensità, quasi cancella: il fondo inavvertito di un'appartenenza corale. In primo luogo, allora, il mito indica la vita individuale calata nel tutto, frammento nella catena delle generazioni, in una tessitura sconfinata, immemoriale. Apre la vita dell'individuo, effimera, racchiusa in confini invalicabili, a un vivere che sente al di là di sé, e sente l'oltre vivere in sé. Su questo sfondo, porre la questione della scelta significa provare a sondare il problema della libertà: se si dia qualcosa del genere, e come sia possibile.

La storia narra delle anime, *psychai*, chiamate a reincarnarsi. Esse infinitamente circolano tra vita, morte e ritorno alla vita. Inconoscibili, i loro confini non rintracciati[19], le anime assumono i loro lineamenti in base a come vivono. Come dire: è la vita, nelle sue minuzie, nei dettagli infinitesimali, infinitamente ripetuti, a disegnare la vita, a scolpirla, a darle (a darsi) i connotati. Devono dunque, ciclicamente scegliere in quale vita, in quale forma, ritornare – loro che sempre ritornano, ogni volta diverse. Solo così la *psyche* si dà a conoscere, prendendo una forma, una trama attraverso cui rilucere.

Il processo della scelta ha luogo nel vasto paesaggio cosmico retto da Necessità, in raffigurazione femminile. Una volta scelta la vita, la *psyche* sarà vincolata ad essa per tutta la sua durata. Cioè la scelta implicherà conseguenze, e la loro concatenazione sarà

(a cura di), *Rethinking Life: Italian Philosophy in Precarious Times*, SUNY Press, Albany, NY 2022, pp. 203-16.

19 Secondo il frammento di Eraclito, Diels-Kranz 45.

retta da inesorabile necessità. Eppure necessità non andrebbe qui intesa nel senso della determinazione meccanica, all'interno di un cosmo-macchina. E meno che mai andrebbe intesa come conoscibile, come se il calcolo e le procedure della ragione potessero avere accesso ad essa ed esaustivamente comprenderla. È pertanto voluta, e rigorosamente necessaria in queste brevi considerazioni, l'indistinzione tra "necessità" e "Necessità", tra la necessità e la figura mitica (una donna) che ne rappresenta l'irriducibilità a concetto.

In effetti, alle anime viene attribuita responsabilità (esse sono "causa", *aitia*, di ciò che avverrà loro). La loro scelta del prossimo periodo mortale non è determinata da entità esterne, come i "giudici" all'inizio del mito, o le dee raffiguranti la struttura della necessità (Ananke e le Moire sue figlie). La scelta avviene invece in uno scenario configurato da Necessità, eppure irriducibile alle sue disposizioni. O forse contemplato nelle sue disposizioni, come se Necessità non pretendesse un controllo totale, e i suoi ordini comprendessero margini di indeterminatezza, non ordinati. Come se Necessità lasciasse anche fare; e anzi chiedesse questo impegno. Allora, nel vasto disegno del necessario, la scelta potrebbe essere operazione inaudita e priva di precedenti, imprevedibile in base a qualunque calcolo, logica o meccanica. In seno alla necessità (e non in opposizione ad essa) si apre un varco di una possibile libertà, luogo della singolarità di ogni essere, di ogni iniziativa, di ogni vicenda.

Ma allora come si esercita, come si eserciterebbe, se mai possibile, la libertà? Come si potrebbe dare la scelta? Scegliere con cura (*melete*) significa non abbandonarsi all'inerzia, all'immediatezza irriflessa dell'automatismo, e invece fare un passo controcorrente. Interrompere l'ovvio, l'apparentemente inevitabile. E, in questa breve sospensione, che non è paralisi ma condizione imprescindibile della scelta, approfondire l'attenzione. È in questo vigilare che si possono incontrare con maggiore destrezza gli accadimenti, sempre mutevoli. È qui che si dischiude uno spazio di azione e non di semplice reazione.

Questo vegliare è ciò che Platone chiama semplicemente: filosofia. Vissuta "senza filosofia"[20], senza pratica di consapevolezza, perfino una vita eccellente nell'azione non può sottrarsi all'infinita oscillazione tra esiti felici e infelicissimi – tra vite vissute bene ma inconsapevoli e vite vissute male. Senza questo si discende, sì, nella meccanicità, nella stolida ripetizione degli stessi passi, anche falsi, senza comprendere come uscirne. Perché, là dove manca la riflessione, quell'attenzione che non inibisce ma, al contrario, mette a fuoco il da farsi, anche la vita vissuta bene è per caso, grazie a circostanze esterne favorevoli, sempre in balìa di rovesci altrettanto casuali e inevitabili. Il che non significa che vivere filosoficamente implichi il controllo sul proprio destino. Significa però che, se pure la vita sia presa nel turbinio di eventi incontrollabili (così come accade in questo mondo), lo sguardo filosofico può assistere nella difficile navigazione e far sì che, alle inevitabili avversità, non si aggiungano i moti precipitosi degli appetiti ciechi – questi sì, meccanici, e quasi sempre disastrosi nei risultati. Non a caso in Platone, e a maggior ragione in Aristotele, come se l'allievo avesse ereditato di buon grado il compito assegnato, l'attenzione tanto si concentra sul nodo delle pulsioni primarie, sul dato del desiderio, pressoché irrefrenabile nella sua forza movente. E va sottolineato che queste vere e proprie analisi dell'elemento desiderativo nel complesso psichico-somatico sono essenzialmente volte alla conoscenza (del desiderio, di sé), e non al controllo repressivo. Tanto che il desiderio (*eros*), che appare a tinte cupe in testi come la *Repubblica*, dove sono illustrati i suoi pericoli e le possibili derive tiranniche, è trattato con altrettanta nitidezza nella sua natura divina e numinosa, come fondo ineliminabile ed enigmatico della vita (*Simposio*, *Fedro*). Essenziale origine del movimento, movente per eccellenza, il desiderio è un dio.

In questa cura dell'azione e della consapevolezza, dunque, si prospetta un andamento della vita altrimenti che meccanico, un portamento risvegliato, la possibile libertà a interrompere (o

20 Platone, *Repubblica* 619d.

meglio, a rendere più intermittente) la mera reazione. È questo che il mito di Er racchiude, concentrandosi non tanto su punizioni o ricompense dopo la morte, ma sui transiti di vita in vita, cioè di momento in momento. Quando avviene, la scelta (che segna lo snodarsi temporale, il passaggio da un tempo all'altro) determina il passo successivo, e quindi interviene nell'aperta plasticità della vita possibile; al contempo, la scelta è largamente determinata, ovvero necessitata, dalla vita che si è vissuta fino a quel momento. Aver vissuto in modo equilibrato, coltivando la coscienza e ampliando il margine contemplativo, sensibilmente prepara ulteriori scelte di vita felici – non nel senso di una autorealizzazione a scapito di tutto e tutti, bensì dell'autorealizzazione di chi si riconosce partecipe al movimento trans-individuale della vita. Il mito finale della *Repubblica* prova a indicare cosa potrebbe essere vivere con la necessità, con la consapevolezza della necessità; anche sapendo di non saperla, di non poterne esaurire il mistero, di poterla soltanto vivere. Insegna così la libertà in accordo con la necessità.

Libertà secondo necessità è pure, *mutatis mutandis*, insegnamento di Spinoza, articolato con nettezza anch'essa abbagliante: se libertà significa agire secondo l'essere che è, che si è, allora vengono a coincidere libertà e necessità. Non può che essere così. La libertà della sostanza che noi siamo è necessitata dalla sua natura. Questo indipendentemente dalla nostra consapevolezza – consapevolezza di esseri che, degli infiniti attributi di dio/della natura, contemplano solo due, estensione e pensiero. Non è qui che sarà opportuno addentrarsi nell'elaborazione spinoziana della libertà, che culmina letteralmente in Gloria nella V e ultima Parte dell'*Etica*[21]. Ma, a provare ancora la vitalità e le vaste implicazioni trans-disciplinari di questa linea di pensiero, mi limiterò a citare una considerazione di Carlo Rovelli, tra fisica, neuroscienze, materialismo storico e razionalismo critico:

21 B. Spinoza, *Ethica ordine geometrico demonstrata*, Parte V, Scolio alla Proposizione XXXVI.

> Le nostre decisioni libere sono liberamente determinate dai risultati delle interazioni fugaci e ricchissime tra i miliardi di neuroni del nostro cervello: sono libere quando è l'interagire di questi neuroni che le determina. Questo significa che quando decido sono "io" a decidere? Sì, certo, perché sarebbe assurdo chiedersi se "io" posso fare qualcosa di diverso da quello che decide di fare il complesso dei miei neuroni: le due cose, come aveva compreso con lucidità meravigliosa nel XVII secolo il filosofo olandese Baruch Spinoza, sono la stessa cosa. Non ci sono "io" e "i neuroni del mio cervello". Si tratta della stessa cosa [...]. Quando abbiamo la sensazione che "sono io" a decidere, non c'è nulla di più corretto: chi altri? Io, come voleva Spinoza, sono il mio corpo e quanto avviene nel mio cervello e nel mio cuore, con la loro sterminata e per me stesso inestricabile complessità.[22]

Chiamiamo libertà la necessità di cui non sappiamo niente, o di cui non possiamo sapere tutto. Al di là di fantasie onnipotenti di autodeterminazione, questo sarebbe il lavoro della libertà: la sapienza (quella esposta nel mito platonico, per esempio) come presa di coscienza del necessario in quanto inconoscibile. Forse la libertà, l'impressione di qualcosa come la libertà, non è altro che effetto di un'insufficienza epistemologica. L'abbaglio causato da un non sapere. Crediamo di essere supplemento ed eccesso rispetto alla natura, eppure anche, di necessità, le apparteniamo.

Dire di sì

L'assoluto della libertà non è dunque l'arbitrarietà del capriccio e del volontarismo, la farneticazione dell'autonomia, lo scioglimento di ogni ostacolo, obbligo, finitezza. L'assoluto è la capacità di libertà nella necessità, nell'affermare la necessità. Sentirsi di appartenere e di abitare in essa; sentire che si vuole ciò che si deve. Dire di sì.

22 C. Rovelli, *Sette brevi lezioni di fisica*, Adelphi, Milano 2014, pp. 78 *sgg.*

Essere individuo individuato, tutt'altro dal dettato dell'individualismo moderno. Questo, molto concretamente, significa imparare a sostenere le cose come sono, quelle che non possono essere mutate. Sopportare. Trovare la possibilità creativa nella difficoltà. Saper patire.

Viene da pensare al protagonista della *Bhagavadgītā*, che agisce come può, come deve, e senza identificarsi con l'azione. Arjuna, il guerriero della casa dei Pandava, ha ricevuto gli insegnamenti di Kṛṣṇa, che gli hanno esposto ciò che è necessario, così che egli possa accompagnarsi alla necessità e non esserne ignaro, passivamente trasportato. A disposizione del necessario al di là della riuscita o del fallimento. E viene in mente l'individuo individuato di cui parla Ernst Bernhard, evocando la libertà apparentemente paradossale dell'attore al servizio del testo, la libertà di chi non è autore, né padrone, del testo, del dipanarsi della vita, del copione. Di chi si presta, come strumento, al disegno dell'autore - drammaturgo, dio, destino, necessità, o comunque lo si voglia dire. Fino ad assimilarsi ad esso. Ma proprio in questo servire e in questo assimilarsi l'attore conquista libertà, si affranca da ogni esteriorità, nulla gli è estraneo. Bernhard detta questa riflessione nell'estate 1964, a Bracciano:

> Sì, in questa nostra vita terrena noi dobbiamo rappresentare una parte prestabilita con tutto l'impegno di cui siamo capaci come interpreti. Bene e male, positivo e negativo, sono inerenti alla parte e non sono naturalmente da attribuirsi all'attore. Ma l'uomo è irresistibilmente portato a identificarsi con la parte [...]. Simile a un attore che per immedesimato che sia con la sua parte non crede però di essere la persona che ha da rappresentare – egli acquisterà una distanza dalla parte [...]. Con ciò egli si scioglie sempre più dalle concezioni dell'autore del dramma di cui è stato interprete e diventa, insieme, autore e attore di una nuova opera, dove rappresenta la parte corrispondente a se stesso e dove il conflitto tra la parte e la sua individualità è annullato. Egli si

identifica con l'idea dell'autore, ovvero l'autore si identifica con lui; egli è la funzione rappresentativa dell'autore, che attraverso lui si manifesta nel dramma. "Libero in amorosa necessità."[23]

L'assoluto della libertà è dunque un assoluto spirituale. Ed essa, la libertà, andrebbe pensata, anche e soprattutto, come categoria spirituale. O comunque come esperienza che affonda nel profondo dell'umano, prima ancora che essere conquista o concessione di natura giuridica, politica, istituzionale. Andrebbe pensata in questa prospettiva, anche e soprattutto da chi (come "noi") detiene il privilegio di un immenso campo di possibilità e spesso non sa cosa farne. Senza dimenticare la sofferenza abbietta di chi invece si trova nell'illibertà materiale e nella più cupa privazione di possibilità, potremmo dire, con Thoreau:

> Non sono molti i momenti nei quali vivo sotto un governo, persino in questo mondo. Se un uomo è libero nel pensiero, libero nella fantasia, libero nell'immaginazione, e ciò che *non è* non gli appare mai per molto tempo come ciò che *è*, i governanti o i riformatori insipienti non possono interromperlo fatalmente. So che per lo più gli uomini la pensano diversamente da me; ma quelli le cui vite sono per professione dedicate allo studio di questi o di simili argomenti, mi soddisfano poco o per niente.[24]

Sempre in catene, mai pacificato

Abbiamo iniziato parlando di un Titano, Prometeo, eppure senza titanismo, senza eroismo retorico e vuotamente altisonante. Abbiamo delineato la struttura di una libertà che si articola secondo necessità, che ritrova se stessa anche nelle spire dei vincoli più

23 E. Bernhard, *op. cit.*, pp. 211 *sg*. La citazione finale evoca una locuzione di Nietzsche, "Frei im liebevollsten Muss", in: *Ecce Homo* (1888), paragrafo della *Gaia Scienza*.

24 H.D. Thoreau, *op. cit.*, pp. 101 *sg*.; mia traduzione.

insolubili e stringenti. Per questo, forse, la Weil diceva che nella vicenda dell'incatenato tutto è libertà.

È libertà anche come istanza di rivoluzione. La figura del grande prigioniero, che è figura dell'umano in quanto tale, declina la libertà come spazio di contesa, di contestazione della necessità, o della prepotenza (Zeus, per esempio) che si presenta come necessità. È libertà di agire, e prendere posizione, anche anticipando i rischi cui si va incontro, perché lo si ritiene giusto, e per questo si osa. È libertà che persiste, anche se non dovesse riuscire nel tentativo di ridisegnare il necessario, di cambiarlo. Anche se dovesse patire disfatta e punizione, al prevalere di una necessità ancora intatta. È libertà dalla paura, o libertà nella giusta convivenza con una paura che non sia unica padrona. È l'irrequieto sogno dell'umanità.

> Oggi il posto giusto, il solo posto che il Massachusetts abbia garantito ai suoi spiriti più liberi e meno scoraggiati, è nelle sue prigioni, è l'essere espulsi ed estromessi dallo Stato per il suo stesso atto, così come essi si sono già estromessi attraverso i propri principi. È là che dovrebbero trovarli lo schiavo in fuga, e il prigioniero messicano rilasciato sulla parola, e l'indiano venuto a denunciare le ingiustizie subite dalla sua razza; su quel suolo separato ma più libero e onorevole, dove lo Stato pone coloro i quali non sono *con* lui, ma *contro* di lui – la sola dimora, in uno stato schiavista, in cui un uomo libero possa abitare con onore[25].

25 Ivi, p. 94; mia traduzione.

La libertà nella stretta della pandemia

Barbara Gallavotti

Zurigo, Switzerland / *Svizzera*
May / *Maggio* 2021

Quest'anno per la cultura italiana, è un anno speciale: 700 anni dalla morte di Dante Alighieri. Allora, parlando di libertà, nel primo canto del *Purgatorio* Virgilio presenta Dante a Catone dicendo che Dante "libertà va cercando ch'è si cara, come sa chi per lei vita rifiuta". Con queste parole, Dante suggella il bisogno di libertà come un bisogno fondamentale degli esseri umani, identificando il proprio bisogno di libertà con quello di Catone, vissuto mille anni prima.

Catone, come si ricorderà, secondo la tradizione storiografica si suicidò per non arrendersi a Cesare, cosa che avrebbe comportato non solo una umiliazione militare ma soprattutto la rinuncia ai propri ideali repubblicani. Dante, da cristiano considera il suicidio inaccettabile, tuttavia sceglie l'esilio per non doversi sottomettere a un governo che non condivide.

Ora, tutti noi ricordiamo Dante come grande padre della lingua italiana. Quando pensiamo alle scoperte scientifiche, celebriamo i grandi geni come Galileo, Newton, Einstein, o ad esempio il grande matematico e astronomo Al Kawarizmi fra gli scienziati orientali. Ma se non ci fossero stati questi personaggi, l'umanità avrebbe comunque trovato modo di risolvere le equazioni di secondo grado, qualcuno avrebbe alla fine osservato comunque il moto dei pianeti, o scoperto le leggi fondamentali della fisica. Non è così per gli artisti. Se Michelangelo e Raffaello non fossero nati, l'umanità non avrebbe mai avuto le loro opere. E forse se non fosse nato Dante, stasera forse, anzi probabilmente, useremmo una lingua con altre sfumature.

Ma Dante appunto, è stato un precursore anche dal punto di vista dell'idea di libertà. Oggi dopo secoli di vicende storiche, segnate dall'illuminismo e più recentemente dalla tragica cicatrice dei regimi totalitari del '900, quell'idea di libertà è considerata un valore occidentale fondante. Ma nel tredicesimo secolo, in pieno Medioevo, quando Dante scrive, i valori maggiormente radicati nella cultura erano altri. Predominava quello dell'obbedienza sia alle leggi del Divino che a quelle della società.

Ora non è che questo conflitto fra libertà e obbedienza si sia in realtà mai risolto. Dove c'è un regime totalitario definire la libertà è facile: libertà è quello che non si ha e che si vorrebbe avere, è dire quello che non si può dire e si vorrebbe dire, è fare ciò che si vorrebbe fare e non si può. Ma in Paesi democratici, definire la libertà e i suoi confini è più difficile e da molti punti di vista l'emergenza del COVID-19 ha fatto emergere le contraddizioni in cui viviamo, la nostra difficoltà a dare un senso alla parola libertà.

Improvvisamente, nell'arco di pochissime settimane, è accaduto l'impensabile: abbiamo dovuto ridisegnare radicalmente la cornice delle nostre libertà individuali. Libertà di andare in giro a volto scoperto, di viaggiare, in certi Paesi di uscire di casa, persino di incontrarci nelle nostre abitazioni. Un minuscolo virus, una entità che si è dibattuto a lungo persino se potesse essere considerata un essere vivente (e oggi si ritiene che lo sia, in quanto in possesso di un codice genetico), ci ha costretti a riformulare urgentemente il compromesso fra libertà individuali e benessere comune sul quale si basa la nostra convivenza civile.

Non siamo stati molto bravi. Nel momento in cui scrivo, la Corea del Sud, 50 milioni di abitanti e una popolazione anziana, ha avuto un decimo dei decessi che si sono verificati in Svizzera e circa un sesto dei casi. Il Giappone, che ha 126 milioni di abitanti, circa quindici volte quelli della Svizzera, ha avuto un numero di decessi appena poco superiore a quello della Svizzera e un numero di casi paragonabili. In Asia, lo sappiamo, le mascherine non sono mai state un problema. In Giappone, ben prima del COVID-19 gli occidentali si stupivano di quanto fossero diffuse, sospettando i nipponici di essere universalmente ipocondriaci e terrorizzati da qualsiasi contagio. A chi fosse tanto male accorto da chiedere spiegazioni, veniva cortesemente spiegato che no, quella mascherina non veniva indossata tanto per paura di contagiarsi ma soprattutto per timore di contagiare altri, nel caso si fosse magari anche solo un po' raffreddati. E anzi, poche cose potevano essere considerate scortesi come soffiarsi il naso in pubblico.

I Paesi orientali, poi, inizialmente hanno fatto del tracciamento la loro arma centrale nella lotta al virus. Tracciamento che si è accompagnato a isolamento e quarantene obbligatorie, anche separando le famiglie, in un modo che per la nostra cultura è inaccettabile. All'inizio dell'epidemia, mentre noi ci confrontavamo con l'obbligo di non uscire di casa, credo che molti abbiano provato un brivido nel sentire che in Cina venivano utilizzate telecamere di sicurezza per ricostruire gli incontri avuti da chi era poi risultato positivo, e tramite software di riconoscimento facciale identificare chi era stato anche coinvolto in un avvicinamento casuale per poi raggiungerlo, sottoporlo a test ed eventualmente isolarlo.

A Singapore, altro Paese considerato vincente nella lotta al COVID-19, entro la fine del 2020 la app di tracciamento era utilizzata dall'80% della popolazione, praticamente da tutti gli adulti. Una certa opposizione si è levata solo ai primi di gennaio, quando è stato annunciato che i dati raccolti per contrastare l'epidemia sarebbero stati girati alla polizia ed utilizzati per le indagini. L'opposizione popolare ha costretto a fare marcia indietro, e a restringere l'uso di quei dati solo per i reati gravi. Tutto questo però ha permesso di ridurre, almeno a quanto possiamo dire ora, nel maggio del 2021, l'impatto del virus sia sull'epidemia che sull'economia.

Allora ecco che il quadro si complica. Da un lato, c'è un elemento evidente: il valore che diamo alla nostra società e il dovere che sentiamo di preservare e proteggere gli altri individui, La cultura orientale è indubbiamente più propensa di quella occidentale a tutelare la collettività, e per questo le persone sono più preparate a considerare necessarie azioni che invece in occidente percepiamo come violazioni inaccettabili della nostra libertà individuale. Ma per quanto possiamo sentire il bisogno di proteggere la collettività, inevitabilmente a un certo punto si arriva a una linea di confine, varcando la quale consideriamo lesi i nostri diritti fondamentali. Quanto siamo disposti a prendere in considerazione la possibilità di spostare quei confini?

Intanto, ovviamente, ciò che possiamo fare e non fare, discende da complicate vicende storiche e culturali. Molti, all'inizio dell'epidemia, hanno pensato con orrore all'esistenza dei cosiddetti mercati bagnati. A ricordarcene l'esistenza è stato il fatto che fin dall'inizio si è ritenuto che il virus avesse proprio avuto origine in uno di essi, l'ormai celebre mercato di Wuhan. È lecito fare acquisti in un mercato bagnato?

Wuhan, una metropoli con oltre dieci milioni di abitanti. La nona città della Cina per popolazione, uno dei centri della vita economica e culturale del gigante asiatico. E incastonato nei suoi quartieri moderni, tra strade trafficate, telecomunicazioni e notizie che allora davano la Cina appena protagonista di una esplorazione sul lato nascosto della Luna, ecco qualcosa che ci appare un inspiegabile fuori sincrono storico: un mercato bagnato.

Di per sé, non sarebbe nulla di stupefacente. Un mercato bagnato è semplicemente un mercato dove vengono venduti vegetali e carni fresche. Il bagnato viene dal fatto che il pavimento è appunto bagnato, dall'acqua che i venditori usano per rinfrescare la merce. Uno dei ricordi più vividi della mia infanzia era quando accompagnavo qualcuno a fare di queste compere in un mercato di quelli dove si poteva acquistare direttamente dai contadini, in estate, quando non si andava a scuola. E con le scarpe aperte uno dei problemi era riuscire ad evitare appunto l'acqua che bagnava i pavimenti. Ma in Asia e in Africa, in questi mercati possono trovarsi anche animali vivi. Proprio la buona salute di questi animali, esibita attraverso la loro vitalità, è la garanzia offerta al cliente del fatto che la carne di cui ci si nutrirà è fresca, e appartenente ad animali sani. In molti Paesi si tratta dell'unica garanzia possibile, visto che la catena del freddo necessaria a commercializzare le carni refrigerate non può essere garantita. In Cina potrebbe esserlo, ma da un tempo troppo recente perché tutti abbiano smesso di sentire il bisogno di constatare in questo modo con i loro occhi la qualità di ciò che cucineranno.

Ovviamente, i mercati bagnati non sono una invenzione recente. Guardiamo a ciò che avviene nella nostra società. Per molti non è un problema scegliere da un acquario un pesce o un crostaceo che verrà cucinato. Ma per la stragrande maggioranza di noi, guardare negli occhi l'animale che mangeremo, un mammifero o anche un uccello, è insostenibile. Abbiamo messo la maggiore distanza possibile fra noi e la morte degli animali di cui ci nutriamo, siamo abituati ad acquistarli in vaschette dove le porzioni non hanno nessun richiamo alla forma dell'essere vivente da cui hanno avuto origine, in un certo modo siamo fieri di questa soluzione e ne accettiamo l'ipocrisia. Non è sempre stato così.

Se facessimo un viaggio nel tempo ci renderemmo conto che in Europa soprattutto dal primo Rinascimento erano in vigore leggi che imponevano di fare arrivare gli animali da macellare in città sulle loro proprie gambe, giammai su carri, men che meno a pezzi. E i trasgressori erano puniti. I cittadini dovevano vedere camminare, meglio trotterellare gli animali, perché solo così potevano accertarsi che fossero almeno apparentemente sani.

Passeggiando nelle vie di Parigi, quelle sopravvissute al disegno modernizzatore del Barone Haussmann e dei suoi successori, quando cerchiamo disperatamente tracce che ci riportino ai fasti della regina Caterina de' Medici o a quelli successivi del Mazzarino o del Re Sole, difficilmente pensiamo alla sfilata delle bestie da macello, con il loro lascito di letame e di odori. A richiamarci a questo forse è stato solo il celebre ma relativamente recente romanzo *Profumo* di Sueskind. Ma c'era anche il problema degli scarti di macellazione. Perché il percorso finiva inevitabilmente nei punti vendita, dove i macellai erano obbligati a uccidere gli animali, non altrove. Gli scarti in genere venivano buttati nei fiumi della città. Difficile rendersene conto oggi, ma le botteghe di Ponte Vecchio sospese sull'Arno a Firenze nel Rinascimento erano occupate proprio dai macellai, che potevano agevolmente liberarsi dei rifiuti gettandoli nelle acque sottostanti. Il problema in buona parte delle grandi città dell'Occidente si risolve davvero solo un paio di secoli fa. Nel 1810 a Parigi viene istituito un grande mattatoio fuori dal centro, nel 1836 il re di Napoli fa lo stesso e lentamente il controllo professionale dei veterinari sostituisce quello visivo dei consumatori. Finalmente. E tutto si perfeziona quando si diffondono frigoriferi anche industriali e sistemi che garantiscono la catena del freddo, cioè permettono al cibo di arrivare dal confezionamento al consumatore senza mai essere esposto al caldo.

Contemporaneamente, centralizzare la macellazione degli animali permette anche di eseguire controlli non solo sulla qualità della carne, ma anche sul benessere degli animali stessi, nei limiti del possibile. Eppure, parlando di libertà, alcuni rivendicano quella di poter allevare e macellare animali secondo metodi tradizionali e antichi. In Italia, proprio in nome di preparazioni tradizionali, dal 26 marzo è stata consentita in particolari condizioni l'uccisione privata di animali a fini alimentari.

Il dibattito sulla legittimità dei mercati bagnati intanto è divenuto una priorità mondiale. Soprattutto perché a volte in quei mercati si vendono anche carni di specie selvatiche. E la contiguità fra specie diverse, domestiche e selvatiche, è letteralmente un ponte d'oro che i microbi possono attraversare per passare da animali all'uomo, e da specie selvatiche alla nostra. Senza contare il danno ambientale dato dall'impoverimento se non addirittura dalla scomparsa di quelle stesse specie dai luoghi dove avrebbero dovuto vivere.

Da molte parti, quindi, si chiede di mettere fine per sempre all'esistenza di questi luoghi e il COVID-19 ha riportato in primo piano la necessità di stabilire un nuovo equilibrio fra i nostri diritti, e dunque le nostre libertà, quelli degli animali e le esigenze igieniche.

Ancora più delicata la riflessione alla quale ci ha obbligato l'uso della mascherina. Poche cose sentiamo legate alla nostra libertà individuale come l'abbigliamento. Negli anni '70, la rivendicazione della libertà di rompere gli schemi riguardo all'abbigliamento segnò una generazione. Ma, di fatto, non abbiamo mai avuto libertà di decidere quali parti del corpo scoprire, o coprire. Il cosa copriamo, e anche in buona parte il come, è un misto di tradizioni, opportunità e rispetto per gli altri.

In molte città di mare, uscire sulla passeggiata in costume da bagno se adulti è contro la legge, e così in buona parte delle nostre città è proibito andare eccessivamente svestiti per le strade. Anche il coprirsi può essere soggetto a limitazioni. Limitazioni per motivi di ordine pubblico, se ad esempio copriamo il volto in certe circostanze. Sono limitazioni che abbiamo interiorizzato, raramente creano problemi.

Questi si pongono invece nei confronti delle minoranze. In Francia è vietato esibire abbigliamenti che evochino simboli religiosi in luoghi pubblici, in particolare nelle scuole, cosa che mette in difficoltà diverse religioni: è proibita la kippah ebraica, così come il velo islamico. Una proibizione che ha fatto gridare alla violazione delle libertà. In particolare, sull'opportunità di nascondere i capelli ricordo come sia in corso un vivace dibattito anche all'interno della comunità musulmana. Il punto in questo caso è come interpretare l'indicazione comune che impone sia agli uomini che alle donne di vestirsi con modestia. Non sono pochi coloro che ritengono che questo non implichi necessariamente coprire i capelli. Ma le stesse femministe islamiche sono divise fra quante ritengono affermazione di libertà non utilizzare il velo, e quante ritengono invece affermazione della loro propria libertà poterlo indossare. Il disaccordo potrebbe risolversi da solo una volta garantita a ciascuna persona la libertà di scelta sul proprio abbigliamento, ma è evidente che non è così facile.

Ora a causa del COVID-19, ognuno di noi si è improvvisamente trovato al centro del dibattito sulla libertà di coprire o meno parte del proprio corpo. E nella maniera più dolorosa possibile, perché la mascherina nascondendo parte del volto oltre a essere estremamente scomoda, limita la nostra capacità di espressione. Dopo che ci è stato proibito di abbracciare gli altri, di dar loro la mano e di avvicinarci, quella di sorridere è l'ultima spanna di terreno che ci viene tolta. Forse il gesto più umano, perché come fanno notare spesso gli etologi, la nostra specie è l'unica che sorride davvero. Fra gli altri mammiferi, mostrare i denti è in genere segno di aggressività, mai pacificatore.

Anche qui, forse, è utile fare un piccolo approfondimento sul perché le mascherine sono state uno strumento fondamentale nel contenere l'epidemia e sul perché non avremmo potuto farne a meno. Molti probabilmente ricorderanno che quando si sono registrati i primi casi di COVID-19, l'indicazione era di non indossare le mascherine a meno che non si avessero sintomi. I primi che cautamente cominciarono a metterla per precauzione finirono spesso additati come pavidi ipocondriaci. Eppure quelle indicazioni avevano un senso.

Il nuovo Coronavirus ci ha colti di sorpresa. Quando a Wuhan ha cominciato a fare vittime, nessuno aveva idea di quali caratteristiche avesse questo nuovo agente infettivo. Se non che si trattava di un Coronavirus. Estremamente simile a quello della SARS, che ci aveva terrorizzato dal novembre del 2002 al maggio del 2004. Il virus della SARS contagiò circa 8000 persone, uccidendone una su dieci. Ma per quanto letale, quel virus sembra non aver avuto una capacità importante di trasmettersi da asintomatici. Le persone contagiate si ammalavano, dimostravano sintomi evidenti e poi potevano contagiare altri. Dunque, era facile individuare e isolare coloro potenzialmente infetti. Questo è stato una specie di punto debole del virus della SARS, forse la chiave vincente che ha permesso di circoscrivere l'epidemia. Si diede per scontato, che il nuovo Coronavirus chiamato SARS-CoV-2 avrebbe fatto altrettanto. Fu un grave errore. Perché molto tempo dopo è stato scoperto che i due microbi si differenziano in modo importante per quel che riguarda le temperature ideali a cui possono proliferare. Il virus della SARS preferisce quelle intorno ai 37 gradi, che si trovano nelle vie respiratorie profonde. Solo dopo essersi diffuso in quelle, facendo danni che non possono sfuggire, si trasferisce nelle vie aeree superiori, dalle quali può uscire con il respiro, starnuti o tosse e raggiungere altre vittime. Il nuovo Coronavirus amerebbe invece temperature un po' inferiori, sui 35 gradi centigradi. Quelle delle vie aeree superiori, dalle quali dunque può raggiugere senza difficoltà altre persone, dilagando nei polmoni solo dopo un certo ritardo. Minuscole differenze fra parenti stretti. Che tuttavia hanno portato all'illusione che la nuova epidemia potesse essere contenuta semplicemente identificando coloro già con malesseri.

Del resto, le mascherine scarseggiavano. E riservarle a chi era già malato o a contatto con malati sembrava l'unica soluzione sensata. Probabilmente lo era, ma il messaggio iniziale che le mascherine potessero non essere fondamentali ha fatto un danno enorme. Anche perché ormai è chiaro che una importantissima via di trasmissione del virus è data dalle minuscole particelle di aerosol cariche di virus che dopo essere state emesse da una persona positiva possono restare in sospensione nell'aria anche per molte ore dopo che la persona infetta se ne è allontanata.

All'epoca del COVID-19, tuttavia, il tema della libertà non può essere disgiunto da quello dei diritti. Il diritto a non aver paura, il diritto a non essere contagiati, il diritto alla salute. Il diritto a vivere in un pianeta sano, dove il rischio di salto di specie, di spillover, non sia sempre più vicino, concreto e drammatico. Pensiamo ai microbi.

Difficile dire quanti siano quelli presenti sul pianeta, ma di certo sono una quantità ardua anche solo da immaginare... Alcune stime suggeriscono 1000 miliardi di specie. Tanto per dare un'idea, gli insetti potrebbero essere in tutto "appena" 10 milioni di specie, i pesci meno di 35000 specie e i mammiferi meno di 7000. Fra l'altro, si calcola che i microbi rappresentino il 60% del materiale biologico che esiste sulla Terra. Per fortuna, la maggior parte di questi microbi sono innocui, diversi sono utili, e solo alcuni possono causarci malattie.

E, a proposito di microbi, vi sarete accorti, che microbi non è un termine scientifico. Il problema è trovare una parola che raccolga sotto di sé entità che hanno in comune solo l'estrema piccolezza. Per quelli responsabili di malattie trasmissibili, "agenti infettivi" sarebbe il termine giusto, ma ne vorremmo uno più agile. Tra i microbi ci sono i microrganismi. Alcuni sono esseri composti da una sola cellula del tipo chiamato procariota, strutturalmente simile a quelle che compongono il nostro corpo, come nel caso del plasmodio della malaria o del toxoplasma. Altri sono batteri che abitano a miliardi il nostro organismo, o che trasmettono malattie come la tubercolosi.

A proposito di toxoplasma e di batteri, se mi permettete di aprire una parentesi a proposito di libertà, vorrei ricordare che non è ancora affatto chiaro fino a che punto le nostre scelte di animali superiori, i nostri comportamenti, siano esclusiva conseguenza di quelle celluline grigie, i neuroni, dai quali ci piace pensare dipenda il nostro pensiero. Dalla natura ci vengono segnali inquietanti. Pensiamo a ciò che avviene nel nostro corpo. Si stima che solo nel nostro intestino ci siano dieci cellule di microbi per ogni cellula umana presente in tutto il nostro organismo. Dovremmo pensare a noi stessi come a un ecosistema, nel quale le cellule umane sono solo una componente. O per dirla crudamente, siamo una minoranza a casa nostra.

Questi microbi sono soprattutto batteri... per quanto ne sappiamo. Poiché, oltre a essere una minoranza in casa nostra, di chi sia la maggioranza abbiamo solo una vaga idea. Sappiamo che oltre ai batteri ci sono sicuramente anche virus, che hanno fra l'altro il ruolo di mantenere in equilibrio le diverse specie di batteri, poi funghi... Ma insomma, sicuramente i batteri fra i nostri conviventi sono quelli che conosciamo meglio. Sappiamo che è essenziale che siano sani, umanizzandoli qualcuno dice felici. Perché se il nostro microbioma intestinale è in equilibrio e composto dagli esseri viventi a noi favorevoli, può svolgere al meglio le sue funzioni che sono di aiutarci a digerire, produrre vitamine, e anche mandare in giro per l'organismo molecole la cui importanza è sempre più evidente. Risulta avere effetto sulla salute cardiaca ad esempio, ma anche sul cervello influenzando fra l'altro la nostra predisposizione a manifestare depressione.

Depressione! Il fatto di qualcosa di così intrinsecamente umano come l'umore, anche la gioia di vivere possa essere in qualsiasi modo influenzata da un insignificante essere formato da una sola cellula, senza neanche un nucleo, senza neppure un cromosoma paragonabile al più piccolo dei 46 che codificano l'essenza del nostro essere animali umani, è francamente fastidioso. Eppure dobbiamo farcene una ragione. E il peggio deve venire. Perché pensiamo al toxoplasma.

Il toxoplasma, almeno un nucleo lo ha. È formato da una sola cellula, ma è una cellula simile alle nostre, con appunto un nucleo che racchiude il materiale genetico, degli organelli e così via. Di questo agente infettivo, si sente parlare perché la sua infezione in gravidanza può causare danni al feto. Ha un ciclo di vita che definire complesso è dir poco. Può infettare praticamente tutti gli animali a sangue caldo. Poi, si riproduce semplicemente dividendosi in due, ogni nuovo toxoplasma è identico a quello che lo ha generato. Un altro animale può essere infettato mangiando la carne cruda di quello contagiato. Dopo un certo tempo, il sistema immunitario dell'animale riesce a controllare la replicazione del parassita, ma non a sconfiggerlo. L'alieno si arrocca: forma delle piccole cisti all'interno di diversi tessuti, e in particolare nel cervello. È assediato dalla risposta immunitaria dell'organismo ospite, ma riesce a sopravvivere: la sua speranza è che l'ospite venga mangiato da un felino. Le cellule dell'epitelio intestinale dei felini infatti sono l'alcova del toxoplasma: l'unico luogo in cui esso può riprodursi sessualmente e generare altri toxoplasmi, questa volta con un patrimonio genetico nuovo; la riproduzione sessuale è essenziale per aumentare la variabilità genetica del protozoo, e con essa la sua possibilità di sopravvivere ad eventuali mutamenti dell'ambiente. Ma se lo scopo ultimo del toxoplasma è finire dentro un felino, è chiaro che il suo primo ospite preferito è un topo. Se il microbo riesce a infettare il roditore, è già a buon punto. I ricercatori che hanno studiato il modo in cui il protozoo passa da un topo al gatto però hanno fatto una scoperta sorprendente: per riuscire a raggiungere un felino, il toxoplasma non si affida solo alla sorte. A quanto pare il protozoo sarebbe in grado di indurre all'interno del cervello dei roditori segnali chimici che ridurrebbero la naturale paura per i gatti. Non solo i topi infettati da toxoplasma sembrano essere più baldanzosi e amanti del rischio, ma addirittura non sono spaventati dall'odore dell'urina di gatto. Per il piccolo felino, catturare un topo, così, è un gioco da ragazzi. Una volta che il roditore finisce nelle fauci del micio, il toxoplasma ha raggiunto l'obiettivo: può iniziare un nuovo ciclo di vita.

Tramite la terra, o i vegetali che sono stati a contatto con la terra, possiamo contagiarci anche noi umani. Certo cambiare il nostro comportamento umano non è di alcuna utilità per il parassita, difficile che possiamo incontrare un felino della nostra taglia, un leone, e gettarci spensierati fra le sue fauci. Ma i microbi non sono esseri intelligenti nel senso che intendiamo generalmente: non sono coscienti delle loro azioni e non possono agire in maniera diversa a seconda delle circostanze. Noi umani siamo per così dire vittime degli "effetti collaterali" di un attacco destinato ai topi. Ma non è chiaro se e fino a che punto il microbo possa cambiare anche il nostro comportamento. Qualcuno dice che infettandoci ancora una volta può renderci più propensi alla depressione, o che possa incidere negativamente sulla nostra capacità di concentrarci. È una eventualità ancora da capire, ma forse un giorno scopriremo che il nostro libero arbitrio è limitato dai microbi incontrati nel corso della vita.

Forse scopriremo, orrore, che lo *spleen*, il sublime scontento creativo, il senso di insoddisfazione che porta a inseguire la perfezione fino all'illusione di sfiorarla, ha qualche cosa di anche minimamente a che fare con il fortuito contatto con un essere invisibile che, arrivato nel terreno a bordo delle feci di un qualche animale, si è poi messo in paziente attesa fino a che il destino non ce lo ha fatto incontrare. E forse allora ci troveremo anche a parlare di libertà in un modo diverso. L'uomo ha scoperto di non essere al centro dell'universo, rischia di scoprire di non essere né al centro del proprio corpo né della propria mente. Forse solo un *witz* yiddish potrebbe permettere di superare con un sorriso un simile colpo al senso della vita.

Del resto, che i microbi siano dei manipolatori lo sapevamo già a proposito di altre specie. Un altro si chiama Polymorphus paradoxus ed è un minuscolo invertebrato. Immensamente più complesso rispetto ai microbi di cui abbiamo parlato finora, ma pur sempre un piccolissimo parassita. Per completare il suo ciclo vitale ha bisogno di anatre e crostacei. Quando l'anatra rilascia nell'acqua le sue deiezioni, le larve del parassita si abbandonano alla corrente. Molte andranno disperse, ma quelle per così dire "fortunate", saranno mangiate da piccoli crostacei, entreranno nel loro sistema circolatorio, e raggiungeranno il cervello. In seguito all'infezione i crostacei, invece di rifugiarsi come d'abitudine sul fondo dei laghi, nuoteranno in superficie; così diventeranno più facilmente preda di un'anatra. A questo punto i microbi si ritroveranno nuovamente nell'intestino dell'uccello, da usare come incubatore per riprodursi e moltiplicarsi e iniziare un nuovo ciclo...

Ma torniamo alle epidemie e alla libertà dalla paura. Eravamo arrivati ai virus. Sono degli alieni, come ha detto il premio Nobel Peter Medawar, sono una cattiva notizia incartata in proteine: la notizia è il loro patrimonio genetico, che le cellule inconsapevolmente leggono e mettono in pratica per costruire nuovi virus, le proteine sono l'involucro che lo contiene. Ora di queste "cattive notizie", pronte a essere consegnate alla nostra specie, secondo gli esperti negli ambienti selvatici potrebbero essercene un numero enorme... Un numero enorme di diversi virus capaci di fare il salto di specie. Un "salto di specie" avviene quando un microbo che di norma infetta animali selvatici entra in contatto con un essere umano e riesce a contagiarlo. Pensiamo al virus dell'HIV: il mondo ha imparato a conoscerlo nel 1982, quando ha cominciato a diffondersi in modo spaventoso negli Stati Uniti e in occidente. La prima infezione nota però risalirebbe al 1959 e sarebbe stata determinata dal contatto fra uno scimpanzé e un essere umano: un avvicinamento fatale che avrebbe consentito il passaggio del virus e che probabilmente non è stato né il primo mai avvenuto né quello che diede inizio alla fatale esplosione di casi di cui ancora oggi soffriamo le conseguenze. Una infezione del virus Ebola invece è stata registrata per la prima volta nel 1976 nell'attuale Sud Sudan, a pochi chilometri dal confine con la Repubblica Democratica del Congo e dal fiume Ebola. All'origine del contagio, probabilmente, i pipistrelli. Il virus della SARS si è palesato nel 2002 e si ritiene sia stato trasmesso ancora una volta dai pipistrelli, come il nuovo Coronavirus SARS- CoV-2. Il virus Zika è stato identificato nel 1947 in Uganda; viene trasmesso dalle zanzare ma si pensa che gli ospiti selvatici possano essere uccelli, pipistrelli o primati. L'elenco potrebbe continuare.

I batteri non mancano ma creano meno preoccupazione, poiché da loro sappiamo difenderci meglio: abbiamo farmaci straordinariamente efficaci come gli antibiotici, fino a che non diamo ai batteri modo e occasione di sviluppare resistenza. Per fortuna, non basta che un agente infettivo raggiunga un essere umano per dare origine a una epidemia. Perché un microbo possa davvero spaventare non solo pochi di noi ma tutta la specie umana deve saper fare qualcosa in più: trasmettersi da una persona all'altra. Non è un passaggio scontato. Pensiamo all'aviaria, una forma di influenza estremamente pericolosa che colpisce in particolare gli uccelli e si calcola ne abbia sterminati molte decine di milioni dal 2003 a oggi. Nello stesso periodo avrebbe contagiato alcune centinaia di persone, uccidendone molte. L'infezione però sarebbe stata contratta nella stragrande maggioranza dei casi maneggiando direttamente uccelli contagiati, mentre il virus dell'aviaria si sarebbe dimostrato sostanzialmente incapace di passare da un essere umano all'altro. Nel Vicino Oriente poi a partire dal 2012 sono stati registrati diversi casi di MERS, una malattia dovuta a un Coronavirus così come la SARS e il COVID-19, ma letale addirittura quasi in un caso su tre. Il virus può trasmettersi dai dromedari agli esseri umani e poi anche da una persona all'altra, ma limitatamente. Per questo, nonostante la paura destata, non ha mai rappresentato un forte pericolo per le comunità: anche nei casi in cui il virus ha raggiunto qualcuno che si prendeva cura molto da vicino di malati non è poi stato in grado di andare molto oltre.

Qui in Svizzera abbiamo esempi di microbi che dagli animali selvatici possono raggiungerci e infettarci, ma non dare origine a epidemie. Pensiamo alla borreliosi, o malattia di Lyme. La conosciamo, perché ogni volta che andiamo nei boschi non mancano gli avvisi alla cautela, molti di noi si irrorano generosamente di spray anti-zecche. Sono questi minuscoli animali, appartenenti all'ordine degli acari a trasmettere il batterio che provoca la malattia. Le zecche a loro volta possono acquisirlo dopo essersi nutrite del sangue di un altro animale infetto, ad esempio un cervo. La borreliosi è particolarmente infida. Può causare problemi ai muscoli, alle articolazioni, agli occhi... E visto che parliamo di zecche, c'è anche un'altra pericolosa malattia che possono trasmetterci, una encefalite dovuta a un virus della stessa famiglia di quello che causa la febbre gialla o la dengue. Per fortuna, contro questo c'è un vaccino. Come dicevo sono agenti infettivi che sono in grado di farci ammalare, ma non hanno ancora completato il salto di specie perché non sono in grado di passare da un essere umano all'altro. Ma se il virus che causa l'encefalite da zecca perfezionasse la sua modalità di trasmissione, ad esempio evolvesse la capacità di trasmettersi attraverso la puntura delle zanzare come febbre gialla e dengue, ecco, il gioco, il suo gioco, sarebbe fatto.

Quindi vedete, il salto di specie non è necessariamente qualcosa di esotico: può avvenire in qualsiasi parte del mondo, e coinvolgere anche animali di allevamento, oltre a quelli selvatici. A favorire i salti di specie sono certo le sconsiderate promiscuità fra esseri umani e specie selvatiche che si creano quando troppe persone penetrano in ambienti che dovrebbero essere inviolati, per poi tornare in seno a comunità smisurate. Pensiamo che nel 2016 si stimava che al mondo un miliardo e seicento milioni di persone vivessero entro un raggio di cinque chilometri dai confini di una foresta, tre quarti delle quali in paesi a basso o medio reddito. Era cinque anni fa, inevitabile pensare che la situazione sia peggiorata. Ma non è solo laggiù, lontano da noi, in mercati che suonano come uno sconcertante fuori sincrono storico, che gli effetti della incapacità umana di trovare un equilibrio con l'ambiente favoriscono gli agenti infettivi.

Parlavamo di borreliosi e di encefalite da zecca, ed è esperienza di tutti noi che amiamo queste montagne e i nostri boschi il fatto che le malattie da zecca stanno diventando più frequenti. È effetto del fatto che questi parassiti sono più numerosi a causa di un clima che ne favorisce sempre più presenza e riproduzione.

Il COVID-19 ci ha ricordato che dobbiamo scegliere fra due libertà: la libertà di continuare a condurre una esistenza energeticamente insostenibile, e quella di avere minore paura delle infezioni e minore rischio di dover soggiacere alle misure alle quali esse costringono. E questo ci porta a un altro aspetto importante: la libertà, costa. Richiede investimenti. È qualcosa che solo in parte la nostra civiltà ha metabolizzato accettando l'idea che la libertà si possa ottenere solo se vengono garantiti alcuni diritti: diritto allo studio, alla salute... Siamo pronti a investire su questi temi?

Ma diritto alla salute vuol dire anche giocare d'anticipo con i virus. Dal 2009, ad esempio, è stato attivo il progetto *Predict*, finanziato principalmente dall'Agenzia americana per lo sviluppo internazionale. Il suo obiettivo era provare a individuare i microbi potenzialmente pericolosi prima che facciano il salto di specie, in modo da farsi trovare preparati, con farmaci e vaccini. Una impresa titanica, che prevedeva di battere le foreste tropicali per fare qualcosa che è stato definito "rendere un po' meno appannata la sfera di cristallo". Il risultato più concreto di un decennio di sforzi è stata l'individuazione del virus Bombali in Africa, un virus affine a quello che causa le febbri emorragiche come Ebola. Nell'ambito di *Predict* sono stati raccolti 140 000 campioni da animali selvatici e gli studi sono andati avanti fino a marzo del 2020 quando il progetto è stato chiuso per un taglio di fondi voluto dall'amministrazione americana. Proprio nel momento in cui la tragedia del COVID-19 ne metteva in luce l'utilità. Sono però ancora attive altre iniziative, come il *Global Virome Project*, focalizzato sullo studio dei virus. Ora si stima che individuare e studiare centinaia di migliaia di agenti infettivi potrebbe costare molti miliardi di franchi. è troppo? Il conto della sola pandemia di COVID-19 per l'economia mondiale è difficile da stimare, lo scorso anno qualcuno lo aveva già valutato in migliaia di miliardi di franchi. È sempre difficile investire grandi cifre per giocare di anticipo. Ma forse non possiamo permetterci di non farlo.

E lo stesso vale per i farmaci. Una eredità positiva che sicuramente la pandemia ci lascerà, è quella che corrisponde a uno straordinario balzo in avanti nella messa a punto di farmaci cosiddetti biologici, che rappresentano una rivoluzione in ambito farmacologico. I farmaci che abbiamo usato per tutto il '900, erano farmaci che partivano dalla formulazione di una molecola chimica, che in qualche modo interagiva con meccanismi del nostro corpo o di agenti infettivi... il primo di questi farmaci è stato l'aspirina, che peraltro ha una storia straordinaria. Con il COVID-19, però, si è spalancata la strada dei farmaci biologici a base di acidi nucleici: RNA o DNA. Molecole che forniscono alle nostre cellule una informazione per fare loro stesse qualcosa che serve al nostro organismo. A questi farmaci i ricercatori pubblici e privati stavano lavorando da anni, ma l'emergenza del COVID-19 ha costretto ad accelerare i tempi, ha fatto arrivare finanziamenti immani, e ha portato a risultati spettacolari. Ora quello che si è imparato in questa emergenza verrà messo a frutto per produrre nuovi farmaci, contro patologie totalmente diverse: tumori, malattie autoimmuni, malattie degenerative...

Ma chi avrà accesso a questi farmaci? Anche questo è un problema di libertà, e un problema che il COVID-19 ci ha messo sotto gli occhi. È ovvio che al momento solo i cittadini di alcuni Paesi privilegiati possono vaccinarsi contro il COVID-19; per l'Africa occorrerà secondo alcune stime ottimistiche aspettare il 2023 per un accesso globale. Allora vale la pena spendere qualche parola sul problema dei brevetti, che qualcuno ha suggerito di sospendere, per accelerare la soluzione.

Ricordiamoci però che togliere la licenza in genere è un modo per far abbassare il costo di un farmaco, ma il costo non è il problema principale dei vaccini contro il COVID-19. Non stiamo parlando di terapie come quella contro l'HIV, che all'inizio degli anni 2000 costavano molte centinaia di dollari all'anno e andavano seguite tutta la vita. Per i vaccini a mRNA come Pfizer o Moderna, ma anche quelli a DNA basati su virus modificati, il problema è un altro: sono vaccini ad altissima tecnologia. I vaccini a RNA hanno decine di ingredienti che vengono prodotti da molte imprese altamente specializzate. Un punto critico notevolissimo è l'assemblaggio delle molecole di RNA all'interno di sferette di grassi artificiali del diametro dell'ordine dei milionesimi di millimetro. Per i vaccini basati su virus modificati, invece, l'aspetto più critico è la creazione di miliardi e miliardi di copie di essi, che devono essere prodotti all'interno di cellule particolari ma poi purificati e confezionati in modo da poter essere somministrati. Quindi, da più parti si fa notare che per mettere in condizioni di produrre questi vaccini altre strutture, magari di Paesi meno avvantaggiati, non basta pensare di dare loro il brevetto, bensì bisognerebbe anche trasferire la tecnologia necessaria. Letteralmente, prenderle per mano. Potrebbero farlo in tempi rapidissimi solo coloro che hanno inventato i vaccini e messo a punto le tecnologie ovvero le stesse imprese alle quali si vorrebbero togliere i diritti. E poi, dove sarebbero queste strutture che si avvantaggerebbero dei brevetti? Non certo in Africa, che è il continente che ha avuto meno vaccini contro il COVID-19, ma che è in grado di produrre appena l'1% dei vaccini tradizionali di cui ha bisogno, come quelli per il morbillo. Ora proprio la rivista Nature ha recentemente riportato come la catastrofe del COVID-19 abbia fatto prendere coscienza ai capi di stato africani del fatto che il continente non può dipendere dalla (scarsissima) generosità di altri per i suoi vaccini. E c'è l'impegno a far arrivare l'Africa a produrre il 60% dei vaccini che le servono entro il 2040. Ora c'è da sperare che l'impegno possa essere mantenuto, ma l'Africa a quel traguardo va accompagnata.

Molti quindi sostengono che se il punto è davvero risolvere rapidamente il problema delle vaccinazioni contro il COVID-19 che è drammatico soprattutto in Africa e in certe zone del Sud America, allora bisognerebbe fare altro. In primo luogo donare direttamente vaccini ai Paesi che ne hanno bisogno. Oppure lavorare sulla cessione delle licenze a certi produttori, che consenta però di mantenere la proprietà intellettuale a chi la ha. O infine i Paesi più ricchi potrebbero comprare la licenza e anche quanto necessario per fare il trasferimento tecnologico da chi li detiene, e quindi finanziare l'allestimento di punti di produzione dove necessario. La paura è che si sia innescata una lunga discussione sui brevetti che rischia di ritardare la cosa più urgente: dare vaccini a chi non li ha.

E poi c'è il problema rappresentato da tutto il resto. Perché occorre anche evitare che tutte le energie siano concentrate nella produzione dei vaccini contro il nuovo Coronavirus, dimenticando tutti le altre emergenze sanitarie. Questo si è già in parte verificato: la necessità di assistere le persone con COVID-19 in Occidente ha fatto sì che fosse molto più difficile garantire ad esempio gli esami di routine per prevenire tumori. Il risultato è che ci dobbiamo aspettare un incremento di tumori nei prossimi anni, purtroppo. Invece, soprattutto nei Paesi più a basso reddito, si è assistito a una diminuzione delle vaccinazioni di routine, con grande allarme degli esperti. Ora non è che si può pensare di cambiare la destinazione d'uso dei produttori di vaccini in generale, convertendoli tutti in produttori di vaccini contro il COVID-19, perché ci troveremmo spaventose epidemie di altre malattie.

Allora ecco che questa emergenza ha messo in luce anche, che non possiamo permetterci di avere la capacità di produzione di farmaci così importanti così concentrata in poche zone del mondo, con deserti produttivi in luoghi estremamente popolosi. La salute non è un problema locale ma globale, perché i microbi non sono interessati alle frontiere. Quindi avere una popolazione mondiale sana non è solo un basilare problema di diritti umani, è anche una questione egoistica. Se il virus potrà continuare a diffondersi senza freni in alcune zone del mondo, in quelle zone continueranno a poter emergere varianti, anche molto pericolose, contro le quali non saremmo protetti. E basterà un viaggiatore per affari che si infetta, o un turista, o qualcuno che va a trovare qualcun altro, per portare quel microbo mutato in tutti gli angoli del pianeta. Anche se fosse possibile fermare le migrazioni, il microbo arriverebbe lo stesso.

La libertà di usare un farmaco, e di guarire, è un diritto fondamentale, che il COVID-19 ci ha ricordato. Ma che dire della libertà di non usare un farmaco? Possiamo scegliere di non curarci, e possiamo scegliere di non vaccinarci? Prendiamo un caso estremo. Una condizione psichiatrica rarissima ma terribile. Si chiama in inglese *Body Integrity Identity Disorder*. Chi ne soffre, ha un problema con l'immagine mentale di se stesso, nella quale non riesce a includere parte del proprio corpo. La conseguenza è un acuto desiderio di privarsi di un arto, o di sottoporsi a gravi lesioni spinali. Secondo uno studio pubblicato nel 2012 sulla rivista *Plos One* (*Public Library of Science*), l'adempimento del desiderio autolesionista migliora le condizioni di questi pazienti. Eppure, esaudire quel desiderio è proibito. Una delle obiezioni etiche, è che è inaccettabile mettersi volontariamente in una condizione di dipendenza dal resto della società. D'altro canto, i pazienti obiettano che altre amputazioni sono accettate, ad esempio quelle necessarie per adeguare il corpo all'identità di genere.

Scopriamo quindi che ci sono dei limiti alla libertà che abbiamo di fare qualcosa al nostro corpo, anche senza spingerci a casi molto discussi come la legittimità del suicidio assistito. Sulla base dello stresso principio è lecito scegliere di non curarsi? Tutti siamo probabilmente propensi a dire di sì, assumendo che questa scelta difficilmente porti danno ad altri, oltre a chi la compie. Ma per il vaccino la contraddizione è evidente. Vaccinarsi è qualcosa che viene fatto non solo per proteggere sé stessi, ma anche per proteggere gli altri, magari i più deboli. Persone dal sistema immunitario compromesso, ad esempio, che non possono difendersi direttamente. Non sto dicendo che i vaccini debbano essere obbligatori, ovviamente, sto solo ricordando il punto critico rappresentato dal dover decidere tra la legittima libertà di chi sceglie di non vaccinarsi, e l'altrettanto legittima libertà di chi ha diritto a non essere contagiato.

La questione diventa ancora più critica se si pensa al problema se si possa rendere o meno obbligatorio il vaccino per i minori. Non vaccinare un bambino, ad esempio per il morbillo, significa esporlo al rischio, piccolo, ma non inesistente, di stare molto male, persino di morire. Questa non è una forma di maltrattamento? Ovviamente, chi esita a far vaccinare i propri figli lo fa nella convinzione che sia per il loro bene. Ma per secoli i bambini sono stati picchiati nella convinzione che fosse per il loro bene (e anche le donne lo sono state). Oggi è contro la legge, perché è un evidente maltrattamento che crea solo danno. C'è da chiedersi se non lo sia anche esporre un bambino ai rischi connessi con una infezione evitabile.

Ancora una volta non mi sto schierando, ma sto ricordando un problema. Un problema che è divenuto drammaticamente attuale ora che dobbiamo scegliere se vaccinarci e provare a uscire da questo stato di infinita emergenza, sapendo che stiamo utilizzando farmaci che si presentano come straordinari, ma sono totalmente nuovi. Sono libera di aver paura di un nuovo farmaco? Naturalmente sì. Anzi è mio diritto chiedere spiegazioni e ottenere tutte le risposte possibili. Questo di fornire spiegazioni è un dovere che le autorità non possono evadere. E ovviamente ciascuno è libero di esprimere e condividere la propria opinione, anche la propria paura.

Quello che non è lecito invece è alimentare la paura, perché quella che è la propria divenga un sentimento condiviso. Oggi, forse, poche cose sono temute come i vaccini. Ora, l'antivaccinismo è nato con i vaccini stessi. Il primo, quello di Jenner contro il vaiolo, era basato su pus proveniente da pustole di origine bovina... Da qui il nome vaccino, che deriva da vacca. Chiaro che l'idea di farsi inoculare materiale del genere causasse qualche perplessità e non era neppure un farmaco privo di effetti collaterali. Eppure la stragrande maggioranza delle persone seppe superare la paura, di fronte all'enorme vantaggio dato dalla concreta possibilità liberarsi della paura di una malattia capace di fare strage. Ma non tutti. In Inghilterra nacquero diversi movimenti anti-vaccinisti che mettevano in dubbio l'efficacia, la sicurezza e la stessa legittimità morale della pratica. Girarono vignette che rappresentavano persone vaccinate alle quali erano cresciute corna, orecchie o code di mucca.

Nello Stato Pontificio si tentò di rendere obbligatoria la vaccinazione antivaiolosa già nel 1822, a causa dell'incombere di un'epidemia locale. Ma in alcune zone montò l'opposizione. A Rimini e Forlì i sacerdoti si rifiutarono di dare la notizia, i medici espressero dubbi sulla sicurezza del vaccino e qualcuno obiettò che non fosse moralmente accettabile per gli esseri umani mescolare la propria "linfa" a quella delle bestie. Alla fine, Papa Leone XII fu costretto a rendere l'obbligo facoltativo, passando suo malgrado alla storia come papa "no-vax" e aprendo le porte a nuove recrudescenze del morbo, che seminò ancora molte centinaia di morti.

Ma, in tempi recenti, l'opposizione al vaccino si lega soprattutto all'operato dell'ex medico inglese Andrew Jeremy Wakefield. Nel 1998 Wakefield pubblicò sulla prestigiosa rivista scientifica *The Lancet* uno studio nel quale affermava di avere osservato un legame tra la somministrazione del vaccino trivalente contro morbillo, parotite e rosolia, e l'insorgenza del morbo di Crohn (una malattia infiammatoria dell'intestino), di disturbi nello sviluppo e di autismo. La notizia non tardò a seminare il panico. L'autismo è una condizione che può essere anche molto invalidante, apparentemente in aumento e dalle cause ancora sostanzialmente ignote. Nel 1998 si sapeva davvero molto poco sull'origine dell'autismo e, poiché i sintomi nei primi mesi dopo la nascita sono sfuggenti, il dubbio della sua presenza iniziava in genere ad affacciarsi solo intorno al primo anno di vita – più o meno in contemporanea con la somministrazione del vaccino. Anche per questa coincidenza di tempo, l'ipotesi di Wakefield non tardò a convincere genitori disperati o terrorizzati dall'idea di somministrare ai propri figli qualcosa in grado di rovinare loro la vita. Naturalmente furono in molti a provare a ripetere le osservazioni del medico inglese. Dopo quattro anni dall'uscita del cosiddetto "studio" di Wakefield, però, nessun altro era riuscito a osservare alcuna correlazione tra il vaccino trivalente e l'insorgenza dell'autismo. I primi dubbi cominciavano a serpeggiare, ma non era finita: la vicenda era destinata a tingersi di giallo.

Nel 2004 il giornalista Brian Deer iniziò una serie di inchieste per il *Sunday Times* sull'operato di Wakefield, che poi portò anche a un'approfondita indagine da parte del General Medical Council, l'organismo britannico incaricato di vigilare sulla salute dei cittadini. Al termine delle indagini, i risultati di Wakefield apparvero come completamente inventati e irripetibili, inoltre sembravano essere stati architettati con l'intento di ricavarne un profitto. Nel 2010 *The Lancet* ritirò l'articolo dichiarandolo una frode e l'anno successivo Wakefield fu radiato dal registro dei medici britannici e gli venne interdetto l'esercizio della professione nel Regno Unito. Il danno creato dalla sua attività però è ancora oggi molto tangibile, soprattutto perché le sue tesi sono state riprese da innumerevoli seguaci che le hanno tenute in vita ben oltre il momento in cui ne era stata dimostrata la falsità. Lo stesso destino è toccato ad altri vaccini.

Allo torniamo alla domanda iniziale, quella che ha a che fare con la libertà. Ciascuno è libero di dubitare di qualcosa, anche di aver paura, anche di esprimere la propria paura o le proprie idee, contrarie ad esempio al modo in cui funziona un sistema, ad esempio al fatto che il sistema affidi a imprese private il commercio di farmaci a scopo, ovviamente, di lucro. Siamo credo però tutti d'accordo sul fatto che nessuno sia libero di diffondere notizie false, allo scopo di conquistare consensi a una causa che ritiene giusta.

Eppure, questo avviene di norma. Pensiamo a un'altra questione di cui mi sono molto occupata, la sperimentazione animale. Ciascuno, naturalmente, ha diritto di essere contrario, ha diritto di ritenere che la vita di un animale valga quanto quella di un essere umano e non sia sacrificabile per ottenere farmaci per la nostra specie. Io non sono d'accordo, ma la considero una opinione legittima e assolutamente rispettabile, come considero condivisibile voler limitare il più possibile e sempre di più gli animali coinvolti nelle sperimentazioni, ricorrendo a prove di diverso tipo. Ma non è legittimo, a mio avviso, tentare di conquistare sostegno alla propria posizione facendosi forti di falsità: asserendo, ad esempio, che oggi sia o sarebbe possibile avere tutti i farmaci innovativi che ci occorrono anche senza che essi debbano essere somministrati ad animali prima che ad esseri umani. Sarebbe ipocrita nascondere che, fra l'altro, la sperimentazione sugli animali è stata necessaria per ottenere i vaccini contro il COVID-19 che stiamo tuttora utilizzando. Mi rendo conto di aver posto una questione estremamente sgradevole, ma abbiamo iniziato parlando di libertà di indossare o meno la mascherina, non potevamo che finire parlando di libertà di utilizzare o meno un farmaco.

Tra qualche settimana, e per qualche tempo, probabilmente buona parte di noi riconquisterà buoni margini di libertà grazie a un passaporto vaccinale. Sarà probabilmente necessario nella vita quotidiana solo per un limitato periodo di tempo, poi probabilmente continuerà ad esserlo solo nei viaggi internazionali e infine ce ne dimenticheremo. Ma per il tempo in cui sarà in uso, ci porrà un sacco di problemi. Rischierà di divenire un documento discriminatorio, almeno per le persone che, pur volendosi vaccinare, per condizioni particolari non possono farlo. Dovremo ancora una volta, come cittadini prendere una decisione che ha a che fare con scienza e tecnologia (perché connessa con questioni di epidemiologia e di gestione dell'epidemia), e che avrà effetto non solo su di noi ma anche sugli altri, sulla nostra comunità, sugli altri esseri umani. E dovremo farlo in modo consapevole, valutando i pro e i contro, le conseguenze a breve e lungo termine.

Sarà l'ennesima volta in due anni, in cui il nuovo Coronavirus ci costringerà a confrontarci con la necessità di bilanciare libertà individuali e bene pubblico. L'eterno problema che ci accompagna da quando abbiamo deciso di dare un valore all'idea di libertà. Bilanciare libertà individuali e bene pubblico è un tipico problema complesso. E a questo proposito mi viene sempre in mente la frase che a mio avviso rappresenta perfettamente l'essenza della gran parte delle controversie legate alla modernità: ogni problema complesso ha una soluzione semplice, ma è quella sbagliata.

L'emergenza del nuovo Coronavirus, ci ha messi di fronte alla complessità. Dal punto di vista della libertà, da quello dei problemi ambientali, da quello della convivenza umana. In questo modo forse, ci ha aiutato a crescere culturalmente. Se così fosse, per questo e solo per questo, potremmo essergli grati.

Libertà e scambio paritario tra differenze

Sarantis Thanopulos

Napoli, Italy / *Italia*
June / *Giugno* 2021

Definire la libertà in modo preciso è impresa impossibile come definire l'amore. Mi affiderò dunque a tre proposizioni semplici, usandole come travi di sostegno che spero si dimostrino in grado di reggere il peso di situazioni complesse. La prima: la libertà è la possibilità di scegliere, ma la scelta è sempre sperimentale. La seconda: la libertà è alle sue radici erotica. Questa seconda proposizione implica che libertà e Eros sono indissociabili. La terza proposizione è che la libertà erotica fonda la Polis. A partire da queste proposizioni descriverò le condizioni della libertà e i luoghi in cui essa prende forma e vive o è soffocata, uccisa.

Parlerò dunque della Polis, della differenza tra desiderio e bisogno, del senso di responsabilità, del dono nella relazione amorosa, della società dei comportamenti performanti, della sospensione dell'effettività dell'azione e degli spazi dove vivono l'amicizia e la conversazione.

Polis e democrazia

Cos'è la "Città", la Polis? La sua migliore definizione viene da Aristotele (*Politica*, Libro II, 1261a, 25-30). La Polis è una moltitudine di persone che vivono in comune, ma non sono uguali: "ου γάρ γίνεται πόλις εξ΄ομοίων". Essa non è come l'alleanza militare che è fatta da una moltitudine di monadi indifferenziate, dove conta la quantità che fa pendere la bilancia da una parte. È una comunità di diversi, ma legati da relazioni fondate sulla parità e la reciprocità: "το ισον το αντιπεπονθός σώζει τας πόλεις" (la parità che è reciprocità salva - rende possibili - le città).

La città come la definisce Aristotele è insieme stata e società, implica una civiltà, una cultura del vivere in comune. È una comunità che, indipendentemente dalla sua vastità geografica, si amministra a modo suo, secondo le proprie istituzioni e le proprie leggi, all'interno di un "quadro" giuridico, che legittima le azioni dei suoi cittadini, cioè il suo "πολίτευμα", la sua "costituzione". Aristotele ha distinto tre costituzioni cittadine: la monarchia, il governo di una persona, l'aristocrazia, il governo degli "άριστοι", degli eccellenti, dei migliori dei cittadini, e la democrazia, il governo del demos, dell'insieme di tutti i cittadini. La deviazione, perversione della monarchia è la tirannide, dell'aristocrazia è l'oligarchia, della democrazia è l'"οχλοκρατὶα", il governo della folla, della plebe.

Aristotele preferiva nettamente la democrazia alla tirannide, ma il regime politico che lui considerava migliore era la "Πολιτεία", un misto di democrazia e aristocrazia. Egli diffidava della democrazia diretta, la città governata direttamente dall'assemblea del popolo e influenzabile dai demagoghi. Preferiva, come si direbbe oggi, la democrazia rappresentativa. Riconosceva che una moltitudine di cittadini potesse mostrarsi più saggia di un singolo cittadino di valore, ma considerava che fosse necessario che nella città ci fosse una maggioranza di cittadini virtuosi, capaci di eleggere alle cariche governative i migliori tra di loro.

La città dei filosofi, detentori di un sapere etico ed elevato sulla vita, frutto di una disinteressata contemplazione teorica del mondo, che avrebbe potuto stemperare gli eccessi del governo dei molti, era in contraddizione, secondo Aristotele, con la democrazia/οχλοκρατία. A causa della naturale ostilità del demos, immerso nelle questioni della concreta amministrazione delle cose pratiche della città, nei confronti della filosofia: il pensare e agire con prudenza e moderazione. Nonostante le sue riserve nei confronti di una democrazia diretta, ostaggio dei demagoghi, dobbiamo a Aristotele la definizione più chiara della città democratica, la città nel suo senso vero: un'associazione naturale di uomini diseguali che associandosi in termini di parità e reciprocità, possono realizzare le loro inclinazioni e aspirare alla felicità.

La città democratica come cultura, civiltà del vivere di una comunità di diversi pari, si fonda in gran parte sulla "società civile", nel senso, vicino al mondo di intenderla di Gramsci (luogo del consenso culturale che determina il consenso politico), ma più complesso e ampio, che Atene di Pericle fu per prima capace di realizzare, seppure in modo incompiuto:

> Espressione della massima apertura democratica della Polis, la società civile è il luogo in cui le differenze politiche, lavorative e culturali, tra individui e gruppi, si incontrano in un gioco di scambi paritari sul piano dei desideri, dei sentimenti e delle idee. Pericle, il leader politico di Atene nel suo "secolo d'oro," considerato dai sostenitori della gestione elitaria degli interessi comuni un democratico oligarchico, è stato il primo a inferire un colpo importante all'oligarchia, allargando la partecipazione al governo della città ai cittadini che ne erano esclusi e introducendo modalità di controllo più efficaci sull'operato di coloro che coprivano cariche elettive. Più che essere l'artefice di un processo trasformativo, egli ha rappresentato, interpretandolo in modo efficace, un punto di momentaneo equilibrio nella transizione dal potere di pochi al potere del demos. Il contributo migliore della sua epoca è stato la realizzazione di uno spazio di convivenza dialogante, in cui emozioni e pensieri diversi potessero diventare complementari, non ignorando le contraddizioni, ma giovandosi della loro tensione. La tessitura della società civile come saggezza del vivere condivisa, frutto della sedimentazione di fermenti

culturali, passioni, affetti, intuizioni e visuali plurali, è l'eredità vera che la democrazia ateniese ci ha lasciato.[1]

La presenza della società civile dà alla Costituzione della città il significato di un patto non tra forze politiche, ma tra i cittadini. Esso è più ampio del testo costituzionale, sul quale, dopo averlo generato, si fonda e nel quale si ispira. L'adesione al patto non richiede una conoscenza esperta dei principi scritti. Crea uno "spirito" per il sentire, pensare ed agire dei cittadini in cui trovano espressione e realizzazione creativa le passioni che sottendono il loro vivere comune. Più che stabilire il quadro di riferimento per le leggi che regolano la vita cittadina, la Costituzione costruisce il loro senso e la possibilità psichica della loro esistenza. Frutto di accordi politici e di condivisioni culturali, essa si configura soprattutto come "una memoria vivente, un 'clima', un 'ambiente', psichicamente (mentalmente, affettivamente, eroticamente) investiti"[2].

La società civile, come "agorà" democratica, come luogo di scambi fondati sulla parità e la reciprocità, è storicamente minacciata dall'ingiustizia e dalla disparità, dall'eternamente incombente diritto del più forte che sempre di più prende la forma del potere politico del più ricco. Nella *Repubblica*, Socrate definisce la città giusta come quella in cui è possibile dare a ognuno ciò che è buono per lui per natura e, al tempo stesso, procurare il bene comune. La definizione delle condizioni che consentirebbero la realizzazione di una città giusta porta Socrate al comunismo dei beni e delle donne e all'eguaglianza assoluta dei sessi (riservata, a dire il vero, alla classe superiore quella dei guerrieri), ma la sua ricerca finisce in un'impasse. La città giusta diventa un'astrazione dalla vita perché insegue un principio che solo i filosofi (come li intendeva Socrate) potrebbero accettare: la rinuncia al piacere dei sensi, la sua sostituzione con l'eros per la contemplazione teorica, il sapere elevato del campo delle idee.

1 S. Thanopulos, *La città e le sue emozioni*, ETS, Pisa 2019, pp. 37 *sg*.
2 Ivi, p. 40

Un primo limite nel discorso di Aristotele è la sua riproduzione sul piano teorico di un difetto costitutivo della democrazia ateniese reale: il privilegio di cittadinanza che riduce lo spazio della città a una minoranza di maschi, indigeni e liberi distinti da donne, meteci e schiavi. Un secondo limite è la non comprensione del carattere non naturale della schiavitù e dell'estrema diseguaglianza economica (tra cittadini e meteci da una parte e schiavi, la maggioranza della popolazione, dall'altra) che mina profondamente la condizione di parità nel campo delle diversità naturali degli esseri umani. Il limite del discorso di Socrate sulla giustizia per natura, degna di essere scelta per se stessa e non come strumento[3], sta nella dissociazione dell'eros dal corpo. Secondo Leo Strauss, "Socrate mostra nella *Repubblica* quale carattere dovrebbe possedere la città per poter soddisfare i bisogni più elevati dell'uomo. Permettendoci di vedere che la città costruita in maniera conforme a questa esigenza non è possibile, Socrate ci permette di vedere i limiti essenziali, la natura, della città"[4]. I limiti essenziali della città o i limiti di una città astrattamente giusta?

Le questioni che la Grecia ci ha lasciato in eredità, e restano tuttora irrisolte, sono le seguenti.

1. Il privilegio di cittadinanza che riammette la logica dei "legami di sangue". Questo privilegio è del tutto incongruo con una realtà mondiale il cui destino è sempre più legato a relazioni di interdipendenza (basterebbe pensare al problema colossale della protezione della natura), e contraddice la democrazia dall'interno. È un suo limite storico che la farà perdere se essa non saprà superarlo.
2. La concentrazione della ricchezza che viola la regola fondamentale della vita democratica: la parità, reciprocità delle differenze in tutti i rapporti di scambio: erotici, affettivi, culturali, economici.

3 Ugualmente ristretto a una minoranza dei cittadini, comprendenti, tuttavia, in questa le donne.

4 L. Strauss, *La città e l'uomo. Saggi su Aristotele, Platone e Tucidide* (1964), tr. it. Marietti 1820, Genova-Milano 2010, pp. 215 *sg*.

Nella moderna democrazia i ricchi meteci arrivano facilmente al privilegio di cittadinanza, ma i diseredati no, le donne hanno raggiunto formalmente la parità sul piano dei diritti politici e civili, ma sul piano della sostanza persiste la loro esclusione come soggetti erotici liberi. Non esiste la schiavitù in forme aperte, esplicite, ma persiste in forme spurie, camuffate. Soprattutto è aumentata a dismisura negli ultimi decenni la concentrazione parassitaria, totalmente predatoria della ricchezza, in modo inimmaginabile all'epoca della democrazia ateniese.

3. Il fraintendimento di ciò che è naturale nell'uomo a causa della confusione permanente tra desiderio e bisogno. Le contraddizioni della democrazia sono incomprensibili senza una comprensione adeguata della differenza tra desiderio e bisogno che rappresentano due logiche opposte di esistenza e due prospettive molto diverse su quello che intendiamo per natura.

Desiderio e bisogno: le due logiche dell'esistenza naturale

Il desiderio nasce dalla tendenza naturale dell'essere umano di andare alla ricerca di tensioni sensuali piacevoli che sono tanto più intense quanto più sono complesse e persistenti. Produce una trasformazione della struttura psicocorporea, ignora il calcolo e insegue l'imprevedibilità, la sorpresa e la scoperta. Ci estroverte al mondo, ce lo fa scoprire e conoscerlo.

Il bisogno ha, invece, un carattere difensivo, introvertente: mira alla liberazione della materia psicocorporea da una tensione. Il piacere che produce, attraverso la scarica della tensione, è puro sollievo. Ama la prevedibilità e il calcolo e rifugge le trasformazioni. Usa per il proprio appagamento oggetti di bassa specificità relazionale: per dissetarsi può andare bene un bicchiere d'acqua e per scaricare una pressione sessuale è sufficiente una masturbazione, a volte mascherata in rapporto erotico. Ha di conseguenza una conoscenza limitata e strumentale della realtà che cerca di conformare alle sue necessità. Non produce di per sé esperienza, né dà alcun senso alla nostra esistenza.

L'apparato psichico (la complessa struttura di rappresentazione erotica, affettiva e ideativa della nostra esperienza e del mondo esperito) tende a appiattirsi sulla logica della scarica tutte le volte che è sottoposto a tensioni fisiche/biologiche eccessive che non è in grado di rappresentare e gestire in modo adeguato o a tensioni derivanti da frustrazioni estreme del desiderio. Si conforma a schemi emotivi, mentali, comportamentali obbedienti al principio omeostatico: l'eterno ritorno allo stato precedente. In casi estremi il suo funzionamento diventa meccanico: obbedisce a automatismi tipici di una macchina che lo rendono di fatto inerte. Il bisogno è naturale nel campo biologico, che non differenzia di fatto l'uomo dall'animale, ma l'apparato psichico strutturato su un assetto omeostatico non lo è per nulla, è il prodotto patologico, innaturale di una deformazione dell'esistenza umana.

Ciò che è naturale specificamente in senso umano, il che non significa che manchi del tutto nel mondo animale, è il desiderio. La capacità di parola, considerata universalmente come ciò che distingue la specie umana, resta un fatto cognitivo vuoto, privo di affettività e di soggettività, se non è animata dall'eros. Nel campo del desiderio il soggetto si *congiunge* all'altro. Entra in relazione con lui in termini di reciprocità, rispetta la sua differenza e il suo idioma di vita. Nel campo del bisogno l'altro si *annette*. È usato come protesi di un apparato psicocorporeo in tensione allo scopo di procurarsi una scarica. La sua soggettività non ha nessuna importanza, è usato come strumento per eliminare una tensione o diventa fonte di tensione da eliminare. A essere più precisi anche il suo uso non ha nulla di soggettivo. Le relazioni umane nel campo biologico puro, sono desogettivate, disumanizzate. Se le relazioni in termini di desiderio si fondano sulle differenze e sul loro rinnovamento, che le fanno nascere e evitano l'assuefazione, le relazioni in termini di bisogno creano indifferenziazione e in-differenza.

Ci sono due forme di funzionamento psichico tra loro opposte. Il rapporto con la realtà è il risultato delle innumerevoli modalità della loro combinazione. La prima, legata al desiderio, si apre all'imprevisto e alla possibilità di esplorare spazi nuovi e trasforma continuamente la relazione del soggetto con il mondo; l'altra cerca costantemente di rendere prevedibile, ripetitiva l'esistenza, fidandosi solo di ciò che resta uguale a se stesso. Quando la politica diventa "biopolitica", governo fondato sull'appagamento dei bisogni biologici (a cui fanno da contraltare bisogni psichici artificiali), nella psiche collettiva prende il sopravvento la seconda forma di funzionamento.

La politica dei bisogni fonda la sua legittimità sul *diritto alla vita materiale*, inviolabilità del corpo inclusa, da sempre acclamato come il primo dei diritti, e sul *diritto alla sicurezza*. Il diritto alla vita non è propriamente un diritto. È storicamente una convenzione utilitaristica o una concessione opportunistica: non si possono uccidere tra di loro i membri di una comunità tribale senza indebolirla o uccidere i sudditi del re e i servi del padrone senza danneggiarne il potere. Esso può essere revocato in tutte le condizioni in cui è considerato sconveniente: come nei paesi democratici in cui vige la pena di morte e si ammette, di fatto, la tortura. Può essere rispettato sul piano formale, ma non su quello sostanziale: basterebbe pensare allo smantellamento della sanità pubblica e il ritorno a una grave iniquità nel campo della cura medica, o alla "libertà" dei diseredati di morire di fame.

Il diritto alla sicurezza è parimenti inconsistente nel modo in cui è prevalentemente concepito: come difesa dai rischi che fanno parte del vivere, che puntualmente finisce col diventare difesa dalla vita stessa e interpretazione autoreferenziale degli scambi con gli altri. Ci sono due modi di interpretare il senso di sicurezza. Il primo, che è una condizione necessaria della libertà e della democrazia, consente di fidarsi dell'imprevedibilità, dell'inconsueto e del conflitto, vederli come opportunità che rendono più ricca, intensa e profonda la nostra esperienza. Il secondo si fonda sul senso di sicurezza che nasce dalla ripetitività, dalla meccanicità della vita. Crea una sicurezza illusoria, la falsa sensazione di solidità prodotta dall'inerzia a cui ci condanna la continua, quasi automatica liberazione dalle tensioni che ci rende frenetici in superficie e immobili in profondità. Ci libera di ogni forma di attesa, incertezza, rischio e inquietudine creando un effetto di anestesia. Ci protegge dal senso di svuotamento, che la continua scarica compulsiva dei nostri desideri e sentimenti determina, ricaricandoci con pratiche e mezzi eccitanti di cui facciamo uso passivamente, sotto l'apparenza di un agire performante avulso da ogni impegno e senso di responsabilità. Ci rende incapaci di conoscere e abitare veramente la natura e la realtà (perché le tratta come nemiche da cui proteggersi) e mette in grave pericolo la nostra sopravvivenza. Questo modo di concepire il senso di sicurezza è un pilastro del totalitarismo, della tirannide.

Il diritto alla vita e alla sicurezza politicamente, ideologicamente, religiosamente, retoricamente acclamato, è un guscio vuoto senza il diritto di avere una vita libera, desiderante, senza il diritto di affermare la propria differenza nel gioco dell'intesa tra le differenze di cui è fatto il vivere comune. Se la povertà/ precarietà materiale, che affligge la maggior parte dell'umanità, mette in crisi il desiderio, l'eccesso di materialità e di stabilità difensiva, in cui vive la minoranza privilegiata, lo distrugge. Quando il nostro desiderio muore la nostra sopravvivenza biologica diventa insensata ed è impossibile difenderla.

Nomos e le radici erotiche del senso di responsabilità

La parola greca *νόμος*, a cui corrisponde in italiano *legge*, deriva dal verbo *νέμω:* dividere, distribuire. Ha due significati. Il primo è a legge della musica, l'abitare il mondo secondo le regole dell'armonia, che non disdegnano i contrasti. Il secondo è la divisione dei pascoli. Gli esseri umani possono distribuirsi tra di loro lo spazio della vita in due modi:

- secondo le regole della musica, dell'Eros: un piano su cui l'intesa paritaria tra le differenze è fondamentale, perché altrimenti si distrugge l'armonia delle passioni e delle inclinazioni/declinazioni di modi diversi di essere. Qui le relazioni umane riflettono la qualità delle emozioni e dei sentimenti. Avere un vantaggio sugli altri danneggia il proprio desiderare, sentire e pensare;
- secondo le regole della necessità biologica legata alla specie, un piano sul quale gli esseri umani sono tendenzialmente uguali, al netto delle differenze di età e dello stato di salute, ma non sono pari, perché sono ineguali per risorse e mezzi e soprattutto per la possibilità di appropriarsi, senza danno dell'interesse personale, di tutte le condizioni di vantaggio sugli altri. Qui le relazioni umane sono gestite sula base di quantità di tensione e di scarica da maneggiare.

Desiderio e bisogno seguono logiche di esistenza opposte, ma niente affatto inconciliabili, che in condizioni ottimali dovrebbero essere complementari. Il diritto del più forte, la libertà dell'uno come limitazione della libertà dell'altro, nasce dalla loro dissociazione che accade sempre quando a prevalere è il bisogno. Quando è, invece, il desiderio ad avere l'egemonia, la legge si avvicina alla giustizia e anche la soddisfazione del bisogno (che è parte importante dell'apparato logistico della nostra esistenza e delle condizioni oggettive del godimento erotico) acquista complessità psichica e si umanizza[5].

A causa della differenza necessaria tra il soggetto desiderante e il soggetto desiderato, la relazione di desiderio è anche luogo di

5 Per un approfondimento necessario del significato originario di νόμος, consiglio la lettura del libro di Monica Ferrando, *Il regno errante. L'Arcadia come paradigma politico*, Neri Pozza, Vicenza 2018. Ferrando riferisce di un terzo significato del νόμος, risalente a Esiodo: δίκη, giustizia. La δίκη è riservata da Zeus agli uomini. I pesci, le fiere, gli uccelli che non sono stati dotati di giustizia si divorano tra di loro. Nella mia personale prospettiva negli esseri umani convivono la legge degli animali (il "cannibalismo" del più forte corrispondente alla logica del bisogno materiale, biologico) e ciò che è proprio della natura umana, la giustizia (la parità tra le differenze, corrispondente alla logica del desiderio), senza mancare del tutto agli animali (basterebbe pensare al canto degli uccelli o alla capacità di "umanizzazione" degli animali domestici che non è solo addestramento).

conflitto, componente ineliminabile dell'intesa che la relazione insegue. Nel campo del bisogno il conflitto è sostituito dalla collisione casuale, esplosiva tra esseri indifferenti, la forma di scontro più disumana e più distruttiva. La confusione del desiderio con i bisogni corporei, l'attribuzione alla sessualità di una natura tendenzialmente sfrenata e insaziabile, ha storicamente comportato l'affidamento della moderazione dei suoi eccessi e la sua socializzazione a forze ad esso esterne: la ragione e le convenzioni morali (il sedimento della repressione/addomesticamento culturale, politico, religioso delle passioni). La moderazione esterna del desiderio mina il senso di responsabilità: la consapevolezza della necessità di non danneggiare le nostre relazioni con gli altri, o di riparare un loro danno anche quando non ne siamo colpevoli. Tende a sostituirlo con il senso di colpa per aver trasgredito la ragione normativa e i dettami delle autorità morali. L'impegno che ci viene richiesto non è la riparazione del danno (reale o supposto) delle relazioni, ma il ripristino del potere della norma su di noi.

Lo sviluppo del senso di responsabilità, rivolto egualmente a sé e all'altro, che modera l'eccesso di passione e socializza il desiderio, non è, alle sue radici, il prodotto di una forza limitante (o di una saggezza moderatrice) esterna, bensì un'intrinseca necessità del desiderio stesso. Se la soggettività desiderante dell'oggetto desiderato non è rispettata, se la si manipola, diventa inerte: l'oggetto non è più "vivo" e desiderabile. In modo analogo l'eccessivo perdersi nella relazione con l'altro, il concedersi oltre un limite al potere della sua forza di attrazione, può mortificare, distruggere la propria capacità di desiderare. Il desiderio egoista, possessivo e il desiderio altruista, masochistico sono indispensabili al coinvolgimento erotico pieno, ma devono accordarsi tra di loro, trovare un equilibrio in cui nessuno dei due invalidi l'altro. Proteggere l'altro dal proprio eccesso di passione e difendersi dal suo, è la condizione necessaria perché ci si possa mantenere entrambi desideranti. Il desiderio per poter persistere, deve modularsi nella sua doppia inclinazione passionale, diventando responsabile (capace di prendere cura di sé e dell'oggetto desiderato). Diversamente muore. La modulazione nasce all'interno della relazione erotica dalla costante concertazione tra gli amanti guidati dall'intima necessità di restare reciprocamente vivi e desideranti che prende forma nell'esperienza stessa di desiderarsi, incontrarsi, amarsi[6].

Il "giusto" (nel senso sia della moderazione, della giusta misura e della correttezza sia della giustizia) ha dunque natura erotica: è strettamente legato alla sensualità dell'esperienza. Le sue radici sono nel "gusto": la capacità di gustare in profondità le cose desiderate. Il gusto è il fondamento del giusto perché non si può davvero godere nulla a livello dei sensi, e quindi non si può vivere nulla che abbia senso per noi, senza rispettare le intrinseche qualità della cosa esperita, la sua mutevolezza, il suo darsi e non darsi, il suo non essere mai veramente afferrabile da una conoscenza "esperta", sia quando l'oggetto che si gusta è il legame con una persona desiderata (a livello erotico, affettivo, mentale) sia quando si tratta di un oggetto inanimato (un cibo, un vino, un libro, un brano musicale). Il gusto è centrale nella questione cruciale della sublimazione del desiderio che espande il gioco delle differenze, l'esperienza condivisa e il piacere sensuale al di là dei confini della contiguità sensoriale, fino al godimento "erotico" dell'esperienza del pensare, della contemplazione teorica che allarga e rende più solida la nostra presa sulla vita. In una società sana (nelle approssimazioni in cui può esserlo) la sublimazione mantiene radicata nel corpo e nei sensi ogni forma di esperienza mentre in una società malata essa è sostituita dalla disincarnazione, dall'astrazione che schemi mentali difensivi operano sulla carne della vita[7]. In *Fedone* il giudizio negativo di Socrate sul corpo, inteso come prigionia dell'anima che le impedisce di realizzare l'amore per la saggezza[8], ha il suo punto di partenza nella

6 F. Ciaramelli e S. Thanopulos, *Desiderio e Legge*, Mursia, Milano 2016.

7 La contemplazione teorica sé perde le sue radici nella sensualità corporea perde la sua natura erotica e diventa astrazione dell'esperienza.

8 Il cui compimento coincide significativamente con la morte fisica.

sovrapposizione tra bisogno e desiderio, tra corpo biologico e corpo erotico.

Giustizia, cioè parità dei soggetti desideranti, differenza e libertà sono strettamente intrecciate, sono le condizioni che rendono possibile l'amicizia e la fraternità, sono al tempo strumento e finalità, rappresentano i diritti/valori fondamentali. La loro difesa richiede una cultura di rispetto della diversità, dell'importanza del legame con la differenza dall'altro. Tuttavia se la differenza crea e fa persistere il desiderio, lo mette, al tempo stesso, in crisi, perché frustra la sua soddisfazione lineare e perché è necessario inseguirla, ricreandola sempre: non è possibile conservarla senza svilupparla. La differenza espande continuamente il campo del desiderio, aumentando la complessità e la profondità del piacere a dispetto della sua periodica necessaria frustrazione, ma richiede un gioco d'intesa che "deve mettere insieme la costanza e la discontinuità, sostare nell'area intermedia, di raccordo, tra le due: la curiosità, la sperimentazione, la sorpresa, la meraviglia"[9].

L'intesa va di pari passo con il lavoro del lutto: la trasformazione reciproca del soggetto desiderante e del soggetto desiderato che, chiudendo la strada a delle vecchie modalità, la dischiude a nuove possibilità di incontro. La trasformazione riformula costantemente i termini dell'intesa e gestisce i riposizionamenti nella relazione del desiderio con un oggetto carnale o sublimato: "L'oggetto costantemente perduto e ritrovato rivela aspetti sconosciuti e inaspettati, declinazioni del suo modo di essere che non erano già pronte e nascoste, segrete, ma vivevano in un loro divenire, alla ricerca del momento giusto e dello spazio necessario per manifestarsi e esprimersi."[10]

Il lavoro della trasformazione luttuosa (nulla si trasforma senza il lutto dello stato precedente) si complica nel dilemma tragico: la scelta impossibile tra la sopravvivenza nostra o quella dell'altro.

9 S. Thanopulos, *La città e le sue emozioni*, ETS, Pisa 2019.
10 Ivi, p. 23.

Ciò accade quando la nostra prospettiva sulla vita e quella dell'altro diventano radicalmente incompatibili e può vivere solo una. L'altra deve essere eliminata in modo assoluto, definitivo. L'eliminazione conduce, tuttavia, in un vicolo cieco, perché ogni essere umano, nella propria personale prospettiva del vivere, è un oggetto desiderato sul piano della potenzialità, anche quando non è effettivamente vissuto come tale. La sua distruzione restringe paurosamente la spazialità e la mobilità del desiderio e lo fa soffocare.

Al dilemma tragico, dal quale, restandoci dentro, si può uscire solo in modo catastrofico per sé e per l'altro, conduce l'ύβρις: l'arroganza, autoreferenzialità che danneggia lo spazio della co-costruzione paritaria della relazione di scambio con l'altro. L'ύβρις è il prodotto dell'αμαρτία, un errore preterintenzionale: tipicamente una concatenazione di azioni di cui sono state misconosciute nel momento del loro compimento le infauste conseguenze future, che porta a una chiusura progressiva verso la diversità e, superato un limite, a un danno irreversibile della convivenza con gli altri. Dal conflitto tragico si esce solo scardinando dentro di noi la linearità, effettività delle azioni sconsiderate che l'hanno prodotto. Ciò richiede la κάθαρσις: lo sconvolgimento del mondo interiore del soggetto desiderante che, preso dai sentimenti tragici (φόβος e έλεος), trasforma il proprio assetto erotico, emotivo e mentale e riapre la contrattazione sul piano del desiderio con l'altro desiderato.

Il φόβος (terrore) agisce sul soggetto desiderante come ammonizione grave che, prendendolo dalle viscere, afferra la premonizione che lo agita, a causa della sua identificazione con gli avvenimenti catastrofici sulla scena del teatro e nella vita, ai quali proprio non può dirsi spettatore estraneo. L'έλεος (compassione), il secondo sentimento tragico, è il patire (soffrire, sperimentare) insieme a chi soffre, per errore proprio o errore altrui, senza condannare l'eccesso di passione, che ci può trasformare in carnefici e/o vittime, e senza giustificarlo. L'eccesso è connaturale al desiderio, lo si può moderare in modo responsabile, ma non lo si può reprimere, sradicare.

I sentimenti tragici sono determinanti per l'avvio del processo catartico tragico, ma la loro presenza non è sufficiente: "Compassione e terrore confliggono e, al tempo stesso, si compenetrano tra di loro, sconvolgono il mondo interno, tendono allo spasimo il tessuto delle emozioni. Lo sconvolgimento da essi creato, non produrrebbe, tuttavia, nessuna liberazione (come pensava Aristotele) se dal loro conflitto/ compenetrazione non emergesse il "desiderio che ama il lutto" (Gorgia). Legando compassione e terrore in una paurosa inquietudine che è anche passionale ricerca, alleandosi con il lutto, il senso intenso e sanguinante di mancanza, il desiderio si appropria della situazione e riapre i giochi."[11]

La relazione di desiderio presume la libertà dell'oggetto/soggetto desiderato di contraddire il nostro desiderio, di costituirsi come suo nemico. "Uccidere" il nemico, eliminarlo temporaneamente dalla nostra prospettiva quando le si oppone, può essere una necessità, se il conflitto non può essere risolto. L'elaborazione della sua perdita e la trasformazione della nostra prospettiva (la grande lezione dei poeti tragici) è altrettanto una necessità: ucciso come nemico, l'oggetto desiderato deve essere recuperato come amico in un altro tempo e/o luogo. Polinice va sepolto come nemico (riconoscimento della perdita) perché i sentimenti d'amore che gli avevamo rivolto come fratello/amico possano risorgere, rivivere (elaborazione del lutto). Diversamente la nostra prospettiva sul mondo muore con lui.

Il dono nella relazione amorosa e la libertà

Si è liberi solo se si ha diritto alla propria differenza. Ciò implica il rispetto della differenza degli altri. Chi prevarica la differenza dell'altro, annullando la sua libertà, perde la propria, rimasta senza dialogo, gioco d'intesa e diventata norma. La libertà degli altri è condizione della nostra libertà, colui che esercita un potere autoritario è il suo primo schiavo. Libertà politica e libertà individuale sono

11 Ivi, pp. 27 *sg.*

indissociabili e sono fondate entrambe sull'Eros. Figlio della povertà (πενία) e della capacità di trovare varchi (πόρος), Eros non possiede il suo oggetto, ma è ricco di risorse (l'altro significato di πόρος) nel cercarlo. La povertà del desiderio è assenza di calcoli e vulnerabilità, esposizione rischiosa all'altro che è apertura al mondo e fonte di ricchezza infinita dell'esperienza.

La soddisfazione del desiderio richiede che l'oggetto desiderato sia tutto nel godimento, ma, al tempo stesso, che non sia tutto del soggetto desiderante. La proprietà annienta insieme all'oggetto posseduto anche il godimento reale che esso può dare. Più il corpo del partner erotico, o un oggetto d'arte, diventa proprietà, più smette di procurare piacere. Si sa che il collezionismo estremo (di oggetti animati o inanimati) produce re Mida. Nella relazione tra gli amanti la limitazione della propria brama di possesso che, aprendo la strada all'inconsueto e alla differenza, moltiplica verso l'infinito le potenzialità di amarsi, è un dono. Nella sequenza dei tre momenti con cui Mauss descrive lo scambio di doni, donare-ricevere-ricambiare, il momento decisivo è l'atto di donare. L'atto di donare avviene senza garanzie preventive che il dono sarà ricambiato come il donatore si era prefigurato. È un atto di *reciprocità unilaterale*: la reciprocità dell'altro, che potrebbe comunque essere rifiutata, non può mai essere data per scontata nei termini in cui avverrà. Solo così il dono potrà essere liberamente accettato e valorizzato, collocato nel tipo di relazione in cui assume un reale valore di oggetto di scambio.

Il dono assume il suo significato più vero nella relazione d'amore. È dono della libertà all'amato (che è tutto nella relazione) di non essere tutto dell'amante (cioè stare nella relazione secondo il di lui/lei desiderio è volontà), ma di essere presente nello spazio amoroso in modo proprio. L'amato non potrebbe essere libero, e quindi realmente presente, se l'amante non si donasse, senza nulla pretendere, al suo desiderio. La concezione del desiderio come "desiderio di essere desiderato" (Hegel), tende a imprigionare il coinvolgimento/sconvolgimento erotico in una gabbia di reciprocità costruita su un piano sociale esterno ad esso. Non sono le regole sociali a definire le possibilità del desiderio, ma, al contrario, e il desiderio, a dare forma al primo contratto sociale. Lo fa evolvendo verso il senso di responsabilità, il che implica sempre un'iniziale reciprocità unilaterale del desiderante.

Questo contratto prodotto dal desiderio e non imposto ad esso da fuori, non si fonda sulla necessità dell'amante di essere desiderato dall'amato (questo amore puramente egoistico impedisce l'atto di donarsi). Si può ben desiderare senza essere desiderati e l'amore unilaterale può essere un sentimento liberatorio, se non esige di essere ricambiato. Il legame sociale con l'altro si fonda sulla necessità dell'amante (del tutto interna al suo desiderio) di rispettare la libertà dell'amato di amare altro da lui. Desideriamo non che l'amato ci desideri ma che sia desiderante. L'amore vero, che crea libertà, non cerca certezze: "Questo amore che definisce il contratto sociale (invece di essere definito da esso) rientrerebbe in forma emendata nel discorso di Hegel, se Proust non ci avesse orientati verso un'altra direzione: l'amore è desiderio della tensione tra l'essere e il non essere desiderati (tra la certezza e l'incertezza di esserlo)." [12]

L'esposizione erotica all'altro, la vulnerabilità che rende godibile, intensa e profonda, la vita, fonda la libertà e la distingue dall'isolamento, l'autarchia, l'onnipotenza. La costituzione psicosessuale della donna, la sua natura più anarchica rispetto a quella dell'uomo – senza *arché*, senza un principio predeterminante –, la predispone alla libera, piena espressione del desiderio all'interno di relazioni di scambio paritarie. Nella sessualità femminile l'eccitazione erotica che nasce nella superficie di contatto dei corpi degli amanti, spingendosi in profondità, e la sensazione-sentimento sensuale, che nascendo in profondità, si muove dall'interno verso l'esterno, si incontrano nella forma più intensa e compiuta del coinvolgimento erotico. La piena condizione di libertà, donare all'altro il proprio

12 F. Ciaramelli e S. Thanopulos, *op. cit.*, p. 27

coinvolgimento, coinvolgendolo a sua volta nel modo più autentico, vero, ha le sue radici nella femminilità che è parte di noi tutti.

La società performante e la libertà uccisa dai comportamenti

La libertà erotica della donna, e quindi il raggiungimento di una piena espressione della libertà di tutti nella società e nella vita privata, è stata storicamente repressa sul piano economico, culturale, politico e giuridico. La repressione ha la sua origine nella logica paritaria della sessualità femminile che è destabilizzante per ogni sistema sociale fondato su relazioni di potere. I processi repressivi si traducono in mille impedimenti della libertà femminile, che interiorizzati dalla nostra cultura, appaiono spesso come "naturali" perfino "protettivi" nei confronti della donna.

La costituzione democratica della Polis è oggi minacciata mortalmente dall'avanzamento della società performante. Una società che si oppone radicalmente all'eros femminile, sostituendo il coinvolgimento profondo nell'esperienza vissuta (il libero lasciarsi andare alle trasformazioni che fanno respirare e vivere la propria materia desiderante) con una contrazione, irrigidimento della struttura psicocorporea che ha il suo modello in un assetto difensivo maschile, del tutto assoggettato al bisogno e astratto dalla congiunzione/intesa delle differenze. Stiamo assistendo alla manifestazione di una forte discontinuità con l'organizzazione tradizionale delle relazioni umane, che ha le sue radici nel secolo scorso:

La discontinuità davvero inquietante sta nel passaggio da una situazione in cui all'ordine normativo si opponeva la ribellione, a una situazione in cui alla norma fa da corollario, che ne rafforza il potere, l'astensione. Vivere, astenendosi dal vivere, è una tendenza diffusa, contagiante. Il rifiuto di essere ingranaggi di dispositivi impersonali, meccanici sfocia in esistenze inerziali, immobili che solo in apparenza sono in contrasto con la coazione a fare. L'agire performante produce in effetti inerzia, è un meccanismo che trasforma la profondità in superficialità, il sentire in anestesia, la differenza in uniformità, indifferenza. La norma ha catturato la sua contestazione e l'ha integrata nel suo metabolismo[13].

La società performante produce una massificazione dei gusti e delle idee, sostituisce i desideri con i bisogni (perlopiù costruiti artificialmente), colpisce la differenza in tutte le sue forme, a partire da quella sessuale, e cancella il particolare in ogni sua forma e espressione, facendolo risucchiare in maggiorane anonime silenziose e illiberali. La tendenza unisessuale che si diffonde progressivamente distrugge la componente sensuale dell'esperienza che la rende piena e significativa, il piacere che deriva dal gusto, dal tatto delle cose, dal loro profumo, dal loro suono, dalla loro vista, dal loro ritmo, dal coinvolgimento della propriocezione nella percezione intensa, in movimento, degli spazi e dei rapporti in cui prende forma la nostra vita.

L'agire performante si è appropriato della rapidità dei trasporti e della la comunicazione digitale in tempo reale, istantanea tra un continente all'altro e ha trasformato il risparmio temporale ottenuto in una riduzione catastrofica del nostro tempo libero: tempo dell'intimità, valore squisitamente femminile, tempo dell'amicizia e della vita culturale. Un funzionamento omeostatico della psiche collettiva, che come suo modello l'efficienza di una macchina che riproduce instancabilmente il proprio funzionamento incombe sulla democrazia. Esso ha come suo corollario un determinismo attivo: un'ideologia di interpretazione tecnica della realtà, controriforma della cultura e della scienza, che riduce il campo della conoscenza a ciò che può essere costruito e reso riproducibile a tavolino, secondo calcoli probabilistici di predeterminazione del suo accadere. Costruendo il giusto sistema probabilistico determinate cause producono sempre gli stessi determinati effetti.

Viviamo in una mutazione antropologica epocale che dissolve il concetto stesso di libertà: la colonizzazione dei rapporti umani reali,

13 S. Thanopulos, *La città e le sue emozioni*, cit., p. 5

erotici, carnali da parte di rapporti esangui, virtuali. L'intelligenza artificiale, supporto logistico della nostra mente, tende a parassitare la materia vivente che dovrebbe servire. Sempre di più è usata come strumento incruento di controllo e di dominio, molto più efficace e totalizzante della costrizione fisica perché invisibile e narcotizzante. La "rete" e la massificazione delle relazioni che produce, è diventata terreno fertile per l'espansione senza limiti di due fenomeni di cui Hanna Arendt più di sessant'anni fa, aveva intuito l'avanzare:

1. la sostituzione su larga scala della solitudine con la desolazione, estraniazione e l'avvento dell'uomo "ἔρημος", desertificato. Secondo la definizione del filosofo greco Epitetto l'uomo che percepisce gli altri o come estranei o come a lui ostili[14]. Emblema della società depressivo-paranoica in cui già a metà del secolo scorso ci siamo imprigionati;
2. il trionfo delle "scienze del comportamento", che si propongono di ridurre tutto l'uomo, in tutte le sue attività, al livello di un animale condizionato che si comporta in modo prevedibile. La forza del comportamentismo – diceva Arendt – sta nei grandi numeri (nelle grandi masse di individui spersonalizzati,) che rendono efficace il suo lavoro di clonazione, ripetizione dell'esperienza e difficile la resistenza di chi si oppone al conformismo[15].

La società performante è una società di *influenzamento* il cui apostolo è la tecno-psicologia cognitivo-comportamentale. L'influenzamento non manipola direttamente il pensiero. Agisce sulle emozioni mediante input (studiati algoritmicamente e facenti parte di piattaforme) che da una parte interferiscono con la loro elaborazione, creando un ingorgo, e dall'altra ne favoriscono la scarica impulsiva. Gli output sono pensieri/azioni che producono un modo conformista, standardizzato di concepire la realtà, fatto di schemi impersonali: un modo di pensare automatico nel quale la complessità del calcolo che lo costruisce può creare l'illusione di un'attività mentale ricca

14 H. Arendt (1951), *Le origini del totalitarismo*, Edizioni di Comunità,1967.
15 H. Arendt (1958), *Vita Activa. La condizione umana*, Bompiani, Milano 1989.

e sofisticata. A un estremo catastrofico l'influenzamento rende a ridurre gli esseri umani in machine biologiche, comportamentali. Non difende più una concezione del mondo al servizio di un interesse di potere, ma diventa riproduzione di se stesso, assoggettando l'influenzato e l'"influencer" allo stesso modo.

La libertà interiore – Nelson Mandela era un uomo libero nella sua prigione, i suoi carcerieri no – è legata alla solitudine intesa come capacità di essere soli in compagnia dell'altro (Winnicott), di sentire che l'altro c'è anche quando si è soli. La solitudine che sente la mancanza dell'altro (mantiene la potenzialità della sua presenza), anche quando si deve o si desidera di farne a meno[16], è la condizione della libertà personale come particolare, idiomatica, sempre sperimentale, prospettiva sulla vita. La cosa che ci rende liberi e veramente presenti in noi è il sentire, senza angosciarsi, la mancanza dell'altro come tensione vitale che ci lega a ciò che è fuori. Quando ci abbandoniamo all'esperienza vissuta, tornando a sentirci come parte del mondo e non solo come agenti in esso. Il sentimento di mancanza (sia in assenza sia in presenza dell'altro, esiste sempre uno spazio privato tra noi e lui) crea il campo della nostra personale trasformazione, della nostra personale esplorazione dell'esperienza che è sempre condivisa. La mancanza dell'altro, mantiene vivo il desiderio che nasce dal lutto che patisce e insieme anela la differenza, la libertà. Al di fuori di questo sentimento le relazioni sono simbiotiche, gabbie indifferenzianti di individui non realmente comunicanti, estranianti: si è soli nei confronti di se stessi e non degli altri.

16 Come il bambino piccolo che crea un'area di gioco tra lui è il mondo, disattivando la partecipazione di sua madre che, tuttavia, pur non attiva, resta invisibile sullo sfondo.

La sospensione dell'effettività dell'azione e i "piccoli spazi"

Le azioni umane si definiscono come tali se derivano da emozioni collegate al desiderio, cioè alla componente sensuale, erotica dell'esperienza, in termini di piacere o dispiacere. Queste emozioni sedimentate internamente, perché possano essere riconosciute, sono costantemente pensate, elaborate in modo da essere significate, lette e connesse tra di loro, arricchendosi di sfumature, declinazioni, prospettive e acquistando grande complessità. Così possono dare forma ad azioni che esprimono la trasformazione del soggetto e della sua relazione con il mondo, realizzano un modo di essere che imprime la sua presenza nella realtà.

Tra desiderio, emozioni, pensieri e azioni non esiste, in condizioni naturali, un rapporto di causa/effetto. Diverse emozioni possono sfociare nella stessa azione, mentre lo stesso tipo di emozione può trovare sbocco in azioni diverse a seconda dell'individuo agente o della congiuntura in cui l'individuo si trova. Vale a dire: le azioni dipendono dallo stato d'animo e mentale di un soggetto, esprimenti il suo particolare modo di essere nel mondo e dalle circostanze di cui è parte. Tra le emozioni e l'azione dovrebbe sempre esistere uno spazio potenziale, sperimentale, un'evoluzione "laterale" dell'agire che disattiva la sua linearità. L'azione, nel suo compiersi all'interno di una determinata relazione dell'individuo con la realtà che lo circonda, deve contemporaneamente aprirsi ad altre implicazioni, generare uno spazio di potenziali connessioni con altre azioni e relazioni. Senza questo perde il suo significato soggettivo e relazionale e diventa comportamento impersonale e automatico.

Lo spazio potenziale, sperimentale, in cui quando un'azione è compiuta non perisce nella sua concretezza, ma continua a vivere nello spazio della fertilità delle sue seminagioni e connessioni, che rende i nostri comportamenti umani, azioni sentite, pensate, responsabili. Quando, invece, l'azione si esaurisce in se stessa, l'essere umano si comporta in modo anonimo, tipico della sua specie e avulso dalla sua soggettività.

La sospensione dell'effettività dell'azione nel nostro mondo interno è il dispositivo lasciatoci in eredità dalla tragedia ateniese che ci consente di rivedere l'impostazione della nostra relazione con l'altro, nel punto in cui questa relazione si è chiusa in un'impasse, e di sottrarsi dalla progressione degli eventi catastrofici in cui la chiusura ci getta, senza libertà alcuna di scelta. Ogni nostra azione è libera se è responsabile (rispetta la parità dei soggetti desideranti) ed è responsabile solo se mentre si compie, consente un suo sviluppo contemporaneo sperimentale che l'espande oltre la concretezza degli atti concatenati che la compongono e impedisce il suo chiudersi e immiserirsi nella concretezza del proprio risultato. Come ha intuito Aristotele, le nostre azioni sono libere, significative solo quando non si configurano come fatti che stanno accadendo, o sono accaduti o è possibile, probabile, verosimile che accadano, ma in termini di fatti "come potrebbero accadere" (οια αν γενόιτο), dove non è importante il fatto di per sé, ma la potenzialità del suo sviluppo, il suo rimandare a più concatenazioni relazionali, ad un insieme in divenire, non già definito, di altre possibilità. Così nell'"αγορά", punto di convergenza delle correnti erotiche, affettive, culturali, politiche che costituiscono la comunità, ciò che conta è il divenire di uno spirito comune del vivere e non le azioni politiche nella loro concretezza.

Difendere la libertà dalla macchina comportamentale, significa far riabitare gli spazi dei "grandi numeri", i "grandi spazi" [17], dagli "spazi dei piccoli numeri", i "piccoli spazi", creare un tessuto di relazioni universali fatto dell'intreccio di rapporti interpersonali vivi, respiranti in cui il particolare, la differenza possono crescere. Sono piccoli spazi i cinema, i teatri, i musei, i concerti, i caffè, le librerie, le scuole, i circoli culturali, i convegni, i dibattiti, le pause del lavoro,

17 Oggi desertificati dal distanziamento digitale e assoggettati al principio quantitativo, indifferenziante dell'"alleanza militare", secondo Aristotele.

le serate tra amici. I luoghi dove i cittadini prendono cura della loro convivenza quotidiana, discutono e si interrogano tra di loro, condividono il piacere della comunicazione e dello stare insieme. Così ovunque viaggino portano con sé un modo di vedere fatto di una moltitudine di scambi. L'αγορά esiste veramente e fa respirare, vivere la città se consente la molteplicità di esperienze che nascono negli spazi raccolti (accoglienti per il dialogo e il confronto) e si espandono, arricchendosi, viaggiando da spazio in spazio, da luogo a luogo. Sparisce, invece, nelle platee dei grandi raduni dei followers, di questa o di quell'altra cosa, degli adepti delle mille forme di "servitù volontaria", distratti da se stessi. I piccoli spazi sono i luoghi in cui vive e resiste la fraternità, il mondo senza divisioni, recinti di cittadinanza dove i diritti fondamentali valgono per tutti o per nessuno. Sono la dimora dell'amicizia e della conversazione.

L'amicizia è parte della relazione tra gli amanti. Sostiene lo scambio paritario tra i loro desideri, prendendo cura della reciprocità, e lo protegge dalle violazioni. Si irradia nel mondo a partire dalla contiguità sensuale dei corpi, espandendo il gioco delle differenze ben al di là della congiunzione erotica, nell'intero campo dell'esperienza culturale. È il mezzo principale della sublimazione del desiderio che rende costruttivi, creativi i conflitti tra le differenze. Vive e prospera nella conversazione, dimensione eminentemente femminile del dialogo, che non procede mai in modo convergente e lineare e in cui lo sguardo è costantemente dislocato. Mezzo e insieme fine, la conversazione, trasforma nel suo dispiegarsi i conversanti, crea un tipo di conoscenza che non è chiusa in una concezione, da difendere o da demolire, ma alloggia nel modo di sentire eroticamente, affettivamente, mentalmente la realtà.

La libertà è amicizia, conversazione tra soggetti diversi, ma pari. Conversazione che è un intendersi di idiomi fatti di desideri, emozioni, sentimenti, pensieri e parole, senza alcun calcolo e predeterminazione. Si è liberi solo dentro una relazione che vivendo della propria trasformazione ci porta a scelte che si rinnovano, sperimentali.

La libertà, le libertà (degli altri)

Gianfranco Pasquino

Bologna, Italy / *Italia*
October / *Ottobre* 2021

Sono molto curioso di vedere persone e, soprattutto, interessato a come pensano le persone in luoghi che io non conosco, e quindi sarò molto interessato alle vostre domande; e poi perché ho l'idea che, qualche volta, riesco anche a convincere qualcuno che ho ragione e che ho delle buone ragioni a sostegno di qualche tesi. In questo caso, la tesi è che la libertà è cruciale nella vita delle persone, di tutte le persone, e che però è cruciale nella misura in cui non distrugge, non interferisce, non interviene negativamente nella vita delle altre persone; che la libertà non è qualche cosa di assoluto, ma è qualcosa di relativo, oserei dire ai tempi, ai luoghi e alle persone. Questo è il nostro punto di partenza.

Poi mi sono anche chiesto che titolo avevo dato, perché sapevo che dovevamo parlare delle libertà, ma non ero sicuro se della o delle libertà degli altri, poiché volevo giocare con le parole, e spero che tutti abbiate visto il film Le vite degli altri, il film di questi agenti della Stasi che controllavano degli scrittori dissenzienti e così via. È un film, secondo me, di grande intelligenza. Poi gli esperti mi hanno detto: "Guarda che non è possibile che un agente della Stasi si comportasse in quel modo". Però è una costruzione filmica che aveva un suo senso, e quindi questa sera oscillerò tra "la libertà" e "le libertà degli altri". Però, fondamentalmente, rimarrò fedele al titolo che avevo scelto. Fra l'altro, in quel film si parlava di libertà:

la libertà di espressione, la libertà di discussione, la libertà di organizzazione e così via, e di coloro che controllavano questa libertà. Il film ha una – non so se lieta – fine molto interessante. Non ve lo svelo se non l'aveste visto. Però ho deciso che era il caso che esplorassi bene il concetto di libertà come era lì stato utilizzato e, come ricordo sempre ai miei studenti, la scienza politica offre un materiale enorme per tutto questo. Però, qualche volta, è utile anche guardare a ciò che hanno fatto i letterati, i registi di film e così via. Nel senso che, se uno volesse sapere davvero molto sulla politica, Shakespeare continuerebbe a dare delle grandissime lezioni di politica da molti punti di vista.

Però, poiché sono italiano (tra l'altro, io penso che Shakespeare fosse italiano), ho deciso che avrei l'italiano che conta, in questo caso. Anche perché si risale a molto tempo fa e stiamo festeggiando il settecentesimo anniversario della morte di Dante Alighieri. C'è una frase di Dante Alighieri che è molto importante anche in questo contesto. Virgilio presenta a Dante Catone Uticense, che era stato un grande oppositore di Cesare e che alla fine aveva deciso di suicidarsi, con le parole: "Libertà va cercando, ch'è sì cara, come sa chi per lei vita rifiuta". Dunque qui abbiamo subito una grandissima contrapposizione da tener presente: vi è un valore superiore alla libertà e c'è la propria coerenza nell'essere in pace con la propria coscienza. Si può rifiutare la vita perché non si riesce a ottenere la libertà. La si può rifiutare, in qualche modo, forse per suggerire agli altri che devono combattere per ottenere quella libertà. Questo passaggio, che si trova nel Purgatorio (Canto I, vv. 70-72), mi pare assolutamente importante. Possiamo anche sacrificare la vita per qualche valore superiore che potrebbe essere, per l'appunto, la vita degli altri, per consentire agli altri una vita in libertà.

Ho continuato in questa esplorazione degli autori che mi pare siano molto utili per scoprire chi, quando e perché ha detto alcune frasi importanti. Per rimanere sempre tra i poeti, un inglese, autore fra l'altro di bellissime poesie d'amore, che si chiama John Donne, ha una frase, non è l'unica naturalmente, dove in qualche modo si riferisce indirettamente alla libertà, che recita: "No man is an island, entire of itself; every man is a piece of the continent, a part of the main" ("Nessun uomo è un'isola, completo in se stesso; ogni uomo è un pezzo del continente, una parte del tutto"). E continua: "Non chiedere mai per chi suoni la campana. Essa suona per te", cioè la morte di qualcun altro è anche un pezzo di te che se ne va.

Questa fase è importante ed anche qui cerco di ricostruire, da questi elementi, alcune connessioni, poiché la frase che sta all'inizio del libro di Ernest Hemingway sulla guerra civile spagnola, "Per chi suona la campana", è il pezzo successivo della frase di John Donne. Anche questo è interessante, cioè Hemingway si occupa anche qui della libertà, è lì che sta guardando una guerra civile e partecipando, in realtà emotivamente, dalla parte dei repubblicani che difendono quel poco di libertà che c'era in Spagna, e va a trovare, come dire, l'epigrafe di questo fenomeno, di questo avvenimento, proprio in questa frase di Donne. Questo mi pare molto significativo, poiché di nuovo si tratta di un poeta vissuto tra il 1570 e il 1670.

Sappiamo che la libertà degli inglesi è stata una cosa complicata, è stata raggiunta, e qui entra in campo il terzo personaggio, Thomas Hobbes, il quale quando descrive la situazione in Inghilterra, è molto preoccupato dal disordine che c'è, da quella che si chiama la guerra di tutti contro tutti, bellum omnium contra omnes, alla quale contrappone le esigenze di ordine. Hobbes è il filosofo politico dell'ordine. L'ordine che non è necessariamente repressione e non è necessariamente conservazione, soltanto predittività degli avvenimenti, è la possibilità che gli uomini e le donne hanno di comportarsi sapendo quali sono le conseguenze del loro modo di agire, della loro libertà. Hobbes vuole questo ordine, perché nel disordine chi vince, naturalmente, sono i potenti. Nell'ordine, invece, anche coloro che non hanno potere sanno che ci sono i comportamenti che possono essere compiuti e dei comportamenti che non debbono essere compiuti. Hobbes, alla fine, inclina a dare questo potere di imporre l'ordine ad un uomo solo o forse, qui possiamo dire, a uno Stato, poiché il Leviatano non è semplicemente un uomo, forse è uno Stato. Quindi, l'ordine si ricompone e la libertà viene poi riconosciuta all'interno dello Stato.

Successivamente a Hobbes si trova subito un altro grande filosofo politico inglese, John Locke, il quale sottolinea i tre elementi che debbono caratterizzare l'ordine politico, che non possiamo ancora chiamare democratico, in quanto la democrazia non è neanche ancora comparsa. Potremmo chiamarlo ordine repubblicano ovvero che riguarda la cosa pubblica. Locke sottolinea tre elementi: la vita, la libertà e la proprietà (life, liberty and property). Il termine life lo capiamo tutti, perché se non c'è la vita non c'è naturalmente nessuna libertà. Liberty, il secondo elemento: per godere della vita bisogna avere la libertà di farlo. Però, questa libertà deve essere accompagnata anche dalle risorse, dalla property, dalla proprietà personale. Ciò detto, fare di Locke una specie di antesignano precursore del capitalismo mi pare francamente eccessivo. Ma attenzione, pensare che si possa avere libertà senza avere la possibilità di ottenere delle proprietà è assolutamente sbagliato. Gli uomini e donne che non hanno nulla – come direbbe Marx, che hanno "solo le catene da perdere" – non sono certamente liberi. Fra l'altro, qualcuno ha notato che quelle catene da perdere sono effettivamente qualcosa che quegli uomini e quelle donne possiedono, ma essi hanno qualcosa di più importante da perdere ovvero la vita. Essi possono anche liberarsi delle catene, ma se perdono la vita, nel corso della loro liberazione, non ci siamo. Locke è all'inizio di ciò che potremmo chiamare il liberalismo classico, ma qui ci sono diverse interpretazioni.

Prima mi sono dimenticato dire che Hobbes era autore preferito di uno dei miei maestri, Norberto Bobbio, e qui entra in campo il secondo dei miei maestri, Giovanni Sartori, che era uno studioso di liberalismo e di molte altre cose. Egli sosteneva, per l'appunto, che il liberalismo è – ed anche qui ci sono versioni diverse –, al tempo stesso, una filosofia della libertà e una tecnica della libertà. Io propendo per la tecnica e anche lui propendeva per la tecnica; però, se facciamo della tecnica, non possiamo parlare di qualcosa di puramente meccanico. La tecnica è qualcosa di molto complesso, significa cioè la capacità di creare le istituzioni che consentono di usufruire e di difendere la libertà. Più precisamente, il mio mantra è proteggere e promuovere la libertà.

Qui, il passaggio è molto significativo poiché sto parlando di inglesi, e subito dopo arriva l'altra versione della libertà, questa volta francese. Uno dei vostri concittadini, in il famoso ginevrino Jean-Jacques Rousseau, nel Contratto sociale scrive: "L'uomo è nato libero e ovunque è in catene." Questa è la frase cruciale del contratto sociale di Rousseau. Non solo, ma Rousseau accusa gli inglesi dicendo che sono liberi una volta ogni cinque anni quando votano, per resto del tempo non sono liberi, ma sono, per l'appunto, in catene. Naturalmente, Rousseau non sapeva neanche molto degli inglesi, credo di poter dire così, al momento. Perché, in realtà gli inglesi, nei cinque anni tra un'elezione e l'altra si organizzano, creano associazioni, combattono per avere più terra più common land e così via. Cioè è sbagliato pensare che la libertà degli inglesi di allora, ai tempi di un Rousseau, consistesse soltanto nelle elezioni nel momento A e poi nell'azione successiva, cinque anni dopo, nel momento B. Tant'è vero che nasce in Inghilterra, esattamente nel periodo in cui Rousseau scrive, la prima grande teoria della rappresentanza a opera di Edmund Burke. È giusto avere dei rappresentanti – e attenzione, perché anche questo è esattamente il contrario di ciò che intende Rousseau, che vuole la democrazia diretta. Magari può permetterselo, io non sono mai stato a Ginevra, magari la Ginevra di Rousseau era una città molto piccola che consentiva la democrazia diretta. Gli inglesi non hanno mai creduto nella democrazia diretta e la volta in cui l'hanno utilizzata – qui devo essere francamente molto cattivo ed anche molto attuale – si sono trovati con la Brexit. Questo è un esempio di democrazia diretta. Molti di loro continuano a pensare che forse non dovevano votare come hanno votato, e fanno bene quelli che ci ripensano, ma non credo che basti.

Rousseau si inserisce quindi in questo discorso dando dei non liberi agli inglesi, ma gli inglesi a loro volta, invece, sono liberi e iniziano il percorso della democrazia, che attraverso il liberalismo è protezione della libertà, la libertà di organizzarsi, di associarsi e, naturalmente, la libertà di votare. La libertà maggiore è quella non soltanto di eleggere, ma di bocciare i governanti. Questa è la vera libertà. La democrazia è quel sistema nel quale è possibile liberarsi dai governanti senza necessariamente ucciderli. Anche qui c'è una frase inglese, "s'imparò a contare le teste piuttosto che a tagliarle". Il gioco di parole è facile: "To count the heads instead of cutting the heads". C'è un minimo di gioco di parole che però non finisce lì naturalmente, dal momento che gli uomini e le donne continuano a interrogarsi su come contare le teste e quali teste debbano contare.

La prosecuzione del mio discorso porta verso gli americani, che non sono solo inglesi, come sappiamo, perché sono anche polacchi, tedeschi, irlandesi. Gli americani non si pongono immediatamente il problema della libertà, in quanto vogliono sottolineare l'eguaglianza. Sono venuti dall'Europa perché erano discriminati, erano i dissidenti religiosi: "Cuius regio, eius religio" ("Di chi [è] il regno, di lui [sia] la religione"), se vivo qui devo confessare questa religione? No. Ho un'altra religione, allora me ne vado. A quel punto, quando arrivano negli Stati Uniti, devono proteggere, da un lato, la propria religione, ma, dall'altro lato, sanno che non possono andare a sbattere contro la religione degli altri e, paradossalmente, tutto questo produce qualcosa di molto importante ovvero il pluralismo religioso. Ad esempio, io sono un quacchero, il presidente è un evangelico, ma io lascio che lui professi la sua religione perché voglio che lui lasci che io professi la mia religione. Questo pluralismo religioso, lentamente ma in maniera decisiva, si trasforma in pluralismo politico: riconosciamo la diversità e la libertà di espletare la nostra libertà, la nostra religione. Gli americani, nella loro famosa premessa alla

Dichiarazione d'indipendenza, dicono una delle cose più discutibili mai affermate ovvero noi crediamo naturalmente che tutti gli uomini siano nati uguali. "Naturalmente" un bel niente. Non solo era sbagliato dirlo in quel contesto di schiavisti, poiché tutti i padri costituenti erano proprietari di schiavi, Jefferson compreso, che ebbe una relazione molto – come posso dire – affettuosa con una signora di colore, dalla quale ebbe sei o sette figli. Però il punto non è quello. È che gli uomini non nascono affatto uguali. Gli uomini nascono dappertutto diversi, diseguali, quindi è solo la libertà che dovrebbe o potrebbe consentire a loro, entro una certa misura, di acquisire quel tipo di eguaglianza che noi desidereremmo.

Qui Sartori non direbbe così. Direbbe che dovremmo invece tornare indietro per chiederci quale eguaglianza può esistere fra gli uomini e/o deve esistere tra gli uomini. Sartori dà una risposta greca: l'eguaglianza di fronte alla legge, "isonomia". Questa è l'unica eguaglianza che possiamo avere, il resto dobbiamo costruircelo. Dobbiamo sapere che la legge ci tratterà tutti in maniera uguale – e anche qui sappiamo che c'è un dibattito intenso su trattare i diseguali in maniera uguale, ma è un dibattito aperto –, non possiamo chiedere l'eguaglianza economica, non possiamo chiedere l'eguaglianza sociale e così via. Perché queste sono cose che gli uomini e le donne cercheranno di ottenere a seconda delle loro preferenze. Dobbiamo lasciare il libero gioco di questo all'interno della società.

Sono arrivato felicemente ai francesi, perché non possiamo dimenticare neanche per un attimo che i francesi fanno una rivoluzione in nome della liberté, égalité, fraternité. Questo, fra l'altro, risuona pesantemente anche nel dibattito americano, essendo che gli americani conoscevano la Francia, Jefferson era anche un ammiratore della Francia, fu anche ambasciatore in Francia. Quindi riflettevano su liberté, égalité, fraternité. Fra l'altro, la Statua della Libertà è un regalo dei francesi. Quindi c'è un problema da affrontare, ma è interessante l'ordine: liberté, égalité, fraternité. Fraternité, oggi, credo che dovremo tradurlo non con "fraternità", ma con "solidarietà", cioè i francesi danno già un'accentuazione significativa a questa espressione che dice che gli uomini e le donne devono essere solidali. Ma anche qui consentitemi di fare un minimo di ironia su queste cose. Siamo tutti sulla stessa barca, scrisse un grande umorista inglese, Pelham Grenville Wodehouse, ma qualcuno rema e qualcuno prende il sole. Quindi la solidarietà diventa naturalmente qualche cosa di più complesso da analizzare.

A questo punto, entra in campo il teorico di questo tipo di libertà, Benjamin Constant. Constant purtroppo non lo posso sintetizzare con poche parole in quanto è molto complesso come pensiero, ma fondamentalmente ci dice che i greci erano liberi nella sfera pubblica e controllati nel privato, mentre la libertà dei moderni è di essere liberi nel privato e nella sfera pubblica possono fare quello che vogliono. Questo è difficile valutarlo fino in fondo, però l'idea che il nostro privato è nostro (anche qui non è niente di nuovo, ma le interazioni fra gli studiosi sono sempre complesse da districare), però non c'è dubbio che Constant conoscesse che una delle frasi classiche inglesi concernenti proprio quanto è e deve restare ambito di libertà privata senza interferenze: my house is my castle. Non solo, ma la parola che non riesco a tradurre, fra l'altro ho anche qualche problema con la pronuncia, è la privacy. La privacy è un elemento fondamentale della libertà, cioè quello che voglio fare in privato è mio e non può riguardare nessun altro. Non finisce qui naturalmente, poiché questa battaglia intorno alla libertà si accresce di sfidanti e di conflitti, e alla fine vediamo come finisce, cioè in due situazioni molto diverse tra di loro e quindi non garantisco che la comparazione sia del tutto soddisfacente. Ma se c'è un luogo dove la libertà viene schiacciata in maniera tanto riprovevole quanto memorabile è la Germania nazista. Lì, davvero, vediamo la fine della libertà, la fine totale della libertà. Più dubbio è se vi sia la fine totale della libertà anche in Unione Sovietica, ma certamente è plausibile. Lo si può argomentare, poi magari è meglio differenziare le ragioni per le quali la Germania nazista non è comparabile all'Unione Sovietica e

Hitler non è comparabile a Stalin, ma questo lo faccio solo se lo chiedete, poiché è molto controverso. Peraltro, il Parlamento europeo ha approvato una dichiarazione contro tutti i totalitarismi, mettendo insieme il nazismo e comunismo sovietico, cosa che mi pare non del tutto appropriata.

Però il punto fondamentale è che sappiamo come si perde la libertà. La libertà si perde quando ciascuno di noi pensa soltanto a se stesso. Qui c'è una frase famosa di un teologo tedesco, Reinhold Niebuhr, che dice: "Portarono via per primi gli ebrei, io non ero ebreo, non protestai; poi portarono via i comunisti, io non ero comunista, non protestai; portarono via poi i socialdemocratici, io non ero socialdemocratico, non protestai; e alla fine portarono via anche me. Non c'era più nessuno per protestare." Questo passaggio è cruciale: ci rendiamo conto che la nostra libertà, in questo caso addirittura la nostra vita, dipende dal modo come gli altri si guardano intorno, valutano che cosa succede, cercano di capire e applicano quella che dovrebbe essere, per l'appunto, la solidarietà. Chiudo questa lunga introduzione, spero non noiosa, ma naturalmente ognuno di questi autori meriterebbe una lezione per conto suo.

A mio avviso, qualche passo in avanti è stato fatto, ma quello che la maggior degli studiosi considererebbe il punto più alto è quello di Isaiah Berlin. Per primo, egli è un ebreo, da non dimenticare. Secondo è un ebreo nato a Riga, quindi ha studiato anche il russo; mi pare importante per capire che cosa succedeva in Unione Sovietica. Terzo, diventa filosofo politico e riconosciuto come tale a Oxford, quindi parla anche inglese. Qui attenzione, parla inglese, ma quando ho parlato coi colleghi di Oxford, loro mi hanno detto che era un inglese incomprensibile e, quindi, difficilissimo da capire. Però, Berlin dà un grande contributo, cioè distingue con chiarezza la libertà da dalla libertà di – le due libertà – nella sua prolusione quando, nel 1958, viene chiamato Fellow a Oxford. La libertà da significa libertà dalle interferenze. Fondamentalmente, le interferenze dello Stato, ma possono anche essere interferenze di altri gruppi, di altre persone, cioè devo avere uno spazio vero di autonomia, di esercizio della mia libertà. Questo è la libertà da. La libertà di è più complicata, poiché vuol dire libertà di fare, di agire. La maggior parte degli autori ha interpretato la libertà di come la libertà di partecipare: debbo avere la libertà di entrare, se volete, sulla scena pubblica; è quindi la libertà dell'elettore, naturalmente, che è la cosa più facile da individuare, anche se non necessariamente la più facile da esercitare.

Quando il presidente Merlini mi stava introducendo, a inizio conferenza, pensavo a coloro che nel frattempo la libertà l'hanno persa da un po' di tempo, per ragioni infinite. Un dissidente cinese in prigione da chissà quanti anni, gli studenti di Hong Kong che sono stati condannati, gli oppositori in un qualsiasi paese africano, ad esempio lo Zimbabwe, le donne afghane e le donne iraniane, e così via. Queste privazioni di libertà sono evidenti: la libertà da e, a maggior ragione, la libertà di non sono praticabili, poiché la libertà da è quasi una premessa della libertà di. Però la libertà di è molto di più (per cui Berlin fa fatica ad arrivare dove io arriverei, peraltro, come una volta si diceva, salendo sulle spalle dei giganti – e anche su questo ci sarebbe da discutere) che la semplice libertà di fare, di organizzarsi, di associarsi e così via. Potrei sostenere, però questo è molto controverso, che se la libertà da è la libertà del liberalismo, la libertà di – di partecipare, di agire e così via – è la libertà che si basa sull'eguaglianza di opportunità. Oserei affermare che è la libertà socialdemocratica, però, lo so, mi hanno detto che, un po' dappertutto in Europa le socialdemocrazie sono in crisi, quindi devo fare attenzione e chiedermi perché siano in crisi. Forse perché hanno garantito troppa libertà da, e a quel punto lì le persone non si associano più, pensano di farcela da sole; c'è l'individualismo di coloro che hanno molte risorse e quindi si chiedono cosa importa andare a votare, tanto conosco il parlamentare, non ho bisogno di andarlo a votare; conosco il governante, conosco gli uomini e le donne potenti, il mio voto conta pochissimo e non investo il mio tempo in questo.

Quindi, il culmine di questo discorso – o forse no, perché andrei oltre, ma con qualche difficoltà (peraltro l'uomo era certamente affascinante), è la teoria della società giusta formulata dal grande filosofo politico John Rawls. Questo, secondo me, è il punto più alto del liberalismo contemporaneo. Nel suo libro del 1970, secondo me insuperato, c'è tutta una concezione della libertà che non è al centro, ma sta intorno al problema che Rawls vuole affrontare ovvero quello di una società giusta, che dia ai suoi componenti, ai suoi membri, a tutti coloro che ne fanno parte quello che davvero si meritano. Ma attenzione, avendo un principio fondamentale: la redistribuzione deve sempre avvenire a vantaggio di coloro che hanno meno. Questo è il criterio. Non può mai esserci una redistribuzione che avvantaggi coloro che già hanno risorse, ma solo coloro che hanno poche risorse, cioè gli svantaggiati, i dispossessed, diremmo in inglese.

Fine dell'excursus, come dire, di teoria politica, e adesso entro in alcuni contesti, perché qua da qualche parte qualcuno di voi si starà chiedendo qualcosa sulla pandemia, e ci arriverò, ma molto lentamente, in maniera un po' sinuosa. Sono rimasto straordinariamente colpito da un libro che non avrei mai letto, se non l'avessi trovato in una nota, relativo a una ondata di caldo a Chicago all'inizio degli anni '80 dello scorso secolo. Non so se conoscete Chicago, che è una città americana - perché New York non è una città americana, ha vari componenti di vario tipo, mentre Chicago no, è una vera città americana. Anche se, naturalmente, la cosa curiosa è che la maggior parte degli abitanti sono di colore, di origine italiana, polacca, tedesca (e anche questo è molto interessante) e con una componente ebraica non marginale. Il penultimo sindaco di Chicago era un ebreo collaboratore di Obama. Oggi c'è una donna e anche questo è interessante, poiché Chicago a lungo ha avuto una struttura di bianchi irlandesi che controllavano tutto. Nel 1980-1981 c'è una ondata di calore tremenda e un sociologo decide di andare a capire cosa succede, in quanto morivano tante persone. Morivano per primi e in numero più consistente gli uomini anziani. Allora il sociologo scopre che gli uomini anziani che morivano erano soli, vivevano da soli. Scopre inoltre che quando ci sono donne anziane che muoiono sono donne anziane che vivono isolate. E scopre naturalmente che ci sono anziani, della stessa età di quelli che sono morti, uomini e donne, che invece sopravvivono. Ma perché? Perché hanno dei figli. Magari vivono da soli, ma hanno dei figli, hanno gli amici che li vanno ad aiutare, che arrivano e aprono la finestra, creano corrente, che portano il cibo, che portano il ghiaccio, che portano quello che è necessario. Insomma, ciò che si chiama heat wave colpisce in maniera differenziata, a seconda delle relazioni sociali delle persone.

Questo incide pesantemente, come capite, sulla libertà. Coloro che hanno avuto la libertà di associarsi, che sono riusciti a farlo, riescono a sopravvivere: c'è quindi una libertà associata alla solidarietà. È un passo straordinariamente importante, poiché qui troviamo significativamente valutato, con cifre inoppugnabili, quanto sia importante che gli altri contribuiscano alla nostra vita, quanto dipendiamo dagli altri. Questa mutua dipendenza era a Chicago molto visibile, straordinariamente visibile.

Poi ho proseguito questo discorso ponendomi per l'appunto il problema di quanto queste relazioni possono essere significative se le ritroviamo in altri contesti. Il contesto è venuto fuori, anche qui, da uno studio interessantissimo di un americano che si chiama Robert Putnam, professore a Harvard, il quale scopre delle cose a partire da noi, dall'Italia, in quanto c'è uno studio di Edward Banfield, un altro americano, del 1958, che va in un paese della Campania, che si chiama Montegrano, e scopre che in quel paese non succedeva nulla, era povero, non particolarmente ben organizzato, non c'era praticamente nessun cambiamento. Scoprì che i rapporti tra le persone erano quasi inesistenti, tranne nei gruppi familiari. E viene fuori un'espressione, che i sociologi hanno usato da allora molto spesso, che si chiama "familismo amorale". Cioè gli uomini e le donne agivano in base ad un unico principio: quello che serve e giova alla mia famiglia lo faccio, quello che non serve e non giova alla mia famiglia non lo faccio. Quindi non mi organizzo, non mi metto con un'altra famiglia per protestare contro il sindaco, che magari ha il suo moderato livello di corruzione, non mi metto a protestare contro gli imprenditori che non pagano gli operai come dovrebbero o contro il caporalato, cioè coloro che vanno a scegliere chi ammettere a lavorare nei campi, poiché protesto solo nella misura in cui questo giova a me: familismo amorale. Sulla scia del suo predecessore, Putnam scopre che nelle zone dell'Italia dove ci sono associazioni, gli italiani stanno mediamente meglio, mentre nelle zone dove le associazioni sono scarse, deboli o poco strutturate, gli italiani stanno peggio.

Riflettendo su questo, poi, Putnam si guarda intorno e scopre che ci sono dei problemi anche negli Stati Uniti. Quindi, con un titolo memorabile, che è Bowling Alone, andare a giocare a bowling da soli, ricorda che quando lui era un ragazzo, cioè agli esodi degli anni '70, c'erano persino le squadrette di bowling, cioè quelli che avevano la stessa maglia, che avevano il loro borsone con la grande boccia, e andavano così a giocare insieme. Invece, gli americani cominciarono da un certo momento ad andare a giocare da soli, nel senso che arrivavano al campo da bowling e trovavano qualcuno che voleva giocare con loro, che è una cosa totalmente diversa. Questa è un fenomeno interessante, perché, subito dopo, Putnam scopre che a seconda delle zone, laddove gli uomini e donne si associano, e quindi mettono insieme la loro libertà, stanno meglio e negli altri contesti stanno peggio. Quindi, se andare a giocare a bowling da soli, magari rimane divertente, ma sappiate che se foste con una squadretta vi divertireste molto di più. Putnam chiama tutto questo "capitale sociale", cioè la nostra libertà messe insieme con gli altri, in una rete di relazioni, produce conseguenze positive. Se noi continuiamo a operare da soli o siamo costretti a rimanere isolati, perché qualche volta succede anche questo, abbiamo meno libertà, cioè, per intenderci, siamo più vulnerabili. Mentre se siamo associati, se ci mettiamo insieme, condividiamo la nostra libertà, siamo molto meno vulnerabili e le probabilità di ottenere dei vantaggi, magari anche insperati, sono importanti. Questo discorso mi riconduce a Chicago, perché, se quelle persone avessero avuto rapporti in reti di relazioni sociali, sarebbero riuscite in qualche modo a sopravvivere; erano quelli che erano isolati, che non avevano più questi rapporti, che si trovavano in una condizione difficilissima a morire in percentuali molto più elevate rispetto agli altri.

Sono – non so se posso dire felicemente – arrivato alla pandemia. Naturalmente, è un caso più estremo di un'ondata di caldo. E un caso estremo poiché colpisce tutti, non solo Chicago, e suggerisce che la prima la mia prima reazione sia che io non possa stare molto vicino a Riccardo Bernardini, qui al mio fianco, poiché magari ha il virus e neanche a Fabio Merlini, all'altro lato del tavolo. Quindi, la prima reazione è una reazione di asocialità, cioè sto in casa al massimo con la mia famiglia o addirittura da solo. Dopo di che, però, abbiamo capito qualcosa (non tutti però, ma molti di noi hanno capito qualcosa) e cioè che dovevamo fare attenzione alla nostra libertà per non andare a sbattere contro la libertà degli altri, cioè era giusto che ci vaccinassimo, poiché vaccinati avremmo avuto meno probabilità di infettare gli altri o anche di essere infettati dagli altri. Quindi, c'era questo elemento dello stare insieme che poteva collegarsi soltanto alla volontà di accettare alcune restrizioni, quelle che derivano dal vaccino e da tutto quello che ne consegue, distanziamento ed eventuale isolamento compresi.

Non voglio entrare in un dibattito su questo, perché trovo francamente alcune delle affermazioni in merito fuori luogo, che non servono a nulla. Ci siamo resi conto che eravamo tutti vulnerabili. Anche questo spinge alle relazioni sociali. Ci siamo resi conto, in ogni caso, con maggiore difficoltà e nel corso del tempo, che la pandemia era anche il prodotto di diseguaglianze e che, a sua volta, produceva diseguaglianze. Un conto è avere una famiglia di due persone con due figli, che vivono in una casa dove ci sono due stanze, e un conto è quella stessa famiglia che vive in una casa dove ci sono sei stanze. Un conto è vivere in una casa che ha un unico computer, o che addirittura non ce l'ha, e un conto è vivere in una casa dove i computer ci sono per tutti i componenti della famiglia. Cioè che tutto questo incideva pesantemente sulla vita normale, quotidiana, e che produceva una serie di conseguenze dal punto di vista delle diseguaglianze. Attenzione, nasceva su diseguaglianze economiche e si estendeva a diseguaglianze sociali e a diseguaglianze culturali. Ha avuto un impatto tremendo. I due anni di pandemia, non ancora finita (io non sono particolarmente ottimista, non dirò altro), però questi due anni hanno prodotto, hanno accresciuto, hanno aumentato le diseguaglianze in maniera che non sarà facile colmare. Abbiamo anche scoperto che in alcuni contesti, per esempio, è diminuita l'aspettativa di vita in seguito alla pandemia, ma attenzione, non per tutti. Soprattutto per gli svantaggiati, quelli che non avevano nessun modo di uscire da una situazione di isolamento e di difficoltà.

Qui il punto, e su questo chiudo, era che la pandemia è stata una specie di cartina di tornasole. Ha fatto vedere come le varie società siano più o meno organizzate. Come le varie società siano più o meno solidali tra di loro. Come le varie società abbiano concepito la propria libertà: libertà come individualismo (qui l'aggettivo per individualismo è di solito "sfrenato") oppure libertà come accettazione delle diversità personali, ma al tempo stesso conoscenza dei limiti della libertà. Quindi, laddove vi è una società coesa, nella quale tutti sono disponibili a rinunciare a parte della loro libertà, la pandemia ha colpito molto di meno, ha avuto effetti molto meno negativi. Laddove, invece, la società è già slabbrata, invece di produrre solidarietà, c'è una sorta di competizione. Laddove la cultura complessiva, una cultura non solo dei diritti, ma dei doveri, è in grado di motivare anche la limitazione della propria libertà a favore della libertà degli altri, la situazione si è rivelata sostenibile Invece, quando vi sono orgogliose e presuntuose rivendicazioni di "libertà", laddove invece di doveri reciproci troviamo rivendicazioni, naturalmente, assistiamo a conseguenze molto più negative.

Tutto questo non è finito. Faccio un passo indietro. Nella prima ondata della pandemia sono state fatte delle affermazioni francamente eccessive, del tipo "Milano non si ferma". Era un'affermazione sbagliata, ma non era neanche il messaggio giusto da dare. Milano si ferma e cerca di capire come reagire alla sfida. Il passaggio successivo era "torneremo più forti di prima". Non va bene, in quanto non eravamo forti prima e non torneremo più forti di prima. "Torneremo alla normalità": neanche questo va bene, poiché quella normalità non l'avevamo accettata, non era la normalità "giusta". Per la giustizia, direbbe John Rawls, c'è sicuramente molto da cambiare. Finalmente, si è giunti a una qualche consapevolezza che nessuno di questi slogan ha senso e che occorra provare a ricostruire reti sociali. Ovvero che uno dei problemi del mondo occidentale (qui faccio una generalizzazione drammatica) è avere accettato la trasformazione della libertà in individualismo. Questo dipende non dal liberalismo, ma dal liberismo, dal neoliberismo, da un'ideologia per la quale tu da solo ti fai la tua vita, guadagni quello che sei capace di guadagnare e affare fatto; gli altri si arrangino. Questo forse l'abbiamo capito, in qualche società lo sapevano già un po' prima e lo hanno diffuso meglio. In qualche società i politici sono riusciti a mandare il messaggio giusto, quello di una libertà che si contempera con libertà degli altri. Non dappertutto, però.

Qui lascio aperto il discorso, però il messaggio che voglio mandare a conclusione di questo intervento è che la libertà nostra incontra dei limiti nella libertà degli altri e, allo stesso modo, la libertà degli altri incontra i suoi limiti nella nostra libertà. Ma né gli uni né gli altri, nessuno di noi e di loro è più libero se continua a pensare esclusivamente in termini di limiti e non in termini di condivisione, in termini di compartecipazione, in termini di relazioni sociali strette, solidali, efficaci. Il passaggio vero è che la libertà è tale, come voleva Berlin, non solo quando è libertà da, ma quando è libertà di. Personalmente, quel "di" lo completo dicendo libertà di fare le cose insieme: nessuno di noi è un'isola (felice).

Presentations of the Eranos School Seminar

Mundaneum: East and West in the Global World

Presentazioni del seminario della Scuola di Eranos

Mundaneum: Oriente e Occidente nel mondo globale

Monte Verità, Ascona

13 October / *ottobre* 2018 – 19 October / *ottobre* 2019

Il Nodo di Gordio nel mondo globale

Matteo Vegetti

Lugano, Switzerland / *Svizzera*
October / *Ottobre* 2018

La potenza meccanica sta travolgendo l'uomo e lascia di corsa il mondo occidentale per contaminare il mondo dell'"uomo giallo" - l'Oriente. Conseguenze della nostra rivoluzione industriale, non previste, hanno valicato il Pacifico e l'Atlantico. Forse la nostra salvezza starà in quello che il nostro attuale accentramento capitalistico prodotto dalla macchina farà in futuro all'"uomo giallo" stesso, come ha già fatto all'"uomo bianco". Questo risultato potrà essere la nostra sola speranza in un futuro incombente quale la natura dell'umanità sembra averci preparato - la guerra futura tra oscurità e luce - la guerra tra Occidente e Oriente - Ovest e Est. Bianco o giallo? Sì, questa conseguenza incombente è l'unica nostra speranza - è forse l'atomo? - ma prima che venga questo momento la macchina può aver compiuto la sua opera per l'uomo giallo come l'ha già compiuta per noi. Il fatto di essere tanto numeroso come popolo - diciamo nove a uno - può forse non servire a far pendere in suo favore il piatto della bilancia.

F.L. Wright[1]

1 F.L. Wright, *La città vivente* (1957), tr. it. Einaudi, Torino 2013, pp. 173 *sg*. Il testo presente è una rielaborazione del mio contributo originale alla luce dei fatti seguiti all'invasione russa dell'Ucraina nel febbraio 2022. Era infatti impossibile non aggiornare in questa chiave la discussione seminariale avvenuta nell'ambito di "Mundaneum", una discussione che, con un certo anticipo sui fatti, aveva intuito nel rapporto tra Oriente e Occidente una chiave ermeneutica per intercettare

"Il nodo di Gordio deve essere inteso come un problema posto dal destino; esso si riannoda di continuo, così come di continuo si pone il problema stesso."[2] L'affermazione appartiene a Ernst Jünger, impegnato negli anni Cinquanta in un denso dialogo con Carl Schmitt sulla storia del rapporto politico e metafisico tra Oriente e Occidente.

Sebbene permeato dal clima plumbeo della guerra fredda e dal timore di una castrofe atomica, il senso del dialogo va però oltre il momento storico in cui si inserisce. Si tratta infatti di un'interrogazione filosofica utile sotto almeno due rispetti. In primo luogo ci indica nelle metamorfosi del rapporto tra Oriente e Occidente un insostituibile paradigma di interpretazione per comprendere la storia mondiale e il destino politico della terra. Inoltre, ci invita a meditare sull'autocoscienza storica dell'Occidente in rapporto al suo Altro. Naturalmente esistono momenti storici in cui l'efficacia e l'utilità di simili categorie risulta particolarmente stimolante, e il nostro è certamente uno di questi. Rileggendo l'intera storia successiva al crollo del muro di Berlino alla luce della riflessione avviata duranta la guerra fredda da Jünger e Schmitt intorno al nodo di Gordio, potremmo infatti rilevare tre nuovi "annodamenti": l'ascesa economico-politica della Cina, in grado di destabilizzare l'egemonia planetaria americana, il conflitto tra l'Islam radicale e la civiltà occidentale, e infine, ai nostri giorni, la guerra in Ucraina. Proprio qui, dove gli spettri della guerra fredda sembrano riaffiorare, l'interrogazione filosofica assume nuovamente un valore decisivo: che forma ha preso il nodo e in che modo ci invita a pensare il destino del mondo? Per che mani passa la fune? Chi presume di avere la spada e come potrebbe usarla?

La legittimità dell'uso extracardinale di concetti quale Oriente e

alcuni dei più rilevanti fenomeni globali e più in generale un punto di osservazione privilegiato per comprendere la trasformazione della politica mondiale.

2 E. Jünger e C. Schmitt, *Il nodo di Gordio. Dialogo su Oriente e Occidente nella storia del mondo* (1953), tr. it. il Mulino, Bologna 1987, p. 127.

Occidente deve tuttavia preventivamente misurarsi con l'ineludibile questione di fondo cui allude l'*esergo*.

Ha ancora senso evocare la classica dicotomia tra Oriente e Occidente in un mondo globalizzato? Come Marx aveva predetto, lo sviluppo dell'economia e della società capitalistica lungo l'intera parabola dell'età moderna sembrava aver prodotto una tale uniformazione dei modi di produzione globali da rendere inagibile la contrapposizione tra Oriente e Occidente in termini di civiltà. Marx enuncia questa tesi con la massima chiarezza in un celebre eppure sorprendente passaggio del *Manifesto del partito comunista*: "Col rapido miglioramento di tutti gli strumenti di produzione, con le comunicazioni infinitamente agevolate, la borghesia trascina nella civiltà anche le nazioni più barbare. I tenui prezzi delle sue merci sono l'artiglieria pesante con cui essa abbatte tutte le muraglie cinesi, e con cui costringe a capitolare il più testardo odio dei barbari per lo straniero. Essa costringe a introdurre nei loro paesi la cosiddetta civiltà, cioè a farsi borghesi. In una parola, essa crea il mondo a propria immagine e somiglianza [...]. Come ha assoggettato la campagna alla città, così (la borghesia) ha reso dipendenti dai popoli civili quelli barbari e semibarbari, i popoli contadini dai popoli borghesi, l'Oriente dall'Occidente."[3]

In questo celebre passaggio Marx apparecchia innanzitutto un'interessante analogia: così come il capitalismo ha colonizzato la campagna, strappando le popolazioni rurali al loro idiotismo localistico e comunitario, per inserirle nel sistema di produzione universale delle merci, così ha fatto con l'Oriente. L'opposizione orientale-occidentale (proprio come quella città-campagna) decade dunque dal momento in cui l'Oriente viene inserito negli schemi della produzione capitalistica (lo stesso sosterrà Gramsci a proposito del mondo islamico[4]). Va detto che per Marx questa forma di

3 K. Marx e F. Engels, *Manifesto del partito comunista* (1948), tr. it. Editori Riuniti, Roma 1971, pp. 62 *sg*.

4 Scrive Gramsci: "Se si ammettese che la civiltà moderna nella sua manifestazione industriale economico-politica finirà col trionfare in Oriente (e tutto prova che

occidentalizzazione del mondo non è del tutto negativa: senza la capacità del capitale di sradicare il feudalesimo e l'ordine castale della società, trasformando il lavoro servile in lavoro salariato, il socialismo non potrebbe infatti affermarsi.

Ma il punto per noi non è questo, quanto il fatto che, tentando di comprendere come quella particolare forma di produzione configuratasi in Europa tra XV e XVII secolo sia infine prevalsa sul modo di produzione asiatico, cancellando con ciò le forme plurali e diversificate di lavoro, Marx ha in fondo intuito con grande anticipo la nascita di un mondo privo di "fuori", dove i processi di unificazione della terra e l'estensione della logica del capitale coincidono. "Il vero compito della borghesia è la costituzione di un mercato mondiale (*Weltmarkts*), almeno nelle sue grandi linee, e di una produzione che poggi sulle sue basi. Siccome il mondo è rotondo (*Da die Welt rund ist*), sembra che questo compito sia stato portato a termine con la colonizzazione della California e dell'Australia e con l'apertura della Cina e del Giappone."[5]

Ha indubbiamente ragione il geografo David Harvey nel sostenere che Marx ci ha fornito in tal modo una chiara descrizione *ante litteram* di ciò che oggi definiamo "globalizzazione"[6]. Ma se dunque dobbiamo ormai pensare lo spazio terrestre assumendo come modello paradigmatico il globo, e quest'ultimo come un sistema dinamico composto di territori integrati in una realtà più vasta, interdipendente da un punto di vista economico e sociale (ma anche culturale e politico), cioè in base a un modello reticolare, nel

ciò avviene a che anzi queste discussioni sull'Islam avvengono perché c'è una crisi determinata appunto da questa diffusione di elementi moderni) perché non bisogna concludere che necessariamente l'Islam si evolverà? Potrà rimanere tale e quale? No: già non è più quello di prima della guerra. Potrà cadere d'un colpo? Assurdo. Potrà essere sostituito dalla religione cristiana? Assurdo pensarlo per le grandi masse" (A. Gramsci, *Quaderni del carcere*, Einaudi, Torino 2014, Q. 2, 90, p. 247). Gramsci lascia però aperta la questione: "Perché l'Islam non potrebbe fare ciò che ha fatto il cristianesimo?" (vale a dire adeguarsi al capitalismo?).

5 Cfr. K. Marx e F. Engel, *Opere complete* (1858), tr. it. Editori Riuniti, Roma 1973, XL, pp. 376 *sg*.

6 Cfr. D. Harvey, *Spaces of Hope*, Edimburgh University Press, Edinburgh 2000, p. 20.

quale ogni riferimanto cardinale scompare, cosa resta dell'Oriente e dell'Occidente al di là della loro valenza puramente geografica?

Come ha notato giustamente Kenneth Pomeranz[7], nel mondo globale non si tratta di aggiungere la storia cinese o indiana o russa a quella europea. Piuttosto si tratta di pensare queste realtà storiche e le rispettive geografie in una rete di dipendenze reciproche (produzione, debito, investimenti, mercati transnazionali e intercontinentali) che le implica, le contamina, le collega, e che al tempo stesso estirpa progressivamente le specificità delle civiltà asiatiche nel misura stessa in cui le "ingloba". Vale allora la pena rileggere in questa luce anche un passo di Marx meno noto dei precedenti, che proviene da un articolo scritto nel 1853 per il *New York Daily Tribune*.

> L'intervento inglese, avendo collocato il filatore nel Lancashire e il tessitore nel Bengala, o spazzato via tanto il filatore quanto il tessitore indù, ha distrutto queste piccole comunità semi-barbare e semi-civili, facendone saltare in aria la base economica e in tal modo causando la più grandiosa e, a dire il vero, l'unica *rivoluzione sociale* che l'Asia abbia mai conosciuto. Ora, per quanto sia sentimentalmente deprecabile lo spettacolo di queste miriadi di laboriose comunità sociali, patriarcali e inoffensive, disorganizzate e dissolte nelle loro unità, gettate in un mare di lutti, e i loro membri singoli privati ad un tempo della forma di civiltà tradizionale e dei mezzi ereditari di esistenza, non si deve dimenticare che queste idilliache comunità di villaggio, sebbene possano sembrare innocue, sono sempre state la solida base del dispotismo orientale; che racchiudevano lo spirito umano entro l'orizzonte più angusto facendone lo strumento docile della superstizione, privandolo di ogni grandezza, di ogni energia storica [...]. È vero: nel promuovere una rivoluzione sociale nell'Indostan, la Gran Bretagna era animata dagli interessi più vili, e il suo modo di imporla fu idiota. Ma non è questo il problema. Il problema è: può

7 Cfr. K. Pomeranz, *La grande divergenza. La Cina, l'Europa e la nascita dell'economia mondiale moderna* (2000), tr. it. il Mulino, Bologna 2004.

> l'umanità compiere il suo destino senza una profonda rivoluzione nei rapporti sociali dell'Asia? Se la risposta è negativa, qualunque sia il crimine perpetrato dall'Inghilterra, essa fu, nel provocare una simile rivoluzione, lo strumento inconscio della storia.[8]

Non mi soffermo né sulla impressionante anticipazione dei tipici processi di delocalizzazione capitalistica, che sono abitualmente considerati come il tratto più emblematico della fase globale iniziata dopo la fine della guerra fredda, né sull'illuminismo marxiano, che arriva fino a giustificare (in termini affini all'astuzia della ragione hegeliana) anche i processi di sradicamento delle forme socio-politiche feudali provocati per eterogenesi dei fini dalla modernizzazione imposta dal colonialismo europeo. Il punto che ci riguarda è infatti che la rivoluzione globale del capitale si può dire compiuta solo nella misura in cui l'Oriente sia stato sradicato dalle sue stesse forme di organizzazione sociale. Questo punto viene ribadito da Marx anche rispetto alla Cina, "strappata dal suo barbaro isolamento ermetico dal mondo civile" attraverso i rapporti scambievoli con l'Occidente che l'Inghilterra le ha imposto in due modi: con le armi e con la manifattura industriale.

Guardata in questa luce, la storia della globalizzazione può essere letta come la dinamica di dissolvimento della più antica e profonda struttura spaziale della storia terrestre, vale a dire la dicotomia tra Oriente e Occidente. Se la globalizzazione è un processo "disorientante" lo è anche per questo motivo: perché in esso il mondo è parso smarrire l'alterità simbolica, politica ed economica dell'Oriente.

---

8 K. Marx, "La dominazione Britannica in India (o l'Inghilterra rivoluzionaria malgrado se stessa)" (1853), tr. it. in: Id. e F. Engels, *India Cina Russia*, Il Saggiatore, Milano 1960, pp. 60 *sg*.

Un mondo "disorientato"

La previsione marxiana di una convergenza finale tra l'est e l'ovest del mondo è risorta nel 2005 nell'immagine di Thomas Friedman relativa alla nascita di un "mondo piatto"[9], spianato dal liberalismo, da internet, dal *supply chaining*, dalla delocalizzazione della produzione. Eppure, per quanto la modernizzazione della Cina e delle altre tigri asiatiche sia stato il fenomeno che ha condotto all'interdipendenza dei mercati globali e alla quasi estinzione del modo di produzione asiatico a vantaggio del capitalismo industriale, tale fenomeno non si è accompagnato alla nascita di uno spazio liscio, e lungi dall'inverare la speranza che la globalizzazione dei mercati potesse in qualche modo promuovere la pace internazionale, ha invece provocato nuove vistose polarizzazioni.

Quanto questo sia vero, nonostante le più che valide premesse di Marx e la tesi conclusiva di Friedman, lo si può desumere dai tre fenomeni storici che hanno segnato l'ultima fase della storia globale: l'ascesa negli anni Novanta della Cina al ruolo di potenza globale antagonista agli Stati Uniti, l'attacco alle Twin Towers e la nascita del terrorismo islamico, la tensione tra Russia e America provocata dall'invasione dell'Ucraina.

Quanto al primo punto, in uno scritto penetrante come *Funzione strategica dell'Atlantico nella civiltà e nell'economia moderna*, già Gramsci si chiedeva: "Si sposterà questo asse nel Pacifico? Le masse più grandi di popolazione del mondo sono nel Pacifico: se la Cina e l'India diventassero nazioni moderne con grandi masse di produzione industriale, il loro distacco dalla dipendenza europea romperebbe appunto l'equilibrio attuale."[10]

L'equilibrio si è rotto non solo quando la Cina si è imposta come la principale forza dello sviluppo economico dell'Asia orientale, sostituendosi agli Stati Uniti, ma quando, oltre a questo, essa ha

9 T.L. Friedman, *Il mondo è piatto. Breve storia del ventunesimo secolo* (2005), tr. it. Mondadori, Milano 2007.
10 A. Gramsci, *op. cit.*, 2, 78, p. 242.

iniziato a contendere agli Stati Uniti l'egemonia globale. In termini gramsciani, l'egemonia non significa semplicemente dominio, ma una forma di potere che, oltre a perseguire i propri interessi, viene percepita dai gruppi subordinati come articolazione di un interesse più generale. Il potere gode insomma dell'attributo dell'egemonia quando è considerato necessario anche da chi lo subisce, per un insieme di ragioni che vanno dalla sua capacità di strutturare una rete di rapporti sociali e politici distribuiti su scale spaziali molto vaste, alla capacità di limitare i conflitti, garantendo un ordine relativamente stabile all'interno dello spazio in cui agisce.

Ora, in un libro importante come *Adam Smith a Pechino*, Giovanni Arrighi ha dimostrato che già all'inizio del nuovo millennio lo sviluppo economico cinese è giunto al punto di incrinare l'idea che l'Occidente a guida americana sia l'unica possibile garanzia per l'ordine mondiale fuoriuscito dalla guerra fredda, e che il mondo non possa altro che fondarsi sull'esercizio della potenza americana. Quando Arrighi argomentava queste tesi di economia politica, l'egemonia statunitense appariva però in disfacimento anche su un altro fronte: il disastroso tentativo americano di esportare con la guerra la democrazia in Iraq e Afghanistan gli era valso un profondo discredito in tutte le aree islamiche del pianeta, e non solo. Il risentimento verso una forma di dominio priva della legittimazione che solo l'egemonia può garantire ha risvegliato così gli scheletri dell'età coloniale. Non a caso l'estremismo islamico è stato il primo dopo quasi un secolo a impiegare la parola "Occidente" nell'accezione *polemica* che indicava un nemico politico e morale assieme. L'intera storia dei nodi gordiani dell'età moderna (e non solo) è così riaffiorata alla storia, mostrando un mondo molto meno liscio di quanto si pensasse, tanto da ispirare la teoria di Huntington dello scontro tra civiltà come nuova figura del rapporto tra l'Occidente e le diverse culture che compongono il mondo orientale.

L'interessante operazione di Huntington – inizialmente elaborata in risposta alla nota ipotesi di Fukujama circa la fine della storia quale esito dell'inesorabile espansione planetaria del liberalismo – consisteva nell'invito a guardare alla terra al di là di un certo riduzionismo economicistico, per cogliere all'interno dell'ordine mondiale[11] l'esistenza di fattori divisivi più arcaici. L'esordio dell'articolo era il seguente: "La politica mondiale sta entrando in una nuova fase e gli intellettuali non hanno esitato a produrre copiose visioni su ciò che sarà: per esempio la fine della storia, il ritorno delle tradizionali rivalità tra gli Stati nazionali e il declino dello Stato nazionale a causa delle spinte contrastanti del tribalismo e del globalismo. Ognuna di queste visioni coglie aspetti della realtà emergente.

Tuttavia, a tutte sfugge un aspetto cruciale, anzi centrale, di ciò che probabilmente sarà la politica globale nei prossimi anni. La mia ipotesi è che la fonte fondamentale di conflitto in questo nuovo mondo non sarà principalmente ideologica o economica. Le grandi divisioni tra gli uomini e la fonte dominante di conflitto saranno di natura culturale. Gli Stati nazionali rimarranno gli attori più potenti nelle questioni mondiali, ma i principali conflitti della politica globale si verificheranno tra le nazioni e gruppi di civiltà diverse. Lo scontro di civiltà dominerà la politica globale. Le linee di faglia tra le civiltà saranno le linee di battaglia del futuro". Inoltre, "Con la fine della guerra fredda, la politica internazionale esce dalla fase occidentale e il suo fulcro diventa l'interazione tra l'Occidente e le civiltà non occidentali. Nella politica delle civiltà, i popoli e i governi delle civiltà non occidentali non sono più oggetti della storia come bersaglio del colonialismo occidentale, ma si uniscono all'Occidente come attori e artefici della storia"[12].

Seguendo questa analisi, il declino dell'egemonia americana non risale solo alla prodigiosa crescita economica dell'Oriente, con la Cina a guidarne l'espensione a livello mondiale, ma anche a motivi culturali, etnici e religiosi che sembravano neutralizzati

11 Cfr. S.P. Huntington, "The Clash of Civilizations?", in "Foreign Affairs", Vol. 72, N. 4, 1993, pp. 22-49.
12 Ivi, p. 23; traduzione mia.

dalle dinamiche della modernità capitalista e dall'integrazione dei mercati mondiali.

In tutto questo può forse soprendere che Huntington consideri la guerra fredda come un conflitto tutto occidentale, e dunque esterno a questa nuova fase storica, eppure l'idea è chiara. Per lui, e prima di lui per William Lind, la guerra fredda apparteneva ancora alle "Western civil wars". Era insomma un conflitto tra sistemi ideologici e apparati economici figli della civiltà europea, a loro modo ispirati dall'illuminismo scientifico, che si illudevano di rappresentare il mondo intiero.

Ma proprio qui risiede il tratto che rende l'attuale conflitto irriducibile alla figura del nodo generata dalla guerra fredda. L'indizio principale in tal senso è l'espressione "Occidente collettivo", un'espressione polemica usata dalla propaganda russa per rafforzare l'asse con l'Oriente (con la Cina innazitutto, ma poi anche con l'India e l'Iran) e, simmetricamente, per screditare l'Occidente liberale, secolarizzato e coloniale. Le aspirazioni politiche della Russia contemporanea mirano ad attingere a un universo di valori "post-illuministi" volti a recuperare la tradizione ortodossa, una cultura imperiale mai sopita, un metodo di produzione ancora ampiamente radicato nella tradizione asiatica (specie dopo lo smantellamento dell'industria nazionale a seguito del crollo dell'Unione sovietica), e una forma post-moderna del classico dispotismo orientale. Con Putin il potere orientale ritorna non come erede legittimo dell'Unione sovietica, ma come uno spazio spirituale (il *russkij mir*), come la rivendicazione della Santa Russia zarista e della sua missione universale, che consiste nel misurare la propria civiltà con l'Occidente, condannato a un inesorabile declino morale e politico.

Senza rinunciare al capitalismo, e rischiando di entrare in conflitto con le classi borghesi urbane, la controrivoluzione sociale avviata da Putin punta a dare al nodo gordiano una figura e un significato molto più arcaico di quello leggibile ai tempi della guerra fredda, e molto meno capace di fornire alla politica internazionale un criterio d'ordine. Che la nuova contrapposizione tra Oriente e Occidente possa fungere come un criterio d'ordine globale, così come durante la guerra fredda la contrapposizione tra i blocchi era riuscita a tenere i conflitti ai margini dello scacchiere internazionale, a limitare la competizione economica tra gli stati associati a un grande spazio e alla sua sfera d'influenza e a comprimere le differenze inconciliabili (i conflitti tra civiltà), è assai dubbio. La Cina contemporanea sembra per esempio attraversata da questo dilemma: trasformare la competizione con gli Stati Uniti in una vera contrapposizione orientale-occidentale significherebbe inevitabilmente compromettere le medesime condizioni che, nel contesto del mercato globale, le hanno consentito di arrivare fino al punto da potersi immaginare come antagonista all'egemonia politica statunitense. Ma più in generale è lo spazio globale ad essere divenuto troppo complesso per lasciarsi spartire in due metà. La produzione capitalistica dello spazio (lo spazio delle interdipendenze economico-finanziarie, energetiche e logistiche), lo spazio politico degli stati territoriali e delle alleanze trans-nazionali e poi lo spazio fluido e indefinito delle differenze etnico-raziali e religiose: queste tre diverse geografie tendono a non trovare più i limiti spaziali capaci di ordinarle e contenerle.

Il nodo della guerra

Quale significato attribuire all'invasione dell'Ucraina in questo quadro epocale? La guerra ha certamente cambiato l'ordine mondiale. Tirando con forza verso oriente, Putin ha cercato di restituire all'antico nodo gordiano la sua forma più classica, quella che come abbiamo visto non appartiene alla concorrenza economica, e neppure al contrasto ideologico, ma al conflitto politico tra forme di civiltà incompatibili. Paradossalmente però, almeno finora, il nodo non è uscito simmetrico. L'Occidente ha assunto una figura molto più compatta di quanto non fosse in precedenza – quando la Nato sembrava ormai un peso per tutti, e la competizione tra Europa e Stati Uniti era accesa su diversi fronti: economici, energetici, tecnologici – assumendo una soggettività di natura politica che non si sarebbe mai palesata senza una guerra alle porte dell'Europa. Parrebbe un esito sfavorevole alla Russia, un effetto da apprendista stregone, ma sul punto occorre la massima cautela. Mai la civiltà occidentale avrebbe desiderato assumere una forma politica in quanto tale, in quanto civiltà. L'idea di civiltà richiama una cultura condivisa, una visione del mondo, un insieme di valori fondamentali. Politicizzare la civiltà significa spostare il conflitto dal piano degli interessi economici e geopolitici a uno molto più pericoloso, perché la civiltà non ha limiti e confini, e perché, a differenza degli stati, non può cambiare governo o intavolare trattative. Infine, sul piano dei valori e delle visioni del mondo, non ci sono compromessi possibili.

L'Occidente non è né uno spazio geo-politico né geografico. Anche immaginarlo come un'idea regolativa (un'umanità trascendentale) appare anacronistico, considerando che da tempo la cultura occidentale ha giustamente cominciato a dubitare della sua stessa universalità. Assumere un'identità politica unitaria ed esclusiva non è nell'interesse dell'Occidente, ma piuttosto in quello dei suoi nemici, che infatti gliela attribuiscono in base al loro proprio interesse, offrendo al resto del mondo, animato da buone o cattive ragioni storiche per odiare la civiltà occidentale (qualsiasi cosa questo significhi), un facile obiettivo polemico. Non sempre però questa trappola ideantitaria viene avvertita come tale. In Europa come in America molti intellettuali e opinionisti si sono espressi nei termini di un conflitto (o persino di una battaglia per il dominio globale) tra società aperte e società chiuse, cioè tra le società democratico-liberali occidentali e quelle dispotico-illiberali orientali. Caricata di valenze simboliche legate al grado e al tipo di cultura e civiltà, questa dicotomia finisce inevitabilmente per sostanzializzare l'opposizione classica tra libertà e dispotismo, rischiando tra l'altro di disconoscere i processi che in Oriente (per esempio in India) hanno spontaneamente sviluppato orientamenti democratici.

Fortunatamente, dall'altro lato del nodo, l'Oriente stenta a prendere la forma di una coalizione politica o anche di una sorta di "*commonwealth* asiatico"[13]. Come già detto, la Cina non sembra così propensa a tirare la fune che Putin le ha messo tra le mani, l'India di Modi appare in evidente imbarazzo, la Turchia non sa decidersi, forse non lo può fare, e per questo si candida al ruolo di mediatore tra le parti. Da entrambi i lati, il nodo di Gordio ha assunto una forma indesiderata e incerta.

L'unica cosa che appare chiara, almeno agli occhi di alcuni autorevoli commentatori, è che il nodo si stia stringendo alla gola della globalizzazione. Dovremmo così definitivamente rinunciare all'illusione che il mondo sia destinato a occidentalizzarsi grazie all'industria e al mercato, e soprattutto all'illusione che a questo processo corrisponda la formazione di un ordine mondiale più unificato e pacifico. Anche su questo punto occorre però, a mio avviso, una ulteriore cautela. Perché se è vero che l'egemonia americana, custode di questo stesso ordine, viene sfidata in molti modi dall'Oriente, la struttura capitalistica del mondo globale, la trama delle interdipendenze economico-commerciali, trova pochi convinti antagonisti, ed anzi funziona come il più efficiente *Katechon* alla degenerazione del conflitto ucraino e alla conseguente spartizione del globo tra civiltà antagoniste. Se anche dovesse affermarsi la necessità di dare un nuovo ordine multipolare al globo, bisognerebbe immaginare il modo di localizzare e territorializzare le economie. Nessuno possiede però la capacità di farlo, e in primo luogo perché questo significherebbe agire contro la *ratio* capitalistica, e la spazialità che questa continuamente produce intorno al globo. Se la produzione dello spazio è un concetto tanto integrato alla logica del capitale quanto il profitto stesso (come Henry Lefebvre ci ha insegnato), non c'è potenza che al momento possa limitare la produzione dello spazio capitalistico

13 Cfr. G. Arrighi, *Adam Smith a Pechino. Genealogie del ventunesimo secolo*, Mimesis, Milano 2021, p. 35.

globalizzato, per la semplice ragione che le conseguenze economiche sarebbero troppo pesanti da sopportare.

Tuttavia ciò non significa che sulla *longue durée*, qualora il politico riuscisse a riaffermare la sua supremazia sull'economico, non si possano almeno produrre ordinamenti spaziali dotati di relativa autonomia politica su scala globale, e forse le politiche energetiche confusamente innescate dal conflitto ucraino potrebbero essere viste come un precedente in tal senso[14]. Per quante ipotesi si possano formulare sull'ordine mondiale a venire, è però impossibile sfuggire alla doppia variabile del cambiamento climatico e del limite ecologico allo sviluppo, in termini non solo ricadute ambientali, ma di risorse disponibili. Incombendo sull'Oriente e sull'Occidente industrializzato in modi diversi, anche se ugualmente gravi, questa doppia questione potrebbe rivelarsi a breve un ulteriore incendiario fattore di conflitto, oppure potrebbe modificare il sistema di produzione globale in modi tali da indurre una reale deglobalizzazione delle economie, cosa che a sua volta potrebbe favorire l'insorgenza

14 In risposta a Jünger, per il quale il nodo poteva essere sciolto solo edificando uno Stato mondiale della terra, Schmitt preferiva un'altra soluzione: una distribuzione plurale dello spazio mondiale ispirata all'idea di "iconografie regionali" del geografo Gottmann. Il grande vantaggio di questa idea - per Schmitt come per noi - è di non essere fondata su un criterio di natura né ideologico né geopolitico. L'iconografia regionale rappresenta innanzitutto un sistema simbolico relativamente stabile nel quale agiscono l'una sull'altra tre diverse forze: la religione, il passato politico inteso come memoria collettiva e l'organizzazione sociale. Il paradigma di Gottmann è anche utile a comprendere perché determinate realtà sociali rispondano in modi assolutamente diversi alla trasformazione della base materiale delle loro società, dando luogo a quelli che potremmo definire meccanismi adattativi regionalizzati. In altre parole, l'iconografia regionale indebolisce il legame deterministico tra rivoluzione economica e rivoluzione sociale, riconoscendo al tempo stesso alla pluralità e alla discontinuità delle iconografie una funzione politica essenziale. Per dimostrare questa tesi, e mettere alla prova della storia il suo stesso paradigma, Gottmann ci ha lasciato tra l'altro una delle più profonde letture critiche del rapporto tra la cultura politica europea e quella russa. Se però riconoscere all'idea di *iconographie régionale* un ruolo rispetto alla costruzione di un mondo politico multipolare era probabilmente una pretesa eccessiva già ai tempi di Schmitt, lo è ancor di più all'interno di un mondo globalizzato come il nostro. Cfr. J. Gottmann, *La politique des États et leur géographie*, Armand Colin, Paris 1952.

di spazi politico-economici relativamente autonomi. L'esito della competizione per l'egemonia globale, la forma e gli equilibri che l'ordinamento del globo potrà assumere in un prossimo futuro, appaiono oggi indefiniti. Ciò che però sappiamo è che si definiranno nello spazio della crisi ecologica e nei modi in cui questa ridisegnerà gli spazi e le economie planetarie.

Orienti e Occidenti.
L'Europa tra sovranismi e sfide globali[1]

Giacomo Marramao

Roma, Italy / *Italia*
October / *Ottobre* 2018

1. *Auctoritas e potestas: lo spazio sacro del Politico*

Varie e innumerevoli idee *reçues* si affollano oggi nel dibattito teologico-politico intorno alle endiadi *auctoritas/potestas* e sacro/profano. Una "considerazione inattuale" sulla condizione presente e sul destino dell'Occidente e dell'Europa nell'era globale non può dunque aver luogo se non lungo la linea di confine tra diversi linguaggi disciplinari: dalla storia alla sociologia, dalla psicologia alla linguistica, dall'economia all'antropologia culturale.

Tuttavia essa sarebbe condannata a restare sul piano fenomenologico o meramente descrittivo qualora venisse svolta senza coinvolgere la dimensione filosofica. Solo a partire dalla filosofia si dischiude, infatti, la possibilità di pensare il futuro della politica e delle comunità umane nel mondo globalizzato: un futuro che appare segnato dai profili di quello che è stato autorevolmente definito

1 Alcune delle tesi prospettate in questo saggio sono state svolte più ampiamente in miei lavori precedenti: *Passaggio a Occidente*, Bollati Boringhieri, Torino 2003, nuova ed. ampliata 2009 (ed. inglese ulteriormente ampliata, *The Passage West*, Verso, London-New York, NY 2012); *Dopo il Leviatano*, Bollati Boringhieri, Torino 2017 (3ª ed. ampliata); "*Tertium datur?* Europa e Occidente nell'era globale", in: D. Falcioni (a cura di), *Genealogie dell'Occidente*, Bollati Boringhieri, Torino 2015.

come un *post-Hobbesian Order*: ossia da una sempre più netta separazione – post-hobbesiana o, come io preferisco definirla, post-leviatanica – tra la dimensione politica e la dimensione statuale. Malgrado il carattere tutt'altro che lineare del processo di *State-building*, l'identificazione tra la politica e lo Stato è una caratteristica specifica dell'epoca moderna e, in quanto tale, non corrisponde più alla situazione dell'età globale, i cui profili dominanti disegnano una linea di tendenza sempre meno riconducibile al paradigma centralistico-gerarchico della sovranità.

Tale affermazione non comporta però l'accettazione delle tesi postmoderne, che enfatizzano l'aspetto della frammentazione e della dispersione perdendo di vista le nuove logiche e i nuovi *poteri di fusione* del mondo globalizzato. È necessario, al riguardo, esser chiari: la globalizzazione non è un evento postmoderno ma – secondo una definizione da me proposta diversi anni fa – *ipermoderno*[2]. Per riprendere e integrare un'espressione di Anthony Giddens, la globalizzazione è insieme un presupposto e una conseguenza della modernità, e solo se assunta in questa duplicità essa diviene comprensibile e concettualizzabile. L'odierna globalizzazione, pur nella sua indiscutibile ampiezza e rilevanza, non è altro che l'ultimo, provvisorio capitolo di una serie di globalizzazioni successive che hanno fatto da contrappunto al moderno processo di civilizzazione. E il suo carattere ipermoderno consiste nel fatto che essa porta al diapason, alle estreme conseguenze, un campo di tensione che ha attraversato i quattro "secoli lunghi" (per riprendere una felice espressione di Giovanni Arrighi) della modernità: la tensione tra *principio di mondialità* e *principio di territorialità*.

Se si accoglie questa premessa, nessuna diagnosi del presente può aver luogo senza la messa a fuoco di tre aspetti: la questione del *nuovo spazio globale*, all'interno di una riflessione generale sulla funzione che la spazialità svolge nella politica e nel diritto; la situazione

2 Cfr. G. Marramao, *Potere e secolarizzazione*, Bollati Boringhieri, Torino 2005 (nuova ed. ampliata).

dell'Europa nell'epoca globale; le prospettive della politica e della cittadinanza europea nel mondo globalizzato. Larga parte dell'esposizione sarà dedicata soprattutto a una ricostruzione 'genealogica' del primo aspetto, relativo alla questione del nuovo spazio globale: aspetto essenziale per mettere a fuoco il nodo ancora nevralgico che l'Europa rappresenta nella "situazione spirituale" del nostro tempo. Nella seconda sezione tenterò di proiettare gli elementi ricavati dalla genealogia sulle prospettive attuali.

Perché oggi la tematica della spazialità è importante per comprendere la questione del nesso che intercorre tra politica, diritto e potere? Vi è una tesi celebre, risalente a *Der Nomos der Erde* (l'opera forse più importante di Carl Schmitt, pubblicata nel 1950, al centro del tragico e straordinario secolo che abbiamo alle spalle), in cui si afferma che il *nomos*, cioè la legge ordinatrice, implica – in quanto etimologicamente interconnesso con il verbo *nehmen* e il sostantivo *Nahme*[3] – una presa di possesso e delimitazione dello spazio. La nozione greca di *Nomos basileus* rimanda originariamente una *nomothesía*, ossia una sintesi dei due momenti costitutivi del potere, senza i quali rimane interdetta la stessa possibilità di comprendere l'essenza della politica e del diritto: violenza e perimetro, energetica e topologia. In origine, ogni delimitazione di spazio è un'operazione sacra.

Ma come dobbiamo intendere innanzitutto il sacro? Il sacro non è il "numinoso", il *mysterium tremendum*, di Rudolf Otto. Il sacro è, al contrario, l'epitome dell'Ordine in quanto ambito circoscritto, spazio recintato e inviolabile (il celebre "recinto del sacro"). Negli anni '30 del secolo scorso, il Collège de Sociologie parigino aveva definito in maniera inequivocabile l'idea di sacro: "sacro" è un ambito sociale perimetrato spazialmente, le cui clausole di inclusione/esclusione, di accesso o divieto, sono rigorosamente prestabilite.

3 Cfr. C. Schmitt, „Nomos-Nahme-Name", in: *Der Beständige Aufbruch. Festschrift für Erich Przywara*, a cura di Siegfried Behn, Verlag Glock und Lutz, Nürnberg 1959, pp. 92-105.

Da qui discendeva, però, una decisiva conseguenza: ciò che viene escluso o espulso dal perimetro del sacro è proprio l'elemento che ne caratterizza l'essenza e ne determina la forma. Qui le tesi del *Collège de Sociologie* sul sacro come *eccedenza* (e, per quanto riguarda Bataille, sull'eccesso improduttivo come contrassegno della sovranità) si incrociano con quelle sviluppate, in chiave teologico-politica, dai testi schmittiani degli anni '20-'30 intorno allo "stato d'eccezione", all'*Ausnahmezustand*: è l'eccezione, l'eccedenza che esorbita dalla delimitazione spaziale del diritto, e non la norma a costituire l'ordine giuridico e a qualificarne l'essenza.

All'enunciato schmittiano sembrano fare eco, in un diverso contesto linguistico ma dentro la medesima temperie, le espressioni di Georges Bataille: è l'eccesso, l'improduttività del dispendio, non l'operosità seriale e quotidiana dell'utile, a costituire il movente e il motore della comunità. La delimitazione dello spazio sacro, in cui ogni automatismo dell'Ordine consiste, non potrebbe aver luogo senza la "parte maledetta": senza il punto cieco della sua rappresentazione.

Ma vi è di più. Ogni ordine sacro è caratterizzato da confini che sono tracciati in maniera netta: secondo il criterio di una *rectitudo* insieme geometrica e morale. D'altra parte, la resistenza anomica e virtualmente anti-nomica esercitata, in quanto negatività non dialettizzabile, dall'eccedenza, dalla 'maledizione' costitutiva del sacro, sottopone a tensione le linee di confine di volta in volta tracciate. La scena influente del sacro ha così un'inevitabile conseguenza che finisce per ricadere sullo stesso paradigma dell'ordine giuridico: l'idea di confine reca in sé un'ambivalenza che, accanto al significato di margine ultimo, di linea terminale, richiama il senso della condivisione con un'alterità o un'estraneità esclusa. Il confine non è semplicemente limite, ma *con-fine*: limite con-diviso. Confine è, da un lato, linea di demarcazione e di separazione: il dio Terminus romano, che presiede alla delimitazione del territorio tramite le "pietre terminali". Dall'altro, però, esso implica una condivisione:

una comunanza della linea lungo la quale viene tracciato il solco divisorio. Il confine si presenta così in forma di ossimoro: *barriera di contatto* attraverso cui si ripartiscono e allo stesso tempo si co-appartengono due polarità antitetiche, l'interno e l'esterno dell'ordine. L'etimologia e la semantica del confine replicano, dunque, il tratto caratteristico di ogni sacralità.

Il momento della *rectitudo* è essenziale per definire l'ordine e lo spazio sacro del diritto, del *nomos*, della legge. A lungo i linguisti hanno tentato di comprendere la funzione originaria del termine *rex* in epoca romana arcaica e, ancor prima, del lemma *raj-(an)* in sanscrito. Per Émile Benveniste entrambi i termini derivano dalla radice **reg-*, che connette il latino *regere* al verbo greco *orégō*, il cui significato è quello di "stendere in linea retta". Il rimando a *orégō* viene introdotto, a dire il vero, con una certa cautela da Benveniste, mentre è invece radicalmente contestato, come fosse solo un "blando orecchiare", dal dizionario etimologico di Giovanni Semerano, dedicato a *Le origini della cultura europea*[4]. Allargando la comparazione all'accadico-sumerico e alle lingue semitiche, Semerano punta a destituire di ogni fondamento l'ipotesi del re-segnatore di Benveniste: giungendo ad affermare che "il linguista francese, per ritrovare i valori originari di *rex* ed esplorare le zone storiche delle sue origini, avrebbe dovuto seguire un cammino impervio, vietato a un indoeuropeista, cominciando dal concetto omerico di re-pastore di popoli [...], per risalire alla voce *rējûm*, *rē'ûm*, antico accadico *rā'ûm* (pastore: titolo di re, '*shepherd*', '*leader*', '*ruler*')"[5].

Non è questa la sede per dirimere una controversia che chiama in causa due suggestive scene influenti del potere, riconducibili al modello regale e al modello pastorale: modelli assunti congiuntamente da Foucault sotto la formula "Omnes et Singulatim", come fossero due lati in tensione di un'unica medaglia (governo *regale*

4 Cfr. G. Semerano, *Le origini della cultura europea*, Vol. II, Leo S. Olschki, Firenze 1994, pp. 545 *sg.*; Id., *L'infinito: un equivoco millenario. Le antiche civiltà del Vicino Oriente e le origini del pensiero greco*, Bruno Mondadori, Milano 2001, p. 249.

5 Ivi, p. 248.

di "tutti", di un soggetto collettivo incluso in uno spazio, e guida *pastorale* attenta alle singole unità di cui il 'gregge' dei governati si compone). Ci basta qui ribadire che Benveniste era perfettamente consapevole delle possibili obiezioni alla sua ipotesi, nel momento in cui osservava: "In teoria, niente si oppone alla possibilità di collegare *rex* con il gr. *orégō*; la *o-* non è di ostacolo, attesta un'iniziale antica che il latino non ha conservata. Il senso delle forme greche va precisato. Il presente *orégō* o *orégnumi* [...] non significa solo 'stendere'; questo senso è anche quello di un altro verbo, *petánnumi*. Ma *petánnumi* è 'stendere nel senso della larghezza', mentre *orégō*, *orégnumi* è 'stendere in linea retta'"[6].

L'etimologia del latino *rex* si intreccia così, attraverso le radici indoeuropee, con quella di termini greci come *areté* (virtù), *arithmos* (il numero come scansione ordinatrice), *aristos* (il migliore come contrassegno di eccellenza). Si tratta, a ben guardare, della stessa radice da cui derivano tutti i termini latini connessi all'aggettivo *rectus* – da cui il germanico *Recht* e l'inglese *right* – e al sostantivo *rectitudo*: a una rettitudine allo stesso tempo etica e geometrica. Se il *rex* è il *rectus* per antonomasia, colui che detiene la rettitudine, allora il significato originario di *rex* non è quello di re o di sovrano, come è stato inteso dai moderni, bensì quello di *rex sacrorum*: espressione che non significa "re delle cose sacre" ma "*segnatore* dell'ambito del sacro". Il significato originario di *rex* è, dunque, quello di "segnatore". Sua funzione primaria è il *regere fines*, il "segnare i confini". *Rex* è l'agente-operatore che *regit*, segna, traccia in linea retta i bordi di uno spazio. Il medesimo orizzonte semantico presiede alla nascita di un altro termine-chiave dell'ordinamento spaziale: "L'importante parola *regio* non vuol dire all'origine 'la regione', ma 'il punto raggiunto in linea retta'. Così si spiega *e regione*, 'all'opposto', cioè 'in linea retta, di fronte'. Nella lingua degli auguri, *regio* indica 'il punto

6 É. Benveniste, *Le Vocabulaire des institutions indo-européennes*, Vol. II: *Pouvoir, droit, religion*, Éditions de Minuit, Paris 1969; tr. it. *Il vocabolario delle istituzioni indoeuropee*, Vol. II: *Potere, diritto, religione*, Einaudi, Torino 1976, p. 294.

raggiunto da una linea retta tracciata per terra o in cielo', poi 'lo spazio compreso tra queste linee rette tracciate in sensi diversi'".[7] L'originaria espressione *rex regit regiones* non significa "il re regge, o governa, le regioni", bensì "il segnatore segna i segni". Di conseguenza il *rex* ("più simile in questo al sacerdote che al re in senso moderno", chiarisce Benveniste) è colui che, localizzando lo spazio consacrato, traccia i confini tra interno e esterno, sacro e profano, territorio autoctono e territorio alloctono. Difficile, a questo punto, negare l'analogia che intercorre fra la trama di rimandi etimologico-lessicali ordita dal *Vocabolario delle istituzioni indoeuropee* del grande linguista francese e l'intreccio inestricabile di *Ordnung* e *Ortung*, "ordinamento" e "localizzazione", allestito da quella precoce anticipazione dello *spatial turn* – della "svolta spaziale" intervenuta nell'epoca del mondo divenuto globo – rappresentata da *Der Nomos der Erde*. Anche in Schmitt l'energia sottesa alla Legge della Terra rimanda in ultima istanza alla funzione regale-sacerdotale del *Nomos basileus*: esso traccia i confini della comunità radicando i profili geometrici ed etici dell'Ordine in quella *justissima tellus* che reca in sé la "misura interna" della giustizia.

Ma da quale fonte trae legittimità la funzione nomotetica della delimitazione spaziale? Per rispondere occorre innanzitutto chiarire la relazione che intercorre fra due cruciali funzioni: *regnum* e *augurium*. Relazione, come vedremo, nient'affatto armonica, ma carica di tensioni. La funzione regale ha un carattere potestativo e normativo: *dà forma* allo spazio delimitandolo. Non si tratta, tuttavia, di una funzione autosufficiente e assoluta: il *rex* ricava, infatti, la fonte di legittimità della propria funzione di "segnatore" dall'*augur*, ossia dal detentore dell'*auctoritas*. L'*auctoritas* è una funzione augurale perché essa ha a che fare – come suggerisce la radice indoeuropea *aug-*, da cui direttamente discende anche il lemma *auctor* – con l'atto dell'*augere*: con un *augmentum* della sfera simbolica della donazione di senso. Ma, osserva Benveniste, il significato di *augeo* – proprio in

7 Ivi, pp. 294 *sg.*

quanto alla base di due cruciali coppie di termini come *auctor-auctoritas* e *augur-augustus* – non può essere quello di "accrescere, rendere più grande *qualche cosa che esiste già* [...], ma l'atto di produrre dal proprio seno; atto creatore che fa sorgere qualcosa da un terreno fertile"[8]. Il senso dell'*augurium* non è pertanto quello di un incremento quantitativo, ma di un'*eccedenza simbolica* che deve di volta in volta dar luogo a una maniera geometricamente retta di ordinare le cose attraverso i segni. Nel rapporto tra l'*auctoritas* e la *potestas* troviamo, dunque, la chiave simbolica del funzionamento del potere in quanto originaria delimitazione dello spazio. Il potere non è altro che un'eccedenza di senso che deve di volta in volta tradursi in un sistema coerente di segni. Il traduttore del senso in un sistema di segni è il *rex*. Ma il *rex* presuppone l'*auctoritas* dell'augure. Nella fase successiva dell'ordinamento romano la funzione dell'augure è detenuta essenzialmente dalla magistratura: le figure secolarizzate degli auguri nel mondo romano sono i magistrati.

Non a caso Ottaviano, appena asceso al potere, si appropria della funzione magistraturale, assumendo il ruolo di primo magistrato-augure di Roma. *Augustus* è il nome del Soggetto che, divenuto *Pontifex Maximus*, è in grado, appunto, di svolgere il compito propriamente *pontificale* di "gettare ponti", saldando in sé le distinte funzioni dell'*augurium* e del *regnum*, la simbolica dell'*auctoritas* e la semiotica della *potestas* regale. Il titolo orientaleggiante di *imperator* rappresenta il sigillo di una formula influente e di lunga durata, imperniata sulla mitologia di una fonte unica e originaria del "sacramento del potere" (P. Prodi), che congiungerebbe in sé i due poli dell'autorità simbolica e della potestà normativa del comando. Non per nulla, una volta assunta la funzione "pontificale", Ottaviano – secondo la testimonianza di Svetonio (Suet. *Aug.* 31.1) – fa mandare al rogo tutti i libri profetici greci e latini. Con la sola, significativa eccezione dei Libri Sibillini: in ragione del loro contenuto celebrativo nei confronti della *dignitas* regale. Le conseguenze di questa congiunzione sulla

8 Ivi, p. 397.

vita della *Res publica* si trovano puntualmente registrate, a un secolo di distanza da Livio e Virgilio, dallo spietato disincanto e dalla lucida disperazione di Tacito: "Non restava più nulla dell'antica coscienza civile: dimesso ogni sentimento di eguaglianza, tutti aspettavano i cenni del principe" (*Annales*, I, iv).

Magrado ciò – e qui tocchiamo il punto saliente – tra l'*auctoritas* e la *potestas* si dà sempre e comunque un campo di tensione. La potenza normativa della delimitazione spaziale ha efficacia solo grazie al ricorso all'eccedenza di senso dell'*augurium*. All'immagine verticale dell'autorità come scena fondativa del potere è possibile, dunque, contrapporre l'idea-forza orizzontale di un'autorità intesa come dimensione alternativa alla logica del potere: un'autorità – ha proposto di recente Luisa Muraro, in termini per vari aspetti convergenti con tesi da me stesso affacciate negli ultimi anni – "orientata in un senso relazionale", in grado di contendere al potere "il terreno della scommessa politica"[9].

Anche nel paradigma 'verticale', tuttavia, persiste uno iato, una dieresi qualitativa incomponibile tra l'*auctoritas* e la *potestas*: la delimitazione spaziale, infatti, può intanto fungere da fattore simbolico decisivo proprio in quanto rimanda a quell'eccedenza di senso dell'*augurium* senza la *quale* si produce il fenomeno di un *nudo potere privo di autorità*. Un fenomeno ricorrente nella storia plurimillenaria delle società umane, e visibile a occhio nudo nell'attuale fase di *passaggio* o *interregno* fra il non-più del vecchio ordine inter(stato)-nazionale moderno e il non-ancora di un nuovo ordine che stenta a delinearsi[10].

9 L. Muraro *Autorità*, Rosenberg & Sellier, Torino 2013, p. 59.

10 La lettura dell'attuale Babele globale come tempo sospeso o "interregno" fra un non-più e un non-ancora era stata già da me proposta nella prima edizione (2003) di *Passaggio a Occidente* e in *La passione del presente*, Bollati Boringhieri, Torino 2008, in termini per alcuni aspetti analoghi a quelli successivamente prospettati dal libro-dialogo di Z. Bauman e E. Mauro, *Babel*, Laterza, Bari-Roma 2015.

2. L'invenzione dell'Oriente

Esiste però un'altra specifica conseguenza dell'idea originaria di spazio inteso come ordine giuridico: la distinzione tra confine e frontiera, o meglio tra la simbolica del confine e la simbolica della frontiera. Si tratta di due simboliche diverse, che potremmo ricondurre, rispettivamente, al paradigma territoriale di un'Europa intesa, secondo una suggestiva tesi di Étienne Balibar, come continente dei confini, dell'Europa modellata dalla tradizione del *civil law* e incentrata sul concetto torreggiante di "sovranità"; e, per altro verso, ossia per il verso della frontiera e della tradizione dei paesi di *common law*, all'Occidente come "deriva" deterritorializzante, come spostamento continuo del limite. Le simboliche del confine e della frontiera appartengono entrambe, *pleno iure*, al codice genetico della cultura europea. Negli sviluppi dell'idea di Europa è possibile, tuttavia, riscontrare una progressiva derubricazione del tema della frontiera verso il tema del confine. Sin dalle sue origini l'Europa si pone come il paese della frontiera, *non* del confine, ed elabora un dispositivo simbolico che si presenta, *in nuce*, costitutivo della stessa idea di Occidente: idea coniata sin dai primordi in coppia con il suo *alter ego* Oriente. L'endiadi Oriente-Occidente è un dualismo in tutto e per tutto interno all'Occidente. Uno schema binario da cui si è prodotto, nel corso dei secoli, lo stereotipo "orientalista" stigmatizzato in termini ormai classici da Edward Said e, lungo la sua traccia, da autori postcoloniali come Gayatri Chakravorty Spivak, Homi Bhabha, Dipesh Chakrabarty e Arjun Appadurai (le cui implicazioni filosofiche sono state trattate in modo denso e illuminante da Emanuela Fornari in un libro prefato da Balibar e significativamente intitolato *Linee di confine. Filosofia e postcolonialismo*)[11].

Ma, vari decenni prima di Said e dei *postcolonial studies*, il dispositivo concettuale-simbolico della coppia Oriente-Occidente come

11 Cfr. E. Fornari, *Linee di confine. Filosofia e postcolonialismo*, Bollati Boringhieri, Torino 2011.

dualismo interno all'Occidente ed essenziale alla sua autoidentificazione era stato messo in luce da Karl Jaspers nel suo fondamentale libro del 1949 *Vom Ursprung und Ziel der Geschichte*. A partire da Erodoto e da Aristotele, la coppia assume i contorni di una vera e propria antitesi tra Occidente produttivo e libero e Oriente seduttivo e dispotico (si pensi alla lunga *querelle* intorno al "dispotismo orientale" che ha tenuto impegnata buona parte del marxismo del XX secolo). Ma – e qui non posso che ribadire quanto ho già argomentato in miei lavori precedenti[12] – il fatto che la Ragione occidentale sia inconcepibile senza quella polarità interna e dunque chiami in causa la *necessità* del riferimento all'Altro ai fini della propria autoidentificazione simbolica, conferisce all'atto autoascrittivo del "primato" compiuto dall'Occidente un significato che non è di mera supremazia gerarchica ma al tempo stesso anche di inconsapevole dipendenza. Una dipendenza inscritta sin dalle origini nella natura speculare della relazione interna alla diade Oriente-Occidente. Il "miracolo greco" ha fondato il mondo dell'Ovest: l'*Abendland*, il Paese della sera, la terra del tramonto. Ma, ci ricorda Jaspers, in maniera tale che l'Occidente "continua a esistere soltanto finché tiene il suo sguardo sull'Oriente, si mette a confronto con esso, lo comprende e se ne distacca"[13]. *Solo l'Occidente* – per riprendere un celebre adagio weberiano dalla *Premessa* del 1920 ai saggi di *Sociologia della religione* – avverte il bisogno di istituire la propria identità *per differentiam*, tramite un atto di decisione originario: ossia, come suggerisce l'etimo stesso del termine, mediante uno strappo, una cesura, un taglio (decidere è sempre un recidere...) dalla presunta matrice individuata nell'*alter ego* "Oriente" – nel grande ventre asiatico.

Nasce da qui, da questo mito inaugurale, da questa vera e propria "scena influente" (da intendersi proprio nel senso della *Urszene* freudiana) della nostra *peninsulare* identità europea, l'antitesi speculare

12 Cfr. G. Marramao, *Passaggio a Occidente*, cit., ed. 2009.
13 K. Jaspers, *Vom Ursprung und Ziel der Geschichte*, Piper, München 1949; tr. it. *Origine e senso della storia*, Edizioni di Comunità, Milano 1972, p. 95.

tra Occidente *produttivo* e Oriente *seduttivo*, Occidente *libero* e Oriente *dispotico*, Frontiera occidentale e Stanzialità orientale. Con l'inesorabile contrappasso di vivere la proiezione verso il Fuori, l'avventura della novità e dell'eccentricità, con la perenne angoscia di venire risucchiati nel grande ventre materno asiatico: regno della seduzione e dell'immobilità, delle profondità più recondite e del livellamento inconscio. L'Asia si configura pertanto, agli occhi di Jaspers, come il prezzo del Primato: il *contrappasso simbolico* di un'egemonia conquistata attraverso un Progetto produttivo che, indirizzato in modo lineare e puntiforme verso l'espansione del dominio tecnico-scientifico del mondo esterno, ha reso l'Occidente costituzionalmente deficitario e incompleto rispetto alla consapevolezza di una dimensione *altra* della Ragione, radicata nella sua più intima struttura e nella sua stessa origine: "Pur rivelando la preminenza dell'Occidente nel foggiare il mondo, un'obiettiva analisi storica mette in luce allo stesso tempo una sua *incompletezza* e una sua *deficienza*, che rendono sempre più opportuna e fruttuosa la domanda relativa all'Oriente: cosa troviamo lì che ci completa? Che cosa in esso è diventato reale, è diventato verità, e noi invece ci siamo lasciati sfuggire? Qual è il prezzo del nostro primato?"[14]

Vale la pena segnalare, sia pure di sfuggita, come in questo passaggio dell'argomentazione jaspersiana si delinei l'embrione di una tesi serpeggiante nella componente anti-heideggeriana della *Kulturkritik* della prima metà del secolo scorso: la tesi, successivamente sviluppata da Habermas, di una *incompiutezza* del Progetto moderno non risarcibile attraverso le retoriche postmoderne della deriva e del frammento ma tramite l'integrazione del lato tecnico-strumentale con il lato dialogico-discorsivo della ragione illuministica. Considerata la diversità delle premesse e dei referenti teorici, l'analogia si ferma obbligatoriamente qui. E tuttavia essa appare meno arbitraria se si pensa alla profonda condivisione da parte di Habermas della domanda jaspersiana sulla *geistige Situation*

14 Ivi, p. 96.

der Zeit: su una "situazione spirituale del nostro tempo" che può trovare soluzione riattivando una dimensione della razionalità che l'Occidente ha relegato finora sullo sfondo, benché negli ultimi due secoli si sia manifestata a livello incoativo in alcuni passaggi cruciali della società e della sfera pubblica moderna.

Anche per Jaspers si tratta di fare riemergere non una fonte alternativa (o presuntivamente "irrazionale") di conoscenza, bensì la dimensione rimossa del Logos, la cui genesi fa tutt'uno con l'origine della *storia globale*: quel rimosso che la tradizione dei *Subaltern Studies* avrebbe più tardi enunciato, in un vero "corpo a corpo" con la filosofia della storia di Hegel instaurato da Ranajit Guha, come l'affiorare di una *History at the Limit of the World-History*, di una storia situata ai confini della Storia universale. Ma, a differenza di Habermas, Jaspers non ha mai parlato di "Occidente diviso": come se una modernità occidentale finalmente ricomposta potesse da sola, con l'esclusivo bagaglio del suo universalismo di stampo kantiano, fronteggiare in modo ottimale le drammatiche sfide globali. Si è appellato, piuttosto, a un'altra dimensione della *Aufklärung*, del "rischiaramento" razionale, che – in quanto radicale interrogazione sul *Dasein*, sull'esistenza "situata", sul nostro essere-nel-mondo – manda in frantumi il gioco di specchi tra Oriente e Occidente, sfonda il *divano occidentale-orientale* su cui ci siamo per secoli accomodati, rivelando la sua segreta convergenza con le domande provenienti da altri mondi: "Le realtà della Cina e dell'India da tremila anni a questa parte sono state pure dei tentativi di emergere dall'indeterminata matrice asiatica. L'emersione è un processo storico universale, non un peculiare atteggiamento europeo verso l'Asia. Essa avviene nella stessa Asia. È la via dell'umanità e della storia autentica".[15]

La fedeltà all'asse della storia universale, alla convergenza tra le grandi civiltà del pianeta, appare così, al termine dell'analisi di Jaspers, la sola condizione per non disperdersi nel nulla, in un'epoca contrassegnata – come aveva colto Paul Valéry già nel periodo fra

15 Ivi, p. 98.

le due guerre nei suoi straordinari *Regards sur le monde actuel* – da un mondo completamente saturato dall'estensione planetaria della scienza e della tecnica: un mondo chiuso, compiuto, in cui non si dà più distinzione fra interno ed esterno.[16] In questo mondo globalizzato non vi è problema, azione o evento che non investa l'intero genere umano, posto di fronte al bivio tra la catastrofe e l'edificazione di un nuovo ordine fondato sul diritto e sul riconoscimento reciproco.

La conclusione jaspersiana sembra pertanto condividere con Heidegger, malgrado la radicalità del dissidio filosofico, un *Leitmotiv* tragico risultante dal dibattito mitteleuropeo sulla *globale Zeit*: nel tempo della tecnica globale la massima occasione di salvezza si nasconde proprio là dove il pericolo e il rischio della decisione hanno toccato il loro margine estremo – nella *situazione-limite* dell'esistenza possibile. *Wo aber Gefahr ist, wächst das Rettende auch*: anche ai suoi occhi parrebbe riattualizzarsi l'apoftegma di Hölderlin "Ma dove è il pericolo, là cresce anche ciò che salva". Detto ciò, occorre aggiungere che l'"orizzonte onnicomprensivo" (*das Umgreifende*) rappresentato diacronicamente dall'immagine assiale della civiltà possiede per Jaspers la struttura di un universalismo multilaterale, accessibile soltanto con quel "metodo della comparazione" che oggi, tuttavia, non può limitarsi a una ripresa del pur grande disegno weberiano ma va incluso e superato in una vera e propria *politica della traduzione* fra le diverse storie, narrative e forme di vita.

Nonostante la sua indiscutibile grandezza, a tutt'oggi insuperata, il tentativo weberiano presenta infatti, in un raffronto incrociato con l'analisi di Jaspers, limiti e vantaggi diametralmente opposti. Alla tesi jaspersiana dell'"età assiale" (*Achsenzeit*), all'idea di una *misteriosa convergenza di mondi paralleli*, sostenuta dalla fede nell'armonia prestabilita che presiederebbe allo sviluppo delle grandi civiltà planetarie, fa riscontro in Weber una tragica consapevolezza post-storica del carattere di *radicale contingenza* del processo di secolarizzazione e

16 Riprendo qui una serie di considerazioni svolte in *Passaggio a Occidente*, cit., pp. 19 *sgg.*; 67 *sgg.*

"razionalizzazione del mondo", quale si evince dallo splendido *incipit* della già ricordata *Premessa* alla *Religionssoziologie*: "Quale concatenamento di circostanze ha fatto sì che proprio sul terreno dell'Occidente, e soltanto qui, si siano manifestati fenomeni culturali che pure – almeno secondo quanto amiamo immaginarci – si ponevano in una linea di sviluppo di significato e validità *universale*?"[17] Per converso, al limite autocentrico del quadro comparativo weberiano, che descrive il processo di razionalizzazione e disincantamento del mondo dalla prospettiva di *un* "Occidente" inteso come *singolarità che si universalizza* irradiandosi a tutte le altre culture, fa riscontro in Jaspers – come si è visto – la consapevolezza della *dinamica policentrica che presiede allo sviluppo della civiltà e del pensiero razionale*, mediata dalla destrutturazione di quell'antitesi Oriente-Occidente la cui cristallizzazione costituisce oggi il principale ostacolo culturale alla comprensione dei due principali epicentri del conflitto globale: la minaccia *antiglobalista* del fondamentalismo islamico e la *globalizzazione alternativa* prospettata dall'ideologia "geoeconomica" (prima ancora che geopolitica) dei cosiddetti "valori asiatici".

L'individuazione della natura di queste sfide è impossibile senza un lavoro di scomposizione in grado di portare alla luce la *pluralità interna a entrambi i termini della coppia*. Se riuscissimo a compiere una tale scomposizione, giungeremmo alla sorprendente scoperta che il politeismo dei valori e il multiverso delle visioni del mondo, che eravamo propensi a ritenere appannaggio esclusivo dell'Occidente, si ritrovano in misura non minore anche in "Oriente"; che esistono dunque più "Orienti" e più "Occidenti" – e non tutti gli Orienti necessariamente in Oriente, e non tutti gli Occidenti necessariamente in Occidente. Ma una volta disarticolati e pluralizzati i termini dell'endiadi, riuscirà più difficile, per esempio, ricondurre i rapporti Europa-Islam all'antitesi, presuntivamente simmetrica, Occidente-Oriente: non solo perché, come ha più volte ricordato

17 M. Weber, *Gesammelte Aufsätze zur Religionssoziologie*, J.C.B. Mohr, Tübingen 1920-21, I, p. 1; tr. it. *Sociologia della religione*, Comunità, Milano 2002, I, p. 5.

Franco Cardini, la riduzione del *dar al-Islam* – della Terra della fede intesa come abbandono totale a Dio – all'Oriente è ormai altrettanto improponibile dell'associazione biunivoca della Cristianità all'Europa operata a suo tempo da Novalis; ma anche per il fatto che, negli intrecci interculturali del mondo globalizzato, abbiamo ormai tanto un Islam nell'Occidente quanto un Occidente nell'Islam.

3. *La differenza occidentale e il fantasma della libertà*

Ma facciamo ritorno alle implicazioni della scena primaria del dualismo Oriente-Occidente, nella consapevolezza che si tratta comunque di un'Origine "immaginata", costruita *ex post.* Molti e autorevoli studi hanno documentato le radici mesopotamiche (Jean Bottéro)[18] o afroasiatiche della civiltà classica (si pensi a *Black Athena* di Martin Bernal)[19]. E sarebbe importante approfondire anche sul piano filosofico il fatto che le due traiettorie più influenti della tradizione occidentale, rappresentate da Atene e Gerusalemme, dalla grecità e dall'ebraismo, scaturiscono entrambe da una traumatica cesura con la matrice egizia. Quando si parla di *Urszene*, di scena influente o di Origine, occorre pertanto aver chiaro che si ha a che fare non con una genesi storica effettuale ma con una forma embrionale di "autocomprensione": con l'immagine di sé con cui l'Occidente si rappresenta. Nelle sue espressioni fondative storiche (Erodoto) e filosofiche (Platone, Aristotele) l'Europa si autorappresenta come un'appendice, una propaggine peninsulare che si è staccata dalla sua originaria matrice asiatica, proiettandosi verso l'avventura dell'eccentricità e della marginalità. In nessun caso essa si intende come "Paese del Centro".

Il suo protendersi verso il Fuori è *pretesa di egemonia, non di*

18 J. Bottéro, *Mésopotamie: l'écriture, la raison et les dieux*, Gallimard, Paris 1987; tr. it. *Mesopotamia. La scrittura, la mentalità e gli dei*, Einaudi, Torino 1991.

19 M. Bernal, *Black Athena: Afro-Asiatics Roots of Classical Civilization*, 3 voll. (1987-2006), tr. it., *Atena Nera. Le radici afroasiatiche della civiltà classica*, Il Saggiatore, Milano 2011.

centralità. L'anima originaria d'Europa è marittima, non continentale. Il suo elemento è il mare, non la terra. La sua cifra simbolica è la polivalente mobilità della frontiera, non l'ambivalente stabilità/instabilità del confine. Sappiamo bene quanto sia importante la metafora della navigazione per la cultura europea: la navigazione di Odisseo è la scena influente dell'Europa e della sua origine greca. Ma la navigazione è, a partire da Platone, anche la metafora che accomuna il procedere filosofico alla prassi politica. La nave della filosofia, al pari della platonica "nave della polis", nasce sotto gli auspici dell'elemento marittimo, non del radicamento continentale (con buona pace di Carl Schmitt, con la sua pretesa di collocare il dualismo terra-mare nel *turning point* segnato dal distacco dell'Inghilterra elisabettiana dal continente come premessa della modernità mercantile e industriale, e di Martin Heidegger, con il suo tentativo di rinchiudere la filosofia nella foresta, nelle radure, nelle profondità ctonie, nel cuore dell'oscurità terranea). Ma – qui il passaggio cruciale – attraverso la metafora della navigazione viene a istituirsi una relazione biunivoca fra l'endiadi Occidente-Oriente e la coppia libertà-dispotismo.

Già in Erodoto ci imbattiamo in una chiara *definizione contrastiva* dell'identità europea: ciò che caratterizza gli "europei" rispetto agli "orientali", l'Ellade rispetto alla Persia, i Greci rispetto ai "barbari", è il loro essere *demos*, popolo composto di individui liberi, non massa soggetta a un dominio dispotico. Non è difficile – come ha osservato a suo tempo un intellettuale liberaldemocratico della statura di Norberto Bobbio – scorgere nel dispositivo simbolico dell'antitesi libertà-dispotismo la scena influente di quella "ideologia europea" che, trasmessasi all'Occidente atlantico, ha coniato in anni recenti la formula dell'"esportazione della democrazia". Il contrassegno della *differenza occidentale* è, a ben vedere, depositato in un concetto che, a cavallo tra VI e IV secolo, si impone e si consolida insieme al concetto di filosofia: il concetto di *politica*. Il nuovo lemma, come ha dimostrato lo storico tedesco Christian Meier, è il risultato della sostantivazione di una famiglia di aggettivi riferiti alla *polis*: da *polites* (cittadino), a *politikós* (politico), a *Politéia* (Costituzione, Ordinamento della Polis o, secondo la versione latina del titolo del celeberrimo dialogo di Platone, *Res Publica*).

I Greci, "gli europei" per antonomasia, sono uomini liberi proprio in quanto vivono nella *koinonía*, nello spazio comune della Polis e, occupando questo spazio come il loro habitat *naturalmente artificiale* in quanto animali linguistici e dia-logici, praticano la *politica*. Un ambito che solo con l'omonima opera aristotelica perviene definitivamente a uno statuto concettuale, divenendo espressione, assieme all'etica, della *epistéme praktiké*: di quella "scienza pratica" che non modella artefatti concettuali, come la *epistéme theoretiké*, o produce opere tecniche e artistiche, come la *epistéme poietiké*, ma si risolve nella *praxis* – ossia, in una specifica modalità del fare, l'"agire" – che ha il proprio scopo in sé stesso. La politica, attività propria dell'uomo in quanto *zoon politikón* (come del resto la filosofia, attività propria dell'uomo in quanto *zoon lógon échon*), può aver luogo solo nello spazio della polis, fuori del quale, osserva Aristotele, non può vivere nessun umano, ma solo una bestia o un dio: "chi non è in grado di entrare in una comunità organizzata o, per la sua autosufficienza, non ne sente il bisogno, non è parte della Città (*polis*) e di conseguenza è o una bestia (*therion*) o un dio" (*Pol.*, I, 1253a, 27-29).

Vale qui la pena segnalare un fenomeno su cui dovremo ritornare nella parte finale del nostro discorso: la biforcazione tra due distinti modelli di città che abbiamo ereditato dal mondo classico con i concetti di *polis* e di *civitas*. È il fenomeno su cui si è soffermato Benveniste in un saggio apparso originariamente nel 1970 in un volume in onore di Claude Lévi-Strauss e poi raccolto nel secondo tomo dei *Problemi di linguistica generale*[20]. Mentre in greco *polis* è il termine primario da cui deriva il termine *polítes*, in latino il rapporto si presenta diametralmente rovesciato: *civis* è il termine primario e

20 Cfr. É. Benveniste, *Problèmes de linguistique générale II*, Gallimard, Paris 1974; tr. it. *Problemi di linguistica generale II*, Il Saggiatore, Milano 1985, pp. 272-80.

civitas il termine derivato. La ragione di questa inversione, apparentemente paradossale, affonda le sue radici in due diversi paradigmi di "città": l'uno fondato sulla priorità della dimensione della *polis* come un *hólon*, una totalità autofondata cui il cittadino appartiene; l'altro sull'idea della *civitas* come entità dinamica risultante dalle relazioni fra i *cives*. Se nel modello greco di città non si danno cittadini senza il presupposto olistico della Polis, nel modello latino non si dà Civitas senza il presupposto relazionale delle pratiche che i cittadini istituiscono fra di loro. Mentre, dunque, il *polites* reca in sé il contrassegno dell'appartenenza-dipendenza da una *koinonía* olisticamente prefigurata, il *civis* si costituisce attraverso la cifra della relazione-condivisione con l'altro in quanto *civis meus*, mio concittadino o compatriota, distinto dall'altro in quanto *hostis*, straniero nel doppio senso di ospite e di nemico.

Vedremo più avanti le decisive implicazioni di questa biforcazione paradigmatica di *polis* e *civitas*, destinata a segnare, ben al di là della tradizione del "repubblicanesimo", le successive vicende delle idee di *comune* e di *patriottismo costituzionale*. Il nodo su cui occorre ora soffermarsi è quello relativo ai caratteri specifici dell'olismo politico greco e all'immagine dell'ordine che da esso discende. In quanto spazio proprio dell'*umano* (termine presuntivamente universale ma in realtà coincidente con l'*ethnos* ellenico) la polis reca in sé *naturaliter* una grammatica dell'ordine: risiede qui il solco incolmabile fra il modello aristotelico e il modello hobbesiano (matrice delle diverse varianti del contrattualismo moderno che, pur con visioni divergenti o antitetiche dello stato di natura, discendono da un comune presupposto individualistico). Ma – e non si insisterà mai abbastanza sul peso di questo *ma* – il fatto che possieda una grammatica non vuol dire che possieda una sintassi. *Grammatica* significa che non si dà vita autenticamente umana se non nel contesto comune, insieme naturale-artificiale e sociale-politico, della polis.

Ma il *modo* in cui all'interno dell'*hólon* e della *koinonía* l'ordine delle cose, dei rapporti, delle leggi debba organizzarsi non attiene più alla "grammatica generativa" della polis ma piuttosto alla sua *sintassi*: ossia alla *Politéia*. La differenza fra modello classico e modello contrattualista moderno non è dunque riducibile a un contrasto fra pieno e vuoto, natura e artificio. Come per Hobbes, anche per Aristotele vi è un *problema dell'ordine*. Solo che questo problema non riguarda il fatto stesso, la grammatica, dell'Ordine come in Hobbes (per il quale gli individui umani sarebbero naturalmente asociali e apolitici), ma solo la sua forma, la sua sintassi. Il *fatto* stesso dell'ordine, lo spazio olistico della polis, non è certo al riparo da minacce o eventi traumatici: sconvolgimenti sociali o eventi naturali in grado di produrre una frantumazione del *koinón* (si pensi alla descrizione della peste in Tucidide). Ma, al di là di eventi di tale natura, la forma dell'ordine è soggetta a quel dominio della contingenza da cui scaturisce il fenomeno del *metabolé politeión*: il ciclo metabolico dei *politiká syntágmata*, delle Costituzioni o "forme di governo".

Si è visto in precedenza come l'"ideologia europea" riposi su un'antitesi politica situata in perfetto parallelo con il dualismo 'spirituale' Occidente-Oriente: l'antitesi libertà-dispotismo. A questa antitesi si potrebbe obiettare che la tipologia classica delle forme di governo, rappresentata dal trinomio monarchia-aristocrazia-democrazia e dalle rispettive degenerazioni, espresse, per dirla con Machiavelli, dalla triade tirannide-oligarchia-oclocrazia (o "potere della massa", secondo la definizione di Polibio), contempla anche in Grecia, nella stessa culla dell'Europa e dell'Occidente, la forma di governo tirannico. Tuttavia, anche riguardo a questa forma di governo, il dispositivo concettuale e simbolico greco include in sé una giustificazione tale da salvaguardare la tenuta della linea di demarcazione dall'alterità orientale. E il nucleo della giustificazione rimanda a sua volta a un'altra antitesi: l'antitesi legittimità-illegittimità. La tirannide, che pure è una forma deprecabile di governo, essendo il governo senza limiti di uno solo, è una forma di governo *illegittima* in quanto esercitata su un popolo di liberi: il *demos* degli europei, cioè dei greci.

Il dispotismo orientale, al contrario, non è neppure una *politéia* degenerata (poiché anche questa degenerazione presuppone la dimensione della polis e, all'interno di essa, dell'agire politico), ma una forma di dominio *legittima* in quanto esercitata su una massa di non-liberi. La portata assiologica di tale opposizione lascia, naturalmente, sullo sfondo una serie di premesse socioculturali della civiltà della polis, che lo stesso Aristotele tende a 'naturalizzare': il *demos* non comprende, com'è noto, tutti coloro che abitano lo spazio della cosiddetta Città-Stato, ma solo i maschi adulti liberi e autoctoni in grado di accedere alla sfera pubblica, propriamente politica e deliberativa della polis. Le donne e gli schiavi occupano, infatti, il "subspazio" dell'*oikos*, relegati alla sfera di quella *oikonomía* che funge da sottostruttura produttiva funzionale a sostenere materialmente la "vita della polis" e a garantire l'esonero dei membri del *demos* dagli obblighi lavorativi per potersi dedicare interamente alla "politica", ossia al governo della "cosa pubblica". Si squaderna così il senso recondito della *eleutheria*: libertà significa sì, per un verso, deliberare insieme le sorti del "Comune"; ma, per l'altro verso e in primo luogo, essere *liberi dal lavoro*, dai vincoli della necessità economica (non per nulla un certo Karl Marx, grande ammiratore di Aristotele, delineerà proprio a partire da questo modello la sua idea del comunismo come passaggio dal "regno della necessità" al "regno della libertà"). Ma vi è un altro versante, a un tempo parallelo e complementare alla linea di demarcazione *orizzontale* dello spazio 'democratico' dell'*agorà* fra uomini e donne, liberi e schiavi: ed è il confine *verticale* tracciato fra autoctoni e stranieri. Per "stranieri" occorre intendere non solo i "barbari", individui provenienti da altri contesti linguistico-culturali, ma anche greci originari di altre *poleis*. Lo Straniero di Elea, per evocare un *topos* dei dialoghi platonici, poteva certo, in quanto greco, essere accolto e ricevere ascolto ad Atene in un contesto di discorso comune, ma mai avrebbe potuto conseguire la cittadinanza ateniese. I lavori condotti dagli storici antichi negli ultimi decenni hanno dimostrato che una delle cause principali della decadenza della grande civiltà della polis va ricercata nell'inesorabile tendenza entropica indotta dal "mito dell'autoctonia": dall'interdetto a contemplare l'apertura della cittadinanza agli stranieri. Anche su questo aspetto, come vedremo alla fine, la comparazione contrastiva fra il modello-polis e il modello-civitas è destinata a svolgere una funzione decisiva. Ma vediamo, intanto, di proiettare le implicazioni di questi lontani presupposti sulla costellazione del nostro presente.

4. Doppio movimento

Le scene originarie da cui abbiamo preso le mosse continuano ad essere influenti ancora oggi, malgrado l'odierno *theatrum globi*, a differenza del *theatrum mundi* seicentesco, non abbia più l'Europa come protagonista. Come aveva colto Carl Schmitt in quella straordinaria premonizione dei nuovi assetti planetari rappresentata da *Il Nomos della Terra*, il primo attore sul palcoscenico globale è l'Occidente americano che, *contro l'Europa*, si pone come il soggetto dell'avventura, della frontiera, della produttività, dell'innovazione tecnologica, del compimento di una "rivoluzione spaziale" imperniata sul passaggio dalla terra al mare all'aria – e, pertanto, come legittimo garante della Libertà. Occorre tuttavia fare attenzione. La diagnosi schmittiana coglie nel segno, esibendo un'indubbia pertinenza descrittiva, solo in rapporto alla fase della Guerra fredda. Proiettarla *sic et simpliciter* sull'oggi rischia di produrre effetti a dir poco fuorvianti. Dopo la fine del sistema bipolare, la *Worldpicture* si presenta radicalmente mutata. Si tratta, tuttavia, di un mutamento tanto radicale quanto paradossale: dato che il collasso dell'Impero sovietico, anziché risolversi in una "occidentalizzazione del mondo" (come ha sostenuto polemicamente Serge Latouche e apologeticamente Francis Fukuyama), ha dato luogo a un *doppio movimento* di uniformazione e differenziazione, compressione spaziale e diaspora temporale. Inoltre, con buona pace di Schmitt, anche nel nuovo proscenio Europa e Occidente restano non solo indissolubilmente accomunati nelle radici ma soprattutto coinvolti nel medesimo destino.

Coloro che, dimentichi o ignari della lezione della grande cultura europea otto-novecentesca da Tocqueville a Weber, trasformano la tensione Europa-America in una coppia oppositionale non fanno che riprodurre il vecchio adagio della "Konservative Revolution": secondo cui l'Europa dovrebbe distinguersi dall'Occidente ritrovando le radici della propria *Kultur*, devitalizzate dal processo entropico della *Zivilisation*. Davanti alla riproposta, talora da un versante ideologico rovesciato, di tesi analoghe, dobbiamo ricordare che l'Europa è, sin dalle sue origini, una cultura della civilizzazione, della tecnica e della navigazione. La tecnica nasce essenzialmente come tecnica per il governo della navigazione: e, come si sa, le attrezzature tecniche più sofisticate sono necessarie soprattutto in mare, non sulla terraferma. La tecnica non è dunque l'apparato macchinale di Ernst Jünger e non è nemmeno il *Gestell* di Heidegger: assai più prossimo a un telaio o a un impianto che a un dispositivo tecnologico "postfordista". La tecnica è esattamente la funzione di una cultura che si intende come civiltà viaggiante: una civiltà che sposta costantemente in avanti la linea di frontiera, muovendo da una visione dello spazio virtualmente prospettica, destinata a proiettarsi all'esterno. Sta qui l'attitudine a un tempo "razioide" (mai come oggi è valido il neologismo coniato da Robert Musil in antitesi a "razionale") e "visionaria" dell'Occidente, che troverà piena espressione con l'invenzione della prospettiva rinascimentale.

Ma qui va anche ricercata la lontana premessa del "globale" che, dal punto di vista simbolico, coincide con la genesi del "rischiaramento", nel senso in cui ne parlano Adorno e Horkheimer nella *Dialettica dell'illuminismo*. Non si tratta, ovviamente, dell'illuminismo come periodo storico o come movimento di pensiero, ma della *Aufklärung*, del rischiaramento razioide tipico dell'Occidente. La scena influente del primo rischiaramento, dell'illuminismo originario, è – com'è arcinoto, ma sempre utile ricordare – la figura di Odisseo.

Rischiaramento "razionale" e navigazione del mondo coincidono. Il globale, da questo punto di vista, non è un evento recente, ma è innervato nella struttura simbolica dell'Occidente sin dalle sue origini. Perché questi presupposti si traducano storicamente in effettiva egemonia occorre tuttavia attendere l'avvento dell'età moderna. Le precedenti esperienze dell'Impero di Alessandro e dell'Impero Romano, malgrado l'eccezionale durata di quest'ultimo, non furono in grado di invertire, come ha segnalato a suo tempo Arnold Toynbee, la relazione tra il Mondo e l'Occidente, fra "the World and the West" in una relazione tra "The West and the Rest", tra l'Occidente e il resto del mondo. Per taluni aspetti, anzi, i precedenti domini imperiali non furono affatto processi di "occidentalizzazione del mondo", ma si situarono piuttosto in un campo di tensione fra Oriente e Occidente (o, nel caso dell'impero alessandrino, dettero addirittura luogo sul piano culturale a una "orientalizzazione del mondo").

Il *turning point* in cui avviene l'inversione dei rapporti tra il mondo e l'Occidente va dunque ricercato nel decollo economico-tecnologico che, fra XIV e XVI secolo, permetterà a una piccola regione del pianeta, l'Europa, di estendere progressivamente – grazie alla combinazione di "vele e cannoni", la micidiale coppia di Carlo Cipolla – la propria egemonia sul resto del mondo. Nasce di qui la globalizzazione che fa da preambolo e presupposto a quella che è stata definita la *Neuzeit*, l'Età Nuova. Nella sua acquisizione operativa, dunque, il globale fa tutt'uno con la genesi della modernità. La modernità è pertanto impensabile senza l'apertura dei mari, senza la "rappresentazione" progettuale-produttiva della Terra come sfera circumnavigabile che fa da premessa alla conquista del Nuovo Mondo.

Sul tema ho scoperto significativi punti di convergenza fra il mio approccio filosofico al tema della globalizzazione e il modo in cui Peter Sloterdijk – nel suo *opus* in tre tomi *Sphären* – ha ripreso, in contrasto con l'ideologia tedesca del radicamento continental-terraneo, il motivo nietzscheano della navigazione come *Erfahrung*, viaggio dell'esperienza[21]. La modernità nasce quando la Terra diventa finalmente una sfera, non solo dal punto di vista geometrico, ma anche tecnico-operativo: la circumnavigazione del globo porta all'estremo l'idea originaria della navigazione come avventura, che trova espressione emblematica nel motto anseatico *Navigare necesse est, vivere non necesse*. Senza navigazione non vi è vita. Una vita senza navigazione, al pari di un'esistenza sedentaria che rinuncia alla *curiositas* intesa come viaggio dell'esperienza, equivale a una non-vita. Per questo la navigazione, come ogni autentica esperienza, è premio a sé stessa. Non *malgrado*, ma *grazie* al naufragio: *Naufragium feci, bene navigavi*. Ora comprendiamo meglio perché le tesi del postmoderno non colgono fino in fondo il problema del nostro tempo: il fenomeno della deterritorializzazione è un processo connaturato alla modernità, non una cifra caratteristica della postmodernità. La modernità coincide con l'irruzione all'aperto dell'originaria vocazione dell'Occidente, con la spinta transfrontaliera e 'sradicante' della rivoluzione borghese, mirabilmente compendiata, nel *Manifesto* di Marx e Engels, dalla frase *Alles Ständische und Stehende verdampft*: tutto ciò che è solido svanisce nell'aria, tutto ciò che ha consistenza evapora... Eppure.

Eppure quello stesso Moderno che nasce all'insegna del globalismo cosmopolita e della rottura dei recinti comunitari e cetual-corporativi è l'epoca in cui si afferma la forma di dominio più radicata e coesa che sia mai apparsa nella storia dell'umanità: lo Stato-nazione sovrano territorialmente chiuso. Come si spiega la coesistenza nella modernità capitalistica tra la vocazione transfrontaliera e deterritorializzante e il dominio di una forma per eccellenza territoriale e perimetrata da rigidi confini come lo Stato? Proprio qui ci soccorre Giovanni Arrighi con la sua tesi di un Moderno contrassegnato

21 Cfr. P. Sloterdijk, *Sphären I - Blasen, Mikrosphärologie*, Suhrkamp, Frankfurt am Main 1998; *Sphären II - Globen, Makrosphärologie*, Suhrkamp, Frankfurt am Main 1999; *Sphären III - Schäume, Plurale Sphärologie*, Suhrkamp, Frankfurt am Main 2004.

dalla compresenza di due principi: il "principio di mondialità" e il "principio di territorialità". Il campo di tensione costituito dai due principi può dar luogo, a seconda dei casi, a un'alternanza ciclica (con il periodico prevalere dell'uno o dell'altro) o a una coabitazione conflittuale (all'interno della stessa fase del ciclo). Ma le opposte ingiunzioni che essi determinano ci fornisce la cifra paradossale della natura ancipite, o della *doppia anima*, della modernità capitalistica: a un tempo statale e antistatale. Il volto di Giano del potere capitalistico moderno, con l'oscillazione bipolare che lo caratterizza tra radicamento e sradicamento, territorialità ed extra-territorialità, è una costante che ha attraversato, dal XVI al XIX secolo, i quattro "secoli lunghi" della modernità e che il "lungo XX secolo" (ancora Arrighi) ha riprodotto e portato all'estremo.

5. *Oikonomía e Politéia: il mondo di Robinson e la nascita dell'economia politica*

Negli ultimi decenni è diventato un mantra della discussione filosofica internazionale sottolineare la centralità, per il moderno, dell'elemento teologico-politico: attraverso Carl Schmitt e Walter Benjamin, il discorso sulla sovranità ha finito nuovamente per ruotare intorno ai rapporti fra decisione e norma, legittimità e legalità, ponendo al centro il tema, prima menzionato, dello "stato d'eccezione". Nessuno potrebbe salutare questo *revival* con maggiore soddisfazione dell'autore di queste pagine: essendo stato il primo in Italia a dedicare nel secondo dopoguerra un corso universitario al "concetto di politico" di Schmitt presso l'Università di Napoli "L'Orientale" (anno accademico 1977-1978) e a riprenderne i temi in rapporto al marxismo europeo in un libro apparso subito dopo[22]. Occorre però aggiungere che il nesso sovranità-stato d'eccezione riguarda soltanto una parte, non tutta la modernità. Esiste un'altra metà del racconto moderno la cui genealogia non è linearmente

22 G. Marramao, *Il Politico e le trasformazioni*, De Donato, Bari 1979.

riconducibile alla teologia politica: si tratta di quell'embrione della *ratio* governamentale moderna messa a fuoco da Foucault e genealogicamente ripercorsa lungo le tracce di una "teologia economica" dai lavori di Gerhard Richter e Giorgio Agamben.

All'illuminante dissociazione foucaultiana di *governo* e *sovranità* si potrebbe però contrapporre la rilevazione della presenza, nel cuore della prima fondazione propriamente moderna della potestà sovrana (che si deve a Hobbes non, come postulato *pro domo sua* da Schmitt, a un Bodin letto in chiave decisionistica a partire dalla definizione della sovranità come "potestà assoluta di creare e abrogare la legge"), di un motivo teologico-economico ravvisabile in un'idea di *ratio* calcolistica imperniata in ultima analisi su una versione secolarizzata della casuistica teologica del male minore. L'*homo æqualis* (non dimentichiamo che Hobbes è un teorico radicale dell'eguaglianza, che già nel *De Cive* travalica il plurimillenario steccato fra uomini e donne) fa il suo ingresso nella modernità *solo*. Minacciato dalla natura e dai suoi simili l'individuo conduce una vita *nasty, brutish and short* ma, come un pirata che cerca spazi liberi nei mari, è animato da un desiderio inesauribile di potenza, ricchezza e gloria che lo porta a confliggere con gli altri individui, sospinti dalla medesima infinità del desiderio, in una guerra tendenzialmente mortale. Animato com'è da passioni autoaffermative, soltanto la passione estrema, la paura, è in grado di suscitare in lui la facoltà della *ratio*, la congettura che, attraverso il calcolo costi-benefici, lo porta ad optare per la sola via d'uscita possibile: accordarsi con gli altri sulla comune sottomissione a un Potere in grado di garantire la vita di ciascuno e di tutti.

Prestiamo attenzione alla sequenza più cruciale e problematica del ragionamento hobbesiano. Alla spinta esercitata dalle passioni fa riscontro nella natura umana la *recta ratio* dell'interesse e del calcolo. Per questo motivo l'individualismo moderno può essere compreso soltanto integrando l'ottica teologico-politica con l'ottica teologico-economica. La spia del problema è visibile proprio nella parola con cui, a partire da Hobbes, viene denominato il patto costitutivo dell'ordine politico: *covenant*, termine del francese antico (introdotto in Inghilterra con l'invasione normanna del 1066) che sta a significare "convenzione", "accordo", "contratto" inteso come "transazione". Come se la sovranità del grande Leviatano, effetto del *pactum subjectionis*, scaturisse da un accordo consensuale, o *pactum unionis*, fra individui che, paradossalmente, si accordano sulla base di un istituto di diritto privato, non di diritto pubblico. Non esiste dimensione pubblica, né "legame sociale" né "Popolo", prima della creazione dell'artificio della sovranità. Il dualismo Re-Popolo, con la "sovranità dimidiata" che lo caratterizza, preesiste solo negli scenari della teologia politica medievale, nei termini di un accordo bilaterale tra il Principe cristiano e il Popolo, atto a garantire la reciproca osservanza delle norme del diritto naturale: con la possibilità per il popolo di ribellarsi a un monarca ingiusto e per quest'ultimo di reprimere un popolo sedizioso. In Hobbes (e nel contrattualismo moderno in genere) la soppressione di questa "preesistenza" coinvolge entrambi i termini della coppia.

Mentre nella teologia politica medievale i soggetti precedono il contratto, nel modello hobbesiano essi sono costituiti dal contratto stesso. Non si dà Popolo prima dell'istituzione *via* contratto della Potestà sovrana: per cui, il soggetto che dà luogo al *pactum unionis* non è ancora popolo ma *moltitudine* di individui. Una collezione di volontà indipendenti che, unendosi, compiono il primo atto "societario", *sospendendo* lo *ius in omnia* in cui è precipitato il giusnaturalismo (dopo il crollo della visione teleologica indotta dalla nuova immagine del mondo galileiana) e *interrompendo* l'endemica serialità conflittuale dello stato di natura. Il risultato del secondo atto, del *pactum subjectionis*, non avrà più la forma del contratto bilaterale ma quella di un *contratto a favore di terzi*: di un "terzo attore" a cui gli individui raccolti nella moltitudine decidono di alienare tutti i propri diritti di natura (tutti meno uno: il diritto alla *conservatio vitae*). Solo una volta istituita la Persona sovrana – il cui carattere artificiale rappresenta per molti aspetti uno sviluppo della nozione giuscanonistica medievale di *persona ficta* – e il diritto positivo da essa prodotto, la moltitudine degli individui eguali e differenti può finalmente rappresentarsi come Popolo: non entità culturale o sociologica (come aveva ben colto Hans Kelsen in polemica con Carl Schmitt), ma soggetto giuridico posto in essere dalla potestà sovrana del Leviatano.

Emergono così i due lati del paradosso hobbesiano:

(a) l'assolutezza del Potere sovrano (da non confondersi con alcuna forma di totalitarismo, nel senso dato a questo termine da Hannah Arendt: il dominio del Leviatano – come hanno al riguardo ben argomentato Carl Schmitt e Reinhart Koselleck – si ferma sulla soglia del "foro interno" della coscienza, non reclama adesione interiore ma solo obbedienza esterna alle sue leggi positive) è il "male minore" a fronte della necessità di uscire da una condizione estrema rappresentata dalla minaccia mortale insita nella "grammatica generativa" del conflitto propria dello stato di natura;

(b) anche se la scena influente del *bellum omnium contra omnes* non è rappresentata, come aveva ipotizzato Crawford Brough Macpherson nella sua opera del 1962 sulla "teoria politica dell'individualismo possessivo", dal mercato capitalistico concorrenziale, ma piuttosto, secondo l'indicazione di Norberto Bobbio, dalla guerra civile, l'uscita dallo stato di natura fa leva in Hobbes su una *ratio* individualistica, imperniata sul calcolo costi-benefici, che reca in embrione i tratti caratteristici del paradigma economico della "scelta razionale". Per un pieno dispiegamento di questo paradigma dobbiamo attendere un evento cruciale, destinato a segnare in profondità lo sviluppo del sapere e delle forme di organizzazione della società occidentale. Questo evento coincide con la nascita di una nuova scienza che prende il nome di *economia politica*: associando, in una sorta di ossimoro, le due dimensioni della *polis* e dell'*oikos*, che la civiltà classica aveva tenuto distinte e gerarchicamente compartimentate. Da quel momento in poi la "ricchezza delle nazioni" diventerà, in Occidente, il principale

fattore di legittimazione del potere e il destino della politica non potrà più essere separato dalle pratiche di governo dell'economia e di controllo della popolazione.

L'interpenetrazione tra l'*oikonomía* e la *politéia* ha rimodellato in profondo gli assetti socioculturali e simbolici dell'Ordine nel passaggio dallo "spazio moderno" allo "spazio globale". Ma qui è necessario non perdere di vista la complessità interna a una dinamica del mutamento che coinvolge entrambi i momenti: dinamica non semplificabile nei termini di un transito dal moderno al postmoderno. Sia lo spazio moderno sia lo spazio globale danno luogo a configurazioni complesse e a *effetti di campo* dissonanti. Già a partire dal Moderno la dimensione della spazialità euclidea (punto di riferimento dei sistemi metafisico-politici di Descartes, Hobbes, Spinoza) presenta una incrinatura prodotta dalla biforcazione dell'Occidente in due modelli di ordine: *(a)* il *modello continentale* incentrato sul concetto di sovranità e sul trinomio Stato-Popolo-Territorio; *(b)* il *modello oceanico*, imperniato sul concetto di *government* e sull'immagine dell'ordine politico come *community of communities* e reticolo di associazioni. Al primo modello sembra corrispondere l'immagine compatta e continua della piramide, al secondo quella policentrica e discontinua dell'arcipelago. Da un lato abbiamo, dunque, il predominio dell'elemento terraneo, del simbolismo della "terraferma", in cui i confini sono sempre fissati in maniera netta e inequivocabile; dall'altro il prevalere dell'elemento marittimo, del simbolismo della navigazione e della frontiera. In questo modo si è generato un dualismo fra due modelli giuridici: da un lato, il modello del *civil law*, caratterizzato dalla prevalenza della sistematica giuridica; dall'altro, il modello del *common law*, fondato prevalentemente non sul codice, non sulla dogmatica ma sulla casistica, non sulla legislazione ma sulla prassi, sulla consuetudine e sulla giurisdizione (la famosa giurisprudenza delle Corti).

Ma a questo punto sorge inevitabile la domanda: quale rapporto di continuità/discontinuità intercorre fra spazio moderno e spazio globale?

6. *Spazio globale: uniformazione e diaspora*

Confrontato con la spazialità moderna, lo spazio globale, segnato dal passaggio dalla modernità-nazione alla modernità-mondo, esibisce una configurazione non-euclidea, irriducibile a una mappa omogenea. L'ordine (o disordine) posthobbesiano della *glo-calization* non è leggibile alla luce di una mono-logica, sia pure funzionalmente o sistemicamente differenziata, ma appare al contrario dominato da una straniante bi-logica, segnata dalla compresenza di uniformazione tecnoeconomica e diaspora di regioni del mondo, comunità e forme-di-vita i cui comportamenti sfuggono al paradigma economico della *rational choice*. I due lati dell'omologazione mercantile, finanziaria e tecnologico-comunicativa e della differenziazione cultural-identitaria non si contrappongono, però, in una statica alternativa ma si compenetrano dinamicamente, dando luogo al fenomeno della *produzione globale di località*. Il locale non è più territoriale, nel senso della spazialità euclidea, non è una sezione o un sottosistema del globale, ma la sua *piega*: l'inevitabile e inafferrabile risvolto del Reame della Quantità imposto dalla codificazione comunicativo-mercantile. Dentro la piega, i movimenti posti in atto dalle "comunità diasporiche" producono talora soglie di resistenza e di controffensiva improntate a un'ossessione identitaria prossima al fondamentalismo.

Ma lo stesso fenomeno del cosiddetto fondamentalismo (o meglio: dei fondamentalismi) non è un retaggio del passato o della tradizione (che i fondamentalismi puntualmente inventano o reinventano) ma – come ha documentato Shmuel N. Eisenstadt – un evento moderno. Un fenomeno, aggiungiamo noi, che diviene proliferante nell'ipermodernità globale per il meccanismo perverso di rimozione-reificazione generato dalla doppia logica che la governa: la globalizzazione, *questa* globalizzazione digital-comunicativo-finanziaria, *rimuovendo* la dimensione simbolico-identitaria con la pretesa del suo assorbimento nell'immaginario spettacolare dell'Emporio planetario, innesca il contraccolpo, compensativo e ritorsivo, delle identità reificate con cui si autorappresentano non solo le comunità diasporiche ma le stesse grandi civiltà postcoloniali (si pensi alla contrapposizione fra *Asian values* e *Western values*). Emerge così la meccanica latente della bilogica globale: la mondializzazione, anziché universalizzare, come continuano a sostenere i suoi apologeti, *de-universalizza* e, a dispetto della crescita esponenziale del *métissage*, rende idiosincratiche le forme di vita delle civiltà e delle comunità umane. All'interno di questo gioco di specchi, la deriva fondamentalista delle "differenze" replica, con la sua ossessione identitaria, la logica dell'identità che ha modellato il sistema-mondo.

Ripensare l'universale nell'era della globalizzazione significa, pertanto, innanzitutto *infrangere lo specchio*: andare al di là dell'antitesi speculare tra universalismo dell'identità (di stampo illuminista) e antiuniversalismo delle differenze (di stampo relativista), attraverso la proposta (da me avanzata in *Passaggio a Occidente*) di un *universalismo della differenza*. L'adozione di una tale formula muove da una doppia esigenza teorica: (a) intendere la *differenza* non come un luogo o un soggetto, ma come un vertice ottico, un *criterio* per la costruzione dell'universale; (b) assumere l'universale come una *formula insatura*, a partire da un teorema di incompletezza, evitando di ricadere nel vecchio-nuovo adagio del suprematismo occidentale, per cui (costante delle versioni illuminate, à la Kant, o triviali, stile Fukuyama) la Casa dell'Universale, progettata dai lumi della Ragione e messa in opera dalla Razionalità del Mercato, sarebbe ormai pronta ad accogliere il mondo intero nella sua Civiltà del diritto, della concorrenza e della libera competizione democratica. Muovere dal presupposto dell'incompletezza significa invece ricordare, con Raimon Panikkar, che la casa dell'universale non è già edificata, ma va costruita e ricostruita multilateralmente, grazie alle spinte universalizzanti provenienti dalle grandi culture del pianeta e dalle molteplici comunità e forme di vita (umane e non-umane).

I motivi della differenza come criterio e dell'universale come "orizzonte in movimento", tabulato a entrature multiple suscettibile di recepire le più diverse e inattese spinte universalizzanti, chiamano in causa ciò che potremmo definire il "braccio secolare" dell'universalismo della differenza: il programma di una fuoriuscita dalle aporie dei due principali modelli di inclusione nella sfera della cittadinanza teorizzati e praticati finora dall'Occidente moderno. Mi riferisco al modello assimilazionista repubblicano e al modello multiculturalista forte o "a mosaico". Anche in questo caso, le aporie presentate dai due modelli appaiono opposte e speculari: se il primo, che potremmo chiamare *modello-République*, funziona come un sistema dell'indifferenza in cui la cittadinanza assorbe e neutralizza ogni differenza etno-culturale, religiosa e sessuale (dopo aver affermato quest'ultima nella sua *Dichiarazione dei diritti della donna e della cittadina*, Olympe de Gouges venne ghigliottinata), il secondo, provocatoriamente definibile come *modello-Londonistan*, contempla la sfera della cittadinanza come un sistema di ghetti contigui, di differenze blindate, disposte l'una accanto all'altra alla stregua di isole incomunicanti o di monadi senza porte né finestre.

La rottura di questo perverso *Spiegelspiel* tra indifferenziazione omologante e statica rappresentazione di "differenze" richiede il *trascendimento della logica identitaria che le accomuna*. Un tale trascendimento non può limitarsi a seguire il percorso edificante di un accordo procedurale (nel senso dell'*overlapping consensus* di John Rawls), di un reciproco riconoscimento o di un'intesa dialogico-comunicativa (secondo la proposta di Jürgen Habermas), ma deve piuttosto dar luogo a un confronto fra le diverse esperienze e narrative volto a fare emergere le idee dell'universale che ciascuna differenza è venuta autonomamente maturando. Questo dovrebbe essere, nell'era globale, il compito di quella che viene enfaticamente chiamata "sfera pubblica democratica". Nella prospettiva aperta dall'universalismo della differenza la democrazia va radicalmente ridefinita come una sintesi di *politica-processo* (nel senso di Hannah Arendt) e *politica-evento* (nel senso kairologico di Machiavelli) non più inquadrabile nella tipologia classica e moderna delle forme di governo.

Ma vi è un altro nodo della scena globale con cui tale programma è chiamato a misurarsi. Solo oggi gli esperti di politica internazionale sembrano essersi accorti della logica ancipite della mondializzazione: della coabitazione conflittuale di uniformazione e diaspora che ne scandisce i tempi e ne rimodella le configurazioni spaziali. Dietro la facciata babelica del mondo divenuto globo (rappresentata, meglio che da qualunque sintesi sociologica, dal film *Babel* di Alejandro Gonzáles Inárritu), una specifica dinamica scaturisce dall'intreccio di omologazione e frammentazione planetaria: il ritorno di una politica dei grandi spazi mediata, a differenza degli anni '30 del secolo scorso, non da strategie non più e non soltanto geopolitiche ma piuttosto geoeconomiche e geoculturali. L'emergere dei Brics (Brasile, Russia, India, Cina, Sudafrica), con le loro forme ibride di economia, sta a segnalare due aspetti destinati probabilmente a condizionare il nostro futuro. In primo luogo, lo scenario globale del nostro presente è forse un ulteriore, appassionante capitolo della "grande trasformazione" di cui ha parlato Karl Polanyi.

In secondo luogo, il giungere alla ribalta di nuovi protagonisti dal retroterra storico e antropologico-culturale sensibilmente o radicalmente diverso da quello dell'Occidente sta a dimostrare che il capitale globale, malgrado l'immane dispiegamento di potenza finanziaria e l'esposizione universale di immagini e loghi della forma-merce, è in grado sì di dar luogo a un mercato globale, ma non di produrre una società globale. Messo a confronto con contesti di civiltà differenti, il capitale globale si trova costretto, come un camaleonte, ad adattarsi alle basi etiche e alle forme socioculturali preesistenti, determinando così forme ibride e per molti aspetti inedite di capitalismo. Tutto ciò risulta con particolare evidenza nel caso della

Cina, il cui "capitalcomunismo" smentisce l'equazione occidentale tra capitalismo ed etica individualistica, fondando lo sviluppo e la produttività su strutture associative di stampo gerarchico-comunitario e sulla subordinazione degli obiettivi (e, naturalmente, dei diritti) individuali a quelli delle entità collettive (famiglia, azienda, gruppo, Stato). Alla tenaglia costituita dai due modelli opposti di globalizzazione – il modello individualistico-competitivo del colosso "americano" (Stati Uniti *in primis*) e il modello paternalistico-comunitario del colosso "asiatico" (Cina *in primis*) – l'Europa è chiamata a fornire una sua autonoma risposta, un modello alternativo che non può né essere schiacciato su uno dei due corni del dilemma, né tantomeno risolversi in una mediazione compromissoria. Di elementi vitali di questo *Tertium*, da non confondersi con un'ennesima "terza via" (di terze vie, si sa, son lastricati i cimiteri europei del Novecento), l'Europa già dispone nel ricco bagaglio culturale della propria storia: nell'idea di un individuo non isolato e competitivo ma relazionale e solidale (*No man is an Island*, scriveva John Donne nella *Meditation XVII*) e nell'idea di una comunità non organica e terranea né gerarchico-autoritaria ma improntata al criterio della differenza e della valorizzazione dell'unicità e singolarità irriducibile di ciascuna/o.

Un'Europa meno prigioniera dei vincoli finanziari e tecnoburocratici e capace di tradurre in politica questo potenziale di pensiero e di cultura potrebbe oggi svolgere una funzione preziosa nello spazio non-euclideo, insieme interdipendente e policentrico, del mondo globalizzato. Valorizzando la novità del suo assetto istituzionale multilivello, che non trova riscontri in alcuna delle forme politiche finora conosciute, l'Unione Europea potrebbe indicare anche ad altri paesi la prospettiva di un Costituzionalismo globale in cui i processi politici si delineino sempre meno in termini di sovranità e sempre più in termini di equilibrio dinamico e di limitazione reciproca tra una pluralità di istanze.

Ma qual è allora il *parádeigma*, il modello funzionale al

perseguimento di un tale obiettivo? L'idea del superamento della logica verticale della sovranità a favore di una disposizione in orizzontale di quelle che un grande giurista italiano come Massimo Severo Giannini, con una formula provocatoriamente anti-hobbesiana, definiva le diverse e autonome "potestà sovrane", si presenta assai prossima al modello machiavelliano, per cui ottima è quella repubblica in cui "l'una potenza guarda l'altra": e va da sé che si tratta di un guardare niente affatto contemplativo. Il riferimento a Machiavelli chiama direttamente in causa il concetto di *civitas*, inteso – sulla scorta dei decisivi contributi di Étienne Balibar e di Pietro Costa – come rimando a un'idea allargata e poststatuale di cittadinanza, intesa come spazio politico-giuridico non identitariamente precostituito ma *incrementale*: una *Civitas augescens* suscettibile di accogliere in sé una pluralità di *nationes*, *gentes*, culture e confessioni religiose diverse.

Il sintagma *civitas augescens* rimanda a un concetto-chiave della tradizione giuridica romana, documentato nel corso dei secoli dall'opera di vari autori: da Ennio (*Ann.*, 478) a Cicerone (*Pro Balbo*, 13.31), da Sallustio (*De Catilinae coniur.*, 6.7, 7.3, 10.1) a Livio (4.4.4, 8.13.16). L'idea che lo sottende – la crescita del Popolo e l'allargamento della cittadinanza – attraversa la storia di Roma sin dalle origini, trovando il suo momento topico nella *Constitutio Antoniniana* e il suo punto d'approdo in Giustiniano, con l'eliminazione della categoria di "straniero". Assumere questa visione dinamica, incrementale e "inclusiva" (senza tacere la costitutiva ambivalenza del termine) come sfondo simbolico e culturale-concettuale delle sfide che si pongono all'Europa nel nostro presente globale non significa adombrare soluzioni in chiave dualistica (del tipo: Europa mediterranea vs Nordeuropa o "Impero latino" vs "Reich mitteleuropeo"), ma piuttosto riprendere il filo interrotto del discorso intorno alla cittadinanza in un tempo segnato dal progressivo declino della forma-Stato moderna: di un'immagine della comunità politica imperniata sulla nozione torreggiante della sovranità e sul paradigma identitario della *reductio ad Unum*.

A fronte delle sfide globali la nozione di *civitas* appare così più adeguata della nozione classica di *polis* e di quella moderna di *Stato-nazione* per venire a capo della contraddizione irrisolta della democrazia moderna: quella tra "vocazione universalistica" dei principi e selettività dei dispositivi che sanciscono e regolano l'appartenenza alla comunità politica. Lungo questa traccia, è possibile porre una duplice esigenza: l'esigenza di una *politica democratica della traduzione* imperniata su una "antropologia della cittadinanza" e la prospettiva di un universalismo della differenza, nettamente demarcato sia dall'universalismo identitario di matrice illuministica (modello assimilazionista repubblicano) sia dall'antiuniversalismo differenzialista (modello multiculturalista "forte", strutturato come un mosaico di ghetti contigui, di isole non comunicanti).

Mai come oggi si sono date condizioni oggettive così propizie per un ruolo cruciale dell'Europa, del *Tertium* europeo, sulla scena del mondo globalizzato. Mai come oggi le condizioni soggettive dei politici e dei gruppi dirigenti europei sono apparse così inadeguate a tale compito e incapaci a cogliere i segni dei tempi. E tuttavia...

E tuttavia, per concludere ancora con una citazione classica, tratta non per caso dal più celebre testo latino sull'ira: *In omni servitute apertam libertati viam.*[23]

---

23 Seneca, *De Ira*, III, xv. ["In qualsiasi stato di servitù è aperta la strada alla libertà"].

Il capitalismo tra Occidente e Oriente

Paolo Perulli

Vercelli, Italy / *Italia*
October / *Ottobre* 2018

1. Non vi è alcun dubbio che negli ultimi trent'anni il capitalismo abbia da un lato allargato enormemente il suo radicamento in tutto il Pianeta, includendo nelle relazioni di lavoro salariato e negli scambi di mercato una parte sempre più ampia dell'umanità. Ma dall'altro abbia provocato crisi sempre più frequenti fino alla nuova grande crisi mondiale esplosa nel 2007-2008 e ne prepari altre, che si accompagnano ad estese turbolenze dei sistemi di governo dell'economia e della società. Nel frattempo, il mondo è cambiato in modo alquanto radicale rispetto ai precedenti assetti del lungo dopoguerra. La produzione e circolazione delle merci si è fatta globale grazie soprattutto-ma non esclusivamente- alla rivoluzione digitale, e l'estensione finanziaria del capitalismo si è altrettanto allargata in modo enorme. Il mondo capitalistico si è quindi ulteriormente espanso, e se misurata dagli aumenti del PIL la ricchezza mondiale si è accresciuta. Ma in modo assai diseguale. Tra paesi e nei paesi.

Tra i paesi il quadro è complesso. Da un lato la *povertà assoluta* nel mondo (secondo i dati della Banca Mondiale) è diminuita dal 35,2% del 1985 al 10,9 del 2013. Frutto soprattutto dello sviluppo asiatico: oggi in Cina solo il 3% della popolazione è povero, contro il 20% di Costarica o Ecuador. La povertà assoluta colpisce il 45% della popolazione dei paesi a basso reddito (sotto i 1.045 dollari annui), contro il 15% della popolazione dei paesi a reddito medio (da 1.045

a 12.736 dollari annui) e il 2% della popolazione dei paesi a reddito elevato (sopra i 12.736 dollari annui). La complessità emerge dalle diverse misurazioni della povertà: affidarla al calcolo del reddito, o del consumo, o delle capacità porta a risultati in parte diversi[1].

Nonostante il PIL sia cresciuto anche nei paesi a basso reddito, il gap tra *PIL pro capite* espresso in valori assoluti dei paesi a basso reddito e quello dei paesi a reddito più elevato è aumentato in modo significativo: se nel 1990 la differenza era di 18.373 dollari, nel 2015 era aumentata a 39.099 dollari.

Ciò nonostante, si è parlato di arresto della diseguaglianza globale, e di nascita di una classe media globale. Ciò è frutto dell'aumento dei *redditi medi* in Asia (dopo il 1980 in Cina, e dopo il 2000 anche in India) calcolato nel ventennio 1988-2008, che ha portato a una riduzione del gap con i paesi avanzati sempre in termini di reddito medio. Ma con alcuni caveat. Intanto si tratta di dati relativi non a tutti, ma a circa 100 paesi. L'arresto o persino declino della diseguaglianza globale grazie all'aumento dei redditi medi in Asia va letto insieme alla contrazione nel frattempo avvenuta nei redditi medi nei paesi occidentali (e con una frenata dei redditi della classe operaia). Inoltre la riduzione di 2 punti dell'indice di Gini (da 72 a 70) della diseguaglianza globale si riduce a un modesto 0,5 se si considera la sottovalutazione dei redditi più elevati che sfuggono alle statistiche[2].

All'interno dei paesi il quadro è invece netto. A partire dal 1980 le diseguaglianze sociali (misurate dai differenziali di reddito e di proprietà di capitali) sono in aumento, con punte negli Stati Uniti e Gran Bretagna e andamenti crescenti seppur meno accentuati nei paesi dell'Unione Europea e in Giappone. Questo aumento delle diseguaglianze è dovuto a un deciso incremento della polarizzazione agli

1 World Bank Group, *Monitoring Global Poverty*, World Bank Group, Washington D.C. 2017.

2 Tutto ciò è documentato in D. Milanovic, *Global Inequality*, The Belknap Press of Harvard University Press, Cambridge, MA/London 2016.

estremi (il centile più elevato ha accresciuto moltissimo il reddito e la ricchezza rispetto ai gradini inferiori della scala sociale).

Nell'ultimo trentennio, dopo il 1982 la Cina e i paesi satelliti dell'Asia sud-orientale sono entrati a loro volta in modo accelerato nella transizione all'economia di mercato, e dopo il 1989 la Russia e i paesi dell'Europa Orientale hanno seguito una simile trasformazione. Questo ha cambiato la stessa Unione Europea, che dopo l'allargamento a Est si ritrova assai più polarizzata tra paesi più ricchi e paesi più poveri: il salario dei lavoratori della Germania è pari a 4 volte quello dei lavoratori dei paesi dell'Est. Ma i dati economici pur importanti non dicono tutto sulle varianze in via di approfondimento, mentre altrettanto importanti sono gli aspetti politici della regolazione del capitalismo. La varietà dei capitalismi si è allargata ben oltre le tradizionali ricette della scuola della regolazione occidentale. Nella sua ricerca comparata sul capitalismo emergente in Asia e nell'Europa dell'Est, Francois Bafoil[3] ha analizzato questo passaggio a Oriente che include diverse varianti: in nessuna di esse la *rule of law*, il sistema occidentale di democrazia pluralista, si è ripresentato. Si sono affermate altre forme di *rule by law*, di autoritarismo di mercato e a volte di sultanismo, un termine che risale a Max Weber a indicare un potere autocratico individuale. Weber considerava queste forme extra o pre-capitalistiche. Ma esse si sono rivelate non incompatibili con il capitalismo contemporaneo.

Weber aveva del resto spiegato che gli ordinamenti legittimi si basano sul prestigio della esemplarietà e obbligatorietà, che li rendono appunto legittimi. L'ordinamento può essere sostenuto dall'esterno, grazie a una convenzione o a un diritto: su questi due aspetti si fonda certamente la legittimità di un ordinamento come quello capitalistico. Esso si è costruito, almeno in Occidente, sulla base di questi due pilastri rappresentati dall'approvazione sociale e dalla forza della coercizione giuridica. Diritti di proprietà e diritto

3 F. Bafoil, *Emerging Capitalism in Central Europe and SouthEast Asia. A Comparison of Political Ecopnomies*, Palgrave Macmillan, Basingstoke 2014.

societario si sono accompagnati a un vasto consenso sulla missione progressiva del capitalismo. Strati sociali crescenti hanno tratto beneficio dallo sviluppo capitalistico e si sono in esso riconosciuti. Infatti gli ordinamenti sono anche garantiti dall'interno: l'etica, cioè una fede razionale rispetto al valore può legittimare un ordinamento più di altri vincoli esterni. Anche questo aspetto è ben noto nel capitalismo delle origini. Infine – osserva Weber – gli ordinamenti sono molto spesso garantiti religiosamente[4]. Su tutte queste differenti direzioni interpretative e possibili fonti di legittimazione del capitalismo contemporaneo si tornerà più volte.

Il capitalismo dopo il 1989 è ormai il sistema mondiale senza rivali esteso da Occidente a Oriente in una varietà di forme-stato e regimi socio-politici, tanto da farci parlare di nuovi capitalismi regionali del XXI secolo (asiatico, nord-americano, europeo) anziché dei vecchi capitalismi nazionali del XX. Ciò sottolinea gli elementi comuni al sistema capitalistico mondiale accanto a quelli che lo differenziano in una varietà di capitalismi. Per questo occorre rimetterci ad esplorarlo senza affidarci alle sole categorie occidentali, cercando nelle società contemporanee diverse declinazioni della "fede" nel capitalismo. Il "capitalismo come religione" è alle radici dell'Occidente: capire come e per quali vie i valori del capitalismo vengano disseminati ed entrino in contatto con altri sistemi di credenze delle società, modificandoli ed essendone a loro volta modificati, rappresenta il compito principale dell'esplorazione qui proposta. Il capitalismo globale punta così a sostituire le religioni "assiali" ed ergersi come unico *nesso* mondiale?

2. Il nostro pensiero occidentale contrappone soprattutto l'uomo economico all'uomo giuridico e politico seguendo una precisa tradizione, che risale rispettivamente alle teorie della sovranità di Hobbes e alle teorie del mercato di Smith. Mentre a Oriente una

4 M. Weber, *Economia e società*, Vol. I, *Teoria delle categorie sociologiche*, Edizioni di Comunità, Milano 1986, p. 33.

diversa credenza nel capitalismo si è affermata, su altre basi da quelle elaborate dalla società civile e dall'individualismo occidentali. Vediamo operanti forme collettive e tradizioni imperiali a reggere la diffusione del capitalismo. Ad esse non è estranea la rielaborazione selettiva della tradizione Confuciana, come "religione civile" nazionale. Si tratta di ibridi, cioè di diverse combinazioni degli stessi "materiali" (individualismo, razionalità, mercato, comando politico, etica religiosa) o di diversi significati che quei "materiali" assumono nelle diverse formazioni sociali? Qui ci verrà in aiuto il pensiero post-coloniale che riflette sulle forme distinte di individualismo e accomunamento nelle due rispettive tradizioni di società, occidentale e orientale[5].

3. Le diseguaglianze sociali sono in aumento sia in Occidente che in Oriente: la società si sta polarizzando senza che si intraveda un possibile punto di equilibrio. Questa polarizzazione è il frutto del predominio del capitalismo finanziario e tecnologico che distribuisce le chances di ricchezza in modo fortemente diseguale. Ma il capitalismo aveva promesso eguaglianza (*homo aequalis* è l'invenzione dell'economia politica rispetto alle società olistiche), o almeno eguali chances per tutti nella gara competitiva.

I segni di crisi dei modelli di welfare state, a causa del debito sovrano e delle politiche di austerità, si sono accentuati a vantaggio di estese privatizzazioni dei trattamenti sociali e di vantaggi fiscali sempre più favorevoli ai detentori di capitale che premiano i gruppi sociali privilegiati e invecchiati delle società occidentali. Il famoso 1% più ricco del mondo capitalistico è composto per la grande maggioranza di occidentali. Di essi il 35% sono Europei, il 19% Nord-Americani (USA e Canada), il 19% Asiatici (Singapore, Taiwan, Corea del Sud, Giappone). Non vi sono né la Cina né l'India. Brasile, Russia, Sud Africa sono presenti solo per l'1% ciascuno.

5 A. Appadurai, *Banking on Words. The Failure of Language in the Age of Derivative Finance*, The University of Chicago Press, Chicago, IL/London 2016.

In Oriente invece la classe media urbana si sta appena formando, eppure la sua crescita avviene in un quadro di diffuso individualismo che si insinua entro i legami con le vecchie dimensioni di comunità. L'impatto degli stili di vita globali sulle comunità locali è sin qui attutito dai meccanismi protettivi del tradizionale sistema comunitario. Forse però una nuova classe di capitalisti e una nuova religione del capitalismo nasceranno proprio in Oriente, che è del resto la culla di *homo hierarchicus*. Una società verticale come l'Oriente può ammettere le disparità più di quanto non possa tollerarle una società orizzontale come quella d'Occidente? L'olismo orientale contro l'individualismo occidentale?

4. L'intreccio tra capitalismo e religione era stato tracciato da Max Weber, come diretta influenza che il sentimento religioso può avere nel favorire l'accumulazione della ricchezza e lo spirito dell'imprenditore capitalista. Ma pensare che il capitalismo stesso sia una religione, la nostra nuova religione, senza le liturgie di quelle precedenti ma con gli stessi elementi di credenza e di affidamento in ogni precedente religione, è quanto Walter Benjamin compie nel frammento del 1921[6]. L'idea di religione del capitalismo è il frutto di questa elaborazione, che ha messo in tensione le moderne forme del razionalismo economico e l'etica economica delle religioni mondiali.

Della nuova religione benjaminiana del capitalismo, Nietzsche e Freud sono i sacerdoti: nel senso che l'individuo che essi hanno costruito nelle pagine dello Zarathustra o dell'Interpretazione dei sogni corrisponde allo spirito capitalistico della nostra epoca più e meglio del borghese-imprenditore di Sombart o del luterano-calvinista di Weber. Un'interpretazione nichilista del capitalismo occidentale è quindi proponibile. Il nichilismo più che l'agonismo sembra alla guida della fase attuale del capitalismo in Occidente. È una religione basata sul debito/colpa, di cui non c'è remissione.

6 W. Benjamin, "Capitalismo come religione", tr. it. in: "Alfabeta", Vol. 2, 6 dicembre 2014.

Quindi è la prima religione che non prevede salvezza, come le religioni storiche che invece prevedevano la remissione dei debiti. È una religione della colpa, che solo una rimozione dell'inconscio collettivo può realizzare.

Per Benjamin il debito e la colpa (entrambi significati di *schuld*) guidano il capitalismo come religione, e anche la rimozione freudiana di quel debito-colpa è all'opera nell'azione del raider finanziario. Il capitalismo della finanza è meglio leggibile secondo questa visione. "Il nichilismo come stato psicologico subentrerà di necessità- scrive Nietzsche-in primo luogo, se abbiamo cercato in tutto l'accadere un "senso" che in esso non c'è: sicché alla fine chi cerca perde il coraggio. Il nichilismo è allora l'acquistare coscienza del lungo spreco di forze, il tormento dell'"invano', l'insicurezza, la mancanza dell'occasione di riposarsi in qualche modo, di tranquillizzarsi ancora su qualcosa-la vergogna di fronte a se stessi, come se ci si fosse troppo a lungo ingannati"[7]. In questa potente visione è iscritta molta psicologia dell'individuo contemporaneo. Opportunismo, rischio morale, assenza di valori supremi, perfino inganno e autoinganno sono tutti attributi del tipo di uomo che pienamente si impone nella società del capitalismo neoliberale. È stato chiamato *homo oeconomicus*: ma mentre l'economia lo ha proposto come un campione di razionalità, si è rivelato piuttosto un "idiota razionale" secondo una fortunata definizione. Meglio quindi evitare l'equiparazione tout court tra capitalismo e razionalità, e cercare nell'idea di *debito-colpa* un'altra possibile radice.

Mentre in Oriente il regime Cinese invita a studiare il capitalismo come motore di una società comunista di mercato, uno strano ibrido che vorrebbe mobilitare nuovi agonismi evitando drastici antagonismi sociali, in nome di una società "moderatamente prospera" e "armoniosa" (concetti esplicitamente confuciani).

7 Nietzsche, *Frammenti postumi* (1887-1888), cit. in: M. Heidegger, *Il Nichilismo europeo*, tr. it. Adelphi, Milano 2003, p. 59.

5. Il circuito debito-colpa analizzato da Benjamin non è peraltro univoco. Il debito non ha lo stesso valore nelle diverse culture in cui si declina il capitalismo. Che la nozione di *debito* sia particolarmente legata all'idea di "colpevole di un delitto" appartiene alle culture indoeuropee, e le nozioni giuridiche di debito, indebitamento etc. derivano in larga misura da nozioni religiose[8].

Nel mondo anglosassone e in particolare nel capitalismo nord-americano il debito è un normale stato di obbligazione di tutti, individui e famiglie, imprese e Stato. Il debitore può gestire il suo stato debitorio, e in casi estremi cancellare il debito e ripartire mediante il fallimento. Il diritto fallimentare è piuttosto orientato in questo senso, dato che il debito è una necessità del capitalismo americano. Non così nelle culture europee, in cui fin dalle origini il debito equivale a una colpa e il fallito porta su di sé uno stigma incancellabile. Ancora diverso il caso delle culture orientali, in cui il confucianesimo (Nord della Cina) ha introdotto una cultura del debito come peso, da cui ci si deve liberare: una cultura della vita frugale. Mentre il taoismo (Sud della Cina) è una cultura dell'abbondanza e dell'individualismo. Ma per venire all'oggi, si può osservare più di una differenza. In India e in generale nel Sud Globale del mondo, il debito non ha ancora occupato il ruolo interamente monetizzato che esso ha in Occidente: lo sviluppo di prodotti di finanza come i derivati, che producono debito, non è ancora così diffuso[9]. Ancora diverso il caso Cinese, in cui l'intervento regolativo dello Stato ha contrastato l'acquisto speculativo di azioni sul mercato azionario di Shanghai con denaro preso a prestito, che si era verificato all'inizio degli anni 2000[10].

In Oriente, e non sembri contraddittorio, un'interpretazione neo-weberiana del capitalismo asiatico può essere oggi avanzata. Lì

8 E. Benveniste, *Il vocabolario delle istituzioni indoeuropee*, Vol. I, *Economia, società, parentela*, tr. it. Einaudi, Torino 2001, p. 140.

9 A. Appadurai, *op. cit.*

10 X. Chen, *Shanghai Rising. State Power and Local Transformations in a Global Megacity*, University of Minnesota Press, Minneapolis, MN/London 2009.

il capitalismo non si è a lungo pienamente sviluppato perché sono mancate alcune delle condizioni di base analizzate da Weber: le città autonome e il lavoro formalmente libero, il diritto razionale e un'etica favorevole allo stile di vita acquisitivo dei capitalisti. Nonostante il Guanzi, un testo cinese del IV secolo a.C., attribuisca al denaro e non alle guerre il governo del mondo, la relazione tra debito e colpa, tra azione e crimine non sembrano apparire nella cultura religiosa orientale. "Getta il profitto, la destrezza amputa: ladri e banditi più non vi saranno"[11]. Oggi queste condizioni si stanno velocemente producendo, e creano effetti anch'essi neo-weberiani: nel ruolo emergente dello Stato imprenditore (proprio mentre quello dell'Occidente declina) che si porta dietro una seppur debolmente riconosciuta *rule of law* e sta scrivendo il proprio codice civile; nella crescita delle religioni (cristiane-evangeliche e neo-confuciane) e nella creazione di una nuova classe di capitalisti nelle città cinesi tra cui spiccano i nuovi imprenditori cristiano-protestanti.

6. Si può essere colti dal dubbio se il mercato autoregolato (secondo i fautori), o deregolato (secondo i critici) sia effettivamente alla guida del mondo contemporaneo. Sarebbero *i mercati*-secondo molti critici- con le loro mosse, la loro produzione speculativa di prodotti tossici, il loro prendersi gioco del sistema stesso a fini privati, i nuovi dominatori del mondo. Pronti a provocare le crisi, a metterle in scena e ad uscirne possibilmente indenni. Ma questa idea di mercati deregolati (*disembedded markets*) sembrerebbe smentita dalla continua comparsa di attori, istituzioni e sedi che hanno il compito di influenzare, dirimere controversie, creare partnerships tra le diverse economie e i mercati globali. Per la prima volta nella storia, ha sostenuto uno dei padri del WTO, il mondo può abbracciare un sistema di coesistenza economica basato su regole.

Perché nessuna teoria generale di tali complesse relazioni è disponibile, e nessun tentativo è in vista? Perché, si può rispondere,

---

11 Lao Tse, *Taoteching. La via in cammino*, tr. it. Rusconi, Milano 1999.

la ricostruzione razionale della società cui si era giunti nel XX secolo, fondata su stati, mercati e gerarchie non è più compatibile con l'assetto dell'attuale fase raggiunta dalla globalizzazione. Al punto che la scena mondiale non solo è cambiata rispetto agli anni '80, ma è interamente riscritta con la comparsa di nuovi attori globali: Cina, India, Russia. Nel XIX secolo essi erano semplici destinatari dell'imperialismo dell'Occidente, nel XX si erano chiusi dopo le rivoluzioni e la decolonizzazione entro i loro blocchi. Oggi la Cina, entrata nel WTO nel 2001, è primo paese mondiale per esportazioni e secondo per importazioni di merci, e gli Stati Uniti hanno un deficit commerciale con la Cina che supera i 300 miliardi di dollari.

La svolta ha coinciso con la piena affermazione del capitale finanziario globalizzato prima e dopo la crisi del 2007-8. Tra la fine di Bretton Woods (1971) e lo svilupparsi di una *lex mercatoria* sui mercati delle transazioni economico-finanziarie globali esiste una continuità di disegno, che non corrisponde però affatto all'affermazione di forze e pratiche "spontanee". È una megamacchina quella che si afferma, con proprie leggi e architetture di dominio, che nulla ha di spontaneo: la sua governance mondiale è frutto di istituzioni e sedi, WTO, IMF e World Bank, advisors e società di consulenza globali, grandi banche d'affari e società di rating finanziario da cui dipendono i debiti sovrani dei governi. Ma Fondo Monetario Internazionale e Banca Mondiale potrebbero diventare istituzioni del passato se la Cina decidesse di uscirne, grazie alla sua egemonia in direzione trans-pacifica, africana, russa e perfino europea. La Cina è il primo detentore mondiale di riserve di valuta estera (3,1 trilioni di dollari). Potrebbe essere invece che gli USA decidano di uscire, o di rompere l'assetto delle istituzioni mondiali. La geopolitica del capitalismo è quindi in pieno sommovimento.

7. Il pensiero indiano e quello cinese dell'individuo hanno, come appare sia in Nietzsche che in Weber, privilegiato l'estinzione della coscienza, il distacco dal mondo oppure il pieno abbrutimento

nella sicurezza del proprio benessere. In quest'ultimo tipo umano il pensiero orientale e quello occidentale sembrano convergere: è l'Abbrutito che non agisce ma subisce la Storia. È l'individualista apolitico e asociale. Quanto all'Asceta, esso è presente anche nel pensiero occidentale, neoplatonico e cristiano. Ma quanto non si è presentato in Oriente è lo specifico ascetismo razionale che sta alle origini del capitalismo.

Il pensiero post-coloniale ha però rivolto negli ultimi anni la sua critica alla teoria weberiana della razionalità e del rapporto tra modernizzazione e religione. Il testo di A.G. Frank[12] ha respinto l'eurocentrismo di tutto il pensiero occidentale sull'Asia a partire da Marx e Weber. La tesi di Frank è che la superiorità dell'Occidente rispetto all'Oriente non abbia basi storiche almeno per il periodo che va dal 14° al 18° secolo. In questi secoli l'Asia avrebbe superato l'Occidente in termini economici, tecnologici e urbani (in effetti nel 1700 le due più grandi città mondiali sono Pechino e Tokyo). Solo a partire dal 1750 l'Asia avrebbe conosciuto un diffuso declino e sarebbe stata superata dall'Occidente, in concidenza della rivoluzione industriale. Ma occorre secondo Frank considerare Occidente e Oriente entro una mutua relazione globale: lo stesso sviluppo occidentale non si baserebbe solo su fattori interni ma sull'accumulazione di capitale estratto dalle sue colonie. Pur essendo utile la riconsiderazione dell'economia dell'Asia condotta da Frank in chiave comparata, la cornice teorica esplicativa è del tutto deludente. Il ruolo delle istituzioni nello sviluppo del capitalismo è negato in radice: esse non sarebbero determinanti, ma solo derivate dai processi economici. In tal modo le categorie di Stato, mercato, istituzioni del diritto, ma anche di borghesia, accumulazione, profitto, lavoro salariato e capitale spariscono semplicemente dalla scena. La stessa categoria di capitalismo è rifiutata. Scrive Frank: "È molto meglio tagliare il nodo di Gordio del 'capitalismo' [...]. La ricerca senza fine degli storici

12 A.G. Frank, *ReOrient: Global Economy in the Asian Age*, University of California Press, Berkeley, CA/London 1998.

moderni sulle origini e le radici del capitalismo non è molto meglio della ricerca della pietra filosofale da parte degli alchimisti. Questo è vero non solo per le origini e le radici, ma per la stessa esistenza e significato di 'capitalismo'. Meglio dimenticarlo, e proseguire nella nostra ricerca entro la realtà della storia universale."[13]

Il più importante rappresentante del pensiero post-coloniale, Arjun Appadurai ha dedicato un intero capitolo del suo libro sul futuro come fatto culturale[14] allo "spirito di Weber", analizzando la sorte che il suo pensiero ha avuto a partire dagli anni 1980-1990. Si è trattato di un abbandono, specie da parte dei giovani studiosi orientali, di un pensiero ritenuto incapace di prendere in considerazione le forme non-europee di capitalismo, troppo attento alla legge e alla burocrazia e non abbastanza all'eccezione, all'urgenza e all'emergenza. Oggi invece, osserva Appadurai, in un mondo ebbro di carisma, brutalizzato dall'illegalità e massacrato dall'eccezione si ritorna a cercare un qualche appiglio di legalità, razionalità e procedura: in una parola si ritorna a fare i conti con Weber.

La critica di Appadurai alle teorie della modernizzazione è che non hanno saputo prevedere abbastanza gli sviluppi del mondo contemporaneo. Il rifiuto della religione a cedere il campo allo sviluppo e alla scienza; il paradosso delle nuove tecnologie informatiche che moltiplicano le differenze culturali anzichè produrre un'identica entità; il ricorso dei popoli alla violenza e all'etnocidio anzichè alle istituzioni della democrazia rappresenterebbero alcuni dei fallimenti predittivi delle teorie della modernizzazione. Ma questa affermazione andrebbe riletta alla luce di quanto Weber scrive della guerra in quanto realizzazione della minaccia di violenza nelle moderne comunità politiche, in cui "la politica, a differenza dell'economia, si presenta come una diretta concorrente dell'etica religiosa"[15]. Per

13 Ivi, p. 332
14 A. Appadurai, *The Future as Cultural Fact: Essays on the Global Condition*, Verso, London 2013.
15 M. Weber, *Considerazioni intermedie. Il destino dell'Occidente* (1995), a cura di A. Ferrara, tr. it. Armando, Roma 1995, p. 62.

Appadurai, Weber non seppe sviluppare adeguatamente un'associazione che mettesse in connessione grandi civiltà, religioni ed economie senza cadere nella visione di una traiettoria esclusivamente occidentale ("la grande piega narrativa dell'Occidente"). Weber è invece permanente *tensione* tra diverse forze, autonomia interna delle diverse sfere (etica religiosa razionale, politica, arte, sfera erotica), politeismo di valori e polimorfismo di forme, e mai *convergenza* dei cambiamenti sociali a livello mondiale.

La *Sociologia delle Religioni* di Weber è costante articolazione e confronto di India, Cina e Islam in termini di religioni di salvezza e di relazione con la razionalità economica. Nelle *Considerazioni intermedie* le forme razionali della teodicea includono, accanto alla dottrina protestante della predestinazione, la religiosità intellettuale indiana nel connettere la contemplazione come via principale della redenzione a un'etica professionale intramondana. Perfino il Confucianesimo, pur distante da un'etica economica razionalizzata, può essere strumento di disciplina che orienta verso, anzichè contro, il mondo.

Un singolare riconoscimento viene poi oggi dagli studiosi cinesi della città. Essi, criticando la presunzione dell'Occidente di capire il mondo urbano orientale attraverso concetti generici di urbanizzazione planetaria, usano gli stessi argomenti di Weber riguardo la città: in Oriente essa mai divenne un'entità autonoma capace di auto-governo[16]. Non vi è stato quindi il passaggio dalla città allo Stato, ma solo da monarchie a moderni Stati di funzionari.

Per la comprensione del nuovo sviluppo cinese è allora utile partire proprio dalla sociologia delle religioni sviluppata da Weber tra il 1916 e il 1919. Nella sua analisi Weber sostenne che l'unità della

16 W.S. Tang, "Governing by the state: A study of the literature on governing Chinese mega-cities", in: P.O. Olof e E. Bjorner (a cura di), *Branding Chinese Mega-Cities*, Edward Elgar, Cheltenham-Northampton 2014; e Id., "Where Lefebvre meets the East: Urbanization in Hong Kong", in: L. Stanek, C. Schmid e A. Moravansky (a cura di), *Urban Revolution Now. Henry Lefebvre in Social Research and Architecture*, Ashgate, Farnham 2014.

cultura cinese è essenzialmente l'unità del gruppo di status che porta in sé la classica educazione letteraria della burocrazia e l'etica Confuciana con il suo ideale di nobiltà. E aggiunse che la struttura burocratica della politica cinese, e le relative carriere, hanno dato all'intera tradizione letteraria della Cina la loro caratteristica impronta. Per più di 2000 anni i "letterati" hanno rappresentato in modo esclusivo lo strato dirigente della Cina.

Gli studiosi post-coloniali che, sulla scorta di Edward Said, hanno criticato l'orientalismo come costruzione del pensiero funzionalista occidentale[17], hanno notato che Weber definisce la Cina in termini sempre negativi, cioè per quello che essa *non è*. Egli attribuisce il mancato sviluppo in Cina di una borghesia razionale all'assenza di un'etica religiosa dinamica come quella Protestante. Questi studiosi non mancano di citare l'Etica Protestante di Weber dove si sostiene che la vita intellettuale cinese rimase completamente statica, e nonostante condizioni verosimilmente favorevoli il capitalismo moderno semplicemente non vi fece la sua comparsa. E concludono che mentre Weber ha molte affascinanti prospezioni nel diritto cinese, la sua visione globale soffre della natura essenzialmente negativa del suo approccio.

Si tratta di una lettura certamente limitata del pensiero weberiano. La sua opera è dedicata alla comprensione delle influenze e delle catene causali che rappresentano complessi fenomeni sociali come il capitalismo. Razionalismo economico, per Weber, non è solo un prodotto della tecnologia e del diritto razionali, ma anche di atteggiamenti umani e della disposizione concreta verso un comportamento economico razionale. A questo proposito spiegare il mancato sviluppo del capitalismo pur in presenza di condizioni potenzialmente favorevoli come nella Cina imperiale non è un approccio scientifico negativo, ma un esercizio di pensiero critico sulla storia umana. La necessità sarebbe, semmai, quella di offrire

17 T. Ruskola, "Legal Orientalism", in: "Michigan Law Review", Vol. 101, N. 1, 2002, pp. 101-234.

una visione alternativa del percorso orientale dello sviluppo storico, di cui ancora non disponiamo. Weber ha preso in considerazione lo stato della ricerca in Asia che era disponibile al suo tempo, e spesso ha chiarito la necessità di compiere ulteriori indagini portando ad analisi condotte in modo più approfondito. Tra le tracce di tali sforzi vi è il possibile ruolo del Confucianesimo come un vivaio per lo sviluppo futuro dell'ethos capitalista. Il tradizionalismo come attitudine all'obbedienza è anche parte del Confucianesimo, come sottolineato da Weber, di qui la complessa interazione dinamica di fattori storici in chiave di spiegazione del fenomeno specifico dello sviluppo capitalistico.

Per Weber manca al Confucianesimo la natura di religione, nonostante i canoni di condotta da esso elaborati, per l'assenza degli aspetti rituali e di un gruppo sacerdotale-liturgico. Certo Weber non aggiornò pienamente la sua visione del Confucianesimo agli sviluppi che questo ha subito nel corso del tempo, e che ne hanno fatto un mix di elementi diversi, religiosi e civili, molto plastico e adattivo: insieme religione di Stato e fondamento dell'educazione nazionale[18]. Dalla pratica rituale dei letterati nella Cina imperiale, il neo-Confucianesimo (fissato nel 1190 da Zhu Xi) evolve come dialettica di principi che combinano l'energia vitale e l'ordine razionale, *qi* e *li*. Nelle dinastie Song e Ming esso diviene un'etica del mercato e delle città mercantili che può essere stata l'equivalente funzionale del Protestantesimo in Occidente. Alla fine della dinastia Qing e nella fase Repubblicana compaiono aspetti diversi e tra loro conflittuali, dalla creazione delle chiese Confuciane al Confucianesimo come fede civile non-religiosa. Solo negli anni 1919-21 il Confucianesimo viene rifiutato in nome della Democrazia e della Scienza da parte dei movimenti che condurranno alla fondazione del Partito Comunista Cinese (1921). Oggi il neo-Confucianesimo esprime soprattutto il recupero dei valori nazionali di lungo periodo. Il cauto recupero del

18 J. Barbalet, "The Confucian mix: A supplement of Weber's *The Religion of China*", in: "Revue Internationale de Philosophie", Vol. 276, N. 2, pp. 171-92.

Confucianesimo come patrimonio culturale cinese da parte dell'attuale leadership comunista potrebbe riservare importanti conferme a questa ipotesi. Non si tratta solo di recupero strumentale di una tradizione come quella Confuciana, ma di dialogo su queste basi con la tradizione occidentale. Diritto dei popoli e *rule of law* occidentali possono confrontarsi con la visione Confuciana dell'ordine mondiale inteso come impero universale (*tianxia*, tutto sotto il cielo, è la nuova filosofia mondiale Cinese)[19].

8. Confrontiamo in sintesi le due sequenze stilizzate:

Capitalismo occidentale:
Città (libere) > religione (protestante) > lavoro (formalmente libero) > Stato (pluralista) > finanza (neoliberista)
Capitalismo orientale:
Religione (imperiale) > Stato (monocratico) > finanza (centralizzata) > lavoro (senza diritti sociali) > città (mega-urbanizzazione)

In questa prospettiva, il settore capitalistico si è inserito ed espanso esattamente nei termini previsti da Marx nel I Libro del *Capitale*, inverando l'idea che il socialismo (prima in URSS poi in Cina) non sia altro che l'applicazione del capitalismo classico studiato da Marx (capitale investito in progresso tecnico e reddito delle masse mantenuto a livello di sussistenza)[20]. Ma l'accumulazione originaria qui è avvenuta toccando subito le industrie tecnologiche più

19 Il più importante filosofo Cinese del *tianxia* è oggi Zhao Ting-Yang, il cui pensiero influenza la visione mondiale della leadership di Xi Jingping. Una comparazione tra le tradizioni europee e cinesi della *rule of law* come giustizia per l'ordine mondiale è in A. Carty e J. Hijman (a cura di), *Morality and Responsibility of Rulers. European and Chinese Origins of a Rule of Law as Justice for World Order*, Oxford University Press, Oxford 2018.

20 Kojéve lo ha sostenuto in una conferenza del 1957. Egli riteneva anche che il capitalismo occidentale abbia saputo invece applicare Marx, grazie a Ford, incrementando il reddito e il potere d'acquisto delle masse (A. Kojéve, *Il silenzio della tirannide*, Adelphi, Milano 2004).

avanzate, a differenza di quanto era accaduto in Unione Sovietica. Il motto leninista "elettrificazione più soviet" è stato cancellato dalla crescita di un capitalismo di Stato che si appoggia in ogni settore su una classe imprenditoriale in espansione. Hong Kong, l'antica colonia dove il capitalismo è sempre stato attivo, è diventato il modello dell'intero Paese, e per questo il possibile contagio "democratico" che essa rappresenta è sentito dal regime come insopportabile.

Pur con gli occhi rivolti allo sviluppo recente, occorrerà guardare anche agli aspetti storici di formazione del modello urbano. In Cina le città erano nuclei amministrativi di centralizzazione dello Stato; tuttavia, nel modello proposto da Skinner[21], i due sistemi urbani in realtà si fusero: uno bottom-up, uno top-down. La gerarchia bottom-up è stata creata spontaneamente dai mercati, la gerarchia top-down è stata creata intenzionalmente dagli agenti imperiali per fini di conquista e controllo[22]. La religione, in termini quasi weberiani, ha svolto un ruolo anche politico. La scuola Confuciana e il Tempio del Dio della Città facevano parte della struttura gerarchico-amministrativa della città associata allo *yamen* (ufficio del burocrate locale o mandarino e sua residenza nell'Impero cinese), e al diritto consuetudinario di contratto e di agenzia. I tribunali dello *yamen* raramente esercitavano atti disciplinari per quanto riguarda le attività dei mercanti, e altre controversie interpersonali. Qui le gilde commerciali e le istituzioni religiose erano organi di autogoverno, ma non nel senso occidentale di governi autonomi rispetto al potere imperiale.

D'altra parte, la dispersione delle attività commerciali nella città tardo-imperiale Cinese ha fatto la differenza nei confronti della città occidentale del modello standard di Central Business District. Il centro non era il luogo del mercato, e le principali concentrazioni di attività dei mercanti erano spazialmente variabili, a volte al di

21 G.W. Skinner, *The City in Late Imperial China*, Stanford University Press, Stanford, CA 1977.

22 *Cfr.* anche C. Tilly, "History. Notes on urban images of historians", in: L. Rodwin and R.M. Hollister (a cura di), *Cities of the Mind*, Plenum, New York, NY-London 1984.

fuori delle mura della città o nelle periferie vicino ai fiumi. Anche la divisione spaziale di classe è diversa: nella tradizionale città cinese è raro trovare un divario tra un quartiere di ricchi e uno di poveri, una divisione tra quartieri alla moda e baraccopoli come nella città occidentale. In sostanza vi erano unità di vicinato simili, ma differenziate internamente (ciascuna sede di abitazioni di ricchi e di poveri, di mercato e strutture religiose) che sono state le unità di analisi standard della città tradizionale cinese. L'urbanistica in Cina non è stata applicata fino al recente boom dell'urbanizzazione, in cui è diventato essenziale per il governo cinese disciplinare l'estrazione della rendita urbana.

Ma non sta qui forse l'aspetto più interessante, bensì nella formazione di una classe media urbana con aspetti di comportamento sociale e culturale simili a quelli occidentali. La nascita di movimenti urbani nelle città Cinesi sta avvenendo mediante la mobilitazione di "risorse morali"[23] da parte della nascente società civile. Certo vi è una drammatica asimmetria tra ragion di Stato e società civile in Cina, frutto della superiorità dello Stato a partire già dalla formazione dello Stato nazionale post-coloniale in Asia. Ma i casi di mobilitazione urbana recente in risposta a trasformazioni urbane imposte dallo Stato, a Xiamen e Shanghai, come a Hong Kong e Taiwan, stanno avvenendo attraverso il recupero di valori culturali ("proteggere la casa", "proteggere il giardino di casa") che affondano nella tradizione che pone la "casa" a un livello di legittimità morale pari allo "Stato". Casa, famiglia/casa, etnia rimandano all'idea di civile, ma anche a valori moderni di tutela ambientale e valorizzazione della comunità. In questo modo sono stati fermati da coalizioni locali urbane progetti che prevedevano l'abbattimento di case, antichi templi, alberi centenari ecc. Comunque sia, le élites urbane, imprenditoriali e intellettuali sono in forte crescita. Gli

23 C. Yingfang, "'Proteggere il giardino di casa'. La mobilitazione delle risorse morali nei movimenti urbani, tr. it. in: X. Xiaoming (a cura di), *Città senza limiti*, Cafoscarina, Venezia 2016.

effetti modernizzanti sulla società saranno inevitabili. Sebbene non sia il neoliberismo la forza trainante del capitalismo cinese contemporaneo[24], un concetto weberiano, la profezia razionale, può aiutare a spiegare la riforma di Deng Xiaoping. In Cina, osservò Weber, una profezia razionale autoctona non emerse mai, essa venne semmai da fuori, come per Lao-Tzu e il Taoismo. Questo va di pari passo con il capitalismo non-razionale di Cina e India per il finanziamento di guerre e l'estrazione di tasse, contrapposto al capitalismo razionale orientato al mercato. Ma questa profezia razionale è oggi probabilmente emergente nella forma del "pragmatismo radicale" orientato al mercato: un termine usato per definire la riforma economica in corso, non più contrapposta al capitale ma che non tollera da parte dei nuovi imprenditori comportamenti ostili al Partito. Osservando la Cina contemporanea viene alla mente la definizione di Benjamin riferita alla Russia sovietica del secolo scorso: uno stato non solo diviso in classi, ma anche in caste in cui il prestigio sociale è espresso non solo in vesti e consumi esteriori, ma in rapporto con il Partito.

Essere capitalisti in Cina è infatti strettamente legato all'essere parte di un sistema guidato dal Partito. Le imprese di stato, i gruppi industriali, le grandi società di gestione delle infrastrutture seguono le direttive del Comitato Centrale del Partito Comunista Cinese, e del Consiglio di Stato della Repubblica Popolare Cinese. Come recitano le direttive, ad esempio, della società di gestione del porto di Shanghai-il più grande del mondo-essa persegue l'ottimizzazione dell'ambiente economico e segue il piano del governo municipale di azione per accelerare la costruzione di una nuova economia aperta. Il Shanghai International Port Group, dove l'Occidente incontra l'Oriente, è posseduto dalla Shanghai SASAC (State-owned Assets Supervision and Admnistration Commission) e dalla China Merchants Group anch'esso di proprietà statale. I dirigenti di queste società sono in grado di muoversi autonomamente sullo scenario

24 Ma vedi una lettura della transizione in corso come neoliberista in P. Ngai e L. Huilin, "L'ideologia urbana e i costruttori di città", in: X. Xiaoming, *op. cit.*

internazionale, come gli amministratori delegati di qualsiasi impresa capitalistica.

Le SOE (State-Owned Enterprises) sono il centro del capitalismo cinese e ormai mondiale. I 48 principali gruppi cinesi sono tra le 500 Fortune Global Companies, e tre di esse, State Grid, China Petroleum, Chemical and China National Petroleum sono rispettivamente al 2°, 3° e 4° posto nella classifica mondiale di Fortune. Un sistema a tre livelli: centrale, municipale, di impresa realizza la governance multilivello cinese. Le SOE, le imprese di stato seguono "i principi di uno sviluppo di alta qualità e orientato al profitto, l'efficienza manageriale, il taglio delle capacità in eccesso, la gestione avanzata dei principi operativi", non diversamente da qualsiasi impresa capitalistica.

Lentamente, nei settori aperti all'export si stanno realizzando i primi conflitti tra lavoratori, capitale e stato. Nel settore dei porti, cruciale per l'export, scioperi si sono verificati a Shanghai (2011), Ningbo (2014), Shenzhen (2007), Hong Kong (2013), quest'ultimo con la solidarietà di studenti e attivisti. I conflitti sono stati motivati da aumenti salariali e condizioni di lavoro fissate da parte del management, che secondo la definizione dell'ex-presidente della Hong Kong DockWorkers Union "trattavano i nostri lavoratori come schiavi"[25]. Anche il sistema di appalti e sub-appalti che caratterizza questi settori si avvicina fedelmente al modello capitalistico dominante.

Una sorpresa finale molto weberiana viene dalla crescita in corso dei Cristiani in Cina, soprattutto Protestanti evangelici, e concentrati nelle città: 80 milioni nel 2017 secondo gli esperti, più di 100 milioni nelle previsioni al 2020. Stime ancora più radicali affermano che l'80% della popolazione spesso in modo nascosto esprime un'adesione a fedi religiose. Un ethos religioso non sarà più considerato un pericolo nell'epoca del capitalismo di Stato? – almeno se si

25 B. Ruixue e A. Loong Yu, "Worker militancy and strikes in China's docks", in: J. Alimahomed-Wilson e I. Ness (a cura di), *Choke Points. Logistics Workers Disrupting the Global Supply Chain*, Pluto, London 2018.

esprime in modo adatto allo spirito nazionale e la tolleranza religiosa potrebbe manifestare una valutazione diversa rispetto al passato sul contributo positivo che le fedi possono dare alla costruzione della società. Il contributo degli imprenditori e delle reti sociali urbane a sfondo Protestante alla costruzione della società civile e il loro approccio "biblico" al fare denaro potrà essere la sorprendente novità che ne risulta. Nella stessa direzione vanno i Neo-Confuciani. Dagli studi emerge una forte tendenza di questi gruppi a cercare il riconoscimento del potere cinese e a negoziare con esso. Nel 2014 il governo locale ha però vietato la costruzione di una nuova chiesa Cristiana a Wenzhou adducendo norme urbanistiche, provocando dimostrazioni a sostegno della chiesa. A Hong Kong, dove pure è presente 1 milione di Cristiani (14% della popolazione, una quota lievemente superiore a quella dei Buddhisti: 13%), il fenomeno religioso non ha sin qui espresso manifestazioni analoghe. Tuttavia, nel senso più ampio di creazione di una società civile conflittuale, si potranno anche valutare i fenomeni di creazione di un movimento politico per la democrazia elettorale tra gli studenti e i giovani scolarizzati nella regione amministrativa speciale di Hong Kong, durante i 79 giorni di protesta del 2014. Forse Weber, inattuale per la Cina del XX secolo, sarà sempre più attuale per la Cina del XXI secolo?

Occident and Orient,
the Knot, the Mean, and the Heart:
A Perspective from the Psychology of the Heart

Heyong Shen 申荷永

Macao, China / *Cina*
November / *Novembre* 2019

Introduction

Psychology of the Heart is the title my first Eranos speech at 1997[1]. The Chinese name for psychology, *Xin-Li-Xue*, looks like "Heart-ology," reading from left to right. If someone reads it from right to left, turning the other way round, then the meaning is "learning the truth (reason) of the heart."

C.G. Jung learned Chinese characters. He once described them as "readable archetypes."[2] People know the story of Jung and Mountain Lake. In 1924, at the age of 49, Jung traveled to America, where he visited the Taos Pueblos in New Mexico. He befriended the chief of the Taos Pueblo Indians, Mountain Lake. Jung asked Mountain Lake why he thought the whites were all mad: "They say that they think with their heads," he replied. Jung said, "Why, of course," and asked him in surprise. "What do you think with?" Mountain Lake

1 H. Shen, "The Psychology of the Heart in China," *Eranos-Jahrbuch* 67 (1998): 51-59; see also Id., "Psychology of the Heart – An Oriental Perspective," *Eranos-Jahrbuch* 69 (2006-2007-2008): 142-57.

2 C.G. Jung, *Letters. 1906-1961*, eds. G. Adler and A. Jaffé, 2 vols. (Princeton, NJ: Bollingen Series, Princeton University Press, 1973-1975), pp. 584 *f.*

replied: "We think here," and he indicated his heart. "I fell into a long meditation – Jung said – This Indian had struck our vulnerable spot, unveiled a truth to which we are blind. I felt rising within me like a shapeless mist something unknown and yet deeply familiar [...]. Something else that Ochwiay Biano (Mountain Lake) said to me struck in my mind. It seems to me so intimately connected with the peculiar atmosphere of our interview."[3]

This is the Chinese character for Thinking, combined with the head (upper part) and the heart (lower part) together:

If we put the two together, then there is the third or transcendent function. With such kind of "Thinking-heart" or "Heart-thinking," let's go into the images and the meaning of Occident and Orient, the Knot, the Mean, and the Heart.

1. Occident and Orient, the Knot and the Images

The Chinese characters for Occident and Orient have the similar meaning of the English words: "Occident" for the West or Western hemisphere; "Orient" for East or Eastern world in relation to the Occident. But the Chinese characters are images. Originally, the Chinese language characters related to the *I Ching* symbols. So, the image or archetypal image conveys the deep meaning beyond the words. As Jung said, the *I Ching* images and Chinese characters are readable archetypes. Let's have a look at them.

This is the symbol for "Occident" (West) of the Chinese character (*Xi*), from the original Han dynasty dictionary, *Shuowen Jiezi*. It's a

3 C.G. Jung, *Memories, Dreams, Reflections* (1961), eds. A. Jaffé (New York, NY: Vintage Books, 1989), p. 248.

pictogram and ideographic character, having the image of the bird on the nest.

It is very interesting, if we compare the image and meaning with the West or *occido*, for the meaning of descent, sunset. Because the Occident or *occido* is the phenomenon we are dealing with at the first level. We can see it. But, in the Chinese character image for the West, we will have the opportunity to further "see" or feel the atmosphere, and imagine the situation and related images. Through the image of the "bird on the nest" for *Xi* in Chinese, we can imagine the legend of the Sun bird. According to Chinese mythology, there is a three-legged bird with the Sun.

Then let's have a look at the Chinese character for Orient or East (*Dong*). The character presents the image with "the Sun in the tree." According to *Shuowen Jiezi*, Orient means moving or rising, following the tree. That's the similar meaning of Latin word *oriens* (Orient). "The Sun in the tree" for East (*Dong*) is also related to Chinese mythology: there are nine Sun birds in the Fusang Tree.

If the image of the Chinese character for Occident is sunset and going down; instead, the character for Orient is sunrise and going up. So, Occident and Orient, according to their linguistic roots, are related to archetypal images of Sun, i.e., the Sun moving from East to West. In fact, it's our feeling on the earth, feeling of Sun's movement, as the earth revolves from West to East. Then, we can make a psychological reflection or using our imagination: where is their meeting point?

As we know from the story of *omphalos* ("navel"), Zeus sent two eagles flying toward Occident and Orient across the world to meet at its center, the meeting point with the symbol of *omphalos* at Delphi. In this story and legend, we find the archetypal image of "knot," the "navel" of the world, and the connection between Occident and Orient. Then let's have a look at the Chinese character for "knot" (*Jie*):

It's also a beautiful image. It's combined with the symbols of "fine silk" (left side) and "lucky" (right side). The symbol of "fine silk" looks like the mark and sign of omphalos, connection, and unity:

Behind the image, we can imagine the related image of silkworm and the mulberry tree, as well as the sericulture, spinning, and weaving. The ancient Chinese people worshipped the mulberry tree, because it was valued as the tree of life, or the mother tree, symbolizing the archetypal feminine.

The right-side symbols for the knot in Chinese character is "lucky" (*Ji*), the oracle bone script form. In the image, the weapon is contained, kept in a container, with the meaning of not using it. So, it carries the meaning for peace and lucky. In the ancient Chinese philosophy, as Lao Tsu for instance (§ 31), using the weapon is bad and misfortune.

If we go further, thinking of the "Gordian Knot," then we can have a look at the character of *Di*, "deep knot" in Chinese.

The image, conveys the way for making a "Gordian Knot." According to *Shuowen Jiezi*, *Di* means that the knot can not separate. The left side of the character is the same as "fine silk" and the right side is the image for God. Also, has the symbolic meaning of seed, bud, and flower. In the image of God in Chinese character, as the *Shuowen Jiezi* described, has the meaning of "suitable for the world," "awareness of Tao," and virtue of heaven and earth. Confucius once said: There are five elements under heaven: the metal, the wood, the water, the fire, and the earth; with them, we have the cultivation of all things in time-sharing. Their spirit called five gods.

For the relationship between Occident and Orient, symbolically and in reality, the Five Elements Theory (*Wu-Xing*) may help us for further inspiration. In the Five Elements Theory, Occident belongs to metal while Orient belongs to wood. Even metal conquer the wood, but wood produces fire, and fire conquers gold. Furthermore, water produces wood and metal produce water. In such a complex system, we can find the proper way for communication and build a healthy relationship. Not only the knot but the knot of the knots, depicted by the following image in Chinese:

In fact, the balance and harmony is the way. And that is the meaning of Tao.

The Chinese character for Five (*wu*) looks simple, but meaningful. it's oracle bone inscription like this:

The up line ("—") represent heaven, while the lower one the earth. Between them, we find the symbol of "×." It's just the "knotted point," which conveys the symbolic meaning of "crossing noon," for heaven and earth, *Yin* and *Yang*.

Duan Yucai's *Annotation on Shuowen Jiezi* noted that "the ancient sages knew there were the five elements of water, fire, wood, metal and earth. Then they made this character. It comes from the form of two. Like heaven and earth." Therefore, the image of "five" includes heaven and earth, *Yin* and *Yang*, the five elements, and their interactions.

We found that, in ancient times, the "five" on top with the image of the heart below was used to express the same meaning of enlightenment (*wu*). Here, we have come to the essence of what *wu* as "self" would mean as the archetypal image of the Self for Analytical Psychology and the profound meanings contained with enlightening and enlightenment.

2. The Chinese image for the Mean and its Meaning

As stated in the *I Ching*, *Xi Ci*, "equal parts of *Yin* and *Yang* is called *Dao*." So, too, is as Chuang Tzu's comments on the *I Ching*: "*I Ching* is about the way of *Yin* and *Yang*."[4] In his 1935 *Tavistock Lectures*, Jung stated (about ancient Chinese philosophy), "The ideal condition is named *Tao* and it consists of the complete harmony between heaven and earth [...]. The condition of *Tao* is the beginning of the world where nothing has yet begun – and it is also the condition to be achieved by the attitude of superior wisdom. The idea of the union of the two opposite principles, of male and female, is an archetypal image."[5] This is the Chinese *Tai Chi* Diagram used by Jung. In the image, we can feel and image the meaning of the Mean, equilibrium, and even enantiodromia.

One of the important origins of the *I Ching* is *He Tu* (River Map) and Luo Shu (Luo Script). The legend says that in the ancient days, during Fuxi's time, a dragon-headed horse emerged from the Yellow River near Luoyang with *He Tu*, while a turtle spirit emerged from the Luo Shui River with *Luo Shu* on its back. Fuxi then evolved Bagua (the Eight Trigrams) and the rules of *Wuxing* (the Five Elements) from them, thus originating the *I Ching*.

4 § *Tian Xia*/The Land under Heaven.
5 C.G. Jung, "The Tavistock Lectures: On the Theory and Practice of Analytical Psychology" (1935), *CW* 18, par. 262.

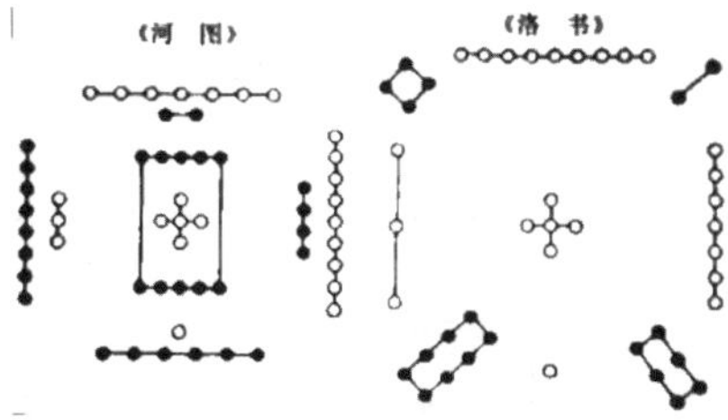

As we can see, the number five is the center and the heart. The heart of the heart is the "knotted point." In the middle of *He Tu* is number 5, each group of numbers on the four sides subtract to 5, and the middle numbers also give 5 (and 15). The middle of *Luo Shu* is also 5, and the horizontal, vertical, diagonal sums are all 15. Thus, in the archetypal images of *He Tu* and *Luo Shu*, *wu* (5) is the center. According to ancient Chinese philosophy, the center of the He Tu and Luo Shu, is the symbol of the heart of heaven and earth, and the heart of the Tao.

洛書

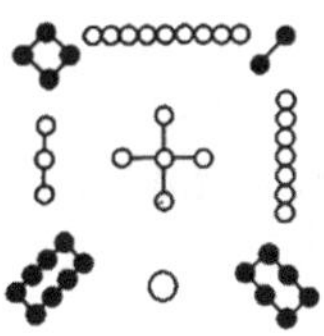

4	9	2
3	5	7
8	1	6

Jung gave an analysis of the "He Tu" images and the *I Ching* in his writing, *Concerning Mandala Symbolism*. He said: "The 'River Map' is one of the legendary foundations of the *I Ching*, which in its present form derives partly from the twelfth century BCE. According to the legend, a dragon dredged the magical signs of the 'River Map' from a river. On it the sages discovered the drawing, and in the drawing the laws of the world-order. This drawing, in accordance with its extreme age, shows the knotted cords that signify numbers. These numbers have the usual primitive character of qualities, chiefly masculine and feminine. All uneven numbers are masculine, even numbers feminine."[6] This is the "He Tu" Jung used in his book:

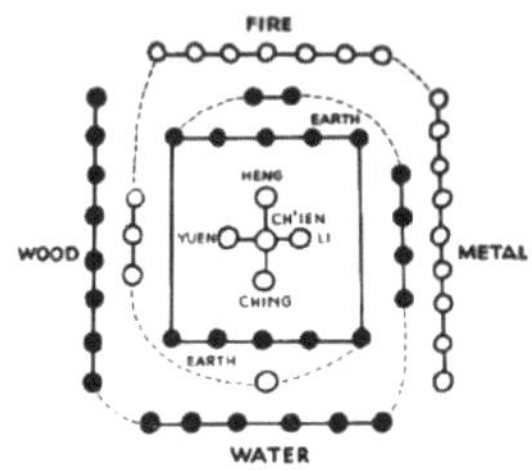

About *He Tu*, Jung commented as follows, using the *Qian* Hexagram: "*Qian* in the middle is the heaven, which then originates the four virtues, such as the movement of heaven is full of power. So now we have *Qian*: self-generated creative energy; *Heng*: all-pervading power; *Yuan*: generative power; *Li*: beneficent power; *Zhen*: unchangeable, determinative power."[7]

We can read on the back cover of the English translation of the *I Ching*: "The *I Ching*, or Book of Changes, represents one of the first efforts of the human mind to place itself in the universe [...]. Its central themes, set forth in imagery of singular force and originality, is the continuous change and transformation underlying all existence."[8]

In the image of Five, as shown in the Hetu and Luoshu, it not only contains all of both *Yin* and *Yang*, the foundation of the Five Elements (*Wu-Xing*); its logic also holds the wonders of the numbers of heaven and earth. It is the embodiment of the "equilibrium" (*Zhong*) within "to hold the honest Mean," the upmost *Dao*. The Chinese character

6 C.G. Jung, "Concerning Mandala Symbolism" (1950), *CW* 9-1, par. 642.
7 *Ibid.*, par. 640.
8 *The I Ching or Book of Changes*, ed. R. Wilhelm, trans. C.F. Baynes, pref. C.G. Jung (Princeton, NJ: Princeton University Press, Princeton, Bollingen Series XIX, 1950).

of the Mean, or Equilibrium, in its the original form, is indeed quite clear and simple:

The image of *Zhong*, originally conveys the running and balance of *Yin* and *Yang*. The basic meaning of *Zhong* is "core," the center, the heart, the right time, the state of equilibrium and harmony. It is also the symbol for high noon. So, such an image is related to the theme of our conference ("Occident and Orient, the Knot"). We firstly paid our attention to the Occident, sunset, or Orient, sunrise; and now we have the chance to face the "high noon," an image related to the "knot." In my imagination, the image of *Zhong* in Chinese, the East, and the "omphalos" in Delphi correspond to each other. Both of them contain the thread and mean for communicating with God or the spirit of the depths. Then we may have the chance to feel the wholeness of Occident and Orient, from sunrise to sunset, and to understand the meaning of the knot, and the image of the tree and the bird.

In Chinese philosophy, the image and meaning of *Zhong* ("equilibrium") is so important. *Zhong* (equilibrium) is the main principle of the *I Ching*. As the second line and the fifth line of each hexagram, it is the center or mean for the inner and the outer trigrams. So, *Zhong* conveys the meaning of the third, the balance of *Yin* and *Yang*, and the transcendent function. That is the exactly the meaning of *Zhong-Yi*, the Chinese medicine, which uses the equilibrium principle for treatment. In that way, Chinese medicine cannot be just understood as the "medicine of China." The core, or the secret, of the meaning of "Chinese" lies in its character *Zhong* (equilibrium). The image of the character for the Great Commentary of the *I Ching* (*Xi Ci*) is closely related to the right side of the image for the knot (*Jie*):

This image conveys the symbolic meaning of "knotted point," the core and the middle numbers of the trigrams. Chinese culture is a culture of *Zhong*, equilibrium, and the word *Shou-Zhong* is a term for the basic Taoist principle. As Lao-tzu says, "All things carry *Yin* and have *Yang*, being harmony by the equilibrium of vacancy."[9] *Zhong* (equilibrium) is the foundation of the Confucius tradition, just as is *Zhong-yong*, the Doctrine of the Mean: "When joy, anger, sorrow, and happiness are not revealed, they are *Zhong*, in the mean. When they are revealed, they are *He*, in harmony. *Zhong* is the base of everything and *He* is the right way to reveal everything. If *Zhong* and *He* are achieved, the world would run smoothly."[10] For Buddhism, the Middle Way (*madhyamā-mārga*), as Buddha describes the Noble Eightfold Path that leads to liberation, also uses *Zhong* and *Tao* in Chinese.

So Zhong is the special knot, the balance of *Yin* and *Yang*, and the unity of the opposites. In the image, there is the center, the heart, and the wholeness. When the image of *Zhong* is combined with the image of the heart, then wel'll have more inspiring discoveries for depth psychology.

3. Psychology of the Heart and the Wisdom from the Heart

Psychology of the Heart, in the form of the original Chinese characters, looks like the Core Psychology. The core, in Chinese, contains the image of the seed and the heart. So as for Latin, the *cor/cordis* also conveys the meaning of heart, mind, soul, spirit, and seed. The core of the core looks like the shape of the heart and seed.

9 Lao-tzu, *Tao te Ching*, chapter 42 (Chuansha: Hunan People's Publishing House, 1999), pp. 86 *f.*

10 *The Doctrine of the Mean* (Beijing: Sinolingua, 2006), pp. 4 *f.*

Confucius takes the meaning of the image for the quality of being humane, the "benevolence" (*Ren*), as the first principle of Confucianism. *Ren*'s pronunciation is the same as the meaning of seed and of human-being, and has two original forms: one is combined by "body and heart":

The other is composed by "thousand and heart":

This is the image of the heart in its oracle bone script, bronze inscriptions, small Seal Script, and regular Script (from left to right):

According to the Psychology of the Heart – the theme of my Fulbright in-residence-lectures (1996-1997) and the Eranos speeches (1997 and 2007) –, which represents the Chinese cultural psychology, the image of the heart in Chinese character conveys three levels of meaning:

a. As the root of life and changing of spirit (*The Yellow Emperor's Classic of Internal Medicine*); the heart is the seed and flower of the body and life;

b. As the seat and container of spirit and soul (*The Book of Rites*), the heart contains ten thousand thoughts and concerns. Almost all of the ancient Chinese "psychological" terms are combined with the image of the heart.

c. The heart is the Heart of heaven and of the Tao (*I Ching*). As the hexagram 24 of the *I Ching* (Returning/The Turning Point) says: "Reaching-to returning one's visualizing Heaven [and] Earth's Heart."

In *Kangxi Dictionary*, one of the complete dictionaries of Chinese language, there are over 1000 characters with the image of the heart. It's really amazing. The ancient Chinese people had their special enthusiasm and vision for the heart. Even most of the characters are not used anymore, we have almost lost the image and meaning of the heart, but one still can have such imagination: the ancient Chinese were very sensitive people for the heart, the psyche, and related psychology. For example, the Chinese characters for thinking, emotion, and will, all of them are combined with the image of the heart as the core.

Thought and imagination

Emotion and affection

Will and ambition

Just give some more examples, these interesting terms for psychology today, in the forms of Chinese characters, are all combined with the core image of the heart.

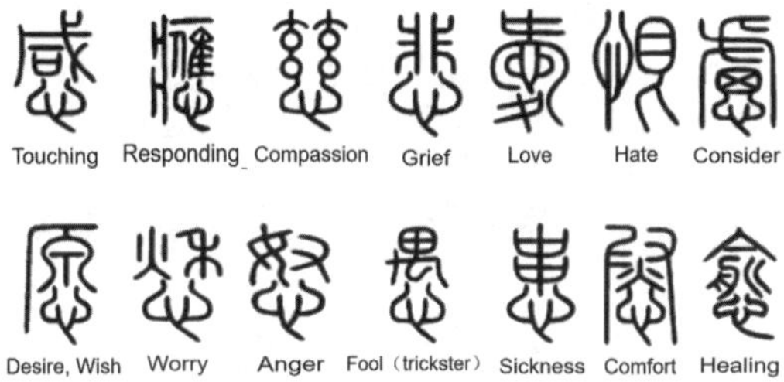

So, the image and the meaning of the heart is the most important thread for understanding Chinese culture. Let's go further to have a look at these three interesting characters: bright and intelligent, brightness and wisdom, wisdom and enlightenment. As you can imagine, the heart is the core of them, or they are all rooted in the heart. The image and the meaning of the heart, is not only the core for psychology, but also for Chinese culture and philosophy, such as for the *I Ching*, Confucianism, Daoism, and Chinese Buddhism. Among them emerged the wisdom of the heart, which has been providing the basic principles and methods for depth psychology.

According to the legend, three pre-historical kings, Yao (about 2300 BCE), Sun (about 2270 BCE), and Yu (about 2240 BCE, who controlled the big flood, and his son set up Xia, the first dynasty of

Chinese culture), demised the kingdom and passed on generation after generation with the "16 characters of Heart scripture":

> The heart of man is perilous,
> The heart of Dao is mysterious;
> Be refined and be focused,
> And to hold the honest Mean.[11]

This is recorded in the chapter of Schemes of the Great Yu in the *Shangshu* (*The Book of History*). *Shangshu* is one of the five Classic books of ancient Chinese literature. Although there have been doubts regarding when was *Shangshu* written, the ancient texts recently presented in the bamboo manuscript at Tsinghua University give sufficient support to the 16-character scripture we quoted. Within this quatrain of four lines, each composed of four characters, beginning with "The heart of man is perilous" we are given a 16-characters scripture that expresses the fundamental idea of "holding the two extremes while employing the middle course or unity," the method of clinical practice utilized by Jung that may be referred to

11 *The Book of History*, trans. Luo Zhiye (Chasha: Hunan Publishing House, 1997), pp. 302 *f.*

as the "transcendent function," but is really an invitation to "active imagination" – a journey that is in *Dao* to realize the Self that has always, mysteriously, been there.

The "16 characters Heart scripture" is the origin of Chinese heart-mind theory or school (*Xin Xue*). For instance, the first principle of the *Great Learning* is "sincere with the upright heart"; and such kind of sincere is also the cornerstone of the *Doctrine of Mean*. In fact, for the tradition of Confucius and Meng Tzi, and even King Wen of Zhou and Duke of Zhou (both of them are related to the authors of the *I Ching*), they are all carry on the meaning and significance of this "16 characters Heart scripture."

The heart, with its image and meaning, is the heart of Chinese culture and philosophy. When Confucius was asked to use just one word to represent his whole teaching and thought, he gave the character of "shu" (forgiveness, benevolence): the image of the character conveys the meaning of "the same heart" or "following the heart."

The Daoist tradition has beautiful images for the "empty heart" and the related significance metaphors. The Chinese Zen Buddhism has its original name in Chinese as the "Heart Sect," carry on the fundamental teaching from heart to the heart. The image and meaning of the heart, is also the heart of the *I Ching*, which the sages using for "washing" (wakening) of the heart; and also the heart of the related five elements theory and Chinese medicine.

So, the heart is the heart of Chinese culture. Even the Chinese character for "culture," as well as for civilization, language and literature, is with the image of the heart as the core.

Conclusion

Psychology of the heart, in its Chinese expression, bring the meaning of "learning the truth (reason) of the heart." We know what Blaise Pascal said is: "The heart has its reasons of which reason knows nothing." In *The Red Book*, Jung wrote: "One would like to learn this language, but who can teach and learn it? Scholarliness along is not enough; there is a knowledge of the heart that gives deeper insight."[12] In *Memories, Dreams, Reflections*, he also wrote: "This raised the question of the unity which must compensate this diversity, and it led me directly to the Chinese concept of Tao [...]. It was only after I had reached the central point in my thinking and in my researches, namely, the concept of the self, that I once more found my way back to the world."[13]

For the theme of our conference, the Gordian Knot, East and West in the Global World, we are not just considering the knot for Occident and Orient, but also for the equilibrium of the world, the heart, the Tao, the great Mean, and the meaning.

12 C.G. Jung. *The Red Book. Liber Novus*, ed. S. Shamdasani (New York, NY: W.W. Norton, 2009), p. 233

13 C.G. Jung, *Memories, Dreams, Reflections*, p. 208.

《易经》哲学：解开中国与西方世界之“结”的一种可能性路径

张文智 [*Wenzhi Zhang*]

山东 济南
2019 年 11 月

导言

东西方之间的关系特别是中国与西方世界的关系如何直接影响到国际形势的稳定与否。最近几年，中国与西方世界经常发生摩擦，国际形势令人堪忧，中国与西方之间的关系因此亦类似戈尔迪之结（Gordian Knot），成为难以解决的世界难题。《易经》在中国一直被尊为“群经之首，大道之原”（《汉书·艺文志》），而荣格（C. G. Jung）所创立的分析心理学与《易经》哲学亦有紧密的联系。按照荣格的说法，整个外部世界的混乱与冲突与人们的心理失常及无意识受到压制有关。《易经》可以为荣格的这一说法提供哲学根据。中国虽然是《易经》的诞生地，但中国当下的许多政策及个人的许多想法与《易经》所蕴含的大道已不相符；经过卫礼贤（Richard Wilhelm）、荣格及其分析心理学派的努力，《易经》虽然在西方正在产生越来越大的影响，但许多西方人特别是国家元首对《易经》哲学的深层内涵并不了解，更不会运用《易经》哲学来解决他们所遇到的国内、国际问题。因此，在这里我想从《易经》哲学出发，为解开中西之间的已形成的戈尔迪之结（Gordian Knot），寻找一种可能的办法与路径。

一、*《易经》中的宇宙生成论与心性本体论*

由于下面的观点主要从《易经》哲学出发，故我要在这里把《易经》哲学做一个较为详细的介绍。《易经》哲学主要由其所蕴含的宇宙生成论和心性本体论组成，在此我们主要就这两个问题予以阐发。

（一）《易经》中的宇宙生成论

《周易》与古今中外的其它经典最为明显的不同之处在于，它有一套象数符号系统，其所蕴含的哲学思想亦是由这些符号及文辞系统显现出来。《周易·系辞上》有云："天生神物，圣人则之。天地变化，圣人效之。天垂象，见吉凶，圣人象之。河出图，洛出书，圣人则之。"传统认为，这里所说的"神物"主要指"河图""洛书"。"河图"为龙马背上所负之图（见下图），"洛书"为神龟背上所负之图（见下图）。河图与《系辞传》所说的下面这一段话正好相应："天一，地二；天三，地四；天五，地六；天七，地八；天九，地十。天数五，地数五，五位相得而各有合。天数二十有五，地数三十。凡天地之数五十有五，此所以成变化而行鬼神也。"这里的"五位相得而各有合"亦被表述为:"一与六共宗而居乎北,二与七为朋而居乎南,三与八同道而居乎东,四与九为友而居乎西,五与十相守而居乎中。"尽管有很多学者怀疑此图为宋代人所创，但《汉书·律历志》、《易纬·乾凿度》、郑玄（127-220）、虞翻（164-233）等皆有类似说法[1]，可见此图式必渊源甚久，我们不能完全否定周初《周易》成书时已有类似图式存在之可能性。而洛书则与郑玄在解释《易纬·乾凿度》时所说的"太一"行九宫之说相合[2]。

朱熹（1130-1200）亦将此两图及下面将要提及的伏羲八卦即先天八卦图、文王八卦即后天八卦图等列于其《周易本义》。朱熹的这一做法虽然受到后儒的许多非议，但这些图确能帮助我们理解《周易》的许多哲理内涵，故我们在此仍据这些图分析《易经》中的相关哲学问题。

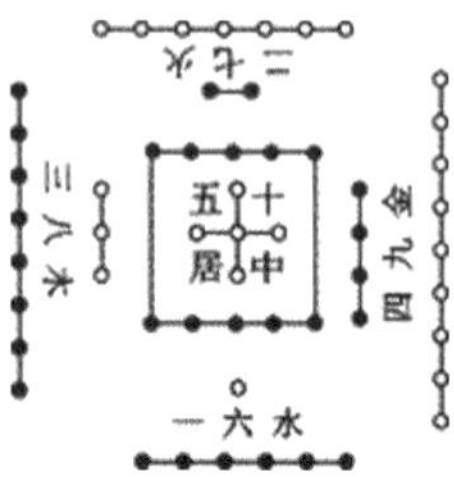

河图

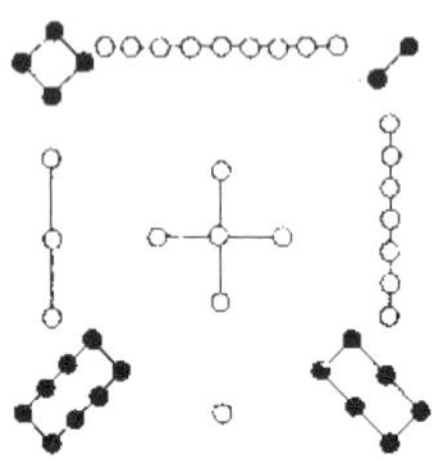
洛书

四	九	二
三	五	七
八	一	六

洛书之数

1 请参见刘大钧：《周易概论》，济南：齐鲁书社，1986 年，第 190-191 页。
2 刘大钧《周易概论》，济南：齐鲁书社，1986 年，第 191-193 页。

后人一般将河图解读为“天一生水，地六成之；地二生火，天七成之；天三生木，地八成之；地四生金，天九成之；天五生土，地十成之”，其中一、二、三、四、五等五个数是生数，六、七、八、九、十等五个数是成数；且六与一、七与二、八与三、九与四、十与五之差皆为五，可见“五”在此图中具有至关重要性。在这十个数之中，一、三、五、七、九为阳数，用白点来表示；二、四、六、八、十为阴数，用黑点来表示。显然，河图体现是一种理想的阴阳合和、五行平衡图。该图中间的五个白点所显示的“五”发挥着核心作用，而这五个白点又以其中间的那个白点为核心。

此“五”与“一”扮演着超越或形而上的角色，与下文所说的《易经》中的“太极”（○）有异曲同工之妙。

河图体现的是中国古代的一种宇宙生成图景。在中国古代的宇宙生成论中，“天道左旋，地道右旋”。具体到河图之中，阳数之一、三、五、七、九顺数，体现的是天道左旋（即顺时针方向）之运行轨迹，意即“自北之阳数一始，转东之三、南之七、西之九，与中央之五，其次自然顺行，为一三五七九。是阳数始一终九，九则阳气已极，曰老阳”[3]，故阳数用九。阳极则阴生，阴极则阳生，故“阳终则阴始。阳数终于西方之九，即交于同方之四。阴数自四始，转而南之二、东之八、北之六，合中央之十，其次亦自然逆行，为四二十八六。是阴数始四终六，以六为至阴，阴气亦极于六，故阴数用六”[4]。由此可知，九、六为天地之主数，而《周易》乾卦之“用九”、坤卦之“用六”，皆基于此；而在《周易》六十四卦中，凡是阳爻(—)皆用“九”来表示，如乾卦之初九、九二、九三、九四、九五、上九等等，凡是阴爻（--）皆用“六”来表示，如坤卦之初六、六二、六三、六四、六五、上六等，亦基于此。

后人一般将洛书描述为“戴九履一，左三右七，二四为肩，六八为足，五在中央”。从洛书的数字之顺序可以看出，由“一”至“三”仍为顺行，而由“七”至“九”则变为逆行；由“四”至“二”变为顺行，而由“八”至“六”仍为逆行。这体现了洛书重交错、重变易之特点。河图、洛书皆是为了显明天地之生成，而“河图明天地之生成者，所生成为五行，其位限于五。……洛书则由河图而推其变化，以极其用，所象在生成之后自五行推至九宫，以明生化之

3 《易经证释·图象·河图讲义》第一部，台北：正一善书出版社，2005 年，第 158 页。
4 《易经证释·图象·河图讲义》第一部，第 158-159 页。

序，由二（指阴阳二气）五（指五行）而可推至无穷也”[5]。在洛书这里，阳数一、三、七、九等居于四正之位，而阴数六、八、四、二等皆居于四隅之位，这是因为洛书重在用，“用者以阴从阳，以阳统阴，阳主阴从”，而“一与九，三与七，二与八，四与六，莫不成土之成数。洛书中央用五，而不见十，不知十之数，恰藏于八方，以相合而后得之。河图之合皆五，洛书之合皆十，明五、十为天地之心，土为天地之中，万物之本”，“以生化之始不离于一，故生化之众不失其中。有此中极，则千变万化不离其序。此中央之五，永不易者也”[6]。由此亦可见河图、洛书中间的“五”即指《易经》中的“不易”之本体。

《系辞传》有云：“易有太极，是生两仪，两仪生四象，四象生八卦，八卦定吉凶，吉凶生大业。”“太极”即“一”，“图而象之，则为○，此示浑然之气也；以其既具动静也，则为☯，示已生两仪也。……如是则见太极之体及所生两仪之象也”[7]。后人将《系辞传》这段话用图来示之，称之为“伏羲八卦次序”（见图一）及“伏羲八卦方位”图即先天八卦方位图（见图二），而将《说卦传》“乾，天也，故称乎父；坤，地也，故称乎母”一段用图来表示之，称之为“文王八卦次序”（见图三），将“帝出乎震”一段所述用图表示之，称为“文王八卦方位”图即后天八卦图（见图四）。显然，先天八卦之阴阳分列，即从震[☳]之一阳，至兑[☱]之二阳（离[☲]亦为二阳之卦，其所处位置象日出东方），再至乾[☰]之三阳，为阳之列；从巽[☴]之一阴，至艮[☶]之二阴（坎[☵]亦二阴之卦，其所处位置象征月亮在每个农历月的初三黄昏时在西方出现），再至坤[☷]之三阴，为阴之列。故先天八卦图显示的是阴阳之间的分列即相对以待及阴阳之间的消息盈虚即循环往复。而在后天八卦图中，代表男性之乾[☰]（父）、坎[☵]（中男）、艮[☶]（少男）、震 [☳]（长男）四卦置于左下方之位，而代表女性之巽 [☴]（长女）、离 [☲]（中女）、坤[☷]（母）、兑[☱]（少女）四卦则置于右上方。由于代表男性的阳气上升，代表女性的阴气下降，一升一降，阴阳交合，故整个后天八卦图有“男下女”（《咸·彖》）之阴阳交济、交错之象。

同理可推知，先天八卦为体，后天八卦为用。二者一为始，一为终。有体必有用，有用必有体，即所谓“先天者丽于后天，……故八卦之位虚太

5 《易经证释·图象·洛书讲义》第一部，第 185 页。
6 《易经证释·图象·洛书讲义》第一部，第 188-189 页。
7 《易经证释·图象·太极图讲义》第一部，第 272 页。

极，而八卦之用，皆太极之用也”[8]。也就是说，太极（○）及先天八卦是一种超越的、形而上的存在，而后天八卦则是道体之显现，代表的是具体的事物。先天生后天，后天之中有先天，故“习易者，不得有先天而轻后天，不得因后天而弃先天。此文王之易与伏羲之易，原相阐明为用者也”[9]。

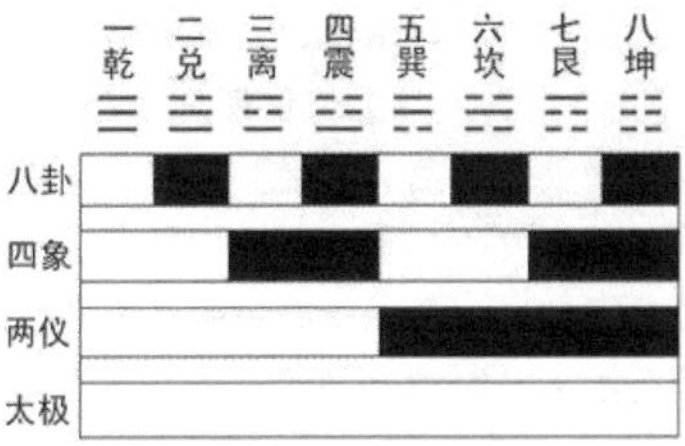

图一：伏羲八卦次序

图二：先天八卦方位图

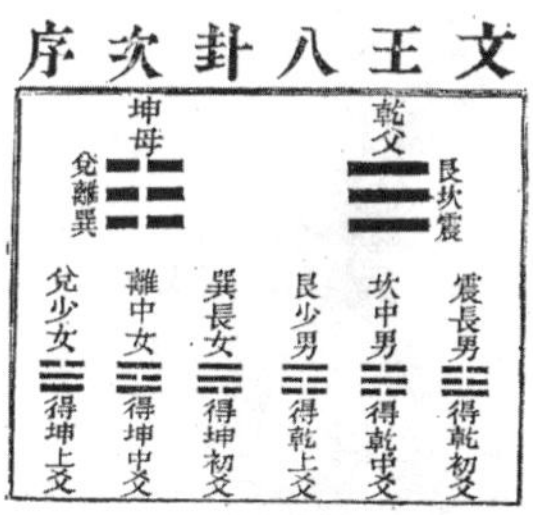

图三：文王八卦次序

图四：后天八卦图

由于河图与先天八卦图皆有阴阳分列之特点，故后人认为先天八卦图乃受河图启发而作；由于洛书与后天八卦图皆有阴阳交错之特点，故后人认为后天八卦图乃受洛书之启发而作。河图与洛书之关系亦如伏羲八卦与文王八卦之关系，一属先天，一属后天。

如果再据《系辞传》所说的“太极生两仪，两仪生四象，四象生八卦”之“加一倍法”，在八卦的基础上继续推衍三次，就可以得出六十四卦，称为“伏羲六十四卦方位”即伏羲六十四卦卦序（见图五）。除此之外尚有《连

8 《易经证释·图象·太极图讲义》第一部，第 296 页。
9 《易经证释·图象·文王八卦讲义》第一部，第 102-103 页。

山》《归藏》等多种不同的卦序，而传世本《周易》六十四卦卦序称为文王卦序（见图六）。伏羲六十四卦卦序乍一看很复杂，实则是先天八卦图的一种扩展版，彰显的是阴阴之间的对待与流行，故而并不复杂。

据《史记》《汉书》及出土的帛书《易传》可知，孔子“晚而喜《易》”。对于《连山》《归藏》，孔子一开始“以为可取，及参之《周易》，始知二者已在其中矣，故从《周易》”[10]。也就是说，《周易》已将《连山》《归藏》之精华纳入其中。“文王之卦……上依伏羲之本卦，下采《连》《归》之变例，沿其旧制，益其新规，而后《周易》以成。《周易》既成，《连》《归》可不复用，于是伏羲与文王二易，一体一用；一本卦，一变例。两者著明，易道大备”[11]。由此可知，伏羲六十四卦卦序与文王六十四卦卦序之间的关系亦如先天八卦图与后天八卦图之间的关系，一为先天，一为后天；一为体，一为用，体用一如。

图五：伏羲六十四卦卦序

10《易经证释·全易大旨及习易要例》第一部，第 47 页。
11《易经证释·全易大旨及习易要例》第一部，第 45-46 页。

1 乾	2 坤	3 屯	4 蒙	5 需	6 讼	7 师	8 比
9 小畜	10 履	11 泰	12 否	13 同人	14 大有	15 谦	16 豫
17 随	18 蛊	19 临	20 观	21 噬嗑	22 贲	23 剥	24 复
25 无妄	26 大畜	27 颐	28 大过	29 坎	30 离	31 咸	32 恒
33 遁	34 大壮	35 晋	36 明夷	37 家人	38 睽	39 蹇	40 解
41 损	42 益	43 夬	44 姤	45 萃	46 升	47 困	48 井
49 革	50 鼎	51 震	52 艮	53 渐	54 归妹	55 丰	56 旅
57 巽	58 兑	59 涣	60 节	61 中孚	62 小过	63 既济	64 未济

图六：文王六十四卦卦序

先天卦序主常，表现的是阴阳二气分行及其循环往复之有序性，可用两仪图“☯”来符示之，而其本源则为先天太极，可用“○”来符示之，即所谓“易有太极（○），是生两仪（☯）”；后天卦序主变，体现的是后天世界阴阳五行之间交错变化之复杂性。文王六十四卦的排序既反映了这种循环往复性，又反映了阴阳五行之间之交错复杂性。“乾坤至既未济为一大循环，终而复始。其中各卦，自为终始，自成循环。……六十四卦虽为一大环，其间或两卦，或四卦，或八卦，复为一小环，以象日月岁时之气，即以象天地宇宙之数也”[12]。如屯卦[䷂，3]与蒙卦[䷃，4]为一循环，前者下卦震[☳]为雷，有奋迅上升之势，上卦坎[☵]为云，有云蒸之象，整个卦则有气之上行之象；后者上卦艮[☶]为止，下卦坎[☵]为水而下行，整个卦有气之下行之象。两个卦合起来的气行之象正好可以用太极图☯来表征，彰显出阴阳二气之间的循环往复。每个卦自身也是一个小的循环，即《系辞传》“变动不居，周流

12 《易经证释·图象·六十四卦疏述》第一部，第 129 页。

六虚，不可为典要，唯变所适”所要表达之意，体现的是其循环往复之特征。而“自屯蒙之后，气行益杂，生化益繁，则交错之情，亦随之益频。不独一卦内外之交，上下之错，且将两卦互交错之，……推而至于四卦之交、八卦之错。反卦覆卦亦交错之，愈交愈频，愈错愈众，于是生化愈广，名类愈多”[13]，则体现其阴阳交错之特点。

文王六十四卦卦序将六十四卦分为上下篇，自乾[䷀，1]、坤[䷁，2]至坎[䷜，29]、离[䷝，30]三十卦为上篇；自咸[䷞，31]、恒[䷟，32]至既济[䷾，63]、未济[䷿，64]三十四卦为下篇。“乾坤坎离如四柱，震巽艮兑如四隅，以共成一室，而人物在其中。上经仅及四柱，有方而未圆；下经始述明四隅，极规复有矩”[14]。由此亦可以看出，文王六十四卦卦序与先后天八卦图有紧密的联系；而明白了先后天八卦图之寓意，自可按图索骥，明了整部《易经》之建构及先后天之关系。上经乾[䷀]坤[䷁]、坎[䷜]离[䷝]阴阳分列，多体现阴阳分行之先天性；下经则以艮[☶，䷳]兑[☱，䷹]震[☳，䷲]巽[☴，䷸]错综成用，多体现阴阳交错之后天性。从全易卦象的角度来看，则伏羲卦序为先天，文王卦序为后天，“若就文王卦言，则上篇为先天，下篇为后天”[15]；上经主要讲天道，下经主要讲人道。

如前所述，“六十四卦虽为一大环，其间或两卦，或四卦，或八卦，复为一小环”，而连接这些循环的是一些具有统领或引领作用的卦，这些统领之卦与这些循环之卦相连而形成由六十四卦连接而成的大循环，这一大的循环又以乾卦为总头领，即其它六十三卦皆由乾卦所生。这些统领之卦包括：1）乾[䷀，1]、坤[䷁，2]，它们引领下面从屯[䷂，3]至履[䷉，10]等相比邻的八个卦；2）泰[䷊，11]、否[䷋，12]，我们称它们为乾[☰]坤[☷]合成及三阴三阳之卦，引领从同人[䷌，13]至观[䷓，20]等相比邻的八个卦；3）噬嗑[䷔，21]、贲[䷕，22]（此两卦分别从否泰两卦变来，前者由否卦[䷋]之九五爻下交初六爻即五爻与初爻互换位置而来，后者由泰卦[䷊]二爻与上爻互换位置而来。我们称这两个卦为乾[☰]坤[☷]交合之卦，亦为三阴三阳之卦），它们引领从剥[䷖，23]至颐[䷚，27]等相比邻的六个卦；4）坎[䷜，29]、离[䷝]，它们虽然没再引领其它卦，但作为上经的结束之卦及后天八卦的主干，其统领总结之意义不言而喻；5）咸[䷞，31]、恒[䷟

13 《易经证释·图象·六十四卦疏述》第一部，第 137 页。
14 《易经证释·咸卦》第五部，第 78-79 页。
15 《易经证释·图象·六十四卦疏述》第一部，第 126 页。

，32]，它们亦为乾坤交合及三阴三阳之卦，引领从遁[䷠，33]至解[䷧，40]等相比邻的八个卦；6）损[䷨，41]、益[䷩，42]，它们也是乾坤交合及三阴三阳之卦，引领从夬[䷪，43]至鼎[䷱，50]等相比邻的八个卦；7）震[䷲，51]、艮[䷳，52]，它们属于六子卦（乾坤为父母卦）[16]，引领从渐[䷴，53]至旅[䷷，56]等相比邻的四个卦；8)巽[䷸，57]、兑[䷹，58]，此二卦也属于六子卦，引领从涣[䷺，59]至小过[䷽，62]等相比邻的四个卦；9）既济[䷾，63]、未济[䷿，64]，它们虽然没再引领其它卦，但作为后天主干之坎[☵]离[☲]合成之卦，其阴阳均衡及变化不息之义亦跃然图上。由上可知，统领之卦所引领之卦数由 8-6-4 等说明，整个文王六十四卦卦序象征事物的变化是从天道到人道、从形上到形下、从抽象到具体的方式展开的，且这一变化愈变愈频，愈变愈快。由此亦可知，上面所说循环亦不是简单的重复，而是从乾卦[䷀，1]到未济卦[䷿，64]的螺旋式推进。根据上述循环及交错之象，就“足以见其善恶之兆，悔吝之途，而于事之所宜，物之所便，以明气之顺逆，数之休咎，皆一一如指掌，莫不在此卦爻之间”[17]。

综上可知，文王六十四卦卦序蕴含着从先天到后天、从简单到复杂的愈变愈频的宇宙生成规律，是一幅气数推演模型，是“道”的一步步展开与显示，而其生生之源则是先天太极（○）。故人们通过运用 50 根蓍草或 3 个铜钱所筮之卦，就可以告诉人们目前的处境及下一步应该采取的或行或止之因应措施，也就是《中庸》所说的“时中”，如此就可以顺道而行、获天之佑。而如果人们已将此演化规律了然于心，则不必通过占筮亦可知一个国家、一个社会以及每个人目前处于某卦或某爻所象征之情势，以及下一步应采取的或行或止之因应措施，从而做到与道合一或与天合一。

（二）《易经》中的心性本体论

《易经》不仅蕴含着上文所说的宇宙生成论，还寓有一种心性本体论。在此，我们对《易经》所蕴含的心性本体论进行分析。

---

16 《说卦传》有云：“乾，天也，故称乎父；坤，地也，故称乎母。震一索而得男，故谓之长男；巽一索而得女，故谓之长女；坎再索而得男，故谓之中男；离再索而得女，故谓之中女；艮再索而得男，故谓之少男；兑再索而得女，故谓之少女。”

17 《易经证释·图象·六十四卦疏述》第一部，第 137 页。

虽然文王六十四卦以乾坤为首，而《乾·彖》则曰“大哉‘乾元’，万物资始，乃统天......御天”，《坤·彖》曰“至哉‘坤元’，万物资生，乃顺承天”。故乾之上有“统天”“御天”之“乾元”；坤之上有“万物资生”之“坤元”。“‘乾元’资始，独接先天”[18]太极（○），“坤元阴精，顺承有终”[19]。《乾·文言》曰“‘乾元’用九”，故“乾元”与乾卦“用九”之辞“见群龙，无首吉”相对应；相应地，“坤元”用六，故“坤元”与坤卦“用六”之辞“利永贞”相对应。“‘乾元’用九”乃象外之象，意即“‘乾元’用九”之“见群龙，无首吉”之辞不是乾卦[☰]中某一具体的爻辞，亦即不能用乾卦某一具体的爻画来对应其义。由此可知，“乾元”之体不可见，而其用可见，见于全易之阳爻—而称“九”者，凡阳爻皆为“乾元”之用。同理，“‘坤元’用六”亦为象外之象，意即“‘坤元’用六”之“利永贞”之辞不是坤卦[☷]中某一具体的爻辞，亦即不能用坤卦某一具体的爻画来对应其义。与“乾元”相似，“坤元”之体虽不可见，而其用可见，见于全易之阴爻--而称“六”者，凡阴爻皆为“坤元”之用。

乾坤“二元即两仪（☯）也，二用即两仪之德”[20]。显然，这里的阳仪对应“乾元”，阴仪对应“坤元”，“‘坤元’亦‘乾元’之所出也”[21]。乾坤二元乃“非随形物生灭者也”[22]，故为变中不变之存在，乃永恒的、超越的形上之存在。“乾元”与“坤元”之间的关系则表现为，“一为阳主施，一为阴主受；一为气（之）始，一为形（之）先”[23]；《乾·彖》曰“大哉‘乾元’，万物资始”，《坤·象》则曰“‘用六永贞’，以大终也”，故乾元主始，坤元主终。而乾坤之间的关系则表现为，“乾知大始，坤作成物”（《周易·系辞上》）；乾主气，为道之全，坤主形而包于天。

在中国传统中，《大学》《中庸》被尊为儒门心法，《易经》则被奉为儒家的“密理”，三者之间互通互融[24]。故《大学》《中庸》中的许多理念有助于我们理解《易经》所蕴含的心性本体论。《大学》所说的“至善”“用极”之境，《中庸》所说的天命之“性”“中”“至诚”“不息”等境界，皆可用先天太

18《易经证释·乾卦》第一部，第 44 页。
19《易经证释·乾卦》第一部，第 44 页。
20《易经证释·坤卦》第二部，第 101 页。
21《易经证释·乾卦》第一部，第 33 页。
22《易经证释·坤卦》第二部，第 99 页。
23《易经证释·坤卦》第二部，第 34 页。
24 关于三者之间的内在联系，请见张文智《儒家的心法与密理——〈易〉〈学〉〈庸〉之间的互通互融性》，载《孔学堂》2016 年第 1 期。

极之境（○）即道之本体来符示。此境亦“即道之先天，佛之净土”[25]之境界。这里特别值得注意的是先天太极（○）与“乾元”即两仪（☯）中的阳仪之间的关系。由于“乾元资始，独接先天”[26]太极（○），故“太极（○）生两仪（☯）”之后，纯阳之元气仍存在于阳仪之中。换言之，“乾元”虽然在两仪生成之后与阴仪互环互抱而共主生成，但只有“乾元”能够“独接先天”太极（○），“以太极之初，元气浑沦，独为阳也。而两仪既分，（乾元）仍为阳精”[27]；而作为阴仪的“坤元”则没有此性能。因此，在两仪生成之后，“乾元”即可代表先天太极（○），故与“乾元”相对应的乾卦“用九”之辞“见群龙，无首吉”才有如此之寓意：“‘群龙’者，众善人也，在天界言，则出三界；在道德言，则太极之初也”[28]，亦如佛教净土宗所说的众佛菩萨所居之极乐世界，故可用“○”来符示之。

由于“易自太极立其极，而以乾坤代名其两仪。万物皆自阴阳生，故全易卦爻，皆自乾坤出”[29]，故如果进一步向下落实，乾坤亦分别对应于两仪图（☯）中的阳仪与阴仪。人在天地之间，为天地即乾坤之合体。乾为人之心性，坤为人之身命。与心性相对应的阳仪主施、主始，而与身命相对应的阴仪则主受、主终。只有“施”而没有“受”，则阴阳不协而万物不生；只有“始”而没有“终”亦不符合天地生成之旨。故如果只有“心性”而没有“身命”则意味着有施无受、有始无终；如果只有“身命”之躯壳，而无“心性”之指导，则无始亦无终。故“人能弘道，非道弘人”、“人身难得”等说法皆是强调“性”与“命”之不可偏废以及“人”在天地人“三才”中之重要性。

由于道“在天为神，在人为性”[30]，“性”为生生之本，可用“○”来符示之。《系辞传》曰：“一阴一阳之谓道，继之者善也，成之者性也。”这里的“之”指“道”而言，意即“继道者善，成道者性也”。故“‘成之’者，言成道也。道无可成，惟全其性，故曰‘成之者性也’”[31]。也就是说，“成道”即是“成性”。又由于诚“赅性之体用，为‘中’之终始”[32]，故“成性”即是“成诚”。《中庸》有云：“诚者，非自成己而已也，所以成物也。成己，仁也；成物，智也。”在

25 《大学证释》，台北：若意出版社，1993 年，第 143 页。
26 《易经证释·乾卦》第一部，第 44 页。
27 《易经证释·乾卦》第一部，第 44 页。
28 《易经证释·乾卦》第一部，第 89 页。
29 《易经证释·图象·太极图讲义》第一部，第 280 页。
30 《大学证释》，第 171 页。
31 《中庸证释》，台北：圆晟出版社，2004 年，第 107 页。
32 《中庸证释》，第 171-172 页。

此，“成己为性道之体，成物为性道之用。体用具备而道成、而性全”[33]。“诚言其中无物”[34]，故可用“○”来符示之，而“成己”则对应于两仪图（☯）中的阳仪，“成物”则对应于此图中的阴仪。“成己”则能达“乾元”之境而独接先天太极（○），“成物”则能达“坤元”之德而“顺承有终”。“成己”为《大学》所说的“内止至善”之功，“成物”则为《大学》所说的“外明明德”之行。同样，这里的“仁”亦对应于两仪图（☯）中的阳仪，“智”则对应于该图之阴仪。与阳仪相配之“仁”能够“独接先天”太极（○），而与“智”相配之阴仪则无此性能。但“仁智一也。仁者必智，智者必仁。仁而无智，不得其道，失其用也；智而未仁，不得其本，失其体也”[35]，故仁为体，智为用，体用一如。《中庸》因之而称仁智为“性之德也，合外内之道也，故时措之宜也”。

在后天世界，性情皆居于心，在此“性”可用两仪图（☯）中的阳仪来符示；“情”可用此图中的阴仪来符示。而“情生于性”[36]，犹如“‘坤元’亦‘乾元’之所出”[37]，而后天之性、情可上推至先天太极（○）所符示之纯性。由此可知，“心只是一心，而一则受之先天，谓之性；一则禀诸后天，谓之情，其实即为‘太极生两仪’也。太极即心，性与情，即阴阳二气。然性，虽亦气也，只是先天之真”[38]。人之有知乃是由于情，情生于性而非性之正。人们如果一味地逐情徇物，就会蔽其聪明；如果能够明物顺性，就能充其智慧。情虽非性之正，而“成性”又离不开人情，但必须是“情之正”，“情之正”可以助人成道。《中庸》所云“发而皆中节”即是“情之正”，即由德返道之意。

原始儒家十分重视静功修炼之法，“所谓‘成性存存’者，所谓‘各正性命’者，所谓‘致中和’，所谓‘自诚明’者，皆此静功”[39]。因此，《易经》所说的先天太极（○）之境不仅仅是形而上的逻辑推证，更可以通过人之心身来体会之。《系辞传》提出的“洗心”及“退藏于密”之法，皆是为了达到此境界。《大学》有“知止而后有定，定而后能静，静而后能安，安而后能虑，虑而后能得”之语，此即修得此境的路径及次第工夫：

---

33 《中庸证释》，第 128 页。
34 《易经证释·系辞讲义》第八部，第 225 页。
35 《中庸证释》，第 129 页。
36 《大学证释》，第 39 页。
37 《易经证释·乾卦》第一部，第 33 页。
38 《大学证释》，第 66 页。
39 《易经证释·系辞讲义》第八部，第 280 页。

> 夫“知止而后有定”，是定其外也，……心身皆定，而后可求真静，故“定而后能静”。静者，静其神，定其气也。……“静而后能安”者，静其神意，息其气息，如止水，如明月，一波不兴，一尘不染，而无所怯惑，无所思疑，神意湛然，气息悠然之候也。……“安而后能虑”者，既安于静，澄然晶然，光明自生，智慧自足，神气盎然，气息随化，静中真机以见，生意以出，而纯乎至善之境，即在前矣。……此“虑”字，纯以真慧观察，性光所照，毫无私念尘思扰杂于中。故一同而进于至善，是即所谓“得”也。“得”者，得至善之境而常止之也。[40]

只可惜孟子之后，此等儒门内功心法失传，故“儒教至秦后，其所传已非圣人之全旨，如‘止至善’、‘用极’及‘格致诚正’诸义，均无实行之功。学者仅为文字解说，故其所成先失其本，而病弊百出，世常以为诟病”[41]。佛、道二家多有静功修炼之说，今可借鉴为用，以实证道体与“至善”“至诚”之境界。荣格一再提到的蔓荼罗（mandala）亦与这种境界密切相关。

人们通过《大学》所说的“格物、致知、诚意、正心”等次第，就可以达到这一“内止至善”之境界，为“内圣”之功，由此而往外推至“修身、齐家、治国、平天下”，这四个阶段称为“外明明德”，为“外王”之行。这“八目”之间环环相扣，如果一个人不能齐家，则说其修身之工夫还有所不足；身不修则由于心不正，心不正则由于意不诚，意不诚则由于知不致，知不致则由于物不格。因此，格物是最为基础的工夫。但对于如何“格物”，《大学》并没有明确地给予回答，通过证悟《易经》所蕴含的宇宙生成论及心性本体论，我们就可以知道“物”之所来及“情”之出处，这样才能更好地格致诚正，并由此外推至修齐治平，这就是儒家的“内圣外王”之道。

明白了《易经》所蕴含的宇宙生成论与心性本体论，就可以明白“天人合一”之道，并由此来评价当今中国及西方社会的诸多症结及其出路。

二、中国的问题所在及其出路

从上文所述《易经》中的宇宙生成论及心性本体论出发，可以看出目前中国存在的许多问题的症结所在。

---

40 《大学证释》，第 142-143 页。
41 《大学证释》，第 159-160 页。

从国家治理的层面来讲，中国目前最大的问题是两极分化及阶层固化。有人说当今中国 20%的人掌握着全国 80%的财富；也有人说百分之几的人掌握着全国百分八九十的财富。尽管对此我们很难获得确切的比例，但严重的两极分化却是不争的事实，并由此导致了阶层固化。之所以会有这一现象发生，是因为从中央到地方皆有特权阶层之存在，正是这些特权队层掌握着各个层次、类别的财富。许多国营企业则直接或间接地享受着国家的相关补贴，而私营企业主为了从这一结构中分得一些利益，就要想出各种办法与掌握相关权利的官员打交道，这就势必产生腐败。虽然在打击腐败方面我们一直在说“老虎、苍蝇一齐打”“对贪腐零容忍”，但滋生腐败的机制一直没有得到根除。尽管有人早已提出应建立政府官员财产公开制度，但从这一建议的提出到现在已经近二十年，这一制度仍迟迟未能建立，由此就可以看出其背后的既得利益者的力量之强大。受利益的驱动，许多高学历的人才亦力图挤进这一权利及利益集团，从每年有那么多大学生及研究生报考公务员考试及大型国营企业招聘，就可以证明这一点。而通过这些考试的大学生或研究生，又很快通过联姻或其它方式被吸纳到这一权利及利益集团中去，未被吸纳进去的人员则会被边缘化而鲜有进一步升迁的可能。这是对高等教育的极大浪费，同时也对全国物力、财力的极大浪费。

根据《易经》哲学可知，阴阳交合及阴阳平衡之卦多为吉卦，象征的是吉利之情势，而实现这一目标的方式则是阳来就阴，亦即阳卦或阳爻在下、阴卦或阴爻在上。如复卦[䷗，24]、临[䷒，19]、泰卦[䷊，11]、谦卦[䷎，15]、小畜卦[䷈，9]、益卦[䷩，42]、咸[䷞，31]等卦皆为吉卦，皆为阳来就阴之卦。而就国家之长治久安来讲，最好的卦即是泰卦[䷊，11]，其所展现的即是《泰·象》所说的“天地交而万物通，上下交而其志同”之景象。与此相反的即是否卦[䷋，12]所显现的“天地下交而万物不通，上下不交而天下无邦”（《否·彖》）之景象。中国历史上每一个朝代即将灭亡时都是以否卦所象征的“上下不交而天下无邦”的形式结束其命运。中国当今社会就应该借鉴《易经》所揭示这一哲学智慧，打破目前的两极分化及阶层固化，从而实现长治久安之目标，整个国家才能始终显现出勃勃生机。而要实现这一目标，就要给百姓更多的权利，让他们来有效地监督政府的行为，这样才能真正做到“为人民服务”而“不忘初心”。真正的君子不怕别人来监督自己，即使在没有人监督的情况下君子仍致力于“慎独”，时时以“举头三尺有神明”之说来严格要求自己，这即是《大学》所说的“诚意”之义。另外，要想实现泰卦所象征的“天地交而万物通，上下交而其志同”之景象，还需要大量削减官员即公务员的人数，《周易·系辞传》所说的“阳一君而二民，君子之道也”，即是此意，而目前的公务人员太多——乡镇（街道）、办事处、区、市、省直至国务院，每一级别的政府皆有200人左右的公务员，从而导致政府开支太大，与《系辞传》所说的“阴二君而一民，小人之道也”相仿，长此以往就会导致“上下不交而天下无邦”。《易经》所蕴含的深沉的忧患意识，正可以为我们防止这一不利局面的出现而提供相应的智慧。而对那些高收入的人，国家除了制定更好的税收制度以“裒多益寡”（《谦·彖》），从而有利于解决中国目前所面临的教育、医疗、养老等问题之外，更要鼓励大家通过学习明白《易经》所揭示的“积善之家必有余庆，积不善之家必有余殃”及《大学》所说的“货悖而入者亦悖而出”的道理，从而做到“以财发身”，让他们明白只有这样才能有利于其家族的繁荣昌盛，打破“富不过三代”之魔咒。对那些享有超高待遇的特权阶层，亦应如此进行鼓励和教育。

从产业结构方面来讲，国家在整调产业结构时，应注意运用河图、洛书所蕴含的五行生克制化之说。对人来说，如果与五脏六腑紧密相联的五行保持平衡协调，人就不会生病。而对国家来说，诸多产业亦可以根据五行学说来粗略地分类，如房地产业属土，金融业属金，贸易、物流属水，制造业属木，等等。只有这些与五行相关的产业平衡、协调发展，国家才能长久发展并具备较强的抗风险能力。如果只关注一个方面的发展而忽略其它方面，就会导致国民经济发展失衡。比如，在过去的十几年之中，中国的房地产业及金融业占得比重太过，由于金克木，而土又生金，故五行属木的制造业就必然会受到重创。当然，最关键是要尽可能地减少政府在计划经济理念指导下的对产业结构的干预，而应该让市场自然而然地去进行调整，亦即让市场经济在整个国民经济中占更大的份额，如此还可以有助于解决上文所说的两极分化与阶层固化问题。

与上面两个问题相关联的是政府的公信力问题。由于政府经常朝令夕改，从而失信于民。比如说，二十几年前政府在推行计划生育政策时，就承诺将来政府来养老，而现在政府根本就没有兑现诺言，那些失独的家庭及当时听政府政策只生一个孩子的广大农村家庭则深受其害。《中庸》有云：“诚者，天之道也；诚之者，人之道也。诚者物之终始，不诚无物。”正是由于政府的屡屡失信，才导致了“毒奶粉”“假疫苗”“假药”等事件的屡屡发生，随之而来的则是农民不吃自己向外出售的肉类、蔬菜等产品，工人生产的东西则多偷工减料而不能保证质量等等，从而导致全民陷入一种互相欺骗之模式。这就是“不诚无物”。为了个人利益，人们失去了最起码的良知。导致这一后果的一个原因就是中国对造假的处罚太轻，法律制度又不健全，而更为重要的一个原因是大多数的中国人没有信仰。如果我们只是强调唯“物”主义，就不但不利于上述问题的解决，还会进一步加重上述问题，因为如果只强调唯物主义，人们就会只注重物质追求，从而导致循情逐物，因而就不可能做到格致诚正，就更别说修齐治平了。为了解决上述问题，宗教信仰也需要复兴。

这里所说的信仰，亦并不是指某一具体的宗教信仰，因为有些宗教容易让人狂热而失去理智或具有强烈的排他性。比如，基督教、伊斯兰教等信仰就具有强烈的排他性，很容易引起冲突或战争，荣格及其后学从分析心理学的角度曾提出基督教应该进行相应的转化[42]，如此才能解决因信仰该教而导致的人格分裂问题。故我们认为，如果我们以《易经》中所说的“神教设教”思想为一种信仰更符人性，且人人皆可以对此有所体会。《易经》中的“神”不是一个人格神，其创生万物有赖于天道阴阳之交合，表现为阴阳二气之消息与循环。借助于卜筮，人之灵性可以与天神之德相通，而其根本则在于人之诚敬。神乃“聪明正直而一者也”（《左传·庄公三十二年》），人做到“诚一”即“至善”“至诚”之境（〇），就可以与“神”相接，故《中庸》曰：“至诚之道可以前知，……至诚如神。”《易经》中的“神”虽不是人格神，但仍有其外在的主宰之义，人之心性修炼有赖于此而树立敬畏之心。如果没有敬畏之心，就不能定其心志，也就不能尽性以合天，杜维明先生所说的“内在的超越”及儒学的宗教性亦难以坐实。《易经》中的“神道设教”是对神道、天道、人道之贯通，如此则将“内在的超越”与“外在的超越”融合为一，并可以为儒学与西方哲学、神学、宗教学、伦理学等提供更好的交流与对话平台[43]。明白了《易经》“神道设教”的这一特点，就可以让人们进一步认识到“一神教”之局限性并与之展开更有效的交流与对话，借此帮助它们实现有

42受中国哲学特别是《周易》哲学影响至深的荣格，已发现基督教教理与传播方式之不足，并给出其转化之良方。其后学对此提出更为完善的论说。详见 Murray Stein, *The Principle of Individuation*. Wilmette: Chiron Publications, 2006, 176-185.

43 关于对《易经》“神道设教”观念的阐述，请参见张文智：《<周易>神道思想与儒家宗教性的内在关联》，载《南京大学学报》（哲学·人文·社会科学）2019 年第 1 期；张文智：《从观卦[䷓]看<周易>中的“神道设教观”——兼论儒学的宗教性问题》，载《东南大学学报》（哲学社会科学版）2019 年第 4 期。

效的转化，以利于人们心理的健全及不同宗教与文化之融通及未来世界之和平。

由此我们必须再谈一谈中国正在推行的对传统文化的恢复与弘扬问题。当今中国政府虽然在强调弘扬优秀的中国传统文化，而大多数人把“三纲”（君为臣纲、父为子纲、夫为妻纲）等自汉代以来被扭曲的、政治化的儒学作为恢复和弘扬的目标，具有浓厚的原教旨主义色彩。这种思想也直接影响到中国的教育，从幼儿园、到中小学、到大学乃到研究生教育皆以各种口号为引领，皆以培养听话的孩子或学生为目标，不赞成甚至不允许学生有独特的想法，教材亦存在老化、死板等问题，这样培养出来的学生就必然缺乏独立思考及创新能力。越来越多的中国的学生及官员出现因人格分裂等导致自杀、精神抑郁等情况，与这种教育与宣传模式有很大关系。长此以往，中国在国际社会中就不可能显示其独特性与竞争力。因此，如果我们要恢复和弘扬的中国传统文化继续成为吃人的礼教，那还不如不让它得以恢复。我们应该把将要恢复和弘扬的传统文化推溯到原始儒家的思想即《易经》所蕴含的天人合一之道，并参以道家、佛学思想中的菁华，才会有助于健全我们的心智，弥补西方文化之不足，这样才能让中国传统文化以其独特的形式屹立于世界文化之林，成为世界文化的重要组成部分。这也正是荣格当时所向往的中国传统文化。而当今的中国既没有把中国传统文化中的优秀内容继承下来，也没有把西方真正的好的思想吸纳进来，所以中国社会才会有这样、那样的问题。

由此我们亦可以看出当今中国在针对西方的政策方面的不足与问题。1860 年以来，在意识到西方科技发达的长处之后，中国基本上都是在向西方学习。特别是 1979 年实行改革开放政策以来，广大农民才从土地上解放出来，可以到城市务工，再加上 1980 年代在思想上实行“百花齐放”政策，中国才走上快速发展的道路。自 2001 年加 WTO 之后，中国更是进入了发展的快车道，至今已成为世界第二大经济体。但好景不长，因贸易逆差问题，中美之间于今年 3 月份爆发贸易战，中方则发出“奉陪到底”的声音，中美之间的关系因贸易战的加剧而有逐渐恶化之势，中美之间也由以前的合作变为今天的相互对立，由此而连带的整个国际形势都有些紧张。那么，从《易经》哲学的角度应该如何看待中国目前对美国的敌对态度呢？

从第一部分对《易经》中的太极（○）、两仪（☯）及先天八卦图的分析可知，阴阳（☯）无处不在，无时不有。如天[☰]与地[☷]、日[☲]与月[

☷]、父[☰]与母[☷]、长男[☳]与长女[☴]、中男[☵]与中女[☲]、少男[☶]与少女[☱]，分别对应阳与阴。从空间的角度来讲，上为阳，下为阴；左为阳、右为阴。从时间的角度来讲，从冬至到夏至为阳息阴消之过程，从夏至至冬至为阴息阳消之过程；从子夜到中午为阳息阴消之过程，从中年到子夜为阴息子时消之过程。从中医学的角度，人体之背部为阳，腹部为阴；手、足三阳经为阳，手、足三阴经为阴；六腑为阳，五脏为阴，等等。依此类推，人与人之间、东方与西方之间的关系也可以用阴阳来归类。因为以美国为代表的西方国家更为注重形而下的科技的发展与具体的知识产权的保护，我们把西方对应于两仪（☯）中的阴仪；因为中国更注重形而上的天道与超越的心性，我们把中国与两仪（☯）中的阳仪相配。当然，西方的历史发展证明，西方具有侵略性与好动性，为阳刚之表现，西方文化因此被人比喻为狼文化，从这一方面来讲，也可以把西方与阳仪相配；而从中国的历史来看，中国人多具外柔与忍耐之性格，为柔顺之表现，中国文化因此被人们喻为羊文化，从这一方面来讲，也可以把中国与阴仪相配应。不管是与阳仪相配还是与阴仪相配都不重要，重要的是两仪图中有一个明显的特点就是，阴中有阳，阳中有阴：阳仪之中有一个黑点，意为阳中有阴；阴仪之中有一个白点，意为阴中有阳。那么，阴阳之间最理想的关系是什么呢？阴阳之间最理想的关系就是阴阳互补及阴阳平衡、协调。阴阳互补以阴阳相互吸引为基础，这种阴阳相互吸引之关系典型地体现在咸卦[䷞，31]所象征的少男[☶]追求少女[☱]之中；也体现阴中有阳、阳中有阴之中，这与荣格所说的男性的无意识中有一种称为 anima 的阴性原型、女性的无意识中有一种称为 animus 的阳性原型，十分相似。而阴阳平衡协调主要体现在“天施地生，其益无方”（《益·彖》）之益卦[䷩，42]及“天地交而万物通，上下交而其志同”（《泰·彖》）之泰卦[䷊，11]等阳来就阴、刚来下柔之卦象之中，还体现于男（由五爻之阳爻⚊来象征）主外、女（由二爻之阴爻⚋来象征）主内，即男女各得其位之家人卦[䷤，37]之卦象中。与此相反则为阴阳分离，主要体现在“天地不交而万物不生，上下不交而天下无邦”（《否·彖》）之否卦[䷋，12]、“天与水违行”（《讼·象》）之讼卦[䷅，6]及“二女同居，其志不同行”（《睽·彖》）之睽卦[䷥，38]等卦象之中。

那么，从《易经》哲学的角度看，如何解决目前中美之间的对抗与冲突呢？我们在此先从中国自身来讲，而在下部分分析美国本身的问题及其出路。按照原始儒家的说法，“行有不得，反求诸己”（《孟子·离娄上》）。也就是说，中国应该首先从自身找原因。多数欧美国家认为，近一、二十年来，中国之所以发展这么快，是因为中国偷窃了西方的技术。关于这一点，如果中国确实没有盗窃西方的技术，就应该想办法证明这一点。在西方人看来，盗窃技术即侵犯知识产权是很不道德的失信事件。如果中国确实盗窃了西方的技术，就应该大胆承认，并就如何重建诚信制度想出切实可行的办法。这就是孟子说的"反身而诚，乐莫大焉"（《孟子·尽心上》）。《中庸》有云："至诚之道，可以前知。……至诚如神。"如前所述，"至诚""至善"之境皆可用"○"来符示之。通过"反身"而至"至诚"之境，就可以明了一切，知彼知己。如此我们就应该明了中国的优势及短板，就要明了东西方文化基因之差异。

受希腊文明及后来的"启蒙运动"之影响，西方人重视专研形而下的具体的东西，从而推动了西方科学体系的建立和技术的不断创新与发展。在全球如同一个"地球村"的今天，离开科学技术已无法生存。自1860年中国向西方学习以来，西方的科学对中国具有极大的吸引力。如果我们把中国比作两仪（☯）的阳仪，那么阳仪中的黑点就相当于西方的科学技术或荣格所说的anima；如果我们把中国比作先天八卦图中的震卦[☳]或兑卦[☱]，西方的科学就相当于巽卦[☴]或艮卦[☶]。也就是说，西方的科学技术对中国有天然的吸引力。但我们不能因为自己喜欢或需要科学技术就不择手段地把它得到，而应该提高自己的吸引力，让对方心悦诚服地用科学技术与我们进行交换。就像一个小伙子喜欢一个少女一样，不能强迫对方爱你，而应该提高自己的吸引力，让对方反过来从内心对你产生爱，更不能用欺骗的方式获得对方的爱。在这一点上中国文化确实可以有许多文章可作。

中国与西方的文化基因不同，思维方式也有很大差别，在科技创新方面中国人或在中国这片土地上或许确实是一个短版（因为许多华人在西方国家在科技创新方面同样有很高的建树），但中国传统的思统方式及对天道、人性的认识确实可以弥补西方文化之不足。众所周知，科技的创新发展并不能解决人类所有的问题，正如荣格早已指出的那样，虽然科学技术知识的发展增强了人类意识的功能，但对人类的无意识却造成了很大的压制，从而导致了西方社会许多难以治疗的心理疾病。中国传统重视"天人合一"及"心性"之学，在这一点上正可以弥补西方科技的不足。荣格正是受到《易经》与中国道家炼丹术（如《金花的秘密》所述）的影响而建构了其分析心理学体系。因此，中国除了向西方学习科技之外，更应该挖掘自己的传统优势，从而增强自己对西方的吸引力。基于中国传统的阴阳五行学说的太极拳、中医药学、针灸学等对西方人同样具有很强的吸引力，中国应该在这些方面下更大的功夫来提高自己的吸引力。因此，如果我们把西方比作两仪（☯）中的阴仪，那么阴仪中的白点就相当于中国的心性学说或荣格所说的 animus；如果我们把西方比作先天八卦图中的巽卦[☴]或艮卦[☶]，中国的天道性命学说、中医学等就相当于震卦[☳]或兑卦[☱]。也就是说，中国传统文化中的上述因素对西方具有天然的吸引力。

正如荣格警告西方人一样，不要盲目地模仿中国人的说法而丢失自己的文化基础；同样，我们在学习西方的科技之时，同样不要丢失我们自己的根基，这样既可以避免西方过度依重科技创新之弊端，又可以保持自己的独特性和永久的吸引力，并进一步确立世界文化的多样性，如此才能五行俱全而让整个世界充满生机和活力。而对中国当下来说，最重要的是反思自我或“反求诸己”，即荣格所说的 self-criticism，并进一步做到“反身而诚”，因为“诚者物之终始，不诚无物”（《中庸》）。中国一直有一种“协和万邦”即“平天下”的理想，但正如《大学》所揭示的，做不到“内止至善”，就不可能实现“外明明德”；没有“内圣”之功，就不可能推至“外王”之行。《中庸》又说：“唯天下至诚为能化。”也就是说，如果我们不能感化他人，说明我们还没有达到“至诚”之境界。“至诚”之境就是《大学》所说的经过格致诚正之后达到的“至善”之境。是否已达“正心”即“至善”之境，《大学》提出了一种验证的方法：“心有所忿懥则不得其正，有所恐惧则不得其正，有所忧患则不得其正，有所好乐则不得其正。”也就是说，只要有不良情绪存在，就说明还未达“至善”之境。“至善”“至诚”、先天太极（○）乃生生之本，只有把握了此生生之本，才能实现“生生不息”“协和万邦”之目标。退一步讲，即使做不到“协和万邦”，就像人体阴阳五行平衡协调就可以保证身体健康，抵制一切疾病一样，只要整个国家能够呈现出“天地交而万物通，上下交而其志同”以及五行平衡协调之景象，中华民族就可以应对外来的任何恶意的破坏，就可以长久地屹立于世界民族之林。

以上是我们根据《易经》哲学的相关内容对中国的问题及出路所做的分析。下面我们再据《易经》哲学的相关内容对西方的问题及出路予以剖析。

三、西方的问题所在及其出路

从《易经》哲学的角度来看，西方国家仍有许多问题。我们在此以美国的问题为代表来进进分析。

从政治制度方面来讲，美国的多党制及三权分立制度有其独特的优越性。从许多国家的人想方设法移民到美国，就可以看出这一制度下的美国所具有的吸引力。其民主选举制度可以有效地杜绝专制和独裁，这一制度虽然不一定达到"天地交而万物通，上下交而其志同"（《泰·彖》）的目标，但至少可以以外在的形式迫使在上者就下，使包括总统在内的各级官员真正成为人民的公仆，并时时受到大众的监督。这是这一制度的优越之处。由于中国传统文化的断层，移民到美国的许多中国人已经不知道中国传统文化为何物，特别是逃到美国的一些贪官，更是如此。故移民到美国来的许多中国人并不能代表中国的传统文化，他们中的大多数是为了生活的舒适而选择远赴美国。因此，受选民素质的影响，美国选民选出来的总统或议员未必是一个好总统、好议员，未必达到中国传统所说的"圣贤"水平。在这一点上，美国可以借鉴中国古代的"天人合一"和"内圣外王"之说。首先要让选民了解"内圣外王"之道，明白这一学说对于自己、对于他人以及对于整个国家的好处。这样就可以进一步提高选民的整体素质，从而确保选出来的每位总统或议员的作为更符合天道与人事。

美国的自由、民主制度也为科技创新奠定了坚实的基础。科技的发展日新月异，呈加速发展之势，这正也符合文王六十四卦卦序揭示的万事万物由简单至复杂、由形上到形下的愈变愈速的发展规律。因此，尽管如荣格所说科技的发展给人类的无意识带来了越来越大的冲击，但我们无法阻止科学的发展。我们能做到的，只能是引导科技向有利于人类福祉的方向发展。这一点《易经》哲学可以启发我们更好地理解这一问题。如前所述，两仪（☯）中的阳仪对应"乾元"，阴仪对应"坤元"，"坤元"亦为"乾元"之所出。阳仪对应乾，为万物之始；阴仪对应坤，为万物之成。类似地，阳仪亦对应人类的心智，阴仪则对应人类通过科技造出的各类器物及软件等等。根据《大学》"格物、致知、诚意、正心"之说法，人类亦不应让人造之物牵着鼻子走，故人们沉溺于玩游戏等也属于循情逐物，如此则将陷于物好而不能自拔。因此，科技越发展，就越需要"格物、致知"的工夫，从而让科技发挥其正面的、积极的作用。

美国是一个大熔炉（melting pot），信仰自由是美国在宗教方面的一大特色，中国所说的儒、释（佛教）、道（道教）、耶（基督教）、回五大宗教，在美国都有。在这一点上，《易经》哲学中的五行学说，有利于减少宗教之间的冲突。在中国传统看来，这五大宗教是平等的，可以和金、水、木、火、土五行相配应，五大教的教主就象五个兄弟一般，都是在代天宣教，只是在不同的地域和对不同的民族有不同的教法，或者说，五大宗教的创始者皆为一个至上神所化。某教在某国流行，乃因此教之设宜于其地；某教在某时段兴盛，乃因此教之设因于时宜。因此亦不可将某教强行加迫于不同时地之上。而在当今全球化之背景下，世界各文化、宗教之间的交流、碰撞越来越深入，各宗教之间只有做到密切合作，互通有无，才能避免宗教之间的战争，促进世界的和平。而对某宗教来说，只有切实吸收其它宗教的长处，克服自己的短处与缺陷，才能得到自我完善，实现自身的创造性转化，从而才能恒久不息，如此才能实现"日月得天而能久照，四时变化而能久成，圣人久于其道而天下化成"（《恒·彖》）的天人合一境界。如果只强调不同文明之间的冲突，只会导致整个世界愈来愈乱而无宁息之日。如前所述，《易经》哲学将天道、人道、神道贯通之特点可以为儒学与西方哲学、神学、宗教学、伦理学等提供更好的交流与对话平台[44]。明白了《周易》"神道设教"的这一特点，可以让人们进一步认识到"一神教"之局限性并与之展开更有效的交流与对话，借此帮助它们实现有效的转化，以利于人们心理的健全及不同宗教与文化之融通及未来世界之和平。

五行学说同样有利于美国产业结构之调整。我于 2007-08 年在哈佛-燕京学社（Harvard-Yenching Institute）做访问学者期间，发现美国金融业发展过热，就断定美国金融方面一定会出现问题，且会影响到美国制造业的发展。果不其然，2008 年秋天我结束访学活动时，美国就开始发生次贷危机（subprime crisis），且美国的制造业早已走向低迷，失业率升高。自美国现任总统特朗普发动与中国的贸易战以来，确实刺激了美国制造业的恢复，使美国的就业率走向新高。但他这是歪打正着，而不是从其内心有一个五行平衡协调的理念。如果在他心目中有这一理念，将更利于美国本身乃至世界各国的发展。

大多数中国人都认为包括美国在内的西方列强侵略成性。美国近几十年来的对外战争更加固了人们的这一看法。尽管美国的对外战争将独裁者萨达

---

44 关于对《易经》"神道设教"观念的阐述，请参见张文智：《<周易>神道思想与儒家宗教性的内在关联》，载《南京大学学报》（哲学·人文·社会科学）2019 年第 1 期；张文智：《从观卦[䷓]看<周易>中的"神道设教观"——兼论儒学的宗教性问题》，载《东南大学学报》（哲学社会科学版）2019 年第 4 期。

姆、卡扎菲等绞杀或击毙是一件大快人心的事，但总是给人以发动战争的理由并不充分的感觉。在这一点上，美国应该首先借鉴《易经》哲学中"由己推人"及孔子所说的"远人不服，则修文德以来之。既来之，则安之"（《论语·季氏》）的模式，文教不行，然后再诉诸武力，这样其军事行动才能得到更多的中国人的认可，从而减轻中美之间的相互不理解的程度。美国作为世界第一强国和世界第一大经济体，在带领整个世界走向和平与发展方面，理应发挥其带头作用，这样才符《易经》哲学所蕴含的"内圣外王"之道。也只有如此，美国才能在各个方面长盛不衰。

以上是我们从《易经》哲学出发对美国的问题及其出路所做的分析。

对于欧洲，我曾在 2012-13 年在德国埃尔兰根-纽伦纽堡大学做过一年的访问学者，也曾赴苏黎世国际荣格分析心理学院讲过《易经》。我对欧洲特别是北欧的印象很好，至少是这些的国家的税收和财政制度符合《易经》"裒多益寡"（《谦·象》）的精神，这样就在相当大的程度上减少了两极分化与阶层固化。在其它方面欧洲可以从《易经》哲学获得启示的成份，我认为仍然是荣格在几十年之前已经提出的，欧洲人可以通过《易经》哲学了解更多无意识的内容，从而减少心理方面的疾病，并由此打消欧洲中心主义的念头，以实现对其宗教与文化的有效转化。

总而言之，我对欧洲的了解比较少。如果大家觉得欧洲有更多的问题，可以通过各种方式告诉我，之后我再看能否从《易经》哲学角度对这些问题及其出路进行剖析。

综上可知，《易经》哲学虽然已经十分古老，但它对我们解决当今的国内、国际问题仍能提供许多启示性的方法和路径。只要我们的行为与《易经》哲学相符，就意味着我们在顺道而行、与天合一，许多棘手的问题也就可以较为容易地得到解决，而其根本则在于"反求诸己"即荣格所说的"self-criticism"。如果我们总是自以为是，对不符合自己意愿的东西进行无情地打压，满脑子都是斗争哲学和文明的冲突，就会使已有的问题雪上加霜。就如同把意识的内容强加于无意识的内容之上一样，这样只能加剧人格的分裂和心理的疾病；又如同在戈尔迪之结（Gordian Knot）上又加新结一样，使问题更为严重而难以解决。如果我们能够进一步做到"反身而诚"，即最终达到"至善""至诚"之境（○），我们就可以由己推人，以己化人，就可以使一切问题迎刃而解。这就是《中庸》所说的"唯天下至诚为能化"。我们希望《易经》哲学能够照亮世界的各个角落，从而使我们的内心世界都能够恢复平静、安宁，并由此推动外部世界的和平安宁与互帮互助。

The Philosophy of the *Yijing* (Classic of Changes): A Possible Approach to Undoing the Knot between China and the Western World

Wenzhi Zhang 张文智

Jinan, Shandong, China / *Cina*
November / *Novembre* 2021

Introduction

The relationship between East and West, especially the relationship between China and the Western world, directly affects international situations. In recent years, along with the frequent conflicts between China and the Western world, international situations are worrisome. The relationship between China and West thus become similar to the Gordian knot. The *Yijing* (Classic of Changes), the philosophy of which was also closely related to Jungian analytical psychology, has always been venerated as the first of the variety of classics in China and the source of the great Dao (way). In C. G. Jung's view, conflicts in the outer world are related to the ambivalence and repression of the elements of the unconscious. The *Yijing* could provide philosophical basis for Jung's point of view. Although China was the birthplace of the *Yijing*, many policies and personal ideas in today's China are not congruent with the Dao (Way) conceived in the *Yijing*. With the painstaking efforts of Richard Wilhelm, C. G. Jung, and the school of Jungian analytical psychology, although the *Yijing* in the Western world is exerting more and more influence, many

Westerners, especially the heads of Western countries, do not know the profound connotations conceived in the *Yijing*, let alone apply its philosophy to the solution of both domestic and international problems with which they are confronted. For this reason, I would like to make use of the philosophy of *Yijing* and seek a possible approach to undoing the Gordian knot between China and the Western world.

I. Cosmogony and Ontology Conceived in the Yi jing

Because my points of view in the following parts are mainly derived from the *Yijing* philosophy, I have to make a relatively detailed introduction of this philosophy in this part, which is mainly made up of cosmology and heart-mind-oriented ontology.

1. Cosmogony conceived in the Yijing

Lord Fuxi, a figure of about 8000 years ago, has always been viewed as the progenitor of Chinese civilization. Legend has it that in Fu Xi's time, he discovered a horse appearing from the Yellow River, on whose back there was a diagram including 55 white and black dots (*Fig. 1*); in addition, Fuxi also found a turtle emerging from the Luo River, a branch of the Yellow River, on whose back there was also a diagram permutated with 45 white and black dots (*Fig. 2*). These two diagrams were referred to as the *He tu* (Yellow River Map) and *Luo shu* (Luo River Chart) respectively, which were the origin of Chinese *yin-yang* and Five-Element theory.

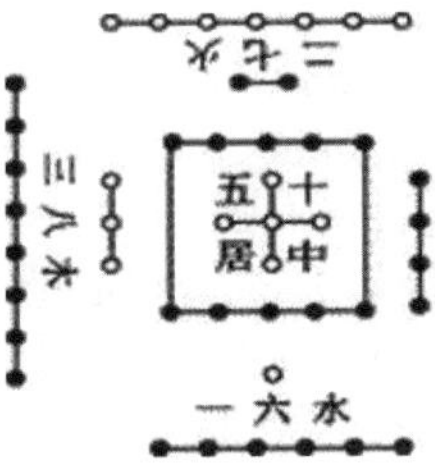

Fig. 1. He tu (Yellow River Map)[45]

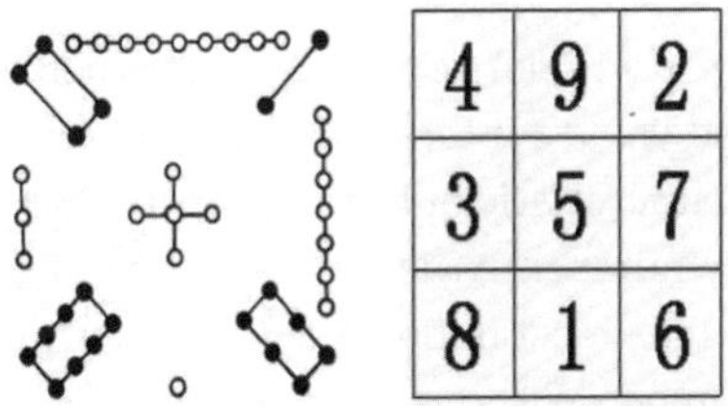

Fig. 2. Luo shu (Luo River Chart)

In traditional Chinese culture, the attribute of *yang* corresponds to heaven, light, life, masculinity, movement, etc., and that of *yin* to earth, darkness, death, femininity, and so on. A salient feature of the *He tu* is that the odd numbers, which are called heavenly numbers, are attributed to *yang* and represented by white dots; the even numbers, which are referred to as earthly numbers, are attributed to *yin* and marked by black dots. The numbers of one, two, three, four, and five belong to producing numbers; those of six, seven, eight, nine, and ten are attributed to completing numbers. A producing number and a completing number form one of the five elements. Namely, the heavenly One (i.e., *yang* energy symbolized by 1 white dot) produces Water in north which is completed by the earthly Six (*yin* energy symbolized by six black dots); the earthly Two produces Fire in south which is completed by the heavenly Seven; the heavenly Tree produces Wood in east which is completed by the earthly Eight; the earthly Four produces Metal in west which is completed by the heavenly Nine; the heavenly Five produces Earth (or Soil) in the center which is completed by the earthly Ten.

Obviously, this feature shows that 1) if an element is produced by heavenly energy, it will be completed by earthly energy, 2) if an element is produced by earthly energy, it will be completed by

45 As is often the case with traditional Chinese charts and diagrams representing geographical space, the north is located at the bottom of the figure. So, it is with other figures in this paper.

heavenly energy, 3) if there is only producing without completion, there will not be any element to come out, 4) Heaven and Earth, *yang* and *yin* are interdependent and mutually complementary. Another characteristic of the *He tu* is that 6-1 = 5; 7-2 =5; 8-3=5; 9-4=5; 10-5=5; the number in the center is also 5. So, of all the ten numbers, number 5 is the most important one, which means that Five is a transcendent number, without which none of the five elements will be produced and completed. As far as the relationship among the five elements, it is well known that there is a producing cycle (Wood > Fire > Earth > Metal > Water> Wood) and a destroying cycle (Wood > Earth > Water> Fire >Metal > Wood) (*Fig. 3*).

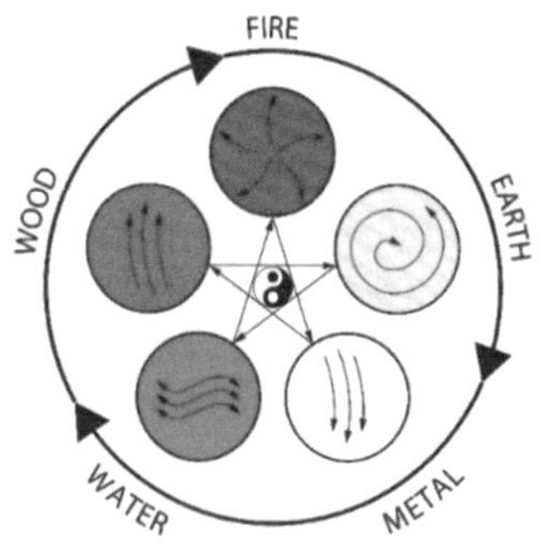

Fig.3. Producing and Destroying Cycles of the 5-element

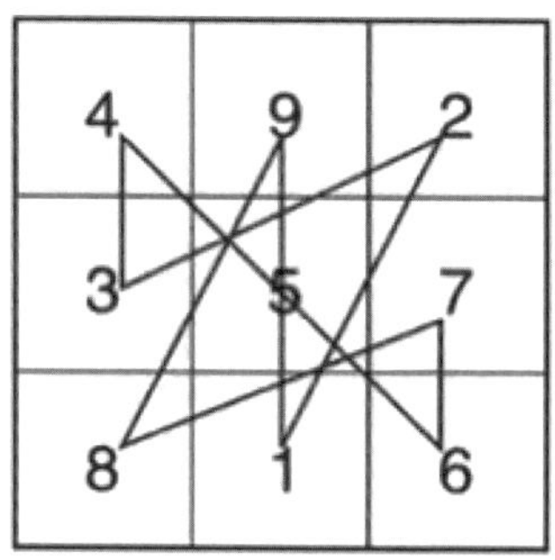

Fig.4. Complexity Shown in the Luo shu

We can also see in the *He tu* that 1) from 1-3-5-7-9 forms a clockwise circle, which manifests the waxing route of the *yang* energy, 2) extreme *yang* symbolized by Nine will give birth to *yin* symbolized by Four, so from 4-2-10-8-6 forms a counter-clockwise circle, which shows the waxing route of the *yin* energy, 3) extreme *yin* energy symbolized by Six will give birth to the *yang* symbolized by One again, thus constituting the endless cycles resulting from the waxing and waning of the *yin* and *yang* energies. In the *Yijing*, the *yang* line (—) is symbolized by Nine and the *yin* line (- -) by Six, so the 64 hexagrams in the *Yijing* reveal a schema of alternations between *yin* and *yang*, by which we can predict our future and know the contents of the unconscious.

In the *Luo shu*, we can see the four directions in the *He tu* are further divided into eight directions, with the odd numbers of 1, 3, 7, 9 in the cardinal directions and the even numbers of 4, 2, 8, 6 in the corners, which signifies the superiority of the *yang* energy. In addition, from 1-3 shows a clockwise motion, but from 5-7 exposes a counter-clockwise motion; from 4-2 a clockwise route is displayed whereas from 8-6 a counter-clockwise route is exhibited. This feature shows the frequent and even unexpected encounter between *yin* and *yang* energies and reveals the complexity of the worldly occurrences. The route from 1 to 9 also shows the complexity of the events of the world (*Fig. 4*). Another feature of the *Luo shu* is that 1+9=10; 8+2=10; 3+7=10; 4+6=10; 5×2=10, which signifies any happening of events in this world conceals the element Five.

Apparently, the *He tu* comparatively reveals simplicity and the *Luo shu* complexity of the changes. So, legend has it that Fuxi invented the Former Heaven diagram of the eight trigrams (*Fig. 6*) on the basis of the *He tu* and manufactured the Later Heaven diagram of the eight trigrams (*Fig. 8*) on the basis of the *Luo shu*.

To put it in a nutshell, these two diagrams could reveal the cosmogony of the changes from the transcendent being (Five) to simplicity, and from simplicity to complexity.

The cosmogony of the *Yijing* is also exposed in another style exhibited in the book.

As it says in the *Xici zhuan* (Commentary on the Appended Phrases, a. k. a. the Great Treatise), "There is in the *Changes* the *taiji* 太极 (Supreme Ultimate). This produces the two modes (*liang yi* 两仪). The two modes produce the four images (*si xiang* 四象). The four images produce the eight trigrams (*ba gua* 八卦)"[46], which reveal the

46 *The I Ching or Book of Changes*, ed. R. Wilhelm, trans. C.F. Baynes, pref. C.G. Jung (Princeton, NJ: Princeton University Press, Princeton, Bollingen Series XIX, 1997[3]), p. 318 (modified).

feature of "ceaseless producing" of the cosmos. This process is usually illustrated by the following chart called "Fuxi's Sequence of the Eight Trigrams" (*Fig. 5*). Here the *taiji* at the bottom level is a state of emptiness, which is usually symbolized by ○. This is a state of pure *yang* containing infinite energy and light which leads to movement. The movement of the pure *yang* of *taiji* produces *yin* force, and so, together with the original *yang*, we get the two modes or two principles to the second level, which together can be symbolized by ☯, and respectively symbolized by a *yang* (⚊) line and a *yin* (⚋) line in the *Yi jing*. The principle of *yang* (⚊) continues to move and produce *yang* (⚊) and *yin* (⚋), and so, together with the original *yang* (⚊) line, we get ⚌ and ⚍ respectively; the principle of *yin* (⚋) continues to move and produce *yang* (⚊) and *yin* (⚋), and so, together with the original *yin* (⚋) line, we get ⚎ and ⚏ respectively. By now we have obtained the four images symbolized by ⚌, ⚍ , ⚎, and ⚏ respectively to the third level of the chart. Similarly, the four images continue to move and give rise to the eight trigrams of Qian 乾 ☰, Dui 兌 ☱, Li 離 ☲, Zhen 震 ☳, Xun 巽 ☴, Kan 坎 ☵, Gen 艮 ☶, and Kun 坤 ☷ respectively. If we put the eight trigrams in a circular form, we can obtain a diagram called Fuxi's Positioning of the Eight Trigrams (*Fig. 6*). For the whole procedure of the generation from *taiji* to the eight trigrams, please see *Fig. 7*.

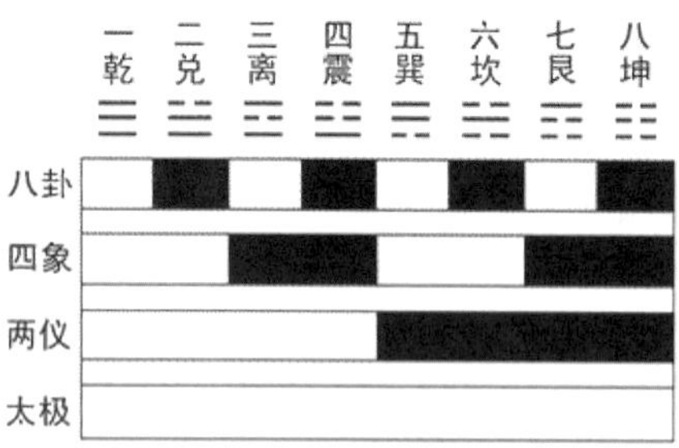

Fig. 5. Fuxi's Sequence of the Eight Trigrams

Fig. 6. Fuxi's Positioning of the Eight Trigrams

The diagram of "Fuxi's Positioning of the Eight Trigrams" is called a Heaven-Earth Natural Image, in that, if one stands and faces south, over his head is Heaven symbolized by trigram Qian ☰; under his feet is Earth symbolized by trigram Kun ☷; on his left side is the sun symbolized by trigram Li ☲ which rises in the east; on his right side is the moon symbolized by trigram Kan ☵ which first appears in the west on the third evening of each lunar month. From Zhen ☳ through Li ☲ and Dui ☱ to Qian ☰ is a course of the waxing of the *yang* energy and waning of the *yin* energy, which is symbolized by the accumulation of the number of *yang* (—) line from 1-2-3; from Xun ☴ through Kan ☵ and Gen ☶ to Kun ☷ is a course of waxing of the *yin* energy and waning of the *yang* energy, which is symbolized by the accumulation of the number of the *yin* (- -) line from 1-2-3. Therefore, this diagram manifests a cycle revealing the waxing and waning of *yin* and *yang* energies which can be concisely symbolized by the two-mode (☯). In this sense, this diagram can also symbolize a day, where Qian ☰ represents noon, Kun ☷ midnight, Li ☲ the morning when the sun is rising, Kan ☵ the afternoon with the sun setting; it can further symbolize a year where Qian ☰ represents the Summer Solstice, Kun ☷ the Winter Solstice, Li ☲ Spring Equinox, Kan ☵ Autumn Equinox, and the other four trigrams the beginnings of the four seasons respectively.

The eight trigrams in this diagram also correspond to eight members of a family, namely, Qian ☰ to Father, Kun ☷ mother; Zhen ☳ the Eldest Son, Xun ☴ the Eldest Daughter; Kan ☵ the Mid Son, Li ☲ the Mid Daughter; Gen ☶ the Youngest Son, and Dui ☱ the Youngest Daughter. It is evident that here the *yang* (male) trigrams represented by Qian ☰, Zhen ☳, Kan ☵, Gen ☶ and the *yin* (female) trigrams represented by Kun ☷, Xun ☴, Li ☲, Dui ☱ are in juxtaposition; the *yang* mode corresponding to the four trigrams from Zhen ☳ to Li ☲, to Dui ☱, to Qian ☰ and the *yin* mode corresponding to the four trigrams from Xun ☴ to Kan ☵, to Gen ☶, to Kun ☷ are also in juxtaposition or oppositional positions. Obviously, this arrangement also reveals the attraction and complementarity between opposite things, as, for example, Gen ☶ and ☱ Dui symbolize a couple of husband and wife with similar ages which hints a happy family, but in this diagram, they are in parallel, mutually attractive positions. So it is with the relationship between Qian ☰ and Kun ☷, Zhen ☳ and Xun ☴, Kan ☵ and Li ☲. It should be noted that, however, this diagram demonstrates the cyclic transformations between opposites from one phase to another, and neither the *yang* energy nor the *yin* energy can be quantified in that they are formless and can only be attributed with *yang* and *yin* qualities. On this account, this diagram is also referred to as *xian tian* (lit., Former Heaven) diagram of the eight trigrams. Here *xian tian* means the *a priori* state before the formation of Heaven (and Earth). In other words, in this diagram, as Heaven, which is symbolized by trigram Qian ☰ representing *yang* energy, and Earth, which is symbolized by trigram Kun ☷ representing *yin* energy, have not interacted with each other, the myriad things would not be generated. Only if Heaven and Earth, or *yin* and *yang*, have interacted with each other, can the myriad things be ceaselessly produced. Hence the King Wen's Positioning of the Eight Trigrams (*Fig. 8*). This diagram is usually called *hou tian* (Later Heaven) diagram of the eight trigrams. Here *hou tian* signifies the *a posteriori* state resulting from the interaction of Heaven and Earth, *yang* and *yin*, by which the ten thousand things came to be produced. Here we should keep in mind that the *xian tian* (Former Heaven) diagram is characterized by juxtaposition and cyclicity.

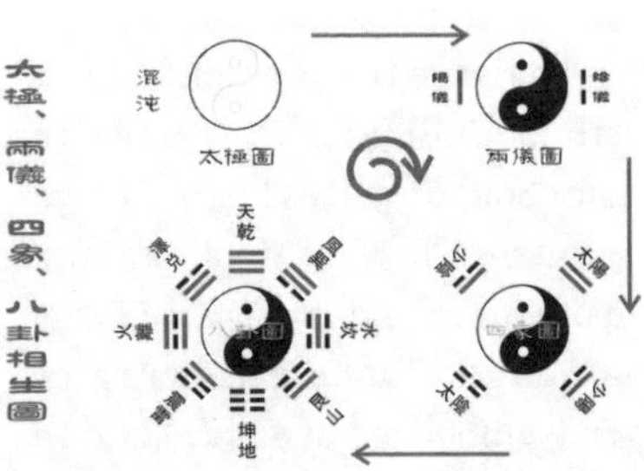

Fig. 7. Generation from the Taiji to the 8 Trigrams

Fig. 8. King Wen's Positioning of the 8 Trigrams

The salient feature of King Wen's Positioning of the Eight Trigrams is that the four male trigrams of Qian ☰ (symbolizing Father), Kan ☵ (Mid Son), Gen ☶ (Youngest Son), and Zhen ☳ (Eldest Son) representing *yang* force are arranged in the lower position of the diagram, while the four female trigrams of Xun ☴ (Eldest Daughter), Li ☲ (Mid Daughter), Kun ☷ (Mother), and Dui ☱ (Youngest Daughter) representing *yin* force are arranged in the higher position of the diagram. In this way, intercourse of the *yang* force and *yin* force produces the myriad things in that the *yang* force tends to rise and the *yin* force tends to fall. Different from the eight trigrams in Fuxi's Positioning, which mainly mark the waxing and waning of the metaphysical *yin* and *yang* energies, these trigrams in King Wen's Positioning are associated with the variety of physical things based on their virtues and attributes which are available in the *Shuogua zhuan* (Discussion of the Trigrams)[47]. What we should keep in mind here is that intercourse or interaction of *yin* and *yang* forces is the characteristic of the *hou tian* (Later Heaven) diagram.

In addition, this diagram also implies a producing cycle among the Five Elements of Wood, Fire, Earth (Soil), Metal, and Water. Water (symbolized by Kan ☵) produces Wood (Zhen ☳ and Xun ☴). But, without Earth (or Soil), the Wood will not be produced, so trigram

47 For the detail of these associations, please see *ibid.*, pp. 262-79.

Gen ☶ symbolizing Earth or (Soil) is arranged between Kan ☵ and Zhen ☳; Wood produces Fire (Li), hence the position of Li ☲ next to Xun ☴; Fire produces Earth (or Soil) (Kun ☷), hence the position of Kun next to Li ☲; Earth (or Soil) produces Metal (Dui ☱ and Qian ☰), hence the position of Dui next to Kun; Metal produces Water (Kan ☵), hence the position of Kan ☵ next to Qian ☰.

Another striking feature of King Wen's Positioning in contrast to Fuxi's Positioning lies in that the sun (symbolized by Li ☲) and the moon (Kan ☵) in the former are arranged in the most important positions corresponding to the positions of Heaven (☰) and Earth (☷) in the latter respectively. This signifies that the function of Heaven as a conceptual body is realized by the sun; the function of Earth as a conceptual body is actualized by the moon. It should be noted that, the charter *Yi* 易 (change) in the *Yijing* 易经 is graphically "constituted by the sun 日in the upper position and the moon 月 in the lower position"[48] and the motions of the sun and the moon give rise to the changes and generations of the myriad things in the *a posteriori* world. In addition, it can be seen that there is only one trigram symbolizing Fire (☲) and one trigram symbolizing Water (☵), while each of the other three elements is symbolized by two trigrams, which also exposes the important role of Fire/heat and Water/coldness that could determine the state of existence of the other three elements.

On the basis of Fuxi's Sequence of the Eight Trigrams, three more applications of this kind of binary multiplication will lead to Fuxi's Sequence of the Sixty-four Hexagrams (*Fig. 9*). In a circular form, it is called Fuxi's Positioning of the Sixty-four Hexagrams (*Fig. 10*), which is nothing but an enlarged diagram of Fuxi's Positioning of the Eight Trigrams (*Fig. 6*). Then we get King Wen's Sequence of the Sixty-four Hexagrams (*Fig. 11*), which is referred to as the Later

48 Lu Deming 陆德明, *Jingdian shiwen* 经典释文 [Exegetical Texts of the Classics] (Shanghai: Shanghai guji chubanshe, 2013), p. 73.

Heaven sequence of the sixty-four hexagrams, i.e., the sequence of the sixty-four hexagrams in the received version of the *Yijing*.

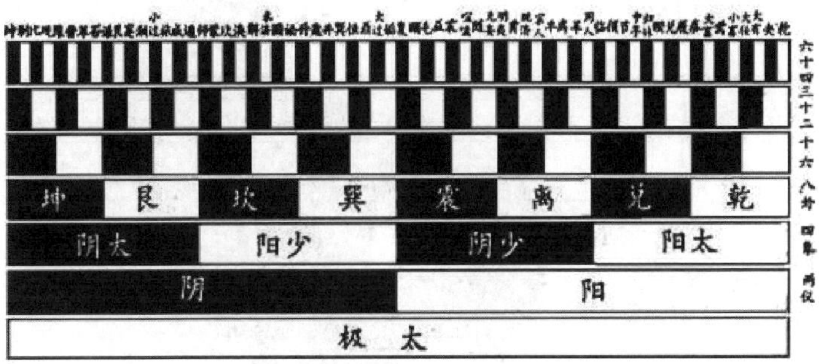

Fig. 9. Fuxi's Sequence of the Sixty-four Hexagrams

Figure 10. Fuxi's Positioning of the Sixty-four Hexagrams

Now let us examine the relationship between the King Wen's sequence of the sixty-four hexagrams (*Fig. 11*) and the two diagrams of Fuxi's Positioning of the Eight Trigrams (*Fig. 6*) and King Wen's Positioning of the Eight Trigrams (*Fig. 8*), through which we can see the cosmogony conceived in the sequence.

1 乾 ䷀	2 坤 ䷁	3 屯 ䷂	4 蒙 ䷃	5 需 ䷄	6 讼 ䷅	7 师 ䷆	8 比 ䷇
9 小畜 ䷈	10 履 ䷉	11 泰 ䷊	12 否 ䷋	13 同人 ䷌	14 大有 ䷍	15 谦 ䷎	16 豫 ䷏
17 随 ䷐	18 蛊 ䷑	19 临 ䷒	20 观 ䷓	21 噬嗑 ䷔	22 贲 ䷕	23 剥 ䷖	24 复 ䷗
25 无妄 ䷘	26 大畜 ䷙	27 颐 ䷚	28 大过 ䷛	29 坎 ䷜	30 离 ䷝	31 咸 ䷞	32 恒 ䷟
33 遁 ䷠	34 大壮 ䷡	35 晋 ䷢	36 明夷 ䷣	37 家人 ䷤	38 睽 ䷥	39 蹇 ䷦	40 解 ䷧
41 损 ䷨	42 益 ䷩	43 夬 ䷪	44 姤 ䷫	45 萃 ䷬	46 升 ䷭	47 困 ䷮	48 井 ䷯
49 革 ䷰	50 鼎 ䷱	51 震 ䷲	52 艮 ䷳	53 渐 ䷴	54 归妹 ䷵	55 丰 ䷶	56 旅 ䷷
57 巽 ䷸	58 兑 ䷹	59 涣 ䷺	60 节 ䷻	61 中孚 ䷼	62 小过 ䷽	63 既济 ䷾	64 未济 ䷿

Fig. 11. King Wen's Sequence of the Sixty-four Hexagrams

It is well known that the basic text of the *Yijing* is divided into two parts: Part I consists of 30 hexagrams from Hexagram Qian [䷀, The Creative, 1] to Hexagram Li [䷝, The Clinging or Fire, 30]; Part II includes 34 hexagrams from Hexagram Xian [䷞, Influence, 31] to Weiji [䷿, Before Completion, 64]. It is obvious that Part I begins with Qian [䷀, ☰] and Kun [䷁, ☷] and ends with Kan [䷜, ☵] and Li [䷝, ☲], the arrangement of which shows the juxtaposition between Qian and Kun, Kan and Li, the feature of *xian tian* (Former Heaven) diagram. In addition, here the four trigrams of Qian ☰, Kun ☷, Kan ☵, and Li ☲ are also in the four cardinal positions of the *xian tian* diagram (*Fig. 6*). This is the reason that Part

I has always been alleged to discourse on the Dao (Way) of Heaven. Part II, however, begins with Xian [䷞, 31] resulting from the intercourse of Qian ☰ (symbolizing Heaven) and Kun ☷ (Earth) in Hexagram Pi [䷋, 12][49] and Heng [䷟, Duration, 32] resulting from the intercourse of Kun ☷ (Earth) and Qian ☰ (Heaven) in Hexagram Tai [䷊, 11][50]. From another perspective, hexagram Xian results from the union or intercourse of Gen ☶ and Dui ☱, and Heng ䷟ results from the union or intercourse of Zhen ☳ and Xun ☴. These four trigrams are located in the four corners of the *xian tian* diagram (*Fig. 6*). Obviously, hexagrams Jiji [䷾] and Weiji [䷿] at the end of Part II manifest the union or intercourse resulting from the exchanges of positions of the trigrams in Kan [䷜, 29] and Li [䷝, 31]. As is mentioned above, the *hou tian* (Later Heaven) diagram is featured with intercourse or interaction. This is the reason that Part II has always been alleged to mainly discourse the Dao (Way) of Humans or human affairs. It can be seen that the whole sequence discloses the producing procedure from *xian tian* (Former Heaven) to *hou tian* (Later Heaven).

Another salient feature of King Wen's sequence of the sixty-four hexagrams is that two adjacent hexagrams form a pair. For example, Qian [䷀, 1] and Kun [䷁, 2] form a pair; Zhun [䷂, 3] and Meng [䷃, 4] form a pair. Hexagram Qian [䷀, 1] symbolizing *yang* force which tends to rise, while Kun [䷁, 2] represents *yin* force which tends to fall. So, the relationship between Qian [䷀, 1] and Kun [䷁, 2] can be symbolized by the two-mode (☯). In other words, in this pair there is a hidden image of two-mode (☯), an image of cyclicity. Hexagram Zhun [䷂, 3] is composed of trigram Zhen [☳] which symbolizes thunder, a rising energy, and trigram Kan

49 It means that the exchange of the positions of the top line and the third line of hexagram Pi [䷋] will lead to hexagram Xian [䷞, 31], which signifies the intercourse of Heaven (☰) and Earth (☷).

50 It means that the exchange of the positions of the bottom line and the fourth line of hexagram Tai [䷊] can give rise to hexagram Heng [䷟, 32], which also signifies the intercourse of Heaven (☰) and Earth (☷).

[☵] which represents clouds, a rising scene, so the whole hexagram manifests a tendency of rising. Hexagram Meng [䷃, 4] is made up of Gen [☶] which denotes stillness and Kan [☵] that symbolizes water, a tendency of falling. So, the whole hexagram of Meng shows a tendency of falling. Obviously, there is also a latent two-mode (☯) hidden behind this pair. So it is with the other pairs of hexagrams. In addition, both Zhun [䷂, 3] and Meng [䷃, 4] include two *yang* (—) lines and four *yin* (- -) lines, while both Xu [䷄, 5] and Song [䷅, 6] consist of two *yin* (- -) lines and four *yang* (—) lines, therefore there is also a two-mode (☯) image and cycle hidden behind these two pairs. Actually, the lower trigram and higher trigram in a hexagram also has a hidden two-mode (☯) image and contains a cycle behind the hexagram rising from the bottom line and falling from the top line. To put it in a nutshell, the whole set of sixty-four hexagrams in King Wen's sequence forms a big cycle, yet sometimes some eight or four neighboring hexagrams form a smaller cycle, the two hexagrams in a pair form an even smaller cycle, and even a singular hexagram can also form a cycle. In other words, the entire set of sixty-four hexagrams is made up of different levels of cycles, the feature of the *xian tian* (Former Heaven) diagram. However, the origin of the two-mode (☯) is the *taiji* (Supreme Ultimate) (○). As is previously mentioned, the *Changes* is characterized by "ceaseless producing," yet the source or fountain head for the constant producing is the Supreme Ultimate (○).

As is mentioned above, hexagrams Qian [䷀, 1] and Kun [䷁, 2] are juxtaposed, an image of separation or opening, while Tai [䷊, 11] and Pi [䷋, 12] indicate the combination of trigrams Qian [☰] and Kun [☷], an image of intersection or closing, while Kan [䷜, 29] and Li [䷝, 30] display separation again. Then Xian [䷞, 31] and Sun [䷨, 41] represent the combination of Gen [☶] and Dui [☱], and Heng [䷟, 32] and Yi [䷩, 42] the combination of Zhen [☳] and Xun [☴], while Zhen [䷲, 51] and Gen [䷳, 52], Xun [䷸, 57] and Dui [䷹, 58] exhibit juxtaposition again. And finally

Jiji [䷾, 63] and Weiji [䷿, 64] signify the combination of Kan [☵] and Li [☲]. This feature indicates that the changes from *xian tian* (Former Heaven) to *hou tian* (Later Heaven) result from this opening and closing of the *yin* and *yang* forces.

In short, King Wen's sequence of the 64 hexagrams discloses the producing procedure from *taiji* (Supreme Ultimate) (○) to two-mode (☯), to the myriad things resulting from the interaction of *yin* and *yang* forces, a process of transformations from simplicity to complexity, from *xian tian* (Former Heaven) to *hou tian* (Later Heaven), from more metaphysical to more physical, from more spiritual to more materialistic, and the speed of transformation becomes higher and higher. Therefore, King Wen's sequence of the sixty-four hexagrams is also viewed as "a schema of the transformation resulting from the interaction of *yin* and *yang* forces manifested by images and numbers"[51]. But we should keep in mind that each hexagram can transform into another hexagram according to the number of the moving line(s). This means that the whole set of the 64 hexagrams is interconnected, yet that which is behind each of the hexagrams is the Supreme Ultimate (○). In addition, as it has infinite images, with which infinite things and events are associated, the *Yijing* is "a paradigm of Heaven and Earth"[52] and could encompass everything and event, metaphysical or physical, transcendent or worldly. This is the cosmogonic significance of the *Yijing*.

51 Please see Zhang Wenzhi 张文智, "*Cong Yijing zhengshi kan yici yixiang zhong de yi ren hetian zhi dao* 从«易经证释»看易辞、易象中的以人合天之道" ["Viewing the Unity of Heaven and Human beings Conceived in the *Yijing* from the *Argumentation and Interpretation of the Yijing*"] in *Zhouyi Yanjiu* 周易研究 [Studies of *Zhouyi*] 6 (2017): 29.

52 Richard John Lynn, *The Classic of Changes: A New Translation of the I Ching as Interpreted by Wang Bi* (New York, NY: Columbia University Press, 1994), p. 51.

2. Ontology conceived in the Yijing

It is also well known that behind the hexagram and line statements of the *Yijing* are images, and behind the images are the sages' intention or divine will. Although the received version of the *Yijing* begins with Hexagram Qian [䷀, The Creative, 1] symbolizing Heaven, the judgment of which is "*yuan* (beginning), *heng* (prosperity), *li* (harvest), and *zhen* (preservation)"[53], however, there is some being superior to Heaven symbolized by Qian [䷀], in that it says in the "Commentary on the Judgments" with respect to Qian [䷀, The Creative, 1]: "Great indeed is the *Qian yuan* 乾元 (originality of Qian) , to which all things owe their beginning. It controls... and governs Heaven"[54]. This means that above Heaven there is a being called *Qian yuan* which controls and governs Heaven. Then, is there any correspondence between the *Qian yuan* (originality of Qian) and some statement or image in the *Yijing*? The answer is yes. We all know that there is a special statement in Hexagram Qian [䷀, The Creative, 1] called *yong jiu* (Usage or Function of Nines, i.e., function of all *yang* lines) that tells us: "A flight of dragons appears. There is not any head of them. Good fortune."[55] Actually, *Qian yuan* (originality of Qian) corresponds to this *yong jiu* (Usage or Function of Nines), as it says in the "Commentary on the Words of the Text": "The *Qian yuan* (originality of Qian) makes use of all nines [*yang* lines], signifying the world under Heaven well governed, ... thus we see the law of Heaven"[56]. It means that, as a conceptual body, *Qian yuan* is

53 These four Chinese characters of *yuan* 元, *heng* 亨, *li* 利, and *zhen* 贞 are really difficult to be translated, as they have abundant connotations and correspond to the whole image of the round Heaven. For instance, from the dimension of time, they correspond to the four seasons of spring, summer, autumn, and winter respectively; from the dimension of space or directions, they correspond to the east, south, west, and north respectively; from the dimension of human virtues, they correspond to *ren* 仁 (benevolence), *li* 礼 (etiquette), *yi* 义 (rightness), and *xin* 信 (trustworthiness) respectively, and so on.

54 *The I Ching or Book of Changes*, p. 370 (modified).

55 *Ibid.*, p. 375 (modified).

56 Lynn, *The Classic of Changes*, p. 140 (slightly modified).

invisible, yet its function can be seen in all *yang* lines of the sixty-four hexagrams. In other words, all *yang* lines are the manifestation of the conceptual body of the *Qian yuan* (which is similar to Kant's thing-in-itself).

In the "Commentary on the Judgments" regarding Kun [䷁, The Receptive, 2], we can see that: "Perfect indeed is the *Kun yuan* (originality of Kun), to which all beings owe their birth." It connotes that there is also some transcendent being with the Earth symbolized by Kun [䷁] which is called *Kun yuan* (originality of Kun). We also know that there is a special statement in Hexagram Kun [䷁, The Receptive, 2] corresponding to *yong liu* (Usage or Function of Sixes, i.e., function of all *yin* lines), which says: "It is fitting to practice constancy perpetually here"[57]. As the *Qian yuan* (originality of Qian) is correlated to the *yong jiu* (Function of Nines), the *Kun yuan* (originality of Kun) corresponds to *yong liu* (Function of Sixes), which means that, although the conceptual body of Kun cannot be seen, its function can be detected in all the 192 *yin* lines of the 64 hexagrams. And the "Commentary on the Image" of this statement is: "The practice of perpetual constancy expressed in the *yong liu* will lead to final completion with greatness"[58], by which, together with other remarks mentioned above, we can see that the *Qian yuan* (originality of Qian) is in charge of dispensing, and *Kun yuan* (originality of Kun) receiving; *Qian yuan* governs the beginning, and *Kun yuan* the end; *Qian yuan* is responsible for producing, and *Kun yuan* for completion; *Qian yuan* dominates, and *Kun yuan* submits. In other words, it is the cooperation of both *Qian yuan* and *Kun yuan* that leads to the production and completion of the myriad things. Actually, "*Qian yuan* and *Kun yuan* correspond to *yang* mode and *yin* mode of the two-mode (☯) respectively, while the *yong jiu* and *yong liu* are but the actualization of the two modes respectively"[59]. As is mentioned

57 *Ibid.*, p. 150.
58 *Ibid.* (modified).
59 Zhang, "Viewing the Unity of Heaven and Man," p. 29.

above, the two-mode (☯) is generated from the Supreme Ultimate (○); it is evident that behind all the 64 hexagrams and 384 *yin* and *yang* lines is the Supreme Ultimate (○). In other words, the Supreme Ultimate (○) threads through all the 64 hexagrams and 384 lines, and even when this cycle has temporarily ended, it will eternally exist, threading through the forthcoming endless new cycles. This is the ontological significance of the *Yijing*.

But it should be noted that only the *yang* mode is directly connected to the Supreme Ultimate (○) and the *yin* mode cannot directly return to the state of Supreme Ultimate (○), in that the statement of the *yong jiu* (Function of Nines) corresponding to the *yang* mode tell us that "A flight of dragons appears. There is not any head of them. Good fortune"[60], which means that all people have become *jun zi* (superior or noble man) not needing a leader, a state of full peace under Heaven from Confucian perspectives, a state of pure land from Buddhist perspectives, a state of immortality from Daoist perspectives, and a state of paradise from Christian perspectives. Obviously, this state is actually the state of Supreme Ultimate (○). It means that after the Supreme Ultimate (○) has generated the two-mode (☯), the original pure *yang* energy still resides in the *yang* mode, while the *yin* mode was a byproduct resulting from the movement of the Supreme Ultimate and ought to follow and cooperate with the *yang* mode. But we should also keep in mind that the two-mode can symbolize various states and things, both metaphysical and physical, both transcendent and worldly. Therefore, at a lower level, the *yang* mode and the *yin* mode also correspond to hexagrams Qian [䷀, The Creative, 1] and Kun [䷁, The Receptive, 2] respectively.

However, the authors of the *Yijing* pay much attention to the return to the state of Supreme Ultimate (○) through self-cultivation and accumulation of virtues, which is exemplified by Hexagram Fu [䷗, Return, 24] where we can "see the mind of heaven and earth."[61]

60 *The I Ching or Book of Changes*, p. 375 (modified).
61 *Ibid*., p. 505.

This is the reason many scholars contend that the *Yijing* highly values the *yang* energy and belittles the *yin* energy, the purpose of which is to persuade people not to forget their origin; otherwise, one's conscience symbolized by the *yang* (positive) energy will be obscured by the *yin* (negative) energy, a state revealed by the image of the top line of Hexagram Kun [䷁, The Receptive, 2][62]. Due to limited space, this issue will not be elaborated here. In addition, the authors of the *Yijing* also place the balance between *yin* and *yang* in a very important position. How to attain to this balance? The best way is to get Qian [☰] symbolizing Heaven down under Kun [☷] symbolizing Earth, i.e., the case in hexagram Tai [䷊, Peace or Communication, 11]; otherwise, the result will become the state manifested by hexagram Pi [䷋, Stagnation, 12] or the consequence will be "repent" caused by the "arrogant dragon" revealed by the top line of Hexagram Qian [䷀, The Creative, 1][63]. This means that the *Yijing* authors put the *yin* energy over the *yang* energy to attain to the state of centrality emphasized by the *Zhong yong* 中庸 (lit., *Centrality and Its Functioning*, a. k. a. *Doctrine of the Mean*), which can also by symbolized by the Supreme Ultimate (○)[64], under the circumstance of which "there are no stirrings of pleasure, anger, sorrow, or joy"[65], a state when the mind is completely calmed. This also exhibits the ontological significance of the *Yijing* and the *Centrality and Its Function*.

In addition, human innate nature can be symbolized by the Supreme Ultimate (○). After the Supreme Ultimate has moved and produced the two-mode (☯), the *yang* mode corresponds to human

62 For the implication of this line, please see *ibid*., pp. 391, 395.
63 For the implication of this line, please see *ibid*., pp. 375, 383.
64 For the argumentation of the relationship between centrality and Supreme Ultimate, please see Zhang Wenzhi 张文智, "*Cong Yijing zhengshi zhi benti shengcheng lun kan jishan chengxing shu* 从《易经证释》之本体生成论看"继善成性"说" ["Viewing the Theory of *Ji shan cheng xing* from the Onto-cosmogony Discoursed in the *Argumentation and Interpretation of the Yijing*"], in *Zhouyi Yanjiu* 周易研究 [Studies of *Zhouyi*] 5 (2018): 55-65.
65 *Confucian Analects, The Great Learning & The Doctrine of the Mean*, trans. J. Legge (New York, NY: Dover, 1971), p. 384.

innate nature and conscience and the *yin* mode to human emotions and physical desires. Emotions and desires ought to be controlled by innate nature and conscience, otherwise human beings will be cursed as animals or beasts. The cultivation by meditation through the stages of stillness (*zhi* 止)→ stability (*ding* 定)→ quiescence (*jing* 静) → tranquility (*an* 安) → subsiding or filtering (*lü* 虑) aims to arrive at the state of Supreme Ultimate (○), a state of sageliness attained through self-cultivation. The four stages of *gewu* 格物 (investigation of things) → *zhizhi* 致知 (attain the knowledge of things)→ *chengyi* 诚意 (sincerity of one's mind) → *zhengxin* 正心 (rectification of one's heart-mind) elaborated in the *Da xue* 大学 (Great Learning) also aim at attaining to the state of Supreme Ultimate (○), which can exert its function in the following four stages of *xiushen* 修身 (cultivation of the person) → *qijia* 齐家 (regulation of family) → *zhiguo* 治国 (ordering of the state) → *ping tianxia* 平天下 (pacification of the world under heaven), i.e, manifesting the state of sageliness within in service to society. It is noteworthy that these eight stages make cause and effect with each other, that is to say, if one cannot regulate his family, it means his self-cultivation is not enough; if one cannot cultivate himself, it means he is not able enough to rectify his heart-mind; if one cannot rectify his heart-mind, it demonstrates that his mind is not sincere enough, ...

Moreover, the terms of "the self," "the archetype," "the center," "wholeness," "the Self archetype," "the collective unconscious," and "the mandala" in Jungian psychology can also be symbolized by the Supreme Ultimate (○).

This is the ontological significance of the *Yijing*.

II. Knots in China and possible ways out

From the above-mentioned cosmogonic and ontological perspectives conceived in the *Yijing*, we can see the knots in today's China.

From the level of statecraft, the most serious problem in today's

China is the gap between the rich and the poor as well as the consolidation of hierarchical system. It is said that over 80% of the wealth of China is in the possession of the rich people representing less than 20% of China's population, or over 90% of the wealth is controlled by some billionaires constituting less than 10% of China's population. Although we cannot obtain an accurate percentage about this contrast, the appearance and strengthening of the polarization of income in today's China has become an indisputable fact, which further gave rise to hierarchical solidification, which can be symbolized by the Pi hexagram [䷋, Standstill or Stagnation, 12]. The reason for the emergence of this phenomenon lies in the existence of the privileged classes from the central government to local governments. It is these privileged classes that govern the wealth in different levels and sorts. A great number of state-owned enterprises directly or indirectly enjoy many kinds of subsidies. In order to obtain some profits from this institution, many private enterprise owners exhaust all efforts to make contact with the officials who are in power of related affairs, which will inevitably lead to corruption. In the course of fighting against corruption, although the central government is always claiming zero tolerance for all levels of corruption, the hotbed which is breeding corruption has never been destroyed. Although some intellectuals had already supposed that a kind of official property disclosure system ought to have been established two decades ago, this kind of system has not been yet set up, so the power of people with vested interests is palpable. Driven by their interests, many excellent graduate and postgraduate students are trying their best to enter into these groups of power and interests, which is demonstrated by the fact that each year there are so many talents striving to get official positions in government or state-owned enterprises. Those who pass the examinations and get a post in a government or state-owned enterprise will be quickly absorbed into the group of power and vested interests by connections through marriage or other measures, and those who are not adopted into the group will be marginalized and have only rare opportunities to be promoted. This is a great waste of not only the higher education but also the financial resources of China.

According to the philosophy of the *Yijing*, the hexagrams resulting from the interaction or balance of *yin* and *yang* tend to be pronounced auspicious. To realize this purpose, the *yang* energy ought to come down to the lower position to support the *yin* energy. These hexagrams include Fu [䷗ , Return, 24], Lin [䷒ , Approach, 19], Tai [䷊ , Peace and Security, 11], Qian [䷎ , Modesty, 15], Yi [䷩ , Increase, 42], Xian [䷞ , Influence or Interaction, 31]. So far as the lasting prosperity and political stability is concerned, the best configuration is the hexagram Tai [䷊ , Peace and Security, 11] in that it shows a prospect where "Heaven and Earth interact perfectly, and the myriad things go smoothly"[66]. Otherwise, there will appear the scene of "Heaven and Earth are estranged, the myriad things do not interact, and as those above and those below are estranged, the country will be destroyed"[67] symbolized by hexagram Pi [䷋ , Obstruction or Stagnation, 12], which has been frequently shown when a dynasty was going to be replaced by a new one. Today's China ought to use this philosophy for reference and narrow the wide gap between the rich and the poor to realize the purpose of lasting governance and eventual peace and security. In order to reach this state, each level of Chinese government ought to give more rights to the people and let them efficaciously supervise administrations of each level of governments; in such a way can the officials genuinely realize their purpose of "serving the people" and "remaining true to the original aspiration." Real exemplary persons (*jun zi* 君子) are not afraid of being supervised, and even without other people's supervision they are also devoted to self-restraint in privacy, envisioning that there are divine forces supervising them, which shows the significance of "sincerity in privacy" upheld in the *Daxue* 大学 (Great Learning). In

66 Lynn, *The Classic of Changes*, p. 205.
67 *Ibid.*, p. 212 (slightly modified).

addition, in order to realize the prospect symbolized by Tai hexagram [䷊ , Peace and Security, 11], the number of officials, that is, civil servants, needs to be greatly reduced. There are too many civil servants at present — there are around 200 civil servants in each level of government including the levels of town (street), district, county, city, province, central government, which leads to too much government expenditure and goes against the idea conceived in the *Xici* (Great Treatise) that "fewer officials with more commoners will lead to better governance." In the long run, this will lead to destruction of a country symbolized by the Pi hexagram [䷋ , Obstruction or Stagnation, 12]. The deep sense of danger and crisis conceived in the *Yijing* can provide us with the corresponding wisdom to prevent the occurrence of this unfavorable situation. And for those with high incomes, not only does Chinese government have to draw up better tax systems to balance the wealth of the rich and the poor so as to tackle serious problems related to education, health care, and pension facing China, but also encourage people to understand the meaning of the sentence stated in the *Yijing* that "A house that heaps good upon good is sure to have an abundance of blessings. A house that heaps evil upon evil is sure to have an abundance of ills"[68] and what the *Great Leaning* stated that "if goods and wealth are not obtained by legitimate means, they will be wasted carelessly," so as to encourage them to "gain and maintain prosperity through charity," to let them understand that only this way can be conducive to the prosperity of their families and break the proverb that "a rich family cannot continue to be rich for more than three generations." We should also need to encourage and educate the privileged class who enjoy high treatment in this way.

In respect to industrial structure, when government begins to adjust industrial structure, it should make use of the *yin-yang* and five-element theory conceived in the *He tu* (Yellow River Map, *Fig. 1*) and *Luo shu* (Lu River Chart, *Fig. 2*). To an individual person, if their

68 *The I Ching or Book of Changes*, p. 393.

five organs related to the five elements are well balanced, they will not suffer from any disease. To a state, the variety of domains can also be roughly classified according to the five-element theory. For instance, realty business belongs to Earth, banking business to Metal, trade and transportation to Water, manufacturing industry to Wood, education to Fire. Only if these domains are developing in balance can the development of the state last and be able to resist risks. If the government stresses only one domain, the imbalance of national economy will occur. For instance, in the past decades, the realty business and finance, which belong to Earth and Metal respectively, have been over-emphasized, because Earth produces Metal and Metal destroys Wood, manufacturing business got creamed. To avoid this kind of imbalance, it is advisable for Chinese government not to interfere with the market too much but raise the proportion of private businesses, which is also helpful to solve the above-mentioned problem of the polarity between the rich and the poor.

Linked to the above-mentioned two problems is the problem of government credibility. The government loses trust with the people because of its frequent changes of policies. For example, when the government introduced the family planning policy more than 20 years ago, it promised that the government would provide for the elderly. Now the government has failed to keep its promise, and those who gave up their child and the vast number of rural families who listened to the government's policy of bearing only one child are suffering. As it says in the *Zhong yong* (Centrality and Its Functioning), "Honesty or sincerity reveals the Dao of heaven; to be sincere in everything manifests the Dao of human beings. Sincerity is that which threads through the beginning to the end of everything, and thus without sincerity a thing cannot exist." It is the government's repeated failure of trust that leads to the occurrence of "substandard milk powder, "fake vaccines" and "fake medicine," followed by farmers who do not eat the meat, vegetables and other products they sell, and workers who do not guarantee the quality of the products they produce. As a result, the whole country falls into a pattern of mutual deception. This is caused by insincerity or dishonesty. For personal gain, people lose the least sense of conscience. One reason for this is that penalties for counterfeiting in China are too light, the legal system is not sound, and a more important reason is that most Chinese people have no belief in religion. If we emphasize worship only for materials, it will not only be detrimental to the solution of the above problems, but will further aggravate them, because if we only emphasize materialism, people will only pay attention to the pursuit of material things, which will lead to the pursuit of things based on one's selfish desire and emotions, and thus it will be impossible to achieve the integrity of virtue, let alone a good management of one's family and state. To solve these problems, religions also are needed to be revitalized in China.

By faith, I do not mean a specific religious belief, because some religions tend to be crazy or demonstrate strong exclusivity. For example, Christianity, Islam and other beliefs are strongly exclusionary and easily cause conflicts or wars. From the perspective of analytical psychology, C. G. Jung and his followers once proposed that Christianity should be transformed accordingly, so as to solve the problem of split of personality caused by belief in this religion[69]. Therefore, we believe that it is more humane if we take the edification through the "Dao of gods" in the *Yijing* as a belief, and everyone can experience it. The "god" in the *Yijing* is not a personal god, and its creation depends on the intercourse of heaven and earth and the interaction *yin* and *yang* forces, which is manifested as the waxing and waning of the two forces and alternation of the four seasons. Through divination, the spirit of man can be connected

69 Deeply influenced by Chinese philosophy, esp. the *Yijing* philosophy, C. G. Jung found defects of Christianity and Catholicism, and proposed remedies for their transformations. His followers set forth more perfect theories. Please see Murray Stein, *The Principle of Individuation: Toward the Development of Human Consciousness* (Wilmette, IL: Chiron, 2006), pp. 176-85.

with the virtues of the gods, and the fundamental reason lies in human beings' sincerity and reverence. As it says in the 32nd year of Duke Zhuang in the *Zuo zhuan* (Zuo's Commentary on the *Springs and Autumns Annals*), God "can hear each sound and see everything with integrity, and particularly god is One." It means that if one can arrive at the state of "sincerity as One," i.e., the realm of "utmost goodness" or "utmost sincerity" which can be symbolized by ○, one can communicate with God, hence the saying in the *Zhong yong* (Centrality and Its Functioning) that "the Dao of utmost sincerity could enable people to know beforehand what is upcoming, and those who attain to the state of utmost sincerity are spirit-like." Although the "God" in the *Yijing* is not the god of personality, it still has a meaning of external dominator, on the basis of which people's self-cultivation and the heart of awe and reverence can be established. If there is no heart of awe, one can neither rectify his heart/mind, nor accomplish his innate nature to conform to heaven; and the "immanent transcendence" emphasized by Mr. Tu Weiming as well as the religious character of Confucianism are also difficult to be realized. The religiosity conceived in the *Yijing* integrates the Dao of heaven, the Dao of human beings, and the Dao of spirits into one entity, by which the "immanent transcendence" and "external transcendence" are integrated into one and can provide a better platform for communication and dialogue between Confucianism and Western philosophy, theology, religions and ethics. Understanding this feature of religiosity in the *Yijing* can make people further realize the limitations of "monotheism" and carry out more effective communication and dialogue with it, so as to help them realize effective transformation, and benefit people's mental health, the integration of different religions and cultures which can lead to the peace of the world in the future.

Therefore, we have to talk about the policy of restoring and revitalizing traditional culture being carried on in China. Although current Chinese government emphasizes the promotion of excellent traditional Chinese culture, most people regard the "Three Principles" of absolute obedience of minister, son, and wife to emperor, father, and husband respectively, which belonged to a kind of distorted and politicalized Confucianism since the Han dynasty (206 BCE-220 CE), as the goal of restoration and revitalization. Obviously, this effort has strong fundamentalism. This kind of thinking also has a direct impact on China's education. From kindergartens, to primary and secondary schools, to universities, to postgraduate education, all of which are guided by various slogans and aim at cultivating obedient children or students, students are not approved or even allowed to have unique ideas. Teaching materials are also aging and rigid, so students will inevitably lack independent thinking and innovation ability. This model of education and publicity has a lot to do with the fact that more and more Chinese students and officials are committing suicide or suffering from mental depression due to split personality. If this continues, it will be impossible for China to show its uniqueness and competitiveness in the international community. Therefore, if the traditional Chinese culture we want to restore and revitalize continues to be a kind of ritual-based education which had been criticized by former Chinese intellectuals as man-eating, it is better not to allow it to be restored. We should trace the traditional culture to the original Confucian idea, that is, the harmony between Heaven and Human beings conceived in the *Yijing*, and assimilate essences from Daoism, Buddhism, and other religions and cultures. Only in this way can we make our mind sound and make up for the shortcomings of Western culture. Only in this way can traditional Chinese culture stand in the forest of world culture in its unique form and become an important component of world culture. This is the Chinese traditional culture Jung yearned for at that time. However, today's China neither inherits the excellent content of Chinese traditional culture nor absorbs the really good ideas of the Western culture, which is why Chinese society has such and such problems.

From this, we can also see the deficiencies and problems of China's policies towards the West. Since 1860, China has basically been learning from the West after realizing the advantages of Western technology. In particular, after the policy of reform and opening-up to the outside world was implemented in 1979, the vast number of peasants were liberated from the land and could work in cities. Coupled with the ideological policy of "let the variety of flowers bloom" in the 1980s, China embarked on the road of rapid development. Since its accession to the WTO in 2001, China has entered the fast track of development and has become the second largest economy in the world by now. However, the good times did not last long. Due to the trade deficit, a trade war broke out between China and the United States in March, 2019, and China issued the cry of "fight to the end." The relations between China and the United States gradually deteriorated due to the worsening of the trade war, and the former cooperation between the two sides turned into the confrontation of today. So how should China's current hostile attitude toward the United States be viewed from the perspective of the philosophy of the *Yijing*?

From the analysis of *Taiji* (○), two-mode (☯) and Fuxi's Positioning of the Eight Trigrams (*Fig. 6*) in the first part of the paper, we can see that *yin-yang* (☯) exists everywhere at any time. For instance, heaven [☰] and earth [☷], sun [☲] and moon [☵], father [☰] and mother [☷], the eldest son [☳] and the eldest daughter [☴], mid-son [☵]and mid-daughter [☲], the youngest son [☶] and the youngest daughter [☱], correspond to *yang* and *yin* respectively. From the perspective of space, the upper is attributed to *yang*, the lower to *yin*; the left belongs to *yang* and the right to *yin*. From the perspective of time, from winter solstice to summer solstice is the process of the waxing of *yang* and waning of *yin* energy, so it is with the duration from midnight to moon; and from summer solstice to winter solstice is the process of the waxing of *yin* and waning of *yang* energy, so it is with the duration from noon to midnight.

From the point of view of TCM (Traditional Chinese Medicine), the back of the human body belongs to *yang* and the abdomen to *yin*; the three *yang* meridians of the hand and foot are attributed to *yang*, and the three *yin* meridians of the hand and foot to *yin*; the six entrails belong to *yang*, the five viscera to *yin*, and so on. In this way, the relationship between people and between East and West can also be classified as *yin* and *yang*. Because Western countries represented by the United States pay more attention to the physical development of natural science and technology and the protection of specific intellectual property rights, we can refer to the West as the *yin* (black) mode in the two-mode (☯). Because China focuses more on the metaphysical way of heaven and transcendental theory of mind and human innate nature, we can match China with the *yang* (white) mode of the two-mode (☯). Of course, the historical development of the West has proved that the West is more aggressive and active, which is the expression of masculinity, i.e., the *yang* energy. Therefore, the Western culture is generally compared to the Wolf culture. From this aspect, we can match the West with the *yang* mode. From the point of view of Chinese history, Chinese people have the character of external tenderness and patience, which is the expression of softness and femininity, i.e., the attribute of *yin* energy. Therefore, Chinese culture is likened to the Sheep culture. From this aspect, China can be matched with the *yin* mode. It is not important whether it matches with *yang* mode or *yin* mode. What is important is that there is an obvious feature in the two-mode (☯) diagram, that is, there is *yang* within *yin*, and there is *yin* within *yang*. In other words, there is a black (*yin*) dot in the *yang* mode; there is a white (*yang*) dot in the *yin* mode. So, what is the ideal relationship between *yin* and *yang*? The ideal relationship between *yin* and *yang* is complementarity, equilibrium and harmony between them. The complementarity of *yin* and *yang* is based on the mutual attraction of *yin* and *yang*, which is typically embodied in Xian hexagram [䷞, influence, wooing, 31] symbolizing a youth [☶] pursuing a maid

[☱]; it is also reflected in the mutual-containing of *yin* and *yang*, i.e., there is *yang* within *yin* and vice versa, which is very similar to Jung's point of view that there is a feminine archetype called "anima" in man's unconscious and a masculine archetype called "animus" in woman's unconscious. And the balance and coordination of *yin* and *yang* are mainly embodied in hexagram Yi [䷩, Increase, 42] which signifies that "Heaven dispenses, earth brings forth; thereby things increase in all directions"[70], and hexagram Tai [䷊, Peace, Communication, 11] which connotes that "heaven and earth unite, and all beings come into union."[71] It is also reflected in the *Jia ren* hexagram [䷤, 37] where husband [i.e., the fifth *yang* line] is in charge of outside affairs and wife [the second *yin* line] takes care of inside affairs. By contrast, the separation, conflict or hostility between *yin* and *yang* are mainly embodied in hexagram Pi [䷋, Standstill, 12] symbolizing "heaven and earth do not unite, and all being fails to achieve union; upper and lower do not unite, and in the world, states go down to ruin"[72], hexagram Song [䷅, Conflict, 6] where "heaven [☰] and water [☵] go their opposite way"[73], and hexagram Kui [䷥, Opposition, 38] where "Fire [☲] moves upward, the lake [☱] moves downward; the two daughters [☲ and ☱] live together, but their minds are not directed to common concerns"[74].

So, from the perspective of the philosophy of *Yijing*, how to resolve the current confrontation and conflict between China and the United States? We begin here with China itself, and in the next section analyze the problems and solutions of the United States itself. According to the original Confucian saying, "If you attempt something and fail, always turn back to yourself for the reason." (Mencius VII• 4)[75] That is to say, in dealing with the conflict between

70 *The I Ching or Book of Changes*, p. 597.
71 *Ibid.*, p. 441.
72 *Ibid.*, p. 447 (slightly modified).
73 *Ibid.*, p. 417 (slightly modified).
74 *Ibid.*, p. 574 (slightly modified).
75 *Mencius*, trans. D. Hinton (New York, NY: Counterpoint, 1998), p. 125.

China and the United States, China should turn back to and examine itself first. Most European and American countries think that the reason China has developed so fast in the last one or two decades is because China has stolen Western technology. On this point, if China is indeed not stealing Western technology, it should find a way to prove it. In the eyes of Westerners, theft of technology, namely infringement of intellectual property rights, is a very immoral breach of trust. If China does steal Western technology, it should admit it and come up with practical ideas on how to rebuild the integrity system. This is what Mencius said, "it is the greatest happiness when I turn back and attain to the realm of honesty" (*Mencius* 13•4). The *Zhong yong* (Centrality and Its Functioning) also has a saying: "The way of sincerity can enable us to know the future before. ... the utmost sincerity can enable someone to be spirit-like." As is mentioned above, the realm of both "utmost sincerity" and "utmost goodness" can be symbolized by ○. The realm of "utmost sincerity" through "self-reflection or self-examination" can make one be aware of everything and the variety of situations. In this way, we can understand China's strengths and weaknesses, and understand the differences between Eastern and Western cultural genes.

Influenced by the Greek civilization and later "Enlightenment," Westerners attach importance to the study of concrete things, thus promoting the establishment of the western scientific system and the continuous innovation and development of technology. Today, the world is like a global village, and we cannot survive without science and technology. Since China learned from the West in 1860, Western science has been of great attraction to China. If we compare China to the *yang* mode of two-mode (☯), then the black dot in the *yang* mode is equivalent to western science and technology or what Jung called "anima"; if we compare China to the Zhen trigram [☳] or Dui trigram [☱], Western science is equivalent to the Xun [☴] or Gen [☶] trigram (*Fig. 6*), where Zhen [☳] symbolizing the eldest son and Xun [☴] symbolizing the eldest daughter, or Dui [

☱] symbolizing the youngest daughter and Gen [☶] symbolizing the youngest son, are mutually attractive and can form a couple. In other words, Western science and technology are naturally attractive to China. But instead of trying to get science and technology just because we like it or need it, we should make ourselves more attractive so that the other side will be convinced to trade it with us. Just like a young man, who likes a young girl, cannot force the other side to love him, but should improve his own attractiveness and let the other side in turn love him from the heart, rather than use a cheating way to get the love of the other side. There is indeed much to be written about Chinese culture at this point.

China and the West have different cultural genes, and their way of thinking is also very different. In terms of scientific and technological innovation, Chinese people or in China may indeed have a deficiency (because many Chinese in Western countries have made great achievements in scientific and technological innovation), but the traditional Chinese way of thinking and understanding of heaven and humanity can indeed make up for the shortcomings of Western culture. As we all know, the innovation and development of science and technology cannot solve all the problems of human beings. As Jung has pointed out, although the development of science and technology has enhanced the function of human consciousness, it has greatly suppressed human unconsciousness, resulting in many psychological diseases difficult to be cured in Western society. Chinese tradition attaches importance to the "harmony of heaven and human beings" and the "heart-mind theory," which can make up for the deficiency of Western science and technology. Jung was influenced by the *Book of Changes* and Chinese Daoist alchemy refinery (as described in *The Secret of the Golden Flower*) and constructed his system of analytical psychology. Therefore, in addition to learning from the West in science and technology, China should also tap its traditional advantages, so as to enhance its attraction to the West. *Taiji quan* boxing, TCM, acupuncture and moxibustion, etc. which are based on the theory of *yin-yang* and five elements, are also very attractive to Westerners. China should make more efforts in these respects to improve its appeal. Thus, if we compare the West to the *yin* mode of the two-mode (☯), then the white dot in the *yin* mode corresponds to Chinese theory of heart-mind and human innate nature or what Jung called "animus"; if we compare the West to the Xun [☴] or the Gen [☶] trigram, the Chinese theory of heavenly Dao and life, TCM, etc., is equivalent to the Zhen [☳] or Dui [☱] trigram (*Fig. 6*). In other words, the above factors in Chinese traditional culture are naturally attractive to Westerners.

Just as Jung warned Westerners not to lose their cultural foundation by blindly imitating what Chinese say, similarly, when learning Western science and technology, China should not lose its own foundation. In this way, we can not only avoid the disadvantages of the West's excessive emphasis on scientific and technological innovation, but also maintain China's uniqueness and permanent attraction, and further establish the diversity of world culture, so as to make the whole world full of vitality. For China, the most important thing is to examine or reflect on itself, which Jung called self-criticism, and "turn back to the realm of sincerity," because "sincerity underlines everything, from its beginning to its end. Without sincerity, there can exist nothing" (*The Centrality and Its Functioning* [25]). China has always had an ideal of "harmonizing all nations" or "pacifying the world under heaven." However, as is revealed in the *Great Leaning*, it is impossible to realize "external cause" without achieving "internal utmost goodness"; without the "cultivation of sageliness within," it is impossible to manifest it in service to society. The *Centrality and its Functioning* also said: "only those who have attained to the realm of utmost sincerity, can he transform the world." (23) In other words, if we are not able to influence or transform others, it means we have not reached the realm of "utmost sincerity." The state of "utmost sincerity" is the state of "utmost goodness." For whether one has reached the realm of "utmost goodness" or not, the *Great Learning* puts forward a method of validation: "If one is still stirred up by anger, fear, anxiety, and pleasure, it means that they had not arrived at the state of 'supreme goodness'." In other words, as long as one has bad emotions, it means that they had not attained to the realm of "utmost goodness." "Utmost goodness," "utmost sincerity" and the state of prenatal *Taiji* (○) are the foundation and fountainhead of life. Only by resting on the foundation of life can we achieve the goal of "ceaseless producing" and "harmonizing all nations." To say the least, even if we cannot achieve the "harmony among all nations," just like the balanced coordination of *yin* and *yang* and the five elements of the human body can ensure physical health and resist all diseases, as long as the whole country can present the scene of "heaven and earth are in harmony with all things, and the upper and lower are in harmony with their aspirations" symbolized by hexagram Tai [䷊, Peace, Communication, 11] and the balance and coordination of the five elements, the Chinese nation can cope with any malicious damage from outside, and can long stand in the world as a unique nation.

The above is our analysis of China's problems and solutions according to the relevant contents in the *Yijing* philosophy. Next, we will analyze the Western problems and solutions according to the relevant contents in the *Yijing* philosophy, too.

III. Problems in the Western world and possible ways out

From the perspective of the philosophy of *Yijing*, Western countries still have many problems. Here we take the problems of the United States as a representative of the analysis.

In terms of political system, the multi-party system and the separation of powers system of the United States have their unique advantages. The attraction of this system can be seen in the fact that people from many countries seek to immigrate to the United States. Its democratic electoral system has formally stamped out tyranny and dictatorship; it is a system that has not necessarily accomplished the goals of peace and communication symbolized hexagram Tai [䷊, Peace, Communication,11] mentioned above, but can at least force the powers to be restricted, making officials, including the president, literally to be servants of the people and subject to public scrutiny. This is the advantage of the system. Due to the discontinuity of traditional Chinese culture caused by the Cultural Revolution, many Chinese immigrants to the United States—especially some corrupt officials who fled to the United States—have no idea what traditional Chinese culture is. Therefore, many Chinese immigrants to the United States do not represent the traditional Chinese culture, and most of them choose to go to the United States for the comfort of life. Therefore, affected by the quality of the voters, the president or senator elected by the American voters may not be a good president or senator, or may not reach the level of "sages" in Chinese tradition. In this regard, the United States can learn from the ancient Chinese theory of "the harmony of Heaven and Human beings" and "cultivating sageliness within and then manifesting it in service to society." The first is to make voters know the theory and understand the benefits of this doctrine for themselves, for others, and for the country as a whole. This will further improve the overall quality of the electorate, thus ensuring that each elected president or senator acts more in line with the Dao of heaven and the Dao of human beings.

The free and democratic system of the United States has also laid a solid foundation for scientific and technological innovation. The development of science and technology is accelerating with each passing day, which is in line with the law of development that everything is changing from simple to complex and from metaphysical to physical forms. Therefore, despite the increasing impact of technological advances on the human unconscious world, as Jung said, we cannot stop the development of science. What we can do is to guide technology in ways that benefit human well-being. The philosophy of *Yijing* can inspire us to better understand this problem. As is mentioned above, the *yang* mode of the two-mode (☯) corresponds to the *Qian yuan* 乾元 (originality of Qian [䷀]), the *yin* mode to the *Kun yuan* 坤元 (originality of Kun [䷁]), and the latter is also generated by the former. The *yang* mode also corresponds to Qian [䷀], to which all things owe their beginning; the *yin* mode corresponds to Kun [䷁], to which all things owe their completion. Similarly, the *yang* mode also corresponds to the human mind and wisdom, while the *yin* mode corresponds to the various artifacts and software created by humans through science and technology. According to the *Great Learning*, human beings should not be led by the nose by artificial things. Therefore, people addicted to playing games also belong to the pursuit of things, so they will be trapped in good things and unable to extricate themselves. Therefore, the more development of science and technology, the more need for understanding of the *Yijing* philosophy, so that we can make science and technology play its positive role.

The United States is a melting pot, and freedom of belief is a major feature of its religion. The five major religions, namely Confucianism, Buddhism, Daoism, Christianity and Islam, spoken of in China, all exist in the United States. In this regard, the five-element theory in the philosophy of *Yijing* helps to reduce conflicts between religions. In the traditional view of China, these five religions are equal and can be matched with the five elements of Metal, Water, Wood, Fire and Earth. The founders of the five religions are just like the five brothers, all preaching on behalf of heaven, but they have different teachings in different regions and for different nationalities. In other words, the founders of the five religions are all transformed from the same supreme God. A religion is popular in a country because it is suitable for that country; a religion thrives at a certain time, and therefore it is established at that time. Therefore, do not impose a religion on others. However, under the background of globalization, the communication and collision between different cultures and religions in the world are getting deeper and deeper. Only by close cooperation and mutual exchange between different religions can wars between religions be avoided and world peace be promoted. And for a religion, only by absorbing the advantages of other religions and overcoming its own shortcomings and defects can it achieve self-perfection, creative transformation, and become eternal like the shining sun and moon. If we only emphasize the conflict between different civilizations, it will only lead to an increasingly chaotic and restless world. As is mentioned above, the philosophy of *Yijing* integrates the way of heaven, humanity and the way of God, which can provide a better platform for communication and dialogue between Confucianism and Western philosophy, theology, religions and ethics. Understanding this feature of the *Yijiing* can help people further realize the limitations of monotheism and carry out more effective communication and dialogue with it, so as to help them realize effective transformation, which could further benefit people's mental health, promote the integration of different religions and cultures, and the peace of the future world as well.

The five-element theory is also conducive to the adjustment of American industrial structure. When I was a visiting scholar at the Harvard-Yenching Institute in 2007-08, I saw that the US financial sector, which belongs to Metal, was overheated and concluded that there would be problems in the US financial area that would affect the development of the US manufacturing sector, which is attributed to Wood. Sure enough, by the time I finished my study visit in the fall of 2008, the subprime crisis had begun in America, and the American manufacturing industry had already gone into a downturn, with unemployment rising. Since the current US President Donald Trump started the trade war with China, it has indeed spurred the recovery of the US manufacturing sector and brought the US employment rate to a new high. But he did it from the wrong side of the ball, not from his heart with a balance of five elements of the idea. If he has this idea in mind, it will be better for the development of the United States itself and the world.

Most Chinese people regard Western powers, including the United States, as aggressive. America's foreign wars of recent decades have reinforced this view. Although the U.S. foreign wars that killed or strangled dictators such as Saddam Hussein and Moammar Gadhafi were appreciated, they always gave the impression that the reason for the war was insufficient. In this regard, the United States should first draw lessons from the *Yijing* philosophy of "understanding others from understanding yourself" and Confucius's saying that "if distant subjects are unsubmissive, one cultivates one's moral quality to attract them; once they have come, one makes them content" (*The Analects of Confucius* 16:1). If moral education and persuasion fail to work, then resort to force. Only in this way can its military actions be recognized as justice by more Chinese people, so as to reduce the degree of mutual incomprehension between China and the United States. As the world's largest power and largest economy, the United States should play a leading role in leading the whole world toward peace and development. Only in this way can the conduct of the US be in alignment with the doctrine of "cultivating sageliness within and then manifesting it in service to society (and the whole world)" conceived in the *Yijing* philosophy. And only this way can enable America to prosper forever in every way.

The above is our analysis of America's problems and their solutions from the philosophy of the *Changes*.

As for Europe, I spent one year as a visiting fellow at Erlangen-Nuremburg University, Germany in 2012-13. I also lectured on the *Book of Changes* at the International School of Jungian Analytical Psychology in Zurich. I have a good impression of Europe, especially of Northern Europe. At least these countries' tax and fiscal systems match the spirit of the *Yijing*, which thus reduces polarization and hierarchy to a large extent. In other ways, Europe can derive inspiration from the philosophy of *Yijing*, which I think is still what Jung proposed several decades ago. Europeans can learn more about the unconscious from the philosophy of the *Yijing*, thus reducing psychological illness and thereby eliminating the idea of Euro-centrism, so as to achieve effective transformation of their religion and culture.

All in all, I know little about Europe. If you think there are more problems in Europe, please let me know in various ways, and then I will see if I can analyze these problems and their solutions from the philosophical perspective of the *Book of Changes*.

Conclusion

Although the *Yijing* philosophy is very old, it can still provide us with many revelatory methods and paths to solve today's domestic and international problems. As long as our behavior is consistent with the philosophy of the *Changes*, it means that we are in harmony with nature, and many difficult problems can be solved easily. The fundamental issue is "self-examination," i.e., "self-criticism," as Jung called it. If we are always self-righteous, mercilessly repressing things that do not conform to our own wishes, full of struggle philosophies and the clash of civilizations, we will exacerbate the existing problems. It is like imposing the content of consciousness on the content of the unconscious, which can only aggravate the split of personality and mental illness; it is like adding a new Knot to the Gordian Knot, making the problem more serious and difficult to solve. If we can further achieve "sincerity through self-examination," that is, finally reach the state of "supreme goodness" and "utmost sincerity" symbolized by ○, we can understand others through understanding ourselves, and all problems can be easily solved. This is what the *Centrality and Its Functioning* said, "only those who have arrived at the realm of utmost sincerity can move and transform others." We hope that the philosophy of the *Changes* will illuminate every corner of the world, so that we can restore peace and tranquility to our inner world, and thus promote peace and tranquility and mutual help in the outer world.

Presentations of the Eranos School Seminar

Bond, Solitude, and Digital Sociality:

Freud and Jung One Hundred Years Later

Presentazioni del seminario della Scuola di Eranos

Legame, solitudine e socialità digitale:

Freud e Jung cento anni dopo

Monte Verità, Ascona

26 November / *novembre* 2021

Oggetto e ideale nell'orizzonte del legame contemporaneo

Matteo Bonazzi

Verona, Italy / *Italia*
November / *Novembre* 2021

Il tema dei legami è un buon modo per mostrare che l'esperienza psicoanalitica è fondamentalmente un'esperienza politica. Non solo, come spesso si dice o forse soprattutto è stato detto, perché la politica ha delle ragioni inconsce che la muovono, la condizionano, ne orientano i flussi, le rotture, gli andamenti. Ma ancora di più, perché c'è una dimensione strutturalmente politica dell'inconscio come tale. Perché l'inconscio, per dirlo già col Freud di *Psicologia delle masse e analisi dell'Io*, è la scoperta dell'Altro che è in me, ovvero che non esiste psicologia individuale che non sia già sempre una psicologia sociale e viceversa.

Qual è, allora, il lascito della lezione di Freud, in *Psicologia delle masse e analisi dell'Io*, per noi oggi? A questa prima domanda, vorrei provare a rispondere riprendendo, in maniera sintetica ma spero rigorosa, alcuni punti che trovo fondamentali per ereditare la lezione freudiana.

In primo luogo, per Freud l'uomo non è un animale politico votato alla socialità in quanto parlante, come recita il noto adagio aristotelico. Lo diviene, sempre che questo accada, molto più tardi rispetto al punto o al momento filogenetico su cui il padre della psicoanalisi colloca la sua lente d'ingrandimento per studiarlo. All'origine, potremmo dire, l'uomo è semplicemente *Lust*: carica libidica che spinge alla ricerca continua di soddisfazione. Questa spinta alla soddisfazione porta con sé, però, una buona dose di angoscia, dovuta al fatto che nella soddisfazione c'è qualcosa che spinge al di là, verso il *dis-piacere*, la sofferenza, l'autodistruzione – tutto ciò che in Freud prende il nome di *Todestrieb*. È a causa di questa angoscia primordiale che compare l'appello all'Altro perché ci salvi da quel che di insopportabile incontriamo nella nostra stessa spinta alla soddisfazione, nella nostra stessa natura. Da questo punto di vista, la vicinanza di Freud con Hobbes, spesso giustamente segnalata nel commentare *Psicologia delle masse,* sembrerebbe accentuarsi: per entrambi, è come se la natura spingesse *naturalmente* al di là di sé. Da qui la comparsa della socialità. Ma di che genere di socialità si tratta? "L'uomo è un essere singolo appartenente a un'orda guidata da un capo supremo", afferma drammaticamente Freud.

Come si costituisce, allora, questa *orda*, questa massa che si tiene assieme attorno al capo? Due sono i vettori che la sostengono: l'innamoramento e l'identificazione. Mi ritrovo a *dire noi* insieme al mio vicino perché con lui condivido il fatto di aver riposto nel luogo del capo ciò che è caratteristico del mio amore, *l'oggetto che più mi sta a cuore* (per usare un'espressione già platonica); questo produce identificazione tra me e l'altro, possiamo dirci *noi* perché amiamo lo stesso oggetto. L'oggetto in verticale, l'identificazione in orizzontale: è il caso dell'esercito, dove Freud rintraccia l'amore per il superiore e l'identificazione tra i sottoposti; ma anche il contrario, l'identificazione in verticale e l'amore in orizzontale, come nel caso della Chiesa, dove per Freud l'identificazione al Cristo produce l'amore tra fratelli. Alla base dell'identificazione ritroviamo dunque l'innamoramento.

Ma come avviene questo innamoramento, questo trasferimento dell'oggetto che più mi sta a cuore, ciò che ho di più intimo, da me all'altro? Freud va a rintracciarne la genesi nel meccanismo dell'ipnosi. Ed ecco allora la sua conclusione: le masse non sono altro che l'estensione a molti del fenomeno dell'ipnosi o, viceversa e testualmente, "l'ipnosi è una folla a due" (*eine Massenbildung zu zweien*)[1]. Se vogliamo capire qual è il segreto del legame di massa, dobbiamo prendere l'ipnosi come paradigma miniaturizzato. Il legame ha un fondamento ipnotico che si costruisce attraverso l'investimento oggettuale, *tu hai ciò che a me manca*, e l'identificazione, *tu sei ciò che io vorrei essere*. Ed è così che la nostra spinta alla massificazione trova la sua ragion d'essere, nel tentativo di esonerarci dall'urgenza delle due domande che muovono l'esistenza: *chi* sono e *che cosa* voglio.

Allora, torniamo a noi: che ne è oggi di questa lezione freudiana? La prima cosa che possiamo dire è che il contemporaneo ha prodotto un rovesciamento dei rapporti tra oggetto e ideale. Non è più l'ideale ad orientarci, a dirci dove andare, quale direzione seguire. L'oggetto è venuto allo *zenit* di un orizzonte disincantato su cui si annuncia il tramonto dell'ideale, dirà Lacan nel 1970[2], subito dopo il Maggio francese. Non assistiamo più all'articolazione tra ideale e oggetto, ma al primato dell'oggetto, ridotto a ente intramondano, a cosa sempre disponibile, a oggetto di consumo. Restiamo soli, i lacci del legame tendono a sciogliersi: sono le solitudini contemporanee. Ciascuno se la cava col proprio oggetto di godimento, di consumo, come può. Se l'oggetto vince sull'ideale, allora l'Altro perde d'interesse: mi ritiro nella mia stanza, come un *hikikomori*; la sostanza (da quelle psicotrope fino agli oggetti-gadget) mi soddisfa anche più dello scambio con l'Altro, che invece comporta sempre, Freud insegna, una certa perdita dovuta all'ingresso nel legame, nel linguaggio, nella mediazione. È il *disagio della civiltà* e il suo rifiuto che contraddistingue il nostro tempo: non vogliamo più pagare la nostra *libbra di carne*.

Ma c'è un tempo successivo a questo e noi, probabilmente, è lì che

1 S. Freud, "Innamoramento e ipnosi", tr. it. in: Id., *Psicologia delle masse e analisi dell'Io* (1921), *OSF* 9, p. 302. Abbiamo preferito tenere la traduzione francese "*foule à deux*" del tedesco "*Massenbildung zu zweien*", piuttosto che quella italiana "formazione collettiva a due".

2 J. Lacan, "Radiofonia", in: Id., *Altri scritti*, a cura di A. Di Ciaccia, tr. it. Einaudi, Torino 2013, p. 410.

ci troviamo: la sostanza alla lunga stanca, se non addirittura uccide. La solitudine non basta a se stessa. E allora è necessario costruirsi un nuovo immaginario che ci permetta di *dire noi*: ecco la soluzione a buon mercato offertaci dai *social*. L'altro con cui mi intrattengo è colui con cui torno a condividere un ideale, un ideale che si basa sull'identificazione immaginaria: le nicchie, le microcomunità. Non è più l'Ideale dell'io che ci orienta verso orizzonti indeterminati ma pieni di investimento libidico e progettualità; è l'Io ideale, la mia immagine riflessa allo specchio dei *social*, il doppio come simile. Da qui, la deriva paranoicizzante che investe il nostro tempo.

Le nicchie sono luoghi di riconoscimento duale. Anche se attraversati da molti, la posta in gioco è sempre il Due: io e l'altro, senza triangolazione possibile, senza la mediazione di un terzo. Per questo sconfinano in quell'aggressività che la psicoanalisi ha rivelato essere propria appunto della dinamica immaginaria di riconoscimento. Ogni riconoscimento è in realtà un misconoscimento, tanto più l'altro mi conferma nella mia immagine ideale quanto più mi tradisce, perché l'*io è un altro* – per dirlo con Rimbaud – e, pertanto, tanto più ottengo il riconoscimento, quanto più scopro di essere misconosciuto.

Godimento e misconoscimento: ecco le due facce delle solitudini contemporanee. Come resistervi, come introdurre una differenza, incepparne il meccanismo mortifero e paranoicizzante? Prima ancora che al proprio tempo, si tratta di resistere all'eterna tentazione nostalgica: non c'è recupero, non c'è conservazione possibile. Piuttosto, bisogna andare a vedere fino in fondo cosa si nasconde in questa deriva, assumerla, farla nostra, perché possa rovesciarsi nell'inatteso, affinché, come nell'esperienza analitica, ciò che si ripete con la cieca determinazione della necessità, radicalizzandosi, arrivi a rovesciarsi nella contingenza dell'incontro fortunato.

C'è allora un'altra via alla solitudine che si scrive sul rovescio dell'effetto segregante caratteristico del nostro tempo. È la solitudine che viene ancora una volta da ciò che l'esperienza psicoanalitica fa di noi e che ci porta a constatare che non c'è legame se non a partire dall'assunzione della propria separatezza. Ecco, in fondo, l'insegnamento etico della psicoanalisi: il legame, l'unico legame a cui possiamo ambire, è attraversato dalla castrazione, da un *non rapporto* fondamentale.

Riprendiamo la scena della seduta analitica, come dicevamo all'inizio, in quanto miniaturizzazione del legame politico. E ascoltiamo il modo in cui Maurice Blanchot ne descrive il movimento ne *L'infinito intrattenimento*:

> Tutto ciò fa risaltare ancora meglio l'originalità del "dialogo" psicoanalitico, i suoi problemi, i suoi rischi e forse alla fine la sua impossibilità. Questa liberazione della parola ad opera di se stessa rappresenta un'appassionante scommessa in favore della ragione intesa come linguaggio e del linguaggio inteso come potere di raccoglimento e di raggruppamento in seno alla dispersione. Chi parla e accetta di parlare accanto ad un altro trova poco a poco le vie che faranno della parola una risposta alla parola. Questa risposta non viene dall'esterno come parola oracolare o divina, come risposta del padre al figlio, di chi sa a chi vuole non sapere ma obbedire, come parola pietrificata e pietrificante da portare in propria vece come una pietra. Occorre che la risposta, anche venendo dal di fuori, venga dal di dentro, torni a chi la sente come il movimento della sua stessa scoperta [...]. Questo dialogo ha una duplice caratteristica: resta una parola solitaria, destinata a trovare da sola le proprie vie e la propria misura, e nello stesso tempo, esprimendosi da sola, può realizzarsi solo come autentica relazione con un autentico altro, come rapporto in cui l'interlocutore – l'altro – non pesa più sulla parola detta del soggetto (che a questo punto si discosta da sé come dal centro), ma la ascolta e risponde, rendendolo, con questa risposta, responsabile,

realmente parlante, facendo sì che abbia parlato veramente e in verità.[3]

Si vede bene qui come la parola perda, poco alla volta, la sua vena comunicativa e semantica. Non si tratta più della parola che si rivolge all'altro o della parola che cerca di rappresentare l'esperienza, quando non addirittura la realtà. La parola domanda e la parola risponde. Tutto accade *nella* parola – non c'è fuori. È questa parola solitaria che si tratta di ritrovare, paradossalmente come parola piena. Tanto più perde referenza semantica quanto più incontra l'oggetto singolare che soltanto può offrire l'occasione di un legame. Si stacca dall'illusione del senso e dell'intesa, così facendo si ritira in se stessa e parlando affetta un po' alla volta l'oggetto che più ci sta a cuore: lo circoscrive, lo contorna, lo bordeggia. Scava il *fuori* all'interno di se stessa: l'oggetto (perduto) è generato dalla parola che non arriva mai a dirlo tutto, abbastanza, adeguatamente. A partire da questo incontro, strutturalmente mancato, un'altra parola, un altro legame diventa allora possibile. Il fallimento, soggettivato, apre a un diverso modo di stare nella parola, nel legame con l'Altro e nella soddisfazione.

Non è la solitudine segregante a cui ci invita la deriva cinica del capitalismo contemporaneo, ma una solitudine che ha a che fare, come sottolineava Derrida proprio nel 1968, con la differenza. Potremmo arrivare a dire che si tratta di un altro nome del differire della differenza: paradossalmente, è proprio laddove incontro la mia solitudine più radicale che c'è dell'Altro. La solitudine dello scrittore, ad esempio, che si ritira nella sua stanza per scrivere e che sa già in anticipo che tutto quel che scrive, anche quello che cestinerà, vedi la lezione di Kafka, avrà sempre un destinatario, sarà per l'Altro. Non l'altro che ci si aspetta, non l'altro a cui ci si rivolge, l'opinione pubblica, il pubblico, il lettore, ma l'Altro che l'atto della scrittura si porta appresso. Perché scrivere è sempre fare due cose allo stesso

3 M. Blanchot, *La conversazione infinita. Scritti sull'"insensato gioco di scrivere"*, tr. it. Einaudi, Torino 2015, p. 288.

tempo: lasciar segno e al contempo cancellare. Ed è così soltanto che prende a consistere il destinatario della nostra solitudine, al di là della caduta di tutti gli altri a cui ci rivolgiamo a livello immaginario. Cancellandosi nella sua implicita destinazione semantica, lo scritto fa esistere l'Altro del suo invio immanente. In fondo, Max Brod era già presente negli scarabocchi di Kafka, che prontamente egli appallottolava e buttava nel cestino per inviarglieli. È questo l'Altro che la psicoanalisi ha scoperto: tanto più ci si raccoglie nella propria solitudine, nella singolarità del proprio atto, quanto più si fa presente il nostro destinatario, di cui non sappiamo nulla, se non che c'è ed è già qui.

Ecco allora che questa destinazione vince qualsiasi tramonto dell'ideale, qualsiasi evaporazione dell'Altro – immaginario o simbolico che sia – perché è inscritta nella diplopia pragmatica dell'atto: io scrivo, dico e faccio sempre più di quello che intendo scrivere, dire e fare. Questo *in più* – che a me ritorna indietro apparentemente come un *meno*, perché non lo possiedo e sempre mi sfugge – dice di me al di là di me, scrive di me al di là di me e agisce in me al di là di me: in una parola, dimostra che *non sono padrone a casa mia*. L'incompletezza costitutiva di me stesso si rivela causa generativa dell'Altro che mi precede e mi segue. E qui si vede molto bene quella che chiamerei una certa *correlazione antinomica* tra capitalismo e psicoanalisi.

La psicoanalisi condivide col capitalismo la consapevolezza della ridondanza strutturale della prassi umana. Marx ne ha disvelato la logica, attraverso il noto meccanismo del profitto basato sul plus-valore/plus-lavoro. Soltanto una parte del lavoro umano viene corrisposto tramite il salario: lavoriamo sempre più di quello che riceviamo in cambio. La ragione dell'ingiustizia strutturale su cui il capitalismo si basa per garantire i suoi profitti non è dunque tanto facilmente eliminabile: la sua logica non dipende soltanto dall'espropriazione del lavoro vivo da parte dell'economia capitalistica, ma più a monte da quella "logica dell'azione", come Lacan la nominerà identificandola con l'insegnamento specifico della psicoanalisi, che rivela la ridondanza privativa/produttiva insista nel funzionamento dell'essere parlante.

La rimozione, irriducibile al tratto più o meno repressivo della società in cui ci troviamo a vivere, è piuttosto un elemento coestensivo all'azione umana: quel che si perde ritorna come plus-valore, che Lacan traduce nella sua economia generalizzata nei termini di un plus-godere[4]. In quello che faccio soltanto una parte mi ritorna in termini di utilità strategica e intenzionale: ci sono sempre uno sperpero e uno spreco, come già sosteneva Bataille, dovuti al fatto che il mio fare eccede intensivamente la mia intenzione. Il segreto dell'azione sta lì, c'è sempre un guadagno, un interesse, un profitto: un *più* che si produce a partire da un *meno*. Ecco il meccanismo della doppia scrittura che dicevamo. Kafka scrive, cestina e così destina altrove facendo esistere l'Altro di questo invio segreto e ineliminabile. Tutta la questione sta allora in quel che l'Altro ne fa del nostro invio, perché quell'Altro sono io in quel che ancora non so di me, sono il soggetto che sarò e di cui ho da essere responsabile senza che vi sia possibilità alcuna di anticipazione. E ciò vale per me come per l'umanità intera.

La psicoanalisi, da questo punto di vista, non si presenta come una lettura critica della deriva cinica e autodistruttiva del Capitale, ma come una clinica della stessa logica che il Capitale mette a profitto. Sottrae utilità al plus-godere, ne rivela il fondo radicalmente inutile e per questo salvifico, ma anche scarta l'ipotesi di reintegrarlo sul piano dei valori, che a ben vedere spinge la critica umanistica, come dice Lacan, a colludere col capitalismo che cerca di contestare. L'etica e la politica della psicoanalisi, invece, portano alle estreme conseguenze l'inconsistenza dell'Altro, sfiatando la deriva paranoica delle personalità immaginarie e offrendo, proprio all'ultimo giro, quello che maggiormente bordeggia la prossimità con la deriva cinica del

4 A questo proposito, mi permetto di rimandare al mio contributo "Profit, Knowledge and Jouissance. Lacan and the Logic of Action", nel volume collettaneo curato da R. Panattoni e F. Vighi, *Capitalism and the New Political Unconscious. A Philosophy of Immanence*, Bloomsbury, London 2023.

capitalismo contemporaneo, la consistenza dell'oggetto vuoto: "Non c'è altro prossimo se non quella cavità che è in te, il vuoto di te stesso", come sentenzia Lacan nel 1968, riprendendo l'*Ecclesiaste.*

Cospargiamo l'ambiente, il mondo, la casa, il nostro stesso corpo di "rottami di godimento", come li chiama Jacques-Alain Miller sulla scorta di Lacan. E questo perché il fare umano eccede se stesso. Ora, i resti, gli scarti non sono reintegrabili. La logica della loro reintegrazione è il profitto che alimenta il Capitale spostando semplicemente a lato i propri rottami di godimento, che vengono appunto impiegati dalla parallela economia dell'illecito: prostituzione, commercio di armi e di stupefacenti.

Imparare a fare un altro uso di questi scarti significa entrare dentro le solitudini contemporanee non dalla porta principale della critica umanistica che propone la relazione e l'apertura all'altro come via maestra, ma assumendo la logica del godimento che ci tiene lì, asserragliati al nostro oggetto. Perché in quella logica c'è una grammatica che viene ad articolarla e da un certo punto di vista, come dicevamo per la scrittura, l'Altro è già sempre lì, immanente e non trascendente.

Se non possiamo più confidare nella verticalità che l'ideale ci garantiva, non l'Io ideale ma l'Ideale dell'io: il Padre, Dio, l'Altro, la Patria, il Bene; se non possiamo più triangolare l'esperienza per distoglierci dall'incollamento allo schermo che la solitudine digitale ci offre – si tratta allora di sostare sull'orizzontalità del piano di immanenza. Non evocare l'Altro trascendente del Giudizio, ma imparare a fare buon uso dei legami così come si danno. C'è un sano realismo nell'etica psicoanalitica. E come sottolineava Derrida, l'etica non può che essere sempre relativa, non relativistica, ma relativa all'incontro con l'altro qui ed ora, considerando che *ogni altro è l'infinitamente Altro* ("*Tout autre est tout autre*")[5].

---

5 J. Derrida, "Donner la mort", in: AA.VV., *L'éthique du don*, Métailié-Transition, Paris 1992, p. 79, tr. it. parziale di R. Kirchmayr, "Donare la morte", in: "aut aut", Vol. 287-288, 1998, p. 113.

L'etica e la politica vanno riprese sul loro versante immanentistico, senza rimpianto per il declino delle grandi visioni, che in fondo ci hanno sempre distolto dall'attenzione per quel che accadeva. La *polis* torna a significare, come segnala Esposito sulla scorta di Heidegger, il sito, il punto: "*Polos*, ossia il 'polo', la sede, il vortice intorno al quale tutto ruota."[6] Si tratta di ripartire da qui, dai punti di contatto, di incontro: da un'etica e da una politica *radicale e radicata*. Perché la scommessa è che proprio lì, dove sembra non esserci che lo Stesso, l'Uno del godimento cinico e ripetitivo, c'è sempre dell'Altro. Tutto questo è e accade alle spalle di ciò che abbiamo imparato a chiamare politica: il legame, la parola, l'apertura all'Altro.

Si tratterebbe, allora, di spingere l'oggetto di consumo, il rottame di godimento a cui siamo asserragliati, a dividersi, a mostrare che c'è un'*altra soddisfazione* che indica una sorta di trascendenza orizzontale, uno slittamento che fa spazio, un altro uso della negatività che anticipa l'occasione dell'incontro e dell'affermazione pura. Dunque, insistere sul piano degli incontri, dell'esperienza, su quello che apparentemente ricorda più da vicino una clinica del comportamento che dell'inconscio. Affinché tra gli uni e gli altri, in questo piano di orizzontalità che è la nostra vita, l'oggetto che noi siamo in ciò che abbiamo di più intimo – l'oggetto ambivalente, instabile, perduto – faccia comparsa nel *tra-due* come nel *tra-molti* e produca, come un cursore, lo slittamento necessario alla riattivazione della domanda, dell'enigma, della soggettivazione. In una parola, la riapertura del campo politico.

6 R. Esposito, *Il pensiero istituente. Tre paradigmi di ontologia politica*, Einaudi, Torino 2020, p. 41.

Massa scopica e massa tattile

Federico Leoni

Verona, Italy / *Italia*
November / *Novembre* 2021

Lo sguardo del padre e i supporti di eros

Tracciamo anzitutto una mappa di certi snodi concettuali di quel classico della psicoanalisi, *Psicologia delle masse e analisi dell'io*, che un paio d'anni fa festeggiava il suo centenario e che sempre un paio d'anni fa era oggetto di un'ampia discussione organizzata dalla Fondazione Eranos (2021). Mappa di evidente parzialità, cosa forse giustificabile nella misura in cui non si tratterà tanto di ricostruirne il percorso complessivo quanto di metterne al lavoro certe acquisizioni guardando al terreno della contemporaneità.

Primo punto che va sottolineato, nella sua ovvietà, o forse dovremmo dire nella sua apparente ovvietà, è che le masse di cui parla Freud sono delle molteplicità di esseri individuali. "La psicologia delle masse considera l'uomo singolo in quanto membro di una stirpe, di un popolo, di una casta, di un ceto sociale, dei un'istituzione, o in quanto elemento di un raggruppamento umano, che a un certo momento e in vista di un determinato fine si è organizzato come massa"[1]. Secondo punto, che discende direttamente da questa premessa, è che le masse di cui parla Freud sono tenute insieme da qualcosa, da un elemento che fa da collante, che Freud deve a

1 S. Freud, *Psicologia delle masse e analisi dell'Io* (1921), tr. it. in: *OSF* 9, p. 262.

quel punto tematizzare, mostrare nel suo funzionamento. È vero, in altri termini, che Freud esordisce nel suo saggio osservando che la distinzione tra psicologia individuale e psicologia sociale è più apparente che reale, dato che "nella vita psichica del singolo l'altro è regolarmente presente come modello, come oggetto, come soccorritore, come nemico"[2]. Ma è altrettanto vero che la sua analisi del fenomeno delle masse è in primo luogo un'analisi delle condizioni del suo formarsi, del suo prendere corpo, del suo disgregarsi, dunque di tutta una serie di soglie e momenti di transizione in cui la massa non esiste propriamente, ma piuttosto è sul punto di emergere da una sorta di materia prima, che Freud presuppone costituita da singoli individui, o sul punto di dissolversi in un insieme di elementi dissociati, che Freud di nuovo immagina come dei singoli individui.

Terzo punto notevole, è che Freud distingue, sempre nel solco di questa argomentazione, tra quelle che chiama masse naturali e quelle che chiama masse artificiali. L'esercito, la Chiesa, sono esempi maggiori di masse artificiali, di masse cioè che richiedono un lavorio continuo, un impegno ininterrotto in vista della loro conservazione in quanto masse. "Chiesa ed esercito sono masse artificiali; per salvaguardarle dalla disgregazione e per impedire modificazioni della loro struttura viene cioè impiegata una certa coercizione esterna"[3]. Potremmo però osservare che da un certo punto di vista proprio l'analisi freudiana mostra che tutte le masse sono artificiali, tutte hanno cioè bisogno di un collante, di un legame che assicuri loro una tenuta che non va da sé e che anzi si espone continuamente a cedimenti più o meno macroscopici. Quel collante viene indicato da Freud con una parola molto antica, molto poetica e allo stesso tempo molto tecnica, almeno entro il lessico della psicoanalisi, che è *eros*. "L'eros del filosofi Platone mostra, per la sua provenienza, la sua funzione e il suo rapporto con l'amore sessuale, una coincidenza

2 Ivi, p. 261.
3 Ivi, p. 283.

perfetta con la forza amorosa o libido della psicoanalisi"[4]. O forse dobbiamo pensare che l'*eros* è qualcosa di naturale, di non lavorato, di non attraversato da astuzie, artifici, ambivalenze, giri retorici, per cui una massa o un gruppo tenuti insieme semplicemente da eros sarebbero più "naturali" dell'esercito o della chiesa? La descrizione del matrimonio, che Freud fa in quello stesso giro di ragionamenti, induce a dubitare della naturalezza della tenuta della coppia degli sposi e mette anzi in luce il lavorio che al contrario ne consente la durata, sotto la superficie della quale vediamo operare una quantità di vincoli e accorgimenti non diversi da quelli che garantiscono la loro durata alle masse cosiddette artificiali.

Dunque, o tutte le masse sono artificiali, più o meno direttamente o scopertamente, dato che tutte richiedono quel collante che è *eros*, oppure tutte sono naturali, se appunto sono tenute insieme da quel collante che è *eros* e che è il collante più vecchio e diffuso al mondo, collante che altrove la sensibilità "presocratica" di Freud avrebbe potuto mettere sul conto di Empedocle facendone una grande forza naturale, tanto quanto la forza antagonista di *thanatos*. Noi però dobbiamo chiederci: sono davvero indifferenti le due formulazioni? È davvero equivalente dire che tutte le masse sono artificiali perché richiedono le astuzie di eros, o che tutte sono naturali perché eros è una forza fondamentale nel quadro della *physis*? È a quest'altezza, davanti a questo dilemma, che si potrebbe impiantare una sorta di cantiere, ampliando una questione che Freud prospetta solo lateralmente e che potrebbe meritare una riflessione più ampia. È come se il testo freudiano mostrasse, in maniera implicita ma di fatto inaggirabile, che *eros* non va mai senza una sorta di supporto, di sostegno, di medium, che lo veicola, che lo aiuta a viaggiare, che lo rende operativo. Se così fosse, sarebbe l'idea dell'artificialità del collante erotico, ad aprire più strade rispetto all'idea capovolta, quella della naturalità di quello stesso collante. Si potrebbe senz'altro leggere la questione anche a rovescio, dicendo che è naturale che

4 Ivi, p. 281.

eros ricorra a supporti, veicoli, media, e che quindi a cascata anche quei supporti, veicoli e media sono naturali. Sarebbe tutt'altro che errata un'affermazione di questo tipo. Ma appunto rischierebbe di chiudere la partita fin troppo presto, dove Freud sembra chiuderla, e dove viceversa oggi sembra necessario, o comunque sembra più fruttuoso, per così dire euristicamente, riaprirla.

Di che si tratta, infatti, quando diciamo che *eros* non va mai senza una sorta di supporto, che a quest'altezza si apre tutta una questione che potremmo mettere sotto il titolo "supporti di *eros*", questione che Freud a suo modo intravede e presuppone, ma che resta a margine del suo testo come una sorta di potenziale al quale oggi diventa urgente mettere mano? Si tratta, intanto, del fatto che nel testo di Freud è sempre operante, in evidenza o sottotraccia, un riferimento "paterno", un riferimento al fatto che il capo di una massa artificiale sarebbe una sorta di padre, sia esso il Cristo o il suo rappresentante terreno, nel caso della Chiesa, o il capo di stato maggiore, nel caso dell'esercito. E che l'amore di cui stiamo parlando, l'*eros* collante delle masse è sempre in qualche misura un amore per il padre, o un amore di cui l'amore per il padre offre un modello decisivo. Decisivo almeno entro la strategia freudiana, decisivo almeno per come la strategia freudiana si appresta a compiere qualche altro passo nel suo cammino argomentativo. È infatti questa opzione circa la natura paterna dell'amore "di massa", a consentire a Freud di aprire una digressione sul complesso di Edipo, sull'insieme di processi di soggettivazione che quel complesso di rapporti innesca, e in particolare sul meccanismo dell'identificazione, che racchiude il vero e proprio cuore concettuale dell'analisi freudiana del funzionamento delle masse. Una massa artificiale, e come si è detto c'è motivo di sospettare che ogni massa sia apertamente o nascostamente artificiale, è infatti anzitutto attraversata e organizzata da fenomeni di identificazione. L'*eros* di cui parla Freud è anzitutto *eros* che lega un soggetto al suo oggetto di identificazione, e che lega i soggetti tra loro proprio in quanto avvertono di essere orientati tutti insieme in direzione di uno stesso oggetto di identificazione, o forse e più esattamente di essere abitati tutti quanti da quello stesso oggetto di identificazione. È l'*eros* di un'identificazione ipnotica, in particolare, quello che per Freud spiega la coesione delle masse, l'omogeneità degli individui che la compongono, e in questo senso la loro impersonalità, la loro tendenziale disindividuazione, la loro tendenziale oggettivazione. Motivo per cui, con una mossa sottile, Freud rovescia il ragionamento e battezza improvvisamente la coppia ipnotizzatore-ipnotizzato come "massa a due" (*eine Massenbildung zu zweien*)[5]. Non il numero, pensa in sostanza Freud, non la quantità, ma la qualità, la struttura della relazione, "fa" la massa.

Massa scopica e massa tattile

Pensiamo a Mussolini che si affaccia al balcone di Palazzo Venezia, come l'iconografia ufficiale ci mostra a cent'anni di distanza con frequenta tutt'ora insopportabile, o al Cristo che ci appare dall'alto della calotta dell'abside di certe chiese romaniche, circondato dall'oro dello sfondo o dall'azzurro del cielo, gli occhi aperti sul gregge che spesso gli è raffigurato attorno e su quel gregge che anche noi andiamo a comporre quando muoviamo qualche passo nella navata e alziamo gli occhi verso gli affreschi. In entrambi i casi il Padre ci guarda.

Freud ha buone ragioni per elevare il modello paterno a fondamento di una massificazione sempre incipiente del gregge dei fratelli e dei soldati, e sappiamo che tanto i soldati avvertono una mistica partecipazione degli uni al destino degli altri, almeno in certe circostanze e a certe condizioni, quanto gli agnelli del gregge dei credenti arrivano con una certa facilità a sentirsi soldati di Cristo ed evangelizzatori più o meno pacifici dei miscredenti. Il Padre ci

5 Ivi, p. 302; sulla coppia ipnotica come massa, cfr. M. Bonazzi, "Ipnosi. Una folla a due", in: F. Leoni e R. Panattoni (a cura di), *Voce ipnosi immagine*, Orthotes, Salerno 2018, pp. 65 *sgg*.

guarda. Non a caso l'occhio roteante ed esoftalmico del dittatore è oggetto di primi piani così insistenti, in qualsiasi filmato dell'epoca, e analogamente lo sguardo di Cristo ci segue in maniera così insistente dall'oro del catino absidale nel nostro andirivieni tra le navate. Lo sapeva bene il Cardinale Cusano, che chiamato dai fraticelli di un convento a condurre quelli che in seguito si sarebbero chiamati esercizi spirituali, ragionava proprio su quest'occhio che tutti vede senza eccezioni e che tutti vedono senza eccezioni, sguardo indiviso benché visto e rifratto da tanti sguardi a loro volta e in certa misura indivisi e sconfinanti gli uni negli altri proprio perché accomunati da quel loro guardare uno sguardo che resta sempre uno.[6] Il Padre ci guarda, noi guardiamo lui, noi ci guardiamo gli uni con gli altri, guardati gli uni dagli altri intenti a guardare gli uni come gli altri quel grande occhio che ci fissa e ci affratella, ci rende uguali tra noi e in qualche misura uguali a lui e alla sua potenza sovrastante. *Eros* funziona, svolge la sua funzione di collante ipnotico, speculare, immaginario, come si potrebbe dire riassumendo tutto questo nella lingua di quel discepolo fedelissimo a Freud che fu Lacan, grazie allo sguardo, attraverso il supporto dello sguardo, per il tramite di quel medium che è lo sguardo.

Che questa massa sia una molteplicità di esseri, che la categoria del molteplice sia adeguata a descrivere la situazione, questo è peraltro abbastanza incerto, e per questo avanzavamo a suo tempo qualche riserva sull'idea freudiana che la massa sia una molteplicità di individui. Potremmo dire semmai che la massa è un certo movimento di disindividuazione, un movimento di disindividuazione che produce qualcosa come una molteplicità, forse, e tuttavia una molteplicità non numerabile, non quantificabile nei termini di una serie discreta, di una collezione di esseri discontinui. La massa agisce del resto come un'unità, sente come un'unità, benché a suo modo molteplice, e a riprova si potrebbe richiamare l'osservazione dello stesso Freud, secondo cui la massa tende a disgregarsi nei momenti

6 N. Cusano, *De visione dei*, a cura di G. Gusmini, Studium, Roma 2014.

di panico, rovesciandosi nel mondo come un insieme, allora sì, di individui radicalmente separati gli uni dagli altri. In questo senso la massa è una formazione strutturalmente instabile, fatta di individui sempre sul punto di dissolversi nella materia impersonale di uno sguardo, e sempre sul punto di risolversi nuovamente in individuazioni di quella materia visiva e impersonale. Individuazioni che non per caso diciamo comportarsi, allora, nel momento del panico e della disaggregazione, in maniera "cieca".

Torniamo però alla nostra linea di basso continuo. Il padre ci guarda, è nel suo sguardo amorevole che ci vediamo visti e che nel nostro vederci visti ci vediamo tra noi e vediamo lui stesso. Se questo è vero, potremmo chiederci se non sia necessario fare un passo ulteriore, e osservare che come già sospettavamo *eros* non è mai puro, non è mai naturale, non funziona mai in senso generale o generico, non agisce mai senza passare attraverso l'operatività di supporti volta a volta specifici. Uno di questi è appunto lo sguardo. È quello che l'analisi di Freud mette implicitamente al centro della scena. Così al centro che l'opzione resta quasi invisibile, che la particolarità del caso elevato a modello rimane in genere inindagata. È a quest'altezza che potremmo impiantare un cantiere ulteriore. Lo sguardo è il solo supporto di *eros*? Quel genere di sguardo che è all'opera tra il padre e i figli, tra il capo militare e i suoi soldati, tra il Cristo e i suoi discepoli, è il solo modo di funzionamento dello sguardo? L'analisi di Freud lo suggerisce implicitamente, proprio perché passa attraverso la figura dello sguardo paterno e generalizza questo esempio senza colpo ferire. Ma una volta revocato in questione un simile implicito, tutto un campo d'indagine si apre. Campo dominato dal problema della molteplicità dei supporti di *eros*, dalla varietà di media tramite i quali *eros* realizza la sua opera di transustaziazione, e dalla molteplicità di geometrie che ne vengono innescate tra individuo e individuo all'interno alla massa, o se si preferisce tra generi differenti di transindividualità che tendono a emergere e tendono a dissolversi in seno a differenti stili erotici e movimenti di massificazione. Il capo si mostra alla folla, si offre al suo sguardo, e questo è un modo di far l'amore del capo con la folla e dalla folla col capo. Ma poi il capo parla alla folla e si fa ascoltare dalla folla tanto quanto la folla parla al capo e si fa ascoltare dal capo, e anche l'udito o la voce sono quindi supporti di *eros*, media entro i quali si fa il legame tra il capo e la massa e tra gli esseri umani inclusi in una certa *Massenbildung*.

Il termine freudiano rivela un potenziale inatteso. Non c'è la massa, non c'è un solo modo di fare massa o divenire massa. Ci sono invece molti movimenti di formazione che danno luogo a molte forme differenti di massa. *Massenbildung* non dice solo: una certa forma di massa. Dice anche: un certo modo di formarsi della massa o il fatto che quel che chiamiamo massa è sempre in corso di formazione, ed è sempre in corso di formazione entro processi formativi singolari, dotati di leggi specifiche che sono poi in ultima analisi le leggi del supporto che *eros* ha eletto in quella circostanza. C'è un tempo in cui il supporto che *eros* trova a portata di mano è quello degli occhi, dello sguardo, del colpo d'occhio che qualcuno ci rivolge o che ci rivolgiamo l'un l'altro. Altre tecnologie non sono disponibili, perché non ci sono ancora schermi capaci di mostrare lo sguardo del capo a un'adunata di cinquantamila fedelissimi raccolti in una piazza sterminata, non ci sono ancora occhi artificiali che consentono di mostrare in una sala cinematografica l'adunata di quei cinquantamila fedelissimi a quegli spettatori che immersi nel buio della sala si vedono visti uno per uno ma non si vedono più l'un l'altro e non si vedono più vedere tutti insieme quell'uno che li osserva. Potremmo notare che tuttavia sentono oscuramente tutto questo, avvertono di essere gli uni accanto agli altri sotto quell'unico sguardo o per quell'unico sguardo, il che sposta però il funzionamento dell'intera geometria dal registro scopico in direzione di un un registro che ha qualcosa di tattile, dalla *Massenbildung* che procede tramite formazione di un'immagine trasparente e speculare alla *Massenbildung* che procede tramite percezione di una visione aniconica, opaca ma palpabile, consistente ma cieca.

Il tipo di legame che lega tramite il colpo d'occhio quell'orda che fa da modello al ragionamento di Freud non è più operante nel momento in cui abbiamo a che fare con numeri enormemente ampliati, che infatti sono tenuti insieme da altri supporti visivi di *eros*, forse da altri supporti vocali di *eros* che non la voce del padre, cosa che anche andrebbe messa in conto e che appartiene indubbiamente a quella formazione primitiva che è l'orda dei fratelli, o da supporti non più visivi e non più vocali di *eros*, ma per esempio tattili, e così via. È perché ha in mente un'orda così primordiale e forse anche così mitica, che Freud può assegnare allo sguardo e forse implicitamente alla voce una funzione così decisiva, lasciando intendere che ogni massa è amorevolmente riunita intorno a un occhio, che ogni massa è una massa coagulata intorno a uno sguardo d'amore. Immaginiamo però che *eros* si ritrovi dotato di altri supporti, si ritrovi a portata di mano tutt'altro genere di media. È la sua specialità, del resto, cooptare qualsiasi supporto si ritrovi a disposizione, inscrivere nella logica di quel nuovo supporto la sua eterna operazione che è quella del legare, allo stesso tempo inscrivendo il legame nella geometria specifica del supporto volta a volta individuato. Immaginiamo quindi che *eros* non si ritrovi a fare da collante su un piccolo numero, come quello dell'orda primordiale freudiana, che secondo gli antropologi doveva risolversi in una decina o una quindicina di individui al massimo, ma si ritrovi a fare da collante tra diecimila individui o tra dieci milioni di individui. Avremo questo strano esito, che lo sguardo del capo non può più vedere i suoi fedelissimi, non può più occupare quella posizione paterna che Freud suggerisce; che la metafora del padre e dei figli non può più avere pertinenza; che *eros* può fare da collante tra diecimila individui o tra dieci milioni di individui solo perché un nuovo supporto gli si è reso disponibile; e che quindi *eros* è in ultima analisi un nome del supporto e di nient'altro che del supporto.

Già Mussolini, nel momento in cui lo stesso Freud scrive *Psicologia delle masse*, era espertissimo nell'affidarsi ad altri supporti oltre ai suoi celebri occhi strabuzzati. Il cinema, appunto, la radio, la discografia di stato che si appoggia alla prima diffusione popolare del grammofono, consentendo ai fedeli di riascoltare i discorsi del capo dalla poltrona del salotto di casa. Dire che questi nuovi media prolungano lo sguardo e la voce del capo non serve a molto. Più realistico è dire che sono supporti diversissimi, che legano quantità di individui imparagonabili secondo geometrie a loro volta imparagonabili, e al contempo assegnano fisionomie imparagonabili a quelli che continuiamo a chiamare individui mentre sono esseri di volta in volta diversissimi, la cui consistenza e modo di individuazione varia al variare delle traiettorie del legame che li riunisce. Per esempio la reversibilità del colpo d'occhio non si trasferisce affatto al medium cinematografico, la viva voce non conserva affatto la sua geometria una volta che è affidata a un sistema di altoparlanti che rifrangono la parola ben al di là dei confini del corpo che l'ha emessa, cosa che a maggior ragione accade nel caso di un disco fonografico la cui prestazione elementare consiste nello staccare la voce del capo dal corpo del capo, cancellando il primo e rendendo riproducibile la seconda nel chiuso di un salotto privato, che tuttavia viene invaso dall'ampiezza di una piazza animata che espone quella privatezza a una dimensione di pubblicità inaudita. Non si tratta insomma di estensioni, di protesi di uno stesso fenomeno. Non siamo di fronte ad ampliamenti quantitativi operanti all'interno di uno stesso registro qualitativo. Forse il fascismo è tutt'uno con l'idea di reinscrivere i vecchi supporti dello sguardo come colpo d'occhio e della voce come comando impartito ai presenti entro i nuovi supporti del cinema e della radio, il che produce per la prima volta e per l'ultima volta quel popolo propriamente fascista, di cui si cercherebbe invano l'antenato nel passato più o meno lontano dell'orda primordiale e di cui si indicherebbe altrettanto inutilmente l'erede nel presente del "populismo digitale"[7].

È qualcosa che stiamo appena iniziando a interpretare nella sua portata psicopolitica, nella forma specifica del legame che indice tra

7 A. Dal Lago, *Populismo digitale*, Raffaello Cortina, Milano 2017.

gli individui e nella natura specifica di quegli elementi che esso non solo lega attraverso il proprio collante, ma contemporaneamente fabbrica in maniera congruente perché valgano come gli atomi che quello stesso collante saprà incollare. È qualcosa che stiamo appena iniziando a maneggiare politicamente, presi come siamo dall'entusiasmo per questa dimensione, quando per qualche motivo tutto ideologico decidiamo che ci piace, oppure quando ci appassioniamo alla denuncia di questa stessa dimensione, quando per qualche motivo altrettanto ideologico decidiamo che non ci piace. Ma è su uno scenario di questo genere che ci affacciamo oggi. Una massa che non guarda un capo e non è guardata da un capo, o comunque non in modo tale da trovare in questo guardare ed essere guardata il proprio orientamento decisivo. Una massa che non ascolta un capo e non è ascoltata da un capo, quanto meno non nello stesso modo in cui cent'anni prima poteva farlo derivandone la propria consistenza ultima. Una massa che non ha a che fare con un capo, per dirla tutta, cosa che del resto non deve stupire dato che il capo non è affatto un collante della massa, neppure in epoca mussoliniana, neppure quando suppone di esserlo e neppure quando la massa supponga lo sia. Il capo è semmai un effetto del collante, un effetto specifico di un certo specifico supporto erotico, tanto quanto gli individui-massa eroticamente orientati dallo sguardo o dalla voce del capo. Una massa coagulata intorno a uno sguardo senza occhi, com'è lo sguardo senza occhi dei nostri dispositivi contemporanei, e addensata intorno a una voce senza bocca, com'è la voce che fiorisce dai nostri odierni dispositivi vociferanti , ecco ciò su cui dovremo concentrare in futuro il nostro cantiere teorico nonché politico, che arriverà a essere effettivamente teorico e non ideologico, effettivamente politico e non demagogico, solo se di quelle nuove masse saprà indagare e maneggiare quello che potremmo chiamare il segreto mediale.

È forse questo segreto mediale, questa struttura visivo-tattile e uditivo-tattile, anziché semplicemente visiva e semplicemente linguistica dei supporti contemporanei di *eros*, ad apparire agli analisti politici e agli interpreti psicoanalitici del populismo contemporaneo nei termini che ritroviamo per esempio nelle analisi pionieristiche di Ernesto Laclau[8], o più recentemente in quelle dello psicoanalista italiano Sergio Benvenuto. Il primo parla in pagine famose del populismo contemporaneo infine liberatosi dal corpo del capo, dal culto della sua presenza fisica, dall'impatto del suo sguardo e della sua voce in carne e ossa, liberando quello che Laclau definisce nella scia del lessico strutturalista come un "significante fluttuante". Guarda con qualche simpatia a Hugo Chávez, ma sottolinea il carattere rivoluzionario di questo sganciamento dal corpo del capo e anche dal significato della parola del capo, dalla presenza dei corpi come dalla presenza a sé del senso che i loro gesti incarnano e trasmettono. Quelli che erano degli ideali, e che in questo senso funzionavano ancora "freudianamente", come oggetto di identificazione, come immagine paterna e fondativa, diventano puri fantasmi, larve di una significazione efficace perché indefinita, incisiva perché aperta a riempimenti sempre diversi e mai ultimativi. Il secondo nota acutamente che le aziende contemporanee più paradigmatiche, come Google, Apple, Facebook, Amazon (le cosiddette GAFA) hanno da tempo congedato ogni modello piramidale, e in questo senso aggiungerei edipico, per adottare una geometria connettiva. Esse "trasportano, mettono in connessione", sottolinea Benvenuto. Ciò che le caratterizza "è il loro essere industrie della comunicazione", dato che "viviamo nell'epoca della metaforicità", nel senso che *metaphorà* ha in greco, quello di trasporto"[9].

Come si vede, a orientare questo genere di letture, per quanto a loro modo efficaci, sono termini ancora tutti simbolici, linguistici, strutturalistici, i termini cioè che il Novecento politico-filosofico o antropologico-psicoanalitico ci ha reso familiari. Sono i termini di una comprensione ancora "edipica" di una materia ormai anedipica,

8 E. Laclau, *La ragione populista*, tr. it. Laterza, Bari-Roma 2005.

9 S. Benvenuto, *Soggetto e masse. La psicologia delle folle di Freud*, Castelvecchi, Roma 2021, § 8, "Hubs", p. 108.

di una comprensione ancora simbolica benché portata al bordo estremo del simbolico, quello della "fluttuazione" nel caso di Laclau, nella "connessione" nel caso di Benvenuto. Da dentro un universo concettuale ancora simbolico, sembrano entrambi affacciarsi verso una dimensione che resta da pensare. Che cosa significa ad esempio obbedire, in una massa di nuovo genere, in una realtà populista nel senso "fluttuante" di Laclau o nel senso "connettivo" di Benvenuto? Se come insegna l'etimologia obbedire significa udire da dietro o da davanti, dunque da un luogo che guardiamo o da cui siamo guardati, mossi da un oggetto che non coincide con noi e con cui noi non coincidiamo, una massa coagulata intorno a uno sguardo senza occhi o una massa addensata intorno a una voce senza bocca non è più in alcun modo una massa obbediente. Non l'azione sarà il suo elemento, dato che l'azione per quanto comandata ed eseguita in stato di ipnosi esige la visione di un *telos* e il governo di uno spazio in cui il *telos* si dispone, ma l'irritazione, forse nel senso in cui si parla in biologia dell'irritabilità di un tessuto o di un organismo, che reagisce con esattezza ma nella cecità, si orienta istantaneamente ma in una dimensione interamente tattile.

Se c'è sguardo, immagine, specularità, qui, si tratta però di uno sguardo che la superficie del mondo rivolge a se stessa e di uno sguardo che la superficie del mondo registra in se stessa, dato che il mondo intero è schermo, luogo di emissione di immagini e insieme luogo di raccolta di immagini, luogo di immagini che vanno da se stesse a se stesse in una perfetta coincidenza dell'immaginante e dell'immaginato. Se c'è voce, spazio risonante, esercizio di ascolto, si tratta però di una voce che la superficie stessa del mondo rivolge a se stessa e ascolta in se stessa, dato che ognuno di noi in ogni istante del tempo e in ogni punto dello spazio è equipaggiato di un microfono e di un altoparlante. Se c'è sguardo, come già dicevamo è sguardo tattile, sprofondato in una inerenza senza distanza, e se c'è voce è voce che non prevede uno spazio in cui inoltrarsi, risuonare, ritornare, ma un piano ultrapiatto sul quale insorgere in una specie di immobile tremolio. Una massa tattile e cieca, vociferante ma non parlante, non piramidale ma reticolare, fatta non di soggetti alienati a un padrone e dunque innamorati del padrone e pieni d'odio verso di lui ma indisponibili a qualsiasi padrone, pieni di un amore senza soggetto e di un odio senza oggetto. Masse di individui non più umane nel senso dell'umanismo, non più simili a mute di cani come si è detto delle masse novecentesche, ma masse biologiche, batteriche, virali. Masse che non sono il modo degradato di aggregazione cui sono oggi sottoposti individui degradati, ma il modo di aggregazione che i nostri supporti rendono possibile per quegli addensamenti di esperienza e di vita che essi distribuiscono nel mondo in luogo di ciò che un tempo erano gli individui. Come abitare una massa siffatta? Come vivere nella tattilità impersonale? Come far politica, non tanto con una materia siffatta, come se questa materia fosse guardata da fuori, dall'alto della visione esercitata da un individuo di vecchio genere, che sognerebbe naturalmente di riportarla a forme di legame di vecchio genere oppure di abbandonarla alla sua degenerazione, ma essendo fatti di questa materia e delle sue immanenti geometrie?

I *Tipi psicologici* fra tradizione, controversie e modernità

Riccardo Bernardini

Ascona, Switzerland / *Svizzera*
Ivrea, Italy / *Italia*
November / *Novembre* 2021

1. Brevi note sui tipi

L'essenza della teoria tipologica di Carl Gustav Jung è che le variazioni apparentemente casuali del comportamento umano siano il prodotto di alcune differenze di base nel funzionamento psichico individuale. L'ipotesi, intuita nel 1904-1905, formulata nel 1913 e sviluppata pienamente nel 1921[1] – grazie anche alle osservazioni di Maria Johanna Moltzer e alla collaborazione con Hans Schmid-Guisan e Toni Anna Wolff –, si riverbera in uno degli assunti più innovativi e attuali della Psicologia Analitica o Psicologia Complessa: la parzialità dei nostri strumenti conoscitivi e, di conseguenza, la relatività di qualsiasi concezione generale possa darsi della psiche.

Dalla pubblicazione di *Tipi psicologici* (1921), l'impostazione

1 C.G. Jung, "L'associazione verbale negli individui normali" (1904/1905), tr. it. in: *Opere 2i*; Id., "Sulla questione dei tipi psicologici" (1913), tr. it. in: *Opere* 6, pp. 502-11; e Id., *Tipi psicologici* (1921), tr. it. in: *Opere* 6, pp. 9-501); si vedano inoltre Id., "Tipi psicologici" (1925), tr. it. in: *Opere* 6, pp. 512-26; Id., "Tipologia psicologica" (1928), tr. it. in: *Opere* 6, pp. 527-44; Id., "Tipologia psicologica" (1936), tr. it. in: *Opere* 6, pp. 545-58; e Id., "I filmati di Houston" (1957), tr. it. in: W. McGuire e R.F.C. Hull (a cura di), *Jung parla. Interviste e incontri* (1977), Adelphi, Milano 1995, pp. 380-393, 411-12 e 424-37.

junghiana si articola così su tre livelli, reciprocamente correlati: una *archetipologia*, fedele alla concezione – cara alla tradizione di Eranos[2] – per cui l'estrema variabilità superficiale della psiche individuale sarebbe da ricondurre a un numero più o meno definibile di profili strutturanti, universali e imperituri (gli archetipi, l'inconscio collettivo); una *complessologia*, connessa all'idea di una intimità psichica articolata in un insieme indefinito di rappresentazioni a tonalità affettiva, relativamente autonome eppure interconnesse (i complessi, l'inconscio personale); e una *tipologia*, attenta alle innumerevoli differenze soggettive nella comprensione del mondo interno ed esterno (i tipi, la coscienza)[3]: proprio per tali diversità singolari, presenti a priori in ogni fase del processo conoscitivo – dall'osservazione alla descrizione, dall'interpretazione all'astrazione, dall'esposizione all'azione –, una conoscenza obiettiva della realtà è da pensarsi irrealizzabile.

Costruendo sugli apporti di William James, Wilhelm Ostwald, Wilhelm Worringer, Friedrich Schiller, Friedrich Nietzsche, Franz Nikolaus Finck, John Furneaux Jordan, Otto Gross e, probabilmente,

2 I Convegni di Eranos costituirono l'occasione privilegiata per un inesaurito confronto tra il costrutto junghiano di "archetipo" e alcune concezioni affini, pur originate in ambiti disciplinari talora differenti dalla psicologia: i "nodi", "temi" universali o "segni" convergenti di Louis Massignon; le "immagini mitiche" di Jakob Wilhelm Hauer; i "prototipi" di Károly Kerényi; i "simboli" transpersonali di Erich Neumann; i "tipi religiosi ideali" di Gerardus van der Leeuw; le "idee-forza" o "categorie religiose" di Gershom Scholem; le "Idee-Immagini" o "archetipi platonici di luce" di Henry Corbin; gli "archetipi", "modelli esemplari" o "paradigmi" di Mircea Eliade; le "strutture dell'immaginario" di Gilbert Durand; le "immagini" assiomatiche di James Hillman; e le "tonalità" engrammatiche di Victor Zuckerkandl. *Cfr.*, sul tema, R. Bernardini, *Jung a Eranos. Il progetto della psicologia complessa*, FrancoAngeli, Milano 2022, spec. pp. 128-34 e *passim*; e R. Bernardini e F. Merlini, "Prefazione", in: C.G. Jung, *Rebirth. Text and Notes of the Lecture held at Eranos in 1939 / Rinascere. Testo e appunti della conferenza tenuta a Eranos nel 1939*, a cura di F. Merlini e R. Bernardini, Aragno*Eranos Ascona, Ascona 2020, pp. XI-LV.

3 L. Aurigemma, Prefazione all'edizione italiana di *Tipi psicologici* (1969), in: C.G. Jung, *Opere* 6, p. 4; P.F. Pieri, s.v. "Tipologia", in: Id., *Dizionario junghiano*, Bollati Boringhieri, Torino 1998, pp. 738-40; A. Samuels, B. Shorter e F. Plaut, s.v. "Tipologia", in: Idd., *Dizionario di psicologia analitica*, Raffaello Cortina, Milano 1986, pp. 173-76.

Alfred Binet[4], l'osservazione clinica permette a Jung, all'interno di tale epistemologia relativistica, di constatare come le accidentali e inesauribili variazioni nell'esperienza individuale si rivelino purtuttavia abbastanza ordinate e consistenti, poiché connesse ad alcune difformità strutturali nell'orientamento della coscienza: disuguaglianze attribuibili, da un lato, alla direzione della libido – da cui gli atteggiamenti (*Einstellungen*) *ab intra ad extra* di Estroversione (*Extraversion*) e *ab extra ad intra* di Introversione (*Introversion*) – e, dall'altro, alla forma di tale energia – da cui le funzioni (*Funktionen*) irrazionali, Sensazione (*Empfindung*) e Intuizione (*Intuition*), e razionali, Pensiero (*Denken*) e Sentimento (*Fühlen*). Non contemplata tra le quattro è la funzione trascendente (*transzendente Funktion*), che rimanda all'unificazione di contenuti consci e inconsci[5]; la qualificazione "trascendente" ne segnala non tanto il carattere metafisico, quanto la sua facoltà di rendere possibile lo sviluppo progressivo o il passaggio da uno stato all'altro[6].

Molteplici fattori, come la disposizione naturale, l'educazione familiare, l'ambiente sociale e le vicende biografiche, renderebbero pressoché impossibile sviluppare atteggiamenti e funzioni in modo omogeneo. Inevitabile, allora, che uno di essi si differenzi meglio dall'inconscio e, allo stesso tempo, che il polo opposto resti ancorato allo sfondo originario – nel caso delle funzioni, lungo un *continuum* da primaria (dominante) a secondaria (ausiliaria), da terziaria (mediatrice) a quarta (inferiore). La tassonomia ottonaria dei tipi psicologici (*Psychologische Typen*), definiti anche tipi funzionali[7]

4 *Cfr.* H.F. Ellenberger, *La scoperta dell'inconscio. Storia della psichiatria dinamica* (1970), 2 voll., Bollati Boringhieri, Torino 1976, Vol. II, pp. 810 *sgg.*; e J. Beebe e E. Falzeder (a cura di), *The Question of Psychological Types. The Correspondence of C.G. Jung and Hans Schmid-Guisan, 1915-1916*, Philemon Series VIII, Princeton University Press, Princeton, NJ 2015, p. 9.

5 C.G. Jung, "La funzione trascendente" (1916/1958), tr. it. in: *Opere* 8, pp. 79-106.

6 *Cfr.* C.G. Jung, *Tipi psicologici*, cit., pp. 490 *sg.*; e Id., "Psicologia dell'inconscio" (1917/1943), tr. it. in: *Opere* 7, p. 100; *cfr.* anche S. Myers, "The five functions of psychological type", in: "Journal of Analytical Psychology", Vol. 61, N. 2, 2016, pp. 183-202.

7 C.G. Jung, "Tipologia psicologica", cit., p. 558.

o funzioni-atteggiamenti[8], è così ricavata dalla combinazione di atteggiamento e funzione primaria ovvero i tratti più prossimi alla coscienza: Estroverso-Sensazione, Estroverso-Pensiero, Estroverso-Sentimento ed Estroverso-Intuizione; Introverso-Sensazione, Introverso-Pensiero, Introverso-Sentimento e Introverso-Intuizione.

2. Destino della tipologia

Dall'edizione dei *Tipi* in poi, letteratura[9] ed epistolari[10] hanno contribuito a chiarire come la tipologia fosse tutto fuorché il principale interesse di Jung. Quest'ultimo ne riconosceva il valore in quanto apparato critico per vagliare il materiale empirico[11], piuttosto che tentativo di tipizzare le coscienze[12]. È proprio la capacità euristica dei tipi a giustificarne l'odierno utilizzo in ambito psicoterapeutico e analitico[13]. Paradossalmente, è invece la loro sistematizzazione

8 *Cfr.* H.L. Thompson, *Jung's Functions-Attitudes Explained*, Wormhole, Watkinsville, GA 1996.

9 Si vedano, per es., E.V. Trapanese, "Tipi psicologici e funzioni della psiche", in: A. Carotenuto (a cura di), *Trattato di Psicologia Analitica*, 2 voll., UTET, Torino 1992, Vol. II, pp. 275-95; J. Beebe, "Psychological types. An historical overview", in: R. Papadopoulos (a cura di), *The Handbook of Jungian Psychology: Theory, Practice, and Applications*, Routledge, London/New York, NY 2006, pp. 130-52, riedito in: Id., *Energies and Patterns in Psychological Type: The Reservoir of Consciousness*, Routledge, London/New York, NY 2017, § 10, pp. 145-66; J. Jarrett, "Jung's Theory of Functions – Some Questions", in: R. Papadopoulos (a cura di), *Carl Gustav Jung – Critical Assessments*, 4 vols., Routledge, London/New York, NY 1992, Vol. 2, 10-26; M.H. McCaulley, "Jung's Theory of Psychological Types and the Myers-Briggs Type Indicator", in: P. McReynolds (a cura di), *Advances in Psychological Assessments*, Jossey Bass, San Francisco, CA 1981, pp. 294-352; e S. Shamdasani, *Jung e la creazione della psicologia moderna. Il sogno di una scienza* (2003), tr. it. Ma.Gi., Roma 2007, *passim*.

10 J. Beebe e E. Falzeder (a cura di), *The Question of Psychological Types. The Correspondence of C.G. Jung and Hans Schmid-Guisan, 1915-1916*, cit.

11 Si vedano, per es., M.-L. von Franz, *Tipologia psicologica. Le funzioni della coscienza: pensiero e sentimento, intuizione e sensazione*, Red, Como 2004, p. 92; J. Hillman, "Egalitarian Typologies *versus* the Perception of the Unique", in: "Eranos-Jahrbuch", Vol. 45, 1976, pp. 222 e 243 *sgg.*; e più estesamente M.-L. von Franz e J. Hillman, *Lectures on Jung's Typology*, Spring, Irving, TX 1971.

12 Cit. in S. Shamdasani, *op. cit.*, pp. 113 *sg.*

13 Si veda, per es., il lavoro di B. Meroni, *Tipologia e psiche. Per un impiego più efficace della tipologia junghiana*, Moretti&Vitali, Bergamo 2002, oltre ai numerosi scritti di

come "caratterologia" a decretarne il successo anche al di fuori dei contesti clinici e, dagli anni '20 in poi, l'enorme diffusione a ogni latitudine, rendendo la teoria via via più rilevante a fini valutativi, formativi e orientativi. Il sapere tipologico, peraltro, rappresenta l'unico aspetto del *corpus* junghiano entrato a pieno titolo nei programmi di studio universitari[14].

Dal 1923 - anno della traduzione inglese di *Tipi psicologici*[15] - al 1941, Katharine Cook Briggs (che dal 1917 stava elaborando una propria tipologia) e sua figlia Isabel Briggs Myers si dedicano allo studio della tipologia junghiana. Dal 1941 iniziano a elaborare il Myers-Briggs Type Indicator (MBTI), un questionario sviluppato per aiutare le donne, che negli Stati Uniti stavano entrando per la prima volta nel mondo dell'industria al fine di sopperire alla mancanza di operai uomini (al tempo precettati per la guerra), a comprendere il tipo di lavoro per loro più idoneo[16]. Uscito in tredici edizioni tra il 1942 e il 1998[17], delle quali una validata per il pubblico di lingua

John Beebe, tra cui "Psychological Types in Transference, Counter-Transference, and the Therapeutic Interaction", in: R. Papadopoulos, *Carl Gustav Jung...*, cit., pp. 67-80.

14 A. Samuels, B. Shorter e F. Plaut, *op. cit.*, p. 174.

15 Sull'accoglienza dei *Tipi* nel mondo anglosassone, *cfr.* S. Shamdasani, *op. cit.*, pp. 112 *sg.*

16 Per una ricostruzione storico-biografica dell'impresa, *cfr.* D.R. Saunders, *Katharine and Isabel - Mother's Light, Daughter's Journey*, Consulting Psychologists, Palo Alto, CA 1991.

17 Si vedano I. Briggs Myers, *Type as the Index to Personality*, pubblicato privatamente, Swarthmore, PA 1945; Id., *Some Findings with regard to Type and Manual for Myers-Briggs Type Indicator Form E*, pubblicato privatamente, Swarthmore, PA 1958; Id., *Manual - The Myers-Briggs Type Indicator*, Educational Testing Service, Princeton, NJ 1962; Id., L.K. Kirby e K.D. Myers, *Introduction to Type - A Description of the Theory and Applications of the Myers-Briggs Type Indicator*, Consulting Psychologists, Palo Alto, CA 1962/1998; Id. e P. Briggs Myers, *Gifts Differing - Understanding Personality Type*, Consulting Psychologists, Mountain View, CA 1980/1995; Id. e M.H. McCaulley, *Manual - A Guide to the Development and Use of the Myers-Briggs Type Indicator*, Consulting Psychologists, Mountain View, CA 1985; Id. e L.K. Kirby, *Introduction to Type Dynamics and Development - Exploring the Next Level of Type*, Consulting Psychologists, Mountain View, CA 1994; e Id., M.H. McCaulley, N.L. Quenk e A.L. Hammer, *MBTI Manual - A Guide to the Development and Use of the Myers-Briggs Type Indicator*, Consulting Psychologists, Mountain View, CA 1998; i manuali di riferimento per le versioni più recenti - la Forma M a 93 item, la Forma M auto-compilabile a 93

italiana[18], e attualmente disponibile in quattro versioni, il MBTI è tuttora il questionario di autovalutazione basato sulla teoria dei tipi più riuscito e conosciuto, coerente in parte con la nota teoria dei Big Five di Robert R. McCrae e Paul T. Costa.

Vengono ciononostante realizzati altri tentativi psicometrici ispirati alla tipologia junghiana, derivati, congruenti o divergenti dal MBTI: la Gray-Wheelwright Jungian Type Survey (GW/JTS, 1946), che tenta di riportare l'indagine tipologica più in sintonia con l'impostazione di Jung; il Sixteen Personality Factor Questionnaire (16PF, 1949); il Keirsey Temperament Sorter (KTS, 1978); il Singer-Loomis Inventory of Personality (SLIP, 1980), poi rielaborato come Singer-Loomis Type Deployment Inventory (SL-TDI, 1996); il Murphy-Meisgeier Type Indicator for Children (MMTIC, 1987); il Thomson-Maidenbaum Personality Inventory (1998); il Lenore Thomson Personality Test (1998); lo Jungian Type Index (JTI, 2001); la Jung Psychological Types Scale (JPTS, 2005); l'Implicit Personality Test (IPT, 2010); il Visual Questionnaire (ViQ, 2011); le Open Extended Jungian Type Scales 1.2 (OEJTS, 2015); e i più recenti Majors Personality Type Inventory (PTI), NERIS Type Explorer, Typefinder e Mental Gurus Jungian Index (MGJI), tra altri.

item, la Forma Q Step II a 144 item e lo Step III a 222 item – sono i seguenti: N.A. Schaubhut, N.A. Herk e R.C. Thompson, *MBTI Form M - Manual Supplement*, Consulting Psychologists, Mountain View, CA 2009; N. Quenk, A.L. Hammer e M.S. Majors, *MBTI Step II Manual: Exploring the Next Level of Type with the Myers-Briggs Type Indicator Form Q*, Consulting Psychologists, Mountain View, CA 2001; N.A. Schaubhut e R.C. Thompson, *MBTI Step II - Manual Supplement*, Consulting Psychologists, Mountain View, CA 2011; e I. Briggs Myers, M.H. McCaulley, N.L. Quenk e A.L. Hammer, *MBTI Manual for the Global Step I and Step II Assessments. A Guide to the Development and Use of the Myers-Briggs Type Indicator Assessment* (IV ed.), The Myers-Briggs Company, Sunnyvale, CA 2018.

18 I. Briggs Myers *Myers-Briggs Type Indicator. Manuale*, Organizzazioni Speciali (O.S.), Firenze 1991; A. Saggino, *MBTI. Myers-Briggs Type Indicator. Dati normative e contributo alla standardizzazione italiana della Forma F*, O.S., Firenze 1993; si veda inoltre A. Saggino e P. Kline, "Item Factor Analysis of the Italian Version of the Myers-Briggs Type Indicator", in: "Personality and Individual Differences", Vol. 19, 1995, pp. 243-49.

3. *Evoluzione dei tipi*

Dal punto di vista della ricerca, gli studi empirici – inclusi quelli che, tra il 2020 e il 2023, hanno indagato come i tipi abbiano diversamente vissuto la pandemia di COVID-19, le relative misure di contenimento (quarantena, isolamento e distanziamento sociale) e le loro ricadute sulle modalità di apprendimento e di lavoro (*distance learning* e *home working*)[19] – non fanno quasi mai riferimento alla teoria originale di Jung, bensì alla tipologia rielaborata da Cook Briggs e Briggs Myers. Le due studiose, in aggiunta ai costrutti junghiani di atteggiamento e funzione, introducono infatti il concetto di preferenza (*Preference*) ovvero il "sentirsi più a proprio agio e naturali con o rispetto a qualcosa" *(feeling most comfortable and natural with...)*. Le variazioni del comportamento umano sarebbero dovute a una differenza di fondo nel rapportarsi al mondo esterno, privilegiando la Percezione (*Perception*), il divenire coscienti di cose, persone, avvenimenti o idee (i processi *bottom up* spiegati dal cognitivismo), o il Giudizio (*Judgment*), il giungere a conclusioni su ciò che è stato percepito (i processi *top down*). Dalla combinazione dei quattro indici, tra loro statisticamente indipendenti – EI per Estroversione (*Extraversion*, E) o Introversione (*Introversion*, I); SN per Sensazione (*Sensation*, S) o Intuizione (*Intuition*, N); TF per Pensiero (*Thinking*, T) o Sentimento (*Feeling*, F); e JP per Giudizio (*Judgment*, J) o Percezione (*Perception*, P) –, risultano sedici tipi-preferenza (*Fig. 1*).

19 *Cfr.* spec. The Myers-Briggs Company and J. Hackston, *The COVID-19 Crisis: Personality and Perception*, Research Report, N. 3, The Myers-Briggs Company/The Myers-Briggs Company Limited, Oxford 2020.

TEMPERAMENTO *RUOLO-VARIANTE* **TIPO: ATTEGGIAMENTO ·** **1ª, 2ª, 3ª, 4ª-FUNZIONE · PREFERENZA**	*INTROVERSI* *IRRAZIONALI* *GIUDIZIO*	GUARDIANI · SJ *AMMINISTRATORI* $\mathbf{I\ ^{1}S_{i}\ ^{2}T_{e}\ J}$ $\mathbf{^{4}N_{e}\ ^{3}F_{i}}$	GUARDIANI · SJ *CUSTODI* $\mathbf{I\ ^{1}S_{i}\ ^{2}F_{e}\ J}$ $\mathbf{^{4}N_{e}\ ^{3}T_{i}}$	IDEALISTI · NF *MENTORI* $\mathbf{I\ ^{1}N_{i}\ ^{2}F_{e}\ J}$ $\mathbf{^{4}S_{e}\ ^{3}T_{i}}$	RAZIONALI · NT *COORDINATORI* $\mathbf{I\ ^{1}N_{i}\ ^{2}T_{e}\ J}$ $\mathbf{^{4}S_{e}\ ^{3}F_{i}}$
-1ª, -2ª, -3ª, -4ª FUNZIONE-OMBRA		$^{-1}S_{e}\ ^{-2}T_{i}$ $^{-4}N_{i}\ ^{-3}F_{e}$	$^{-1}S_{e}\ ^{-2}F_{i}$ $^{-4}N_{i}\ ^{-3}T_{e}$	$^{-1}N_{e}\ ^{-2}F_{i}$ $^{-4}S_{i}\ ^{-3}T_{e}$	$^{-1}N_{e}\ ^{-2}T_{i}$ $^{-4}S_{i}\ ^{-3}F_{e}$
LOOP		$I\ ^{1}S_{i}\ ^{3}T_{e}\ J$ $^{4}N_{e}\ ^{2}F_{i}$	$I\ ^{1}S_{i}\ ^{3}F_{e}\ J$ $^{4}N_{e}\ ^{2}T_{i}$	$I\ ^{1}N_{i}\ ^{3}F_{e}\ J$ $^{4}S_{e}\ ^{2}T_{i}$	$I\ ^{1}N_{i}\ ^{3}T_{e}\ J$ $^{4}S_{e}\ ^{2}F_{i}$
GRIP		$I\ ^{1}S_{i}\ ^{4}T_{e}\ J$ $^{2}N_{e}\ ^{3}F_{i}$	$I\ ^{1}S_{i}\ ^{4}F_{e}\ J$ $^{2}N_{e}\ ^{3}T_{i}$	$I\ ^{1}N_{i}\ ^{4}F_{e}\ J$ $^{2}S_{e}\ ^{3}T_{i}$	$I\ ^{1}N_{i}\ ^{4}T_{e}\ J$ $^{2}S_{e}\ ^{3}F_{i}$
TEMPERAMENTO *RUOLO-VARIANTE* **TIPO: ATTEGGIAMENTO ·** **1ª, 2ª, 3ª, 4ª-FUNZIONE · PREFERENZA**	*INTROVERSI* *RAZIONALI* *PERCEZIONE*	ARTIGIANI · SP *OPERATORI* $\mathbf{I\ ^{2}S_{e}\ ^{1}T_{i}\ P}$ $\mathbf{^{3}N_{i}\ ^{4}F_{e}}$	ARTIGIANI · SP *ANIMATORI* $\mathbf{I\ ^{2}S_{e}\ ^{1}F_{i}\ P}$ $\mathbf{^{3}N_{i}\ ^{4}T_{e}}$	IDEALISTI · NF *AVVOCATI* $\mathbf{I\ ^{2}N_{e}\ ^{1}F_{i}\ P}$ $\mathbf{^{3}S_{i}\ ^{4}T_{e}}$	RAZIONALI · NT *INGEGNERI* $\mathbf{I\ ^{2}N_{e}\ ^{1}T_{i}\ P}$ $\mathbf{^{3}S_{i}\ ^{4}F_{e}}$
-1ª, -2ª, -3ª, -4ª FUNZIONE-OMBRA		$^{-2}S_{i}\ ^{-1}T_{e}$ $^{-3}N_{e}\ ^{-4}F_{i}$	$^{-2}S_{i}\ ^{-1}F_{e}$ $^{-3}N_{e}\ ^{-4}T_{i}$	$^{-2}N_{i}\ ^{-1}F_{e}$ $^{-3}S_{e}\ ^{-4}T_{i}$	$^{-2}N_{i}\ ^{-1}T_{e}$ $^{-3}S_{e}\ ^{-4}F_{i}$
LOOP		$I\ ^{3}S_{e}\ ^{1}T_{i}\ P$ $^{2}N_{i}\ ^{4}F_{e}$	$I\ ^{3}S_{e}\ ^{1}F_{i}\ P$ $^{2}N_{i}\ ^{4}T_{e}$	$I\ ^{3}N_{e}\ ^{1}F_{i}\ P$ $^{2}S_{i}\ ^{4}T_{e}$	$I\ ^{3}N_{e}\ ^{1}T_{i}\ P$ $^{2}S_{i}\ ^{4}F_{e}$
GRIP		$I\ ^{4}S_{e}\ ^{1}T_{i}\ P$ $^{3}N_{i}\ ^{2}F_{e}$	$I\ ^{4}S_{e}\ ^{1}F_{i}\ P$ $^{3}N_{i}\ ^{2}T_{e}$	$I\ ^{4}N_{e}\ ^{1}F_{i}\ P$ $^{3}S_{i}\ ^{2}T_{e}$	$I\ ^{4}N_{e}\ ^{1}T_{i}\ P$ $^{3}S_{i}\ ^{2}F_{e}$
TEMPERAMENTO *RUOLO-VARIANTE* **TIPO: ATTEGGIAMENTO ·** **1ª, 2ª, 3ª, 4ª-FUNZIONE · PREFERENZA**	*ESTROVERSI* *IRRAZIONALI* *PERCEZIONE*	ARTIGIANI · SP *OPERATORI* $\mathbf{E\ ^{1}S_{e}\ ^{2}T_{i}\ P}$ $\mathbf{^{4}N_{i}\ ^{3}F_{e}}$	ARTIGIANI · SP *ANIMATORI* $\mathbf{E\ ^{1}S_{e}\ ^{2}F_{i}\ P}$ $\mathbf{^{4}N_{i}\ ^{3}T_{e}}$	IDEALISTI · NF *AVVOCATI* $\mathbf{E\ ^{1}N_{e}\ ^{2}F_{i}\ P}$ $\mathbf{^{4}S_{i}\ ^{3}T_{e}}$	RAZIONALI · NT *INGEGNERI* $\mathbf{E\ ^{1}N_{e}\ ^{2}T_{i}\ P}$ $\mathbf{^{4}S_{i}\ ^{3}F_{e}}$
-1ª, -2ª, -3ª, -4ª FUNZIONE-OMBRA		$^{-1}S_{i}\ ^{-2}T_{e}$ $^{-4}N_{e}\ ^{-3}F_{i}$	$^{-1}S_{i}\ ^{-2}F_{e}$ $^{-4}N_{e}\ ^{-3}T_{i}$	$^{-1}N_{i}\ ^{-2}F_{e}$ $^{-4}S_{e}\ ^{-3}T_{i}$	$^{-1}N_{i}\ ^{-2}T_{e}$ $^{-4}S_{e}\ ^{-3}F_{i}$
LOOP		$E\ ^{1}S_{e}\ ^{3}T_{i}\ P$ $^{4}N_{i}\ ^{2}F_{e}$	$E\ ^{1}S_{e}\ ^{3}F_{i}\ P$ $^{4}N_{i}\ ^{2}T_{e}$	$E\ ^{1}N_{e}\ ^{3}F_{i}\ P$ $^{4}S_{i}\ ^{2}T_{e}$	$E\ ^{1}N_{e}\ ^{3}T_{i}\ P$ $^{4}S_{i}\ ^{2}F_{e}$
GRIP		$E\ ^{1}S_{e}\ ^{4}T_{i}\ P$ $^{2}N_{i}\ ^{3}F_{e}$	$E\ ^{1}S_{e}\ ^{4}F_{i}\ P$ $^{2}N_{i}\ ^{3}T_{e}$	$E\ ^{1}N_{e}\ ^{4}F_{i}\ P$ $^{2}S_{i}\ ^{3}T_{e}$	$E\ ^{1}N_{e}\ ^{4}T_{i}\ P$ $^{2}S_{i}\ ^{3}F_{e}$
TEMPERAMENTO *RUOLO-VARIANTE* **TIPO: ATTEGGIAMENTO ·** **1ª, 2ª, 3ª, 4ª-FUNZIONE · PREFERENZA**	*ESTROVERSI* *RAZIONALI* *GIUDIZIO*	GUARDIANI · SJ *AMMINISTRATORI* $\mathbf{E\ ^{2}S_{i}\ ^{1}T_{e}\ J}$ $\mathbf{^{3}N_{e}\ ^{4}F_{i}}$	GUARDIANI · SJ *CUSTODI* $\mathbf{E\ ^{2}S_{i}\ ^{1}F_{e}\ J}$ $\mathbf{^{3}N_{e}\ ^{4}T_{i}}$	IDEALISTI · NF *MENTORI* $\mathbf{E\ ^{2}N_{i}\ ^{1}F_{e}\ J}$ $\mathbf{^{3}S_{e}\ ^{4}T_{i}}$	RAZIONALI · NT *COORDINATORI* $\mathbf{E\ ^{2}N_{i}\ ^{1}T_{e}\ J}$ $\mathbf{^{3}S_{e}\ ^{4}F_{i}}$
-1ª, -2ª, -3ª, -4ª FUNZIONE-OMBRA		$^{-2}S_{e}\ ^{-1}T_{i}$ $^{-3}N_{i}\ ^{-4}F_{e}$	$^{-2}S_{e}\ ^{-1}F_{i}$ $^{-3}N_{i}\ ^{-4}T_{e}$	$^{-2}N_{e}\ ^{-1}F_{i}$ $^{-3}S_{i}\ ^{-4}T_{e}$	$^{-2}N_{e}\ ^{-1}T_{i}$ $^{-3}S_{i}\ ^{-4}F_{e}$
LOOP		$E\ ^{3}S_{i}\ ^{1}T_{e}\ J$ $^{2}N_{e}\ ^{4}F_{i}$	$E\ ^{3}S_{i}\ ^{1}F_{e}\ J$ $^{2}N_{e}\ ^{4}T_{i}$	$E\ ^{3}N_{i}\ ^{1}F_{e}\ J$ $^{2}S_{e}\ ^{4}T_{i}$	$E\ ^{3}N_{i}\ ^{1}T_{e}\ J$ $^{2}S_{e}\ ^{4}F_{i}$
GRIP		$E\ ^{4}S_{i}\ ^{1}T_{e}\ J$ $^{3}N_{e}\ ^{2}F_{i}$	$E\ ^{4}S_{i}\ ^{1}F_{e}\ J$ $^{3}N_{e}\ ^{2}T_{i}$	$E\ ^{4}N_{i}\ ^{1}F_{e}\ J$ $^{3}S_{e}\ ^{2}T_{i}$	$E\ ^{4}N_{i}\ ^{1}T_{e}\ J$ $^{3}S_{e}\ ^{2}F_{i}$

Fig. 1

Dell'impianto junghiano è mantenuta la proprietà fortemente dinamica: l'individuo avrebbe infatti accesso a ogni polarità delle singole coppie dieretiche – E *e* I, S *e* N, T *e* F, J *e* P –, benché solo un elemento di queste venga usato in modo preferenziale. Eppure, se da una parte la teoria nativa va sofisticandosi sempre più dal punto di vista metodologico[20], dall'altra essa sembra adombrare pressoché tutte le preoccupazioni filosofiche, letterarie e culturali care ai *Tipi*. Il tipo-preferenza ci informa oggi, così, del grado di sviluppo delle singole funzioni, dalla primaria all'inferiore[21], del loro orientamento estrovertito o introvertito e del rapporto dinamico che in tal senso le lega[22]. L'ordinamento esadecimale è completato da David Keirsey – muovendo dagli studi sul carattere di Ippocrate e Platone – con quattro temperamenti (*Temperaments*): i Razionali, Concettuali o Prometeici (NT), gli Idealisti o Apollinei (NF), i Guardiani, Tradizionalisti o Epimeteici (SJ) e gli Artigiani, Esperienziali o Dionisiaci (SP), ciascuno con due ulteriori ruoli-varianti (*Fig. 1*).

L'impiego psicoterapeutico dell'impianto ne considera inoltre le funzioni-ombra: tratti disadattativi che si attivano in risposta alle minacce all'identità. Per comprenderne il rapporto compensatorio rispetto alle funzioni più prossime alla coscienza, John Beebe suggerisce di pensare allo sviluppo individuale di ciascun tipo alla luce di uno schema archetipico, presente a priori e universale. Su questa traccia inconscia, comune a tutti e i tipi-preferenza, la gerarchia delle quattro funzioni ego-sintoniche si articolerebbe nel seguente modello biassiale: lungo l'asse verticale della colonna (*Spine*) troveremmo la polarità di Eroe/Eroina (funzione primaria) e Anima/Animus (quarta funzione); lungo l'asse orizzontale delle braccia (*Arms*),

20 Si veda, per es., A. Samuels, "Developments in Typology", in: R. Papadopoulos, *Carl Gustav Jung...*, cit., pp. 61-66.

21 E. Kendall, "The Four Functions – A Conceptual Analysis", in: ivi, pp. 27-60.

22 Benché questo aspetto della dottrina sia stato dagli inizi e resti tuttora oggetto di controversie teoriche e cliniche: *cfr.* I. e P. Briggs Myers, *Gifts Differing...*, cit., pp. 19 *sgg.*; e J. Beebe, "Comprendere la coscienza attraverso la teoria dei tipi psicologici" (2004), in J. Cambray e L. Carter (a cura di), *Psicologia Analitica. Prospettive contemporanee di analisi junghiana*, Giovanni Fioriti, Roma 2010, pp. 100 *sgg.*

la polarità di Padre/Madre (funzione secondaria) e Puer/Puella (funzione terziaria). A ciascuno di questi vertici fa da contrappunto una equivalente funzione-ombra ego-distonica (la medesima funzione, ma di atteggiamento estrovertito o introvertito in senso opposto a quello della corrispondente funzione ego-sintonica). Le funzioni-ombra si organizzerebbero anch'esse in uno scheletro biassiale: lungo l'asse delle ordinate incontreremmo la polarità di Personalità avversaria (ombra della funzione primaria) e Personalità demonica/daimonica (ombra della quarta funzione); lungo l'asse delle ascisse, la polarità di Senex/Strega (ombra della funzione secondaria) e Briccone (ombra della funzione terziaria)[23] (*Fig. 2*).

Sempre in ambito analitico, vengono infine illustrati alcuni quadri psicopatologici, come risultato della rottura dell'equilibrio tra le funzioni secondaria e terziaria: in questi casi, di interesse clinico, a causa di un fenomeno di inversione (*Loop*), le funzioni secondaria e terziaria occuperebbero l'una la posizione dell'altra, pur non comportando ciò un cambiamento né del loro orientamento né del tipo-preferenza (*Fig. 1*). A tali problematiche tipologiche – cui si accompagna una prassi terapeutica orientata a riportare nella posizione attesa la funzione secondaria, per qualche ragione sviluppatasi in grado minore rispetto alla terziaria – vengono rapportati i principali disturbi di personalità enumerati nel Manuale diagnostico e statistico dei disturbi mentali DSM (Asse II), nella Classificazione

23 J. Beebe, "Understanding consciousness through the theory of psychological types", in: J. Cambray e L. Carter (a cura di), *Analytical Psychology: Contemporary Perspectives in Jungian Analysis*, Brunner-Routledge, London/New York, NY 2004, pp. 83-115, riedito in: Id., *Energies and Patterns...*, cit., § 3, pp. 19-50; Id., "Evolving the eight-function model", in: "Association for Psychological Type International Bulletin", 2005, pp. 34-39, riedito in: Id., *Energies and Patterns ...*, cit., § 7, pp. 117-25; Id., "Type and archetype. Part I: The spine and its shadow", in: "Typeface. A publication of the British Association for Psychological Type", Vol. 18, N. 2, 2007, pp. 7-11, riedito in: Id., *Energies and Patterns...*, cit., § 8, pp. 126-33; e Id., "Type and archetype. Part II: The arms and their shadow", in: "Typeface. A Publication of the British Association for Psychological Type", Vol. 18, N. 3, 2007, riedito in: Id., *Energies and Patterns ...*, cit., § 9, pp. 134-42; sulle evoluzioni della teoria, *cfr.* anche M. Hunziker, *Depth Typology: C.G. Jung, Isabel Myers, John Beebe and The Guide Map to Becoming Who We Are*, Write Way Publishing Company, Clayton, NC 2017.

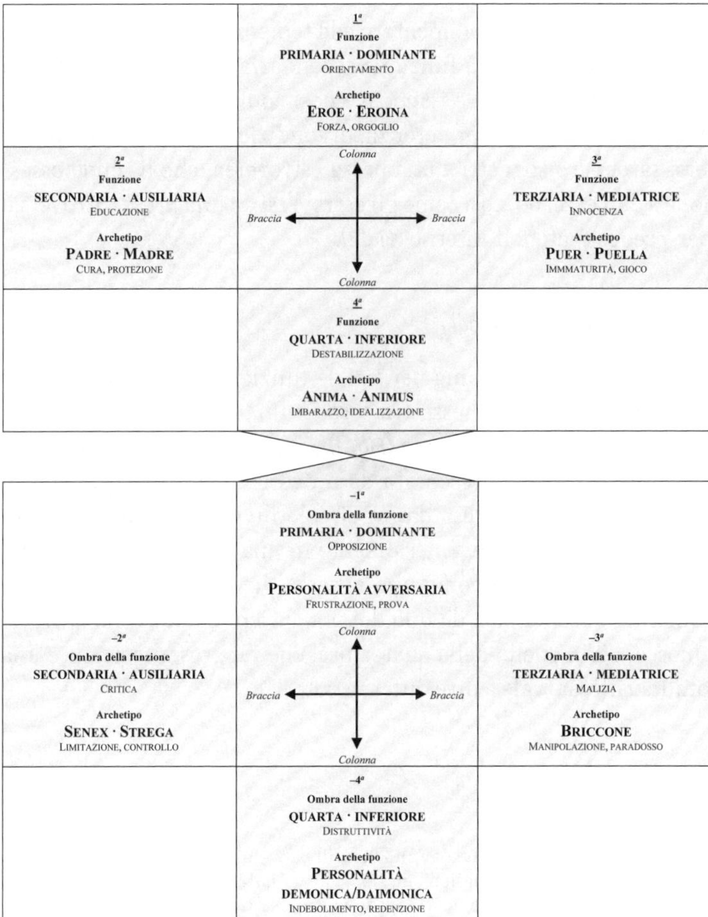
1ª
Funzione
PRIMARIA · DOMINANTE
Orientamento
Archetipo
Eroe · Eroina
Forza, orgoglio
2ª
Funzione
SECONDARIA · AUSILIARIA
Educazione
Archetipo
Padre · Madre
Cura, protezione
Colonna
Braccia
Braccia
Colonna
3ª
Funzione
TERZIARIA · MEDIATRICE
Innocenza
Archetipo
Puer · Puella
Immaturità, gioco
4ª
Funzione
QUARTA · INFERIORE
Destabilizzazione
Archetipo
Anima · Animus
Imbarazzo, idealizzazione
–1ª
Ombra della funzione
PRIMARIA · DOMINANTE
Opposizione
Archetipo
Personalità avversaria
Frustrazione, prova
–2ª
Ombra della funzione
SECONDARIA · AUSILIARIA
Critica
Archetipo
Senex · Strega
Limitazione, controllo
Colonna
Braccia
Braccia
Colonna
–3ª
Ombra della funzione
TERZIARIA · MEDIATRICE
Malizia
Archetipo
Briccone
Manipolazione, paradosso
–4ª
Ombra della funzione
QUARTA · INFERIORE
Distruttività
Archetipo
Personalità
demonica/daimonica
Indebolimento, redenzione

Fig. 2

Statistica Internazionale delle Malattie e dei Problemi Sanitari Correlati ICD-10 (Settore V) e nel Manuale Diagnostico Psicodinamico PDM (Asse P)[24] (*Fig. 3*).

Un ultimo evento commentato è la temporanea presa (*Grip*) della funzione inferiore sulla funzione secondaria, anche in questo caso con una inversione delle rispettive posizioni e, nuovamente, senza modificazioni del tipo-preferenza. In condizioni stressanti, gli introversi sarebbero soggetti a una presa estroversa, che li rende ossessionati dall'esterno, così come gli estroversi da una presa introversa, iper-preoccupati dell'interno *(Fig. 1)*.

4. Completezza della tipologia

Come descritto da Jung nei *Tipi*, le funzioni-atteggiamenti sono assiomaticamente connesse tra loro in una "croce"[25], saldamente compiuta e colma di tensione *(Fig. 4)*. Infatti, se "la personalità fattuale può essere rappresentata da un cerchio continuo [...], quella cosciente può essere resa da un circolo diviso in un determinato modo, il che si traduce generalmente in una quaternità [...]. Quello che oggi designiamo come uno schema di funzioni è prefigurato in maniera archetipica da uno dei più antichi modelli che la storia conosca, ossia quello della quaternità, che rappresenta sempre una totalità riflessa, vale a dire differenziata."[26]

---

24 *Cfr.* S. Ekstrom, "Jung's typology and DSM-III personality disorders: A comparison of two systems of classification", in: "Journal of Analytical Psychology", Vol. 33, N. 4, 1988, pp. 329-44, riedito in: R. Papadopoulos, *Carl Gustav Jung...*, cit., pp. 81-95; e, specificamente sul *Loop*, A. Privitera, *MBTI: La teoria Myers-Briggs e le 16 personalità*, stampato privatamente, 2019.

25 *Cfr.* C.G. Jung, "Tipologia psicologica", cit., p. 557.

26 C.G. Jung, *Mysterium coniunctionis. Ricerche sulla separazione e composizione degli opposti psichici nell'alchimia* (1955-56), tr. it. in: *Opere* 14, pp. 193 *sg.*; la traduzione è lievemente adattata. *Cfr.* J. Hillman, "Egalitarian Typologies...", cit., p. 238.

Loop	Disturbo di personalità	Classificazione DSM / Asse II ICD-10 / Settore V PDM / Asse P
$^1F_i + {}^2N_i$ *oppure* $^1N_i + {}^2F_i$	**Disturbo paranoide di personalità**	**DSM (Cluster A - condotte di comportamento bizzarre o eccentriche): 301.00 ICD-10: F60.0 PDM: P102**
$^1T_i + {}^2N_i$ *oppure* $^1N_i + {}^2T_i$	**Disturbo schizoide di personalità**	**DSM (Cluster A - condotte di comportamento bizzarre o eccentriche): 301.20 ICD-10: F60.1 PDM: P101**
$^1T_i + {}^2S_i$ *oppure* $^1S_i + {}^2T_i$	**Disturbo schizotipico di personalità**	**DSM (Cluster A - condotte di comportamento bizzarre o eccentriche): 301.22 ICD-10: F21 PDM: P101**
--	**Disturbo antisociale di personalità**	**DSM (Cluster B - condotte di comportamento drammatiche, emotive o disregolate): 301.70 ICD-10: F60.31 PDM: P103**
$^1N_e + {}^2T_e$ *oppure* $^1T_e + {}^2N_e$	**Disturbo borderline di personalità**	**DSM (Cluster B - condotte di comportamento drammatiche, emotive o disregolate): 301.83 ICD-10: F60.2 PDM: --**
$^1S_e + {}^2F_e$ *oppure* $^1F_e + {}^2S_e$	**Disturbo istrionico di personalità**	**DSM (Cluster B - condotte di comportamento drammatiche, emotive o disregolate): 301.50 ICD-10: F60.4 PDM: P113**
$^1N_e + {}^2F_e$ *oppure* $^1F_e + {}^2N_e$	**Disturbo narcisistico di personalità**	**DSM (Cluster B - condotte di comportamento drammatiche, emotive o disregolate): 301.81 ICD-10: F60.8 PDM: P104**
$^1F_i + {}^2S_i$ *oppure* $^1S_i + {}^2F_i$	**Disturbo evitante di personalità**	**DSM (Cluster C - condotte di comportamento ansiose o inibite): 301.82 ICDD-10: F60.6 PDM: P110**
--	**Disturbo dipendente di personalità**	**DSM (Cluster C - condotte di comportamento ansiose o inibite): 301.60 ICD-10: F60.7 PDM: P109**
$^1S_e + {}^2T_e$ *oppure* $^1T_e + {}^2S_e$	**Disturbo ossessivo-compulsivo di personalità**	**DSM (Cluster C - condotte di comportamento ansiose o inibite): 301.40 ICD-10: F60.5 PDM: P112**

Fig. 3

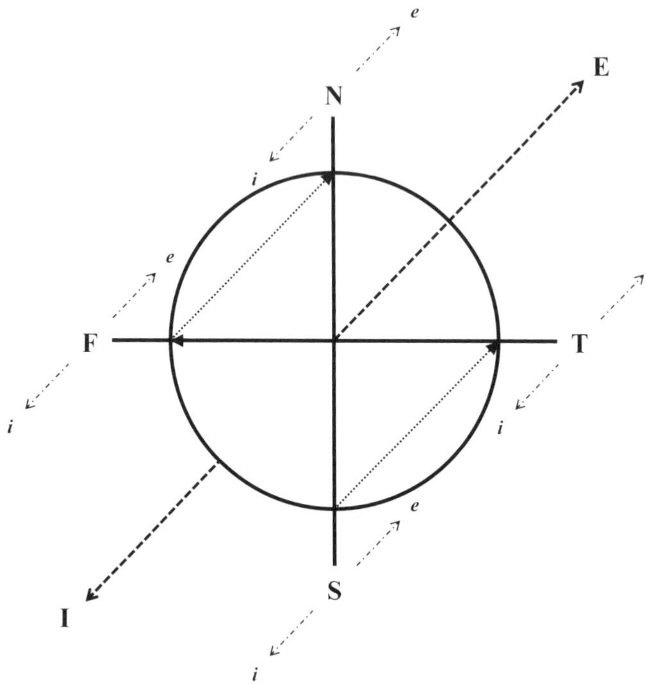

Fig. 4

Nella conferenza tenuta a Eranos nel 1940 sul simbolismo trinitario, Jung rivendica la completezza della sua tipologia: "La quaternità è un archetipo, che appare per così dire universalmente. Essa è la premessa logica per ogni giudizio di totalità. Se si vuole pronunciare tale giudizio, esso deve avere un aspetto quadruplice. Se si vuole, ad esempio, designare l'intero orizzonte, si nominano i quattro punti cardinali. Perciò ci sono [...] quattro aspetti psicologici dell'orientamento psichico, al di là dei quali non c'è più nulla di fondamentale da affermare. Per orientarci, ci occorre una funzione, che costati che qualche cosa è (Sensazione); una seconda, che stabilisca che cosa è (Pensiero); una terza, che dica se essa conviene o no, se si vuol accettare o no (Sentimento); e una quarta, che dichiari donde essa viene e dove va (Intuizione). Oltre a ciò non si può dire altro."[27]

La pretesa di totalità sembra insomma caratteristica dei sistemi quadripartiti (incluso quello delle funzioni), i quali si manifestano nella storia come un insieme ordinato, un *maṇḍala* con una forte coerenza interna e una esaustività gnoseologica, per mezzo delle quali il sistema si regge autonomamente in quanto onnicomprensivo[28]. Benché Jung non attribuisca ai tipi un significato archetipico, questo sembra insomma appartenere al sistema che li contiene[29]: la teoria tipologica, per l'appunto, la cui perfetta articolazione spaziale, rileva lo stesso Jung, richiama "una rete trigonometrica o, forse meglio, i sistemi di assi cristallografici"[30]. I tipi non vengono quindi mai presentati come plasmi originari (*Urtypen*), sagome primordiali (*Urformen*), immagini primeve (*Urbilder*) o figure ideali (*Idealbilder*); tuttavia, un'analisi più attenta del modo in cui ne Jung tratta suggerisce come anch'essi siano, in fondo, archetipici. Nella loro costruzione entra infatti in gioco un elemento a priori: quell'"accento numinale" (*numinale Akzent*) che, per ciascuno di noi, cade su un tipo o su un altro[31]. Questo fattore selettivo che determina il proprio tipo non è spiegato né tantomeno ricondotto a una scelta: semplicemente è dato, avviene[32].

Il fatto che Jung non approfondisca la qualità archetipica delle funzioni dà origine allora a svariati tentativi di colmare questo iato, attraverso correlazioni simboliche con una serie di costanti universali: elementi, colori, princìpi, umori, geometrie, segni zodiacali,

27 C.G. Jung, "Saggio d'interpretazione psicologica del dogma della Trinità" (1942/1948), tr. it. in: *Opere* 11, pp. 164 *sg.*; la traduzione è lievemente adattata. *Cfr.* J. Hillman, *op. cit.*, pp. 238 *sg.*

28 *Cfr.* J. Hillman, *op. cit.*, p. 239.

29 *Cfr.* ivi, p. 240.

30 C.G. Jung, "Tipologia psicologica", cit., p. 558.

31 Ivi, pp. 556 *sg. Cfr.* anche C.A. Meier, *Persönlichkeit: der Individuationsprozess im Lichte der Typologie C. G. Jungs*, Walter, Olten/Freiburg im Breisgau 1977, *passim*.

32 *Cfr.* J. Hillman, *op. cit.*, p. 241.

sostanze alchemiche, trigrammi dell'*I Ching*[33] (*Fig.* 5) o confessioni religiose: "Esiste anche una possibile spiegazione psicologica della sopravvivenza di otto fedi su un unico pianeta – scrive Arnold Toynbee –. È possibile che ciascuna delle fedi rimaste in vita abbia un'affinità con una delle diverse organizzazioni e orientamenti alternativi possibili della psiche umana. Per il momento, questa spiegazione psicologica può essere offerta solo in modo provvisorio, poiché lo studio dei tipi psicologici, iniziato da C.G. Jung, è ancora in una fase esplorativa. Ma è ipotizzabile che l'affinità tra alcuni di questi tipi psicologici e una delle fedi attuali possa rivelarsi la spiegazione della salvezza di questa particolare confessionalità, in contrasto con il destino dei suoi precedenti concorrenti ormai estinti, e non è

33 Sono particolarmente grato a Wenzhi Zhang (Centre for Zhouyi and Ancient Chinese Philosophy, Shandong University) per il qualificato confronto sull'ipotesi di corrispondenza tra tipi funzionali e trigrammi dell'*I Ching*. Si veda, inoltre, l'interessante associazione proposta da Richard Grant tra i quattro accoppiamenti binari delle linee *Yin* e *Yang* con i rispettivi temperamenti tipologici (NT, NF, SJ e SP): R.D. Grant, *The I Ching: Images of Psychological Typology and Development*, Type & Temperment, Inc., Gladwyne, PA 1990. Le affinità suggerite nella *Fig.* 5, senza pretesa di esaustività, sono ricavate sulle descrizioni dei trigrammi proposte negli studi di Eranos sull'*I Ching*: in ordine cronologico di pubblicazione, *I Ching – The Classic Chinese Oracle of Change – The First Complete Translation with Concordance*, a cura di R. Ritsema e S.L. Karcher, Element Books, Inc., Shaftesbury, Dorset/Rockport, MA/Brisbane, Queensland 1994; *Eranos I Ching. Il Libro della Versatilità. Testi oracolari con concordanze*, a cura di R. Ritsema e S.A. Sabbadini, Red, Como 1996; *I Ching. Il Libro della Versatilità*, a cura della Fondazione Eranos, tr. R. Ritsema e S.A. Sabbadini, Classici delle religioni, Sez. I, "Le religioni orientali", UTET, Torino 1997; *I Ching. Il Libro dei Mutamenti*, a cura di R. Ritsema e S.A. Sabbadini, URRA/Feltrinelli, Milano 2011; *I Ching. Il Libro dei Mutamenti*, a cura di R. Ritsema e S.A. Sabbadini, Universale Economica Feltrinelli, Milano 2017; *Eranos Yi Ching. I Ging. Das Buch der Wandlungen. Die einzige vollständige Ausgabe der altchinesischen Orakeltexte mit Konkordanz*, a cura di R. Ritsema e H. Schneider, O.W. Barth, München 2000; *Le Yi Jing Eranos. Textes oraculaires suivis d'une concordance et d'un lexique Français-Chinois*, a cura di R. Ritsema, P. Gaudissart e I. Gaudissart, Encre, Paris 2003; *The Original I Ching Oracle – The Pure and Complete Texts with Concordance – Translated under the Auspices of the Eranos Foundation*, a cura di R. Ritsema e S.A. Sabbadini, Watkins Publishing, London 2005; *The Original I Ching Oracle or The Book of Changes: The Eranos I Ching Project – The Pure and Complete Text with Concordance – Translated under the Auspices of the Eranos Foundation*, a cura di R. Ritsema e S.A. Sabbadini, Watkins Publishing, London 2018; e *I Ching. El Libro de los Cambios. El proyecto del I Ching de Eranos*, a cura di R. Ritsema, S.A. Sabbadini e M.C. Mañas Peñalver, Editorial Cántico, Córdoba 2022.

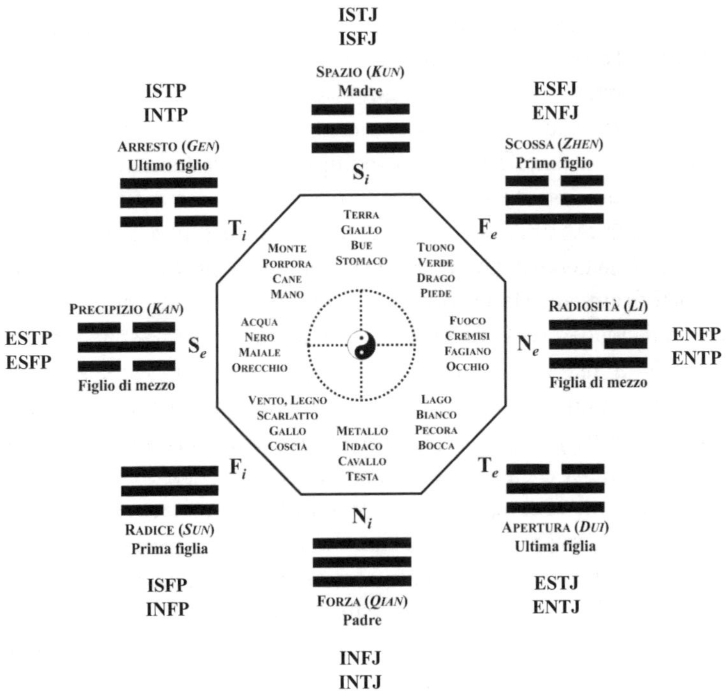
ISTJ
ISFJ
SPAZIO (KUN)
Madre
Si
ISTP
INTP
ARRESTO (GEN)
Ultimo figlio
Ti
ESFJ
ENFJ
SCOSSA (ZHEN)
Primo figlio
Fe
TERRA
GIALLO
BUE
STOMACO
MONTE
PORPORA
CANE
MANO
TUONO
VERDE
DRAGO
PIEDE
PRECIPIZIO (KAN)
ESTP
ESFP
Figlio di mezzo
Se
ACQUA
NERO
MAIALE
ORECCHIO
FUOCO
CREMISI
FAGIANO
OCCHIO
RADIOSITÀ (LI)
Ne
ENFP
ENTP
Figlia di mezzo
VENTO, LEGNO
SCARLATTO
GALLO
COSCIA
METALLO
INDACO
CAVALLO
TESTA
LAGO
BIANCO
PECORA
BOCCA
Fi
Te
RADICE (SUN)
Prima figlia
ISFP
INFP
Ni
FORZA (QIAN)
Padre
INFJ
INTJ
APERTURA (DUI)
Ultima figlia
ESTJ
ENTJ

(Fig. 5)

impensabile che la conservazione di tutte le fedi sopravvissute possa alla fine essere spiegata, almeno in parte, su questa linea"[34].

5. Classi versus tipi

Nella conferenza tenuta a Eranos nel 1976, *Le tipologie egualitarie versus la percezione dell'unicità*, James Hillman esprime profonda preoccupazione per ciò che la tipologia è diventata nel corso dei decenni: non più un mezzo per riconoscere ed elaborare le nostre differenze, in modo elastico e dinamico, come raccomandava Jung, ma, paradossalmente, uno strumento di egualitarismo psicologico[35].

Rispetto alla preferenza per l'Estroversione o l'Introversione, per esempio, già nelle prime pagine dei *Tipi* Jung notava come "tali opposti atteggiamenti siano in primo luogo null'altro che due opposti meccanismi: un'espansione diastolica per afferrare l'oggetto e una retrazione sistolica con conseguente svincolamento dell'energia impegnata nell'oggetto. Ogni uomo possiede entrambi i meccanismi quale espressione del suo naturale ritmo vitale e non è certo a caso che Goethe, per designarli, sia ricorso ai concetti fisiologici dell'attività cardiaca. Al normale svolgersi della vita dovrebbe corrispondere un ritmico alternarsi di entrambe le forme psichiche di attività [...]. [Ciononostante,] le circostanze esteriori e la disposizione interiore favoriscono molto spesso un meccanismo, limitando od ostacolando l'altro. Di qui il sopravvento di un meccanismo sull'altro. Quanto una tale situazione diviene cronica, si ha un *tipo*, cioè un atteggiamento

34 *Cfr.* A. Toynbee, *An Historian's Approach to Religion*, Oxford University Press, 1956, p. 138; traduzione *ad hoc*. *Cfr.* J. Hillman, *op. cit.*, p. 243, n. 30.

35 J. Hillman, "Egalitarian Typologies *versus* the Perception of the Unique", in: *Oneness and Variety / Einheit und Verschiedenheit / L'un et le divers - Lectures given at the Eranos Conference in Ascona from August 18th to 26th, 1976 / Vorträge gehalten auf der Eranos Tagung in Ascona vom 18. bis 26. August 1976 / Conférences données à la session d'Eranos à Ascona du 18 au 26 Août 1976*, "Eranos-Yearbook / Jahrbuch / Annales", Vol. 45, 1976, a cura di Portmann e R. Ritsema, E.J. Brill, Leiden 1980, pp. 221-79; le citazioni hillmaniane proposte nel presente contributo, tradotte *ad hoc*, provengono interamente da questo saggio.

permanente nel quale uno dei due meccanismi prevale stabilmente, pur senza riuscire a sopraffare totalmente l'altro, giacché anche questo è un fattore condizionante dell'attività vitale psichica. Non sarà quindi mai possibile che si costituisca un tipo puro inteso nel senso del possesso esclusivo di un solo meccanismo con completa atrofia dell'altro. Quando si parla di atteggiamento tipico, si vuole alludere sempre e unicamente al prevalere relativo di uno dei due meccanismi."[36]

Il fraintendimento, argomenta Hillman, nascerebbe dal trattare i "tipi", forme per etimologia dai confini imprecisi e abbozzati, come "classi", pure e circoscritte. In greco, *typos* rimanda infatti a un calco di fusione, uno stampo grezzo, vuoto o cavo, dai bordi irregolari. Per via dei loro confini incerti, i tipi, adoperati frequentemente nelle scienze della vita e nelle scienze umane, possono confluire l'uno nell'altro – siano essi periodi storici, stili letterari, disturbi mentali o addirittura specie animali, sovrapponendosi e meticciandosi[37].

La congenita impurità dei tipi richiede, allora, di fare appello a degli ipotetici "tipi ideali" (così considerati da Wilhelm Dilthey, Karl Jaspers, Eduard Spranger, Max Weber), i quali, pur impossibili da verificare empiricamente, si mostrano necessari in quanto sfondi immaginali per comprendere l'esperienza umana. I tipi ideali non coincidono però con le idee platoniche, in quanto, oltre a essere epurati da implicazioni metafisiche, sono portatori di sembianze stravaganti e caricaturali: si compongono difatti intensificando, esacerbando e selezionando singoli tratti a discapito di altri e sussumendo i primi all'interno di una forma sineretica (*Gestalt*). La loro innaturalità rappresenta peraltro anche il loro valore, permettendoci di guardare *attraverso* il reale, grazie al loro apparentamento e alla loro estraneità a esso[38].

L'atto che costruisce un tipo ideale non è razionale, una media

36 C.G. Jung, *Tipi psicologici*, cit., pp. 17 *sg*. *Cfr*. J. Hillman, *op. cit*., p. 227.
37 J. Hillman, *op. cit*., pp. 226 *sg*.
38 Ivi, p. 227, n. 6.

statistica (norme) o un ragionamento logico (classi), bensì una *Wesenschau*, l'intuizione di una essenza. Come mostra Goethe, il tipo si dà, immediatamente, con la forza di una immagine (*Bild*) e la persuasività di una visione (*Einfall*). I tipi richiedono una immaginazione di forme e, chiarisce Hillman, "vedere i tipi è un atto platonico che non può essere stabilito con un metodo aristotelico. Due occhi, anche con il microscopio, non potranno mai eguagliare il terzo occhio"[39]. I tipi di Jung appartengono propriamente a questa categoria di modelli ideali: manifestazioni tangibili delle prime rappresentazioni (*Urbilder*)[40], essi occupano un posto particolare nell'ordine degli eventi; intermediari tra il variegato universo di nudi particolari e il regno astratto dei princìpi e delle classi, i tipi partecipano di entrambe le realtà. Diversamente dalle istanze psicoidi del mondo archetipico, materia (*Stoff*) e spirito (*Geist*) in sé irrappresentabili (*unanschaulich*)[41], i tipi sono al tempo stesso descrittivi (*anschaulich*) *e* astratti (*abstrakt*), connettendo singolare e globale.

Non è però affatto scontato mantenere la distinzione tra tipo e classe, prosegue Hillman. Se, come accade in psicologia sperimentale, i tipi fossero usati come classi e noi iniziassimo a classificarci per mezzo dei tipi, parcellizzeremo le nostre nature illimitate e fluide in funzioni singole ed esclusive, e ciò avrebbe per noi un "effetto paralizzante"[42]. In modo analogo, nello studio della personalità o nel lavoro clinico, se provassimo risalire a un tipo sulla base di una serie di tratti personali, questi ultimi verrebbero inesorabilmente assorbiti e svuotati in fattori più ampi e anonimi; le qualità concrete della personalità perderebbero vita a favore di raffigurazioni astratte. La seduzione della tipologia va in ogni caso ben oltre un impoverimento dei nostri strumenti conoscitivi[43]: essa infatti "appiattisce anche le

39 Ivi, p. 238.
40 Ivi, p. 236.
41 C.G. Jung, "Riflessioni teoriche sull'essenza della psiche" (1947/1954), tr. it. in: *Opere* 8, pp. 232 *sg.*
42 J. Hillman, *op. cit.*, p. 228.
43 Ivi, p. 246.

proprie percezioni interiori di sé – i nostri sogni, i nostri complessi, i nostri comportamenti. I nostri sogni diventano sogni di ansia *oppure* di rinascita, i nostri complessi materno *oppure* paterno, i nostri comportamenti Puer *oppure* Animus [...]. Le persone archetipiche si mutano in configurazioni tipologiche e gli dèi si dissolvono, ancora una volta, nei sistemi allegorici della mente razionalizzante"[44].

La deriva psicometrica della tipologia, anziché aiutarci a relativizzare le possibili posizioni psicologiche, sembra così stabilirle in modo ancora più rigido. Occorre peraltro tenere presente – cosa tutt'altro che secondaria per chiunque si formi e operi nella dimensione clinica – che la percezione dell'unicità è il nucleo stesso del lavoro psicoterapeutico: "Se c'è una cosa di cui ogni paziente necessita – rimarca Hillman – è [proprio] essere percepito nella sua unicità, e se c'è una cosa con cui l'analista incessantemente si confronta è scorgere un sé particolare e diverso in ogni paziente. Il desiderio di vedere e il bisogno di essere visti non possono mai essere sopravvalutati; quando questo vedere ed essere visti avviene, è una sorta benedizione. Nonostante ciò che mi viene rivelato di un paziente dalla sua psicodinamica, dai temi tipici e archetipici della sua vita interiore e dalla storia della sua anima, fino a quando non riesco a intravvedere davvero la sua unicità io non posso immaginarlo in modo sufficientemente profondo e, quindi, a riconoscere chi lui o lei sia. *Scorgo la sua individuazione, ma non vedo la sua individualità.*"[45]

La preoccupazione di non confondere classi e tipi, del resto, non è solo affare metodologico – l'antica disputa tra nomotetico e idiografico, tra psicologia sperimentale e psicologia clinica[46], tra psicologia come scienza e psicologia come arte[47] –, ma qualcosa di più ampio. La dialettica tra egalitarismo e unicità è, infatti, "il problema [...]

44 Ivi, p. 278.

45 Ivi, pp. 222 *sg.*; il corsivo è aggiunto.

46 *Cfr.* C.G. Jung, "Vie nuove della psicologia" (1912), tr. it. in: *Opere* 7, p. 240; Id., "Psicologia analitica ed educazione" (1928), tr. it. in: *Opere* 17, p. 91.

47 *Cfr.* C.G. Jung, *Ricordi, sogni, riflessioni*, a cura di A. Jaffé (1961), tr. it. BUR, Milano 1992, p. 228.

delle relazioni umane" in generale, del fare esperienza "dell'altro come sé, come persona individuale con una propria natura distinta; di ogni persona come incarnazione di un destino individuale"[48]. La controversia sembra riportarci alla nota contrapposizione buberiana tra l'Io-Esso (*Ich-Es*), in cui ci si rapporta con l'altro in vista di qualche scopo, e l'Io-Tu (*Ich-Du*), in cui ci si mette in relazione con un'altra persona come fine in sé. L'essere umano non può accedere alla vita autentica se non nell'Io-Tu, riconoscendo la piena e irriducibile diversità dell'altro[49]: "Finché Io non sono Tu, Io non sono Io", ci insegna lo Zen[50].

6. Immaginazione della tipologia

La motivazione principale che sta alla base della psicometria tipologica è stabilire i tipi come "fatti" osservabili e accettabili per la "scienza"[51]. La letteratura testistica utilizza frequentemente la parola *versus*, creando un mondo in cui l'Io può scegliere fra eventi che fino a quel momento non sembravano opposti e forzare in questo modo delle preferenze. L'Introversione viene intesa come un allontanamento dall'Estroversione, la Sensazione come un minor grado di Intuizione, il Pensiero come assenza di Sentimento e così via. Poli distanti di un'unica dimensione divengono polarità; poi opposizioni; poi contrapposizioni; infine, contraddizioni: pensare *non è* più sentire; percepire *non è* più intuire; siamo introversi *oppure* estroversi. La funzione inferiore, inserita nel racconto di una prova eroica da affrontare con il sacrificio della funzione superiore, diventa una irrealizzabilità. Una simile fantasia diastatica porta quindi con sé il rischio di farci perdere le *immagini* dei singoli atteggiamenti e delle

48 J. Hillman, *op. cit.*, pp. 223 *sg.*

49 M. Buber, *L'io e il tu* (1923), tr. it. IRSEF, Pavia 1991.

50 I.R. Zoccoli Francesini, "Il mutamento. Considerazioni sul processo di individuazione", in: "Klaros. Quaderni di psicologia analitica", Vol. 2, N. 2, gennaio-giugno 1987, p. 105.

51 J. Hillman, *op. cit.*, p. 232.

singole funzioni come autosufficienti: in un sistema simmetrizzato, riusciamo a considerarli solo più in tensione con un antagonista, quando nella vita reale potrebbero essere ragionevolmente concepiti senza contrasti[52].

La proposta di Hillman è, allora, considerare tipizzazione e immaginazione come uno fra i tanti possibili funzionamenti antitetici della nostra psiche, tenendo però presente che le tipologie sistematiche sono, fondamentalmente, anti-immaginali e che la cristallizzazione delle immagini in tipi congela con la nostra capacità di immaginare. Una insidia aggirabile, forse, ricordandoci che *le polarità tipologiche sono esse stesse una immagine*: quella di una scala scorrevole lungo un binario diritto. Le affermazioni su se stessi in termini tipologici sottendono fantasie di "dove ci collochiamo", linearmente, su questa rigida guida, la quale offre solo due possibilità, con gradazioni di avanzamento o arretramento rispetto ai valori oggettivi di un segmento astratto[53] *(Fig. 6)*.

Un simile accostamento di tipo e immagine ha però una ulteriore implicazione, che sembra convalidare il destino irriducibilmente archetipico della Psicologia Analitica: esso ci conferma, infatti, come anche le immagini non siano romanticamente libere da tipicità[54].

Non è un caso che la riflessione junghiana sugli atteggiamenti si riverberi nel monumentale studio di Gilbert Durand, *Le strutture antropologiche dell'immaginario*, pur in senso critico[55]. Hillman ci conduce pertanto a un nuovo punto: *i tipi, piuttosto che opporsi alle immagini, sono un modo speciale di immaginare*. Invece di organizzare in tipi i nostri modi di fare esperienza, abbiamo l'opportunità di *vedere i tipi immaginativamente*.

---

52 Ivi, p. 235.
53 Ivi, pp. 235 *sg*.
54 Ivi, pp. 236 *sg*.
55 G. Durand, *Le strutture antropologiche dell'immaginario* (1963), tr. it. Dedalo, Bari 1972, pp. 383-87.

Fig. 6

Anziché moltiplicare prove per dimostrare la sussistenza di un tipo, possiamo dare al tipo la chance di moltiplicare le immagini di sé: in questo modo, "il tipico introverso non è solo più definito o descritto concettualmente, come un gruppo di tratti. È ora mio fratello minore, sprofondato nei suoi pensieri sulla spiaggia, in compagnia dei gabbiani [...][56].

Incamminarsi lungo la via del "ritorno" dal tipo all'immagine richiede una "conversione" (*epistrophé*)[57], che Hillman apprende a Eranos dai lavori di Henry Corbin sull'esegesi simbolica della

56 J. Hillman, *op. cit.*, p. 237.
57 J. Hillman, *Il sogno e il mondo infero* (1979), tr. it. Il Saggiatore, Milano 1988, p. 11; *cfr.* anche Id., *Plotinus, Ficino and Vico as Precursors of Archetypal Psychology. Convegno "Jung e la cultura europea", Roma, 21-24 maggio 1973, Estratto da Enciclopedia '74*, Istituto della Enciclopedia Italiana, Roma 1974.

spiritualità ismailita (*Ta'wîl*)[58]. L'immaginazione creatrice, risollevandoli dalla parvenza letterale ed esteriore (τὰ ἔξω, *zâhir*) per ritrovarne la valenza metaforica e interiore (τὰ ἔσω, *bâtin*), trasmuta i tipi in "Immagini-Tipi". Questa reversione (*ressemblance*), rinvenendo nel tipo un caleidoscopio di somiglianze, ci permette inoltre di ravvisare a quale costellazione archetipica esso appartenga[59]. La varietà di figurazioni viventi che si liberano dall'Immagine-Tipo ci consente, così, di scorgere il suo genotipo: per Goethe, il fenomeno pristino (*Urphänomen*), la pietra nativa (*Urstein*), la pianta embrionale (*Urpflanze*), l'animale primigenio (*Urtier*)[60].

Nel momento in cui lo abbiamo immaginato, il tipo torna quindi a essere ciò che davvero è: un calco vuoto, nel quale ora prende però forma una colata viva e incandescente di rappresentazioni[61]. In quel momento, ci insegna Hillman – nel solco della scuola immaginale di Eranos inaugurata da Jung con *Psicologia e alchimia*[62] – abbiamo iniziato a *personificare*"[63].

58 *Cfr.*, sul tema, R. Bernardini e M. Gasseau, "Il sogno: prospettive di Eranos", in: Idd. (a cura di), *Il sogno. Dalla psicologia analitica allo psicodramma junghiano*, FrancoAngeli, Milano 2009, pp. 15-55.

59 Si veda J. Hillman, *Il mito dell'analisi* (1972), tr. it. Adelphi, Milano 1979, spec. pp. 127-223.

60 J. Hillman, *op. cit.*, p. 237.

61 *Ibidem*.

62 C.G. Jung, *Psicologia e alchimia* (1944), tr. it. in: *Opere* 12. Il testo nasce come una rielaborazione delle conferenze tenute da Jung a Eranos nel 1935, "Simboli onirici del processo d'individuazione", e nel 1936, "Le rappresentazioni di liberazione nell'alchimia"; *cfr.* R Bernardini, *op. cit.*, pp. 180-92.

63 J. Hillman, *op. cit.*, p. 237; *cfr.*, più estesamente, Id., *Re-visione della psicologia* (1975), tr. it. Adelphi, Milano 1992.

Authors' Biographies / Biografie degli autori

Claudia Baracchi, Ph.D. in Philosophy (Vanderbilt University, 1990–1996), professor of Ancient Philosophy and European Philosophy at the University of Oregon (1996–1998) and at the New School for Social Research in New York (1999–2009), since 2007 has been professor of Moral Philosophy at the Università degli Studi di Milano-Bicocca (Italy). Her publications include *Amicizia* (2016), *Filosofia antica e vita effimera. Migrazioni, trasmigrazioni e laboratori della psiche* (2020), *Aristotle's Ethics as First Philosophy* (2007), *Of Myth, Life, and War in Plato's Republic* (2002), as well as *Aristotele. La natura del pensiero* (forthcoming). She is co-founder of the Ancient Philosophy Society. Her research focuses on ancient philosophy in relation to myth, poetry and theater, Eastern traditions (especially Indo-Vedic), psychoanalysis, and practices of the self. She is a lecturer at Philo – School of Philosophically Oriented Biographical Analysis and a practicing analyst.

Riccardo Bernardini, Ph.D., Psy.D., serves as scientific secretary of the Eranos Foundation (Ascona, Switzerland). He is the founding president of the Institute of Analytical Psychology and Psychoterapy (IPAP), Postgraduate School of Specialization, in the "Olivetti" University District of Ivrea (Italy). Since 2019, he serves as secretary of the Order of Psychologists of Piedmont. He is a Member of the Associazione per la Ricerca in Psicologia Analitica (ARPA) and the International Association for Analytical Psychology (IAAP). Formerly adjunct professor of Analytical Psychology and Psychology of Education at the Faculty of Psychology of the University of Turin (2010–2011), he is currently adjunct professor of Psychology of Evil and Radicalization Processes at the M.A. Degree Course in Criminological and Forensic Psychology (since 2020) and of Psychology of Interpersonal Relations at the B.A. Degree Course in Nursing (since 2016) at the University of Turin. His writings include *Carl Gustav Jung a Eranos 1933–1952* (with G.P. Quaglino and A. Romano, 2007), *Jung a Eranos. Il progetto della psicologia complessa* (2011), and *Simboli di rinascita nella Basilica di San Miniato al Monte a Firenze. Da Gioacchino da Fiore a C.G. Jung / Rebirth Symbols in the Basilica of San Miniato al Monte in Florence. From Joachim of Fiore to C.G. Jung* (bilingual edition,

2022). In agreement with the Foundation of the Works of C. G. Jung, has led to the publication the critical edition of Carl Gustav Jung's *The Solar Myths and Opicinus de Canistris. Notes of the Seminar Given at Eranos in 1943* (edited with G.P. Quaglino and A. Romano, 2014–2015), the C.G. Jung – Henry Corbin correspondence (2012), the C.G. Jung – Cesare Musatti/Nuove Edizioni Ivrea (NEI) correspondence (2018), and the original edition of C.G. Jung's *Rebirth. Text and Notes of the Lecture held at Eranos in 1939* (edited with F. Merlini, 2020) for the "Eranos Classics" series. He also edited *Il sogno. Dalla psicologia analitica allo psicodramma junghiano* (with M. Gasseau, 2009), the Italian version of Stephen Aizenstat's *Dream Tending (Vegliare il sogno. Teoria e pratica del Dream Tending*, with G.P. Quaglino, 2013), the 92nd and last issue of "Spring: A Journal of Archetype and Culture," entitled *Eranos – Its Magical Past and Alluring Future: The Spirit of a Wondrous Place* (2015), *85 Years of Eranos: 1933–2018* (with F. Merlini, 2017), *Jung e Ivrea* (2018), and *Eranos in the Mirror – Views on a Moving Legacy* (with F. Merlini, 2019). He is a member of the editorial board of the "Rivista di Psicologia Analitica." For the Eranos Foundation, he is currently editing the critical edition of Olga Fröbe-Kapteyn's artworks and Emma Hélène von Pelet-Narbonne's analytic diaries. He is editorial manager, with Fabio Merlini, of the *Eranos Yearbooks*, of which he edited the volumes LXIX(2006–2007–2008)–LXXV(2019–2020–2021).

MATTEO BONAZZI is a research fellow in Moral Philosophy at the Department of Human Sciences of the Università degli Studi di Verona (Italy), where he teaches Philosophy of history, Phenomenology of care, and Ethics and philosophy of the person and is scientific coordinator of the "Tiresia" Research Center for Philosophy and Psychoanalysis. He is a psychotherapist (member of the Order of Psychologists of Lombardy), psychoanalyst (member of the Lacanian School of Psychoanalysis and of the World Association of Psychoanalysis), Managing editor of "PHI/PSY. Journal of philosophy and psychoanalysis" (ETS editions), and president of the clinical-cultural association Clinic of Contemporary Adolescence (CLAC). In addition to various essays, he authored *Il Libro e la scrittura. Tra Hegel e Derrida* (2004), *Scrivere la contingenza. Esperienza, linguaggio, scrittura in Jacques Lacan* (2009), *El lugar político del inconsciente contemporáneo* (2012), *Lacan e l'estetica. Lemmi* (with con D. Tonazzo, 2015), *Voce. Un incontro tra filosofia e psicoanalisi* (with C. Serra and S. Vizzardelli, 2018), and more recently *Il teatro del desiderio. Jacques Lacan, da Platone a Spinoza* (2022).

GIANFRANCO BONOLA is full professor of History of Religions at the Università degli Studi Roma Tre. He performed his undergraduate and graduate studies at the Università degli Studi di Torino and then continued his education at the Istituto per le Scienze Religiose Giovanni XXIII in Bologna (Italy) and at the Universität Tübingen (Germany). His scientific interests focus on the relationship among different forms of religious expressions, e.g., between the Bible and its Christian and Jewish interpretations, with regard to the messianic theme in particular. He had also worked on Biblical hermeneutics in the age of Enlightenment. He studied and translated Jewish thinkers of the 20th Century, such as Franz Rosenzweig (*La stella della redenzione*, 1985 and 2005[2]; *La Scrittura. Saggi dal 1914 al 1929*, 1991; *La radice che porta. Lettere su ebraismo e cristianesimo*, 1992; *La Bibbia ebraica. Parola, testo, interpretazione*, 2013; and *Della comune intelligenza sana e di quella malata*, 2016), Walter Benjamin (*Sul contetto di storia*, 1997; and *Testi e commenti*, 2013), Martin Buber (*Il cammino dell'uomo*, 2000), Gershom Scholem (*Scholem/Shalom. Due conversazioni con Gershom Scholem su Israele, gli ebrei e la qabbalah*, 2001), Margarete Susman (*Il libro di Giobbe e il destino del popolo ebraico*, 1999), and Ernst Bloch (*Gli ebrei, un simbolo. Ebraismo e cristianesimo, messia e apocalisse*, 2020). Among his publications, we mention here *Il paragrafo ariano. Le chiese evangeliche di fronte al nazismo* (2013). For the "Eranos Classics" series, he's editing Martin Buber's 1934 Eranos lecture*Symbolic and Sacramental Existence in Judaism* (2023, forthcoming). Since several years, he has devoted himself to the scientific investigation of some fundamental aspects of forms of Eastern spirituality, which belongs to the *mahāyāna* Buddhist tradition.

GIUSEPPE CAMBIANO is emeritus professor of History of Ancient Philosophy at Scuola Normale Superiore di Pisa and fellow of the Accademia Nazionale dei Lincei and of the Accademia delle Scienze di Torino (Italy). His main publications are: *Platone e le tecniche* (1991[3]), *Il ritorno degli antichi* (1988; French transl., 1994), *Polis. Un modello per la cultura europea* (2000; French transl., 2003), *Storia della filosofia antica* (2004), *Figure, macchine, sogni. Saggi sulla scienza antica* (2006), *Perché leggere i classici. Interpretazione e scrittura* (2010), *I filosofi in Grecia e a Roma. Quando pensare era un modo di vivere* (2013), *Come nave in tempesta. Il governo della città in Platone e Aristotele* (2016), *I moderni e la politica degli antichi. Tra Machiavelli e Nietzsche* (2018), *Sette ragioni per amare la filosofia* (2019; Spanish ed., 2019), and the most recent *Filosofia greca e identità dell'Occidente. Le avventure di una tradizione* (2022) and *La scienza e l'irrazionale. Immagini storiografiche della Grecia antica* (2022). He also edited *Storia e antologia della filosofia* (with M. Mori, 3 vols., 1993; 2nd ed., 2001), *Storia della filosofia contemporanea* (with M. Mori, 2014), and *Storia della filosofia occidentale* (with M. Mori and L. Fonnesu, 7 vols., 2014–2015).

PASCAL CHABOT is philosopher and teaches at the Institut des Hautes Etudes des Communications Sociales (IHECS) in Brussels (Belgium) After a Ph.D. based on the thought of Gilbert Simondon, he has published eleven books for PUF (Paris): *Après le progress* (2008), *Les sept stades de la philosophie* (2011), *Global burn-out* (2013), *L'âge des transitions* (2015), *ChatBot le robot* (2016), *Exister, resister. Ce qui dépend de nous* (2017), *L'homme qui voulait acheter le langage* (2018), *Traité des libres qualités* (2019), *Avoir le temps. Essai de chronosophie* (2021; forthcoming Italian edition for Treccani), and the most recent *Six jours dans la vie d'Aldous Huxley* (2022). He's also co-author of two documentaries: *Simondon du desert* (with François Lagarde (2012) and *Burning Out. Dans le ventre de l'hôpital* (with Jérôme le Maire, 2017).

HERVÉ CLERC was born in Lausanne, in 1952, and has acquired, since then, a double nationality, both Swiss and French. As his father was a journalist in Paris, at that time, he spent the thirty early years of his life in France. He got a diploma from the Instituts d'études politiques (IEP) in Paris, and another one from the Université Paris 1 Panthéon-Sorbonne with a thesis on Patanjali's yoga. After the university, he was recruited by the French press agency AFP, where he remained for another thirty years. He was posted as a journalist in Madrid, then became bureau chief for Afghanistan and Pakistan, bureau chief in Lyon, and eventually bureau chief for the Netherlands. He terminated his career in Nice (south of France), where he lives now. He wrote three books: the first one on Buddhism (*Les choses comme elles sont*, 2011), the second on this unknown entity that we call God (*Dieu par la face nord*, 2016), and the third on hell (*L'enfer est une fête*, 2019). He is currently planning to write another book on happiness and how to get oriented, once and for all, towards a blissful state. But he feels himself only a beginner. He is married and has two children.

DIMITRI D'ANDREA is full professor of Political Philosophy at the Department of Political and Social Sciences (DSPS) at the Università degli Studi di Firenze (Italy). He has extensively worked on Modernity Theory, the transformation of modern politics (sovereignty, legitimacy, nation-State, conflicts, and political identity) in the global age, Shoah and political evil, the political and philosophical aspects of climate change. In recent years, starting from the work of Max Weber, he has worked on the concept of World Image (*Weltbild*) and the relationship between political institutions and subjectivity. Among his publications, we list here *Prometeo e Ulisse. Natura umana e ordine politico in Thomas Hobbes* (1997), *L'incubo degli ultimi uomini. Etica e politica in Max Weber* (2005), *Felicità italiane. Un campionario filosofico* (edited with E. Donaggio and E. Pulcini, 2016), *Max Weber oggi. Ripensando politica e capitalismo* (edited with C. Trigilia, 2018), and *Pensare la politica. Una ricognizione interdisciplinare* (edited with M. Bontempi and L. Mannori, 2020).

Adriano Fabris (Pisa, Italy) is full professor of Moral Philosophy at the University of Pisa (Italy), where he also teaches Philosophy of Religions and Communication Ethics. In Pisa, he directs the Interdisciplinary Center of Research and Services on Communication (CICO). He also serves as director of the journal "Teoria" (Pisa). He teaches Philosophy of Religions and Ethics at the Theological Faculty of Lugano (Switzerland). In the same Faculty, he directs the Religions and Theology (ReTe) Institute and promoted the Master in Science, Philosophy, and Theology of Religions (online version). Among his publications, we list *Teologia e filosofia* (2004), *Heidegger* (with A. Cimino, 2009), *"Essere e tempo" di Heidegger. Introduzione alla lettura* (2010), *TeorEtica. Filosofia della Relazione* (2010), *La scelta del dialogo. Breviario filosofico per comunicare meglio* (2011), *Bild als Prozess. Neue Perspektiven einer Phänomologie des Sehens* (with A. Lossi and U. Perone, 2011), *Filosofia delle religioni* (2012), *Etica delle nuove tecnologie* (2012), *Il peccato originale come problema filosofico* (2014), *Il tempo esploso* (2015), *Ethical Issues in Internet Communication* (2015), *Twitter e la filosofia* (2015), *RelAzione. Una filosofia performativa* (2016), *Ethics of Information and Communication Technologies* (2018), *Etica per le tecnologie dell'informazione e della comunicazione* (2019), *Comunicazione* (with G. Manetti, 2019), *Etica del mangiare. Cibo e relazione* (2019), *Etica e ambiguità* (2020), and the most recent *L'amore ambiguo: Filosofia, neuroscienze, letteratura* (2020). He also edited *Etiche applicate. Una guida* (2018), *Carlo Maria Martini. La Scrittura e la Città* (with M. Fidanzio and R. Roux, 2021), and *Heidegger. Una guida* (edited in 2023). For the "Eranos Classics" series, he recently edited Ernesto Buonaiuti's *Palingenesis, Immortality, and Resurrection in Primitive Christianity* (2020).

Franco Ferrari, born in 1964, is full professor of History of Ancient Late Philosophy at the University of Pavia (Italy). He previously taught History of Ancient Philosophy at the University of Salerno. His scientific interests focus on Plato's philosophy (metaphysics, epistemology, and ethics) and on the platonic tradition in the antiquity (Middle Platonism and Neoplatonism). He has served as a Fellow of the Alexander von Humboldt

Foundation in Münster (1997–1999 and 2002) and Tübingen (2009 and 2012), Germany. Currently, he coordinates of the Editorial Board of the "International Plato Studies" series and is a member of the scientific board of several international journals of ancient philosophy, among which the "Revue de Philosophie Ancienne," "Antiquorum Philosophia," "Iride," and "Intersezioni." In 2014, he was scientific director and Coordinator of the UNESCO research project, entitled "La via dell'essere: Elea/Velia." His works include *Dio, idea e materia: la struttura del cosmo in Plutarco di Cheronea* (1995), *I miti di Platone* (2006), *Socrate tra personaggio e mito* (2007), and *Introduzione a Platone* (2018). He also translated and edited – for the Series "Classici Greci della BUR") – the new editions of of Plato's *Parmenides* (2004), *Theaeteus* (2011), and *Meno* (2016), and – for Marsilio Publishers – *The Government of Philosophers* (*Republic*, Book IV) (2014). He has recently published a new *Introduzione a Platone* (2018), *La via dell'immortalità. Percorsi platonici* ("Saggi di Eranos," Vol. 5, 2019), and *La Repubblica di Platone* (2022). He has written a long introduction to the new edition of Plato's *Timaeus* (Platone, *Timeo*, ed. F.M. Petrucci, 2022).

Barbara Gallavotti, geneticist by education, is a popularizer of science, a writer, and, for more than 20 years, the author of well-known television information and in-depth programs, such as "Superquark" and "Ulisse." She is also the author and host of "Quinta Dimensione," a prime-time in-depth science program broadcast on Italian Television RAI3. A guest on various current affairs television programs, she collaborates with Swiss Italian Television RSI and numerous newspapers and periodicals publish her speeches. She has worked on radio broadcasts both in Italy and abroad, realized documentaries, curated science exhibitions, and is the creator of "Fatti per capire" for the "Leonardo da Vinci" National Museum of Science and Technology in Milan in affiliation with the Science Media Centre in the United Kingdom. Alongside her popularization activities, she also teaches and trains by holding lectures and seminars on science communication in several universities. She has written several books for the general public on various scientific topics, including *Le grandi epidemie, come difendersi* (2019) and the most recent *Confini invisibili. Quello che abbiamo imparato sui microbi e le sfide che ci aspettano* (2022). His forthcoming books is entitled *L'infinito dentro di me*. For her activity, she has been awarded several awards and recognitions.

Federico Leoni teaches Philosophical Anthropology at the Università degli Studi di Verona (Italy), where he is co-director of the "Tiresia" Research

Center for Philosophy and Psychoanalysis, as well as coordinator of the Philosophy Degree Course. He is co-director of the series "Phi/Psy" for the publisher Orthotes (Salerno) and of the international journal "Chiasmi" for the publishers Mimesis/Vrin (Milan/Paris). He teaches at the Research Institute for Applied Psychoanalysis (IRPA, Milan), where he directs, among other things, the activities of the Department of Epistemology (DEP). He writes for "aut aut," "doppiozero," "il manifesto," and other newspapers, as well as in various Italian and foreign specialist journals. Among his books, we mention here *L'inappropriabile. Figure del limite in Kant* (2004), *Senso e crisi. Del corpo, del mondo, del ritmo* (2005), *Habeas corpus. Sei genealogie del corpo occidentale* (2008), *Descartes. Una teologia della tecnologia* (2013), *L'idiota e la lettera. Quattro saggi sul Flaubert di Sartre* (2013), *Jacques Lacan, una scienza di fantasmi* (2019), *L'automa. Leibniz, Bergson* (2019), *Henri Bergson. Segni di Vita* (2021), and the most recent *L'immagine-scatola. Joseph Cornell, Masashi Echigo, Robin Meier* (2022). He also edited Henri Bergson's *Sul segno. Lezioni del 1902-1903 sulla Storia dell'idea di tempo* (with R. Ronchi, 2011), Alain Badiou's *Il sesso, l'amore* (with S. Lippi, 2019), *Transfert amore trauma* (with R. Panattoni, 2016), *Sogno paranoia godimento* (with R. Panattoni, 2017), *Automaton* (with R. Panattoni, 2019), *Voce Ipnosi Immagine* (with R. Panattoni, 2019), *Clinica delle istituzioni e delle organizzazioni. Prospettive teoriche e pratiche tra Lacan, Deleuze e Foucault* (with R. Panattoni and A. Nicolini, 2021), and *Divano. Il dispositivo della psicoanalisi* (with R. Panattoni, 2021).

Enrica Lisciani-Petrini taught Theoretical Philosophy at the Università degli Studi di Salerno (Italy). Her work revolves around nineteenth- and twentieth-century philosophical thought, with a particular focus on the reflections of authors such as Heidegger, Bergson, Jankélévitch, Merleau-Ponty, and Deleuze. The thematic vectors along which his research moves are, on the one hand, the intertwining and problematic tension of philosophy with politics and, in general, the sciences of man; on the other hand, the incidence and role of artistic experiences in the twentieth-century cultural horizon and, in particular, in philosophical reflection, understood as "places" in which to grasp and interrogate the profound movements of our time. In this sense, she has devoted specific attention to the musical experience, with a view to elaborating a "philosophy from music," which is a reflection that, starting especially from the research on sound and phonic matter of the artistic musical avant-gardes of the 20th century. An overall theoretical framework that, most recently, has been further expanded in the direction of a "philosophy of everyday life." She also serves as co-director of the journal "Il Pensiero" and she is member of the scientific board of several international journals, among which "Filosofia Politica," "Chiasmi International," "Giornale di Metafisica," "Thaumazein," "Almanacco di Filosofia e Politica," "Mechane," "Recherches philosophiques," and "Shift. International Journal of Philosofical Studies." Furthermore she is member of the scientific board of several series: "Philosophica" and "Parva Philosofica" (ETS, Pisa); "Filosofia Theoretica" and "Immagini della musica" (Mimesis-Italia, Milano); "Zeugma" and "Umweg" (In-Schibboleth, Roma); "Vita nova" (Le Lettere, Firenze); "Materiali IT" (Quodlibet, Macerata); "Gli anelli di Saturno. Estetica, media e linguagggi dell'arte" (Meltemi, Milano); "L'Oeil et l'esprit" (Mimesis-Francia, Paris); and "Philosophie italienne" (Hermann, Paris). Her publications include *Memoria e poesia. Bergson Jankélévitch Heidegger* (1983), *L'apparenza e le forme. Filosofia e musica in V. Jankélévitch* (1991), *Tierra en blanco. Música y pensamiento a inicios del siglo XX* (1999), *Il suono incrinato. Musica e filosofia nel primo Novecento* (2001), *La passione del mondo. Saggio su Merleau-Ponty* (2002), *Risonanze. Ascolto Corpo Mondo* (2007), *Charis. Saggio su Jnakélévitch* (2012, translated into French in 2013), and *Vita quotidiana. Dall'esperienza artistica al pensiero in atto* (2015). Furthermore, she edited and/or translated Vladimir Jankélévitch's *Pensare la morte?* (1994), *La musica e l'ineffabile* (1996), *La morte* (2009), *Il non-so-che e il quasi-niente* (2010), *Da qualche parte nell'incompiuto* (2012), *Debussy e il mistero* (2012), *Il puro e l'impuro* (2014), and *L'avventura, la noia e la serietà* (2018).

ROMANO MÀDERA has been full professor of Moral Philosophy and Philosophical Practices at the Università degli Studi di Milano-Bicocca (Italy). He previously taught at the Università della Calabria and at the Università Ca' Foscari in Venice. He is a member of the Associazione Italiana di Psicologia Analitica (AIPA), of the International Association for Analytical Psychology (IAAP), and of the Laboratorio Analitico delle Immagini (LAI), a professional association of sandplay analysts. He is on the editorial board of the *Rivista di Psicologia Analitica*. He was among the founding members of the Open Seminars of Philosophical Practices and of Philo, a Post-Graduate School of Philosophical Practices. He defined his theoretical and clinical perspective as "philosophically oriented biographic analysis" and founded the Society for Philosophically Oriented Biographic Analysis (SABOF). His writings include *Identità e feticismo* (1977), *Dio il mondo* (1989), *L'alchimia ribelle* (1997), *C.G. Jung. Biografia e teoria* (1998), *L'animale visionario* (1999), *La filosofia come stile di vita. Introduzione alle pratiche filosofiche* (with L.V. Tarca, 2003), *Il nudo piacere di vivere* (2006), *La carta del senso. Psicologia del profondo e vita filosofica* (2012), *Carl Gustav Jung. L'opera al rosso* (2016), *Sconfitta e utopia. Identità e feticismo attraverso Marx e Nietzsche* (2018), *Il caos del mondo e il caos degli affetti* (con G. Cappelletty, 2020), *Il metodo biografico. Come formazione, cura, filosofia* (2022), and the most recent *Lo splendore trascurato del mondo. Una mistica quotidiana* (2022).

Grazia Shōgen Marchianò, a specialist in East-West aesthetics, philosophic and religious studies, is a former professor of Comparative Aesthetics and History and Civilizations of Eastern Asia at the University of Siena-Arezzo (Italy). She authored and edited several scholarly books plus a large number of essays, conference papers, and articles in Italian and English on Indian and Buddhist epistemology, the Japanese Shingon esoteric School, and the Eurasian spiritual heritage. On this last topic in particular, she edited *Ponti sottili. Incroci di conoscenza per le vie dell'Eurasia tra l'Ottocento e il Novecento*, a volume co-authored by four recipients of a Fellowship launched in her name at the Officina di Studi Medievali, Palermo, in 2023. The most recent result of her interdisciplinary researches, titled, *Interiorità e finitudine. Il cammino della coscienza: orizzonti eurasiatici* ("I saggi di Eranos," Vol. 6, 2022), is recipient of the Montale Fuori di Casa literary award (2023). Her scholarly activity is accompanied by analytical investigations that led to the editing of 15 volumes belonging to Elémire Zolla's *Collected Works* for Marsilio publishers (Venice). Zolla's intellectual biography authored by her, *Il conoscitore di segreti* (2012), belongs to the said series. Marchianò's further Eranos contributions appeared in previous *Eranos Yearbooks* (Vols. LXX/2009–2010–2011/2013–2014, LXXII/2013–2014, and LXXIV/2017–2018), in "Spring. A Journal of Archetype and Culture" (Vol. 92, 2015) and in *Octagon* (edited by H.T. Hakl, Vol. 3, 2017).

Jean-Luc Marion was born in Meudon on July 3, 1946 (France). After his primary studies at the Meudon municipal school and secondary studies at the Lycée International de Sèvres, he entered the preparatory classes at the Lycée Condorcet (under the tutelage of Daniel Gallois and Jean Beaufret) and entered the École Normale Supérieure (rue d'Ulm) in 1967, where he studied with Jacques Derrida and Louis Althusser until 1971. He obtained a degree in literature from Paris-Nanterre (1967) and in philosophy from the Sorbonne (1968), and was introduced to theology by Mgr Maxime Charles (then Louis Bouyer and Jean Daniélou). He was director of the review Résurrection from 1967 to 1973. After the agrégation in philosophy in 1971, he was appointed assistant to Ferdinand Alquié (then to Geneviève Rodis-Lewis) at the Sorbonne. There he defended his doctorates on Descartes (1974 and 1980) and became the first scientific secretary of the Centre d'études cartésiennes in 1973. Appointed professor at the University of Poitiers in 1981, then at the University of Paris X-Nanterre in 1988, he returned to the University of Paris-Sorbonne (Paris IV) in 1995 (until his emeritus in 2012) to occupy the chair of metaphysics, previously held by Claude Bruaire and Emmanuel Levinas. He became director of the Centre d'études cartésiennes and ensured its international influence (in particular in the United States, Italy, and The Netherlands). He organized and directed the "Concepts and Languages" doctoral school from November 2001 to September 2004. During this period, in 1975, he participated in the founding of the French-language edition of the international Catholic review "Communio" (with Jean Duchesne and Rémi Brague, in collaboration with Hans Urs von Balthasar and Henri de Lubac), of which he remained editor-in-chief for ten years. In 1981, he took over the direction of the collection "Épiméthée" (founded at the PUF by Jean Hippolyte), which he still directs today, and co-edits the review "Les Études philosophiques" (with Vincent Carraud and Jean-François Courtine). From 1985 on, he participated in the refoundation of the Husserl Archives in Paris at the École normale supérieure (with Didier Franck), where he gave a seminar on the history of philosophy devoted to Descartes' Meditationes (1990–1994). He lectured at the Katholieke Universiteit Leuven (1987), "Sapienza" – University of Rome (1993, 2005, and 2010), Turin University (Fondazione San Paolo, November 2006), Milan University (2006), Washington University (1990), Laval University, Quebec (1993, 1996), University of Dallas (1998), Havard Divinity School (1998), Villanova University (2000), Boston College (2001 and 2003), Princeton University (2006), Johns Hopkins University (2006, 2007, 2013), University of Virginia (2008), Marquette University (2013), University of Glasgow (2014), and University of Geneva (2018). He also held the "Étienne Gilson" chair at the Institut catholique de Paris (December 2004) and the J. Ratzinger chair at the University of Regensburg (2018). Since 1994, he has taught regularly at the University of Chicago (Philosophy Department, Committee for Social Thought, Divinity School). Since 2004, has held the chair that was for a long time that of Paul Ricœur, and then, since 2011, the Andrew Thomas and Grace McNichols Greeley Chair. He also held the "Dominique Dubasle" research chair at the Institut catholique de Paris (2011–2016). He is president of the Istituto di Studi Filosofici Enrico Castelli at "Sapienza" – Università di Roma (since 2008), a member of the International Institute of Philosophy, and (since 2011) a member of the Pontifical Council for Culture.

Among the awards he received, we list here: the Charles Lambert Prize of the Academy of Moral and Political Sciences (1978), the Henri Desmarest Prize of the French Academy (1982), the Grand Prix of Philosophy of the French Academy (1992), the Karl Jaspers Prize of the University and City of Heidelberg (2008), the Grand Prize of the Humboldt Stiftung (2014), the Prince Peter Prize (2018), the Ratzinger Prize (2020), and the Honorary doctorates from the University of Utrecht (2006), the National University of San Martín (Buenos Aires, 2009), Haveford College (2010), the Peter Pasmany University (Budapest, 2011), the Universities of Glasgow, Iasi, and Bucharest, "Sapienza" – Università di Roma (2013), and the Australian Catholic University (Melbourne, 2015). He was elected member of the Accademia dei Lincei (Rome) in 2009, corresponding member of the Academia Chilena de Sciencias Sociales, Politicas y Morales (Santiago, Chile) in 2015, and to the French Academy in 2008, in the chair of Cardinal Jean-Marie Lustiger (4th chair), and received on January 21, 2010 by Bishop Claude Dagens. Among his books: *Sur l'ontologie grise de Descartes. Science cartésienne et savoir aristotélicien dans les Regulae* (1975), *Index des Regulae ad Directionem Ingenii de René Descartes* (in collaboration with J.-R. Armogathe, 1976), *L'idole et la distance. Cinq études* (1977), *Sur la théologie blanche de Descartes. Analogie, création des vérités éternelles, fondement* (1981), *Sur le prisme métaphysique de Descartes. Constitution et limites de l'onto-théo-logie cartésienne* (1986), *Prolégomènes à la charité* (1986), *« Ce que cela donne ». Jean-François Lacalmontie* (1986), *Réduction et donation. Recherches sur Husserl, Heidegger et la phénoménologie* (1989), *Questions cartésiennes. Méthode et métaphysique* (1991), *La croisée du visible* (1991), *Index des Meditationes de prima Philosophia de R. Descartes* (in collaboration with J.-Ph. Massonié, P. Monat, and L. Ucciani, 1996), *Questions cartésiennes II. L'ego et Dieu* (1996), *Etant donné. Essai d'une phénoménologie de la donation* (1997), *De surcroît. Etudes sur les phénomènes saturés* (2001), *Le phénomène érotique* (2003), *Le visible et le révélé* (2005), *Le croire pour le voir* (2010), *Certitudes Négatives* (2010), *Discours de réception à l'Académie française* (2010), *The Reason of the Gift* (2011), *Figures de phénoménologie* (2012), *Sur la pensée passive de Descartes* (2013), *Essential Writings* (edited by K. Hart, 2013), *Cours sur la volonté* (edited by C. Perrin, 2014), *Courbet ou la peinture à l'œil* (2014), *Ce que nous voyons et ce qui apparaît* (2015), *Givenness and Revelation* (2016), *Reprise du donné* (2016), *Brève apologie pour un moment catholique* (2017), *Fenomenolgia del dono* (2018), *Das Erscheinen des Unsitchbaren. Fragen zur Phänomenalität der Offenbarung* (2018), *Descartes et la phénoménologie* (2020), *D'ailleursn la Révélation* (2020), *Questions cartésiennes III. Descartes sous le masque du cartésianisme* (2021), *Paroles données* (edited by M. Goy, 2021), and *La métaphysique et après. Essai sur l'historicité et sur les époques de la philosophie* (2023).

GIACOMO MARRAMAO studied Philosophy at the Università di Firenze (Italy) and – as a fellow of the Alexander von Humboldt-Stiftung – Social Sciences at the Johann Wolfgang Goethe-Universität in Frankfurt (Germany). Visiting professor at several universities in Europe, America, and Asia, is currently professor emeritus of Theoretical Philosophy at the Università degli Studi Roma Tre and member of the Honor Committee of the Collège International de Philosophie in Paris. Among the main awards, we mention here the "Palmes Académiques" by the Presidency of the French Republic; the title of professor *honoris causa* from the Universitatea din București; the title of Doctor *honoris causa* in Philosophy and Linguistics from the Universidad Nacionál de Córdoba; and the "Karl-Otto Apel" International Philosophy Award. Among his works, translated into several languages, we list here: *Marxismo e revisionismo in Italia* (1971, finalist Opera Prima Premio Viareggio), *Austromarxismo* (1977 and 1980), *Il Politico e le trasformazioni* (1979, also translated into Spanish and Portuguese), *Potere e secolarizzazione. Le categorie del tempo* (1983 and 2005, also translated into German, Spanish, and Portuguese), *Minima temporalia. Tempo, spazio, esperienza* (1990 and 2022, also translated into German and Spanish), *Kairós. Apologia del tempo debito* (1992 and 2020, also translated into Spanish and English), *Cielo e terra* (1994, also translated into German and French), *Dopo il Leviatano* (1995 and 2013), *Passaggio a Occidente. Filosofia e globalizzazione* (2003 and 2009, Pozzale-Luigi Russo Prize; also translated into Spanish and English), *From Weltgeschichte to World-Modernity* (in G. Agamben, G.. Marramao, J. Rancière, and P. Sloterdijk, *Politics*, Serralves International Conferences, 2007), *La passione del presente* (2008, International Prize for Philosophy "Journey to Syracuse"; also translated into Spanish), *Contro il potere. Filosofia e scrittura* (3rd ed., 2013, also translated into Spanish and English, in an updated edition, with the title, *Against Power: For an Overhaul of Critical Theory*, 2016), *Diálogos* (ed. F. Arroyo, 2017, translated into Italian as *Il destino della filosofia*, 2021), *Per un nuovo Rinascimento* (2020, also translated into German and Spanish), *Sulla sindrome populista* (2020, also translated into Spanish), *Interregnum. Between Biopolitics and Posthegemony* (2020), *Benjamin e la scuola di Francoforte* (2021), *Pasolini inattuale* (2022), and *The Bewitched World of Capital* (2023).

FABIO MERLINI, Regional director of the Swiss Federal University for Vocational Education and Training (SFUVET) in Lugano (Switlerland), serves since 2010 as the president of the Eranos Foundation. From 2012 to 2019, he has served as president of the Cultural Commission of the Canton of Ticino. In 1998, he was nominated *privat-docent* at the Université de Lausanne, Switzerland, where he taught Philosophy of Culture. Subsequently, from 1999 to 2003, he taught Systemic Philosophy and was appointed professor of Epistemology of the Human Sciences at the Université de Lausanne. In 2003, he was nominated adjunct professor of Communication Ethics at the Università degli Studi dell'Insubria in Varese, Italy, where he taught until 2011. From 1996 to 2000, he co-directed the "Groupe de Recherche sur l'Ontologie de l'Histoire" at the Hussler Archives of the École Normale Supérieure in Paris, whose seminar works, *Après la fin de l'histoire* (1998), *Historicité et spatialité* (2001), and *Une histoire de l'avenir* (2004), were published by J. Vrin. His publications include *La comunicazione interrotta. Etica e politica nel tempo della "rete"* (2004), *L'efficienza insignificante. Saggio sul disorientamento* (2009, translated into French as *L'époque de la performance insignifiante. Réflexions sur la vie désorientée*, 2011), *Schizotopies : Essai sur l'espace de la mobilisation* (2013, then translated into Italian as *Ubicumque. Saggio sul tempo e lo spazio della mobilitazione*, 2015), L'architettura inefficiente (with L. Snozzi, 2014, also translated into French as *L'architecture inefficiente*, 2016), *Catastrofi dell'immediatezza* (with S. Tagliagambe, for the series "I saggi di Eranos," Vol. 3, 2016), and *Triste esthétique. Essais sur les catastrophes de l'immédiateté* (2018, published also in Italian as *L'estetica triste. Seduzione e ipocrisia dell'innovazione*, 2019). His most recent book is entitled *Ritornare in sé. L'interiorità smarrita e l'infinita distrazione* (2022). He also served as editor of the volumes *Nuove tecnologie e nuove sensibilità. Comunicazione, identità, formazione* (2005), *Identità e alterità. Tredici esercizi di comprensione* (with E. Boldrini, 2006), *Per una cultura della formazione al lavoro. Studi e analisi sulla crisi dell'identità professionale* (with L. Bonoli, 2010), and *Semi ad usum praesentis. Un incontro sul pensiero di Jean-Jacques Rousseau* (2013). He is co-author of the *Cahier de l'Herne* dedicated to Friedrich Nietzsche on the 100th anniversary of his death (2000) and of the miscellaneous volume *La philosophie au risque de la promesse* (2004), along with J. Derrida, P. Ricoeur, M. Crépon, and other authors. For the "Eranos Classics" series, he co-edited the original edition of Carl Gustav Jung's *Rebirth. Text and Notes of the Lecture held at Eranos in 1939* (with R. Bernardini, 2020). Among his poetry works, we mention here *Filo di perle. Poesie liriche in tre tempi* (2015). He is a Faculty Member of the Institute of Analytical Psychology and Psychoterapy (IPAP), Postgraduate School of Specialization in the "Olivetti" University District of Ivrea (Italy).

Roberto Mordacci is full professor of Moral Philosophy and Philosophy of History at the Faculty of Philosophy and pro-rector for Humanities and Social Sciences at the Università Vita-Salute San Raffaele in Milan (Italy). He founded the Philosophy and Business Unit at San Raffaele, of which he serves as director. He has published numerous essays on the principle of respect, Kantian ethics, critical theory, and bioethics. His publications include *Bioetica della sperimentazione* (1997), *Salute e bioetica* (with G. Cosmacini, 2002), *Ethics and Genetics. A Workbook for Practitioners and Students* (with G. de Wert, R. ter Meulen, and M. Tallacchini, 2003), *Una introduzione alle teorie morali* (2003), *La vita etica e le buone ragioni* (2007), *Ragioni personali. Saggio sulla normatività morale* (2008), *Elogio dell'immoralista* (2009), *Rispetto* (2012), *Bioetica* (2013), *L'etica è per le persone* (2015), *Al cinema con il filosofo. Imparare ad amare i film* (2015), *La condizione neomoderna* (2017), *Come fare filosofia con i film* (edited in 2017), *Filosofia morale. Fondamenti, metodi, sfide pratiche* (with G. De Anna and P. Donatelli, 2019), *Ritorno a Utopia* (2020), and the most recent *Critica e utopia* (2023).

Gianfranco Pasquino, from Turin (Italy), is professor emeritus of Political Science at the University of Bologna. He graduated in Political Science with Norberto Bobbio and specialized in Comparative Politics with Giovanni Sartori. Among the founders of the "Rivista Italiana di Scienza Politica," he has been its editor-in-chief and co-director. He has also directed the magazine "il Mulino." He has been Visiting professor at the School of Advanced International Studies in Washington, D.C., at the University of California, Los Angeles, and at the Instituto Juan March in Madrid and a *Fulbright Distinguished Lecturer* at the University of Chicago. The author of numerous volumes, he is particularly proud to have co-directed with Bobbio and Nicola Matteucci the *Dizionario di Politica* (2016, 4th edition). Among his books, we mention here *La complessità della politica* (1985), *Restituire lo scettro al principe. Proposte di riforma istituzionale* (1986), *Una certa idea della sinistra* (1987), *Alla ricerca dello scettro perduto. Democrazia, sovranità, riforme* (1990), *La repubblica dei cittadini ombra* (1991), *La nuova politica* (1992), *Euroministri. Il governo dell'Europa* (with L. Bardi, 1994), *L'opposizione* (1995), *Mandato popolare e governo* (1995), *Lo stato federale* (1996), *La democrazia esigente* (1997), *La classe politica* (1999), *Corso di scienza politica* (2000), *La transizione a parole* (2000), *Critica della sinistra italiana* (2001), *USA: elezioni e sistema politico* (with D. Campus, 2005), *I sistemi elettorali* (2006), *Il sistema politico italiano. Autorità, istituzioni, società* (2006), *The Powers of Heads of Government. The Prime Ministerial Executive and the Israeli Feint in a Comparative Context* (2006), *Parlamenti democratici* (with R. Pelizzo, 2006), *Sistemi politici comparati. Francia, Germania, Gran Bretagna, Italia, Stati Uniti* (2007), *Prima lezione di scienza politica* (2008), *Nuovo corso di scienza politica* (2009), *Le parole della politica* (2010), *La rivoluzione promessa. Lettura della Costituzione italiana* (2011), *Quasi sindaco. Politica e società a Bologna 2008–2010* (2011), *Politica è...* (2012), *Finale di partita. Tramonto di una repubblica* (2013), *Quarant'anni di scienza politica in Italia* (2013), *Partiti, istituzioni, democrazie* (2014), *Cittadini senza scettro. Le riforme sbagliate* (2015), *Changing Republic. Politics and Democracy in Italy* (with M. Valbruzzi, 2015), *La Costituzione in trenta lezioni* (2016), *No positivo. Per la Costituzione. Per le riforme. Per migliorare la politica e la vita* (2016), *Politica e istituzioni* (2016), *L'Europa in trenta lezioni* (2017), *Deficit democratici. Cosa manca ai sistemi politici, alle istituzioni e ai leader* (2018), *Bobbio e Sartori. Capire e cambiare la politica* (2019), *Italian Democracy. How It Works* (2020), *Minima Politica. Sei lezioni di democrazia* (2020), and *Libertà inutile. Profilo ideologico dell'Italia repubblicana* (2021), and the most recent *Tra scienza e politica. Una autobiografia* (2022). He also edited the *Costituzione della Repubblica Italiana* (1947) (2006) and the new updated edition of the *Costituzione della Repubblica Italiana. Con cronologia delle modifiche* (2021), as well as the miscellaneous volumes *Partiti e sistemi di partito nelle democrazie europee* (with P. Grilli di Cortona, 2007) and *Fascismo. Quel che è stato, quel che rimane* (2022). Former president of the Italian Society of Political Science, he received four honorary degrees. From 1983 to 1992 and from 1994 to 1996, he was Senator of the Italian Republic. Since July 2005, he is Member of the Accademia dei Lincei.

Paolo Perulli graduated in Law at the Università degli Studi di Padova (Italy) in 1973. In 1974–1998, he was research associate at the Istituto Universitario di Architettura di Venezia. In 1980–1984, he directed the Economic and Social Research Institute of the General Confederation of Labour in Rome. In 1984–1985, he was Visiting Scholar at Massachusetts Institute of Technology (MIT, Cambridge, USA), Department of Urban Studies and Planning. In 1986–1988, he was general secretary of the Italian Industrial Relations Association in Rome. In 1990–1992, he was Short Term professor of Urban Sociology at the Istituto Universitario di Architettura di Venezia. In 1993–1994, he was Visiting professor at the Université Paris-Sud XI (France), Facultè Jean Monnet Droit, Economie et Gestion. In 1994–1998, he was Short Term professor of Economic Sociology at the Istituto Universitario di Architettura di Venezia. In 1998–2001, he was associate professor of Economic Sociology at the Università degli Studi del Molise. In 2001–2020, he was full professor of Economic Sociology at the

Università degli Studi del Piemonte Orientale "Amedeo Avogadro" (Italy) and professor of Urban Governance at the Accademia di Architettura of Mendrisio (Switzerland). In 2015, he was visiting scholar at David C. Lam Institute for East-West Studies of the Hong Kong Baptist University. He also directed the International School Souths of the World at Fondazione ENI Enrico Mattei (FEEM) in Milan (2019–2021). He is an Editorial Board member of the international journal "City, Culture and Society" and reviewer of the "International Journal of Urban and Regional Research," the "International Journal of Administrative Sciences," "Civil Engineering and Architecture," and "Raumforschung und Raumordnung," and a member of the scientific committee of the journals "Studi organizzativi" and "Economia e società regionale." He was a member of the scientific committee of Forma Urbis, a network of Italian Foundations for the Quality of Local Government; Fondazione Romagnosi, School for Local Government, Pavia; the Ph.D. Program in Economic Sociology and Labour Studies at the Università degli Studi di Milano; the Ph.D. Program in Network Economics at Venice International University; and the Network of Italian Strategic Cities RECS-ANCI. He was a member of the Advisory Board of Urbact II (Brussels) in 2007–2013. He was network coordinator of Society for the Advancement of Socio-Economics (SASE) for Globalization and local development in 1998–2002. He was a member of Territoires 2040, DATAR (France) in the group of experts on Integrated Metropolitan Systems, 2009–2013. Among his books: *Visioni di città. Le forme del mondo spaziale* (2009), *Il dio Contratto. Origine e istituzione della società contemporanea* (2012), *The Urban Contract. Community, Governance and Capitalism* (2017); *Terra mobile. Atlante della società globale* (2014), *Il debito sovrano. La fase estrema del capitalismo* (2020), *Nel 2050. Passaggio al nuovo mondo* (2021), *Neoplebe classe creativa élite. La nuova Italia* (2022), and *Anime creative* (2023, forthcoming).

Stefano Poggi, born in 1947, has served as full professor of History of Philosophy at "Sapienza" – Università di Roma and the Università degli Studi di Firenze (Italy), from 1981 to 2016. He was a Fellow of the Alexander von Humboldt Foundation in Heidelberg and Konstanz (1987–1989 and 2001–2002) and Konstanz (1994–1995), Germany. From 1995 to 2001, he has served as director of the Department of Philosophy at the University of Florence. In 1996, he was appointed *Chargé de Cours Histoire des Sciences* at the Université de Genève (Switzerland). He was Visiting Scholar at the McGill University in Montreal, Canada (1999), and at the Catholic University of

America, Washington, D.C. (2000). From 2003 to 2009, he served as secretary of the National Coordination of the Ph.D. Programs in Philosophy, and from 2006 to 2013, as president of the Società Filosofica Italiana. He currently coordinates the Ph.D. program in Philosophy of the Universities of Florence and Pisa. Among his books, *I sistemi dell'esperienza. Psicologia, logica e teoria della scienza da Kant a Wundt* (1977), *Antonio Labriola. Herbartismo e scienze dello spirito alle origini del marxismo italiano* (1978), *Introduzione al positivismo* (1987), *Introduzione a Labriola* (1982), *Gli istanti del ricordo. Memoria e afasia in Proust e Bergson* (1991), *Il genio e l'unità della natura. La scienza della Germania romantica (1790–1830)* (2000), *Filosofia moderna* (written along with Costantino Esposito, 2006), *La logica, la mistica, il nulla. Una interpretazione del giovane Heidegger* (2006), *La vera storia della Regina di Biancaneve. Dalla Selva Turingia a Hollywood* (2007), *La cena di Zurigo* (2009), *L'io dei filosofi e l'io dei narratori. Da Goethe a Proust* (2012), *L'anima e il cristallo. Alle radici dell'arte astratta* (2014), *La bellezza è quella cosa...* (with M. Bettetini, 2017), and *Il colore e l'ombra. la trasparenza da Aristotele a Cézanne* (2019). He also edited *Le leggi del pensiero tra logica, ontologia e psicologia. Il dibattito austro-tedesco (1830–1930)* (2002), *Natura umana e individualità psichica. Scienza, filosofia e religione in Italia e Germania tra ottocento e novecento* (2004), *Il realismo della ragione. Kant dai lumi alla filosofia contemporanea* (2005), and *I viaggi dei filosofi* (with Maria Bettetini, 2010).

Gian Piero Quaglino, former full professor of Social Psychology, Dynamic Psychology, and Adult's Education Psychology, taught for over thirty years at the Università degli Studi di Torino (Italy), from 1977 to 2010. At the same University, he has been director of the Department of Psychology, president of the Degree Course in Psychology (1993–1997), director of the School of Specialization in Health Psychology (2002–2005), and dean of the Faculty of Psychology (2003–2008). He was also president of the Interuniversity Consortium for Training (CO.IN.FO., 1994–1999). He currently teaches at the Institute of Analytical Psychology and Psychoterapy (IPAP), Postgraduate School of Specialization in the "Olivetti" University District of Ivrea (Italy). He directed the "Individuo Gruppo Organizzazione" series for Raffaello Cortina Editore (1992–2012). He has published over two hundred scientific contributions on the themes of training, organization, group and leadership, including *Fare formazione* (1985; new edition, 2005), *I climi organizzativi* (1987), *Gruppo di lavoro, lavoro di gruppo* (1992), *Leadership* (1999), *Gioco di squadra* (2003), *La vita organizzativa* (2004), *Autoformazione* (2004), *Scene di leadership* (edited with C. Piccardo, 2006), *La scuola della vita. Manifesto della Terza Formazione* (2011), and *Formazione. I metodi* (2014), as well as five volumes of *Scritti di formazione* (1999, 2005, 2006, 2007, 2010). Honorary member of the Associazione per la Ricerca in Psicologia Analitica (ARPA, Turin), on Jungian themes he published *Modelli del sogno* (edited with S. Stella, 1994), *A spasso con Jung* (with A. Romano, 2005; new expanded edition, 2021), *A colazione da Jung* (with A. Romano, 2006), *Nel giardino di Jung* (with A. Romano, 2010), and *Carl Gustav Jung a Eranos 1933–1952* (edited with R. Bernardini and A. Romano, 2007). He also edited by Carl Gustav Jung's *Aforismi* (with A. Romano, 2012), *Aforismi dell'inconscio* (with A. Romano, 2014), and *The Solar Myths and Opicino de Canistris. Notes of the Seminar held at Eranos in 1943* (with R. Bernardini and A. Romano, 2014; also in English translation, 2015), and the Italian edition of *Dream Tending* by Stephen Aizenstat (with R. Bernardini, 2013). His most recent works are *Meglio un cane* (2015), *I quaderni di Eduardo Descondo* (2018), *Nuovi quaderni di Eduardo Descondo. La Compagnia del Mitra* (2019), *Abitare la soglia* (2019), *Incerti versi di Carlos Albasuelo* (2019), *Premiata ditta Caso&Destino. I quaderni di Eduardo Descondo, Vol. III* (2020), *Lettera a Mirul di Lumir Medana* (2020), *Ombre, buio (e Bob Dylan) di Marcelo Malavista* (2021), and *Istituto Pesaventa. I quaderni di Eduardo Descondo, Vol. IV* (in press).

Rocco Ronchi is professor of Theoretical Philosophy at the Università degli Studi dell'Aquila (Italy). He teaches philosophy at Research Institute of Applied Psychoanalysis (IRPA) in Milan and directs the Philosophy School Praxis in Forlì and the philosophy series "Filosofia al presente" by Textus edizioni in L'Aquila and "Canone minore" by Mimesis edizioni in Milan. As member of the Board of directors of the Société des amis de Bergson, he teaches courses and seminars at various Italian and foreign universities. Among his most significant publications, we mention here *La scrittura della verità. Per una genealogia della teoria* (1996), *Il pensiero bastardo. Figurazione dell'invisibile e comunicazione indiretta* (2001), *Teoria critica della comunicazione* (2003), *Liberopensiero. Lessico filosofico della contemporaneità* (2006), *Bergson. Una sintesi* (2011), *Come fare. Per una resistenza filosofica* (2012), *Gilles Deleuze. Credere nel reale* (2015), *Zombie outbreak. La filosofia e i morti viventi* (2015), *Il canone minore. Verso una filosofia della natura* (2017; also translated into French, 2019), *Bertolt Brecht. Tre dispositivi* (2017), and *L'ingovernabile. Due lezioni sulla politica* (with B. Stiegler, 2019). He edited and promoted the translation of various books by Bergson: *Introduzione alla metafisica* (2012), *Plotino. Corso del 1898–1899 all'École Normale Supérieure* (2019), and *Storia dell'idea di tempo* (2019). He also edited collective volumes on the topics of immanence (*Immanenza, una mappa* 2019), intuition (a monographic issue of the journal "Il pensiero,"

2021), theoretical philosophy (*Nova Theoretica. Manifesto per una nuova filosofia*, 2021), and Kafka and philosophy (*Kafka*, 2023).

SANDRO RUSCONI (1952) has followed a career that took him from the early days as a primary school teacher to the studies in Molecular Biology at the Universität Zürich (UZH, Switzerland). After obtaining his doctorate in 1982, he spent several years as a postdoctoral fellow at University of California, San Francisco (UCSF) and again at the UZH. He was later appointed full professor of Biochemistry at the Université de Fribourg, Switzerland (1993–2007). During that time, he served as scientific director of the National Research Programme entitled "Somatic Gene Therapy" (NFP37 1996–2001). During his research career, he has published over 50 articles in renowned peer-reviewed journals as well as several book chapters. In 2007, he interrupted his academic career to take up the position of director of the Division for Cultural and University Affairs of the Governmental Department of Education (DECS) of the Canton of Ticino, a position he held until his retirement in 2017. After retirement, he remained an active member of various scientific committees at cantonal and national level, such as the Foundation Board of the Institute for Research in Biomedicine (IRB) in Bellinzona; the Foundation Board of the European School of Oncology (ESO); the Committee of the Ticino Cancer League; the Committee of the Association for Rare Genetic Diseases (MGR); the Board of the Swiss Foundation for Research on Muscular Diseases (FSRMM); and the Committees of Proraris – Alliance for Rare Diseases, the National working group "Gene Therapy Clinical Trials," and the Eidgenössische Arzneimittelkommission (Federal Drug Commission, EAK), Switzerland. Among other post-retirement mandates, he has remained a loyal member of the Eranos Foundation Board, of which he has become vice-president since 2021.

HEYONG SHEN 申荷永, Ph.D., is a professor of Psychology at the City University of Macao, where he also serves as dean of its Institute of Analytical Psychology (IAP). He works as a Jungian analyst, a member of the International Association for Analytical Psychology (IAAP), and as a Sandplay Therapist, a member of the International Society for Sandplay Therapy (ISST). He is the founding president of the China Society for Analytical Psychology (CSAP) and the China Society for Sandplay Therapy (CSST), and the main organizer of the International Conferences of Analytical Psychology and Chinese Culture (1998–2020). Fulbright scholar in Residence (1996–1997), he lectured several times at the Eranos Conferences and seminars between

1997 and 2022, at the Fay Lectures of 2018, and held plenary presentations at the occasions of IAAP and ISST congresses. Heyong Shen and his staff set up 93 workstations for orphans (and earthquake zones) in the mainland of China for psychological aid, with the project named the Garden of the Heart & Soul. He has published more than 100 scientific papers and the following 16 books (in Chinese): 团体动力学 (*Group Dynamics*, 1996), 心理场论 (*Psychological Field Theory*, 1996), 心理教育 (*Psychological Education*, 1996), 理解心理学 (*Understand Psychology*, with Gao L., 1999), 中国文化心理学心要 (*Chinese Cultural Psychology of the Heart*, 2001), 心理分析：理解与体验 (*Psychological Analysis: Understanding and Experience*, 2004), 荣格与分析心理学 (*Jung and Analytical Psychology*, 2006), 沙盘游戏：理论与实践 (*Sandplay Therapy: Theory and Practice*, 2006), 洗心岛之梦 (*Dreams from the Psyland of the Heart*, 2012), 荣格与中国文化 (*Jung and Chinese Culture*, 2018), and 核心心理学 (*Psychology of the Heart*, 2020). He is the chief editor of the Chinese translation of C.G. Jung's *Collected Works* and the chief editor of the "Chinese Journal of Analytical Psychology."

Davide Susanetti is professor of Ancient Greek Literature at the Department of Linguistic and Literary Studies of the University of Padua (Italy). His research focuses on Greek Tragedy, Plato and Neoplatonism, as well as Mythological and Esoteric Traditions in Western Culture. Among his publication, we list here: *Sinesio di Cirene. I sogni* (1992), *Plotino. Sul Bello (Enneade I, 6)* (1995), *Euripide. Alcesti* (2001), *Euripide. Ippolito* (2005), *Euripide. Troiane* (2010), *Eschilo. Prometeo* (2010), *Il teatro dei Greci. Feste e spettacoli, eroi e buffoni* (2003), *Favole antiche. Mito greco e tradizione letteraria europea* (2005), *Euripide fra tragedia, mito e filosofia* (2007), *Euripide. Baccanti* (2010), *Catastrofi politiche. Sofocle e la tragedia di vivere insieme* (2011), *Sofocle. Antigone* (2012), *Atene post-occidentale. Spettri antichi per la democrazia contemporanea* (2014), *La via degli dei. Sapienza greca, misteri antichi e percorsi di iniziazione* (2017), *Favole antiche. Mito greco e tradizione letteraria europea* (2017), *La felicità degli antichi. Idee e immagini di una buona vita* (2018), *Il teatro dei greci. Feste e spettacoli, eroi e buffoni* (2018), *Euripide. Fra tragedia, mito e filosofia* (2019), *Luce delle muse. La sapienza greca e la magia della parola* (2019), *Il simbolo nell'anima. La ricerca di sé e le vie della tradizione platonica* (2020), *Il talismano di Fedro. Desiderare, vedere, essere* (2021), and the most recent *L'altrove della tragedia greca* (2023). He also edited *Eleusi. Cuore sapienziale d'Europa* (with M. De Poli, 2020) and the new editions of Sophocles's *Antigone* (2012), Plato's *Apologia di Socrate-Critone* (2019), Plotinus's *La bellezza, l'anima e l'uno* (2021), and Euripides's *Elena* (2023).

SILVANO TAGLIAGAMBE, born in 1945, is professor emeritus of Philosophy of Science at University of Sassari (Italy). Physicist and philosopher, he previously taught at the Universities of Pisa, Cagliari, "Sapienza" – Università di Roma, and Sassari, Faculty of Architecture of Alghero (Italy). He held courses at the Universidad Complutense de Madrid (UCM), Spain, at the Universidade de Lisboa (ULISBOA), and at the Universidade do Porto (UP), Portugal. He also served as the vice-president of the Centro di Ricerca, Sviluppo, Studi Superiori (CRS4) in the Region of Sardinia (Italy), presided by the physicist, Carlo Rubbia. He authored over fourhundred publications. Among his main works, we mention here *L'interpretazione materialistica della meccanica quantistica* (1972), *Scienza, Filosofia, Politica in Unione Sovietica 1924–1939* (1978), *Scienza e marxismo in* URSS (1979), *La mediazione linguistica. Il rapporto pensiero-linguaggio da Leibniz a Hegel* (1980), *L'epistemologia contemporanea* (1991), *Epistemologia del confine* (1997, republished in 2017), *La città possibile* (in collaboration with Giovanni Maciocco, 1997), *Epistemologia del cyberspazio* (1997), *L'albero flessibile. La cultura della progettualità* (1998), *Il sogno di Dostoevskij. Come la mente emerge dal cervello* (2002), *Come leggere Florenskij* (2006), *Lo spazio intermedio. Rete, individuo e comunità* (2008), *Il cielo incarnato. L'epistemologia del simbolo di Pavel Florenskij* (2013), *Il nodo Borromeo. Corpo, mente, psiche* (2015), *La divergenza nella rivoluzione. Filosofia, scienza e teologia in Russia (1920–1940)* (with G. Rispoli, 2016), *Oltre il muro di pietra. La concezione antinomica della verità in Florenskij alla prova delle neuroscienze* (2017), *Lo sguardo e l'ombra* (2017), *Placido Cherchi: la cultura dell'ologramma* (2018), *Il paesaggio che siamo e che viviamo* (2018), *Metamorfosi. Cervello in divenire, benessere psicofisico e nuove strategie terapeutiche* (with G. Biggio and D. Sirigu, 2019), *Per una filosofia del tra. Pensare l'esperienza umana sulla soglia* (with P. Bartolini, 2020), *Ritornare a Ippocrate. Riflessioni sulla medicina di oggi* (with E. Facco, 2020), *Come in uno specchio. Il cervello e il suo ambiente* (2020), *Il paesaggio: glossario* (2021), *Come leggere Florenskij* (2021), *Dal caos al cosmo. Introduzione al cosmismo russo* (2021), *Chiralità: la vita e l'antinomia. Gli eroi dei due mondi* (2021), *L'arte e l'immaginazione produttiva. L'opera di Pinuccio Sciola* (2022), and *Metaverso e gemelli digitali. La nuova alleanza tra reti naturali e artificiali* (2022). In the field of Jungian studies, he also co-authored, along with Angelo Malinconico, the volumes *Pauli e Jung. Un confronto su materia e psiche* (2011), *Jung e il Libro Rosso. Il Sé come sacrificio dell'Io* (2014), and *Tempo e sincronicità. Tessere il tempo* (2018). For the series "I saggi di Eranos," he wrote *Catastrofi dell'immediatezza* (with F. Merlini, 2016). On February 6, 2021, President of the Republic Sergio Mattarella awarded him the title of Grand Officer of Merit of the Italian Republic.

DAVIDE TARIZZO is associate professor of Moral Philosophy at the University of Salerno (Italy). He has written extensively on psychoanalysis (Freud, Lacan), French Theory, and biopolitics. Among his publications are: *Il desiderio dell'interpretazione. Lacan e la questione dell'essere* (1998), *Introduzione a Lacan* (2003), *Il pensiero libero. La filosofia francese dopo lo strutturalismo* (2003), *Homo insipiens. La filosofia e la sfida dell'idiozia* (2004), *Giochi di potere. Sulla paranoia politica* (2007), *La vita, un'invenzione recente* (2010, translated into English as *Life, a Modern Invention*, 2017), and the most recent *Political Grammars: The Unconscious Foundations of Modern Democracy* (2021). He has also edited works by Sigmund Freud (*Psicologia delle masse e analisi dell'Io*, 2013), Ernesto Laclau (*La ragione populista*, 2019), and translated into Italian authors such as Hannah Arendt (*Responsabilità e giudizio*, 2010; *Alcune questioni di filosofia morale*, 2015), Steven Nadler (*Baruch Spinoza e l'Olanda del Seicento*, 2009), and Jean-Luc Nancy (*Essere singolare plurale*, 2021).

SARANTIS THANOPULOS, Training Analyst of the Società Psicoanalitica Italiana (SPI), currently serves as its president. His research mainly concerns Greek tragedy, psychoanalytic interpretation, transmission of grief between generations, female sexuality and sexual differences, dreaming, and psychosis. He contributes weekly to the newspaper "il manifesto" for the column "Verità nascoste." He has published the following books: *Metapsicologia oggi* (with O. Pozzi, 2005), *Eredità della tragedia* (with A. Giannakoulas, 2006), *Ipotesi gay. Materiali per un confronto* (with O. Pozzi, 2006), *Lo spazio dell'interpretazione*, 2009), *Desiderio e legge* (with F. Ciaramelli, 2016), *Il desiderio che ama il lutto* (2016), *Psicoanalisi delle psicosi. Prospettive attuali* (edited with Riccardo Lombardi and Luigi Rinaldi, 2018), *Verità nascoste. Riflessioni inattuali sulla vita comune* (2018), *Il diavolo veste ISIS. Lo straniero di casa* (2018), *La solitudine della donna* (2018), and the most recent *La città e le sue emozioni* (2019). He lives and works in Naples (Italy).

MATTEO VEGETTI (Milan, Italy, 1971), Ph.D. in Theoretical Philosophy, is full professor of Theories of space and living at the University of Applied Sciences and Arts of Southern Switzerland (Scuola universitaria professionale della Svizzera italiana, SUPSI) in Lugano and teaches at the Università della Svizzera Italiana (USI) – Academy of Architecture in Mendrisio (Switzerland). He is a member of the Master's program in Geopolitics and Global Security at "Sapienza" – Università di Roma. For many years, he taught Aesthetics at the Faculty of Architecture of the Polytechnic University of Milan. His main publications include *La fine della storia. Saggio sul pensiero di Alexandre Kojève* (2000) and *Hegel e i confini dell'Occidente. La fenomenologia nelle interpretazioni di Heidegger, Marcuse, Löwith, Kojève, Schmitt* (2004). He also edited *La città: note per un lessico socio-filosofico* (with P. Perulli, 2005) and *Filosofie della metropoli. Spazio, potere, architettura nel pensiero del Novecento* (2009). His most recent work, for Einaudi, is *L'invenzione del globo. Spazio, potere, comunicazione nell'epoca dell'aria* (2017).

SILVIA VEGETTI FINZI, psychotherapist and essayist, with a degree in Pedagogy and a specialization in Clinical Psychology, has taught Dynamic Psychology at the Università di Pavia (Italy) since 1975. She was a founder of the Bioethics Council (1990) and a member of the National Bioethics Committee, an area in which she has received several national honors. She is currently vice president of the House of Culture in Milan, a member of the Scientific Committee of Vidas, and an honorary member of the House of Women in Milan. She contributes to the daily newspaper "Corriere della Sera" and the weekly "Azione" of Canton Ticino. Author of numerous books, many of which have been translated into other languages, for the Oscar Mondadori she has published *Storia della Psicoanalisi* (1986), *Il bambino della notte. Divenire donna, divenire madre* (1990), *Il romanzo della famiglia. Passioni e ragioni del vivere insieme* (1992), *Volere un figlio. La nuova maternità tra natura e scienza* (1997), *Quando i genitori si dividono. Le emozioni dei figli* (2005), *Nuovi nonni per nuovi nipoti. La gioia di un incontro* (2008), and *Il bambino della notte. Divenire donna, divenire madre* (2019). With Anna Maria Battistin, she has written a trilogy of advice for educators: *A piccoli passi. La psicologia dei bambini dall'attesa ai cinque anni* (1997), *I bambini sono cambiati. La psicologia dei bambini dai cinque ai dieci anni* (1998), and *L'età incerta. I nuovi adolescenti* (2001). For Laterza publishers, she wrote or edited the volumes *Psicoanalisi al femminile* (1993), *Psicoanalisi ed educazione sessuale* (with M. Catenazzi, 1994), and *Storia delle passioni* (1995). For Casagrande publishers, she wrote *La stanza del dialogo. Riflessioni sul ciclo della vita* (2009). For Rizzoli publishers, she wrote *Parlar d'amore. Le donne e le stagioni della vita* (2003), *Una bambina senza stella. Le risorse segrete dell'infanzia per superare le difficoltà della vita* (2015; reprinted with the title *Una bambina senza stella. Storia intima di un'infanzia sotto la guerra* in 2019). With Einaudi, she published the book *L'ospite più atteso. Vivere e rivivere le emozioni della maternità* (2017).

JEAN-JACQUES WUNENBURGER, philosopher, graduated at Dijon University (France). In 1969, he achieved his *agrégation* in Philosophy and, in 1973, a PH.D. with a dissertation on 'The Institution and Experience of Feast.' After his *Doctorat d'Etat* on 'Racines et Figures de la complexité,' he served as professor of Philosophy at the University of Burgundy (1977–1999), where he founded the Centre Gaston Bachelard de Recherches sur l'Imaginaire et la Rationalité. He is now professor emeritus at the Jean Moulin – Lyon 3 University, where he has served for ten years as dean of the Faculty and director of the Institut de recherches philosophiques de Lyon (IRPhiL). Jean Brun and Gilbert Durand's student, he was also member of the Université Saint Jean de Jérusalem (USJJ) in Vaucelles and among the founding members of the Groupe d'Études Spirituelles Comparées (GESC). At present, he serves as president of the Association internationale Gaston Bachelard, president of the Association des amis de Gilbert Durand, and co-director of the Centre de recherches internationales sur l'imaginaire (CRI2i). His philosophical and anthropological work focuses on the physiognomy and role of images, symbols, and myths, in their relationship with philosophical, scientific, political, and cultural rationalism. His publications include *La fête, le jeu et le sacré* (1977), *L'utopie ou la crise de l'imaginaire* (1979), *Le sacré* (1981), *Freud* (1985), *La raison contradictoire* (1990), *L'imagination* (1991), *Méthodologie philosophique* (written along with P. C. and D. Folscheid, 2009), *Questions d'éthique* (1993), *La vie des images* (1995), *Philosophie des images* (1997), *L'homme à l'âge de la télévision* (2000), *Imaginaires du politique* (2001), *Une utopie de la raison. Essai sur la politique moderne* (2002), *Bachelard ou l'épistémologie française* (2003), *L'imaginaire* (2003; 6th ed., 2020), *Imaginaires et rationalité des médecines alternatives* (2006), *Imagination mode d'emploi ? Une science de l'imaginaire au service de la créativité* (2011), *Bachelard, une poétique des images* (2012), *Le progrès en crise ?* (2014), *L'imagination créatrice* (2015), *Gaston Bachelard, science et poétique, une nouvelle éthique ?* (2016), *L'imagination géopoïétique* (2016), *L'imagination créatrice* (2016), *Le progrès en crise* (2016), *Esthétique de la transfiguration : de l'icône à l'image virtuelle* (2016), *Géoopoïétique, espace, image, sens* (2016), *Soigner : les limites des techno-sciences de la santé* (2019), and *Mytho-politiques : histoire des imaginaires du pouvoir* (2019), and the most recent *L'Alsace. Une inquiétante étrangeté* (with J. Libis, 2021). He also edited, among other works, *Imaginaire et neurosciences. Héritages et actualisations de l'oeuvre de Gilbert Durand* (2022).

VANA XENOU was born in Athens, Greece in 1949. She studied painting and stage design at the School of Fine Arts in Athens from 1968 to 1973. In 1973, she entered the École Supérieure des Arts Décoratifs in Paris. She then pursued studies in painting and mosaics at the École Nationale Supérieure des Beaux-Arts in Paris from 1974 to 1978 and simultaneously attended seminars on aesthetics and philosophy. She currently holds the position of professor emeritus at the Department of Architecture of the National Technical University of Athens (NTUA). In 2008, she was nominated as the candidate for Greece for the Women of Europe Award, instituted by the International Association for the Promotion of Women of Europe. In 2014, she was bestowed the honor of Officer of the Order of the Academic Palms by the French Republic. She has held numerous solo exhibitions with specific thematic approaches, including: *Artistic exploration in the world of Lewis Caroll* (Athens, Greece, 1982), *D'après Judith et Holopherne de Artémisia Gentileschi* (Athens, Greece, 1983), *D'après Lucrèce de Lucas Cranach* (Athens, Greece, 1985), *Quotations* (New York, USA, 1986), *Angels, Earth and Heaven* (Athens, Greece, 1989), *D'après l'Odalisque de Paul Outerbridge* (Patra, Greece, 1992), *Eleusinian mysteries I* (Patra, Greece, 1992), *Eleusinian mysteries II* (House of Cyprus, Athens, Greece, 1995), *Hyperion or the Hermit in Greece* (Athens and Thessaloniki, Greece, 1998), *Eleusinian mysteries III* (Chapelle de la Salpêtrière, Paris, France, 2000), *Éleusis-Perasma* (Kronos Old Factory, Eleusis, Greece, under the auspices of the Hellenic Ministry of Culture and the Municipality of Eleusis, 2004), *Psychagogia* (Greece, 2005), *Arrivée-Passage* (Jardins du Palais Royal, Paris, France, with the support of the French Ministry of Culture and Communications, 2007–2008), *The Soul of the Place* (National Gardens, Athens, Greece, 2010), *Passage. With your eyes cast heavenwards* (Permanent Sculptural Installation, commissioned by Piraeus Bank Cultural Institution, Athens, Greece, 2012), *Les sens politique des lieux sacrés. Athens - Eleusis - Delphi* (Fonds culturel de l'Ermitage, Paris, Garches, France, 2017), and *To Her* (Athens, Greece, 2022). She has participated in numerous group exhibitions both in Greece and abroad. Her work has been showcased in private and public institutions internationally, including ICC (Belgium), Macedonian Museum of Contemporary Art (Greece), Benaki Museum (Greece), Gallery of Dimitrios Pierides (Greece), National Museum of Women in the Arts (USA), National Gallery (Greece), Mitchell Museum (USA), Trammel Crow Centre (USA), Neuer Berliner Kunstverein (Germany), European Cultural Foundation (Spain), Hjorring Museum (Denmark), Museum of the Ephebe (France), European Parliament (Belgium), Antikenmuseum Basel und Sammlung Ludwig (Switzerland), Municipal Gallery of Athens (Greece), Vianden Castle (Luxembourg), Basil & Elise Goulandris Foundation (Greece), Hellenic Foundation for Culture (Germany), Place Bellevue (France), European Cultural Centre of Delphi (Greece), Museum of Dalarna (Sweden), Chapelle de la Sorbonne (France), Averoff Museum (Greece), National Museum of Contemporary Art (Greece), and Byzantine and Christian Museum (Greece). Her published books include *Selections from the Notebooks of Vana Xenou*

(1986), *Vana Xenou* (with texts by C. Mollard, 1995), *Angels, Earth and Heaven* (1989), *Hyperion or the Hermit in Greece* (1998), *Mystères d'Éleusis* (with texts by J.-M. Tasset, 2000), *Eleusis-Perasma* (with texts by H. Ladia, 2004), *Arrivée-Passage* (with texts by C. Buci-Glucksmann, 2008), and *The Soul of the Place* (with texts by E. Daydé and A. Vozani, 2010). Numerous texts have been published about Vana Xenou's work, including catalogues of solo and group exhibitions, articles, books, academic essays, interviews in magazines and newspapers (such as Beaux Arts Editions, C. Mollard and M. Boulart's *Vana Xenou. Ces cités où passent encore les dieux*, 2017), and numerous references on the internet.

Paolo Zellini, a mathematician by education, has carried out research in Rome, Pisa, and the United States. He has taught in the Universities of Pisa, Udine, and "Tor Vergata" in Rome, where he served as full professor of Numerical Analysis until 2016 and where he is still *pro tempore* emeritus professor. His scholarly writings, which have appeared in the most renowned periodicals, are in the field of numerical linear algebra, matrix computation, complexity of algorithms, and numerical optimization. He has also been interested in the significance of the research done in these areas within the framework of the history of mathematics and, more generally, the history of ideas. For Adelphi, he has published the award-winning *Breve storia dell'infinito* (1980), *La ribellione del numero* (1985), *Gnomon. Una indagine sul numero* (1999), *Numero e logos* (2010, which was awarded the SEFIR Prize in 2011), *La matematica degli dèi e gli algoritmi degli uomini* (2016, singled out for honorable mention in the Merck Prize in 2017), *La dittatura del calcolo* (2018), and the most recent *Discreto e continuo. Storia di un errore* (2022). For Bollati Boringhieri, he wrote *Complessità e iterazione numerica. Percorsi, matrici e algoritmi veloci nel calcolo numerico* (with D. Bertaccini and C. Di Fiore, 2013). Some of his books have been translated into other languages. He has been writing for some time in the cultural section of the newspaper "Corriere della Sera." He has also contributed to the creation of an interdepartmental research center "Forme del sapere nel mondo antico" at Università degli Studi di Roma "Tor Vergata."

Wenzhi Zhang 张文智, a professor and deputy director of the Centre for Zhouyi and Ancient Chinese Philosophy of Shandong University, he is now also the director of the Editorial Board of the academic journal "Zhouyi Studies" (English version). He received his B.A. in English language and literature in 1990 and obtained his Ph.D. in Chinese philosophy in 2010.

Focusing on the studies of image-numerology of the *Yijing*, he was selected and invited to be a visiting scholar at Harvard-Yenching Institute for the academic year 2007–2008 and visiting fellow in Erlangen-Nuremberg University, Germany, in 2012–2013. Having published over 30 articles in refereed journals, he is also a part-time professor of Applied Psychology at the City University of Macau and has participated in many conferences related to Jung's Analytical Psychology. As the vice-president and general secretary of the *Yijing* Association of China, he is the author of three books related to the *Yijing* (*Book of Changes*), namely, *Zhouyi jijie* 周易集解 *(Collected Explanations of the Book of Changes*, 2004), *Zhouyi jijie daodu* 周易集解导读 (A Guidebook to the *Collected Explanations of the Book of Changes*, 2005), and 孟、焦、京易学新探 *(New Research on Meng Xi, Jing Fang and Jiao Yanshou's Scholoarship on the Changes*, 2013). He is also the translator of two books, namely, *Hua shuo yijing* 画说《易经》：《易经》的易象、意蕴、行动指南 (2009, rendered into Chinese from Cristina Bertrand's *Yijing: Image, Concept and Action*) and *An Introduction to the Zhouyi (Book of Changes)* (2019, rendered into English from the Chinese version of Prof. Liu Dajun's 刘大钧 magnum opus *Zhouyi gailun* 周易概论).

Luigi Zoja (1943), psychoanalyst, graduated in 1974 from the C.G. Jung-Institut in Zurich. He worked in clinic in Zurich, then privately in Milan, New York, and now again in Milan. President of the Centro Italiano di Psicologia Analitica (CIPA) from 1984 to 1993, he was also president of the International Association for Analytical Psychology (IAAP) from 1998 to 2001 and later chairman of its International Ethics Committee. A former lecturer at the C.G. Jung-Institut in Zurich, at the Universitò degli Studi dell'Insubria, at the University of Macau, he is currently a visiting professor at Beijing Normal University. He has given courses and lectures at universities and other institutions in Italy, Switzerland, Germany, Austria, Great Britain, Denmark, Holland, France, Greece, Czech Rep., Russia, Poland, Romania, Bulgaria, Lithuania, Slovenia, Israel, Japan, China, the United States, Mexico, Argentina, Chile, Uruguay, Brazil, Ecuador, Venezuela, Tunisia, and South Africa. His publications, which have appeared in fifteen languages, include *Nascere non basta. Iniziazione e tossicodipendenza* (1985 and 2003), *Coltivare l'anima* (1999), *Il gesto di Ettore. Preistoria, storia, attualità e scomparsa del padre* (2000, Palmi Award and Gradiva Award; updated and enlarged edition, 2016), *L'incubo globale. Prospettive junghiane sull'11 settembre* (edited in 2002), *Storia dell'arroganza. Psicologia e limiti dello sviluppo* (2003), *Giustizia e bellezza* (2007), *La morte del prossimo* (2009), *Contro Ismene. Considerazioni sulla violenza*

(2009, Arché Award), *Centauri. Mito e violenza maschile* (2010; updated and enlarged edition, 2016), *Al di là delle intenzioni: etica e analisi* (2011, Gradiva Award for the American edition), *Paranoia. La follia che fa la storia* (2011), *In difesa della psicoanalisi* (with S. Argentieri, S. Bolognini, and A. Di Ciaccia, 2013), *Utopie minimaliste. Un mondo più desiderabile anche senza eroi* (2013, Rhegium Julii Award), *Tra eresia e verità* (with L. Boff, 2014), *Psiche* (2015), *Utopie della vita quotidiana. Conversazione con Lucilio Santoni* (2017), *Nella mente di un terrorista. Conversazione con Omar Bellicini* (2017), *Vedere il vero e il falso* (2018), *Utopie minimaliste. Ecologia profonda, psicologia e società* (2021), and the most recent *Dialoghi sul male. Tre storie* (2022) and *Il declino del desiderio. Perché il mondo sta rinunciando al sesso* (2022). He also edited the Italian edition of Carl Gustav Jung and Erich Neumann's *Psicologia analitica in esilio. Il carteggio 1933–1959* (2018).

List of the Eranos Yearbooks
Elenco degli Annali di Eranos
I / 1933 – LXXV / 2019–2020–2021

Yoga und Meditation im Osten und im Westen - Fünfzehn Vorträge gehalten auf der Tagung in Ascona 14.-26. August 1933, Eranos-Jahrbuch I/1933, edited by Olga Fröbe-Kapteyn, Rhein-Verlag, Zürich 1934

FRÖBE-KAPTEYN, Olga, "Vorwort", 5–6

ZIMMER, Heinrich, "Zur Bedeutung des indischen Tantra-Yoga (Hiezu zwei Bildtafeln)", 9–94

RHYS DAVIDS, Caroline Augusta Foley, "Religiöse Übungen in Indien und der religiöse Mensch. I. Jhāna (oder Dhyāna) im Buddhismus - II. Fernwirkung (Televolition) im früheren Buddhismus - III. Mensch und Kommunion", 95–134

ROUSSELLE, Erwin, "Seelische Führung im lebenden Taoismus. I. Ju Sche „Initiation" - II. Ne Ging Tu, „Die Tafel des inneren Gewebes" - III. Siu Schen „Individuation" (Hiezu vier Abbildungen im Text und zwei Bildtafeln)", 135–199

JUNG, Carl Gustav, "Zur Empirie des Individuationsprozesses (Hiezu fünf Bildtafeln)", 1/1933, 201–214

HEYER, Gustav-Richard, "Sinn und Bedeutung östlicher Weisheit für die abendländische Seelenführung", 215–244

HEILER, Friedrich, "Die Kontemplation in der Christlichen Mystik. I. Die Geschichte der Kontemplation in der christlichen Frömmigkeit - II. Die Kontemplation in der christlichen Gemeinschaftsmystik - III. Die Kontemplation in der individuellen Hochmystik", 245–326

BUONAIUTI, Ernesto, "Meditation und Kontemplation in der römisch-katholischen Kirche", 327–348

Ostwestliche Symbolik und Seelenführung - Vorträge gehalten auf der Tagung in Ascona 20. August bis 1. September 1934, Eranos-Jahrbuch II/1934, edited by Olga Fröbe-Kapteyn, Rhein-Verlag, Zürich 1935

FRÖBE-KAPTEYN, Olga, "Vorwort", 5–8

ROUSSELLE, Erwin, "Drache und Stute, Gestalten der mythischen Welt chinesischer Urzeit", 11–33

HAUER, Jakob Wilhelm, "Symbole und Erfahrung des Selbstes in der indo-arabischen Mystik. I. Geschichtlicher Überblick über die Entdeckung und Wesensbestimmung des Selbstes von der vedischen Zeit bis zum tantrischen Yoga - II. Symbole und Bilder des Selbstes - III. Der seinsdynamische Ursprung der Erfahrung und der Symbolwelt der Selbstes", 35–96

ZIMMER, Heinrich, "Indische Mythen als Symbole", 97–151

RHYS DAVIDS, Caroline Augusta Foley, "Zur Geschichte des Rad-Symbols", 153–178

JUNG, Carl Gustav, "Über die Archetypen des kollektiven Unbewußten", 179–229

HEYER, Gustav-Richard, "Dürer's Melancolia und ihre Symbolik", 231–261

HEILER, Friedrich, "Die Madonna als religiöses Symbol", 263–303

BUONAIUTI, Ernesto, "Symbole und Riten im religiösen Leben einiger Orden", 305–337

BUBER, Martin, "Sinnbildliche und sakramentale Existenz im Judentum. I. Die sinnbildliche Existenz in der Welt der Prophetie - II. Die sakramentale Existenz in der Welt des Chassidismus", 339–367

BERNOULLI, Rudolf, "Zur Symbolik geometrischer Figuren und Zahlen. I. Allgemeines - II. Die Zahlensymbolik des Tarotsystems", 369–415

STRAUSS-KLOEBE, Sigrid, "Über die psychologische Bedeutung des astrologischen Symbols", 417–448

CAMMERLOHER, Carl Moritz von, "Die Stellung der Kunst im psychologischen Weltbild unserer Zeit (Ein Beitrag zur Funktionenlehre)", 449–486

YATISWARANANDA, Swami, "Flüchtiger Blick auf religiöse Hindu-Symbolik in ihrer Beziehung zu Geistigen Übungen und zur Höherentwicklung", 487–528

Westöstliche Seelenführung - Vorträge gehalten auf der Tagung in Ascona 12.-22. August 1935, Eranos-Jahrbuch III/1935, edited by Olga Fröbe-Kapteyn, Rhein-Verlag, Zürich 1936

FRÖBE-KAPTEYN, Olga, "Vorwort", 3–7

JUNG, Carl Gustav, "Traumsymbole des Individuationsprozesses. Ein

Beitrag zur Kenntnis der in den Träumen sich kundgebenden Vorgänge des Unbewußten", 13–133

HEYER, Gustav-Richard, "Vom Umgang mit sich Selbst", 135–178

ROUSSELLE, Erwin, "Lau-Dsi's Gang durch die Seele, Geschichte und Welt. Versuch einer Deutung", 179–205

RHYS DAVIDS, Caroline Augusta Foley, "Der Mensch, die Suche und Nirvana", 207–230

BERNOULLI, Rudolf, "Seelische Entwicklung im Spiegel der Alchemie und verwandter Disziplinen", 231–287

BUONAIUTI, Ernesto, "I. Die gnostische Initiation und die christliche Antike - II. Die Exerzitien des hl. Ignatius von Loyola", 289–322

EISLER, Robert, "Das Rätsel des Johannesevangeliums", 323–511

LANG, Joseph Bernhard, "Paulinische und analytische Seelenführung", 513–543

Gestaltung der Erlösungsidee in Ost und West (1) - Vorträge gehalten auf der Tagung in Ascona 6.-14. August 1936, Eranos-Jahrbuch IV/1936, edited by Olga Fröbe-Kapteyn, Rhein-Verlag, Zürich 1937

FRÖBE-KAPTEYN, Olga, "Vorwort", 5–9

JUNG, Carl Gustav, "Die Erlösungsvorstellungen in der Alchemie (Vier Vorträge)", 13–111

MASSON-OURSEL, Paul, "Die Erlösungsidee in Indien. I. Die indischen Erlösungstheorien im Rahmen der Heilsreligionen - II. Die Gnadenlehre im religiösen Denken Indiens", 113–133

RHYS DAVIDS, Caroline Augusta Foley, "Erlösung in Indiens Vergangenheit und in unserer Gegenwart", 135–163

BUONAIUTI, Ernesto, "Die Erlösung in den orphischen Mysterien", 165–181

PUECH, Henri-Charles, "Der Begriff der Erlösung im Manichäismus. I. Die gnostische und die manichäische Erlösungsvorstellung: Das Problem des Bösen im Manichäismus - II. Die theoretischen Grundlagen der Erlösung: der kosmologische und der anthropologische Mythos - III. Die Verwirklichung und die praktischen Mittel der Erlösung", 183–286

VYSHESLAVTZEFF, Boris P., "Zwei Wege der Erlösung. Erlösung als Lösung des tragischen Widerspruchs", 287–329

Gestaltung der Erlösungsidee im Judentum und im Protestantismus - Eranos-Vorträge von Heinz Westman und Paul Tillich - Ergänzungsband zum Eranos-Jahrbuch 1936, edited by Rudolf Ritsema, Eranos Foundation, Ascona 1986

RITSEMA, Rudolf, "Vorwort", 7–8

TILLICH, Paul, "Angst und Erlösung im Protestantismus. I. Angst - II. Erlösung", 9–32

WESTMANN, Heinz, "Die Erlösungsidee im Judentum. I. Das Problem der Erde - II. Das weibliche Prinzip - III. Nachwort", 33–110

Gestaltung der Erlösungsidee in Ost und West (2) - Vorträge gehalten auf der Tagung in Ascona 5.-12. August 1937, Eranos-Jahrbuch V/1937, edited by Olga Fröbe-Kapteyn, Rhein-Verlag, Zürich 1938

FRÖBE-KAPTEYN, Olga, "Vorwort", 5–8

PUECH, Henri-Charles, "Alexandre Moret†. Nachruf", 9–11

JUNG, Carl Gustav, "Einige Bemerkungen zu den Visionen des Zosimos", 15–54

MASSIGNON, Louis, "Die Ursprünge und die Bedeutung des Gnostizismus im Islam. I. Die schiitischen Weihen und die salmanischen Texte - II. Gnostische Seiten im Sufismus", 55–77

MASSON-OURSEL, Paul, "Seelenführung in Indien. I. Die indische Auffassung der psychologischen Gegebenheiten – II. Die indischen Heilstechniken", 79–91

PRZYLUSKI, Jean, "I. Die Erlösung nach dem Tode in den Upanishaden und im ursprünglichen Buddhismus - II. Der Lebendig-Erlöste in dem entwickelten Buddhismus", 93–136

SPEISER, Andreas, "Der Erlösungsbegriff bei Plotin", 137–154

BAYNES, Charlotte, "Der Erlösungsgedanke der christlichen Gnosis (Originaltexte und Kommentare)", 155–209

DANZEL, Theodor-Wilhelm, "Zur Psychologie der altmexikanischen Symbolik (mit 12 Illustrationen)", 211–239

LAYARD, John, "Der Mythos der Totenfahrt auf Malekula (mit 9 Illustrationen und einer Karte)", 241–291

BUONAIUTI, Ernesto, "Die *Ecclesia Spiritualis*. I. Die iranischen, griechischen und biblischen Vorläufer der *Ecclesia Spiritualis* - II. Die *Ecclesia Spiritualis* durch die Jahrhunderte - III. Die christliche Mystik als *Ecclesia Spiritualis*", 293–353

Vorträge über Gestalt und Kult der „Grossen Mutter" - Vorträge gehalten auf der Tagung in Ascona 8.-15. August 1938 - Mit 20 Kunstdrucktafeln, Eranos-Jahrbuch VI/1938, edited by Olga Fröbe-Kapteyn, Rhein-Verlag, Zürich 1939

FRÖBE-KAPTEYN, Olga, "Vorwort", 5–7

PRZYLUSKI, Jean, "I. Ursprünge und Entwicklung des Kultes der Mutter-Göttin - II. Die Mutter-Göttin als Verbindung zwischen den Lokal-Göttern und dem Universal-Gott", 11–57

PICARD, Charles, "I. Die Ephesia von Anatolien - II. Die Große Mutter von Kreta bis Eleusis (mit 4 Illustrationen)", 59–119

VIROLLEAUD, Charles, "Die große Göttin in Babylonien, Ägypten und Phönikien. I. Ischtar, Isis, Astarte - II. Anat - Astarte", 121–160

MASSIGNON, Louis, "Der gnostische Kult der Fatima im schiitischen Islam", 161–173

ZIMMER, Heinrich, "Die indische Weltmutter (mit 4 Illustrationen)", 175–220

COLLUM, Vera Christina Chute, "Die schöpferische Mutter-Göttin der Völker keltischer Sprache, ihr Werkzeug, das mystische „Wort", ihr Kult und ihre Kult-Symbole (mit 8 ganzseitigen Tafeln)", 221–324

BUONAIUTI, Ernesto, "*Maria Immaculata*: I. Maria und die jungfräuliche Geburt Jesu - II. Die Heilige *Maria Immaculata* in der christlichen Überlieferung (mit 4 Illustrationen)", 325–402

JUNG, Carl Gustav, "Die psychologischen Aspekte des Mutterarchetypus", 403–443

HEYER, Gustav-Richard, "Die Große Mutter im Seelenleben des heutigen Menschen", 445–491

Vorträge über die Symbolik der Wiedergeburt in der religiösen Vorstellung der Zeiten und Völker - Vorträge gehalten auf der Eranos-Tagung in Ascona im August 1939, Eranos-Jahrbuch VII/1939, edited by Olga Fröbe-Kapteyn, Rhein-Verlag, Zürich 1940

FRÖBE-KAPTEYN, Olga, "Vorwort", 5–7

MASSIGNON, Louis, "Die Auferstehung in der mohammedanischen Welt. I. Die Auferstehung in den sufischen Einweihungen - II. Die Auferstehung im Islam", 11–20

VIROLLEAUD, Charles, "Die Idee der Wiedergeburt bei den Phöniziern. I. Die klassische Adonislegende - II. Der Gott Baal nach den Dichtungen von Ras-Shamra (mit 3 Illustrationen)", 21–60

PELLIOT, Paul, "Die Jenseitsvorstellung der Chinesen", 61–82

OTTO, Walter Friedrich Gustav Hermann, "Der Sinn der eleusinischen Mysterien", 83–112

ALLBERRY, Charles Robert Cecil Augustine, "Symbole von Tod und Wiedergeburt im Manichäismus", 113–149

LEISEGANG, Hans, "Das Mysterium der Schlange. Ein Beitrag zur Erforschung des griechischen Mysterienkultes und seines Fortlebens in der christlichen Welt (mit 14 Illustrationen)", 151–250

ZIMMER, Heinrich, "Tod und Wiedergeburt im indischen Licht", 251–289

BUONAIUTI, Ernesto, "Wiedergeburt, Unsterblichkeit und Auferstehung im Urchristentum", 291–320

THURNWALD, Richard, "Primitive Initiations- und Wiedergeburtsriten", 321–398

JUNG, Carl Gustav, "Die verschiedenen Aspekte der Wiedergeburt", 399–447

Trinität, christliche Symbolik und Gnosis - Vorträge gehalten auf den Tagungen in Ascona im August 1940 und im August 1941, Eranos-Jahrbuch VIII/1940–1941, edited by Olga Fröbe-Kapteyn, Rhein-Verlag, Zürich 1942

FRÖBE-KAPTEYN, Olga, "Vorwort", 5–7

SPEISER, Andreas, "Die platonische Lehre vom unbekannten Gott und die christliche Trinität", 11–29

JUNG, Carl Gustav, "Zur Psychologie der Trinitätsidee", 31–64

JUNG, Carl Gustav, "Das Wandlungssymbol in der Messe. I. Einleitung - II. Die einzelnen Teile des Wandlungsritus - III. Eine antike Parallele zum Wandlungsmysterium - IV. Zur Psychologie der Messe", 67–155

KERÉNYI, Károly, Mythologie und Gnosis", 157–229

PULVER, Max, "Gnostische Erfahrung und gnostisches Leben im frühen Christentum (Auf Grund der Quellen)", 231–255

BUONAIUTI, Ernesto, "Christus und Paulus", 257–294

BUONAIUTI, Ernesto,"Christologie und Ecclesiologie bei Sankt Paulus (Die Lehre von Christus und der Kirche bei Sankt Paulus)", 295–335

Das hermetische Prinzip in Mythologie, Gnosis und Alchemie - Vorträge gehalten auf der Tagung in Ascona 4.-8. August 1942, Eranos-Jahrbuch IX/1942, edited by Olga Fröbe-Kapteyn, Rhein-Verlag, Zürich 1943

FRÖBE-KAPTEYN, Olga, "Vorwort", 5–6

KERÉNYI, Károly, "Hermes der Seelenführer. Das Mythologem vom männlichen Lebensursprung", 9–107

NAGEL, Georges Hermann, "Le dieu Thoth d'après les textes égyptiens", 109–140

PULVER, Max, "Jesu Reigen und Kreuzigung nach den Johannes-Akten", 141–177

JUNG, Carl Gustav, "Der Geist Mercurius (Übersicht über den Mercurius Begriff der Alchemie)", 179–236

LANG, Joseph Bernhard, "Der Demiurg des Priesterkodex (*Gen.* I bis II, 4a) und seine Bedeutung für den Gnostizismus", 237–288

Alte Sonnenkulte und die Lichtsymbolik in der Gnosis und im frühen Christentum - Vorträge gehalten auf der Tagung in Ascona 4.-11. August 1943, Eranos-Jahrbuch X/1943, edited by Olga Fröbe-Kapteyn, Rhein-Verlag, Zürich 1944

FRÖBE-KAPTEYN, Olga, "Vorwort", 5–6

NAGEL, Georges Hermann, "Le culte du Soleil dans l'ancienne Egypte", 9–56

VIROLLEAUD, Charles, "Le Dieu Shamash dans l'ancienne Mésopotamie", 57–79

KERÉNYI, Károly, "Vater Helios", 81–124

WILI, Walter, "Die römischen Sonnengottheiten und Mithras", 125–168

SCHMITT, Paul, "*Sol invictus*. Betrachtungen zu spätrömischer Religion und Politik", 169–252

PULVER, Max, "Die Lichterfahrung im Johannes-Evangelium, im *Corpus Hermeticum*, in der Gnosis und in der Ostkirche", 253–296

MASSIGNON, Louis, "Les infiltrations astrologiques dans la pensée religieuse islamique", 297–303

RAHNER, Hugo, "Das christliche Mysterium von Sonne und Mond", 305–404

Die Mysterien - Vorträge gehalten auf der Tagung in Ascona 3.-11. August 1944, Eranos-Jahrbuch XI/1944, edited by Olga Fröbe-Kapteyn, Rhein-Verlag, Zürich 1945

FRÖBE-KAPTEYN, Olga, "Vorwort", 5–8

KERÉNYI, Károly, "Mysterien der Kabiren. Einleitendes zum Studium antiker Mysterien (Anhang: Castello di Tegna. Eine archäologische Parallele zu einem Heiligtum in der Gegend von Theben)", 11–60

WILI, Walter, "Die orphischen Mysterien und der griechische Geist", 61–105

SCHMITT, Paul, "Antike Mysterien in der Gesellschaft ihrer Zeit, ihre Umformung und späteste Nachwirkung", 107–144

NAGEL, Georges Hermann, "Les « mystères » d'Osiris dans l'ancienne Egypte", 145–166

MENASCE, Pierre-Jean de, "Les mystères et la religion de l'Iran", 167–186

MEIER, Fritz, "Das Mysterium der Kaʿba. Symbol und Wirklichkeit in der islamischen Mystik", 187–214

KOPPERS, Wilhelm, "Zum Ursprung des Mysterienwesens im Lichte von Völkerkunde und Indologie", 215–275

PULVER, Max, "Vom Spielraum gnostischer Mysterienpraxis (Barbelo-Gnosis und ewiges Gebet in der Philokalie)", 277–325

BAUM, Julius, "Die symbolischen Darstellungen der Eucharistie", 327–346

RAHNER, Hugo, "Das christliche Mysterium und die heidnischen Mysterien", 347–449

Studien für C.G. Jung - Zur Idee des Archetypischen - Zum 70. Geburtstag von C.G. Jung [Studien zum Probleme des Archetypischen - Festgabe für C.G. Jung zum siebzigsten Geburtstag 26. Juli 1945], Eranos-Jahrbuch XII/1945, edited by Olga Fröbe-Kapteyn, Rhein-Verla g, Zürich 1945

[FELLERER, Margarethe], [*Portrait von C. G. Jung*], 2

FRÖBE-KAPTEYN, Olga, "Vorwort", 5–7

WILI, Walter, "Geleitwort", 9–22

SPEISER, Andreas, "Platos Ideenlehre", 23–31

KERÉNYI, Károly, "*Heros Iatros*. Über Wandlungen und Symbole des ärztlichen Genius in Griechenland", 33–54

WILI, Walter, "Probleme der Aristotelischen Seelenlehre. I. Der Kampf gegen Platon - II. Die Nachfolge Platons", 55–93

SCHMITT, Paul, "Archetypisches bei Augustin und Goethe", 95–115

RAHNER, Hugo, "Die seelenheilende Blume. Moly und Mandragore in antiker und christlicher Symbolik. I. Moly, das seelenheilende Kraut des Hermes - II. Mandragore, die ewige Menschenwurzel", 117–239

MASSIGNON, Louis, "Thèmes archétypiques en onirocritique musulmane", 241–251

LAYARD, John, "The Incest Taboo and the Virgin Archetype", 253–307

Der Geist - Vorträge gehalten auf der Tagung in Ascona 2.-9. September 1945, Eranos-Jahrbuch XIII/1945, edited by Olga Fröbe-Kapteyn, Rhein-Verlag, Zürich 1946

FRÖBE-KAPTEYN, Olga, "Vorwort", 5–7

KERÉNYI, Károly, "Apollon-Epiphanien", 11–48

WILI, Walter, "Die Geschichte des Geistes in der Antike", 49–93

SPEISER, Andreas, "Geist und Mathematik", 95–109

PULVER, Max, "Das Erlebnis des Pneuma bei Philon", 111–132

SCHMITT, Paul, "Geist und Seele. Studie über Logos, Nous und Psyche bei Heraklit und Platon und über einige späte Nachwirkungen dieser Begriffe", 133–185

SCHMIDT, Karl Ludwig, "Das Pneuma Hagion als Persona und als Charisma. Eine lexikologische und biblisch-theologische Studie", 187–235

RAHNER, Hugo, "Erdgeist und Himmelgeist in der patristischen Theologie", 237–276

MASSIGNON, Louis, "L'idée de l'esprit dans l'Islam", 277–282

MEIER, Fritz, "Der Geistmensch bei dem persischen Dichter 'Aṭṭār", 283–353

MENASCE, Pierre-Jean de, "L'expérience de l'esprit dans la mystique chrétienne", 355–384

JUNG, Carl Gustav, "Zur Psychologie des Geistes", 385–448

Geist und Natur - Vorträge gehalten auf der Tagung in Ascona 26. August bis 3. September 1946, Eranos-Jahrbuch XIV/1946, edited by Olga Fröbe-Kapteyn, Rhein-Verlag, Zürich 1947

FRÖBE-KAPTEYN, Olga, "Vorwort", 5–7

SPEISER, Andreas, "Die Grundlagen der Mathematik von Plato bis Fichte", 11–38

KERÉNYI, Károly, "Die Göttin Natur", 39–86

SCHMIDT, Karl Ludwig, "Die Natur- und Geistkräfte im Paulinischen Erkennen und Glauben", 87–143

MASSIGNON, Louis, "La nature de la pensée islamique", 144–148

MEIER, Fritz, "Das Problem der Natur im esoterischen Monismus des Islams", 149–227

KAEGI, Werner, "Wandlung des Geistes in der Renaissance", 228–281

DESSAUER, Friedrich, "Galilei, Newton und die Wendung des abendländischen Denkens", 282–331

SCHMITT, Paul, "Natur und Geist in Goethes Verhältnis zu den Naturwissenschaften", 332–384

JUNG, Carl Gustav, "Der Geist der Psychologie", 385–490

SCHRÖDINGER, Erwin, "Der Geist der Naturwissenschaft", 491–520

PORTMANN, Adolf, "Die Biologie und das Phänomen des Geistigen", 521–567

Der Mensch (Erste Folge) - Vorträge gehalten auf der Tagung in Ascona 18. bis 26. August 1947, Eranos-Jahrbuch XV/1947, edited by Olga Fröbe-Kapteyn, Rhein-Verlag, Zürich 1948

FRÖBE-KAPTEYN, Olga, "Vorwort", 5–7

PORTMANN, Adolf, "Das Ursprungsproblem", 11–40

KERÉNYI, Károly, "Urmensch und Mysterium", 41–74

DESSAUER, Friedrich, "Mensch und Kosmos", 75–147

SCHMIDT, Karl Ludwig, "*Homo imago Dei* im Alten und Neuen Testament", 149–195

RAHNER, Hugo, "Das Menschenbild des Origenes", 197–248

QUISPEL, Gilles, "La conception de l'homme dans la gnose valentinienne", 249–286

MASSIGNON, Louis, "L'Homme Parfait en Islam, et son originalité eschatologique", 287–314

WHITE, Victor, "*Anthropologia rationalis* (The Aristotelian-Thomist Conception of Man)", 315–383

BAECK, Leo, "*Individuum ineffabile*", 385–436

Der Mensch (Zweite Folge) - Vorträge gehalten auf der Tagung in Ascona 23. bis 31. August 1948 - Mit 9 Tafeln und 9 Abbildungen im Text, Eranos-Jahrbuch XVI/1948, edited by Olga Fröbe-Kapteyn, Rhein-Verlag, Zürich 1949

FRÖBE-KAPTEYN, Olga, "Vorwort", 5–7

RAHNER, Hugo, "Der spielende Mensch", 11–87

QUISPEL, Gilles, "L'Homme gnostique (La doctrine de Basilide)", 89–139

LEEUW, Gerardus van der, "L'Homme et la civilisation. Ce que peut comprendre le terme : évolution de l'homme", 141–182

KERÉNYI, Károly, "Mensch und Maske", 183–208

LAYARD, John, "The Making of Man in Malekula", 209–283

JUNG, Carl Gustav, "Über das Selbst", 285–315

NEUMANN, Erich, "Der mystische Mensch. Versuch einer psychologischen Interpretation", 317–374

WEYL, Hermann Klaus Hugo, "Wissenschaft als symbolische Konstruktion des Menschen", 375–431

FIERZ, Markus, "Zur physikalischen Erkenntnis", 433–460

PORTMANN, Adolf, "Der naturforschende Mensch", 461–488

Der Mensch und die mythische Welt - Vorträge gehalten auf der Tagung in Ascona 22. bis 30. August 1949 - Mit 19 Abbildungen, Eranos-Jahrbuch XVII/1949, edited by Olga Fröbe-Kapteyn, Rhein-Verlag, Zürich 1950

FRÖBE-KAPTEYN, Olga, "Vorwort", 5–7

LEEUW, Gerardus van der, "Urzeit und Endzeit", 11–51

KERÉNYI, Károly, "Die orphische Kosmogonie und der Ursprung der Orphik. Ein Rekonstruktionsversuch", 53–78

JAMES, Edwin Oliver, "Myth and Ritual", 79–120

CORBIN, Henry, "Le récit d'initiation et l'hermétisme en Iran (Recherche angélologique)", 121–187

NEUMANN, Erich, "Die mythische Welt und der Einzelne", 189–254

BEIRNAERT, Louis, "La dimension mythique dans le sacramentalisme chrétien", 255–286

SCHOLEM, Gershom, "Kabbalah und Mythus", 287–334

BAUM, Julius, "Darstellungen aus der germanischen Götter- und Heldensage in der nordischen Kunst", 335–358

RADIN, Paul, "The Basic Myth of the North American Indians", 359–419

JENSEN, Adolf Ellegard, "Die mythische Weltbetrachtung der alten Pflanzer-Völker", 421–473

PORTMANN, Adolf, "Mythisches in der Naturforschung", 475–514

Aus der Welt der Urbilder - Sonderband für C.G. Jung zum fünfundsiebzigsten Geburtstag 26. Juli 1950, Eranos-Jahrbuch XVIII/1950, edited by Olga Fröbe-Kapteyn, Rhein-Verlag, Zürich 1950

FRÖBE-KAPTEYN, Olga, "Vorwort", 5–8

LEISEGANG, Hans, "Der Gottmensch als Archetypus", 9–45

CORBIN, Henry, "Le *Livre du Glorieux* de Jâbir ibn Ḥayyân (Alchimie et Archétypes)", 47–114

MEIER, Fritz, "Die Welt der Urbilder bei Ali Hamadani (†1385)", 115–172

QUISPEL, Gilles, "*Anima naturaliter Christiana*", 173–182

LEEUW, Gerardus van der, "Unsterblichkeit", 183–206

SCHMIDT, Karl Ludwig, "Jerusalem als Urbild and Abbild", 207–248

RADIN, Paul, "The Religious Experiences of an American Indian", 249–290

SCHMITT, Paul, "Das Urbild in der Philosophie des Nicolaus de Cusa", 291–321

NEUMANN, Erich, "Über den Mond und das matriarchale Bewußtsein", 323–376

BÄNZIGER, Hans Conrad, "Der Glaube als archetypische Haltung. Versuch einer Amplifikation", 377–412

PORTMANN, Adolf, "Das Problem der Urbilder in biologischer Sicht", 413–432

Mensch und Ritus - Vorträge gehalten auf der Eranos-Tagung in Ascona 21. bis 30. August 1950 - Mit 2 Tafeln, Eranos-Jahrbuch XIX/1950, edited by Olga Fröbe-Kapteyn, Rhein-Verlag, Zürich 1951

FRÖBE-KAPTEYN, Olga, "Vorwort", 5–8

FRÖBE-KAPTEYN, Olga, "*In memoriam* Gerardus van der Leeuw", 9–11

KERÉNYI, Károly, "Dramatische Gottesgegenwart in der griechischen Religion", 13–39

BEIRNAERT, Louis, "Le symbolisme ascensionnel dans la liturgie et la mystique chrétiennes", 41–63

NEUMANN, Erich, "Zur psychologischen Bedeutung des Ritus", 65–120

SCHOLEM, Gershom, "Tradition und Neuschöpfung im Ritus der Kabbalisten", 121–180

CORBIN, Henry, "Rituel sabéen et exégèse ismaélienne du rituel", 181–246

ELIADE, Mircea, "Psychologie et histoire des religions – A propos du symbolisme du « centre »", 247–282

RADIN, Paul, "The Esoteric Rituals of the North American Indians", 283–349

MASSIGNON, Louis, "Le rite vivant", 351–355

PORTMANN, Adolf, "Riten der Tiere", 357–401

PETTAZZONI, Raffaele, "Der babylonische Ritus des Akītu und das Gedicht der Weltschöpfung", 403–430

BUYTENDIJK, Frederik Jakobus Johannes, "Zur Phänomenologie der Begegnung", 431–486

Mensch und Zeit - Vorträge gehalten auf der Eranos-Tagung in Ascona 20. bis 30. August 1951 - Mit 6 Illustrationen und 6 Tabellen, Eranos-Jahrbuch XX/1951, edited by Olga Fröbe-Kapteyn, Rhein-Verlag, Zürich 1952

FRÖBE-KAPTEYN, Olga, "Vorwort", 5–7

NEUMANN, Erich, "Kunst und Zeit", 11–56

PUECH, Henri-Charles, "La gnose et le temps", 57–113

QUISPEL, Gilles, "Zeit und Geschichte im antiken Christentum", 115–140

MASSIGNON, Louis", Le temps dans la pensée islamique", 141–148

CORBIN, Henry, "Le temps cyclique dans le Mazdéisme et dans l'Ismaélisme", 149–217

ELIADE, Mircea, "Le temps et l'éternité dans la pensée indienne", 219–252

WHYTE, Lancelot Law, "Time and the Mind-Body Problem. A Changed Scientific Concept of Process", 253–270

JUNG, Carl Gustav, "Über Synchronizität", 271–284

GOODENOUGH, Erwin Ramsdell, "The Evaluation of Symbols Recurrent in Time, as Illustrated in Judaism", 285–319

WILHELM, Hellmut, "Der Zeitbegriff im „Buch der Wandlungen"", 321–348

PLESSNER, Helmuth, "Über die Beziehung der Zeit zum Tode", 349–386

KNOLL, Max, "Wandlungen der Wissenschaft in unserer Zeit", 387–436

PORTMANN, Adolf, "Die Zeit im Leben der Organismen", 437–458

Rhein-Verlag Zürich, "Zum XX. Eranos-Jahrbuch", 461–463

Mensch und Energie - Vorträge gehalten auf der Eranos-Tagung in Ascona 20. bis 28. August 1952 - Mit 16 Illustrationen und 8 Tabellen, Eranos-Jahrbuch XXI/1952, edited by Olga Fröbe-Kapteyn, Rhein-Verlag, Zürich 1953

FRÖBE-KAPTEYN, Olga, "Vorwort", 5–8

ELIADE, Mircea, "Puissance et sacralité dans l'histoire des religions", 11–44

SCHOLEM, Gershom, "Zur Entwicklungsgeschichte der Kabbalistischen Konzeption der Schechinah", 45–107

QUISPEL, Gilles, "Mensch und Energie im antiken Christentum", 109–168

NEUMANN, Erich, "Die Psyche und die Wandlung der Wirklichkeitsebenen. Ein meta-psychologischer Versuch", 169–215

LÖWITH, Karl, "Die Dynamik der Geschichte und der Historismus", 217–254

READ, Herbert, "The Dynamics of Art", 255–284

D'ARCY, Martin Cyril, "The Power of Caritas and the Holy Spirit", 285–324

PORTMANN, Adolf, "Die Bedeutung der Bilder in der lebendigen Energiewandlung", 325–357

KNOLL, Max, "Quantenhafte Energiebegriffe in Physik und Psychologie", 359–414

WHYTE, Lancelot Law, "A Scientific View of the 'Creative Energy' of Man", 415–446

Mensch und Erde - Vorträge gehalten auf der Eranos-Tagung in Ascona 19. bis 27. August 1953 - Mit 8 Kunstdrucktafeln, Eranos-Jahrbuch XXII/1953, edited by Olga Fröbe-Kapteyn, Rhein-Verlag, Zürich 1954

FRÖBE-KAPTEYN, Olga, "Vorwort", 5–7

NEUMANN, Erich, "Die Bedeutung des Erdarchetypus für die Neuzeit", 11–56

ELIADE, Mircea, "La Terre-Mère et les hiérogamies cosmique", 57–95

CORBIN, Henry, "Terre céleste et corps de résurrection d'après quelques traditions Iraniennes (Mazdéisme, Ishrâq, Shaïkhisme)", 97–194

QUISPEL, Gilles, "Der gnostische *Anthropos* und die jüdische Tradition", 195–234

SCHOLEM, Gershom, "Die Vorstellung vom Golem in ihren tellurischen und magischen Beziehungen", 235–289

SUZUKI, Daisetz Teitaro, "The Role of Nature in Zen Buddhism", 291–321

TUCCI, Giuseppe, "Earth in India and Tibet", 323–364

BENZ, Ernst, "Die heilige Höhle in der alten Christenheit und in der östlich-orthodoxen Kirche", 365–432

DANIÉLOU, Jean Guenolé Marie, "Terre et paradis chez les Pères de l'Eglise", 433–472

PORTMANN, Adolf, "Die Erde als Heimat des Lebens", 473–494

Mensch und Wandlung - Vorträge gehalten auf der Eranos-Tagung in Ascona 19. bis 27. August 1954 - Mit 10 Kunstdrucktafeln, Eranos-Jahrbuch XXIII/1954, edited by Olga Fröbe-Kapteyn, Rhein-Verlag, Zürich 1955

FRÖBE-KAPTEYN, Olga, "Vorwort", 5–6

NEUMANN, Erich, "Der schöpferische Mensch und die Wandlung", 9–55

ELIADE, Mircea, "Mystère et régénération spirituelle dans les religions extra-européennes", 57–98

MEIER, Fritz, "Die Wandlung des Menschen im mystischen Islam", 99–139

CORBIN, Henry, "Epiphanie divine et naissance spirituelle dans la gnose ismaélienne", 141–249

TILLICH, Paul, "Das neue Sein als Zentralbegriff einer christlichen Theologie", 251–274

SUZUKI, Daisetz Teitaro, "The Awakening of a New Consciousness in Zen", 275–304

BENZ, Ernst, "Theogonie und Wandlung des Menschen bei Friedrich Wilhelm Joseph Schelling", 305–365

WHYTE, Lancelot Law, "The Growth of Ideas, Illustrated by Man's Changing Conception of Himself", 367–388

DANIÉLOU, Jean Guenolé Marie, "La colombe et la ténèbre dans la mystique byzantine ancienne", 389–418

PORTMANN, Adolf, "Metamorphose der Tiere. Die Wandlung des Individuums und des Typus", 419–454

Der Mensch und die Sympathie aller Dinge - Vorträge gehalten auf der Eranos-Tagung in Ascona 24. August bis 1. September 1955 - Mit 10 Kunstdruckbildern sowie 22 Illustrationen und Tabellen im Text, Eranos-Jahrbuch XXIV/1955, edited by Olga Fröbe-Kapteyn, Rhein-Verlag, Zürich 1956

FRÖBE-KAPTEYN, Olga, "Vorwort", 5–7

NEUMANN, Erich, "Die Erfahrung der Einheitswirklichkeit und die Sympathie der Dinge", 11–54

SCHOLEM, Gershom, "Seelenwanderung und Sympathie der Seelen in der jüdischen Mystik", 55–118

MASSIGNON, Louis, "L'expérience musulmane de la compassion, ordonnée à l'universel ; à propos de Fâtima, et de Hallâj", 119–132

BENZ, Ernst, "Der Mensch und die Sympathie aller Dinge am Ende der Zeiten (nach Jakob Boehme und seiner Schule)", 133–197

CORBIN, Henry, "Sympathie et théopathie chez les « Fidèles d'Amour » en Islam", 199–301

OTTO, Walter Friedrich Gustav Hermann, "Der ursprüngliche Mythos im Lichte der Sympathie von Mensch und Welt", 303–340

LAYARD, John, "Identification with the Sacrificial Animal", 341–406

CHANG, Chung-yuan, "Tao and the Sympathy of All Things", 407–432

KNOLL, Max, "Endogene Rhythmen und biologische Zeit", 433–483

PORTMANN, Adolf, "Das Lebendige als vorbereitete Beziehung", 485–506

Der Mensch und das Schöpferische - Vorträge gehalten auf der Eranos-Tagung in Ascona 22. bis 30. August 1956 - Mit einer Kunstdrucktafel und einer Illustration im Text, Eranos-Jahrbuch XXV/1956, edited by Olga Fröbe-Kapteyn, Rhein-Verlag, Zürich 1957

FRÖBE-KAPTEYN, Olga, "Vorwort", 5–8

NEUMANN, Erich, "Der schöpferische Mensch und die ‚Große Erfahrung'", 11–58

ELIADE, Mircea, "La vertu créatrice du mythe", 59–85

SCHOLEM, Gershom, "Schöpfung aus Nichts und Selbstverschränkung Gottes", 87–119

CORBIN, Henry, "Imagination créatrice et prière créatrice dans le soufisme d'Ibn'Arabî", 121–240

REINHARDT, Karl, "Prometheus", 241–283

BENZ, Ernst, "*Creator Spiritus.* Die Geistlehre des Joachim von Fiore", 285–355

READ, Herbert, "Poetic Consciousness and Creative Experience", 357–389

CHANG, Chung-yuan, "Creativity as Process in Taoism", 391–415

VAN DER POST, Laurens, "The Creative Pattern in Primitive Africa", 417–454

WILHELM, Hellmut, "Das schöpferische Prinzip im „Buch der Wandlungen"", 455–475

PORTMANN, Adolf, "Erleuchtung und Erscheinung im Lebendigen", 477–503

Eranos-Index für die Jahrbücher I-XXV, *1933-1956*, edited by Magda Kerényi, Rhein-Verlag, Zürich 1961

KERÉNYI, Magda, "Vorbemerkungen", 7–12

Mensch und Sinn - Vorträge gehalten auf der Eranos-Tagung in Ascona 21. bis 29. August 1957 - Mit 4 Kunstdrucktafeln, Eranos-Jahrbuch XXVI/1957, edited by Olga Fröbe-Kapteyn, Rhein-Verlag, Zürich 1958

FRÖBE-KAPTEYN, Olga, "Vorwort", 5–6

FRÖBE-KAPTEYN, Olga, "*In memoriam* Karl Reinhardt", 7

NEUMANN, Erich, "Die Sinnfrage und das Individuum", 11–55

CORBIN, Henry, "L'intériorisation du sens en herméneutique soufie iranienne (Ṣâ'inoddîn 'Alî Torka Ispâhânî, ob. 830/1427 et 'Alâoddawla Semnânî, ob. 736/1336)", 57–187

ELIADE, Mircea, "Significations de la « lumière intérieure »", 189–242

SCHOLEM, Gershom, "Religiöse Autorität und Mystik", 243–278

REINHARDT, Karl, "Die Sinneskrise bei Euripides", 279–313

READ, Herbert, "The Creative Nature of Humanism", 315–350

WILHELM, Hellmut, "Der Sinn des Geschehens nach dem „Buch der Wandlungen"", 351–386

CORTI, Walter Robert, "Die Platonische Akademie im Wandel der Geschichte und als Aufgabe unserer Zeit", 387–413

CAMPBELL, Joseph, "The Symbol without Meaning", 415–475

PORTMANN, Adolf, "Sinndeutung als biologisches Problem", 477–510

Mensch und Frieden - Vorträge gehalten auf der Eranos-Tagung in Ascona 14. bis 22. August 1958, Eranos-Jahrbuch XXVII/1958, edited by Olga Fröbe-Kapteyn, Rhein-Verlag, Zürich 1959

NEUMANN, Erich, "Frieden als Symbol des Lebens", 7–50

CORBIN, Henry, "Quiétude et inquiétude de l'âme dans le soufisme de Rûzbehân Baqlî de Shîrâz (522/1128–606/1209)", 51–194

ELIADE, Mircea, "La *coincidentia oppositorum* et le mystère de la totalité", 195–236

SCHOLEM, Gershom, "Die Lehre vom „Gerechten" in der jüdischen Mystik (Mystisches Symbol und reale Gestalt)", 237–297

READ, Herbert, "The Flower of Peace", 299–332

SCHNEIDER, Herbert W., "Peace as Scientific Problem and as Personal Experience", 333–357

BENZ, Ernst, "Der Friedensgedanke in der gegenwärtigen Auseinandersetzung zwischen Buddhismus und Christentum in Asien", 359–404

CHANG, Chung-yuan, "Self-Realization and the Inner Process of Peace", 405–423

KAYSER, Hans, "Die Harmonie der Welt", 425–451

PORTMANN, Adolf, "Kampf und Frieden als biologisches Problem", 453–483

Die Erneuerung des Menschen - Vorträge gehalten auf der Eranos-Tagung in Ascona 19. bis 27. August 1959, Eranos-Jahrbuch XXVIII/1959, edited by Olga Fröbe-Kapteyn, Rhein-Verlag, Zürich 1960

NEUMANN, Erich, "Das Bild des Menschen in Krise und Erneuerung", 7–46

CORBIN, Henry, "L'Imâm caché et la rénovation de l'homme en théologie shî'ite", 47–108

BENZ, Ernst, "Der dreifache Aspekt des Übermenschen", 109–192

SCHOLEM, Gershom, "Zum Verständnis der messianischen Idee im Judentum", 193–239

ELIADE, Mircea, "Dimensions religieuses du renouvellement cosmique", 241–275

LAYARD, John, "On Psychic Consciousness (mit mehreren Textzeichnungen)", 277–344

READ, Herbert, "Nihilism and Renewal in the Art of our Time", 345–376

CORTI, Walter Robert, "Der Mensch als Organ Gottes. Studien zum dynamischen Pantheismus", 377–405

CAMPBELL, Joseph, "Renewal Myths and Rites of the Primitive Hunters and Planters", 407–457

PORTMANN, Adolf, "Der biologische Beitrag zu einem neuen Bild des Menschen", 459–492

Mensch und Gestaltung - Vorträge gehalten auf der Eranos-Tagung in Ascona 17. bis 25. August 1960, Eranos-Jahrbuch XXIX/1960, edited by Olga Fröbe-Kapteyn, Rhein-Verlag, Zürich 1961

FRÖBE-KAPTEYN, Olga, "*In memoriam* Erich Neumann", 7–8

PORTMANN, Adolf, "Zum Gedenken an Erich Neumann", 9–11

NEUMANN, Erich, "Die Psyche als Ort der Gestaltung", 13–56

CORBIN, Henry, "Pour une morphologie de la spiritualité shî'ite", 57–107

ELIADE, Mircea, "Mythes et symboles de la corde", 109–137

SCHOLEM, Gershom, "Die mystische Gestalt der Gottheit in der Kabbala (mit 1 Zeichnung)", 139–182

READ, Herbert, "The Origins of Form in Art (mit 6 Tafeln)", 183–206

WILHELM, Hellmut, "Die „Eigene Stadt" als Schauplatz der Gestaltung", 207–242

SCHNEIDER, Herbert W., "Historical Construction and Reconstruction", 243–264

ZUCKERKANDL, Victor, "Die Tongestalt (mit Notenbeispielen)", 265–307

VÉGH, Sándor, "Musik als Erlebnis", 309–325

PORTMANN, Adolf, "Gestaltung als Lebensvorgang (mit 2 Tafeln und 1 Zeichnung)", 327–369

Der Mensch im Spannungsfeld der Ordnungen - Vorträge gehalten auf der Eranos-Tagung in Ascona 16. bis 23. August 1961, Eranos-Jahrbuch XXX/1961, edited by Olga Fröbe-Kapteyn, Rhein-Verlag, Zürich 1962

PORTMANN, Adolf, "Vom Sinn und Auftrag der Eranos-Tagungen (zum 80. Geburtstag von Olga Fröbe-Kapteyn)", 7–28

SCHOLEM, Gershom, "Gut und Böse in der Kabbala", 29–67

CORBIN, Henry, "Le combat spirituel du Shî'isme", 69–125

SPEISER, Andreas, "Ton und Zahl", 127–142

PREETORIUS, Emil, "Vom Ordnungsgefüge der Kunst (mit 17 Textillustrationen)", 143–172

READ, Herbert, "Beauty and the Beast", 175–210

ELIADE, Mircea, "Le Créateur et son « ombre »", 211–239

ZUCKERKANDL, Victor, "Der singende und der sprechende Mensch", 241–283

PORTMANN, Adolf, "Die Ordnungen des Lebendigen im Deutungsversuch der Biologie (mit 4 Textillustrationen)", 285–332

Eranos-Index für die Jahrbücher XXVI-XXX, *1957-1961*, edited by Magda Kerényi, Rhein-Verlag, Zürich 1965

KERÉNYI, Magda, "Vorbemerkungen", 7–8

Der Mensch, Führer und Geführter im Werk - Vorträge gehalten auf der Eranos-Tagung in Ascona 21. bis 29. August 1962, Eranos-Jahrbuch XXXI/1962, edited by Adolf Portmann, Rhein-Verlag, Zürich 1963

PORTMANN, Adolf, "Vorwort", 5

PORTMANN, Adolf, "Zur Erinnerung an Olga Fröbe", 6–8

CORBIN, Henry, "I. Eranos : à la mémoire de C.G. Jung et Olga Fröbe – II. Eranos: Freiheit und Spontaneität", 9–15

SCHOLEM, Gershom, "Tradition und Kommentar als religiöse Kategorien im Judentum", 19–48

CORBIN, Henry, "De la philosophie prophétique en Islam shî'ite", 49–116

BENZ, Ernst, "Vision und Führung in der christlichen Mystik", 117–169

WERBLOWSKY, Raphael Jehudah Zwi, "Führe uns, Mutter: Der Weg der Väter und das Finden des Sohnes. Analyse eines indianischen Rituals", 171–197

DANIÉLOU, Jean Guenolé Marie, "Les traditions secrètes des Apôtres", 199–215

READ, Herbert, "The Poet and his Muse", 217–248

WEIDLÉ, Wladimir, "Vom Sinn der Mimesis", 249–273

ZUCKERKANDL, Victor, "Vom Wachstum des Kunstwerks (mit Notenbeispielen)", 275–315

WILHELM, Hellmut, "Das Zusammenwirken von Himmel, Erde und Mensch", 317–350

HOLTON, Gerald, "Über die Hypothesen, welche der Naturwissenschaft zugrunde liegen", 351–425

PORTMANN, Adolf, "Freiheit und Bindung in biologischer Sicht", 427–450

Vom Sinn der Utopie - Vorträge gehalten auf der Eranos-Tagung in Ascona 28. August bis 5. September 1963, Eranos-Jahrbuch XXXII/1963, edited by Adolf Portmann, Rhein-Verlag, Zürich 1964

PORTMANN, Adolf, "Vorwort", 5–6

KERÉNYI, Károly, "Ursinn und Sinnwandel des Utopischen", 9–29

CORBIN, Henry, "Au pays de l'Imâm caché", 31–87

PROGOFF, Ira, "The Dynamics of Hope and the Image of Utopia", 89–145

HENDRIX, Pjotr, "„Garten" und „Morgen" als Ort und Zeit für das *Mysterium Paschale* in der Orthodoxen Kirche", 147–171

ZUCKERKANDL, Victor, "Die Wahrheit des Traumes und der Traum der Wahrheit", 173–210

ELIADE, Mircea, "Paradis et utopie : géographie mythique et eschatologie", 211–234

WEISS, Joseph G., "Eine spätjüdische Utopie religiöser Freiheit", 235–280

ZAEHNER, Robert Charles, "Utopia and Beyond: Some Indian Views", 281–309

PORTMANN, Adolf, "Utopisches in der Lebensforschung", 311–344

Das menschliche Drama in der Welt der Ideen - Vorträge gehalten auf der Eranos-Tagung in Ascona vom 19. bis 27. August 1964, Eranos-Jahrbuch XXXIII/1964, edited by Adolf Portmann, Rhein-Verlag, Zürich 1965

PORTMANN, Adolf, "Vorwort", 5–6

SCHOLEM, Gershom, "Das Ringen zwischen dem biblischen Gott und dem Gott Plotins in der alten Kabbala", 9–50

READ, Herbert, "High Noon and Darkest Night: Some Reflections on Ortega y Gasset's Philosophy of Art", 51–69

CORBIN, Henry, "Herméneutique spirituelle comparée (I. Swedenborg – II. Gnose ismaélienne)", 71–176

WILHELM, Hellmut, "Wanderungen des Geistes", 177–200

PROGOFF, Ira, "The Integrity of Life and Death", 201–244

DURAND, Gilbert, "Dualismes et dramatisation : régime antithétique et structures dramatiques de l'imaginaire", 245–284

ZUCKERKANDL, Victor, "Kreis und Pfeil im Werk Beethovens", 285–317

HOLTON, Gerald, "Stil und Verwirklichung in der Physik. Weitere Beiträge zur Thematischen Analyse", 319–363

PORTMANN, Adolf,"Die Idee der Evolution als Schicksal von Charles Darwin", 365–403

Form als Aufgabe des Geistes - Vorträge gehalten auf der Eranos-Tagung in Ascona vom 18. bis 26. August 1965, Eranos-Jahrbuch XXXIV/1965, edited by Adolf Portmann, Rhein-Verlag, Zürich 1967

Portmann, Adolf, "Vorwort", 5–6

Quispel, Gilles, "Das Lied von der Perle", 9–32

Holton, Gerald, "The Metaphor of Space-Time Events in Science", 33–78

Corbin, Henry, "La Configuration du Temple de la Ka'ba comme secret de la vie spirituelle d'après l'œuvre de Qâżî Sa'îd Qommî (1103–1691)", 79–166

Hopper, Stanley Romaine, "Symbolic Reality and the Poet's Task", 167–218

Merkelbach, Reinhold, "Die Kosmogonie der Mithrasmysterien", 219–257

Progoff, Ira, "Form, Time and Opus: The Dialectic of the Creative Psyche", 259–301

Durand, Gilbert, "Tâches de l'esprit et impératifs de l'être. Pour un structuralisme gnostique et une herméneutique docétiste", 303–360

Knoll, Max, "Die Welt der inneren Lichterscheinungen", 361–397

Morenz, Siegfried, "Ägyptischer Totenglaube im Rahmen der Struktur ägyptischer Religion", 399–446

Portmann, Adolf, "Gestalt als erstes und letztes Problem der Biologie", 447–482

Schöpfung und Gestaltung - Vorträge gehalten auf der Eranos-Tagung in Ascona vom 17. bis 25. August 1966, Eranos-Jahrbuch XXXV/1966, edited by Adolf Portmann, Rhein-Verlag, Zürich 1967

Portmann, Adolf, "Vorwort", 5–6

Scholem, Gershom, "Martin Bubers Auffassung des Judentums", 9–55

Durand, Gilbert, "La création artistique comme configuration dynamique des structures", 57–98

Progoff, Ira, "The Man who Transforms Consciousness: The Inner Myths of Martin Buber, Paul Tillich, and C. G. Jung", 99–144

Merkelbach, Reinhold, "Inhalt und Form in symbolischen Erzählungen der Antike", 145–175

Corbin, Henry, "De l'épopée héroïque à l'épopée mystique", 177–239

Quispel, Gilles, "Faust: Symbol of Western Man", 241–265

Gantner, Joseph, "„*L'Immagine del Cuor*". Die vorgestaltenden Formen der Phantasie und ihre Auswirkung in der Kunst", 267–302

SAMBURSKY, Shmuel, "Phänomen und Theorie. Das physikalische Denken der Antike im Licht der modernen Physik", 303–348

HILLMAN, James, "On Psychological Creativity", 349–409

PORTMANN, Adolf, "Ursprung und Entwicklung als Problem der Biologie", 411–451

Polarität des Lebens - Vorträge gehalten auf der Eranos-Tagung in Ascona vom 23. bis 31. August 1967, Eranos-Jahrbuch XXXVI/1967, edited by Adolf Portmann and Rudolf Ritsema, Rhein-Verlag, Zürich 1969

PORTMANN, Adolf, "Vorwort", 5–6

QUISPEL, Gilles, "Das ewige Ebenbild des Menschen. Zur Begegnung mit dem Selbst in der Gnosis", 9–30

WILHELM, Hellmut, "The Interplay of Image and Concept in the *Book of Changes*", 31–58

ELIADE, Mircea, "Mythes de combat et du repos. Dyades et polarités", 59–112

DELFGAAUW, Bernard, "Gregor von Nazianz: Antikes und christliches Denken", 113–163

CORBIN, Henry, "Face de Dieu et face de l'homme", 165–228

SAMBURSKY, Shmuel, "Antithetische Elemente in Natur und Naturerkenntnis", 229–267

DURAND, Gilbert, "Les structures polarisantes de la conscience psychique et de la culture. Approches pour une méthodologie des sciences de l'homme", 269–300

HILLMAN, James, "*Senex and Puer*: An Aspect of the Historical and Psychological Present", 301–360

HOFFMANN, Helmut, "Die Polaritätslehre des späten Buddhismus", 361–378

IZUTSU, Toshihiko, "The Absolute and the Perfect Man in Taoism", 379–441

PORTMANN, Adolf, "Dualität der Geschlechter: Einheit und Vielfalt", 443–476

Tradition und Gegenwart - Vorträge gehalten auf der Eranos-Tagung in Ascona vom 21. bis 29. August 1968, Eranos-Jahrbuch XXXVII/1968, edited by Adolf Portmann and Rudolf Ritsema, Rhein-Verlag, Zürich 1970

PORTMANN, Adolf, "Vorwort", 5–6

SCHOLEM, Gershom, "Die Krise der Tradition im jüdischen Messianismus", 9–44

HOLTON, Gerald, "The Roots of Complementarity", 45–90

HADOT, Pierre, Pierre, "L'apport du néoplatonisme à la philosophie de la nature en Occident", 91–132

CITROEN, Paul, "Wir Maler heute und die Kunsttradition", 133–160

MUS, Paul, "Traditions asiennes et bouddhisme moderne. Essai d'analyse structurale", 161–276

QUISPEL, Gilles, "C. G. Jung und die Gnosis", 277–298

HILLMAN, James, "The Language of Psychology and the Speech of the Soul", 299–356

RAINE, Kathleen, "Poetic Symbol as a Vehicle of Tradition: The Crisis of the Present in English Poetry", 357–409

JACOBSOHN, Helmuth, "Der altägyptische, der christliche und der moderne Mythos", 411–448

DURAND, Gilbert, "Structure et fonction récurrentes de la figure de Dieu ou la conversion herméneutique", 449–522

PORTMANN, Adolf, "Im Kampf um die Auffassung vom Lebendigen", 523–548

Sinn und Wandlungen des Menschenbildes - Vorträge gehalten auf der Eranos-Tagung in Ascona vom 20. bis 28. August 1969, Eranos-Jahrbuch XXXVIII/1969, edited by Adolf Portmann and Rudolf Ritsema, Rhein-Verlag, Zürich 1972

PORTMANN, Adolf, RITSEMA, Rudolf, "Vorwort", 5–6

JACOBSOHN, Helmuth, "Gestaltwandel der Götter und des Menschen im alten Ägypten", 9–43

DURAND, Gilbert, "Défiguration philosophique et figure traditionnelle de l'homme en Occident. Préface à une antihistoire de l'antiphilosophie", 45–93

IZUTSU, Toshihiko, "The Structure of Selfhood in Zen Buddhism", 95–150

SAMBURSKY, Shmuel, "Die Willensfreiheit im Wandel des physikalischen Weltbildes", 151–193

CORBIN, Henry, "Le *Récit du Nuage Blanc* (Hadîth al-ghamâma). Commenté par Qâzî Sa'îd Qommî (1103/1691)", 195–260

QUISPEL, Gilles, "Gnosis and the New Sayings of Jesus", 261–296

BENZ, Ernst, "Der Mensch als *Imago Dei*", 297–330

SCHOLEM, Gershom, "Three Types of Jewish Piety", 331–348

HILLMAN, James, "First Adam, then Eve: Fantasies of Female Inferiority in Changing Consciousness", 349–412

PORTMANN, Adolf, "Vom Urmenschenmythos zur Theorie der Menschwerdung", 413–439

Man and Speech / Mensch und Wort / L'homme et le verbe - Lectures given at the Eranos Conference in Ascona from August 19th to 27th, 1970 / Vorträge gehalten auf der Eranos Tagung in Ascona vom 19. bis 27. August 1970 / Conférences données à la session d'Eranos à Ascona du 19 au 27 Août 1970, Eranos-Yearbook / Jahrbuch / Annales 39/1970, edited by Adolf Portmann and Rudolf Ritsema, E.J. Brill, Leiden 1973

PORTMANN, Adolf, RITSEMA, Rudolf, "Preface / Vorwort", VII–VIII

BENZ, Ernst, "Die schöpferische Bedeutung des Wortes bei Jacob Boehme", 1–40

CORBIN, Henry, "L'initiation ismaélienne ou l'ésotérisme et le Verbe", 41–142

SAMBURSKY, Shmuel, "Wort und Begriff in der Wissenschaft", 143–182

IZUTSU, Toshihiko, "Sense and Nonsense in Zen Buddhism", 183–215

JACOBSOHN, Helmuth, "Das göttliche Wort und der göttliche Stein im alten Ägypten", 217–241

SCHOLEM, Gershom, "Der Name Gottes und die Sprachtheorie der Kabbala", 243–299

UEXKÜLL, Thure von, "Körperwelt: Grenze und Kommunikation", 301–322

QUISPEL, Gilles, "From *Mythos* to *Logos*", 323–340

DURAND, Gilbert, "Linguistique et métalangages", 341–396

PORTMANN, Adolf, "Der Weg zum Wort: Stufen lebendiger Kommunikation", 397–424

The Stages of Life in the Creative Process / Die Lebensalter im schöpferischen Prozess / Les moments créateurs dans les saisons de la vie - Lectures given at the Eranos Conference in Ascona from August 18th to 26th, 1971 / Vorträge gehalten auf der Eranos Tagung in Ascona vom 18. bis 26. August 1971 / Conférences données à la session d'Eranos à Ascona du 18 au 26 Août 1971, Eranos-Yearbook / Jahrbuch / Annales 40/1971, edited by Adolf Portmann and Rudolf Ritsema, E.J. Brill, Leiden 1973

PORTMANN, Adolf, RITSEMA, Rudolf, "Preface / Vorwort", VII–VIII

BENZ, Ernst, "Die ewige Jugend in der christlichen Mystik von Meister Eckhart bis Schleiermacher", 1–50

HOUGH, Graham, "W.B. Yeats, a Study in Poetic Integration", 51–83

JAFFÉ, Aniela, "Die schöpferischen Phasen im Leben von C. G. Jung", 85–122

KIRK, Geoffrey Stephen, "Old Age and Maturity in Ancient Greece", 123–158

HUYGHE, René, "Les thèmes-clefs et l'évolution de l'artiste : Vermeer, Rembrandt, Delacroix", 159–200

SAMBURSKY, Shmuel, "Von Kepler bis Einstein: Das Genie in der Naturwissenschaft", 201–238

SERVIER, Jean, "Aspects et causes de la non-créativité chez quelques marginaux d'Europe", 239–284

QUISPEL, Gilles, "The Birth of the Child. Some Gnostic and Jewish Aspects", 285–310

CORBIN, Henry, "Juvénilité et chevalerie en Islam iranien", 311–356

HILLMAN, James, "Abandoning the Child", 357–408

PORTMANN, Adolf, "Die Autonomie der Lebensphasen in der organischen Natur", 409–442

The Realms of Colour / Die Welt der Farben / Le monde des couleurs - Lectures given at the Eranos Conference in Ascona from August 23rd to 31st, 1972 / Vorträge gehalten auf der Eranos Tagung in Ascona vom 23. bis 31. August 1972 / Conférences données à la session d'Eranos à Ascona du 23 au 31 Août 1972, edited by Adolf Portmann and Rudolf Ritsema, Eranos-Yearbook / Jahrbuch / Annales 41/1972, E.J. Brill, Leiden 1974

PORTMANN, Adolf, RITSEMA, Rudolf, "Preface / Vorwort", VII–VIII

SCHOLEM, Gershom, "Farben und ihre Symbolik in der jüdischen Überlieferung und Mystik", 1–49

DRONKE, Peter, "Tradition and Innovation in Medieval Western Colour-Imagery", 51–107

CORBIN, Henry, "Réalisme et symbolisme des couleurs en cosmologie shî'ite. D'après le « Livre du hyacinthe rouge » de Shaykh Moḥammad Karîm-Khân Kermânî (ob. 1870)", 109–176

SAMBURSKY, Shmuel, "Licht und Farbe in den physikalischen Wissenschaften und in Goethes Lehre", 177–216

HUYGHE, René, "La couleur et l'expression de la durée intérieure en Occident", 217–263

BENZ, Ernst, "Die Farbe im Erlebnisbereich der christlichen Vision", 265–326

ROWE, Christopher, "Conceptions of Colour and Colour Symbolism in the Ancient World", 327–364

ZAHAN, Dominique, "White, Red and Black: Colour Symbolism in Black Africa", 365–396

RIEDL, Peter Anselm, "Vom Orphismus zur Optical Art. Über die aktivierung des Sehens durch die Farbe", 397–427

IZUTSU, Toshihiko, "The Elimination of Color in Far Eastern Art and Philosophy", 429–464

PORTMANN, Adolf, "Farbensinn und Bedeutung der Farben in biologischer Sicht", 465–492

Correspondences in Man and World / Die Welt der Entsprechungen / Le monde des correspondances - Lectures given at the Eranos Conference in Ascona from August 22nd to 30th, 1973 / Vorträge gehalten auf der Eranos Tagung in Ascona vom 22. bis 30. August 1973 / Conférences données à la session d'Eranos à Ascona du 22 au 30 Août 1973, Eranos-Yearbook / Jahrbuch / Annales 42/1973, edited by Adolf Portmann and Rudolf Ritsema, E.J. Brill, Leiden 1975

PORTMANN, Adolf, RITSEMA, Rudolf, "Preface / Vorwort", VII–X

JAFFÉ, Aniela, "Synchronizität und Kausalität in der Parapsychologie", 1–42

HOUGH, Graham, "Nature and Spirit in Shakespeare's Last Plays", 43–77

CORBIN, Henry, "La science de la balance et les correspondances entre les mondes en gnose islamique (d'après l'œuvre de Ḥaydar Âmolî, VIIIe/XIVe siècle)", 79–162

SAMBURSKY, Shmuel, "Wahrnehmungen, Theorien und reale Aussenwelt", 163–203

ZAHAN, Dominique, "L'Univers cosmo-biologique de l'Africain", 205–236

HILLMAN, James, "The Dream and the Underworld", 237–322

FAIVRE, Antoine, "Mystische Alchemie und geistige Hermeneutik", 323–360

STREICH, Hildemarie, "Musikalische und psychologische Entsprechungen in der *Atalanta fugiens* von Michael Maier", 361–426

DURAND, Gilbert, "Similitude hermétique et science de l'homme", 427–516

BENZ, Ernst, "Die Signatur der Dinge. Aussen und Innen in der mystischen Kosmologie, in Schriftauslegung und Physiognomik", 517–580

IZUTSU, Toshihiko, "The Interior and Exterior in Zen Buddhism", 581–618

PORTMANN, Adolf, "Homologie und Analogie. Ein Grundproblem der Lebensdeutung", 619–649

Norms in a Changing World / Normen im Wandel der Zeit / Avenir et devenir des normes - Lectures given at the Eranos Conference in Ascona from August 21st to 29th, 1974 / Vorträge gehalten auf der Eranos Tagung in Ascona vom 21. bis 29. August 1974 / Conférences données à la session d'Eranos à Ascona du 21 au 29 Août 1974, Eranos-Yearbook / Jahrbuch / Annales 43/1974, edited by Adolf Portmann and Rudolf Ritsema, E.J. Brill, Leiden 1977

PORTMANN, Adolf, RITSEMA, Rudolf, "Preface / Vorwort", VII–VIII

SCHOLEM, Gershom, "Der Nihilismus als religiöses Phänomen", 1–50

HADOT, Pierre, "La figure de Socrate", 43/1974, 51–90

HILLMAN, James, "On the Necessity of abnormal Psychology", 91–136

BENZ, Ernst, "Norm und Heiliger Geist in der Geschichte des Christentums", 137–182

CORBIN, Henry, "L'*Imago Templi* face aux normes profanes", 183–254

ROWE, Christopher, "God, Man and Nature. Ancient Greek Views on the Foundation of Moral Values", 255–291

FAIVRE, Antoine, "Les normes et la sécularisation du cosmos", 293–328

JAFFÉ, Aniela, "C. G. Jungs Auffassung einer Individuation der Menschheit", 329–366

SAMBURSKY, Shmuel, "Normative Prinzipien in der Naturwissenschaft", 367–410

IZUTSU, Toshihiko, "The Temporal and A-Temporal Dimensions of Reality in Confucian Metaphysics", 411–447

PORTMANN, Adolf, "Die biologischen Grundfragen der Typenlehren", 449–473

The Variety of Worlds / Die Vielheit der Welten / La pluralité des mondes - Lectures given at the Eranos Conference in Ascona from August 20th to 28th, 1975/Vorträge gehalten auf der Eranos Tagung in Ascona vom 20. bis 28. August 1975/Conférences données à la session d'Eranos à Ascona du 20 au 28 Août 1975, Eranos-Yearbook / Jahrbuch / Annales 44/1975, edited by Adolf Portmann and Rudolf Ritsema, E.J. Brill, Leiden 1977

PORTMANN, Adolf, RITSEMA, Rudolf, "Preface / Vorwort", VII–X

JAFFÉ, Aniela, "C.G. Jung und die Eranos-Tagungen: Zum 100. Geburtstag von C.G. Jung", 1–14

BENZ, Ernst, "Der kopernikanische Schock und seine theologische Auswirkung", 15–60

MILLER, David L., "Images of Happy Ending", 61–89

STREICH, Hildemarie, "Welten der Musik im Mittelalter", 91–131

RAINE, Kathleen, "Mental Worlds of Blake and Yeats: Two Diagrams", 133–165

SAMBURSKY, Shmuel, "Die Raumvorstellungen der Antike: Von der unendlichen Leere zur Allgegenwart Gottes", 167–198

BRUN, Jean, "La loi du jour et la passion de la nuit", 199–230

LANDOLT, Hermann, "Sakralraum und mystischer Raum im Islam", 231–265

DURAND, Gilbert, "L'éthique du pluralisme et le problème de la cohérence", 267–343

GUIOMAR, Michel, "Le bourdonnement des mondes", 345–377

IZUTSU, Toshihiko, "Naive Realism and Confucian Philosophy", 379–413

HILLMAN, James, "Pandämonium der Bilder: C. G. Jungs Beitrag zum ‚Erkenne dich Selbst'", 415–452

Oneness and Variety / Einheit und Verschiedenheit / L'un et le divers - Lectures given at the Eranos Conference in Ascona from August 18th to 26th, 1976 / Vorträge gehalten auf der Eranos Tagung in Ascona vom 18. bis 26. August 1976 / Conférences données à la session d'Eranos à Ascona du 18 au 26 Août 1976, Eranos-Yearbook / Jahrbuch / Annales 45/1976, edited by Adolf Portmann and Rudolf Ritsema, E.J. Brill, Leiden 1980

PORTMANN, Adolf, RITSEMA, Rudolf, "Preface / Vorwort", VII–X

SAMBURSKY, Shmuel, "Erste Prinzipien und letzte Teilchen in der Erkenntnis der Natur", 1–36

ROWE, Christopher, "One and Many in Greek Religion", 37–67

CORBIN, Henry, "Le paradoxe du monothéisme", 69–133

UEDA, Shizuteru, "Leere und Fülle: Shûnyatâ im Mahâyâna Buddhismus", 135–163

DURAND, Gilbert, "La cité et les divisions du royaume. Vers une sociologie des profondeurs", 165–219

HILLMAN, James, "Egalitarian Typologies *versus* the Perception of the Unique", 221–279

GERHARDT, Kurt, "Der Mensch: Mannigfaltigkeit des Einzigartigen", 281–314

BENZ, Ernst, "„Mancherlei Gaben, ein Geist": Zur Wiedererkennung der Charismata", 315–361

IZUTSU, Toshihiko, "The *I Ching* Mandala and Confucian Metaphysics", 363–404

PORTMANN, Adolf, "Das Lebendige und die Organismen", 405–430

Der Sinn des Unvollkommenen / The Sense of Imperfection / Le sens de l'imperfection - Vorträge gehalten auf der Eranos Tagung in Ascona vom 17. bis 25. August 1977 / Lectures given at the Eranos Conference in Ascona from August 17th to 25th, 1977 / Conférences données à la session d'Eranos à Ascona du 17 au 25 Août 1977, Eranos-Jahrbuch / Yearbook / Annales 46/1977, edited by Adolf Portmann and Rudolf Ritsema, Eranos Foundation/Insel Verlag, Ascona/Frankfurt am Main 1981

SCHOLEM, Gershom, "Alchemie und Kabbala", 1–96

BRUN, Jean, "Sisyphe, enfant de Prométhée", 97–120

HILLMAN, James, "Psychotherapy's Inferiority Complex", 121–174

LANDOLT, Hermann, "Stufen der Gotteserkenntnis und das Lob der Torheit bei Najm-e Râzî (ob. 654/1256)", 175–204

STREICH, Hildemarie, "Musikalische Temperaturen in psychologischer Sicht", 205–248

SAMBURSKY, Shmuel, "Natur und Geist: Stufen der Entfremdung", 249–285

SERVIER, Jean, "Une ouverture sur le monde : magie et religion en Afrique du Nord. Une technique divinatoire : la géomancie", 287–339

VOEGELIN, Eric, "Wisdom and the Magic of the Extreme", 341–409

HORNUNG, Erik, "Verfall und Regeneration der Schöpfung", 411–449

MILLER, David L., "Imaginings No End: The Poetry of Religion and Myth", 451–499

PORTMANN, Adolf, "Evolution: Das Offene des Lebens", 501–517

PORTMANN, Adolf, RITSEMA, Rudolf ,"Nachwort", 519–520

Zeit und Zeitlosigkeit / In Time and Out of Time / Le temps et ses frontières - Vorträge gehalten auf der Eranos Tagung in Ascona vom 23. bis 31. August 1978 / Lectures given at the Eranos Conference in Ascona from August 23rd to 31st, 1978 / Conférences données à la session d'Eranos à Ascona du 23 au 31 Août 1978, Eranos-Jahrbuch / Yearbook / Annales 47/1978, edited by Adolf Portmann and Rudolf Ritsema, Eranos Foundation/Insel Verlag, Ascona/Frankfurt am Main 1981

BENZ, Ernst, "Zeit, Endzeit, Ewigkeit", 1–39

DURAND, Gilbert, "Temps humain et espaces transitionnels. Contribution à une mythanalyse de l'œuvre de Wagner", 41–66

MILLER, David L., "Rhythms of Silenos in a Poetics of Christ: Images of The Great Teacher", 67–121

STREICH, Hildemarie, "Zeit und Ewigkeit in der Musik", 123–171

FRANZ, Marie-Louise von, "The Psychological Experience of Time", 173–204

SAMBURSKY, Shmuel, "Das Gespenst des Vergänglichen", 205–237

BRUN, Jean, "Les murs et les fêlures du temps", 239–268

HORNUNG, Erik, "Zeitliches Jenseits im alten Ägypten", 269–307

IZUTSU, Toshihiko, "The Field Structure of Time in Zen Buddhism", 309–340

PORTMANN, Adolf, RITSEMA, Rudolf, "Nachwort", 341

Denken und mythische Bildwelt / Thought and Mythic Images / Image mythique et pensée - Vorträge gehalten auf der Eranos Tagung in Ascona vom 22. bis 30. August 1979 / Lectures given at the Eranos Conference in Ascona from August 22nd to 30th, 1979 / Conférences données à la session d'Eranos à Ascona du 22 au 30 Août 1979, Eranos-Jahrbuch / Yearbook / Annales 48/1979, edited by Adolf Portmann and Rudolf Ritsema, Eranos Foundation/Insel Verlag, Ascona/Frankfurt am Main 1981

SAMBURSKY, Shmuel, "Leitmotive wissenschaftlicher Theorienbildung", 1–33

BRUN, Jean, "Le chant du mythe", 35–59

STREICH, Hildemarie, "Tonarten in mythologischer und psychologischer Sicht", 61–99

PORKERT, Manfred, "Anschaulichkeit, Sinnlichkeit, Bildlichkeit als Voraussetzung für die Integrierbarkeit wissenschaftlicher Aussagen", 101–132

HILLMAN, James, "The Thought of the Heart", 133–182

HORNUNG, Erik, "Die Tragweite der Bilder: Altägyptische Bildaussagen", 183–237

SECRET, François, "Aux portes de corne et d'ivoire de la Renaissance : mythe et songe", 239–276

LAUF, Detlef-Ingo, "Visionen zur Seelenführung im Tibetischen Totenbuch", 277–324

SERVIER, Jean, "Mythes, symboles et figures divinatoires en Occident et dans les Civilisations traditionnelles", 325–372

MANN, Ulrich, "Die Gegenwart des tragischen Mythos im christlichen Heilsgeschehen", 373–425

IZUTSU, Toshihiko, "Between Image and No-Image: Far Eastern Ways of Thinking", 427–461

SCHOLEM, Gershom, "Identifizierung und Distanz: ein Rückblick", 463–467

PORTMANN, Adolf, RITSEMA, Rudolf, "Nachwort", 469

Grenzen und Begrenzung / Extremes and Borders / Les extrêmes et la limite - Vorträge gehalten auf der Eranos Tagung in Ascona vom 20. bis 28. August 1980 / Lectures given at the Eranos Conference in Ascona from August 20th to 28th, 1980 / Conférences données à la session d'Eranos à Ascona du 20 au 28 Août 1980, Eranos-Jahrbuch / Yearbook / Annales 49/1980, edited by Adolf Portmann and Rudolf Ritsema, Eranos Foundation/Insel Verlag, Ascona/ Frankfurt am Main 1981

SAMBURSKY, Shmuel, "Über Starres und Fließendes", , 1–33

DURAND, Gilbert, "La notion de limite dans la morphologie religieuse et les théophanies de la culture européenne", 35–79

MILLER, David L., "Between God and the Gods—Trinity", 81–148

PORKERT, Manfred, "Richtung und Maß: Medizinisches Denken in Europa und in China", 149–198

SERVIER, Jean, "Hermès africain : les origines communes, les limites du visible et de l'invisible", 199–257

LAUF, Detlef-Ingo, "*Quaternio* und *Mandala*: Mythische Identität und transzendente Schau", 259–294

BRUN, Jean, "Déchirement et existence", 295–321

ZIEGLER, Alfred J., "Die goldenen Fallen: Das Leben in einer wissenschaftlichen und einer archetypischen Medizin", 323–356

IZUTSU, Toshihiko, "The Nexus of Ontological Events: A Buddhism View of Reality", 357–392

HORNUNG, Erik, "Von zweierlei Grenzen im alten Ägypten", 393–427

PORTMANN, Adolf, RITSEMA, Rudolf, "Nachwort", 429–430

Aufstieg und Abstieg / Rise and Descent / Descente et ascension - Vorträge gehalten auf der Eranos Tagung in Ascona vom 19. bis 27. August 1981 / Lectures given at the Eranos Conference in Ascona from August 19th to 27th, 1981 / Conférences données à la session d'Eranos à Ascona du 19 au 27 Août 1981, Eranos-Jahrbuch

/ Yearbook / Annales 50/1981, edited by Adolf Portmann and Rudolf Ritsema, Eranos Foundation/Insel Verlag, Ascona/Frankfurt am Main 1982

MANN, Ulrich, "Geisthöhe und Seelentiefe: Die vertikale Achse der numinosen Bereiche", 1–50

BRUN, Jean, "Le sommet et l'abîme", 51–78

HELLER, Erich, "Der Dichter im Zeitalter der Prosa", 79–101

SHAYEGAN, Daryush, "De la pré-éternité à la post-éternité : le cycle de l'être", 103–146

MILLER, David L., "The Two Sandals of Christ: Descent into History and into Hell", 147–221

UEDA, Shizuteru, "Die Bewegung nach oben und die Bewegung nach unten: Zen-Buddhismus im Vergleich mit Meister Eckhart", 223–272

HILLMAN, James, "The Imagination of Air and the Collapse of Alchemy", 273–333

ZAHAN, Dominique, "La tour et la foudre", 335–372

LAUF, Detlef-Ingo, "Maitreyas Herabkunft und Stufenwege zum Licht", 373–402

SMITH, Morton, "Ascent to the Heavens and the Beginning of Christianity", 403–429

HORNUNG, Erik, "Auf den Spuren der Sonne: Gang durch ein ägyptisches Königsgrab", 431–475

PORTMANN, Adolf, RITSEMA, Rudolf, "Nachwort", 477

Das Spiel der Götter und der Menschen / The Play of Gods and Men / Les jeux des hommes et des dieux - Vorträge gehalten auf der Eranos Tagung in Ascona vom 18. bis 26. August 1982 / Lectures given at the Eranos Conference in Ascona from August 18th to 26th, 1982 / Conférences données à la session d'Eranos à Ascona du 18 au 26 Août 1982, Eranos-Jahrbuch / Yearbook / Annales 51/1982, edited by Rudolf Ritsema, Eranos Foundation/Insel Verlag, Ascona/Frankfurt am Main 1983

RITSEMA, Rudolf, "Adolf Portmann 1897 - 1982", 1–6

RITSEMA, Rudolf, "Gershom Scholem 1897 - 1982", 7–8

MANN, Ulrich, "Der Ernst des heiligen Spiels", 9–58

MILLER, David L., "From Leviathan to Lear: Shades of Play in Language and Literature", 59–109

PORKERT, Manfred, "Die Bindung und Lösung unserer Erkenntnis", 111–155

BRUN, Jean, "Les filigranes de l'histoire", 157–188

GIEGERICH, Wolfgang, "Busse für Philemon: Vertiefung in das verdorbene Gast-Spiel der Götter", 189–242

DURAND, Gilbert, "Le génie du lieu et les heures propices. Pour le double jubilé d'Eranos", 243–277

HILLMAN, James, "The Animal Kingdom in the Human Dream", 51/1982, 279–334

BURKERT, Walter, "Götterspiel und Götterburleske in altorientalischen und griechischen Mythen", 335–367

SERVIER, Jean, "Le jeu du forgeron ou l'ombre de la création du monde", 369–447

IZUTSU, Toshihiko, "Celestial Journey: Mythopoesis and Metaphysics", 449–477

HORNUNG, Erik, "Pharao ludens", 479–516

RITSEMA, Rudolf, "Nachwort", 517–518

Physische und geistige Körperwelt / Material and Imaginal Bodies / Corps physiques et corps spirituels - Vorträge gehalten auf der Eranos Tagung in Ascona vom 17. bis 25. August 1983 / Lectures given at the Eranos Conference in Ascona from August 17th to 25th, 1983 / Conférences données à la session d'Eranos à Ascona du 17 au 25 Août 1983, Eranos-Jahrbuch / Yearbook / Annales 52/1983, edited by Rudolf Ritsema, Eranos Foundation/Insel Verlag, Ascona/Frankfurt am Main 1984

MANN, Ulrich, "Ikone und Engel als Gestalten geistleiblicher Mittlerschaft", 1–53

BRUN, Jean, "L'aura des choses et des êtres", 55–85

SMITH, Morton, "Transformation by Burial (*1 Cor.* 15.35–49; *Rom.* 6.3–5 and 8.9–11)", 87–112

DAUGE, Yves Albert, "Circuits de la lumière : la transfiguration chez Virgile", 113–156

SACHSSE, Hans, "Die Idee des Umwegs: Betrachtungen zur Anthropologie der Technik", 157–209

GIEGERICH, Wolfgang, "Das Begräbnis der Seele in die technische Zivilisation", 211–276

MILLER, David L., "The Holy Ghost and the Grateful Dead", 277–346

Hulin, Michel, "Corps de transmigration et corps de résurrection", 347–388

Porkert, Manfred, "Greifbarkeit und Ergriffensein: Das Körperverständnis in der Chinesischen Medizin", 389–429

Kawai, Hayao, "Bodies in the Dream Diary of Myôe", 431–453

Hornung, Erik, "Fisch und Vogel: Zur altägyptischen Sicht des Menschen", 455–496

Ritsema, Rudolf, "Nachwort", 497

Die Schönheit der Dinge / Beauty of the World / La beauté sur la terre - Vorträge gehalten auf der Eranos Tagung in Ascona vom 22. bis 30. August 1984 / Lectures given at the Eranos Conference in Ascona from August 22nd to 30th, 1984 / Conférences données à la session d'Eranos à Ascona du 22 au 30 Août 1984, Eranos-Jahrbuch / Yearbook / Annales 53/1984, edited by Rudolf Ritsema, Eranos Foundation/Insel Verlag, Ascona/Frankfurt am Main 1986

Mann, Ulrich, "Vom Überschuss des Seins im Schönen", 1–47

Armstrong, Arthur Hilary, "The Divine Enhancement of Earthly Beauties: The Hellenic and Platonic Tradition", 49–81

Klimkeit, Hans-Joachim, "Die Welt als Wirklichkeit und Gleichnis im Buddhismus Zentralasiens", 83–126

Durand, Gilbert, "La beauté comme présence paraclétique : essai sur les résurgences d'un bassin sémantique", 127–173

Kawai, Hayao, "Beauty in Japanese Fairy-Tales", 175–196

Ueda, Shizuteru, "Die zen-buddhistische Erfahrung des Wahr-Schönen", 197–240

Brun, Jean, "Visage et défigurations de la Beauté", 241–272

Ziegler, Alfred J., "Die Schönheit der Pathologie", 273–310

Weisskopf, Victor, "Science and Art: Complementary Views of Human Experience", 311–323

Servier, Jean, "L'harmonie dans la cite", 325–369

Hornung, Erik, "„In Karnak war's...". Ägypten und die Dichter", 371–409

Ritsema, Rudolf, "Nachwort", 411

Der geheime Strom des Geschehens / The Hidden Course of Events / Le courant caché des événements - Vorträge gehalten auf der Eranos Tagung in Ascona vom 21. bis 29. August 1985 / Lectures given at the Eranos Conference in Ascona from August 21st to 29th, 1985 / Conférences données à la session d'Eranos à Ascona du

21 au 29 Août 1985, Eranos-Jahrbuch / Yearbook / Annales 54/1985, edited by Rudolf Ritsema, Eranos Foundation/Insel Verlag, Ascona/Frankfurt am Main 1987

MANN, Ulrich, "Verfallende Zeit und zersprühender Raum. Erwägungen zum religiösen und säkularisierten Zeit- und Raum-Verständnis", 1–46

BRUN, Jean, "Les souterrains du temps", 47–79

ARMSTRONG, Arthur Hilary, "The Hidden and the Open in Hellenic Thought", 81–117

LAUF, Detlef-Ingo, "Im Ursprung ist auch das Ungewordene Ereignis", 119–176

HULIN, Michel, "Décadence et renouvellement : la doctrine des âges du monde dans l'Hindouisme", 177–208

STAMM, Roger Alfred, "Unter der Gischt der Brandung- in der Stille des Waldes. Wandlung der Lebensform zwischen Meer und Land", 209–267

HILLMAN, James, "On Paranoia", 269–324

GIEGERICH, Wolfgang, "Die Alchemie der Geschichte", 325–395

KAWAI, Hayao, "The Hidden Gods in Japanese Mythology", 397–426

ZAHAN, Dominique, "L'inouï et l'imprévu : anthropologie de l'insolite", 427–454

FRANZ, Marie-Louise von, "Nike und die Gewässer der Styx", 455–483

RITSEMA, Rudolf, "Nachwort", 485

Spiegelung in Mensch und Kosmos / Human and Cosmic Mirroring / L'homme et le cosmos en miroir - Vorträge gehalten auf der Eranos Tagung in Ascona vom 20. bis 28. August 1986 / Lectures given at the Eranos Conference in Ascona from August 20th to 28th, 1986 / Conférences données à la session d'Eranos à Ascona du 20 au 28 Août 1986, Eranos-Jahrbuch / Yearbook / Annales 55/1986, edited by Rudolf Ritsema, Eranos Foundation/Insel Verlag, Ascona/ Frankfurt am Main 1988

STAMM, Roger Alfred, "Erkennen und Gestalten: Zur Stammesgeschichte des Bewusstseins", 1–55

BRUN, Jean, "Reflets et réflexions", 57–83

PIETSCHMANN, Herbert, "Die Sicherheit der Naturgesetze: Polarität von Mensch und Kosmos", 85–108

SERVIER, Jean, "Le miroir du serpent. Une réflexion ethnologique sur la connaissance", 109–145

ARMSTRONG, Arthur Hilary, "Platonic Mirrors", 147–181

GIEGERICH, Wolfgang, "Das Bewusstsein, der zweite Schöpfer der Welt", 183–239

KAWAI, Hayao, "Interpenetration: Nature in Dreams of Medieval Japan", 241–263

DURAND, Gilbert, "*Specula aestheticae*. Facettes de la sensibilité et pluralité des reflets", 265–302

SCHABERT, Tilo, "*In urbe mundus*: Weltspiegelungen und Weltbemächtigung in der Architektur der Stadt", 303–347

MILLER, David L., "Through a Looking-Glass—The World as Enigma", 349–402

HORNUNG, Erik, "Hieroglyphen: Die Welt im Spiegel der Zeichen", 403–438

RITSEMA, Rudolf, "Nachwort", 439

Wegkreuzungen / Crossroads / La croisée des chemins – Vorträge gehalten auf der Eranos Tagung in Ascona vom 19. bis 27. August 1987 / Lectures given at the Eranos Conference in Ascona from August 19th to 27th, 1987 / Conférences données à la session d'Eranos à Ascona du 19 au 27 Août 1987, Eranos-Jahrbuch / Yearbook / Annales 56/1987, edited by Rudolf Ritsema, Eranos Foundation/Insel Verlag, Ascona/Frankfurt am Main 1989

RITSEMA, Rudolf, "The Origins and Opus of Eranos: Reflections at the 55th Conference / Eranos: Ursprünge und Werk. Eine Betrachtung anläßlich der 55. Tagung / L'œuvre d'Eranos et ses origines : Réflexions à l'occasion de la 55me session", VII–XLVII

MANN, Ulrich, "Die göttliche Wegscheide: Abzweigung, Abweichung, Abirrung", 1–44

BRUN, Jean, "Croisée des chemins et carrefours de routes", 45–67

UEDA, Shizuteru, "Der Ort des Menschen im Nō-Spiel", 69–103

ARMSTRONG, Arthur Hilary, "Itineraries in Late Antiquity", 105–131

THOMAS, Joël, "L'espace du héros, ou les destins croisés", 133–177

STAMM, Roger Alfred, "Kampf oder Frieden mit der Natur?", 179–260

HILLMAN, James, "Oedipus Revisited", 261–307

PORKERT, Manfred, "Die Verweigerung des Kreuzes auf dem Kreuzweg. Zur Antinomie gekreuzter Wege in Europa und in China", 309–351

ZAHAN, Dominique, "Carrefour de l'être, carrefour de la vie", 353–384

HORNUNG, Erik, "Maat - Gerechtigkeit für alle? Zur altägyptischen Ethik", 385–427

RITSEMA, Rudolf, "Nachwort", 429

Gleichklang oder Gleichzeitigkeit / Concordance or Coincidence / Résonance ou simultanéité - Mit Inhaltsverzeichnis 1-1933 bis 57-1988 / With a Table of Contents 1-1933 to 57-1988 / Avec une table alphabétique 1-1933 à 57-1988 - Vorträge gehalten auf der Eranos Tagung in Ascona vom 17. bis 25. August 1988 / Lectures given at the Eranos Conference in Ascona from August 17th to 25th, 1988 / Conférences données à la session d'Eranos à Ascona du 17 au 25 Août 1988, Eranos-Jahrbuch / Yearbook / Annales 57/1988, edited by Rudolf Ritsema, Eranos Foundation/Insel Verlag, Ascona/Frankfurt am Main 1990

RITSEMA, Rudolf, "Encompassing Versatility: Keystone of the Eranos Project / Allumfassende Wendigkeit: Schlußstein des Eranos-Projekts / Versatilité englobante: Clef de voûte du projet Eranos", VII–LVII

MANN, Ulrich, "Zeit und Wunder", 1–47

BRUN, Jean, "Le monde des résonances", 49–74

MILLER, David L., "Prometheus, St. Peter and the Rock—Identity and Difference in Modern Literature", 75–123

DURAND, Gilbert, "Philosophie du leitmotiv. De l'*aesthetica* au drame lyrique", 125–144

PIETSCHMANN, Herbert, "Einsteins Kritik der Gleichzeitigkeit und das Kausalitätsprinzip", 145–169

HULIN, Michel, "Interpénétration des consciences et entrelacement des destinées selon le Yoga-Vâsiṣtha", 171–200

PETERSON, Willard J., "Some connective Concepts in China in the Fourth to Second Centuries B.C.E.", 201–234

GIEGERICH, Wolfgang,"Die Syzygie. Über die Wirklichkeit der Welt und die Not der Psychologie", 235–305

KAWAI, Hayao, "*Torikaebaya*: Concordance or Coincidence?", 307–334

RITSEMA, Rudolf, "Nachwort", 335–336

Chou Yi - The Oracle of Encompassing Versatility – Volume I: Hexagrams 1-30 - Provisional Edition for the Use of Participants in the Eranos Round Table Conferences - Eranos Yi Ching Project, Part I,1, Eranos-Jahrbuch / Yearbook / Annales 58/1989, edited by Rudolf Ritsema and Stephen L. Karcher, Eranos Foundation, Ascona 1990

Chou Yi - The Oracle of Encompassing Versatility - Vol. II: Hexagrams 31-64 - Provisional Edition for the Use of Participants in the Eranos Round Table Conferences - Eranos Yi Ching Project, Part I,2, Eranos-Jahrbuch / Yearbook

/ Annales 59/1990, edited by Rudolf Ritsema and Stephen L. Karcher, Eranos Foundation, Ascona 1990

Chou Yi - The Oracle of Encompassing Versatility - Vol. III*: Supplementary Materials and Concordance - Provisional Edition for the Use of Participants in the Eranos Round Table Conferences - Eranos Yi Ching Project, Part* I*,3*, Eranos-Jahrbuch/Yearbook/Annales 60/1991, edited by Rudolf Ritsema and Stephen L. Karcher, Eranos Foundation, Ascona 1991

The Yi Ching and the Ethic of the Image - Presentations of the 1992 Eranos/Uehiro Round Table Session, Ascona, Switzerland, October, 1992 - Eranos Yi Ching Project, Part II*,1*, Eranos-Jahrbuch / Yearbook / Annales 61/1992, edited by Stephen L. Karcher, Eranos Foundation/Spring Journal, Inc., Ascona/ Putnam, CT 1993

UEHIRO, Eiji, "Opening Remarks", 1–3

RITSEMA, Rudolf, "The Ethic of the Image", 61/1992, 5–7

HAYASHI, Michiyoshi, "The Experience of the Unseen: From Image to Ethic", 9–26

KARCHER, Stephen L., "Making Spirits Bright: Divination and the Demonic Image", 27–43

RHYNER, Bruno, "The Image of Healing in a Zen-Therapy", 45–55

RISÉ, Claudio, "Spontaneous Images and Divinatory Images in a Process of Sandplay Therapy", 57–78

TAMARU, Noriyoshi, "Images of Spirit in Japanese Religion", 79–95

KARCHER, Stephen L., "The *Yi Ching* and the Ethic of the Image—Reflections at the 1992 Eranos/Uehiro Round Table Session", 97–101

I Ching - The Classic Chinese Oracle of Change - The Divinatory Texts with Concordance - Eranos I Ching Project, Part I*,4-6*, Eranos-Jahrbuch / Yearbook / Annales 62/1993–63/1994–64/1995, edited by Rudolf Ritsema and Stephen L. Karcher, Eranos Foundation/Element Books, Ltd., Ascona/ Shaftesbury, Dorset/Rockport, MA/Milton, Brisbane 1994

The Shadow of Perfection - Presentations of the 1995 Eranos/Uehiro Round Table Session, Ascona, Switzerland, May, 1995, Eranos-Jahrbuch / Yearbook / Annales 65/1996, edited by James G. Donat and Jay Livernois, Eranos Foundation/Uehiro Foundation/Spring Journal, Inc., Ascona/Woodstock, CT 1996

ROBINSON, Christa, "Opening Words at the Second Joint Eranos and Uehiro Round Table Session, May 1995", 7–8

UEHIRO, Eiji, "The Practical Ethics Association and the Uehiro Foundation On Ethics and Education", 9–11

BONVECCHIO, Claudio, "The Perfect Kingdom", 13–41

HAYASHI, Michiyoshi, "The Paternal Principle and Economic Development", 43–58

ISHII, Mikiko, "The Three Witches in *Macbeth*", 59–76

LIVERNOIS, Jay, "The Shadow of the Noble Savage—Headhunting and Ritual Cannibalism in Seventeenth Century New England", 77–93

RISÉ, Claudio, "The Dark Side of Psychoanalysis", 95–108

Gateways to Identity - Presentations of the 1996-97 Eranos Round Table Sessions, Ascona, Switzerland - Eranos I Ching Project, Part II,*2,* Eranos-Jahrbuch / Yearbook / Annales 66/1997, edited by James G. Donat and Jay Livernois, Eranos Foundation/Spring Journal, Inc., Ascona/Woodstock, CT 1997

RITSEMA, Rudolf, SABBADINI, Shantena Augusto, "Images of the Unknown: The Eranos *I Ching* Project 1989–1997", 7–43

FILIPPANI-RONCONI, Pio, "Excerpts from *Symbols and the Creative Imagination*—Notes about the Metaphysics of Symbols", 45–47

BRENCE, Joel, "Divination and its Myth in our Culture", 49–68

BICHLER, Lorenz, "Coming to Terms with the Past in China", 69–82

KÖRNER, Waltraut, "The Eternal Wanderer", 83–97

PAPADOPOULOS, Renos, "Individual Identity in the Context of Collective Strife", 99–113

RISÉ, Claudio, "The Quest for Identity in Postmodern Globalism", 115–127

SEDERHOLM, Magnus, "The Spirit of the Place and City Planning", 129–139

BONVECCHIO, Claudio, "Royal and Celestial Planimetry—Authority's Sacred Space", 141–159

HÖGGER, Rudolf, "Sita and the Demon", 161–178

Chroniclers and Shamans - Presentations of the 1997-98 Eranos/Uehiro Round Table Sessions, Ascona, Switzerland - Eranos I Ching Project, Part II,*2,* Eranos Yearbook 67/1998, edited by James G. Donat and Jay Livernois, Eranos Foundation/Uehiro Foundation/Spring Journal, Inc., Ascona/Woodstock, CT 1998

UEHIRO, Eiji, "The Renewal of Ethics in the East and West", 7–9

Filippani-Ronconi, Pio, "The Fundamental Psychology of Shamanism in Asia and America (As seen through a Hindu Scholar's Eyes)", 11–15

Bichler, Lorenz, "From Shamans to Chroniclers: Remembering the Chinese Revolution", 17–37

Bosnak, Robert, "Probing the Deep: On Dream Incubation", 39–49

Shen, Heyong, "The Psychology of the Heart in China", 51–59

Miyajima, Takashi, "Towards an Open Society: The Mechanisms of Inclusion and Exclusion in Japanese and Western Societies", 61–69

Miyuki, Mokusen, "The Ego, I, and *Jibun*: My Search to Become More of Myself during four Decades in the West", 71–90

Schlör, Joachim, "At Home in Homelessness: The Meaning of Place in Jewish History", 91–110

Schwartz-Salant, Nathan, "Separating from the World Parents: A Paradox", 113–127

Sato, Masayuki, "Coating the Years with Meaningful Names: Reckoning Time in Sinographic Cultures", 129–141

The Magic of the Tortoise - Eranos I Ching Project, Part II,2, Eranos Yearbook 68/1999, edited by James G. Donat and Jay Livernois, Eranos Foundation/ Spring Journal, Inc., Ascona/Woodstock, CT 1999

Sells, Benjamin, "An Eye Grafted on the Heart", 7–19

Erkelens, Herbert van, "Wolfgang Pauli and the Chinese *Anima* Figure", 21–45

Bonvecchio, Claudio, "Attending and Articulating—The Oracle and the Unconscious", 47–72

Pasqualotto, Giangiorgio, "Greek Philosophy and Chinese Thought—Some Experiments in Philosophical Comparison", 73–86

Fischer, Ernst Peter, "Images in Theories—Examples from the History of Science", 87–100

Kaeser, Eduard, "To See or Not to See—That Is Not the Question", 101–117

Högger, Rudolf, "Mayamatam", 119–147

Eranos Reborn - The Modernities of East and West - Perspectives on Violence and Aggression - Emerging Images of Humanity - The Legacy Tour - Presentations of the 2006, 2007, and 2008 Eranos Conferences, of the 2007 Fetzer at Eranos Conference, and of the 2008 Pacifica at Eranos Conference, Eranos & Monte Verità, Ascona, Switzerland, Eranos Yearbook 69/2006–2007–2008, edited by

John van Praag and Riccardo Bernardini, Eranos Foundation/Daimon, Ascona/Einsiedeln 2010

PRAAG, John van, "Preface", 9–16

PRAAG, Alexander van, "Towards a Conceptual Model for the Renewed Eranos", 15–28

PRAAG, Alexander van, "Continuity and Change in Eranos", 29-37

VEER, Peter van der, "Spirituality: East and West", 45–61

ZOJA, Luigi, "Reductionism: A Western Disease?", 62–79

PRAAG, Alexander van, 'Continuity and Change in Eranos', 29–37

TEMPLE, Robert, "Eranos: Past and Future", 80–97

ERHARD, Werner, "A Breakthrough in Individual and Social Transformation", 98–108

TARNAS, Richard, "The Western Legacy and Our Global Future: An Archetypal Perspective", 111–127

VEER, Peter van der, "Body and Mind in Qi Gong and Yoga—A Comparative Perspective on India and China", 128–141

SHEN, Heyong, "Psychology of the Heart—An Oriental Perspective", 142–157

LASZLO, Ervin, "From *Logos* to *Holos*—Some Universal Features of the Needed Transformation", 158–170

NAKASHIMA DEGARROD, Lydia, "Using Art in Ethnographic Research and Representation—An Emergence of Images and Knowledge", Fetzer-at-Eranos Lecture, 173–191

KALU, Ogbu Uke, "Religion, Conflict, and the Roots of Violence", Fetzer-at-Eranos Lecture, 192–217

ZOJA, Luigi, "Psychoanalysis and Cultural Orientations in the New Century", Fetzer-at-Eranos Lecture, 218–220

KAKAR, Sudhir, "The Resurgence of Imagination", Fetzer-at-Eranos Lecture, 221–238

KING, Ursula, "The Emergence of a New Humanity—Spirituality, the Zest for Life, and the Power of Love", Fetzer-at-Eranos Lecture, 239–250

PRAAG, Alexander van, "Give Violence a Chance!", 253–270

SULLIVAN, Lawrence E., "Symbols of Violence and Destruction in Myth and Ritual", 271–288

ZOJA, Luigi, "Almachius and the Demon—On Violent Shows", 289–306

GAAY FORTMAN, Bastiaan De, "Violence among Peoples in the Light of Human Frustration and Aggression", 307–321

GAAY FORTMAN-VAN BENTUM, Ina De, "Violence among Peoples in the Light of Human Frustration and Aggression—A Literary Perspective", 322–327

KALU, Ogbu Uke, "Tangled Roots in the Mangrove Forest—The Cultural Landscape of Political Violence in Africa", 328–350

KAKAR, Sudhir, "Religious Violence—Hindus and Muslims in India", 351–365

DAS, Nandita, "Identity and the Notion of the 'Other'", 366–374

GISPEN, Willem Hendrik, "Violence and Aggression in Nature: The Role of the Brain—A Short Note", 375–394

GROF, Stanislav, "Roots of Human Violence—Psychospiritual Perspective on the Current Global Crisis", 395–430

SLATTERY, Dennis Patrick, "Psychic Energy's Portal to Presence in Myth, Poetry and Culture", Pacifica-at-Eranos Lecture, 435–474

Love on a Fragile Thread / L'amore sul filo della fragilità - Presentations of the 2011 Eranos Conference, of the 2008-2011 Fetzer Institute Dialogues at Eranos, and of the 2010-2011 Eranos-Jung Lectures, Eranos, Monte Verità, and San Materno Theater, Ascona, Switzerland / Presentazioni del Convegno di Eranos 2011, dei Dialoghi del Fetzer Institute a Eranos del 2008-2011 e delle Eranos-Jung Lectures del 2010-2011, Eranos, Monte Verità e Teatro San Materno, Ascona, Svizzera, Eranos Yearbook / Annale 70/2009–2010–2011, edited by Fabio Merlini, Lawrence E. Sullivan, Riccardo Bernardini, and Kate Olson, Eranos Foundation/Daimon, Ascona/Einsiedeln 2012

MERLINI, Fabio, "Preface / Prefazione", 10–19

MERLINI, Fabio, "*Incipit*: fragili come la rosa che è senza perché", 23–33

BONVECCHIO, Claudio, "Perché il mondo è fragile?", 34–70

FABRIS, Adriano, "Figure della fragilità nel pensiero contemporaneo", 71–84

MAFFESOLI, Michel, "La force de la faiblesse dionysiaque", 85–93

QUAGLINO, Gian Piero, "Fragili a forza di Io", 94–150

WUNENBURGER, Jean-Jacques, "Résilience et dissidence : la force de la fragilité", 151–177

AIZENSTAT, Stephen, "Fragility of the World's Dream", 178–194

NANTE, Bernardo, "'The Way of What is to Come': An Answer to Contemporary Fragility. An Approach from Jung's *Red Book*", 195–224

WILL, Maria, "Construction and the Role of Nature in Fausto Tommasina's

Paintings / Costruzione e natura nei dipinti di Fausto Tommasina", 241–244

SULLIVAN, Lawrence E., "Introduction to the Dialogues on the Transformative Power of Love", Fetzer-at-Eranos Lecture, 247–252

CHITTICK, William, "The Pivotal Role of Love in Sufism", Fetzer-at-Eranos Lecture, 255–273

FAIVRE, Antoine, "From Preslapsarian Androgyny to Multipolar Constructs of 'Love' (Aspects of Christian Theosophy in German *Naturphilosophie*)", Fetzer-at-Eranos Lecture, 274–295

IDEL, Moshe, "Eros: Paths of Unity and Polarity in Kabbalah", Fetzer-at-Eranos Lecture, 296–322

REIS HABITO, Maria, "Putting on the Armor of Great Compassion and Becoming Buddha in This Very Body: Compassionate Love in East Asian Esoteric Tradition", Fetzer-at-Eranos Lecture, 323–336

BERNARDINI, Riccardo, "*Amor carnalis, amor spiritualis.* Notes on Jung's Treatment of Love from an Eranos Seminar on Opicinus de Canistris", Fetzer-at-Eranos Lecture, 339–371

KING, Ursula, "The Inexhaustible Energies of the Fire of Love", Fetzer-at-Eranos Lecture, 372–387

SORGE, Giovanni, "Love as Devotion: Olga Fröbe-Kapteyn's Relationship with Eranos and Jungian Psychology", Fetzer-at-Eranos Lecture, 388–434

HARTFIELD, Ronnie, "Visual Echoes and Evocations: The Abiding Love of African American Artists for a Vanished Homeland", Fetzer-at-Eranos Lecture, 437–450

MARCHIANÒ-ZOLLA, Grazia Shōgen, "Beauty and Selfless Love at the Core of Shingon Teaching: A Mystic Interconnectedness", Fetzer-at-Eranos Lecture, 451–459

WEST, W. Richard, Jr., "The Native Art Object: Reflections on the Transformative Power of 'Beauty' and 'Love'", Fetzer-at-Eranos Lecture, 460–471

BERETTA, Simona, "Love and Generation: A Powerful Metaphor for Understanding Economic, Social and Political Innovation", Fetzer-at-Eranos Lecture, 475–499

FOLADOR, Massimo, "From Responsibility to Freedom in Decision-Making", Fetzer-at-Eranos Lecture, 500–504

KASULIS, Thomas P., "From the Love of Wisdom to the Wisdom of Love: Re-envisioning Our Philosophical Foundations of Interrelationship", Fetzer-at-Eranos Lecture, 505–524

MARKOVA, Dawna, "Unimagined Bridges: A Personal Perspective on Love as an Evocative Force for Social Change", Fetzer-at-Eranos Lecture, 525–547

Potter, Ralph Benajah, "Love in Bits and Bytes", Fetzer-at-Eranos Lecture, 548–563

Tu, Weiming, "*Ren* as a Core Value in the Emerging Human Community", Fetzer-at-Eranos Lecture, 564–573

Beck, Guy, "Ragas of Love: Devotional Music in the Hindu Tradition", Fetzer-at-Eranos Lecture, 577–595

Fassler, Margot, "Love, Song, and Shape: Reflections of a Documentarian", Fetzer-at-Eranos Lecture, 596–606

Groot, Rokus de, "Polyphonies of Love", Fetzer-at-Eranos Lecture, 607–624

Johnson, Craig Hella, "Music as Invitation", Fetzer-at-Eranos Lecture, 625–637

Qureshi Burckhardt, Regula, "Sufi Encounters with Music and Love", Fetzer-at-Eranos Lecture, 638–652

Rasche, Joerg, "Early Love: Child-Mother-Music. A Psychoanalytical Approach to 'Scenes of Childhood' by Robert Schumann, *Op.* 15", Fetzer-at-Eranos Lecture, 653–679

Shelemay, Kay Kaufman, "'Love from Afar': Music and Longing across Time, Space, and Diaspora", Fetzer-at-Eranos Lecture, 680–690

Bonvecchio, Claudio, "Carl Gustav Jung non solo analista", Eranos-Jung Lecture, 693–699

Quaglino, Gian Piero, "Il *Libro rosso*: memoria della memoria di vivere", Eranos-Jung Lecture, 700–706

Fabris, Adriano, "Il *Libro rosso* di Jung come esperienza del pensiero", Eranos-Jung Lecture, 707–714

Nante, Bernardo, "*Il Libro rosso.* Jung visionario: una lezione per il presente", Eranos-Jung Lecture, 715–723

Màdera, Romano, "C. G. Jung: Forerunner of a Philosophy for the Soul", Eranos-Jung Lecture, 724–728

Bernardini, Riccardo, "Jung nel giardino di Eranos: il paesaggio dell'analisi", Eranos-Jung Lecture, 729–736

Merlini, Fabio "L'ombra di Eranos. Divagazioni attorno all'opera di Riccardo Bernardini su *Jung a Eranos*", Eranos-Jung Lecture, 737–745

Quaglino, Gian Piero, Romano, Augusto, "A colazione con Jung", Eranos-Jung Lecture, 746–751

Beyond Masters - Spaces without Thresholds / Dopo i maestri: spazi senza soglie - Proceedings of the 2012 Eranos Conference and Eranos-Jung Lectures, Eranos & Monte Verità, Ascona, Switzerland / Atti del Convegno di Eranos e delle Eranos-Jung Lectures del 2012, Eranos e Monte Verità, Ascona, Svizzera, Eranos Yearbook / Annale 71/2012, edited by Fabio Merlini and Riccardo Bernardini, Eranos Foundation / Daimon, Ascona / Einsiedeln 2014

MERLINI, Fabio, "Preface / Prefazione", 8–19

MERLINI, Fabio, "Schizotopie e disorientamento. Per una filosofia degli odierni spazi di vita", 25–40

BONVECCHIO, Claudio, "La sfida della soglia", 41–78

FABRIS, Adriano, "On the Threshold of the Law. Paradoxes and Metaphors in Kafka's Work", 79–88

QUAGLINO, Gian Piero, "Abitare la soglia?", 89–142

ADAMI, Valerio, "Che dire del disegno?", 143–161

VALTOLINA, Amelia, "Topografie della soglia. Sulla scrittura di Yoko Tawada", 162–177

PETRELLA, Fausto, "Il dentro, il fuori, la soglia: un apologo psicoanalitico", 178–184

NANTE, Bernardo, "Alla ricerca della soglia perduta", 185–217

AIZENSTAT, Stephen, "The Dangers and Opportunity of Cyberspace: A New Vision of Global Dreaming", 218–235

NANTE, Bernardo, "Caduta e rinascita della figura del Maestro nel mondo attuale. Una lettura a partire da *Il Libro rosso* di C.G. Jung", Eranos-Jung Lecture, 239–266

FERRARIS, Maurizio, "Derrimaître", Eranos-Jung Lecture, 267–278

GUINDANI, Mauro, "Di là dalla siepe: spazi leopardiani. Un tentativo di dialogo tra due lingue e due diverse percezioni della realtà poetica intorno a uno dei più grandi maestri della cultura italiana", Eranos-Jung Lecture, 279–281

ENGELHARD, Michael, "L'infinito", Eranos-Jung Lecture, 282–299

KOLIUSIS, Nikolaus, "L'infinito", Eranos-Jung Lecture, 300–307

SABBADINI, Shantena Augusto, "The Nameless Dao: Laozi and Quantum Physics", Eranos-Jung Lecture, 308–322

VOZZA, Marco, "Attualità di un pensatore inattuale: il caso Nietzsche", Eranos-Jung Lecture, 323–342

MERLINI, Fabio, "Dove sono i Maestri?", Eranos-Jung Lecture, 343–357

Soul between Enchantment and Disenchantment / L'anima tra incanto e disincanto - Proceedings of the 2013 and 2014 Eranos Conferences and Eranos-Jung Lectures, Eranos & Monte Verità, Ascona, Switzerland / Atti dei Convegni di Eranos e delle Eranos-Jung Lectures del 2013 e 2014, Eranos e Monte Verità, Ascona, Svizzera, Eranos Yearbook / Annale 72/2013–2014, edited by Fabio Merlini and Riccardo Bernardini, Eranos Foundation / Daimon, Ascona / Einsiedeln 2016

MERLINI, Fabio, "Preface / Prefazione", 8–25

MERLINI, Fabio, "Il triste costo della vita e l'estetica tradita", 31–41

HERRENSCHMIDT, Clarisse, "L'argent comme monnaie, la monnaie comme signes d'écriture", 42–82

FABRIS, Adriano, "Il denaro come forma simbolica", 83–97

BONVECCHIO, Claudio, "Il denaro e il demonio", 98–128

RIGOTTI, Francesca, "'Frutto' del denaro e denaro 'liquido': che cosa hanno da dirci ancora queste antiche immagini?", 129–140

SULLIVAN, Lawrence E., "Il denaro come segno divinatorio", 141–165

WUNENBURGER, Jean-Jacques, "Vers une écologie monétaire. Éthique et psychologie analytique de l'argent : un pluralisme archétypal des échanges ", 166–194

APRILE, Gianni, "Crisi finanziarie e mistificazione dell'esperienza", 195–243

AIZENSTAT, Stephen, "The Pacifica Story: Money as Psychic Libido", 244–268

QUAGLINO, Gian Piero, "Sul buon uso del denaro", 269–382

VALTOLINA, Amelia, "'Ma per adulti, c'è / da vedere ancora una cosa speciale, il denaro che si riproduce anatomicamente': il dialogo di R.M. Rilke con la Filosofia del denaro di G. Simmel", 383–395

BOFF, Leonardo, "La psicologia analitica di C.G. Jung come risposta alla crisi ecologica attuale", 396–412

TALEB, Mohammed, "Prendre soin de la Terre et de l'humanité. Romantisme, psychologie des profondeurs et écopsychologie sur les chemins de l'Âme du monde", 415–434

BONARDEL, Françoise, "Le souci thérapeutique contemporain : voie de guérison ou maladie du siècle ?", 435–477

PULCINI, Elena, "La cura, le emozioni e il soggetto vulnerabile", 478–499

TREVI, Emanuele, "Dieci sogni", 500–522

PAVIE, Xavier, "Prendre soin de soi, prendre soin des autres. L'essence des exercices spirituels", 523–534

CIRLOT, Victoria, "El cuidado de sí de la caballería en *La Queste del Saint Graal* a la luz de Pierre Hadot, Michel Foucault y Peter Sloterdijk", 535–578

MARCHIANÒ-ZOLLA, Grazia Shōgen, "Avere a cuore il mondo della vita in una prospettiva cognitiva sistemica", 579–605

FERRARI, Franco, "I confini dell'anima nel pensiero antico", Eranos–Jung Lecture, 609–636

PRETE, Antonio, "Nel tempo-spazio dell'anima: lontananza e prossimità del tu", Eranos–Jung Lecture, 637–649

PARIS, Ginette, "Are We, Jungians, a Bunch of Has-Beens? Or Guides to the Future?", Eranos–Jung Lecture, 650–661

TAGLIAGAMBE, Silvano, MALINCONICO, Angelo, "Jung nel paese dei quanti", Eranos–Jung Lecture, 662–708

MERLINI, Fabio, "Una tecnica dell'anima", Eranos–Jung Lecture, 709–729

VALTOLINA, Amelia, "'Che cosa sono mai i cervelli'. Le neuroscienze al tempo della poesia", Eranos–Jung Lecture, 730–740

QUAGLINO, Gian Piero, "L'anima non abita più qui", Eranos–Jung Lecture, 741–781

LONGO, Giuseppe O., "Anima artificiale?", Eranos–Jung Lecture, 782–815

CAROLIS, Massimo De, "Le tecnoscienze e la natura dello spirito", Eranos–Jung Lecture, 816–833

BERLUCCHI, Giovanni, "Cervello, mente e corpo", Eranos–Jung Lecture, 834–846

AGLIOTI, Salvatore Maria, "Spirito fatto carne. Corpo, cervello e trascendenza", Eranos–Jung Lecture, 847–859

VIGNA, Ferruccio, "Il ritorno dell'isteria. L'anima a confronto con la modernità", Eranos–Jung Lecture, 860–885

TAGLIAGAMBE, Silvano, "Dal rapporto mente-cervello al rapporto psiche-corpo", Eranos–Jung Lecture, 886–945

The World and its Shadow / Il mondo e la sua ombra - Proceedings of the 2015 and 2016 Eranos Conferences and Eranos-Jung Lectures, Eranos & Monte Verità, Ascona, Switzerland / Atti dei Convegni di Eranos e delle Eranos-Jung Lectures del 2015 e 2016, Eranos e Monte Verità, Ascona, Svizzera, Eranos Yearbook / Annale 73/2015–2016, edited by F. Merlini and R. Bernardini, Eranos Foundation / Daimon Verlag, Ascona / Einsiedeln 2017

MERLINI, Fabio, "Preface / Prefazione", 8–22

Merlini, Fabio, "Il Male e la tragedia della cultura", 27–41

Ferrari, Franco, "Il dibattito antico intorno all'origine del male: Platone e la tradizione platonica", 42–89

Filoramo, Giovanni, "Le origini del male nei miti gnostici", 90–128

Poggi, Stefano, "Nel labirinto dell'inconscio. Il peccato e la psicologia dei romantici", 129–160

Bonardel, Françoise, "Conjonction des opposés, non-dualité ou catharsis tragique : trois visions du mal et de son intégration par la psyché", 161–209

Romano, Augusto, "Morte dell'eroe e occultamento dell'Ombra", 210–256

Cazzola, Roberto, "Lo sporco e il male: canalizzare flutti e flussi", 257–319

Miller, David L., "Evil—A Paragon of Luster", 320–366

Pelletier, Guy, "La quête des origines du point de vue des astrophysiciens", 369–434

Sedley, David, "The Creation of the World in Ancient Greek Thought", 435–484

Panaino, Antonio Clemente Domenico, "Origine e teleologia della creazione divina nella tradizione religiosa iranica preislamica", 485–537

Tanzella-Nitti, Giuseppe, "Physical Cosmology and Christian Theology of Creation", 538–562

Bonola, Gianfranco, "Senza inizio e senza fine. Tempo, spazio ed esseri nella concezione buddhista", 563–601

Petrella, Fausto, "Nostalgia: tema con variazioni", Eranos-Jung Lecture, 605–620

Prete, Antonio, "Fantasmagorie dell'assenza e tempo della poesia", Eranos-Jung Lecture, 621–633

Carolis, Massimo De, "Il tramonto del neoliberalismo e le passioni tristi", Eranos-Jung Lecture, 634–647

Cazzola, Roberto, "Presenza degli assenti. Storia, memoria e narrazione come dialogo costante con i morti", Eranos-Jung Lecture, 648–696

Bonola, Gianfranco, "La muta del serpente. Il buddhismo, l'ineluttabile e la terapia", Eranos-Jung Lecture, 697–723

Mazzeo, Marco, "Il licantropo e la bile nera. Antropologia filosofica dell'uomo lupo", Eranos-Jung Lecture, 724–741

Merlini, Fabio, "La coscienza infelice e la malinconia del futuro", Eranos-Jung Lecture, 725–762

ORDINE, Nuccio Diamante, "Caravage et Bruno à l'ombre de Narcisse", Eranos–Jung Lecture, 763–779

SUSANETTI, Davide, "L'arrivo di Dioniso. Le *Baccanti* di Euripide tra iniziazione e politica", Eranos–Jung Lecture, 780–800

TAGLIAGAMBE, Silvano, "Perseo e la Medusa: la strategia dello sguardo e l'inerzia della realtà", Eranos–Jung Lecture, 801–864

FERRARI, Franco, "La condizione umana secondo il 'mito' della caverna di Platone", Eranos–Jung Lecture, 865–898

VEGETTI FINZI, Silvia, "La forza delle donne tra potenza di generare e potere di comandare. Dalle Grandi alle piccole Madri", Eranos–Jung Lecture, 899–916

BETTINI, Maurizio, "Il 'mito' tra autorità e discredito. Vicende di una parola dall'antichità alla modernità", Eranos–Jung Lecture, 917–938

CONTE, Pietro, "„Tatsächlichkeiten vs Taten des Geistes." Simbolo, mito e storia in Johann Jakob Bachofen", Eranos–School Seminar, 941–973

GARRÉ, Roy, "Il viaggio intellettuale di Johann Jakob Bachofen (1815–1887) fra rivolgimenti e conferme", Eranos–School Seminar, 974–1033

ESPOSITO, Costantino, "Heidegger, l'ebraismo e il cristianesimo nei *Quaderni neri*", Eranos–School Seminar, 1034–1065

TRAWNY, Peter, "Das Universale und die Vernichtung. Heideggers seinsgeschichtlicher Antisemitismus", Eranos–School Seminar, 1066–1090

FABRIS, Adriano, "Die Ambiguität der Entscheidung in Heidegger. Zwischen Philosophie und Politik", Eranos–School Seminar, 1091–1104

The Age of Immediacy to the Test of Meaning / L'epoca dell'immediatezza alla prova del senso - Proceedings of the 2017 and 2018 Eranos Conferences, Eranos-Jung Lectures, and Eranos School Seminars, Eranos & Monte Verità, Ascona, Switzerland / Atti dei Convegni di Eranos, delle Eranos-Jung Lectures e delle Scuole di Eranos del 2017 e 2018, Eranos e Monte Verità, Ascona, Svizzera, Eranos Yearbook / Annale 74/2017–2018, edited by F. Merlini and R. Bernardini, Eranos Foundation / Daimon Verlag, Ascona / Einsiedeln 2021

MERLINI, Fabio, "Preface / Prefazione", 6–25

PELLETIER, Guy, "Les incessantes successions de création et de destruction des structures cosmiques et élémentaires", 33–84

MANSFELD, Jaap, "The End of the World in Ancient Philosophy", 85–134

MARCHIANÒ-ZOLLA, Grazia Shōgen, "Dal bodhisattva al golem e oltre: percorsi del cammino umano a perdita d'occhio", 135–157

AIZENSTAT, Stephen, "The Fate of the Dream in the Future of a Cyber World", 158–178

MANTZIARAS, Panos, "Prolegomena to the Architecture of Ecological Transition", 181–193

FERRARI, Franco, "Lo spazio e il tempo della filosofia in Platone (e in Aristotele)", 194–233

FABRIS, Adriano, "Spazio e relazione. Lo spazio umano nell'epoca dei legami perduti", 234–257

BISHOP, Paul, "Nietzsche and Klages on the Architecture of the Mind: Making Space for the Soul", 258–326

VALTOLINA, Amelia, "Nuovi paesaggi nella poesia tedesca contemporanea", 327–354

TSIOMIS, Yannis, "De la ville enchantée à la métropole désenchantée. XXe-XXIe siècles", 355–382

AFANASSIEV, Valery, "La mesure de la terre", 383–412

PRETE, Antonio, "Il cielo nascosto. Su alcune figure dell'interiorità", Eranos-Jung Lecture, 415–430

VITOLO, Antonio, "Uno spazio per il tempio interiore", Eranos-Jung Lecture, 431–453

LONGO, Giuseppe O., "Esteriorità e interiorità nell'epoca del Post-umano", Eranos-Jung Lecture, 454–474

VEGETTI, Matteo, "La seconda globalizzazione: spazio, tempo e potere nell'età dell'aria", Eranos-Jung Lecture, 477–486

CASATI, Roberto, YASAEI, Samaneh, "The Philosophy of Time-lapse Movies: Vision Makers and Perspectives on Time", Eranos-Jung Lecture, 487–505

TAGLIAGAMBE, Silvano, "L'arte di tessere il vissuto: tempo, divenire e sincronicità", Eranos-Jung Lecture, 506–550

MORI, Massimo, "Il tempo per pensare / pensare il tempo", Eranos-Jung Lecture, 551–568

BENINI, Arnaldo, "Il tempo *a priori* nel cervello", Eranos-Jung Lecture, 569–584

FABRIS, Adriano, "Logica ed etica dell'eresia", Eranos-School Seminar, 587–596

RIGOTTI, Francesca, "La silenziosa rivincita di Pelagio e altre storie di verità ed eresia", Eranos-School Seminar, 597–607

ROUX, René, "Origini e sviluppo del concetto di eresia nell'antichità cristiana", Eranos-School Seminar, 608–626

ZAMBONI, Chiara, "Il confine leggero tra eresia ed autorità femminile", Eranos-School Seminar, 627–643

Life, Individual, Community, and the Thought of the Absolute: Unsurpassable Passions / La vita, l'individuo, la comunità e il pensiero dell'assoluto: passioni insuperabili - Proceedings of the 2019, 2020, and 2021 Eranos Conferences, Eranos-Jung Lectures, and Eranos School Seminars, Eranos & Monte Verità, Ascona, Switzerland / Atti dei Convegni di Eranos, delle Eranos-Jung Lectures e delle Scuole di Eranos del 2019, 2020 e 2021, Eranos e Monte Verità, Ascona, Svizzera, Eranos Yearbook / Annale 75/2019–2020–2021, edited by Fabio Merlini and Riccardo Bernardini, Eranos Foundation / Daimon Verlag, Ascona / Einsiedeln 2023

MERLINI, Fabio, "Preface / Prefazione", 2-31

FERRARI, Franco, "Al di là dei nomi e del pensiero: Platone di fronte all'indicibile e all'ineffabile", 37-83

XENOU, Vana, "Pourquoi Éleusis aujourd'hui ? De la mélancolie à la vision", 84-119

ZELLINI, Paolo, "L'infinito del continuo e la realtà del discreto", 120-156

TAGLIAGAMBE, Silvano, "I nomi dell'Assoluto e la rottura spontanea della simmetria", 157-269

MARCHIANÒ-ZOLLA, Grazia Shōgen, "I volti mutevoli dell'Assoluto: una storia infinita tessuta nella stoffa della mente umana", 270-300

CLERC, Hervé, "Les noms de l'absolu : un tour d'horizon", 301-324

POGGI, Stefano, "L'eterno circolo della vita e la rinascita dello spirito. Germania 1880-1920", 327-355

TARIZZO, Davide, "La morale della Vita: all'incrocio di biologia e biopolitica", 356-383

BONOLA, Gianfranco, "Il riaccendersi della fiamma. La dottrina buddhista della rinascita nel suo impianto classico ed alcune successive metamorfosi", 384-447

WUNENBURGER, Jean-Jacques, "Le rythme comme sagesse de la vie", 448-497

RUSCONI, Sandro, "*In memoriam* Peter Anton Miescher (1923-2020). Ricordando un grande uomo di scienza, medicina, cultura e generosità / Remembering a Great Man of Science, Medicine, Culture, and Generosity", 499-530

FABRIS, Adriano, "*In memoriam* Elena Pulcini (1950-2021)", 531-534

D'ANDREA, Dimitri, "Individualismo della singolarità e democrazia post-sovrana", 535-572

CHABOT, Pascal, "Face aux mutations, les liens subtils", 573-594

CAMBIANO, Giuseppe, "Individuo e comunità in Platone e Aristotele", 595-627

MARION, Jean-Luc, "Le bien commun : du politique à la communion", 628-650

LISCIANI-PETRINI, Enrica, "Paura e potere", Eranos–Jung Lecture, 651-681

RONCHI, Rocco, "Libertà e paura. Metafisica del populismo", Eranos–Jung Lecture, 682-697

ZOJA, Luigi, "La paura del diverso", Eranos–Jung Lecture, 698-704

SUSANETTI, Davide, "Contro la paura. Considerazioni platoniche e iniziatiche", Eranos–Jung Lecture, 705-724

QUAGLINO, Gian Piero, "In che cosa dobbiamo sperare", Eranos–Jung Lecture, 725-786

VEGETTI FINZI, Silvia, "La creatività materna come promessa di futuro", Eranos–Jung Lecture, 787-798

MÀDERA, Romano, "Rinnovare lo spirito dell'utopia ripensando il dono della tradizione", Eranos–Jung Lecture, 799-805

MORDACCI, Roberto, "Futuro come utopia permanente", Eranos–Jung Lecture, 806-820

BARACCHI, Claudia, "Il grande prigioniero. Libertà, limite e i confini della *psyche*", Eranos–Jung Lecture, 821-842

GALLAVOTTI, Barbara, "La libertà nella stretta della pandemia", Eranos–Jung Lecture, 843-867

THANOPULOS, Sarantis, "Libertà e scambio paritario tra le differenze", Eranos–Jung Lecture, 868-892

PASQUINO, Gianfranco, "La libertà, le libertà (degli altri)", Eranos–Jung Lecture, 893-908

VEGETTI, Matteo, "Il nodo di Gordio nel mondo globale", Eranos–School Seminar, 909-925

MARRAMAO, Giacomo, "Orienti e Occidenti. L'Europa tra sovranismi e sfide globali", Eranos–School Seminar, 926-962

PERULLI, Paolo, "Il capitalismo tra Occidente e Oriente", Eranos–School Seminar, 963-983

SHEN, Heyong 申荷永, "Occident and Orient, the Knot, the Meaning, and the Heart: A Perspective from the Psychology of the Heart", Eranos–School Seminar, 984-1000

ZHANG, Wenzhi 张文智, "《易经》哲学: 解开中国与西方世界之"结"的一种可能性路径 / Philosophy of the *Yijing* (*Classic of Changes*): A Possible Approach to Undoing the Knot between China and the Western World", Eranos–School Seminar, 1001-1065

BONAZZI, Matteo, "Oggetto e ideale nell'orizzonte del legame contemporaneo", Eranos–School Seminar, 1067-1078

LEONI, Federico, "Massa scopica e massa tattile", Eranos–School Seminar, 1079-1092

BERNARDINI, Riccardo, "I *Tipi psicologici* fra tradizione, controversie e modernità", Eranos–School Seminar, 75/2019–2020–2021, 1093-1117

List of the Eranos Lectures and Contributions
Elenco delle conferenze e dei contributi di Eranos
1933 – 2021

Adami, Valerio
"Che dire del disegno?", 71/2012, 143–161

Afanassiev, Valery
"La mesure de la terre", 74/2017-2018, 383–412

Aglioti, Salvatore Maria
"Spirito fatto carne. Corpo, cervello e trascendenza", Eranos–Jung Lecture, 72/2013–2014, 847–859

Aizenstat, Stephen
"Fragility of the World's Dream", 70/2009–2010–2011, 178–194
"The Dangers and Opportunity of Cyberspace: A New Vision of Global Dreaming", 71/2012, 218–235
"The Pacifica Story: Money as Psychic Libido", 72/2013–2014, 244–268
"The Fate of the Dream in the Future of a Cyber World", 74/2017-2018, 158–178

Allberry, Charles Robert Cecil Augustine
"Symbole von Tod und Wiedergeburt im Manichäismus", 7/1939, 113–149

Aprile, Gianni
"Crisi finanziarie e mistificazione dell'esperienza", 72/2013–2014, 195–243

Armstrong, Arthur Hilary
"The Divine Enhancement of Earthly Beauties: The Hellenic and Platonic Tradition", 53/1984, 49–81
"The Hidden and the Open in Hellenic Thought", 54/1985, 81–117
"Platonic Mirrors", 55/1986, 147–181
"Itineraries in Late Antiquity", 56/1987, 105–131

Baeck, Leo
"*Individuum ineffabile*", 15/1947, 385–436

Bänziger, Hans Conrad
"Der Glaube als archetypische Haltung. Versuch einer Amplifikation", 18/1950, 377–412

Baracchi, Claudia
"Il grande prigioniero. Libertà, limite e i confini della *psyche*", Eranos-Jung Lecture, 75/2019-2020-2021, 821-842

Baum, Julius
"Die symbolischen Darstellungen der Eucharistie", 11/1944, 327–346
"Darstellungen aus der germanischen Götter- und Heldensage in der nordischen Kunst", 17/1949, 335–358

Baynes, Charlotte
"Der Erlösungsgedanke der christlichen Gnosis (Originaltexte und Kommentare)", 5/1937, 155–209

Beck, Guy
"Ragas of Love: Devotional Music in the Hindu Tradition", Fetzer-at-Eranos Lecture, 70/2009-2010-2011, 577–595

Beirnaert, Louis
"La dimension mythique dans le sacramentalisme chrétien", 17/1949, 255–286
"Le symbolisme ascensionnel dans la liturgie et la mystique chrétiennes", 19/1950, 41–63

Benini, Arnaldo
"Il tempo *a priori* nel cervello", Eranos-Jung Lecture, 74/2017-2018, 569–584

Benz, Ernst
"Die heilige Höhle in der alten Christenheit und in der östlich-orthodoxen Kirche", 22/1953, 365–432
"Theogonie und Wandlung des Menschen bei Friedrich Wilhelm Joseph Schelling", 23/1954, 305–365
"Der Mensch und die Sympathie aller Dinge am Ende der Zeiten (nach Jakob Boehme und seiner Schule)", 24/1955, 133–197
"*Creator Spiritus*. Die Geistlehre des Joachim von Fiore", 25/1956, 285–355
"Der Friedensgedanke in der gegenwärtigen Auseinandersetzung zwischen Buddhismus und Christentum in Asien", 27/1958, 359–404
"Der dreifache Aspekt des Übermenschen", 28/1959, 109–192
"Vision und Führung in der christlichen Mystik", 31/1962, 117–169
"Der Mensch als *Imago Dei*", 38/1969, 297–330
"Die schöpferische Bedeutung des Wortes bei Jacob Boehme", 39/1970, 1–40

"Die ewige Jugend in der christlichen Mystik von Meister Eckhart bis Schleiermacher", 40/1971, 1–50
"Die Farbe im Erlebnisbereich der christlichen Vision", 41/1972, 265–326
"Die Signatur der Dinge. Aussen und Innen in der mystischen Kosmologie, in Schriftauslegung und Physiognomik", 42/1973, 517–580
"Norm und Heiliger Geist in der Geschichte des Christentums", 43/1974, 137–182
"Der kopernikanische Schock und seine theologische Auswirkung", 44/1975, 15–60
"„Mancherlei Gaben, ein Geist": Zur Wiedererkennung der Charismata", 45/1976, 315–361
"Zeit, Endzeit, Ewigkeit", 47/1978, 1–39

BERETTA, Simona
"Love and Generation: A Powerful Metaphor for Understanding Economic, Social and Political Innovation", Fetzer-at-Eranos Lecture, 70/2009–2010–2011, 475–499

BERLUCCHI, Giovanni
"Cervello, mente e corpo", Eranos-Jung Lecture, 72/2013–2014, 834–846

BERNARDINI, Riccardo
"*Amor carnalis, amor spiritualis*. Notes on Jung's Treatment of Love from an Eranos Seminar on Opicinus de Canistris", Fetzer-at-Eranos Lecture, 70/2009–2010–2011, 339–371
"Jung nel giardino di Eranos: il paesaggio dell'analisi", Eranos-Jung Lecture, 70/2009–2010–2011, 729–736
"I *Tipi psicologici* fra tradizione, controversie e modernità", Eranos-School Seminar, 75/2019–2020–2021, 1093-1117

BERNOULLI, Rudolf
"Zur Symbolik geometrischer Figuren und Zahlen. I. Allgemeines - II. Die Zahlensymbolik des Tarotsystems", 2/1934, 369–415
"Seelische Entwicklung im Spiegel der Alchemie und verwandter Disziplinen", 3/1935, 231–287

BETTINI, Maurizio
"Il 'mito' tra autorità e discredito. Vicende di una parola dall'antichità alla modernità", Eranos-Jung Lecture, 73/2015–2016, 917–938

BICHLER, Lorenz
"Coming to Terms with the Past in China", 66/1997, 69–82
"From Shamans to Chroniclers: Remembering the Chinese Revolution", 67/1998, 17–37

BISHOP, Paul
"Nietzsche and Klages on the Architecture of the Mind: Making Space for the Soul", 74/2017–2018, 258–326

BOFF, Leonardo
"La psicologia analitica di C.G. Jung come risposta alla crisi ecologica attuale", 72/2013–2014, 396–412

BONARDEL, Françoise
"Le souci thérapeutique contemporain : voie de guérison ou maladie du siècle ?", 72/2013–2014, 435–477
"Conjonction des opposés, non-dualité ou catharsis tragique : trois visions du mal et de son intégration par la psyché", 73/2015–2016, 161–209

BONAZZI, Matteo
"Oggetto e ideale nell'orizzonte del legame contemporaneo", Eranos-School Seminar, 75/2019–2020–2021, 1067-1078

BONOLA, Gianfranco
"Senza inizio e senza fine. Tempo, spazio ed esseri nella concezione buddhista", 73/2015–2016, 563–601
"La muta del serpente. Il buddhismo, l'ineluttabile e la terapia", Eranos-Jung Lecture, 73/2015–2016, 697–723
"Il riaccendersi della fiamma. La dottrina buddhista della rinascita nel suo impianto classico ed alcune successive metamorfosi", 75/2019–2020–2021, 384-447

BONVECCHIO, Claudio
"The Perfect Kingdom", 65/1996, 13–41
"Royal and Celestial Planimetry—Authority's Sacred Space", 66/1997, 141–159
"Attending and Articulating—The Oracle and the Unconscious", 68/1999, 47–72
"Perché il mondo è fragile?", 70/2009–2010–2011, 34–70
"Carl Gustav Jung non solo analista", Eranos-Jung Lecture, 70/2009–2010–2011, 693–699
"La sfida della soglia", 71/2012, 41–78
"Il denaro e il demonio", 72/2013–2014, 98–128

BOSNAK, Robert
"Probing the Deep: On Dream Incubation", 67/1998, 39–49

BRENCE, Joel
"Divination and its Myth in our Culture", 66/1997, 49–68

BRUN, Jean
"La loi du jour et la passion de la nuit", 44/1975, 199–230

"Sisyphe, enfant de Prométhée", 46/1977, 97–120
"Les murs et les fêlures du temps", 47/1978, 239–268
"Le chant du mythe", 48/1979, 35–59
"Déchirement et existence", 49/1980, 295–321
"Le sommet et l'abîme", 50/1981, 51–78
"Les filigranes de l'histoire", 51/1982, 157–188
"L'aura des choses et des êtres", 52/1983, 55–85
"Visage et défigurations de la Beauté", 53/1984, 241–272
"Les souterrains du temps", 54/1985, 47–79
"Reflets et réflexions", 55/1986, 57–83
"Croisée des chemins et carrefours de routes", 56/1987, 45–67
"Le monde des résonances", 57/1988, 49–74

BUBER, Martin
"Sinnbildliche und sakramentale Existenz im Judentum. I. Die sinnbildliche Existenz in der Welt der Prophetie - II. Die sakramentale Existenz in der Welt des Chassidismus", 2/1934, 339–367

BUONAIUTI, Ernesto
"Meditation und Kontemplation in der römisch-katholischen Kirche", 1/1933, 327–348
"Symbole und Riten im religiösen Leben einiger Orden", 2/1934, 305–337
"I. Die gnostische Initiation und die christliche Antike - II. Die Exerzitien des hl. Ignatius von Loyola", 3/1935, 289–322
"Die Erlösung in den orphischen Mysterien", 4/1936, 165–181
"Die *Ecclesia Spiritualis*. I. Die iranischen, griechischen und biblischen Vorläufer der *Ecclesia Spiritualis* - II. Die *Ecclesia Spiritualis* durch die Jahrhunderte - III. Die christliche Mystik als *Ecclesia Spiritualis*", 5/1937, 293–353
"*Maria Immaculata*: I. Maria und die jungfräuliche Geburt Jesu - II. Die Heilige *Maria Immaculata* in der christlichen Überlieferung (mit 4 Illustrationen)", 6/1938, 325–402
"Wiedergeburt, Unsterblichkeit und Auferstehung im Urchristentum", 7/1939, 291–320
"Christus und Paulus", 8/1940–1941, 257–294
"Christologie und Ecclesiologie bei Sankt Paulus (Die Lehre von Christus und der Kirche bei Sankt Paulus)", 8/1940–1941, 295–335

BURKERT, Walter
"Götterspiel und Götterburleske in altorientalischen und griechischen Mythen", 51/1982, 335–367

BUYTENDIJK, Frederik Jakobus Johannes
"Zur Phänomenologie der Begegnung", 19/1950, 431–486

CAMBIANO, Giuseppe
"Individuo e comunità in Platone e Aristotele", 75/2019–2020–2021, 595-627

CAMMERLOHER, Carl Moritz von
"Die Stellung der Kunst im psychologischen Weltbild unserer Zeit (Ein Beitrag zur Funktionenlehre)", 2/1934, 449–486

CAMPBELL, Joseph
"The Symbol without Meaning", 26/1957, 415–475
"Renewal Myths and Rites of the Primitive Hunters and Planters", 28/1959, 407–457

CAROLIS, Massimo De
"Le tecnoscienze e la natura dello spirito", Eranos-Jung Lecture, 72/2013–2014, 816–833
"Il tramonto del neoliberalismo e le passioni tristi", Eranos-Jung Lecture, 73/2015–2016, 634–647

CASATI, Roberto
"The Philosophy of Time-lapse Movies: Vision Makers and Perspectives on Time" [with YASAEI, Samaneh], Eranos-Jung Lecture, 74/2017–2018, 487–505

CAZZOLA, Roberto
"Lo sporco e il male: canalizzare flutti e flussi", 73/2015–2016, 257–319
"Presenza degli assenti. Storia, memoria e narrazione come dialogo costante con i morti", Eranos-Jung Lecture, 73/2015–2016, 648–696

CHABOT, Pascal
"Face aux mutations, les liens subtils", 75/2019–2020–2021, 573-594

CHANG, Chung-yuan
"Tao and the Sympathy of All Things", 24/1955, 407–432
"Creativity as Process in Taoism", 25/1956, 391–415
"Self-Realization and the Inner Process of Peace", 27/1958, 405–423

CHITTICK, William
"The Pivotal Role of Love in Sufism", Fetzer-at-Eranos Lecture, 70/2009–2010–2011, 255–273

CIRLOT, Victoria
"El cuidado de sí de la caballería en *La Queste del Saint Graal* a la luz de Pierre Hadot, Michel Foucault y Peter Sloterdijk", 72/2013–2014, 535–578

CITROEN, Paul
"Wir Maler heute und die Kunsttradition", 37/1968, 133–160

CLERC, Hervé
"Les noms de l'absolu : un tour d'horizon", 75/2019-2020-2021, 301-324

COLLUM, Vera Christina Chute
"Die schöpferische Mutter-Göttin der Völker keltischer Sprache, ihr Werkzeug, das mystische „Wort", ihr Kult und ihre Kult-Symbole (mit 8 ganzseitigen Tafeln)", 6/1938, 221-324

CONTE, Pietro
"„Tatsächlichkeiten vs Taten des Geistes." Simbolo, mito e storia in Johann Jakob Bachofen", Eranos-School Seminar, 73/2015-2016, 941-973

CORBIN, Henry
"Le récit d'initiation et l'hermétisme en Iran (Recherche angélologique)", 17/1949, 121-187
"Le *Livre du Glorieux* de Jâbir ibn Ḥayyân (Alchimie et Archétypes)", 18/1950, 47-114
"Rituel sabéen et exégèse ismaélienne du rituel", 19/1950, 181-246
"Le temps cyclique dans le Mazdéisme et dans l'Ismaélisme", 20/1951, 149-217
"Terre céleste et corps de résurrection d'après quelques traditions Iraniennes (Mazdéisme, Ishrâq, Shaïkhisme)", 22/1953, 97-194
"Epiphanie divine et naissance spirituelle dans la gnose ismaélienne", 23/1954, 141-249
"Sympathie et théopathie chez les « Fidèles d'Amour » en Islam", 24/1955, 199-301
"Imagination créatrice et prière créatrice dans le soufisme d'Ibn'Arabî", 25/1956, 121-240
"L'intériorisation du sens en herméneutique soufie iranienne (*Ṣâ'*inoddîn 'Alî Torka Ispâhânî, ob. 830/1427 et 'Alâoddawla Semnânî, ob. 736/1336)", 26/1957, 57-187
"Quiétude et inquiétude de l'âme dans le soufisme de Rûzbehân Baqlî de Shîrâz (522/1128-606/1209)", 27/1958, 51-194
"L'Imâm caché et la rénovation de l'homme en théologie shî'ite", 28/1959, 47-108
"Pour une morphologie de la spiritualité shî'ite", 29/1960, 57-107
"Le combat spirituel du Shî'isme", 30/1961, 69-125
"I. Eranos : à la mémoire de C.G. Jung et Olga Fröbe - II. Eranos: Freiheit und Spontaneität", 31/1962, 9-15
"De la philosophie prophétique en Islam shî'ite", 31/1962, 49-116
"Au pays de l'Imâm caché", 32/1963, 31-87
"Herméneutique spirituelle comparée (I. Swedenborg - II. Gnose ismaélienne)", 33/1964, 71-176

"La Configuration du Temple de la Ka'ba comme secret de la vie spirituelle d'après l'œuvre de Qâżî Sa'îd Qommî (1103–1691)", 34/1965, 79–166
"De l'épopée héroïque à l'épopée mystique", 35/1966, 177–239
"Face de Dieu et face de l'homme", 36/1967, 165–228
"Le *Récit du Nuage Blanc* (Hadîth al-ghamâma). Commenté par Qâzî Sa'îd Qommî (1103/1691)", 38/1969, 195–260
"L'initiation ismaélienne ou l'ésotérisme et le Verbe", 39/1970, 41–142
"Juvénilité et chevalerie en Islam iranien", 40/1971, 311–356
"Réalisme et symbolisme des couleurs en cosmologie shî'ite. D'après le « Livre du hyacinthe rouge » de Shaykh Mohammad Karîm-Khân Kermânî (ob. 1870)", 41/1972, 109–176
"La science de la balance et les correspondances entre les mondes en gnose islamique (d'après l'œuvre de Ḥaydar Âmolî, VIIIe/XIVe siècle)", 42/1973, 79–162
"L'*Imago Templi* face aux normes profanes", 43/1974, 183–254
"Le paradoxe du monothéisme", 45/1976, 69–133

CORTI, Walter Robert
"Die Platonische Akademie im Wandel der Geschichte und als Aufgabe unserer Zeit", 26/1957, 387–413
"Der Mensch als Organ Gottes. Studien zum dynamischen Pantheismus", 28/1959, 377–405

D'ANDREA, Dimitri
"Individualismo della singolarità e democrazia post-sovrana", 75/2019–2020–2021, 535-572

DANIÉLOU, Jean Guenolé Marie
"Terre et paradis chez les Pères de l'Eglise", 22/1953, 433–472
"La colombe et la ténèbre dans la mystique byzantine ancienne", 23/1954, 389–418
"Les traditions secrètes des Apôtres", 31/1962, 199–215

DANZEL, Theodor-Wilhelm
"Zur Psychologie der altmexikanischen Symbolik (mit 12 Illustrationen)", 5/1937, 211–239

D'ARCY, Martin Cyril
"The Power of Caritas and the Holy Spirit", 21/1952, 285–324

DAS, Nandita
"Identity and the Notion of the 'Other'", 69/2006–2007–2008, 366–374

DAUGE, Yves Albert
"Circuits de la lumière : la transfiguration chez Virgile", 52/1983, 113–156

DELFGAAUW, Bernard
"Gregor von Nazianz: Antikes und christliches Denken", 36/1967, 113–163

DESSAUER, Friedrich
"Galilei, Newton und die Wendung des abendländischen Denkens", 14/1946, 282–331
"Mensch und Kosmos", 15/1947, 75–147

DRONKE, Peter
"Tradition and Innovation in Medieval Western Colour-Imagery", 41/1972, 51–107

DURAND, Gilbert
"Dualismes et dramatisation : régime antithétique et structures dramatiques de l'imaginaire", 33/1964, 245–284
"Tâches de l'esprit et impératifs de l'être. Pour un structuralisme gnostique et une herméneutique docétiste", 34/1965, 303–360
"La création artistique comme configuration dynamique des structures", 35/1966, 57–98
"Les structures polarisantes de la conscience psychique et de la culture. Approches pour une méthodologie des sciences de l'homme", 36/1967, 269–300
"Structure et fonction récurrentes de la figure de Dieu ou la conversion herméneutique", 37/1968, 449–522
"Défiguration philosophique et figure traditionnelle de l'homme en Occident. Préface à une antihistoire de l'antiphilosophie", 38/1969, 45–93
"Linguistique et métalangages", 39/1970, 341–396
"Similitude hermétique et science de l'homme", 42/1973, 427–516
"L'éthique du pluralisme et le problème de la cohérence", 44/1975, 267–343
"La cité et les divisions du royaume. Vers une sociologie des profondeurs", 45/1976, 165–219
"Temps humain et espaces transitionnels. Contribution à une mythanalyse de l'œuvre de Wagner", 47/1978, 41–66
"La notion de limite dans la morphologie religieuse et les théophanies de la culture européenne", 49/1980, 35–79
"Le génie du lieu et les heures propices. Pour le double jubilé d'Eranos", 51/1982, 243–277
"La beauté comme présence paraclétique : essai sur les résurgences d'un bassin sémantique", 53/1984, 127–173
"*Specula aestheticae.* Facettes de la sensibilité et pluralité des reflets", 55/1986, 265–302
"Philosophie du leitmotiv. De l'*aesthetica* au drame lyrique", 57/1988, 125–144

EISLER, Robert
"Das Rätsel des Johannesevangeliums", 3/1935, 323–511

ELIADE, Mircea
"Psychologie et histoire des religions – A propos du symbolisme du « centre »", 19/1950 247–282
"Le temps et l'éternité dans la pensée indienne", 20/1951, 219–252
"Puissance et sacralité dans l'histoire des religions", 21/1952, 11–44
"La Terre-Mère et les hiérogamies cosmique", 22/1953, 57–95
"Mystère et régénération spirituelle dans les religions extra-européennes", 23/1954, 57–98
"La vertu créatrice du mythe", 25/1956, 59–85
"Significations de la « lumière intérieure »", 26/1957, 189–242
"La *coincidentia oppositorum* et le mystère de la totalité", 27/1958, 195–236
"Dimensions religieuses du renouvellement cosmique", 28/1959, 241–275
"Mythes et symboles de la corde", 29/1960, 109–137
"Le Créateur et son « ombre »", 30/1961, 211–239
"Paradis et utopie : géographie mythique et eschatologie", 32/1963, 211–234
"Mythes de combat et du repos. Dyades et polarités", 36/1967, 59–112

ENGELHARD, Michael
"L'infinito", Eranos-Jung Lecture, 71/2012, 282–299

ERHARD, Werner
"A Breakthrough in Individual and Social Transformation", 69/2006-2007-2008, 98–108

ERKELENS, Herbert van
"Wolfgang Pauli and the Chinese *Anima* Figure", 68/1999, 21–45

ESPOSITO, Costantino
"Heidegger, l'ebraismo e il cristianesimo nei *Quaderni neri*", Eranos-School Seminar, 73/2015–2016, 1034–1065

FABRIS, Adriano
"Figure della fragilità nel pensiero contemporaneo", 70/2009–2010–2011, 71–84
"Il *Libro rosso* di Jung come esperienza del pensiero", Eranos-Jung Lecture, 70/2009–2010–2011, 707–714
"On the Threshold of the Law. Paradoxes and Metaphors in Kafka's Work", 71/2012, 79–88
"Il denaro come forma simbolica", 72/2013–2014, 83–97
"Die Ambiguität der Entscheidung in Heidegger. Zwischen Philosophie und Politik", Eranos-School Seminar, 73/2015–2016, 1091–1104
"Spazio e relazione. Lo spazio umano nell'epoca dei legami perduti", 74/2017–2018, 234–257
"Logica ed etica dell'eresia", Eranos-School Seminar, 74/2017–2018, 587–596

"*In memoriam* Elena Pulcini (1950-2021)", 75/2019–2020–2021, 531-534

FAIVRE, Antoine
"Mystische Alchemie und geistige Hermeneutik", 42/1973, 323–360
"Les normes et la sécularisation du cosmos", 43/1974, 293–328
"From Preslapsarian Androgyny to Multipolar Constructs of 'Love' (Aspects of Christian Theosophy in German *Naturphilosophie*)", Fetzer-at-Eranos Lecture, 70/2009–2010–2011, 274–295

FASSLER, Margot
"Love, Song, and Shape: Reflections of a Documentarian", Fetzer-at-Eranos Lecture, 70/2009–2010–2011, 596–606

[FELLERER, Margarethe]
[*Portrait von C. G. Jung*], 12/1945, 2

FERRARI, Franco
"I confini dell'anima nel pensiero antico", Eranos-Jung Lecture, 72/2013–2014, 609–636
"Il dibattito antico intorno all'origine del male: Platone e la tradizione platonica", 73/2015–2016, 42–89
"La condizione umana secondo il 'mito' della caverna di Platone", Eranos-Jung Lecture, 73/2015–2016, 865–898
"Lo spazio e il tempo della filosofia in Platone (e in Aristotele)", 74/2017–2018, 194–233
"Al di là dei nomi e del pensiero: Platone di fronte all'indicibile e all'ineffabile", 75/2019–2020–2021, 37-83

FERRARIS, Maurizio
"Derrimaître", Eranos-Jung Lecture, 71/2012, 267–278

FIERZ, Markus
"Zur physikalischen Erkenntnis", 16/1948, 433–460

FILIPPANI-RONCONI, Pio
"Excerpts from *Symbols and the Creative Imagination*—Notes about the Metaphysics of Symbols", 66/1997, 45–47
"The Fundamental Psychology of Shamanism in Asia and America (As seen through a Hindu Scholar's Eyes)", 67/1998, 11–15

FILORAMO, Giovanni
"Le origini del male nei miti gnostici", 73/2015–2016, 90–128

FISCHER, Ernst Peter
"Images in Theories—Examples from the History of Science", 68/1999, 87–100

FOLADOR, Massimo
"From Responsibility to Freedom in Decision-Making", Fetzer-at-Eranos Lecture, 70/2009–2010–2011, 500–504

FRANZ, Marie-Louise von
"The Psychological Experience of Time", 47/1978, 173–204
"Nike und die Gewässer der Styx", 54/1985, 455–483

FRÖBE-KAPTEYN, Olga
"Vorwort", 1/1933, 5–6
"Vorwort", 2/1934, 5–8
"Vorwort", 3/1935, 3–7
"Vorwort", 4/1936, 5–9
"Vorwort", 5/1937, 5–8
"Vorwort", 6/1938, 5–7
"Vorwort", 7/1939, 5–7
"Vorwort", 8/1940–1941, 5–7
"Vorwort", 9/1942, 5–6
"Vorwort", 10/1943, 5–6
"Vorwort", 11/1944, 5–8
"Vorwort", 12/1945, 5–7
"Vorwort", 13/1945, 5–7
"Vorwort", 14/1946, 5–7
"Vorwort", 15/1947, 5–7
"Vorwort", 16/1948, 5–7
"Vorwort", 17/1949, 5–7
"Vorwort", 18/1950, 5–8
"Vorwort", 19/1950, 5–8
"*In memoriam* Gerardus van der Leeuw", 19/1950, 9–11
"Vorwort", 20/1951, 5–7
"Vorwort", 21/1952, 5–8
"Vorwort", 22/1953, 5–7
"Vorwort", 23/1954, 5–6
"Vorwort", 24/1955, 5–7
"Vorwort", 25/1956, 5–8
"Vorwort", 26/1957, 5–6
"*In memoriam* Karl Reinhardt", 26/1957, 7
"*In memoriam* Erich Neumann", 29/1960, 7–8

GAAY FORTMAN, Bastiaan De
"Violence among Peoples in the Light of Human Frustration and Aggression", 69/2006–2007–2008, 307–321

Gaay Fortman-van Bentum, Ina De
"Violence among Peoples in the Light of Human Frustration and Aggression—A Literary Perspective", 69/2006–2007–2008, 322–327

Gallavotti, Barbara
"La libertà nella stretta della pandemia", Eranos-Jung Lecture, 75/2019–2020–2021, 843-867

Gantner, Joseph
"„*L'Immagine del Cuor*". Die vorgestaltenden Formen der Phantasie und ihre Auswirkung in der Kunst", 35/1966, 267–302

Garré, Roy
"Il viaggio intellettuale di Johann Jakob Bachofen (1815–1887) fra rivolgimenti e conferme", Eranos-School Seminar, 73/2015–2016, 974–1033

Gerhardt, Kurt
"Der Mensch: Mannigfaltigkeit des Einzigartigen", 45/1976, 281–314

Giegerich, Wolfgang
"Busse für Philemon: Vertiefung in das verdorbene Gast-Spiel der Götter", 51/1982, 189–242
"Das Begräbnis der Seele in die technische Zivilisation", 52/1983, 211–276
"Die Alchemie der Geschichte", 54/1985, 325–395
"Das Bewusstsein, der zweite Schöpfer der Welt", 55/1986, 183–239
"Die Syzygie. Über die Wirklichkeit der Welt und die Not der Psychologie", 57/1988, 235–305

Gispen, Willem Hendrik
"Violence and Aggression in Nature: The Role of the Brain—A Short Note", 69/2006–2007–2008, 375–394

Goodenough, Erwin Ramsdell
"The Evaluation of Symbols Recurrent in Time, as Illustrated in Judaism", 20/1951, 285–319

Grof, Stanislav
"Roots of Human Violence—Psychospiritual Perspective on the Current Global Crisis", 69/2006–2007–2008, 395–430

Groot, Rokus de
"Polyphonies of Love", Fetzer-at-Eranos Lecture, 70/2009–2010–2011, 607–624

Guindani, Mauro
"Di là dalla siepe: spazi leopardiani. Un tentativo di dialogo tra due lingue e due diverse percezioni della realtà poetica intorno a uno dei più grandi maestri della cultura italiana", Eranos-Jung Lecture, 71/2012, 279–281

GUIOMAR, Michel
"Le bourdonnement des mondes", 44/1975, 345–377

HADOT, Pierre
"L'apport du néoplatonisme à la philosophie de la nature en Occident", 37/1968, 91–132
"La figure de Socrate", 43/1974, 51–90

HARTFIELD, Ronnie
"Visual Echoes and Evocations: The Abiding Love of African American Artists for a Vanished Homeland", Fetzer-at-Eranos Lecture, 70/2009-2010-2011, 437–450

HAUER, Jakob Wilhelm
"Symbole und Erfahrung des Selbstes in der indoarabischen Mystik. I. Geschichtlicher Überblick über die Entdeckung und Wesensbestimmung des Selbstes von der vedischen Zeit bis zum tantrischen Yoga - II. Symbole und Bilder des Selbstes - III. Der seinsdynamische Ursprung der Erfahrung und der Symbolwelt der Selbstes", 2/1934, 35–96

HAYASHI, Michiyoshi
"The Experience of the Unseen: From Image to Ethic", 61/1992, 9–26
"The Paternal Principle and Economic Development", 65/1996, 43–58

HEILER, Friedrich
"Die Kontemplation in der Christlichen Mystik. I. Die Geschichte der Kontemplation in der christlichen Frömmigkeit - II. Die Kontemplation in der christlichen Gemeinschaftsmystik - III. Die Kontemplation in der individuellen Hochmystik", 1/1933, 245–326
"Die Madonna als religiöses Symbol", 2/1934, 263–303

HELLER, Erich
"Der Dichter im Zeitalter der Prosa", 50/1981, 79–101

HENDRIX, Pjotr
"„Garten" und „Morgen" als Ort und Zeit für das *Mysterium Paschale* in der Orthodoxen Kirche", 32/1963, 147–171

HERRENSCHMIDT, Clarisse
"L'argent comme monnaie, la monnaie comme signes d'écriture", 72/2013-2014, 42–82

HEYER, Gustav-Richard
"Sinn und Bedeutung östlicher Weisheit für die abendländische Seelenführung", 1/1933, 215–244
"Dürer's Melancolia und ihre Symbolik", 2/1934, 231–261
"Vom Umgang mit sich Selbst", 3/1935, 135–178

"Die Große Mutter im Seelenleben des heutigen Menschen", 6/1938, 445–491

HILLMAN, James
"On Psychological Creativity", 35/1966, 349–409
"*Senex and Puer*: An Aspect of the Historical and Psychological Present", 36/1967, 301–360
"The Language of Psychology and the Speech of the Soul", 37/1968, 299–356
"First Adam, then Eve: Fantasies of Female Inferiority in Changing Consciousness", 38/1969, 349–412
"Abandoning the Child", 40/1971, 357–408
"The Dream and the Underworld", 42/1973, 237–322
"On the Necessity of abnormal Psychology", 43/1974, 91–136
"Pandämonium der Bilder: C. G. Jungs Beitrag zum ‚Erkenne dich Selbst'", 44/1975, 415–452
"Egalitarian Typologies *versus* the Perception of the Unique", 45/1976, 221–279
"Psychotherapy's Inferiority Complex", 46/1977, 121–174
"The Thought of the Heart", 48/1979, 133–182
"The Imagination of Air and the Collapse of Alchemy", 50/1981, 273–333
"The Animal Kingdom in the Human Dream", 51/1982, 279–334
"On Paranoia", 54/1985, 269–324
"Oedipus Revisited", 56/1987, 261–307

HOFFMANN, Helmut
"Die Polaritätslehre des späten Buddhismus", 36/1967, 361–378

HÖGGER, Rudolf
"Sita and the Demon", 66/1997, 161–178
"Mayamatam", 68/1999, 119–147

HOLTON, Gerald
"Über die Hypothesen, welche der Naturwissenschaft zugrunde liegen", 31/1962, 351–425
"Stil und Verwirklichung in der Physik. Weitere Beiträge zur Thematischen Analyse", 33/1964, 319–363
"The Metaphor of Space-Time Events in Science", 34/1965, 33–78
"The Roots of Complementarity", 37/1968, 45–90

HOPPER, Stanley Romaine
"Symbolic Reality and the Poet's Task", 34/1965, 167–218

HORNUNG, Erik
"Verfall und Regeneration der Schöpfung", 46/1977, 411–449
"Zeitliches Jenseits im alten Ägypten", 47/1978, 269–307

"Die Tragweite der Bilder: Altägyptische Bildaussagen", 48/1979, 183–237
"Von zweierlei Grenzen im alten Ägypten", 49/1980, 393–427
"Auf den Spuren der Sonne: Gang durch ein ägyptisches Königsgrab", 50/1981, 431–475
"Pharao ludens", 51/1982, 479–516
"Fisch und Vogel: Zur altägyptischen Sicht des Menschen", 52/1983, 455–496
"„In Karnak war's...". Ägypten und die Dichter", 53/1984, 371–409
"Hieroglyphen: Die Welt im Spiegel der Zeichen", 55/1986, 403–438
"Maat - Gerechtigkeit für alle? Zur altägyptischen Ethik", 56/1987, 385–427

HOUGH, Graham
"W.B. Yeats, a Study in Poetic Integration", 40/1971, 51–83
"Nature and Spirit in Shakespeare's Last Plays", 42/1973, 43–77

HULIN, Michel
"Corps de transmigration et corps de résurrection", 52/1983, 347–388
"Décadence et renouvellement : la doctrine des âges du monde dans l'Hindouisme", 54/1985, 177–208
"Interpénétration des consciences et entrelacement des destinées selon le Yoga-Vâsiṣtha", 57/1988, 171–200

HUYGHE, René
"Les thèmes-clefs et l'évolution de l'artiste : Vermeer, Rembrandt, Delacroix", 40/1971, 159–200
"La couleur et l'expression de la durée intérieure en Occident", 41/1972, 217–263

IDEL, Moshe
"Eros: Paths of Unity and Polarity in Kabbalah", Fetzer–at–Eranos Lecture, 70/2009–2010–2011, 296–322

ISHII, Mikiko
"The Three Witches in *Macbeth*", 65/1996, 59–76

IZUTSU, Toshihiko
"The Absolute and the Perfect Man in Taoism", 36/1967, 379–441
"The Structure of Selfhood in Zen Buddhism", 38/1969, 95–150
"Sense and Nonsense in Zen Buddhism", 39/1970, 183–215
"The Elimination of Color in Far Eastern Art and Philosophy", 41/1972, 429–464
"The Interior and Exterior in Zen Buddhism", 42/1973, 581–618
"The Temporal and A-Temporal Dimensions of Reality in Confucian Metaphysics", 43/1974, 411–447
"Naive Realism and Confucian Philosophy", 44/1975, 379–413

"The *I Ching* Mandala and Confucian Metaphysics", 45/1976, 363–404
"The Field Structure of Time in Zen Buddhism", 47/1978, 309–340
"Between Image and No-Image: Far Eastern Ways of Thinking", 48/1979, 427–461
"The Nexus of Ontological Events: A Buddhism View of Reality", 49/1980, 357–392
"Celestial Journey: Mythopoesis and Metaphysics", 51/1982, 449–477

JACOBSOHN, Helmuth
"Der altägyptische, der christliche und der moderne Mythos", 37/1968, 411–448
"Gestaltwandel der Götter und des Menschen im alten Ägypten", 38/1969, 9–43
"Das göttliche Wort und der göttliche Stein im alten Ägypten", 39/1970, 217–241

JAFFÉ, Aniela
"Die schöpferischen Phasen im Leben von C. G. Jung", 40/1971, 85–122
"Synchronizität und Kausalität in der Parapsychologie", 42/1973, 1–42
"C. G. Jungs Auffassung einer Individuation der Menschheit", 43/1974, 329–366
"C.G. Jung und die Eranos-Tagungen: Zum 100. Geburtstag von C.G. Jung", 44/1975, 1–14

JAMES, Edwin Oliver
"Myth and Ritual", 17/1949, 79–120

JENSEN, Adolf Ellegard
"Die mythische Weltbetrachtung der alten Pflanzer-Völker", 17/1949, 421–473

JOHNSON, Craig Hella
"Music as Invitation", Fetzer-at-Eranos Lecture, 70/2009-2010-2011, 625–637

JUNG, Carl Gustav
"Zur Empirie des Individuationsprozesses (Hiezu fünf Bildtafeln)", 1/1933, 201–214
"Über die Archetypen des kollektiven Unbewußten", 2/1934, 179–229
"Traumsymbole des Individuationsprozesses. Ein Beitrag zur Kenntnis der in den Träumen sich kundgebenden Vorgänge des Unbewußten", 3/1935, 13–133
"Die Erlösungsvorstellungen in der Alchemie (Vier Vorträge)", 4/1936, 13–111
"Einige Bemerkungen zu den Visionen des Zosimos", 5/1937, 15–54
"Die psychologischen Aspekte des Mutterarchetypus", 6/1938, 403–443

"Die verschiedenen Aspekte der Wiedergeburt", 7/1939, 399–447
"Zur Psychologie der Trinitätsidee", 8/1940–1941, 31–64
"Das Wandlungssymbol in der Messe. I. Einleitung - II. Die einzelnen Teile des Wandlungsritus - III. Eine antike Parallele zum Wandlungsmysterium - IV. Zur Psychologie der Messe", 8/1940–1941, 67–155
"Der Geist Mercurius (Übersicht über den Mercurius Begriff der Alchemie)", 9/1942, 179–236
"Zur Psychologie des Geistes", 13/1945, 385–448
"Der Geist der Psychologie", 14/1946, 385–490
"Über das Selbst", 16/1948, 285–315
"Über Synchronizität", 20/1951, 271–284

KAEGI, Werner
"Wandlung des Geistes in der Renaissance", 14/1946, 228–281

KAESER, Eduard
"To See or Not to See—That Is Not the Question", 68/1999, 101–117

KALU, Ogbu Uke
"Religion, Conflict, and the Roots of Violence", Fetzer–at–Eranos Lecture, 69/2006–2007–2008, 192–217
"Tangled Roots in the Mangrove Forest—The Cultural Landscape of Political Violence in Africa", 69/2006–2007–2008, 328–350

KAKAR, Sudhir
"The Resurgence of Imagination", Fetzer–at–Eranos Lecture, 69/2006–2007–2008, 221–238
"Religious Violence—Hindus and Muslims in India", 69/2006–2007–2008, 351–365

KARCHER, Stephen L.
"Making Spirits Bright: Divination and the Demonic Image", 61/1992, 27–43
"The *Yi Ching* and the Ethic of the Image—Reflections at the 1992 Eranos/Uehiro Round Table Session", 61/1992, 97–101

KASULIS, Thomas P.
"From the Love of Wisdom to the Wisdom of Love: Re-envisioning Our Philosophical Foundations of Interrelationship", Fetzer–at–Eranos Lecture, 70/2009–2010–2011, 505–524

KAWAI, Hayao
"Bodies in the Dream Diary of Myôe", 52/1983, 431–453
"Beauty in Japanese Fairy-Tales", 53/1984, 175–196
"The Hidden Gods in Japanese Mythology", 54/1985, 397–426
"Interpenetration: Nature in Dreams of Medieval Japan", 55/1986, 241–263

"*Torikaebaya*: Concordance or Coincidence?", 57/1988, 307–334

KAYSER, Hans
"Die Harmonie der Welt", 27/1958, 425–451

KERÉNYI, Magda
"Vorbemerkungen", *Index* 1/1933–25/1956, 7–12
"Vorbemerkungen", *Index* 26/1957–30/1961, 7–8

KERÉNYI, Károly
"Mythologie und Gnosis", 8/1940–1941, 157–229
"Hermes der Seelenführer. Das Mythologem vom männlichen Lebensursprung", 9/1942, 9–107
"Vater Helios", 10/1943, 81–124
"Mysterien der Kabiren. Einleitendes zum Studium antiker Mysterien (Anhang: Castello di Tegna. Eine archäologische Parallele zu einem Heiligtum in der Gegend von Theben)", 11/1944, 11–60
"*Heros Iatros*. Über Wandlungen und Symbole des ärztlichen Genius in Griechenland", 12/1945, 33–54
"Apollon-Epiphanien", 13/1945, 11–48
"Die Göttin Natur", 14/1946, 39–86
"Urmensch und Mysterium", 15/1947, 41–74
"Mensch und Maske", 16/1948, 183–208
"Die orphische Kosmogonie und der Ursprung der Orphik. Ein Rekonstruktionsversuch", 17/1949, 53–78
"Dramatische Gottesgegenwart in der griechischen Religion", 19/1950, 13–39
"Ursinn und Sinnwandel des Utopischen", 32/1963, 9–29

KING, Ursula
"The Emergence of a New Humanity—Spirituality, the Zest for Life, and the Power of Love", Fetzer-at-Eranos Lecture, 69/2006-2007-2008, 239–250
"The Inexhaustible Energies of the Fire of Love", Fetzer-at-Eranos Lecture, 70/2009-2010-2011, 372–387

KIRK, Geoffrey Stephen
"Old Age and Maturity in Ancient Greece", 40/1971, 123–158

KLIMKEIT, Hans-Joachim
"Die Welt als Wirklichkeit und Gleichnis im Buddhismus Zentralasiens", 53/1984, 83–126

KNOLL, Max
"Wandlungen der Wissenschaft in unserer Zeit", 20/1951, 387–436
"Quantenhafte Energiebegriffe in Physik und Psychologie", 21/1952, 359–414

"Endogene Rhythmen und biologische Zeit", 24/1955, 433–483
"Die Welt der inneren Lichterscheinungen", 34/1965, 361–397

KOLIUSIS, Nikolaus
"L'infinito", Eranos-Jung Lecture, 71/2012, 300–307

KOPPERS, Wilhelm
"Zum Ursprung des Mysterienwesens im Lichte von Völkerkunde und Indologie", 11/1944, 215–275

KÖRNER, Waltraut
"The Eternal Wanderer", 66/1997, 83–97

LANDOLT, Hermann
"Sakralraum und mystischer Raum im Islam", 44/1975, 231–265
"Stufen der Gotteserkenntnis und das Lob der Torheit bei Najm-e Râzî (ob. 654/1256)", 46/1977, 175–204

LANG, Joseph Bernhard
"Paulinische und analytische Seelenführung", 3/1935, 513–543
"Der Demiurg des Priesterkodex (*Gen.* I bis II, 4a) und seine Bedeutung für den Gnostizismus", 9/1942, 237–288

LASZLO, Ervin
"From *Logos* to *Holos*—Some Universal Features of the Needed Transformation", 69/2006-2007-2008, 158–170

LAUF, Detlef-Ingo
"Visionen zur Seelenführung im Tibetischen Totenbuch", 48/1979, 277–324
"*Quaternio* und *Mandala*: Mythische Identität und transzendente Schau", 49/1980, 259–294
"Maitreyas Herabkunft und Stufenwege zum Licht", 50/1981, 373–402
"Im Ursprung ist auch das Ungewordene Ereignis", 54/1985, 119–176

LAYARD, John
"Der Mythos der Totenfahrt auf Malekula (mit 9 Illustrationen und einer Karte)", 5/1937, 241–291
"The Incest Taboo and the Virgin Archetype", 12/1945, 253–307
"The Making of Man in Malekula", 16/1948, 209–283
"Identification with the Sacrificial Animal", 24/1955, 341–406
"On Psychic Consciousness (mit mehreren Textzeichnungen)", 28/1959, 277–344

LEEUW, Gerardus van der
"L'Homme et la civilisation. Ce que peut comprendre le terme : évolution de l'homme", 16/1948, 141–182
"Urzeit und Endzeit", 17/1949, 11–51

"Unsterblichkeit", 18/1950, 183–206

LEISEGANG, Hans
"Das Mysterium der Schlange. Ein Beitrag zur Erforschung des griechischen Mysterienkultes und seines Fortlebens in der christlichen Welt (mit 14 Illustrationen)", 7/1939, 151–250
"Der Gottmensch als Archetypus", 18/1950, 9–45

LEONI, Federico
"Massa scopica e massa tattile", Eranos–School Seminar, 75/2019–2020–2021, 1079-1092

LISCIANI-PETRINI, Enrica
"Paura e potere", Eranos–Jung Lecture, 75/2019–2020–2021, 651-681

LIVERNOIS, Jay
"The Shadow of the Noble Savage—Headhunting and Ritual Cannibalism in Seventeenth Century New England", 65/1996, 77–93

LONGO, Giuseppe O.
"Anima artificiale?", Eranos–Jung Lecture, 72/2013–2014, 782–815
"Esteriorità e interiorità nell'epoca del Post-umano", Eranos–Jung Lecture, 74/2017–2018, 454–474

LÖWITH, Karl
"Die Dynamik der Geschichte und der Historismus", 21/1952, 217–254

MÀDERA, Romano
"C. G. Jung: Forerunner of a Philosophy for the Soul", Eranos–Jung Lecture, 70/2009–2010–2011, 724–728
"Rinnovare lo spirito dell'utopia ripensando il dono della tradizione", Eranos–Jung Lecture, 75/2019–2020–2021, 799-805

MAFFESOLI, Michel
"La force de la faiblesse dionysiaque", 70/2009–2010–2011, 85–93

MALINCONICO, Angelo
"Jung nel paese dei quanti" [with TAGLIAGAMBE, Silvano], Eranos–Jung Lecture, 72/2013–2014, 662–708

MANN, Ulrich
"Die Gegenwart des tragischen Mythos im christlichen Heilsgeschehen", 48/1979, 373–425
"Geisthöhe und Seelentiefe: Die vertikale Achse der numinosen Bereiche", 50/1981, 1–50
"Der Ernst des heiligen Spiels", 51/1982, 9–58
"Ikone und Engel als Gestalten geistleiblicher Mittlerschaft", 52/1983, 1–53
"Vom Überschuss des Seins im Schönen", 53/1984, 1–47

"Verfallende Zeit und zersprühender Raum. Erwägungen zum religiösen und säkularisierten Zeit- und Raum-Verständnis", 54/1985, 1–46
"Die göttliche Wegscheide: Abzweigung, Abweichung, Abirrung", 56/1987, 1–44
"Zeit und Wunder", 57/1988, 1–47

MANSFELD, Jaap
"The End of the World in Ancient Philosophy", 74/2017–2018, 85–134

MANTZIARAS, Panos
"Prolegomena to the Architecture of Ecological Transition", 74/2017–2018, 181–193

MARCHIANÒ-ZOLLA, Grazia Shōgen
"Beauty and Selfless Love at the Core of Shingon Teaching: A Mystic Interconnectedness", Fetzer–at–Eranos Lecture, 70/2009–2010–2011, 451–459
"Avere a cuore il mondo della vita in una prospettiva cognitiva sistemica", 72/2013–2014, 579–605
"Dal bodhisattva al golem e oltre: percorsi del cammino umano a perdita d'occhio", 74/2017–2018, 135–157
"I volti mutevoli dell'Assoluto: una storia infinita tessuta nella stoffa della mente umana", 75/2019–2020–2021, 270-300

MARION, Jean-Luc
"Le bien commun : du politique à la communion", 75/2019–2020–2021, 628-650

MARKOVA, Dawna
"Unimagined Bridges: A Personal Perspective on Love as an Evocative Force for Social Change", Fetzer–at–Eranos Lecture, 70/2009–2010–2011, 525–547

MARRAMAO, Giacomo
"Orienti e Occidenti. L'Europa tra sovranismi e sfide globali", Eranos-School Seminar, 75/2019–2020–2021, 926-962

MASSIGNON, Louis
"Die Ursprünge und die Bedeutung des Gnostizismus im Islam. I. Die schiitischen Weihen und die salmanischen Texte - II. Gnostische Seiten im Sufismus", 5/1937, 55–77
"Der gnostische Kult der Fatima im schiitischen Islam", 6/1938, 161–173
"Die Auferstehung in der mohammedanischen Welt. I. Die Auferstehung in den sufischen Einweihungen - II. Die Auferstehung im Islam", 7/1939, 11–20
"Les infiltrations astrologiques dans la pensée religieuse islamique", 10/1943, 297–303

"Thèmes archétypiques en onirocritique musulmane", 12/1945, 241–251
"L'idée de l'esprit dans l'Islam", 13/1945, 277–282
"La nature de la pensée islamique", 14/1946, 144–148
"L'Homme Parfait en Islam, et son originalité eschatologique", 15/1947, 287–314
"Le rite vivant", 19/1950, 351–355
"Le temps dans la pensée islamique", 20/1951, 141–148
"L'expérience musulmane de la compassion, ordonnée à l'universel ; à propos de Fâtima, et de Hallâj", 24/1955, 119–132

MASSON-OURSEL, Paul
"Die Erlösungsidee in Indien. I. Die indischen Erlösungstheorien im Rahmen der Heilsreligionen - II. Die Gnadenlehre im religiösen Denken Indiens", 4/1936, 113–133
"Seelenführung in Indien. I. Die indische Auffassung der psychologischen Gegebenheiten – II. Die indischen Heilstechniken", 5/1937, 79–91

MAZZEO, Marco
"Il licantropo e la bile nera. Antropologia filosofica dell'uomo lupo", Eranos-Jung Lecture, 73/2015–2016, 724–741

MEIER, Fritz
"Das Mysterium der Ka'ba. Symbol und Wirklichkeit in der islamischen Mystik", 11/1944, 187–214
"Der Geistmensch bei dem persischen Dichter 'Aṭṭār", 13/1945, 283–353
"Das Problem der Natur im esoterischen Monismus des Islams", 14/1946, 149–227
"Die Welt der Urbilder bei Ali Hamadani (†1385)", 18/1950, 115–172
"Die Wandlung des Menschen im mystischen Islam", 23/1954, 99–139

MENASCE, Pierre-Jean de
"Les mystères et la religion de l'Iran", 11/1944, 167–186
"L'expérience de l'esprit dans la mystique chrétienne", 13/1945, 355–384

MERKELBACH, Reinhold
"Die Kosmogonie der Mithrasmysterien", 34/1965, 219–257
"Inhalt und Form in symbolischen Erzählungen der Antike", 35/1966, 145–175

MERLINI, Fabio
"Preface / Prefazione", 70/2009–2010–2011, 10–19
"*Incipit*: fragili come la rosa che è senza perché", 70/2009–2010–2011, 23–33
"L'ombra di Eranos. Divagazioni attorno all'opera di Riccardo Bernardini su *Jung a Eranos*", Eranos-Jung Lecture, 70/2009–2010–2011, 737–745
"Preface / Prefazione", 71/2012, 8–19

"Schizotopie e disorientamento. Per una filosofia degli odierni spazi di vita", 71/2012, 25–40
"Dove sono i Maestri?", Eranos-Jung Lecture, 71/2012, 343–357
"Preface / Prefazione", 72/2013–2014, 8–25
"Il triste costo della vita e l'estetica tradita", 72/2013–2014, 31–41
"Una tecnica dell'anima", Eranos-Jung Lecture, 72/2013–2014, 709–729
"Preface / Prefazione", 73/2015–2016, 8–22
"Il Male e la tragedia della cultura", 73/2015–2016, 27–41
"La coscienza infelice e la malinconia del futuro", Eranos-Jung Lecture, 73/2015–2016, 725–762
"Preface / Prefazione", 74/2017–2018, 6–25
"Preface / Prefazione", 75/2019–2020–2021, 2-31

MILLER, David L.
"Images of Happy Ending", 44/1975, 61–89
"Imaginings No End: The Poetry of Religion and Myth", 46/1977, 451–499
"Rhythms of Silenos in a Poetics of Christ: Images of The Great Teacher", 47/1978, 67–121
"Between God and the Gods—Trinity", 49/1980, 81–148
"The Two Sandals of Christ: Descent into History and into Hell", 50/1981, 147–221
"From Leviathan to Lear: Shades of Play in Language and Literature", 51/1982, 59–109
"The Holy Ghost and the Grateful Dead", 52/1983, 277–346
"Through a Looking-Glass—The World as Enigma", 55/1986, 349–402
"Prometheus, St. Peter and the Rock—Identity and Difference in Modern Literature", 57/1988, 75–123
"Evil—A Paragon of Luster", 73/2015–2016, 320–366

MIYAJIMA, Takashi
"Towards an Open Society: The Mechanisms of Inclusion and Exclusion in Japanese and Western Societies", 67/1998, 61–69

MIYUKI, Mokusen
"The Ego, I, and *Jibun*: My Search to Become More of Myself during four Decades in the West", 67/1998, 71–90

MORDACCI, Roberto
"Futuro come utopia permanente", Eranos-Jung Lecture, 75/2019–2020–2021, 806-820

MORENZ, Siegfried
"Ägyptischer Totenglaube im Rahmen der Struktur ägyptischer Religion", 34/1965, 399–446

MORI, Massimo
"Il tempo per pensare / pensare il tempo", Eranos-Jung Lecture, 74/2017–2018, 551–568

MUS, Paul
"Traditions asiennes et bouddhisme moderne. Essai d'analyse structurale", 37/1968, 161–276

NAGEL, Georges Hermann
"Le dieu Thoth d'après les textes égyptiens", 9/1942, 109–140
"Le culte du Soleil dans l'ancienne Egypte", 10/1943, 9–56
"Les « mystères » d'Osiris dans l'ancienne Egypte", 11/1944, 145–166

NAKASHIMA DEGARROD, Lydia
"Using Art in Ethnographic Research and Representation—An Emergence of Images and Knowledge", Fetzer-at-Eranos Lecture, 69/2006–2007–2008, 173–191

NANTE, Bernardo
"'The Way of What is to Come': An Answer to Contemporary Fragility. An Approach from Jung's *Red Book*", 70/2009–2010–2011, 195–224
"*Il Libro rosso*. Jung visionario: una lezione per il presente", Eranos-Jung Lecture, 70/2009–2010–2011, 715–723
"Alla ricerca della soglia perduta", 71/2012, 185–217
"Caduta e rinascita della figura del Maestro nel mondo attuale. Una lettura a partire da *Il Libro rosso* di C.G. Jung", Eranos-Jung Lecture, 71/2012, 239–266

NEUMANN, Erich
"Der mystische Mensch. Versuch einer psychologischen Interpretation", 16/1948, 317–374
"Die mythische Welt und der Einzelne", 17/1949, 189–254
"Über den Mond und das matriarchale Bewußtsein", 18/1950, 323–376
"Zur psychologischen Bedeutung des Ritus", 19/1950, 65–120
"Kunst und Zeit", 20/1951, 11–56
"Die Psyche und die Wandlung der Wirklichkeitsebenen. Ein meta-psychologischer Versuch", 21/1952, 169–215
"Die Bedeutung des Erdarchetypus für die Neuzeit", 22/1953, 11–56
"Der schöpferische Mensch und die Wandlung", 23/1954, 9–55
"Die Erfahrung der Einheitswirklichkeit und die Sympathie der Dinge", 24/1955, 11–54
"Der schöpferische Mensch und die ‚Große Erfahrung'", 25/1956, 11–58
"Die Sinnfrage und das Individuum", 26/1957, 11–55
"Frieden als Symbol des Lebens", 27/1958, 7–50
"Das Bild des Menschen in Krise und Erneuerung", 28/1959, 7–46
"Die Psyche als Ort der Gestaltung", 29/1960, 13–56

Ordine, Nuccio Diamante
"Caravage et Bruno à l'ombre de Narcisse", Eranos-Jung Lecture, 73/2015–2016, 763–779

Otto, Walter Friedrich Gustav Hermann
"Der Sinn der eleusinischen Mysterien", 7/1939, 83–112
"Der ursprüngliche Mythos im Lichte der Sympathie von Mensch und Welt", 24/1955, 303–340

Panaino, Antonio Clemente Domenico
"Origine e teleologia della creazione divina nella tradizione religiosa iranica preislamica", 73/2015–2016, 485–537

Papadopoulos, Renos
"Individual Identity in the Context of Collective Strife", 66/1997, 99–113

Paris, Ginette
"Are We, Jungians, a Bunch of Has-Beens? Or Guides to the Future?", Eranos-Jung Lecture, 72/2013–2014, 650–661

Pasqualotto, Giangiorgio
"Greek Philosophy and Chinese Thought—Some Experiments in Philosophical Comparison", 68/1999, 73–86

Pasquino, Gianfranco
"La libertà, le libertà (degli altri)", Eranos-Jung Lecture, 75/2019–2020–2021, 893-908

Pavie, Xavier
"Prendre soin de soi, prendre soin des autres. L'essence des exercices spirituels", 72/2013–2014, 523–534

Pelletier, Guy
"La quête des origines du point de vue des astrophysiciens", 73/2015–2016, 369–434
"Les incessantes successions de création et de destruction des structures cosmiques et élémentaires", 74/2017–2018, 33–84

Pelliot, Paul
"Die Jenseitsvorstellung der Chinesen", 7/1939, 61–82

Perulli, Paolo
"Il capitalismo tra Occidente e Oriente", Eranos-School Seminar, 75/2019–2020–2021, 909-983

Peterson, Willard J.
"Some connective Concepts in China in the Fourth to Second Centuries B.C.E.", 57/1988, 201–234

PETRELLA, Fausto
"Il dentro, il fuori, la soglia: un apologo psicoanalitico", 71/2012, 178–184
"Nostalgia: tema con variazioni", Eranos-Jung Lecture, 73/2015–2016, 605–620

PETTAZZONI, Raffaele
"Der babylonische Ritus des Akītu und das Gedicht der Weltschöpfung", 19/1950, 403–430

PICARD, Charles
"I. Die Ephesia von Anatolien - II. Die Große Mutter von Kreta bis Eleusis (mit 4 Illustrationen)", 6/1938, 59–119

PIETSCHMANN, Herbert
"Die Sicherheit der Naturgesetze: Polarität von Mensch und Kosmos", 55/1986, 85–108
"Einsteins Kritik der Gleichzeitigkeit und das Kausalitätsprinzip", 57/1988, 145–169

PLESSNER, Helmuth
"Über die Beziehung der Zeit zum Tode", 20/1951, 349–386

POGGI, Stefano
"Nel labirinto dell'inconscio. Il peccato e la psicologia dei romantici", 73/2015–2016, 129–160
"L'eterno circolo della vita e la rinascita dello spirito. Germania 1880-1920", 75/2019–2020–2021, 327-355

PORKERT, Manfred
"Anschaulichkeit, Sinnlichkeit, Bildlichkeit als Voraussetzung für die Integrierbarkeit wissenschaftlicher Aussagen", 48/1979, 101–132
"Richtung und Maß: Medizinisches Denken in Europa und in China", 49/1980, 149–198
"Die Bindung und Lösung unserer Erkenntnis", 51/1982, 111–155
"Greifbarkeit und Ergriffensein: Das Körperverständnis in der Chinesischen Medizin", 52/1983, 389–429
"Die Verweigerung des Kreuzes auf dem Kreuzweg. Zur Antinomie gekreuzter Wege in Europa und in China", 56/1987, 309–351

PORTMANN, Adolf
"Die Biologie und das Phänomen des Geistigen", 14/1946, 521–567
"Das Ursprungsproblem", 15/1947, 11–40
"Der naturforschende Mensch", 16/1948, 461–488
"Mythisches in der Naturforschung", 17/1949, 475–514
"Das Problem der Urbilder in biologischer Sicht", 18/1950, 413–432
"Riten der Tiere", 19/1950, 357–401
"Die Zeit im Leben der Organismen", 20/1951, 437–458

"Die Bedeutung der Bilder in der lebendigen Energiewandlung", 21/1952, 325–357
"Die Erde als Heimat des Lebens", 22/1953, 473–494
"Metamorphose der Tiere. Die Wandlung des Individuums und des Typus", 23/1954, 419–454
"Das Lebendige als vorbereitete Beziehung", 24/1955, 485–506
"Erleuchtung und Erscheinung im Lebendigen", 25/1956, 477–503
"Sinndeutung als biologisches Problem", 26/1957, 477–510
"Kampf und Frieden als biologisches Problem", 27/1958, 453–483
"Der biologische Beitrag zu einem neuen Bild des Menschen", 28/1959, 459–492
"Zum Gedenken an Erich Neumann", 29/1960, 9–11
"Gestaltung als Lebensvorgang (mit 2 Tafeln und 1 Zeichnung)", 29/1960, 327–369
"Vom Sinn und Auftrag der Eranos-Tagungen (zum 80. Geburtstag von Olga Fröbe-Kapteyn)", 30/1961, 7–28
"Die Ordnungen des Lebendigen im Deutungsversuch der Biologie (mit 4 Textillustrationen)", 30/1961, 285–332
"Vorwort", 31/1962, 5
"Zur Erinnerung an Olga Fröbe", 31/1962, 6–8
"Freiheit und Bindung in biologischer Sicht", 31/1962, 427–450
"Vorwort", 32/1963, 5–6
"Utopisches in der Lebensforschung", 32/1963, 311–344
"Vorwort", 33/1964, 5–6
"Die Idee der Evolution als Schicksal von Charles Darwin", 33/1964, 365–403
"Vorwort", 34/1965, 5–6
"Gestalt als erstes und letztes Problem der Biologie", 34/1965, 447–482
"Vorwort", 35/1966, 5–6
"Ursprung und Entwicklung als Problem der Biologie", 35/1966, 411–451
"Vorwort", 36/1967, 5–6
"Dualität der Geschlechter: Einheit und Vielfalt", 36/1967, 443–476
"Vorwort", 37/1968, 5–6
"Im Kampf um die Auffassung vom Lebendigen", 37/1968, 523–548
"Vorwort" [with RITSEMA, Rudolf], 38/1969, 5–6
"Vom Urmenschenmythos zur Theorie der Menschwerdung", 38/1969, 413–439
"Preface / Vorwort" [with RITSEMA, Rudolf], 39/1970, VII–VIII
"Der Weg zum Wort: Stufen lebendiger Kommunikation", 39/1970, 397–424
"Preface / Vorwort" [with RITSEMA, Rudolf], 40/1971, VII–VIII
"Die Autonomie der Lebensphasen in der organischen Natur", 40/1971, 409–442

"Preface / Vorwort" [with RITSEMA, Rudolf], 41/1972, VII–VIII
"Farbensinn und Bedeutung der Farben in biologischer Sicht", 41/1972, 465–492
"Preface / Vorwort" [with RITSEMA, Rudolf], 42/1973, VII–X
"Homologie und Analogie. Ein Grundproblem der Lebensdeutung", 42/1973, 619–649
"Preface / Vorwort" [with RITSEMA, Rudolf], 43/1974, VII–VIII
"Die biologischen Grundfragen der Typenlehren", 43/1974, 449–473
"Preface / Vorwort" [with RITSEMA, Rudolf], 44/1975, VII–X
"Preface / Vorwort" [with RITSEMA, Rudolf], 45/1976, VII–X
"Das Lebendige und die Organismen", 45/1976, 405–430
"Evolution: Das Offene des Lebens", 46/1977, 501–517
"Nachwort" [with RITSEMA, Rudolf], 46/1977, 519–520
"Nachwort" [with RITSEMA, Rudolf], 47/1978, 341
"Nachwort" [with RITSEMA, Rudolf], 48/1979, 469
"Nachwort" [with RITSEMA, Rudolf], 49/1980, 429–430
"Nachwort" [with RITSEMA, Rudolf], 50/1981, 477

POST, Laurens van der
"The Creative Pattern in Primitive Africa", 25/1956, 417–454

POTTER, Ralph Benajah
"Love in Bits and Bytes", Fetzer-at-Eranos Lecture, 70/2009-2010-2011, 548–563

PRAAG, Alexander van
"Towards a Conceptual Model for the Renewed Eranos", 69/2006-2007-2008, 17–28
"Continuity and Change in Eranos", 69/2006-2007-2008, 29–37
"Give Violence a Chance!", 69/2006-2007-2008, 253–270

PRAAG, John van
"Preface", 69/2006-2007-2008, 9–16

PREETORIUS, Emil
"Vom Ordnungsgefüge der Kunst (mit 17 Textillustrationen)", 30/1961, 143–172

PRETE, Antonio
"Nel tempo-spazio dell'anima: lontananza e prossimità del tu", Eranos-Jung Lecture, 72/2013-2014, 637–649
"Fantasmagorie dell'assenza e tempo della poesia", Eranos-Jung Lecture, 73/2015-2016, 621–633
"Il cielo nascosto. Su alcune figure dell'interiorità", Eranos-Jung Lecture, 74/2017-2018, 415–430

PROGOFF, Ira
"The Dynamics of Hope and the Image of Utopia", 32/1963, 89–145
"The Integrity of Life and Death", 33/1964, 201–244
"Form, Time and Opus: The Dialectic of the Creative Psyche", 34/1965, 259–301
"The Man who Transforms Consciousness: The Inner Myths of Martin Buber, Paul Tillich, and C.G. Jung", 35/1966, 99–144

PRZYLUSKI, Jean
"I. Die Erlösung nach dem Tode in den Upanishaden und im ursprünglichen Buddhismus - II. Der Lebendig-Erlöste in dem entwickelten Buddhismus", 5/1937, 93–136
"I. Ursprünge und Entwicklung des Kultes der Mutter-Göttin - II. Die Mutter-Göttin als Verbindung zwischen den Lokal-Göttern und dem Universal-Gott", 6/1938, 11–57

PUECH, Henri-Charles
"Der Begriff der Erlösung im Manichäismus. I. Die gnostische und die manichäische Erlösungsvorstellung: Das Problem des Bösen im Manichäismus - II. Die theoretischen Grundlagen der Erlösung: der kosmologische und der anthropologische Mythos - III. Die Verwirklichung und die praktischen Mittel der Erlösung", 4/1936, 183–286
"Alexandre Moret†. Nachruf", 5/1937, 9–11
"La gnose et le temps", 20/1951, 57–113

PULCINI, Elena
"La cura, le emozioni e il soggetto vulnerabile", 72/2013–2014, 478–499

PULVER, Max
"Gnostische Erfahrung und gnostisches Leben im frühen Christentum (Auf Grund der Quellen)", 8/1940–1941, 231–255
"Jesu Reigen und Kreuzigung nach den Johannes-Akten", 9/1942, 141–177
"Die Lichterfahrung im Johannes-Evangelium, im *Corpus Hermeticum*, in der Gnosis und in der Ostkirche", 10/1943, 253–296
"Vom Spielraum gnostischer Mysterienpraxis (Barbelo-Gnosis und ewiges Gebet in der Philokalie)", 11/1944, 277–325
"Das Erlebnis des Pneuma bei Philon", 13/1945, 111–132

QUAGLINO, Gian Piero
"Fragili a forza di Io", 70/2009–2010–2011, 94–150
"Il *Libro rosso*: memoria della memoria di vivere", Eranos-Jung Lecture, 70/2009–2010–2011, 700–706
"A colazione con Jung" [with ROMANO, Augusto], Eranos-Jung Lecture, 70/2009–2010–2011, 746–748
"Abitare la soglia?", 71/2012, 89–142
"Sul buon uso del denaro", 72/2013–2014, 269–382

"L'anima non abita più qui", Eranos-Jung Lecture, 72/2013-2014, 741-781
"In che cosa dobbiamo sperare", Eranos-Jung Lecture, 75/2019-2020-2021, 725-786

QUISPEL, Gilles
"La conception de l'homme dans la gnose valentinienne", 15/1947, 249-286
"L'Homme gnostique (La doctrine de Basilide)", 16/1948, 89-139
"*Anima naturaliter Christiana*", 18/1950, 173-182
"Zeit und Geschichte im antiken Christentum", 20/1951, 115-140
"Mensch und Energie im antiken Christentum", 21/1952, 109-168
"Der gnostische *Anthropos* und die jüdische Tradition", 22/1953, 195-234
"Das Lied von der Perle", 34/1965, 9-32
"Faust: Symbol of Western Man", 35/1966, 241-265
"Das ewige Ebenbild des Menschen. Zur Begegnung mit dem Selbst in der Gnosis", 36/1967, 9-30
"C.G. Jung und die Gnosis", 37/1968, 277-298
"Gnosis and the New Sayings of Jesus", 38/1969, 261-296
"From *Mythos* to *Logos*", 39/1970, 323-340
"The Birth of the Child. Some Gnostic and Jewish Aspects", 40/1971, 285-310

QURESHI BURCKHARDT, Regula
"Sufi Encounters with Music and Love", Fetzer-at-Eranos Lecture, 70/2009-2010-2011, 638-652

RADIN, Paul
"The Basic Myth of the North American Indians", 17/1949, 359-419
"The Religious Experiences of an American Indian", 18/1950, 249-290
"The Esoteric Rituals of the North American Indians", 19/1950, 283-349

RAHNER, Hugo
"Das christliche Mysterium von Sonne und Mond", 10/1943, 305-404
"Das christliche Mysterium und die heidnischen Mysterien", 11/1944, 347-449
"Die seelenheilende Blume. Moly und Mandragore in antiker und christlicher Symbolik. I. Moly, das seelenheilende Kraut des Hermes - II. Mandragore, die ewige Menschenwurzel", 12/1945, 117-239
"Erdgeist und Himmelgeist in der patristischen Theologie", 13/1945, 237-276
"Das Menschenbild des Origenes", 15/1947, 197-248
"Der spielende Mensch", 16/1948, 11-87

RAINE, Kathleen
"Poetic Symbol as a Vehicle of Tradition: The Crisis of the Present in English Poetry", 37/1968, 357-409

"Mental Worlds of Blake and Yeats: Two Diagrams", 44/1975, 133–165

RASCHE, Joerg
"Early Love: Child-Mother-Music. A Psychoanalytical Approach to 'Scenes of Childhood' by Robert Schumann, *Op.* 15", Fetzer-at-Eranos Lecture, 70/2009–2010–2011, 653–679

READ, Herbert
"The Dynamics of Art", 21/1952, 255–284
"Poetic Consciousness and Creative Experience", 25/1956, 357–389
"The Creative Nature of Humanism", 26/1957, 315–350
"The Flower of Peace", 27/1958, 299–332
"Nihilism and Renewal in the Art of our Time", 28/1959, 345–376
"The Origins of Form in Art (mit 6 Tafeln)", 29/1960, 183–206
"Beauty and the Beast", 30/1961, 175–210
"The Poet and his Muse", 31/1962, 217–248
"High Noon and Darkest Night: Some Reflections on Ortega y Gasset's Philosophy of Art", 33/1964, 51–69

REINHARDT, Karl
"Prometheus", 25/1956, 241–283
"Die Sinneskrise bei Euripides", 26/1957, 279–313

REIS HABITO, Maria
"Putting on the Armor of Great Compassion and Becoming Buddha in This Very Body: Compassionate Love in East Asian Esoteric Tradition", Fetzer-at-Eranos Lecture, 70/2009–2010–2011, 323–336

[*Rhein-Verlag Zürich*]
"Zum XX. Eranos-Jahrbuch", 20/1951, 461–463

RHYNER, Bruno
"The Image of Healing in a Zen-Therapy", 61/1992, 45–55

RHYS DAVIDS, Caroline Augusta Foley
"Religiöse Übungen in Indien und der religiöse Mensch. I. Jhāna (oder Dhyāna) im Buddhismus - II. Fernwirkung (Televolition) im früheren Buddhismus - III. Mensch und Kommunion", 1/1933, 95–134
"Zur Geschichte des Rad-Symbols", 2/1934, 153–178
"Der Mensch, die Suche und Nirvana", 3/1935, 207–230
"Erlösung in Indiens Vergangenheit und in unserer Gegenwart", 4/1936, 135–163

RIEDL, Peter Anselm
"Vom Orphismus zur Optical Art. Über die aktivierung des Sehens durch die Farbe", 41/1972, 397–427

RIGOTTI, Francesca
"'Frutto' del denaro e denaro 'liquido': che cosa hanno da dirci ancora queste antiche immagini?", 72/2013–2014, 129–140
"La silenziosa rivincita di Pelagio e altre storie di verità e eresia", Eranos–School Seminar, 74/2017–2018, 597–607

RISÉ, Claudio
"Spontaneous Images and Divinatory Images in a Process of Sandplay Therapy", 61/1992, 57–78
"The Dark Side of Psychoanalysis", 65/1996, 95–108
"The Quest for Identity in Postmodern Globalism", 66/1997, 115–127

RITSEMA, Rudolf
"Vorwort", *Ergänzungsband* 4/1936, 7–8
"Vorwort" [with PORTMANN, Adolf], 38/1969, 5–6
"Preface / Vorwort" [with PORTMANN, Adolf], 39/1970, VII–VIII
"Preface / Vorwort" [with PORTMANN, Adolf], 40/1971, VII–VIII
"Preface / Vorwort" [with PORTMANN, Adolf], 41/1972, VII–VIII
"Preface / Vorwort" [with PORTMANN, Adolf], 42/1973, VII–X
"Preface / Vorwort" [with PORTMANN, Adolf], 43/1974, VII–VIII
"Preface / Vorwort" [with PORTMANN, Adolf], 44/1975, VII–X
"Preface / Vorwort" [with PORTMANN, Adolf], 45/1976, VII–X
"Nachwort" [with PORTMANN, Adolf], 46/1977, 519–520
"Nachwort" [with PORTMANN, Adolf], 47/1978, 341
"Nachwort" [with PORTMANN, Adolf], 48/1979, 469
"Nachwort" [with PORTMANN, Adolf], 49/1980, 429–430
"Nachwort" [with PORTMANN, Adolf], 50/1981, 477
"Adolf Portmann 1897 - 1982", 51/1982, 1–6
"Gershom Scholem 1897 - 1982", 51/1982, 7–8
"Nachwort", 51/1982, 517–518
"Nachwort", 52/1983, 497
"Nachwort", 53/1984, 411
"Nachwort", 54/1985, 485
"Nachwort", 55/1986, 439
"The Origins and Opus of Eranos: Reflections at the 55th Conference / Eranos: Ursprünge und Werk. Eine Betrachtung anläßlich der 55. Tagung / L'œuvre d'Eranos et ses origines : Réflexions à l'occasion de la 55me session", 56/1987, VII–XLVII
"Nachwort", 56/1987, 429
"Encompassing Versatility: Keystone of the Eranos Project / Allumfassende Wendigkeit: Schlußstein des Eranos-Projekts / Versatilité englobante: Clef de voûte du projet Eranos", 57/1988, VII–LVII
"Nachwort", 57/1988, 335–336
"The Ethic of the Image", 61/1992, 5–7

"Images of the Unknown: The Eranos *I Ching* Project 1989–1997" [with SABBADINI, Shantena Augusto], 66/1997, 7–43

ROBINSON, Christa
"Opening Words at the Second Joint Eranos and Uehiro Round Table Session, May 1995", 65/1996, 7–8

ROMANO, Augusto
"A colazione con Jung" [with QUAGLINO, Gian Piero], Eranos-Jung Lecture, 70/2009–2010–2011, 749–751
"Morte dell'eroe e occultamento dell'Ombra", 73/2015–2016, 210–256

RONCHI, Rocco
"Libertà e paura. Metafisica del populismo", Eranos-Jung Lecture, 75/2019–2020–2021, 682-697

ROUSSELLE, Erwin
"Seelische Führung im lebenden Taoismus. I. Ju Sche „Initiation" - II. Ne Ging Tu, „Die Tafel des inneren Gewebes" - III. Siu Schen „Individuation" (Hiezu vier Abbildungen im Text und zwei Bildtafeln)", 1/1933, 135–199
"Drache und Stute, Gestalten der mythischen Welt chinesischer Urzeit", 2/1934, 11–33
"Lau-Dsi's Gang durch die Seele, Geschichte und Welt. Versuch einer Deutung", 3/1935, 179–205

ROWE, Christopher
"Conceptions of Colour and Colour Symbolism in the Ancient World", 41/1972, 327–364
"God, Man and Nature. Ancient Greek Views on the Foundation of Moral Values", 43/1974, 255–291
"One and Many in Greek Religion", 45/1976, 37–67

ROUX, René
"Origini e sviluppo del concetto di eresia nell'antichità cristiana", Eranos-School Seminar, 74/2017–2018, 608–626

RUSCONI, Sandro
"*In memoriam* Peter Anton Miescher (1923-2020). Ricordando un grande uomo di scienza, medicina, cultura e generosità / Remembering a Great Man of Science, Medicine, Culture, and Generosity", 75/2019–2020–2021, 499-530

SABBADINI, Shantena Augusto
"Images of the Unknown: The Eranos *I Ching* Project 1989–1997" [with RITSEMA, Rudolf], 66/1997, 7–43
"The Nameless Dao: Laozi and Quantum Physics", Eranos-Jung Lecture, 71/2012, 308–322

SACHSSE, Hans
"Die Idee des Umwegs: Betrachtungen zur Anthropologie der Technik", 52/1983, 157–209

SAMBURSKY, Shmuel
"Phänomen und Theorie. Das physikalische Denken der Antike im Licht der modernen Physik", 35/1966, 303–348
"Antithetische Elemente in Natur und Naturerkenntnis", 36/1967, 229–267
"Die Willensfreiheit im Wandel des physikalischen Weltbildes", 38/1969, 151–193
"Wort und Begriff in der Wissenschaft", 39/1970, 143–182
"Von Kepler bis Einstein: Das Genie in der Naturwissenschaft", 40/1971, 201–238
"Licht und Farbe in den physikalischen Wissenschaften und in Goethes Lehre", 41/1972, 177–216
"Wahrnehmungen, Theorien und reale Aussenwelt", 42/1973, 163–203
"Normative Prinzipien in der Naturwissenschaft", 43/1974, 367–410
"Die Raumvorstellungen der Antike: Von der unendlichen Leere zur Allgegenwart Gottes", 44/1975, 167–198
"Erste Prinzipien und letzte Teilchen in der Erkenntnis der Natur", 45/1976, 1–36
"Natur und Geist: Stufen der Entfremdung", 46/1977, 249–285
"Das Gespenst des Vergänglichen", 47/1978, 205–237
"Leitmotive wissenschaftlicher Theorienbildung", 48/1979, 1–33
"Über Starres und Fließendes", 49/1980, 1–33

SATO, Masayuki
"Coating the Years with Meaningful Names: Reckoning Time in Sinographic Cultures", 67/1998, 129–141

SCHABERT, Tilo
"*In urbe mundus*: Weltspiegelungen und Weltbemächtigung in der Architektur der Stadt", 55/1986, 303–347

SCHLÖR, Joachim
"At Home in Homelessness: The Meaning of Place in Jewish History", 67/1998, 91–110

SCHMIDT, Karl Ludwig
"Das Pneuma Hagion als Persona und als Charisma. Eine lexikologische und biblisch-theologische Studie", 13/1945, 187–235
"Die Natur- und Geistkräfte im Paulinischen Erkennen und Glauben", 14/1946, 87–143
"*Homo imago Dei* im Alten und Neuen Testament", 15/1947, 149–195
"Jerusalem als Urbild and Abbild", 18/1950, 207–248

SCHMITT, Paul
"*Sol invictus.* Betrachtungen zu spätrömischer Religion und Politik", 10/1943, 169–252
"Antike Mysterien in der Gesellschaft ihrer Zeit, ihre Umformung und späteste Nachwirkung", 11/1944, 107–144
"Archetypisches bei Augustin und Goethe", 12/1945, 95–115
"Geist und Seele. Studie über Logos, Nous und Psyche bei Heraklit und Platon und über einige späte Nachwirkungen dieser Begriffe", 13/1945, 133–185
"Natur und Geist in Goethes Verhältnis zu den Naturwissenschaften", 14/1946, 332–384
"Das Urbild in der Philosophie des Nicolaus de Cusa", 18/1950, 291–321

SCHNEIDER, Herbert W.
"Peace as Scientific Problem and as Personal Experience", 27/1958, 333–357
"Historical Construction and Reconstruction", 29/1960, 243–264

SCHOLEM, Gershom
"Kabbalah und Mythus", 17/1949, 287–334
"Tradition und Neuschöpfung im Ritus der Kabbalisten", 19/1950, 121–180
"Zur Entwicklungsgeschichte der Kabbalistischen Konzeption der Schechinah", 21/1952, 45–107
"Die Vorstellung vom Golem in ihren tellurischen und magischen Beziehungen", 22/1953, 235–289
"Seelenwanderung und Sympathie der Seelen in der jüdischen Mystik", 24/1955, 55–118
"Schöpfung aus Nichts und Selbstverschränkung Gottes", 25/1956, 87–119
"Religiöse Autorität und Mystik", 26/1957, 243–278
"Die Lehre vom „Gerechten" in der jüdischen Mystik (Mystisches Symbol und reale Gestalt)", 27/1958, 237–297
"Zum Verständnis der messianischen Idee im Judentum", 28/1959, 193–239
"Die mystische Gestalt der Gottheit in der Kabbala (mit 1 Zeichnung)", 29/1960, 139–182
"Gut und Böse in der Kabbala", 30/1961, 29–67
"Tradition und Kommentar als religiöse Kategorien im Judentum", 31/1962, 19–48
"Das Ringen zwischen dem biblischen Gott und dem Gott Plotins in der alten Kabbala", 33/1964, 9–50
"Martin Bubers Auffassung des Judentums", 35/1966, 9–55
"Die Krise der Tradition im jüdischen Messianismus", 37/1968, 9–44

"Three Types of Jewish Piety", 38/1969, 331–348
"Der Name Gottes und die Sprachtheorie der Kabbala", 39/1970, 243–299
"Farben und ihre Symbolik in der jüdischen Überlieferung und Mystik", 41/1972, 1–49
"Der Nihilismus als religiöses Phänomen", 43/1974, 1–50
"Alchemie und Kabbala", 46/1977, 1–96
"Identifizierung und Distanz: ein Rückblick", 48/1979, 463–467

SCHRÖDINGER, Erwin
"Der Geist der Naturwissenschaft", 14/1946, 491–520

SCHWARTZ-SALANT, Nathan
"Separating from the World Parents: A Paradox", 67/1998, 113–127

SECRET, François
"Aux portes de corne et d'ivoire de la Renaissance : mythe et songe", 48/1979, 239–276

SEDERHOLM, Magnus
"The Spirit of the Place and City Planning", 66/1997, 129–139

SEDLEY, David
"The Creation of the World in Ancient Greek Thought", 73/2015–2016, 435–484

SELLS, Benjamin
"An Eye Grafted on the Heart", 68/1999, 7–19

SERVIER, Jean
"Aspects et causes de la non-créativité chez quelques marginaux d'Europe", 40/1971, 239–284
"Une ouverture sur le monde : magie et religion en Afrique du Nord. Une technique divinatoire : la géomancie", 46/1977, 287–339
"Mythes, symboles et figures divinatoires en Occident et dans les Civilisations traditionnelles", 48/1979, 325–372
"Hermès africain : les origines communes, les limites du visible et de l'invisible", 49/1980, 199–257
"Le jeu du forgeron ou l'ombre de la création du monde", 51/1982, 369–447
"L'harmonie dans la cite", 53/1984, 325–369
"Le miroir du serpent. Une réflexion ethnologique sur la connaissance", 55/1986, 109–145

SHAYEGAN, Daryush
"De la pré-éternité à la post-éternité : le cycle de l'être", 50/1981, 103–146

SHEN, Heyong 申荷永
"The Psychology of the Heart in China", 67/1998, 51–59

"Psychology of the Heart—An Oriental Perspective", 69/2006–2007–2008, 142–157
"Occident and Orient, the Knot, the Mean, and the Heart: A Perspective from the Psychology of the Heart", Eranos-School Seminar, 75/2019–2020–2021, 984-1000

SHELEMAY, Kay Kaufman
"'Love from Afar': Music and Longing across Time, Space, and Diaspora", Fetzer-at-Eranos Lecture, 70/2009–2010–2011, 680–690

SLATTERY, Dennis Patrick
"Psychic Energy's Portal to Presence in Myth, Poetry and Culture", Pacifica-at-Eranos Lecture, 69/2006–2007–2008, 435–474

SMITH, Morton
"Ascent to the Heavens and the Beginning of Christianity", 50/1981, 403–429
"Transformation by Burial (*1 Cor.* 15.35–49; *Rom.* 6.3–5 and 8.9–11)", 52/1983, 87–112

SORGE, Giovanni
"Love as Devotion: Olga Fröbe-Kapteyn's Relationship with Eranos and Jungian Psychology", Fetzer-at-Eranos Lecture, 70/2009–2010–2011, 388–434

SPEISER, Andreas
"Der Erlösungsbegriff bei Plotin", 5/1937, 137–154
"Die platonische Lehre vom unbekannten Gott und die christliche Trinität", 8/1940–1941, 11–29
"Platos Ideenlehre", 12/1945, 23–31
"Geist und Mathematik", 13/1945, 95–109
"Die Grundlagen der Mathematik von Plato bis Fichte", 14/1946, 11–38
"Ton und Zahl", 30/1961, 127–142

STAMM, Roger Alfred
"Unter der Gischt der Brandung- in der Stille des Waldes. Wandlung der Lebensform zwischen Meer und Land", 54/1985, 209–267
"Erkennen und Gestalten: Zur Stammesgeschichte des Bewusstseins", 55/1986, 1–55
"Kampf oder Frieden mit der Natur?", 56/1987, 179–260

STRAUSS-KLOEBE, Sigrid
"Über die psychologische Bedeutung des astrologischen Symbols", 2/1934, 417–448

STREICH, Hildemarie
"Musikalische und psychologische Entsprechungen in der *Atalanta fugiens* von Michael Maier", 42/1973, 361–426

"Welten der Musik im Mittelalter", 44/1975, 91–131
"Musikalische Temperaturen in psychologischer Sicht", 46/1977, 205–248
"Zeit und Ewigkeit in der Musik", 47/1978, 123–171
"Tonarten in mythologischer und psychologischer Sicht", 48/1979, 61–99

SULLIVAN, Lawrence E.
"Symbols of Violence and Destruction in Myth and Ritual", 69/2006–2007–2008, 271–288
"Introduction to the Dialogues on the Transformative Power of Love", Fetzer-at-Eranos Lecture, 70/2009–2010–2011, 247–252
"Il denaro come segno divinatorio", 72/2013–2014, 141–165

SUSANETTI, Davide
"L'arrivo di Dioniso. Le *Baccanti* di Euripide tra iniziazione e politica", Eranos-Jung Lecture, 73/2015–2016, 780–800
"Contro la paura. Considerazioni platoniche e iniziatiche", Eranos-Jung Lecture, 75/2019–2020–2021, 724-724

SUZUKI, Daisetz Teitaro
"The Role of Nature in Zen Buddhism", 22/1953, 291–321
"The Awakening of a New Consciousness in Zen", 23/1954, 275–304

TAGLIAGAMBE, Silvano
"Jung nel paese dei quanti" [with MALINCONICO, Angelo], Eranos-Jung Lecture, 72/2013–2014, 662–708
"Dal rapporto mente-cervello al rapporto psiche-corpo", Eranos-Jung Lecture, 72/2013–2014, 886–945
"Perseo e la Medusa: la strategia dello sguardo e l'inerzia della realtà", Eranos-Jung Lecture, 73/2015–2016, 801–864
"L'arte di tessere il vissuto: tempo, divenire e sincronicità", Eranos-Jung Lecture, 74/2017–2018, 506–550
"I nomi dell'Assoluto e la rottura spontanea della simmetria", 75/2019–2020–2021, 157-269

TALEB, Mohammed
"Prendre soin de la Terre et de l'humanité. Romantisme, psychologie des profondeurs et écopsychologie sur les chemins de l'Âme du monde", 72/2013–2014, 415–434

TAMARU, Noriyoshi
"Images of Spirit in Japanese Religion", 61/1992, 79–95

TANZELLA-NITTI, Giuseppe
"Physical Cosmology and Christian Theology of Creation", 73/2015–2016, 538–562

TARIZZO, Davide
"La morale della Vita: all'incrocio di biologia e biopolitica", 75/2019–2020–2021, 356-383

TARNAS, Richard
"The Western Legacy and Our Global Future: An Archetypal Perspective", 69/2006–2007–2008, 111–127

THANOPULOS, Sarantis
"Libertà e scambio paritario tra le differenze", Eranos-Jung Lecture, 75/2019–2020–2021, 868-892

TEMPLE, Robert
"Eranos: Past and Future", 69/2006–2007–2008, 80–97

THOMAS, Joël
"L'espace du héros, ou les destins croisés", 56/1987, 133–177

THURNWALD, Richard
"Primitive Initiations- und Wiedergeburtsriten", 7/1939, 321–398

TILLICH, Paul
"Angst und Erlösung im Protestantismus. I. Angst - II. Erlösung", *Ergänzungsband* 4/1936, 9–32
"Das neue Sein als Zentralbegriff einer christlichen Theologie", 23/1954, 251–274

TRAWNY, Peter
"Das Universale und die Vernichtung. Heideggers seinsgeschichtlicher Antisemitismus", Eranos-School Seminar, 73/2015–2016, 1066–1090

TREVI, Emanuele
"Dieci sogni", 72/2013–2014, 500–522

TSIOMIS, Yannis
"De la ville enchantée à la métropole désenchantée. XXe-XXIe siècles", 74/2017–2018, 355–382

TU, Weiming
"*Ren* as a Core Value in the Emerging Human Community", Fetzer-at-Eranos Lecture, 70/2009–2010–2011, 564–573

TUCCI, Giuseppe
"Earth in India and Tibet", 22/1953, 323–364

UEDA, Shizuteru
"Leere und Fülle: Shûnyatâ im Mahâyâna Buddhismus", 45/1976, 135–163
"Die Bewegung nach oben und die Bewegung nach unten: Zen-Buddhismus im Vergleich mit Meister Eckhart", 50/1981, 223–272
"Die zen-buddhistische Erfahrung des Wahr-Schönen", 53/1984, 197–240

"Der Ort des Menschen im Nō-Spiel", 56/1987, 69–103

UEHIRO, Eiji
"Opening Remarks", 61/1992, 1–3
"The Practical Ethics Association and the Uehiro Foundation On Ethics and Education", 65/1996, 9–11
"The Renewal of Ethics in the East and West", 67/1998, 7–9

UEXKÜLL, Thure von
"Körperwelt: Grenze und Kommunikation", 39/1970, 301–322

VALTOLINA, Amelia
"Topografie della soglia. Sulla scrittura di Yoko Tawada", 71/2012, 162–177
"'Ma per adulti, c'è / da vedere ancora una cosa speciale, il denaro che si riproduce anatomicamente': il dialogo di R.M. Rilke con la Filosofia del denaro di G. Simmel", 72/2013–2014, 383–395
"'Che cosa sono mai i cervelli'. Le neuroscienze al tempo della poesia", Eranos-Jung Lecture, 72/2013–2014, 730–740
"Nuovi paesaggi nella poesia tedesca contemporanea", 74/2017–2018, 327–354

VEER, Peter van der
"Spirituality: East and West", 69/2006–2007–2008, 45–61
"Body and Mind in Qi Gong and Yoga—A Comparative Perspective on India and China", 69/2006–2007–2008, 128–141

VEGETTI, Matteo
"La seconda globalizzazione: spazio, tempo e potere nell'età dell'aria", Eranos-Jung Lecture, 74/2017–2018, 477–486
"Il nodo di Gordio nel mondo globale", Eranos-School Seminar, 75/2019–2020–2021, 909-925

VEGETTI FINZI, Silvia
"La forza delle donne tra potenza di generare e potere di comandare. Dalle Grandi alle piccole Madri", Eranos-Jung Lecture, 73/2015–2016, 899–916
"La creatività materna come promessa di futuro", Eranos-Jung Lecture, 75/2019–2020–2021, 787-798

VÉGH, Sándor
"Musik als Erlebnis", 29/1960, 309–325

VIGNA, Ferruccio
"Il ritorno dell'isteria. L'anima a confronto con la modernità", Eranos-Jung Lecture, 72/2013–2014, 860–885

VIROLLEAUD, Charles
"Die große Göttin in Babylonien, Ägypten und Phönikien. I. Ischtar, Isis, Astarte - II. Anat - Astarte", 6/1938, 121–160
"Die Idee der Wiedergeburt bei den Phöniziern. I. Die klassische Adonislegende - II. Der Gott Baal nach den Dichtungen von Ras-Shamra (mit 3 Illustrationen)", 7/1939, 21–60
"Le Dieu Shamash dans l'ancienne Mésopotamie", 10/1943, 57–79

VITOLO, Antonio
"Uno spazio per il tempio interiore", Eranos-Jung Lecture, 74/2017–2018, 431–453

VOEGELIN, Eric
"Wisdom and the Magic of the Extreme", 46/1977, 341–409

VOZZA, Marco
"Attualità di un pensatore inattuale: il caso Nietzsche", Eranos-Jung Lecture, 71/2012, 323–342

VYSHESLAVTZEFF, Boris P.
"Zwei Wege der Erlösung. Erlösung als Lösung des tragischen Widerspruchs", 4/1936, 287–329

WEIDLÉ, Wladimir
"Vom Sinn der Mimesis", 31/1962, 249–273

WEISS, Joseph G.
"Eine spätjüdische Utopie religiöser Freiheit", 32/1963, 235–280

WEISSKOPF, Victor
"Science and Art: Complementary Views of Human Experience", 53/1984, 311–323

WERBLOWSKY, Raphael Jehudah Zwi
"Führe uns, Mutter: Der Weg der Väter und das Finden des Sohnes. Analyse eines indianischen Rituals", 31/1962, 171–197

WEST, W. Richard, Jr.
"The Native Art Object: Reflections on the Transformative Power of 'Beauty' and 'Love'", Fetzer-at-Eranos Lecture, 70/2009–2010–2011, 460–471

WESTMANN, Heinz
"Die Erlösungsidee im Judentum. I. Das Problem der Erde - II. Das weibliche Prinzip - III. Nachwort", *Ergänzungsband* 4/1936, 33–110

WEYL, Hermann Klaus Hugo
"Wissenschaft als symbolische Konstruktion des Menschen", 16/1948, 375–431

WHITE, Victor
"*Anthropologia rationalis* (The Aristotelian-Thomist Conception of Man)", 15/1947, 315–383

WHYTE, Lancelot Law
"Time and the Mind-Body Problem. A Changed Scientific Concept of Process", 20/1951, 253–270
"A Scientific View of the 'Creative Energy' of Man", 21/1952, 415–446
"The Growth of Ideas, Illustrated by Man's Changing Conception of Himself", 23/1954, 367–388

WILHELM, Hellmut
"Der Zeitbegriff im „Buch der Wandlungen"", 20/1951, 321–348
"Das schöpferische Prinzip im „Buch der Wandlungen"", 25/1956, 455–475
"Der Sinn des Geschehens nach dem „Buch der Wandlungen"", 26/1957, 351–386
"Die „Eigene Stadt" als Schauplatz der Gestaltung", 29/1960, 207–242
"Das Zusammenwirken von Himmel, Erde und Mensch", 31/1962, 317–350
"Wanderungen des Geistes", 33/1964, 177–200
"The Interplay of Image and Concept in the *Book of Changes*", 36/1967, 31–58

WILI, Walter
"Die römischen Sonnengottheiten und Mithras", 10/1943, 125–168
"Die orphischen Mysterien und der griechische Geist", 11/1944, 61–105
"Geleitwort", 12/1945, 9–22
"Probleme der Aristotelischen Seelenlehre. I. Der Kampf gegen Platon - II. Die Nachfolge Platons", 12/1945, 55–93
"Die Geschichte des Geistes in der Antike", 13/1945, 49–93

WILL, Maria
"Construction and the Role of Nature in Fausto Tommasina's Paintings / Costruzione e natura nei dipinti di Fausto Tommasina", 70/2009–2010–2011, 241–244

WUNENBURGER, Jean-Jacques
"Résilience et dissidence: la force de la fragilité", 70/2009–2010–2011, 151–177
"Vers une écologie monétaire. Éthique et psychologie analytique de l'argent: un pluralisme archétypal des échanges ", 72/2013–2014, 166–194
"Le rythme comme sagesse de la vie", 75/2019–2020–2021, 448-497

XENOU, Vana
"Pourquoi Éleusis aujourd'hui ? De la mélancolie à la vision", 75/2019–2020–2021, 84–119

YATISWARANANDA, Swami
"Flüchtiger Blick auf religiöse Hindu-Symbolik in ihrer Beziehung zu Geistigen Übungen und zur Höherentwicklung", 2/1934, 487–528

ZAEHNER, Robert Charles
"Utopia and Beyond: Some Indian Views", 32/1963, 281–309

ZAHAN, Dominique
"White, Red and Black: Colour Symbolism in Black Africa", 41/1972, 365–396
"L'Univers cosmo-biologique de l'Africain", 42/1973, 205–236
"La tour et la foudre", 50/1981, 335–372
"L'inouï et l'imprévu : anthropologie de l'insolite", 54/1985, 427–454
"Carrefour de l'être, carrefour de la vie", 56/1987, 353–384

ZAMBONI, Chiara
"Il confine leggero tra eresia ed autorità femminile", Eranos-School Seminar, 74/2017–2018, 627–643

ZELLINI, Paolo
"L'infinito del continuo e la realtà del discreto", 75/2019–2020–2021, 120-156

ZHANG, Wenzhi 张文智
"《易经》哲学: 解开中国与西方世界之"结"的一种可能性路径 / Philosophy of the *Yijing* (*Classic of Changes*): A Possible Approach to Undoing the Knot between China and the Western World", Eranos-School Seminar, 75/2019–2020–2021, 1001-1065

ZIEGLER, Alfred J.
"Die goldenen Fallen: Das Leben in einer wissenschaftlichen und einer archetypischen Medizin", 49/1980, 323–356
"Die Schönheit der Pathologie", 53/1984, 273–310

ZIMMER, Heinrich
"Zur Bedeutung des indischen Tantra-Yoga (Hiezu zwei Bildtafeln)", 1/1933, 9–94
"Indische Mythen als Symbole", 2/1934, 97–151
"Die indische Weltmutter (mit 4 Illustrationen)", 6/1938, 175–220
"Tod und Wiedergeburt im indischen Licht", 7/1939, 251–289

ZOJA, Luigi
"Reductionism: A Western Disease?", 69/2006–2007–2008, 62–79
"Psychoanalysis and Cultural Orientations in the New Century", Fetzer-at-Eranos Lecture, 69/2006–2007–2008, 218–220
"Almachius and the Demon—On Violent Shows", 69/2006–2007–2008, 289–306

"La paura del diverso", Eranos-Jung Lecture, 75/2019–2020–2021, 698-704

ZUCKERKANDL, Victor
"Die Tongestalt (mit Notenbeispielen)", 29/1960, 265–307
"Der singende und der sprechende Mensch", 30/1961, 241–283
"Vom Wachstum des Kunstwerks (mit Notenbeispielen)", 31/1962, 275–315
"Die Wahrheit des Traumes und der Traum der Wahrheit", 32/1963, 173–210
"Kreis und Pfeil im Werk Beethovens", 33/1964, 285–317

English Titles from Daimon

Ruth Ammann - *The Enchantment of Gardens*
Susan R. Bach - *Life Paints its Own Span*
Diana Baynes Jansen - *Jung's Apprentice: A Biography of Helton Godwin Baynes*
John Beebe (Ed.) - *Terror, Violence and the Impulse to Destroy*
E.A. Bennet - *Meetings with Jung*
W.H. Bleek / L.C. Lloyd (Ed.) - *Specimens of Bushman Folklore*
Tess Castleman - *Threads, Knots, Tapestries*
- *Sacred Dream Circles*
Renate Daniel - *Taking the Fear out of the Night*
- *The Self: Quest for Meaning in a Changing World*
- *Psyche and Soma*
Eranos Yearbook 69 - *Eranos Reborn*
Eranos Yearbook 70 - *Love on a Fragile Thread*
Eranos Yearbook 71 - *Beyond Masters*
Eranos Yearbook 72 - *Soul between Enchantment and Disenchantment*
Eranos Yearbook 73 - *The World and its Shadow*
Eranos Yearbook 74 - *The Age of Immediacy at the Test of Meaning*
Michael Escamilla - *Bleuler, Jung, and the Schizophrenias*
Heinrich Karl Fierz - *Jungian Psychiatry*
John Fraim - *Battle of Symbols*
Liliane Frey-Rohn - *Friedrich Nietzsche, A Psychological Approach*
Marion Gallbach - *Learning from Dreams*
Ralph Goldstein (Ed.) - *Images, Meanings & Connections: Essays in Memory of Susan Bach*
Yael Haft - *Hands: Archetypal Chirology*
Fred Gustafson - *The Black Madonna of Einsiedeln*
Daniel Hell - *Soul-Hunger: The Feeling Human Being and the Life-Sciences*
Siegmund Hurwitz - *Lilith, the first Eve*
Aniela Jaffé - *Reflections on the Life and Dreams of C.G. Jung*
With a Historical Commentary by Elena Fischli
- *The Myth of Meaning*
- *Was C.G. Jung a Mystic?*
- *From the Life and Work of C.G. Jung*
- *Death Dreams and Ghosts*
C.G. Jung - *The Solar Myths and Opicinus de Canistris*
Verena Kast - *A Time to Mourn*
- *Sisyphus*
Hayao Kawai - *Dreams, Myths and Fairy Tales in Japan*
James Kirsch - *The Reluctant Prophet*
Eva Langley-Dános - *Prison on Wheels: Ravensbrück to Burgau*
Rivkah Schärf Kluger - *The Gilgamesh Epic*
Yehezkel Kluger & *Nomi Kluger-Nash* - *RUTH in the Light of Mythology, Legend and Kabbalah*
Paul Kugler (Ed.) - *Jungian Perspectives on Clinical Supervision*
Paul Kugler - *The Alchemy of Discourse*
Rafael López-Pedraza - *Cultural Anxiety*
- *Hermes and his Children*
Alan McGlashan - *The Savage and Beautiful Country*
- *Gravity & Levity*
Gregory McNamee (Ed.) - *The Girl Who Made Stars: Bushman Folklore*
- *The North Wind and the Sun & Other Fables of Aesop*
Gitta Mallasz / Hanna Dallos - *Talking with Angels*
C.A. Meier - *Healing Dream and Ritual*
- *A Testament to the Wilderness*
- *Personality: The Individuation Process*
Haruki Murakami - *Haruki Murakami Goes to Meet Hayao Kawai*

English Titles from Daimon

Eva Pattis Zoja (Ed.) - *Sandplay Therapy*
Laurens van der Post - *The Rock Rabbit and the Rainbow*
Psychology Club Zurich - *Stone by Stone: Reflections on Jung*
- *Wisdom has Built her House*
- *Encounters with C.G. Jung. The Journal of Sabi Tauber*
Jane Reid - *Jung, My Mother and I: The Analytic Diaries of Catharine Rush Cabot*
Ingrid Riedel & Christa Henzler - *Painting Therapy on the Basis of C.G. Jung's Analytical Psychology*
R.M. Rilke - *Duino Elegies*
Miguel Serrano - *C.G. Jung and Hermann Hesse*
Helene Shulman - *Living at the Edge of Chaos*
D. Slattery / G. Slater (Eds.) - *Varieties of Mythic Experience*
David Tacey - *Edge of the Sacred: Jung, Psyche, Earth*
Susan Tiberghien - *Looking for Gold*
Ann Ulanov - *Spiritual Aspects of Clinical Work*
- *The Female Ancestors of Christ*
- *Healing Imagination*
- *Picturing God*
- *Receiving Woman*
- *Spirit in Jung*
- *The Wisdom of the Psyche*
- *The Wizards' Gate, Picturing Consciousness*
- *The Psychoid, Soul and Psyche*
- *Knots and their Untying*
- *Back to Basics*
Ann & Barry Ulanov - *Cinderella and her Sisters*
Eva Wertenschlag-Birkhäuser - *Windows on Eternity: The Paintings of Peter Birkhäuser*
Harry Wilmer - *How Dreams Help*
- *Quest for Silence*
Luigi Zoja - *Drugs, Addiction and Initiation*
Luigi Zoja & Donald Williams - *Jungian Reflections on September 11*
Jungian Congress Papers - *Jerusalem 1983: Symbolic & Clinical Approaches*
- *Berlin 1986: Archetype of Shadow in a Split World*
- *Paris 1989: Dynamics in Relationship*
- *Chicago 1992: The Transcendent Function*
- *Zürich 1995: Open Questions*
- *Florence 1998: Destruction and Creation*
- *Cambridge 2001*
- *Barcelona 2004: Edges of Experience*
- *Cape Town 2007: Journeys, Encounters*
- *Montreal 2010: Facing Multiplicity*
- *Copenhagen 2013: 100 Years on*
- *Kyoto 2016: Anima Mundi in Transition*
- *Vienna 2019: Encountering the Other*

Our books are available from your bookstore or from our distributors:

Baker & Taylor
30 Amberwood Parkway
Ashland OH 44805, USA
Phone: 419-281-5100
Fax: 419-281-0200
www.btpubservices.com

Gazelle Book Services Ltd.
White Cross Mills, High Town
Lancaster LA1 4XS, UK
Tel: +44 1524 528500
Email: sales@gazellebookservices.co.uk
www.gazellebookservices.co.uk

Daimon Verlag - Hauptstrasse 85 - CH-8840 Einsiedeln - Switzerland
Phone: (41)(55) 412 2266 Email: info@daimon.ch
For detailed book descriptions visit our website: **www.daimon.ch**